Illustrierte Geschichte der deutschen Revolution 1848/49

Illustrierte Geschichte der deutschen Revolution

1848/49

Dietz Verlag Berlin 1988

Autorenkollektiv:
Walter Schmidt (Leiter), Gerhard Becker, Helmut Bleiber,
Rolf Dlubek, Siegfried Schmidt, Rolf Weber

Bildredaktion in Zusammenarbeit mit den Autoren:
Klaus Grosinski, Renate Weber
Zusammenstellung der Literaturauswahl: Gerlinde Busch

Illustrierte Geschichte der deutschen Revolution 1848/49 /
Autorenkoll. — 3., erg. u. überarb. Aufl. — Berlin : Dietz Verl., 1988. —
403 S. : 46 Farb- u. 696 Schwarzweiß-Abb. u. 3 Kt.

ISBN 3-320-01010-7

Mit 46 Farb- und 696 Schwarzweiß-Abbildungen und 3 Karten
3., ergänzte und überarbeitete Auflage 1988

Lizenznummer 1 · LSV 0269
Lektor: Klaus Grosinski
Gesamtgestaltung: Volkmar Brandt
Schutzumschlag unter Verwendung von einer zeitgenössischen handkolorierten Lithographie
Printed in the German Democratic Republic
Gesamtherstellung:
INTERDRUCK Graphischer Großbetrieb Leipzig,
Betrieb der ausgezeichneten Qualitätsarbeit, III/18/97
Best.-Nr. 736 070 8

04500

Vorwort

Das Jahr 1848 nimmt im Traditionsverständnis der revolutionären Arbeiterbewegung wie des sozialistischen deutschen Staates einen herausragenden Platz ein. Die Revolution von 1848/49 gehört zu jenen Ereignissen deutscher Geschichte, denen sich die Deutsche Demokratische Republik besonders verpflichtet fühlt.

1848 war das Jahr der bedeutendsten bürgerlich-demokratischen Revolution des 19. Jahrhunderts und des Erscheinens des »Manifests der Kommunistischen Partei«. Beide Ereignisse bilden in der Traditionssicht der revolutionären Arbeiterbewegung und der sozialistischen Gesellschaft eine Einheit. Die Revolutionen von 1848/49 in Europa markieren den Höhepunkt im Ringen um die Durchsetzung der bürgerlichen Gesellschaft auf dem Kontinent. Die deutsche Revolution war Teil dieser europäischen Revolutionsbewegung. Sie brachte die höchste Entfaltung der schöpferischen geschichtsgestaltenden Kraft der werktätigen Klassen des deutschen Volkes in der Zeit des aufsteigenden Kapitalismus. Das hatte weitreichende positive Wirkungen, die auch die Niederlage der Revolution nicht tilgen konnte. Alles, was in den Jahrzehnten danach bis zum Abschluß der bürgerlichen Umwälzung in Deutschland geschah, stand, wie Friedrich Engels später bemerkte, im Banne dieser Revolution.

Die Revolution von 1848/49 war als wichtigste historische Entscheidungssituation des 19. Jahrhunderts zugleich ein tiefer Einschnitt in der Entwicklung und im Verhalten der verschiedenen Klassen in Deutschland. Für die deutsche Bourgeoisie wurde sie zu einem Wendepunkt. Diese verzichtete auf ihren Anspruch, gestützt auf die revolutionäre Kraft des Volkes, die politische Macht zu erobern und die Gesellschaft ganz nach ihrem Bilde zu gestalten. Die Preisgabe der politischen Verantwortung zur Führung der Revolution durch die Bourgeoisie war eine wesentliche Ursache für deren Scheitern. Der herrschenden Adelsklasse, dank der durch Reformen eingeleiteten ökonomisch-sozialen Umgestaltungen selbst schon auf dem Wege zu einer kapitalistischen Junkerklasse, brachte die Revolution die entscheidende Lehre, bei Strafe des Untergangs sich der Aufgaben der bürgerlichen Umwälzung anzunehmen.

Mit dem »Manifest der Kommunistischen Partei« verkündete unmittelbar am Vorabend der Revolution jene Klasse ihr revolutionäres Programm, die als einzige fähig und berufen ist, die Menschheit von Ausbeutung und Unterdrückung zu befreien. Die Arbeiterklasse griff 1848 weltgeschichtlich zum ersten Mal als selbständige Kraft in eine bürgerliche Revolution ein, und ihre Theorie bestand in dieser Revolution die erste große praktisch-politische Bewährungsprobe. Sie schloß fortan in die Erfüllung ihrer welthistorischen Mission auch das Erbe der nicht zum Erfolg gelangten bürgerlich-demokratischen Revolution ein.

Die »Illustrierte Geschichte der deutschen Revolution von 1848/49« erschien in erster Auflage 1973 anläßlich des 125. Jahrestages dieser Revolution. Die dritte, neubearbeitete Auflage ist dem 140. Jahrestag dieses Ereignisses gewidmet. Das Buch will einen Beitrag zur Verbreitung und Pflege der revolutionären Traditionen des deutschen Volkes leisten. Es will mit der Erinnerung an 1848 zugleich den historischen Sinn der revolutionären Kämpfe von damals für den heute siegreichen Sozialismus in der Deutschen Demokratischen Republik erschließen helfen. Das Buch hätte sein Ziel erreicht, wenn es beitragen würde, die Revolution von 1848 als ein unverzichtbares Element der revolutionären Tradition deutlich werden zu lassen, in der der sozialistische deutsche Staat fest verwurzelt ist.

Die vorliegende Publikation ist ein Versuch, die Geschichte der deutschen Achtundvierziger Revolution in wissenschaftlich-populärer Art darzustellen. Autoren und Verlag waren bestrebt, durch die Einheit von Wort und Bild, in einer illustrierten Geschichte, anschaulich und einprägsam Vorstellungen von den Voraussetzungen, dem Gang und den Ergebnissen des bedeutendsten revolutionären Ereignisses der deutschen Geschichte im 19. Jahrhundert zu vermitteln. Das Buch kann und will keinen lückenlosen Überblick über die Geschehnisse dieser Jahre geben, gleichwohl aber ein geschlossenes Geschichtsbild bieten, das alle wesentlichen Ereignisse und geschichtlichen Prozesse umfaßt und die Hauptlinien der revolutionären Kämpfe, deren Ergebnisse und vor allem das Verhalten der verschiedenen Klassen und ihrer Parteien sichtbar macht.

Die Revolutionsdarstellung folgt den Grundsätzen der dialektisch-materialistischen Geschichtsbetrachtung. Sie stellt Forschungsergebnisse der DDR-Geschichtswissenschaft vor, stützt sich auf die umfangreichen Untersuchungen der marxistischen Historiographie in anderen sozialistischen Ländern zur deutschen Revolution von 1848/49 und wertet die Arbeiten nichtmarxistischer Historiker zu diesem Thema aus. Die Autoren waren bei der Bearbeitung zugleich bemüht, die Erkenntnisse der Diskussion um Erbe und Tradition der sozialistischen Gesellschaft in der DDR umzusetzen.

In die dritte Auflage wurde ein Kapitel über Alltag und Kultur in der Revolution neu aufgenommen. Der Bildteil wurde vor allem durch die Aufnahme von zahlreichen farbigen Abbildungen verändert.

Wesentlichen Anteil an der Vorbereitung auch dieser Ausgabe hatte Siegfried Schmidt. Es war ihm nicht mehr vergönnt, deren Erscheinen zu erleben.

Autoren und Verlag danken den im Bildnachweis genannten Archiven, Museen, Sammlungen und Bibliotheken für die freundliche Unterstützung bei der Beschaffung des Bildmaterials zu diesem Band. Besonderer Dank gilt der Berliner Stadtbibliothek (Fachabteilung Ratsbibliothek), der Deutschen Staatsbibliothek (Porträtsammlung, Kartenabteilung und Musikabteilung), dem Museum für Deutsche Geschichte, Berlin, dem Kupferstichkabinett und der Sammlung der Zeichnungen, Berlin, der Deutschen Fotothek Dresden und dem Heimatmuseum Neuruppin.

Kapitel 1

Die Vorgeschichte

Der 19jährige Schlossergeselle Heinrich Glasewald und der 17jährige Schlosserlehrling Ernst Zinna verteidigen die Barrikade an der Jäger-/Ecke Friedrichstraße in Berlin, 18. März 1848. Lithographie von Theodor Hosemann, 1848

»Damals lagen wir alle auf dem Bauche«, gestand rückschauend auf die Märzereignisse des Jahres 1848 der Preußenkönig Friedrich Wilhelm IV. dem Historiker Leopold v. Ranke.[1] Die im März 1848 und in den Wochen danach »auf dem Bauche« lagen, waren nicht nur die Herrscher Preußens, das waren auch der österreichische Kaiser und sein gestürzter Kanzler Metternich, das war der bigotte sächsische Thronfolger Prinz Johann, der senile, von seiner tanzenden Mätresse Lola Montez regierte Bayernkönig Ludwig, das waren die zahlreichen fürstlichen, gräflichen und sonstigen Repräsentanten und Träger des historisch überkommenen feudalen Systems, das dem gesellschaftlichen Fortschritt — damals verkörpert durch die bürgerliche Ordnung — im Wege stand. Der deutsche Adel hatte sich noch nie in seiner rund tausendjährigen Vergangenheit als herrschende Ausbeuterklasse in einer ähnlich kritischen Lage befunden. Die oppositionelle Haltung der Bourgeoisie und die siegreichen Aktionen der Volksmassen im März 1848 hatten ihn gezwungen, sich zurückzuziehen und wesentliche Machtpositionen den Wortführern des Bürgertums zu überlassen. Seine endgültige politische und ökonomische Entmachtung stand auf der Tagesordnung. Wie war es dazu gekommen?

In der Epoche des Übergangs vom Feudalismus zum Kapitalismus

Die bürgerlich-demokratische Revolution von 1848/49 bildete den Höhepunkt im Kampf um die Durchsetzung der bürgerlichen Gesellschaftsordnung in Deutschland. Sie stellte den Versuch dar, auf revolutionär-demokratische Weise zu vollenden, was ein halbes Jahrhundert zuvor unter dem Einfluß der französischen bürgerlich-demokratischen Revolution von 1789 und ihrer Nachwirkungen begonnen hatte: die bürgerliche Umwälzung in Deutschland. Wie die Revolution von 1848/49 in Deutschland Glied einer Kette revolutionärer Bewegungen in Europa, so war auch die Herausbildung und Durchsetzung der bürgerlichen Ordnung in Deutschland ein Prozeß, der sich in Wechselwirkung mit der Überwindung des Feudalismus durch den Kapitalismus in anderen Ländern West- und Mitteleuropas vollzog. Die Revolution von 1848/49 in Deutschland war ein Bestandteil des gesetzmäßigen und unaufhaltsamen Ablösungsprozesses der feudalen durch die kapitalistische Gesellschaftsformation. Dieser Prozeß setzte im ausgehenden Mittelalter in einigen Ländern Europas ein und bestimmte den Hauptinhalt der Weltgeschichte vom frühen 16. Jahrhundert bis zum Jahre 1871. Auf dem Boden des Widerspruchs zwischen den neuen Produktivkräften und den alten feudalen Produktionsverhältnissen entwickelten sich Klassenkämpfe von bisher nicht gekanntem Ausmaß und von neuer Qualität. Ihren Höhepunkt erreichten sie in den bürgerlichen Revolutionen, in denen die Bourgeoisie, nachdem sie im Schoße der feudalen Gesellschaftsordnung bereits ökonomisch erstarkt war, zum Entscheidungskampf um die politische Macht antrat.

Die Bourgeoisie wurde als prägende Kraft bei der Entwicklung der kapitalistischen Gesellschaftsordnung in zweierlei Hinsicht wirksam. Sie schuf erstens durch ihre wirtschaftliche Tätigkeit die neuen, kapitalistischen Produktionsverhältnisse. Dieser Prozeß verlief spontan. Sein Motor war das Profitstreben des einzelnen Kapitalisten. Es war zweitens ihre historische Aufgabe, die Klassenkämpfe aller Schichten des Volkes gegen die Feudalherren und ihren Staat zu koordinieren und zu führen. Die Haupttriebkraft im Kampf gegen den Feudalismus waren die Volksmassen, die Bauern, die plebejischen und kleinbürgerlichen Schichten der Städte und die entstehende Arbeiterklasse. Jedoch war die Bourgeoisie damals die einzige Kraft, die in der bürgerlichen Revolution als Hegemon den antifeudalen Bestrebungen der Volksmassen bleibenden Erfolg sichern konnte.

Bourgeois.
Stahlstich von H.K. Browne, 1848

Als die deutsche Bourgeoisie in den vierziger Jahren des 19. Jahrhunderts zum unmittelbaren Kampf um die politische Macht antrat, hatte die Bourgeoisie einiger westeuropäischer Länder ihre historische Mission längst erfüllt. In einem hartnäckigen und langwierigen Kampf der Volksmassen und des Bürgertums für die Befreiung vom Joch spanischer Fremdherrschaft, einem Kampf, der den Charakter einer frühbürgerlichen Revolution angenommen hatte, war es der Handelsbourgeoisie in den Niederlanden in der zweiten Hälfte des 16. Jahrhunderts ge-

Das Innere der Hamburger Börse. Stahlstich, 1828

Karl I. Zeitgenössische Darstellung

lungen, Einfluß auf die Staatsgeschäfte zu gewinnen. In England hatte die Bourgeoisie mit Hilfe der Volksmassen in der Mitte des 17. Jahrhunderts in einer Revolution die feudalen Kräfte unterworfen und aus den Kommandostellen des Staates vertrieben. Daß sie, um den Widerstand der feudalen Reaktion radikal zu brechen, deren Haupt, den König Karl I., auf das Schafott schickte, bewies die Entschiedenheit, mit der die englische Bourgeoisie ihre Interessen durchsetzte. Der Franzosenkönig Ludwig XVI. war der zweite gekrönte Repräsentant des Spätfeudalismus, den die Bourgeoisie dem Scharfrichter überantwortete. Sein Untergang stand symbolisch für den des feudalen Systems. Das Jahr 1789, in dem die große bürgerliche Revolution in Frankreich begann, wurde ein Jahr der Wende in der Geschichte nicht nur dieses Landes. Die bürgerlich-demokratische Revolution in Frankreich eröffnete die welthistorische Epoche des endgültigen Sieges und der Festigung des Kapitalismus in einigen fortgeschrittenen Ländern und leitete den Untergang des Feudalismus auf dem europäischen Kontinent ein. Unter ihrem Einfluß begann die bürgerliche Umwälzung auch in Deutschland.

Einen ersten Versuch, das Feudalsystem zu überwinden, hatten die fortschrittlichen Kräfte Deutschlands, vor allem die Bauern und Plebejer der Städte, bereits in der frühbürgerlichen Revolution von 1517 bis

Ludwig XVI. Nach dem Gemälde von Callet

1526 unternommen. Ihre Niederlage führte zu einem schweren Rückschlag in der Geschichte des deutschen Volkes. Die politische Reaktion unterband oder behinderte die Entwicklung neuer Produktivkräfte und der kapitalistischen Produktionsverhält-

Die Erstürmung der Bastille, 14. Juli 1789. Spätere Darstellung

Titelholzschnitt der Memminger Bundesordnung der Bauern, 1525

nisse. Es bedurfte eines Zeitraumes von weiteren zweieinhalb Jahrhunderten, um die objektiven Bedingungen für den Sturz der feudalen Ordnung in Deutschland heranreifen zu lassen. Im 18. Jahrhundert, vor allem in seiner zweiten Hälfte, nahm die Entwicklung des Manufakturkapitalismus in manchen Gebieten Preußens, in Sachsen und in einigen anderen deutschen Territorien einen bedeutenden Aufschwung. Die Produktion stieg sowohl im gewerblichen als auch im agrarischen Sektor der Wirtschaft rasch an. Im Gewerbe wie in der Landwirtschaft stieß die Entwicklung der Produktivkräfte jedoch überall auf die Grenzen, die die feudale Ordnung ihnen setzte. Die Zünfte hemmten die kapitalistische Manufaktur. Die Fronverpflichtungen der Bauern, Gemengelage, Flurzwang und

Thomas Müntzer.
Kupferst. von Christoph van Sichem, 1608

all die anderen Beitaten der feudalen Agrarverfassung verhinderten die durchgängige Anwendung der modernsten Produktivkräfte und der fortgeschrittensten Anbauverfahren in der Landwirtschaft. So spitzten sich im letzten Drittel des 18. Jahrhunderts die gesellschaftlichen Widersprüche und Konflikte in den deutschen Territorien rasch zu.

Das Feudalsystem geriet in eine tiefe Krise. Eine Reihe objektiver Bedingungen für die bürgerliche Umwälzung reiften heran, die Deutschland mehr als jedes andere Land des europäischen Kontinents zum Resonanzboden für die revolutionären Erdstöße werden ließen, die im benachbarten Frankreich nach 1789 die feudale Ordnung bis zu ihren letzten Wurzeln gründlich zerstörten.

Beginn der bürgerlichen Umwälzung im Zeichen der Französischen Revolution von 1789

Die Aufgaben der bürgerlichen Umwälzung bestanden in der Vernichtung des feudalabsolutistischen Herrschaftssystems und in der Beseitigung der feudalen Eigentums- und Produktionsverhältnisse. In Deutschland stand die Überwindung der feudalstaatlichen Zersplitterung und die Errichtung des bürgerlichen Staates als Gewähr für die ungehinderte Entfaltung kapitalistischer Produktionsverhältnisse auf der Tagesordnung. Die Lösung dieser Aufgaben erforderte tiefgreifende Veränderungen in allen Bereichen der Gesellschaft. Die fortschrittliche bürgerliche Gesellschaftsordnung konnte nur im Kampf der sie repräsentierenden Klassen und Schichten gegen den die alte Ordnung verteidigenden Feudaladel durchgesetzt werden.

Das französische Beispiel löste in Deutschland revolutionäre Bewegungen der Volksmassen aus, wie es sie in solcher Breite und Intensität seit dem Bauernkrieg nicht mehr gegeben hatte. Jedoch blieb ihnen ein durchschlagender Erfolg versagt, weil die deutsche Bourgeoisie zu dieser Zeit noch nicht entwickelt genug war, um als Führungskraft aufzutreten und den antifeudalen Kampf der Bauern, Kleinbürger und Lohnarbeiter leiten zu können. Der Beginn der bürgerlichen Umwälzung war somit nicht das Ergebnis einer bürgerlich-demokratischen Revolution in Deutschland. Die ersten Schritte auf dem Wege der bürgerli-

Der sächsische Bauernaufstand 1790.
Anonyme Lithographie, Anfang des 19. Jahrhunderts

chen Umgestaltung standen weitgehend unter dem Zeichen der Revolution in Frankreich. Durch sie wurden die revolutionären Massenbewegungen in Deutschland stimuliert. Von ihr und ihrem großbürgerlich-diktatorischen Erben Napoleon empfing das feudale System in Deutschland Schläge, die seine morschen Grundfesten erschütterten und Breschen für die Entwicklung bürgerlich-kapitalistischer Verhältnisse schlugen.
Gründlich wurden die feudalen Herrschafts- und Ausbeutungsverhältnisse in den Gebieten links des Rheins beseitigt, die im Jahre 1795 dem französischen Staatsverband eingegliedert worden waren, dem sie bis 1814 angehörten. Französische Einwirkung schuf auch die Voraussetzungen für den Beginn der bürgerlichen Umwälzung in Preußen.

Aufstellung des Freiheitsbaumes in Mainz, 1793

Als im Oktober 1806 auf dem Schlachtfeld von Jena und Auerstedt das feudale Regime Preußens eine vernichtende Niederlage erlitt, gelang es einer Fraktion liberaler Adliger und bürgerlicher Intellektueller um Heinrich Karl Reichsfreiherr vom und zum Stein, erste Schritte in der Richtung einer Umwandlung Preußens »zum *bürgerlichen* Staat«[2] durchzusetzen. Agrarreformen leiteten die kapitalistische Bauernbefreiung ein, die Gewerbefreiheit trat an die Stelle der feudalen Zunftverfassung, Reformen in der Verwaltung und im Heerwesen zielten auf eine zeitgemäße Erneuerung des Staatsapparates. Die politische Herrschaft des Adels wurde durch diese Gesetze und Maßnahmen jedoch nicht angetastet.
Die Hoffnungen und Erwartungen, die Preußen mit seinen liberalen Reformen und durch seine Rolle als Ausgangspunkt und Zentrum des nationalen Unabhängigkeitskampfes gegen die napoleonische Fremdherrschaft im Jahre 1813 bei bürgerlich-liberalen Kräften geweckt hatte, wurden nach 1815 bitter enttäuscht. Es war letztlich ein Ausdruck der Schwäche und der Unreife des Bürgertums, daß es der aristokratischen Reaktion ohne Schwierigkeiten gelang, die Ernte des Volkskampfes gegen die napoleonische Fremdherrschaft in ihre Scheuern einzubringen. In Preußen wurde von der erstarkten halbfeudalen Reaktion der Erlaß weiterer Reformgesetze unterbunden. Einige der zwischen 1807 und 1811 in Kraft getretenen liberalen Gesetze wurden revidiert. Mit der Schlußakte des Wiener Kongresses schrieben die Fürsten 1815 den Taufschein des Deutschen

Heinrich Karl
Reichsfreiherr vom und zum Stein.
Lithographie von Heyne

Die Schlacht bei Jena, 14. Oktober 1806. Zeichnung von Martinet, Stich von Brunellière

Des
Allerdurchlauchtigsten Großherzogs und Herrn,
Herrn
Georg,
Großherzogs von Mecklenburg, Fürsten zu Wenden,
Schwerin und Ratzeburg, auch Grafen zu Schwerin,
der Lande Rostock und Stargard Herrn :c. :c.
Patent-Verordnung
wegen
Aufhebung der Leibeigenschaft
in den Großherzogthümern
Mecklenburg-Strelitz und Schwerin.

Neustrelitz den 22sten Februar 1820.

Neubrandenburg,
gedruckt bey Christian Gottlob Korb, Großherzogl. Hofbuchdrucker.

Titelblatt

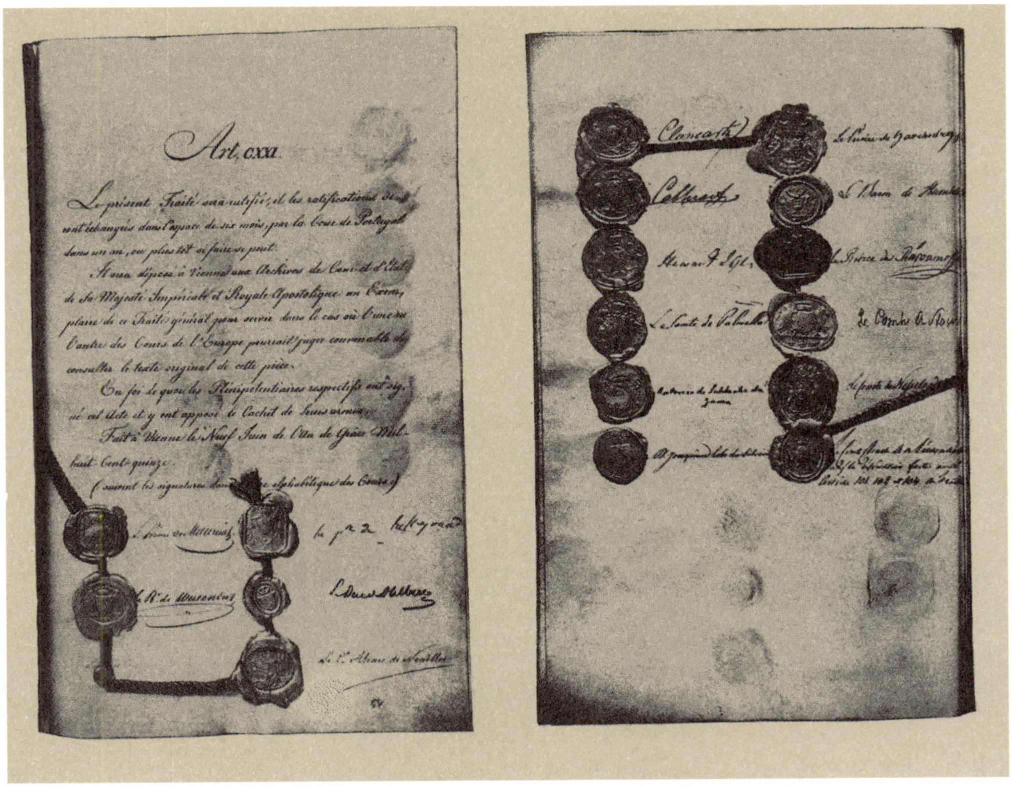

Vorletzte und letzte Seite der Wiener Kongreß-Akte mit den Unterschriften und Siegeln von Metternich, Wessenberg, Talleyrand, Dalberg, Noailles, Clancarty, Cathcart, Stewart, Palmella, Saldanha, Lobo da Silveira, Hardenberg, Humboldt, Razumowsky, Stackelberg, Nesselrode, Löwenhjelm

Bauern verbrennen die Urkunden, in denen ihre feudalen Abgaben und Dienste festgelegt waren. Spätere Darstellung

Wartburgfest der deutschen Studenten, 18. Oktober 1817. Zeitgenössischer Holzstich

Bundes aus, als dessen Hauptzweck die Potentaten der über 30 deutschen Staaten die Sicherung ihrer Souveränität und die gegenseitige Beistandsverpflichtung im Fall revolutionärer Bedrohungen festlegten. Statt des von den fortschrittlichen Kräften des Bürgertums erstrebten einheitlichen bürgerlichen deutschen Nationalstaates war der Deutsche Bund eher eine Einrichtung, die diesen Nationalstaat verhindern sollte.

In den ersten Jahren nach 1815 suchten bürgerliche Kräfte der halbfeudalen Restauration zum Trotz ihren Forderungen Geltung zu verschaffen. Kaufleute verlangten Maßnahmen zur Herstellung der ökonomischen Einheit Deutschlands.

Höhepunkt der bürgerlichen Oppositionsbewegung dieser Jahre war das Wartburgfest der deutschen Burschenschaften am 17./18. Oktober 1817, auf dem zum ersten Mal in einer großen Kundgebung wichtige Forderungen des Bürgertums öffentlich erhoben wurden. Die Allgemeine Deutsche Burschenschaft — gegründet von Studenten, die in den Freikorps gegen die napoleonische Fremdherrschaft gekämpft hatten und ganz vom Geist der bürgerlich-nationalen Bewegung erfüllt waren — wurde zu einer wichtigen politischen Basis für die antifeudalen Bestrebungen der Jahre nach 1815. Sie wurde zu einer Schule, in der eine große Zahl liberaler und demokratischer Wortführer der bürgerlichen Bewegung der dreißiger und vierziger Jahre Elementarkenntnisse des politischen Kampfes gegen die Reaktion erwarb.

Wilhelm v. Humboldt. Zeitgenössische Lithographie

Karikatur auf die Unterdrückung jeder freien Meinungsäußerung durch die Heilige Allianz, um 1825

Der Wiener Kongreß 1815. Nach der Dondorfschen Lithographie des Gemäldes von Jean Baptiste Isabey

Im Jahre 1819 ergriffen die Regierungen der deutschen Staaten rigorose Maßnahmen zur Unterdrückung der weiterdrängenden bürgerlichen Kräfte. Eine Ministerkonferenz in Karlsbad faßte im August 1819 Beschlüsse, die vom Frankfurter Bundestag, der Versammlung von Abgesandten aller Mitgliedstaaten des Deutschen Bundes, kurz darauf sanktioniert wurden. Sie legten unter anderem verschärfte Zensurmaßnahmen und eine strenge obrigkeitliche Überwachung der Universitäten und der Studenten fest. Eine zentrale Untersuchungskommission zur Verfolgung oppositioneller Kräfte nahm ihre Tätigkeit auf. Preußische Reformer wie Wilhelm v. Humboldt und Hermann v. Boyen wurden wegen ihres Einspruchs gegen die Karlsbader Beschlüssse von ihren Ministerposten vertrieben. Die Burschenschaften wurden unterdrückt und ihre Anhänger verfolgt.

Wie in Deutschland, so triumphierte die Reaktion auf dem ganzen europäischen Kontinent. In der Heiligen Allianz vereinbarten im Jahre 1815 der russische Zar, der österreichische Kaiser und der preußische König ein reaktionäres Bündnis, dem sich auch die meisten anderen Staaten Europas anschlossen. Ihr erklärtes Ziel war die Unterdrückung jeder revolutionären Bewegung in Europa. Als zu Beginn der zwanziger Jahre in Italien und Spanien bürgerliche Kräfte größere Erfolge erzielen konnten, ließen die Mächte der Heiligen Allianz ihre Armeen marschieren und verhalfen mit militärischer Gewalt von außen der Reaktion in diesen Ländern wieder in den Sattel.

Aber sowohl in Frankreich und anderen Ländern Westeuropas als auch in Deutschland war es der Reaktion nach 1815 nicht möglich, die tiefgreifenden Veränderungen in der gesamten gesellschaftlichen Struktur rückgängig zu machen, die die Französische Revolution bewirkt hatte. In Preußen blieben die liberalen Agrargesetze und andere Maßnahmen der Reformzeit in ihrer Grundsubstanz unangetastet. Der Druck der direkt oder mittelbar von der Französischen Revolution geschaffenen Tatsachen war so stark, daß die reaktionäre Adelsklasse bei Strafe ihres Unterganges gezwungen war, sich vor allem im ökonomischen Bereich um eine Anpassung an die neuen Bedürfnisse kapitalistischer Entwicklungsprozesse zu bemühen. Trotz aller Hemmungslosigkeit der politischen Reaktion waren deshalb auch die zwanziger Jahre eine Zeit langsamen ökonomischen Fortschritts, in der kapitalistische Produktionsverhältnisse weiter Boden gewannen.

Volkstümliches Flugblatt von den Kämpfen des französischen Volkes im Juli 1830

Als der gallische Hahn zum zweiten Mal krähte

Vom 27. bis 29. Juli 1830 erhob sich das Volk von Paris. Wie der Sturm auf die Bastille am 14. Juli 1789 blieb die Pariser Julirevolution 1830 kein ausschließlich französisches Ereignis. Der Sturz der Bourbonendynastie, die den Franzosen nach der Vertreibung Napoleons von der europäischen Reaktion wieder aufgezwungen worden war, schuf Platz für den »Bürgerkönig« Louis-Philippe, eine willfährige Kreatur in den Händen der französischen Finanzbourgeoisie. Die Julirevolution gab das Zeichen für einen allgemeinen Ausbruch der Unzufriedenheit in ganz Europa. Revolutionäre Bewegungen in Belgien, Italien, der Schweiz und Polen trugen dazu bei, das reaktionäre System der Heiligen Allianz zu erschüttern. Der Aufstand in Polen war besonders bedeutungsvoll. Er verhinderte das Eingreifen des zaristischen Rußlands, der Hauptbastion der feudalen Reaktion, in Westeuropa.

Louis-Philippe mit seinen Ministern 1842. Ausschnitt aus dem Gemälde von Claude Jacquand

Auch in den Staaten des Deutschen Bundes löste die Julirevolution eine neue Welle antifeudaler Bewegungen aus. Sie verkörpern den ersten Versuch einer bürgerlichen Revolution in Deutschland, der freilich noch keine gesamtnationale Dimension erlangte. Spontane Unruhen in einigen Städten Preußens und Österreichs, wie Aachen, Berlin, Breslau und Wien, wurden rasch unterdrückt und konnten die herrschende Reaktion in den beiden mächtigsten Staaten des Deutschen Bundes nicht ernstlich in Gefahr

Die Revolte der Braunschweiger gegen Herzog Karl, 6. September 1830. Zeichnung von Ludwig Burger

bringen. Aber in Sachsen, Braunschweig, Hessen-Kassel, Hessen-Darmstadt, Hannover und in einigen weiteren Territorien wurden die herrschenden Regime von Volkserhebungen erschüttert.
Im Königreich Sachsen hatten die Unruhen am 2. September 1830 begonnen. Mit Hochrufen auf die Julirevolution zogen an diesem und den folgenden Tagen Tausende Kleinbürger und Proletarier durch die Stadt. Ihre Aktionen richteten sich vornehmlich gegen die feudalbürokratische Obrigkeit. Aber auch der neue Widerspruch zwischen Kapital und Arbeit begann sich auszuwirken. Arbeiter und Handwerker wandten sich gegen eine Kamm-

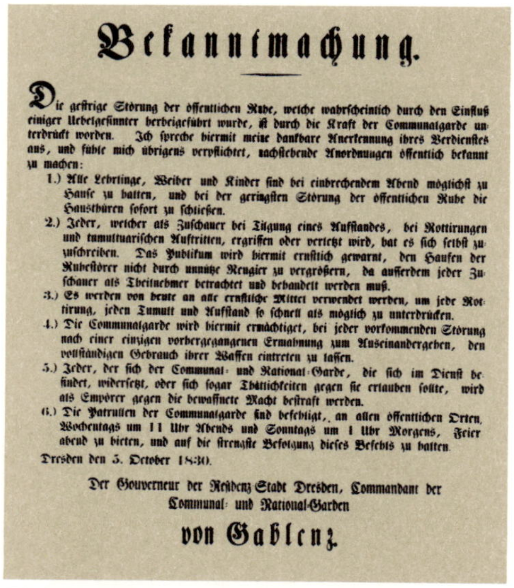

Bekanntmachung.

Die gestrige Störung der öffentlichen Ruhe, welche wahrscheinlich durch den Einfluß einiger Uebelgesinnter herbeigeführt wurde, ist durch die Kraft der Communalgarde unterdrückt worden. Ich spreche hiermit meine dankbare Anerkennung ihres Verdienstes aus, und fühle mich übrigens verpflichtet, nachstehende Anordnungen öffentlich bekannt zu machen:

1.) Alle Lehrlinge, Weiber und Kinder sind bei einbrechendem Abend möglichst zu Hause zu halten, und bei der geringsten Störung der öffentlichen Ruhe die Hausthüren sofort zu schließen.
2.) Jeder, welcher als Zuschauer bei Tilgung eines Aufstandes, bei Rottirungen und tumultuarischen Auftritten, ergriffen oder verletzt wird, hat es sich selbst zuzuschreiben. Das Publikum wird hiermit ernstlich gewarnt, den Haufen der Ruhestörer nicht durch unnütze Neugier zu vergrößern, da außerdem jeder Zuschauer als Theilnehmer betrachtet und behandelt werden muß.
3.) Es werden von heute an alle ernstliche Mittel verwendet werden, um jede Rottirung, jeden Tumult und Aufstand so schnell als möglich zu unterdrücken.
4.) Die Communalgarde wird hiermit ermächtiget, bei jeder vorkommenden Störung nach einer einzigen vorhergegangenen Ermahnung zum Auseinandergehen, den vollständigen Gebrauch ihrer Waffen eintreten zu lassen.
5.) Jeder, der sich der Communal- und National-Garde, die sich im Dienst befindet, widersetzt, oder sich sogar Thätlichkeiten gegen sie erlauben sollte, wird als Empörer gegen die bewaffnete Macht bestraft werden.
6.) Die Patrullen der Communalgarde sind befehligt, an allen öffentlichen Orten, Wochentags um 11 Uhr Abends und Sonntags um 1 Uhr Morgens, Feierabend zu bieten, und auf die strengste Befolgung dieses Befehls zu halten.

Dresden den 5. October 1830.

Der Gouverneur der Residenz-Stadt Dresden, Commandant der Communal- und National-Garden

von Gablenz.

Plakatanschlag in Dresden, Oktober 1830

Georg Forster.
Nach dem Gemälde von J. H. W. Tischbein

garnspinnerei und gegen die Druckerei des Verlages Brockhaus und zerstörten maschinelle Produktionsanlagen.
Am 9. September 1830 erfaßte die revolutionäre Bewegung Dresden. Das Rathaus und das Polizeiamt wurden gestürmt, das zur Niederwerfung des Aufstandes eingesetzte Militär mit Steinwürfen in die Flucht geschlagen. In mehr als 30 Orten kam es zu ähnlichen Ausbrüchen des Volkszornes. Auch die bäuerliche Bevölkerung trat gegen die bestehenden Zustände auf. Deren Wortführer forderten vor allem die Aufhebung der vielfältigen feudalen Abgaben und der Fronarbeit. Angehörige der herrschenden Adelsklasse begriffen, daß sie, um ihre Positionen zu bewahren, Zugeständnisse gewähren mußten. Eine Verfassung wurde proklamiert, und eine Agrarreform leitete die Ablösung der Bauern aus feudaler Abhängigkeit ein.
Wie in Sachsen, so konnten die Aktionen der Volksmassen in einigen weiteren Staaten liberale Agrarreformen und die Gewährung von Verfassungen erzwingen. Das Bürgertum benutzte die Unruhen des Volkes, um bei dem jeweiligen Landesfürsten darüber hinaus auf Erfüllung der Forderungen nach Aufbau von Bürgergarden, städtischer Selbstverwaltung, Geschworenengerichten und Pressefreiheit zu dringen. Die in Baden, Bayern und Württemberg tagenden Landtagskammern dienten den Liberalen als Arena für parlamentarische Vorstöße gegen die Regierungen. Ihren größten Erfolg erzielte die liberale Kammeropposition in Baden, wo es ihr für kurze Zeit gelang, die Pressefreiheit durchzusetzen. Die Wortführer der badischen Opposition, die Professoren Karl Wenzeslaus Rodecker v. Rotteck und Karl Theodor Welcker, erhielten aus Kreisen des liberalen Bürgertums auch anderer deutscher Staaten begeisterte Zustimmung. Die liberale Agitation erlebte in den südwestdeutschen Staaten einen Höhepunkt.
Am Anfang der dreißiger Jahre begann sich unter dem Eindruck der revolutionären Massenaktionen die Oppositionsbewegung

Heinrich Heine

Ludwig Börne.
Stich nach einem Gemälde von Moritz Oppenheim

Georg Büchner.
Lithographie von A. Hoffmann, um 1835

rascher zu differenzieren. Die demokratische Strömung im antifeudalen Lager, die im Bauernkrieg in Thomas Müntzer und in der Zeit der Französischen Revolution in Georg Forster ihre hervorragendsten Repräsentanten hervorgebracht hatte, gewann jetzt an Breite. In der Position von zwei der aktivsten oppositionellen Publizisten, von Johann Georg August Wirth aus Bayreuth und Philipp Jakob Siebenpfeiffer aus Zweibrücken, wurden neben linksliberalen zunehmend auch demokratische Elemente sichtbar. Sie traten in den von ihnen herausgegebenen Zeitungen in wachsendem Maße für eine Orientierung auf die Kraft der Volksmassen ein. Der revolutionäre Demokratismus fand seinen klarsten Ausdruck in der Publizistik Heinrich Heines, Ludwig Börnes und — wenig später — Georg Büchners. Heine und Börne, die in Paris unter dem Julikönigtum Gelegenheit hatten, eine nach den Grundsätzen des gemäßigten Liberalismus gezimmerte politische und soziale Ordnung aus nächster Nähe zu beobachten, erkannten die besitzbürgerliche Begrenztheit des Liberalismus. Die Demokraten unterstützten die Freiheitsbewegungen anderer Völker. Große Teile des Volkes bekundeten materiell und moralisch ihre Solidarität mit den polnischen Revolutionären. Die Unterstützung des polnischen Freiheitskampfes, an der sich auch das liberale Bürgertum beteiligte, war eine Kampfansage an die Heilige Allianz.

Weithin sichtbarer Höhepunkt der demokratischen Bewegung wurde das Volksfest auf dem Schloß Hambach in der Rheinpfalz am 27. Mai 1832, das mit etwa 30 000 Teilnehmern die größte Massenkundgebung vor der Revolution 1848/49 war. Intellektuelle, Kaufleute, Kleinbürger, Handwerksgesellen, Lohnarbeiter und Bauern aus Baden, Bayern, der Stadt Frankfurt (Main), den hessischen Staaten, Württemberg, vereinzelt aber auch aus Preußen, Hannover und Sachsen versammelten sich, um ihrem Verlangen nach bürgerlichen Freiheiten und nationaler Einheit Ausdruck zu geben. Für den politischen Charakter des Hambacher Festes war wesentlich, daß in den Auseinandersetzungen, die während seiner Vorbereitung zwischen Liberalen und Demokraten geführt wurden, letztere die Oberhand behielten. Siebenpfeiffer und andere Festredner kritisierten die bestehende Adelsherrschaft, prangerten aber auch die gemäßigten Liberalen wegen ihrer Tatenlosigkeit und mangelnden Entschiedenheit im Kampf um den bürgerlichen Fortschritt an. Wirth forderte in seiner Ansprache eine deutsche Föderativrepublik und ein dem demokratischen Ideal der Völkergemeinschaft entsprechendes konföderiertes republikanisches Europa.

Trotz der nach dem Hambacher Fest verstärkt einsetzenden Reaktion gaben sich die Vertreter der Oppositionsbewegung zunächst noch nicht geschlagen. Während die Liberalen sich fast ausnahmslos innerhalb der engen Grenzen legaler Möglichkeiten hielten und sich auf eine immer fruchtloser werdende Kammeropposition beschränkten, drängten die radikaleren Kräfte zu entschiedenem Vorgehen. In Frankfurt (Main), wo der Bundestag, seit 1815 Symbol und Werkzeug der reaktionären Fürstenherrschaft in Deutschland, seinen Sitz hatte, begannen sie mit der Vorbereitung einer bewaffneten Aktion. Am 3. April 1833, abends um 9 Uhr 30, stürmten einige Dutzend Verschworene, vorwiegend Studenten, einige Handwerksgesellen und polnische Offiziere, die Hauptwache der Stadt. Ehe noch das Volk sich in den Straßen sammeln und eingreifen konnte, war die verratene Aktion von Truppen der Frankfurter Garnison unterdrückt. Trotz seines Scheiterns war der Frankfurter Wachensturm nicht ohne Bedeutung für die Entwicklung der kleinbürgerlich-demokratischen Bewegung, da er die Erfahrung

Der Zug zum Hambacher Schloß, 27. Mai 1832. Anonymer zeitgenössischer Holzstich

Sturm auf die Hauptwache in Frankfurt (Main), 3. April 1833. Zeitgenössische Lithographie

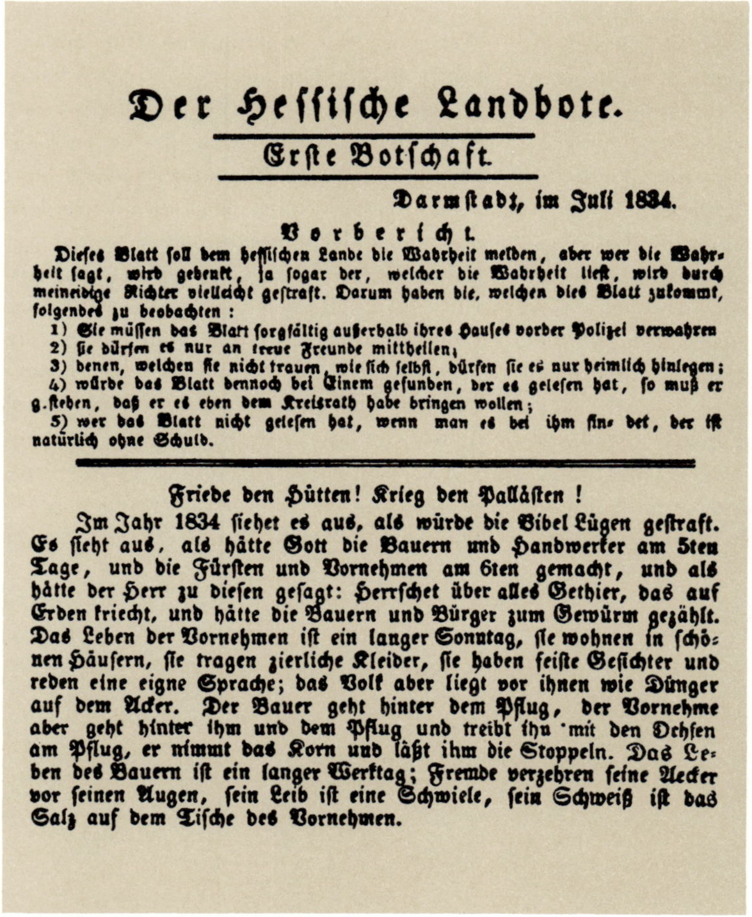

Der Hessische Landbote.

Erste Botschaft.

Darmstadt, im Juli 1834.

Vorbericht.

Dieses Blatt soll dem hessischen Lande die Wahrheit melden, aber wer die Wahrheit sagt, wird gehenkt, ja sogar der, welcher die Wahrheit liest, wird durch meineidige Richter vielleicht gestraft. Darum haben die, welchen dies Blatt zukommt, folgendes zu beobachten:

1) Sie müssen das Blatt sorgfältig außerhalb ihres Hauses vorder Polizei verwahren
2) sie dürfen es nur an treue Freunde mittheilen;
3) denen, welchen sie nicht trauen, wie sich selbst, dürfen sie es nur heimlich hinlegen;
4) würde das Blatt dennoch bei Einem gefunden, der es gelesen hat, so muß er g.stehen, daß er es eben dem Kreisrath habe bringen wollen;
5) wer das Blatt nicht gelesen hat, wenn man es bei ihm fin- det, der ist natürlich ohne Schuld.

Friede den Hütten! Krieg den Pallästen!

Im Jahr 1834 siehet es aus, als würde die Bibel Lügen gestraft. Es sieht aus, als hätte Gott die Bauern und Handwerker am 5ten Tage, und die Fürsten und Vornehmen am 6ten gemacht, und als hätte der Herr zu diesen gesagt: Herrschet über alles Gethier, das auf Erden kriecht, und hätte die Bauern und Bürger zum Gewürm gezählt. Das Leben der Vornehmen ist ein langer Sonntag, sie wohnen in schönen Häusern, sie tragen zierliche Kleider, sie haben feiste Gesichter und reden eine eigne Sprache; das Volk aber liegt vor ihnen wie Dünger auf dem Acker. Der Bauer geht hinter dem Pflug, der Vornehme aber geht hinter ihm und dem Pflug und treibt ihn mit den Ochsen am Pflug, er nimmt das Korn und läßt ihm die Stoppeln. Das Leben des Bauern ist ein langer Werktag; Fremde verzehren seine Aecker vor seinen Augen, sein Leib ist eine Schwiele, sein Schweiß ist das Salz auf dem Tische des Vornehmen.

»Der Hessische Landbote«, revolutionäre Flugschrift von Georg Büchner, 1834

Hamburger Zensoren. Federzeichnung von Theodor Hosemann, 1847

vermittelte, das Verschwörungen ein fragwürdiges Mittel sind, um revolutionäre Umwälzungen herbeizuführen.

Die Erkenntnis, daß es darauf ankommt, durch politische Aufklärung die Volksmassen auf die bürgerlich-demokratische Revolution vorzubereiten, war der Ausgangspunkt für das Wirken Büchners. In seiner im Sommer 1834 geschriebenen und verbreiteten Flugschrift »Der Hessische Landbote« knüpfte Büchner, der entschiedenste und klarste Kopf einer in Hessen illegal wirkenden oppositionellen Gruppe um den Pastor Friedrich Ludwig Weidig, unmittelbar an die materiellen Interessen der Ausgebeuteten an. In Büchner verkörperte sich die reifste und höchste Stufe revolutionär-demokratischen Denkens und Handelns im Deutschland der dreißiger Jahre.

Mit den revolutionären Bewegungen der Jahre 1830—1834 begann ein neuer Abschnitt in der Geschichte des antifeudalen Kampfes. Während die oppositionelle Bewegung in den Jahren zwischen 1815 und 1830 vor allem von der bürgerlichen Intelligenz getragen worden war, stellten jetzt Kleinbürger, Arbeiter und Bauern die wichtigste Kraft dar. Gleichzeitig trat auch das liberale Bürgertum zum ersten Mal in größerem Umfang als oppositionelle Kraft hervor. Hegemon und Triebkräfte der bürgerlich-demokratischen Revolution begannen sich zu formieren.

Macht und Ohnmacht der Reaktion

Wenn es der Reaktion gelang, diesen verheißungsvollen Anlauf noch einmal abzufangen, so vor allem deshalb, weil die antifeudale Bewegung im wesentlichen auf die Kleinstaaten beschränkt blieb. Österreich und Preußen konnten als Initiatoren und Organisatoren eines Gegenangriffes der Reaktion auftreten. Die Bourgeoisie hatte sich politisch noch nicht in nationalem Rahmen als Klasse konsolidiert. Überall in den Kleinstaaten hatte sich das wohlhabende Bürgertum mit einigen liberalen Zugeständnissen durch den jeweiligen Landesfürsten zufriedengegeben und sich dann an der Unterdrückung der Volksunruhen beteiligt.

Die Karlsbader Beschlüsse des Jahres 1819 waren nach 1830 zwar nirgends formell aufgehoben, aber doch de facto in einer Reihe von Kleinstaaten außer Kraft gesetzt beziehungsweise nicht angewandt worden. Der unerhörte Skandal, den nach Metternichs Worten das Hambacher Fest darstellte, wurde nun als Anlaß benutzt, um die Reaktion auch in jenen Staaten des Deutschen Bundes, wo sie vorübergehend wie gelähmt gewesen war, wieder zur Geltung zu bringen. Die Volksbewegung wurde mit Verhängung des Ausnahmezustandes, mit Verboten und Verhaftungen unterdrückt. Der Bundestag faßte noch im Juni und Juli 1832 Beschlüsse, in denen die nach der Karlsbader Beratung 1819 erlassenen reaktionären Bestimmungen noch verschärft wurden. Mit rigorosen Maßnahmen wurde gegen die liberale Presse vorgegangen. Ein besonderer Beschluß beschränkte die Befugnisse der Landtage und engte damit die Möglichkeiten der liberalen Kammeropposition weiter ein. Nach dem Frankfurter Wachensturm setzte der Bundestag eine Zentralbehörde für die Untersuchung politischer Delikte ein. Die Krönung der Regierungsvereinbarungen, die der Reaktion der dreißiger Jahre als Richtschnur dienten, stellten die Beschlüsse der Wiener Ministerkonferenz vom Juni 1834 dar. Sie schränkten die Rechte der bestehenden Kammern weiter ein, verschärften die Zensur der Presse und verstärkten die Überwachung der Universitäten, letzteres vor allem mit dem Ziel, alle geheimen Verbindungen der Studenten zu unterdrücken.

In der Mitte und in der zweiten Hälfte der dreißiger Jahre kamen die Beschlüsse zur Unterdrückung der Oppositionsbewegung voll zur Wirkung. Von der Zentraluntersuchungsbehörde in Frankfurt (Main) wurden bis zum Jahre 1842 gegen 2140 politisch verdächtige Personen Untersuchungen durchgeführt. Strafrechtlich verfolgt wurden vor allem die Teilnehmer am Hambacher Fest und an ähnlichen Volksversammlungen, die am Frankfurter Wachensturm Beteiligten sowie die Mitglieder der Burschenschaften. Viele Opfer dieser Verfolgungswelle wurden körperlich und moralisch gebrochen. Nicht wenige der Verfolgten aber reiften durch die Erfahrungen ihrer Haftzeit zu entschiedenen Anhängern der Oppositionsbewegung mit demokratischer Überzeugung heran.

Von den in Frankfurt (Main) eingekerkerten 22 Teilnehmern am Wachensturm konnten zwei während der über dreijährigen Untersuchungshaft fliehen, drei starben während des Verfahrens, einer wurde geisteskrank. Von den restlichen Angeklagten wurde einer freigesprochen, vier zwischen sechs Monaten und 15 Jahren, elf lebenslänglich zu Zuchthaus verurteilt.

In Preußen setzte eine rigorose Verfolgung aller Studenten ein, die der Teilnahme an der Burschenschaft verdächtig waren. Die Gefängnisse waren bald so überfüllt, daß die Behörden beim König die Einrichtung neuer Haftanstalten beantragten. In einem vom Berliner Kammergericht im August 1836 gefällten Urteil gegen 204 Burschenschafter wurden in 165 Fällen auf zum Teil lebenslange Freiheitsstrafen erkannt und 39 Todesurteile ausgesprochen, die später in Haftstrafen umgewandelt wurden. Auch in Bayern wurden wegen Zugehörigkeit zur Burschenschaft Todesurteile gefällt.

In einigen Prozessen trat die zügellose Brutalität und die auf die physische Vernichtung der Opfer abzielende Rechtswillkür,

Der Deutsche Bund 1815–1866

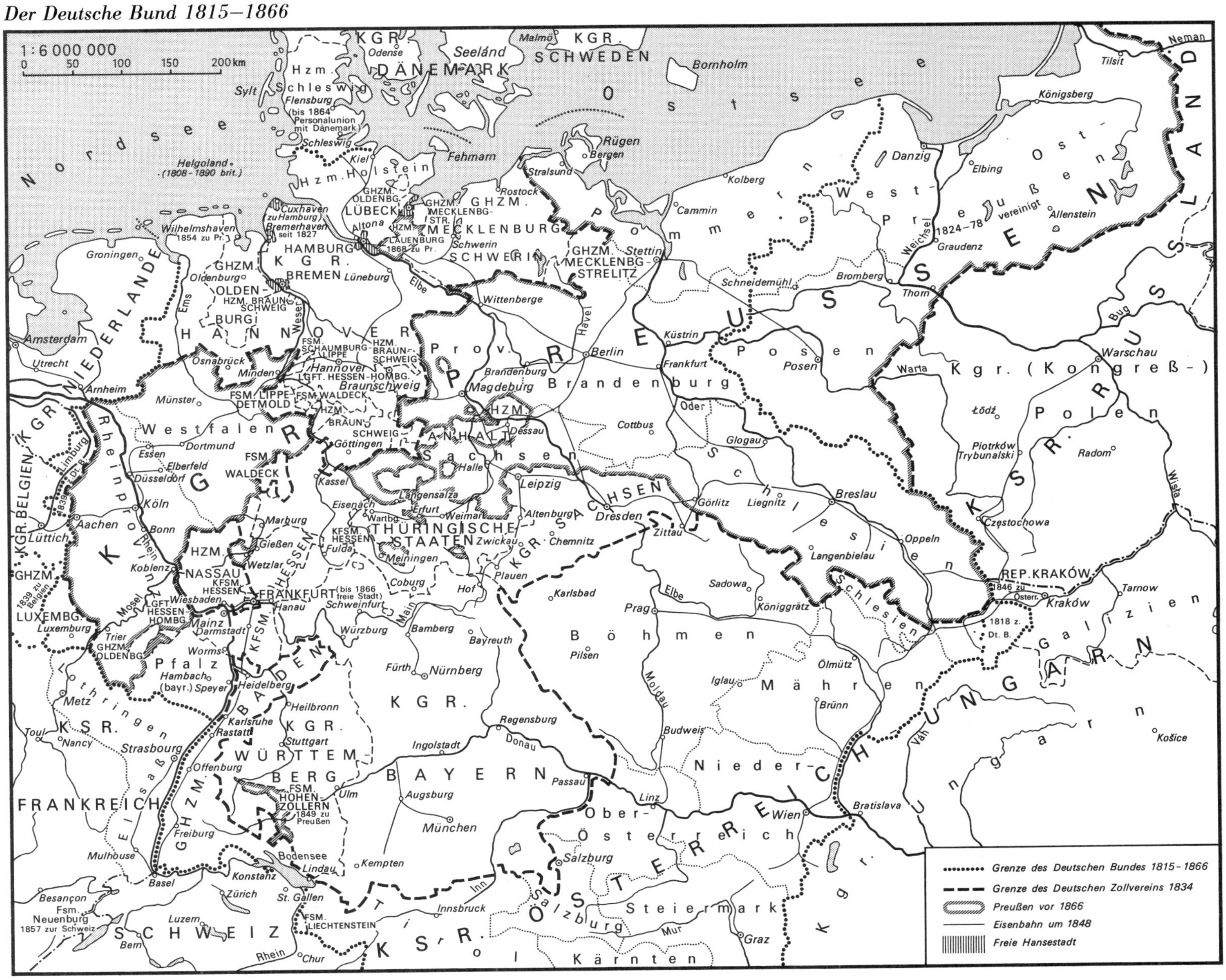

die für das Reaktionsregime der dreißiger Jahre charakteristisch waren, besonders deutlich hervor. Der Würzburger Arzt Gustav Eisenmann zog sich den Unwillen des Königs Ludwig I. zu, weil er wegen seiner liberalen Gesinnung den Vorschlag ablehnte, in die Redaktion einer bayerischen Staatszeitung einzutreten. Wegen des Abdrucks eines Artikels in einer von ihm herausgegebenen oppositionellen Zeitung, der einer schon zensierten Zeitschrift entnommen war, wurde er des Hochverrats beschuldigt und 1836 zu Zuchthaus auf unbestimmte Zeit und Abbitte vor dem Bilde des Monarchen verurteilt.

Pastor Weidig wurde in großherzoglich-hessischer Untersuchungshaft zum Selbstmord getrieben. Sein Leichnam trug unverkennbare Spuren körperlicher Mißhandlungen. Der verantwortliche Untersuchungsrichter wurde vom leitenden Minister Karl Wilhelm Heinrich du Thil nicht nur gedeckt, sondern noch mit einem Orden und einem Kammersitz belohnt.

Erreichten diese Verfolgungen zunächst ihr Ziel, die oppositionelle Bewegung einzuschüchtern und zu unterdrücken, so trugen sie jedoch gleichzeitig dazu bei, dieser Bewegung neue Anhänger zu gewinnen. Weidigs Tod und seine Begleitumstände wurden zum prägenden Kindheitserlebnis für den ihm blutsverwandten Knaben Wilhelm Liebknecht.

Die Klasse, von der das Regime in den Staaten des Deutschen Bundes getragen wurde, war der Adel. Er besetzte die maßgebenden Posten in der Verwaltung und stellte das Offizierskorps in der Armee. In der Regierungspolitik der deutschen Staaten realisierte die große Mehrheit des Adels ihre Interessen. Auf dem Lande übten die Grund- und Gutsherren in der Gemeindeverwaltung sowie als Inhaber der Patrimonialgerichtsbarkeit und polizeilicher Befugnisse unmittelbar staatliche Gewalt über die Dorfbewohner aus.

In Preußen standen an der Spitze der Kreise die Landräte. Die ritterschaftlichen Großgrundbesitzer des Kreises wählten aus ihrer Mitte drei Kandidaten, von denen einer gemäß dem Entscheid der Regierung in das Landratsamt einzog. Der Landrat blieb als staatlicher Verwaltungsbeamter unmittelbar ein Vertrauensmann der kreiseingesessenen Ritterschaft.

Besonders nutzten die Gutsherren ihre patrimoniale Befugnis über die dörfliche Verwaltung. Die Ortsvorstände setzten sich zu-

Auseinandersetzung von Arbeitern, Gesellen und Lehrlingen mit Militär und Polizei in Berlin, August 1835. Darstellung der Neuruppiner Bilderbogen, 1835

sammen aus dem Schulzen, den Schöppen oder Beisitzern und einem Schreiber. Auf die Besetzung dieser Stellen hatten die bäuerlichen und die proletarischen Bewohner der Landgemeinden nicht den geringsten Einfluß. Dieses Recht lag allein in der Hand des Gutsbesitzers. Im Unterschied zu den Städten, die durch die Steinsche Städteordnung gewisse Selbstverwaltungsrechte erhalten hatten, war in der Verwaltung der Landgemeinden in der Reformzeit nichts geändert worden. Die Ortsvorstände waren lediglich Beauftragte der Gutsherrschaft. Sie hatten im wesentlichen nur deren Befehle sowie die des Landrats durchzuführen.

Als Inhaber der Polizeigewalt verfügten die Gutsherren über zahlreiche Aufsichts- und Kontrollrechte. Häufig übertrugen sie die Wahrnehmung der Polizeigeschäfte einem ihrer Angestellten. Ein polizeilicher Stellvertreter des Gutsbesitzers befand sich dann in der Lage, daß er »sein Amt nur so lange verwaltet, solange er sich der Zufriedenheit seines Machtgebers erfreut. Verliert er diese — und dies kann«, wie ein zeitgenössischer Berichterstatter bezeichnenderweise hinzufügte, »bei der gewissenhaftesten Amtsverwaltung gerade am ehesten vorkommen —, so ist es bei ihm um Amt und Brot geschehen. Die Klugheit gebietet ihm daher, in allen den Fällen, in denen der Grundherr Partei ist, das Interesse desselben, oft gegen alles Recht und zum Schaden der Gegenpartei, wahrzunehmen.« [3]

Ähnlich verhielt es sich mit der Patrimonialgerichtsbarkeit.

Dieses System der Verwaltung, des Polizeiwesens und der Gerichtsbarkeit auf dem Lande hatte zur Folge, daß die bäuerliche und proletarische Dorfbevölkerung der schlimmsten und hemmungslosesten Willkürherrschaft der Junker schutzlos ausgeliefert war. Über die Zustände, wie sie noch in den Jahren vor der Revolution in Oberschlesien herrschten, berichtete ein zeitgenössischer Beobachter: »Die Fälle, daß Leute zu Tode geprügelt wurden, zählten keineswegs zu den Seltenheiten, und diese Verbrechen kamen nur ausnahmsweise zur Anzeige und Bestrafung der Schuldigen, da die Furcht (der Dorfbewohner vor Vergeltungsmaßnahmen der Junker — *H. B.*) zu groß war.« [4] Die Möglichkeiten der Dorfbewohner, sich auf gesetzlichem Wege durch Einspruch und Beschwerde bei den Behörden gegen die gutsherrliche Willkür zur Wehr zu setzen, waren gleich Null. »Hier Raubritter, dort Raubritter oder Leute, die in ihrem Interesse wirkten, konnte da den Gemeinden etwas anderes passieren, als nach dem beliebten Preußenausdruck ab- und zur Ruhe verwiesen zu werden?« [5]

Ein wesentliches Merkmal der Reaktionspolitik der dreißiger Jahre bestand darin, daß die Regierungen einiger Staaten sich verstärkt auf religiös-klerikale Kräfte stützten, um mit ihrer Hilfe der Revolution entgegenzuwirken. In Preußen fanden solche Bestrebungen vor allem beim Kronprinzen,

Clemens Lothar Wenzel Fürst v. Metternich. Radierung von W. Unger nach dem Gemälde von Th. Lawrence

dem späteren König Friedrich Wilhelm IV., Rückhalt und Förderung. Besonders deutlich wurde die wachsende religiös-klerikale Ausprägung der Reaktion in Österreich.
Im habsburgischen Kaiserstaat vollzog sich 1835 ein Monarchenwechsel. Der neue Kaiser Ferdinand I. erwarb sich bald den Ruf, ein schwachsinniger Trottel zu sein. Die dominierende Gestalt des reaktionären Regimes in Österreich war der Staatskanzler Clemens Lothar Wenzel Fürst v. Metternich, der zu einer Symbolfigur der Reaktion emporwuchs.
Metternich hatte Philosophie, Staats- und Rechtswissenschaften studiert. In sein Weltbild gingen gewisse Elemente des rationalistisch-aufklärerischen Denkens des 18. Jahrhunderts ein. Maßgebend und bestimmend wurden für ihn jedoch das Erlebnis der Französischen Revolution und der in Reaktion darauf entwickelte Konservatismus. Metternich trat in den diplomatischen Dienst Österreichs. 1809 übernahm er die Leitung der österreichischen Außenpolitik. In den Jahren 1814/15 führte er den Vorsitz auf dem Wiener Kongreß. 1821 mit der Würde des Haus-, Hof- und Staatskanzlers ausgezeichnet, prägte Metternich weitgehend das reaktionäre System, das nach 1815 seine Herrschaft antrat. Im persönlichen Umgang und Auftreten aristokratisch-verbindlich und vielseitig interessiert, verfolgte er in seinem öffentlichen Wirken eine doktrinär-konservative und streng reaktionäre Politik. Mehrfach bezeichnete er sich selbst als einen Felsen der Ordnung, an dem die Wellen der liberalen und demokratischen Bewegung zerschellten. Für die Entwicklung des österreichischen Kaiserstaates selbst hatte Metternichs Politik der Unterdrückung jeder fortschrittlichen Regung höchst negative Auswirkungen. Die Verhinderung jedes Zugeständnisses an die bürgerlichen Kräfte und das starre Festhalten am alten hatten zur Folge, daß die Kluft zu den anderen deutschen Staaten, wo fast überall erste Schritte auf dem Wege der bürgerlichen Umwälzung gemacht wurden, sich immer mehr vergrößerte. Österreich erwarb sich unter Metternichs Regime den Ruf eines Hortes der Finsternis und der Reaktion. Das Ziel seiner Politik, die Durchsetzung der bürgerlichen Ordnung zu verhindern, war historisch irreal.
Deutlichster Ausdruck für die verstärkte Förderung der Kirche durch den österreichischen Staat in den dreißiger Jahren war die offizielle Wiederzulassung der Jesuiten für das gesamte Gebiet des Kaiserstaates im Jahre 1836. Auch in Bayern wurde die Bevorzugung religiös-klerikaler Kräfte zur dominierenden Linie staatlicher Politik. Nicht in gleichem Maß klerikal gefärbt wie in Österreich und Bayern, aber keineswegs weniger reaktionär war die Politik der anderen Staaten des Deutschen Bundes. Nach der Niederschlagung der Volksbewegung und der Unterdrückung der politischen Studenten- und sonstigen geheimen Verbindungen gingen die Regierungen der Kleinstaaten rigoros gegen die liberale Opposition in ihren Landtagen vor. Behördliche Wahlmanipulationen, Landtagsauflösungen, Einkerkerung der oppositionellen Wortführer, das waren die Mittel, mit denen die Reaktion alle Versuche der Liberalen vereitelte, die in den Verfassungen formal gegebenen Möglichkeiten zur Entwicklung eines konstitutionellen Systems praktisch wirksam zu machen. Trotz bestehender Verfassungen wurde überall ein autokratisch-monarchisches Regierungssystem durchgesetzt. Die konstitutionellen Elemente der Verfassungen wurden auf einen reinen Scheinkonstitutionalismus reduziert. Nicht wenige Liberale in den deutschen Kleinstaaten, die ihre Hoffnungen auf die Möglichkeit eines Ausbaus der konstitutionellen Rechte gesetzt hatten, begannen zu resignieren.
Das reaktionäre Herrschaftssystem der Fürsten und des Adels, das Deutschland niederdrückte, war der Hauptfeind, gegen den sich die antifeudale Oppositionsbewegung richtete. Seine Zerschlagung war die vorrangige Aufgabe der in den vierziger Jahren heranreifenden bürgerlich-demokratischen Revolution. Obwohl Preußen und die meisten anderen deutschen Staaten seit der Reformzeit einige Schritte auf dem Wege der bürgerlichen Umwälzung unter-

Der Deutsche Bundestag in Frankfurt (Main). Stahlstich, um 1819

Die Göttinger Sieben. Von oben nach unten: Gervinus, Wilhelm Grimm, Jakob Grimm, Albrecht, Weber, Ewald, Dahlmann. Spätere Darstellung

nommen hatten und Konzessionen an die ökonomischen Bedürfnisse der Bourgeoisie gemacht worden waren, blieb auch für die Bourgeoisie die Überwindung dieses Systems eine unumgängliche Notwendigkeit. Bürokratische Bevormundung und Gängelung seitens des Staates behinderten ihre Entwicklung. Jede Einflußnahme auf die Staatsgeschäfte wurde ihr verwehrt. Die Regierungen der deutschen Staaten waren Sachwalter der Interessen des Adels.

Wie innerhalb des Deutschen Bundes, so konnte die Reaktion sich auch im europäischen Rahmen erneut stabilisieren. Die Hauptmacht der feudalen Reaktion, das zaristische Rußland, bekam nach der blutigen Niederschlagung des polnischen Aufstandes 1831 wieder freie Hand, um seinen Einfluß vor allem auf Preußen und Österreich geltend zu machen. Die drei Mächte erneuerten förmlich die Heilige Allianz. Sie bekannten sich zu dem Grundsatz vom angeblichen Recht auf Einmischung in die inneren Angelegenheiten anderer Staaten zur Niederschlagung revolutionärer Bewegungen.

In der ersten Hälfte der dreißiger Jahre wurde jedoch in den internationalen Beziehungen schon deutlich, daß sich das Kräfteverhältnis gegenüber der Gründungszeit der Heiligen Allianz verändert hatte. Mit deutlicher Spitze gegen die drei östlichen Mächte, die die Reaktion gegen den bürgerlichen Fortschritt in Europa verkörperten, schlossen die westeuropäischen Staaten England, Frankreich, Spanien und Portugal im April 1834 einen Vertrag, der den konstitutionell-liberalen Regierungen Portugals und Spaniens Unterstützung in ihrem Kampf gegen die bewaffnete innere feudale Reaktion zusicherte. Gleichzeitig festigte dieser Vertrag die Stellung der französischen Julimonarchie, die ihres revolutionären Ursprungs wegen der Heiligen Allianz, besonders aber Rußland, ein Dorn im Auge war. Der Sturz der Bourbonendynastie in Frankreich konnte aber von der internationalen Reaktion nicht rückgängig gemacht werden.

Auch an der inneren Entwicklung der Staaten des Deutschen Bundes wurde deutlich, daß der Sieg der reaktionären Kräfte Grenzen hatte. Sichtbaren Ausdruck fand das Fortleben oppositionellen Geistes in der Haltung der Göttinger Sieben und dem großen Widerhall, den dieses Ereignis hervorrief. Die Außerkraftsetzung der seit 1833 in Hannover bestehenden Verfassung durch König Ernst August im November 1837 rief den öffentlichen Protest von sieben angesehenen Göttinger Professoren hervor, darunter die Historiker Friedrich Christoph Dahlmann und Georg Gottfried Gervinus sowie die Germanisten Jakob und Wilhelm Grimm. Sie nahmen ihre Entlassung und Verweisung außer Landes in Kauf. Das Wort Ernst Augusts, daß Huren, Ballettänzerinnen und Professoren für Geld überall zu haben seien, bewahrheitete sich nicht. Der König von Hannover war, wie es Vertretern historisch überlebter Klassen oft eigen ist, unfähig, die Moral des fortschrittsbewußten Bürgertums zu begreifen und als eine politische Größe in Rechnung zu stellen.

Der Aufschwung der kapitalistischen Produktion

Zollstation an der Grenze zwischen Sachsen-Altenburg und Sachsen-Weimar-Eisenach. Kupferstich von C.I. Heß, um 1820

Bedeutsamer als solche politische Protestaktion liberaler Bürger war für die Einschränkung des Spielraums der Reaktion auf lange Sicht, daß eine beschleunigte Entwicklung der kapitalistischen Produktionsverhältnisse einsetzte. Die revolutionären Bewegungen zu Beginn der dreißiger Jahre hatten in Verbindug mit den elementaren Bedürfnissen der ökonomischen Entwicklung in einer Reihe von Staaten des Deutschen Bundes weitere Schritte auf dem Wege der bürgerlichen Umwälzung erzwungen, die von der politischen Reaktion akzeptiert werden mußten. Eines der wichtigsten Zugeständnisse an die Bedürfnisse kapitalistischer Entwicklung seitens der herrschenden halbfeudalen Klasse war die Gründung des Deutschen Zollvereins. Die Forderung nach Beseitigung der innerdeutschen Zollschranken wurde von Kaufleuten und Fabrikanten erstmals in den Jahren nach 1815 unüberhörbar gestellt. Sie war seitdem nicht mehr verstummt. Die preußische Regierung bemühte sich nach der Julirevolution verstärkt um den Ausbau eines von ihr geführten Zollverbandes innerhalb des Deutschen Bundes. Motive für diese Haltung waren sowohl die Absicht, die antifeudale Oppositionsbewegung durch wirtschaftspolitische Konzessionen an das Bürgertum einzudämmen, als auch das Ziel, den Einfluß Preußens auf die Kleinstaaten des Deutschen Bundes zu erhöhen. Insgesamt schlossen sich 18 Staaten des Deutschen Bundes mit einem Territorium von 425 023 Quadratkilometern und 23 Millionen Einwohnern mit Wirkung vom 1. Januar 1834 zum Deutschen Zollverein zusammen. Innerhalb dieses Gebietes wurden sämtliche Zölle abgeschafft und gegenüber allen nicht zum Zollverein gehörenden Staaten ein einheitliches Ein- und Ausfuhrzollsystem angewandt. Weitere deutsche Kleinstaaten schlossen sich in den folgenden Jahren an. Außerhalb des Deutschen Zollvereins blieben nur Österreich und einige norddeutsche Kleinstaaten. Indem der Deutsche Zollverein die meisten deutschen Kleinstaaten wirtschaftlich enger an Preußen band, stärkte er dessen Machtstellung. Die Gründung des Deutschen Zollvereins war ein entscheidender Schritt zur Bildung eines nationalen Marktes. Sie schuf günstige Bedingungen für die Entwicklung des Kapitalismus und war eine wichtige Voraussetzung für das volle Einsetzen der industriellen Revolution.

Die moderne kapitalistische Industrie entstand in den einzelnen Ländern zu verschiedenen Zeiten. Im Mutterland des Industriekapitalismus, in England, vollzog sich die industrielle Revolution im letzten Drittel des 18. Jahrhunderts und im ersten Drittel des 19. Jahrhunderts, in Frankreich während der ersten Hälfte des 19. Jahrhunderts. In Deutschland erhielten sich als typische Formen der gewerblichen Produktion das Handwerk und die Manufaktur bedeutend länger. Fabriken existierten vereinzelt bereits seit dem Ende des 18. Jahrhunderts, bestimmten aber noch nicht den Charakter der nichtagrarischen Produktion.

Eine qualitativ neue Stufe erreichte die Entwicklung der Wirtschaft in Deutschland, als in der Mitte der dreißiger Jahre ein Aufschwung der industriellen Produktion einsetzte, der zyklischen Charakter trug. Die Anlage von Kapital in der Form von Fabrikneugründungen und -erweiterungen

Fabrik mit mechanischen Webstühlen in England. Stahlstich von J. Tingle nach einer Zeichnung von T. Allom

Maschinenfabrik Harkort in Wetter an der Ruhr. Gemälde von A. Rethel, 1832

stieg sprunghaft an. Damit begann eine neue Phase der industriellen Revolution in Deutschland. Innerhalb eines Zeitraumes von etwa vier Jahrzehnten wurde nun in wichtigen Bereichen der gewerblichen Produktion die Handarbeit durch die Maschinenarbeit ersetzt. Die industrielle Revolution wandelte die alte Produktionsweise vollständig um und schuf die Grundlage für den endgültigen Sieg des Kapitalismus über den Feudalismus. In entscheidenden Zweigen der gewerblichen Produktion vollzogen sich technische Umwälzungen. Die rasch wachsende Mechanisierung ist besonders erkennbar am Einsatz der Dampfmaschine. In Sachsen, das neben dem Rheinland, Berlin und Schlesien ein Zentrum der industriellen Entwicklung darstellte, wurden von 1822 bis 1835 insgesamt nur 21 Dampfmaschinen mit 260 PS in Betrieb genommen. Dagegen waren es allein in den vier Jahren von 1836 bis 1840 32 Dampfmaschinen mit zusammen 536 PS. Zwischen 1840 und 1850 erhöhte sich die Leistungskraft der in Deutschland eingesetzten Dampfmaschinen um das Sechseinhalbfache.

Eine große Rolle spielte in der industriellen Umwälzung in Deutschland der Eisenbahnbau. Der Streit, der um das Für und Wider des Bauens von Dampfeisenbahnen vor allem in der Publizistik der dreißiger Jahre ausgetragen wurde, offenbarte die von Widerwillen, Mißtrauen und teilweise direkter Ablehnung bestimmte Haltung konservativer Kräfte gegen den technischen Fortschritt. Preußische Pietisten wie bayerische Ultramontane meinten, in Gestalt der Dampfmaschine dränge »der Antichrist« zur Macht, um den Weltuntergang zu beschleunigen. Als Befürworter und Vorkämpfer für den Bau von Eisenbahnen zeigten sich führende Vertreter der jungen Bourgeoisie besonders rührig. Der bekannteste deutsche Eisenbahnpionier war Friedrich List. Unter Hinweis auf die in England und Amerika schon mit Erfolg betriebenen Eisenbahnlinien erläuterte er in einer Vielzahl von Artikeln und Schriften die Vorteile, die der Bau von Eisenbahnen mit sich bringen mußte, und propagierte im Sinne der angestrebten wirtschaftlichen und politischen Einheit ein ganz Deutschland überziehendes und verbindendes Netz von Eisenbahnstrecken. Industrielle Kaufleute traten als Gründer und Leiter von Eisenbahngesellschaften auf. Die Regierungen der deutschen Staaten gaben aus machtpolitischen und teilweise aus militärischen Gründen ihre ablehnende Haltung auf und begannen den Eisenbahnbau zu unterstützen. Die erste wenige Kilometer lange Dampfbahnstrecke in Deutschland wurde am 7. Dezember 1835 zwischen Nürnberg und Fürth eröffnet. 1845 verfügte Deutschland bereits über 2 151 Kilometer Bahnlinien und nahm damit nach England und vor Frankreich schon den zweiten Platz im europäischen Eisenbahnbau ein. Der Eisenbahnbau schuf günstige Bedingungen für die rasche Entwicklung der jungen Industrie. 1841 begannen die Kapitalisten Borsig in Berlin und Maffai in Hirschau bei München Lokomotiven zu bauen. Der Übergang zur maschinellen Großproduktion hatte eine schnelle Steigerung der Arbeitsproduktivität und eine bedeutende Erhöhung des Produktionsumfanges zur Folge. Die Roheisenerzeugung in den Ländern des Deutschen Zollvereins erhöhte sich von 1834 bis 1847 um das Doppelte auf etwa 230 000 Tonnen. Die Kohleförderung stieg zwischen 1840 und 1850 von 3,4 auf 6,7 Millionen Tonnen. Im gleichen Zeitraum verdreifachte sich die Produktion von Baumwollgarn.

Friedrich List.
Lithographie von Kriehuben, 1845

Die Zeit vom Beginn der bürgerlichen Umwälzung bis zur bürgerlich-demokratischen Revolution von 1848 war gekennzeichnet von einem sprunghaften Ansteigen der Bevölkerungszahl. Lebten 1789 im Heiligen Römischen Reich Deutscher Nation etwa 23 Millionen Menschen, so betrug die Bevölkerungszahl des Deutschen Bundes im Jahre 1846 etwa 45 Millionen. Ein rapides Wachstum erlebten die städtischen Zentren industrieller und gewerblicher Entwicklung. Die größten Städte des Deutschen Bundes erreichten im Jahre 1846 folgende Einwohnerzahlen:

Wien	410 000	(1820: 262 000)
Berlin	408 500	(1825: 220 000)
Hamburg	149 000	(1834: 130 000)
Breslau	112 000	(1816: 69 000)
Köln	90 000	(1825: 59 000)

Nicht nur für die Entwicklung der Industrie, sondern auch für die der Landwirtschaft stellten die dreißiger Jahre des 19. Jahrhunderts einen Einschnitt dar. Dem Eindringen des Kapitalismus in die Landwirtschaft war in Preußen und einigen an-

Justus v. Liebigs Laboratorium in Gießen.
Aquarellierte Zeichnung von Wilhelm Trautschold, 1842

deren deutschen Staaten durch liberale Agrargesetze der Reformzeit schon der Weg geebnet worden. Die einschneidende Absatzkrise für Agrarprodukte während der zwanziger Jahre hatte jedoch die Umstellung auf neue, kapitalistische Bewirtschaftungsmethoden beeinträchtigt. In den dreißiger Jahren wurden im Gefolge des revolutionären Aufschwungs in weiteren Staaten liberale Agrargesetze erlassen und damit die Möglichkeit geschaffen, in umfassender Weise die feudalen Ausbeutungsverhältnisse durch kapitalistische zu ersetzen. Sie brachten darüber hinaus ein Anziehen der Preise für Agrarprodukte, ein Ende der Agrarkrise, günstigere Möglichkeiten zur Akkumulation von finanziellen Mitteln und damit die Möglichkeit zu Kapitalinvestitionen, die der Übergang zu kapitalistischem Wirtschaften erforderte. Die Ausdehnung der landwirtschaftlichen Nutzfläche, die Anwendung neuer Anbaumethoden, die Erhöhung des Viehbestandes und die Züchtung leistungsstärkerer Rassen und ertragreicherer Getreide- und Hackfruchtsorten führten zu einer bedeutenden Produktionssteigerung. Schrittmacher für die Einführung neuer, kapitalistischer Wirtschaftsmethoden waren häufig bürgerliche Gutspächter. Von den Großgrundbesitzern wurden in den dreißiger und vierziger Jahren immer öfter auch industrielle Nebenbetriebe errichtet, vor allem Schnapsbrennereien und Rübenzuckerfabriken.

Industrielle Revolution und kapitalistische Umgestaltung der Landwirtschaft bewirkten tiefgreifende soziale Wandlungen. In ihrem Verlauf bildete sich die für das kapitalistische Deutschland typische Klassenstruktur heraus. Dieser Prozeß, der zur Zeit der bürgerlich-demokratischen Revolution bereits in vollem Gange war, fand seinen Höhepunkt jedoch erst in den fünfziger und sechziger Jahren des 19. Jahrhunderts.

Das wichtigste soziale Ereignis der industriellen Revolution war die Entstehung der Industriebourgeoisie und des Industrieproletariats. Fabrikbesitzer und mit ihnen verbundene Bankiers traten gegenüber Kaufleuten, Verlegern und Manufakturisten mehr und mehr als dominierende Fraktion der Bourgeoisie hervor. Das Gesamtinteresse der Bourgeoisie wurde damit in zunehmendem Maße von denjenigen Kapitalisten verkörpert, die mit der Industrialisierung die fortgeschrittenste Form kapitalistischer Produktion durchsetzten. Ihre elementaren ökonomischen Interessen drängten sie in die politische Opposition gegen die bestehenden halbfeudalen Zustände.

Das Entstehen des Industrieproletariats war für die Herausbildung der Arbeiterklasse entscheidend. Es rekrutierte sich aus den frühproletarischen Schichten der Städte, aus dem städtischen Kleinbürgertum sowie aus den proletarischen und bäuerlichen Schichten des Landes. Die große Mehrheit der Arbeiterklasse bestand jedoch in den dreißiger und vierziger Jahren des 19. Jahrhunderts noch nicht aus Fabrikproletariern, sondern aus Landarbeitern, Handwerksgesellen, Manufakturarbeitern und Eisenbahnbauarbeitern. Die Zahl der freien, nichtlandwirtschaftlichen Arbeiter in den deutschen Staaten ohne Österreich betrug 1848 eine Million, was einem Anteil an der Gesamtbevölkerung von knapp drei Prozent entsprach.

Kinderarbeit im Arbeitssaal der Buntpapierfabrik Dessauer in Aschaffenburg. Nach der »Illustrierten Zeitung« (Leipzig)

Das Jagdrecht.
Stahlstich von J.L. Appold nach dem Gemälde von Karl W. Hübner, 1845

Durch die Ausdehnung der kapitalistischen Warenproduktion wurden die Existenzbedingungen erheblicher Teile des Kleinbürgertums gefährdet oder vernichtet. Eine massenhafte Proletarisierung selbständiger Handwerker war das Ergebnis. Die ökonomische und soziale Krise, in die das Kleinbürgertum infolge der kapitalistischen Industrialisierung geriet, war bestimmend für seine aktive Anteilnahme an den politischen Auseinandersetzungen der dreißiger und vierziger Jahre.

Die Produktionsverhältnisse in der Landwirtschaft waren bis zur Revolution von 1848/49 durch das Nebeneinander von feudalen und kapitalistischen Elementen gekennzeichnet. Die allmähliche, sich über mehr als ein halbes Jahrhundert hinziehende Ersetzung der feudalen durch kapitalistische Produktionsverhältnisse war ein wesentliches Merkmal des von Lenin so genannten preußischen Weges der Entwicklung des Kapitalismus in der Landwirtschaft, der nicht nur in Preußen, sondern in allen deutschen Territorien mit Ausnahme der linksrheinischen Gebiete beschritten wurde. Ein weiteres Charakteristikum dieses Weges bestand darin, daß die Klasse der Feudalherren politisch und ökonomisch nicht entmachtet wurde, sondern sich der neuen Gesellschaftsordnung anpassen konnte, indem sie sich allmählich zu einer Klasse von kapitalistischen Großgrundbesitzern beziehungsweise Agrarkapitalisten wandelte. Die Mittel zur ökonomischen Sicherung dieser Umstellung erpreßte der Adel mit Hilfe der agrarischen Reformgesetzgebung aus der Bauernschaft. Der Hochadel, der Eigentümer riesiger Latifundien war, stellte die regierenden Fürstenhäuser der deutschen Staaten. Die ostelbischen Junker, die als kapitalistisch wirtschaftende Besitzer großer Güter ihre ökonomische Stellung festigen konnten, wurden die entscheidende Fraktion innerhalb des deutschen Adels.

Die ökonomische Anpassung der ehemaligen feudalen Großgrundbesitzer an die Bedingungen kapitalistischer Produktion und die damit verbundene Veränderung ihres Klassencharakters blieb nicht ohne Auswirkungen auf das Verhältnis von Adel und Bourgeoisie. Grundsätzlichkeit und Schärfe des Gegensatzes zwischen ihnen minderten sich. Das Streben der Bourgeoisie nach Ausgleich mit dem Adel gewann durch dessen allmähliche Wandlung zu einer auf dem Boden der kapitalistischen Gesellschaft stehenden Klasse an Erfolgsaussichten.

Als Teil der Arbeiterklasse entwickelte sich das Landproletariat. Es wurde auf den Junkergütern, aber auch in den Großbauernwirtschaften ausgebeutet und war in besonderem Maße der Knechtung und geistig-moralischen Deformierung durch die Ausbeuterklassen unterworfen. Die Bauernschaft unterlag bis zur Revolution von 1848/49 überall noch der aus dem Feudalismus herrührenden Oberherrschaft der Grund- beziehungsweise Gutsherren in der Patrimonialgerichtsbarkeit und der Gemeindeverwaltung. Die Inangriffnahme von Agrarreformen hatte jedoch der Mehrzahl der Bauernschaft den Weg zur Gewinnung des Status einer von feudaler Ausbeutung freien Kleineigentümerexistenz in der kapitalistischen Gesellschaftsordnung eröffnet. Vor allem die größeren Bauern konnten sich in den dreißiger und vierziger Jahren

Ein Soldat wird wegen unvorschriftsmäßigen Verhaltens zur Rede gestellt. Nach einer Buchillustration, 1840

Transportable Dampfmaschine an eine Dreschmaschine angeschlossen. Nach der »Illustrierten Zeitung«, 1849

auf dem Weg des Loskaufs von vielen feudalen Lasten befreien und bürgerliches Eigentumsrecht erwerben. Dabei verlor die Bauernschaft eine gewaltige Summe an finanziellen Mitteln und — besonders in Mecklenburg und Preußen — einen bedeutenden Teil ihres Landes. Ein Teil verarmte und verlor seine bäuerliche Existenz. Die Bauernschaft differenzierte sich in eine dünne Schicht kapitalistisch wirtschaftender Großbauern, die Schicht der Mittelbauern und die zahlenmäßig überwiegende Schicht der Kleinbauern. Die Differenzierung der Bauernschaft, besonders die Herausbildung einer von feudaler Ausbeutung ganz oder weitgehend befreiten Großbauernschicht beeinträchtigte die revolutionäre Potenz der ländlichen Massen. Die mit dem »preußischen Weg« der agrarkapitalistischen Entwicklung verbundenen Belastungen bewirkten jedoch, daß zunächst auch ein Teil der entstehenden kapitalistischen Großbauernschicht noch am antifeudalen und antijunkerlichen Kampf teilnahm.

Der im Vergleich zu Frankreich am Vorabend der Revolution von 1789 weit fortgeschrittenere Stand der Entwicklung des Kapitalismus in Deutschland in den Jahren vor Ausbruch der Revolution von 1848/49 hatte einige wesentliche Veränderungen in der Stellung der Klassen zueinander zur Folge. Die wichtigste der neuen Bedingungen, die das Heranreifen und den Verlauf der bürgerlichen Revolution in Deutschland wesentlich beeinflußten, bestand darin, daß im Ergebnis der sozialen Folgen der industriellen Revolution der Klassengegensatz zwischen Bourgeoisie und Proletariat bereits am Vorabend der bürgerlichen Revolution offen ausbrach.

Ein neuer Angriff beginnt

Das Jahr 1840 markierte einen Wendepunkt im Kampf zwischen bürgerlicher Opposition und Reaktion in den Staaten des Deutschen Bundes. Der Aufschwung der oppositionellen Bewegung in den vierziger Jahren bildete die unmittelbare Vorgeschichte der Revolution von 1848/49. Öffentlich sichtbar wurde die Wende im Kräfteverhältnis zwischen Reaktion und Opposition zuerst in den Vorgängen, die sich an den Thronwechsel in Preußen im Juni 1840 knüpften. Der neue König Friedrich Wilhelm IV. stand im Ruf, ganz im Unterschied zu seinem verstorbenen Vater Friedrich Wilhelm III. ein vielseitig interessierter und geistig aufgeschlossener Mann zu sein. Die Hoffnungen des Bürgertums, er werde seinen liberalen Wünschen entgegenkommen, schienen in einigen Maßnahmen des neuen Königs ihre Rechtfertigung zu finden. Mehrere Reformer, die nach 1815 als Opfer der Reaktion ihre Stellung verloren hatten, erhielten Ämter und Ehren zurück. Eine allgemeine Amnestie für politische Vergehen brachte vielen politisch Verfolgten der dreißiger Jahre die Befreiung aus dem Kerker.
Die Hoffnungen, die das liberale Bürgertum in den Thronwechsel in Preußen gesetzt hatte, erwiesen sich jedoch in dem Maße als illusionär, wie seine Sprecher begannen, konkrete Forderungen zu stellen. An der Spitze des Wunschkataloges der Liberalen stand die Forderung nach einer Verfassung. In ihr artikulierte sich das Streben der Bourgeoisie nach Eroberung der Macht oder zumindest nach Mitbeteiligung an der Machtausübung. Formalrechtlich wurde diese Forderung mit dem Hinweis auf die

Das Staatsgefängnis in Moabit bei Berlin. Nach der »Illustrierten Chronik 1848« (Leipzig)

mehrfach gegebenen, aber niemals eingelösten Verfassungsversprechen Friedrich Wilhelms III. begründet. Noch in der Annahme, damit auch in seinem Sinne zu handeln, unterbreiteten die Provinzialstände der Provinz Ostpreußen auf dem Huldigungslandtag (5. bis 9. September 1840), der im Rahmen der Krönungsfeierlichkeiten traditionsgemäß in Königsberg tagte, dem neuen König in Form einer Bitte den Antrag auf Schaffung einer gesamtpreußischen Repräsentation.
Die Initiative zu diesem Schritt ging von einem gemäßigt-liberalen Königsberger Kaufmann und einer Gruppe ostpreußischer Adliger aus, die zu den Wortführern des sogenannten Junkerliberalismus gehörten. Die klare Ablehnung der Bitte des Huldigungslandtages nach einer gesamtpreußischen Vertretung durch Friedrich Wilhelm IV. offenbarte den wahren Charakter des neuen Regimes. Gerade darin bestand auch die politische Bedeutung des Vorgehens der Provinzialstände. Der neue König, der versucht hatte, mit einigen scheinliberalen Maßnahmen Popularität zu gewinnen, wurde schon wenige Monate nach dem Thronwechsel zur öffentlichen Stellungnahme in der wichtigsten politischen Frage, der Verfassungsfrage, gezwungen. Der Prozeß der Ernüchterung, der in den Kreisen der Liberalen jetzt einsetzte, wurde durch weitere eindeutig reaktionäre Regierungsmaßnahmen beschleunigt. Hierzu gehörten vor allem Berufungen von bekannten reaktionären Staatsmännern und Professoren auf wichtige Posten und Lehrstühle. Gleichzeitig wurden zahlreiche Bücher und andere Druckschriften mit oppositionellem Inhalt verboten.
Von diesen Maßnahmen wurde auch eine im Februar 1841 erschienene Flugschrift mit dem Titel »Vier Fragen, beantwortet von einem Ostpreußen« betroffen. Ihr Verfasser war der Königsberger Arzt Johann Jacoby. 1830 hatte er an der polnischen Erhebung gegen die zaristische Herrschaft teilgenommen. Der Ausgangspunkt seiner politischen Entwicklung war der Kampf für die bürgerliche Emanzipation der Juden. In

Titelblatt der Erstausgabe

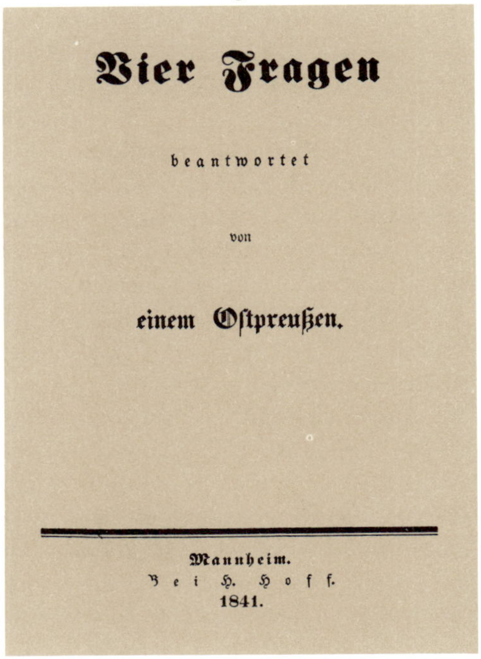

Vier Fragen

beantwortet

von

einem Ostpreußen.

Mannheim.
Bei H. Hoff.
1841.

den dreißiger Jahren erkannte Jacoby immer deutlicher, daß dieses Ziel nur ein Teilkomplex im politischen Programm des Bürgertums sein konnte. Er widmete sich nun mit Einsatz seiner ganzen Persönlichkeit, deren bestimmende Merkmale Geradlinigkeit und Charakterstärke waren, der politischen Emanzipation des Bürgertums. Im Laufe der vierziger Jahre gewann er seine demokratischen Ansichten, denen er Zeit seines Lebens treu blieb.

Die Flugschrift »Vier Fragen« machte Jacoby mit einem Schlage in ganz Preußen und darüber hinaus bekannt. Anknüpfend an die Ablehnung der Bitte des Huldigungslandtages stellte er die Forderungen der bürgerlichen Opposition, besonders das Verlangen nach einer Verfassung, als unabweisbare Rechte des Volkes dar, die es notfalls auch gegen den Willen des Königs durchzusetzen berechtigt sei. Jacoby verfolgte das unmittelbar praktische Ziel, die bevorstehenden Provinziallandtage, eine vom Adel beherrschte ständische Vertretung in den Provinzen Preußens, in diesem Sinne zum Handeln zu veranlassen. Gleichzeitig aber wandte sich seine Flugschrift an das Volk. Jacobys »Vier Fragen« formulierten das politische Programm des entschiedenen Liberalismus. Dadurch wurden sie zu einem wichtigen Faktor bei der Formierung der bürgerlichen Opposition.

Vom gemäßigten Liberalismus, wie er von führenden Kräften der Bourgeoisie vertreten wurde, hob sich die Position Jacobys deutlich ab. Während David Hansemann, selbst Kapitalist und einer der Wortführer der gemäßigten Liberalen, in einer im Herbst 1840 verfaßten Denkschrift über die Lage und die zukünftige Entwicklung Preußens die Interessen der Bourgeoisie bereits als separate, vom Volk getrennte Interessen begriff und deshalb forderte, der »politische Einfluß der höheren und wohlhabenden Volksklassen« müsse »stärker sein, als der von den übrigen Volksklassen auszuübende«[6], enthielt Jacobys Flugschrift keinerlei Elemente einer antidemokratischen Abgrenzung von den radikalen Kräften des Volkes.

Wenn sich auch die im Frühjahr 1841 tagenden preußischen Provinzialstände als tauber Boden für den von Jacoby ausgestreuten Samen erwiesen, so fand seine Flugschrift, die unter Umgehung der Zensur gedruckt und, bevor das Verbot wirksam wurde, in mehreren tausend Exemplaren verbreitet werden konnte, in weiten Kreisen der bürgerlichen Opposition einen großen Widerhall. Die stimulierende Wirkung, die die Flugschrift für die Klärung der politischen Fronten hatte, wurde noch verstärkt durch die Reaktion des preußischen Staates. Der auf Befehl Friedrich Wilhelms IV. gegen Jacoby angestrengte Hochverratsprozeß entlarvte alles scheinliberale Gebaren der preußischen Regierung abermals als Mittel zur Täuschung der Öffentlichkeit. Er erhöhte gleichzeitig Jacobys Popularität. Zwischen dem Königsberger Kreis politischer Gesinnungsgenossen Jacobys und ähnlichen oppositionellen Gruppen in Berlin, Breslau, Leipzig und dem Rheinland wurden Verbindungen mit dem Ziel eines engeren Zusammenwirkens hergestellt.

Die »Rheinische Zeitung«

Die Oppositionsbewegung in Deutschland hatte in den vierziger Jahren eine neue Qualität erreicht. Sie ergab sich daraus, daß

Erste Seite der »Rheinischen Zeitung« vom 16. Oktober 1842 mit dem Artikel von Karl Marx »Der Kommunismus und die Augsburger Allgemeine Zeitung«

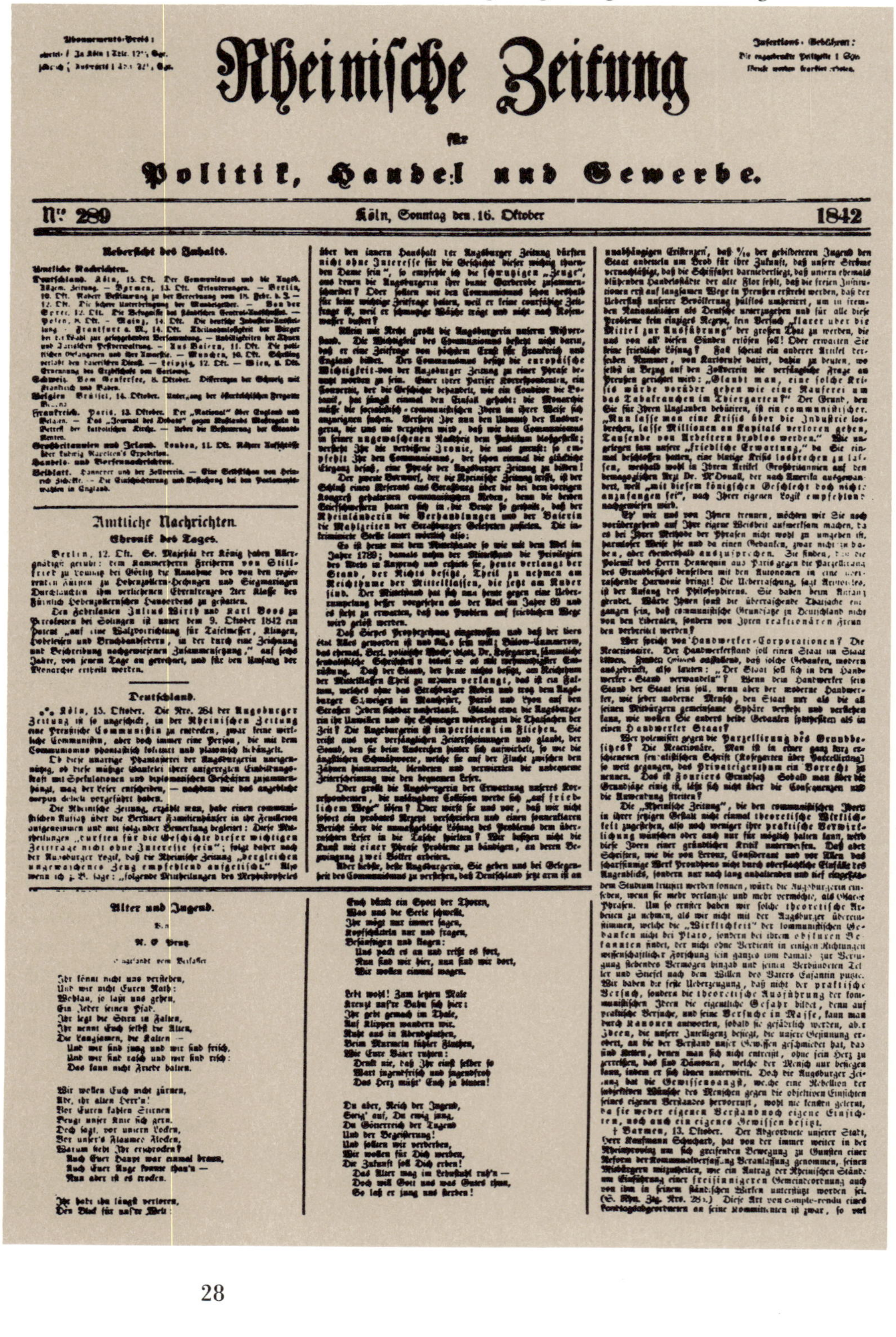

Rheinische Zeitung
für
Politik, Handel und Gewerbe.

Nr. 289 — Köln, Sonntag den 16. Oktober — 1842

Uebersicht des Inhalts.

Amtliche Nachrichten.

Chronik des Tages.

Deutschland.

Alter und Jugend.

die deutsche und vor allem die preußische Bourgeoisie in ihrem ökonomischen und sozialen Wachstumsprozeß eine Stufe erlangt hatte, »wo sie sich in der Entfaltung ihrer wichtigsten Interessen durch die politische Verfassung des Landes gehemmt sah«[7]. Hindernisse für die rasche Entwicklung des Kapitalismus und damit der Bourgeoisie ergaben sich hauptsächlich aus der staatlichen Zersplitterung Deutschlands, aus den noch vorhandenen feudalen Fesseln in der Landwirtschaft sowie aus der staatlich-bürokratischen Reglementierung des bürgerlichen Geschäftsbetriebes. Mit dem Eintritt zahlreicher Industrie- und Handelskapitalisten in das Lager der Opposition gewann die bürgerliche Bewegung einen ausgeprägt praktisch-politischen Charakter. Als Sprecher der liberalen Bewegung traten neben Angehörigen der bürgerlichen Intelligenz mehr und mehr Mitglieder der Kapitalistenklasse selbst hervor. Die Bourgeoisie konstituierte sich jetzt als Klasse im nationalen Rahmen. In dem Maße, wie die Bourgeoisie die Hegemonie in der bürgerlichen Oppositionsbewegung übernahm, entstand eine wesentliche Voraussetzung für die bürgerliche Revolution. Von besonderer Bedeutung war, daß mit Preußen eine der beiden Großmächte des Deutschen Bundes zum Hauptoperationsfeld der Oppositionsbewegung wurde. Preußen, das in den dreißiger Jahren der revolutionären Bewegung noch als uneinnehmbare Bastion widerstanden hatte, wurde nun von innen her für den Sieg der Oppositionsbewegung vorbereitet.

Im Rheinland, dem sozialökonomisch fortgeschrittensten Gebiet Preußens, unternahmen oppositionelle Kreise des Bürgertums im Sommer 1841 mit der Vorbereitung einer neuen politischen Tageszeitung konkrete Schritte zur Wahrnehmung ihrer Interessen. Am 1. Januar 1842 erschien in Köln die erste Nummer der »Rheinischen Zeitung für Politik, Handel und Gewerbe«. Im Aufsichtsrat der zu ihrer Finanzierung gegründeten Aktiengesellschaft saßen liberale Industrielle und Intellektuelle. Das politische Programm der »Rheinischen Zeitung« enthielt liberale Forderungen wie ein alle Klassen berücksichtigendes Wahlgesetz, Öffentlichkeit der Regierungshandlungen und Freiheit der Presse. Fest umrissen war ihr ökonomisches Programm: Verminderung der Staatsausgaben, genaue Rechenschaft über den Staatshaushalt, Ausbau der Eisenbahnen, Ermäßigung verschiedener Gebühren und Festigung des Deutschen Zollvereins. Entsprechend den politischen Vorstellungen eines großen Teiles der deutschen Bourgeoisie war die »Rheinische Zeitung« bereit, für Preußen einzutreten in der Erwartung, diesen neben Österreich mächtigsten Staat des Deutschen Bundes für die Fortsetzung des 1807 begonnenen Weges bürgerlicher Umgestaltungen gewinnen zu können. In dem Maße, wie die preußische Regierung durch ihre reaktionäre Politik diese Hoffnung enttäuschte, gewannen in der »Rheinischen Zeitung« politisch radikalere Kräfte größeren Einfluß. Der Mitarbeiterstab wurde zu einem wesentlichen Teil von den Junghegelianern gestellt, einer Gruppe von Anhängern Hegels, die aus seiner Philosophie bürgerlich-revolutionäre und atheistische Schlußfolgerungen zogen. Mit diesem Kreis war Karl Marx verbunden, der seine journalistische Arbeit an der »Rheinischen Zeitung« mit einer Artikelse-

Allegorie auf das Verbot der »Rheinischen Zeitung«: Karl Marx als Prometheus an eine Druckpresse gefesselt, zu seinen Füßen die klagenden rheinischen Städte. Nach einer Lithographie, 1843

rie begann, die ab Mai 1842 erschien. Auch Friedrich Engels lieferte einige Beiträge.
Als Marx ab Mitte Oktober 1842 die Redaktion des Blattes übernahm, setzte ein neuer Abschnitt in dessen Entwicklung ein. In wachsendem Maße vertrat die »Rheinische Zeitung« nun eine entschieden demokratische Richtung. Marx widmete sich immer konsequenter der Verteidigung von Grundinteressen der Volksmassen. Die entschieden oppositionelle Haltung und der große Einfluß, den sich die Zeitung in kurzer Zeit erworben hatte, veranlaßten die preußische Regierung zu verschärften Zensurmaßnahmen und schließlich zum Verbot mit Wirkung vom 1. April 1843. Die Hoffnung der Aktionäre, die Zeitung zu retten, indem sie für einen gemäßigten Kurs eintraten und Marx Mitte März zum Rücktritt von der Redaktion veranlaßten, erwies sich als Illusion.
Unter der Redaktion von Marx wurde die »Rheinische Zeitung« das bedeutendste oppositionelle Blatt in Deutschland. Sie ist wichtigstes Zeugnis für das Fortbestehen und die weitere Ausprägung einer demokratischen Strömung in der antifeudalen Opposition.
Bei aller Unterschiedlichkeit im einzelnen gelangte eine Reihe von Vertretern der Oppositionsbewegung zu demokratischen Auffassungen. So veröffentlichte Arnold Ruge, Herausgeber der theoretischen Zeitschriften der Junghegelianer »Hallische Jahrbücher für deutsche Wissenschaft und Kunst« und »Deutsche Jahrbücher für Wissenschaft und Kunst«, im Januar 1843 seinen Artikel »Selbstkritik des Liberalismus«, in dem er die Einbeziehung der Volksmassen in die Gestaltung des Staates und der Gesellschaft forderte. Der Dichter Georg Herwegh, dessen geistige Entwicklung in den dreißiger Jahren unter dem Einfluß der demokratischen Schriften Börnes gestanden hatte, suchte im Spätherbst 1842 Vertreter des radikalen Flügels der Opposition in verschiedenen Teilen Deutschlands auf, weil er beabsichtigte, in der Schweiz, also unabhängig von der Zensur der deutschen Staaten, eine Zeitung zu publizieren, die Sammlungs- und Vereinigungspunkt der demokratischen Kräfte werden sollte. In Schlesien bildete sich eine demokratische Gruppe um Wilhelm Wolff. In der Haltung Jacobys in Königsberg und Robert Blums in Leipzig begannen demokratische Elemente immer deutlicher hervorzutreten.
Die politischen Positionen dieses demokratischen Flügels zeichneten sich vor allem dadurch aus, daß seine Repräsentanten sich als Interessenvertreter der Volksmassen begriffen. In den kleinbürgerlichen, bäuerlichen und proletarischen Schichten begannen sie die entscheidende Kraft für eine revolutionäre Umgestaltung der bestehenden Ordnung zu sehen. Mit der Orientierung auf die revolutionären Potenzen und die sozialen Interessen der Volksmassen trat an die Stelle der vorrangigen Beschäftigung mit Fragen der Staatsform die Auseinandersetzung mit sozialen Fragen. Die Differenzierung der oppositionellen Bewegung in eine in sich selbst wieder vielfach abgestufte liberale Strömung, die innerhalb der Gesamtbewegung bis hin zum Ausbruch der Revolution im März 1848 dominierte, und in eine demokratische Richtung fand damit bereits in den ersten Jahren des neuen Aufschwungs der antifeudalen Opposition sichtbaren Ausdruck.
Auch in der Mehrzahl der deutschen Kleinstaaten offenbarte sich der Wandel im Kräfteverhältnis zwischen Reaktion und Opposition. Besonders eindrucksvoll zeigte sich dies in Baden, wo die Liberalen bei den Kammerwahlen im Jahre 1843 einen vollständigen Sieg errangen. In der neugewählten Zweiten Kammer verfügten sie über die absolute Mehrheit, die sie dazu benutzten, ein Mißtrauensvotum gegen die reaktionäre Regierung unter Leitung von Friedrich Karl Freiherr v. Blittersdorf zu beschließen. Da sich die Kammer in voller Übereinstimmung mit der öffentlichen Meinung des ganzen Landes befand, sah sich Großherzog Leopold gezwungen, einzulenken. Die Entlassung Blittersdorfs im November 1843 zeigte, daß es bei einem für die Opposition günstigen allgemeinen Kräfteverhältnis möglich war, die scheinkonstitutionellen Zugeständnisse, die die Regierungen der meisten deutschen Staaten hatten gewähren müssen, als Ansatzpunkte für ernste Auseinandersetzungen und für Schritte in Richtung einer Parlamentarisierung zu nutzen.
Bedeutungsvoll für die Perspektiven des Kampfes zwischen Reaktion und Oppositionsbewegung war die Tatsache, daß sich auch in Österreich die oppositionellen Kräfte zu formieren begannen. Das Erstarken der antifeudalen Bewegung in Österreich in den vierziger Jahren bildete eine wesentliche Voraussetzung für das Ausreifen des politischen und gesamtgesellschaftlichen Hauptwiderspruchs im Gebiet des Deutschen Bundes. In der Opposition liberaler Adliger auf dem niederösterreichischen Landtag im Herbst 1843 gewann die Oppositionsbewegung in den deutschen Teilen Österreichs zuerst politisch konkrete Gestalt. Zu den liberalen Forderungen, die auf diesem Landtag laut wurden, gehörte auch die nach Ablösung der feudalen Zehnten und der Frondienste, mit denen die Bauern belastet waren. Im Eingehen auf bäuerliche Belange durch die Sprecher der liberalen Bewegung äußerte sich das große Gewicht, das der Agrarfrage in Österreich zukam. Anders als in den meisten anderen Staaten des Deutschen Bundes von gesetzli-

Georg Herwegh.
Nach der »Illustrierten Chronik 1848«

Arnold Ruge

chen Möglichkeiten, sich von feudaler Ausbeutung loszukaufen, ausgeschlossen, gingen die Bauern Österreichs in breitem Maße zu offenem Widerstand gegen die bestehende Ordnung über. Im Unterschied zu Preußen spielte in Österreich die Bourgeoisie in der Oppositionsbewegung der vierziger Jahre noch keine dominierende Rolle. Bis zur Revolution hatte in Österreich der von fortschrittlichen Adelskreisen getragene Liberalismus eine zentrale Stellung innerhalb der Gesamtopposition.

Die ideologische Vorbereitung der Revolution

Am Aufschwung der politischen Oppositionsbewegung in den vierziger Jahren hatten die Philosophie und die Literatur hervorragenden Anteil. Während der Reaktionsperiode der dreißiger Jahre, als die unmittelbare politische Wirksamkeit oppositioneller Kräfte fast völlig unmöglich geworden war, bildete die weitere Ausprägung der bürgerlichen Ideologie einen wichtigen Bestandteil des Fortbestehens der bürgerlichen Bewegung. Große Bedeutung für die Verbreitung der liberalen Ideologie erlangte das von den beiden Professoren Karl Wenzeslaus v. Rotteck und Karl Theodor Welcker herausgegebene »Staatslexikon oder Enzyklopädie der Staatswissenschaften«, das zwischen 1834 und 1843 in 15 Bänden erschien. Staatsrechtlich wurde die konstitutionelle Monarchie propagiert. Das Werk wurde zum politischen Handbuch der gemäßigten Liberalen.

Titelblatt der Erstausgabe

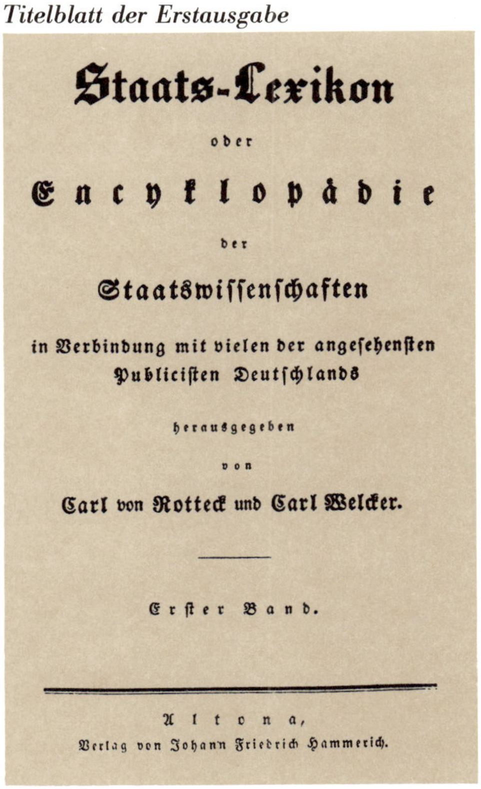

Staats-Lexikon

oder

Encyklopädie

der

Staatswissenschaften

in Verbindung mit vielen der angesehensten Publicisten Deutschlands

herausgegeben

von

Carl von Rotteck und Carl Welcker.

Erster Band.

Altona,

Verlag von Johann Friedrich Hammerich.

Ludwig Feuerbach

Große unmittelbare Wirkung im ideologischen Kampf gegen die Reaktion übte das 1835/36 erschienene Buch »Das Leben Jesu« von David Friedrich Strauß aus. Die Anhängerschaft Hegels, zu der Strauß gehörte, zerfiel in zwei Richtungen. Die Althegelianer vernachlässigten die von Hegel entwickelte dialektische Methode und betonten solche Elemente seines Systems wie die spekulative Versöhnung der Philosophie mit dem Staat und der christlichen Religion und verteidigten damit die herrschende Reaktion. Die Junghegelianer dagegen knüpften vor allem an die dialektische Methode Hegels an und waren bestrebt, im Sinne einer progressiven Veränderung des Bestehenden wirksam zu werden. Hauptgegenstand der Kritik der Junghegelianer war in den dreißiger Jahren die christliche Religion. Strauß ging in seinem Buch davon aus, daß die biblische Geschichte wie jede andere Geschichte auch mit wissenschaftlichen Maßstäben zu messen sei, und kam bei seiner kritischen Untersuchung zu dem Ergebnis, daß über die Person von Jesus fast nichts historisch Gesichertes zu ermitteln ist und die Evangeliengeschichten das Produkt einer Mythenbildung seien. Indem Strauß die historischen Grundlagen bestritt, die die christliche Lehre für sich beanspruchte, griff er

Georg Wilhelm Friedrich Hegel. Gemälde von Jacob Schlesinger, 1831

mittelbar die herrschende politische Reaktion an, die sich auf die christliche Religion und die Kirche stützte.

In ihrer politischen Haltung blieb die Mehrzahl der Junghegelianer dem Liberalismus verbunden, während einige, wie zum Beispiel Arnold Ruge, zu bürgerlich-demokratischen Positionen vorstießen. Der bedeutendste philosophische Repräsentant der Bestrebungen des bürgerlich-demokratischen Oppositionsflügels wurde Ludwig Feuerbach, dessen Hauptwerk »Das Wesen des Christentums« 1841 erschien. Feuerbachs Hauptverdienst bestand darin, daß er den Bruch mit dem Idealismus Hegels vollzog und eine materialistische Philosophie begründete. Sie gewann große Bedeutung für den Kampf gegen die idealistischen Systeme der klassischen deutschen Philosophie und gegen die religiöse Ideologie der halbfeudalen Reaktion. Gegenüber dem mechanischen Materialismus des 18. Jahrhunderts zeichnete sich der Materialismus Feuerbachs durch eine entwickeltere materialistische Naturanschauung aus. Der Mensch wurde zum höchsten Wesen erklärt und die menschenwürdige Gestaltung des irdischen und einzigen Daseins des Menschen zum Hauptgegenstand der Philosophie erhoben. Hinsichtlich der gesellschaftlichen Entwicklung blieb Feuerbach noch Idealist, da er den Menschen als abstraktes Wesen sah und ihn noch nicht als Produkt der historischen Entwicklung zu begreifen vermochte. Hegels Dialektik und der Materialismus Feuerbachs stellten die höchste Entwicklungsstufe der westeuropäischen bürgerlichen Philosophie in der ersten Hälfte des 19. Jahrhunderts dar. Sie bildeten eine der theoretischen Quellen des dialektischen und historischen Materialismus.

Auch auf dem Gebiet der schöngeistigen Literatur prägten Tendenzen das Bild, die mit der Oppositionsbewegung verbunden waren. In den dreißiger Jahren bildete sich die literarische Gruppe des Jungen Deutschland, deren Hauptvertreter Karl

Karl Ferdinand Gutzkow

Ferdinand Gutzkow, Heinrich Laube, Theodor Mundt und Ludolf Wienbarg die liberale Richtung der Opposition unterstützten. In ihren Veröffentlichungen griffen diese Schriftsteller die Religion und die überlieferte Moral an. Ihre Forderung, daß die Literatur dem »Zeitgeist« dienen müsse, trug zur Überwindung reaktionärer ästhetischer Auffassungen der romantischen Schule bei. Wurden schon die Schriften der politisch gemäßigten Vertreter des Jungen Deutschland vom Bundestag verboten, so war der Literatur, die revolutionär-demokratische Ansichten zum Ausdruck brachte, im Machtbereich der deutschen Staaten erst recht der Boden legaler Existenz entzogen. Im Exil gelangte Heinrich Heine in seinem Essay »Zur Geschichte der Religion und Philosophie in Deutschland« (1834) zur Einsicht in die gesellschaftliche Bedingtheit der deutschen klassischen Philosophie und wertete sie als Schrittmacherin der bürgerlichen Revolution. In der »Romantischen Schule« (1836) lehnte er die Flucht der Romantiker in eine apolitische Traumwelt ab. Als Aufgabe der Literatur proklamierte er, für die Verbesserung der gesellschaftlichen Zustände einzutreten.

Einen großen Aufschwung erlebte die politische Dichtung in den vierziger Jahren, in denen sie einen starken und unmittelbaren Einfluß auf die politische Bewußtseinsbildung des Bürgertums und der Volksmassen ausübte. Großes Aufsehen erregten die 1841 veröffentlichten »Unpolitischen Lieder« des Breslauer Germanistikprofessors Hoffmann v. Fallersleben. In ihnen wurde in eingängigen Versen die Reaktion in ihren verschiedenen Erscheinungsformen wirksam angegriffen. Hoffmann, obwohl die Grenzen des Liberalismus niemals überschreitend, wurde wegen dieser Gedichte von seinem Lehrstuhl vertrieben. Im gleichen Jahr erschienen die von einer revolutionär-demokratischen Position geschriebenen »Gedichte eines Lebendigen« von

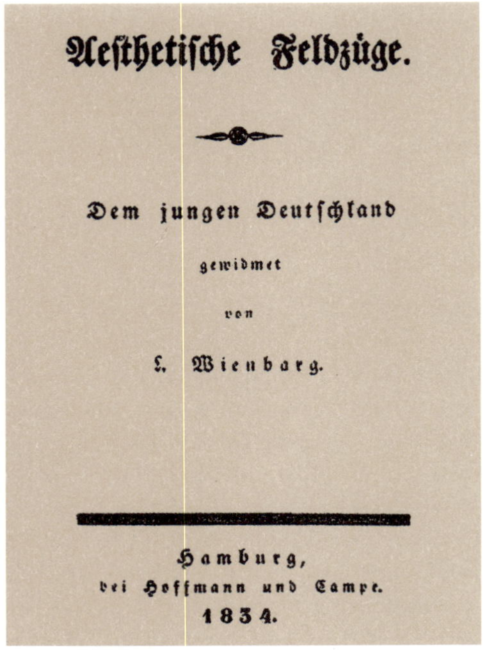

Aesthetische Feldzüge.

Dem jungen Deutschland gewidmet von L. Wienbarg.

Hamburg, bei Hoffmann und Campe. 1834.

Die ästhetische Programmschrift des Jungen Deutschland von Ludolf Wienbarg. Titelblatt der Erstausgabe

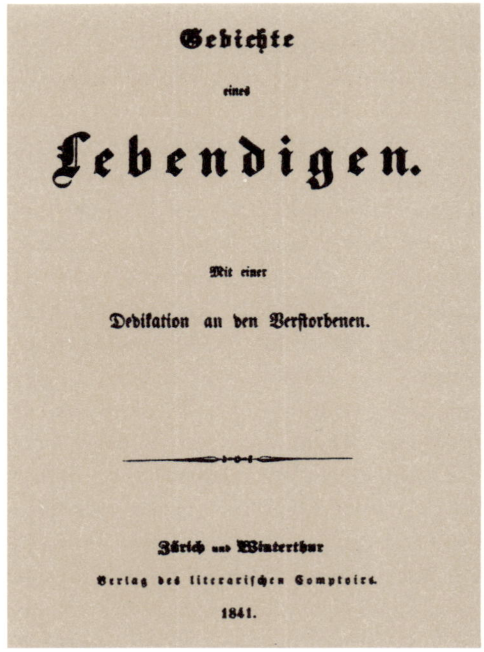

Gedichte eines Lebendigen.

Mit einer Dedikation an den Verstorbenen.

Zürich und Winterthur
Verlag des literarischen Comptoirs.
1841.

Georg Herweghs »Gedichte eines Lebendigen«. Titelblatt der Erstausgabe

Hoffmann v. Fallersleben. Stich von C. Dittmarsch

Ferdinand Freiligrath. Stich von C. A. Schwerdgeburth nach einer Zeichnung von J. H. Schramm, um 1841

Georg Herwegh, der bereits 1839 in die Schweiz emigriert war. Seine Gedichte waren von mitreißender Begeisterung für demokratische Ideale erfüllt. Sie riefen mit revolutionärem Pathos zum Kampf gegen die Reaktion auf. Im »Lied vom Hasse« heißt es:

»Und wo es noch Tyrannen gibt,
Die laßt uns keck erfassen;
Wir haben lang genug geliebt
Und wollen endlich hassen.«[8]

In dem Gedicht »Aufruf« forderte Herwegh:

»Reißt die Kreuze aus der Erden!
Alle sollen Schwerter werden,
Gott im Himmel wird's verzeihn.
Laßt, o laßt das Verseschweißen!
Auf den Amboß legt das Eisen!
Heiland soll das Eisen sein.«[9]

Der revolutionäre Schwung und die feste Siegeszuversicht der Herweghschen Gedichte entsprachen dem Denken und Fühlen vor allem der revolutionär gesinnten Jugend. Allen Verboten zum Trotz fanden sie eine weite Verbreitung in Deutschland und übten eine große Wirkung aus. Zu einem demokratischen Dichter, der die Revolution forderte und Partei für die Unterdrückten und Ausgebeuteten ergriff, entwickelte sich in der Mitte der vierziger Jahre auch Ferdinand Freiligrath. Heines wichtigster Beitrag zur revolutionär-demokratischen Dichtung der vierziger Jahre war die Satire »Deutschland, ein Wintermärchen«. Darin wurden die reaktionären Zustände vernichtend kritisiert und gleichzeitig die optimistische Perspektive eines anderen Deutschland gewiesen:

»Ein neues Lied, ein besseres Lied,
O Freunde, will ich euch dichten!
Wir wollen hier auf Erden schon
Das Himmelreich errichten.

Wir wollen auf Erden glücklich sein,
Und wollen nicht mehr darben;
Verschlemmen soll nicht der faule Bauch,
Was fleißige Hände erwarben.«[10]

Abonnements-Preise:

in Paris:

Ein Jahr. . . . . 24 Francs.
Sechs Monate. . . . 13 „
Drei Monate. . . . 8 „

Auswärts:

Ein Jahr. . . . . 28 Francs.
Sechs Monate. . . . 15 „
Drei Monate. . . . 9 „

Insertionen: die Zeile à 50 Centimes.

Vorwärts!

Man abonnirt:

für Paris:
im Bureau central pour l'Allemagne, rue des Moulins, 32, und in der Buchhandl. von Jules Renouard et Cie, rue de Tournon, 6;
in den Departements
in allen Postämtern und Messagerien;
Deutschland, Schweiz, England:
in allen Buchhandlungen;
Belgien:
bei den Messagerien;
Nord-Amerika:
bei den Herren Eichthal und Bernhard, Spruce-Street, Nr. 3, in New-York.

Erscheint Mittwoch und Sonnabends.

(Mittwoch.) Pariser Deutsche Zeitschrift. (10. Juli.)

Die Versendung des Vorwärts! geschieht stets am Erscheinungs-Tage, an unsere auswärtigen Abonnenten durch die Post, an die Pariser Abonnenten durch die Anstalt des H. Bidault, 16, rue de la Jussienne. — Sollten Blätter gar nicht oder unregelmäßig zugestellt werden, so bitten wir uns dies in frankirten Briefen anzuzeigen. — Anfragen, Beiträge, Pränumerationsgelder und Briefe wollen franco: « An die Redaction des Journals: Vorwärts, 32, rue des Moulins in Paris » eingesendet werden.

Prostitution und Literatur.

(Eine Parallele.)

Die Menschen sind mit geschlechtlichen Trieben oder Gelüsten behaftet. Es liegt im Wesen des Mannes geschlechtlichen Umgang mit dem Weibe zu haben, und umgekehrt ist der Umgang mit Männern oder einem Manne ein Bedürfniß des Weibes. Von der Befriedigung dieses Bedürfnisses hängt die normale oder humane Existenz des einzelnen Menschen und des ganzen menschlichen Geschlechtes ab. Die heutige inhumane antisociale Gesellschaft hat die humane normale Befriedigung des Geschlechts- oder Fortpflanzungs-Triebes unmöglich gemacht, und hierdurch den an sich humanen Trieb in einen gereizten, unnatürlichen, bestialischen verwandelt. Den anormalen Zustand abzustellen hat die herrschende Classe kein Interesse, denn sie hat alle Vortheile davon. Ihn in seiner ganzen Bestialität offen als gesetzlich und berechtigt zu erklären, verbietet ihr das Moralgesetz, d. h. die juristische und theologische Heuchelei. Was ist daher zu thun? Nichts anders als den anormalen Zustand außer Justiz und Theologie zu stellen, d. h. ihn als ein nothwendiges Übel anzusehen, und ihn als solches polizeilich zu organisiren. Das ist die Erklärung des Bureau de Tolérance, oder der Organisation der Prostitutionsanstalten und der Prostituirten. Die Blume der heutigen Civilisation an diesem Zweige der Menschennatur ist daher ein Bordell, wie Armenhäuser, Spitäler und Zuchthäuser, mit ihrer ganzen Bevölkerung, der scharf markirte, in seiner ganzen Vollkommenheit und Trauer dargestellte Ausdruck einer andern Seite der unmenschlich gewordenen Zustände des Menschengeschlechts sind.

Grade so ist es mit der Literatur.

Es ist dem Menschen nothwendig zu denken und zu fühlen, und seine Gefühle und Gedanken mitzutheilen; oder anders ausgedrückt: es ist menschlich zu sagen, zu schreiben und zu verbreiten, was man denkt und fühlt. Von der unbeschränkten Freiheit dieser Seite der menschlichen Natur zu entwickeln, hängt ebenfalls die humane Existenz des Menschen ab. Die heutige unmenschliche Welt würde menschlich werden müssen, sobald sie diese reinmenschliche Eigenschaft sich unbeschränkt entwickeln ließe. Die menschlichen Gedanken und Gefühle könnten dann entweder ungestört zu blos geistig formirter und ausgesprochener Existenz, zu freier Literatur, Wissenschaft und Poesie, oder zu unmittelbar humanen, freien, socialen Handlungen, Werken und Institutionen werden. Die herrschende Classe, die das Privilegium der Menschlichkeit zu besitzen vorgibt, hat der beherrschten Mehrzahl diese Unbeschränktheit nicht zugestehen können. Die Civilisation setzt unmenschlich gewordene Menschen voraus; die Verwirklichung der wahrhaften Menschen-Gedanken und Gefühle in unmittelbare Thaten würde die Civilisation aufheben, und dadurch ein Verhältniß von Herrschern und Beherrschten unmöglich machen. Die Verwirklichung dieser Gedanken und Gefühle in unmittelbarer blos ausgesprochener Existenz, also in der Literatur, würde die Möglichkeit der unmittelbaren Verwirklichung voraussetzen, oder doch erwarten lassen — das kann die herrschende Classe eben so wenig zugeben. Und doch ist der Drang zum Reden, zum Schreiben, zum Verbreiten nicht zu unterdrücken, so wenig als am Ende

Feuilleton des Vorwärts.

Die armen Weber.

Im düstern Auge keine Thräne,
Sie sitzen am Webstuhl und fletschen die Zähne:
„Altdeutschland, wir weben dein Leichentuch,
Wir weben hinein den dreifachen Fluch!
Wir weben! Wir weben!

„Ein Fluch dem Gotte, dem blinden, dem tauben,
Zu dem wir gebetet mit kindlichem Glauben;
Wir haben vergebens gehofft und geharrt,
Er hat uns geäfft und gefoppt und genarrt.
Wir weben! Wir weben!

„Ein Fluch dem König, dem König der Reichen,
Den unser Elend nicht konnte erweichen,
Der uns den letzten Groschen erpreßt,
Und uns wie Hunde erschießen läßt!
Wir weben! Wir weben!

„Ein Fluch dem falschen Vaterlande,
Wo nur gedeihen Lug und Schande,
Wo nur Verwesung und Todtengeruch —
Altdeutschland, wir weben dein Leichentuch
Wir weben! Wir weben!

H. H.

Arlequin.

(Fortsetzung.)

Alle Augen und Augengläser waren sogleich auf den Eintretenden gerichtet, und ein leises Gemurmel trat an die Stelle der ernsten Berathungen. „Wer ist der Mann? kennen Sie ihn? Durch wen ist er empfohlen?" fragten [illegible] laut die Herrn. „Ein hübscher Junge, etwas [illegible] nach der Pierine" meinten die weiblichen Mitglieder des jungen Parnasses.

Als die Ruhe wieder ein bischen hergestellt war, trat Arlequin vor, machte drei tiefe Verbeugungen und sagte mit liebenswürdiger Bescheidenheit: „Meine Herrn und Damen, ich bin ein Universalgenie, und komme Sie zu retten, und Sie von dem verhaßten Joche des Sauertopf und Rothstift zu befreien." Ein homerisches Gelächter brach in der ganzen Versammlung nach diesen Worten los, ein solches Gelächter, daß die Herrn sich den Bauch hielten und Thränen vergossen, während die Damen drohten, den Parnaß — unter Wasser zu setzen. Endlich erhob sich der Präsident, dem ein langes Schwert an der Seite und ein noch längerer Zopf am Genicke herabhing, und fragte den Neuangekommenen: „In welchem Fache der Literatur haben Sie sich als Universalgenie — (wiederholtes Gelächter) — ausgezeichnet? Haben Sie Gedichte, Novellen, Lustspiele, Trauerspiele so wie ich geschrieben?" „Lustspiele?! Trauerspiele?! Potz, Puder und Perrücke! das ist ja rococo, erwiederte Arlequin, ich schreibe nur Geheimnisse, nichts als Geheimnisse. Ich bin der Erfinder der geheimnißvollen Literatur, und meine Geheimnisse sind in der ganzen Welt bekannt. Dies ist die einzige wahre, belehrende und zugleich anziehende Literatur. Welcher Mensch wünscht nicht ein Geheimniß zu wissen? Schickt einige Legionen Geheimnisse in Sauertopfs Lager, und Ihr werdet sehen, seine Soldaten lassen sich fangen."

Staunend blickten sich alle Anwesenden an, und diejenigen Herrn, die vor einigen Minuten am meisten gelacht, waren jetzt schon die Zuvorkommendsten gegen Arlequin. Man bot ihm sogar einen Stuhl an, und ersuchte ihn höflichst Platz zu nehmen. — Ein langer, hagerer, magerer, blasser Jüngling, der mit aufgelösten Furien-Haaren, dem Erlkönig oder einem ungarischen Czikos gleichend, auf dem Schwanze eines eisernen Erard'schen Pianos ritt, und den die Wucht mehrerer an seiner Brust hängenden Kreuze zu einer ewig gebeugten Stellung zwang, nahm nun das Wort, ohne sich in seiner Reitübung stören zu lassen. Indem er seiner Gewohnheit nach den rechten Winkel seiner Oberlippe ironisch hinaufzog, und zugleich mit den Augen zwinkerte, fragte er: „Spielen Sie Clavier? Fantasien, Reminiscenzen, Nocturnen oder Rêverien?"

„Warum nicht gar! das ist ja rococo, meinte Arlequin; blos Etuden und Polkas. Nur jenes ist geistige und nützliche, nur dieses unterhaltende Musik. Wenn Ihr gegen Sauertopf ausrückt, spielt nur Etuden, da läuft der Feind gewiß davon, und dann könnt Ihr nach Herzenslust eine anständige Polka tanzen." (Allgemeine Bewegung.) Und indem er dies sagte, stürzte er auf das Piano los, und hämmerte mit beiden Händen eine Figur von lauter enharmonischen Akkorden ohne Auflösung in chromatischer Ordnung hinauf und hinunter, sprang auf die bizarrste Art in die fremdesten Tonarten, schlug mit

Titelseite des »Vorwärts!«, in dem Heinrich Heines Gedicht »Die Weber« erstmals veröffentlicht wurde

Die revolutionären Kräfte formieren sich

Mit dem Jahre 1844 begann eine neue Etappe in der Entwicklung der antifeudalen Oppositionsbewegung. Arbeiter, Kleinbürger und Bauern traten jetzt stärker als bisher als Triebkraft der antifeudalen Oppositionsbewegung in Erscheinung. Unruhen, Streiks, lokale Erhebungen, Verweigerung feudaler Dienste und Abgaben sowie Bürger- und Volksversammlungen bildeten von nun an die wichtigsten Formen der oppositionellen Bewegung.
Der Aufstand der schlesischen Weber im Juni 1844 markierte den Beginn dieser Entwicklung. Er war nicht die erste selbständige Aktion deutscher Arbeiter. Der Kampf der Arbeiterklasse gegen ihre Ausbeuter begann mit dem Reifen des Widerspruchs zwischen Kapital und Arbeit. Seit Anfang der zwanziger Jahre hatten Arbeiter wiederholt Fabriken gestürmt, Maschinen zerstört oder gestreikt, unter anderem 1821 in Eupen, 1830 in Aachen und Leipzig, 1828 und 1834 in Chemnitz, 1835 in Hamburg und 1838 in Mühlheim an der Ruhr. Im Unterschied zu diesen Aktionen, deren Wirkung kaum über den lokalen Rahmen

hinausreichte, erregte der schlesische Weberaufstand 1844 die Aufmerksamkeit aller Klassen und Schichten in Deutschland.
War die Lage der Arbeiter generell durch schwere Arbeitsbedingungen und ständige Not gekennzeichnet, so unterlagen die Heimarbeiter in der Textilindustrie in besonderem Maße der Verelendung. Die Heimarbeiter in Schlesien waren dem doppelten Joch kapitalistischer und feudaler Ausbeutung unterworfen. Eine Absatzkrise für Textilien und Mißernten vergrößerten 1843/44 die Not der schlesischen Weber. Die Empörung und der Haß der Weber fanden Ausdruck in einem Lied, das seit Mai 1844 in den Weberdörfern gesungen wurde. Darin heißt es:
»Ihr Schurken all, ihr Satansbrut!
Ihr höllischen Kujone!
Ihr freßt der Armen Hab und Gut,
Und Fluch wird euch zum Lohne!«[11]

Schlesische Weber liefern ihre Tuche ab. Gemälde von Karl W. Hübner, 1844

»Sturm«. Aus dem Zyklus »Ein Weberaufstand«. Radierung von Käthe Kollwitz, 1894

Zentrum des Aufstandes, der am 4. Juni 1844 begann, waren die großen Weberdörfer Peterswaldau und Langenbielau im Kreis Reichenbach. Die Weber zogen vor die Häuser der Ausbeuter, zerschlugen die Einrichtungen in den Villen der Verleger und Fabrikanten, zerstörten Maschinen, in denen sie Rivalen sahen, und vernichteten Kaufmannsbücher. Am 5. Juni 1844 versuchten die Behörden, den Aufstand mit militärischer Gewalt niederzuwerfen. Durch Gewehrsalven wurden 11 Arbeiter getötet und 24 schwer verletzt. Dennoch schlugen die nur mit Knüppeln, Äxten und Steinen bewaffneten Arbeiter das Militär in die Flucht. Erst am 6. Juni 1844 konnten größere militärische Einheiten, darunter Artillerie und Kavallerie, den Aufstand ersticken. Der Aufstand der schlesischen Weber kündete davon, daß eine neue Klassenkraft in die deutsche Geschichte eingetreten war. Er war die erste große Auseinandersetzung des deutschen Proletariats mit der kapitalistischen Ausbeuterklasse. Der Aufstand wandte sich sowohl gegen die Ausbeutung durch die Bourgeoisie als auch gegen den preußischen Staat, der sich schützend vor das kapitalistische Eigentum stellte.

Die von Marx und Engels beeinflußte Pariser Zeitung »Vorwärts« kommentierte den Ausgang des Aufstandes: »Die Proletarier Deutschlands haben hier eine Niederlage, aber nur zum Scheine, erlitten; jene schlesischen Weber sind die verlorenen Posten einer siegreichen Zukunft.«[12]

Die erste große Klassenschlacht der deutschen Arbeiter wirkte als Signal, das eine Kette von Streiks und Demonstrationen auslöste. In Breslau kam es in unmittelbarem Zusammenhang mit der Erhebung der Weber zu Unruhen verarmter Handwerker und proletarischer Handwerksgesellen. In Prag und anderen Orten Böhmens, in Aachen und Berlin streikten die Textilarbeiter, in Ingolstadt die Erdarbeiter, in Magdeburg die Arbeiter der Zuckerfabriken und in Rendsburg die Zimmerer. Die Zahl der Streiks lag im Jahre 1844 höher als im gesamten vorangegangenen Jahrzehnt. Einen bedeutenden Anteil an der Entwicklung der elementaren Arbeiterbewegung in den vierziger Jahren hatten die beim Bau der Eisenbahnlinien tätigen Arbeiter. Allein aus Preußen sind aus dieser Zeit annähernd 40 Aktionen der Eisenbahnbauarbeiter bekannt, von denen die meisten zwischen 1844 und 1847 stattfanden. Auch in Sachsen und Österreich legten die Eisenbahnbauarbeiter an vielen Orten die Arbeit nieder. Bei allen Kämpfen ging es um bessere Arbeitsbedingungen, vor allem um höhere Löhne. An einigen dieser Aktionen waren mehrere tausend Arbeiter beteiligt. Mehrfach setzten die Behörden Militär zur Niederschlagung von Unruhen der Eisenbahnbauarbeiter ein.

Auch Teile der bäuerlichen Bevölkerung auf dem Lande und der kleinbürgerlichen Schichten in den Städten nahmen an dem 1844 einsetzenden Aufschwung der Massenbewegung teil. Die Zuspitzung der Gegensätze zwischen den ostelbischen Junkern und den Bauern und Landarbeitern äußerte sich in den vierziger Jahren im rasch wachsenden Widerstand des Landvolkes gegen Ausbeutung und Unterdrükkung. Ein Ausdruck des wachsenden Wi-

Auszug aus dem Lohn- und Dienstreglement für die Tagelöhner des Gutes Craase, 1846

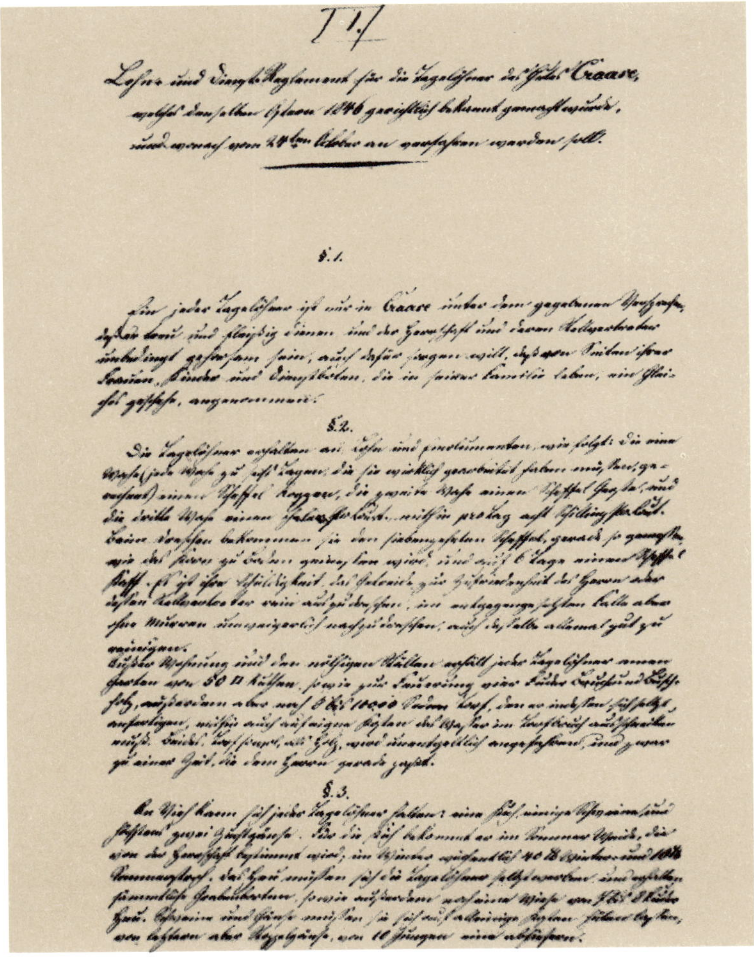

Auszug aus der Gesindeordnung von Neuvorpommern und dem Fürstentum Rügen, 11. April 1845

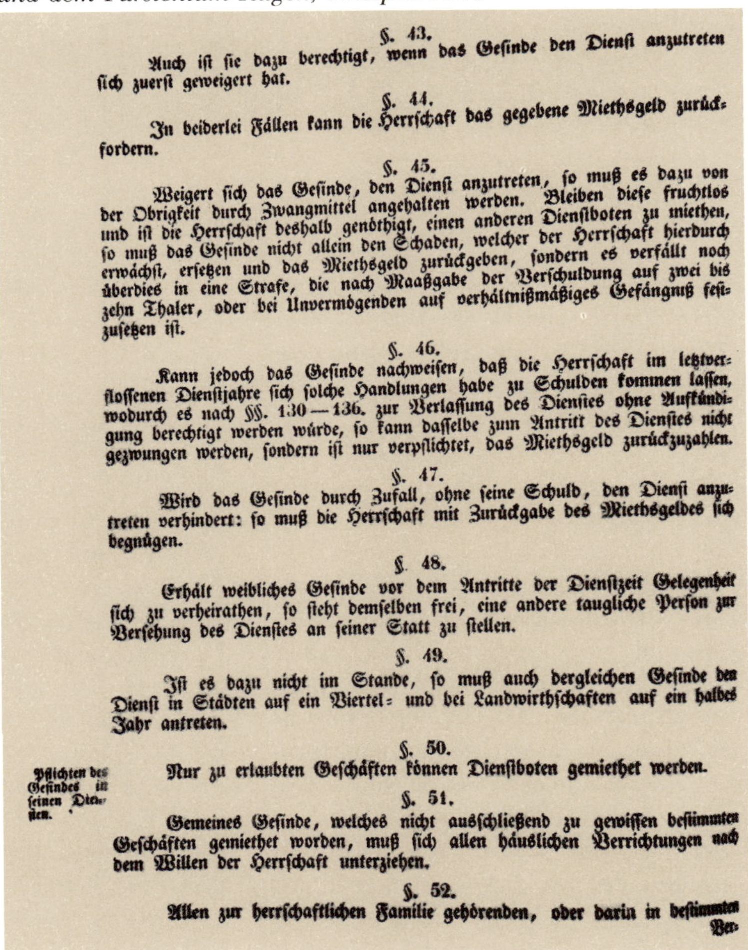

§. 43.

Auch ist sie dazu berechtigt, wenn das Gesinde den Dienst anzutreten sich zuerst geweigert hat.

§. 44.

In beiderlei Fällen kann die Herrschaft das gegebene Miethsgeld zurückfordern.

§. 45.

Weigert sich das Gesinde, den Dienst anzutreten, so muß es dazu von der Obrigkeit durch Zwangmittel angehalten werden. Bleiben diese fruchtlos und ist die Herrschaft deshalb genöthigt, einen anderen Dienstboten zu miethen, so muß das Gesinde nicht allein den Schaden, welcher der Herrschaft hierdurch erwächst, ersetzen und das Miethsgeld zurückgeben, sondern es verfällt noch überdies in eine Strafe, die nach Maaßgabe der Verschuldung auf zwei bis zehn Thaler, oder bei Unvermögenden auf verhältnißmäßiges Gefängniß festzusetzen ist.

§. 46.

Kann jedoch das Gesinde nachweisen, daß die Herrschaft im letztverflossenen Dienstjahre sich solche Handlungen habe zu Schulden kommen lassen, wodurch es nach §§. 130—136. zur Verlassung des Dienstes ohne Aufkündigung berechtigt werden würde, so kann dasselbe zum Antritt des Dienstes nicht gezwungen werden, sondern ist nur verpflichtet, das Miethsgeld zurückzuzahlen.

§. 47.

Wird das Gesinde durch Zufall, ohne seine Schuld, den Dienst anzutreten verhindert: so muß die Herrschaft mit Zurückgabe des Miethsgeldes sich begnügen.

§. 48.

Erhält weibliches Gesinde vor dem Antritte der Dienstzeit Gelegenheit sich zu verheirathen, so steht demselben frei, eine andere taugliche Person zur Versehung des Dienstes an seiner Statt zu stellen.

§. 49.

Ist es dazu nicht im Stande, so muß auch dergleichen Gesinde den Dienst in Städten auf ein Viertel- und bei Landwirthschaften auf ein halbes Jahr antreten.

§. 50.

Pflichten des Gesindes in seinen Diensten.

Nur zu erlaubten Geschäften können Dienstboten gemiethet werden.

§. 51.

Gemeines Gesinde, welches nicht ausschließend zu gewissen bestimmten Geschäften gemiethet worden, muß sich allen häuslichen Verrichtungen nach dem Willen der Herrschaft unterziehen.

§. 52.

Allen zur herrschaftlichen Familie gehörenden, oder darin in bestimmten Ver-

derstandswillens war das Ansteigen der Zahl gerichtlicher Prozesse, die die Bauern gegen die Junker führten. Zu einer alltäglichen Erscheinung wurden die unerlaubte Nutzung gutsherrlicher Wälder und das Wildern. In der preußischen Provinz Schlesien, die ein Zentrum des bäuerlichen Widerstandes gegen die Junker in Ostelbien bildete, nahm auch die Zahl der Brandstiftungen an Gutsherrensitzen rasch zu. Mit der offenen Verweigerung von Diensten und Abgaben gingen in manchen Teilen Schlesiens die Bauern und Landarbeiter zu höheren Formen des antijunkerlichen Kampfes über. So verweigerten in den Jahren 1843 und 1844 mehrere Dörfer in der Grafschaft Glatz die weitere Ableistung der Fronarbeit. Gegen die fortbestehenden feudalen Dienste und Abgaben richteten sich auch die Unruhen in Dörfern des Kreises Waldenburg im Jahre 1846. Auch in Oberschlesien häuften sich 1844 in lokalem Rahmen die offenen Auflehnungen gegen die feudale Ausbeutung und gegen die Bauernprellerei, die mit dem »preußischen Weg« der agrarkapitalistischen Entwicklung verbunden war. Im Jahre 1846, als zu dem Zündstoff, der in den inneren Verhältnissen lag, das ermutigende Beispiel des galizischen Bauernaufstandes hinzukam, flakkerten in den östlichen Grenzkreisen Beuthen, Pleß, Ratibor und Rybnik Unruhen auf, die zum Teil nur durch Einsatz von Militär unterdrückt werden konnten.

In Österreich, wo im Unterschied zu den meisten anderen Staaten des Deutschen Bundes für die Bauern keine rechtliche Grundlage bestand, die Ablösung von feudalen Verpflichtungen einzuleiten, wuchs der bäuerliche Widerstand gegen feudale Ausbeutung rasch an. Die Kerker waren ständig mit revoltierenden Bauern überfüllt. In Oberösterreich kam es 1846 zu lokalen Unruhen der notleidenden Bergbauern. Aus der Steiermark wurde im April 1846 berichtet, es sei ein allgemein verbreiteter Zustand, daß die Grundherrschaften nur noch die Hälfte des Getreidezinses erhielten, den die Bauern zu liefern verpflichtet waren.

Am bäuerlichen Widerstandskampf nahmen die Dorfproletarier aktiv teil. Die Bauern und die Dorfarmen waren auch in den Gebieten, wo die agrarkapitalistische Entwicklung schon zu einer deutlichen Differenzierung innerhalb der Dorfbevölkerung geführt hatte, noch durch den gemeinsamen Gegensatz zum Guts- beziehungsweise Grundherren miteinander verbunden.

Ähnlich traten in den Städten kleinbürgerliche und proletarische Schichten gemeinsam als Träger der Volksbewegung auf. Im Mai 1844 wurde München mehrere Tage hindurch von Unruhen erschüttert, die auch einige andere bayerische Städte erfaßten. Im folgenden Jahr kam es zu einem ernsten Zusammenstoß zwischen dem Volk und der Staatsgewalt in Sachsen. Als am 12. August 1845 in Leipzig eine spontan zusammengekommene Volksmenge ihren Unwillen gegen den als hartnäckigen Reaktionär verrufenen Bruder des Königs von Sachsen und dessen späteren Nachfolger auf dem Thron, den Prinzen Johann, zum Ausdruck brachte, befahl dieser den Einsatz von Militär. Acht Menschen, meist Arbeiter und Handwerksgesellen, wurden bei dem Feuerüberfall des Militärs auf die Demonstranten erschossen. Die Empörung und Unruhe, die nun die ganze Stadt erfaßten, veranlaßten die Behörden vorübergehend zum Nachgeben. Für einige Tage blieb in Leipzig die herrschende Ordnung erschüttert. Robert Blum, der Wortführer des demokratischen Flügels in der antifeudalen Opposition Sachsens, lenkte die Bewegung in die Bahn organisierten Protestes. Volksversammlungen und Kundgebungen mit 10 000–20 000 Teilnehmern forderten die Bestrafung der Schuldigen an den Ausschreitungen des Militärs. Nach wenigen Tagen der Unsicherheit verboten die sächsischen Behörden alle Volksversammlungen, verstärkten die Leipziger Garnison und leiteten eine strenge Untersuchung gegen zahlreiche Personen ein.

Auch in Köln stießen in den ersten Augusttagen 1846 Volksmassen und Militär aufeinander. Weit über den lokalen Rahmen hinaus trugen diese Vorfälle zur Entlarvung des reaktionären und volksfeindlichen Charakters des herrschenden Regimes und zur Zuspitzung der politischen Gegensätze bei. Sie waren Glieder einer Kette von Volksbewegungen, die der bürgerlich-demokratischen Revolution von 1848/49 unmittelbar vorausgingen und diese vorbereiteten.

Die zunehmende politische Aktivität, von der seit 1844 immer breitere Kreise der Bevölkerung erfaßt wurden, äußerte sich auch in einer Welle von Bürger- und Volksversammlungen, die den bestehenden Verboten zum Trotz in zahlreichen Städten Preußens abgehalten wurden. Unter dem Vorwand, die Bildung der Bürger zu fördern und kommunale Angelegenheiten zu behandeln, wurden Bürgergesellschaften gegründet und in regelmäßigen Versammlungen mit Hunderten von Teilnehmern politische Tagesfragen besprochen sowie

Sächsisches Militär schießt auf die Leipziger Bevölkerung, 12. August 1845. Nach der »Illustrierten Zeitung«, 1845

Leipziger Tageblatt

und

Anzeiger.

№ 228. Sonnabend, den 16. August. 1845.

Unter den gegenwärtig eingetretenen Verhältnissen und bei der kräftigen Mitwirkung, welche die Communalgarde und die derselben angeschlossenen Herren Studirenden den städtischen Behörden bereitwilligst gewährten, dürfen wir uns der Hoffnung hingeben, daß die Ruhe der Stadt nicht wieder gestört werde. Es sind jedoch die großen Anstrengungen, welche in den verflossenen Tagen von der Communalgarde und den Studirenden geleistet worden sind, in solchem Umfang nur in den dringendsten Fällen fernerhin in Anspruch zu nehmen. Deshalb erwarten wir von allen Bürgern und Einwohnern unserer Stadt mit Zuversicht, daß jeder für seine Person und nach seiner Stellung zu Aufrechthaltung der Ruhe und Ordnung nach Kräften beitrage, da es von der höchsten Wichtigkeit ist, daß baldigst die völlige Wiederherstellung der Ruhe zur öffentlichen Kenntniß auch im Auslande gelange, damit nicht eine der wichtigsten Interessen unsrer Stadt, die ungestörte Abhaltung der nahe bevorstehenden Michaelismesse, gefährdet werde. In Berücksichtigung der Wohlfahrt unsrer Stadt müssen wir die Sorge dafür allen Bürgern und Einwohnern dringend an das Herz legen.

Leipzig, den 15. August 1845.

Der Rath der Stadt Leipzig.
Dr. Groß.

Bekanntmachung aus dem »Leipziger Tageblatt und Anzeiger«, 16. August 1845

Angriff preußischer Truppen auf Kölner Bürger, 4. August 1846. Nach »The Illustrated London News«, 1846

soziale und politische Forderungen erhoben. Diese Form der städtischen Oppositionsbewegung entwickelte sich im Herbst 1844 in der preußischen Provinz Sachsen. In Magdeburg hatte sich am 24. August 1844 eine Bürgergesellschaft gebildet, die monatlich öffentliche Bürgerversammlungen durchführte. Erfurt, Halberstadt, Halle (Saale), Naumburg und viele andere Städte folgten diesem Beispiel. Diese Bewegung dehnte sich rasch auf andere Teile Preußens aus, vor allem auf die Rheinprovinz, Westfalen, Schlesien und die Provinz Preußen. Initiatoren der Bürger- und Volksversammlungen waren vor allem auf dem linken Flügel der bürgerlichen Bewegung stehende Oppositionelle, die die Gewinnung einer Massenbasis anstrebten. Als die preußische Regierung im Mai und Juni 1845 mit neuen Verbotsmaßnahmen die Volks- und Bürgerversammlungen unterdrückte, wurde vielfach versucht, die Zusammenkünfte unter dem Deckmantel harmloser Geselligkeit fortzusetzen.

Da die Möglichkeiten für ein offenes politisches Wirken gering waren, widmeten die oppositionellen Kräfte in den vierziger Jahren äußerlich unpolitischen legalen Vereinigungen große Aufmerksamkeit. Nicht nur in Bildungsvereinen und Lesegesellschaften, sondern auch in Turn-, Gesang- und Schützenvereinen fanden sie Ansatzpunkte für die politische Aufklärung und die Mobilisierung größerer Bevölkerungskreise. Während in Preußen, wo sie scharf überwacht wurden, die politische Aktivität der Turnvereine gering blieb, entwickelte sich die Turnbewegung in den südwestdeutschen Staaten zu einem wichtigen Bestandteil der demokratischen Opposition. Die Turn- und ähnlich auch die Gesangvereine pflegten den Gedanken der Herstellung eines bürgerlichen Nationalstaates und der Durchsetzung bürgerlich-demokratischer Rechte.

Die Ablehnung adliger Standesprivilegien und das Bekenntnis zur Gleichwertigkeit, ja zur Überlegenheit der werktätigen Menschen bildete die Grundlage für ein wachsendes Selbstbewußtsein und für die zunehmende Bereitschaft, für die bürgerlichen Ideale von Freiheit und Gleichheit zu kämpfen. Auf die Entwicklung der Sänger- und Turnbewegung, die vor allem vom Kleinbürgertum und von Handwerksgesellen getragen wurde, nahmen führende Demokraten wie Robert Blum, Gustav v. Struve und Friedrich Hecker unmittelbaren Einfluß. In den Turnern sahen viele Zeitgenossen »die künftige Armee der radikalen Partei«[13].

Ein wichtiges Wirkungsfeld für politisch fortschrittliche bürgerliche Kräfte wurde auch die religiöse Oppositionsbewegung, die sich in der protestantischen wie auch in der katholischen Kirche entwickelte. Die enge Verbindung, die zwischen Staat und Kirche bestand, hob die religiöse Opposi-

Volksversammlung in Preußen. Nach der »Illustrierten Zeitung«, 1845

Anfang eines Artikels von Louise Otto aus den »Sächsischen Vaterlands-Blättern«, 1844

Donnerstag. — № 26. — 15. Februar 1844.

Sächsische
Vaterlands-Blätter.
Vierter Jahrgang.

Erscheinen wöchentl. viermal: — Dienstags, Donnerstags, Sonnabends und Sonntags. — Bestellungen werden angenommen von allen Postämtern des In-

und Auslandes. — Preis für das Vierteljahr 1 Thaler. — Inserate aller Art werden die gespaltene Petitzeile oder deren Raum zu 1 Neugroschen berechnet.

Inhalt: Ueber das erwachende Interesse der Frauen an der Politik. — Lesezimmer. — Briefliche Mittheilungen: Leipzig. (Deutschland und Sachsen.) Von der Parthe. (Bürgervereine.) — Zeitspiegel. — Quittung.

Ueber das erwachende Interesse der Frauen an der Politik.

Unsere Zeit ist vorzugsweise eine Zeit des Ueberganges. So weit gekommen sind wir Alle im Verständniß der gegenwärtigen Zeit, daß wir dies eingesehen haben. Ein rasches Leben durchzuckt die Gegenwart, alle Kräfte sind in Bewegung, und die Bewegungen sind im Kampf mit einander; neue Elemente haben sich erhoben, drängen hier weiter nach vor, dort wieder rückwärts; — feststehen kann nichts — wie ein elektrischer Schlag in unendliche Gliederungen setzt der erwachte Zeitgeist seine Zuckungen, seine Bestrebungen fort; — still bleiben kann nichts — tausend neue Stimmen sind aufgewacht, wollen alle gehört sein, das Geschrei der Parteien übertäubt einander; — es ist ein allgemeiner Tumult. Die Alten klagen, daß so Vieles anders geworden, die Jugend flucht, daß noch nicht Alles anders werden wolle, die zwischen Jugend und Alter Stehenden hoffen und streben: es möge noch Vieles anders werden. Das sind die Klagen, die Flüche, die Bemühungen der Gegenwart.

Und wer möchte, wer könnte theilnahmlos zusehen, wer vermöchte unberührt zu bleiben von solchem Treiben? Wer vermöcht' es? — Vielleicht die Frauen? — Darf man so antworten? — Nein! man darf es nicht. — Ein neuer Geist macht sich auch unter dem weiblichen Geschlecht geltend, auch hier vernehmen wir die Klagen der Alten, daß so Vieles anders geworden sei, als in der guten alten Zeit — wenn auch bei diesen Klagen unberücksichtigt bleibt, wie wenig dies sei, gegen all' die Veränderungen in andern socialen Verhältnissen. Daß auch die Frauen aus der Theilnahmlosigkeit, mit welcher sie bisher bei den politischen Vorgängen und den socialen Fragen der Gegenwart verharrten, sich emporheben können, haben einige Beispiele der jüngsten Zeit gezeigt, nur mußten immer besondere Veranlassungen kommen, um sie aus ihrem Schlummer aufzuwecken und ihnen das Walten des Zeitgeistes zu zeigen. Die politische Poesie hat die deutschen Frauen aufgeweckt.

Es ist so viel hin und her gesprochen worden über diese politische Poesie, man hat sie abwechselnd bis zum Himmel erhoben und bis zur Hölle verdammt; man hat den politischen Dichter zu einem Orpheus gemacht, von dessen Gesang belebt sogar die Steine sich zum schönen Bau eines Tempels der Freiheit zusammenhängen müßten — und wieder hat man ihn einen Schreier genannt, der die Muse beschimpfe, weil er sie zu einer Sklavin, sei's auch zur Sklavin der Freiheit, erniedrige; die politischen Lieder haben die Einen für heilige Hymnen, die Andern für Gassenhauer ausgegeben — Diese haben über Entweihung der Dichtkunst geschrieen — Jene über ihren höchsten Triumph gejubelt — — — und so streitet man sich fort von Extrem zu Extrem, und bis ins Endlose geht der Streit, wenn er nun gar sich bis auf die Folgen, welche diese Poesie wohl haben könnte, ausdehnt — aber noch nie ist berücksichtigt worden, welche Folgen sie wirklich gehabt hat: sie hat die Frauen mit Interesse für die Fragen des Tages erfüllt. Oder nennt mir eine Frau, die auf Bildung Anspruch machen kann und nichts von Herwegh weiß? — Ja, Dank Euch, ihr Dichter! Ihr habt die Völker aus dem Schlaf singen wollen und die Frauen sind wirklich von Euern Liedern erwacht, und Ihr, Ihr Fürsten, beruhigt Euch! die Frauen bleiben friedlich, wenn sie auch wachen, und Euch droht keine Rebellion! — Halb liegt es in jener Verzartelung, nach welcher die weiblichen Gemüther von Kind auf nur für das Weiche, Sanfte, Schmeichelnde gebildet werden, halb in der eigentlichen Natur des Weibes, welche meist dem warmen Ausdruck des Gefühls vor den kalten Schlüssen des Verstandes, dem Schönen vor dem Starken den Vorzug giebt, daß die Poesie den Weg zum weiblichen Herzen immer offen findet, während er sich oft der Sprache kalter, gemessener Aus-

tionsbewegung über das Niveau rein innerkirchlicher Auseinandersetzungen hinaus. Für alle Staaten des Deutschen Bundes galt die Feststellung von Friedrich Engels: »Ein Angriff auf die protestantische oder katholische Orthodoxie, ein Angriff auf das Pfaffentum bedeutete also einen versteckten Angriff auf die Regierung selbst.«[14] Dieser politische Inhalt der religiösen Opposition war die Ursache dafür, daß sie den Charakter einer Massenbewegung gewann.

Das sichtbare Hervortreten der Volksmassen als Triebkraft der antifeudalen Oppositionsbewegung seit 1844 führte dazu, daß sich in der Haltung der gemäßigt-liberalen Bourgeoisie die antidemokratischen Züge deutlicher ausprägten. Besonders das Aufbrechen des antagonistischen Widerspruchs zwischen Kapital und Arbeit veranlaßte führende Vertreter des Liberalismus, sich verstärkt nach links abzugrenzen. Die gemäßigten Liberalen versuchten zwar, die Arbeiter gegen die adlig-monarchischen Regime einzunehmen, sie enthielten sich aber jeder Aufforderung zum aktiven Kampf und propagierten verstärkt den friedlichen Weg der Reformen und die Anwendung ausschließlich legaler Mittel zur Veränderung der bestehenden politischen Verhältnisse. Ungeachtet der verstärkten Ausbildung antidemokratischer Züge in ihrer politischen Haltung blieb die liberale Bourgeoisie die führende Kraft der antifeudalen Oppositionsbewegung. Die Bedürfnisse ihrer ökonomischen Entwicklung drängten sie immer mehr in Widerspruch zu der vorrangig von den Interessen des Adels bestimmten Politik der deutschen Staaten.

Ein typisches Beispiel für die Beschränkung der ökonomischen Entfaltungsmöglichkeiten der Bourgeoisie zugunsten der halbfeudalen Junkerklasse war die sogenannte Börsenverordnung vom 24. Mai 1844. Sie richtete sich nominell gegen Aktienspekulationen, die im Zusammenhang mit dem Eisenbahnbau einen großen Aufschwung genommen hatten. In Wirklichkeit sollte sie das weitere Absinken der Kurse preußischer Staatspapiere und ritterschaftlicher Pfandbriefe verhindern, den Junkern Hypotheken zu günstigen Bedingungen für den Ausbau ihrer Güter sichern und schließlich den ökonomischen Machtzuwachs der Bourgeoisie beschränken. Ähnliche Motive veranlaßten die preußische Regierung zur Verweigerung der Konzession für Banken auf Aktienbasis. Seit 1844 wurden solche Konzessionen wiederholt von Kapitalistengruppen beantragt, zu denen führende rheinische Liberale wie Hermann v. Beckerath, Ludolf Camphausen, David Hansemann und Gustav v. Mevissen gehörten.

Auch in der Handels- und Zollgesetzgebung stießen die unterschiedlichen wirtschaftspolitischen Interessen von Junkern und Bourgeoisie aufeinander. Während die Junker als Getreideexporteure nach Westeuropa Verfechter des Freihandels waren, forderte die Industriebourgeoisie Schutzzölle gegen die überlegene englische Konkurrenz. Auf den Konferenzen des Deutschen Zollvereins und im Zusammenhang mit der Vorbereitung von Handelsverträgen mit außerdeutschen Staaten fanden besonders in den Jahren 1845 und 1846 erbitterte Auseinandersetzungen um die Frage Schutzzoll oder Freihandel statt.

Das Jahr 1844 war nicht nur für die Entwicklung der politischen Haltung der Liberalen, sondern auch für die der demokratischen Richtung ein bedeutsamer Einschnitt. Unter dem Eindruck des Weberaufstandes differenzierte sich die demokratische Opposition. Neben einem Flügel, dessen Programm weiterhin vor allem auf politische Forderungen beschränkt blieb, gingen jetzt demokratische Kräfte verstärkt dazu über, unmittelbar soziale Forderungen des Kleinbürgertums und anderer werktätiger Schichten aufzugreifen. Eine besondere Richtung, die kleinbürgerlich-sozialistische und sozialreformerische Auffassungen zum Kernpunkt ihrer Bestrebungen machte, bildete sich seit 1844 heraus. Vor die Frage gestellt, sich für oder gegen den Weberaufstand, das heißt für oder gegen den revolutionären Kampf der Arbeiterklasse zu entscheiden, konnte sich die Mehrzahl der Intellektuellen, die sich unter dem Einfluß der Philosophie Ludwig Feuerbachs und französischer sozialistischer Theorien zu Anhängern utopischer Ideen entwickelt hatten, nicht zur Erkenntnis von der historischen Mission der Arbeiterklasse durchringen. Sie vertraten die Ansicht, die notwendige soziale Umgestaltung der Gesellschaft könne nicht im Ergebnis von revolutionären Aktionen der Massen des Proletariats erfolgen. Vielmehr müsse sie auf

»Die Staatswaage«.
Darstellung aus dem »Charivari« (Berlin), 1848

Gustav v. Mevissen.
Zeitgenössische Lithographie

Hermann v. Beckerath.
Lithographie von P. H. Winterwerl, 1849

»Arm und reich«. Darstellung aus dem »Punch« (London), 1848

friedlichem Wege, durch Organisation der Arbeit im Geiste der Liebe und der Menschlichkeit herbeigeführt werden. Anders als die große Mehrheit der kleinbürgerlichen Demokraten wandten sich die Vertreter dieser Auffassungen gegen die Teilnahme am politischen Kampf für die Überwindung des adlig-monarchischen Herrschaftssystems, da dieser nur der Bourgeoisie nutze. Diese als »wahrer Sozialismus« bekannt gewordene Strömung, als deren Sprecher Moses Heß und Karl Grün hervortraten, brachte rückwärtsgewandte antikapitalistische Interessen des Kleinbürgertums zum Ausdruck.

Die Begründung des wissenschaftlichen Sozialismus

Mit der Durchsetzung kapitalistischer Produktionsverhältnisse und besonders mit der industriellen Revolution in mehreren Ländern Europas waren die Voraussetzungen für die Entwicklung der modernen Arbeiterbewegung entstanden. Seit den dreißiger Jahren des 19. Jahrhunderts formierte sich in den fortgeschrittensten Ländern Europas das Proletariat als Klasse und betrat die Arena der Geschichte. Der revolutionäre Aufschwung zu Beginn der dreißiger Jahre brachte in England die Industriebourgeoisie, in Frankreich die Finanzbourgeoisie zur Macht. Der Gegensatz zwischen Bourgeoisie und Proletariat trat in diesen Ländern unverhüllt zutage. Die fortgeschrittensten Teile der Arbeiterklasse begannen sich von der bürgerlichen Beeinflussung zu lösen. In England hatte sich bereits in den zwanziger Jahren eine gewerkschaftliche Bewegung entwickelt. In den dreißiger Jahren entstand mit dem Chartismus die erste breite proletarisch-revolutionäre Bewegung Englands. In Frankreich begann die Arbeiterbewegung mit den Aufständen der Lyoner Seidenweber 1831 und 1834. Nach der Niederschlagung dieser Aufstände bildeten sich geheime Arbeiterorganisationen. Die ersten Anfänge der deutschen Arbeiterbewegung reichen ebenfalls in die dreißiger Jahre des 19. Jahrhunderts zurück, in denen mit dem Bund der Gerechten die erste deutsche politische Arbeiterorganisation entstand.

Mit dem Aufbrechen des Gegensatzes zwischen Kapital und Arbeit und der Herausbildung einer selbständigen Arbeiterbewegung in den fortgeschrittensten Ländern entstand das objektive Bedürfnis nach einer wissenschaftlichen Theorie der Arbeiterklasse. Für ihre Ausarbeitung erlangten die reifsten Theorien und Erkenntnisse dieser Zeit eine große Bedeutung, insbesondere die bürgerliche deutsche Philosophie, der französische utopische Sozialismus und Kommunismus und die englische bürgerliche politische Ökonomie. Sie sind die wichtigsten theoretischen Quellen des Marxismus.

Desgleichen gehörten die naturwissenschaftlichen Erkenntnisse der Zeit zu den theoretischen Voraussetzungen des Marxismus. Die Theorie des wissenschaftlichen Kommunismus wurde von Karl Marx und Friedrich Engels geschaffen. Sie entstand als wissenschaftlich begründete Weltanschauung der Arbeiterklasse, die damit die theoretische Waffe erhielt, die sie zu ihrem Sieg benötigt. Der Marxismus begründet die historische Mission der Arbeiterklasse und weist der Menschheit den Weg zum Aufbau der klassenlosen Gesellschaft. Seine drei untrennbaren Bestandteile sind der dialektische und historische Materialismus, die marxistische politische Ökonomie

Aufstand der Lyoner Seidenweber, November 1831, Französische zeitgenössische Lithographie

Karl Marx

Friedrich Engels

und die Lehre vom wissenschaftlichen Sozialismus. Seine Begründung war eine Revolution in der Geschichte des menschlichen Denkens.
Karl Marx und Friedrich Engels, die Schöpfer der wissenschaftlichen Theorie der Arbeiterklasse, waren, als sie die Grundgedanken ihrer Weltanschauung entwickelten, junge Männer im Alter von etwa 25 Jahren. Beide hatten als Söhne wohlhabender bürgerlicher Eltern eine vorzügliche Bildung genossen. Dank seinem leidenschaftlichen Wissensdrang und seiner außergewöhnlichen Begabung überragte Marx bereits als Student an der Berliner Universität seine Altersgenossen. Auch Engels verstand es, sich neben seiner kaufmännischen Ausbildung ein umfassendes Wissen auf dem Gebiet der Philosophie, der Geschichte, der Literatur und der Sprachen anzueignen. Entscheidende Bedeutung für die Gewinnung revolutionär-demokratischer Positionen hatte für Marx die Tätigkeit an der »Rheinischen Zeitung«, durch die er mit sozialen Problemen der werktätigen Massen bekannt wurde. In England beziehungsweise Frankreich lernten Engels und Marx eine relativ entwikkelte Arbeiterklasse und deren Bewegung kennen. Ihre theoretischen Studien in Verbindung mit ihren praktischen Beobachtungen und Erfahrungen führten sie zu der Erkenntnis, daß allein dieser Klasse die Zukunft gehörte. Charaktereigenschaften wie Uneigennützigkeit und Konsequenz ließen sie die Brücken zu der Klasse, der sie ihrer Herkunft nach angehörten, abbrechen. Sie stellten sich auf die Seite des Proletariats. Ende August/Anfang September 1844 lernten sich Marx und Engels in Paris näher kennen. Sie stellten fest, daß ihre Ansichten völlig übereinstimmten. Mit dieser Begegnung begann eine enge Freundschaft, die sich in allen Wechselfällen und Schwierigkeiten des persönlichen Lebens und des politischen Wirkens bewährte. Das Verhältnis zwischen Marx und Engels stellte, wie Lenin später schrieb, »die rührendsten Sagen der Alten über menschliche Freundschaft in den Schatten«[15]. Die Tätigkeit und Leistung der beiden Männer verschmolz seit ihrer Begegnung im Jahre 1844 immer mehr zu einer untrennbaren Einheit.
Erste Grundgedanken der wissenschaftlichen Theorie der Arbeiterklasse entwickelten Marx und Engels in ihren Beiträgen für die »Deutsch-Französischen Jahrbücher«, die im Frühjahr 1844 in einer einzigen Doppelnummer in Paris erschienen. Während Marx in Auseinandersetzung mit dem Idealismus der Junghegelianer und ihrer Verachtung der Massen die revolutionäre

Kraft des Proletariats betonte, entwickelte Engels wesentliche Gedanken zu einer politischen Ökonomie der Arbeiterklasse. In ihrer Anfang 1845 erschienenen ersten gemeinsamen Arbeit, dem Buch »Die heilige Familie«, und in ihrem zu Lebzeiten unveröffentlicht gebliebenen Werk »Die deutsche Ideologie« setzten Marx und Engels die Auseinandersetzung mit dem junghegelianischen Idealismus, aber auch mit den Schwächen des Feuerbachschen Materialismus fort und arbeiteten die Grundzüge der wissenschaftlichen Weltanschauung der Arbeiterklasse aus. Sie schufen eine qualitativ neue Philosophie, den dialektischen und historischen Materialismus, der als einheitliche, in sich geschlossene Weltanschauung alle Voraussetzungen bietet, die erforderlich sind, die materielle Welt, das Bewußtsein und die menschliche Tätigkeit zu erfassen. Die materialistische Dialektik untersucht die allgemeinen Entwicklungsgesetze der Natur, der Gesellschaft und des Denkens sowie die Stellung des Menschen in der Welt. Sie besagt, daß die Dinge und Erscheinungen in Natur und Gesellschaft nichts Unbewegliches, Unveränderliches sind, sondern eine ständige Wandlung und Entwicklung erfahren. Das vollzieht sich nicht gleichmäßig, sondern in einem Wechsel von quantitativen, relativ gleichförmigen und qualitativen, sprunghaften Veränderungen. Der Motor der Entwicklung sind die allen Dingen und Erscheinungen eigenen inneren Widersprüche und der durch sie bedingte Kampf der Gegensätze. Die marxistische Philosophie stellt die revolutionäre Praxis in den Mittelpunkt. In seinen »Thesen über Feuerbach« schrieb Marx 1845: »Die Philosophen haben die Welt nur verschieden *interpretiert*; es kommt aber darauf an, sie zu *verändern*.«[16]

Indem Marx und Engels den Materialismus und die dialektische Methode verbanden, konnten sie die Entwicklung der Gesellschaft wissenschaftlich, das heißt materialistisch erklären und den historischen Materialismus begründen. In der Art und Weise der Produktion entdeckten sie die materielle Grundlage der gesellschaftlichen Entwicklung. In dem Widerspruch zwischen Produktionsverhältnissen und Produktivkräften erkannten sie die materielle Basis aller anderen wesentlichen Widersprüche der Klassengesellschaft. Aus der Entwicklung des Widerspruchs zwischen Produktionsverhältnissen und Produktivkräften ergibt sich auch, daß der Kapitalismus von der sozialistischen Gesellschaftsordnung abgelöst wird. Als die Kraft, deren historische Mission es ist, diese Umwälzung zu vollbringen, erkannten Marx und Engels die Arbeiterklasse.

Mit der Einsicht, daß der eigentliche Inhalt der Menschheitsgeschichte in der gesetzmäßigen Abfolge von Gesellschaftsformationen besteht, sowie der Erkenntnis, daß die Eroberung der politischen Macht durch die Arbeiterklasse die notwendige Voraussetzung für die Beseitigung des Kapitalismus und den Aufbau des Kommunismus ist, war die historische Mission der Arbeiterklasse wissenschaftlich begründet.

Das grundlegend Neue in der Theorie von Marx und Engels gegenüber den Lehren der utopischen Kommunisten, die eine bessere Welt unter Berufung auf Gründe der Moral und der Vernunft gefordert hatten, bestand in dem Nachweis, daß der Kommunismus eine unabwendbare Gesetzmäßigkeit der historischen Entwicklung ist. In ihrer wissenschaftlichen Theorie verallgemeinerten Marx und Engels die Erfahrungen des internationalen Klassenkampfes. Der wissenschaftliche Sozialismus trägt internationalen Charakter und hat internationale Gültigkeit.

Die Ausarbeitung der Grundlagen der wissenschaftlichen Theorie der Arbeiterklasse durch Marx und Engels in den Jahren 1843 bis 1846 war eine Leistung von welthistorischer Bedeutung.

Als erste erbrachten sie den Nachweis, daß der Sozialismus kein Hirngespinst von Träumern ist, sondern »notwendiges Resultat der Entwicklung der Produktivkräfte in der modernen Gesellschaft«[17].

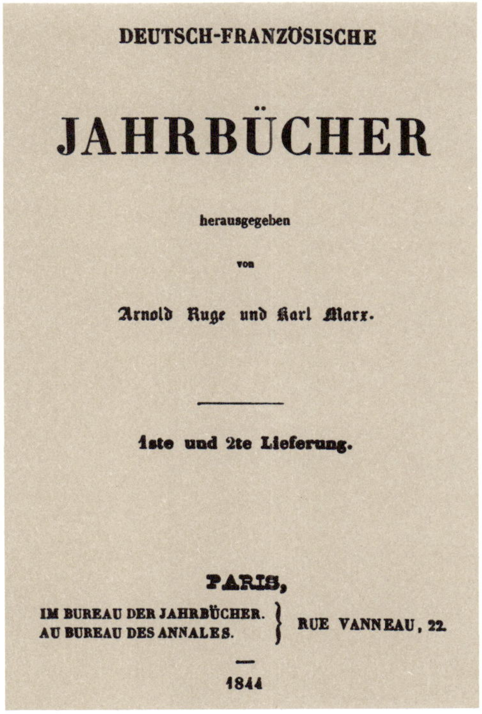
DEUTSCH-FRANZÖSISCHE

JAHRBÜCHER

herausgegeben

von

Arnold Ruge und Karl Marx.

1ste und 2te Lieferung.

PARIS,

IM BUREAU DER JAHRBÜCHER.
AU BUREAU DES ANNALES. } RUE VANNEAU, 22.

1844

Titelblatt der Erstausgabe

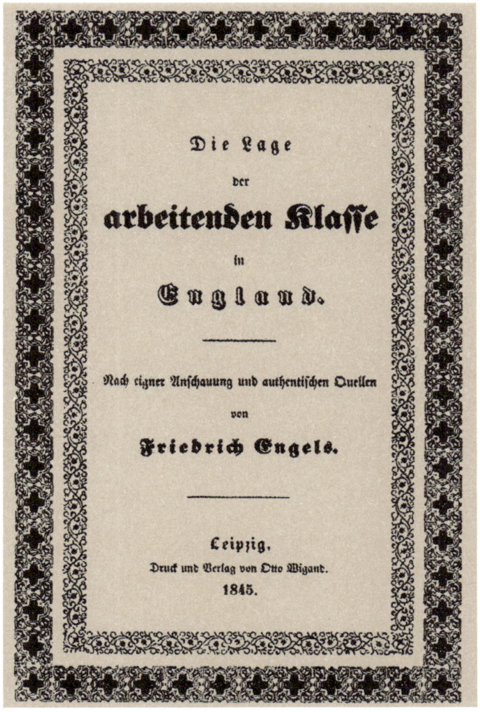
Die Lage

der

arbeitenden Klasse

in

England.

Nach eigner Anschauung und authentischen Quellen

von

Friedrich Engels.

Leipzig,
Druck und Verlag von Otto Wigand.
1845.

Umschlag der Erstausgabe

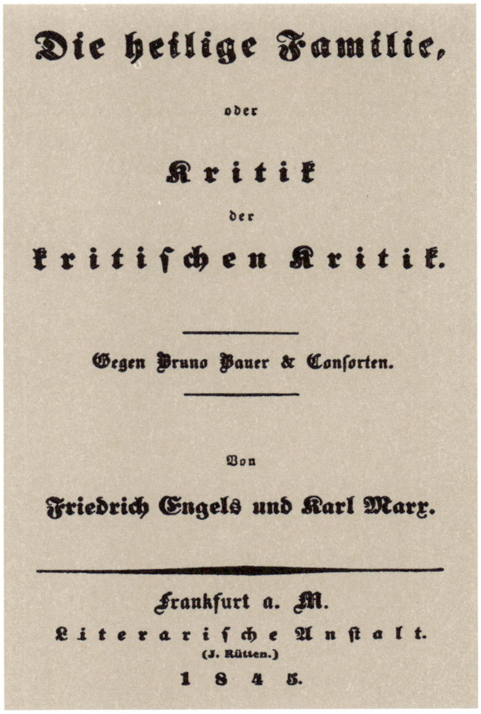
Die heilige Familie,

oder

Kritik

der

kritischen Kritik.

Gegen Bruno Bauer & Consorten.

Von

Friedrich Engels und Karl Marx.

Frankfurt a. M.
Literarische Anstalt.
(J. Rütten.)
1845.

Titelblatt der Erstausgabe

Proletarier. Nach der »Illustrierten Zeitung«, 1848

Die Wirtschaftskrise und die revolutionären Bewegungen der Volksmassen 1847

Im Jahre 1847 begann sich in Deutschland eine revolutionäre Situation herauszubilden. Etwa seit Mitte der vierziger Jahre hatte sich die Lebenslage der Volksmassen rapide verschlechtert. Steigende Lebensmittelpreise und erhöhte Arbeitslosigkeit waren die Folge einer Reihe von Mißernten in der Landwirtschaft und einer 1847 einsetzenden zyklischen Wirtschaftskrise. In der ersten Hälfte der vierziger Jahre hatte die Verelendung breiter Bevölkerungskreise, vornehmlich in den Webergebieten, neue Ausmaße angenommen. In einem Zeitungsbericht aus der Grafschaft Glatz in Schlesien vom Januar 1844 wurde von »Scharen von Bettelnden ..., welche täglich unsere Städte durchziehen«, gesprochen.[18] Besonders schlecht fiel die Ernte in den Jahren 1845 bis 1846 aus. Die Erträge bei Kartoffeln, die längst zum Hauptnahrungsmittel der Armen geworden waren, blieben infolge einer Kartoffelkrankheit weit unter dem Durchschnitt, und auch die Getreideernte erreichte nicht die Ergebnisse vergangener Jahre. Die Preise für Lebensmittel stiegen enorm. Im ersten Halbjahr 1847 kletterten sie, zusätzlich hochgetrieben von gewissenlosen Spekulanten, in manchen Gebieten in Höhen, die um ein mehrfaches über den Durchschnittswerten normaler Jahre lagen.

Diese außergewöhnliche Verteuerung der Lebensmittel schmälerte die Kaufkraft für

»Das Elend in Schlesien«. Darstellung aus den »Fliegenden Blättern« (München), 1848

industrielle und gewerbliche Erzeugnisse und beschleunigte den Ausbruch der zyklischen Wirtschaftskrise. Die Krise von 1847 ging von England aus und nahm rasch internationale Ausmaße an. Der deutsche Kapitalismus, dessen erster eigener zyklischer Aufschwung in der Mitte der dreißiger Jahre eingesetzt hatte, wurde von der Krise voll erfaßt. In der Textilindustrie trat 1847 ein bedeutender Produktionsrückgang ein. Bei der Baumwollwarenerzeugung sank die Produktion gegenüber 1846 um etwa 41 Prozent. In der Schwerindustrie mußte die Produktion insgesamt erst 1848 stark eingeschränkt werden. Aber im Maschinenbau zeigte sich ebenfalls schon 1847 eine rückläufige Tendenz. Der Kurssturz der Eisenbahnaktien hatte den Zusammenbruch mehrerer Eisenbahngesellschaften zur Folge. Ende 1847 stellte das Bankhaus Haber & Söhne in Frankfurt (Main), das zahlreiche Industrieunternehmen finanziert hatte, seine Zahlungen ein. Viele Fabriken schlossen ihre Tore. In Hamburg machten 1847 128 Handelshäuser Bankrott.

Die Auswirkungen der Mißernten und der Krise auf die Lage der Volksmassen waren verheerend. Viele Proletarier verloren ihren Arbeitsplatz und damit ihren ohnehin kümmerlichen Verdienst. Zahlreiche Handwerker und kleine Ladenbesitzer büßten ihre kleinbürgerlichen Existenzgrundlagen ein und vergrößerten das Heer der Arbeit und Brot suchenden Proletarier. In vielen Teilen Deutschlands griffen die hungernden Massen zur Selbsthilfe. Im schlesischen Webergebiet, das die herrschende Klasse und die Behörden seit dem Aufstand des Jahres 1844 mit geradezu panischer Furcht beobachteten, zogen im Februar 1847 mehrfach große, mit Knüppeln bewaffnete Gruppen zu Gutsbesitzern, um sich gewaltsam Kartoffeln zu beschaffen. Auch in anderen Gegenden marschierten »förmlich organisierte« Trupps von 30 bis 100 Mann von Dorf zu Dorf und forderten »im Namen der christlichen Bruderliebe, von der ihnen der Schulmeister und der Pfaff so wunderschöne Dinge erzählt haben, Brot, Getreide, Mehl oder Geld ... Und sie erhaltens der Regel nach ohne Widerrede; denn ihre heidnisch-großen Knüppel wirken eigentlich viel mehr als ihre christlichen Redensarten.«[19] Die Behörden hatten gegen die »Bettlerbanden« kein anderes Mittel zur Abhilfe als das übliche, wenn es um die Niederhaltung des rebellierenden Volkes

Hungerdemonstration in Breslau, 22. März 1847. Nach der »Illustrierten Zeitung«, 1847

Sturm auf Kartoffelstände in Berlin, 1847. Lithographie von Vinzenz Katzler

und die Sicherung von Eigentum und Vorrecht der Herrschenden und Besitzenden ging. Sie setzten gegen die Aufbegehrenden Militär ein.
Der bäuerliche Widerstand in Österreich wurde 1847 zunehmend stärker. In der Steiermark spitzte sich im Winter 1847/48 die Situation derart zu, daß viele Besitzer von Grundherrschaften in die Städte flüchteten. Von der oberen Steiermark erstreckte sich die Bewegung durch das Ennstal bis nach Oberösterreich. Das Traunviertel und einige Täler im Salzburgischen wurden von ihr ergriffen. Den Militärkommandos, die zur Unterdrückung der Unruhen eingesetzt wurden, traten die Bauern ihrerseits mit Gewalt entgegen. In der Gegend von Liezen wurden im Januar 1848 bei einer Auseinandersetzung zwischen einem mehrere hundert Mann starken Bauernhaufen und einer Militäreinheit 25 Personen verletzt. Auch in Kärnten setzten sich die Landleute mit Knüppeln und Sensen gegen das von den Grundherrn herbeigerufene Militär zur Wehr.
Einen Höhepunkt erreichte das elementare Aufbegehren der Volksmassen in den sogenannten Hungerunruhen im April und Mai 1847. In Berlin kam es am 21. April auf den Märkten zu Zusammenstößen zwischen Kartoffelhändlern und dem Volk. Marktstände und Läden wurden geplündert. Polizei und Militärpatrouillen konnten nichts ausrichten. Schließlich wurde eine beträchtliche Streitmacht aufgeboten: das Regiment Alexander, verstärkt durch ein weiteres Bataillon und die Gardekürassiere. Die Kavallerie hieb auf die Menge ein, die sich mit Steinwürfen zur Wehr setzte. Am 22. April strömten hungernde Massen aus den Vorstädten in die Innenstadt. Der Ruf »Revolution« erscholl. Im Palais des Prinzen von Preußen wurden Fensterscheiben und Spiegel zertrümmert. Vereinzelt wurden Barrikaden errichtet. Die Arbeit ruhte. Schulen und Theater waren geschlossen. Die ganze Berliner Garnison, mit Ausnahme der Artillerie, mußte mobilisiert werden, um die alte Ordnung wiederherzustellen. Bedeutende Ausmaße nahm auch der Aufstand in Stuttgart an, der am 4. Mai 1847 begann. Um ihn zu unterdrükken, wurden sämtliche Regimenter der Stuttgarter Garnison eingesetzt. In Ulm wurden bei der Niederwerfung größerer Unruhen 191 Personen verhaftet. Ähnliche Erhebungen und Unruhen erlebten im Frühjahr 1847 in Preußen und anderen Staaten des Deutschen Bundes annähernd 100 Städte. Die Volksmassen waren zum revolutionären Kampf bereit.

Die Bourgeoisie im Bewußtsein ihrer Kraft

Zur gleichen Zeit, als sich in Berlin und andernorts Arbeiter und Kleinbürger gegen die herrschenden Zustände erhoben, tagte in Berlin der erste Vereinigte Landtag. Die Einberufung der acht Provinziallandtage Preußens zu einem Vereinigten Landtag zum 11. April 1847 war ein Ausdruck der in den herrschenden Kreisen Preußens um sich greifenden Unsicherheit. Angesichts der Zuspitzung der Klassengegensätze konnten sie sich der Erkenntnis nicht mehr verschließen, daß gewisse Zugeständnisse an die bürgerliche Opposition gemacht werden mußten. Durch die Weigerung der Bankiers, ihr neue Anleihen zu gewähren, bevor nicht eine Erweiterung der konstitutionellen Rechte erfolgt war, geriet die Regierung in eine Zwangslage. Jedoch war sie bemüht, zu lavieren und der liberalen Bourgeoisie mehr scheinbar als wirklich entgegenzukommen. Echte konstitutionelle Rechte und tatsächlichen Einfluß auf die Staatsgeschäfte wollte der preußische König dem Bürgertum unter keinen Umständen gewähren. Die Forderung nach einer Verfassung strikt zurückweisend, erklärte er in seiner Rede zur Eröffnung des Vereinigten Landtages, »daß es keiner Macht der Erde je gelingen soll, mich zu bewegen, das ... Verhältnis zwischen Fürst und Volk in ein konventionelles, konstitutionelles zu wandeln, und daß ich es nie und nimmermehr zugeben werde, daß sich zwischen unsern Herrgott im Himmel und dieses Land ein beschriebenes Blatt gleichsam als eine zweite Vorsehung eindränge.«[20]
Die Bourgeoisie, obwohl nach wie vor zu Kompromissen mit dem bestehenden Regime bereit, nahm den hingeworfenen Fehdehandschuh auf. Unter dem Einfluß der rheinischen Kapitalisten Camphausen, Hansemann und Mevissen, die als Wortführer der Opposition auf dem Vereinigten Landtag besonders in Erscheinung traten, nutzten die liberalen Vertreter jede sich bietende Gelegenheit, um ihre Forderungen durchzusetzen. In den Debatten zu den Vorlagen der Regierung über neue Anleihen und Steuern prägte Hansemann den Satz: »Bei Geldfragen hört die Gemütlichkeit auf, da muß bloß der Verstand uns leiten.«[21] Hatte die Bourgeoisie gegenüber den

Karikatur von Friedrich Engels auf die Eröffnung des ersten Vereinigten Landtags aus der »Deutschen-Brüssler-Zeitung«, 6. Mai 1847

Karikatur auf die Profitsucht der Bourgeoisie. Lithographie, 1843

Arbeitern seit eh und je streng nach diesem Grundsatz gehandelt, so begann sie jetzt endlich, ihre ökonomische und finanzielle Stärke als Druckmittel gegenüber der preußischen Regierung ins Spiel zu bringen. Nach der Maxime, ohne Erweiterung der verfassungsmäßigen Rechte kein Geld, lehnte der Vereinigte Landtag die Vorlage der Regierung ab.

Noch nie waren die Gegensätze zwischen der liberalen Bourgeoisie und der preußischen Regierung in solcher Schärfe aufeinandergeprallt. Am 26. Juni 1847 wurde der Landtag geschlossen. Für den Augenblick hatte die preußische Bourgeoisie zwar noch keine greifbaren Erfolge erzielt. »Aber sie hatte einen großen Schritt getan«, schrieb Friedrich Engels in einem Rückblick auf das Jahr 1847, »sie hatte sich ein Forum erobert, dem König einen Beweis ihrer Macht gegeben und das ganze Land in Aufregung versetzt. Die Frage, wer in Preußen herrschen soll, ob die Allianz zwischen Adel, Bürokraten, Pfaffen mit dem König an ihrer Spitze, oder die Bourgeoisie, ist jetzt so gestellt, daß sie für die eine oder die andere Seite entschieden werden muß.«[22] Die Verhandlungen des Vereinigten Landtages waren der bedeutendste politische Zusammenstoß zwischen Bourgeoisie und reaktionärem System am Vorabend der bürgerlich-demokratischen Revolution. Sie stellen den Höhepunkt der offen oppositionellen antifeudalen Haltung der deutschen Bourgeoisie in ihrer gesamten Geschichte dar.

Nicht nur in Preußen spitzte sich 1847 der Konflikt zwischen bestehender Ordnung und Bourgeoisie zu. Besonders in Südwestdeutschland mehrten sich die Zeichen, daß die liberale Opposition an Boden gewann. Infolge des ständig wachsenden Einflusses der Oppositionsbewegung in Baden hatten sich der Großherzog und seine Ratgeber 1846 dazu entschlossen, mit Johann Baptist Bekk einen gemäßigten Liberalen in das Ministerium aufzunehmen. Das Ziel dieser Konzession bestand darin, die Liberalen von den radikaleren Kräften zu trennen und die bürgerliche Opposition zu spalten. Die Reaktion in Baden berücksichtigte bei ihrem Schritt das wachsende Unbehagen, das die gemäßigten Liberalen angesichts des raschen Erstarkens des linksliberalen und kleinbürgerlich-demokratischen Flügels der Oppositionsbewegung erfaßte. Um ihre Position sowohl gegenüber den bestehenden halbfeudalen Zuständen als auch gegenüber den radikalen demokratischen Kräften im oppositionellen Lager stärker zur Geltung zu bringen, begannen führende Liberale Südwestdeutschlands seit dem Herbst 1846, die Gründung einer neuen Zeitung vorzubereiten, die Zentralorgan und Kristallisationspunkt der liberalen Bewegung in Deutschland werden sollte. »Wir sind in einer Lage, Reaktion da, Revolution dort, wo es wahrlich nötig ist, daß sich die Guten regen ...«[23] Mit dieser Standortbestimmung der Liberalen formulierte der Heidelberger Historiker Georg Gottfried Gervinus den Ausgangspunkt für das Programm der »Deutschen Zeitung«, die ab 1. Juli 1847 in Heidelberg zu erscheinen begann.

Georg Gottfried Gervinus. Zeitgenössische Lithographie

Gervinus, der als leitender Redakteur und Verfasser zahlreicher Grundsatzartikel Linie und Gesicht dieser Zeitung bestimmte, gehörte zum Kreis der führenden gemäßigten Liberalen der dreißiger und vierziger Jahre. Er war ein Schüler des fortschrittlichen bürgerlichen Historikers Johann Christoph Schlosser und wurde selbst einer der produktivsten deutschen Geschichtsschreiber seiner Zeit. Einen nachhaltigen Eindruck hatten bei dem 25jährigen Gervinus die Pariser Julirevolution 1830 und ihre Auswirkungen auf Südwestdeutschland hinterlassen. Dem Fortschrittsglauben der Aufklärung zutiefst verbunden, war er von dem Wunsche erfüllt, »alle Kunst und alles Wissen jetzt gerne, in dem großen Wendepunkte des nationalen Lebens, der Politik dienstbar gemacht«[24] zu sehen. Es war typisch für die politische Position von Gervinus, daß er einerseits als einer der Göttinger Sieben der aristokratisch-monarchischen Reaktion entgegentrat, andererseits sich aber gegen radikalere liberale oder gar demokratische Auffassungen wandte und gegen die angeblich übereilten Forderungen des Jungen Deutschland Stellung nahm. Den Mittelstand, das heißt das gehobene Bürgertum, sah er als die Schicht der Gesellschaft an, in der sich »alle Säfte und Kräfte konzentrieren«[25]. Während Gervinus im Verlauf der Revolution von 1848/49 sich vom gemäßigten Liberalismus zu distanzieren begann und in der Folgezeit linksliberale Ansichten vertrat, bildete er 1847 noch gleichsam die Seele der Kräfte, die auf die Linie der »Deutschen Zeitung« eingeschworen waren.

Das Programm der »Deutschen Zeitung« entsprach der strategisch-taktischen Konzeption der propreußisch eingestellten gemäßigten Liberalen: Herstellung der Einheit Deutschlands in Form einer konstitutionellen Monarchie; Durchsetzung der wirtschaftspolitischen und politischen Forderungen der Bourgeoisie auf dem Wege der Reform, das heißt der Vereinbarung mit den Fürsten, vor allem mit Preußen; nach Möglichkeit Vermeidung revolutionärer Aktionen und demokratischen Drucks von unten, von seiten der Volksmassen. Trotz dieser betont antidemokratischen Komponente in ihrer politischen Richtung ging von der »Deutschen Zeitung« eine progressive Wirkung aus. Angesichts der unnachgiebigen reaktionären Haltung der Regierungen der deutschen Staaten besaßen die von ihr vertretenen liberalen Forderungen nach einem bürgerlichen deutschen Nationalstaat, nach bürgerlicher Verfassung, nach Pressefreiheit usw. einen objektiv revolutionären Charakter.

Ein wichtiger Schritt zur Bildung einer liberalen Partei war die Formulierung von einer Reihe von Programmpunkten in einer Beratung führender Liberaler, die am 10. Oktober 1847 in Heppenheim stattfand. Die Initiative zu dieser Versammlung ging von Hansemann aus. In Erwartung eines baldigen Sieges der liberalen Opposition in Preußen hatte er im Sommer und Herbst 1847 mit südwestdeutschen Liberalen über die einzuschlagende Taktik Beratungen durchgeführt. Angesichts der Zuspitzung des Gegensatzes zwischen der bestehenden Ordnung und der Opposition, aber nicht zuletzt auch mit Rücksicht auf das stärkere Hervortreten demokratischer Kräfte hielten es die Liberalen jetzt für angebracht, mit ihren Forderungen hervorzutreten. Versammelt waren in Heppenheim nur »Reichtum und Intelligenz«[26]. Politisch radikalere Kräfte waren nicht eingeladen worden. Die in Heppenheim anwesenden Liberalen einigten sich sehr rasch über solche Forderungen wie Pressefreiheit, öffentliches und mündliches Gerichtsverfahren mit Schwurgerichten, Befreiung der Landbevölkerung von Feudallasten, Reduzierung der stehenden Heere und Einführung einer Volkswehr.

Dagegen kam es zu längeren Diskussionen über die Frage, auf welchem Wege ein einiger deutscher Nationalstaat zu erreichen sei. Eine Gruppe um den badischen Liberalen Friedrich Daniel Bassermann vertrat zunächst die Auffassung, daß dies am besten durch eine Umgestaltung beziehungsweise eine Ergänzung der bestehenden Einrichtungen des Deutschen Bundes geschehen könnte. Schließlich einigte man sich aber auf die Ansicht der Mehrheit: »Das Ziel der Einigung Deutschlands ... werde wohl eher erreicht, wenn man die öffentliche Meinung für die Ausbildung des Zollvereins zu einem deutschen Vereine gewinne.«[27] Damit entschied sich die Heppenheimer Versammlung faktisch für den Ausschluß Österreichs aus dem angestrebten bürgerlichen Nationalstaat und für die Anerkennung Preußens als Hegemonialmacht dieses Staates. Dabei ging sie freilich davon aus, daß Preußen im Sinn der Bourgeoisie umgestaltet werden müsse. Die

Offenburg um 1848. Zeitgenössische Darstellung

»Mitwirkung des Volkes durch gewählte Vertreter«[28] bei der gewünschten »Ausbildung des Zollvereins« wurde als unerläßlich angesehen.

Der Heppenheimer Beratung war eine Versammlung des radikalen Flügels der bürgerlichen Oppositionsbewegung Badens in Offenburg am 12. September 1847 vorausgegangen. Ein Flugblatt, das von Friedrich Hecker, Gustav v. Struve und anderen Demokraten unterzeichnet war, hatte zu dieser Versammlung eingeladen. Mehr als 500 Personen nahmen an ihr teil. Das von der Versammlung aufgestellte Programm erhob in entschiedenem und selbstbewußtem Ton eine Reihe von Forderungen, die auch von den Liberalen vertreten wurden: Pressefreiheit, Versammlungs-, Rede- und Lehrfreiheit, Vereinigungsrecht, Geschworenengerichte und anderes. Darüber hinaus aber enthielt es Forderungen, die spezifische Interessen der Volksmassen zum Ausdruck brachten und damit die Grenzen liberaler Vorstellungen weit hinter sich ließen. Zu diesen Forderungen gehörten die nach progressiver Einkommensteuer und gleichen Bildungsmöglichkeiten für alle sowie das aus kleinbürgerlich-sozialistischen Theorien hergeleitete Verlangen nach »Ausgleichung des Mißverhältnisses zwischen Arbeit und Kapital«. Von der offenen Forderung nach der Republik hatte man aus taktischen Erwägungen gegenüber den Behörden Abstand genommen, jedoch wurde die republikanische Tendenz mit einigen Formulierungen angedeutet. So verlangte man »eine volkstümliche Staatsverwaltung« und »die Selbstregierung des Volkes«[29].

Dieses Programm, das als Flugblatt und durch die Presse weite Verbreitung fand, wurde von den Volksmassen im Badischen begeistert begrüßt. Die Behörden verboten bereits geplante weitere Versammlungen, die der in Offenburg ähnlich sein sollten. Die Liberalen bezichtigten die Initiatoren der Offenburger Versammlung, eine Revo-

*Die Offenburger Forderungen, 10. September 1847.
Aus der »Augsburger Allgemeinen Zeitung«, 19. September 1847*

I. Wiederherstellung unserer verletzten Verfassung. Art. 1. Wir verlangen daß sich unsere Staatsregierung lossage von den Karlsbader Beschlüssen vom Jahr 1819, von den Frankfurter Beschlüssen von 1831 und 1832 und von den Wiener Beschlüssen von 1834. Diese Beschlüsse verletzen gleichmäßig unsere unveräußerlichen Menschenrechte, wie die deutsche Bundesacte und unsere Landesverfassung. Art. 2. Wir verlangen Preßfreiheit; das unveräußerliche Recht des menschlichen Geistes seine Gedanken unverstümmelt mitzutheilen, darf uns nicht länger vorenthalten werden. Art. 3. Wir verlangen Gewissens- und Lehrfreiheit. Die Beziehungen des Menschen zu seinem Gott gehören seinem innersten Wesen an, und keine äußere Gewalt darf sich anmaßen sie nach ihrem Gutdünken zu bestimmen. Jedes Glaubensbekenntniß hat daher Anspruch auf gleiche Berechtigung im Staat. Keine Gewalt dränge sich mehr zwischen Lehrer und Lernende. Den Unterricht scheide keine Confession. Art. 4. Wir verlangen Beeidigung des Militärs auf die Verfassung. Der Bürger welchem der Staat die Waffen in die Hand gibt, bekräftige gleich den übrigen Bürgern durch einen Eid seine Verfassungstreue. Art. 5. Wir verlangen persönliche Freiheit. Die Polizei höre auf den Bürger zu bevormunden und zu quälen. Das Vereinsrecht, ein frisches Gemeindeleben, das Recht des Volks sich zu versammeln und zu reden, das Recht des Einzelnen sich zu ernähren, sich zu bewegen und auf dem Boden des deutschen Vaterlandes frei zu verkehren — seyen hinfür ungestört. II. Entwicklung unserer Verfassung. Art. 6. Wir verlangen Vertretung des Volks beim deutschen Bund. Dem Deutschen werde ein Vaterland und eine Stimme in dessen Angelegenheiten. Gerechtigkeit und Freiheit im Innern, eine feste Stellung dem Ausland gegenüber gebühren uns als Nation. Art. 7. Wir verlangen eine volksthümliche Wehrverfassung Der waffengeübte und bewaffnete Bürger kann allein den Staat schützen. Man gebe dem Volk Waffen und nehme von ihm die unerschwingliche Last welche die stehenden Heere ihm auferlegen. Art. 8. Wir verlangen eine gerechte Besteuerung. Jeder trage zu den Lasten des Staats nach Kräften bei. An die Stelle der bisherigen Besteuerung trete eine progressive Einkommensteuer. Art. 9. Wir verlangen daß die Bildung durch Unterricht allen gleich zugänglich werde. Die Mittel dazu hat die Gesammtheit in gerechter Vertheilung aufzubringen. Art. 10. Wir verlangen Ausgleichung des Mißverhältnisses zwischen Arbeit und Capital. Die Gesellschaft ist schuldig die Arbeit zu heben und zu schützen. Art. 11. Wir verlangen Gesetze welche freier Bürger würdig sind und deren Anwendung durch Geschworenengerichte. Der Bürger werde von dem Bürger gerichtet. Die Gerechtigkeitspflege sey die Sache des Volkes. Art. 12. Wir verlangen eine volksthümliche Staatsverwaltung. Das frische Leben eines Volks bedarf freier Organe. Nicht aus der Schreibstube lassen sich seine Kräfte regeln und bestimmen. An die Stelle der Vielregierung der Beamten trete die Selbstregierung des Volks. Art. 13. Wir verlangen Abschaffung aller Vorrechte. Jedem sey die Achtung freier Mitbürger einziger Vorzug und Lohn.

lution vorzubereiten. Die Formulierung und Annahme der Offenburger Forderungen war Ausdruck einer programmatischen Abgrenzung und der offenen Trennung des radikalen demokratischen Flügels der antifeudalen Opposition von den Liberalen. Damit wurde im regionalen badischen Rahmen 1847 eine Entwicklung vorweggenommen, die sich im nationalen Maßstab erst nach der Märzrevolution des Jahres 1848 vollzog.

Mit der Konsolidierung der bürgerlichen Oppositionsbewegung, wie sie sich auf dem preußischen Vereinigten Landtag, in der Gründung der »Deutschen Zeitung« und der Heppenheimer Beratung einerseits und auf der Offenburger Versammlung andererseits offenbart hatte, war eine entscheidende Voraussetzung für die Verschärfung der politischen Krise und die Herausbildung einer revolutionären Situation im Jahre 1847 entstanden. Die beiden Strömungen der bürgerlichen Oppositionsbewegung, die Liberalen und die Demokraten, waren entschlossen, den Kampf gegen die bestehende Ordnung fortzusetzen und ihre Ziele zu verwirklichen. Sie hatten sich über ihre Forderungen verständigt und wichtige Schritte zu ihrem parteimäßigen Zusammenschluß vollzogen.

Mit der Formierung der bürgerlichen Opposition konstituierte sich die Kraft, die dem Charakter und der historischen Aufgabe der bevorstehenden Revolution gemäß zum Hegemon berufen war. Wie in Frankreich in der 1789 beginnenden Revolution war auch in Deutschland in den vierziger Jahren des 19. Jahrhunderts die Bourgeoisie die einzige Klasse, die über die Voraussetzungen verfügte, um als Führungskraft wirksam zu werden. Verglichen mit der bürgerlichen Revolution in Frankreich am Ende des 18. Jahrhunderts, bestanden für die bürgerliche Revolution in Deutschland jedoch einige wesentliche Besonderheiten. Im Unterschied zu den meisten anderen europäischen Ländern befand sich Deutschland noch im Zustand einer aus dem Mittelalter herrührenden staatlichen Zersplitterung. Vor der Revolution und ihrer Führungskraft stand also hier zusätzlich die Aufgabe, die staatliche Zersplitterung zu überwinden und einen einheitlichen zentralisierten bürgerlichen Nationalstaat zu schaffen.

Ein zweites wesentliches Merkmal der Entwicklung in Deutschland bestand darin, daß die bürgerlich-demokratische Revolution nicht am Anfang der bürgerlichen Umwälzung stand. Als in den vierziger Jahren die Revolution heranreifte, waren in den meisten deutschen Territorien bereits mehr oder minder gravierende Schritte auf dem Wege der bürgerlichen Umwälzung erfolgt. Jedoch waren diese Schritte unter größter Rücksichtnahme auf die Interessen der alten herrschenden Klasse und unter deren Regie gegangen worden. Um die bürgerliche Umwälzung rasch und konsequent zu vollenden, war es notwendig, die Herrschaft der Adelsklasse zu stürzen und die Machtfrage im Interesse der Bourgeoisie zu lösen.

Eine dritte wichtige Besonderheit der Situation in Deutschland bestand darin, daß das Land die Revolution »unter fortgeschrittneren Bedingungen der europäischen Zivilisation überhaupt, und mit einem viel weiter entwickelten Proletariat ... als England im siebzehnten und Frankreich im achtzehnten Jahrhundert«[30] zu vollbringen hatte. Wie Marx 1847 darlegte, begann die deutsche Bourgeoisie ihren Kampf um die Eroberung der politischen Macht zu einem Zeitpunkt, als »partiell auch schon infolge der industriellen Entwicklung und Deutschlands Abhängigkeit vom Weltmarkt die modernen Gegensätze zwischen Bourgeoisie und Arbeiterklasse und der daraus hervorgehende Kampf« existierten. »Der Kampf zwischen den ›Untertanen‹ ist ausgebrochen, ehe noch Fürsten und Adel zum Land hinausgejagt sind ...«[31] Zum ersten Mal in der Geschichte verflocht sich bereits am Vorabend einer bürgerlichen Revolution der Kampf für die Durchsetzung der bürgerlichen Ordnung unmittelbar mit dem Klassenkampf des Proletariats gegen die Bourgeoisie. Deutschland verwandelte sich in den vierziger Jahren in ein revolutionäres Zentrum von europäischer Bedeutung.

Die Uneinigkeit der deutschen Bourgeoisie.
Zeichnung von Theodor Hosemann, 1847

Montierwerkstatt in der Maschinenfabrik Maffai in Hirschau bei München.
Nach der »Illustrierten Zeitung«, 1849

Die Gründung des Bundes der Kommunisten

Zur gleichen Zeit, als die Bourgeoisie und die kleinbürgerlich-demokratischen Kräfte sich auf die bevorstehende entscheidende Auseinandersetzung mit dem halbfeudalen aristokratisch-monarchischen Regime im Gebiet des Deutschen Bundes einstellten,

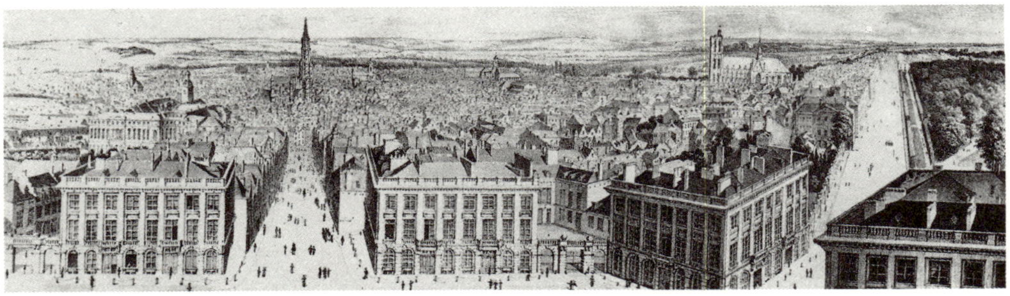

Brüssel um 1844. Zeitgenössische Darstellung

Wilhelm Weitling.
Spätere Darstellung

vollzog sich in der westeuropäischen Emigration bereits die Parteibildung des deutschen Proletariats. Mit der Ausarbeitung der Grundlagen des wissenschaftlichen Sozialismus in den Jahren 1843 bis 1846 hatten Karl Marx und Friedrich Engels wichtige theoretische Voraussetzungen für eine umfassende praktisch-politische und organisatorische Tätigkeit geschaffen. Sie gingen nun daran, die fortgeschrittensten Kräfte der Arbeiterklasse mit den neuen Erkenntnissen bekanntzumachen. In Brüssel, wo Marx seit seiner Ausweisung aus Frankreich zu Beginn des Jahres 1845 lebte und wo auch Engels sich aufhielt, gründeten sie Anfang 1846 das Kommunistische Korrespondenzkomitee. Sie regten die Bildung von Komitees in allen Orten an, in denen sozialistische oder kommunistische Gruppen existierten. Vor allem wandten sich Marx und Engels an die Repräsentanten des Bundes der Gerechten in London und Paris, an die Führer der sozialistischen und Arbeiterbewegung in Frankreich und England und an sozialistische Gruppen im Rheinland, in Westfalen, in Schlesien und anderen Teilen Deutschlands. Besonders wichtig wurde die engere Verbindung zur Londoner Organisation des Bundes der Gerechten, da der Sitz der Leitung des Bundes im Herbst 1846 von Paris nach London verlegt wurde.

In Paris hatten sich in den Jahren 1836 bis 1838 die proletarischen Handwerksgesellen von der kleinbürgerlich-demokratischen Emigrantenorganisation Bund der Geächteten getrennt und den Bund der Gerechten, die erste politische Organisation der deutschen Arbeiter, gebildet. Ähnlich wie die damaligen Geheimbünde der französischen Arbeiter war der Bund der Gerechten halb Propagandaverein, halb Verschwörerorganisation. Ihm waren schon wesentliche Züge einer selbständigen Arbeiterorganisation eigen. Wilhelm Weitling, ein Schneidergeselle aus Magdeburg, der seit 1835 in Paris lebte und sich hier zum bedeutendsten Vertreter des utopischen Kommunismus in der frühen deutschen Arbeiterbewegung entwickelte, verfaßte im Auftrag der Leitung des Bundes der Gerechten das Programm. Es erschien 1838 in Paris unter dem Titel »Die Menschheit, wie sie ist und wie sie sein sollte«.

Die Programmschrift forderte, die Ausbeutung des Menschen durch den Menschen abzuschaffen. Sie verkündete, daß dieses Ziel nur durch eine soziale Revolution zu erreichen sei. Die Forderung nach einer Gesellschaft ohne Ausbeutung wurde aus moralischen Erwägungen abgeleitet, noch nicht aus den Gesetzmäßigkeiten der ökonomischen und gesellschaftlichen Entwicklung. Neben dem utopischen Arbeiterkommunismus Weitlingscher Prägung waren im Bund der Gerechten auch andere kommunistische und sozialistische utopische Theorien verbreitet. Als 1839 der Bund der Gerechten in eine von den französischen Behörden ausgehende Verfolgungswelle geriet, verlagerte sich der Schwerpunkt seines Wirkens in die Schweiz und vor allem nach England. Auch in Deutschland konnte der Bund in beschränktem Maß Einfluß gewinnen. In Berlin und Hamburg bildeten sich Gemeinden des Bundes. In einer Reihe weiterer Städte wirkten einzelne Mitglieder. Die Tätigkeit des Bundes wurde durch die Bedingungen tiefster Illegalität wesentlich behindert.

Mit dem Brüsseler und anderen Kommunistischen Korrespondenzkomitees wurde ein organisatorischer Rahmen für die Diskussion aktueller Fragen der Arbeiterbewe-

Die Programmschrift des Bundes der Gerechten von Wilhelm Weitling.
Titelblatt der Erstausgabe

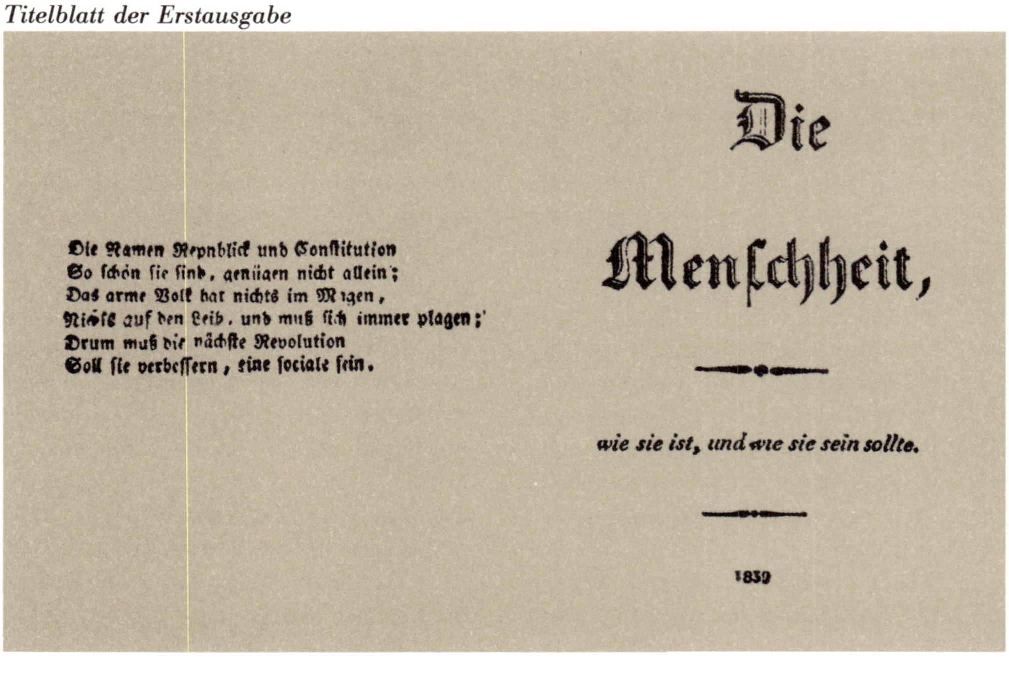

Die Namen Republick und Constitution
So schön sie sind, genügen nicht allein;
Das arme Volk hat nichts im Magen,
Nichts auf den Leib, und muß sich immer plagen;
Drum muß die nächste Revolution
Soll sie verbessern, eine sociale sein.

Die

Menschheit,

wie sie ist, und wie sie sein sollte.

1839

gung geschaffen. Ein ideologischer und politischer Klärungsprozeß setzte in den durch die Korrespondenzkomitees erfaßten Kreisen der sozialistischen und kommunistischen Bewegung ein. Marx und Engels verfochten ihre Erkenntnisse in der Auseinandersetzung vor allem mit zwei für die weitere Entwicklung der kommunistischen Bewegung schädlichen ideologischen Richtungen. Am 30. März 1846 widerlegten sie auf der Sitzung des Brüsseler Korrespondenzkomitees die utopisch-kommunistische Auffassung Wilhelm Weitlings, der behauptete, die kommunistische Revolution stünde unmittelbar bevor. Marx, der nicht von scheinradikalen Wunschvorstellungen, sondern von den objektiven Bedingungen ausging, betonte, daß in Deutschland in der bevorstehenden Revolution die Bourgeoisie zur Macht kommen werde. Die Klarstellung des Charakters der kommenden Revolution war von größter Bedeutung für die Ausarbeitung einer richtigen Strategie und Taktik der Kommunisten für diese Revolution.

In den Mittelpunkt der politisch-ideologischen Tätigkeit von Marx und Engels und ihren Anhängern rückte bald die Auseinandersetzung mit den »wahren« Sozialisten, deren Auffassungen in den Jahren 1845 bis 1847 unter der sozialistisch beeinflußten Intelligenz in Deutschland weit verbreitet waren. Die »wahren« Sozialisten lehnten den Klassenkampf ab. In einem von Marx und Engels verfaßten Rundschreiben deckte das Brüsseler Korrespondenzkomitee im Mai 1846 den kleinbürgerlichen Charakter des »wahren« Sozialismus auf

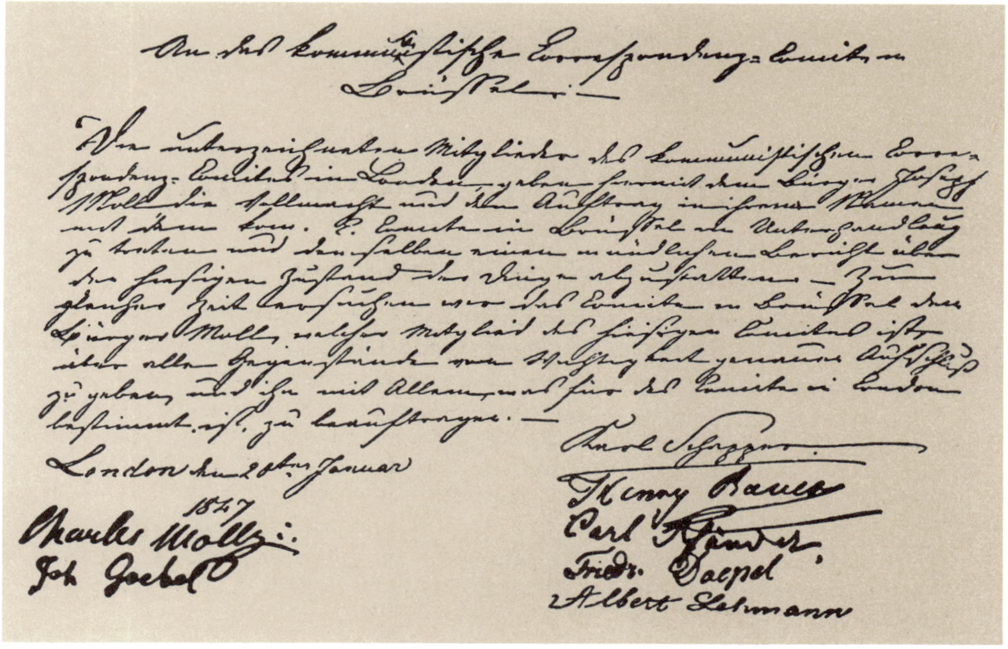

An das kommunistische Correspondenz-Comité in Brüssel.

Die unterzeichneten Mitglieder des kommunistischen Correspondenz-Comités in London geben hiermit dem Bürger Joseph Moll die Vollmacht und den Auftrag, in ihrem Namen mit dem Com. Comité in Brüssel in Unterhandlung zu treten und denselben einen mündlichen Bericht über den hiesigen Zustand der Dinge abzustatten. — Zu gleicher Zeit ersuchen wir das Comité in Brüssel den Bürger Moll, welcher Mitglied des hiesigen Comités ist, über alle Gegenstände von Wichtigkeit genaue Aufschlüsse zu geben, und ihn mit Allem, was für das Comité in London bestimmt ist, zu beauftragen. —

London den 20ten Januar 1847

Karl Schapper
Henry Bauer
Carl Pfänder
Friedr. Daepel
Albert Lehmann
Charles Moll
Joh. Goebel

Vollmacht für Joseph Moll zur Aufnahme von Karl Marx und Friedrich Engels in den Bund der Gerechten, 20. Januar 1847

und wies nach, daß seine »phantastische Gemütsschwärmerei ... im höchsten Grade demoralisierend auf die Arbeiter wirken ...« mußte.[32]

Mit der Bildung des Brüsseler Kommunistischen Korrespondenzkomitees hatten Marx und Engels mit der unmittelbaren Vorbereitung zur Gründung einer proletarischen Partei begonnen. Das wichtigste Ergebnis des Wirkens des Kommunistischen Korrespondenzkomitees in Brüssel im Jahre 1846 bestand darin, daß viele Mitglieder des Bundes der Gerechten sich Anschauungen von Marx und Engels zu eigen machten.

Die Vereinigung von Marxismus und Arbeiterbewegung begann sich zu vollziehen. Anfang 1847 wurden Marx und Engels Mitglieder des Bundes der Gerechten. Der von ihnen angeregte und schon seit längerer Zeit geplante kommunistische Kongreß, dessen Aufgabe es vor allem sein sollte, dem Bund ein neues Statut und ein Programm zu geben, wurde nun konkret vorbereitet.

Die Gründung des Bundes der Kommunisten erfolgte auf zwei Kongressen, die im Juni und im November/Dezember 1847 in London stattfanden. Auf dem ersten Kongreß vertraten Engels und der als Sekretär

Kopf der »Deutschen-Brüsseler-Zeitung«

Abonnements-Preis für Brüssel:
Drei Monate — 8 Franken.
Sechs Monate — 15 „
Ein Jahr — 28 „
In den Provinzen:
Drei Monate — 10 Franken.
Sechs Monate — 18 „
Ein Jahr — 34 „

Deutsche-Brüsseler-Zeitung.

Redacteur: A. von Bornstedt.

Für Deutschland, Schweiz, Frankreich, England:
Drei Monate — 10 Franken.
Sechs Monate — 18 „
Ein Jahr — 34 „
Für Holland, Italien usw. usw.
12, 22, 40 Franken.
Für Nordamerika u. s. w.
14, 24, 44 Franken.

NB. Durch Buchhändler-Gelegenheit bezogen, sind die Preise wie in Brüssel. — Die Insertionsgebühren sind per Zeile 25 Cent. — Bei wiederholenden Anzeigen finden besondere Contrakte statt.

N° 73. Brüssel, Sonntag den 12. September 1847.

Einzelne Exemplare der „Deutschen-Brüsseler-Zeitung" zu 50 Cent., und einzelne Exemplare der König Ludwig-Lola-Montez-Lithographie, so wie von der allegorischen Darstellung des Königs von Preussen, auch der Eröffnung der Stände in Berlin, sind zu haben zu 50 Cent. im Bureau der Zeitung, 23, rue Botanique, vor dem Kölnischen- und Scharbeeker-Thore, hinter dem botanischen Garten und an den Eisenbahn-Stationen zu Brüssel, Lüttich, Berviers, Mecheln u. s. w.

Zur Nachricht.

In Ostende abonnirt man sich bei der Post. Einzelne Exemplare der Zeitung und der Karrikaturen findet man auf dem Damm an der See vor dem

die Phrasen dieser Leute gestützt, behaupten, nicht die liberale Bourgeoisie, sondern die Regierung repräsentire die Interessen des Proletariats, so haben die Kommunisten weder mit der ersteren noch mit der letzteren etwas gemein.

freilich ganz illusorisch, aber ebenso höchst plausibel. Aber ebenso höchst!!!

Sollten die Kommunisten so gesunken sein, daß man ihnen die Vaterschaft solcher Sätze, solcher klassischen Uebergänge solcher mit Leichtigkeit entstehenden

freiheit, die Associationsfreiheit nicht zu benutzen wissen! Er lese doch die englischen und französischen Arbeiterblätter, er besuche doch einmal ein einziges Chartisten-Meeting!

Aber im geistlichen Ministerium wo der Mi.

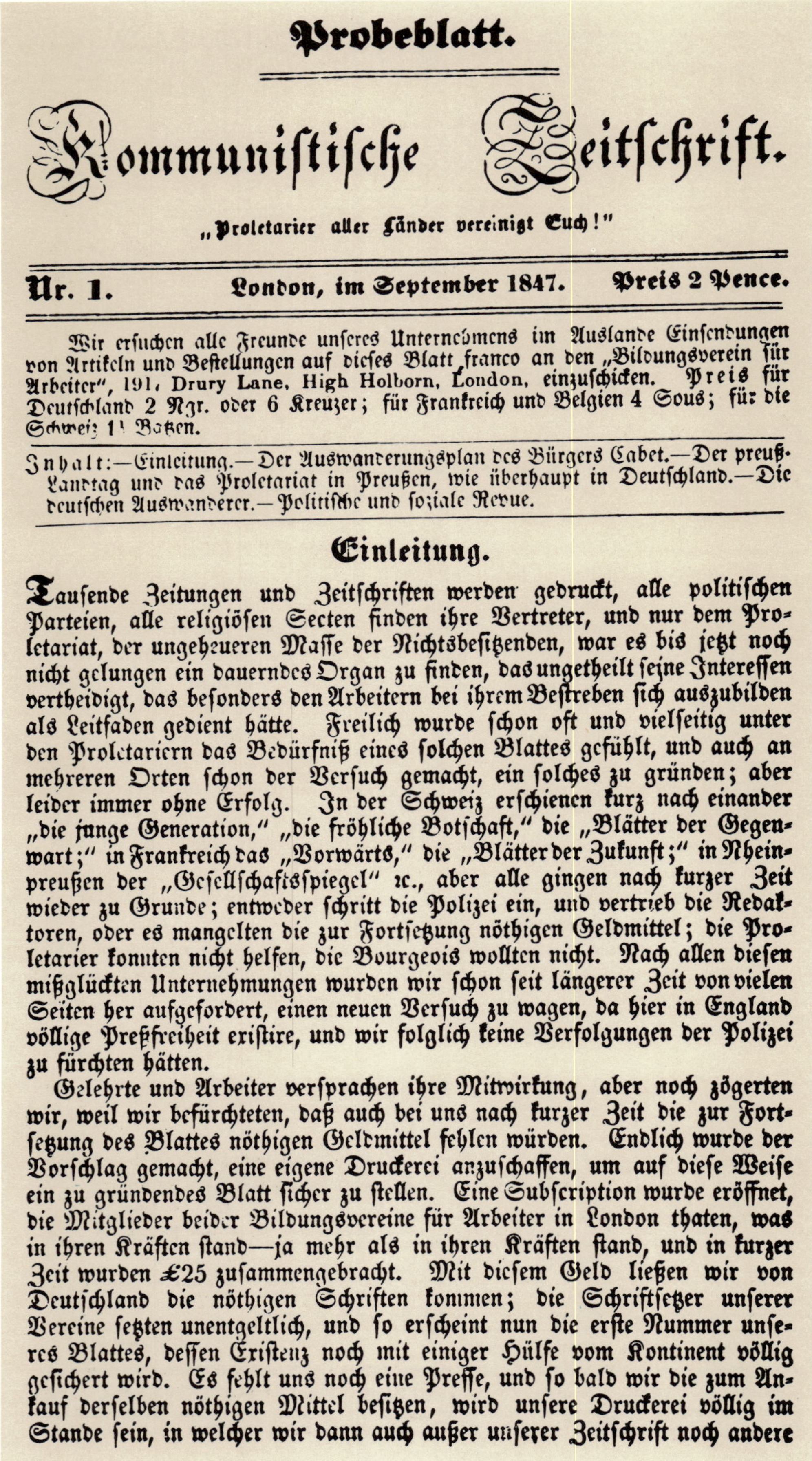

Probeblatt.

Kommunistische Zeitschrift.

„Proletarier aller Länder vereinigt Euch!"

Nr. 1. **London, im September 1847.** **Preis 2 Pence.**

Wir ersuchen alle Freunde unseres Unternehmens im Auslande Einsendungen von Artikeln und Bestellungen auf dieses Blatt franco an den „Bildungsverein für Arbeiter", 191, Drury Lane, High Holborn, London, einzuschicken. Preis für Deutschland 2 Ngr. oder 6 Kreuzer; für Frankreich und Belgien 4 Sous; für die Schweiz 1½ Batzen.

Inhalt: — Einleitung. — Der Auswanderungsplan des Bürgers Cabet. — Der preuß. Landtag und das Proletariat in Preußen, wie überhaupt in Deutschland. — Die deutschen Auswanderer. — Politische und soziale Revue.

Einleitung.

Tausende Zeitungen und Zeitschriften werden gedruckt, alle politischen Parteien, alle religiösen Secten finden ihre Vertreter, und nur dem Proletariat, der ungeheueren Masse der Nichtsbesitzenden, war es bis jetzt noch nicht gelungen ein dauerndes Organ zu finden, das ungetheilt seine Interessen vertheidigt, das besonders den Arbeitern bei ihrem Bestreben sich auszubilden als Leitfaden gedient hätte. Freilich wurde schon oft und vielseitig unter den Proletariern das Bedürfniß eines solchen Blattes gefühlt, und auch an mehreren Orten schon der Versuch gemacht, ein solches zu gründen; aber leider immer ohne Erfolg. In der Schweiz erschienen kurz nach einander „die junge Generation," „die fröhliche Botschaft," die „Blätter der Gegenwart;" in Frankreich das „Vorwärts," die „Blätter der Zukunft;" in Rheinpreußen der „Gesellschaftsspiegel" ꝛc., aber alle gingen nach kurzer Zeit wieder zu Grunde; entweder schritt die Polizei ein, und vertrieb die Redaktoren, oder es mangelten die zur Fortsetzung nöthigen Geldmittel; die Proletarier konnten nicht helfen, die Bourgeois wollten nicht. Nach allen diesen mißglückten Unternehmungen wurden wir schon seit längerer Zeit von vielen Seiten her aufgefordert, einen neuen Versuch zu wagen, da hier in England völlige Preßfreiheit existire, und wir folglich keine Verfolgungen der Polizei zu fürchten hätten.

Gelehrte und Arbeiter versprachen ihre Mitwirkung, aber noch zögerten wir, weil wir befürchteten, daß auch bei uns nach kurzer Zeit die zur Fortsetzung des Blattes nöthigen Geldmittel fehlen würden. Endlich wurde der Vorschlag gemacht, eine eigene Druckerei anzuschaffen, um auf diese Weise ein zu gründendes Blatt sicher zu stellen. Eine Subscription wurde eröffnet, die Mitglieder beider Bildungsvereine für Arbeiter in London thaten, was in ihren Kräften stand—ja mehr als in ihren Kräften stand, und in kurzer Zeit wurden £25 zusammengebracht. Mit diesem Geld ließen wir von Deutschland die nöthigen Schriften kommen; die Schriftsetzer unserer Vereine setzten unentgeltlich, und so erscheint nun die erste Nummer unseres Blattes, dessen Existenz noch mit einiger Hülfe vom Kontinent völlig gesichert wird. Es fehlt uns noch eine Presse, und so bald wir die zum Ankauf derselben nöthigen Mittel besitzen, wird unsere Druckerei völlig im Stande sein, in welcher wir dann auch außer unserer Zeitschrift noch andere

Erste Seite des Probeblattes der »Kommunistischen Zeitschrift«, das in London von der Leitung des Bundes der Kommunisten im September 1847 herausgegeben wurde

fungierende Wilhelm Wolff die neuen, wissenschaftlichen Prinzipien. Die Entwürfe des Statuts und eines Programms wurden beschlossen. An die Stelle der alten Bundeslosung »Alle Menschen sind Brüder« trat die von Marx geprägte Losung »Proletarier aller Länder, vereinigt euch!«. Äußerlich kam die tiefgreifende Umwandlung des Bundes der Gerechten, die mit dem Kongreß im Juni 1847 eingeleitet wurde, darin zum Ausdruck, daß die Organisation sich in Bund der Kommunisten umbenannte. Bereits auf dem Kongreß im Juni wurde die Durchführung des zweiten Kongresses des Bundes der Kommunisten beschlossen.

Zwischen dem ersten und dem zweiten Kongreß lag eine Etappe reger politischer und organisatorischer Tätigkeit. Die Entwürfe von Statut und Programm wurden lebhaft diskutiert. Die Organisation konnte weiter ausgebaut werden. Kreise und Gemeinden des Bundes bestanden jetzt in mindestens 26 Städten Deutschlands, Frankreichs, Englands, der Schweiz, Belgiens und in anderen Ländern. Obwohl der Bund wegen der bestehenden reaktionären Zustände nicht öffentlich hervortreten konnte, verstand er es doch, unter den Massen zu arbeiten. Mitglieder des Bundes bildeten einen festen Kern in Arbeiterbildungsvereinen und anderen legalen Vereinigungen. In Brüssel gelang es Marx, Engels und Wolff, entscheidenden Einfluß auf die »Deutsche-Brüsseler-Zeitung« zu gewinnen, die im Herbst 1847 faktisch zu einem Organ des Bundes der Kommunisten wurde. In einer Reihe von Aufsätzen, die vorwiegend in dieser Zeitung erschienen, klärten Marx und Engels wichtige Fragen der Strategie und Taktik.

Am 29. November 1847 trat der zweite Kongreß des Bundes der Kommunisten in London zusammen. Auf ihm wurde das Statut beschlossen, das auf den Prinzipien des demokratischen Zentralismus beruhte. Im Mittelpunkt der Beratungen stand die Diskussion eines neuen Programms. Marx und Engels legten in der mehrtägigen gründlichen Aussprache die Grundsätze ihrer Theorie dar. Der Kongreß stimmte schließlich diesen Prinzipien einhellig zu und beauftragte Marx und Engels, als Programm des Bundes ein kommunistisches Manifest auszuarbeiten.

Manifest

der

Kommunistischen Partei.

Veröffentlicht im Februar 1848.

Proletarier aller Länder vereinigt Euch!

London.

Gedruckt in der Office der „Bildungs-Gesellschaft für Arbeiter"
von J. E. Burghard.
46, Liverpool Street, Bishopsgate.

Umschlag der Ausgabe vom März 1848 (23seitige Ausgabe)

Das »Manifest der Kommunistischen Partei«

Ende Januar 1848 schickte Marx das Manuskript jenes schmalen Bändchens nach London, von dem Lenin später sagte, daß es ganze Bände aufwiege. Noch im Februar 1848 verließ die Erstauflage die Londoner Druckerei. Das »Manifest der Kommunistischen Partei«, die Geburtsurkunde des wissenschaftlichen Sozialismus, war erschienen.

Das »Kommunistische Manifest« gab die erste geschlossene Darstellung der von Marx und Engels begründeten kommunistischen Weltanschauung. Das »Kommunistische Manifest« proklamierte das Ziel der Aufhebung der Ausbeutung des Menschen durch den Menschen, den Aufbau einer klassenlosen kommunistischen Gesellschaft und als Voraussetzung dafür die Eroberung der politischen Macht durch die Arbeiterklasse in der proletarischen Revolution. Es gab eine wissenschaftliche Begründung für die Unvermeidbarkeit des Sturzes des Kapitalismus und für die Errichtung der kommunistischen Gesellschaft durch die Arbeiterklasse und die von ihr geführten werktätigen Schichten. Die künftige kommunistische Gesellschaftsordnung wurde nicht mehr aus moralischen Prinzipien, sondern aus den objektiv wirkenden Bewegungsgesetzen der Gesellschaft abgeleitet.

Marx und Engels begründeten im »Kommunistischen Manifest« Wesen und Aufgabe der proletarischen Partei als Vorhut der Arbeiterklasse. Die Formierung und Entwicklung dieser Vorhut ist die unabdingbare Voraussetzung für die Verwirklichung der historischen Mission der Arbeiterklasse. Gleichzeitig entwickelten Marx und Engels die Grundzüge der Strategie und Taktik der Partei für die Führung der Massen im Klassenkampf. Im »Kommunistischen Manifest« wurde dargelegt, daß die Kommunisten keine von den Interessen der Arbeiterklasse getrennten Interessen haben, sondern in den verschiedenen Entwicklungsstufen des Kampfes zwischen Proletariat und Bourgeoisie das Interesse der Gesamtbewegung wahrnehmen. Der Kampf des Proletariats besitzt, obwohl der Form nach zunächst vorwiegend national, seinem Inhalt nach einen internationalen Charakter. Er ergibt sich aus der Gemeinsamkeit der Klasseninteressen der Arbeiter aller Länder im Kampf um ihre Befreiung

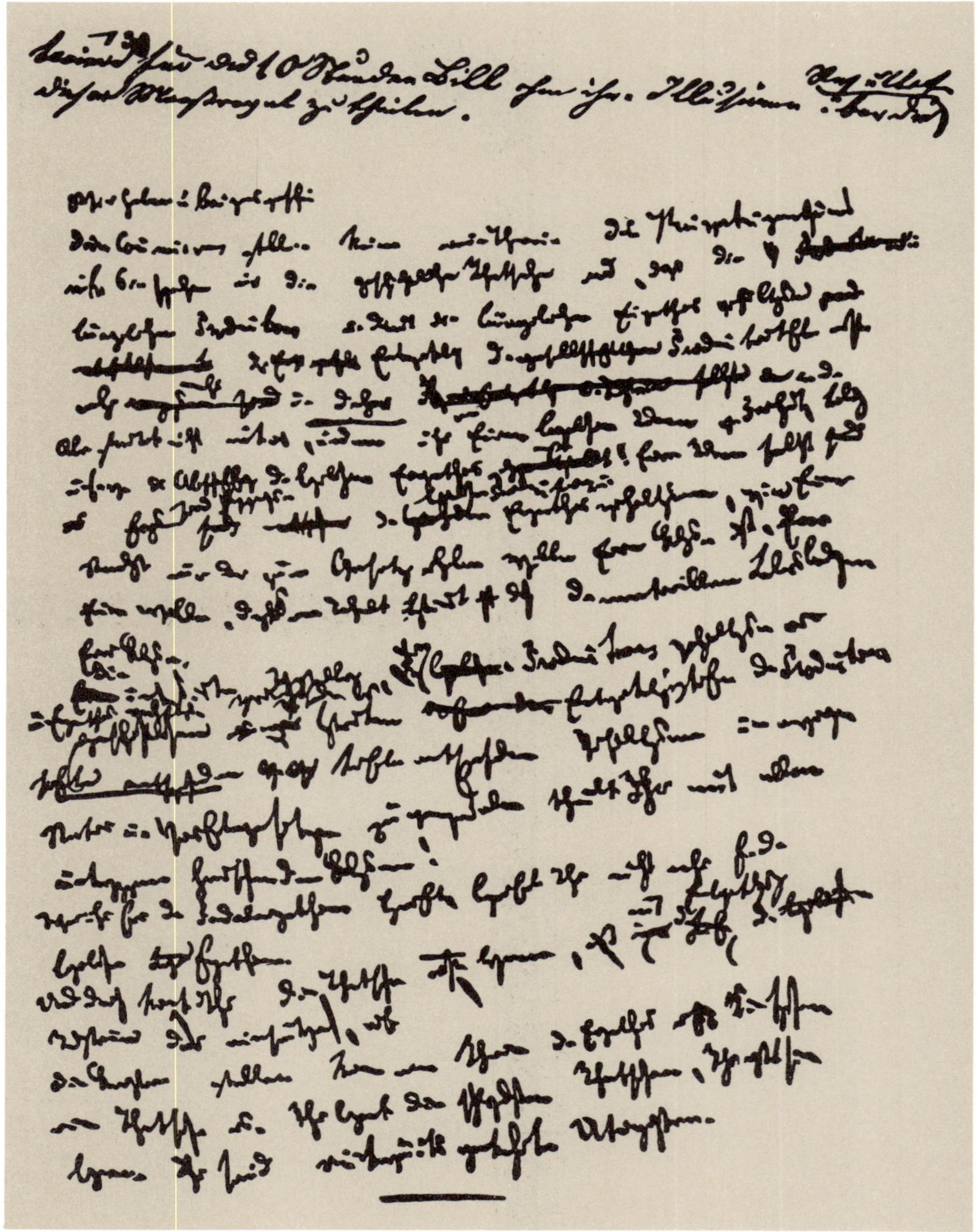

Einzige erhalten gebliebene Seite des »Manifestes der Kommunistischen Partei« in der Handschrift von Karl Marx; die oberen zwei Zeilen sind von Jenny Marx geschrieben

gegen die internationale Macht des Kapitals. Ausgehend vom proletarischen Internationalismus, begründeten Marx und Engels die Rolle der Arbeiterklasse jedes Landes, die die Aufgabe hat, als Bestandteil des internationalen Klassenkampfes des Proletariats die eigene Bourgeoisie zu stürzen und sich selbst als Nation zu konstituieren. Schließlich wurden im »Kommunistischen Manifest« die Aufgaben der Kommunisten in der bevorstehenden bürgerlichen Revolution in Deutschland dargelegt: aktive Teilnahme an jeder revolutionären Bewegung zum Sturz des herrschenden Regimes und für die Durchsetzung konsequent bürgerlich-demokratischer Verhältnisse, Kampf um die politisch-ideologische Verselbständigung des Proletariats.

Mit der Konstituierung des Bundes der Kommunisten auf den beiden Kongressen im Jahre 1847 löste sich zum ersten Mal eine kleine Vorhut der Arbeiterklasse ideologisch, politisch und organisatorisch von bürgerlichen Einflüssen und utopistischen Wunschvorstellungen. Der Bund der Kommunisten war gleichermaßen eine internationale und eine deutsche Organisation. Neben deutschen Arbeitern gehörten ihm auch Arbeiter aus anderen Ländern an. Aus einer deutschen Arbeitervereinigung hervorgegangen, hatte er sich zu einer internationalen Organisation entwickelt. Der

Bund war Vorläufer der I. Internationale und zugleich die erste deutsche Arbeiterpartei auf der Grundlage des wissenschaftlichen Sozialismus.
Die Zahl der Mitglieder des Bundes der Kommunisten betrug zur Zeit seiner Gründung höchstens 500. Sein Wirkungskreis blieb noch relativ klein. Dessen ungeachtet war mit der Begründung des Marxismus und der Schaffung des Bundes der Kommunisten der Grundstein für die gesamte weitere Entwicklung der revolutionären Arbeiterbewegung gelegt.

Das Wetterleuchten der Revolution in Europa

Wie in Deutschland, so reifte im Jahre 1847 auch in anderen Staaten Europas eine revolutionäre Situation heran. Oppositionelle Bewegungen in verschiedenen Ländern erschütterten und schwächten das auf dem europäischen Kontinent lastende System aristokratisch-monarchischer Reaktion. Jeder Erfolg der revolutionären Kräfte in anderen Ländern wirkte unmittelbar stimulierend für die oppositionelle Bewegung in Deutschland und trug somit zur Verschärfung des Widerspruchs zwischen Opposition und herrschendem Regime bei. Das galt in besonderem Maße für die revolutionären Bewegungen in Polen 1846, in der Schweiz 1847 und in Italien zu Beginn des Jahres 1848.
Einen direkten Angriff auf die Mächte der Heiligen Allianz stellte die revolutionäre Erhebung des polnischen Volkes im Februar 1846 dar. Während in dem zu Rußland gehörenden Teil Polens und im preußischen Posen die Aufstandsversuche von der Polizei verhindert beziehungsweise im Keim erstickt werden konnten, blieb die Erhebung im Freistaat Krakau zunächst erfolgreich. Die in die Stadt einmarschierten österreichischen Truppen konnten von den polnischen Revolutionären wieder vertrieben werden. Am 22. Februar 1846 konstituierte sich eine polnische Nationalregierung, die den Kampf um die nationale Unabhängigkeit mit der Befreiung der Bauern von feudaler Ausbeutung zu verbinden suchte. Anfang März wurde der Aufstand unterdrückt. Russisches, österreichisches und preußisches Militär besetzte Krakau. Im November 1846 erfolgte die offizielle Einverleibung des Freistaates Krakau in die Habsburger Monarchie.

Polnischer Freiheitskämpfer. Zeitgenössische Lithographie

Polnische Revolutionäre werden vom preußischen Kammergericht verurteilt. Nach der »Illustrierten Chronik 1848«

Im Gegensatz zu den Regierungen nahmen die oppositionellen Kräfte in Deutschland für Polen Partei. In den liberalen Zeitungen wurde gegen die Annexion Krakaus Stellung genommen. Schlesische Demokraten verhalfen polnischen Revolutionären, die wegen ihrer Beteiligung am Aufstandsversuch in Posen in der Festung Neiße inhaftiert waren, zur Flucht. Während des im Herbst 1847 in Berlin gegen 254 polnische Revolutionäre durchgeführten Prozesses stand die Öffentlichkeit eindeutig auf seiten der Angeklagten.
Das Jahr 1846 hatte auch die schleswig-holsteinische Frage ins Blickfeld des öffentlichen Interesses gerückt. Im Juli 1846 vertrat der König von Dänemark, der gleichzeitig Herzog von Schleswig und Holstein war, in einem offenen Brief den Anspruch, die beiden Herzogtümer in den dänischen Gesamtstaat zu integrieren. Dieser Schritt rief eine Welle nationaler Erregung in den beiden Herzogtümern und darüber hinaus in den Staaten des Deutschen Bundes hervor. Protestversammlungen und Kundgebungen in den Herzogtümern wurden verboten und mit militärischer Gewalt unterdrückt. Der Widerhall in der deutschen Öffentlichkeit wurde vornehmlich vom liberalen Bürgertum bestimmt. Erklärungen gegen das Vorgehen der dänischen Behörden und Sympathieadressen für die Protestbewegung in den Herzogtümern wurden von den Wortführern der Liberalen in vielen Städten initiiert. Überall fanden diese Adressen zahlreiche Unterzeichner.
Gravierender als die schleswig-holsteinische Frage waren für das Erstarken der Opposition in Deutschland die Vorgänge in der Schweiz. Die liberale Bewegung in der Schweiz wandte sich gegen die in den Wiener Verträgen 1815 festgelegte Souveränität der einzelnen Kantone, durch die Handel und Industrie behindert wurden. Unter Führung des linksliberalen Repräsentanten des Schweizer Bürgertums Ullrich Ochsenbein wurde die Vereinigung der Kantone zu einem Bundesstaat, die Auflösung des Sonderbundes, den sieben konservative Kantone geschlossen hatten, sowie das Verbot des Jesuitenordens gefordert.
Österreich, Rußland und Preußen übten massiven diplomatischen Druck auf die li-

Ullrich Ochsenbein.
Lithographie von H. Fischer

gelte die antifeudale Oppositionsbewegung in anderen Ländern Europas.

Besonders stark wirkte der Impuls, der vom Sieg des Volkes in der Schweiz ausging, auf Italien. Staatlich zersplittert wie Deutschland, im Norden der österreichischen Fremdherrschaft unterworfen, war dieses Land seit dem Beginn der zwanziger Jahre Schauplatz wiederholter Anläufe der revolutionären antifeudalen Bewegung gewesen. Anfang Januar 1848 brach eine neue Welle revolutionärer Erhebungen aus, die in wenigen Wochen ganz Italien erfaßte. Volksaufstände zwangen die Fürsten der italienischen Einzelstaaten zum Nachgeben. Überall konnten die Wortführer der liberalen Bourgeoisie die Ministersitze einnehmen.

Im habsburgischen Oberitalien gelang es den österreichischen Truppen zunächst, die Volksbewegung mit Waffengewalt zu unterdrücken. Als sich in der Lombardei jedoch

Volksaufstand gegen die königlichen Truppen in Palermo,
13. Januar 1848.
Lithographie von C. G. Lohse

beralen Kantone aus und unterstützten den Sonderbund mit Waffen und Geld. Die Schweizer Radikalen ließen sich jedoch davon nicht beeindrucken. Im November 1847 faßten die Vertreter der Kantone den Beschluß, den Sonderbund mit militärischer Gewalt aufzulösen. Wenige Wochen nach diesem Beschluß hatten ihn die Bürger und Bauern, die als Milizionäre zu den Waffen griffen, verwirklicht. Die Streitkräfte des Sonderbundes wurden geschlagen, der Sonderbund aufgelöst und die Jesuiten vertrieben. Dieser Sieg der fortschrittlichen Kräfte in der Schweiz beflü-

der Volksaufstand immer mehr ausbreitete, mußte sich die österreichische Armee in ein durch Festungen besonders gesichertes Gebiet zurückziehen. Eine der beiden reaktionären Großmächte im Deutschen Bund, die Habsburger Monarchie, sah sich damit seit Beginn des Jahres 1848 direkt mit der Revolution konfrontiert. Ende Februar 1848 sprang der revolutionäre Funke nach Paris über.

Kapitel 2

Märzstürme

Revolutionärer Beginn im Zeichen des französischen Februarsieges

Das revolutionäre Gewitter, das Anfang 1848 drohend über den herrschenden Klassen Europas heraufgezogen war, entlud sich am heftigsten in Frankreich. Seit Beginn der vierziger Jahre befand sich das Regime der Julimonarchie in einer Periode innerer und äußerer Schwierigkeiten. Die Herrschaft der Finanzbourgeoisie hatte sich durch aufsehenerregende Korruptionsaffären und Bestechungsskandale zutiefst diskreditiert. Selbst der Bürgerkönig Louis-Philippe hatte es nicht versäumt, entsprechend der Maxime seines Chefministers François Guizot »Bereichern Sie sich, meine Herren!«, sein riesiges Privatvermögen durch zweifelhafte Börsenspekulationen weiter zu vergrößern.

Als 1847 die Wirtschaftskrise Frankreich erfaßte, wurde für die Regierung die Lage immer kritischer. Unter der Arbeiterklasse und den werktätigen Schichten wuchs die revolutionäre Stimmung. Aber auch die Industrie- und Handelsbourgeoisie und das Kleinbürgertum, die von der Ausübung der politischen Macht ausgeschlossen waren, drängten auf politische Veränderungen. Um Einfluß auf die Staatsgeschäfte zu erhalten, erstrebten sie die Ausdehnung des Wahlrechts auf größere Teile der Bevölkerung.

Die Forderung nach einer Reform des Wahlrechts stand auch auf den seit Sommer 1847 von oppositionellen Kreisen der Bourgeoisie in Paris und anderen Städten regelmäßig durchgeführten Banketten im Vordergrund. Auf diesen Veranstaltungen, die auch von Arbeitern besucht wurden, pflegten die Teilnehmer in Ansprachen und Trinksprüchen ihrer wachsenden Unzufriedenheit mit der Politik der Regierung Ausdruck zu verleihen. Trotz gegensätzlicher Bemühungen der Bourgeoisie erhielten die Reformbankette einen immer radikaleren Inhalt.

Paris: Place de la Concorde. Stahlstich von Rouargue, 1839

François Pierre Guillaume Guizot. Nach der »Illustrierten Zeitung«, 1848

Fanal Paris

Am 22. Februar 1848 sollte in Paris das nächste Bankett der Verfechter einer Parlamentsreform stattfinden. Es wurde von der Regierung untersagt. Nach einigem Zögern fügten sich seine bürgerlichen Initiatoren aus Angst vor einem weiteren Anwachsen der revolutionären Bewegung dem Verbot.

Das Volk von Paris aber nahm die Unterdrückung der Kundgebung nicht tatenlos hin. Es versammelte sich am 22. Februar in den Boulevards in der Nähe der Champs-Élysées. Die Marseillaise singend und unter Rufen »Es lebe die Reform!«, »Nieder mit Guizot!«, zogen Arbeiter und Studenten zum Palais Bourbon, dem Sitz der Abgeordnetenkammer, und zum Amtssitz Guizots. In Erwartung von Unruhen hatte die Regierung Truppen in Stärke von 27 000 Mann in Paris konzentriert. Weitere 40 000 Soldaten lagen in der Umgebung der Stadt. Außerdem stand den Behörden die eigens zur Niederschlagung von Volksaufständen gebildete Munizipalgarde zur Verfügung. Im Verlauf des Tages kam es zu ersten blutigen Zusammenstößen zwischen Demonstranten und patrouillierenden Gardisten und Soldaten. Das Volk begann Barrikaden zu bauen. Wachposten wurden entwaffnet. Arbeiter räumten Waffengeschäfte aus. Mehrere Stadtbezirke waren am Abend von Truppen umzingelt.

Am nächsten Tag, am 23. Februar, entwikkelte sich der Aufruhr zum Volksaufstand. Unter dem Einfluß revolutionärer Geheimgesellschaften erhob sich das Proletariat von Paris zum bewaffneten Kampf gegen das Ministerium Guizot. Die Erhebung begann in einigen fast ausschließlich von Arbeitern bewohnten Vierteln im Osten der Stadt. Dort wurde seit den Morgenstunden Barrikade um Barrikade errichtet. Meist aus umgeworfenen Pferdedroschken, aus gefällten Bäumen und Pflastersteinen zusammengefügt, wuchsen die Barrikaden vornehmlich an Straßenkreuzungen aus der Erde. Oft reichten sie bis zum ersten Stock der Häuser. Viele krönten rote Fahnen. Flintenfeuer schlug der Munizipalgarde

Pariser Arbeiter bewaffnen sich. Nach »The Illustrated London News«, 1848

und den Linientruppen entgegen, die Befehl hatten, den Barrikadenbau zu verhindern. Glasscherben bedeckten die Straßen, um den Einsatz der Kavallerie zu erschweren.

Nur unzureichend bewaffnet und ohne militärische Führung, verteidigten sich die Arbeiter, die Männer der Bluse, die Handwerker und Studenten heldenhaft. Die Reaktion scheute sich nicht, Kanonen gegen das Volk einzusetzen. Gegen viele Barrikaden mußten die Truppen drei- und viermal anstürmen, ehe sie von ihren Verteidigern verlassen wurden. Im Rücken der vordringenden Soldaten verschanzten sich die Aufständischen erneut. Oft sahen sich einzelne Einheiten in die Zange genommen. Je mehr sich der Aufstand ausbreitete, um so mehr war das Oberkommando gezwungen, seine Streitkräfte zu zersplittern. Unter den Truppen begannen sich Erscheinungen von Demoralisation bemerkbar zu machen. Mit verbissener Wut kämpfte lediglich die Munizipalgarde gegen das Volk.

Eine Wende im Kampf bahnte sich an, als sich die Nationalgarde, die Bürgermiliz von Paris, nicht dazu bewegen ließ, an der Niederschlagung des Aufstandes teilzunehmen. Sie stimmte überdies in den Ruf nach Reformen und nach Sturz des Ministeriums Guizot mit ein. Der Entschluß der Nationalgarde untergrub die Kampfmoral der Linientruppen noch mehr. Die Nachrichten über den Verlauf der Erhebung, die bis zum Nachmittag in den Tuilerien eintrafen, veranlaßten den König, Guizot fallenzulassen und den Grafen Louis-Mathieu Molé mit der Bildung eines neuen Kabinetts zu beauftragen. Die Truppen erhielten Befehl, das Feuer einzustellen. Begeistert begrüßte das Volk von Paris die Kunde vom Sturz Guizots. Siegeshymnen singend, durchzogen die Revolutionäre die Straßen. Läden und Kaffeehäuser wurden wieder geöffnet. Am Abend war Paris illuminiert.

Doch in den Quartieren im Inneren und im Osten der Stadt waren viele Aufständische noch nicht bereit, die Waffen niederzulegen und die Barrikaden zu verlassen. Zu gering erschien ihnen ein Ministerwechsel als Preis für die gebrachten Opfer. Und sie wußten, daß königliche Zugeständnisse, bewilligt in der höchsten Not, keine sicheren Garantien für einen wirklichen politischen Umschwung waren. Noch in den Nachtstunden des 23. Februar sollte sich erweisen, wie richtig ihr revolutionärer Instinkt war.

Am späten Abend formierte sich unter Fakkelschein ein Zug von mehr als 2 000 aus den Vorstädten kommenden pulvergeschwärzten Proletariern zum Marsch durch die Innenstadt. Ihm wehte die rote Fahne voran. Vor der Redaktion der Zeitung »Le National«, dem Sitz der Bourgeoisrepublikaner, forderten die Volkskämpfer die Auflösung der Munizipalgarde und die Berufung eines Ministeriums des Volkes. Da-

Feuerüberfall auf demonstrierende Pariser Arbeiter vor dem Hôtel Guizot am Abend des 23. Februar 1848. Nach »The Illustrated London News«, 1848

Barrikade in der Rue St. Martin. Nach »The Illustrated London News«, 1848

nach schwenkte die Menge in den Boulevard des Capucines ein, um vor dem Ministerhotel Guizots zu demonstrieren. Von Guizot hieß es mit Recht, daß er noch immer Einfluß auf den König habe. Die Demonstranten stießen auf Militär. Plötzlich gaben Offiziere eines Linienregiments Befehl zum Feuern und ließen ohne vorherige Warnung in die Menge schießen. Dem Blutbad fielen mehr als 50 Menschen zum Opfer.

Dieses Massaker war das Signal zur Fortführung der Revolution. Unter Rufen »Rache!«, »Verrat!«, »Man mordet das Volk!« wurden die Toten auf Karren durch die Stadt gefahren. Von den Kirchtürmen ertönten die Sturmglocken. Und als bekannt wurde, daß der berüchtigte Draufgänger Marschall Thomas Bugeaud zum Oberbefehlshaber der Truppen ernannt worden war, wußte jedermann, daß die Krone eine neue Kraftprobe mit dem Volke provozieren wollte. Erneut wuchsen Barrikaden, nun die ganze Stadt bedeckend, aus der Erde. Das Volk von Paris rüstete in der Nacht fieberhaft zum Kampf. Am Morgen des 24. Februar zählte man mehr als 1 500 Barrikaden.

Jetzt erhielt der Aufstand ein weiter gestecktes Ziel. Hatte er bisher den Sturz der Regierung und den Erlaß von Reformen verfolgt, so richtete er sich von nun an direkt gegen die Monarchie. »Nieder mit Louis-Philippe!« wurde zum Kampfruf der revolutionären Arbeiter.

Obwohl Verstärkungen herangezogen wurden, waren die Truppen immer weniger in der Lage, der Wucht des Aufstandes Widerstand entgegenzusetzen. Als der Bürgerkönig erkannte, daß er sich nur noch auf die Munizipalgarde stützen konnte, unternahm er den Versuch, die Front der Opposition zu sprengen. Er wollte die Sympathien der Bourgeoisie zurückgewinnen. Führer der dynastischen Linken wurden zu Ministern berufen. Sie erwirkten den Befehl zum Rückzug der Truppen.

Doch auch dieses Manöver hatte keinen Erfolg. Die Barrikadenkämpfer bestanden auf den Sturz des Königs, und ihre Ent-

Sturm auf das Palais Royal, 24. Februar 1848.
Nach der »Illustrierten Zeitung«, 1848

Sturm auf das Wasserpalais, 24. Februar 1848. Lithographie von A. Provost

Bewaffnete Arbeiter und Nationalgardisten im Thronsaal der Tuilerien, 24. Februar 1848. Nach der »Illustrierten Zeitung«, 1848

Bewaffnete Arbeiter und Nationalgardisten sprengen die Deputiertenversammlung und erzwingen die Ausrufung der Provisorischen Regierung. Nach der »Illustrierten Zeitung«, 1848

schlossenheit wuchs von Stunde zu Stunde. Als der Kampflärm schon in der Nähe des Schlosses zu hören war, floh Louis-Philippe. Durch einen unterirdischen Gang entkam er aus den Tuilerien und begab sich ins Exil nach England.

Mit der Erstürmung des Königspalastes besiegelten die Aufständischen ihren Triumph. Mehr als 100 000 Menschen durchzogen die herrschaftlichen Räume. Die Insignien der königlichen Macht wurden vernichtet. Das Volk erklärte die Tuilerien zum Nationaleigentum. Als Symbol des Sieges über die Monarchie wurde der Thronsessel der französischen Könige den Flammen übergeben. Er verbrannte unter dem Jubel der Massen vor der Julisäule auf dem Platz der Bastille.

Während das Volk die Monarchie bereits gestürzt hatte, bemühten sich in der Kammer royalistische Abgeordnete darum, eine Regentschaft einzusetzen.

Die Volksmassen sollten um die Früchte ihres Kampfes betrogen werden. Doch bewaffnete Arbeiter und Nationalgardisten bereiteten dem Spuk ein Ende. Sie stürmten das Palais Bourbon, sprengten die Deputiertenversammlung und erzwangen die Ausrufung einer provisorischen Regierung.

Die Provisorische Regierung konstituierte sich endgültig im Stadthaus von Paris. Ihr gehörten Vertreter aller politischen Gruppierungen an, »die gemeinsam den Julithron umgestürzt, deren Interessen sich aber feindlich gegenüberstanden«[1]. Mit sieben von elf Ministern erlangten die Bourgeoisrepublikaner, die in dem Dichter Alphonse de Lamartine auch das eigentliche Haupt des Kabinetts stellten, die dominierende Position. Die linken Republikaner und die kleinbürgerlichen Sozialisten waren jeweils durch zwei Mitglieder in der Regierung vertreten.

Nach dreitägigem erbitterten Kampf hatte in Frankreich die Revolution gesiegt. Sie war vor allem das Werk der heldenhaft kämpfenden Pariser Arbeiter. Ihnen war es auch zu verdanken, daß Frankreich am 25. Februar zum zweiten Mal in seiner Geschichte Republik wurde. Bewaffnete Arbeiter und Nationalgardisten hatten durch ein Ultimatum die Proklamation der Republik erzwungen. Die Mehrheit der Provisorischen Regierung hätte die Entscheidung über die Staatsform gern dem Votum der künftigen Nationalversammlung anheimgestellt. Nur mit Mühe konnten die Bour-

Die Mitglieder der am 25. Februar 1848 gebildeten Provisorischen Regierung der französischen Republik.
Von links nach rechts: (obere Reihe) Louis Blanc, Ferdinand Flocon, Adolphe Cremieux, Armand Marrast, Alexandre Martin (Albert), Louis Garnier-Pagés; (untere Reihe) Dominique François Aragon, Alexandre Auguste Ledru (Ledru-Rollin), Dupont l'Eure, Alexandre Marie, Alphonse de Lamartine.
Lithographie von Achille Devéria

geoisrepublikaner verhindern, daß die rote Fahne zur Nationalflagge Frankreichs erklärt wurde.

In ihrer Freude über den Sieg der Revolution glaubten die Arbeiter bereits eine soziale Republik erobert zu haben. Unter dem Einfluß kleinbürgerlich-sozialistischer Ideen und der Konzessionen der Provisorischen Regierung auf sozialpolitischem Gebiet wurden sie in dieser Illusion bestärkt. Von der sozialen Republik erhofften sie die schrittweise Beseitigung der kapitalistischen Ausbeutung.

Die französische Arbeiterklasse erhielt durch den Februarsieg bedeutende Rechte: das allgemeine Wahlrecht, Versammlungs- und Pressefreiheit und die Befugnis zur Bewaffnung im Rahmen der Nationalgarde. Die Arbeitszeit wurde verkürzt; in Paris galt von nun an der Zehn-, in der Provinz der Elfstundentag. Unter dem Druck der von Arbeitslosigkeit, Hunger und Not gepeinigten Proletarier verkündete die Provisorische Regierung für alle Arbeiter das gesetzlich verbürgte Recht auf Arbeit. Es war dies jedoch ein Versprechen, das unter den Bedingungen des Kapitalismus für die Arbeiterklasse stets unerfüllbar bleiben muß.

Andere Arbeiterforderungen wurden von der bürgerlich-republikanischen Regierungsmehrheit so umgefälscht, daß sie schließlich dem Proletariat und der Revolution zum Nachteil gereichten und zu konterrevolutionären Manövern genutzt werden konnten. Um für künftige Auseinandersetzungen mit der Arbeiterklasse gerüstet zu sein, übernahm die großbourgeoise Majorität des neuen Kabinetts fast unverändert den Polizei- und Beamtenapparat der Julimonarchie und überließ monarchistischen Generalen leitende Positionen in der Armee.

Nationalgardist.
Nach »The Illustrated London News«, 1848

Europa in Flammen

Ende Februar 1848 waren die Blicke ganz Europas auf Paris gerichtet. Sturz der Julimonarchie, Frankreich Republik — das war ein Ereignis von politischer Tragweite, wie es der europäische Kontinent seit den Umwälzungen in der Zeit der Französischen Revolution nicht mehr erlebt hatte. Die gesellschaftlichen Widersprüche, die sich mit der Ausbreitung des Kapitalismus in vielen Ländern vertieft hatten, brachen unter dem Einfluß der siegreichen Februarrevolution offen auf. Der Volksaufstand in der französischen Hauptstadt wies den unterdrückten Klassen und Nationen in Europa den Weg zur Abschüttelung ihres Jochs. Das Pariser Fanal wurde zur Brandfackel, die weite Teile des Kontinents entzündete.

In Italien hatten bereits Ende Januar 1848 Volksaufstände in Palermo und Neapel die Einführung einer liberalen Verfassung im Königreich beider Sizilien erzwungen. Auf weitere italienische Teilstaaten griff die Revolution in der zweiten Märzhälfte über. Am 18. März erhob sich die Bevölkerung Mailands und zwang nach fünftägigem erbittertem Straßenkampf die österreichischen Truppen zum Rückzug aus der Stadt. Venedig folgte diesem Beispiel. Gestützt auf die Armee des Königreiches Sardinien-Piemont, trat das italienische Volk zum bewaffneten Kampf um die Befreiung seines Landes von der habsburgischen Fremdherrschaft an.

Auch in anderen Teilen des Habsburger Vielvölkergefängnisses rüsteten sich die Nationen zum Kampf, um jahrhundertealte Ketten zu zerbrechen. Die Revolution in Ungarn begann am 15. März mit einer Massenkundgebung in Budapest, auf der die Teilnehmer ein zwölf Punkte umfassendes Programm zur Durchsetzung der Eigenstaatlichkeit gegenüber der Wiener Regierung annahmen. Mit der Forderung nach

Kampf der Bevölkerung Mailands gegen österreichisches Militär, 22. März 1848. Nach der »Illustrierten Zeitung«, 1848

nationaler Gleichberechtigung und Selbständigkeit reihten sich die Tschechen in die revolutionäre Bewegung der Völker ein. Den Auftakt zur Revolution in den böhmischen und mährischen Ländern bildete eine große Volksversammlung am 11. März in Prag. In Bewegung gerieten auch die Slowaken und die südslawischen Völker der Habsburger Monarchie, die Serben, Kroaten und Slowenen. Sie verlangten nationale Rechte, insbesondere die Gleichberechtigung der Sprache.

Verkündung der Pester Zwölf Punkte, 15. März 1848. Nach der »Illustrierten Chronik 1848«

Nach jeder französischen Revolution hatte sich das polnische Volk erneut auf seine Kraft besonnen und mit eigenen Erhebungen für seine nationale Befreiung geantwortet. Es blieb seiner revolutionären Tradition auch 1848 treu. Die nationalrevolutionäre Bewegung, die in den ersten Märztagen im Großherzogtum Posen, dem von Preußen annektierten Teil Polens, begann, mündete in der zweiten Märzhälfte in einen Aufstand ein. Es ging nicht nur darum, die preußische Fremdherrschaft zu beseitigen, sondern der Kampf wurde vor allem mit dem Ziel geführt, den polnischen Staat wiederherzustellen. Im April erhob sich Krakau.

Resonanz fand die Februarrevolution auch im westlichen Teil des europäischen Kontinents. In der Metropole Belgiens, in Brüssel, bereiteten sich revolutionäre Kräfte auf einen republikanischen Umsturz vor. Massenversammlungen fanden statt, und die Regierung hatte Mühe, durch Verhaftungen und durch Ausweisungen von Demokraten die revolutionäre Bewegung zu unterdrükken. Einen neuen kräftigen Auftrieb erhielt in England der Chartismus. Angesichts der Notlage Zehntausender beschäftigungsloser Arbeiter drängten einige seiner jüngeren Führer zum Aufstand. Mit der Vorbereitung einer Massendemonstration in London in der ersten Aprilhälfte stellte sich die Bewegung der englischen Arbeiterklasse auf eine neue Auseinandersetzung mit der Regierung ein.

Das Echo der Februarrevolution in Deutschland

Im Zentrum Europas, in Deutschland, war der Widerhall der Pariser Februartage am stärksten. Hier bestand seit Monaten eine revolutionäre Situation. Der Ausbruch der bürgerlichen Revolution wurde durch das Beispiel Frankreichs beschleunigt. Aller Klassen und Schichten der Bevölkerung bemächtigte sich leidenschaftliche Erregung. In wenigen Tagen entstand ein in diesen Ausmaßen bisher nicht gekanntes reges politisches Leben. Begierig das Eintreffen neuer Nachrichten erwartend, stauten sich die Menschenmassen vor den Zeitungsbüros, diskutierten und erwogen, hofften und bangten. In Lokalen und Kaffeehäusern übernahmen es Vorleser, die Interessierten mit den neuesten Meldungen bekannt zu

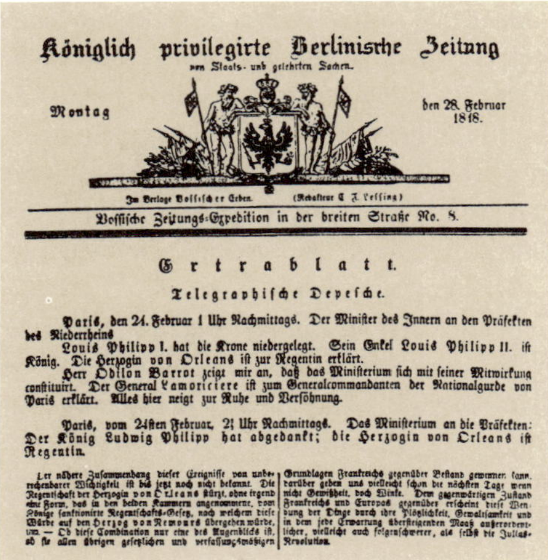

Königlich privilegirte Berlinische Zeitung
von Staats- und gelehrten Sachen.

Montag — den 28. Februar 1848.

Im Verlage Vossischer Erben. (Redakteur C. F. Lessing)

Vossische Zeitungs-Expedition in der breiten Straße No. 8.

Extrablatt.

Telegraphische Depesche.

Paris, den 24. Februar 1 Uhr Nachmittags. Der Minister des Innern an den Präfekten des Niederrheins

Louis Philipp I. hat die Krone niedergelegt. Sein Enkel Louis Philipp II. ist König. Die Herzogin von Orleans ist zur Regentin erklärt.

Herr Odilon Barrot zeigt mir an, daß das Ministerium sich mit seiner Mitwirkung constituirt. Der General Lamoriciere ist zum Generalcommandanten der Nationalgurde von Paris erklärt. Alles hier neigt zur Ruhe und Versöhnung.

Paris, vom 24sten Februar, 2½ Uhr Nachmittags. Das Ministerium an die Präfekten: Der König Ludwig Philipp hat abgedankt; die Herzogin von Orleans ist Regentin.

Der nähere Zusammenhang dieser Ereignisse von unberechenbarer Wichtigkeit ist bis jetzt noch nicht bekannt. Die Regentschaft der Herzogin von Orleans stürzt, ohne irgend eine Form, das in den beiden Kammern angenommene, vom Könige sanktionirte Regentschafts-Gesetz, nach welchem diese Würde auf den Herzog von Nemours übergehen würde, um. — Ob diese Combination nur eine des Augenblicks ist, ob sie allen übrigen gesetzlichen und verfassungsmäßigen Grundlagen Frankreichs gegenüber Bestand gewinnen kann, darüber geben uns vielleicht schon die nächsten Tage wenn nicht Gewißheit, doch Winke. Dem gegenwärtigen Zustand Frankreichs und Europas gegenüber erscheint diese Wendung der Dinge durch ihre Plötzlichkeit, Gewaltsamkeit und in dem jede Erwartung übersteigenden Maaß außerordentlicher, vielleicht auch folgenschwerer, als selbst die Julius-Revolution.

Extrablatt der »Vossischen Zeitung« mit der Meldung über die Abdankung Louis-Philippes

machen. Das Übergreifen der Revolution auf die Staaten des Deutschen Bundes, so fühlte man, konnte nur eine Frage von Tagen sein.

Die Volksmassen, die Handwerker, Arbeiter, Gesellen, Studenten und demokratischen Intellektuellen, begrüßten die Pariser Ereignisse begeistert als das Ende einer Epoche, die wie ein Alpdruck mehr als drei Jahrzehnte auf allen fortschrittlichen Kräften gelastet hatte. Jetzt eröffnete sich ihnen die Aussicht, Polizeischikanen und politische Entrechtung durch eigenes Handeln abzuschütteln und die soziale Not zu überwinden. Friedrich Hecker hat die Stimmung der werktätigen Menschen in den letzten Februar- und ersten Märztagen beschrieben: »Man kämpft in Paris gegen den Königskrämer und Krämerkönig ..., jetzt rasch ans Werk für Deutschlands Befreiung, jetzt gehandelt, jetzt ins Leben geführt, was so lange begehrt, besprochen, geredet und umredet worden ist.«[2] Ein grundlegender Wandel der politischen Verhältnisse war in unmittelbare Nähe gerückt. »Endlich wird es Tag in Deutschland«, schrieb Mitte März der Königsberger Arzt Johann Jacoby an einen Freund, »der Ruf: es lebe die Republik! hat auch mir nach jahrelanger Gemütsverstimmung wieder Genesung gebracht.«[3] Und der Dichter Robert Prutz faßte die freudige Siegesgewißheit dieser Tage in einem Brief an Georg Herwegh in die Worte: »Ja, Alter, die Welt wird anders, auch unsere goldenen Ideale steigen endlich aus ihren Himmeln nieder und wandern und wohnen unter uns.«[4]

Anders wirkte die Februarrevolution auf die deutsche Bourgeoisie. Da waren kein Überschwang der Gefühle und keine leidenschaftliche Zustimmung. Was sie in diesen Tagen empfand, brachte der rheinische Bankier August v. d. Heydt am 27. Februar in einem Brief an Gustav Mevissen am klarsten zum Ausdruck: »Die Umstände in Paris sind sehr beunruhigend. Wir werden alles aufzubieten haben, um auf gemäßigtem, gesetzmäßigem Wege die jetzt nicht mehr zweifelhaften Erfolge zu erringen.«[5]

Auf der einen Seite erwartete die liberale Bourgeoisie von der Februarrevolution einen positiven Einfluß auf die Entwicklung in Deutschland. Sie hoffte, die Vorgänge in Frankreich würden den deutschen Fürsten einen heilsamen Schreck einjagen, stark genug, um sie zum Nachgeben, zur Erfüllung liberaler Reformwünsche zu veranlassen. Unter diesem Blickwinkel bot der Feuerbrand in Paris die Aussicht, schnell und konfliktlos das Konzept einer friedlichen Umgestaltung des Deutschen Bundes und seiner Einzelstaaten auf dem Wege von Reformen im Sinne nationalstaatlicher Einigung und des bürgerlichen Fortschritts durchzusetzen. In ihrem ureigensten Klasseninteresse bestand die Bourgeoisie darauf, dieses Programm zu verwirklichen. Konzessionen dieser Art von seiten der Regierungen hielt sie für unerläßlich, um einer gewaltsamen Umwälzung, dem Ausbruch einer Revolution zuvorzukommen. Im Gewähren bürgerlicher Reformen sah sie das einzig wirksame Mittel, um die anwachsende Massenbewegung in friedliche Bahnen zu lenken.

Indem die Bourgeoisie darauf bestand, daß die antiabsolutistischen Forderungen erfüllt würden, entsprachen ihre Ziele trotz der vorwiegend revolutionsfeindlichen Motive den Erfordernissen des antifeudalen Kampfes zu Beginn der Revolution. Denn je hartnäckiger sich die Regierungen weigerten, die Zeichen der Zeit zu verstehen, um so mehr verharrte die Großbourgeoisie in der Opposition.

Andererseits erhielt für die Bourgeoisie die Tatsache entscheidendes Gewicht, daß die Februarrevolution das Werk der Arbeiterklasse war, daß sie mit der Proklamation der Republik und mit sozialen Erfolgen für das Proletariat geendet hatte. Das war es, was sie zutiefst beunruhigte. Seit den letzten Februartagen wuchs deshalb ihr Unwille, antifeudale Forderungen durch eine Revolution durchzusetzen. Offener und stärker prägte sich ihre revolutionsfeindliche Einstellung aus. Mehr denn je war sie aus Furcht vor der Arbeiterklasse bestrebt, der Gefahr eines radikalen Umbruchs vorzubeugen. In ihrer Phantasie malte sie sich das Entstehen anarchischer Zustände, die Möglichkeit eines Krieges der Armen gegen die Reichen aus. Diese Besorgnis trieb sie voran in ihrem Bemühen, rasch zu einem Ausgleich mit den monarchischen Machthabern zu kommen, um danach mit ihnen gemeinsam den Forderungen der Arbeiter, der Bauern und des Kleinbürgertums entgegenzutreten. In diesem Sinne schrieb ein rheinischer Liberaler am 9. März: »Daß Handel und Wandel stocken werden, bis die Zustände sich mehr konsolidiert haben oder bis man sich mehr daran gewöhnt, ist unausbleiblich. Mehr als dieser Übelstand ist die aufgeregte Stimmung der Proletarier zu beachten, die wie durch einen elektrischen Schlag allgemein ist. Unser Wunsch kann daher nur sein, daß die Regierungen so bald als möglich alle billigen Forderungen bewilligen, und dann die Rolle zu wechseln, d. h. die Regierung zur Aufrechterhaltung der Ordnung im Inneren und im Äußern mit allen Kräften zu unterstützen.«[6]

Entsprechend diesen gegensätzlichen Tendenzen in ihrem Streben verfolgte die liberale Bourgeoisie in der Märzbewegung eine raffinierte Taktik. Sie beteiligte sich am Kampf gegen die Adelsherrschaft und trat

In Süddeutschland verbreitetes Flugblatt mit den Märzforderungen, 1848

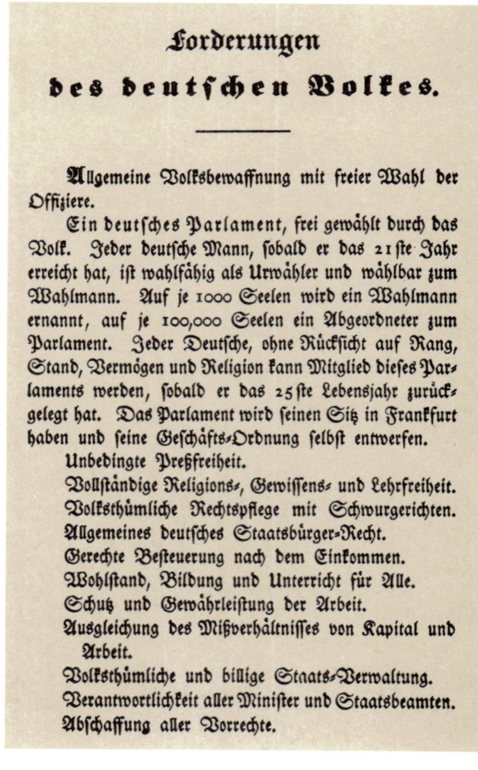

Forderungen
des deutschen Volkes.

Allgemeine Volksbewaffnung mit freier Wahl der Offiziere.

Ein deutsches Parlament, frei gewählt durch das Volk. Jeder deutsche Mann, sobald er das 21ste Jahr erreicht hat, ist wahlfähig als Urwähler und wählbar zum Wahlmann. Auf je 1000 Seelen wird ein Wahlmann ernannt, auf je 100,000 Seelen ein Abgeordneter zum Parlament. Jeder Deutsche, ohne Rücksicht auf Rang, Stand, Vermögen und Religion kann Mitglied dieses Parlaments werden, sobald er das 25ste Lebensjahr zurückgelegt hat. Das Parlament wird seinen Sitz in Frankfurt haben und seine Geschäfts-Ordnung selbst entwerfen.

Unbedingte Preßfreiheit.

Vollständige Religions-, Gewissens- und Lehrfreiheit.

Volksthümliche Rechtspflege mit Schwurgerichten.

Allgemeines deutsches Staatsbürger-Recht.

Gerechte Besteuerung nach dem Einkommen.

Wohlstand, Bildung und Unterricht für Alle.

Schutz und Gewährleistung der Arbeit.

Ausgleichung des Mißverhältnisses von Kapital und Arbeit.

Volksthümliche und billige Staats-Verwaltung.

Verantwortlichkeit aller Minister und Staatsbeamten.

Abschaffung aller Vorrechte.

Volkserhebung gegen die Regierung des zu Preußen gehörenden Kantons Neuenburg, 1. März 1848. Nach der »Illustrierten Zeitung«, 1848

als Repräsentant der antifeudalen Bewegung auf. Zum anderen war sie überall bemüht, die revolutionären Kräfte in den engen Grenzen der Gesetzlichkeit zu halten, das Volk auf ein begrenzt-liberales Programm festzulegen und es an der Entfaltung seiner Kraft zu hindern. Die bourgeoise Politik des Voranschreitens und des Zauderns, des Handelns und des Lähmens, der Ermunterung und des Hemmens diente dem Ziel, die Situation allein im Interesse des Bürgertums auszunutzen.

Der Sturz der Julimonarchie brachte die Fürsten und den an seinen Privilegien festhaltenden Adel in ärgste Bedrängnis. Von Metternich wird berichtet, daß er nach Eintreffen der Nachricht vom Sieg der Revolution für Minuten außerstande war, seine Fassung zurückzugewinnen. Die Pariser Ereignisse engten den Handlungsspielraum der reaktionären Kräfte entscheidend ein. Aber die Reaktion war entschlossen, nicht freiwillig nachzugeben, und würde sie unter dem Druck der Volksmassen zurückweichen müssen, dann kam es ihr darauf an, Zeit zu gewinnen, um das Verlorene bei erster Gelegenheit zurückzuerobern.

Die Bedingungen für einen revolutionären Kampf waren in Deutschland ungünstiger als in seinem westlichen Nachbarland. In Frankreich, einem seit Jahrhunderten zentralisierten Staat, war der Sieg der Revolution in der Metropole gleichbedeutend mit dem Sieg der Revolution im ganzen Land. In Deutschland fehlte ein solches Zentrum. Bedingt durch die feudalstaatliche Zersplitterung, wurde hier die revolutionäre Bewegung zunächst in eine große Zahl mehr oder weniger voneinander isolierter Erhebungen aufgelöst. Die Woge der Revolution erfaßte die deutschen Einzelstaaten mit unterschiedlicher Wucht und in ungleichmäßigem Tempo.

Märztage im Badischen

Die Nachricht vom Sieg der Revolution in Paris löste zuerst in dem Frankreich unmittelbar benachbarten Großherzogtum Baden eine revolutionäre Volksbewegung aus. Von hier nahm die deutsche bürgerlich-demokratische Revolution, die in wenigen Tagen ganz Süd-, West- und Mitteldeutschland erfaßte, ihren Ausgang.

Die erste unter dem Eindruck des französischen Februarsieges stehende Volksversammlung fand am 27. Februar in Mannheim statt. Sie wurde von mehr als 2 500 Menschen besucht. Auf ihr berieten die badischen Liberalen und Demokraten über die Schritte, die gegenüber der Regierung einzuschlagen waren. Die Debatte wurde mit großer Leidenschaft geführt. Es wurden Stimmen laut, die für radikale Maßnahmen eintraten: Man forderte den Austritt Badens aus dem Deutschen Bund, wollte sofort in einem Massenzug nach Karlsruhe aufbrechen, dort das Zeughaus stürmen, um sich Waffen zu beschaffen und das reaktionäre Kabinett zum Abtreten zwingen. Schließlich wurde beschlossen, am 1. März eine Sturmpetition nach der Landeshauptstadt zu entsenden. An der Aktion sollten sich mehrere hundert Mann beteiligen und der Zweiten Kammer des Landtages die Forderungen des Volkes präsentieren.

Gustav v. Struve war der Verfasser der Mannheimer Petition. Mit Rücksicht auf das liberale Bürgertum hatte er sie maßvoll gehalten. Sie verlangte die sofortige Gewährung der Volksbewaffnung mit freier Wahl der Offiziere, die unbedingte Pressefreiheit, Schwurgerichte und die Bildung eines deutschen Parlaments. Es waren dies die für den Verlauf der ersten Phase der deutschen Revolution, für die Märzbewegung, charakteristischen Forderungen. Als die typischen

»Eine Szene aus den Märztagen«. Aus den »Fliegenden Blättern«, 1848

Karl Mathy

Friedrich Daniel Bassermann

Karl Theodor Welcker.
Stich nach einer Zeichnung von Schön

Märzforderungen waren sie in weiten Gebieten des Deutschen Bundes die Grundlage für die Adressen, Eingaben und Bittschriften an die Regierungen und Behörden.
Unmittelbar nach der Mannheimer Volksversammlung eilten führende badische Liberale wie Friedrich Bassermann, Karl Mathy und Karl Welcker nach Karlsruhe. Sie beschworen den leitenden Minister Johann Bekk, den revolutionären Ansturm durch schnelles Handeln abzufangen. »Nachdem wir gestern bis tief in die Nacht mit Bekk verhandelt«, schrieb am 29. Februar Bassermann an seine Frau, »bricht heute ein großer Tag an, groß für ganz Deutschland. Wenn Du diese Zeilen erhältst, ist von der Regierung in der Kammer erklärt, daß erstens nächste Woche die Zensur aufhört, zweitens Bürgergarden unverzüglich errichtet werden, drittens Geschworenengerichte eingeführt werden. Wir werden nun alle zu Verteidigern der Regierung. Bis ein Uhr nach Mitternacht trank ich gestern (auf der Schloßwache) mit Offizieren auf festes Zusammenhalten.«[7]
Mit Windeseile fand das Mannheimer Beispiel Nachahmung im ganzen Land. Abordnungen zahlreicher Städte Badens rüsteten sich zur Fahrt nach Karlsruhe. Es entstand eine äußerst gespannte politische Lage. Eine kleine Gruppe junger Revolutionäre, vom Pariser Vorbild zum unmittelbaren Handeln angespornt, versuchte, einen gewaltsamen Umsturz zu unternehmen. Heidelberger Studenten, an ihrer Spitze Gustav Adolph Schlöffel und Karl Blind, hatten seit Monaten unter der werktätigen Bevölkerung Badens eine intensive republikanische Propaganda betrieben. Sie standen mit radikalen deutschen Republikanern in der Schweiz in Verbindung und verbreiteten deren Schriften. Es war ihnen auch gelungen, die Mitglieder mehrerer Turnvereine zu bewaffnen und einige Vertraute unter den Soldaten des badischen Heeres zu gewinnen. Mittels eines Handstreichs wollten sie sich des Zeughauses und des Schlosses der Residenzstadt bemächtigen und danach die Republik ausrufen. Die Behörden hatten jedoch von dieser Absicht Kenntnis erhalten und ließen Blind und zwei Unteroffiziere am 29. Februar verhaften. Damit scheiterte das Unternehmen.
Am 1. März erlebte die badische Landeshauptstadt einen großen Tag. Mit schwarzrotgoldenen Kokarden geschmückt, durchzogen die Mitglieder zahlreicher städtischer Deputationen aus dem ganzen Land, Arbeiter und Handwerker, die von Militärpatrouillen kontrollierten Straßen der Stadt. Revolutionäre Flugblätter gingen von Hand zu Hand; Schlöffel und seine Freunde agitierten in Wirtshäusern und auf den Straßen für die Republik; Gerüchte über bevorstehende große Ereignisse gingen von Mund zu Mund. Die Spannung entlud sich im Ständehaus des Landtages, in das Hunderte von Demonstranten Einlaß erzwungen hatten. Friedrich Hecker, populärster Führer der badischen Demokratie und Abgeordneter der Zweiten Kammer, drängte auf eine rasche Entscheidung. Unter dem Beifall der Deputierten stellte er den Antrag, der Landtag möge auf der Stelle die 1847 von den badischen Demokraten in ihrem Offenburger Programm aufgestellten Forderungen zum Beschluß erheben. Dazu zählten unter anderem die Beseitigung aller Vorrechte des Adels, die Aufhebung der durch den Bundestag dekretierten Ausnah-

Karlsruhe um 1848. Zeitgenössische Darstellung

megesetze, die Abschaffung der Feudalleistungen auf dem Lande, die Einführung der progressiven Einkommensteuer. Heckers Antrag ging weit über das hinaus, was die Mannheimer Versammlung verlangt und was die Regierung inzwischen zum größten Teil zu bewilligen in Aussicht gestellt hatte.
Die badischen Liberalen glaubten, die Annahme einiger für sie heikler Punkte dieses Programms noch verhindern oder hinausschieben zu können. Sie erreichten unter Berufung auf die parlamentarischen Spielregeln, daß der Antrag zunächst an eine Kommission zur Prüfung überwiesen wurde. Hecker beantwortete dieses Manöver mit der Aufforderung an seine Anhänger, so lange in Karlsruhe zu bleiben, bis die Forderungen angenommen wären. Dieser Schritt war von durchschlagendem Erfolg. Schon am nächsten Tag beschloß die Kommission, der Kammer die Bewilligung des Antrages zu empfehlen. Dieser Aufforderung wurde fast einmütig Folge geleistet. Bereits am 4. März sah sich das badische Kabinett gezwungen, die Vorlage entsprechender Gesetzentwürfe anzukündigen. Fünf Tage später erfolgte die Umbildung der Regierung; drei reaktionäre Minister schieden aus und wurden durch liberale Politiker ersetzt.
Grenzenlose Bestürzung herrschte in diesen Tagen am Karlsruher Hof. Unter dem Eindruck der sich immer stärker äußernden republikanischen Strömungen im Volke bangte der Großherzog Leopold um seine Krone. Allabendlich flüchtete er sich in einen Rausch. Vergebens versuchten die Gesandten Rußlands und Preußens, ihm den Rücken zu stärken. Das Angebot der preußischen Regierung, ihm Truppen zur Verfügung zu stellen, wagte er nicht anzunehmen.
Inzwischen hatte die revolutionäre Bewegung auch das platte Land erfaßt. Nordbaden wurde seit dem 4. März zum Schauplatz einer machtvollen Bauernerhebung, die sich auf die benachbarten Gebiete Württembergs und Hessen-Darmstadts ausweitete. In wenigen Tagen hatte der Aufruhr den gesamten Odenwald, das Land zwischen Neckar, Tauber und Main, ergriffen. In diesem Gebiet, das vor mehr als 300 Jahren ein Zentrum des deutschen Bauernkrieges gewesen war, zogen die Bauern mit Sensen, Beilen und Äxten bewaffnet vor die Schlösser der Grundherren. Sie forderten die Auslieferung der Schuldbücher und Abgabenverzeichnisse, errichteten Scheiterhaufen, auf die sie die Feudalurkunden warfen, und erzwangen schriftliche Erklärungen über den Verzicht auf die Erhebung weiterer Abgaben. Vielfach mußten adlige Herren Renten- und Zinsbücher selbst den Flammen übergeben. Besonders energisch waren die bäuerlichen Aktionen in den Bereichen der Standesherrschaften ehemals reichsunmittelbarer Fürsten, Grafen und Freiherren, die sich auf Kosten der Bauern besondere Vorrechte erhalten hatten. Jetzt sah die bäuerliche Bevölkerung endlich die Zeit gekommen, mit der jahrhundertelangen Ausbeutung und den unaufhörlichen Schikanen durch Amtleute und Rentbeamte des Adels Schluß zu machen. Wo den Bauern seitens der Beamten Widerstand entgegentrat, rechneten sie mit den verhaßten Peinigern ab und zerstörten die Einrichtungen ihrer Kanzleien. Ein Teil der adligen Herren suchte sein Heil in der Flucht. Vereinzelt gingen Schlösser in Flammen auf, wie das Schloß Niederstätten im benachbarten Württemberg. In einigen Ortschaften gab es Ansätze für einen organisierten Aufstand, wurden Aufrufe zur Verweigerung der Feudalleistungen durch reitende Boten verbreitet, antifeudale Programme formuliert und Bauernversammlungen durchgeführt. Vielfach richtete sich der Haß der Bauern auch gegen Wucherer, die aus der bäuerlichen Bevölkerung überhöhte Zinsen herausgepreßt hatten. Zweiter Schwerpunkt der badischen Bauernbewegung war der Süden des Landes, der Seekreis, der südliche Schwarzwald und das Gebiet um Konstanz. Zwar nahmen die Aktionen hier weniger stürmische Formen an, dafür trugen sie aber ausgesprochen politischen Charakter. Die Nähe der Schweiz und der Einfluß kleinbürgerlicher Demokraten hatten unter der bäuerlichen Bevölkerung starke republikanische Sympathien hervorgebracht. Die Regierung lebte in ständiger Sorge, dieses Gebiet könne zum Ausgangspunkt einer Erhebung für die Republik werden.
Dem neuen badischen Ministerium gelang es bis Mitte März, der Bauernunruhen im wesentlichen Herr zu werden. Es ließ eine Reihe von Dörfern militärisch besetzen. Zur Beruhigung der Lage trugen auch das rasche Nachgeben der Grundherren sowie ein von der Regierung am 10. März der Kammer zugeleiteter Gesetzentwurf über die Aufhebung der Feudallasten bei.

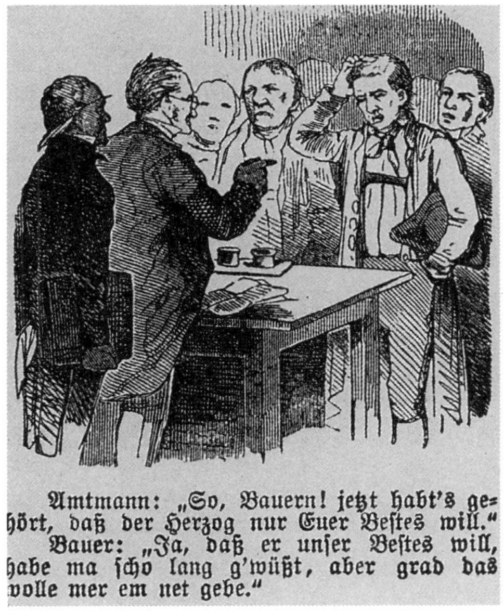

Süddeutsche Karikatur, 1848

Karikatur aus dem »Eulenspiegel« (Stuttgart), 1848

Das Hanauer Ultimatum

Die revolutionäre Bewegung gegen das besonders verhaßte reaktionäre Regime im Kurfürstentum Hessen-Kassel war am stärksten in Hanau, der zweitgrößten, im äußersten Süden des Landes gelegenen Stadt. Hier spielten die Turner unter der zu einem großen Teil demokratisch gesinnten Bevölkerung eine beträchtliche Rolle. An ihrer Spitze stand der Küfermeister und Gastwirt August Schärttner. Mitglieder des im Januar 1848 offiziell verbotenen Turnvereins waren vor allem Arbeiter und

Kleinbürger. Von diesen Kräften gingen die entscheidenden Impulse für die Volksbewegung aus. Ihrer Einwirkung konnte sich auch die Bourgeoisie der Stadt nicht entziehen, die in Hanau entschiedener als anderswo auftrat.

Auf einer Massenversammlung in Hanau wurde bereits am 29. Februar der Sturz der Regierung gefordert. Als die revolutionäre Haltung der Bevölkerung immer deutlicher zutage trat, setzte der Kurfürst Militär gegen die Stadt in Marsch. Mit der sofortigen Bildung einer Bürgergarde und eines Freikorps bereitete sich Hanau auf seine Verteidigung vor. Innerhalb weniger Stunden standen rund 1 700 Mann unter Waffen. Zu ihnen stießen aus benachbarten Städten und Ortschaften weitere bewaffnete Trupps in einer Stärke von etwa 600 Mann.

Die Unterstützung durch andere Städte Kurhessens stärkte Hanaus Kampfbereitschaft. Als am 5. März mehrere Deputationen hessischer Städte unter Hanaus Führung den Kurfürsten in Kassel ersuchten, einige Forderungen zu bewilligen, wurden sie hochmütig zurückgewiesen. Zu einem Marburger Landtagsabgeordneten, den er für einen Bierbrauer hielt, hatte bei dieser Gelegenheit Kurfürst Friedrich Wilhelm I. geäußert: »Bierbrauer sollen Bier brauen, Regierung ist meine Sache ...«[8] Diese Bemerkung machte rasch die Runde in der Hauptstadt und führte zu großer Erregung unter der Bevölkerung. Nun schlossen sich auch der Stadtrat, der Bürgerausschuß und eine Volksversammlung in Kassel den Petitionen der Provinzstädte an. Am 6. März

August Schärttner.
Nach einer Lithographie von W. Schertle

Hanau um 1850. Zeitgenössische Darstellung

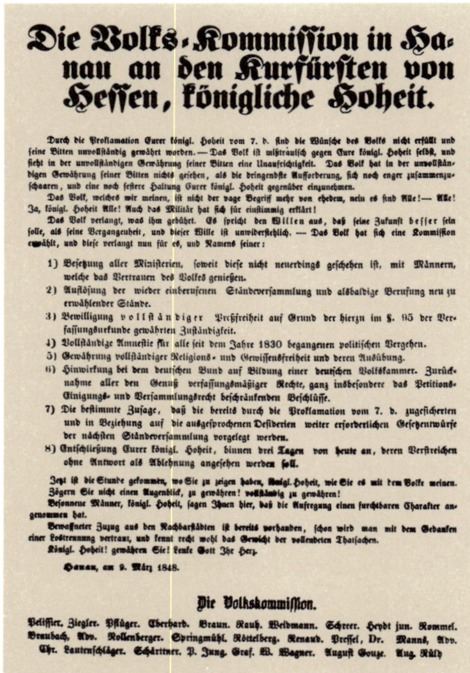

Die Volks-Kommission in Hanau an den Kurfürsten von Hessen, königliche Hoheit.

Durch die Proklamation Eurer königl. Hoheit vom 7. d. sind die Wünsche des Volks nicht erfüllt und seine Bitten unvollständig gewährt worden. — Das Volk ist mißtrauisch gegen Eure königl. Hoheit selbst, und sieht in der unvollständigen Gewährung seiner Bitten eine Unaufrichtigkeit. Das Volk hat in der unvollständigen Gewährung seiner Bitten nichts gesehen, als die dringendste Aufforderung, sich noch enger zusammenzuschaaren, und eine noch festere Haltung Eurer königl. Hoheit gegenüber einzunehmen.

Das Volk, welches wir meinen, ist nicht der vage Begriff mehr von ehedem, nein es sind Alle! — Alle! Ja, königl. Hoheit Alle! Auch das Militär hat sich für einstimmig erklärt!

Das Volk verlangt, was ihm gebührt. Es spricht den Willen aus, daß seine Zukunft besser sein solle, als seine Vergangenheit, und dieser Wille ist unwiderstehlich. — Das Volk hat sich eine Kommission erwählt, und diese verlangt nun für es, und Namens seiner:

1) Besetzung aller Ministerien, soweit diese nicht neuerdings geschehen ist, mit Männern, welche das Vertrauen des Volkes genießen.
2) Auflösung der wieder einberufenen Ständeversammlung und alsbaldige Berufung neu zu erwählender Stände.
3) Bewilligung vollständiger Preßfreiheit auf Grund der hierzu im §. 95 der Verfassungsurkunde gewährten Zuständigkeit.
4) Vollständige Amnestie für alle seit dem Jahre 1830 begangenen politischen Vergehen.
5) Gewährung vollständiger Religions- und Gewissensfreiheit und deren Ausübung.
6) Hinwirkung bei dem deutschen Bund auf Bildung einer deutschen Volkskammer. Zurücknahme aller den Genuß verfassungsmäßiger Rechte, ganz insbesondere das Petitions- Einigungs- und Versammlungsrecht beschränkenden Beschlüsse.
7) Die bestimmte Zusage, daß die bereits durch die Proklamation vom 7. d. zugesicherten und in Beziehung auf die ausgesprochenen Desiderien weiter erforderlichen Gesetzentwürfe der nächsten Ständeversammlung vorgelegt werden.
8) Entschließung Eurer königl. Hoheit, binnen drei Tagen von heute an, deren Verstreichen ohne Antwort als Ablehnung angesehen werden soll.

Jetzt ist die Stunde gekommen, wo Sie zu zeigen haben, königl. Hoheit, wie Sie es mit dem Volke meinen. Zögern Sie nicht einen Augenblick, zu gewähren! vollständig zu gewähren!

Besonnene Männer, königl. Hoheit, sagen Ihnen hier, daß die Aufregung einen furchtbaren Charakter angenommen hat.

Bewaffneter Zuzug aus den Nachbarstädten ist bereits vorhanden, schon wird man mit dem Gedanken einer Lostrennung vertraut, und kennt recht wohl das Gewicht der vollendeten Thatsachen.

Königl. Hoheit! gewähren Sie! Lenke Gott Ihr Herz.

Hanau, am 9. März 1848.

Die Volkskommission.

Pelissier. Ziegler. Pflüger. Eberhard. Braun. Rauh. Weidmann. Schreer. Heydt jun. Rommel. Braubach, Adv. Rollenberger. Springmühl. Röttelberg. Renaud. Pressel, Dr. Manns, Adv. Chr. Lautenschläger. Schärttner. P. Jung. Graf. W. Wagner. August Gouze. Aug. Rühl

Adresse der Hanauer Volkskommission an den hessischen Kurfürsten, 9. März 1848

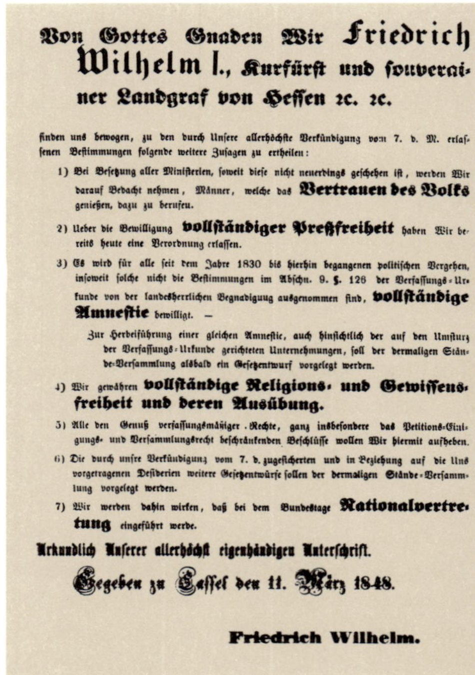

Von Gottes Gnaden Wir Friedrich Wilhelm I., Kurfürst und souverainer Landgraf von Hessen ꝛc. ꝛc.

finden uns bewogen, zu den durch Unsere allerhöchste Verkündigung vom 7. d. M. erlassenen Bestimmungen folgende weitere Zusagen zu ertheilen:

1) Bei Besetzung aller Ministerien, soweit diese nicht neuerdings geschehen ist, werden Wir darauf Bedacht nehmen, Männer, welche das **Vertrauen des Volks** genießen, dazu zu berufen.

2) Ueber die Bewilligung **vollständiger Preßfreiheit** haben Wir bereits heute eine Verordnung erlassen.

3) Es wird für alle seit dem Jahre 1830 bis hierhin begangenen politischen Vergehen, insoweit solche nicht die Bestimmungen im Abschn. 9. §. 126 der Verfassungs-Urkunde von der landesherrlichen Begnadigung ausgenommen sind, **vollständige Amnestie** bewilligt. —

Zur Herbeiführung einer gleichen Amnestie, auch hinsichtlich der auf den Umsturz der Verfassungs-Urkunde gerichteten Unternehmungen, soll der dermaligen Stände-Versammlung alsbald ein Gesetzentwurf vorgelegt werden.

4) Wir gewähren **vollständige Religions- und Gewissensfreiheit und deren Ausübung.**

5) Alle den Genuß verfassungsmäßiger Rechte, ganz insbesondere das Petitions-Einigungs- und Versammlungsrecht beschränkenden Beschlüsse wollen Wir hiermit aufheben.

6) Die durch unsre Verkündigung vom 7. d. zugesicherten und in Beziehung auf die Uns vorgetragenen Desiderien weitere Gesetzentwürfe sollen der dermaligen Stände-Versammlung vorgelegt werden.

7) Wir werden dahin wirken, daß bei dem Bundestage **Nationalvertretung** eingeführt werde.

Urkundlich Unserer allerhöchst eigenhändigen Unterschrift.

Gegeben zu Cassel den 11. März 1848.

Friedrich Wilhelm.

Der hessische Kurfürst bewilligt die Forderungen der Hanauer, 11. März 1848

machte der Kurfürst erste Versprechungen. Sie waren aber so vage, daß es erneuten Drängens bedurfte, um eine amtliche Verkündung der Zusagen zu erreichen. Diese betrafen aber nur die Ersetzung zweier besonders verhaßter Minister durch weniger kompromittierte konservative Bürokraten und die Einberufung der Stände, die am 11. März über die Abschaffung der Zensur beraten sollten.

Während die Bourgeoisie im Lande geneigt war, sich mit diesen Almosen zufriedenzugeben, entstand darüber in Hanau tiefe Empörung. Auf dem Marktplatz trat am Nachmittag des 8. März eine Volksversammlung zusammen. Die Teilnehmer waren bewaffnet. Es wurde eine aus 24 Vertretern bestehende Volkskommission gewählt, die die politische Führung der Stadt übernahm. Ihre erste Aktion bestand darin, sich der Neutralität beziehungsweise der Unterstützung der in Hanau stehenden Truppen zu versichern. Danach wurde eine Adresse an den Kurfürsten von Hessen entworfen und diese von einer erneuten Volksversammlung am nächsten Tag gebilligt. Um den Unterschied zu einer Petition deutlich zu machen, nannte sich die Adresse »Vorstellung der Volkskommission«. In der Schärfe ihres Tones wurde sie von keiner anderen offiziellen Erklärung der Opposition gegenüber einem deutschen Fürsten in den Märztagen übertroffen. Sie war ein unverhülltes Ultimatum.

Die Haltung der Hanauer verfehlte ihre Wirkung nicht. Verängstigt wandte sich der Kurfürst am 10. März an den König von Preußen mit der Bitte, Militär zur Wiederherstellung der Ruhe in die Provinz Hanau einrücken zu lassen. Im Austausch wollte er der Regierung in Berlin hessische Truppen zur Verfügung stellen. Er erwog auch die Flucht, bat den preußischen König aber, falls er außer Landes gehen müsse, um die feste Zusicherung, einen solchen Schritt nicht zur Beeinträchtigung seiner Herrschaft über den Kurstaat zu benutzen. Am 11. März verhandelten acht Delegierte der Hanauer Volkskommission stundenlang im Schloß von Kassel. Vor dem Gebäude wogte eine riesige Menschenmenge; in den Kasernen stand Militär zum Einsatz bereit. Die kurhessischen Behörden hofften sehr auf ein Entgegenkommen des Kurfürsten. Im Falle einer Ablehnung des Ultimatums befürchteten sie, Hanau könne zum Ausgangs- und Mittelpunkt einer allgemeinen bewaffneten Volkserhebung werden.
Der Kurfürst zeigte sich halsstarrig. Mehrmals waren die Hanauer Deputierten im Begriff, die Verhandlungen abzubrechen. Die Ungeduld der wartenden Menge wuchs. Da gab Friedrich Wilhelm I. auf dringendes Anraten des Kasseler Stadtrates schließlich nach. Am Abend verbreitete sich die Nachricht, die Forderungen Hanaus seien in allen Punkten bewilligt. Die landesherrliche Verkündung vom 11. März enthielt unter anderem: Amnestie für alle politischen Vergehen, volle Petitions- und Versammlungsfreiheit, vollständige Religions- und Gewissensfreiheit, Abschaffung der Zensur und die Zusicherung, daß die Regierung für die Bildung einer Nationalvertretung beim Deutschen Bundestag eintreten werde. Zugleich wurde ein neues Ministerium berufen. In ihm übernahmen Führer der liberalen Opposition bedeutende Funktionen. Der Oberbürgermeister von Hanau wurde zum Innenminister ernannt.
Ihren Sieg feierten die Hanauer mit einem Dankgottesdienst. In einem an die Einwohner der umliegenden Städte und Ortschaften gerichteten Flugblatt dankten sie allen, die zum Sieg beigetragen hatten. Darin wurde aber auch gesagt, »daß wir jetzt nur das Werkzeug uns errungen, um fortzubauen an der Größe unsres Vaterlandes«[9].

Die Bauernrevolution in Nassau

In dem nur eine halbe Million Einwohner zählenden Herzogtum Nassau besaß die Märzbewegung einen ausgeprägt bäuerlichen Grundzug. Nassau war das einzige Land im Deutschen Bund, in dem die Bauern den Ausschlag für den Sturz des reaktionär-bürokratischen Systems gaben.
Die revolutionäre Bewegung, die hier am 1. März einsetzte, ging zunächst von der liberalen und demokratischen Intelligenz aus. Advokat August Hergenhahn war der leitende Kopf. Auf einer Volksversammlung in Wiesbaden entstand der Gedanke, eine Massendemonstration zur Durchsetzung der revolutionären Forderungen zu veranstalten. In die Städte und Gemeinden entsandte reitende Boten riefen die Bevölkerung zur Teilnahme auf. Dieser Ruf fand einen unerwartet breiten Widerhall. Zum Teil bewaffnet und vielfach mit Lebensmittelvorräten für mehrere Tage versehen, strömten am 4. März in Wiesbaden nahezu 30 000 Bauern zusammen. Ihre leidenschaftliche Anteilnahme galt besonders einer Forderung des Programms, die von einigen bürgerlichen Führern nur widerstrebend aufgenommen worden war: Überführung der herrschaftlichen Domänen in Staatseigentum. Die Bauern verstanden darunter, daß die Güter aufgeteilt und die Wälder in öffentliches Eigentum überführt werden sollten. Die Landbevölkerung beteiligte sich an der revolutionären Bewegung auch, weil sie hoffte, von allen Pacht- und Zinslasten frei zu werden.
Wiesbaden glich am 4. März einer von Bauern vollständig okkupierten Stadt. Die Demonstranten wollten das Zeughaus stürmen, als sich die Auslieferung von Waffen an die unverzüglich organisierte Bürger-

Volksversammlung vor dem Schloß in Wiesbaden, 4. März 1848. Zeichnung von F. Nitzsche

August Hergenhahn. Zeitgenössische Lithographie

wehr verzögerte. Behörden und Militär waren machtlos. Infolge der Abwesenheit des Herzogs steigerte sich die Erregung der Massen. Das Gerücht verbreitete sich, der Fürst würde an der Spitze fremder Truppen zurückkehren, um die Bewegung niederzuschlagen. Man zerriß nassauische Fahnen. Von Hand zu Hand gingen Flugzettel, auf denen die »Teilung des Eigentums nach Köpfen« verlangt wurde. Jugendliche trugen Losungen durch die Straßen. Auf einer von ihnen hieß es: »Kein Fürst, kein Graf, kein Edelmann soll nicht mehr existieren ...« Vor dem Schloß verlas Advokat Hergenhahn die Forderungen des Volkes. Als das Ministerium mitteilte, es halte sich nicht für berechtigt, ohne Einwilligung des Herzogs etwas zu versprechen, wollte die Menge das Schloß in Brand setzen. Man rief: »Schwefelt die Dachse aus!« Angehörige der fürstlichen Familie sahen sich schließlich zu der Zusage gezwungen, daß alle Volksforderungen erfüllt würden. Die 400 Mann starke Garnison mußte auf Verlangen der Massen auf die Verfassung schwören. Die Teilnehmer der Kundgebung begannen sich erst zu beruhigen, als Herzog Adolf erschien und verkündete, er bewillige alles, was verlangt würde.

Mit der Proklamation vom 4. März erhielt Nassau sein Märzministerium. Hergenhahn trat an dessen Spitze. Zum ersten Mal durften im Land Zeitungen gedruckt werden. Die Bauernbewegung kam nach diesem Erfolg jedoch noch nicht zum Erliegen, sondern ergriff jetzt erst das ganze Herzogtum. Die alte Gemeindeverfassung wurde abgeschafft. Die Bauern nutzten die errungene Volkssouveränität, um die von der Regierung berufenen Schultheißen abzusetzen, neue Bürgermeister zu ernennen, Förster davonzujagen, im Namen der Jagdfreiheit Wild zu schießen und in den Wäldern des Fürsten und des Adels Holz zu fällen. Man stellte Steuer- und Pachtzahlungen ein. In den Städten und Dörfern wurden Sicherheitsausschüsse gebildet, die über die errungenen Freiheiten wachten. Die Regierung konnte nicht umhin, diesen Zustand zu tolerieren.

Ein Wittelsbacher muß gehen

Als die Märzrevolution ausbrach, herrschte in Bayern seit Monaten eine tiefe Regierungs- und Staatskrise. Das Land stand vor

Ludwig I. Stich von F. Forster nach dem Gemälde von J. Stieler

dem Staatsbankrott. Willkürherrschaft, Verschwendungssucht und Mätressenwirtschaft hatten zu einer ernsten Gefährdung der Existenz der Monarchie geführt. Weitaus breiter und bunter als in anderen deutschen Staaten war hier das Spektrum derjenigen, die in Opposition zum Vormärzregime standen. Es umfaßte außer der arbeitenden Bevölkerung und dem Bürgertum auch die Geistlichkeit beider Konfessionen, einen Teil des Offizierskorps und der Staatsbürokratie sowie eine gemäßigt-liberale Fraktion des Hochadels. König Ludwig I., ein herrischer, grober und launischer Autokrat, war weithin isoliert und konnte sich nur noch sicher auf das Gendarmeriekorps seiner Hauptstadt stützen.

Zum Hintergrund des bayerischen Märzgeschehens gehört der Lola-Skandal. Er erreichte seinen Höhepunkt in den Ereignissen vom 10. Februar 1848, die zum unmittelbaren Vorspiel der Revolution wurden. An diesem Tag erhob sich die Bevölkerung Münchens und zeigte dem gekrönten Machthaber ihre Stärke. Die auf Betreiben seiner Geliebten, der spanischen Tänzerin Lola Montez, vom König angeordneten drakonischen Maßregelungen gegen die Universität und ihre Angehörigen waren auf massiven Widerstand gestoßen. Studenten und Bürger solidarisierten sich, zogen durch die Straßen und belagerten die Residenz der Wittelsbacher. Zusammenstöße mit der Polizei steigerten die Empörung. Die Demonstranten waren schließlich entschlossen, nicht eher zu weichen, bis ihre Forderungen erfüllt würden. Der König, der dringliche Empfehlungen mehrerer Minister in den Wind geschlagen hatte, kapitulierte erst, als ihm der Kriegsminister versicherte, er könne nicht für eine loyale Haltung der Armee bürgen. Die für ein Jahr angeordnete Schließung der Universität wurde widerrufen, und Ludwig I. sah sich äußerst widerstrebend gezwungen, auch der Landesverweisung seiner Mätresse zuzustimmen.

Im Volk blieb der berechtigte Argwohn, ob die Tänzerin für immer außer Landes sei und ob der König nicht danach trachtete, diese Entscheidung zu umgehen oder rückgängig zu machen. Nach einem abenteuerlichen Leben in mehreren europäischen Hauptstädten und in Ostindien war die damals 28jährige Lola Montez 1846 nach München gekommen, wo sie die Zuneigung des 60jährigen Monarchen gewann, den sie bald nach Belieben beherrschte. Von ihm zur Gräfin von Landsfeld erhoben, gab sie sich nicht mit dem üppigen Wohlleben einer gewöhnlichen Mätresse zufrieden, sondern entwickelte den Ehrgeiz, energisch in die Politik des Landes einzugreifen. In der im November 1847 berufenen Regierung des Fürsten Ludwig v. Öttingen-Wallerstein verdankten mehrere Mitglieder, vor allem der Innenminister v. Berks, ihre Portefeuille der Protektion der Gräfin Landsfeld. Die anhaltende Erbitterung im Volke über die »Lolamontanen«, die Parteigänger der Lola Montez, die weiterhin hohe Ämter im Staate bekleideten, spielte eine wichtige Rolle bei der Revolutionierung Bayerns, die

Karikatur auf Ludwig I. und seine Mätresse Lola Montez. Aus dem »Tutu« von Sternberg, 1847

im Gefolge der Pariser Februarrevolution einen neuen Aufschwung nahm und das ganze Land erfaßte.
Als erste ergriffen am Abend des 2. März in München Gesellen, Lehrlinge, Tagelöhner und Studenten die Initiative. Sie kamen in Massen in den Straßen und vor öffentlichen Gebäuden, wie dem Ständehaus und der königlichen Residenz, zusammen. In ihrer Empörung stürmten sie das Haus des Innenministers v. Berks und mehrere Polizeistationen.
Am folgenden Tag zeigten sich viele Häuser der bayerischen Metropole im Schmuck schwarzrotgoldener Fahnen. Während Kürassierabteilungen auf den Straßen patrouillierten, fand im Rathaus eine rasch improvisierte Bürgerversammlung statt, in der eine an den König gerichtete Adresse angenommen wurde, die in acht Punkten die Reformbestrebungen des bayerischen Bürgertums zusammenfaßte. Im Programm wurden die Neuwahl und alsbaldige Einberufung der Landesvertretung, die Vereidigung des Heeres auf die Verfassung, allgemeine Volksbewaffnung und auch ein neues Polizeigesetz gefordert. Unter den 10 000 Unterzeichnern befanden sich prominente Angehörige des Hochadels, darunter der Fürst Karl v. Leiningen, Präsident des bayerischen Reichsrates, der schon seit Wochen vergeblich versucht hatte, den König zu Konzessionen zu bewegen. Die mit der Überreichung der Petition beauftragte Delegation erfuhr in der Residenz eine ungnädige Behandlung. Hochmütig weigerte sich der König, sie in Audienz zu empfangen. Er verkannte den Ernst der Situation und war nicht bereit, der Volksbewegung Zugeständnisse zu machen.
Der 4. März wurde zum entscheidenden Tag. Auf dem Rathaus herrschte eine gespannte Atmosphäre. Die hier erneut versammelten Bürger wollten alles tun, um trotz der enttäuschenden Haltung des Königs einen friedlichen Ausgleich mit der Krone herbeizuführen. Eine neue Adresse wurde vorbereitet, Deputationen zu einzelnen Ministern und zum König entsandt. Meldungen gingen ein, denen zufolge alle größeren Städte des Landes eigene Petitionen beschlossen hatten und sich mit München solidarisch erklärten. Im Laufe des Vormittags wurden die Menschenansammlungen auf den Straßen, nicht zuletzt durch den Zustrom vieler Bauern aus den umliegenden Dörfern, immer dichter.
In der Residenz fand inzwischen ein heftiges Tauziehen statt. Ludwig I. und seine Umgebung waren nunmehr der Meinung, daß es unumgänglich sei, etwas Durchgreifendes zur Klärung der Lage zu unternehmen. Die Minister drangen auf schnelles Nachgeben, der König aber folgte nicht ihrem Rat, sondern gab dem Fürsten Wrede, einem konterrevolutionären Scharfmacher, freie Hand. Dieser hatte gefordert, die Opposition gewaltsam, mit Kugeln und Kartätschen auszuschalten.
Da erscholl am frühen Nachmittag der Generalmarsch, ein Zeichen, daß die Truppen Befehl erhalten hatten, aus ihren Quartieren auszurücken. Als vor der Residenz Kanonen in Stellung gebracht wurden und die Polizei begann, Jagd auf demonstrierende Arbeiter zu machen, riß den Massen die Geduld. Studenten, Arbeiter und Tagelöhner, mehr als 3 000 Menschen, stürmten das Zeughaus, bewaffneten sich mit allem, was ihnen in die Hände fiel, mit Gewehren und Spießen, mit Säbeln, Äxten und Hellebarden, und zogen in langen Zügen durch die Straßen. Am Promenadenplatz, wo Kavallerie und Infanterie die Menge abzudrängen suchte, entstand eine bedrohliche Situation. Die Offiziere zögerten und waren augenscheinlich bemüht, einen bewaffneten Konflikt zu vermeiden. Die Lage entspannte sich erst, als Prinz Karl v. Bayern erschien, unter die Menge ritt und den Entschluß des Königs verkündete, den Landtag nicht erst Ende Mai, sondern schon am 16. März einzuberufen.
Während Fürst Wrede auch weiterhin für einen Einsatz der Truppen Stimmung machte, hatte sich Ludwig I. inzwischen von einigen Vertrauten bewegen lassen, auf eine Politik der Konfrontation zu verzichten und nach Möglichkeiten einer Aussöh-

Karl v. Leiningen. Nach der »Illustrierten Zeitung«, 1848

Sturm auf das Zeughaus in München, 4. März 1848. Lithographie von V. R., 1848

nung zu suchen. Doch vergingen noch zwei Tage, ehe es zu einer Entscheidung kam. Sie fiel am 6. März nach einer Konferenz des Königs mit den Ministern und den volljährigen Prinzen des königlichen Hauses und fand in einer hochtrabend formulierten Proklamation an das Volk der Bayern seinen Niederschlag. Darin erklärte der Monarch, er billige das Achtpunkteprogramm der Bürger vom 3. März und sei bereit, es zur Grundlage seiner künftigen Entschließungen zu machen.

Am 11. März erfolgte die Entlassung der Regierung des Fürsten Öttingen-Wallerstein und die Berufung des bayerischen Märzkabinetts. Die Schlüsselfunktion besaß darin der Innenminister Freiherr v. Thon-Dittmer, ein ehemaliger Bürgermeister von Regensburg, der über Beziehungen zu Unternehmerkreisen verfügte. Die anderen Minister, die die Regierung erst nach und nach vervollständigten, waren liberale Adlige und konservative Bürokraten. Sitz und Stimme hatte die Bourgeoisie im bayerischen Märzministerium nicht.

Durch seine Haltung in den vergangenen Tagen hatte sich Ludwig I. sowohl in der Öffentlichkeit als auch in Hofkreisen und beim bayerischen Hochadel vollends um jeden Kredit gebracht. Auf den Straßen Münchens war schon vereinzelt der Ruf nach seiner Abdankung zu hören gewesen. Endgültig kam der Stein ins Rollen, als Lola neue Eskapaden machte und der Monarch sich dabei abermals kompromittierte.

Am 8. März nahm sich die Gräfin die Freiheit, zu einem Besuch nach München zurückzukehren. Sie wurde verhaftet und zur Polizeidirektion gebracht, wo der König sie aufsuchte, aber nicht verhindern konnte, daß die Minister ihren Willen durchsetzten und die Weisung gaben, die Abenteurerin unverzüglich über die Grenze zu schaffen. Das Ereignis löste in München neue Unruhen aus. Als zehn Tage später sich das Gerücht verbreitete, Lola weile abermals in den Mauern der Stadt, gingen die Massen wieder auf die Straße, nun fest entschlossen, mit dem Lola-Spuk für immer Schluß zu machen. Ihre Villa wurde verwüstet und eine Polizeistation, in der sie vermutet wurde, gestürmt. Die Erregung der Menge war so groß, daß die Regierung Truppen in Alarmbereitschaft versetzte. Viele befürchteten einen neuen Zeughaussturm. Zielscheibe des Hasses war nunmehr eindeutig der König, die »Hurenmajestät«, die das Volk vom Thron gestürzt sehen wollte.

Unter dem Eindruck dieser Vorgänge und der ihm feindlichen Stimmung im Hochadel, die bis in seine eigene Familie reichte, sowie angesichts seines inneren Widerstrebens gegen den in Aussicht genommenen liberalen Regierungskurs entschied sich der König zur Thronentsagung. Am 20. März setzte er seine Unterschrift unter die Abdankungsurkunde. Die Nachfolge übernahm sein Sohn Maximilian. Bayern war in Deutschland der einzige Staat, in dem die Märzrevolution dazu geführt hatte, einen Herrscher, einen regierenden Fürsten, vom Thron zu stürzen.

Die sächsischen Märzereignisse

In Sachsen, einem der industriell entwickeltsten Länder des Deutschen Bundes, stand Leipzig als Führungszentrum an der Spitze der Märzbewegung. Die Stadt war zur Hochburg der antifeudalen Opposition geworden, weil in ihren Mauern ein bedeutender Teil der sächsischen Handelsbourgeoisie und ein Stamm politisch aktiver Handwerkergesellen und Arbeiter lebten. Von großer Bedeutung war auch, daß sich hier das antifeudale Lager ähnlich wie in Baden schon stärker in eine kleinbürgerlich-demokratische und eine großbürgerlich-liberale Gruppierung geteilt hatte. Während das Kleinbürgertum und die Arbeiter ihren Führer in Robert Blum, den

Karl Biedermann

seit 1845 populärsten Mann der sächsischen Opposition, sahen, war der Hauptsprecher der gemäßigten Liberalen Karl Biedermann.

Von den Liberalen ging die erste Aktion aus. Nachdem in Leipzig die französischen Februarereignisse bekannt geworden waren, stellte Biedermann am 1. März in der Versammlung der Stadtverordneten den Antrag, eine Adresse an den König zu richten. Sie enthielt die Forderung nach Pressefreiheit und nach Vertretung des deutschen Volkes beim Bundestag. Mit der Adresse suchte Biedermann den Demokraten zuvorzukommen.

Der 36jährige, aus kleinbürgerlichen Verhältnissen stammende Biedermann war Universitätsprofessor für Philosophie und Geschichte. Aus finanziellen Erwägungen hatte er sich frühzeitig der Tätigkeit in der Presse zugewandt. Als Herausgeber mehrerer Zeitschriften hielt er engen persönlichen und politischen Kontakt zum liberalen Unternehmertum. Sein Eintreten für konstitutionelle Reformen, für die Abschaffung der Zensur und die Kritik am Absolutismus führten zu gerichtlicher Verfolgung und zum Entzug seiner Lehrtätigkeit an der Universität Leipzig. Biedermann verfocht nachdrücklich den Gedanken einer staatlichen Einigung Deutschlands unter Führung eines liberalen Preußens. Seinen Nimbus als gemaßregelter Oppositionsmann hätte er gern genutzt, um nach einem politischen Wandel einen Ministerposten zu erhalten. Ehrgeiziger als die meisten seiner sächsischen Gesinnungsgenossen, verfügte er vor allem über großes taktisches Geschick.

Im überfüllten Plenarsaal des Leipziger Rathauses kritisierte Blum die Begrenztheit und Zaghaftigkeit der liberalen Adresse, entschloß sich aber doch, ihr zuzustimmen. Ihm ging es darum, im Kampf gegen das vormärzliche Regime mit den Liberalen zusammenzuarbeiten. Er wollte jedoch den Ausbruch der Revolution auch nutzen, um die demokratische Bewegung zu stärken und sie zu selbständigem Handeln zu befähigen. Mit Hilfe der Volksversammlungen, die der von ihm geleitete Redeübungsverein von nun an allabendlich im Leipziger Schützenhaus veranstaltete, baute er den Einfluß der Demokraten aus. Die erste dieser Versammlungen am 1. März war ein Festbankett zu Ehren der siegreichen französischen Februarrevolution. An ihm nahmen über 1 000 Bürger, vorwiegend Arbeiter, Handwerker und Studenten, teil. Blum

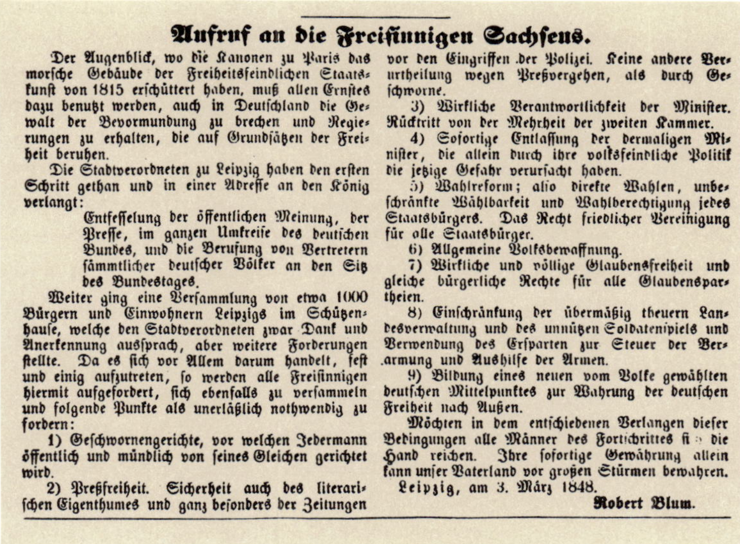

Aufruf an die Freisinnigen Sachsens.

Der Augenblick, wo die Kanonen zu Paris das morsche Gebäude der Freiheitsfeindlichen Staatskunst von 1815 erschüttert haben, muß allen Ernstes dazu benutzt werden, auch in Deutschland die Gewalt der Bevormundung zu brechen und Regierungen zu erhalten, die auf Grundsätzen der Freiheit beruhen.

Die Stadtverordneten zu Leipzig haben den ersten Schritt gethan und in einer Adresse an den König verlangt:

Entfesselung der öffentlichen Meinung, der Presse, im ganzen Umkreise des deutschen Bundes, und die Berufung von Vertretern sämmtlicher deutscher Völker an den Sitz des Bundestages.

Weiter ging eine Versammlung von etwa 1000 Bürgern und Einwohnern Leipzigs im Schützenhause, welche den Stadtverordneten zwar Dank und Anerkennung aussprach, aber weitere Forderungen stellte. Da es sich vor Allem darum handelt, fest und einig aufzutreten, so werden alle Freisinnigen hiermit aufgefordert, sich ebenfalls zu versammeln und folgende Punkte als unerläßlich nothwendig zu fordern:

1) Geschwornengerichte, vor welchen Jedermann öffentlich und mündlich von seines Gleichen gerichtet wird.

2) Preßfreiheit. Sicherheit auch des literarischen Eigenthumes und ganz besonders der Zeitungen vor den Eingriffen der Polizei. Keine andere Verurtheilung wegen Preßvergehen, als durch Geschworne.

3) Wirkliche Verantwortlichkeit der Minister. Rücktritt von der Mehrheit der zweiten Kammer.

4) Sofortige Entlassung der dermaligen Minister, die allein durch ihre volksfeindliche Politik die jetzige Gefahr verursacht haben.

5) Wahlreform; also direkte Wahlen, unbeschränkte Wählbarkeit und Wahlberechtigung jedes Staatsbürgers. Das Recht friedlicher Vereinigung für alle Staatsbürger.

6) Allgemeine Volksbewaffnung.

7) Wirkliche und völlige Glaubensfreiheit und gleiche bürgerliche Rechte für alle Glaubensparteien.

8) Einschränkung der übermäßig theuern Landesverwaltung und des unnützen Soldatenspiels und Verwendung des Ersparten zur Steuer der Verarmung und Aushilfe der Armen.

9) Bildung eines neuen vom Volke gewählten deutschen Mittelpunktes zur Wahrung der deutschen Freiheit nach Außen.

Möchten in dem entschiedenen Verlangen dieser Bedingungen alle Männer des Fortschrittes [illegible] die Hand reichen. Ihre sofortige Gewährung allein kann unser Vaterland vor großen Stürmen bewahren.

Leipzig, am 3. März 1848.

Robert Blum.

Nachdruck aus dem »Leuchtthurm« (Leipzig), 1848

Robert Blum spricht vom Balkon des Leipziger Rathauses, 3. März 1848. Lithographie eines unbekannten Künstlers

entwickelte hier seine weiter gehenden Forderungen. Er faßte sie am 3. März in seinem »Aufruf an die Freisinnigen Sachsens« zusammen und verbreitete sie als Zirkular über das ganze Land. Im Mittelpunkt des Programms der Demokraten stand das Verlangen nach sofortiger Entlassung aller bisherigen Minister.

Die Vorgänge in Leipzig fanden lebhaften Widerhall im ganzen Land. Anknüpfend an die Petition der Stadtverordneten oder an Blums Zirkular, setzte eine Adressenbewegung der Städte des west- und südwestsächsischen Industriegebietes ein. Der sächsische König jedoch war nicht bereit, dem Drängen der Opposition nachzugeben. In seinem autokratischen Souveränitätsdünkel sprach er den städtischen Vertretungen das Recht ab, politische Fragen zu erörtern und Forderungen zu stellen. Als die abweisende Antwort Friedrich Augusts II. am Abend des 3. März in Leipzig bekannt wurde, vermochte allein eine Rede Blums die Erregung und den Unmut der zahlreich Versammelten zu beschwichtigen. Vom Balkon des Leipziger Rathauses aus forderte Blum den Rücktritt aller Minister. Hinter diese Losung stellte sich unverzüglich auch das Stadtparlament, das eine weitere Adresse an den König sandte.

Die Regierung machte am 6. März einige Scheinzugeständnisse, zog aber zugleich Truppen in der Nähe der Messestadt zusammen, um für eine militärische Aktion zu rüsten. In Leipzig entstand der Plan, durch eine großangelegte Demonstration den Widerstand der Krone gegen die Volkswünsche zu brechen. Eine Massendeputation sollte sich nach Dresden begeben. Blum gehörte zu ihren Initiatoren. Schon hatte sich ein leitender Ausschuß gebildet, schon hatten etwa 5 000 Menschen ihre Teilnahme zugesagt und andere Städte ihre Unterstützung zugesichert, als das Unternehmen am Widerstand der Leipziger Liberalen scheiterte. Sie befürchteten das Entstehen eines blutigen Konflikts. Unter ihrem Einfluß versagte auch Blum in kleinbürgerlicher Zaghaftigkeit seine Mitwirkung.

Auf die Vorbereitung des Massenzuges antwortete die Dresdner Regierung mit der

Meldung über die Bildung eines neuen Kabinetts in Sachsen, 16. März 1848

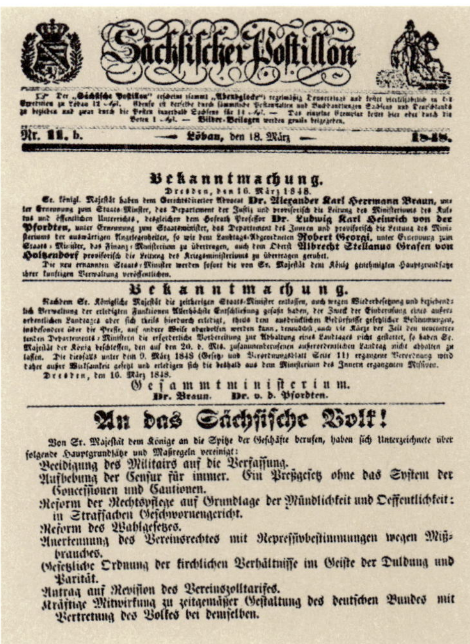

Sächsischer Postillon

Der „Sächsische Postillon" erscheint sammt „Abendglocke" regelmäßig Donnerstags und kostet vierteljährlich in der Expedition zu Löbau 12 Ngr. Ebenso ist derselbe durch sämmtliche Postanstalten und Buchhandlungen Sachsens und Deutschlands zu beziehen und zwar durch die Posten innerhalb Sachsens für 14 Ngr. — Das einzelne Exemplar kostet hier oder durch die Boten 1 Ngr. — **Bilder-Beilagen** werden gratis beigegeben.

Nr. 11. b. — **Löbau,** den 18. März — 1848.

Bekanntmachung.

Dresden, den 16. März 1848.

Se. königl. Majestät haben dem Gerichtsdirector Advocat **Dr. Alexander Karl Herrmann Braun,** unter Ernennung zum Staats-Minister, das Departement der Justiz und provisorisch die Leitung des Ministeriums des Kultus und öffentlichen Unterrichts, desgleichen dem Hofrath Professor **Dr. Ludwig Karl Heinrich von der Pfordten,** unter Ernennung zum Staatsminister, das Departement des Innern und provisorisch die Leitung des Ministeriums der auswärtigen Angelegenheiten, so wie dem Landtags-Abgeordneten **Robert Georgi,** unter Ernennung zum Staats-Minister, das Finanz-Ministerium zu übertragen, auch dem Oberst **Albrecht Stellanus Grafen von Holtzendorf** provisorisch die Leitung des Kriegsministeriums zu übertragen geruhet.

Die neu ernannten Staats-Minister werden sofort die von Sr. Majestät dem König genehmigten Hauptgrundsätze ihrer künftigen Verwaltung veröffentlichen.

Bekanntmachung.

Nachdem Se. Königliche Majestät die zeitherigen Staats-Minister entlassen, auch wegen Wiederbesetzung und beziehendlich Verwaltung der erledigten Funktionen Allerhöchste Entschließung gefaßt haben, der Zweck der Einberufung eines außerordentlichen Landtages aber sich theils hierdurch erledigt, theils dem ausdrücklichen Bedürfnisse gesetzlicher Bestimmungen, insbesondere über die Presse, auf andere Weise abgeholfen werden kann, demnächst auch die Kürze der Zeit den neuernannten Departements-Ministern die erforderliche Vorbereitung zur Abhaltung eines Landtages nicht gestattet, so haben Se. Majestät der König beschlossen, den auf den 20. d. Mts. zusammenberufenen außerordentlichen Landtag nicht abhalten zu lassen. Die diesfalls unter dem 9. März 1848 (Gesetz- und Verordnungsblatt Seite 11) ergangene Verordnung wird daher außer Wirksamkeit gesetzt und erledigen sich die deshalb aus dem Ministerium des Innern ergangenen Missiven.

Dresden, den 16. März 1848.

Gesammtministerium.

Dr. Braun. Dr. v. d. Pfordten.

An das Sächsische Volk!

Von Sr. Majestät dem Könige an die Spitze der Geschäfte berufen, haben sich Unterzeichnete über folgende Hauptgrundsätze und Maßregeln vereinigt:

Beeidigung des Militairs auf die Verfassung.
Aufhebung der Censur für immer. Ein Preßgesetz ohne das System der Concessionen und Cautionen.
Reform der Rechtspflege auf Grundlage der Mündlichkeit und Oeffentlichkeit: in Strafsachen Geschwornengericht.
Reform des Wahlgesetzes.
Anerkennung des Vereinsrechtes mit Repressivbestimmungen wegen Mißbrauches.
Gesetzliche Ordnung der kirchlichen Verhältnisse im Geiste der Duldung und Parität.
Antrag auf Revision des Vereinszolltarifes.
Kräftige Mitwirkung zu zeitgemäßer Gestaltung des deutschen Bundes mit Vertretung des Volkes bei demselben.

Konzentration weiterer Truppen in der Umgebung Leipzigs. Als Kommissar des Königs erschien am 12. März der Justizminister Albert v. Carlowitz in der Stadt. Er sah rasch ein, daß er seinen Plan, Blum verhaften zu lassen, nicht realisieren konnte. Dennoch präsentierte er den Behörden ein vier Punkte umfassendes Ultimatum, das darauf hinauslief, jede öffentliche politische Agitation in der Stadt zu unterbinden. Dieses Ansinnen scheiterte an der einmütigen Haltung von Liberalen und Demokraten. Besonders beeindruckt wurde Carlowitz durch Nachrichten über die Unzuverlässigkeit des Militärs. Seine Mission beendete er mit der Empfehlung an den König, den Forderungen der Opposition zu entsprechen. Am 13. März wurde das reaktionäre Ministerium entlassen. Drei Tage später wurde ein neues, vorwiegend aus gemäßigtliberalen Politikern bestehendes Kabinett berufen und ein Reformprogramm verkündet.

Gegen die Patrizierherrschaft

Die kleinsten staatlichen Gebilde des Deutschen Bundes, die Hansestädte Hamburg, Bremen und Lübeck, waren bürgerliche Stadtrepubliken. Dem Fortschritt standen hier nicht feudale oder halbfeudale Institutionen, Verhältnisse und Relikte entgegen, sondern die aus dem 16. und 17. Jahrhundert stammenden anachronistischen, nur einer Minderheit von Großkaufleuten und Bankiers dienenden Verfassungen. Es gab

tiefe soziale Gegensätze, und dem Geldpatriziat, das sich im Besitz aller politischen Privilegien befand, stand eine politisch völlig rechtlose arbeitende Bevölkerung gegenüber.
In Hamburg lösten die Nachrichten über die Pariser Vorgänge eine Revolution an der Börse aus. Es fielen die Zinsen, die Kurse der Eisenbahnaktien und Staatspapiere, und das Bargeld wurde knapp. Kleinere Bankhäuser mußten Konkurs anmelden, was Reedereien, Handelshäuser, Fabriken und Manufakturen in Mitleidenschaft zog; Arbeitslosigkeit griff um sich. Hamburgs Liberale und Demokraten, die die Februarrevolution begeistert begrüßten, ließen sich von den wirtschaftlichen Krisenerscheinungen nicht beeindrucken und gingen daran, ihre seit Jahren gehegten Wünsche an die Öffentlichkeit zu bringen. Zur Unterzeichnung lag am 3. März im Saale der Patriotischen Gesellschaft eine an den Senat gerichtete Petition aus. Ihre Initiatoren waren sogenannte Nichterbgesessene, Vertreter der weniger begüterten Grundbesitzer und Hauseigentümer, die damit gegen die Verfassung aus dem Jahre 1528 Front machten. Gemäß dieser Konstitution lag alle Macht beim Senat, einem 24köpfigen Gremium, das nicht gewählt wurde, sondern auf dem Prinzip der Selbstergänzung beruhte und dem Mitglieder der reichsten und angesehensten Kaufmannsfamilien angehörten. Dem Senat an die Seite gestellt war die Bürgerschaft, aber nicht als ein parlamentarisches Organ mit gesetzgeberischen Funktionen, sondern als eine Versammlung mit lediglich beratender Stimme, die von der »erbgesessenen«, der begüterten grundbesitzenden Einwohnerschaft gewählt wurde.
Am 3. März verliehen Straßentumulte in mehreren Stadtteilen dem Verlangen der Opposition nach einer Verfassungsreform Nachdruck. Zu ihrer Unterdrückung setzte der Senat die Bürgergarde ein; er erließ auch ein Verbot aller Ruhestörungen. Dagegen meinte er, auf die Erörterung der vorgebrachten Forderungen verzichten zu können. Acht Tage später allerdings sah er sich veranlaßt, die Lage realistischer zu beurteilen. Als der von rechten Liberalen beherrschte Grundeigentümerverein im Rathaus um Aufhebung der Zensur einkam, gaben die Stadtgewaltigen sogleich nach und führten die Pressefreiheit ein, wobei sie hofften, von nun an weiterer Zugeständnisse überhoben zu sein.
An diesem Tag, am 9. März, fanden sich in Hamburgs Tonhalle auch entschiedenere Liberale zusammen, vorwiegend Juristen, Kaufleute, Gelehrte und jüngere Grundeigentümer, die einen Ausschuß von 24 Vertrauensmännern wählten. Einige Zeit später als Parlamentarier in der deutschen Nationalversammlung bekannt gewordene Politiker wie Gabriel Rießer und Johann Gustav Heckscher traten als Wortführer dieses Ausschusses hervor. Ihr Programm, das auf eine liberale Stadtverfassung zielte, wies in einigen Punkten auch demokratische Aspekte auf. Politische Gleichberechtigung aller Bürger, allgemeines Wahlrecht und allgemeine Wählbarkeit, gründliche Reform des Senats, Schaffung einer Repräsentativversammlung, Trennung von Staat und Kirche sowie von Justiz und Verwaltung waren seine wichtigsten Postulate.
Als dieses Reformkonzept am folgenden Tag in einer Versammlung beraten wurde, drängten Demokraten auf eine Erweiterung des Forderungskatalogs und setzten gegen den Widerspruch der Vertrauensmänner die Aufnahme von Zielvorstellungen mit radikalem Einschlag durch, beispielsweise das Verlangen nach einem Volksveto gegen wichtige Beschlüsse des Stadtparlaments, die freie Wahl der Offiziere der Bürgerwehr und die Trennung von Kirche und Schule. Die 24 Vertrauensmänner verweigerten die Zustimmung zu diesem Programm; sie legten das Präsidium der Versammlung nieder und verließen den Beratungssaal. Am Abend kam auf Vermittlung Rießers eine Aussöhnung zustande. Doch tat sich sogleich eine neue Kluft auf, und zwar über die Frage, welcher Weg der geeignetste sei, dieses Zwölfpunkteprogramm beim Senat durchzusetzen. Dessen nächste Sitzung fand drei Tage später statt. Die knappe Frist wollten die Demokraten und ihre Anhänger nutzen, um den Senat durch eine machtvolle Demonstration zum Nachgeben zu zwingen. Heckscher, Rießer und ihre Freunde, die einen solchen Schritt aus Furcht vor der Möglichkeit gewaltsamer Auseinandersetzungen ablehnten, vermochten die Demonstration zu verhindern und auch die führenden Demokraten zu einer Stillhaltepolitik zu bewegen. Damit war der Hamburger Märzrevolution der Wind aus den Segeln genommen und ihre Niederlage vorgezeichnet.
Am 13. März konnte es der Senat wagen, eine gemischte Kommission aus Bürgerschafts- und Senatsvertretern zu wählen, die nicht mehr tun sollte, als innerhalb von sechs Monaten die Reformbedürftigkeit der städtischen Verfassung zu prüfen und Empfehlungen für nützliche Änderungen vorzuschlagen. Die Ausarbeitung von Gesetzentwürfen sollte danach erst in Angriff genommen werden. Der Senat, der damit

Hamburger Hafen. Stahlstich von Jens Gray, 1847

Rathaus und Alte Börse in Bremen, um 1835.
Stahlstich von J. Poppel nach einer Zeichnung von J. Gottheil

gerechnet hatte, daß es an diesem Tage zu Demonstrationen und Unruhen kommen würde, ließ an wichtigen Stellen der Stadt Militär postieren, das von Mitgliedern einer Freischar unterstützt wurde, die sich aus jungen Männern konservativer Kaufmannsfamilien rekrutierte. Von ihren Führern im Stich gelassen und ohne Organisation, gelang es der Volksmenge nicht, ihre Kraft zur Geltung zu bringen. Bei einzelnen Zusammenstößen mit dem Militär und der Polizei behielten die Kräfte der alten Ordnung die Oberhand. Hamburgs Senat war eine der wenigen Regierungen, die es vermochte, den Ausbruch der Revolution mit einem ganz geringen Minimum an Zugeständnissen zu überstehen.

Im benachbarten Bremen dagegen errang die revolutionäre Bewegung sehr schnell einen durchschlagenden Erfolg. Hier begann die Revolution am 6. März mit einer spontanen Aktion gegen die mittelalterliche Einrichtung, an den Toren der Stadt zu bestimmten Zeiten Torgeld zu erheben. Wo die Gebühr noch verlangt wurde, beschädigte die Menge die Sperren, stürzte Schilderhäuschen um und zerschlug Laternen. Der Senat bot Militär auf. Am folgenden Tag ergriff der im Januar 1848 gegründete Bürgerverein die Initiative und beschloß, den Senat mit einer Petition unter Druck zu setzen, deren Text am 8. März in der Börsenhalle ausgelegt wurde und die sogleich über 2 000 Unterschriften erhielt. Wichtigster Programmpunkt war für Bremens Liberale die Einberufung einer demokratisch gewählten konstituierenden Versammlung, die das alleinige Recht zur Ausarbeitung und zur Annahme einer neuen Stadtverfassung besitzen sollte.

Den zwölf mit der Übergabe der Adresse beauftragten Mitgliedern des Bürgervereins folgte ein Zug von Hunderten, die in die geräumige Halle des Rathauses eindrangen, wo der Syndikus des Senats bereit war, die Bittschrift entgegenzunehmen. Um dem Vorgang größeres Gewicht zu geben, forderfe der Sprecher der Opposition die Anwesenheit aller Senatsmitglieder. Er verlas dann mit lauter Stimme den Wortlaut der Petition, verlangte eine rasche Antwort des Senats und rief die Menge auf, bis zu einer Entscheidung in der Halle zu verbleiben. Der Senat beriet in den folgenden Stunden wie unter den Bedingungen eines Belagerungszustandes, denn auch auf dem Markt vor dem Rathaus warteten in drohender Haltung Tausende. Dann entschloß er sich, vor der Volksbewegung zu kapitulieren und ihr Programm ohne Einwände zu akzeptieren. Am Abend des 8. März war die Stadt feierlich illuminiert. Den letzten Akt der bremischen Märzereignisse stellte die Berufung einer 23köpfigen Deputation dar, bestehend aus 18 Bürgern und 5 Senatoren, der die Aufgabe zufiel, die Wahl der neuen Bürgerschaft, des Stadtparlaments, vorzubereiten.

Die Umwälzung in Lübeck, der kleinsten der drei Hansestädte, erfolgte ganz ohne das Hervortreten einer antipatrizischen Opposition. Gewarnt durch die Vorgänge in anderen deutschen Staaten, fand der Senat sich hier sehr rasch zu Zugeständnissen bereit. Am 11. März verkündete er die Aufhebung der Zensur, und einen knappen Monat später besaß Lübeck schon eine neue, zwischen dem Senat und der neugewählten Bürgerschaft vereinbarte Verfassung.

Das Kräfteverhältnis wandelt sich

Ähnlich wie in Baden, Kurhessen, Bayern und Sachsen verlief in Süd- und Mitteldeutschland der politische Umschwung im Gefolge der Februarrevolution. In der ersten Märzdekade hatte die revolutionäre Bewegung in allen deutschen Mittel- und Kleinstaaten entscheidendes Terrain gewonnen. Massenversammlungen, Adressenbewegungen und Straßendemonstrationen brachen dem politischen Fortschritt Bahn. Wo dem Volk Widerstand entgegentrat, wurde er schnell gebrochen. Der Siegeszug der Revolution war nicht aufzuhalten.

Meistens erwogen die Fürsten, dem Ansturm der Revolution mit militärischer Gewalt zu begegnen. Sie mußten aber überall schnell die Aussichtslosigkeit eines solchen Unterfangens einsehen. Unter dem Eindruck des revolutionären Aufschwungs ließen sich die Truppen der kleineren und mittleren Staaten des Deutschen Bundes schon nicht mehr zu absolutistischen Willkürakten mißbrauchen.

Großen Anteil an den politischen Kämpfen hatten überall die werktätigen Massen. Sie hatten sich wichtige demokratische Rechte und Freiheiten erobert. Aber auf ihren Schultern waren die Vertreter der Großbourgeoisie in die Regierungen gelangt. An der Spitze der Märzministerien standen bekannte Führer der vormärzlichen liberalen Opposition, in Württemberg Friedrich Römer, in Hessen-Darmstadt Heinrich v. Gagern, in Hannover Johann Stüve.

Wie die Fürsten der kleineren und mittleren Staaten, mußte sich endlich auch der Deutsche Bundestag in Frankfurt (Main) der Revolution beugen. Diese im Volk verhaßte Institution unternahm in den ersten Märztagen plötzlich Schritte, um Anschluß an die Forderungen der Volksbewegung zu finden. Am 1. März wandte sich der Frankfurter Bundestag erstmals nicht nur an die Regierungen, sondern auch an das deutsche Volk. Drei Tage später faßte er sogar den

Friedrich Römer.
Nach der »Illustrierten Zeitung«, 1848

Johann Stüve.
Nach der »Illustrierten Chronik 1849«

Beschluß, den deutschen Regierungen die Aufhebung der Zensur freizustellen. Als schon überall das Schwarzrotgold zum Symbol der vorwärtsstürmenden Revolution geworden war, erklärte er schließlich am 9. März diese Farben zu den Farben des Deutschen Bundes. Früher hatte er ihr Tragen als Hochverrat geächtet. Vertrauen konnte sich der Bundestag auch nicht mit seiner Aufforderung an die Regierungen erwerben, populäre Politiker nach Frankfurt (Main) zu entsenden, um sie an einer zeitgemäßen Umgestaltung der Bundesverfassung mitarbeiten zu lassen. Alle diese Zugeständnisse hatten keinen Einfluß auf das Volk.

Inzwischen war die Aufgabe, Deutschland auf bürgerlichen Grundlagen zu einigen, von liberaler Seite in Angriff genommen worden. Um über erste Schritte zu beraten, tagten am 5. März 51 liberale und demokratische Politiker in Heidelberg. Unter ihnen befanden sich mit Bassermann, Gagern, Gervinus, Mathy, Römer, Welcker alle Koryphäen des südwestdeutschen Liberalismus. Die kleinbürgerliche Demokratie war durch Friedrich Hecker, Johann Adam v. Itzstein und Gustav v. Struve vertreten. Als Repräsentant des rheinischen Liberalismus hatte David Hansemann den Auftrag, die Versammlung vor überstürztem Vorgehen zu bewahren. Die Heidelberger Tagung beschloß, auf die Einberufung einer vom Volke gewählten deutschen Nationalversammlung hinzuarbeiten. Ein Siebenerausschuß erhielt den Auftrag, Vertreter der Öffentlichkeit zu einer größeren Versammlung zu berufen, die die Nationalrepräsentation vorbereiten sollte. Diese trat Ende März als Vorparlament in Frankfurt zusammen.

Die Beschlüsse der Heidelberger Tagung waren Ausdruck des Willens der liberalen Opposition, die politische Umgestaltung Deutschlands mittels eigener Initiativen voranzutreiben. Das Vorhaben der Wahl einer Nationalversammlung war weder mit den Regierungen abgesprochen noch lag es im Interesse der Fürsten. Doch ließen die in Heidelberg versammelten Liberalen keinen Zweifel daran, daß sie die staatliche Einigung des Landes in der Form einer Republik ablehnten. Sie bekannten sich zum monarchischen Prinzip und waren bereit, mit den Regierungen und den Fürsten zusammenzuarbeiten.

Aber noch waren die stärksten Bollwerke der Reaktion in Deutschland, Österreich und Preußen, nicht überwunden. Der Erfolg der deutschen Revolution entschied sich in Wien und Berlin.

Das revolutionäre Wien stürzt Metternich

Vor Österreichs Sturmtagen

Seit Bekanntwerden der Pariser Februarereignisse herrschten Unruhe und Gärung unter der Bevölkerung in den größeren Städten der Hamburger Monarchie. Daß der Kaiserstaat entscheidenden Tagen entgegenging und daß große politische Erschütterungen bevorstanden, kündigte sich zuerst als Mißtrauen in die Stabilität des Geldes an. Österreich befand sich infolge der Mißwirtschaft seiner Regierung seit Jahrzehnten am Rande des Staatsbankrotts. In früheren Jahren war schon mehrmals der Schilling abgewertet worden. Nun saß der Bourgeoisie und dem Kleinbürgertum das Gespenst des Währungsverfalls abermals im Nacken. Ein Sturm auf die Sparkassen setzte ein. Man hob die Einlagen ab, um das Papiergeld bei der Nationalbank in Silbermünzen umzutauschen.

Von Preßburg, dem Sitz des ungarischen Reichstags, kam das erste Signal der herannahenden Revolution. Die Rede, die am 3. März Lajos Kossuth, der Führer der ungarischen Freiheitsbewegung, hielt, brachte die oppositionelle Bewegung ins Rollen. Seine Ansprache war eine leidenschaftliche Abrechnung mit der Wiener Regierung, ein flammender Protest gegen das Herrschaftssystem der Habsburger. Unumwunden erklärte Kossuth, die Donaumonarchie stehe durch die Schuld Metternichs und derer, die ihn stützen, vor der Auflösung. »Ja, auf

Lajos Kossuth.
Darstellung der Neuruppiner Bilderbogen, 1848

uns ruht der schwere Fluch eines erstickenden Qualms, aus den Beinkammern des Wiener-Systems weht eine verpestete Luft auf uns, die unsere Nerven lähmt und sogar unseren Geistesflug bannt.«[10] Nur der entschiedene Bruch mit dem bürokratischen Regime könne einen Ausweg aus der Staatskrise eröffnen. Kossuths Rede gipfelte in der Forderung nach liberalen Reformen, nach einer Verfassung für die Gesamtmonarchie und einem verantwortlichen Ministerium für Ungarn. Obwohl die österreichischen Behörden den Abdruck der Rede in den Zeitungen verboten, gelangte die Ansprache, ins Deutsche übersetzt, in zahlreichen Exemplaren nach Wien und zirkulierte unter den Metternich-Gegnern.

In Wien kam eine Adressenbewegung in Gang. Eine in Ton und Charakter höchst loyal gehaltene Petition richtete der niederösterreichische Gewerbeverein am 6. März an den Kaiser. Sie beschränkte sich auf den Wunsch, die Regierung möge in ihrer Politik künftig die Interessen des Volkes berücksichtigen. Umfangreicher war eine Bittschrift, hinter der eine Gruppe von Kaufleuten, Fabrikanten und Universitäts-

Blick auf Wien. Nach »The Illustrated London News«, 1848

professoren stand. In ihren wichtigsten Punkten verlangte sie die Veröffentlichung des Staatshaushaltes, öffentliche Gerichtsverfahren und die Berufung einer gesamtstaatlichen Ständeversammlung. Unterzeichnet von Tausenden von Wienern, wurde sie am 11. März dem ständigen Ausschuß zur Weiterleitung an den niederösterreichischen Landtag übergeben. Beide Adressen waren durch Mitglieder des Juridisch-politischen Lesevereins, der bedeutendsten Vereinigung der Wiener oppositionellen Bourgeoisie, angeregt worden.
Die antifeudale Bewegung Wiens erhielt jedoch Energie und Stoßkraft erst, als die Studenten auf der politischen Bühne erschienen. Neben den Arbeitern und Handwerkern verkörperten sie das demokratische Element in der Residenzstadt. Meist dem mittleren und kleineren Bürgertum entstammend, lebten viele Studenten unter dürftigsten Verhältnissen. Bei Fortdauer der reaktionären Zustände hatten die wenigsten von ihnen Aussicht, eine ihrer Ausbildung entsprechende Tätigkeit zu finden.
Am 12. März berieten in der Aula der Universität über 2 000 Studenten. Ihre Resolution war in Sprache und Programm kühner und drangvoller als die Eingaben des wohlhabenden Bürgertums. Gefordert wurden Presse- und Redefreiheit, Lehrfreiheit, Volksbewaffnung, Gleichberechtigung der Religionen, Volksvertretung und Reform des Deutschen Bundes. Die Studenten versprachen sich nichts davon, ihre Petition der machtlosen Adelskörperschaft, den Ständen, zuzuleiten. Sie wollten sie dem Kaiser selbst überreichen, wollten den Hof mit allem Nachdruck darauf hinweisen, wie unabwendbar ein Wandel des politischen Kurses war. Nur widerstrebend willigten die Studenten schließlich in den Vorschlag der Professoren Hye und Endlicher ein, die darauf bestanden, daß nicht eine Studentendelegation, sondern sie selbst die Adresse zur Hofburg brachten.
Erzherzog Ludwig, der Stellvertreter des schwachsinnigen Kaisers Ferdinand I., wies die Deputierten der studentischen Jugend ohne Antwort ab. Als sie schließlich eine Audienz beim Kaiser erzwungen hatten, erhielten sie den Bescheid, die Adresse würde in Erwägung gezogen.
In diesen Tagen gab es am Hof der Habsburger eine Gruppe um die Erzherzogin Sophie, die, aus Sorge um den Bestand der Monarchie, seit dem Sieg der Februarrevolution in Paris dafür eintrat, der Bourgeoisie einige unumgängliche Zugeständnisse zu machen. Sie bezog in ihre Überlegungen sogar den Gedanken ein, den bisher allmächtigen Staatskanzler Metternich zu opfern. Den entscheidenden Einfluß besaßen aber jene Kräfte, die jede Konzession entschieden ablehnten. Ihr Haupt war Erzherzog Ludwig, der am 12. März, als sich die Lage zuspitzte, über Wien den Belagerungszustand verhängen und die Führer der Opposition verhaften lassen wollte. Dieser Plan war Metternich, der ebenfalls zur Partei der Scharfmacher gehörte, zu riskant. Er baute auf sein Geschick und hoffte, auch diese schwierige Situation mit diplomatischer Raffinesse zu meistern.

Der 13. März

Schon am Morgen des 13. März umlagerte eine dichte Menschenmenge das Ständehaus in der Herrengasse in Wien. Von der für diesen Tag einberufenen Sitzung der niederösterreichischen Provinzialstände erwartete man entscheidende Initiativen. Zum Tagungsgebäude zu ziehen beschlossen auch die Studenten, nachdem sie in einer Aulaversammlung von der erfolglosen Mission ihrer Abordnung in der Hofburg erfahren hatten. Sie wollten den Landtag zu energischen Schritten bewegen, ihn zwingen, sich der Forderungen der Massen anzunehmen. Als der geschlossene Zug der etwa 2 000 Studenten den Hof des Ständehauses erreichte, entstand unter den bereits Versammelten lebhafte Bewegung. Unter dem Einfluß der Studenten und Akademiker entwickelte sich eine machtvolle Kundgebung. Ein junger Arzt, Dr. Adolf Fischhof, hielt eine aufrüttelnde Rede. In knappen Sätzen drückte er aus, was alle bewegte und was das Volk forderte. Ein begeistertes Echo fanden seine Hochrufe auf die Freiheit, auf die Verbrüderung der in der Monarchie lebenden Völker.

Adolf Fischhof. Stahlstich, um 1848

Auf Fischhofs Vorschlag begab sich eine kleine Abordnung ins Ständehaus, um auf die Mitglieder des Landtages einzuwirken. Als die Menge aus dem Hofe nachdrängte, entstand ein heftiger Tumult. Landmarschall Albert Graf Montecuccoli gelang es mit der Beteuerung, die Wünsche des Volkes seien auch die der Stände, die Ordnung vorübergehend wiederherzustellen. Er erbat Zeit zur Beratung, mußte aber einer

Studentendemonstration vor dem niederösterreichischen Ständehaus in Wien, 13. März 1848. Lithographie von F. Kollarz, 1848

zwölfköpfigen Vertretung der Demonstranten die Teilnahme an den Verhandlungen gestatten.
Unterdessen nahm die Erregung unter den im Hof Versammelten ständig zu. Vom Giebeldach eines Brunnens verlas ein Mann den Text der Rede Kossuths. Beifallsrufe brausten auf, einige Stellen mußten zwei- und dreimal wiederholt werden. Die Rede zündete. »Konstitution! Nieder mit Metternich! Nieder mit Erzherzog Ludwig!« rief man. Bevor die Tore der inneren Stadt geschlossen wurden, waren auf die Nachricht vom Zuge der Studenten hin viele Arbeiter und Handwerker aus den Vorstädten zum Ort der Kundgebung geeilt. Als bekannt wurde, daß die Stände der Krone nur ein sehr mäßiges Reformprogramm vortragen wollten, und als das sich später als falsch erweisende Gerücht in Umlauf kam, man hätte einige der zur Volksabordnung gehörenden Männer im Ständehaus gefangengesetzt, war der Anlaß gegeben, um zur revolutionären Aktion überzugehen. Die Menge stürmte das Landhaus, zerschlug Fenster und Türen und besetzte den Beratungssaal. Entsetzt floh ein Teil der Mitglieder des Landtages. Die erste große Aktion des Wiener Volksaufstandes endete damit, daß Montecuccoli sich bereit erklärte, an der Spitze einer Deputation zur Hofburg zu gehen, um alle Petitionen dem Kaiser vorzulegen.
Die Ereignisse entwickelten sich von nun an mit großer Vehemenz. Wien hatte gegen Mittag sein Gesicht gewandelt: Ein Teil der Läden war geschlossen, an einigen Plätzen standen Kanonen; vor der Staatskanzlei Metternichs, am Burgplatz und vor dem Ballhaus waren Soldaten postiert. Militärpatrouillen durchzogen die Straßen. Inzwischen hatte die revolutionäre Bewegung den größten Teil der Innenstadt erfaßt. Als es zu ersten kleineren Konflikten mit dem Militär kam, begann der Oberkommandierende, Erzherzog Albrecht, die Straßen durch Truppen räumen zu lassen. Auf die Grenadiere, die in der Herrengasse die Menge auseinanderzutreiben versuchten, hagelten Teile von Möbeln und Steine herab. Die Soldaten erhielten Befehl, scharf zu schießen. Unter dem Feuer zweier Salven fielen die ersten Opfer der Wiener Revolution.
Voller Leidenschaft erhob sich das Volk. Ein mehrstündiger Straßenkampf begann. Arbeiter, Handwerker und Studenten, meist nur mit Brettern und Stöcken bewaffnet, warfen sich der Infanterie und der schweren Reiterei entgegen. In den engen Gassen um den Judenplatz und in der Nähe des Zeughauses entstanden vereinzelt Barrikaden. Die vor der Wiener Burg gelegene Hofapotheke wurde gestürmt. Von den Soldaten errichtete Sperren hielten dem Ansturm der Aufständischen nicht stand. Während die Kavallerie erbarmungslos mit dem Säbel einhieb, schossen italienische Grenadiere mit Absicht über die Köpfe hinweg, weigerten sich Kanoniere, auf das Volk zu schießen. Den Truppen gelang es nicht, die Straßen zu räumen. Immer wieder bildeten sich neue Menschenansammlungen. Immer lauter wurde der Ruf nach dem Sturz Metternichs.
Erbittert über die Ausschreitungen des Militärs, bekundete die Bourgeoisie dem kämpfenden Volk ihre Sympathie. Der Juridisch-politische Leseverein tagte in Permanenz. Die alarmierte Bürgergarde lehnte es ab, gemeinsam mit dem Militär die Ruhe wiederherzustellen. Ihre Führer forderten entscheidende Zugeständnisse von der Regierung. In der Aula hatte sich ein Teil der Studenten versammelt, einig in dem Willen, unter allen Umständen Waffen zu erhalten, entschlossen, dem Blutvergießen ein Ende zu bereiten.
Die bürgerliche Opposition wollte die Dynastie durch massiven politischen Druck zum Nachgeben zwingen. Am Nachmittag befanden sich in der Hofburg neben der

Ein Volksredner auf der Versammlung vor dem Ständehaus. Nach der »Illustrierten Zeitung«, 1848

Militär schießt auf Aufständische in Wien, 13. März 1848. Anonyme Lithographie, 1849

Deputation der Stände zwei Abordnungen der Universität und eine der Bürgerwehr. Sie erklärten, daß die Voraussetzung für die Beendigung der Kämpfe die Entfernung Metternichs, der Rückzug der Truppen und die Bewaffnung der Studenten seien. Die Delegation der Bürgergarde hatte ihre Forderungen in die Form eines Ultimatums gekleidet: Würden bis 21 Uhr keine bedeutenden Zugeständnisse gemacht, sähe sich die Bürgerwehr gezwungen, an der Seite des Volkes in die Auseinandersetzungen einzugreifen.

Die Wende, die die Ereignisse seit dem Vormittag genommen hatten, führte im Kreis der kaiserlichen Familie und ihrer engsten Vertrauten zu Konfusion und Ratlosigkeit. Die Repräsentanten der Stände erhielten zur Antwort, daß der Kaiser die Lage durch ein Komitee prüfen lassen und danach Maßnahmen ergreifen würde. Die Bürgergardisten waren über die Arroganz, mit der sie Erzherzog Ludwig behandelte, so empört, daß sie nur mit Mühe in der Hofburg zurückgehalten werden konnten. Metternich war nicht bereit, sich für die Sicherheit der Monarchie zu opfern. Von den jüngeren Erzherzögen unterstützt, war er der Hauptvertreter einer Politik, der zufolge der Aufstand durch rücksichtslosen Einsatz der Armee niedergeschlagen werden sollte. Er empfahl, Alfred Fürst v. Windischgrätz die gesamte zivile und militärische Gewalt zu übertragen und ihn mit den Befugnissen eines Militärdiktators auszustatten. Aber die rivalisierenden Gruppen am Hof konnten sich nicht auf eine gemeinsame Linie einigen. Sie blieben unentschlossen. Das Drängen des Bürgertums

Zerstörung der Mariahilfer Linie in Wien durch das Volk, 13. März 1848. Nach der »Illustrierten Zeitung«, 1848

Metternich nimmt seinen Abschied, 13. März 1848

»Jede Konstitution erfordert Bewegung.« Spottbild auf Metternichs Flucht. Lithographie von A. Zampis, 1848

reichte nicht aus, um die Reaktion zum Nachgeben zu zwingen.
Die Entscheidung führten die Arbeiter, Studenten und Handwerker herbei. Spontan und mit elementarer Wucht setzten sie den Aufstand fort, gingen sie zu immer neuen Aktionen über und versetzten damit dem Metternich-Regime den Todesstoß. Mit Hämmern, Äxten und anderen Werkzeugen bewaffnete Arbeiter und Handwerksgesellen umzingelten öffentliche Gebäude, rissen kaiserliche Adler herunter und zerschlugen Schilderhäuschen. Das Leihhaus wurde gestürmt und eine Station der verhaßten Polizei angegrifffen. In den Vorstädten fielen dem Volkszorn die Maut- und Akzisehäuser zum Opfer, Symbole einer Steuerpolitik, die sich vor allem gegen die Ärmsten gerichtet hatte. Auch die etwas außerhalb der Stadt gelegene prachtvolle Villa Metternichs blieb nicht verschont. Vereinzelt drangen hungernde Arbeiter in Bäcker-, Fleischer- und Krämerläden ein. In einigen Fabriken zerschlugen sie die Maschinen in dem Glauben, damit die Ursache ihres Elends und der Arbeitslosigkeit beseitigen zu können. Als die Nacht anbrach, lag heller Flammenschein über einem Teil der Stadt. Das aus umgestürzten Laternen und beschädigten Rohren ausströmende Gas war von den Aufständischen entzündet worden. Es erleuchtete die Szenerie der Revolution sichtbar bis hin zur Hofburg. Der kaiserlichen Familie wurde klar, daß es sich bei den Vorgängen dieses Tages nicht um einen Straßenkrawall handelte, wie Metternich Glauben zu machen versucht hatte. Es war die Revolution. Der konzessionsbereite Flügel am Wiener Hof gewann die Oberhand. Kurz vor Ablauf der von der

Aufmarsch der vom Wiener Bürgertum gebildeten Nationalgarde. Nach der »Illustrierten Zeitung«, 1848

Verteilung von Waffen an die Wiener Studentenschaft vor dem Zeughaus, 13. März 1848. Lithographie von Ferdinand Hofbauer

Angehörige der Wiener Akademischen Legion. Nach der »Illustrierten Zeitung«, 1848

Bürgergarde gestellten Frist zwangen die älteren Erzherzöge Metternich, seinen Abschied zu nehmen.
Die Revolution in Wien hatte in einem mächtigen Ansturm die Symbolfigur der vormärzlichen Reaktion zu Fall gebracht. Sie zwang den Schöpfer der Heiligen Allianz, den bisher allmächtig scheinenden Staatskanzler, den Politiker, der fast 40 Jahre die Geschicke Österreichs und Europas entscheidend beeinflußt hatte, zum Verlassen der politischen Bühne. Vor der Rache des Volkes flüchtend, verließ Metternich am 14. März, verkleidet und unter fremdem Namen, Wien. Erst nach wochenlangem Umherirren in Mähren und im revolutionierten Deutschland erreichte er das englische Exil. In den späten Abendstunden des 13. März mußte die Krone aber nicht nur Metternich fallenlassen. Sie war auch gezwungen, die Truppen aus den Straßen Wiens zurückzuziehen und in die Bewaffnung der Studenten und der Bürgergarde einzuwilligen. Noch in der Nacht empfing die Wiener Studentenschaft aus dem Zeughaus Waffen. Die Akademische Legion, die starke politische Kraft im weiteren Verlauf der Wiener Revolution, war geboren.

Die Früchte der Wiener Erhebung

Die Nachricht vom Sturz Metternichs und vom Nachgeben der Krone begeisterte die Bevölkerung. Wien trug am Vormittag des 14. März ein schwarzrotgoldenes Festkleid. Aus den Fenstern der Häuser wehten weiße Bänder. Bewaffnete Bürger und Studenten durchzogen, überall freudig begrüßt, die Straßen.
Doch die festtägliche Stimmung wich bald wachsender Ernüchterung. Allmählich gelangte das Volk zur Einsicht, daß seine Forderungen vom Vortag noch längst nicht in vollem Umfang erfüllt waren. Außer der Verabschiedung Metternichs und der Bewaffnung der Studenten war nichts zugestanden worden. Reichten diese ersten Erfolge aus, um den Absolutismus in Österreich zu überwinden und eine Rückkehr zum vormärzlichen Regime für immer unmöglich zu machen, fragte man sich. Die Skepsis wuchs, als am frühen Nachmittag bekannt wurde, daß anstelle Erzherzog Albrechts Fürst Windischgrätz zum Oberkommandierenden aller Truppen im Raum Wien ernannt worden war. Den Rücktritt Albrechts hatten die Massen gefordert, weil er die Verantwortung für den Feuerbefehl und die Brutalitäten des Militärs vom Vortage trug. Doch Windischgrätz war der Mann Metternichs und Erzherzog Ludwigs. Seine Ernennung ließ klar erkennen, daß die Hofpartei eher an ein Zurückgewinnen des verlorenen Prestiges als an weitere Konzessionen dachte.
Dieser Gedanke bestärkte das Volk von Wien in seinem Willen, die Revolution fortzuführen. Schon erschollen Rufe: »Alles ist zurückgenommen!« Von mehr als 2 000 Menschen besucht, tagte in der Hofreitschule die erste Wiener Volksversammlung. Die Teilnehmer forderten: Bildung einer Nationalgarde, Pressefreiheit und Konstitution. Die Versammelten entsandten mehrere Deputationen, die in der Hofburg ununterbrochen verhandelten. Unter den in der Aula tagenden Studenten waren es vor allem die Techniker, die darauf drangen, den Sturm auf die Burg vorzubereiten, falls die Volksforderungen nicht erfüllt würden.
Doch im politischen Bewußtsein eines großen Teils der Studenten und vor allem der Wiener Bevölkerung gab es eine Mischung von revolutionärem Tatendrang und naiver Anhänglichkeit an die Dynastie. Diese Erscheinung war für die meisten Volksaktionen während der deutschen Märzrevolution charakteristisch. So glaubten die Studenten, Kaiser Ferdinand, der es ihrer Auffassung nach gut mit dem Volke meinte, werde gefangengehalten und müsse aus seiner Umgebung befreit werden.
In den Vorstädten kam es zu neuen Aktionen der Arbeiter und Handwerker. Ein Polizeigebäude und ein Zeughaus wurden belagert und angegriffen. Es gelang, aus dem Zeughaus Waffen herauszubringen. In einem anderen Teil von Wien versuchte eine Volksmenge mit Zimmermannsäxten in die Gesandtschaft des zaristischen Rußland einzudringen. Im Gegensatz dazu wurden vor der französischen Botschaft Hochrufe ausgebracht.
Auch die Wiener Bourgeoisie war bestrebt, weitere Zugeständnisse zu erlangen. Sie hielt es jedoch für angezeigt, sich gegen das spontane Handeln der Massen zu wenden. Ein Aufruf des niederösterreichischen Gewerbevereins mahnte zur Einhaltung der Gesetze. Bürgergardisten gingen gegen Aufständische in den Vorstädten vor.
In der Hofburg nahm in dem Maße die Bereitschaft zum Nachgeben zu, wie die Nachrichten über die Vorgänge in der Stadt bedrohlicher wurden. Auf die Meldung eines Polizeikommissars, es sei um die Existenz der Monarchie zu fürchten, würden nicht unverzüglich neue Konzessionen gemacht, entschloß man sich schließlich dazu, langsam zurückzuweichen. Die Errichtung der Nationalgarde wurde bewilligt. Stundenlang hatte sich Windischgrätz dagegen gesperrt und versucht, mit dem Zugeständnis davonzukommen, die Zahl der Bürgergardisten zu erhöhen. Die Bildung der Nationalgarde geschah schließlich unter der Bedingung, daß Graf Hoyos, ein Mitglied der Kamarilla, ihr Führer wurde. Nachdem die Errichtung der Nationalgarde verkündet worden war, wurde auch die Zensur aufgehoben.
Erbitterten Widerstand setzte dagegen die Staatskonferenz, das oberste Regierungsgremium, der Forderung nach einer konstitutionellen Monarchie entgegen. Sie konnte sich lange nicht dazu entschließen, das Versprechen abzugeben, für die Habsburger Monarchie eine Verfassung zu erlassen. Die Reaktion plante erneut, mit militärischer Gewalt das absolutistische System zu erhalten. Wien sollte in den Belagerungszustand versetzt werden. Windischgrätz jedoch, bei dem Erzherzog Ludwig sondierte, glaubte zwar an das Gelingen eines solchen Unternehmens, hielt aber einen konterrevolutionären Staatsstreich für aussichtslos, wenn revolutionäre Erhebungen in anderen Teilen der Monarchie ausbrechen und Wien vom Lande her Zuzug erhalten würde.

Extrablatt der privilegierten »Wiener Zeitung«

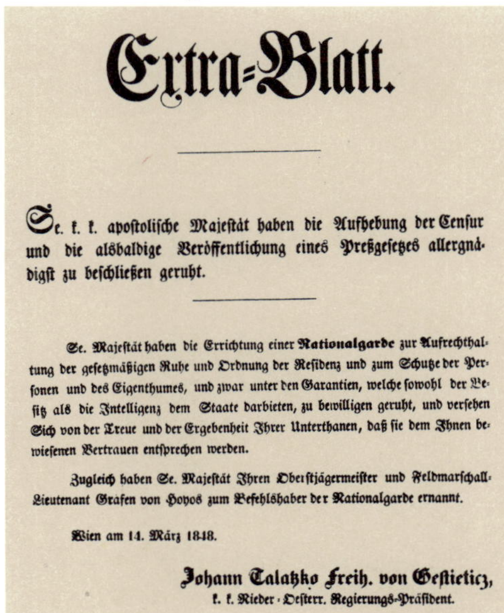
Extra-Blatt.

Se. k. k. apostolische Majestät haben die Aufhebung der Censur und die alsbaldige Veröffentlichung eines Preßgesetzes allergnädigst zu beschließen geruht.

Se. Majestät haben die Errichtung einer **Nationalgarde** zur Aufrechthaltung der gesetzmäßigen Ruhe und Ordnung der Residenz und zum Schutze der Personen und des Eigenthumes, und zwar unter den Garantien, welche sowohl der Besitz als die Intelligenz dem Staate darbieten, zu bewilligen geruht, und versehen Sich von der Treue und der Ergebenheit Ihrer Unterthanen, daß sie dem Ihnen bewiesenen Vertrauen entsprechen werden.

Zugleich haben Se. Majestät Ihren Oberstjägermeister und Feldmarschall-Lieutenant Grafen von Hoyos zum Befehlshaber der Nationalgarde ernannt.

Wien am 14. März 1848.

Johann Talatzko Freih. von Gestieticz,
k. k. Nieder-Oesterr. Regierungs-Präsident.

Kundgebung auf dem Josephplatz in Wien nach Aufhebung der Zensur, 14. März 1848. Anonyme Lithographie, 1849

Am 15. März hatte die Erhebung in der Donaumetropole wichtige Ergebnisse erreicht. Ein Manifest des Kaisers gewährte alle am Vortage verlangten Forderungen. Allerdings wurde das Verfassungsversprechen nur in eine sehr gewundene Form gekleidet. Die Bildung einer neuen Regierung erfolgte wenige Tage später. Zu Ministern wurden ausschließlich Adlige ernannt, die bereits unter Metternich höchste Staatsämter innegehabt hatten. Im Unterschied zu den meisten anderen Staaten erhielt Österreich zunächst kein Kabinett, in dem die Bourgeoisie Sitz und Stimme besaß. Das Volk hatte sich den Weg für demokratisches Wirken freigekämpft, doch die Macht verblieb in den Händen der Feudalbürokratie. Das ermöglichte der Krone, wochenlang eine Politik des Hinhaltens und des Zeitgewinnens zu betreiben. Die Verkündung einer Verfassung und die Einberufung einer Volksvertretung wurden ständig hinausgeschoben. Dieses Zaudern hatte aber auch zur Folge, daß sich im nachmärzlichen Wien der Klassenkampf besonders rasch verschärfte und die Revolution neue Siege errang.

Trauerzug für die in den Märztagen in Wien gefallenen Revolutionäre, 17. März 1848. Nach der »Illustrierten Zeitung«, 1848

Die Revolution in Berlin

Köln, 3. März 1848

Die Märzrevolution erfaßte in Preußen zuerst dessen politisch und ökonomisch fortgeschrittenste Provinz, das Rheinland. Überall in Deutschland war das Proletariat in den Märztagen eine starke, vorwärtsdrängende Kraft innerhalb der antifeudalen Opposition. Im Rheingebiet stand es bereits an der Spitze der revolutionären Bewegung. Die erste große Massendemonstration nach dem französischen Februarsieg auf preußischem Boden war die Kundgebung am 3. März in Köln. Sie fand auf Initiative der Arbeiterklasse statt und wurde von Kommunisten geleitet.

Schon Tage zuvor hatten Mitglieder des Bundes der Kommunisten in Köln mehrere geheime Versammlungen abgehalten. Auf ihnen war ein Programm erörtert worden, das sich von den bürgerlich-liberalen und gemäßigt-demokratischen Märzadressen deutlich unterschied. Die von den Kommunisten formulierten »Forderungen des Volkes« verlangten: Gesetzgebung und Verwaltung durch das Volk; allgemeines Wahlrecht und allgemeine Wählbarkeit in Gemeinde und Staat; unbedingte Presse- und Redefreiheit; Aufhebung des stehenden Heeres und allgemeine Volksbewaffnung; freies Versammlungsrecht; Schutz der Arbeit und Sicherstellung der menschlichen Bedürfnisse für alle; vollständige Erziehung aller Kinder auf öffentliche Kosten. Es handelte sich um ein revolutionär-demokratisches Programm, in dem materielle Interessen der werktätigen Massen ihren Niederschlag gefunden hatten.

Als Gerüchte über eine von Arbeitern geplante Demonstration auftauchten, beeilte sich der Kölner Gemeinderat, diesem Vorhaben mit einer eigenen Aktion zuvorzukommen. Eine ursprünglich für später anberaumte Sitzung wurde auf den 3. März vorverlegt. Bei der Beratung einer Adresse an die Berliner Regierung stellte der Kommunist Karl d'Ester, der Mitglied des Gemeinderats war, Anträge im Sinne der »Forderungen des Volkes«. Sie wurden aber alle abgelehnt. Die Petition der liberalen Stadtväter war im Ausmaß ihrer Forderungen und im Ton recht gemäßigt. Sie entsprach den Interessen des wohlhabenden Bürgertums, sollte aber zugleich die Wirkung haben, die Arbeiterdemonstration zu vereiteln.

Doch diese Rechnung ging nicht auf. Noch während der Gemeinderat tagte, kam eine fast 5 000 Menschen zählende Volksmenge, vorwiegend Arbeiter, auf dem Vorplatz des Rathauses zusammen. Flugblätter mit den »Forderungen des Volkes« wurden verteilt. An der Spitze einer kleinen Abordnung begab sich Andreas Gottschalk, ein Mitglied der Kölner Gemeinde des Bundes der Kommunisten, in den Sitzungssaal der Gemeindevertretung. Nachdem er dem Oberbürgermeister die Arbeiterpetition überreicht hatte, hielt er eine Ansprache und verlangte, der Gemeinderat solle seine Adresse zugunsten der Volksforderungen fallenlassen. Es wurde Zeit zur Beratung erbeten.

Inzwischen bekundeten vor dem Rathaus die Arbeiter ihren Willen, für die Annahme des demokratischen Programms einzustehen. August Willich und Fritz Anneke, zwei Kommunisten, sprachen zu den Versammelten. Deren Einmütigkeit beschleunigte die Entscheidungen der liberalen Stadtverordneten. Der Gemeinderat beschloß schließlich, die Petition der Arbeiter zusammen mit seiner eigenen Adresse an den Regierungspräsidenten der Rheinpro-

Das Kölner Rathaus um 1848. Stich nach einer Zeichnung von Tombleson

Während der Kundgebung in Köln am 3. März 1848 verbreitetes Flugblatt

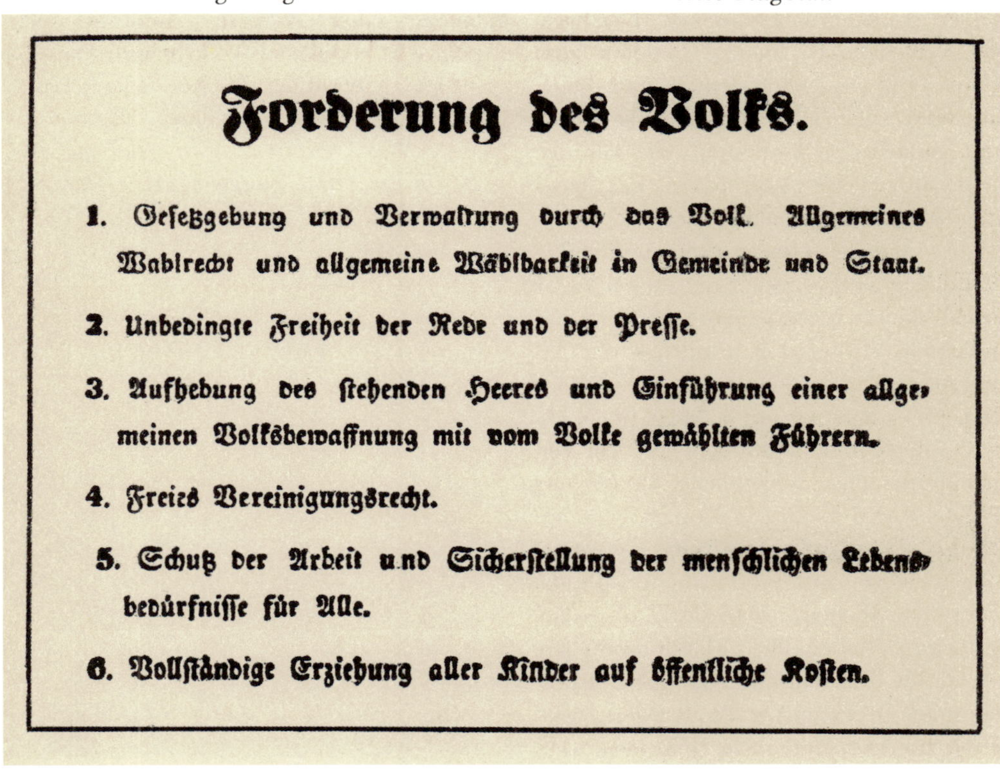

Forderung des Volks.

1. Gesetzgebung und Verwaltung durch das Volk. Allgemeines Wahlrecht und allgemeine Wählbarkeit in Gemeinde und Staat.
2. Unbedingte Freiheit der Rede und der Presse.
3. Aufhebung des stehenden Heeres und Einführung einer allgemeinen Volksbewaffnung mit vom Volke gewählten Führern.
4. Freies Vereinigungsrecht.
5. Schutz der Arbeit und Sicherstellung der menschlichen Lebensbedürfnisse für Alle.
6. Vollständige Erziehung aller Kinder auf öffentliche Kosten.

vinz und an den Landtagsabgeordneten Ludolf Camphausen weiterzuleiten.

Um gegenüber Unruhen gerüstet zu sein, hatten der Festungskommandant der Kölner Garnison, die Polizeibehörden und die rheinische Provinzialregierung schon am Morgen des 3. März Truppen in Alarmbereitschaft gesetzt. Als die Demonstration anhielt, wurde eine Bataillon Infanterie zur Räumung des Platzes eingesetzt. Die Demonstranten flüchteten daraufhin in die Seitenstraßen; einige drangen ins Rathaus ein. Dort brach Panikstimmung aus. Mehrere Abgeordnete flüchteten durch die Fenster, und eine Abteilung Soldaten räumte schließlich den Saal. Unter dem Vorwand, zum Aufruhr aufgereizt zu haben, wurden die Führer der Volksdemonstration, Gottschalk, Willich und Anneke, verhaftet und ins Gefängnis gebracht. Darüber entstand große Erbitterung unter den Arbeitern, die sich wieder vor dem Rathaus versammelt hatten und bereit waren, die Verhafteten gewaltsam zu befreien. Erst gegen Mitternacht wurde die Demonstration endgültig zerstreut.

Die erste Arbeiterdemonstration nach Beginn der Revolution und ihre gewaltsame Unterdrückung erregten in Deutschland großes Aufsehen. Erstmals war das Proletariat selbständig für demokratische Forderungen eingetreten und hatte seine politische Kraft bekundet.

Dieser Vorgang blieb nicht ohne Wirkung auf die Aktivität der rheinischen Großbourgeoisie. Noch am Abend des 3. März begaben sich mehrere liberale Politiker zum Kölner Regierungspräsidenten und baten ihn, unverzüglich bei der Berliner Regierung vorstellig zu werden, um die sofortige Einberufung des Vereinigten Landtages durchzusetzen. Sie sahen darin das geeignetste Mittel, ihre Forderungen zur Geltung zu bringen und zugleich die immer mehr anschwellende revolutionäre Bewegung einzudämmen. Unter dem Eindruck der Arbeiterdemonstration verlangte eine Kölner Bürgerversammlung am 4. März unter anderem auch freies Wahlrecht und die Verminderung und schließliche Beseitigung des stehenden Heeres.

Die Kette der Volks- und Bürgerversammlungen riß von nun an im Rheinland nicht mehr ab. Aachen, Düsseldorf, Elberfeld, Koblenz erhoben die Märzforderungen, setzten die örtlichen und regionalen Behörden unter Druck und verlangten deren Eintreten für konstitutionelle Reformen. Den größeren Städten folgten die kleineren, und bald war die ganze Provinz von der revolutionären Bewegung erfaßt.

Ausgehend von der Kundgebung des Kölner Proletariats war eine Aktivität entfacht worden, deren Ausmaß die Kölner Provinzialregierung schon nach wenigen Tagen zwang, in Berlin die sofortige Einberufung des Vereinigten Landtages zu empfehlen. Doch der König von Preußen war noch nicht willens, sich Maßnahmen von der oppositionellen Bewegung diktieren zu lassen. Er wollte mit dem Rheinland »preußisch« verfahren. Am 9. März ernannte er seinen Bruder, den Prinzen Wilhelm, zum Militärgouverneur dieser Provinz und versah ihn mit außerordentlichen militärischen Vollmachten. Doch bevor Wilhelm seine Mission antreten konnte, verlagerte sich der Schwerpunkt der demokratischen Bewegung in die Hauptstadt des Landes, war Berlin zum Zentrum der Revolution in Preußen geworden.

Militär kontra Volk

Volksversammlungen standen am Beginn der revolutionären Bewegung in Berlin im März 1848. Handwerker, Arbeiter, Studenten und junge Kaufleute versammelten sich seit dem 6. März fast täglich abends im Tiergarten »In den Zelten«, einem beliebten Vergnügungsplatz. Eine dieser Zusammenkünfte beschloß am 7. März die Annahme einer Adresse. Amnestie aller politisch Verfolgten, Volksbewaffnung, sofortige Einberufung des Vereinigten Landtages und Schaffung einer allgemeinen deutschen Volksvertretung waren die am weitesten gehenden Forderungen. Obwohl sich die Adresse keineswegs durch besondere Entschiedenheit auszeichnete, genügte

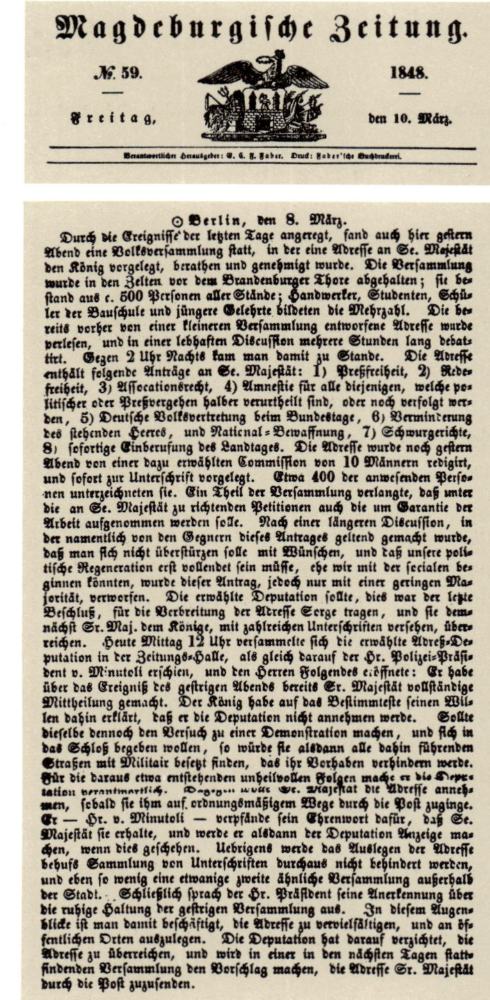
Magdeburgische Zeitung.

№. 59. 1848.

Freitag, den 10. März.

Verantwortlicher Herausgeber: C. C. F. Faber. Druck: Faber'sche Buchdruckerei.

⊙ Berlin, den 8. März.

Durch die Ereignisse der letzten Tage angeregt, fand auch hier gestern Abend eine Volksversammlung statt, in der eine Adresse an Se. Majestät den König vorgelegt, berathen und genehmigt wurde. Die Versammlung wurde in den Zelten vor dem Brandenburger Thore abgehalten; sie bestand aus c. 500 Personen aller Stände; Handwerker, Studenten, Schüler der Bauschule und jüngere Gelehrte bildeten die Mehrzahl. Die bereits vorher von einer kleineren Versammlung entworfene Adresse wurde verlesen, und in einer lebhaften Discussion mehrere Stunden lang debattirt. Gegen 2 Uhr Nachts kam man damit zu Stande. Die Adresse enthält folgende Anträge an Se. Majestät: 1) Preßfreiheit, 2) Redefreiheit, 3) Assocationsrecht, 4) Amnestie für alle diejenigen, welche politischer oder Preßvergehen halber verurtheilt sind, oder noch verfolgt werden, 5) Deutsche Volksvertretung beim Bundestage, 6) Verminderung des stehenden Heeres, und National-Bewaffnung, 7) Schwurgerichte, 8) sofortige Einberufung des Landtages. Die Adresse wurde noch gestern Abend von einer dazu erwählten Commission von 10 Männern redigirt, und sofort zur Unterschrift vorgelegt. Etwa 400 der anwesenden Personen unterzeichneten sie. Ein Theil der Versammlung verlangte, daß unter die an Se. Majestät zu richtenden Petitionen auch die um Garantie der Arbeit aufgenommen werden solle. Nach einer längeren Discussion, in der namentlich von den Gegnern dieses Antrages geltend gemacht wurde, daß man sich nicht überstürzen solle mit Wünschen, und daß unsere politische Regeneration erst vollendet sein müsse, ehe wir mit der socialen beginnen könnten, wurde dieser Antrag, jedoch nur mit einer geringen Majorität, verworfen. Die erwählte Deputation sollte, dies war der letzte Beschluß, für die Verbreitung der Adresse Sorge tragen, und sie demnächst Sr. Maj. dem Könige, mit zahlreichen Unterschriften versehen, überreichen. Heute Mittag 12 Uhr versammelte sich die erwählte Adreß-Deputation in der Zeitungs-Halle, als gleich darauf der Hr. Polizei-Präsident v. Minutoli erschien, und den Herren Folgendes eröffnete: Er habe über das Ereigniß des gestrigen Abends bereits Sr. Majestät vollständige Mittheilung gemacht. Der König habe auf das Bestimmteste seinen Willen dahin erklärt, daß er die Deputation nicht annehmen werde. Sollte dieselbe dennoch den Versuch zu einer Demonstration machen, und sich in das Schloß begeben wollen, so würde sie alsdann alle dahin führenden Straßen mit Militair besetzt finden, das ihr Vorhaben verhindern werde. Für die daraus etwa entstehenden unheilvollen Folgen mache er die Deputation verantwortlich. Dagegen wolle Se. Majestät die Adresse annehmen, sobald sie ihm auf ordnungsmäßigem Wege durch die Post zuginge. Er — Hr. v. Minutoli — verpfände sein Ehrenwort dafür, daß Se. Majestät sie erhalte, und werde er alsdann der Deputation Anzeige machen, wenn dies geschehen. Uebrigens werde das Auslegen der Adresse behufs Sammlung von Unterschriften durchaus nicht behindert werden, und eben so wenig eine etwanige zweite ähnliche Versammlung außerhalb der Stadt. Schließlich sprach der Hr. Präsident seine Anerkennung über die ruhige Haltung der gestrigen Versammlung aus. In diesem Augenblicke ist man damit beschäftigt, die Adresse zu vervielfältigen, und an öffentlichen Orten auszulegen. Die Deputation hat darauf verzichtet, die Adresse zu überreichen, und wird in einer in den nächsten Tagen stattfindenden Versammlung den Vorschlag machen, die Adresse Sr. Majestät durch die Post zuzusenden.

Aus einem Bericht über die Volksversammlung »In den Zelten« am 7. März 1848

Berlin um 1848. Zeitgenössische Darstellung

schon dieser erste Schritt, um den Berliner Polizeipräsidenten Julius Freiherr v. Minutoli auf den Plan zu rufen. Er drohte, er habe Auftrag vom König, die Absendung einer Deputation notfalls mit Gewalt zu verhindern.
Inzwischen wurden in Berlin Nachrichten über die ersten demokratischen Aktionen in den Provinzen bekannt. Nicht nur in Köln hatten die Arbeiter für ihre Forderungen demonstriert. Auch in Breslau war es am 6. März zu Straßenunruhen gekommen. Eine Volksmenge hatte versucht, zwei aus politischen Gründen verhaftete Handwerksgesellen zu befreien. In Königsberg in Ostpreußen fand am gleichen Tag eine erste Volksversammlung nach der Februarrevolution statt. Die Forderungen der Versammelten hatte Johann Jacoby in einer Adresse an die Regierung formuliert.
Unter dem Eindruck dieser Meldungen wuchs die Zahl der Teilnehmer an den Zusammenkünften »In den Zelten« rasch an. Die Versammlung am 9. März hatte bereits 4000 Teilnehmer und trug schon entschiedeneren Charakter. Diesmal hoffte man, daß die Stadtverordneten ihre Autorität einsetzen würden, um die Annahme der Tiergarten-Petition bei der Regierung durchzusetzen. Die städtische Vertretung jedoch fand die Adresse nach Inhalt und Herkunft zu demokratisch und lehnte dieses Ansinnen ab. Immerhin begriff sie aber, daß sie im Interesse des Besitzbürgertums und um auf die Öffentlichkeit beruhigend zu wirken, selbst etwas unternehmen mußte. Sie erbat in loyalster Weise die alsbaldige Einberufung des Vereinigten Landtages. Ihre Deputation wurde jedoch noch nicht der Gnade für wert befunden, vom König empfangen zu werden.
Im Berliner Schloß hatten der Monarch und seine politischen und militärischen Ratgeber die feste Zuversicht, daß es ihnen gelingen würde, die Revolution von Preußen fernzuhalten. Diese Hoffnung fußte auf dem Vertrauen in die eigene Militärmacht. Man wähnte sich auch sicher, weil der russische Zar, ein Schwager des Königs, für den Notfall militärische Unterstützung in Aussicht gestellt hatte. Unter Hinweis auf seine Bemühungen, Truppen zu konzentrieren, schrieb Friedrich Wilhelm IV. am 10. März großsprecherisch an seinen Vertrauten Joseph Maria v. Radowitz, es nahe die Zeit, »um bald mit der teutschen Revolution aus dem Baß zu sprechen«[11]. Andererseits wollte er jedoch auch nicht auf den

Darstellung der Neuruppiner Bilderbogen, 1848

Einsatz politischer Mittel verzichten. In den ersten Märztagen hatte er noch mit Metternich die Einberufung eines deutschen Fürstenkongresses für den 25. März nach Dresden verabreden lassen. Dort sollte über einige unumgängliche Reformen gesprochen werden.
Was die preußische Regierung für ausreichend hielt, um die Volksbewegung im eigenen Lande aufzufangen, war ein Hohn auf die Forderungen der Massen. Sie versprach am 6. März, künftig den Vereinigten Landtag periodisch einzuberufen. Eine vierjährige Periodizität vorausgesetzt, hätte dies bedeutet, daß er zum ersten Mal wieder in drei Jahren zusammengetreten wäre. Eine zwei Tage später erscheinende Verordnung stellte eine auf Zensurfreiheit zielende Pressegesetzgebung in Aussicht, wollte aber die Entscheidung darüber an einen förmlichen Beschluß des Deutschen Bundestages binden.
Am Ausmaß dieser »Zugeständnisse« konnte jedermann ermessen, daß das absolutistische Regime nur auf Zeitgewinn bedacht war. Am Berliner Hof dominierte der Einfluß militanter Politiker, die auf strenge Unnachgiebigkeit drangen. Ihre Hauptvertreter waren Prinz Wilhelm von Preußen und der Generaladjutant Leopold v. Gerlach. Beide wandten sich insbesondere gegen die alsbaldige Einberufung des Vereinigten Landtages, da sie darin den ersten Schritt zur Verwandlung Preußens in einen konstitutionellen bürgerlichen Staat erblickten.
Die jede Konzession ablehnende Politik der Krone verschärfte die Lage in Berlin. Dazu trugen auch die zunehmende Teuerung und die rasch um sich greifende Arbeitslosigkeit bei. 400 Arbeiter wurden allein in den ersten Märztagen von der Leitung der Maschinenfabrik Borsig auf die Straße gesetzt.
Mit dem 13. März erreichte die politische Entwicklung in der preußischen Hauptstadt eine neue Stufe: Es begann die Phase der unmittelbaren Konfrontation zwischen Volk und Militär. Die militärische Reaktion verfolgte von nun an das Ziel, bewaffnete Zusammenstöße zu provozieren, um die Massen einzuschüchtern und an der Entfaltung ihrer Aktivität zu hindern. Schloß und Zeughaus wurden militärisch besetzt. An einzelnen Punkten der Stadt wurden Kanonen in Stellung gebracht und Kavallerie zum Patrouillendienst in den Straßen eingesetzt. Im Tiergarten fand an diesem Tage die bisher größte Volksversammlung statt. Mehr als 10000 Menschen waren zusammengeströmt. Unter den Sprechern befanden sich mehrere Arbeiter, die eine an den König gerichtete Arbeiterpetition erläuterten. Sie forderte nach französischem Vor-

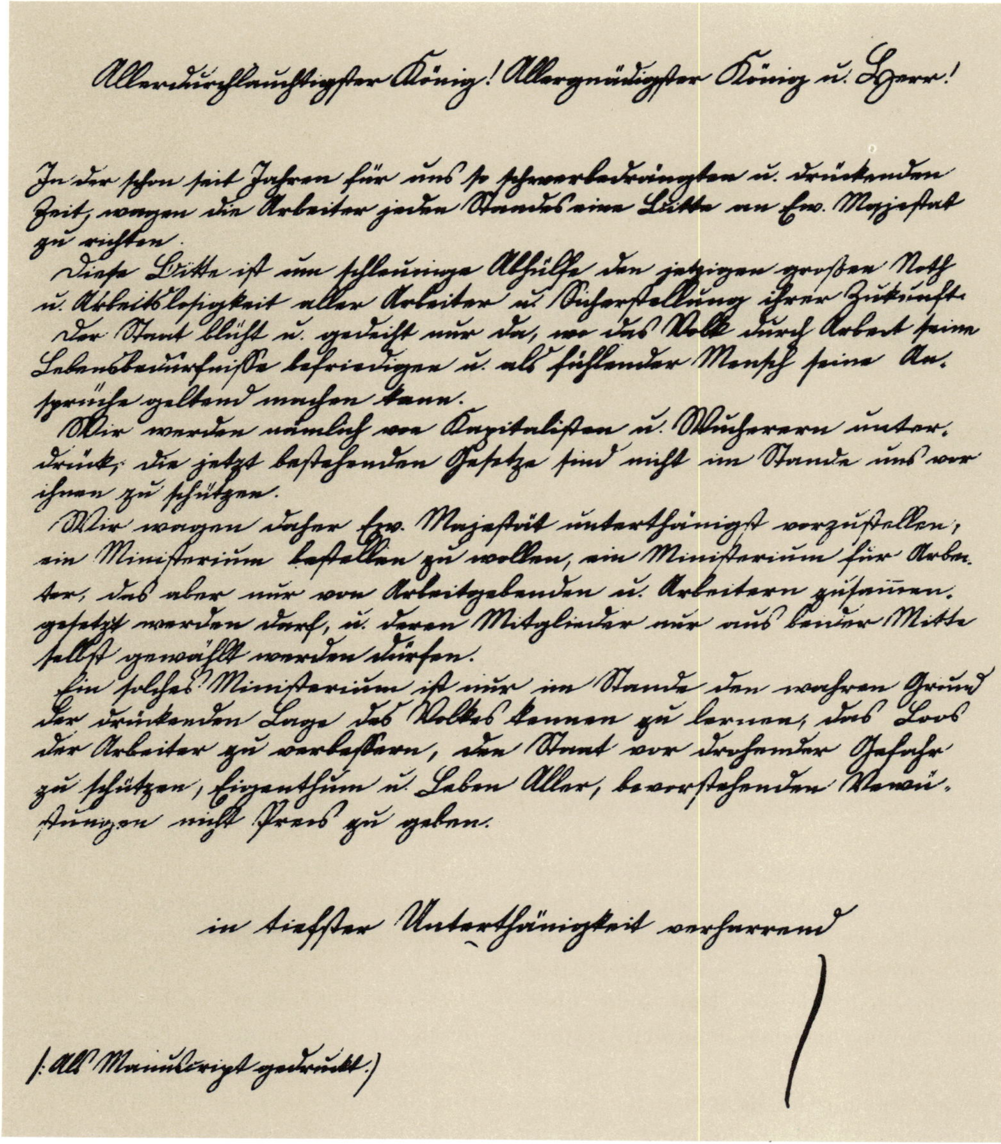
Allerdurchlauchtigster König! Allergnädigster König u. Herr!

In der schon seit Jahren für uns so schwer bedrängten u. drückenden Zeit, wagen die Arbeiter jeden Standes eine Bitte an Ew. Majestät zu richten.
Diese Bitte ist um schleunige Abhülfe der jetzigen großen Noth u. Arbeitslosigkeit aller Arbeiter u. Sicherstellung ihrer Zukunft. Der Staat blüht u. gedeiht nur da, wo das Volk durch Arbeit seine Lebensbedürfnisse befriedigen u. als fühlender Mensch seine Ansprüche geltend machen kann.
Wir werden nämlich von Capitalisten u. Wucherern unterdrückt; die jetzt bestehenden Gesetze sind nicht im Stande uns vor ihnen zu schützen.
Wir wagen daher Ew. Majestät unterthänigst vorzustellen, ein Ministerium bestellen zu wollen, ein Ministerium für Arbeiter, das aber nur von Arbeitgebern u. Arbeitern zusammengesetzt werden darf, u. deren Mitglieder nur aus deren Mitte selbst gewählt werden dürfen.
Ein solches Ministerium ist nur im Stande den wahren Grund der drückenden Lage des Volkes kennen zu lernen, das Loos der Arbeiter zu verbessern, den Staat vor drohender Gefahr zu schützen, Eigenthum u. Leben Aller, bevorstehenden Verirrungen nicht Preis zu geben.

in tiefster Unterthänigkeit verharrend

([illegible])

Von der Volksversammlung im Tiergarten am 13. März 1848 angenommene Arbeiterpetition

bild ein von Unternehmern und Arbeitern gewähltes »Ministerium der Arbeiter«, das über Vorschläge zur Linderung der Notlage des Proletariats beraten sollte.
Die friedlich von der Kundgebung heimkehrenden Arbeiter und Bürger wurden in der Nähe des Brandenburger Tores zum ersten Mal angegriffen. Kürassiere hieben mit dem Pallasch auf sie ein. Am Schloßplatz ging eine Abteilung Infanterie mit gefälltem Bajonett gegen die Menge vor. Das Volk setzte sich zur Wehr. Es riß das Straßenpflaster auf, warf Steine. Einige versuchten, Barrikaden zu errichten.
Die brutalen Überfälle des Militärs gegen wehrlose Bürger wiederholten sich in den nächsten Tagen. Schauplätze der Militärexzesse waren vornehmlich die Straße Unter den Linden, die Brüderstraße und die Umgebung des Schloßplatzes. Bis zum 16. März betrug die Zahl der Opfer bereits 20 Tote und 150 Verwundete. Vom Prinzen von Preußen persönlich ermuntert, terrorisierte die Soldateska nicht nur Arbeiter, Handwerker und Studenten, die sich an Demonstrationen beteiligten. Auch ganz harmlose Bürger waren Ziel ihrer Angriffe. Der Berliner Bevölkerung bemächtigte sich ein großer Haß gegen das Militär. In einem Bericht an den Innenminister Ernst Freiherr v. Bodelschwingh schilderte Polizeipräsident Minutoli am 15. März die Situation: »Die Erbitterung gegen das Militär ist furchtbar. Heute befinden wir uns auf dem Kulminationspunkt. Die Gruppe auf den Straßen werden dichter. Beschwerdedeputationen der Bürger belagern mich; es ist leider als feststehend anzunehmen, daß man gestern ohne Warnung und Aufforderung eingehauen und Unschuldige schwer verletzt hat.« [12]
Unruhe und Spannung in der preußischen Hauptstadt nahmen weiter zu, als am 15. März die ersten Nachrichten über den Volksaufstand in Wien eintrafen. Deputationen der Bürger und Studenten forderten die Behörden auf, bei der Regierung darauf hinzuwirken, durch Zugeständnisse, insbesondere durch Zurücknahme des Militärs, die Lage in der Stadt zu entspannen.
Erstmalig hatte sich der König am 14. März dazu bereit gefunden, eine Abordnung des Magistrats und der Stadtverordneten zu empfangen. Das Ergebnis der Audienz war mager: Friedrich Wilhelm IV. versprach, den Vereinigten Landtag zum 27. April einzuberufen. Er verwies darauf, daß der Landtag alle Reformwünsche behandeln und darüber entscheiden würde. Doch mit keinem Wort ging er auf das Verhältnis von Militär und Volk ein.
Wie sich diese Beziehung gestalten würde, war entscheidend für die weitere Entwicklung. Mit der Politik des gesteigerten Militärterrorismus sollte dem Ausbruch einer Revolution vorgebeugt werden. Statt dessen schuf der Terror immer mehr die Grundlage für eine heftige Explosion des Volkszorns. Im Prinzen von Preußen erblickte die Bevölkerung mit Recht den Hauptverantwortlichen für die Exzesse. Bei einer Demonstration vor seinem Palais hatte es am 16. März neue Todesopfer gegeben, als Infanterie rücksichtslos in die Menge schoß. Immer lauter wurde in den Straßen der Ruf nach sofortigem Rückzug der Truppen. Die Versammlung der Stadtverordneten forderte dringende Maßnahmen von der Regierung. Daraufhin gab der Magistrat von Berlin die Bildung von Bürgerschutzkommissionen bekannt. Ihre mit weißen

Androhung von Gewaltmaßnahmen gegen Ansammlungen auf den Straßen Berlins, 16. März 1848

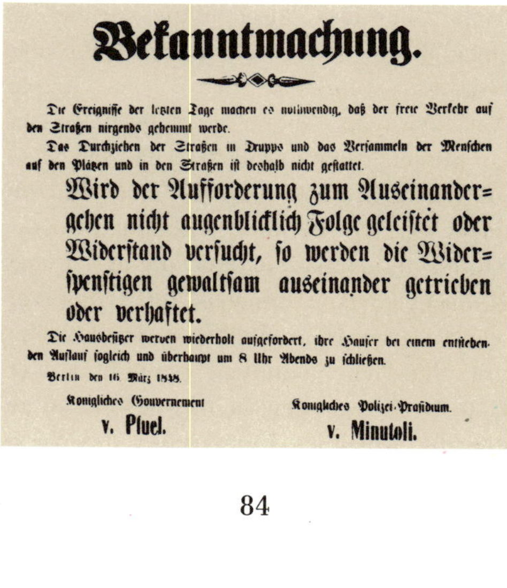
Bekanntmachung.

Die Ereignisse der letzten Tage machen es nothwendig, daß der freie Verkehr auf den Straßen nirgends gehemmt werde.
Das Durchziehen der Straßen in Trupps und das Versammeln der Menschen auf den Plätzen und in den Straßen ist deshalb nicht gestattet.
Wird der Aufforderung zum Auseinandergehen nicht augenblicklich Folge geleistet oder Widerstand versucht, so werden die Widerspenstigen gewaltsam auseinander getrieben oder verhaftet.
Die Hausbesitzer werden wiederholt aufgefordert, ihre Häuser bei einem entstehenden Auflauf sogleich und überhaupt um 8 Uhr Abends zu schließen.
Berlin den 16 März 1848.

Königliches Gouvernement. v. Pfuel. — Königliches Polizei-Präsidium. v. Minutoli.

Armbinden versehenen Mitglieder sollten weitere Konflikte zwischen Bevölkerung und Militär unterbinden. Sie blieben jedoch unbewaffnet und erhielten nur kurze Stöcke. Die vom Volk bespöttelte Institution war völlig außerstande, zur Entschärfung der Lage beizutragen.

Der König taktiert

Berlin ging entscheidenden Ereignissen entgegen. Dieses Gefühl bemächtigte sich der Bevölkerung am 17. März immer mehr. Obwohl der Tag äußerlich ruhig verlief, herrschte eine erwartungsvolle, gespannte Atmosphäre. In verschiedenen Stadtbezirken tagten Volks- und Bürgerversammlungen. Man erörterte, auf welchem Wege das reaktionäre Ministerium zum Abtreten gezwungen und die Volksbewaffnung durchgesetzt werden könnte. Es entstand der Plan, am kommenden Tag zum Schloß zu ziehen, um den König zu zwingen, eine Abordnung des Volkes zu empfangen. Vier Forderungen sollten dem Monarchen präsentiert werden: Zurücknahme des Militärs, Organisation einer bewaffneten Bürgergarde, Gewährung der unbedingten Pressefreiheit und Einberufung des Vereinigten Landtages. Dieser Plan wurde heftig umstritten, aber schließlich siegten seine Befürworter. Zu ihnen gehörten auch Angehörige der Bourgeoisie und ein großer Teil der Schutzkommissare. Sie sahen in dem Massenzug die letzte Möglichkeit, den Ausbruch der Revolution in Berlin zu verhindern.

Am Abend des 17. März traf in Berlin eine zwölfköpfige Abordnung aus dem Rheinland ein, die den Auftrag hatte, dem König dringendste Vorstellungen zu machen: Es drohe der Abfall der Provinz vom Staat; die Truppen seien unzuverlässig und würden einem Volksaufstand nicht widerstehen können; als Ausweg biete sich nur eine entschiedene Reformpolitik, deren Kernstück der Entschluß sein müsse, ein innenpolitisch erneuertes Preußen an die Spitze eines reorganisierten Deutschland zu stellen.

Unter dem Druck der immer mehr anschwellenden Volksbewegung schwanden die Arroganz und Selbstsicherheit der Führung des preußischen Junkerstaates zusehends dahin. Seit dem 15. März fanden im Berliner Schloß pausenlos Beratungen statt. Wie eine Bombe hatte die Meldung vom

Friedrich Wilhelm IV.
Nach der »Illustrierten Chronik 1848«

Sturz Metternichs eingeschlagen. Am 16. März tagte der Kronrat. Die unmittelbaren Ratgeber des Königs waren in zwei Gruppen gespalten. Den Anhängern der gewaltsamen Repression um den Prinzen Wilhelm stand die Partei gegenüber, die nun größere Konzessionen für unumgänglich hielt. Ihren Vorstellungen entsprechend, arbeitete Innenminister Bodelschwingh in der Nacht vom 17. zum 18. März ein Reformkonzept aus, das eine Reihe von Festlegungen im Sinne der Liberalen enthielt. Ziel des Programms war es, die Opposition zu spalten. Die Bourgeoisie sollte von den Volksmassen getrennt und für die Regierung gewonnen werden. Bei Friedrich Wilhelm IV. lag die Entscheidung.

Dieser damals 53jährige Hohenzoller war eine merkwürdige Erscheinung auf dem preußischen Thron. Beweglichen Geistes, popularitätssüchtig, redselig, dabei weder eine steife Kommißnatur noch ein Freund der Bürokratie, hatte er zu Beginn seiner Regierungszeit liberale Hoffnungen genährt. Er wußte sich auch dadurch ins rechte Licht zu setzen, indem er sich als Freund und Förderer von Kunst und Wissenschaft aufspielte. Im Kern seines Wesens war er jedoch Autokrat. Seiner Eitelkeit schmeichelte die Vorstellung, als Träger der königlichen Würde sei er von Gott auserwählt, überrage alle an Klugheit und Einsicht und habe sich keinem Menschen gegenüber zu verantworten. Wie seine Auffassung vom Königtum, war auch sein Ideal von der Gesellschaft romantisch-mittelalterlich gefärbt und von dem Wunsch beherrscht, das Rad der geschichtlichen Entwicklung nicht nur anzuhalten, sondern zurückzudrehen, und zwar in die Zeit der Ständeordnung, des feudalen Patriarchalismus. Friedrich Wilhelm IV. war ständisch-aristokratischer Gegner des bürgerlichen Fortschritts. Im Zentrum des krausen Gewirrs seiner feudal-ständischen Ideen und romantischen Schrullen stand stets die Sorge um den Vollbesitz seiner politischen Handlungsfreiheit. Sie hatte ihn wieder und wieder veranlaßt, jeden Versuch zurückzuweisen, die Macht der Krone in Preußen konstitutionell zu beschränken. Unter dem Druck des Volkes sollte er jetzt Schritte billigen, die die Grundlagen des Staates in einer seiner Vorstellung entgegengesetzten Richtung veränderten?

In den endlosen Verhandlungen dieser Tage bot er ein Bild jämmerlicher Entschlußlosigkeit. Er war eigensinnig, rechthaberisch und labil. Die Notwendigkeit, sich zu entscheiden, überforderte ihn. Im Innersten seiner Natur feige und unsicher, dabei weich, nachgiebig und leicht beeinflußbar, neigte er schließlich gegen seine Überzeugung und seinen Willen dazu, dem Reformflügel freie Hand zu geben. Ein Grund dafür mag auch sein Wunsch gewesen sein, bei der Bevölkerung wieder Sympathie und Anerkennung zu gewinnen.

Als am Morgen des 18. März die rheinische Deputation im Schloß erschien und vom König einen sofortigen Entschluß verlangte, weil sie ohne feste Zusagen nicht zurückkehren könne, wurde sie auf eine in wenigen Stunden zu erwartende Proklamation verwiesen. Diesen Bescheid erhielt auch eine Delegation des Berliner Magistrats und der Stadtverordnetenversammlung. Ihr wurde zugleich nahegelegt, den geplanten Massenzug zum Schloß zu unterbinden.

Um die Mittagszeit des 18. März wurden die angekündigten Verordnungen publiziert. Es erschienen zwei Patente, von denen das eine die Aufhebung der Zensur verkündete. Durch das zweite wurde der Vereinigte Landtag für den 2. April einberufen. Es enthielt außerdem eine Reihe von Vorschlägen über die Reorganisation des Deutschen Bundes, wobei auch die Verwandlung Preußens in eine konstitutionelle Monarchie angedeutet war.

Vor dem Schloß hatte sich eine große Menschenmenge versammelt. Sie war freudig bewegt, als sich um 14 Uhr der König auf dem Balkon zeigte und beide Verordnun-

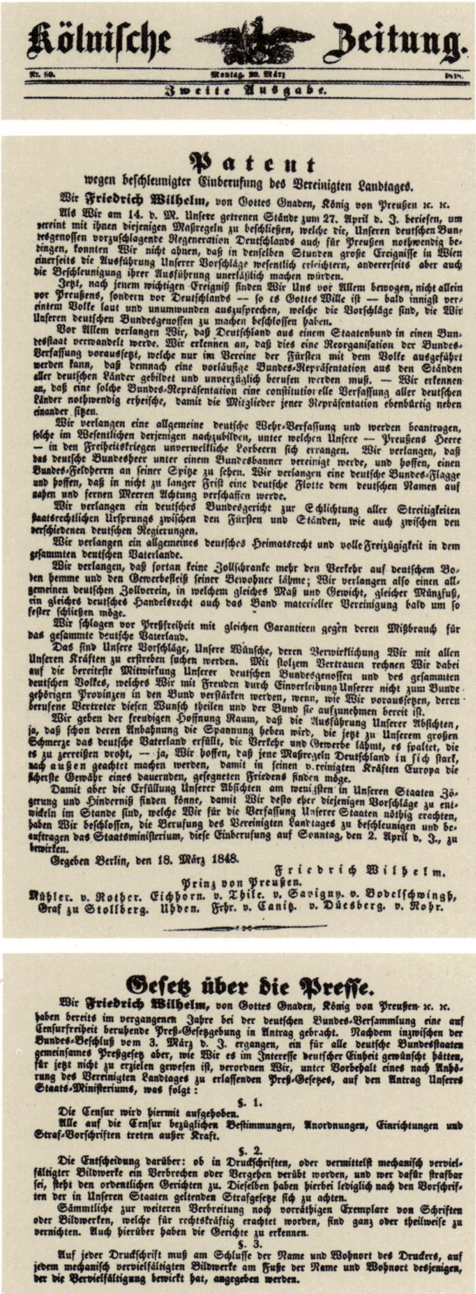

Kölnische Zeitung.

Nr. 80. Montag, 20. März 1848.

Zweite Ausgabe.

Patent

wegen beschleunigter Einberufung des Vereinigten Landtages.

Wir **Friedrich Wilhelm**, von Gottes Gnaden, König von Preußen 2c. 2c.

Als Wir am 14. d. M. Unsere getreuen Stände zum 27. April d. J. beriefen, um vereint mit ihnen diejenigen Maßregeln zu beschließen, welche die, Unseren deutschen Bundesgenossen vorzuschlagende Regeneration Deutschlands auch für Preußen nothwendig bedingen, konnten Wir nicht ahnen, daß in denselben Stunden große Ereignisse in Wien einerseits die Ausführung Unserer Vorschläge wesentlich erleichtern, andererseits aber auch die Beschleunigung ihrer Ausführung unerläßlich machen würden.

Jetzt, nach jenem wichtigen Ereigniß finden Wir Uns vor Allem bewogen, nicht allein vor Preußens, sondern vor Deutschlands — so es Gottes Wille ist — bald innigst vereintem Volke laut und unumwunden auszusprechen, welche die Vorschläge sind, die Wir Unseren deutschen Bundesgenossen zu machen beschlossen haben.

Vor Allem verlangen Wir, daß Deutschland aus einem Staatenbund in einen Bundesstaat verwandelt werde. Wir erkennen an, daß dies eine Reorganisation der Bundes-Verfassung voraussetzt, welche nur im Vereine der Fürsten mit dem Volke ausgeführt werden kann, daß demnach eine vorläufige Bundes-Repräsentation aus den Ständen aller deutschen Länder gebildet und unverzüglich berufen werden muß. — Wir erkennen an, daß eine solche Bundes-Repräsentation eine constitutionelle Verfassung aller deutschen Länder nothwendig erheische, damit die Mitglieder jener Repräsentation ebenbürtig neben einander sitzen.

Wir verlangen eine allgemeine deutsche Wehr-Verfassung und werden beantragen, solche im Wesentlichen derjenigen nachzubilden, unter welchen Unsere — Preußens Heere — in den Freiheitskriegen unverwelkliche Lorbeern sich errangen. Wir verlangen, daß das deutsche Bundesheer unter einem Bundesbanner vereinigt werde, und hoffen, einen Bundes-Feldherrn an seiner Spitze zu sehen. Wir verlangen eine deutsche Bundes-Flagge und hoffen, daß in nicht zu langer Frist eine deutsche Flotte dem deutschen Namen auf nahen und fernen Meeren Achtung verschaffen werde.

Wir verlangen ein deutsches Bundesgericht zur Schlichtung aller Streitigkeiten staatsrechtlichen Ursprungs zwischen den Fürsten und Ständen, wie auch zwischen den verschiedenen deutschen Regierungen.

Wir verlangen ein allgemeines deutsches Heimatsrecht und volle Freizügigkeit in dem gesammten deutschen Vaterlande.

Wir verlangen, daß fortan keine Zollschranke mehr den Verkehr auf deutschem Boden hemme und den Gewerbefleiß seiner Bewohner lähme; Wir verlangen also einen allgemeinen deutschen Zollverein, in welchem gleiches Maß und Gewicht, gleicher Münzfuß, ein gleiches deutsches Handelsrecht auch das Band materieller Vereinigung bald um so fester schließen möge.

Wir schlagen vor Preßfreiheit mit gleichen Garantieen gegen deren Mißbrauch für das gesammte deutsche Vaterland.

Das sind Unsere Vorschläge, Unsere Wünsche, deren Verwirklichung Wir mit allen Unseren Kräften zu erstreben suchen werden. Mit stolzem Vertrauen rechnen Wir dabei auf die bereiteste Mitwirkung Unserer deutschen Bundesgenossen und des gesammten deutschen Volkes, welches Wir mit Freuden durch Einverleibung Unserer nicht zum Bunde gehörigen Provinzen in den Bund verstärken werden, wenn, wie Wir voraussetzen, deren berufene Vertreter diesen Wunsch theilen und der Bund sie aufzunehmen bereit ist.

Wir geben der freudigen Hoffnung Raum, daß die Ausführung Unserer Absichten, ja, daß schon deren Anbahnung die Spannung heben wird, die jetzt zu Unserem großen Schmerze das deutsche Vaterland erfüllt, die Verkehr und Gewerbe lähmt, es spaltet, die es zu zerreißen droht, — ja, Wir hoffen, daß jene Maßregeln Deutschland in sich stark, nach außen geachtet machen werden, damit in seinen vereinigten Kräften Europa die sicherste Gewähr eines dauernden, gesegneten Friedens finden möge.

Damit aber die Erfüllung Unserer Absichten am wenigsten in Unseren Staaten Zögerung und Hinderniß finden könne, damit Wir desto eher diejenigen Vorschläge zu entwickeln im Stande sind, welche Wir für die Verfassung Unserer Staaten nöthig erachten, haben Wir beschlossen, die Berufung des Vereinigten Landtages zu beschleunigen und beauftragen das Staatsministerium, diese Einberufung auf Sonntag, den 2. April d. J., zu bewirken.

Gegeben Berlin, den 18. März 1848.

Friedrich Wilhelm.

Prinz von Preußen.

Mühler. v. Rother. Eichhorn. v. Thile. v. Savigny. v. Bodelschwingh. Graf zu Stollberg. Uhden. Frhr. v. Canitz. v. Düesberg. v. Rohr.

Gesetz über die Presse.

Wir **Friedrich Wilhelm**, von Gottes Gnaden, König von Preußen 2c. 2c.

haben bereits im vergangenen Jahre bei der deutschen Bundes-Versammlung eine auf Censurfreiheit beruhende Preß-Gesetzgebung in Antrag gebracht. Nachdem inzwischen der Bundes-Beschluß vom 3. März d. J. ergangen, ein für alle deutsche Bundesstaaten gemeinsames Preßgesetz aber, wie Wir es im Interesse deutscher Einheit gewünscht hätten, für jetzt nicht zu erzielen gewesen ist, verordnen Wir, unter Vorbehalt eines nach Anhörung des Vereinigten Landtages zu erlassenden Preß-Gesetzes, auf den Antrag Unseres Staats-Ministeriums, was folgt:

§. 1.

Die Censur wird hiermit aufgehoben.

Alle auf die Censur bezüglichen Bestimmungen, Anordnungen, Einrichtungen und Straf-Vorschriften treten außer Kraft.

§. 2.

Die Entscheidung darüber: ob in Druckschriften, oder vermittelst mechanisch vervielfältigter Bildwerke ein Verbrechen oder Vergehen verübt worden, und wer dafür strafbar sei, steht den ordentlichen Gerichten zu. Dieselben haben hierbei lediglich nach den Vorschriften der in Unseren Staaten geltenden Strafgesetze sich zu achten.

Sämmtliche zur weiteren Verbreitung noch vorräthigen Exemplare von Schriften oder Bildwerken, welche für rechtskräftig erachtet worden, sind ganz oder theilweise zu vernichten. Auch hierüber haben die Gerichte zu erkennen.

§. 3.

Auf jeder Druckschrift muß am Schlusse der Name und Wohnort des Druckers, auf jedem mechanisch vervielfältigten Bildwerke am Fuße der Name und Wohnort desjenigen, der die Vervielfältigung bewickt hat, angegeben werden.

Patent über die Einberufung des Vereinigten Landtags und Auszug aus dem Gesetz über die Presse, 18. März 1848

Attacke auf dem Berliner Schloßplatz, 18. März 1848. Nach »The Illustrated London News«, 1848

gen verlesen wurden. Doch ein Teil der Versammelten bemerkte sofort, daß nirgends vom Abzug des Militärs die Rede war. Als man überdies gewahr wurde, daß sich im Schloßhof Truppen befanden, erschollen aus der Menge heftige Proteste: »Die Soldaten fort! Das Militär zurück!« Daß die Hauptforderung der Volksbewegung nicht berücksichtigt worden war, ließ auf eine zwiespältige Politik schließen. Das Volk sah sich getäuscht und verraten. Es argwöhnte neue Überfälle des Militärs.

Als die Massen ihrer Empörung Luft machten und trotz mehrerer Aufforderungen nicht bereit waren, den Schloßplatz zu verlassen, gab der König Befehl, die Menge durch Kavallerie zu zerstreuen. Aus den Portalen des Schlosses drangen Dragoner und zwei Kompanien Infanterie hervor. Es fielen zwei Schüsse. Sie wurden zum Signal für die bewaffnete Erhebung des Volkes von Berlin.

Der 18. März

Rasch verwandelte sich die Innenstadt. Zum erbitterten Widerstand gegen die Truppen entschlossene Menschen bestimmten das Bild. Wut- und Rachegeschrei erscholl. Das vom Schloßplatz in die Seitenstraßen flüchtende Volk riß das Straßenpflaster auf, leerte Waffenläden, bewaffnete sich mit Büchsen und Pistolen und holte Äxte und Beile aus den Häusern. Unter dem dumpfen Klang der Sturm läutenden Kirchenglocken begannen sich Arbeiter, Handwerksgesellen, Studenten und Bürger Berlins auf den Kampf vorzubereiten. In weniger als drei Stunden waren auf den Straßen, vornehmlich an den Kreuzungen, fast 1 000 Barrikaden errichtet. Wie in den Februartagen in Paris dienten auch hier umgeworfene Droschken, Omnibuswagen, Fässer, Balken und Wollsäcke als Material für die Verschanzungen. Hinter ihnen, in den oberen Etagen der Häuser und zum Teil auf den Dächern postierten sich die Aufständischen. Überall wehten schwarzrotgoldene Fahnen.

Als die Truppen gegen 15 Uhr den Befehl erhielten, den Aufstand niederzuschlagen, entwickelte sich eine erbitterte Barrikadenschlacht. Der Plan des Generals Karl v. Prittwitz, des Oberbefehlshabers der Garde, sah vor, vom Konzentrierungsraum des Militärs, in Schloßnähe, Unter den Linden und am Gendarmenmarkt, aus in die wichtigsten Straßen der Stadtteile vorzustoßen. Insbesondere an fünf Punkten der Stadt entbrannten die heftigsten Kämpfe.

In der Nähe des Oranienburger Tores setzten Arbeiter der Borsigschen Maschinenfabrik dem Abzug der aus den Artilleriekasernen ausrückenden Kanoniere erbitterten Widerstand entgegen. Es hagelte Steine gegen die Soldaten. Wagen gingen in Flammen auf; Militärausrüstungen wurden vernichtet. Schließlich zogen die Arbeiter — 900 Mann stark und mit Eisenstangen bewaffnet — zur Innenstadt. »Ihrer heldenmäßigen Tapferkeit und Ausdauer hinter den Barrikaden«, hieß es in einem zeitgenössischen Bericht, »war es vornehmlich zuzuschreiben, daß in der Nacht des 18. März ein Kampf gekämpft wurde, der die Volkssache in ihrer nicht mehr zurückzustellenden Bedeutung erscheinen ließ.«[13] In der Königstraße (der heutigen Rathausstraße), wo allein zwölf Barrikaden standen, schlug der angreifenden Infanterie ein so starkes Abwehrfeuer entgegen, daß die Offiziere den Einsatz von Artillerie anforderten. Das mörderische Kartätschenfeuer der Soldateska schlug Breschen in die Barrikaden.

Nach einem mehrstündigen Ringen gelang es den Truppen schließlich, die Barrikaden in der Königstraße einzunehmen. Die Häuser waren nach dem gräßlichen Gemetzel, das die Soldaten anrichteten, mit Toten und Verwundeten überfüllt. Kurz vor dem Alexanderplatz gelang es jedoch, den Angriff des Militärs zum Stehen zu bringen. Hier erhob sich eine der mächtigsten, kunstfertig mit Granit- und Eisenplatten abgestützten Barrikaden Berlins. Ihren Verteidigern standen auch zwei aus dem nahegelegenen Schützenhaus geholte Kanonen zur Verfügung. Der Drechslergeselle Gustav Hesse und der Schlossergeselle Fichtner bedienten diese Geschütze. Obwohl ununterbrochenen Angriffen, bald von mehreren Seiten, ausgesetzt, konnte diese Position der Volkskämpfer nicht eingenommen werden. Sie kündete am nächsten Morgen vom ungebrochenen Geist der Erhebung.

Mit großer Verbissenheit tobte der Kampf am Köllnischen Rathaus in der Breite Straße. Die Revolutionäre schlugen hier unter dem Kommando des Schlossergesellen Karl Siegerist in einem dreistündigen Gefecht die fünfmal vergeblich angreifende Infanterie zurück. Erst als ihnen die Munition ausgegangen war und der Gegner Kanonen einsetzte, wurde die Barrikade genommen. Nach der Erstürmung des Rathauses richtete das Militär ein schreckliches Blutbad unter den Verteidigern an.

Vierter Schwerpunkt des Kampfes war die Friedrichstraße, wo ein tiefgestaffeltes Verteidigungssystem bestand. Rücksichtslos wütete auch hier die Artillerie. Eine der denkwürdigsten Episoden der Berliner Märzerhebung spielte sich an der Barrikade Ecke Jäger- und Friedrichstraße ab. Als die Barrikade von ihrer Besatzung bereits aufgegeben worden war, warfen sich dem herannahenden Feind nur zwei Jugendliche, der 19jährige Schlossergeselle Wilhelm Glasewaldt und der 17jährige Schlosserlehrling Ernst Zinna, entgegen. Sie kämpften ohne Todesfurcht. Als Glasewaldt durch einen Schuß in den linken Arm bereits kampfunfähig war, stürzte Zinna auf die heranmarschierende Kolonne los und verwundete mit einem Säbelhieb einen der Offiziere schwer. Ein Augenzeuge berichtete: »Sogleich aber entladen sich 6 oder 8 Gewehre auf den kühnen Knaben, welcher indessen, sich gewandt bückend, dem fast unvermeidlichen Tode wunderbar glücklich entgeht. Er rafft nun in der Eile drei große Pflastersteine auf und schleudert sie, den einen nach dem andern, den nach der Taubenstraße vordringenden Soldaten in offener Front entgegen. Ein behendes Ausweichen, das er nun versuchte,

Der Drechslergeselle Gustav Hesse. Spätere Darstellung

Barrikade in der Neuen Königstraße. Darstellung der Neuruppiner Bilderbogen, 1848

Angriff auf die Barrikade am Alexanderplatz am Nachmittag des 18. März 1848. Nach der »Illustrierten Zeitung«, 1848

Barrikadenkampf in der Breiten Straße am Köllnischen Rathaus am 18./19. März 1848. Darstellung der Neuruppiner Bilderbogen, 1848

mißlang, von den vielen Kugeln, die man auf ihn abfeuerte, hat ihn eine erreicht.«[14]

Kampf zwischen Revolutionären und preußischem Militär in der Gegend der Frankfurter Straße am 18./19. März 1848. Darstellung der Neuruppiner Bilderbogen, 1848

In den Nachtstunden war Schauplatz erbitterten Ringens auch der Arbeiterbezirk nördlich der Großen Frankfurter Straße (heute Karl-Marx-Allee), wo Revolutionäre, vor allem aus Weberfamilien, sich zwei Bataillonen des 8. Leibinfanterie-Regiments heldenhaft entgegenwarfen. Die Einheiten befanden sich auf dem Marsch von ihren östlich Berlins gelegenen Standorten zum Alexanderplatz. Auf sie prasselten Steine nieder, wurde siedendes Wasser herabgeschüttet, und die Weber, obwohl nur mit Äxten und Beilen bewaffnet, ließen sich auf Nahkämpfe mit den Soldaten ein. Allein hier forderte der Kampf 40 Opfer unter den Aufständischen.

Bis nach Mitternacht vermochten die Truppen die meisten Hauptstraßen und einige größere Plätze der Innenstadt zu nehmen. Ihre zahlenmäßige Überlegenheit war eindeutig. General Prittwitz standen vom Beginn des Kampfes an vier Gardeinfanterie- und drei Kavallerieregimenter zur Verfügung; dazu kamen weitere vier Regimenter, die im Verlaufe des Aufstandes aus Potsdam und aus umliegenden Garnisonstädten herangezogen wurden. Die Gefechtsstärke der Truppen betrug 14 000 Mann und 36 Geschütze. Allerdings erwies sich die Kavallerie als untauglich, weil sie in den aufgerissenen Straßen kaum einzusetzen war.

Der Kern der Aufständischen bestand nach übereinstimmenden Schätzungen aus nicht mehr als 3 000 bis 4 000 Mann. Ihnen standen jedoch Zehntausende zur Seite, darunter Frauen und Kinder. Sie wirkten am Bau der Barrikaden mit, schafften Munition, Waffen und Lebensmittel heran, pflegten Verwundete und trugen auf alle erdenkliche Weise zur Stärkung des Kampfwillens bei. Die Erhebung fand die Sympathie des überwiegenden Teils der Berliner Bevölkerung. Was den Insurgenten aus Mangel an Organisation, an Erfahrung und militärischer Leitung fehlte, ersetzte ihre unerschütterliche Kampfentschlossenheit: »Der Mut und die Kampflust, die man hinter den Barrikaden sich äußern hörte, waren außerordentlich, und man kann sagen, daß sie mit jedem Kanonenschlag wuchsen und immer heftiger entbrannten. Solange die Barrikade noch nicht angegriffen war, stand man dahinter in lebhaften Gruppen heiter und gesprächig nebeneinander. Rückte das Militär heran, so zerstreuten sich blitzschnell die Gruppen, jeder ging an seinen Posten, die einen an das ihnen angewiesene Schießloch der Barrikade, die anderen erstiegen die Dächer, um mit Steinwürfen zu wirken.«[15]

In den Kreisen der Junkeroffiziere kam man in den Nachtstunden allmählich zu der Überzeugung, daß der Aufstand militärisch nicht zu besiegen sei. Noch waren drei Fünftel der Stadt in den Händen des Volkes. In verschiedenen Truppeneinheiten begann die Disziplin nachzulassen. An einigen Stellen leisteten Infanteristen dem Feuerbefehl nicht mehr Folge. Die Offiziere mußten befürchten, daß Mannschaften mit den Volkskämpfern fraternisierten. Meldungen über Ermüdungs- und Zersetzungserscheinungen unter den Truppen liefen im Schloß ein. Zwar waren die Scharfmacher um den Prinzen Wilhelm keineswegs gewillt, einer friedlichen Beilegung des Kampfes zuzustimmen. Sie drängten im Gegenteil den König, jetzt alle am Vormittag gemachten Zugeständnisse zurückzunehmen. Doch Friedrich Wilhelm IV. stand unter dem Eindruck jener Nachrichten, die die militärische Lage als ernst und eine Fortsetzung der Operationen als wenig aussichtsreich bezeichneten.

Das veranlaßte ihn zunächst zu einem Schritt, der wie kaum ein anderer Ausdruck seines politischen Dilettantismus und seiner Selbstüberschätzung war. Im Vertrauen auf seine königliche Überzeugungskraft verfaßte er während der Nacht zum 19. März eine Proklamation »An meine lieben Berliner!«. Mit ihr wollte er die Bevölkerung zur Einstellung des Kampfes bewegen. Er erklärte, die Erhebung wäre von Provokateuren, einer »Rotte von Bösewichtern, meist aus Fremden bestehend«[16], vorbereitet und ausgelöst worden. Würde sich das Volk von diesen Elementen distanzieren und die Barrikaden wegräumen, sei er bereit, die Truppen abzuziehen und nur die wichtigsten Gebäude besetzt zu lassen. Dieser Anbiederungsversuch erhielt die ver-

Plakatanschlag

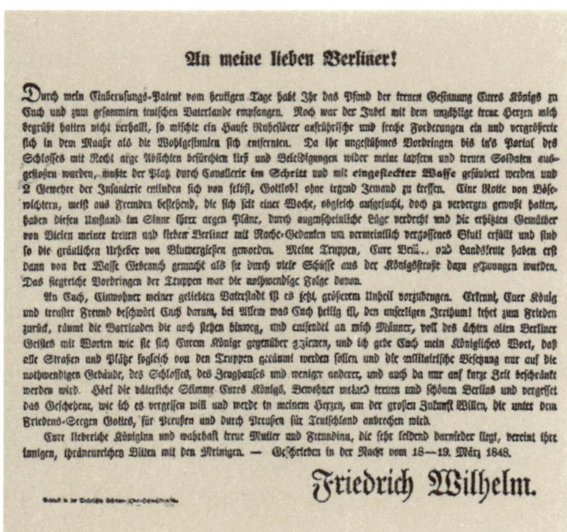

An meine lieben Berliner!

Durch mein Einberufungs-Patent vom heutigen Tage habt Ihr das Pfand der treuen Gesinnung Eures Königs zu Euch und zum gesammten teutschen Vaterlande empfangen. Noch war der Jubel mit dem unzählige treue Herzen mich begrüßt hatten nicht verhallt, so mischte ein Haufe Ruhestörer aufrührische und freche Forderungen ein und vergrößerte sich in dem Maaße als die Wohlgesinnten sich entfernten. Da ihr ungestühmes Vordringen bis in's Portal des Schlosses mit Recht arge Absichten befürchten ließ und Beleidigungen wider meine tapfern und treuen Soldaten ausgestoßen wurden, mußte der Platz durch Cavallerie im Schritt und mit eingesteckter Waffe gesäubert werden und 2 Gewehre der Infanterie entluden sich von selbst, Gottlob! ohne irgend Jemand zu treffen. Eine Rotte von Bösewichtern, meist aus Fremden bestehend, die sich seit einer Woche, obgleich aufgesucht, doch zu verbergen gewußt hatten, haben diesen Umstand im Sinne ihrer argen Pläne, durch augenscheinliche Lüge verdreht und die erhitzten Gemüther von Vielen meiner treuen und lieben Berliner mit Rache-Gedanken um vermeintlich vergossenes Blut erfüllt und sind so die gräulichen Urheber von Blutvergießen geworden. Meine Truppen, Eure Brüder und Landsleute haben erst dann von der Waffe Gebrauch gemacht als sie durch viele Schüsse aus der Königsstraße dazu gezwungen wurden. Das siegreiche Vordringen der Truppen war die nothwendige Folge davon.

An Euch, Einwohner meiner geliebten Vaterstadt ist es jetzt, größerem Unheil vorzubeugen. Erkennt, Euer König und treuster Freund beschwört Euch darum, bei Allem was Euch heilig ist, den unseligen Irrthum! kehrt zum Frieden zurück, räumt die Barricaden die noch stehen hinweg, und entsendet an mich Männer, voll des ächten alten Berliner Geistes mit Worten wie sie sich Eurem Könige gegenüber geziemen, und ich gebe Euch mein Königliches Wort, daß alle Straßen und Plätze sogleich von den Truppen geräumt werden sollen und die militairische Besetzung nur auf die nothwendigen Gebäude, des Schlosses, des Zeughauses und weniger anderer, und auch da nur auf kurze Zeit beschränkt werden wird. Hört die väterliche Stimme Eures Königs, Bewohner meines treuen und schönen Berlins und vergesset das Geschehene, wie ich es vergessen will und werde in meinem Herzen, um der großen Zukunft Willen, die unter dem Friedens-Segen Gottes, für Preußen und durch Preußen für Teutschland anbrechen wird.

Eure liebreiche Königinn und wahrhaft treue Mutter und Freundinn, die sehr leidend darnieder liegt, vereint ihre innigen, thränenreichen Bitten mit den Meinigen. — Geschrieben in der Nacht vom 18—19. März 1848.

Friedrich Wilhelm.

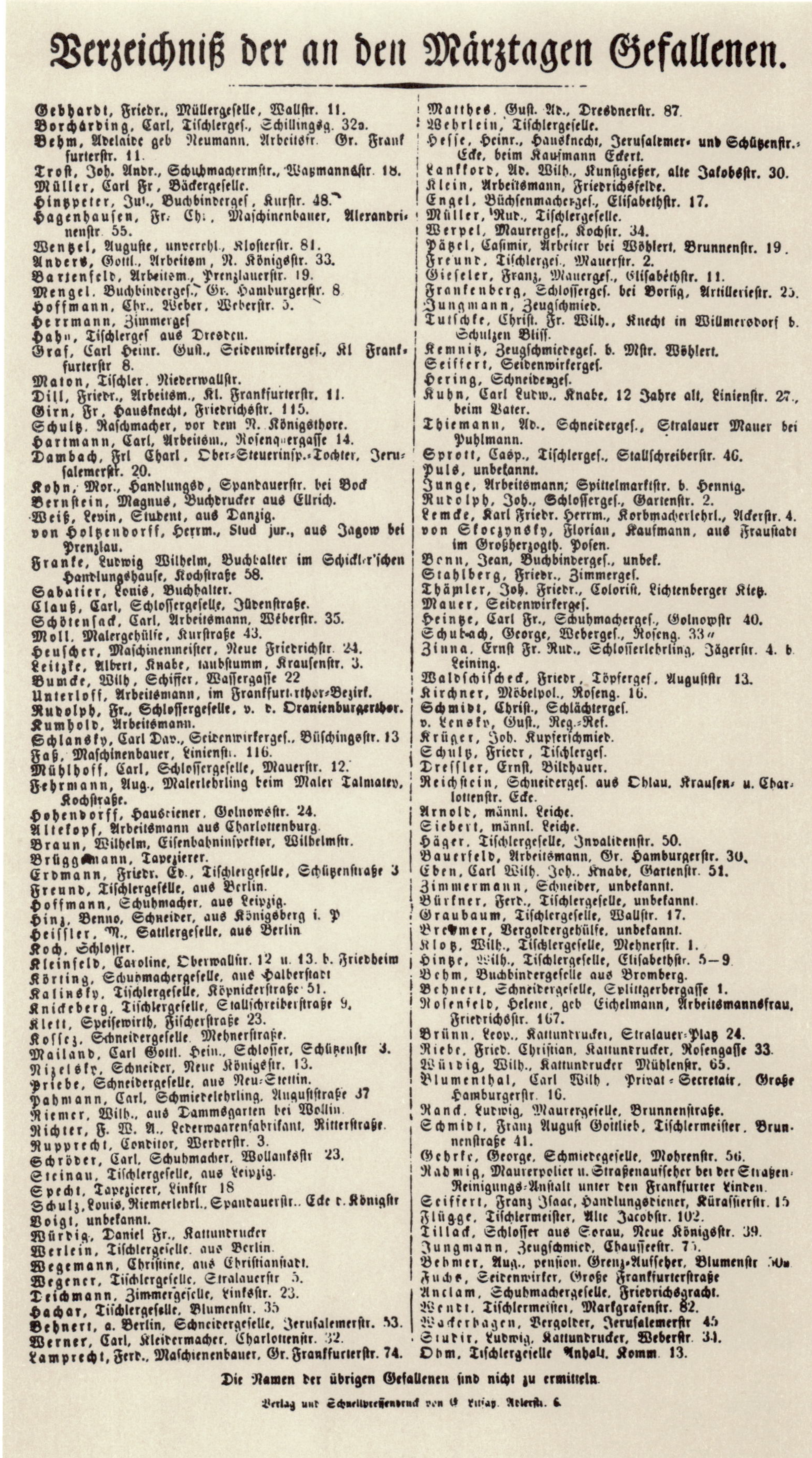

Verzeichniß der an den Märztagen Gefallenen.

Gebhardt, Friedr., Müllergeselle, Wallstr. 11.
Borchärding, Carl, Tischlerges., Schillingsg. 32a.
Behm, Adelaide geb Neumann. Arbeitsfr. Gr. Frankfurterstr. 11.
Trost, Joh. Andr., Schuhmachermstr., Waßmannsstr. 18.
Müller, Carl Fr, Bäckergeselle.
Hinzpeter, Jul., Buchbinderges, Kurstr. 48.
Hagenhausen, Fr. Chr., Maschinenbauer, Alexandrinenstr. 55.
Wentzel, Auguste, unverehl., Klosterstr. 81.
Anders, Gottl., Arbeitsm, N. Königsstr. 33.
Bartenfeld, Arbeitsm., Prenzlauerstr. 19.
Mengel. Buchbinderges., Gr. Hamburgerstr. 8.
Hoffmann, Chr., Weber, Weberstr. 5.
Herrmann, Zimmerges
Hahn, Tischlerges aus Dresden.
Graf, Carl Heinr. Gust., Seidenwirkerges., Kl Frankfurterstr 8.
Maton, Tischler. Niederwallstr.
Dill, Friedr., Arbeitsm., Kl. Frankfurterstr. 11.
Girn, Fr, Hausknecht, Friedrichsstr. 115.
Schultz. Raschmacher, vor dem N. Königsthore.
Hartmann, Carl, Arbeitsm., Rosenquergasse 14.
Dambach, Frl Charl, Ober-Steuerinsp.-Tochter, Jerusalemerstr. 20.
Kohn, Mor., Handlungsd, Spandauerstr. bei Bock
Bernstein, Magnus, Buchdrucker aus Ellrich.
Weiß, Levin, Student, aus Danzig.
von Holtzendorff, Herrm., Stud jur., aus Jagow bei Prenzlau.
Franke, Ludwig Wilhelm, Buchhalter im Schickler'schen Handlungshause, Kochstraße 58.
Sabatier, Louis, Buchhalter.
Clauß, Carl, Schlossergeselle, Jüdenstraße.
Schötensack, Carl, Arbeitsmann, Weberstr. 35.
Moll. Malergehülfe, Kurstraße 43.
Heuscher, Maschinenmeister, Neue Friedrichstr. 24.
Leitzke, Albert, Knabe, taubstumm, Krausenstr. 3.
Bumcke, Wilh, Schiffer, Wassergasse 22
Unterloff, Arbeitsmann, im Frankfurterthor-Bezirk.
Rudolph, Fr., Schlossergeselle, v. d. Oranienburgerthor.
Kumhold, Arbeitsmann.
Schlansky, Carl Dav., Seidenwirkerges., Büschingsstr. 13
Faß, Maschinenbauer, Linienstr. 116.
Mühlhoff, Carl, Schlossergeselle, Mauerstr. 12.
Fehrmann, Aug., Malerlehrling beim Maler Talmatey, Kochstraße.
Hohendorff, Hausdiener. Golnowsstr. 24.
Altekopf, Arbeitsmann aus Charlottenburg.
Braun, Wilhelm, Eisenbahninspektor, Wilhelmstr.
Brüggemann, Tapezierer.
Erdmann, Friedr. Ed., Tischlergeselle, Schützenstraße 3
Freund, Tischlergeselle, aus Berlin.
Hoffmann, Schuhmacher. aus Leipzig.
Hinz, Benno, Schneider, aus Königsberg i. P
Heissler, M., Sattlergeselle, aus Berlin
Koch. Schlosser.
Kleinfeld, Caroline, Oberwallstr. 12 u. 13. b. Friedheim
Körting, Schuhmachergeselle, aus Halberstadt
Kalinsky. Tischlergeselle, Köpnickerstraße 51.
Knickeberg, Tischlergeselle, Stallschreiberstraße 9.
Klett, Speisewirth, Fischerstraße 23.
Kossez. Schneidergeselle. Mehnerstraße.
Mailand, Carl Gottl. Hein., Schlosser, Schützenstr 3.
Nizelsky, Schneider, Neue Königsstr. 13.
Priebe, Schneidergeselle, aus Neu-Stettin.
Pahmann, Carl, Schmiedelehrling. Auguststraße 37
Riemer, Wilh., aus Dammsgarten bei Wollin.
Richter, F. W. A., Lederwaarenfabrikant, Ritterstraße.
Rupprecht, Conditor, Werderstr. 3.
Schröder, Carl, Schuhmacher, Wollanksstr 23.
Steinau, Tischlergeselle, aus Leipzig.
Specht, Tapezierer, Linkstr 18
Schulz, Louis, Riemerlehrl., Spandauerstr.. Ecke d. Königstr
Voigt, unbekannt.
Würdig, Daniel Fr., Kattundrucker
Werlein, Tischlergeselle. aus Berlin.
Wegemann, Christine, aus Christianstadt.
Wegener, Tischlergeselle, Stralauerstr 5.
Teichmann, Zimmergeselle, Linksstr. 23.
Hachar, Tischlergeselle, Blumenstr. 35
Behnert, a. Berlin, Schneidergeselle, Jerusalemerstr. 53.
Werner, Carl, Kleidermacher, Charlottenstr. 32.
Lamprecht, Ferd., Maschienenbauer, Gr. Frankfurterstr. 74.
Matthes. Gust. Ad., Dresdnerstr. 87.
Wehrlein, Tischlergeselle.
Hesse, Heinr., Hausknecht, Jerusalemer- und Schützenstr.-Ecke, beim Kaufmann Eckert.
Lankford, Ad. Wilh., Kunstgießer, alte Jakobsstr. 30.
Klein, Arbeitsmann, Friedrichsfelde.
Engel, Büchsenmacherges., Elisabethstr. 17.
Müller, Rud., Tischlergeselle.
Werpel, Maurerges., Kochstr. 34.
Pätzel, Casimir, Arbeiter bei Wöhlert, Brunnenstr. 19.
Freund, Tischlerges., Mauerstr. 2.
Gieseler, Franz, Maurerges., Elisabethstr. 11.
Frankenberg, Schlosserges. bei Borsig, Artilleriestr. 25.
Jungmann, Zeugschmied.
Tutschke, Christ. Fr. Wilh., Knecht in Willmersdorf b. Schulzen Bliss.
Kemnitz, Zeugschmiedeges. b. Mstr. Wöhlert.
Seiffert, Seidenwirkerges.
Hering, Schneiderges.
Kuhn, Carl Ludw., Knabe, 12 Jahre alt, Linienstr. 27., beim Vater.
Thiemann, Ad., Schneiderges., Stralauer Mauer bei Puhlmann.
Sprott, Casp., Tischlerges., Stallschreiberstr. 46.
Puls, unbekannt.
Junge, Arbeitsmann; Spittelmarktstr. b. Hennig.
Rudolph, Joh., Schlosserges., Gartenstr. 2.
Lemcke, Karl Friedr. Herrm., Korbmacherlehrl., Ackerstr. 4.
von Skoczynsky, Florian, Kaufmann, aus Fraustadt im Großherzogth. Posen.
Benn, Jean, Buchbinderges., unbek.
Stahlberg, Friedr., Zimmerges.
Thämler, Joh. Friedr., Colorist, Lichtenberger Kietz.
Mauer, Seidenwirkerges.
Heintze, Carl Fr., Schuhmacherges., Golnowstr 40.
Schubach, George, Weberges., Roseng. 33.
Zinna, Ernst Fr. Rud., Schlosserlehrling, Jägerstr. 4. b. Leining.
Waldschischeck, Friedr, Töpferges. Auguststr 13.
Kirchner, Möbelpol., Roseng. 16.
Schmidt, Christ., Schlächterges.
v. Lensky, Gust., Reg.-Ref.
Krüger, Joh. Kupferschmied.
Schultz, Friedr, Tischlerges.
Dressler, Ernst, Bildhauer.
Reichstein, Schneiderges. aus Ohlau, Krausen- u. Charlottenstr. Ecke.
Arnold, männl. Leiche.
Siebert, männl. Leiche.
Häger. Tischlergeselle, Invalidenstr. 50.
Bauerfeld, Arbeitsmann, Gr. Hamburgerstr. 30.
Eben, Carl Wilh. Joh.. Knabe, Gartenstr. 51.
Zimmermann, Schneider, unbekannt.
Bürkner, Ferd., Tischlergeselle, unbekannt.
Graubaum, Tischlergeselle, Wallstr. 17.
Bremer, Vergoldergehülfe, unbekannt.
Kloß, Wilh., Tischlergeselle, Mehnerstr. 1.
Hintze, Wilh., Tischlergeselle, Elisabethstr. 5—9.
Behm, Buchbindergeselle aus Bromberg.
Behnert, Schneidergeselle, Splittgerbergasse 1.
Rosenfeld, Helene, geb Eichelmann, Arbeitsmannsfrau, Friedrichsstr. 167.
Brünn, Leop., Kattundrucker, Stralauer-Platz 24.
Riebe, Fried. Christian, Kattundrucker, Rosengasse 33.
Würdig, Wilh., Kattundrucker Mühlenstr. 65.
Blumenthal, Carl Wilh. Privat-Secretair, Große Hamburgerstr. 16.
Ranck. Ludwig, Maurergeselle, Brunnenstraße.
Schmidt, Franz August Gottlieb, Tischlermeister. Brunnenstraße 41.
Gehrke, George, Schmiedegeselle, Mohrenstr. 56.
Radwig, Maurerpolier u. Straßenaufseher bei der Straßen-Reinigungs-Anstalt unter den Frankfurter Linden.
Seiffert, Franz Isaac, Handlungsdiener, Kürassierstr. 15
Flügge, Tischlermeister, Alte Jacobstr. 102.
Tillack, Schlosser aus Sorau, Neue Königsstr. 39.
Jungmann, Zeugschmied, Chausseestr. 75.
Behmer, Aug., pension. Grenz-Aufseher, Blumenstr 50.
Fuchs, Seidenwirker, Große Frankfurterstraße
Anclam, Schuhmachergeselle, Friedrichsgracht.
Wendt, Tischlermeister, Markgrafenstr. 82.
Wackerhagen, Vergolder, Jerusalemerstr 45
Studir, Ludwig, Kattundrucker, Weberstr. 34.
Ohm, Tischlergeselle Anhalt. Komm. 13.

Die Namen der übrigen Gefallenen sind nicht zu ermitteln.

Verlag und Schnellpressendruck von G Litfaß. Adlerstr. 6.

Unvollständiges Verzeichnis
der während der Kämpfe in Berlin gefallenen Revolutionäre.
Plakatanschlag aus den Märztagen

Der preußische König muß sich vor den Toten verneigen. Nach »The Illustrated London News«, 1848

diente Abfuhr. Voller Hohn zerriß man am 19. März die Plakatanschläge und trat sie in den Schmutz.

In der Frühe dieses Tages war der Kampfwille der Aufständischen ungebrochen. Nachrichten über die von den Soldaten ver-

Revolutionäre erklären das Palais des Prinzen von Preußen zum »Nationaleigentum«, 20. März 1848. Spätere Darstellung

Entlassung der am 18. und 19. März in Berlin gefangengenommenen Revolutionäre aus der Haft. Darstellung der Neuruppiner Bilderbogen, 1848

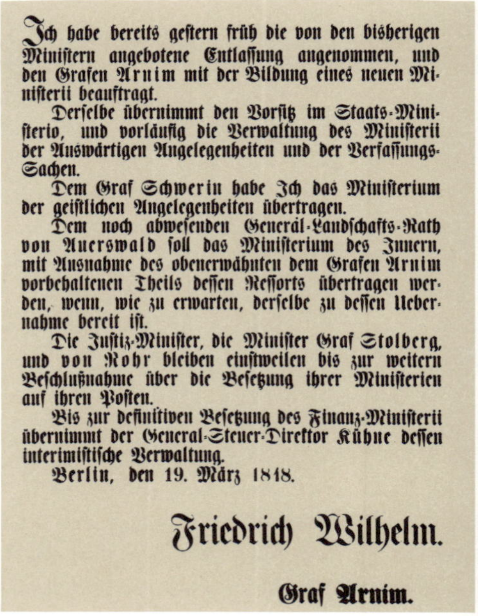

Ich habe bereits gestern früh die von den bisherigen Ministern angebotene Entlassung angenommen, und den Grafen Arnim mit der Bildung eines neuen Ministerii beauftragt.

Derselbe übernimmt den Vorsitz im Staats-Ministerio, und vorläufig die Verwaltung des Ministerii der Auswärtigen Angelegenheiten und der Verfassungs-Sachen.

Dem Graf Schwerin habe Ich das Ministerium der geistlichen Angelegenheiten übertragen.

Dem noch abwesenden General-Landschafts-Rath von Auerswald soll das Ministerium des Innern, mit Ausnahme des obenerwähnten dem Grafen Arnim vorbehaltenen Theils dessen Ressorts übertragen werden, wenn, wie zu erwarten, derselbe zu dessen Uebernahme bereit ist.

Die Justiz-Minister, die Minister Graf Stolberg, und von Rohr bleiben einstweilen bis zur weitern Beschlußnahme über die Besetzung ihrer Ministerien auf ihren Posten.

Bis zur definitiven Besetzung des Finanz-Ministerii übernimmt der General-Steuer-Direktor Kühne dessen interimistische Verwaltung.

Berlin, den 19. März 1848.

Friedrich Wilhelm.

Graf Arnim.

Bekanntmachung über die Bildung des Ministeriums Arnim, 19. März 1848

übten Grausamkeiten und über die Brutalität, mit der sie Gefangene behandelt hatten, bestärkten die Barrikadenkämpfer in ihrem Wollen, den Kampf siegreich zu beenden. Die Revolutionäre wiesen das von bürgerlichen Honoratioren überbrachte Ansinnen des Monarchen zurück, als Vorbedingung für einen Rückzug der Truppen die Barrikaden zu beseitigen. Da kapitulierte der von zahlreichen Deputationen bestürmte und schließlich völlig entnervte König: Er gab den Befehl zum Abzug des Militärs aus der Stadt.

Louis-Philippe, Prinz Wilhelm von Preußen und Metternich im Londoner Exil. Anonyme Karikatur, 1848

Es geschah dies nicht, wie bürgerliche Geschichtslegenden jahrzehntelang Glauben machen wollten, ohne militärische Notwendigkeit oder auf Grund des Versagens von Friedrich Wilhelm IV. Der Zustand der preußischen Truppen und die Haltung der Volksmassen ließen keine andere Wahl.
Nach 16stündigem erbittertem Straßenkampf war das Volk Sieger geblieben. Zum ersten Mal seit Bestehen des preußischen Staates mußte sich der Militarismus der Kraft der Massen beugen. Die Erhebung vom 18. und 19. März fügte der Hohenzollerndynastie ihre bisher schwerste Niederlage zu. König und Junkertum waren militärisch und moralisch geschlagen.
Dieser Sieg hatte große Opfer gekostet. Auf seiten des Volkes wurden mehr als 230 Tote gezählt. Ihre überwiegende Mehrheit entstammte dem Proletariat. Es hatte die Hauptlast des Kampfes getragen. Es war und ist das selbstverständliche Recht der Arbeiterklasse, dem 18. März als bedeutsamen Markstein ihres Ringens um Demokratie und Emanzipation ehrendes Gedenken zu bewahren.
Mit dem Triumph des Volkes über das Militär hatte das schwarzrotgoldene Banner auch die preußische Hauptstadt erobert. Wie 1789 und 1830 die französische Trikolore das Lilienbanner der Bourbonen aus dem Feld geschlagen hatte, so überwand im Augenblick des Sieges der Märzerhebung überall das Schwarzrotgold die Farben der deutschen Einzelstaaten. Das Schwarzgelb der Habsburger, das Schwarzweiß der Hohenzollern, Symbole des Partikularismus und der Reaktion, mußten der Flagge weichen, unter der die Lützower Jäger gekämpft, die Burschenschafter sich versammelt und Bauern und demokratische Intellektuelle in Hambach für die Freiheit demonstriert hatten.
Am Mittag des 19. März sah sich der preußische König gezwungen, den Gefallenen der Barrikadenschlacht und der Fahne der siegreichen Revolution seine Ehrerbietung zu erweisen. Umkränzt von Blumen, Zweigen und Lorbeer, geschmückt mit der deutschen Trikolore, wurden die Toten auf Wagen und Bahren zum Schloßhof gebracht. Mit lauten Rufen erzwangen die Tausende das Erscheinen des Königs. Der mußte seinen Hut abnehmen und sich vor den Toten verneigen. Dieses denkwürdige Ereignis hat Ferdinand Freiligrath in seinem Gedicht »Die Toten an die Lebenden« für immer

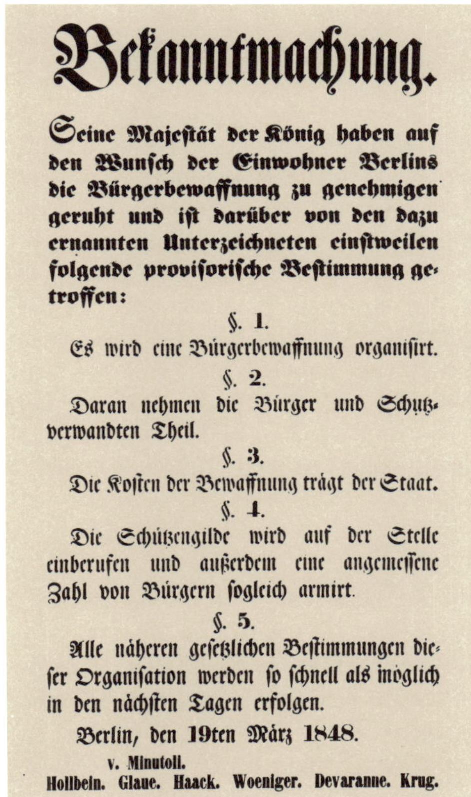

Bekanntmachung.

Seine Majestät der König haben auf den Wunsch der Einwohner Berlins die Bürgerbewaffnung zu genehmigen geruht und ist darüber von den dazu ernannten Unterzeichneten einstweilen folgende provisorische Bestimmung getroffen:

§. 1.
Es wird eine Bürgerbewaffnung organisirt.

§. 2.
Daran nehmen die Bürger und Schutzverwandten Theil.

§. 3.
Die Kosten der Bewaffnung trägt der Staat.

§. 4.
Die Schützengilde wird auf der Stelle einberufen und außerdem eine angemessene Zahl von Bürgern sogleich armirt.

§. 5.
Alle näheren gesetzlichen Bestimmungen dieser Organisation werden so schnell als möglich in den nächsten Tagen erfolgen.

Berlin, den 19ten März 1848.

v. Minutoli.
Hollbein. Glaue. Haack. Woeniger. Devaranne. Krug.

Friedrich Wilhelm IV. willigt in die Bürgerbewaffnung ein, 19. März 1848

Leichenbegängnis für die am 18./19. März 1848 gefallenen Revolutionäre. Darstellung der Neuruppiner Bilderbogen, 1848

festgehalten. Gegenüber dem König ließ es das Volk bei dieser Demütigung bewenden. Sein ganzer Zorn richtete sich gegen den Prinzen Wilhelm von Preußen, dessen Palais Unter den Linden besetzt und zu »Nationaleigentum« erklärt wurde. Der Prinz mußte flüchten und ging wie vor ihm Louis-Philippe und Metternich nach England.

Am 19. März mußte Friedrich Wilhelm IV. dem Verlangen nach Bewaffnung der Bürger nachkommen. Er entließ das verhaßte vormärzliche Ministerium. An seine Stelle trat ein aus liberalen Adligen bestehendes Übergangskabinett unter der Leitung von Adolf Heinrich Graf v. Arnim-Boitzenburg. Es bestand nur zehn Tage, dann mußte es am 29. März der Regierung der Großbourgeoisie, dem Ministerium Camphausen, weichen.

Am ersten Wendepunkt der Revolution

Die Märzerhebung in Berlin, die machtvollste Aktion der Massen im Jahre 1848/49 in Deutschland, brachte den Abschluß der ersten Etappe der Revolution. An ihrem Ende hatte sich das Kräfteverhältnis der kämpfenden Klassen entscheidend zugunsten des antifeudalen Lagers verändert. Die vormärzliche Reaktion war überall aufs Haupt geschlagen und die politische Macht des halbfeudalen Adels eingeschränkt worden. In allen Staaten des Deutschen Bundes hatte die revolutionäre Bewegung wichtige Anfangserfolge errungen. Vertreter des Großbürgertums saßen in den Kabinetten, und das Volk hatte sich mit dem freien Vereins- und Versammlungsrecht, mit der Presse- und Koalitionsfreiheit erste demokratische Rechte und Freiheiten errungen.

Die Aufgaben der Revolution

Die Zurückdrängung und Beschränkung der Adelsherrschaft konnte jedoch nur den Auftakt, nicht das Ende der revolutionären Umwälzung bilden. In Deutschland hatte eine Revolution begonnen, die ihrem Charakter nach eine bürgerlich-demokratische Revolution war. Sie hatte die Aufgabe, auf revolutionäre Weise den endgültigen Übergang Deutschlands vom Feudalismus zum Kapitalismus zu vollziehen, die politische Macht der Bourgeoisie zu übertragen und eine demokratische Staatsordnung herzustellen. Die bürgerliche Umgestaltung des Landes war mit der Kraft des Volkes und unter Gewährleistung und Sicherung seiner demokratischen Rechte zu vollenden. Dieses Ziel verlangte, alles aus dem Wege zu räumen, was die kapitalistische Produktionsweise daran hinderte, sich frei zu entfalten. Die noch bestehenden Feudalverhältnisse standen im Widerspruch zu den Erfordernissen einer fortschrittlichen Entwicklung. Sie mußten überwunden und beseitigt werden. Auf dem Lande galt es, mit revolutionär-demokratischer Konsequenz die noch existierenden feudalen Verpflichtungen zu beseitigen. Eine revolutionäre Lösung der Agrarfrage schloß auch die Zerschlagung des junkerlichen Großgrundbesitzes ein und erforderte, den Boden denen zu geben, die ihn bearbeiteten. In den Städten waren die Zünfte und die bürokratische Bevormundung der Industrie abzuschaffen. Fluß- und Stapelzölle, die den Handel hemmten, mußten endgültig der Vergangenheit angehören. Die restlose Überwindung des Feudalismus erforderte vor allem, eine bürgerliche Ordnung zu errichten, die auf demokratischen Grundlagen basierte.

Wichtigste Aufgabe der Revolution war es, die politischen Machtverhältnisse radikal zu ändern. Das verlangte, den Hauptfeind aller fortschrittlichen Klassen, das adlig-junkerliche Herrschaftssystem, restlos zu vernichten. Aus dem Staatsapparat waren alle antikonstitutionell eingestellten Beamten und aus der Armee alle absolutistisch gesinnten Offiziere zu entfernen. Nur in dem Maße, wie die politische Macht der Junker und des Adels gebrochen wurde, konnten Voraussetzungen für eine demokratische Zuendeführung der bürgerlichen Umgestaltung entstehen. Die halbfeudalen Zustände in der Landwirtschaft, die feudalbürokratische Gängelung von Handel und Gewerbe, die staatliche Zersplitterung — all das wurzelte in der ungebrochenen Existenz der Adelsmacht. Nur wenn es gelang, Fürsten und Adel die politischen und ökonomischen Machtpositionen zu entreißen, war gesichert, daß diese Kräfte für immer ihren verhängnisvollen Einfluß auf die geschichtliche Entwicklung Deutschlands verloren. Allein die konsequente Entmachtung der Junkerklasse ermöglichte es auch, die weitere Entfaltung des deutschen Kapitalismus in der Landwirtschaft auf dem »preußischen Weg« zu verhindern. Diese Entwicklung hatte es dem Adel erlaubt, vom gesellschaftlichen Fortschritt zu profitieren, den Großgrundbesitz zu festigen und die Bauern auszuplündern. Es galt, diese negativen Ergebnisse im revolutionär-demokratischen Sinne zu korrigieren.

Eine besonders dringende Aufgabe war die Überwindung der feudalstaatlichen Zersplitterung des Landes. In dem Maße, wie sich die kapitalistische Industrie entwickelte, wurde die aus dem Feudalismus überkommene deutsche Kleinstaaterei zu einer unerträglichen Fessel. Sie erwies sich als der größte Hemmschuh für die ungehinderte Entfaltung der kapitalistischen Produktionsweise. Die kapitalistische Industrie brauchte einheitliche Münze, Maß und Gewicht, einheitliche Handels- und Gewerbegesetzgebung und volle Freizügigkeit, um die Arbeitskräfte ungehindert an den industriellen Schwerpunkten konzentrieren zu können. Sie bedurfte des einheitlichen, durch keine Zollschranken behinderten inneren Marktes und zugleich des staatlichen Schutzes auf dem Weltmarkt. Die Bedürfnisse der ökonomischen Entwicklung erforderten die radikale Überwindung der staatlichen Zersplitterung und die Herstellung eines einheitlichen bürgerlich-demokratischen Nationalstaates, dessen günstigste Lösung eine demokratische Republik gewesen wäre. Das wurde zu einer zentralen Frage der deutschen bürgerlichen Revolution. Die wichtigste Voraussetzung zur Erreichung dieses Zieles war die Vernichtung der reaktionären Adelsherrschaft. Vor allem mußten Preußen und Österreich zerschlagen werden. Als Hauptpfeiler der Adelsherr-

»Das Lichten eines Hochwaldes.« Karikatur aus den »Fliegenden Blättern«, 1848

schaft waren die beiden deutschen Großmächte das entscheidende Hindernis für eine staatliche Einigung auf demokratischer Grundlage.
Am ersten Wendepunkt ihres Verlaufs harrten diese grundlegenden Aufgaben der deutschen Revolution noch ihrer Lösung.

Die Positionen der Parteien

Der Bourgeoisie fiel die Aufgabe zu, die Führung in der Revolution zu übernehmen. Sie war als Träger der aufsteigenden kapitalistischen Produktionsweise, um ihre wirtschaftlichen Interessen durchsetzen zu können, darauf angewiesen, politische Machtpositionen zu erringen. Von ihr vor allem hing es ab, ob die feudale Reaktion endgültig besiegt werden konnte.
Der Großbourgeoisie war es gelungen, den Hauptnutzen aus dem Märzsieg zu ziehen. Mit der Berufung ihrer führenden Repräsentanten in die Märzministerien erhielt sie den ausschlaggebenden Anteil an der Regierungsgewalt, ohne allerdings in den Alleinbesitz der politischen Macht zu gelangen. Diesen Erfolg verdankten die gemäßigten Liberalen hauptsächlich der revolutionären Kraft der Massen. Der revolutionäre Elan des Volkes in den Märztagen, der der Großbourgeoisie zu Ministerposten verhalf, versetzte sie zugleich in Angst und Besorgnis. Entsetzen erfaßte sie bei dem Gedanken, daß die Arbeiter und die anderen werktätigen Schichten mit dem gleichen Mut, mit dem sie hinter den Barrikaden Berlins gegen preußisches Militär gekämpft hatten, für ihre ureigensten Interessen gegen die Bourgeoisie auf den Plan treten könnten. Ihre Furcht vor der Arbeiterklasse leitete sich vor allem vom Beispiel Frankreichs her, wo das Proletariat in der Februarrevolution ein bürgerlich-konstitutionelles Regime gestürzt und sein Kampf schon antibourgeoise Züge getragen hatte.
Nachdem die Bourgeoisie an der Ausübung der Macht beteiligt war, ging sie dazu über, sich von der Revolution und der Massenbewegung abzuwenden. Trotz ihrer zweideutigen politischen Taktik hatte sie bisher mit dem Volk gemeinsam im Lager der antifeudalen Opposition gestanden. Nun brach sie aus dieser Front aus, gab das Zusammenwirken mit der Volksbewegung auf und ging auf die Seite ihrer bisherigen Gegner, der Fürsten, über. »Dem siegreichen Arbeiter gegenüber, mochte er auch noch gar keine eigenen Forderungen aufgestellt haben, verbanden sich die Freunde mit ihren langjährigen Feinden, und das Bündnis zwischen der Bourgeoisie und den Anhängern des gestürzten Systems wurde noch auf den Barrikaden von Berlin geschlossen.«[17] Die Bourgeoisie hielt jetzt die Voraussetzungen für gegeben, ihr Konzept der friedlichen Verständigung und des Ausgleichs mit den dynastischen Machthabern zu verwirklichen. Fürsten und Adel, so glaubte sie, seien außerstande, antifeudalen Reformplänen und der Errichtung einer konstitutionellen Monarchie auf bürgerlichen Grundlagen weiteren Widerstand entgegenzusetzen. In der Weiterführung der Revolution durch das Volk sahen die Liberalen die Hauptgefahr für ihre Herrschaft. Deshalb wurden sie zu Gegnern der revolutionären Volkskräfte, schlossen sie das Bündnis mit den Fürsten, das auf der gemeinsamen Feindschaft gegenüber der Volksbewegung beruhte. Die Märzministerien wandten sich von Anfang an gegen die demokratische Aktivität der Massen und suchten ihrer Entfaltung Barrieren entgegenzusetzen. In der bourgeoisen Kompromißpolitik gewann die antidemokratische Komponente die Oberhand.
Der Märzsieg hatte den Anhängern der vormärzlichen Reaktion einen Schock versetzt. Die meisten von ihnen waren ratlos. Viele resignierten und bangten um den Verlust ihrer Privilegien. Dennoch waren ihnen, ob-

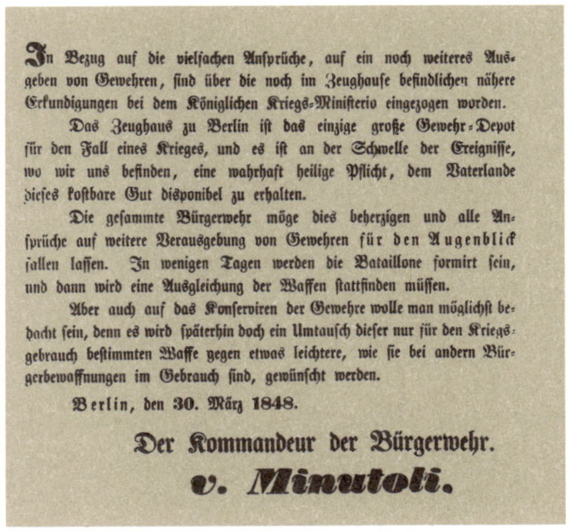

In Bezug auf die vielfachen Ansprüche, auf ein noch weiteres Ausgeben von Gewehren, sind über die noch im Zeughause befindlichen nähere Erkundigungen bei dem Königlichen Kriegs-Ministerio eingezogen worden.

Das Zeughaus zu Berlin ist das einzige große Gewehr-Depot für den Fall eines Krieges, und es ist an der Schwelle der Ereignisse, wo wir uns befinden, eine wahrhaft heilige Pflicht, dem Vaterlande dieses kostbare Gut disponibel zu erhalten.

Die gesammte Bürgerwehr möge dies beherzigen und alle Ansprüche auf weitere Verausgebung von Gewehren für den Augenblick fallen lassen. In wenigen Tagen werden die Bataillone formirt sein, und dann wird eine Ausgleichung der Waffen stattfinden müssen.

Aber auch auf das Konserviren der Gewehre wolle man möglichst bedacht sein, denn es wird späterhin doch ein Umtausch dieser nur für den Kriegsgebrauch bestimmten Waffe gegen etwas leichtere, wie sie bei andern Bürgerbewaffnungen im Gebrauch sind, gewünscht werden.

Berlin, den 30. März 1848.

Der Kommandeur der Bürgerwehr.

v. Minutoli.

Der Kommandant der Berliner Bürgerwehr will die weitere Bewaffnung der Bürger im Interesse des »Vaterlandes« vorerst stoppen, 30. März 1848

wohl politisch besiegt, wichtige Machtpositionen verblieben. Die Monarchen besaßen die Verfügungsgewalt über die Armee, in den Händen der alten Beamtenschaft lagen alle wichtigen Ämter der Staatsbürokratie, und das Junkertum konnte sich auf seinen Grundbesitz und seine lokalen Herrschaftsrechte stützen. Jede militärische Aktion zur sofortigen Rückeroberung der vollen Macht der Arbeiterklasse war jedoch aussichtslos.
Diese Einsicht hatte sich freilich unter führenden Repräsentanten der Hohenzollerndynastie und der preußischen Generalität erst allmählich durchgesetzt. Einige von ihnen schmiedeten unmittelbar nach dem

19. März Pläne, um Berlin durch einen militärischen Gewaltstreich wieder in die Hand zu bekommen und die schwere Niederlage der Adelsklasse wettzumachen. Zentrum der konterrevolutionären Verschwörung war Potsdam, der Standort mehrerer Garderegimenter. Hier traf Prinz Karl, ein Bruder des Königs, Vorbereitungen, um mit Hilfe ausgewählter Offiziere und Mannschaften durch einen Handstreich den Monarchen aus der Hauptstadt zu entführen. Ehe er seine Flucht antrat, hatte Prinz Wilhelm, der Thronfolger, einem hohen Offizier einen Geheimbefehl übergeben, demzufolge die Armee bei einer Abdankung Friedrich Wilhelms IV. unverzüglich Berlin besetzen sollte. Viele Fäden der Konspiration liefen bei General v. Prittwitz zusammen, unter dessen Kommando ein bedeutender Teil der Streitkräfte des Landes stand und der sich selbst — nach einer gelungenen Aktion — als zeitweiliger Diktator Preußens sah.

Eidesleistung des Militärs auf die sächsische Verfassung, Dresden, 22. März 1848. Zeitgenössische Lithographie

Eine wichtige Rolle bei diesen konterrevolutionären Machenschaften spielte Otto v. Bismarck, ein damals fast noch unbekannter märkischer Junker, der bei der Organisierung des Widerstandes gegen die Revolution seine Hoffnungen auf die Bauern und die Armee setzte. Von General v. Prittwitz und Prinz Karl ermuntert, sondierte er bei den Kommandierenden Generälen in Stettin und Magdeburg, holte sich jedoch eine Abfuhr, als er am 23. März die Prinzessin Augusta, die Frau des Thronfolgers, in Potsdam aufsuchte und sie um die Erlaubnis bat, seine gegenrevolutionären Bestrebungen mit dem Namen ihres Mannes legitimieren zu dürfen. Zwei Tage später erschien der König in Potsdam und bekräftigte in einer Ansprache vor dem Offizierskorps der Garde im Marmorsaal des Neuen Palais mit Nachdruck die Beibehaltung des seit dem 18. März eingeschlagenen Kurses der liberalen Konzessionen, eine Entscheidung, die auf der Notwendigkeit beruhte, durch die in Aussicht genommene Berufung einer liberalen Regierung die Bourgeoisie zunächst an der Macht zu beteiligen. Mit dieser Erklärung wurde dem Drängen der ultraroyalistischen Adelsfronde nach einer kurzfristigen Inszenierung einer auf Gewaltanwendung gegründeten Reaktionspolitik der Boden entzogen.

Die Fürsten, die halbfeudale Aristokratie in den meisten deutschen Staaten und auch die Mehrheit des Adels in Preußen erkannten, daß es zunächst unumgänglich war, sich auf das veränderte Kräfteverhältnis einzustellen. Zur Rettung wurde für sie die ablehnende Haltung der Bourgeoisie gegenüber den demokratischen Bestrebungen, die Revolution weiterzuführen. Nur vom Volke hatten sie, wie ihnen rasch klar wurde, die Vernichtung der ihnen verbliebenen Positionen zu erwarten. Daher gingen sie, wenn vielfach auch widerstrebend, die Koalition mit den Liberalen ein, die ihnen Schutz vor der demokratischen Massenbewegung bieten konnte. Die Adels-

Otto v. Bismarck, 1848

Anonyme Karikatur auf Friedrich Wilhelm IV., 1848

klasse gedachte sich der Bourgeoisie als Bundesgenosse aber nur so lange zu bedienen, bis sie den Ansturm des Volkes überstanden hatte und günstige Bedingungen für eine Restauration des alten Systems herangereift waren. Sie wußte, daß sie die alleinige politische Macht schließlich nur mit militärischen Kräften würde zurückerobern können. Daher galt ihr Hauptziel zunächst der Erhaltung der Zuverlässigkeit der Armee.

Angesichts des Bündnisses, das die Bourgeoisie mit den Fürsten und dem Adel eingegangen war, gewann das demokratische Kleinbürgertum große Bedeutung für die Weiterführung der demokratischen Umgestaltung. Am Ende der ersten Etappe der Revolution trat die kleinbürgerliche Demokratie überall an die Spitze der demokratischen Volksbewegung. Sie wurde zum Sprecher des Volkes und erlangte wachsenden Einfluß auf das städtische Kleinbürgertum, auf beträchtliche Teile der Arbeiterklasse und auf bäuerliche Schichten. Die Märzerrungenschaften brachten der kleinbürgerlichen Demokratie die äußeren Voraussetzungen, um sich als Partei zu formieren. Dieser Prozeß schritt in dem Maße voran, wie es ihr gelang, sich von der Kompromißpolitik der Bourgeoisie abzugrenzen. Am frühesten errangen in Baden und Sachsen die demokratischen Kräfte ihre organisatorische Selbständigkeit. Hier traten in den letzten Märztagen Vaterlandsvereine ins Leben, erste Massenorganisationen der kleinbürgerlichen Demokratie auf regionaler Basis. Komplizierter verlief die Verselbständigung von der Bourgeoisie auf politischem und ideologischem Gebiet. Nur einer Minderheit von Demokraten war zunächst bewußt, daß der Kampf gegen die Konterrevolution erforderte, die politischen Auseinandersetzungen mit dem Ziel einer demokratischen Republik zu führen. Die meisten hegten Illusionen über die Politik der liberalen Märzkabinette und erwarteten, daß die Revolution ohne größere Klassenkonflikte auf parlamentarischem Wege im Volksinteresse zu Ende geführt werden könnte.

Das Eingreifen der deutschen Kommunisten

Die Vertreter der entschiedensten revolutionären Partei, die Kommunisten, die eine europäische Revolution seit langem erwarteten, hatten die Februarrevolution begeistert begrüßt. Marx' Name stand unter einer Grußadresse der Demokratischen Gesellschaft in Brüssel an die Provisorische Regierung der Französischen Republik, die der Gewißheit Ausdruck gab, das Frankreichs Nachbarn »als erste folgen werden der Bahn, die es beschritten hat«[18]. Die Revolution traf die Kommunisten nicht unvorbereitet. Sie besaßen ein klares politisches Konzept. Marx und Engels hatten es ausgearbeitet und begründet. Im »Manifest der Kommunistischen Partei« war es fixiert.

Die Nachricht vom Ausbruch der Revolution in Paris erreichte die Führungskräfte und die meisten Mitglieder des Bundes der Kommunisten nicht in Deutschland. Die Zentren der Bundestätigkeit lagen im Ausland, in England, Belgien und Frankreich vor allem. Doch wo auch immer Kommunisten zu dieser Zeit wirkten, ob in Paris, Brüssel oder London, Köln oder Berlin, Antwerpen oder La Chaux-de-Fonds, sie waren sofort bereit, die Bewegung mit allen Kräften voranzutreiben. In Paris hatten deutsche Proletarier an den Barrikadenkämpfen teilgenommen. In Brüssel intensivierten die Kommunisten um Marx und Engels die politischen Aktivitäten der Demokratischen Gesellschaft, die sich in Permanenz erklärte und die Bewaffnung der Arbeiter forderte. In London trafen die Bundesmitglieder Vorbereitungen, den Chartisten bei ihrem Waffengang mit der englischen Bourgeoisie zur Seite zu stehen.

Überall in den ausländischen Zentren des Bundes aber blickte man vor allem nach Deutschland. »Deutschland wird hoffentlich folgen. Jetzt oder nie wird es sich aus seiner Erniedrigung emporraffen. Wenn die Deutschen einige Energie, einigen Stolz, einigen Mut besitzen, so können wir in vier Wochen auch rufen: *›Es lebe die deutsche Republik!‹*«[19], schrieb Engels am 27. Februar 1848 unter dem Eindruck der Februarrevolution. Diese Erwartung erfüllte nicht nur ihn. Sie war die allgemeine Stimmung in den Bundesgemeinden im Ausland. »Alles war gespannt auf die nächsten Ereignisse. Viele glaubten, was in Frankreich möglich gewesen, müsse und könne sogleich auch in Deutschland pp. ausgeführt werden ... Im B[und] selbst war man außerordentlich gespannt und diskutierte über nichts anderes als über französische und deutsche Revolution ...«, hieß es in einem späteren Bericht des Londoner Kreises über die Situation in den letzten Februartagen 1848.[20]

London um 1848. Zeitgenössische Darstellung

Die Londoner Zentralbehörde erkannte, daß die Leitung der Partei nicht abseits von der Revolution bleiben durfte und unter den neuen Bedingungen die besten Kräfte an die Spitze des Bundes gehörten. Sie beschloß unmittelbar nach Bekanntwerden der Pariser Februarereignisse, den Sitz der Zentralbehörde nach Brüssel zu verlegen. Damit übernahmen Marx und Engels direkt die Führung des Bundes. Doch konnten sie ihre neue Funktion von Brüssel aus nicht mehr wahrnehmen. Die Mehrzahl der leitenden Bundesmitglieder war entweder bereits verhaftet, ausgewiesen oder von Ausweisung bedroht. Unter diesen Bedingungen entschied die neue Brüsseler Zen-

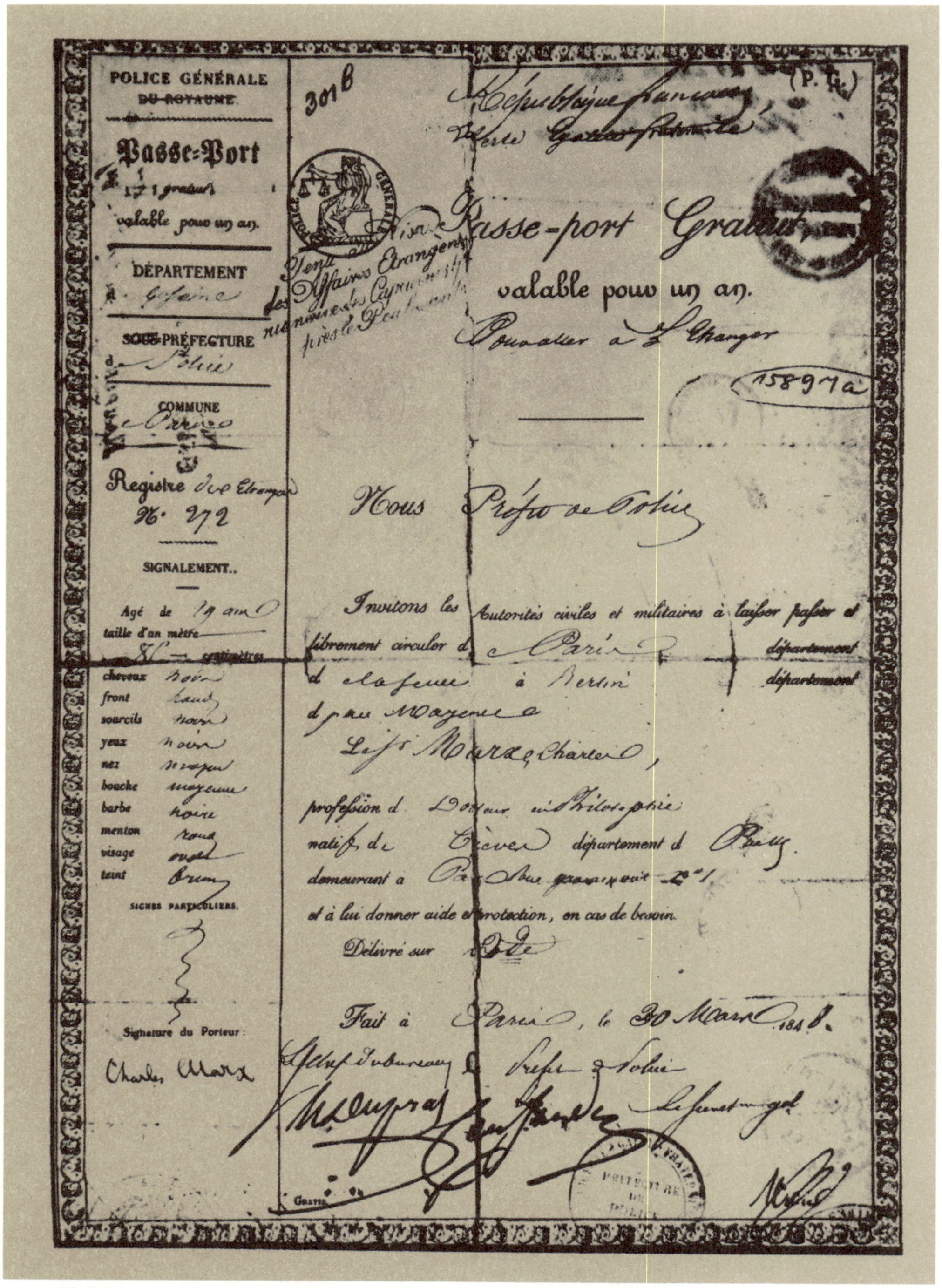

POLICE GÉNÉRALE
~~DU ROYAUME.~~
Passe-Port
valable pouo un an.
DÉPARTEMENT
SOUS-PRÉFECTURE
COMMUNE
Registre des Etrangers
N° 272
SIGNALEMENT.
Agé de 29 ans
taille d'un mètre
centimètres
cheveux
front
sourcils
yeux
nez
bouche
barbe
menton
visage
teint
SIGNES PARTICULIERS.
Signature du Porteur
Charles Marx
République française
Liberté Egalité Fraternité
Passe-port Gratuit
valable pouo un an.
Nous Préfet de Police
Invitons les Autorités civiles et militaires à laisser passer et librement circuler de Paris département
à Berlin département
Marx, Charles,
profession de Docteur en Philosophie
natif de Trèves département de
demeurant à Paris
et à lui donner aide et protection, en cas de besoin.
Délivré sur
Fait à Paris, le 30 Mars 1848.

Am 30. März 1848 von der Polizeipräfektur Paris für Karl Marx ausgestellter Reisepaß

tralbehörde am 3. März, ihren Sitz nach Paris zu verlegen, wo »in diesem Augenblick das Zentrum der ganzen revolutionären Bewegung« war. Marx erhielt »diskretionäre Vollmacht zur momentanen Zentraldirektion aller Bundesangelegenheiten« übertragen und wurde beauftragt, eine neue Zentralbehörde zu bilden.[21] Kurz darauf stellte die belgische Polizei Marx den Ausweisungsbefehl zu und verhaftete ihn in der Nacht nach einer Haussuchung. Aus der Haft entlassen, verließ er Brüssel am 4. März. Eine Woche später war die neue Zentralbehörde in Paris konstituiert und hatte ihre Arbeit bereits aufgenommen. Marx war zum Präsidenten, Schapper zum Sekretär ernannt. Als Mitglieder gehörten ihr an: Friedrich Engels, der noch in Brüssel verblieben war, Heinrich Bauer, Joseph Moll, Carl Wallau und Wilhelm Wolff.

Sosehr die Kommunisten auch Paris als revolutionäres Zentrum ansahen, für immer wollten sie nicht in der französischen Metropole bleiben. Ihr Blick richtete sich in erster Linie nach Deutschland. Dort wollten sie revolutionär wirken. So dachten nicht nur die Bundesmitglieder, sondern auch zahlreiche andere politisch bewußte deutsche Arbeiter im Ausland. »Hier sind die Leute nicht mehr zu halten —«, berichtete Schapper Ende März 1848 über die Situation im Londoner Arbeiterbildungsverein, »ich habe daher eingewilligt, daß Subskriptionslisten, aber nur bei Deutschen, herumgetragen werden, um den ohne Arbeit und ohne Mittel sich befindenden Deutschen es möglich zu machen, in ihre Heimat zurückzukehren.«[22] Paris war für alle nur eine Zwischenstation auf dem Wege aus den Emigrationsländern in die revolutionierte Heimat. Die Entwicklung in Deutschland gebot Eile. Als am 18. März das Volk in Berlin die Reaktion aufs Haupt schlug, war der Weg nach Hause frei. Nun mußte binnen weniger Tage das Notwendige getan werden.

Die »Forderungen der Kommunistischen Partei in Deutschland«

Auf zweierlei konzentrierten sich die Kommunisten. Zunächst suchten sie den Einfluß der Partei auf die zahlreichen deutschen Arbeiter in Paris zu verstärken, um neue Kräfte für die revolutionäre Tätigkeit in Deutschland zu gewinnen. Zu diesem Zweck gründeten sie einen Klub deutscher Arbeiter. Energisch widersetzten sich Marx und Engels und ihre Kampfgefährten den abenteuerlichen Bestrebungen kleinbürgerlicher Kräfte um Heinrich Börnstein, Georg Herwegh und Adalbert Bornstedt, die deutsche Handwerksgesellen für eine »deutsche Legion« warben, um bewaffnet nach Deutschland einzufallen und die Republik gleichsam von außen einzuführen. Es gelang den Kommunisten, Hunderte Arbeiter von einer Teilnahme an dieser »Revolutionsspielerei« abzuhalten und sie zu überzeugen, einzeln nach Deutschland zurückzukehren und sich an ihren Heimatorten unverzüglich in die revolutionäre Bewegung einzureihen. Zugleich arbeiteten Marx und Engels im Auftrage der Zentralbehörde an einem politischen Aktionsprogramm der kommunistischen Partei. Die allgemeinen Grundsätze des »Kommunistischen Manifests« waren nun zu präzisieren und die konkreten Ziele der revolutionären Arbeiterklasse in der bürgerlichen Revolution in Deutschland zu fixieren. Das Ergebnis dieser Anstrengungen waren die »Forderungen der Kommunistischen Partei in Deutschland«. Sie erschienen, von den Mit-

gliedern der Zentralbehörde unterzeichnet, Ende März 1848 als Flugblatt.
Als die Bundesmitglieder und andere Arbeiterrevolutionäre sich Ende März/Anfang April 1848 auf den Weg nach Deutschland machten, hatten sie dieses kleine unscheinbare Papier im Reisegepäck. Wenige Tage darauf war es in weiten Teilen Deutschlands bekannt. Schon in den ersten Apriltagen wußte man nicht nur im Rheinland, in Süddeutschland und in Thüringen davon, sondern auch in Berlin, Cottbus und Breslau, in Halle (Saale) und Leipzig. Große Tageszeitungen und kleine Lokalblätter druckten es ab. Die deutsche Öffentlichkeit erfuhr so, daß eine neue Partei die Arena des politischen Kampfes in Deutschland betreten hatte, die Partei der Kommunisten.
Die Kommunisten ließen sich nicht beeindrucken von der überschäumenden Freude über die ersten errungenen Siege, die sich auch bei den Arbeitern oft genug mit der Illusion mischte, nun sei alles gewonnen. Sie sagten dem Volk die Wahrheit: Die Revolution steht erst am Anfang, und die entscheidenden Schlachten müssen noch geschlagen werden, wenn Deutschland ein demokratisches Land werden soll. Mit ihrem Programm setzten sie hierfür die notwendigen Zielpunkte, nüchtern, knapp und unmißverständlich. Und sie waren die einzigen, die das so klar und so entschieden taten. Weder die bürgerlichen Liberalen noch die kleinbürgerlichen Demokraten, deren Aufgabe es eigentlich gewesen wäre, ein solches Programm für die Weiterführung der bürgerlichen Revolution vorzulegen, vermochten der Bewegung die Richtung zu weisen, die eingeschlagen werden mußte, um in dem zu schaffenden einheitlichen deutschen Nationalstaat auch eine konsequente bürgerliche Demokratie zu erringen.
Das Aktionsprogramm der Kommunisten ging davon aus, daß in Deutschland eine bürgerliche Revolution begonnen hatte und nun konsequent zu Ende geführt werden mußte. Es rief die Arbeiter auf, sich energisch am Kampf um eine entschiedene bürgerliche Demokratie zu beteiligen. Die

Programm des Bundes der Kommunisten für die Revolution 1848/49 in Deutschland. Flugblatt, 1848

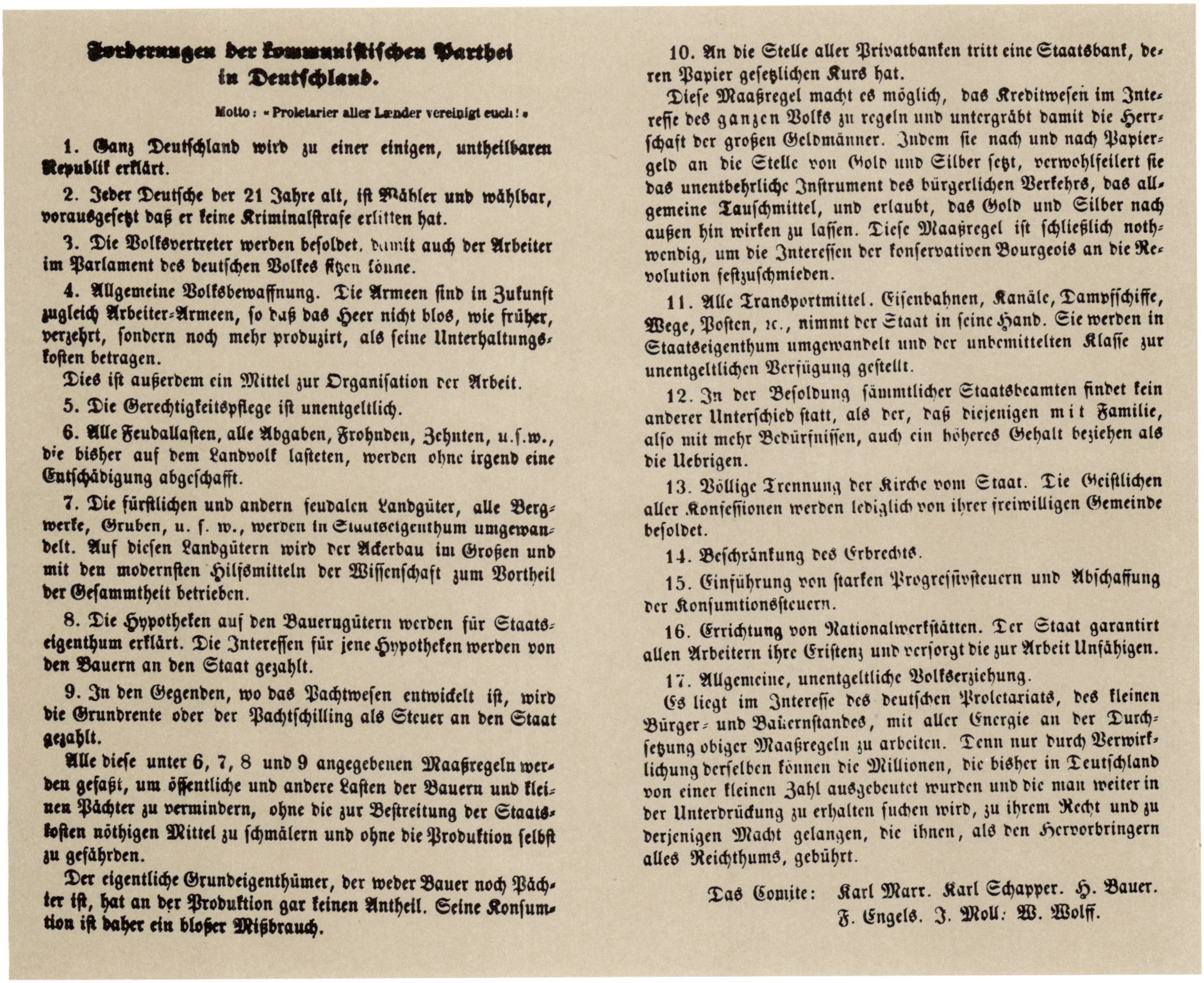

Forderungen der kommunistischen Parthei in Deutschland.

Motto: « Proletarier aller Lænder vereinigt euch! »

1. Ganz Deutschland wird zu einer einigen, untheilbaren Republik erklärt.

2. Jeder Deutsche der 21 Jahre alt, ist Wähler und wählbar, vorausgesetzt daß er keine Kriminalstrafe erlitten hat.

3. Die Volksvertreter werden besoldet, damit auch der Arbeiter im Parlament des deutschen Volkes sitzen könne.

4. Allgemeine Volksbewaffnung. Die Armeen sind in Zukunft zugleich Arbeiter-Armeen, so daß das Heer nicht blos, wie früher, verzehrt, sondern noch mehr produzirt, als seine Unterhaltungskosten betragen.

Dies ist außerdem ein Mittel zur Organisation der Arbeit.

5. Die Gerechtigkeitspflege ist unentgeltlich.

6. Alle Feudallasten, alle Abgaben, Frohnden, Zehnten, u.s.w., die bisher auf dem Landvolk lasteten, werden ohne irgend eine Entschädigung abgeschafft.

7. Die fürstlichen und andern feudalen Landgüter, alle Bergwerke, Gruben, u. s. w., werden in Staatseigenthum umgewandelt. Auf diesen Landgütern wird der Ackerbau im Großen und mit den modernsten Hilfsmitteln der Wissenschaft zum Vortheil der Gesammtheit betrieben.

8. Die Hypotheken auf den Bauerngütern werden für Staatseigenthum erklärt. Die Interessen für jene Hypotheken werden von den Bauern an den Staat gezahlt.

9. In den Gegenden, wo das Pachtwesen entwickelt ist, wird die Grundrente oder der Pachtschilling als Steuer an den Staat gezahlt.

Alle diese unter 6, 7, 8 und 9 angegebenen Maaßregeln werden gefaßt, um öffentliche und andere Lasten der Bauern und kleinen Pächter zu vermindern, ohne die zur Bestreitung der Staatskosten nöthigen Mittel zu schmälern und ohne die Produktion selbst zu gefährden.

Der eigentliche Grundeigenthümer, der weder Bauer noch Pächter ist, hat an der Produktion gar keinen Antheil. Seine Konsumtion ist daher ein bloßer Mißbrauch.

10. An die Stelle aller Privatbanken tritt eine Staatsbank, deren Papier gesetzlichen Kurs hat.

Diese Maaßregel macht es möglich, das Kreditwesen im Interesse des ganzen Volks zu regeln und untergräbt damit die Herrschaft der großen Geldmänner. Indem sie nach und nach Papiergeld an die Stelle von Gold und Silber setzt, verwohlfeilert sie das unentbehrliche Instrument des bürgerlichen Verkehrs, das allgemeine Tauschmittel, und erlaubt, das Gold und Silber nach außen hin wirken zu lassen. Diese Maaßregel ist schließlich nothwendig, um die Interessen der konservativen Bourgeois an die Revolution festzuschmieden.

11. Alle Transportmittel. Eisenbahnen, Kanäle, Dampfschiffe, Wege, Posten, rc., nimmt der Staat in seine Hand. Sie werden in Staatseigenthum umgewandelt und der unbemittelten Klasse zur unentgeltlichen Verfügung gestellt.

12. In der Besoldung sämmtlicher Staatsbeamten findet kein anderer Unterschied statt, als der, daß diejenigen mit Familie, also mit mehr Bedürfnissen, auch ein höheres Gehalt beziehen als die Uebrigen.

13. Völlige Trennung der Kirche vom Staat. Die Geistlichen aller Konfessionen werden lediglich von ihrer freiwilligen Gemeinde besoldet.

14. Beschränkung des Erbrechts.

15. Einführung von starken Progressivsteuern und Abschaffung der Konsumtionssteuern.

16. Errichtung von Nationalwerkstätten. Der Staat garantirt allen Arbeitern ihre Existenz und versorgt die zur Arbeit Unfähigen.

17. Allgemeine, unentgeltliche Volkserziehung.

Es liegt im Interesse des deutschen Proletariats, des kleinen Bürger- und Bauernstandes, mit aller Energie an der Durchsetzung obiger Maaßregeln zu arbeiten. Denn nur durch Verwirklichung derselben können die Millionen, die bisher in Deutschland von einer kleinen Zahl ausgebeutet wurden und die man weiter in der Unterdrückung zu erhalten suchen wird, zu ihrem Recht und zu derjenigen Macht gelangen, die ihnen, als den Hervorbringern alles Reichthums, gebührt.

Das Comite: Karl Marx. Karl Schapper. H. Bauer. F. Engels. J. Moll. W. Wolff.

Kommunisten wußten und lehrten die Arbeiter, daß man den zweiten Schritt nicht vor dem ersten tun kann, daß man um den Sozialismus nicht erfolgreich kämpfen kann, wenn zuvor nicht der Feudalismus beseitigt und mit der Errichtung einer fortschrittlichen bürgerlichen Demokratie der Kampfboden für den Befreiungskampf der Arbeiterklasse geschaffen ist. Darum mußte die Arbeiterklasse zunächst einmal die Feinde ihrer Feinde, Junker, Adlige und Königtum, vernichten, um dann ihren eigentlichen Gegner, die Bourgeoisie, stürzen zu können. Daher forderten die Kommunisten die Arbeiter auf, gegenüber der bürgerlichen Revolution nicht Abstinenz zu üben, sondern in sie einzugreifen, sie konsequent voranzutreiben und dabei mit allen antifeudalen Kräften zusammenzugehen. »Die Kommunisten ... treten ... für den Augenblick in allen praktischen Parteifragen selbst als Demokraten auf ... Solange die Demokratie noch nicht erkämpft ist, solange kämpfen Kommunisten und Demokraten also zusammen, solange sind die Interessen der Demokraten zugleich die der Kommunisten«, hatte Engels noch am 7. Oktober 1847, am Vorabend der Revolution, geschrieben.[23] Nun praktizierten sie diese Politik. Ihr Programm richtete sich nicht nur an die Arbeiter. Es appellierte auch an die kleine Bürger- und Bauernschaft und brachte deren Interessen zum Ausdruck.

An die Spitze ihres Programms stellten die Kommunisten die Forderung: »Ganz Deutschland wird zu einer einigen, unteilbaren Republik erklärt.«[24] Sie zielte darauf, die feudalstaatliche Zersplitterung, das schwerste Hemmnis für die bürgerlich-kapitalistische Entwicklung Deutschlands, vollständig zu überwinden. Sollte dieses Ziel erreicht werden, dann mußte die Revolution die beiden reaktionären Bollwerke in Mitteleuropa und die Erzfeinde jeder demokratischen Einigung Deutschlands, Preußen und Österreich, zerstören. Den Kommunisten ging es nicht um eine Einigung des Landes um jeden Preis. Wesentlich war für sie der Inhalt des zu errichtenden deutschen Nationalstaates. Bei der nationalen Frage handelte es sich also um eine Klassenfrage, um eine Frage der Macht. Die für die bürgerliche Gesellschaft notwendige Zentralisation sollte sich nicht im Rahmen einer konstitutionellen Monarchie unter preußischer Führung vollziehen, wie das die liberale Bourgeoisie wollte. Den Kommunisten genügte auch nicht eine halbherzige, den Partikularismus immer noch kon-

Ein Arbeiter ruft zum Streik auf.
Holzstich von Günther nach einer Zeichnung von Vinzenz Katzler

servierende Föderativrepublik, wie sie der Masse der kleinbürgerlichen Demokraten vorschwebte. Sie wollten jeden Partikularismus beseitigen und Deutschland in einer unteilbaren demokratischen Republik einigen. Die Demokratie sollte zum Inhalt des angestrebten bürgerlichen deutschen Nationalstaates werden. Das allein entsprach den Bedürfnissen des Volkes; das hätte auch der Arbeiterklasse den besten Kampfboden geschaffen.
Beseitigung der politischen Macht der reaktionären Junkerklasse und weitgehende Demokratisierung des gesamten politischen und gesellschaftlichen Lebens war daher auch der Kern der folgenden Forderungen des Revolutionsprogramms. Es verlangte: uneingeschränktes Wahlrecht und Wählbarkeit für alle Bürger, Besoldung der Volksvertreter, damit auch Arbeiter im Parlament auftreten können, unentgeltliche Rechtsprechung, völlige Trennung von Kirche und Staat, Brechung des Bildungsmonopols der besitzenden Klassen durch Einführung einer allgemeinen, unentgeltlichen Volkserziehung und vor allem Volksbewaffnung.
In diesen Forderungen schlugen sich die Vorstellungen von Marx und Engels über die Lösung der Machtfrage in der bürgerlich-demokratischen Revolution nieder. Ihr Ziel war nicht die sofortige Errichtung der Herrschaft der Arbeiterklasse. Sie wollten die Konstituierung einer revolutionär-demokratischen Staatsmacht des Volkes, eines Staates, der noch bürgerlichen Charakter hatte, aber dennoch getragen werden sollte von den werktätigen Klassen der bürgerlichen Gesellschaft. Im demokratischen Bürgertum und Kleinbürgertum, in der Bauernschaft und im Proletariat und nicht in der Bourgeoisie sahen die Kommunisten den wirklichen Garanten einer fortschrittlichen, revolutionären bürgerlichen Demokratie und einer diese Demokratie gewährleistenden Staatsmacht. Und dies mit vollem Recht. Denn die Bourgeoisie hatte sich nicht nur zu Kompromissen gegenüber den Feinden der Demokratie bereit gezeigt; sie war dabei, mit Adel und Krone ein Bündnis gegen das Volk zu schließen und bereit, wesentliche Abstriche an der bürgerlichen Demokratie zuzulassen, ja sie preiszugeben.
Daraus mußten Marx und Engels Schlußfolgerungen ziehen. Sie forderten, nicht nur gegen den Feudaladel zu kämpfen, sondern auch der Bourgeoisie da entgegenzutreten, wo sie antidemokratisch handelte. Sie taten dies freilich nicht, um sofort sozialistische Ziele zu verwirklichen, sondern weil die Bourgeoisie die Verwirklichung bürgerlich-demokratischer Verhältnisse zu behindern suchte. Das Programm schlug Maßnahmen vor, die dazu angetan waren, die »Herrschaft der großen Geldmänner« einzuschränken. Der demokratische Staat sollte die Privatbanken, alle Transportmittel, die Gruben und Bergwerke in seine Hand nehmen und Progressivsteuern einführen.
Solche revolutionär-demokratischen Maßnahmen lagen im Interesse der bürgerlichen Demokratie und überschritten noch keineswegs die Grenzen einer bürgerlichen Revolution. Doch waren sie geeignet, im Verlauf der bürgerlich-demokratischen Umgestaltung günstige Ansatzpunkte für den weiteren Kampf des Proletariats um die Beseitigung der kapitalistischen Ausbeutung zu schaffen. Die demokratische Republik war das nächste strategische Ziel des Kampfes der Kommunisten; jedoch hatten sie eine weiterreichende Perspektive. Sie betrachteten die demokratische Republik nur als einen Schritt auf dem Wege zur Erfüllung der großen historischen Aufgabe der revolutionären Arbeiterklasse: die politische Macht zu erobern und mittels dieser eine von Ausbeutung freie Gesellschaft zu errichten. Hiervon ausgehend hielten Marx und Engels die bürgerlich-demokratische Republik »für die beste Staatsform«, in der die Gegensätze der bürgerlichen Gesellschaft – wie Marx 1848 schrieb – nicht verwischt werden konnten, sondern vielmehr »zum freien Kampf und damit zur Lösung kommen«.[25]
Als Vorhut der Arbeiterklasse verlangten die Kommunisten Maßnahmen zur sofortigen Verbesserung der sozialen Lage des Proletariats. Der angestrebte demokratische Staat sollte zu diesem Zweck Nationalwerkstätten errichten, allen Arbeitern ihre Existenzgrundlagen garantieren und die Arbeitsunfähigen versorgen.
Die Spitze ihres Angriffs richteten die Kommunisten gegen die halbfeudale Adelsklasse, den Hauptfeind der bürgerlichen Demokratie. Um die adligen und junkerlichen großen Grundeigentümer nicht nur politisch, sondern auch ökonomisch entmachten und zugleich die Forderungen der Bauern nach eigenem Grund und Boden erfüllen zu können, verlangten die Kommunisten: »Alle Feudallasten, alle Abgaben, Fronden, Zehnten etc., die bisher auf dem Landvolke lasteten, werden ohne irgendeine Entschädigung abgeschafft.« Ferner: »Die fürstlichen und andren feudalen

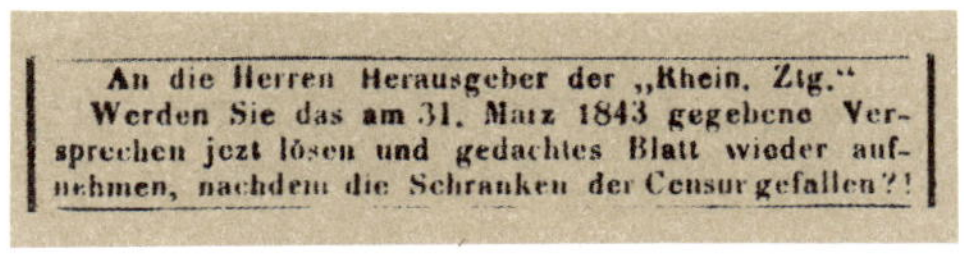
An die Herren Herausgeber der „Rhein. Ztg.“
Werden Sie das am 31. März 1843 gegebene Versprechen jezt lösen und gedachtes Blatt wieder aufnehmen, nachdem die Schranken der Censur gefallen?!

Anonyme Anzeige aus der »Kölnischen Zeitung« vom 24. März 1848

Karikatur auf die Haltung der Großbourgeoisie. Aus dem »Leuchtthurm«, 1848

Landgüter ... werden in Staatseigentum umgewandelt...«[26] Zugleich sollten, um die Bauern auch vor dem kapitalistischen Wucher zu schützen, alle Hypotheken verstaatlicht und sämtliche Pachtgelder an den Staat gezahlt werden. Mit diesen Forderungen entwickelten die Kommunisten im Gegensatz zur Bourgeoisie, die die Interessen ihres natürlichen Bundesgenossen im Kampf gegen den Feudalismus nicht berücksichtigte, eine demokratische Konzeption zur revolutionären Lösung der Bauernfrage. Mit diesem Programm wurde die Politik des revolutionären Bündnisses zwischen Arbeiterklasse und Bauernschaft in Deutschland eingeleitet.

Die »Forderungen der Kommunistischen Partei in Deutschland« waren das selbständige Programm der revolutionären Arbeiterklasse für die zweite, die revolutionär-demokratische Etappe der bürgerlichen Revolution. Nachdem die Bourgeoisie an der Macht beteiligt war und, zufriedengestellt, die Revolution beenden wollte, oblag es den nichtbourgeoisen Klassen der bürgerlichen Gesellschaft, dem revolutionären Volk, die begonnene Revolution entschlossen voranzutreiben, durch weitere Aktionen den Feudalismus vollends zu beseitigen und entschieden demokratische Verhältnisse herzustellen. Nur auf diesem Wege waren der endgültige Sieg der bürgerlichen Gesellschaft und deren demokratische Gestaltung sowie die politische Herrschaft der bürgerlichen Klassen gegenüber dem Adel zu gewährleisten. Das galt den Kommunisten als nächstes Ziel. Doch wollten sie damit die bürgerliche Revolution bis an ihre äußersten demokratischen Grenzen heranführen und durch eine Reihe von praktischen Maßregeln günstige Bedingungen für einen raschen Übergang zur sozialistischen Revolution schaffen. Treffend nannte ein Mitglied des Bundes der Kommunisten die Forderungen unmittelbar nach ihrem Erscheinen »ein ziemlich vollständiges Programm einer selbständigen Politik, und zwar der Politik, die allein kräftig, weitsehend und umfassend genug ist, um Deutschland zu einem kräftigen, blühenden Zustande hinzuleiten und dabei für eine Generation nach uns den Übergang zur kommunistischen Gesellschaftseinrichtung anzubahnen«[27]. Dieses Programm wurde zur politischen Grundlage der revolutionären Arbeit der Kommunisten in der deutschen Revolution.

Kapitel 3

Die Revolution ist nicht zu Ende

Die Bourgeoisie in der Regierung

Wie ein Sturm war die Revolution seit den letzten Februartagen über den Kontinent hinweggebraust. Sie hatte Könige entthront, Regierungen gestürzt und die Großbourgeoisie an die Macht gebracht, dem Volk bislang verweigerte demokratische Rechte und Freiheiten verschafft. Auch im Gebiet des Deutschen Bundes hatten sich die Ereignisse förmlich überstürzt. Jeder Tag zwischen dem 24. Februar und dem 18. März hatte mehr Bedeutung als manches ganze Jahr der »friedlichen«, »ruhigen« Vormärzzeit. Diese Wochen waren eine Zeit, in der das Volk, über Jahrzehnte unterdrückt und geknebelt, politisch entrechtet und geistig bevormundet, die Fesseln des verrotteten politischen Systems gesprengt und seine ungebrochene Schöpferkraft entfaltet hatte. Es waren Festtage der Ausgebeuteten und Unterdrückten. Doch noch war die Revolution nicht beendet. Weiterführung der Revolution, das hieß: die errungenen Freiheiten nutzen, um mit unverminderter Kraft für Demokratie und sozialen Fortschritt zu kämpfen. Es begann eine neue Etappe der Klassenkämpfe. Der demokratischen Volksbewegung, die nach Vertiefung des revolutionären Prozesses drängte, standen die Großbourgeoisie, die auf legislativem Wege — ohne und gegen das Volk — ihr antifeudales Reformprogramm durchsetzen wollte, und die Feudalreaktion gegenüber, deren Ziel es war, die Ergebnisse der Revolution rückgängig zu machen.

Das Ministerium Camphausen

Nachhaltig bekamen Königtum und Junkerklasse in Preußen zu spüren, daß mit dem ersten Sieg der Revolution das Volk eine Macht geworden war. Voller Selbstbewußtsein begann es, seine Forderungen vorzubringen. Den Massen genügten die königlichen Patente vom 18. März längst nicht mehr. In Schlesien, in Berlin und im Rheinland erhob sich kraftvoll die demokratische Bewegung. Sie rüttelte an den Grundfesten des preußischen Staates und zwang den Monarchen zu weiteren Zugeständnissen. Die Aktivität der Massen brachte das Ministerium Arnim/Boitzenburg ins Wanken. »Hier schwankt alles«, berichtete aus dem Rheinland der Kölner Regierungspräsident Karl Otto v. Raumer am 27. März dem Innenminister Alfred v. Auerswald, »alle Verhältnisse, der Zusammenhang der Provinz mit Preußen, sind nahe daran, sich aufzulösen ... Ohne Camphausen ist das Ministerium für die Rheinprovinz unmöglich. Die Änderung des Ministeriums tut dringend not, noch vor dem Landtage, sonst ist hier alles zu befürchten. Die Republik, die Trennung steht vor der Tür.« [1]

Friedrich Wilhelm IV. blieb keine andere Wahl, als den Vertretern der liberalen Großbourgeoisie die Regierungsgewalt zu übertragen. Am 29. März wurden Ludolf Camphausen zum Ministerpräsidenten, David Hansemann zum Finanzminister berufen. Neben ihnen verblieben mehrere dem liberalen Flügel des Junkertums angehörende Minister im Amt. Zum ersten Mal in der Geschichte Preußens hatte mit Camphausen ein nichtadliger Politiker den höchsten Regierungsposten erhalten.

Der damals 45jährige Kölner Bankier, ursprünglich Öl- und Getreidegroßhändler, hatte frühzeitig begonnen, sich für die ökonomischen und politischen Interessen der rheinischen Bourgeoisie einzusetzen. Er war einer der Initiatoren des Eisenbahnbaus im Rheinland und Gründer der Kölner Dampfschiffahrtsgesellschaft. Schon in jungen Jahren Mitglied des Kölner Stadtrates, wurde Camphausen bald Präsident der Kölner Handelskammer und schließlich führendes Mitglied der liberalen Opposition im Landtag der Rheinprovinz. Von etwas verschlossenem Wesen, dabei rhetorisch gewandt und ein Mann der Feder, zeigte er ein besonderes Interesse für Philosophie und Geschichte. Er besaß eine Nei-

Volksversammlung an der »einsamen Pappel« vor dem Schönhauser Tor in Berlin, 26. März 1848. Spätere Darstellung nach einer zeitgenössischen Vorlage

Ludolf Camphausen. Nach der »Illustrierten Zeitung«, 1848

gung zum Theoretisieren und hatte eine Vorliebe für Doktrinen und ideologische Prinzipien. Was ihm an Skrupellosigkeit und Entschlußkraft fehlte, ersetzte er durch diplomatisches Geschick. Zum Ministerpräsidenten wurde er berufen, weil er nicht nur einer der einflußreichsten, sondern der am weitesten rechts stehende Vertreter des rheinischen Liberalismus war. Sein politischer Ehrgeiz war jedoch nicht sonderlich stark ausgeprägt. Dem Staatsdienst eher abgeneigt, nahm er das Ministeramt vor allem in dem Bewußtsein an, seiner Klasse und der preußischen Monarchie einen im Augenblick unentbehrlichen Dienst zu leisten. Die antidemokratischen Bestrebungen, die von der Großbourgeoisie ausgingen, fanden in ihm ihren zunächst namhaftesten Vertreter.

Oberstes Anliegen der neuen Regierung in Preußen war es, die politische Herrschaft der Bourgeoisie in Form einer konstitutionellen Monarchie zu errichten. Auf der Basis einer Allianz von Krone und Bourgeoisie strebte sie ein bürgerliches Herrschaftssystem an, in dem nicht die Hohenzollerndynastie, sondern sie selbst über die ausschlaggebende Macht verfügen sollte. Ihre Regierungsgewalt gedachte sie einzusetzen, um Adel und Bourgeoisie gleichzustellen, die überkommenen Vorrechte der Junker abzubauen oder zu beseitigen und den gesellschaftlichen Verhältnissen im Lande einen ausschließlich bürgerlichen Charakter zu geben. Seine Tätigkeit begann das Camphausen-Kabinett mit dem Vorsatz, das Wesen der preußischen Monarchie zu wandeln und den halbfeudalen militaristischen Junkerstaat in ein modernes bürgerliches Staatswesen umzuwandeln. In einem liberalen Prinzipienprogramm, das die Bourgeoisie am 6. April im Vereinigten Landtag annehmen ließ, umriß sie ihre Forderungen für die Schaffung eines bürgerlich-parlamentarischen konstitutionellen Staates. Dieses Programm enthielt zugleich die unmißverständliche Absage an jedwede Adelsherrschaft.

Den führenden Vertretern der Bourgeoisie war bewußt, daß diese Ziele antifeudalen Charakter trugen und daß die Festigung und der Ausbau ihrer Macht die weitere Zurückdrängung des Einflusses der halbfeudalen Reaktion erforderte. Die liberalen Minister hofften jedoch, die Vorrechte und Privilegien der Junker auf parlamentarisch-legislativem Wege einschränken zu können, und sie rechneten dabei auf die Unterstützung der Krone. Camphausen glaubte, daß sich die preußische Dynastie den Händen der Großbourgeoisie ehrlich anvertraut und allen absolutistischen Gelüsten entsagt habe. Die Bourgeoisie in ganz Preußen teilte diese Auffassung. Unmöglich schien ihr, daß nach der Lektion vom 18. März die Träger der alten Staatsmacht, die Hohenzollern, der Adel und die Junkerklasse, der Errichtung der bürgerlichen Ordnung weiteren Widerstand entgegensetzen würden. Diese Illusion führte zu gefährlicher Sorglosigkeit gegenüber dem halbfeudalen Adel. Als den Hauptfeind eines konstitutionellen Regimes betrachtete die Bourgeoisie die revolutionär-demokratische Bewegung.

Vom ersten Tag seiner Existenz an konzentrierte sich das Ministerium Camphausen darauf, die »Ruhe und Ordnung« wiederherzustellen, die »Anarchie« zu bändigen, das heißt, der Volksbewegung entgegenzutreten. Damit untergrub es von vornherein seine Stellung. Die liberalen Minister hätten ihre Regierungsgewalt nur festigen können, wenn sie sich ihnen ergebene Staatsorgane geschaffen hätten, wenn der junkerlich-adlige Herrschaftsapparat zerschlagen und die Führung der Armee und der Verwaltungsapparat mit Anhängern des liberalen Fortschritts besetzt worden wären. Doch die Camphausen-Regierung tat das Gegenteil. Sie verband sich mit der Reaktion, um mit ihr gemeinsam die demokratische Bewegung niederzuhalten. Sie sah in den feudalreaktionären Kräften und in der preußischen Krone Bundesgenossen im Kampf gegen das Volk. Das war der Gund, weshalb der alte bürokratische Apparat und die Armee unangetastet blieben. Bis auf wenige Ausnahmen blieben alle hohen Beamten in ihren Funktionen.

Die Regierung der Großbourgeoisie suchte eine Stütze gegen das Volk im preußischen Heer. Am ersten Tag seiner Tätigkeit billigte das Camphausen-Kabinett die Rückführung von Truppen nach Berlin. Unter dem Vorwand, sich mit dem Militär aussöhnen zu wollen, hatten Angehörige der Berliner Bourgeoisie schon wenige Tage nach

Aus einem Artikel in der Extrabeilage zur »Berliner Zeitungs-Halle«, 29. März 1848

Anstatt schon jetzt, noch ehe unser Militair-System umgestaltet ist, auf Einholung des Militairs zu unserer Unterstützung zu dringen, lasset uns lieber uns aus allen Kräften beeilen, eine zweckmäßigere und für uns weniger drückende Organisation der Volksbewaffnung einzuführen!!!

dem Barrikadenkampf Adressen unterzeichnet, worin die Rückkehr zwar nicht der Garde, aber bürgerfreundlicher Soldaten verlangt wurde. Diese Forderung war auch eine der ersten, mit der der König an Camphausen unmittelbar nach dessen Berufung zum Ministerpräsidenten herantrat. Friedrich Wilhelm IV. ging es dabei weniger um militärischen Schutz für den Staatsschatz als vielmehr um die Ermunterung der antidemokratischen Neigungen der Bourgeoisie. Als unter dem Beifall des liberalen Bürgertums am 30. März Infanterie und Ulanen in Berlin einrückten, betrachtete die Regierung das als einen wesentli-

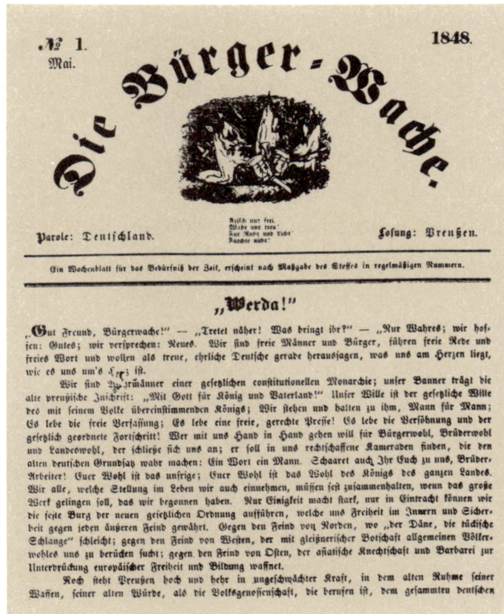
№ 1. Mai. 1848.

Die Bürger-Wache.

Parole: Deutschland. Losung: Preußen.

Ein Wochenblatt für das Bedürfniß der Zeit, erscheint nach Maßgabe des Stoffes in regelmäßigen Nummern.

„Werda!"

„Gut Freund, Bürgerwache!" — „Tretet näher! Was bringt ihr?" — „Nur Wahres; wir hoffen: Gutes; wir versprechen: Neues. Wir sind freie Männer und Bürger, führen freie Rede und freies Wort und wollen als treue, ehrliche Deutsche gerade heraussagen, was uns am Herzen liegt, wie es uns um's Herz ist.

Wir sind Wehrmänner einer gesetzlichen constitutionellen Monarchie; unser Banner trägt die alte preußische Inschrift: „Mit Gott für König und Vaterland!" Unser Wille ist der gesetzliche Wille des mit seinem Volke übereinstimmenden Königs; Wir stehen und halten zu ihm, Mann für Mann; Es lebe die freie Verfassung; Es lebe eine freie, gerechte Presse! Es lebe die Versöhnung und der gesetzlich geordnete Fortschritt! Wer mit uns Hand in Hand gehen will für Bürgerwohl, Brüderwohl und Landeswohl, der schließe sich uns an; er soll in uns rechtschaffene Kameraden finden, die den alten deutschen Grundsatz wahr machen: Ein Wort ein Mann. Schaaret auch Ihr Euch zu uns, Brüder-Arbeiter! Euer Wohl ist das unsrige; Euer Wohl ist das Wohl des Königs des ganzen Landes. Wir alle, welche Stellung im Leben wir auch einnehmen, müssen fest zusammenhalten, wenn das große Werk gelingen soll, das wir begonnen haben. Nur Einigkeit macht stark, nur in Eintracht können wir die feste Burg der neuen gesetzlichen Ordnung aufführen, welche uns Freiheit im Innern und Sicherheit gegen jeden äußeren Feind gewährt. Gegen den Feind von Norden, wo „der Däne, die tückische Schlange" schleicht; gegen den Feind von Westen, der mit gleißnerischer Botschaft allgemeinen Völkerwohles uns zu berücken sucht; gegen den Feind von Osten, der asiatische Knechtschaft und Barbarei zur Unterdrückung europäischer Freiheit und Bildung waffnet.

Noch steht Preußen hoch und hehr in ungeschwächter Kraft, in dem alten Ruhme seiner Waffen, seiner alten Würde, als die Volksgenossenschaft, die berufen ist, dem gesammten deutschen

Erste Seite einer Zeitung der Berliner Bürgerwehr, Mai 1848

chen Schritt zur Wiederherstellung der »Ordnung«. »Morgen und übermorgen werden weitere Truppenteile nachfolgen, und wenn dies, wie kaum zu bezweifeln, glücklich gelingt, so hat hier eine bedeutende Umwandlung der Dinge stattgefunden«[2], schrieb Camphausens Bruder an diesem Tag aus Berlin nach Köln. Schon am 2. April hatte die Berliner Garnison mit drei Regimentern ihre alte Stärke annähernd wieder erreicht.

Den Ruf nach Rückführung von Truppen in die Hauptstadt hatten am lautesten Hauptleute der Berliner Bürgerwehr erhoben. Diese Institution, die in Berlin aus etwa 25 000 Mann bestand, setzte sich aus Angehörigen der Bourgeoisie, des Kleinbürgertums und der Beamtenschaft zusammen. Von der Bewaffnung blieben Arbeiter und Handwerksgesellen fast völlig ausgeschlossen. Die Bürgerwehr trat nicht als Organisation des bewaffneten Volkes, sondern als eine den Interessen der Bourgeoisie dienende Polizeitruppe ins Leben. Zur Übernahme der Regierung war Camphausen nicht zuletzt durch die »gesunde Komposition der Bürgergarde«[3] ermutigt worden.

Als eines der Hauptanliegen seiner Politik betrachtete das preußische Märzministerium die Erhaltung der Dynastie. Sie war nach Ansicht der Regierung Camphausen der stärkste Damm gegen die demokratische Bewegung des Volkes. Eine der ersten Erklärungen der liberalen Minister zielte darauf ab, die stark erschütterte Autorität des preußischen Königs zu festigen und ihn gegen Angriffe im politischen Tageskampf abzuschirmen. Am 30. März verkündete Camphausen, sein Kabinett übernehme allein die Verantwortung für alle Regierungshandlungen in Preußen. Der König solle, »über das wogende Treiben des Augenblicks erhoben, in unantastbarer Ruhe die Entschließungen fassen können«[4].

Der Autokratendünkel Friedrich Wilhelms IV. war durch den Sieg des Volkes am 18. März zutiefst erschüttert worden. Er lebte einige Tage in der Furcht, weitere Aktionen der Massen könnten zum Sturz seiner Herrschaft führen. Eine Gefahr schien insbesondere von der republikanisch gesinnten Berliner Schützengilde auszugehen, die seit Mittag des 19. März die Portale des Schlosses besetzt hatte und als deren Gefangener er sich fühlte. Mit der Schaffung der Bürgerwehr waren der Polizeipräsident v. Minutoli und Berliner Liberale unverzüglich darangegangen, der Schützengilde ein Gegengewicht entgegenzustellen. Unter diesen Umständen betrieb der König einige Tage ein Doppelspiel. Einerseits ließ er durch seine Generaladjutanten Vorbereitungen treffen, um aus der Hauptstadt zu fliehen und von Potsdam aus einen konterrevolutionären Umsturz zu inszenieren. Vom 19. bis 22. März unternahm er vier Fluchtversuche, die sämtlich scheiterten. Vor der Öffentlichkeit gab er sich andererseits den Anschein, nunmehr ein für die Belange und Wünsche des Volkes aufgeschlossener, liberalen Ideen huldigender Monarch zu sein. Am 21. März begab er sich, mit einer schwarzrotgoldenen Binde am Arm und begleitet von Prinzen des königlichen Hauses, auf einen Umritt durch die Straßen Berlins. Am Schloßplatz wandte er sich mit einer Ansprache an die Menge, in der er sich als deutscher Patriot, als Verfechter einer nationalstaatlichen Einigung aller Deutschen aufspielte und versicherte, künftig ein treuer Hüter einer verfassungsmäßigen Ordnung sein zu wollen. Eine Proklamation ähnlichen Inhalts richtete er am gleichen Tage an die Bevölkerung seines Landes.

Der König wurde indes bald vor eine Entscheidung gestellt. Ein maßgeblicher Führer der Berliner Liberalen, Otto Crelinger, der sich als Verteidiger im Polenprozeß 1847 als Rechtsanwalt einen Namen gemacht hatte, führte am 23. März im Schloß mit dem König eine Unterredung, die ultimative Züge trug. Crelinger erklärte, Preußens Bürgertum sei einer republikanischen Staatsform abhold; wenn es aber zu einer zuverlässigen Stütze der Monarchie werden soll, dann müsse es die Garantie haben, daß die Krone auf alle reaktionären Ambitionen verzichtet. Um den Ernst des Gesprächs zu unterstreichen, wies Crelinger andeutungsweise auf Geschehnisse hin, deren Bekanntwerden in der Öffentlichkeit das Königshaus aufs schwerste kompromittiert hätte. Er spielte auf die gerichtliche Untersuchung gegen den Hofrat Eusebius Wedeke an, in der handfeste Beweise zutage befördert wurden, daß Hohenzollernprinzen sich hemmungslos an Grundstücks- und Eisenbahnspekulationen beteiligt hatten und daß es in Preußen möglich gewesen war, Ämter in der Verwaltung und der Justiz sowie Ränge in der Armee käuflich zu erwerben. Friedrich Wilhelm IV., der den Wink verstand, nahm von nun an von

Uniformen der Berliner Schützengilde.
Darstellung der Neuruppiner Bilderbogen, 1848 (Ausschnitt)

Umritt des preußischen Königs Unter den Linden, 21. März 1848.
Darstellung der Neuruppiner Bilderbogen, 1848

allen kurzfristig angelegten konterrevolutionären Aktionen Abstand und akzeptierte formell die Bourgeoisie als Bündnispartner der Krone.
Diese Schwenkung wurde in den Kreisen der Generalität und der Junker mit Unmut registriert. Als der König am 29. März Berlin verließ und nach Potsdam übersiedelte, gelangte er wieder unter den ausschlaggebenden Einfluß des reaktionären Hofadels. Er wußte sich zugleich unter dem Schutz der liberalen Regierung und begann eine ausgeklügelte Taktik zu entwickeln. Der Antidemokratismus der Bourgeoisie hatte ihn zu der Überzeugung geführt, daß bei geschicktem Taktieren durchaus die Möglichkeit bestand, die verlorenen Machtpositionen des Adels zurückzugewinnen. Als oberster Repräsentant der Junkerklasse und Oberkommandierender der Armee war er die Hauptfigur der halbfeudalen Konterrevolution.
Ziel seines Handelns war es zunächst, die Minister der Großbourgeoisie in dem Glauben zu belassen, er stehe rückhaltlos zu ihnen. In Wirklichkeit war er bemüht, ihre Rückendeckung zu nutzen, um Schritt für Schritt Bedingungen für die Durchsetzung restaurativer Pläne zu schaffen. Am gleichen Tag, da die Camphausen-Regierung sich schützend vor die Dynastie stellte, sammelte sich in Potsdam die Kamarilla. Diese Gruppe feudalreaktionärer Generale und Höflinge war entschlossen, nur so lange mit der Bourgeoisie zu gehen, wie sie ihrer im Kampf gegen die Revolution bedurfte. Ihr Haupt, der Generaladjutant Leopold v. Gerlach, war ein Scharfmacher aus den Tagen vor dem 18. März. Er erlangte dominierenden Einfluß auf den König. Der reaktionäre Klüngel betrachtete sich nach einem Ausspruch eines seiner Mitglieder als »Ratgeber des Königs« in einer Zeit, da »er seine Minister loswerden will, aber noch nicht kann«.[5]

Leopold v. Gerlach

Potsdam um 1848.
Zeitgenössische Darstellung

Die Vereinbarungstheorie

Die Führer der Großbourgeoisie hatten frühzeitig erkannt, daß ihre antidemokratische Politik einer ideologischen Begründung bedurfte. Diese lieferte Camphausen mit der Vereinbarungstheorie. Gemäß dieser Theorie sollte die künftige Verfassung Preußens aus dem gleichberechtigten Zusammenwirken von Krone und einzuberufendem Parlament hervorgehen. Mit dieser Auffassung stellte sich die Bourgeoisie in krassen Gegensatz zu den Interessen des Volkes. Die Massen hatten am 18. März das Königtum geschlagen, den Widerstand der Krone gegen demokratische Rechte und Freiheiten gebrochen und sich damit die Volkssouveränität erobert. Dem Prinzip der Volkssouveränität entsprach es, den Staat nach dem Willen des Volkes zu gestalten. Das bedeutete, daß nur eine vom Volk gewählte Vertretung das Recht besaß, die Verfassung des Landes zu schaffen und sie in Kraft zu setzen. Als die Großbourgeoisie Krone und Parlament zu gleichberechtigten Partnern erklärte, ging es ihr darum, das Volk daran zu hindern, mit der Revolution seine eigenen Interessen durchzusetzen. Die Vereinbarungstheorie war die Hülle, unter der die Liberalen ihren politischen Klassenegoismus zu verbergen suchten. Karl Marx hat das Wesen dieser Theorie und die von der Bourgeoisie an sie geknüpften Illusionen bloßgelegt, indem er schrieb: »Die Krone wird der Bourgeoisie den Adel, die Bourgeoisie wird der Krone das Volk opfern. Unter dieser Bedingung wird das Königtum bürgerlich und die Bourgeoisie königlich werden.«[6] Die Bourgeoisie war in einem tiefen Irrtum befangen: Während sie sich ihrerseits vom Volk distanzierte, war die Krone keineswegs bereit, sich vom Adel zu lösen und sich in ein der Bourgeoisie ergebenes Bürgerkönigtum umzuwandeln. Die Vereinbarungstheorie beruhte auf der Verleugnung der Revolution. Camphausen behauptete, der politische Umschwung in Preußen vollziehe sich nicht als Ergebnis des Volkssieges; seine Grundlage wären die Beschlüsse des Vereinigten Landtags und die königlichen Patente vom 18. März. Für Camphausen war die Revolution lediglich eine »Begebenheit«, die nicht so aufgefaßt werden dürfte, »als ob durch sie eine Umwälzung des bestehenden Zustandes eingetreten« sei.[7] Die Exponenten der Großbourgeoisie stellten in Abrede, daß die Revolution einen neuen Rechtszustand geschaffen habe. Sie vertraten die Auffassung, daß sich die erst durch die Revolution erzwungene konstitutionelle

»Herkules am Scheideweg.«
Darstellung aus den »Fliegenden Blättern«, 1848

Entwicklung aus der altpreußischen Gesetzgebung ableite, die der »Rechtsboden« für den in Preußen eingeschlagenen Weg sei. Die Thesen vom »Rechtsboden« und der »Rechtskontinuität« waren mit die wichtigsten Schlagworte im Kampf der Bourgeoisie gegen eine demokratische Entwicklung. Karl Marx schrieb: *»Die Bourgeoisie leitet ihre Ansprüche aus der altpreußischen Gesetzgebung her, damit das Volk keine Ansprüche aus der neupreußischen Revolution herleite.«*[8]

Mit der Einberufung des Vereinigten Landtags wandte Camphausen die Vereinbarungstheorie in der politischen Praxis an. Unter Mißachtung der Proteste des Volkes ließ die Regierung den Vereinigten Landtag am 2. April in Berlin zusammentreten. Er hatte die Aufgabe, über einige Gesetzesvorlagen zu entscheiden, durch die die Grundlagen für das künftige konstitutionelle Regime geschaffen werden sollten. Wenige Tage nach der Märzrevolution erhielt damit eine nicht vom Volk gewählte feudalständische Institution aus der Vormärzzeit die Möglichkeit, Einfluß auf die Neugestaltung des politischen Lebens in Preußen zu nehmen.

Die wichtigste Gesetzesvorlage betraf das Stimmrecht zur Wahl für ein preußisches Parlament. Camphausen konnte es nicht wagen, ein Zensuswahlrecht, dessen Befürworter er war, vorzuschlagen. Unter dem Druck der demokratischen Massenstimmung hatte sich die Regierung für das allgemeine Wahlrecht entschieden. Danach war jeder männliche Einwohner wahlberechtigt, der das 25. Lebensjahr vollendet hatte, und jeder wählbar, der mindestens 30 Jahre alt war. Einen Ausgang der Wahlen zugunsten der Volkskräfte wollte die Regierung durch das Festlegen des indirekten Wahlmodus verhindern. Es war dies ein Stufenwahlsystem, bei dem die in Urwahlen von allen Wahlberechtigten gewählten Wahlmänner in einem zweiten Wahlgang die Abgeordneten wählten.

Die von der Revolution eingeschüchterten Mitglieder des Vereinigten Landtags waren bereit, alle Wünsche der Regierung zu erfüllen. Sie gaben am 6. April dem Wahlgesetz ihre Zustimmung. Den Grundsatz der Vereinbarung unterstreichend, hieß dieses Gesetz »Wahlgesetz für die zur Vereinbarung der preußischen Staatsverfassung zu berufende Versammlung«.

Der Vereinigte Landtag bewilligte der Regierung auch zwei große Kredite: 15 Millionen Taler für das Heer und 25 Millionen Taler für die Festigung der von der Krise erschütterten Wirtschaft.

Das Ministerium legte Wert darauf, daß der Vereinigte Landtag einigen Grundprinzipien des Liberalismus zustimmte, die Bestandteil der künftigen Verfassung sein sollten. Dazu gehörten unter anderem Pressefreiheit, freies Vereinigungsrecht und Versammlungsfreiheit, die Schaffung von Schwurgerichten, Gleichberechtigung der Konfessionen, Steuerbewilligungsrecht des Parlaments, Zustimmung der Volksvertreter zu allen Gesetzen. Mit dieser Vorlage, die der Landtag am 6. April billigte, wollte das Camphausen-Kabinett einige vom Volk in den Märztagen errungene Rechte und Freiheiten, die auch den Interessen der Bourgeoisie entsprachen, gesetzlich verankern. Dieses Bestreben lag im Sinne des bürgerlichen Fortschritts. Es hieß aber die Revolution verleugnen, wenn nicht ein vom Volk gewähltes Parlament, sondern eine feudale Ständevertretung über die Annahme liberaler Verfassungsgrundsätze befand.

In der Frage der Wahl eines deutschen Nationalparlaments traten die antidemokratischen Gelüste des preußischen Märzkabinetts besonders deutlich zutage. Einer Aufforderung des Frankfurter Bundestages entsprechend, beeilte sich Camphausen, die preußischen Abgeordneten für die nach Frankfurt einberufene deutsche Nationalversammlung auch von den Mitgliedern des Vereinigten Landtags statt vom Volk wählen zu lassen. Diese Wahl mußte je-

Eine Sitzung des preußischen Vereinigten Landtags in Berlin.
Spätere Darstellung

doch auf Grund des Protestes der demokratischen Volksbewegung wenige Tage später annulliert werden.
Der Vereinigte Landtag löste sich am 10. April auf. Er hatte seine ihm von Bourgeoisie und Adel zugedachte Funktion erfüllt: Er gab dem revolutionären Umschwung in Preußen einen »gesetzlichen« Anstrich, und er legte mit der Annahme des indirekten Wahlrechtes und der Sanktionierung des Vereinbarungsprinzips einer demokratischen Entwicklung Hindernisse in den Weg.

Das revolutionäre Volk kämpft für die Vertiefung der Revolution

Bereits die ersten Schritte der bürgerlichen Märzministerien in Preußen und in anderen deutschen Staaten bewiesen, daß die Bourgeoisie zögerte, die errungene politische Macht zielstrebig weiter auszubauen. Auf der Tagesordnung stand jedoch nach wie vor die völlige Vernichtung der halbfeudalen Konterrevolution, die in den Märztagen zunächst nur gelähmt und angeschlagen war.
Das war nur zu erreichen, wenn die im März eingeleitete Revolution weitergeführt wurde. Dieser Aufgabe stellten sich die gleichen Kräfte, die schon im März am entschiedensten gegen die Herrschaft der Reaktion gekämpft und Adel und Krone eine schwere Schlappe beigebracht hatten. Das revolutionäre Volk — politisch engagierte städtische Kleinbürger, zu antifeudalen Aktionen bereite Bauern und sozial wie politisch aktivierte Arbeiter — unternahm in revolutionären Erhebungen und politischen Bewegungen von Ende März bis Juni 1848 zahlreiche Versuche, die Märzerrungenschaften zu sichern und auszubauen. Es wollte die Adelsmacht vollends brechen und die reaktionären sozialen und politischen Zustände ein für allemal beseitigen. Noch wagte die aristokratisch-monarchische Konterrevolution nicht, offen gegen die vorwärtsdrängende revolutionäre Demokratie aufzutreten.
Der Märzsieg des Volkes hatte den Weg zu einem regen politischen Leben freigelegt. Die im März erkämpften demokratischen Rechte und Freiheiten verbreiterten beträchtlich den Spielraum für den Kampf des Volkes. Deshalb erlebte die demokratische Volksbewegung in diesen Monaten einen mächtigen Aufschwung. Kleinbürger, Bauern und Arbeiter machten in einem bisher unbekannten Ausmaß von den demokratischen Rechten, sich zu versammeln, zu organisieren und politisch zu betätigen, Gebrauch. Unterschiedliche Interessen und Ziele von Bürgern, Arbeitern, Bauern, Landarbeitern und Intellektuellen wurden nun in der Öffentlichkeit artikuliert. Die von den Arbeitern und Kleinbürgern auf den Barrikaden erkämpfte Presse-, Rede- und Versammlungsfreiheit ermöglichte es, demokratisches Gedankengut zu verbreiten.
Die politische Aktivität der Massen, ihr elementares Streben, weitere demokratische Maßnahmen durchzusetzen, äußerte sich in vielfältigen Handlungen. Die revolutionären Bewegungen der Bauern und Landarbeiter im März und April gehören ebenso dazu wie der republikanische Aufstand in Baden, das Ringen um ein demokratisches Wahlrecht und der Wahlkampf zu den parlamentarischen Vertretungskörperschaften im April und Mai ebenso wie die bewaffneten Kämpfe der Arbeiter Wiens und Berlins im Mai und Juni gegen die Anschläge der Reaktion auf die Märzerrungenschaften. Die politischen Kämpfe zur Weiterführung der Revolution von Ende März bis Juni zeigten deutlich, daß das revolutionäre Volk nicht nur gegen die Reaktion, sondern zugleich gegen die mit ihr verbündete Bourgeoisie ankämpfen mußte.

Erinnerungen an den Bauernkrieg

Die antidemokratische Linie, die die Bourgeoisie nach Erlangung von Ministerposten zum Credo ihrer Politik gemacht hatte, wurde auch im Verhalten der Liberalen gegenüber der revolutionären Bauernbewegung sichtbar. Wie in Nassau und Baden erhoben sich die Bauern auch in anderen Gegenden, um feudale Ausbeutung und Unterdrückung abzuschütteln. Im südwestlichen Deutschland lebte die Erinnerung an den deutschen Bauernkrieg wieder auf. In Württemberg bekamen besonders die Standesherrschaften der Herren Hohenlohe die Empörung der Bauern zu spüren. In Niederstetten steckten Bauern in der Nacht vom 5. zum 6. März das Schloß in Brand, stürmten das Rentamt und warfen die Akten ins Feuer, in denen ihre feudalen Leistungen verzeichnet waren. Löschversuche wurden verhindert. Die Anführer der Aktion wurden verhaftet, mußten aber bald wieder freigelassen werden, da die Bauern mit weiteren Brandstiftungen drohten. Die Vorgänge in Niederstetten bildeten den Auftakt für Unruhen in den meisten Dörfern der Umgebung. Ein weiterer Schwerpunkt der Bauernbewegung in Württemberg war das Oberamt Weinsberg. Am 12. und 13. März zog eine Schar von etwa 500 Dorfbewohnern von Ort zu Ort, umstellte die Schlösser und Rentämter und verbrannte sämtliche Akten. In ähnlicher Weise verliefen die Bauernunruhen in den zu Hessen gehörenden Teilen des Odenwaldes und in einigen Gebieten Bayerns. Auch in manchen Gegenden Thüringens unternahm die Dorfbevölkerung Aktionen gegen ihre Ausbeuter und Unterdrücker. Ein wichtiges Zentrum der Bauernbewegung in den ersten Wochen der Revolution war neben Südwestdeutschland die preußische Provinz Schlesien. Signal für den Beginn der Bauernunruhen war die Nachricht vom Sieg der Märzrevolution in Berlin und in der Provinzhauptstadt Breslau. Ausgangspunkt der Bewegung der Bauern und Landarbeiter waren einige Dörfer am Fuß des Riesengebirges in den Kreisen Hirschberg und Schönau. Am 21. März beginnend, erfaßten die Unruhen innerhalb weniger Tage das gesamte Riesengebirge mit

In Schlesien während der Revolution von 1848/49 verbreitete Darstellung

seinem Vorland und erstreckten sich teilweise auch auf Kreise nördlich und östlich der Oder.

Der Hergang der Ereignisse war fast überall gleich. Im Kreis Lauban im Regierungsbezirk Liegnitz versammelten sich am Abend des 23. März die Bewohner mehrerer Ortschaften und überreichten dem Gutsherrn zu Friedersdorf ihre schriftlich formulierten Forderungen. Der »gnädige Herr« wurde die ganze Nacht über im Dorfgasthaus festgehalten. Den mäßigend auftretenden Mitgliedern der Dorfgerichte, das heißt der Gemeindevorstände, gelang es nur mit Mühe, ihn vor Tätlichkeiten zu schützen. Schließlich mußte er schriftlich erklären, daß er auf alle Abgaben und Lasten verzichte. Um seine Erklärungen amtlich beglaubigen zu lassen, holten die Dorfbewohner einen Justizkommissar herbei, der sich vergeblich bemühte, die Aufständischen davon zu überzeugen, daß ihr Verlangen juristisch unzulässig sei.

Ebenfalls in der Nacht vom 23. zum 24. März umzingelte ein mindestens 400 bis 500 Mann starker Haufen Landvolk das Schloß in Langenöls im gleichen Kreis. An der Spitze der Dorfbewohner standen ein Ortsrichter und ein Arbeiter. Sie traten auch als Sprecher einer 16köpfigen Deputation auf, die in das Wohnzimmer des Gutsherrn eindrang, wo sie, wie dieser berichtete, »mir unter dem Ausstoßen lebensgefährlicher Drohungen und verheißener Brandstiftung mit Gewalt meine Unterschrift zu einer von ihnen bereits abgefaßten Urkunde abpreßten, in welcher ich auf Entsagung aller meiner Rechte auf Grundzinsen, Laudemien etc. auf ewige Zeiten konzedieren mußte. Damit nicht zufriedengestellt, begehrte diese Rotte am nächsten Tage von mir, daß ich diese mir nachts zuvor abgezwungene Konzession gerichtlich vor dem Justitiarius ... förmlich verlautbaren sollte, widrigenfalls sie mein Schloß Langenöls in Brand stecken und mich aus meinem Besitztum verjagen würden.«[9] In der folgenden Nacht verließ der Gutsherr auf Seitenwegen sein Schloß und flüchtete nach Görlitz.

Träger der ländlichen Unruhen in Schlesien waren vor allem die Bauern, die hier noch stärker als in anderen preußischen Provinzen der feudalen Ausbeutung unterworfen waren. Häufig beteiligten sich auch die Besitzer großer Bauernwirtschaften an den gegen die Junker gerichteten Aktionen, obwohl sie sich selbst schon weitgehend von feudal ausgebeuteten zu kapitalistischen Großbauern entwickelt hatten. Ihre antijunkerliche Haltung resultierte aus den schweren wirtschaftlichen Belastungen, die ihnen beim Loskauf von der feudalen Ausbeutung auferlegt worden waren. Außerdem waren sie dem Gutsherrn in seiner Eigenschaft als Inhaber staatlicher Gewalt, die er mittels seiner Befugnisse über die Gemeindeverwaltung und die Dorfpolizei sowie durch die Patrimonialgerichtsbarkeit ausübte, nach wie vor ausgeliefert. Nicht selten beteiligten sich auch die Dorfschulzen an den Aktionen gegen die Gutsherrn.

Aber auch die Dorfarmen, Landarbeiter, Waldarbeiter, Straßenbau- und Ziegeleiarbeiter und Dorfhandwerker, waren aktiv an den Bewegungen beteiligt. Für das Zustandekommen vieler Aktionen, bei denen vorwiegend bäuerliche Forderungen eine Rolle spielten und einflußreiche Bauern an der Spitze standen, war der Druck der sogenannten kleinen Gemeinde, das heißt der Häusler und anderer zum Landproletariat gehörender Schichten, ausschlaggebend. Die Kompliziertheit der Klassenbeziehungen zwischen den sozialen Schichten des Dorfes offenbart ein Artikel in der »Breslauer Zeitung« vom 31. März 1848, in dem über die Verhältnisse in den schlesischen Kreisen Wartenberg, Namslau und Öls berichtet wird. Der Artikel schildert, wie sich die Bauern überall in den Dörfern versammelt, auf welche Forderungen sie sich geeinigt und daß die meisten Gutsherrn diese Forderungen anerkannt hätten. »In allen den Dorfschaften«, heißt es dann weiter, »wo die Herrschaften diese von der Klugheit für den Augenblick gebotenen Zusagen gemacht hatten, beruhigte sich auch alsbald die Bauernschaft und legte dann große Tätigkeit in der Aufrechterhaltung der Ordnung und Verhütung von Exzessen an den Tag.« Dort, wo die Gutsherren jedes Zugeständnis verweigerten, hätten die Bauern ihre Leistungen trotzdem eingestellt und darüber hinaus ein anderes Verhalten gegenüber dem Landproletariat an den Tag gelegt. Wenn »die sogenannten Dreschgärtner und Einlieger Exzesse gegen das Eigentum der Grundherrschaften verübten, so ließen sie dies ruhig geschehen, ohne daß sie sich irgendwie dem entgegenstellten«.[10]

So sei es auch in Jeltsch im Kreis Ohlau gewesen, wo am Abend des 27. März das Schloß des Grafen Anton v. Saurma von Landarbeitern gestürmt wurde. Als Widerstand und Beschwichtigungsversuche ihm die nähere Bekanntschaft mit schwieligen Arbeiterfäusten eintrugen, zog es der Herr Graf vor, sich auf Hasenart zurückzuziehen. Der Landrat des Ohlauer Kreises, der sich durch sein persönliches Erscheinen bemühte, der Aktion der Dorfproletarier ein Ende zu bereiten, wurde mit Äxten bedroht und ebenfalls gezwungen, das Weite zu suchen. Auch eine 80 Mann starke Abteilung Husaren mußte unverrichteterdinge wieder abziehen. Der Amtmann der Herrschaft, gegen den — wie sich auch sonst oft der Zorn des Landvolkes vor allem gegen die diensteifrigen Büttel der Herren richtete — der Haß der Dorfbewohner besonders heftig zum Ausbruch kam, flüchtete auf den Kirchturm und konnte von hier im Dunkel der Nacht entkommen. Brennbare Gegenstände, darunter auch die Akten und Grundbücher, in denen die feudalen Verpflichtungen das Landvolkes eingetragen waren, wurden in mehreren Räumen zu großen Haufen aufgeschichtet und angezündet. Als es einem anrückenden Infanteriekommando schließlich gelang, die Aufständischen auseinanderzutreiben, standen von dem Schloß in Jeltsch nur noch die Mauern. Mancher Gutsherr im näheren und weiteren Umkreis, dem bisher der Ernst der Lage, in der sich seine Klasse befand, noch nicht in vollem Ausmaß deutlich gewesen war, verstand die symbolhafte Bedeutung der Jeltscher Vorgänge: In einer einzigen Märznacht zerstob in roter Glut die scheinbar so fest gegründete gräfliche Herrlichkeit.

Am 27. März 1848 dringen Tagelöhner, mit Äxten und Messern bewaffnet, in das Haus des Gutsherrn in Vietnitz in der Neumark ein und zwingen ihn zum Verzicht auf alle Abgaben. Schloß Vietnitz

Der Sturm auf das Waldenburger Schloß

Nicht ganz so entschieden, in vielem der Bewegung des schlesischen Landvolkes aber sehr ähnlich, waren die Unruhen in den Dörfern Sachsens. Auch hier standen meist die Bauern an der Spitze der einzelnen Aktionen, während die Dorfproletarier oft als auslösendes und vorwärtstreibendes Element wirkten. In der Zeit von der Berufung des Märzministeriums bis Mitte April erfaßte die Bewegung den größten Teil Sachsens. Schwerpunkte waren die nähere und weitere Umgebung Leipzigs, das Erzgebirge und das Vogtland. In den meisten Orten blieb es bei der Übergabe von Forderungen der Dorfbewohner. Vor den Schlössern und Herrenhäusern der Rittergutsbesitzer und den Amtsstuben der Polizei- und Gerichtsverwalter fanden in mehreren Dörfern Demonstrationen statt. Aber nur dort, wo Konzessionen an die Massen verweigert wurden oder wo es besonders verhaßte Bürokraten gab, nahmen die Aktionen einen entschiedeneren Charakter an. So versuchten zum Beispiel am 8. April in Zwenkau 1 500 Menschen in das Gerichtshaus einzudringen, um die Entlassung des Gerichtsverwalters zu erzwingen.

In der sächsischen Oberlausitz erfaßte die antifeudale Bewegung die größeren Weberdörfer um Zittau und die vorwiegend von Sorben bewohnten Ortschaften des Klosters Marienstern bei Kamenz. Die Forderungen der sorbischen Bauern aus mehr als 39 Dörfern konnten nur teilweise durchgesetzt werden. Seit Mai 1848 erfaßte eine lebhafte bäuerliche Vereinsbewegung die sorbische Oberlausitz, in die alle sozialen Gruppen der Landbevölkerung einbezogen waren. Binnen kurzem entstanden mehr als 30 sorbische Bauernvereine. Eine führende Rolle spielte der Radiborer Bauernverein, dem Michał Ćěsla vorstand. Die Bauern wurden 1848/49 zu einer tragenden Kraft der von kleinbürgerlichen Intellektuellen geführten sorbischen nationalen Bewegung. Von ihnen gingen in den folgenden Monaten mehrere Petitionen und Adressen an den sächsischen Landtag aus, in denen sich soziale, politische und nationale Forderungen verbanden.

Einen entschiedenen Charakter nahm die bäuerliche Bewegung in den Schönburgischen Herrschaften, dem Gebiet um Glauchau und Waldenburg, an. Die feudale Belastung der Volksmassen in den Städten und auf dem Lande war hier größer als in anderen Teilen Sachsens. Das starre Verhalten der Schönburgischen Herrschaften, die sich weigerten, umfassende Konzessionen zu machen, trug dazu bei, daß sich die Lage weiter zuspitzte. Kleinbürgerliche Führer riefen zu einer Volksversammlung am 5. April 1848 in Waldenburg auf. Durch diese Demonstration und durch Verhandlungen mit den Fürsten wollten sie die Beseitigung der Feudalrechte erlangen. Über 10 000 Menschen nahmen an dieser Kundgebung teil. Als die Massen zum Schloß zogen, floh Otto Victor Fürst v. Schönburg-Waldenburg und begab sich in die Obhut des Militärs. Auf diesen Schritt antwortete die empörte Volksmenge, die sich nun der kleinbürgerlichen Führung entzog, mit der Erstürmung des Schlosses, das bald auch dem Feuer überliefert wurde. Eine Kavallerieabteilung, die den Schloßplatz räumen wollte, wurde durch einen Steinhagel in die Flucht geschlagen. Erst zwei Tage später gelang es den Behörden, das Aufstandsgebiet durch den zusätzlichen Einsatz von Truppen unter Kontrolle zu bringen.

Zu zahlreichen Aktionen der Landbevölke-

Erstürmung des Waldenburger Schlosses, 5. April 1848. Nach der »Illustrierten Zeitung«, 1848

Auseinandersetzung zwischen Volk und Militär nach dem Sturm auf das Waldenburger Schloß. Nach einer Buchillustration, 1849

rung mit führender Beteiligung der Bauern kam es Ende März auch in den preußischen Provinzen Sachsen und Westfalen sowie in den Dörfern der Neumark und im Kreis Calau in der Provinz Brandenburg. Im Oderbruch und in anderen Teilen der Provinz Brandenburg sowie in den Bezirken Stettin, Köslin und Stralsund in Pommern und in einigen Gegenden Ostpreußens wurden die gegen die Junker gerichteten Aktionen meistens vom Landproletariat allein getragen. Das galt auch für Mecklenburg, wo Landarbeiter im April 1848 auf verschiedenen Gütern Lohnerhöhungen erzwangen. Als daraufhin im Mai auf Betreiben des Gutsbesitzers in Torgelow im Kreis Waren mehrere Landarbeiter verhaftet wurden, eilten 700 bis 800 Tagelöhner aus den umliegenden Dörfern herbei und forderten die Freilassung der Verhafteten. Mit Sensen, Heugabeln, Dreschflegeln und Flinten bewaffnet, verjagten sie das vom Gutsbesitzer herbeigerufene Militär und setzten ihm den roten Hahn aufs Dach.

Durch diese Aktion jagten die Tagelöhner den mecklenburgischen Gutsbesitzern einen gewaltigen Schrecken ein. Viele verließen fluchtartig ihre Güter. Von der Regierung forderten sie militärischen Schutz.

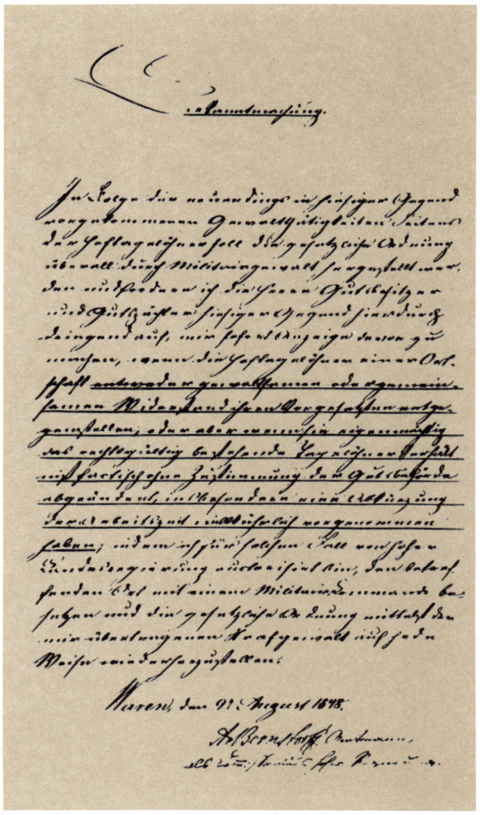

Aufforderung an die Gutsbesitzer und Pächter, diejenigen zu melden, die sich an revolutionären Aktionen beteiligt haben, Waren, 9. August 1848

die Tagelöhner aus Möllenhagen im Kreis Waren einer Militärabteilung, die ihnen den Weg zu den streikenden Arbeitern des Gutes Kraase versperrte, ein erbittertes Gefecht. Auch in der Umgebung von Neubukkow sowie in den Kreisen Malchin, Teterow, Neubrandenburg und Rostock brachen im Sommer 1848 Streiks und Unruhen aus.

Die Forderungen der Bauern, so abweichend und unterschiedlich sie im einzelnen auch waren, hatten drei Grundanliegen. Überall ging es erstens um die Abschaffung der noch vorhandenen feudalen Lasten, sei es die Verpflichtung zur Fronarbeit oder zur Entrichtung von Abgaben der verschiedensten Art. Die Forderungen der bäuerlichen Bevölkerung zielten zweitens auch auf die Beseitigung aller feudalen Vorrechte der Gutsherrn in der Gemeindeverwaltung, im Gerichtswesen, bei der Besetzung der Pfarrer- und Lehrerstellen, im Jagdwesen usw. Meist forderte die ländliche Bevölkerung nicht nur die Beseitigung der immer noch zahlreich vorhandenen Formen feudaler Ausbeutung und der Machtausübung durch die Gutsherrn, sondern sie wandte sich auch gegen die von der Entwicklung des Kapitalismus in der Landwirtschaft auf dem sogenannten preußischen Weg ausge-

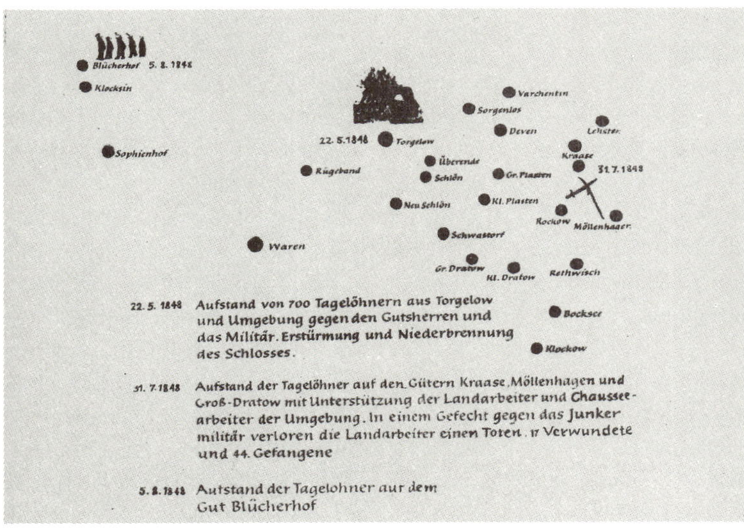

Das Zentrum des Landarbeiteraufstandes in Mecklenburg 1848

Gedenkstein bei Möllenhagen, Kreis Waren, zur Erinnerung an die gemeinsamen revolutionären Kämpfe der Mecklenburger Tagelöhner und Arbeiter im Jahre 1848

Torgelow und die umliegenden Dörfer wurden Ende Mai von einer Streitmacht in Stärke von 600 Mann besetzt. 185 an den Unruhen beteiligte Arbeiter wurden verhaftet.

Ungeachtet ihrer Niederschlagung beflügelte die Aktion der Torgelower den Kampfwillen der Landarbeiter. Fast in allen Gegenden Mecklenburgs brachen Unruhen und Streiks aus. Ende Juli 1848 lieferten

henden negativen Folgen. So wurden häufig die Rückgabe von Land, das im Zuge der Durchführung der Agrarreformen an die Gutsherrn hatte abgetreten werden müssen, die Rückzahlung von Ablösungsgeldern sowie die Aufhebung von Maßnahmen verlangt, die frühere Nutzungsrechte des Landvolkes abgeschafft oder eingeengt und die wirtschaftliche Lage der bäuerlichen und proletarischen Dorfbewohner verschlechtert hatten.

Die Wünsche der Landarbeiter wurden dort, wo diese gemeinsam mit den Bauern und unter deren Führung vorgingen, wenigstens teilweise in den Forderungen der gesamten Dorfgemeinde mit berücksichtigt. Das Landproletariat forderte vor allem Lohnerhöhungen sowie eigenen Grund und Boden, die Aufteilung des Großgrundbesitzes. Diese Forderungen wurden insbesondere dort erhoben, wo die Aktionen der Landarbeiter einen eigenständigen, von der Bewegung der Bauern gesonderten Charakter trugen, wie in Mecklenburg, in Pommern und Ostpreußen. Aber auch in anderen Gebieten, in denen die Bewegung vorrangig den Stempel bäuerlicher Interessen trug, wie zum Beispiel in Schlesien, brachten die Dorfproletarier da und dort ihr Verlangen nach Land zum Ausdruck.

Die Bourgeoisie bekämpft die Bauern

Um die Bewegung der Landbevölkerung einzudämmen, wandten die Behörden vor allem zwei Methoden an. Einmal ging man mit brutaler militärischer Gewalt gegen die aufständischen Bauern und Landarbeiter vor. Militärabteilungen wurden in besonders unruhige Gebiete verlegt. Einzelne Detachements durchzogen die Dörfer und Kreise, in denen der Geist des Aufruhrs sich besonders nachhaltig geäußert hatte, um die Bevölkerung einzuschüchtern. Daneben bedienten sich die Behörden des sehr wirksamen Verfahrens, die Bauern und Landarbeiter darauf zu vertrösten, daß ihre Forderungen von den zu wählenden Parlamenten berücksichtigt würden. So wandte sich zum Beispiel der Oberpräsident der Provinz Schlesien bereits am 28. März mit einem Aufruf »An die Bewohner des platten Landes«, in dem es hieß: »Bald werden die frei gewählten Volksvertreter sich versammeln; ihnen tragt eure Anliegen vor, sie werden auf Abhilfe auf gesetzlichem Wege bedacht sein.«[11] Wenn es auch gelang, die Bauern und Landarbeiter zunächst von weiteren Aktionen gegen die Gutsherren abzuhalten, so mußten diese doch fast überall in Kauf nehmen, daß die Bauern sämtliche Leistungen einstellten in der Erwartung, die gewählten Volksvertreter würden entsprechende Gesetze beschließen.

Die Maßnahmen zur Unterdrückung der antifeudalen Bewegung der Bauern und Landarbeiter im März und April 1848 erfolgten fast überall mit Billigung, ja, auf Initiative der liberalen Märzministerien. Die Bourgeoisie stellte sich dem revolutionären Vorgehen der Volksmassen auf dem Lande von Beginn an entgegen. Ihr Verrat an den Bauern begann im März des Jahres 1848. In offener Kammersitzung zerriß Heinrich v. Gagern als Märzminister in Hessen-Darmstadt die schriftliche Erklärung der Grafen Erbach über ihren Verzicht auf feudale Vorrechte und stellte sich damit öffentlich gegen die revolutionäre Bauernbewegung. Nicht minder eindeutig handelten die Vertreter der preußischen Bourgeoisie. Eine der ersten Amtshandlungen der Regierung Camphausen war die am 30. März 1848 ausgesprochene Berufung des Breslauer Oberbürgermeisters Pinder zum Oberpräsidenten für die Provinz Schlesien. Im Berufungsschreiben wurde auf einen nach Meinung Camphausen für die Amtsführung Pinders besonders wichtigen Punkt hingewiesen: » Sollten Sie bei Beschwichtigung der Ordnungsstörungen in der Provinz militärischen Beistandes bedürfen, so ersuchen wir Ew. Hochwohlgeboren, sich deshalb an den Kommandierenden General, Herrn Grafen von Brandenburg, zu wenden.«[12]

Von den Wortführern der liberalen Bourgeoisie wurde den Bauern und Landarbeitern immer wieder vorgeworfen, sie verstünden nichts von den höheren politischen Zielen der Märzrevolution und sie benutzten, ja, mißbrauchten die edlen und hochgerichteten Bestrebungen des Bürgertums, indem sie mit ihrer eigenen Bewegung nur enge materielle Interessen verfolgten. Richtig daran ist, daß das Landvolk zu Beginn der Revolution tatsächlich nicht viel von Sinn und Bedeutung der politischen Forderungen verstand, die das liberale und demokratische Bürgertum erhob. Die Märzbewegung des Landvolkes hatte das unmittelbare Ziel, das Joch der gutsherrlichen Ausbeutung und Unterdrückung abzuschütteln. Die Realisierung der Forderungen, die die Bauern und Landarbeiter stellten, hätte die Gutsherren »im buchstäblichen Sinne des Wortes an den Bettelstab gebracht«[13]. Ein Zeitungsmitarbeiter

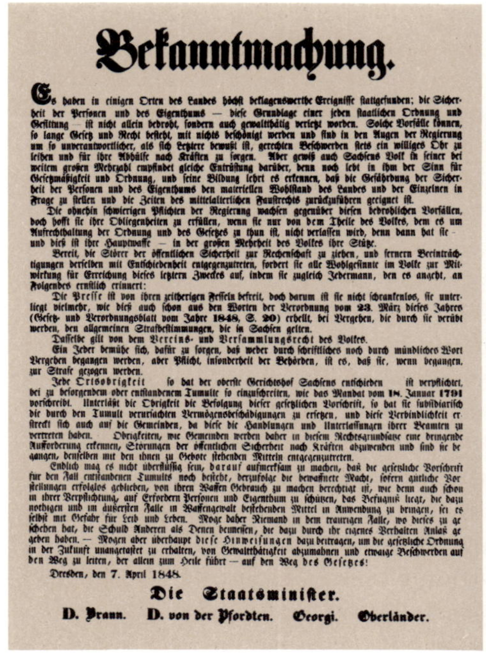

Bekanntmachung.

Es haben in einigen Orten des Landes höchst beklagenswerthe Ereignisse stattgefunden; die Sicherheit der Personen und des Eigenthums — diese Grundlage einer jeden staatlichen Ordnung und Gesittung — ist nicht allein bedroht, sondern auch gewaltthätig verletzt worden. Solche Vorfälle können, so lange Gesetz und Recht besteht, mit nichts beschönigt werden und sind in den Augen der Regierung um so unverantwortlicher, als sich Letztere bewußt ist, gerechten Beschwerden stets ein williges Ohr zu leihen und für ihre Abhülfe nach Kräften zu sorgen. Aber gewiß auch Sachsens Volk in seiner bei weitem großen Mehrzahl empfindet gleiche Entrüstung darüber, denn noch lebt in ihm der Sinn für Gesetzmäßigkeit und Ordnung, und seine Bildung lehrt es erkennen, daß die Gefährdung der Sicherheit der Personen und des Eigenthums den materiellen Wohlstand des Landes und der Einzelnen in Frage zu stellen und die Zeiten des mittelalterlichen Faustrechts zurückzuführen geeignet ist.

Die ohnehin schwierigen Pflichten der Regierung wachsen gegenüber diesen bedrohlichen Vorfällen, doch hofft sie ihre Obliegenheiten zu erfüllen, wenn sie nur von dem Theile des Volkes, dem es um Aufrechthaltung der Ordnung und des Gesetzes zu thun ist, nicht verlassen wird, denn dann hat sie — und dieß ist ihre Hauptwaffe — in der großen Mehrheit des Volkes ihre Stütze.

Bereit, die Störer der öffentlichen Sicherheit zur Rechenschaft zu ziehen, und fernern Beeinträchtigungen derselben mit Entschiedenheit entgegenzutreten, fordert sie alle Wohlgesinnte im Volke zur Mitwirkung für Erreichung dieses letztern Zweckes auf, indem sie zugleich Jedermann, den es angeht, an Folgendes ernstlich erinnert:

Die Presse ist von ihren zeitherigen Fesseln befreit, doch darum ist sie nicht schrankenlos, sie unterliegt vielmehr, wie dieß auch schon aus den Worten der Verordnung vom 23. März dieses Jahres (Gesetz- und Verordnungsblatt vom Jahre 1848, S. 20) erhellt, bei Vergehen, die durch sie verübt werden, den allgemeinen Strafbestimmungen, die in Sachsen gelten.

Dasselbe gilt von dem Vereins- und Versammlungsrecht des Volkes.

Ein Jeder bemühe sich, dafür zu sorgen, daß weder durch schriftliches noch durch mündliches Wort Vergehen begangen werden, aber Pflicht, insonderheit der Behörden, ist es, daß sie, wenn begangen, zur Strafe gezogen werden.

Jede Ortsobrigkeit so hat der oberste Gerichtshof Sachsens entschieden ist verpflichtet, bei zu besorgendem oder entstandenem Tumulte so einzuschreiten, wie das Mandat vom 18. Januar 1791 vorschreibt. Unterläßt die Obrigkeit die Befolgung dieser gesetzlichen Vorschrift, so hat sie subsidiarisch die durch den Tumult verursachten Vermögensbeschädigungen zu ersetzen, und diese Verbindlichkeit erstreckt sich auch auf die Gemeinden, da diese die Handlungen und Unterlassungen ihrer Beamten zu vertreten haben. Obrigkeiten, wie Gemeinden werden daher in diesem Rechtsgrundsatze eine dringende Aufforderung erkennen, Störungen der öffentlichen Sicherheit nach Kräften abzuwenden und sind sie begangen, denselben mit den ihnen zu Gebote stehenden Mitteln entgegenzutreten.

Endlich mag es nicht überflüssig sein, darauf aufmerksam zu machen, daß die gesetzliche Vorschrift für den Fall entstandenen Tumults noch besteht, derzufolge die bewaffnete Macht, sofern gütliche Vorstellungen erfolglos geblieben, von ihren Waffen Gebrauch zu machen berechtigt ist, wie denn auch schon in ihrer Verpflichtung, auf Erfordern Personen und Eigenthum zu schützen, das Befugniß liegt, die dazu nöthigen und im äußersten Falle in Waffengewalt bestehenden Mittel in Anwendung zu bringen, sei es selbst mit Gefahr für Leib und Leben. Möge daher Niemand in dem traurigen Falle, wo dieses zu geschehen hat, die Schuld Anderen als Denen beimessen, die dazu durch ihr eigenes Verhalten Anlaß gegeben haben. — Mögen aber überhaupt diese Hinweisungen dazu beitragen, um die gesetzliche Ordnung in der Zukunft unangetastet zu erhalten, von Gewaltthätigkeit abzumahnen und etwaige Beschwerden auf den Weg zu leiten, der allein zum Heile führt — auf den Weg des Gesetzes!

Dresden, den 7. April 1848.

Die Staatsminister.

D. Braun. D. von der Pfordten. Georgi. Oberländer.

Bekanntmachung der sächsischen Regierung, 7. April 1848

knüpfte an die Mitteilung, daß die Gemeinden im Kreis Löwenberg in Schlesien die Rückzahlung aller seit 1810 eingezogenen Gelder verlangten, die treffende Bemerkung: »Die zurückzuerstattende Summe würde natürlich die Gutsherren gänzlich ruinieren.«[14]

Indem die Bauern und Landarbeiter ihre »engen materiellen« Interessen verfolgten, griffen sie die Existenzgrundlagen der Klasse an, die der soziale Träger des vormärzlichen reaktionären Regimes gewesen war. Gerade weil die revolutionäre Bewegung der Bauern und Landarbeiter die Zerschlagung der ökonomischen Grundlagen der Junker zur Folge haben mußte, diente sie weit mehr und konsequenter der Schaffung einer fortschrittlichen bürgerlichen Ordnung als die Haltung der Bourgeoisie, die sich nach dem 18. März 1848 schützend vor das Junkertum stellte und damit die Verantwortung dafür auf ihre Schultern lud, daß diese historisch überlebte Klasse für rund 100 weitere Jahre ihre für die Geschichte des deutschen Volkes verderbliche Rolle spielen konnte. Darin, daß die Bauern- und Landarbeiterbewegung in letzter Konsequenz auf die Vernichtung derjenigen Klasse hinzielte, die der Durchsetzung des gesellschaftlichen Fortschritts in Deutschland am hartnäckigsten Widerstand leistete, liegen die Bedeutung und das historisch bleibende Verdienst dieser Bewegung in der bürgerlich-demokratischen Revolution von 1848/49. Obwohl die bäuerliche Bewegung während der Revolution von 1848/49 nicht jene ungebrochene Kraft und durchschlagende Wucht erreichte, die die Bauernaufstände im deutschen Bauernkrieg ausgezeichnet hatten, bildeten die Jahre 1848/49 den Höhepunkt im revolutionären Kampf der Bauernschaft nach 1525. Sie war eine entscheidende Triebkraft der bürgerlichen Revolution. Ihre antifeudale und antijunkerliche Aktivität konnte jedoch nicht voll wirksam werden, weil die Bourgeoisie die elementar-demokratischen Interessen der Bauern negierte und sich ihnen direkt entgegenstellte. Im Verlauf der Revolution wurde die bäuerliche und proletarische Bevölkerung des Landes zu einer wichtigen Massenbasis der revolutionären Demokratie. Ein bedeutender Teil der Bauernschaft organisierte sich innerhalb der demokratischen Vereine oder in besonderen Rustikalvereinen.

Die stürmische erste Etappe der Bewegung des Landvolkes im März und April 1848 wurde abgelöst von einer Periode, in der seine revolutionäre Aktivität sich nicht mehr vorwiegend in der Form von Erhebungen äußerte. Das Verhalten des Landvolkes wurde jetzt für mehrere Monate im wesentlichen von dem Bestreben bestimmt, seine Interessen auf dem Wege der Ausnutzung jener gesetzlichen Möglichkeiten durchzusetzen, die die Märzrevolution eröffnet hatte. Das Zurücktreten revolutionärer Gewalt im Kampf gegen die Gutsherren erfolgte jedoch nur unter der Voraussetzung, daß die Einstellung der Dienstleistungen und der Entrichtung von Abgaben an die Gutsherren zunächst hingenommen wurde. In dieser faktischen Beseitigung der drückendsten feudalen Lasten bestand das konkrete positive Ergebnis, das die Bauern und Landarbeiter in der ersten Etappe ihres antijunkerlichen Kampfes während der Revolution erzielt hatten. »Es handelte sich also« in der folgenden Etappe, wie Friedrich Engels treffend bemerkte, »nur darum, diesen bestehenden Zustand für gesetzlich zu erklären und der lange genug geschundene ostelbische Bauer war ein freier Mann«.[15] Der Kampf um die gesetzliche Fixierung sowohl des im März tatsächlich Erreichten als auch zahlreicher darüber hinausgehender Forderungen bildete den Hauptinhalt der bäuerlichen Bewegung in den folgenden Wochen und Monaten. Auch die Vorbereitung und Durchführung der Wahlen zur Nationalversammlung in Frankfurt (Main) sowie zur Berliner Versammlung standen auf dem Lande vielfach unter diesem Zeichen.

Revolutionskrieg um Schleswig-Holstein

Bestandteil der vielgestaltigen Bestrebungen zur Vertiefung der bürgerlichen Revolution in Deutschland war die schleswig-holsteinische Erhebung. Sie war Höhepunkt des jahrzehntelangen Ringens der Bevölkerung Schleswigs und Holsteins gegen die Versuche der dänischen Krone, beide Herzogtümer, zumindest aber Schleswig, zu annektieren.

Seit dem späten Mittelalter waren beide Herzogtümer in Personalunion mit der dänischen Krone verbunden. Zugleich war ihnen in einer 1460 vom dänischen König ausgestellten Immunitätsurkunde zugesichert worden, daß sie »auf ewig ungeteilt« bleiben sollten. 1815 war Holstein in den Deutschen Bund aufgenommen worden. Seitdem verstärkten sich die Bestrebungen der dänischen Könige, Schleswig zu annektieren.

Die Märzerhebung in Schleswig und Holstein wurde wesentlich dadurch gekennzeichnet, daß sich das Ringen um die revolutionäre Überwindung der halbfeudalen Verhältnisse mit dem gerechten Kampf gegen die nationale Unterdrückungspolitik König Friedrichs VII. von Dänemark verband. Neben der Erlangung bürgerlich-demokratischer Rechte und Freiheiten hatte die Bewegung das Ziel, den Anschluß Schleswigs an den zu schaffenden bürgerlichen deutschen Nationalstaat zu erreichen. Die schleswig-holsteinischen Stände, die sich am 18. März in Rendsburg versammelten, machten sich zum Sprecher des Willens der Volksmassen. Eine Petition an die Regierung in Kopenhagen verlangte die Bildung einer gemeinsamen Volksvertretung für Schleswig und Holstein. Beide Herzogtümer sollten sich als von Dänemark unabhängiger Staat konstituiern mit dem Recht, sich dem Deutschen Bund anzuschließen. Daraufhin beschloß die dänische Regierung die Annexion Schleswigs. Diese Kampfansage beantwortete die Bevölkerung Schleswig-Holsteins mit der revolutionären Erhebung.

Die Auseinandersetzung mit der dänischen Krone veranlaßte die liberalen Führer der schleswig-holsteinischen Bewegung dazu, dem revolutionären Drängen des Volkes einen relativ breiten Spielraum zu geben. In einem Aufruf bekannten sie sich zum Widerstandsrecht des Volkes gegen den fürstlichen Landesherren. Am 24. März konstituierte sich eine provisorische Regierung, der Liberale wie Wilhelm Beseler und Konservative wie Friedrich Graf zu Reventlow-Preetz angehörten. In Schleswig-Holstein wurde am 29. März sogar ein Repräsentant der bürgerlichen Demokratie, der Eisenbahndirektor Theodor Olshausen, in die provisorische Regierung aufgenommen. In keinem deutschen Staat war im ersten Ansturm des März so konsequent der Angriff auf die Herrschaft eines Fürsten geführt worden.

Die Volksbewegung errang weitgehende demokratische Rechte und Freiheiten. Der Verfassungsentwurf, den die provisorische Regierung dem Parlament in Kiel vorlegte, enthielt zahlreiche Zugeständnisse. Die weitgehende Demokratisierung in den Herzogtümern und der Kampf gegen die dänische Krone führten in Deutschland zu einer breiten Solidaritätsbewegung mit dem kämpfenden Volk in Schleswig-Holstein. Zahlreiche Freiwillige strömten in die Freikorps, die sich auf einen Revolutionskrieg

Aufruf der provisorischen Regierung von Schleswig-Holstein, 24. März 1848

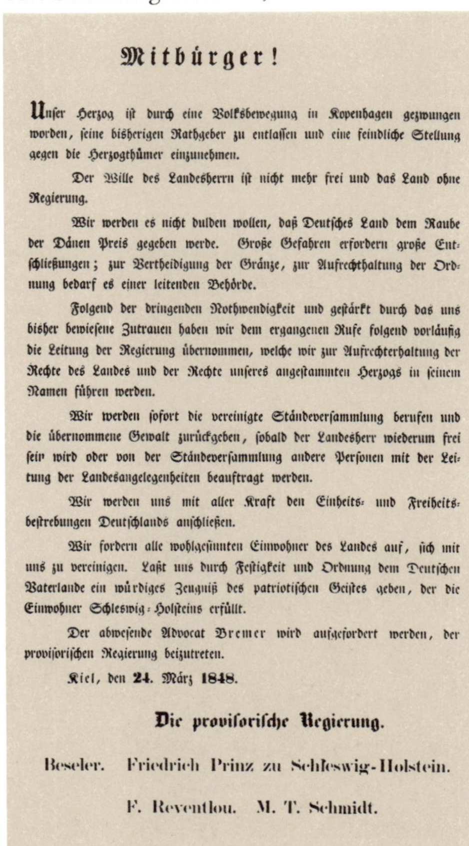

Mitbürger!

Unser Herzog ist durch eine Volksbewegung in Kopenhagen gezwungen worden, seine bisherigen Rathgeber zu entlassen und eine feindliche Stellung gegen die Herzogthümer einzunehmen.

Der Wille des Landesherrn ist nicht mehr frei und das Land ohne Regierung.

Wir werden es nicht dulden wollen, daß Deutsches Land dem Raube der Dänen Preis gegeben werde. Große Gefahren erfordern große Entschließungen; zur Vertheidigung der Gränze, zur Aufrechthaltung der Ordnung bedarf es einer leitenden Behörde.

Folgend der dringenden Nothwendigkeit und gestärkt durch das uns bisher bewiesene Zutrauen haben wir dem ergangenen Rufe folgend vorläufig die Leitung der Regierung übernommen, welche wir zur Aufrechterhaltung der Rechte des Landes und der Rechte unseres angestammten Herzogs in seinem Namen führen werden.

Wir werden sofort die vereinigte Ständeversammlung berufen und die übernommene Gewalt zurückgeben, sobald der Landesherr wiederum frei sein wird oder von der Ständeversammlung andere Personen mit der Leitung der Landesangelegenheiten beauftragt werden.

Wir werden uns mit aller Kraft den Einheits- und Freiheitsbestrebungen Deutschlands anschließen.

Wir fordern alle wohlgesinnten Einwohner des Landes auf, sich mit uns zu vereinigen. Laßt uns durch Festigkeit und Ordnung dem Deutschen Vaterlande ein würdiges Zeugniß des patriotischen Geistes geben, der die Einwohner Schleswig-Holsteins erfüllt.

Der abwesende Advocat Bremer wird aufgefordert werden, der provisorischen Regierung beizutreten.

Kiel, den 24. März 1848.

Die provisorische Regierung.

Beseler. Friedrich Prinz zu Schleswig-Holstein.

F. Reventlou. M. T. Schmidt.

Die Mitglieder der provisorischen Regierung von Schleswig-Holstein: Wilhelm Beseler (oben), Theodor Olshausen (rechts), und Friedrich Graf zu Reventlow-Preetz. Darstellung der Neuruppiner Bilderbogen, 1848

Freiwilliger aus Leipzig für Schleswig-Holstein. Nach der »Illustrierten Zeitung«, 1848

gegen Dänemark vorbereiteten. Ob es die bürgerlich-liberale Regierung in Kiel wollte oder nicht, der Widerstand gegen die Annexionswünsche der dänischen Krone war zu einer Angelegenheit des ganzen Volkes geworden.

Diese Entwicklung in Schleswig und Holstein rief sehr schnell die konterrevolutionären Kräfte auf den Plan. Herzog Christian August v. Augustenburg, der Ansprüche auf die Herzogtümer erhob, wandte sich bereits am 24. März mit der Bitte an den preußischen König, einzugreifen. Dadurch sollte auch der revolutionären Bewegung in den beiden Herzogtümern in den Arm gefallen werden. Friedrich Wilhelm IV. und die preußische Regierung zögerten zunächst. Zu groß schien die »Gefahr«, daß ein militärisches Eingreifen Preußens als Unterstützung für einen revolutionären Volkskrieg gedeutet werden konnte.

Kampf des Kieler Studentenkorps gegen dänische Truppen bei Flensburg, 9. April 1848. Zeitgenössische Darstellung

Den Ausschlag für das Engagement Preußens in Schleswig-Holstein gab schließlich weniger die Tatsache, daß Preußen neben Hannover vom politisch und moralisch bereits angeschlagenen Frankfurter Bundestag mit der Bundesexekution gegen Dänemark beauftragt wurde. Maßgeblich waren zwei andere Gründe. Erstens erwarteten die reaktionären Kräfte in Preußen, das Eingreifen preußischer Truppen in den beiden Herzogtümern werde verhindern, daß der gefürchtete revolutionäre Volkskrieg ausbreche. Zweitens hofften sie, die preußische Armee, die in den Märztagen in Berlin eine entscheidende Schlappe erlitten hatte, könne ihr »Ansehen« im Kampf gegen Dänemark wiedergewinnen und für den Kampf gegen die Revolution im eigenen Land moralisch und militärisch geschult werden.
Am 10. April überschritten preußische Truppen unter General Friedrich v. Wrangel in Stärke von 13 000 Mann die Grenze des Herzogtums Schleswig. Der Krieg ge-

Darstellung der Neuruppiner Bilderbogen, 1848

gen Dänemark begann. Nach dem ersten Sieg gegen die dänischen Truppen drängte Wrangel darauf, die Freikorps, die sich durch Mut und Kampfbereitschaft besonders auszeichneten, aufzulösen. Die preußischen Truppen dagegen führten nur noch einen Scheinkrieg. Bereits Mitte April begannen Waffenstillstandsverhandlungen mit der dänischen Regierung: Preußen war schnell bereit, sich auf Kosten der demokratischen Volksbewegung in Schleswig und Holstein mit der dänischen Krone zu verständigen.

Volksbewegung und Parteienentwicklung

Die massenhafte Einbeziehung der Arbeiter, Landbewohner und Kleinbürger in die sozialen und politischen Auseinandersetzungen nach dem Märzsieg förderte und beschleunigte die Bildung klarer politischer Fronten. Entscheidend wirkte sich jetzt die Tatsache aus, daß Bourgeoisie und demokratische Volksbewegung nach dem Märzsieg deutlich ihre unterschiedlichen politischen Ziele zu artikulieren begannen. Während die liberale Bourgeoisie in allen Bereichen auf einen mit den alten Mächten abzustimmenden Reformkurs setzte, demzufolge jede weitere revolutionäre Aktion ablehnte, drängte die überwiegend von kleinbürgerlichen Demokraten geführte Volksbewegung auf Weiterführung der Revolution. Wesentliche Elemente dafür, um diesen Prozeß voranzutreiben, waren die Bildung einer demokratischen Partei und die Entstehung der demokratischen Presse.

Die organisatorischen Bestrebungen der kleinbürgerlichen Demokraten seit Ende März standen dabei von vornherein im Zeichen der Abgrenzung von den Bestrebungen jener bisherigen Oppositionellen, die sich mit der eingeleiteten konstitutionellen Entwicklung zufriedengaben. Die Gründung demokratischer Vereine vorwiegend in den Städten verband sich von vornherein mit der Absicht, neben der programmatischen Verständigung unmittelbar Einfluß auf den Fortgang der Revolution zu nehmen und breite Schichten zu mobilisieren. Dabei gingen die Demokraten in Baden voran. Die Offenburger Versammlung vom 19. März rief zur Gründung von »vaterländischen Vereinen« auf, die zugleich für die Verwirklichung der Rechte des Volkes wie für dessen Bewaffnung wirken sollten. Parallel zum raschen organisatorischen Auf- und Ausbau dieser Vereine von der Ebene der Kreise und Bezirke bis zur Landesebene sollte eine durchgreifende Politisierung im demokratischen Sinne erfolgen.

Dem Beispiel Badens folgend, entstanden in anderen politisch fortgeschrittenen Gebieten, in Sachsen, Berlin, Schlesien und im Rheinland, regionale Vereinsorganisationen. Am 23. März wurde in Berlin der radikaldemokratische Politische Klub (ab Mai Demokratischer Klub) gegründet. Als weitere Berliner demokratische Organisation entstand am 30. März unter maßgeblicher Beteiligung von Arbeitern der Volksverein. Unter Führung von Robert Blum und nach dem Vorbild Badens organisierten die sächsischen Demokraten seit Anfang April im Land demokratische Vereine, die sich wie in Baden nach der Tradition des Hambacher Festes Vaterlandsvereine nannten.

Die erkämpfte Pressefreiheit machte es möglich, daß vielerorts neue demokratische Zeitungen entstanden. Die Presse trug wesentlich dazu bei, daß sich die demokratische Partei in jenen Tagen so rasch in lokalen und regionalen Vereinen organisieren konnte. Da waren die alten Oppositionsblätter, die in der Zeit vor der Revolution so manchen Strauß mit Polizei und Zensur

Demokratische Zeitungen aus der Revolutionszeit

ausgefochten hatten und die nunmehr offen ihre demokratische Position vertreten konnten. Die »Sächsischen Vaterlandsblätter« in Leipzig, die »Seeblätter« in Konstanz, die »Mannheimer Abendzeitung«, der »Beobachter« in Stuttgart wollten in jenen Wochen dazu beitragen, daß die Saat des Vormärzkampfes aufgehen konnte. Mit ihnen fochten gemeinsam neue demokratische Presseorgane wie »Die Reform«, die ab 1. April in Berlin unter der Leitung des kleinbürgerlichen Demokraten Arnold Ruge erschien, die von Joseph Weydemeyer herausgegebene »Neue Deutsche Zeitung« in Darmstadt, die »Allgemeine Oderzeitung« in Breslau und der von Theodor Jäkel herausgegebene radikaldemokratische »Generalanzeiger für Deutschland« in Leipzig.

Diese Zeitungen hatten beträchtliche Bedeutung. Einmal konnten sie das politisch oft noch unbestimmte Wollen der Massen auf die im weiteren zu erkämpfende konsequente bürgerlich-demokratische Umwälzung lenken. Der demokratische Nationalstaat, Volksbewaffnung, entschädigungslose Aufhebung der Feudallasten und andere Forderungen waren noch nicht verwirklicht. Zum anderen bemühte sich die demokratische Presse darum, die weitere Ausbreitung der demokratischen Organisationen zu fördern und auf die Gefahren aufmerksam zu machen, die von der im März nur angeschlagenen adlig-junkerlichen Konterrevolution und der zu Kompromissen mit den Fürsten bereiten Bourgeoisie drohten. Nie zuvor hatten die demokratischen Zeitungen eine solche Bedeutung gehabt wie in jenen Revolutionstagen. Noch nie zuvor war die fortschrittliche Presse so tief mit der demokratischen Volksbewegung verbunden. Die besten und entschiedensten kleinbürgerlichen Demokraten waren zugleich Redakteure oder arbeiteten aktiv an diesen Zeitungen mit.

Die entstehende demokratische Partei stützte sich von Anfang an vor allem auf die Arbeiterklasse und das städtische Kleinbürgertum. Die Führung der Vereine und Organisationen lag jedoch überall in den Händen von Angehörigen des Kleinbürgertums und demokratischen Intellektuellen. Diese Demokraten leisteten viel für die Organisation der Partei und bemühten sich darum, ein politisches Konzept zu entwikkeln, das der Volksbewegung nach dem Märzsieg Weg und Ziel für die Weiterführung der Revolution weisen konnte. Die ideologischen, politischen und sozialen Auffassungen der deutschen Demokraten, die sich angesichts der antirevolutionären Kompromißpolitik der liberalen Bourgeoisie zu einer starken Kraft entwickelten, gingen ziemlich weit auseinander. Einig waren sie sich in dem Streben, einen Nationalstaat auf demokratischer Grundlage zu errichten und soweit wie möglich bürgerlich-demokratische Rechte für das Volk durchzusetzen. Die von der Mehrheit der Demokraten angestrebte föderative Republik sollte durch ein zentrales Parlament gestützt werden.

Zu den wichtigsten Forderungen gehörten die nach Volksbewaffnung, nach weitgehend entschädigungsloser Aufhebung der Feudallasten und nach demokratischer Umgestaltung der Justiz und des Bildungswesens. In zahlreichen konkreten Fragen der Klassenkämpfe während der Revolution gab es zum Teil sehr abweichende Positionen in den Reihen der deutschen Demokratie. Während viele Demokraten parlamentarische Illusionen hegten und vorwiegend auf die Frankfurter Nationalversammlung sowie auf die einzelstaatlichen Parlamente setzten, traten andere stärker für revolutionäre, außerparlamentarische Aktionen der Massen ein. Die Forderung nach einer einheitlichen, unteilbaren Republik vertraten nur wenige Demokraten. Die große Mehrheit war von der Möglichkeit des Nebeneinanderbestehens von monarchischen und republikanischen Einzelstaaten im Rahmen eines republikanischen Gesamtstaates überzeugt.

Ungeachtet zahlreicher Nuancen lassen sich in der kleinbürgerlich-demokratischen Bewegung während der Revolution zwei Grundrichtungen unterscheiden: eine gemäßigte Strömung, in der auch Elemente der liberalen Ideologie wirksam waren, und eine radikal-demokratische, die immer klarer einen entschiedenen Republikanismus vertrat und soziale Forderungen der Volksmassen in ihr Programm aufnahm. Die Beratungen des Vorparlaments sollten die Unterschiede in der politischen Konzeption und in der Taktik der beiden Richtungen deutlich hervortreten lassen.

Auch die liberale Bourgeoisie war seit Ende März bemüht, sich zu organisieren und liberale Vereine aufzubauen. Sie konstituierten sich örtlich unterschiedlich als deutsche Vereine oder als konstitutionelle Vereine.

Die ursprüngliche Vorstellung der Liberalen, ihren starken Einfluß auf die Volksmassen und ihre Rolle als führende Kraft vorwiegend über die Wirksamkeit in den Märzregierungen und in den kommunalen Verwaltungen zu sichern, ließ sich angesichts der organisatorischen und publizistischen Erfolge der demokratischen Partei in zahlreichen Städten und zum Teil auf dem Lande bereits im Frühjahr 1848 nicht aufrechterhalten. Die liberale Bourgeoisie mußte sich deshalb bald um eine festere Organisation ihrer Anhänger bemühen. Jedoch gelang es ihr im Vergleich zur kleinbürgerlichen Demokratie nur ungenügend, eine Massenbasis zu erreichen. Die liberal-konstitutionellen Vereine konnten sich in den größeren Städten auf die Bourgeoisie und in gewissem Maße auf die Beamtenschaft stützen. Die liberalen Gruppen des Adels erreichten sie mit ihrer politischen Arbeit nur zum Teil. In den kleineren Städten gewannen sie auch Einfluß auf kleinbürgerliche Schichten. Arbeiter konnte die liberale Bourgeoisie mit ihren Forderungen nach »Reform«, »konstitutioneller Monarchie« und »bürgerlicher Freiheit« nur in geringem Maße gewinnen. Das Ziel, bei den in allen deutschen Staaten bevorstehenden Wahlen Stimmen zu gewinnen und dem wachsenden Einfluß der kleinbürgerlichen Demokratie entgegenzuwirken, blieb bestimmend für die Organisation und die politische Taktik der liberalen Vereine. Im Frühjahr 1848 waren politische Auffassungen in den meisten örtlichen Vereinen noch nicht deutlich voneinander abgegrenzt. Teilweise kamen sogar Doppelmitgliedschaften in unterschiedlichen Organisationen vor.

So fließend die Übergänge zwischen den Liberalen und den Demokraten in diesen ersten Wochen der Revolution auch waren, deutlich begannen sich damals bereits zwei grundsätzlich verschiedene politische Konzeptionen abzuzeichnen. Die Liberalen wollten die Vereinbarung mit den alten Mächten und im Zusammenspiel mit den Fürsten einen monarchisch-konstitutionellen deutschen Bundesstaat unter preußischer Führung. Die kleinbürgerlichen Demokraten erstrebten einen einheitlichen parlamentarisch-demokratischen bürgerlichen Repräsentativstaat; ihr radikaler Flügel wollte eine gegen die deutschen Fürsten durchzusetzende deutsche Föderativrepublik.

Das Vorparlament konstituiert sich

Das Vorparlament, das am 31. März in Frankfurt (Main) zusammentrat, bot die Gelegenheit zur Kraftprobe zwischen Liberalen und Demokraten. Die Volksmassen verbanden mit dem Zusammentreten dieses Gremiums große Hoffnungen. Nach dem Märzsieg des Volkes, als sich der Blick der revolutionären Kräfte über die Grenzen der deutschen Einzelstaaten hinaus richtete und das politische Interesse zunahm, gewann die Forderung nach Aufbau eines demokratischen deutschen Staates zunehmende Bedeutung.

Das war die wichtigste Aufgabe. Jetzt, wo die halbfeudale Konterrevolution angeschlagen war, konnte die Machtfrage rasch zugunsten der Demokratie gelöst werden. Große Teile des Volkes glaubten, daß die deutsche Republik nur durch eine verfassunggebende Nationalversammlung zu erreichen war. Der Bundestag in Frankfurt (Main), jenes von allen Demokraten verachtete Instrument der Fürstenmacht in Deutschland, hatte seinen Bankrott erlebt.

Frankfurt (Main) um 1848. Zeitgenössische Darstellung

Nun forderten Volksversammlungen und Presse, das Vorparlament solle als eine revolutionäre Institution wirken, den Bundestag hinwegfegen, sich als permanent erklären und die Grundlagen für einen demokratischen Nationalstaat schaffen. Groß waren auch die Erwartungen der kleinbürgerlichen Demokraten, die Ende März zum Vorparlament nach Frankfurt reisten. Robert Blum schrieb damals an einen Freund: »Übermorgen gehe ich nach Frankfurt zum usurpierten Reichstage; dort muß dem Faß der Boden ausgestoßen, die moralisch vernichtete Staatsgewalt gesammelt, die Republik ausgerufen und eine Regierung eingesetzt werden. Wenigstens ist das meine Überzeugung und leid sollten mir die Kosten und Zeit tun, wenn man dazu den Mut nicht hätte.« [16]

Im Gasthof »Weidenbusch« in Frankfurt trafen sich am Abend des 30. März die Demokraten. Sie bestärkten sich in der festen Absicht, die demokratische Republik auszurufen und keinerlei Vereinbarungen mit dem Bundestag zuzulassen. Es sollte sich indes bald zeigen, daß sich solche Erwartungen nicht mit der wirklichen politischen Situation im Vorparlament vertrugen.

Die Liberalen hatten besser vorgearbeitet als die Demokraten. Heinrich v. Gagern, der politische Kopf und Stratege jenes kompromißbereiten, konstitutionellen Liberalismus, hatte dafür gesorgt, daß eine große Anzahl seiner Anhänger in das Vorparlament gelangt war. Die liberale Bourgeoisie hatte im Vorparlament von vornherein eine Mehrheit. Das zahlenmäßige Verhältnis zwischen Liberalen und Demokraten betrug etwa 70 zu 30, wobei es fließende Übergänge und auf beiden Seiten bereits unterschiedliche Gruppierungen gab.

Wies schon die politische Zusammensetzung des Vorparlaments auf die nachmärzliche Tendenz hin, die Liberalen mit ihrem bürgerlichen Reformkonzept gegenüber demokratischen Bestrebungen in die Vorhand zu bringen, so war bei der inhaltlichen Vorbereitung der Verhandlungen das Bemühen der Liberalen deutlich, die nationale Einheitsbewegung in ihrem Sinne, im Geist des Ausgleichs mit den alten Mächten zu kanalisieren. Als entscheidend in dieser Richtung erwies sich die Vorarbeit, die der sogenannte Siebenerausschuß dafür leistete. Im Auftrag der in Heidelberg tagenden Vertrauensmänner sollte er Vorschläge für die Wahl und die Aufgaben der konstituierenden Nationalversammlung dem Vorparlament vorlegen. Der Siebenerausschuß war wesentlich weitergegangen und hatte ein liberales Verfassungsprogramm ausgearbeitet, womit den Debatten ein relativ enger Rahmen gesetzt schien. Die Erwartungen des Volkes waren dessenungeachtet ziemlich hochgeschraubt. Mit dem Vorparlament, dessen Existenz sich aus keinem anderen Recht als dem der Revoltion herleitete, verband die revolutionäre Volksbewegung die Hoffnung, es werde die Revolution weiter vorangetrieben. Im Zeichen solcher Erwartungen stand die gastgebende Stadt des Vorparlaments. Festlicher Schmuck, Blumen und Fahnen beherrschten die Innenstadt von Frankfurt. Man wollte die »Volksmänner« grüßen, die in den Jahren der Reaktion vor 1848 unter

Ludwig Uhland

Festlicher Empfang Sylvester Jordans in Frankfurt (Main). Nach der »Illustrierten Zeitung«, 1848

Zug der Abgeordneten des Vorparlaments zur Frankfurter Paulskirche, 30. März 1848. Nach der »Illustrierten Zeitung«, 1848

Einsatz ihrer Persönlichkeit für demokratische Freiheiten gekämpft und nicht selten Gefängnis- oder Festungshaft hatten erdulden müssen. Sie alle, der Dichter Ludwig Uhland, Friedrich Hecker und Gustav v. Struve, Gustav Eisenmann aus Nürnberg und Sylvester Jordan, erhielten besondere Willkommensgrüße. Auf der Zeil, der Hauptstraße Frankfurts, leuchteten am Abend des 30. März Fackeln, um die Deputierten zu begrüßen.

Am 31. März traten die Abgeordneten des Vorparlaments im Römer zusammen. Von dort ging es im geschlossenen Zug hinüber zur Paulskirche: Für viele Menschen war es ein für lange Jahre unvergeßlicher Tag. Das Volk feierte jedoch nicht allein aufrechte Demokraten. Es feierte seinen eigenen Sieg über die halbabsolutistische Reaktion und bekräftigte seinen Willen, die Revolution weiterzuführen.

Im Vorparlament deutete jedoch alles darauf hin, daß die Mehrheit der Abgeordneten sich keineswegs als ein revolutionäres Parlament verstehen wollte. Bei der ersten Beratung im Römer hatten die Abgeordneten den liberalen Heidelberger Professor Karl Mittermaier zum Präsidenten gewählt. Er schien als Mann des »Ausgleichs« geeignet: eine erste Koryphäe der gelehrten Jurisprudenz und als liberaler Mann weit über Baden hinaus bekannt. Aber er wurde von der kompromißbereiten Mehrheit des Vorparlaments mehr geschoben, als daß er das selbständige Haupt einer revolutionären Versammlung wurde. Er wollte es allen recht machen und hatte am Ende Mühe, wenigstens geordnete Beratungen zu sichern.

Karl Mittermaier. Nach der »Illustrierten Zeitung«, 1848

Revolutionäre Versammlung oder Kompromißparlament

Auf dem Tisch des Parlaments lag das Programm des sogenannten Siebenerausschusses, das die Ziele der konstitutionellen Liberalen um Heinrich v. Gagern und Friedrich Daniel Bassermann umriß: erweiterte Kompetenz des in einen Bundesstaat umzubildenden Deutschen Bundes gegenüber den Einzelstaaten, ein fürstliches Oberhaupt des deutschen Bundesstaates mit verantwortlichen Ministern und ein gesamtnationales Parlament. In diesem Programm waren das strategische Ziel und die Taktik der liberalen Bourgeoisie aufgezeichnet. Hier waren die Grenzlinien nach links deutlich gezogen: keine Beseitigung der mittelalterlichen Kleinstaaterei, keine revolutionäre Zentralgewalt. Die demokratischen Forderungen des Volkes überging man mit Schweigen. Offensichtlich war, daß die Liberalen eine politische Veränderung überhaupt nur für den konstitutionellen Ausbau eines monarchischen deutschen Bundesstaates wollten.

Die Demokraten, vorwiegend aus dem Süden Deutschlands, erkannten die Situation richtig, als sie gleich zu Beginn der Beratungen diesem Konzept einen eigenen Antrag entgegenstellten, den Gustav v. Struve vortrug. In seinem Inhalt kleinbürgerlich, brachte dieses Programm in starkem Maße auch die demokratischen Interessen des gesamten Volkes zum Ausdruck und orientierte auf die konsequente Fortführung der Revolution.

Der Antrag Struves forderte neben ande-

rem die Aufhebung der stehenden Heere, die Abschaffung der individuellen Steuern, die Trennung von Kirche und Staat, Freiheit der Presse, Vereins- und Versammlungsrecht, »Beseitigung des Notstandes der arbeitenden Klassen und des Mittelstandes, Hebung des Handels, des Gewerbestandes und der Landwirtschaft«. Schließlich fehlte auch nicht die kleinbürgerlich-utopische Formel vom Ausgleich des »Mißverhältnisses von Arbeit und Kapital«.[17]
Alles war in demokratischen Programmen und in Volksversammlungen während dieser Wochen oft genug ausgesprochen worden. Für die gemäßigte Mehrheit des Vorparlaments hörte sich das auch nicht damit, daß er die Abgeordneten dazu aufforderte, so lange in Frankfurt (Main) vereint zu bleiben, bis ein frei gewähltes Parlament die Geschicke leiten könne.
Damit waren die Stichpunkte genannt, an denen sich die Diskussion entzünden sollte: Republik und Permanenz des Vorparlaments als einer revolutionären Institution. Diese Forderungen trafen auf den entschiedenen Widerstand der Liberalen.
In der Debatte um den Vorschlag Struves meldete Präsident Mittermaier seine Kritik zunächst sehr vorsichtig an. Massiver brachte der Wortführer der Liberalen, Heinrich von Gagern, seine Einwände vor. Als geschickter parlamentarischer Taktiker wußte er der demokratischen Offensive zu der Notwendigkeit der Durchführung der Einheit huldigt.«[18]
Das Vorparlament vermochte ebensowenig wie eine andere Institution – und das wußte auch die Mehrheit der republikanischen Abgeordneten genau – die Republik in Deutschland »einzuführen«. Der Sturz der Fürstenherrschaft in den deutschen Einzelstaaten und die Errichtung einer bürgerlich-demokratischen Republik konnten nur Ergebnis umfassender, außerparlamentarischer Aktionen der Arbeiter, Bauern und Kleinbürger sein. Dennoch hätte von der Kampfansage des Vorparlaments an die Fürsten und dem Bekenntnis zur Republik eine revolutionierende Wirkung ausgehen können.

Sitzung des Vorparlaments in der Paulskirche. Nach der »Illustrierten Chronik 1848«

einmal erschreckend an. Aber der Punkt 15 und die Schlußsätze von Struves Antrag wirkten als Zündstoff: »Aufhebung der erblichen Monarchie (Einherrschaft) und Ersetzung derselben durch frei gewählte Parlamente, an deren Spitze frei gewählte Präsidenten stehen, alle vereint in der föderativen Bundesverfassung nach dem Muster der amerikanischen Freistaaten ...« Struve schloß seine Ausführungen begegnen und schlug eine Abstimmung über die Alternative Monarchie oder Republik vor. So sollte die Entscheidungsfrage lauten: »Sprechen Sie die Ansicht dieser Versammlung aus, daß wir an der Monarchie festhalten, daß wir zwar eine Versammlung bilden, die die Freiheit will und um des Volkes und der Volkssouveränität willen erstrebt, aber dem Prinzip der Monarchie im Staate treu bleibt und zugleich Die demokratischen Abgeordneten begegneten dem Überrumpelungsversuch Gagerns mit dem Hinweis, daß das Vorparlament nicht den Auftrag habe, über eine solche grundsätzliche Frage zu entscheiden. Die Abstimmung unterblieb. Die Mitglieder des Vorparlaments einigten sich darauf, ausschließlich über das Wahlgesetz zur konstituierenden Nationalversammlung zu entscheiden. Damit wurde die Kompetenz

des Vorparlaments erheblich eingeschränkt. Das Ziel der demokratischen Kräfte, das Vorparlament zu einem Instrument des Kampfes um die Weiterführung der Revolution zu gestalten, schien nicht mehr erreichbar.
Die Diskussion um die Wahlordnung für das konstituierende Nationalparlament mußte, nachdem die politischen Gegensätze deutlich sichtbar geworden waren, zu offener Konfrontation der Auffassungen zwischen »links« und »rechts« führen. Kernpunkte des Ringens der Radikalen um ein demokratisches Wahlrecht waren: allgemeines oder eingeschränktes, das heißt Arbeiter, Dienstboten, Handwerksgesellen und Bedienstete auf dem Lande ausschließendes Wahlrecht, und direktes oder indirektes Wahlrecht. Die Abgeordneten standen noch ganz unter dem Eindruck des Volkssieges in den Märztagen. Entgegen ihren bisherigen Auffassungen wagten es die liberalen Abgeordneten nicht, gegen das allgemeine Wahlrecht aufzutreten und den sogenannten Unselbständigen das aktive und passive Wahlrecht streitig zu machen.
Heiß aber wurde über die Frage gestritten, ob direkt oder indirekt gewählt werden sollte. Die Demokraten forderten das direkte Wahlrecht. Die Liberalen betrachteten die indirekte Wahl als wichtig für die Durchsetzung ihrer politischen Taktik. Eine gemäßigt-liberale Mehrheit sprach sich schließlich dafür aus, daß die direkte Wahl nicht bindend sein sollte. Es war vorauszusehen, welchen Gebrauch die Regierungen in den einzelnen Staaten von diesem Beschluß machen würden.
Bis zum zweiten Sitzungstag, am 1. April, hatten die Abgeordneten über das Wahlrecht und über die Einberufung der konstituierenden Nationalversammlung beraten. Frankfurt (Main) sollte der Tagungsort sein. Als Termin für das Zusammentreten des Parlaments wurde der 1. Mai in Aussicht genommen.
Nachdem über diese Fragen entschieden war, hofften nunmehr alle, die die Revolution fürchteten, das Vorparlament werde nach Hause gehen. Die Linke jedoch war mit den bisherigen Ergebnissen nicht zufrieden. Sie unternahm einen neuen Vorstoß. Ihre Losung hieß: Tagung des Vorparlaments in Permanenz. Wie in Struves Antrag bereits formuliert, forderte sie, das Vorparlament solle bis zur Eröffnung der Nationalversammlung vereinigt bleiben.

Verhandlungen
des
Deutschen Parlaments.

Zweite Lieferung.
Enthaltend: Die Verhandlungen des Fünfziger-Ausschusses, der Bundesversammlung und der XVII Vertrauensmänner, bis zum Zusammentritt der constituirenden deutschen Nationalversammlung.

Frankfurt am Main.
J. D. Sauerländer's Verlag.
1848.

Titelblatt einer Ausgabe des Protokolls

Diese Forderung wandte sich zunächst einmal gegen das Fortbestehen des Bundestages. Ihre Stoßrichtung ging aber weiter.
Der Antrag schloß die Möglichkeit ein, das permanent tagende Vorparlament zu einem revolutionären Machtfaktor zu entwickeln. Als revolutionäres Zentrum konnte es in dieser Etappe die Märzerrungenschaften gegen den Zugriff der halbfeudalen Konterrevolution sichern und den Frankfurter Bundestag als Machtorgan des alten Vormärzregimes vollständig ausschalten.
Ein permanent tagendes Vorparlament anzuerkennen bedeutete, die Kontinuität der Revolution anzuerkennen. Die liberale Mehrheit des Vorparlaments erkannte die Tragweite einer solchen Entscheidung. Wie in Preußen, so auch hier, setzten die Liberalen nunmehr eindeutig auf Vereinbarung mit den alten Mächten, nicht aber auf die Behauptung des Rechtes auf Revolution. »Unordnung« und »Anarchie« mußten heraufziehen, wenn das Vorparlament sich auf ebendieses Recht berief. So wurde der Antrag auf Tagen des Vorparlaments in Permanenz in der Abstimmung mit 356 gegen 142 Stimmen zu Fall gebracht.
Der Fünfzigerausschuß, den das Vorparlament einsetzte und der mit dem Bundestag in Verbindung treten und ihn bei der Wahrnehmung der gesamtnationalen Interessen beraten sollte, konnte ein in Permanenz tagendes Vorparlament nicht ersetzen. Entsprechend der Zusammensetzung des Vorparlaments gehörten dem Ausschuß in der Mehrheit Liberale an. Jedoch nutzten die Demokraten jede Möglichkeit, um trotz dieser Niederlage wenigstens den Bundestag zur politischen »Läuterung« zu zwingen. Der Demokrat Heinrich Zitz aus Mainz stellte am 2. April den Kampfantrag: »Die Versammlung möge erklären, bevor die Bundesversammlung die Angelegenheit der Gründung einer konstituierenden Versammlung in die Hand nimmt, möge dieselbe sich von den verfassungswidrigen Ausnahmebeschlüssen lossagen und die Männer aus ihrem Schoße entfernen, die zur Hervorrufung und Ausführung derselben mitgewirkt haben.«[19] Noch einmal schlugen die Wogen hoch. Die Liberalen wollten ein Ultimatum an den Bundestag verhindern. Nach ihrem Vorschlag sollte das Wort »bevor« durch das Wort »indem« ersetzt werden. Damit war der Antrag praktisch wirkungslos.
Unter Führung von Friedrich Hecker verließen etwa 40 Abgeordnete die Paulskirche: Die radikalen Demokraten wollten nicht länger das Spiel des liberalen Reformierens mitmachen. Auch wenn sie später wieder ins Vorparlament zurückkehrten, so war der Trennstrich deutlich gezogen. Die entschiedensten Demokraten waren von den Ergebnissen der Beratungen des Vor-

Franz Raveaux.
Lithographie von Ph. Winterwerl, 1848

parlaments zutiefst enttäuscht. Das Vorparlament endete mit einem zwiespältigen Ergebnis. Der Weg zur konstituierenden Nationalversammlung war geebnet. Das Vorparlament hatte sich für einen im ganzen demokratischen Wahlmodus ausgesprochen. Aber es hatte sich nicht bewahrheitet, was der gemäßigte Demokrat Franz Raveaux in der Paulskirche erklärt hatte: »Sie sind eine revolutionäre Versammlung.«[20] Revolutionäre Beschlüsse wurden nicht gefaßt. Die Fürsten und ihr konterrevolutionäres Gefolge konnten aufatmen. Die Bourgeoisie hatte durch ihre Vertreter gezeigt, daß sie zum Kompromiß mit der Reaktion bereit war. Die demokratische Volksbewegung ließ sich aber nicht aufhalten. Der Kampf ging weiter.

Um die Republik in Baden

Die Ergebnisse des Vorparlaments waren für die weitere Entfaltung des revolutionären Prozesses zwiespältig. Einerseits hatten die Beschlüsse des Vorparlaments wesentlich dazu beigetragen, den Weg zum Nationalparlament zu bahnen, auf das sich mit Recht die Erwartungen der Volksmassen richteten. Die liberale Bourgeoisie wähnte sich damit ihrem Ziel einen bedeutenden Schritt näher, die Revolution in reformerische und parlamentarische Bahnen zu lenken und den Machtausgleich mit Adel und Monarchie in ihrem Interesse zu gestalten. Dagegen hatten alle Hoffnungen der radikalen Demokraten getrogen, die Revolution in Richtung auf eine Republik vorantreiben zu können. Am Abend des 3. April sammelten diese sich im »Holländischen Hof« in Frankfurt (Main), um über die Ergebnisse des Vorparlaments zu beraten. Man war sich in der Beurteilung einig, daß die Chancen für eine rasche Republikanisierung Deutschlands wesentlich gesunken waren. Im Gegensatz zur Mehrheit der deutschen Demokraten, die durch gemäßigtere Repräsentanten wie Robert Blum und Johann Jacoby zum Ausdruck brachten, daß eine schrittweise Erkämpfung der Republik durch das Nationalparlament zu erwarten sei, drängten nunmehr die badischen radikalen Demokraten darauf, die Republik durch bewaffneten Kampf zu erringen. In offenbar erregter Debatte setzte sich an diesem Abend im »Holländischen Hof« die Meinung durch, das Volk in Baden zu den Waffen zu rufen.

Demokratische Kleinbürger. Darstellung aus den »Fliegenden Blättern«, 1848

Der äußerste Südwesten bot sich als Aktionsfeld für die Umsetzung radikal-demokratischer, republikanischer Ideen an. In Baden besaßen die Republikaner in der Landbevölkerung und im städtischen Kleinbürgertum, das hier besonders stark vertreten war, einen breiten Massenanhang. Die relativ schwache industrielle Entwicklung im Großherzogtum bedingte, daß der Gegensatz zwischen Bourgeoisie und Proletariat noch kaum wirksam war, vielmehr eindeutig, vornehmlich in Südbaden, die Kleinproduktion dominierte. Die republikanische Bewegung in den Städten erhielt durch den Schwung der Agrarrevolution einen kräftigen Anstoß. Der Zorn der Bauern richtete sich vehement vor allem gegen die großen feudalen Standesherren, die sie nach wie vor mit hohen Grundlasten bedrückten, aber auch gegen die Schuldknechtschaft, in die sie städtische Kreditgeber gebracht hatten. Das Zusammengehen der Dorfbevölkerung mit dem Kleinbürgertum der badischen Landstädte vom Bodensee bis zum Main bildete die Basis für die rasche Verbreitung republikanischer Losungen seit der Offenburger Versammlung am 19. März.
Die Organisation der »Vaterländischen Vereine«, die auf dieser Volksversammlung beschlossen worden war, erzielte eine Wirkung, wie sie damals den Demokraten in keinem anderen deutschen Einzelstaat gelang. Die »Vaterländischen Vereine« waren überwiegend mehr als Diskussionsklubs oder »Wahlvereine«. Sie sollten in den einzelnen Orten die Kontrolle des öffentlichen Lebens übernehmen und Schritt für Schritt die alten Ortsbehörden ablösen. Der Versuch, auf diese Weise die Staatsmacht praktisch lahmzulegen und gleichsam von unten eine neue politische Ordnung zu schaffen, gelang in Südbaden während der letzten Märztage relativ rasch.
Die Erfolge der demokratischen Volksbewegung drängten den Einfluß der Liberalen in der Öffentlichkeit zurück und verschärften die Gegensätze zwischen Demokraten und Liberalen. Die Reaktion der badischen Regierung auf die bei Versammlungen, Demonstrationen und in der demokratischen Presse geäußerte Kampfbereitschaft aber trieb Anfang April zur endgültigen Entscheidung. Der Zuverlässigkeit ihrer eigenen Soldaten nicht mehr sicher, holte die Regierung Badens Anfang April hessische und württembergische Truppen ins Land, die teilweise auf bewaffnete Gegenwehr stießen. Niemand mochte der amtlichen Verlautbarung Glauben schenken, das Militär sei zur Verteidigung gegen einen französischen Einfall zusammengezogen worden. Vielmehr erkannten die Demokraten in den militärischen Maßnahmen den Versuch einer bewaffneten Konterrevolution.
In dieser Situation setzten die Führer der radikalen kleinbürgerlichen Demokratie alles auf die rasche Bewaffnung des Volkes

Friedrich Hecker. Lithographie von Brandt

Gustav v. Struve.
Lithographie von Lehmann

und auf die unmittelbare Vorbereitung eines bewaffneten Aufstandes in der Überzeugung, einen relativ raschen Sieg für die Sache der Republik erstreiten zu können. An der Spitze der republikanischen Bewegung standen Demokraten, die in Baden große Popularität besaßen, gleichwohl Männer, deren Auffassungen über die einzuschlagende Taktik sich nicht unbeträchtlich unterschieden: Joseph Fickler, Friedrich Hecker und Gustav v. Struve.

Joseph Fickler, seit 1830 als Journalist in Konstanz tätig, war als Redakteur der demokratischen »Seeblätter« und als Agitator seit den Märztagen unermüdlich im Sinne einer bewaffneten Erhebung tätig. Im Seekreis besaß er gleichsam seine politische Hausmacht. Während des Aufenthalts von Hecker und Struve in Frankfurt (Main) wirkte er als der unbestrittene Führer der badischen Demokratie.

Wie Fickler verfolgten Hecker und Struve das Ziel einer Föderativrepublik. Der damals 36jährige Hecker, Rechtsanwalt in Mannheim, setzte vor allem auf die revolutionäre Aktion. Von der politischen Theorie hat er nie viel gehalten, und erst unter dem Einfluß von Struve entwickelte er sich Mitte der vierziger Jahre zum Demokraten. In Mannheim erfreute er sich als Kommandant der Bürgergarde besonders bei Handwerkern und Arbeitern großer Beliebtheit. Schon seine äußere Erscheinung schien dazu angetan, Menschen zu begeistern und zur Aktion mitzureißen. In der Person Heckers verkörperte sich die der kleinbürgerlichen Demokratie von 1848 eigene Schwäche, ihre theoretische Unsicherheit und Unklarheit. Zu enthusiastischem Überschwang neigend, fehlte ihm die Fähigkeit, die Klassenkräfte nüchtern einschätzen zu können. Die Losung von der Föderativrepublik betrachtete er als Schlüssel für die Lösung aller Probleme, und sie genügte ihm auch, um die Massen zu gewinnen. Die Kantonalverfassung der Schweiz und die Föderativverfassung der USA galten ihm als Vorbilder für die staatliche Gestaltung Deutschlands. Hecker meinte wie viele seiner Mitstreiter, daß es möglich wäre, von einem deutschen Kleinstaat aus den Kampf um die Republik aufzunehmen.

Diese Auffassung teilte Struve mit ihm. Struve, sechs Jahre älter als Hecker, war ein gelehrter Jurist, ein Kenner der Staatswissenschaften, der Zeit seines Lebens besser mit der Feder als mit der Rede umzugehen wußte. Wer auf Äußerlichkeiten sah, mochte diesen Mann, der auf die vegetarische Lebensweise schwor und sich intensiv mit der Gallschen Schädellehre beschäftigte, als einen Sonderling ansehen. Aber im Innersten dieses pedantisch erscheinenden Mannes schlug ein echtes Demokratenherz.

Die liberale Leisetreterei hatte ihn schon in der Zeit vor 1848 zu scharfer Kritik gegen »Paradehelden« und »Kammermandarine« veranlaßt. Der von ihm seit 1847 herausgegebene »Deutsche Zuschauer« wurde zum wichtigsten Sprachrohr der kleinbürgerlichen Demokratie in Südwestdeutschland. Die Presse war das Feld, auf dem Struve den Kampf mit dem halbfeudalen System und den Halbheiten der Liberalen aufnehmen konnte. Scharf legte er die Schwächen des Regimes bloß. An den wichtigsten programmatischen Dokumenten der kleinbürgerlich-demokratischen Bewegung war er maßgeblich beteiligt: Er gehörte zu den Initiatoren des Offenburger Programms von 1847. Der sozialrepublikanische Antrag, der dem Vorparlament vorlag, entstammte seiner Feder. Bereits in den Märztagen nährten die Führer der badischen Demokratie im Kleinbürgertum Hoffnungen, durch ein rasches Losschlagen die Republik in Baden erreichen zu können, ohne auf Entscheidungen des Parlaments zu warten. Sie teilten diese Auffassung mit radikalen kleinbürgerlichen Emigranten, deren Ungeduld Georg Herwegh in einem Brief an Johann Jacoby Ausdruck verlieh: »Ich kann den Parlamentstrab nicht einhalten und gehe meinen Sturmschritt weiter, ich mag die Republik nicht votieren lassen, sondern will sie zu *machen* suchen, sei's auch im entferntesten Winkel Deutschlands. Einmal ein fait accompli, so nehmt Ihr sie doch alle an ... Es geht mir mit der Republik wie mit den Frauen, ich liebe sie aus erster Hand, d. h. aus der Hand des Volkes durch eine Revolution.«[21]

Ungeachtet der gemeinsamen Zielrichtung, bereits zu einem frühen Zeitpunkt der Revolution den Sturz der monarchischen Gewalt in Baden und im gesamten Gebiet des Deutschen Bundes anzustreben, bestanden zwischen den badischen Demokratenführern nicht geringe Meinungsverschiedenheiten in taktischen Fragen. Fickler wollte bereits die Offenburger Versammlung nutzen, um Baden zur Republik zu gestalten. In Übereinstimmung mit dem revolutionären Demokraten Johann Philipp Becker, der in der Schweiz die deutsche Legion für die Unterstützung eines Aufstandes organisiert hatte, entwickelte er einen weitreichenden Plan für die Republikanisierung Deutschlands. Nach dem Vorbild der Schweizer Erhebung von 1847 sollten in den süddeutschen Staaten auf revolutionärem Wege republikanische Regierungen eingesetzt werden. Repräsentanten dieser republikanischen Einzelstaaten mochten sich dann in Frankfurt (Main) versammeln und eine provisorische revolutionäre Zentralgewalt für Deutschland ausrufen. Ihr könnten sich andere deutsche Gebiete anschließen. Diesem Plan lag der Gedanke zugrunde, daß der Kampf um die Republik angesichts der Stärke der Gegenkräfte auch dann notwendig sein werde, wenn ein deutsches Nationalparlament die Republik ausrufen würde.

Das Konzept eines außerparlamentarischen Weges zur deutschen Republik, geboren aus dem Schwung der Märzbewegung, stieß aber bereits bei der Offenburger Versammlung auf den Widerstand durchaus aktionsbereiter Mitstreiter Ficklers wie Hecker und Struve. Hecker hoffte auf das Vorparlament und glaubte damals noch, die Liberalen im Sinne der antifeudalen Oppositionsfront des Vormärz zum gemeinsamen Kampf um die Republik gewinnen zu können.

Wesentlich verändert stellte sich die Lage Anfang April dar. Hecker und Struve zeig-

Karl Mathy läßt den Demokraten Joseph Fickler in Karlsruhe verhaften, 8. April 1848. Nach der »Illustrierten Zeitung«, 1848

Badisches Militär muß Mathy gegen die Angriffe des Volkes verteidigen. Nach der »Illustrierten Zeitung«, 1848

ten sich nach der Niederlage, die sie im Vorparlament erlitten hatten, entschlossen, für den republikanischen Aufstand zu agitieren und die Volksbewaffnung zu beschleunigen. Mit wortgewaltigem Pathos rief Fickler in einem Artikel der »Seeblätter« dazu auf, die Fürsten zu vertreiben und die Republik zu errichten. »Laßt nicht tatlos den günstigen Augenblick vorübergehen«, forderte er, »sonst werden eure Tyrannen wieder Ketten schmieden, die ihr jahrelang zu zersprengen nicht vermögen werdet.«[22] Am 5. April, dem gleichen Tage, als württembergische und hessische Truppen nach Baden eingerückt waren, stellten Struve und Fickler gegenüber der nunmehr beträchtlich instabilen badischen Regierung in einer Denkschrift ultimativ die Forderung, innerhalb einer Woche einen Volksausscheid über die Frage »Republik oder Monarchie« durchführen zu lassen.
Angesichts der sich Anfang April entwikkelnden dramatischen Situation konnte es nicht verwundern, daß nicht nur die Regierung, sondern auch die bürgerlichen Liberalen von Unruhe erfüllt waren. Sie machten ihren Einfluß im Sinne des Kampfes gegen die Volksbewegung geltend. Der badische Liberale Karl Mathy, einer der führenden Köpfe im Vorparlament, der über die Pläne der Republikaner informiert war, hielt den Zeitpunkt für ein energisches Eingreifen für gekommen. Am Morgen des 8. April ließ er Fickler von ein paar Soldaten festnehmen. »Auf meine Verantwortung als Abgeordneter, verhaftet diesen Mann, *er ist ein Landesverräter*!«[23] So hatte Mathy über den Duzfreund gesprochen, mit dem ihn ein gemeinsames Schicksal aus der Zeit der Verfolgungen und Repressalien gegen oppositionelle Kräfte verband. Mit der Aktion Mathys hatten sich nicht nur die Liberalen von ihren demokratischen Verbündeten klar abgesetzt, sondern damit war zugleich den Republikanern die Initiative entrissen worden.
Struve und Hecker fürchteten nun ebenfalls verhaftet zu werden und meinten, jedes Zögern könne nur als Rückzug der Revolutionäre ausgelegt werden. Dabei nahmen sie bei der Beurteilung der politischen Situation nicht die Tatsache nüchtern zur Kenntnis, daß ein Stimmungsumschwung in Baden eingetreten war. Die Gefangennahme Ficklers schwächte die Bereitschaft des Volkes insbesondere im Seekreis, sich einem republikanischen Aufstand anzuschließen. Dazu kam die Tatsache, daß sich allgemein nach den Beschlüssen des Vorparlaments die Hoffnungen mehr auf die Nationalversammlung richteten. Hecker setzte sich über diese Symptome hinweg.

Der badische Aufstand

Trotz der ungenügenden organisatorischen und propagandistischen Vorbereitung nahmen Hecker und Struve die bewaffnete Erhebung unmittelbar in Angriff. Struve ging in den Schwarzwald, Hecker reiste nach Konstanz, wo der Aufstand beginnen sollte. Das Ziel von Hecker und Struve bestand darin, in vier Kolonnen, vom südlichen Baden, vom Bodensee und vom Schwarzwald her, das Land zu durchziehen, die Hauptstadt Karlsruhe einzunehmen und damit die Republik in Baden zu sichern. Republikanischer Geist vermischte sich mit Revolutionsromantik und blindem Draufgängertum. In einer Volksversammlung am 12. April versuchte Hecker, die Bürger von Konstanz für die republikanische Erhebung zu begeistern. Hecker und Struve bauten fest darauf, das Konstanzer Bürgertum und vor allem die Bauern gewinnen zu können. Dann würden auch die Soldaten der badischen Armee in großer Zahl auf die Seite der republikanischen Bewegung übertreten. Am 12. April riefen Hecker und Struve in Baden die Republik aus.
Im Namen der »provisorischen Regierung« wurde eine Order an die lokalen Behörden des Seekreises ausgegeben: »Das Volk hat sich erhoben, seine Rechte zu erkämpfen

Konstanz um 1848. Zeitgenössische Darstellung

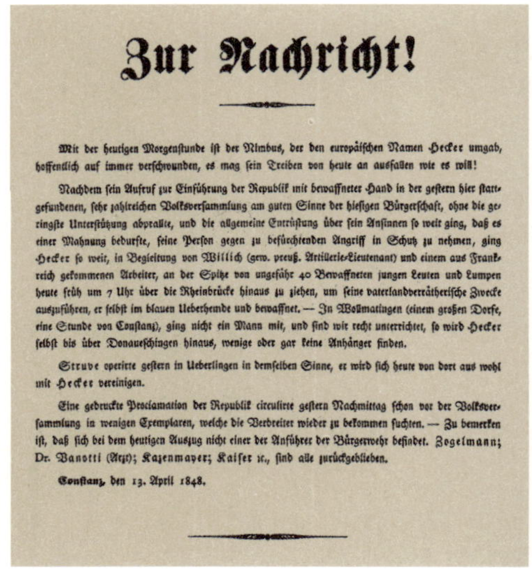

Zur Nachricht!

Mit der heutigen Morgenstunde ist der Nimbus, der den europäischen Namen Hecker umgab, hoffentlich auf immer verschwunden, es mag sein Treiben von heute an ausfallen wie es will!

Nachdem sein Aufruf zur Einführung der Republik mit bewaffneter Hand in der gestern hier stattgefundenen, sehr zahlreichen Volksversammlung am guten Sinne der hiesigen Bürgerschaft, ohne die geringste Unterstützung abpralte, und die allgemeine Entrüstung über sein Ansinnen so weit ging, daß es einer Mahnung bedurfte, seine Person gegen zu befürchtenden Angriff in Schutz zu nehmen, ging Hecker so weit, in Begleitung von Willich (gew. preuß. Artillerie-Lieutenant) und einem aus Frankreich gekommenen Arbeiter, an der Spitze von ungefähr 40 Bewaffneten jungen Leuten und Lumpen heute früh um 7 Uhr über die Rheinbrücke hinaus zu ziehen, um seine vaterlandverrätherische Zwecke auszuführen, er selbst im blauen Ueberhemde und bewaffnet. — In Wollmatingen (einem großen Dorfe, eine Stunde von Constanz), ging nicht ein Mann mit, und sind wir recht unterrichtet, so wird Hecker selbst bis über Donaueschingen hinaus, wenige oder gar keine Anhänger finden.

Struve operirte gestern in Ueberlingen in demselben Sinne, er wird sich heute von dort aus wohl mit Hecker vereinigen.

Eine gedruckte Proclamation der Republik circulirte gestern Nachmittag schon vor der Volksversammlung in wenigen Exemplaren, welche die Verbreiter wieder zu bekommen suchten. — Zu bemerken ist, daß sich bei dem heutigen Auszug nicht einer der Anführer der Bürgerwehr befindet. Zogelmann; Dr. Vanotti (Arzt); Kazenmayer; Kaiser rc., sind alle zurückgeblieben.

Constanz, den 13. April 1848.

Bericht über den Auszug Heckers aus Konstanz

und den Zustand der so lang ersehnten volkstümlichen Regierungsform zu erringen. Daher beauftragen wir obengenannte Vorstände, bis morgen, Sonntag, den 16. April, früh bis um 8 Uhr, ihre waffenfähigen Bürger vom 18. und 30. Jahre nebst allen Freiwilligen späterer Jahre, mit den nötigsten Geldmitteln und Proviant für 6 Tage versehen, zu dem Volksheere in Donaueschingen stoßen zu lassen. Wir bemerken noch obengenannten Behörden, daß wir sie für *strengen* und *eifrigen* Vollzug *vor dem Volk* verantwortlich machen werden und alles anwenden, den *Säumigen* wie den *Verräter* am *Volke vor diesem zur nachsichtslosen Rechenschaft* zu ziehen.

Diese Order ist an alle Gemeinden ringsum durch Stafetten zu verbreiten, *da wir nur zu wohl wissen*, daß *Feigheit* und *Verrat* unsere Schritte zum Wohle des Volkes zu vereiteln suchen.

Die provisorische Regierung
Hecker«[24]

Am Morgen des 13. April versammelte Hecker seine republikanische Schar in Konstanz. Die Begeisterung vom vorhergehenden Abend schien verflogen. Kaum 60 Männer folgten ihm beim Ausmarsch über der Rheinbrücke. Die Kleinbürger von Konstanz, unentschlossen und der republikanischen Sache unsicher, verweigerten Hecker die Gefolgschaft. Die vielgerühmte Bürgerwehr erschien beim Abmarsch nicht. Nur Arbeiter und Handwerksgesellen, meist Mitglieder des Arbeitervereins, und ein Teil der Bauern zogen mit. Bunt war das Bild. Wer es vermochte, hatte sich wie Hecker gekleidet: der große Schlapphut mit der Hahnenfeder, später

Friedrich Hecker
als Führer der badischen Freischaren.
Spätere Darstellung

überall der »Heckerhut« genannt, die blaue Bluse mit der roten Halsbinde, die hohen Stiefel und die Pistole im Gürtel gehörten zur Ausrüstung. Vorbilder von Freiheitskämpfen der Vergangenheit wurden beschworen. Hecker war von dem Bild stark beeindruckt: »Unter hellem Trommelschlag, begleitet von Hunderten, zogen wir von Konstanz aus über die Brücke. Aufforderungen zum Zuzug trugen Boten nach den Nachbargemeinden ... Der blaue Himmel lachte aus den zerrissenen Regenwolken, zur Seite der klare herrliche See, die fernen freien Alpen, vor uns Hohenstaufen, Hohenhoben, Hohenstoffeln, Hohenkrähen und Hohentwiel; eine Welt voll Chroniken erzählten von der Despotie deutscher Kaiser und der Lehenschaft, von Pfaffentrug und dem verbrannten Hus, und wir zogen aus mit dem Banner der deutschen Republik; wir wollten vertilgen die despotischen Reste des Mittelalters und gründen den freien Volksstaat.«[25] In diesen Worten schwangen die ganzen Hoffnungen, Sehnsüchte und Illusionen des Kleinbürgertums mit, die ihre Personifizierung in Hecker gefunden hatten.

Bis auf etwa 800 Mann wuchs die Hecker-Schar an, überwiegend Handwerksburschen, Fabrikarbeiter und Bauern. Eine zweite Kolonne, 2000 bis 3000 Mann stark, brachte Franz Sigel, ein Leutnant der badischen Armee, in Konstanz auf die Beine. Im Gegensatz zu Hecker gelang es ihm am 15. April sogar, die Konstanzer Bürgerwehr zur Teilnahme an dem Unternehmen zu bewegen. Dazu gesellte sich im Oberrheinkreis die sogenannte Rheinkolonne. Sie wuchs nach und nach auf etwa 600 bis 700 Mann an. Ihr Führer war der Gastwirt Weißhaar. So waren es insgesamt rund 6000 Mann, die den Kampf um die demokratische Republik aufnahmen.

Die Handwerksgesellen, Bauern und Arbeiter, die mit Hecker und seinen Freunden loszogen, bewegten nicht Schwärmerei und Wanderlust. Sie wollten die Republik, weil in ihr adlige Bedrückung, Willkür der Bürokratenperücken und soziale Not abgeschafft sein sollten. Dafür lohnten sich Mühen und bewaffneter Kampf. Einsatzbereite und aktive kleinbürgerliche Demokraten führten die militärischen Kolonnen an. Neben Hek-

Gefecht bei Kandern, 20. April 1848. Zeitgenössische Darstellung

ker bewiesen Franz Sigel, August Willich, Theodor Mögling und Johann Philipp Bekker revolutionären Mut und Entschlossenheit und auch militärische Fähigkeiten. Die Vereinigung der verschiedenen militärischen Abteilungen zu einer geschlossenen Armee hätte neue Möglichkeiten eröffnet. Selbst ein kleiner militärischer Erfolg dieser Streitmacht hätte in Stadt und Land weitere Mitkämpfer gewonnen. Aber keiner der Führer besaß die Fähigkeit und den Überblick, um die einzelnen Kolonnen zu einer Revolutionsarmee zusammenzufassen. Ein klares politisch-militärisches Konzept des Aufstandes fehlte.

So wurden unter den ohnehin schwierigen Bedingungen die Kräfte in Einzelaktionen zersplittert. Revolutionäre Begeisterung und Engagement der republikanischen Kämpfer ließen merklich nach. Dabei bewies Hecker Standhaftigkeit, als es nach dem 13. April darum ging, sein Unternehmen weiterzuführen, obwohl sich alles gegen die Freischärler zu wenden schien. Zwei Abgesandte des Fünfzigerausschusses trafen mit Hecker zusammen und boten die Amnestie der Aufständischen an, wenn die Waffen niedergelegt würden. Hecker lehnte ab und wies die Vertreter des Ausschusses zurecht.

Schon am 15. April distanzierte sich der Fünfzigerausschuß von den badischen Republikanern. Am 17. April stimmte die badische Abgeordnetenkammer dem Haftbefehl für Hecker und der Verurteilung des Aufstandes zu. Auch die Abgeordneten der Linken, wie Brentano und Itzstein, sprachen sich für das Verdammungsurteil aus. Das führte zu weiterer Verwirrung im Lager der kleinbürgerlichen Demokraten.

Inzwischen hatte die Konterrevolution ihre Maßnahmen getroffen. Insgesamt 30 000 badische, württembergische, bayerische, hessische und nassauische Soldaten standen in Südbaden bereit, um die Republikaner einzukreisen und die einzelnen Abteilungen zu schlagen. Auf der Scheidegg bei Kandern kam es am 20. April zum ersten und im Grunde schon entscheidenden Zusammenstoß zwischen der Kolonne Heckers und hessisch-badischen Truppen. Noch immer hoffte Hecker darauf, die badischen Soldaten für die republikanische Sache zu gewinnen. Der Kommandeur der konterrevolutionären Truppen, General Friedrich v. Gagern, Bruder des bekannten Liberalen Heinrich v. Gagern, postierte hessische und badische Einheiten so, daß ein eventuelles Überlaufen der badischen Soldaten zu Hecker unmöglich gemacht werden sollte. Hecker und Gagern begegneten sich zwischen den Fronten zu einem Gespräch. Ein dramatischer Höhepunkt des Zusammentreffens: Es kam zu einem Rededuell zwischen dem General im Bürgerrock und dem republikanischen Revolutionär. Der Revolutionär blieb dem konterrevolutionären Aristokraten nichts schuldig. Die Aufforderung, die Waffen niederzulegen, wies Hecker zurück.

Die militärische Konfrontation schien unabwendbar. Noch schwankten die Soldaten, als die »Schlapphüte« sie zu sich herüberzuziehen versuchten: »Schießt nicht, deut-

Angehörige der Bürgerwehr und Studenten aus Heidelberg entwaffnen die Sinsheimer, die sich dem Hecker-Zug anschließen wollen, 23. April 1848. Nach der »Illustrierten Zeitung«, 1848

sche Brüder! Kommt in unsere Reihen! Kommt, deutsche Brüder, zur Freiheit!«[26] Der Ruf der Republikaner fand Gehör bei den Soldaten. Gagern handelte nun sofort. Er befahl den Angriff auf die republikanischen Truppen. Das Gefecht begann. Es endete mit dem Sieg der konterrevolutionären Truppen. Gagern selbst fiel in dem Gefecht. Trotz der entscheidenden Niederlage bei Kandern und der damit verbundenen demoralisierenden Wirkung kämpften andere Einheiten der badischen Republikaner weiter. In Freiburg gewannen die radikalen Republikaner die Unterstützung des Arbeitervereins, der Turner und eines Teils der Studenten. Das Bürgertum verhielt sich wie in Konstanz zurückhaltend. Mit Hilfe der Arbeiter und bewaffneter Landbewohner aus der Umgebung Freiburgs gelang es den entschiedenen Republikanern, die Stadt in ihre Hände zu bekommen. Sigel plante, mit seiner inzwischen 3 500 Mann starken Kolonne auf Freiburg zu marschieren und sich dort mit den Revolutionären zu vereinen. Seine Streitmacht wurde jedoch am 23. April bereits vor Erreichen der Stadt von badischen Einheiten geschlagen. Die Bundestruppen griffen dann am 24. April Freiburg an. Die wenigen hundert in der Stadt verbliebenen Republikaner leisteten tapferen Widerstand, mußten aber schließlich der Übermacht weichen. Überall wurden nun die Reste der Freischaren geschlagen und zersprengt.

In Paris hatte Georg Herwegh Anfang April aus Handwerkern, Arbeitern und Angehörigen der Intelligenz eine deutsche Legion aufgestellt. Herwegh und seine Freunde hatten die Illusion, sie könnten mit einem Handstreich die Umgestaltung Deutschlands zu einer Republik erzwingen. Seit Mitte April wartete die Legion in Straßburg darauf, daß sie von den badischen Republikanern zum Überschreiten des Rheins aufgefordert würde. Aber die Order kam erst am 23. April. Die etwa 650 Mann starke Legion versuchte, sich mit der Kolonne Sigels zu vereinen. Inzwischen hatten aber Sigels Freischärler bei Freiburg eine vernichtende Niederlage erlitten. Am 27. April stieß die nach vielen Märschen ermüdete Legion Herweghs bei Niederdossenbach (in der Nähe des Rheins) auf eine württembergische Abteilung. Die Legion lieferte dieser in der Bewaffnung weit überlegenen Einheit einen erbitterten Kampf, mußte aber schließlich zurückweichen. Fast die Hälfte der Mitglieder der Legion wurde gefangengenommen. Mit dem Mißerfolg von Niederdossenbach war der republikanische Aufstand in Baden beendet.

Die Presse der Reaktion und der liberalen Bourgeoisie setzte nach dem Sieg der konterrevolutionären Truppen alles daran, die badischen Republikaner zu verunglimpfen. Die Revolutionäre wurden als Maulhelden, Feiglinge und lächerliche Ignoranten hingestellt, ihre liberalen Kontrahenten — vor allem Mathy — jedoch als Retter vor »Anarchie« und »Pöbelherrschaft« gefeiert. In Wirklichkeit war der badische Aufstand weder ein von den badischen Besonderheiten geprägter operettenhafter Räuberzug noch eine anarchische Tollheit. Der Versuch, mit der Waffe in der Hand die badische Republik zu erstreiten, muß vielmehr als eine wichtige Aktion zur Weiterführung der Revolution verstanden werden. Gegenüber dem liberalen Konzept, auf dem Wege über das Parlament einen bürgerlich-konstitutionellen Nationalstaat im weitgehenden Konsens mit Adel und Monarchie zu schaffen, zielte die bewaffnete Erhebung in Baden darauf ab, die radikalste Revolutionsvariante zu verwirklichen und sofort zu einer süddeutschen Republik überzugehen. Eine solche Absicht stieß selbst auf den Widerspruch der großen Mehrheit der kleinbürgerlichen Demokraten in Deutschland, die sich dem Ziel einer republikanischen Verfassung für den Nationalstaat auf parlamentarischem Wege verschworen hatten und die ihre Absichten durch das Vorgehen der badischen Republikaner um Hecker durchkreuzt sahen. Wie Robert Blum, Itzstein und andere Demokraten bezeichnete es Johann Jacoby als verfehlt, »die Republik *machen*, sie einem großen Volke auf gewaltsame Weise *aufdrängen* zu wollen«[27].

Tatsächlich war auch in Baden im April die Desillusionierung der Massen noch nicht so weit vorgeschritten, daß der bewaffnete Kampf um die deutsche Republik vom Volk als unmittelbare Aufgabe erkannt worden wäre. Die Hoffnung auf das nationale Parlament war auch hier sehr groß. Das Kleinbürgertum der badischen Mittel- und Kleinstädte war zwar radikalen Parolen zugänglich, aber, als es zur Tat schreiten sollte, war es in der Mehrheit nicht kampfbereit. Die Bauernbewegung war im April in Baden bereits im Abklingen. Lockende Versprechungen der Regierung hielten die Bauern vom Anschluß an die republikanischen Kräfte zurück. Die Arbeiterklasse war — bis auf wenige städtische Zentren — in Südwestdeutschland noch relativ schwach. Die Arbeiter und Handwerksgesellen vermochten im republikanischen Aufstand nicht, selbständig aufzutreten. Die Arbeiterkolonnen bewährten sich jedoch im Aufstand als die standhaftesten und mutigsten Kämpfer. »Sie bildeten überall den Kern, auf den man sich unter allen Umständen verlassen konnte.«[28]

Angriff des Militärs auf die sich in den Händen der Republikaner befindende Stadt Freiburg, 24. April 1848. Nach der »Illustrierten Zeitung«, 1848

Hecker und seine Freunde hatten, als sie sich zum republikanischen Aufstand entschlossen, den erfolgreichen Schweizer Sonderbundskrieg von 1847 vor Augen. Sie beachteten jedoch, insbesondere nach der Verhaftung Ficklers, nicht genügend die wesentlich ungünstigeren Bedingungen in Baden. Die badischen Republikaner ließen sich nach dem Ende des Vorparlaments zu einem übereilten Unternehmen treiben. Sie waren kopflos. Die Niederlage versetzte dem kleinbürgerlichen Revolutionarismus einen empfindlichen Schlag. Es folgte wieder die Resignation, die Hecker nunmehr am Erfolg des weiteren revolutionären Kampfes zweifeln ließ.
Die halbfeudale Reaktion und die Bourgeoisie waren sich in Baden und in anderen deutschen Staaten des Ernstes der Lage durchaus bewußt. Deshalb hatte die Konterrevolution rasch gehandelt. Der politische und militärische Kampf gegen die Republikaner wurde zügig organisiert. Als entscheidende Stütze der ins Wanken geratenen badischen Regierung Bekk erwiesen sich die bürgerlichen Liberalen um Bassermann und Mathy. Die badische Regierung übertrug Mathy Ende April sogar das Amt eines Staatsrats, womit die liberale Opposition sich nunmehr endgültig zum Regierungspartner wandelte.
Der Sieg über die republikanische Erhebung wurde genutzt, um im Wahlkampf für die konstituierende Nationalversammlung den erschreckten Bürger zu überzeugen, daß von den Demokraten nichts als Anarchie und Räuberei zu erwarten sei. Auch insofern trug der Aprilaufstand zur weiteren deutlichen Differenzierung zwischen liberaler und demokratischer Bewegung bei. Bereits damals antwortete die Konterrevolution mit brutalem Terror, wenn mit der Forderung nach der Republik ernst gemacht wurde. Wem es von den Teilnehmern am republikanischen Aufstand nicht gelang, über die Grenze zu entkommen, der wurde ins Gefängnis gesperrt. 3500 Prozesse wurden in Baden eröffnet. Die Reaktion konnte ungehindert auf Demokraten Jagd machen. Der republikanische Aufstand und der Zug von Herweghs deutscher Legion wurden zugleich benutzt, um einen wilden Chauvinismus gegen Frankreich zu entfesseln und die reaktionäre Politik im Innern mit einer angeblich von den revolutionären Kräften in Frankreich drohenden Invasionsgefahr zu bemänteln. Bei großen Teilen der Bourgeoisie fanden solche nationalistische Parolen Gehör.
In Süddeutschland blieb das Andenken an den Zug der Heckerschen Freischaren lebendig. Die Republikaner hatten eine Schlacht verloren, aber die Aufgabe der Demokratisierung des politischen und gesellschaftlichen Lebens, die Weiterführung der Revolution, blieb auf der Tagesordnung.

Verabschiedung Heckers vor seiner Überfahrt nach Amerika.
Nach der »Illustrierten Zeitung«, 1848

Das Frankfurter Parlament und die Hoffnungen des Volkes

Seit den Märztagen war die Forderung der Volksmassen nach der Wahl des Nationalparlaments ein bewegendes Element der Klassenauseinandersetzungen. Das Vorparlament hatte als Termin für das Zusammentreten der Nationalversammlung den 1. Mai vorgesehen. Neben dem republikanischen Aufstand und anderen revolutionären Aktionen bildete das Ringen um die revolutionäre Nationalversammlung, um ein konsequent demokratisches Wahlrecht und um die Wahl von demokratischen Volksvertretern den Hauptinhalt der Klassenkämpfe im Monat April. Diese Bewegungen hatten für den weiteren Verlauf der Revolution große Bedeutung.
Die künftige Frankfurter Nationalversammlung hatte wichtige Aufgaben zu lösen. In allen bürgerlichen Revolutionen seit 1640 hatten die nationalen Parlamente, gestützt auf die revolutionären Massenbewegungen, einen wesentlichen Beitrag dazu geleistet, die Feudalklasse zu besiegen und den bürgerlichen Kräften die politische Macht zu erringen. Sie waren die Basis, auf der sich die Klassenkräfte politisch formieren konnten. Auch in diesem Sinne hatte das zu

wählende Frankfurter Parlament eine wichtige Funktion. Es war die erste gesamtnationale Repräsentation, die als Bestandteil der zu erkämpfenden demokratischen Staatsmacht entscheidenen Einfluß auf die revolutionäre gesellschaftliche Umwälzung haben mußte.

Jedoch wirkte sich für das Ringen um das aus der Volkssouveränität hervorgegangene Parlament negativ aus, daß die deutsche Revolution kein revolutionäres Zentrum hatte. Die Wahl von Frankfurt (Main) als Tagungsort mochte sich auf historische Traditionen berufen. Aber hier fehlte der starke revolutionäre Rückhalt, der allein dem Parlament Ansehen und reale Macht verleihen konnte.

Die Wahlen

Der Ausgang des republikanischen Aufstandes in Baden hatte nicht, wie bürgerliche Historiker behaupten, erst den Weg für das Frankfurter Parlament frei gemacht. Eher sanken durch den Sieg der Reaktion in Baden die Chancen für ein wahrhaft revolutionäres Parlament. Dennoch setzten große Teile des Volkes nach wie vor ihre Hoffnungen auf die Frankfurter Nationalversammlung.

Erstmals fanden in den deutschen Staaten Wahlen für ein nationales Parlament statt. Die politischen Vereine, die sich seit den Märztagen überall gebildet hatten, betrieben eine emsige Wahlvorbereitung. Die bürgerlichen Liberalen waren in konstitutionellen Vereinen, die kleinbürgerlichen Demokraten in vaterländischen oder demokratischen Vereinen und Klubs, die feudalen Kräfte vereinzelt schon in konservativen Vereinen organisiert. Im Wahlkampf traten sich diese politischen Gruppierungen zum ersten Mal schon schärfer profiliert gegenüber. In vielen Gebieten, vor allem in Berlin, im Rheinland, in Schlesien, Sachsen, Baden und Württemberg sowie in Frankfurt (Main) waren Bauern und Arbeiter besonders aktiv an der demokratischen Wahlagitation beteiligt. Die Arbeiter der Städte bildeten bereits im April einen entscheidenden Bestandteil der revolutionären Bewegung. Auch die radikalen, republikanisch gesinnten Demokraten traten jetzt mehr in den Vordergrund.

Dort, wo die politische Differenzierung bereits weit vorangeschritten war, kam es zu einem lebhaften Wahlkampf. Nicht nur um

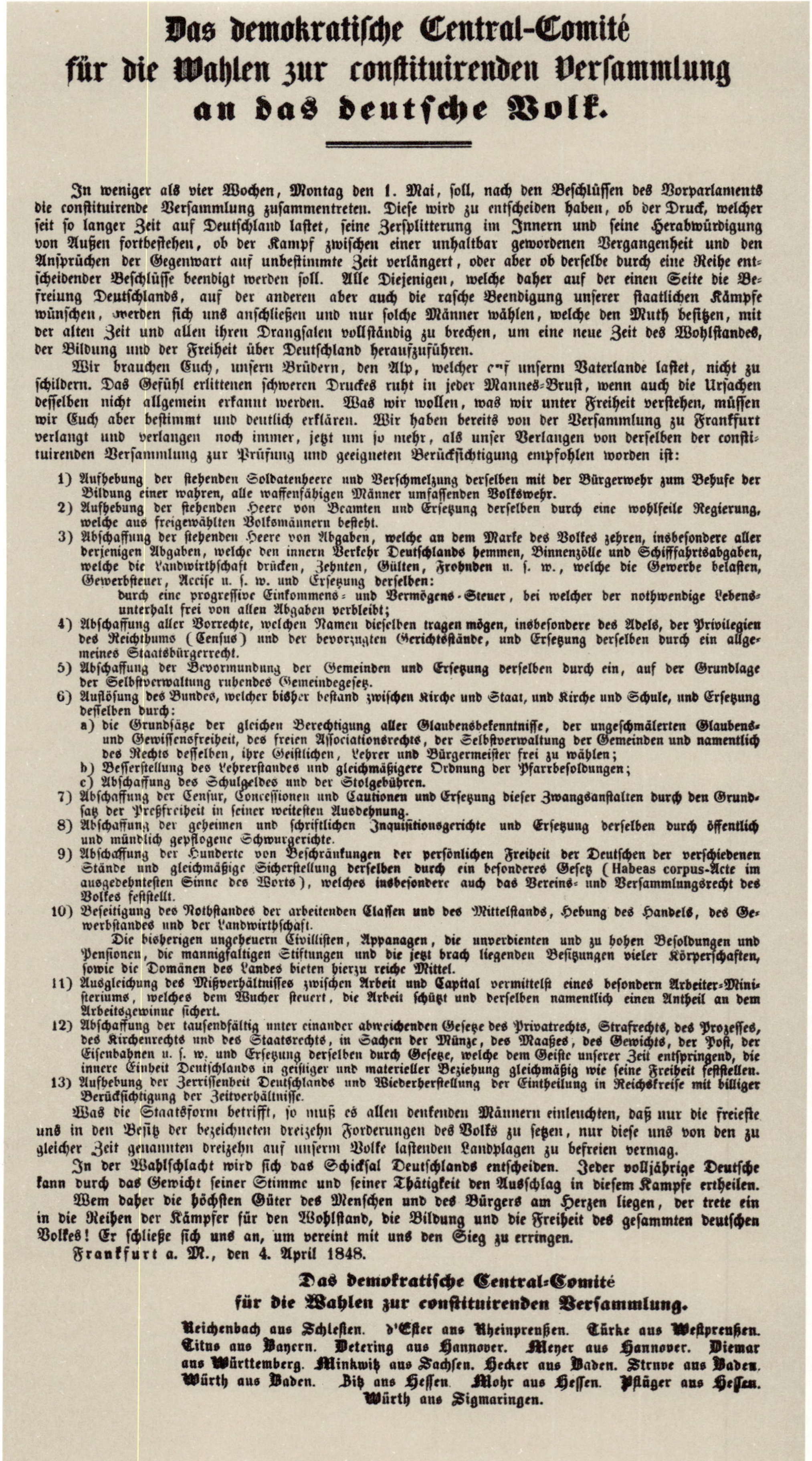

Das demokratische Central-Comité für die Wahlen zur constituirenden Versammlung an das deutsche Volk.

In weniger als vier Wochen, Montag den 1. Mai, soll, nach den Beschlüssen des Vorparlaments die constituirende Versammlung zusammentreten. Diese wird zu entscheiden haben, ob der Druck, welcher seit so langer Zeit auf Deutschland lastet, seine Zersplitterung im Innern und seine Herabwürdigung von Außen fortbestehen, ob der Kampf zwischen einer unhaltbar gewordenen Vergangenheit und den Ansprüchen der Gegenwart auf unbestimmte Zeit verlängert, oder aber ob derselbe durch eine Reihe entscheidender Beschlüsse beendigt werden soll. Alle Diejenigen, welche daher auf der einen Seite die Befreiung Deutschlands, auf der anderen aber auch die rasche Beendigung unserer staatlichen Kämpfe wünschen, werden sich uns anschließen und nur solche Männer wählen, welche den Muth besitzen, mit der alten Zeit und allen ihren Drangsalen vollständig zu brechen, um eine neue Zeit des Wohlstandes, der Bildung und der Freiheit über Deutschland heraufzuführen.

Wir brauchen Euch, unsern Brüdern, den Alp, welcher auf unserm Vaterlande lastet, nicht zu schildern. Das Gefühl erlittenen schweren Druckes ruht in jeder Mannes-Brust, wenn auch die Ursachen desselben nicht allgemein erkannt werden. Was wir wollen, was wir unter Freiheit verstehen, müssen wir Euch aber bestimmt und deutlich erklären. Wir haben bereits von der Versammlung zu Frankfurt verlangt und verlangen noch immer, jetzt um so mehr, als unser Verlangen von derselben der constituirenden Versammlung zur Prüfung und geeigneten Berücksichtigung empfohlen worden ist:

1) Aufhebung der stehenden Soldatenheere und Verschmelzung derselben mit der Bürgerwehr zum Behufe der Bildung einer wahren, alle waffenfähigen Männer umfassenden Volkswehr.
2) Aufhebung der stehenden Heere von Beamten und Ersetzung derselben durch eine wohlfeile Regierung, welche aus freigewählten Volksmännern besteht.
3) Abschaffung der stehenden Heere von Abgaben, welche an dem Marke des Volkes zehren, insbesondere aller derjenigen Abgaben, welche den innern Verkehr Deutschlands hemmen, Binnenzölle und Schifffahrtsabgaben, welche die Landwirthschaft drücken, Zehnten, Gülten, Frohnden u. s. w., welche die Gewerbe belasten, Gewerbsteuer, Accise u. s. w. und Ersetzung derselben:
   durch eine progressive Einkommens- und Vermögens-Steuer, bei welcher der nothwendige Lebensunterhalt frei von allen Abgaben verbleibt;
4) Abschaffung aller Vorrechte, welchen Namen dieselben tragen mögen, insbesondere des Adels, der Privilegien des Reichthums (Census) und der bevorzugten Gerichtsstände, und Ersetzung derselben durch ein allgemeines Staatsbürgerrecht.
5) Abschaffung der Bevormundung der Gemeinden und Ersetzung derselben durch ein, auf der Grundlage der Selbstverwaltung ruhendes Gemeindegesetz.
6) Auflösung des Bundes, welcher bisher bestand zwischen Kirche und Staat, und Kirche und Schule, und Ersetzung desselben durch:
   a) die Grundsätze der gleichen Berechtigung aller Glaubensbekenntnisse, der ungeschmälerten Glaubens- und Gewissensfreiheit, des freien Associationsrechts, der Selbstverwaltung der Gemeinden und namentlich des Rechts desselben, ihre Geistlichen, Lehrer und Bürgermeister frei zu wählen;
   b) Besserstellung des Lehrerstandes und gleichmäßigere Ordnung der Pfarrbesoldungen;
   c) Abschaffung des Schulgeldes und der Stolgebühren.
7) Abschaffung der Censur, Concessionen und Cautionen und Ersetzung dieser Zwangsanstalten durch den Grundsatz der Preßfreiheit in seiner weitesten Ausdehnung.
8) Abschaffung der geheimen und schriftlichen Inquisitionsgerichte und Ersetzung derselben durch öffentlich und mündlich gepflogene Schwurgerichte.
9) Abschaffung der Hunderte von Beschränkungen der persönlichen Freiheit der Deutschen der verschiedenen Stände und gleichmäßige Sicherstellung derselben durch ein besonderes Gesetz (Habeas corpus-Acte im ausgedehntesten Sinne des Worts), welches insbesondere auch das Vereins- und Versammlungsrecht des Volkes feststellt.
10) Beseitigung des Nothstandes der arbeitenden Classen und des Mittelstands, Hebung des Handels, des Gewerbstandes und der Landwirthschaft.
    Die bisherigen ungeheuern Civillisten, Appanagen, die unverdienten und zu hohen Besoldungen und Pensionen, die mannigfaltigen Stiftungen und die jetzt brach liegenden Besitzungen vieler Körperschaften, sowie die Domänen des Landes bieten hierzu reiche Mittel.
11) Ausgleichung des Mißverhältnisses zwischen Arbeit und Capital vermittelst eines besondern Arbeiter-Ministeriums, welches dem Wucher steuert, die Arbeit schützt und derselben namentlich einen Antheil an dem Arbeitsgewinne sichert.
12) Abschaffung der tausendfältig unter einander abweichenden Gesetze des Privatrechts, Strafrechts, des Prozesses, des Kirchenrechts und des Staatsrechts, in Sachen der Münze, des Maaßes, des Gewichts, der Post, der Eisenbahnen u. s. w. und Ersetzung derselben durch Gesetze, welche dem Geiste unserer Zeit entspringend, die innere Einheit Deutschlands in geistiger und materieller Beziehung gleichmäßig wie seine Freiheit feststellen.
13) Aufhebung der Zerrissenheit Deutschlands und Wiederherstellung der Eintheilung in Reichskreise mit billiger Berücksichtigung der Zeitverhältnisse.

Was die Staatsform betrifft, so muß es allen denkenden Männern einleuchten, daß nur die freieste uns in den Besitz der bezeichneten dreizehn Forderungen des Volks zu setzen, nur diese uns von den zu gleicher Zeit genannten dreizehn auf unserm Volke lastenden Landplagen zu befreien vermag.

In der Wahlschlacht wird sich das Schicksal Deutschlands entscheiden. Jeder volljährige Deutsche kann durch das Gewicht seiner Stimme und seiner Thätigkeit den Ausschlag in diesem Kampfe ertheilen.

Wem daher die höchsten Güter des Menschen und des Bürgers am Herzen liegen, der trete ein in die Reihen der Kämpfer für den Wohlstand, die Bildung und die Freiheit des gesammten deutschen Volkes! Er schließe sich uns an, um vereint mit uns den Sieg zu erringen.

Frankfurt a. M., den 4. April 1848.

Das demokratische Central-Comité für die Wahlen zur constituirenden Versammlung.

Reichenbach aus Schlesien. d'Ester aus Rheinpreußen. Türke aus Westpreußen. Titus aus Bayern. Detering aus Hannover. Meyer aus Hannover. Diemar aus Württemberg. Minkwitz aus Sachsen. Hecker aus Baden. Struve aus Baden. Würth aus Baden. Bitz aus Hessen. Mohr aus Hessen. Pflüger aus Hessen. Würth aus Sigmaringen.

Aufruf des demokratischen Zentralkomitees für die Wahlen zur Frankfurter Nationalversammlung, 4. April 1848

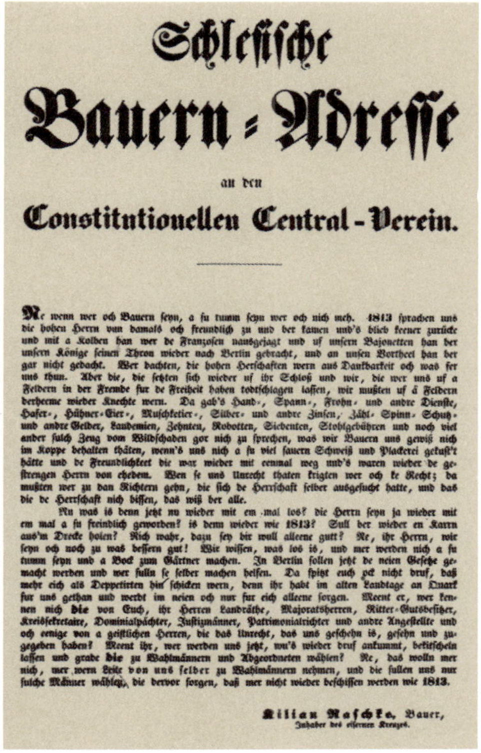

Schlesische Bauern-Adresse

an den

Constitutionellen Central-Verein.

Ne wenn wer och Bauern seyn, a su tumm seyn wer och nich meh. 1813 sprachen uns die hohen Herrn vun damals och freundlich zu und der kamen und's blieb keener zurücke und mit a Kolben han wer de Franzosen nausgejagt und uf unsern Bajonetten han der unsern Könige seinen Thron wieder nach Berlin gebracht, und an unsen Vortheel han der gar nicht gedacht. Wer dachten, die hohen Herschaften wern aus Dankbarkeit och was fer uns thun. Aber die, die setzten sich wieder uf ihr Schloß und wir, die wer uns uf a Feldern in der Fremde fur de Freiheit haben todtschlagen lassen, wir mußten uf â Feldern derheeme wieder Knechte wern. Da gab's Hand-, Spann-, Frohn- und andre Dienste, Hafer-, Hühner-Eier-, Muschketier-, Silber- und andre Zinsen, Zähl- Spinn- Schutz- und andre Gelder, Laudemien, Zehnten, Robotten, Siebenten, Stohlgebühren und noch viel ander sulch Zeug vom Wildschaden gor nich zu sprechen, was wir Bauern uns gewiß nich im Koppe behalten thäten, wenn's uns nich a su viel sauern Schweiß und Plackerei gekust't hätte und de Freundlichkeet die war wieder mit eenmal weg und's waren wieder de gestrengen Herrn von ehedem. Wen se uns Unrecht thaten krigten wer och ke Recht; da mußten wer zu dan Richtern gehn, die sich de Herrschaft selber ausgesucht hatte, und das die de Herrschaft nich bissen, das wiß der alle.

Nu was is denn jetzt nu wieder mit em mal los? die Herrn seyn ja wieder mit em mal a su freindlich geworden? is denn wieder wie 1813? Sull der wieder en Karrn aus'm Drecke holen? Nich wahr, dazu sey bir wull alleene gutt? Ne, ihr Herrn, wir seyn och noch zu was bessern gut! Wir wissen, was los is, und mer werden nich a su tumm seyn und a Bock zum Gärtner machen. In Berlin sollen jetzt de neien Gesetze gemacht werden und wer sulln se selber machen helfen. Da spitzt euch ock nicht druf, daß mehr eich als Deppetirten hin schicken wern, denn ihr habt im alten Landtage an Quark fur uns gethan und werdt im neien och nur fur eich alleene sorgen. Meent er, wer kennen nich **die** von Euch, ihr Herren Landräthe, Majoratsherren, Ritter-Gutsbesitzer, Kreissekretaire, Dominialpächter, Justizmänner, Patrimonialrichter und andre Angestellte und och eenige von a geistlichen Herren, die das Unrecht, das uns geschehn is, gesehn und zugegeben haben? Meent ihr, wer werden uns jetzt, wu's wieder druf ankummt, bekitscheln lassen und grade **die** zu Wahlmännern und Abgeordneten wählen? Ne, das wolln mer nich, mer wern Leite von uns selber zu Wahlmännern nehmen, und die sullen uns nur sulche Männer wählen, die dervor sorgen, daß mer nicht wieder beschissen werden wie 1813.

Kilian Raschke, Bauer,
Inhaber des eisernen Kreuzes.

Aufruf schlesischer Demokraten zu den Wahlen

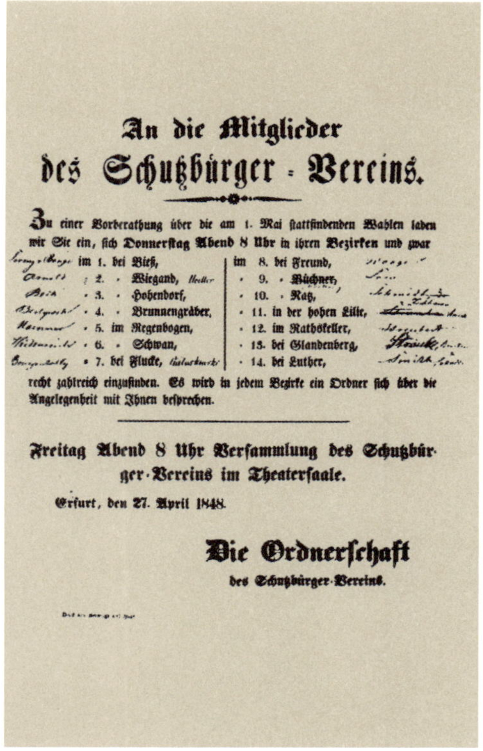

An die Mitglieder des Schutzbürger-Vereins.

Zu einer Vorberathung über die am 1. Mai stattfindenden Wahlen laden wir Sie ein, sich Donnerstag Abend 8 Uhr in ihren Bezirken und zwar

im 1. bei Bieß,	im 8. bei Freund,
„ 2. „ Wiegand,	„ 9. „ Büchner,
„ 3. „ Hohendorf,	„ 10. „ Ratz,
„ 4. „ Brunnengräber,	„ 11. in der hohen Lilie,
„ 5. im Regenbogen,	„ 12. im Rathskeller,
„ 6. „ Schwan,	„ 13. bei Glandenberg,
„ 7. bei Flucke,	„ 14. bei Luther,

recht zahlreich einzufinden. Es wird in jedem Bezirke ein Ordner sich über die Angelegenheit mit Ihnen besprechen.

Freitag Abend 8 Uhr Versammlung des Schutzbürger-Vereins im Theatersaale.

Erfurt, den 27. April 1848.

Die Ordnerschaft
des Schutzbürger-Vereins.

Einladung des Erfurter Schutzbürger-Vereins zu einer Versammlung in Vorbereitung auf die Wahlen

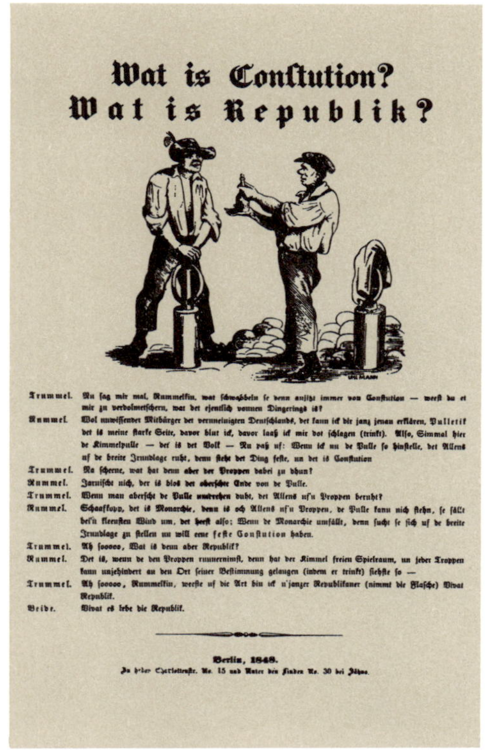

Wat is Constution? Wat is Republik?

Trummel. Nu sag mir mal, Rummelkin, wat schwabbeln se denn anjitzt immer von Constution — weest du et mir zu verdolmetschern, wat det ejentlich vonnen Dingerings is?

Rummel. Wol unwissender Mitbürger det verumeinigten Deutschlands, det kann ick dir janz jenau erklären, Pulletik det is meine starke Seite, davor blut ick, davor laaß ick mir dot schlagen (trinkt). Also, Simmal hier de Kimmelpulle — det is det Volk — Nu paß uf: Wenn ick nu de Pulle so hinstelle, det Allens uf de breite Jrundlage ruht, denn steht det Ding feste, un det is Constution

Trummel. Na scherne, wat hat denn aber der Proppen dabei zu dhun?

Rummel. Jarnischt nich, der is blos det oberschte Ende von de Pulle.

Trummel. Wenn man aberscht de Pulle umdrehen duht, det Allens uf'n Proppen beruht?

Rummel. Schaafkopp, det is Monarchie, denn is och Allens uf'n Proppen, de Pulle kann nich stehn, se fällt bei'n kleensten Wind um, det herst also; Wenn de Monarchie umfällt, denn sucht se sich uf de breite Jrundlage zu stellen un will eene feste Constution haben.

Trummel. Ah soooo, Wat is denn aber Republik?

Rummel. Det is, wenn de den Proppen runnernimst, denn hat der Kimmel freien Spielraum, un jeder Troppen kann unjehindert an den Ort seiner Bestimmung gelangen (indem er trinkt) siehste so —

Trummel. Ah soooo, Rummelkin, weeste uf die Art bin ick n'janzer Republikaner (nimmt die Flasche) Vivat Republik.

Beide. Vivat es lebe die Republik.

Berlin, 1848.

Zu haben Charlottenstr. No. 15 und Unter den Linden No. 30 bei Jähns.

Wahlagitation in Berlin

Wahlprogramme und um Kandidaten wurde gerungen. Insbesondere der Kampf um ein konsequent demokratisches Wahlrecht wurde in den Apriltagen zu einem wichtigen Bestandteil der demokratischen Volksbewegung.

Obwohl das Vorparlament den Wahlmodus grundsätzlich bestimmt hatte, war es den Regierungen anheimgestellt, die Wahlordnungen festzulegen. Deshalb waren die Wahlbestimmungen in den einzelnen Staaten recht unterschiedlich. Die demokratischen Prinzipien, die das Vorparlament noch unter dem Eindruck des Märzsieges des Volkes festgelegt hatte, wurden weithin durchbrochen. Nur in acht Staaten, in Württemberg, Kurhessen, Schleswig-Holstein, Frankfurt (Main), Hamburg, Bremen, Sachsen-Altenburg und Reuß jüngere Linie, wurde direkt gewählt, in den übrigen das Wahlmännersystem angewandt. Den Begriff der Staatsangehörigkeit faßten die Regierungen sehr eng und bezogen ihn nur auf den Einzelstaat: Wer beispielsweise in Sachsen nicht die Staatsbürgerschaft besaß, durfte dort nicht wählen. Das betraf vor allem Handwerksgesellen und Fabrikarbeiter, denen es kaum möglich war, in ihre Heimatorte zurückzureisen. Darüber hinaus wurden in vielen Staaten, besonders in Hannover, Kurhessen, Württemberg und Bayern, die sogenannten Unselbständigen von der Wahl ausgeschlossen: Arbeiter, Dienstboten, »Hausgesinde«. Auch in anderer Beziehung wurde insbesondere das Wahlrecht der werktätigen Massen beschnitten. Da die Regierungen der Einstellung der Wahlkreise Volkszählungen aus dem Jahre 1817 zugrunde gelegt hatten, wurden die industriellen Gebiete, die bevölkerungsmäßig gewachsen waren, benachteiligt.

Den lebhaftesten Wahlkampf gab es in Berlin. Arbeiter und kleinbürgerliche Demokraten vereinten sich, um das direkte Wahlverfahren gegenüber der Regierung Camphausen doch noch durchzusetzen. Das Berliner Volkswahlkomitee veröffentlichte ein Flugblatt, in dem die Bewohner der Stadt über direktes und indirektes Wahlrecht informiert wurden. Die Wahlmänner könnten, so las man in der Schrift, besonders auf dem Lande, wesentlich leichter von Junkern und konservativen Bürokraten beeinflußt werden. Das Volkswahlkomitee erläuterte auch die Hintergründe, weshalb sich die Regierung und die Reaktionäre für indirekte Wahlen ausgesprochen hatten: »Die Beamten nämlich, die vor der neuen Freiheit die Herrschaft hatten, die möchten sie gern wiedergewinnen, und die haben das Kunststück erfunden. Die wissen, wie man mit den Leuten umspringt, wenn man sie einzeln vor hat. – Mit 10 000 Wählern, da läßt sich nichts machen, die kann niemand bestechen oder beschwätzen, aber so 40 Wahlmänner herumzukriegen, das ist für geriebene Leute ein wahrer Spaß.«[29]

Aber es blieb nicht nur bei Protesten und Erklärungen. Arbeiter, Handwerker und Studenten gingen für das demokratische Wahlrecht auf die Straße. So wurde in Berlin zum ersten Mal seit den Märztagen für den 20. April eine Volksdemonstration angekündigt. Sie wurde vom Polizeipräsidenten der Stadt, Julius Freiherr v. Minutoli, verboten, fand aber dennoch teilweise statt. Sie hatte aber vor allem deshalb keinen Erfolg, weil das Kleinbürgertum vor den Verbotsmaßnahmen zurückwich. Auch in anderen Orten fanden Kundgebungen und Volksversammlungen für ein demokratisches Wahlrecht statt. Diese Forderung wurde überall zum Panier für diejenigen, die das zu wählende Parlament als Frucht des Barrikadenkampfes vom März verstanden und auf seine revolutionäre Tätigkeit setzten.

Eine wichtige Aufgabe sahen die Demokraten auch darin, Arbeitern, Bauern und Kleinbürgern Methode und Ziel der Urwahlen zu erläutern, damit diese ihre Stimme demokratischen Wahlmännern ge-

Volksversammlung »In den Zelten« in Berlin, 20. April 1848. Nach der »Illustrierten Zeitung«, 1848

ben konnten. Es war schwer, Freund und Feind zu unterscheiden: So mancher Anhänger des vormärzlichen Regimes und so mancher liberale Bourgeois hatte plötzlich sein Herz für die Revolution entdeckt und wußte sich in der Maske des »Volksmannes« zu gefallen. Die Demokraten waren dagegen infolge der jahrelangen Unterdrükkung der Opposition fast unbekannt. Die Unterschiede zwischen liberalem Reformertum und Demokratie mußten verdeutlicht werden. Das wußte auch das Wahlkomitee des demokratischen Vereins in Breslau. Es entlarvte in einem Flugblatt das Bestreben, die Wahlstimmen auf wenige Vertreter der »sogenannten höheren Stände zu vereinigen«, während die Stimmen der Demokraten zersplittert werden sollten. »Aber hoffentlich wird dieses unredliche Verfahren am gesunden Sinn des Volkes, insbesondere der bisher *nicht* vertretenen kleinen

Ländliche Urwahl in Süddeutschland

Aufruf des Berliner Polizeipräsidenten, 20. April 1848

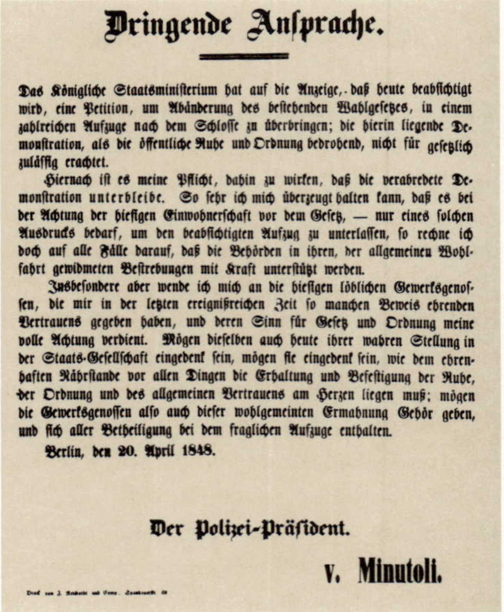

Dringende Ansprache.

Das Königliche Staatsministerium hat auf die Anzeige, daß heute beabsichtigt wird, eine Petition, um Abänderung des bestehenden Wahlgesetzes, in einem zahlreichen Aufzuge nach dem Schlosse zu überbringen; die hierin liegende Demonstration, als die öffentliche Ruhe und Ordnung bedrohend, nicht für gesetzlich zulässig erachtet.

Hiernach ist es meine Pflicht, dahin zu wirken, daß die verabredete Demonstration unterbleibe. So sehr ich mich überzeugt halten kann, daß es bei der Achtung der hiesigen Einwohnerschaft vor dem Gesetz, — nur eines solchen Ausdrucks bedarf, um den beabsichtigten Aufzug zu unterlassen, so rechne ich doch auf alle Fälle darauf, daß die Behörden in ihren, der allgemeinen Wohlfahrt gewidmeten Bestrebungen mit Kraft unterstützt werden.

Insbesondere aber wende ich mich an die hiesigen löblichen Gewerksgenossen, die mir in der letzten ereignißreichen Zeit so manchen Beweis ehrenden Vertrauens gegeben haben, und deren Sinn für Gesetz und Ordnung meine volle Achtung verdient. Mögen dieselben auch heute ihrer wahren Stellung in der Staats-Gesellschaft eingedenk sein, mögen sie eingedenk sein, wie dem ehrenhaften Nährstande vor allen Dingen die Erhaltung und Befestigung der Ruhe, der Ordnung und des allgemeinen Vertrauens am Herzen liegen muß; mögen die Gewerksgenossen also auch dieser wohlgemeinten Ermahnung Gehör geben, und sich aller Betheiligung bei dem fraglichen Aufzuge enthalten.

Berlin, den 20. April 1848.

Der Polizei-Präsident.

v. Minutoli.

Bürger, Handwerker, Gesellen, Arbeiter und Dienstboten scheitern, weil diese sich leicht sagen können, daß alles beim alten bleiben würde, wenn sie anstatt Männer aus ihrer Mitte nur jene Herren wählen, von denen sie bisher unterdrückt wurden. Das Volk wird solche Ränke durchschauen ...«[30]

Im Wahlkampf klärten sich die Fronten, wurden die grundsätzlichen Positionen von Adel und Junkertum ebenso deutlich wie die der Bourgeoisie. Die Vertreter der halbfeudalen Konterrevolution unternahmen große Anstrengungen, um die Masse der Wähler, insbesondere in den ländlichen Gebieten, im antidemokratischen Sinne zu beeinflussen. Bei jeder sich bietenden Gelegenheit suchten sie im Bunde mit dem Großbürgertum die Volksbewegung zu bremsen und demokratische Aktionen zu verhindern.

Unterstützt von der liberalen Bourgeoisie, gingen im April die Behörden in Berlin gegen den revolutionären Demokraten Gustav Adolph Schlöffel vor, der in seiner Zeitung »Der Volksfreund« für den entschiedenen Kampf gegen das Bündnis von Junkertum und Bourgeoisie Stellung genommen, das Ministerium Camphausen angegriffen hatte und für ein demokratisches Wahlrecht eingetreten war.

Noch vor den Wahlen, am 21. April, nahmen die Behörden zwei Artikel im »Volksfreund« zum Anlaß, um Schlöffel zu verhaften. Ein Prozeß, der erste politische seit dem 18. März 1848, wurde gegen Schlöffel eingeleitet. Schläge gegen die demokratische Bewegung wurden auch in anderen Staaten geführt: In Baden waren die demokratischen Vereine seit dem republikanischen Aufstand verboten. Die Feinde der Revolution führten den Wahlkampf mit den Mitteln der ihnen verbliebenen Macht.

Darüber hinaus nahmen Bourgeoisie und Adel, insbesondere in Kleinstädten und Landgemeinden, oft entscheidenden Einfluß auf die Nominierung der Kandidaten. Fabrikbesitzer und Kaufleute, Bürgermeister, Pfarrer und Richter, adlige Rittergutsbesitzer, Großbauern und Landräte stellten sich selbst zur Wahl oder nutzten ihre Autorität, um für antidemokratische Kandidaten zu werben. Die politischen Repräsentanten der Bourgeoisie, die Liberalen, verstärkten ihr Bemühen, die Massen an liberale Organisationen zu binden. Vor allem versuchten sie, die demokratischen Kandidaten zu verleumden.

Zeitgenössische Karikatur auf den Presseprozeß gegen Gustav Adolph Schlöffel

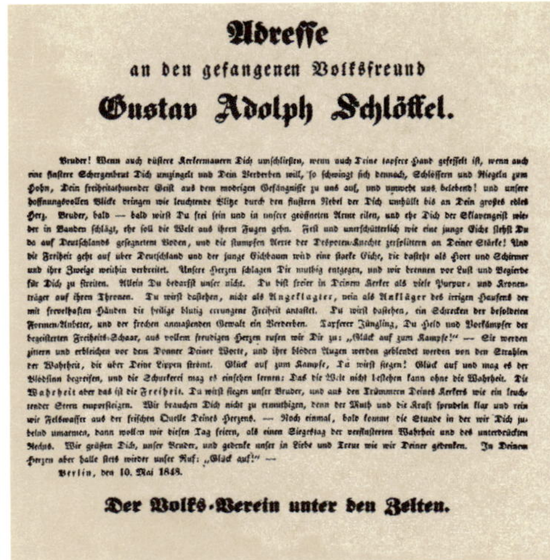

Adresse

an den gefangenen Volksfreund

Gustav Adolph Schlöffel.

Bruder! Wenn auch düstere Kerkermauern Dich umschließen, wenn auch Deine tapfere Hand gefesselt ist, wenn auch eine finstere Schergenbrut Dich umzingelt und Dein Verderben will, so schwingt sich dennoch, Schlössern und Riegeln zum Hohn, Dein freiheitathmender Geist aus dem modrigen Gefängnisse zu uns auf, und umweht uns belebend! und unsere hoffnungsvollen Blicke dringen wie leuchtende Blitze durch den finstern Nebel der Dich umhüllt bis an Dein großes edles Herz. Bruder, bald — bald wirst Du frei sein und in unsere geöffneten Arme eilen, und ehe Dich der Sklavengeist wieder in Banden schlägt, ehe soll die Welt aus ihren Fugen gehn. Fest und unerschütterlich wie eine junge Eiche stehst Du da auf Deutschlands gesegnetem Boden, und die stumpfen Aexte der Despoten-Knechte zersplittern an Deiner Stärke! Und die Freiheit geht auf über Deutschland und der junge Eichbaum wird eine starke Eiche, die dasteht als Hort und Schirmer und ihre Zweige weithin verbreitet. Unsere Herzen schlagen Dir muthig entgegen, und wir brennen vor Lust und Begierde für Dich zu streiten. Allein Du bedarfst unser nicht. Du bist freier in Deinem Kerker als viele Purpur- und Kronenträger auf ihren Thronen. Du wirst dastehen, nicht als Angeklagter, nein als Ankläger des irrigen Haufens der mit frevelhaften Händen die heilige blutig errungene Freiheit antastet. Du wirst dastehen, ein Schrecken der besoldeten Formen-Anbeter, und der frechen anmaßenden Gewalt ein Verderben. Tapferer Jüngling, Du Held und Vorkämpfer der begeisterten Freiheits-Schaar, aus vollem freudigen Herzen rufen wir Dir zu: „Glück auf zum Kampfe!“ — Sie werden zittern und erbleichen vor dem Donner Deiner Worte, und ihre blöden Augen werden geblendet werden von den Strahlen der Wahrheit, die über Deine Lippen strömt. Glück auf zum Kampfe, Du wirst siegen! Glück auf und mag es der Blödsinn begreifen, und die Schurkerei mag es einsehen lernen: Daß die Welt nicht bestehen kann ohne die Wahrheit. Die Wahrheit aber das ist die Freiheit. Du wirst siegen unser Bruder, und aus den Trümmern Deines Kerkers wie ein leuchtender Stern emporsteigen. Wir brauchen Dich nicht zu ermuthigen, denn der Muth und die Kraft sprudeln klar und rein wie Felswasser aus der frischen Quelle Deines Herzens. — Noch einmal, bald kommt die Stunde in der wir Dich jubelnd umarmen, dann wollen wir diesen Tag feiern, als einen Siegestag der verfinsterten Wahrheit und des unterdrückten Rechts. Wir grüßen Dich, unser Bruder, und gedenke unser in Liebe und Treue wie wir Deiner gedenken. In Deinem Herzen aber halle stets wieder unser Ruf: „Glück auf!“ —

Berlin, den 10. Mai 1848.

Der Volks-Verein unter den Zelten.

Grußadresse des Berliner Volksvereins an Gustav Adolph Schlöffel, 10. Mai 1848

Anfang Mai wurde in den einzelnen Staaten gewählt. In Preußen wählte die Bevölkerung am 1. Mai sowohl die Wahlmänner für die Nationalversammlung in Frankfurt (Main) als auch für die preußische konstituierende Versammlung in Berlin. Demokratische Zeitungen in allen deutschen Staaten berichteten von Wahlbehinderungen und Bestechungsversuchen. Auf dem Lande wurde den Urwählern ein Stück Vieh oder ein Stück Land versprochen, für den Fall, daß sie den Wahlmännern der Reaktion ihre Stimme geben würden. Es wurde auch Geld verteilt. Der Kommandant der Wurzener Garnison ließ seine Soldaten am Wahltag ausmarschieren und hinderte sie so an der Wahrnehmung ihres Wahlrechts.

Die Wahlbeteiligung war sehr unterschiedlich. Sie lag insgesamt weit unter 50 Prozent. In den Zentren der demokratischen Bewegung, wo insbesondere auch die proletarischen Massen bereits aktiv ins politische Leben einbezogen waren, siegten meist die Kandidaten der kleinbürgerlichen Demokratie. Die Arbeiterklasse hatte entscheidenden Anteil daran, daß das Feld nicht den konstitutionellen Liberalen überlassen wurde. Es kann als Erfolg der demokratischen Bewegung gewertet werden, daß den Vertretern des alten vormärzlichen Systems, den Hauptgegnern der Revolution, der Weg ins Parlament weitgehend versperrt wurde. Selbst in einigen Kerngebieten des ostelbischen Junkertums wurden kaum Konservative gewählt. Bei den Wahlen zum Frankfurter Parlament siegten die konstitutionellen, reformerischen Liberalen. Sie stellten die Mehrzahl der Abgeordneten. Entgegen allen Schwierigkeiten und Hindernissen erreichten die Volksmassen jedoch, daß eine starke Gruppe demokratischer Abgeordneter ins Parlament einziehen konnte

Erste Seite des »Kladderadatsch«, 7. Mai 1848

№ 1. Sonntag, den 7. Mai. 1848.

Kladderadatsch.

Wochenkalender.

Montag den 8. Mai.
Von 1187 Wählern geben 1473 den Herren **Thadden, Krausnick, Meding** und **Möllendorf** ihre Stimme für Frankfurt.

Dienstag den 9. Mai.
Man entdeckt auf dem Altar des Vaterlandes mehrere galvanoplastische Schmucksachen.

Mittwoch den 10. Mai.
Die Stumme von Portici wird **ohne** Dekorationen aufgeführt.

Wochenkalender.

Donnerstag den 11. Mai.
Demonstration der Berliner Säuglinge für **direkte** Mutterbrust gegen **indirekte** Lutschbeutelernährung.

Freitag den 12. Mai.
Wegen anhaltendem Regenwetter keine Weltgeschichte.

Sonnabend den 13. Mai.
Den Tag über ruhig. Gegen Abend erscheint plötzlich Kladderadatsch Nr. 2 mit der Biographie des Dr. Eilert. Große Aufregung!

Organ für und von Bummler.

Dieses Blatt erscheint täglich mit Ausnahme der Wochentage für den Preis von 1¼ Sgr. Es kann jeden Sonnabend von fünf Uhr ab aus sämmtlichen Buchhandlungen abgeholt werden, und wird dem richtigen Bürger, dem fleißigen Künstler, dem tapfern Krieger Sonntags früh, überall, bis in die tiefsten Kellerwohnungen hinab, colportirt werden.

Die Redaktion

Berlin, am ersten Mai.

Im wunderschönen Monat Mai
Wo alle Blüthen sprangen: —
Da sind auch meiner Bummelei
Die Augen aufgegangen!

Die Zeit ist umgefallen! Der Geist hat der Form ein Bein gestellt! Der Zorn Jehovahs brauset durch die Weltgeschichte! Die Preußische Allgemeine, die Vossische, die Spenersche, — Gesellschafter, Figaro und Fremdenblatt haben zu erscheinen aufgehört — Urwahlen haben begonnen, — Fürsten sind gestürzt — Throne gefallen — Schlösser geschleift, — Weiber verheert — Länder gemißbraucht — Juden geschändet — Jungfrauen geplündert — Priester zerstört — Barrikaden verhöhnt — Kladderadatsch!

Wer dürfte hiernach die Farbe, — die Tendenz — den Charakter unseres Blattes in Zweifel ziehen. Der klare Ausdruck unseres Bewußtseins wird uns Männer wie

Junius, Julius, Curtius, Gervinus, Ruppius und Nebenius; — Löwisohn, Löwenfeld, Löwenberg, Löwenthal, Löwenheim, Löwenstein, Löwenherz, Ledrü-Rollin, D. A. Benda, Louis Blanc, von Bülow, Eylert und Lamartine, Thiele, Hecker, Eichhorn, Struve, Meding und Herwegh, Jacoby und Aegidi,

zu Mitarbeitern

gewinnen. Berliner! Räumt die Hindernisse weg, die dem Erscheinen dieses Journals im Wege stehen. — Entsendet Männer voll des ächten Berliner Geistes, die auf Kladderadatsch subscribiren!

Eure liebreiche Freundin, die Redaktion dieser Blätter, vereinigt ihre äußersten Bitten um baldiges Abonnement mit denen ihrer Mitarbeiter. —

Die Aufgaben der Nationalversammlung

Das Anfang Mai gewählte Frankfurter Parlament war eine bedeutende Errungenschaft des Volkes. Es war im revolutionären Kampf auf den Barrikaden erstritten und den Fürsten als wesentliches Zugeständnis abgerungen worden. Als Institution, deren Existenz erst durch die Revolution ermöglicht wurde, hatte die Nationalversammlung die Aufgabe, eine auf der im März errungenen Volkssouveränität beruhende Verfassung auszuarbeiten, die demokratische Umgestaltung des politischen und gesellschaftlichen Lebens voranzutreiben und einen demokratischen Nationalstaat zu errichten. Die Nationalversammlung konnte ihrem Auftrag nur gerecht werden, wenn sie sich fest mit der Volksbewegung verband, alle Anschläge der Fürsten zurückwies und als Machtorgan der Revolution wirksam wurde.

Die »Neue Rheinische Zeitung« formulierte in ihrer ersten Nummer die Aufgaben dieses Parlaments: »Der erste Akt der Nationalversammlung mußte sein, diese Souveränität des deutschen Volkes laut und öffentlich zu proklamieren.

Ihr zweiter Akt mußte sein, die deutsche Verfassung auf Grundlage der Volkssouveränität auszuarbeiten und aus dem faktisch bestehenden Zustande Deutschlands alles zu entfernen, was dem Prinzip der Volkssouveränität widersprach.

Während ihrer ganzen Session mußte sie die nötigen Maßregeln ergreifen, um alle Reaktionsversuche zu vereiteln, um den revolutionären Boden, auf dem sie steht, zu behaupten, um die Errungenschaft der Revolution, die Volkssouveränität, vor allen Angriffen sicherzustellen.«[31]

Während die Volksmassen erwarteten, daß das Parlament als revolutionäre Institution wirksam werden würde, hatte die liberale Mehrheit ganz andere Vorstellungen. Sie wollte kein Parlament, das ernst machte mit der demokratischen Weiterführung der Revolution. Nach dem Willen der Bourgeoisie sollte die Nationalversammlung einen Kompromiß mit den Fürsten der deutschen Einzelstaaten anstreben und die Verfassung für einen bürgerlichen Nationalstaat ausarbeiten. Die liberale Bourgeoisie ging davon aus, daß allein das Parlament dazu berufen sei — im Bund mit den Fürsten —, über die zukünftige Gestaltung des bürgerlichen Nationalstaates zu entscheiden. Die Volksmassen sollten dabei nicht mitreden.

Der Wunderglaube an das Parlament wurde von den Liberalen im Wahlkampf bewußt genährt. Unter dem Einfluß der bürgerlichen Liberalen huldigte auch der größte Teil der kleinbürgerlichen Demokraten im Frühjahr 1848 dem Gedanken des Parlamentarismus. Gemäßigte Demokraten wie Robert Blum, Adam v. Itzstein, Johann Jacoby und Karl Vogt meinten, vor allem auf parlamentarischem Wege mit Unterstützung der Volksbewegung eine demokratische Staatsmacht errichten zu können. Der parlamentarische Wunderglaube der konstitutionellen Demokraten sollte sich als Hindernis im konsequenten Kampf gegen die Konterrevolution erweisen.

Solchen Illusionen unterlagen die deutschen Kommunisten zu keiner Zeit während der Revolution. Sie hatten niemals die Vorstellung, daß die von allen progressiven Kräften angestrebte demokratische Umwälzung allein durch das Parlament herbeigeführt werden könne. Die »Neue Rheinische Zeitung« kämpfte entschieden gegen solche Auffassungen und wies insbesondere die kleinbürgerlich-demokratischen Abgeordneten darauf hin, daß die Entscheidungen durch die außerparlamentarische Volksbewegung erzwungen werden müßten. Marx und Engels machten aber zugleich gegen jede Unterschätzung des parlamentarischen Kampfes Front. Sie betrachteten die Frankfurter Nationalversammlung als eine aus der Revolution hervorgegangene Institution. Als »revolutionär-aktive Versammlung«[32] schrieben sie ihr eine große Bedeutung zu. Im engen Bündnis mit der revolutionären Bewegung außerhalb des Parlaments konnte sie zu einem wesentlichen Element des Kampfes um eine bürgerlich-demokratische Staatsmacht werden. Die heftige Kritik, die die »Neue Rheinische Zeitung« am Frankfurter Parlament 1848/49 übte, richtete sich nicht gegen die bürgerliche Konstituante, sondern gegen die liberale Mehrheit in der Versammlung, die die revolutionären Möglichkeiten nach und nach verspielte.

Wahlaufruf aus Wien, 25. April 1848

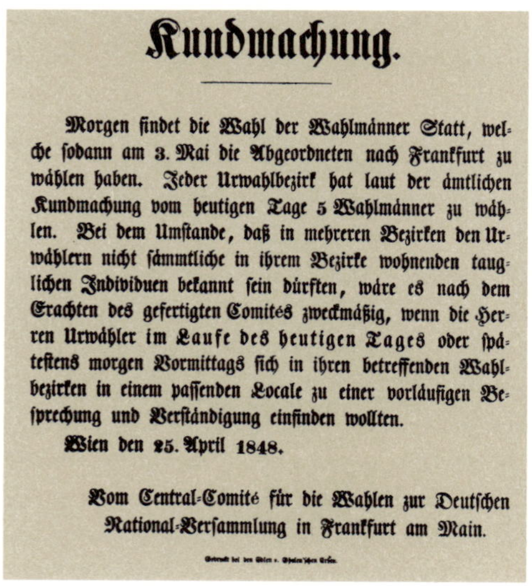

Kundmachung.

Morgen findet die Wahl der Wahlmänner Statt, welche sodann am 3. Mai die Abgeordneten nach Frankfurt zu wählen haben. Jeder Urwahlbezirk hat laut der ämtlichen Kundmachung vom heutigen Tage 5 Wahlmänner zu wählen. Bei dem Umstande, daß in mehreren Bezirken den Urwählern nicht sämmtliche in ihrem Bezirke wohnenden tauglichen Individuen bekannt sein dürften, wäre es nach dem Erachten des gefertigten Comités zweckmäßig, wenn die Herren Urwähler im Laufe des heutigen Tages oder spätestens morgen Vormittags sich in ihren betreffenden Wahlbezirken in einem passenden Locale zu einer vorläufigen Besprechung und Verständigung einfinden wollten.

Wien den 25. April 1848.

Vom Central-Comité für die Wahlen zur Deutschen National-Versammlung in Frankfurt am Main.

Die Zusammensetzung des Parlaments

Insgesamt wurden 831 Abgeordnete und Stellvertreter für das Nationalparlament gewählt. Die 586 Abgeordneten waren zu keinem Zeitpunkt gleichzeitig in Frankfurt vereint. Am Tag der Eröffnung des Parlaments, am 18. Mai, waren nur 330 Abgeordnete anwesend. Später waren es zeitweilig etwa 500.

Die Erwartungen, die sich an die Nationalversammlung knüpften, waren in jenen Maitagen hochgesteckt. In Frankfurt (Main) feierten Kleinbürger und Arbeiter am 18. Mai die Abgeordneten als die Repräsentanten der Revolution vom März. Der Zug der Abgeordneten vom Römer über Römerberg und die Neue Kräme zur Paulskirche sollte den Anspruch des ersten nationalen Parlaments in der deutschen Geschichte sichtbar machen und den Sieg des Volkes auf den Märzbarrikaden demonstrieren.

Ein Blick auf die politische und soziale Zusammensetzung der Frankfurter Nationalversammlung mußte jedoch Zweifel erwekken, ob das Parlament den Erwartungen des Volkes gerecht werden könnte. Sozial gehörte die große Mehrheit der Abgeordneten zur bürgerlichen Intelligenz; 569 waren Rechtsanwälte, Richter, Staatsbeamte, Lehrer, Geistliche und Professoren. Direkte Vertreter der Bourgeoisie, Fabrikanten, Kaufleute und bürgerliche Grundbesitzer, verfügten dagegen nur über 46 Sitze. Das indirekte Wahlrecht und die Unterstützung der staatlichen Bürokratie für die bürgerlichen Liberalen hatten dafür gesorgt, daß jene Klassen und Schichten, die in den re-

Erinnerungsmedaille zur Eröffnung der Frankfurter Nationalversammlung am 18. Mai 1848

Zeitgenössische Karikatur

volutionären Kämpfen des März und April die Voraussetzungen geschaffen hatten, daß das Parlament zusammentreten konnte, in Frankfurt (Main) fast gar nicht repräsentiert waren. Nicht einmal 20 Angehörige unter den Abgeordneten der Paulskirche waren Handwerker und kleine Gewerbetreibende und nur drei Bauern. Arbeiter waren überhaupt nicht vertreten. Wilhelm Wolff, der ab Mai 1849 als einziger Vertreter des revolutionären Proletariats der Nationalversammlung angehörte, hatte mit seinen Befürchtungen recht, die er schon im April 1848 in einem Brief an Marx und Engels äußerte: »Jetzt aber werden wir eine ganz abscheuliche, teils reaktionäre, teils moderiert konstitutionelle Majorität bei den schlesischen Wahlen herausbekommen.« [33]

Bereits die ersten Debatten im Parlament ließen deutlich werden, daß die liberale Bourgeoisie einen überaus deutlichen Wahlsieg gegenüber der kleinbürgerlichen Demokratie errungen hatte. Mit über 350 Abgeordneten verfügten die Liberalen verschiedener Schattierungen über eine bedeutende Mehrheit. Nur eine kleine Gruppe von konservativen Rechten, etwa 40, war gewählt worden. Die Gegenkraft gegen die liberale Majorität bildete die demokratische Partei, die über etwa 100 Abgeordnete verfügte. Diese drei politischen Hauptrichtungen formierten sich bereits Ende Mai und im Juni 1848 in einer größeren Zahl von mehr oder weniger fest organisierten Fraktionen. Die Fraktionen bezogen ihre Namen durchweg von jenen Frankfurter Gasthäusern, in denen sie sich fast täglich trafen. Sie blieben in ihrer Zusammensetzung nicht stabil. Spaltungen, Fusionen und Austritte veränderten häufig das politische Bild des Parlaments. Dennoch spiegelten die Fraktionen bereits in großen Zügen die bürgerliche Parteienstruktur und die bürgerlichen politischen Richtungen späterer Jahre wider.

Der liberale Majoritätsblock wurde von den Fraktionen »Casino« und »Württemberger Hof« gebildet. Mit etwa 140 Abgeordneten stellte das »Casino« als propreußisch-kleindeutsch-erbkaiserlich orientiertes rechtes Zentrum die weitaus stärkste Fraktion des Parlaments dar. Zusammen mit dem »Württemberger Hof« als linkem Zentrum prägte es als liberal-konstitutionelle Mehrheit das Gesicht der Nationalversammlung entscheidend. Das »Casino« war dabei poli-

Mitglieder der Linken in der Frankfurter Nationalversammlung (von links nach rechts, beginnend links oben): August Rühl, Franz Schuselka, Jakob Venedey, Titus, Martin Mohr, Eduard Zimmermann; (2. Reihe) Heinrich Zitz, Ludwig Simon, Arnold Ruge, Robert Blum, Karl Vogt, Adolf Rößler; (3. Reihe) Hugo Wesendonck, E. A. Roßmäßler, Wilhelm Schaffrath, Ludwig Hentges, Johann v. Itzstein, Moritz Hartmann. Nach der »Illustrierten Zeitung«, 1848

tisch keineswegs eine völlig homogene Fraktion. Einig war man sich in der Stellung gegen die revolutionäre Volksbewegung und in der Befürwortung des Konzepts eines politischen Kompromisses mit den halbfeudalen Machthabern. Deutlich zeichnete sich aber auch eine Richtung ab, die stärker die Selbständigkeit des Parlaments gegenüber den Fürsten hervorhob. Dagegen ließ sich ein extrem propreußischer Flügel ausmachen, der für eine strikte Unterstützung der Politik Preußens eintrat.

Die etwa 100 bürgerlichen Demokraten als einzige Gegenkraft gegen die reformerisch-antirevolutionäre Mehrheit hatten sich in den Fraktionen »Deutscher Hof« und »Donnersberg« zusammengeschlossen. Unter den Demokraten besaßen die gemäßigten, parlamentarisch orientierten die Mehrheit. Sie kritisierten das liberale Vereinbarungsprinzip und strebten einen bürgerlich-demokratischen Nationalstaat an, in dem die Macht vom Parlament ausgehen sollte. Nur ein Teil der in der Fraktion »Donnersberg« vereinten radikalen Demokraten schritt bis zur Forderung nach der Republik vor.

Wegen seiner politischen Zusammensetzung war von vornherein fraglich, ob das

Stadtplan von Frankfurt (Main), 1848. Nach der »Illustrierten Chronik 1848«

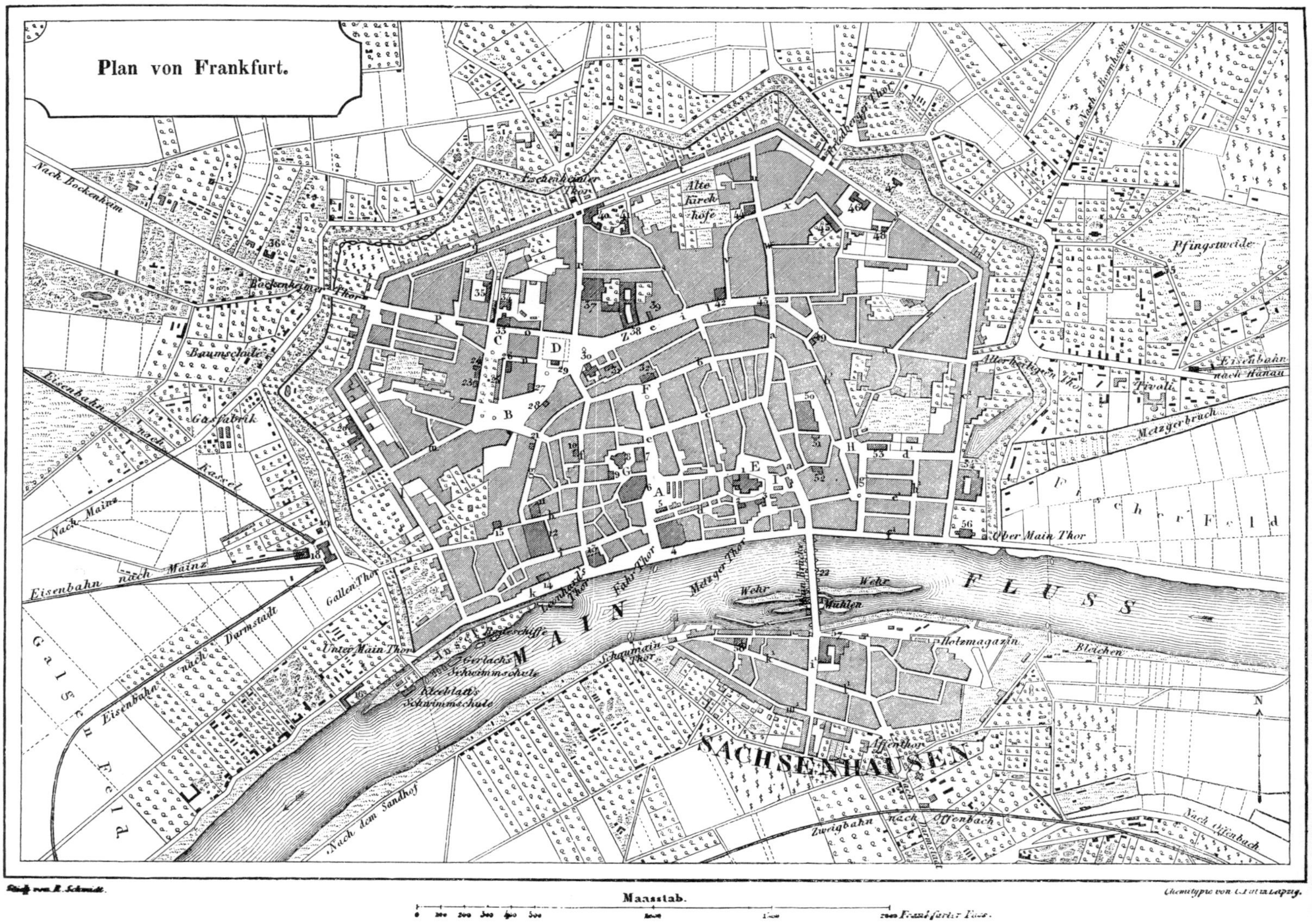

Oeffentliche Gebäude.
1 Dom.
2. Leinwandhaus.
3. Stadtwage.
4. Saalhof.
5. Nicolaikirche.
6. Römer.
7. Börse.
8. Paulskirche.
9. Stadtgericht.
10. Reformirte Kirche.
11. Münze.
12. Caserne.
13. Bernhardskirche.
14. Zollamt.
15. Weißfrauenkirche.
16. Mainlust (Restauration).
17. Landgut des Kurfürsten von Hessen.
18. Bahnhöfe.
19. Westendhall (Restauration).
20. Städel'sches Kunstinstitut.
21. Goethe's Vaterhaus.
22. Gutenberg's Denkmal (Project).
23. Hof von Holland (Kaffeehaus).
24. Französisch-reformirte Kirche.
25. Goethe's Denkmal in der Stadtallee.
26. Weidenbusch (Gasthof).
27. Casino und Lesekabinet.
28. Pariser Hof (Gasthof).
29. Hauptwache.
30. Katharinenkirche.
31. Pfandhaus.
32. Liebfrauenkirche.
33. Theater.
34. Marstall mit Reitschule.
35. Irrenhaus.
36. von Rothschild's Garten.
37. Thurn und Taxis'sches Palais.
38. Postgebäude.
39. Russischer Hof (Gasthof).
40. Naturhistorisches Museum.
41. Senkenberg'sche Stiftung.
42. Römischer Kaiser (Gasthof).
43. Constablerwache.
44. Peterskirche.
45. Versorgungshaus.
46. Waisenhaus.
47. Bethmann'sches Museum.
48. Zuchthaus.
49. Synagoge.
50. Ehemaliges Dominicanerkloster, jetzt Kornmagazin.
51. Israelitischer Betsaal.
52. Gymnasium.
53. Israelitisches Krankenhaus.
54. Hospital zum heiligen Geist.
55. Militairhospital.
56. Stadtbibliothek.
57. Deutschordenshaus mit Kirche (Sachsenhausen).
58. Dreikönigskirche (Sachsenhausen).

Oeffentliche Plätze.
A. Römerberg.
B. Roßmarkt.
C. Komödienplatz.
D. Paradeplatz.
E. Domplatz.
F. Liebfrauenberg.
G. Paulsplatz.
H. Judenmarkt.
I. Garküchenplatz.

Straßen und Gassen.
a. Fahrgasse.
b. Döngesgasse.
c. Schnurgasse.
d. Saalgasse.
e. Neue Kräme.
f. Kornmarkt.
g. Hirschgraben.
h. Münzgasse.
i. Mainzer Gasse.
k. Mainquai.
l. Neue Mainzer Straße.
m. Gallengasse.
n. Steinweg.
o. Bibergasse.
p. Große Bockenheimer Gasse.
q. Hohe Straße.
r. Große Eschenheimer Gasse.
s. Schlimme Mauer.
t. Bleichstraße.
u. Alte Gasse.
v. Schäfergasse.
w. Friedberger Gasse.
x. Vilbeler Gasse.
y. Seilerstraße.
z. Breite Gasse.
a'. Allerheiligengasse.
b'. Judengasse.
c'. Lange Straße.
d'. Recheneigraben.
e'. Fischerfeldgasse.
f'. Schöne Aussicht.
g'. Maingasse.
h'. Schützenstraße.

Sachsenhausen.
i'. Brückengasse.
k'. Dreikönigsstraße.
l'. Elisabethengasse.
m'. Schulstraße.

Frankfurter Parlament jemals gemäß der im März errungenen Volkssouveränität wirken und souveräne Rechte gegenüber den Fürsten beanspruchen würde, um seinen Beschlüssen Anerkennung zu verschaffen. Das Ziel der liberal-konstitutionellen Mehrheit des Parlaments war es, eine Verfassung auszuarbeiten und im Zusammenwirken mit den Fürsten einen monarchischen deutschen Bundesstaat zu schaffen, in dem die Macht zwischen Bourgeoisie und Adel geteilt blieb. Das bedeutete Verzicht auf den bürgerlich-demokratischen Nationalstaat. Das Frankfurter Parlament ließ es sich auch gefallen, daß seine ungeteilte Kompetenz dadurch von der preußischen und österreichischen Regierung eingeschränkt wurde, daß beide »eigene« Parlamente als Gegenpole zu Frankfurt schufen. Die Ursachen für dieses Zurückweichen hat Friedrich Engels klar gekennzeichnet: Die Nationalversammlung hatte »vom ersten Tag ihres Bestehens mehr Angst vor der geringsten Volksbewegung als vor sämtlichen reaktionären Komplotten sämtlicher deutscher Regierungen zusammengenommen«[34].

Volkssouveränität oder »Nationalsouveränität«

Die gemäßigt liberale Mehrheit in der Frankfurter Nationalversammlung steuerte von den ersten Tagen der Parlamentsverhandlungen zielstrebig darauf hin, der Versammlung ihre antidemokratische Kompromißpolitik aufzuzwingen. Das bedeutete vornehmlich, den Einfluß der demokratischen Linken zurückzudrängen. Die durchaus machtbewußte Führungsgruppe der Liberalen erkannte, daß das Ringen um den entscheidenden Einfluß im Parlament bei der Wahl des Parlamentspräsidiums begann. So hatten sie sich bereits auf einen Präsidenten ihrer Wahl geeinigt, bevor die Abgeordneten sich versammelt hatten. Alle bekannten Liberalen wie Friedrich Bassermann, Hermann v. Beckerath, Friedrich Christoph Dahlmann, Gustav Mevissen und Karl Theodor Welcker hatten sich zusammengetan, um Heinrich v. Gagern den notwendigen Rückhalt für seine Wahl zu verschaffen. Auf keinen Fall sollte ein Demokrat Präsident des Parlaments werden. »Ich werde es nie vergessen, wie theatralisch die Gebrüder Heinrich und Max von Gagern im Weidenbusch angekündigt und

Heinrich v. Gagern.
Zeitgenössische Lithographie

eingeführt wurden, wie alles so eingefädelt, so in Szene gesetzt worden war. ›Wir haben den Präsidenten schon‹, sagten diese und jene mit Frohlocken«[35], berichtete später ein Augenzeuge.

In der Verwirrung und allgemeinen Unsicherheit der ersten Parlamentstage konnten die konstitutionellen Liberalen so einen wichtigen Erfolg verbuchen. Mit 305 von insgesamt 397 Stimmen wurde Gagern zum Präsidenten der Nationalversammlung gewählt. Damit war eine wichtige Machtposition für die Casino-Fraktion erreicht, und es begann der Aufstieg jenes Mannes, dessen Wirken zum Kennzeichen des antidemokratischen Paulskirchenliberalismus von

Friedrich Christoph Dahlmann.
Lithographie von Ph. Winterwerl

1848 geworden ist. Nicht zu Unrecht haben Zeitgenossen den damals 48jährigen Gagern mit Mirabeau, dem gemäßigten Liberalen der Französischen Revolution von 1789, verglichen. Seine Herkunft als Reichsfreiherr ließ ihn auch den konservativen Revolutionsgegnern als annehmbar erscheinen. Dabei konnte seine politische Vergangenheit Hoffnungen wecken, er werde für grundlegende politische Veränderungen eintreten: Als Jenaer Student war er 1815 an der Gründung der Urburschenschaft beteiligt. In späteren Jahren gehörte er zur gemäßigt-liberalen Opposition in der Zweiten Hessischen Ständekammer und galt als Führer der hessischen Liberalen. Er hatte Anteil am Heppenheimer Reformprogramm der Liberalen von 1847. Die Märzerhebung brachte Gagern politisch in den Vordergrund. Unter seiner Leitung wurde am 5. März das Märzministerium im Großherzogtum Hessen gebildet. Die kurze Zeit als Regierungschef in einem Einzelstaat genügte, um die Gewißheit zu vermitteln: Ebensosehr wie an seinem liberal-konstitutionellen Reformprogramm lag ihm daran, das Weiterschreiten der Revolution zu verhindern. Gegen die aufständischen Bauern Oberhessens hatte er Militär eingesetzt und den Kurs von mit den Fürsten koordinierten liberalen Reformen eingeschlagen. Er war ein rhetorisch begabter Vollblutpolitiker, ein bürgerlicher »Realist«, der das Parlament auch in stürmischen Debatten zu leiten verstand. Die politischen Gegner erkannten sehr bald seine Schwächen. Hinter der hochgestimmten Feierlichkeit seiner Reden steckte nicht viel Originalität. Er war zwar der Prediger und listige Taktiker der liberalen Mehrheit, nicht aber deren theoretischer Kopf. Was andere erdachten, setzte er in praktische Politik um: Zusammenarbeit mit den Regierungen und den Fürsten, Kampf gegen die demokratischen Kräfte innerhalb und außerhalb des Parlaments. Die demokratische Linke sprach von der »Rotte Gagern«, wenn sie ihre Hauptgegner im Parlament meinte.

Der Theoretiker der »Partei Gagern«, wie die Fraktion »Casino« auch genannt wurde, war Friedrich Christoph Dahlmann, mit seinen 63 Jahren einer der »Alten« im Parlament. Der Geschichtsprofessor konnte mit dem Ruf eines Märtyrers und Kämpfers gegen Absolutismus und Fürstenwillkür und für die Schaffung des bürgerlichen deutschen Nationalstaates auftreten. Er gehörte zu den berühmten Göttinger Sieben, die

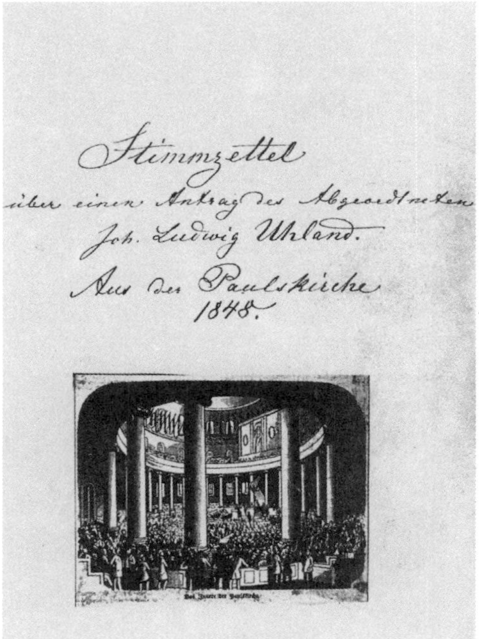

Stimmzettel der Frankfurter Nationalversammlung

Während der Beratungen in der Paulskirche. Nach »The Illustrated London News«, 1848

1837 gegen den Verfassungsbruch des Königs von Hannover protestiert hatten und aus ihren Ämtern entlassen worden waren. Seine Bücher über französische und englische Geschichte wurden vom gebildeten Bürgertum gelesen und als geschichtliche Begründung für liberale konstitutionelle Bestrebungen verstanden. Sein Buch über »Politik«, 1837 zum ersten Mal erschienen, lieferte Argumente und das Vokabular für jene Liberalen, die eine Verfassung und bürgerliche Rechte wollten, aber die Demokraten und die Volksmassen fürchteten. Dahlmann war 1848 als bekanntes Mitglied des Verfassungsausschusses der Nationalversammlung führend an der Ausarbeitung des liberalen Verfassungsentwurfes beteiligt. Mit größtem Nachdruck trat er für die Bildung eines deutschen Nationalstaates unter Führung Preußens ein. Unterschied er sich in dieser Auffassung anfangs auch von Gagern, so hatte Dahlmann dennoch den entscheidenden Einfluß auf Gagerns politisches Programm.

Gagerns Antrittsrede als Präsident der Nationalversammlung machte bereits sichtbar, daß er das Parlament auf den Weg des Kompromisses mit den Fürsten führen wollte. Noch das Vorparlament war vom Prinzip der Volkssouveränität ausgegangen und hatte »einzig und allein« der konstituierenden Nationalversammlung das Recht zugesprochen, den bürgerlichen deutschen Nationalstaat zu schaffen. Nun fand Gagern eine neue Formel, die die Interessen der Fürsten berücksichtigte: »Wir wollen schaffen eine Verfassung für Deutschland, für das gesamte Reich ... Der Beruf und die Vollmacht zu dieser Schaffung liegen in der Souveränität der Nation.«[36] Mit der Formel von der »Souveränität der Nation«, die sowohl das Volk als auch die Fürsten ein-

Kampf zwischen preußischem Militär und Angehörigen der Mainzer Bürgergarde, 21. Mai 1848. Nach der »Illustrierten Zeitung«, 1848

Franz Zitz

schließen sollte, wollte er der demokratischen Linken von vornherein den Wind aus den Segeln nehmen. Zugleich verfolgte Gagern damit aber auch die Absicht, bei den einzelstaatlichen Regierungen um gutes Wetter zu bitten. In diesem Sinne wurde die Erklärung von den Regierungen, insbesondere von der preußischen, begrüßt.

Das Frankfurter Parlament wurde schon in den ersten Tagen seiner Existenz durch die Reaktion herausgefordert. In dem unweit von Frankfurt (Main) gelegenen Mainz kam es zu einem schweren Übergriff preußischen Militärs auf die Bürgerschaft der Stadt. Die Bundesfestung Mainz wurde am 21. und 22. Mai von schweren Zusammenstößen zwischen der Bürgergarde und Soldaten der preußischen Garnision erschüttert. Es kam zu blutigen Auseinandersetzungen. Der preußische Vizegouverneur benutzte die Vorgänge dazu, um den Weg zur Errichtung einer Militärdiktatur zu beschreiten. Er drohte sogar, die Stadt beschießen zu lassen.

Die demokratischen Abgeordneten sahen in diesem Ereignis einen weiteren Beweis für den Vormarsch der Konterrevolution. Franz Zitz, der Mainzer Demokrat, war es, der das Parlament am 22. Mai zum Eingreifen in Mainz aufforderte. Mit seiner zündenden Rede machte die Linke im Frankfurter Parlament zum ersten Mal von sich reden.

Der damals 44jährige Zitz gehörte zu den Mitbegründern der äußersten Linken, der Fraktion »Donnersberg«. Er zählte zu ihren entschiedensten Vertretern und wirkte konsequent den parlamentarischen Illusionen entgegen, denen die Mehrheit der kleinbürgerlich-demokratischen Abgeordneten erlag. Nach seiner Auffassung konnte die Nationalversammlung nur dann ihre Aufgabe erfüllen, wenn Volksbewegung und Parlament eng zusammenwirkten. Das verräterische Verhalten der konstitutionell-liberalen Mehrheit im Parlament hat ihn später, am 2. März 1849, dazu bewogen, aus der Nationalversammlung auszutreten.

Zitz forderte im Parlament, daß in Mainz die Ausnahmeregelungen zurückgenommen und die preußischen Festungstruppen ausgewechselt werden müßten. Ferner verlangte er, daß es den preußischen Soldaten verboten werde, außer Dienst Waffen zu tragen. Doch die Mehrheit des Parlaments verwies diesen Antrag an einen Ausschuß.

Der Ausschuß arbeitete relativ schnell. Bereits am 26. Mai standen die Mainzer Vorgänge wieder zur Debatte. Der Ausschußbericht sprach sich zwar für einen teilweisen Wechsel der preußischen Garnison aus, vermied aber jeden Angriff auf den preußischen Militarismus. Zitz forderte erneut, daß der Gewaltakt des preußischen Festungskommandanten verurteilt werde. Es gab eine heftige Debatte, in deren Verlauf sich zeigte, daß die Mehrheit nicht einmal den gemäßigten Vorschlag des Ausschusses akzeptieren wollte, weil er ihr bereits zu weit ging.

Die Abgeordneten der reaktionären Rechten witterten Morgenluft. Felix Fürst v. Lichnowski, der Aristokrat und Vertreter der Privilegien von Monarchie und Adel, hatte sein Debüt als Redner: ein Meister der Rhetorik, arrogant und aggressiv, voller Verachtung für die demokratische Linke. Er lobte das preußische Heer in hohen Tönen. Er verhöhnte die »roten Hosen der Mainzer Jakobiner« und spielte damit auf die revolutionär-demokratischen Traditionen der Stadt an. Der Protest der Linken wurde niedergeschrien. Die Versammlung ging über den Ausschußantrag zu den Vorgängen in Mainz einfach zur Tagesordnung über.

Die »Neue Rheinische Zeitung« schrieb über die Bedeutung der Vorgänge: »Hier lag ein unbestrittener, ein gelungener Reaktionsversuch vor, ein Fall, der ganz speziell

Felix Fürst v. Lichnowski.
Nach der »Illustrierten Zeitung«, 1848

Ludwig Simon

Wilhelm Zimmermann.
Lithographie nach Biows Lichtbild

Karl Vogt.
Nach der »Illustrierten Chronik 1849«

Wilhelm Adolf v. Trützschler

Robert Blum.
Lithographie von Schertle
nach Biows Lichtbild

zur Kompetenz der Versammlung gehörte.«[37] Aus Furcht vor der demokratischen Volksbewegung weigerte sich die Mehrheit, die aktiv-revolutionäre Rolle des Parlaments anzuerkennen. Sie sah ihre Aufgabe einzig darin, die Verfassung auszuarbeiten. So wurde schon in den ersten Beratungen des Parlaments der Auftrag des Volkes an die Nationalversammlung mißachtet. Die demokratische Linke hatte sich in den ersten Debatten zusammengefunden. Ihre führenden Repräsentanten waren als Redner aufgetreten und hatten für die parteimäßige Organisation der kleinbürgerlichen Demokraten im Parlament gearbeitet. Ludwig Simon, der Trierer Advokat, gründete mit Wilhelm Zimmermann, dem verdienstvollen demokratischen Historiographen des deutschen Bauernkrieges, und Wilhelm Adolf v. Trützschler, einem leidenschaftlichen Verfechter der Sache des Volkes, die Fraktion »Donnersberg«. Mit dieser Fraktion arbeitete die gemäßigte Linke in der Fraktion »Deutscher Hof« eng zusammen. Deren unbestritten führender Kopf war Robert Blum, der Organisator und Vorkämpfer der sächsischen Demokratie, der unentwegte Streiter für Volkssouveränität und deutsche Republik. Wie Blum stand der Gießener Professor Karl Vogt — ein Mann, der wegen seiner bissigen Polemik gefürchtet war, aber auch ein Mann, der zu Kompromissen mit der liberalen Bourgeoisie bereit war — auf den Positionen der parlamentarisch orientierten, gemäßigten Demokratie.

Nach den Debatten über die Mainzer Ereignisse befand sich die demokratische Partei in Frankfurt — kaum konstituiert — schon in einer schwierigen Lage. Die »Neue Rheinische Zeitung« schrieb am 2. Juni: »Die demokratische Partei hat Niederlagen erlitten; die Grundsätze, die sie im Augenblicke ihres Triumphes proklamiert hat, sind in Frage gestellt, das Terrain, das sie wirklich gewonnen, wird ihr Fuß für Fuß streitig gemacht; schon hat sie viel verloren, und bald wird sich die Frage bieten, was ihr noch übriggeblieben sei.
Es kommt uns darauf an, daß die demokratische Partei sich ihrer Stellung bewußt werde.«[38]
Der Optimismus der Linken hatte sich nicht bestätigt. Die Reaktion war überall dabei, verlorene Positionen zurückzugewinnen. Wenn die Frankfurter Linke Anschluß an die revolutionäre Volksbewegung behalten wollte, mußte sie als Beauftragter des revolutionären Volkes wirken und sich auf die demokratische Volksbewegung stützen. Nur dann konnte die demokratische Partei ein echtes Gegengewicht gegen die zu Kompromissen mit der halbfeudalen Konterrevolution bereite Mehrheit bilden.

Ein »Reichsverweser« wird gekürt

Die Gelegenheit zur Bewährung rückte Anfang Juni mit den Beratungen über die Bildung einer provisorischen Zentralgewalt heran. Wollte die Versammlung wirksam werden, mußte sie die vollziehende Gewalt an sich reißen. Diese besaß, bevor die zu erarbeitende Verfassung eines einheitlichen deutschen Staates in Kraft trat, als amtierende Zentralregierung für den Fortgang der Revolution weitgehende Bedeutung. Die Abstimmung über die provisorische Zentralgewalt mußte zugleich als Vorentscheid über die künftige Regelung der Frage des Staatsoberhaupts angesehen werden. In diesem Sinne stand hinter dem Ringen um die Bildung einer provisorischen Zentralgewalt die Alternative Monarchie oder Republik.
Die Beratungen über die Zentralgewalt fanden in allen deutschen Staaten lebhaftes Interesse. Zahlreiche an die Nationalversammlung gerichtete Petitionen forderten einen revolutionären Vollzugsausschuß.
Schon der Fünfzigerausschuß hatte sich mit der Frage einer provisorischen Exekutive beschäftigt. Der vom reaktionären Bundestag vorgelegte Plan sah vor, ein dreiköpfiges Bundesdirektorium zu bilden. Als die Nationalversammlung am 19. Juni begann, die Frage der Zentralgewalt zu diskutieren, unterbreitete Dahlmann diesen Vorschlag. Die Demokraten sprachen vom »Direktorium der drei Onkel« aus fürstlichem Hause. Denn dieses Direktorium sollte aus je einem Vertreter Preußens, Österreichs und der kleineren Staaten bestehen. Im Ausschuß wurde dieser Vorschlag von den kleinbürgerlichen Demokraten Blum und Trützschler abgelehnt. Er zielte eindeutig darauf ab, eine Zentralgewalt zu schaffen, die den Interessen der Fürsten diente.
Blum und Trützschler unterbreiteten den demokratischen Gegenvorschlag im Ausschuß. Aus der Mitte der Nationalversammlung sollte der Mann gewählt werden, der als Vorsitzender zusammen mit vier weiteren Abgeordneten den Vollziehungsausschuß bilden würde. Dieser Ausschuß »hat die Beschlüsse der Nationalversammlung auszuführen und die Vertretung Deutschlands nach außen zu übernehmen«[39], bis eine endgültige Bundesgewalt geschaffen ist, hieß es in dem Antrag.
Wesentlich war, daß er das Provisorische der zu schaffenden Zentralgewalt unterstrich und den Vollziehungsausschuß ausschließlich an die Beschlüsse der Nationalversammlung band.
Während der achttägigen Debatte über beide Vorschläge meldeten sich etwa 200 Abgeordnete zu Wort. Die bedeutend-

ste Rede für die Verfechter einer revolutionären Zentralgewalt hielt Robert Blum. Er appellierte an die Abgeordneten, die dem Parlament vom Volk übertragene Souveränität auch wirklich zu gebrauchen. Die Abgeordneten hätten ihr Mandat nicht, um mit Fürsten zu verhandeln. »Sie dürfen nicht verhandeln, sie müssen eher ihr Mandat niederlegen, als sich von der Aufgabe zu entfernen, die uns geworden ist.«[40]
Auf die Behauptung, es herrsche »Anarchie«, »Wühler« seien am Werk und die provisorische Zentralgewalt müsse ihnen entgegentreten, antwortete Blum, man könne die »Anarchie« verhindern, wenn man sich fest an die revolutionäre Volksbewegung anschließe. Der Vorschlag eines Di-

Zeitgenössische Karikatur auf die Wahl des Reichsverwesers. Robert Blum als Ausrufer

rektoriums arbeite aber der Konterrevolution in die Hände. Im weiteren führte er aus: »Die Partei läßt sich den Vorwurf der Wühlerei gern gefallen; sie hat gewühlt ein Menschenalter lang, mit Hintansetzung von Gut und Blut, mindestens von allen den Gütern, die die Erde gewährt; sie hat den Boden ausgehöhlt, auf dem die Tyrannei stand, bis sie fallen mußte, und Sie säßen nicht hier, wenn nicht gewühlt worden wäre.«[41]
Ungeachtet der Einwände der demokratischen Linken, strebte die Mehrheit des Parlaments danach, rasch zu einer mit den Regierungen vereinbarten Zentralgewalt zu kommen. Während der Verhandlungen wurde der Kampf hinter den Kulissen weitergeführt, verhandelten Gagern und andere Liberale mit Vertretern der Regierungen und des Bundestages. Besonders Graf v. Usedom mischte sich im Auftrag der preußischen Regierung in die ureigene Angelegenheit der Nationalversammlung ein.
Am 24. Juni vollzog Gagern mit grundsätzlicher Zustimmung der Regierungen eine taktische Wendung: »Ich tue einen kühnen Griff, und ich sage Ihnen: wir müssen die provisorische Zentralgewalt selbst schaffen.«[42] Es war dies ein geschickter Schachzug, der der Linken den Wind aus den Segeln nehmen sollte. Der Vorschlag kam den Demokraten scheinbar entgegen, indem er eine Persönlichkeit vorschlug und deren Wahl durch die Nationalversammlung vorsah. Es sollte aber ein Fürst als Reichsverweser gewählt werden, der der Nationalversammlung nicht verantwortlich war. Damit hatte Gagern den Kern des Vorschlages der konstitutionellen Liberalen bewahrt. Die demokratische Linke beging den Fehler, durch Konzessionen und Kompromißbereitschaft den Vorschlag Gagerns zu ermöglichen. Durch ihre inkonsequente Haltung hatte sie Anteil an einer Entscheidung des Parlaments, die die Frankfurter Abgeordneten bereits im Juni in Gegensatz zur demokratischen Volksbewegung brachte.
Mit 403 gegen 135 Stimmen wurde be-

Erzherzog Johann. Nach einer Buchillustration, 1849

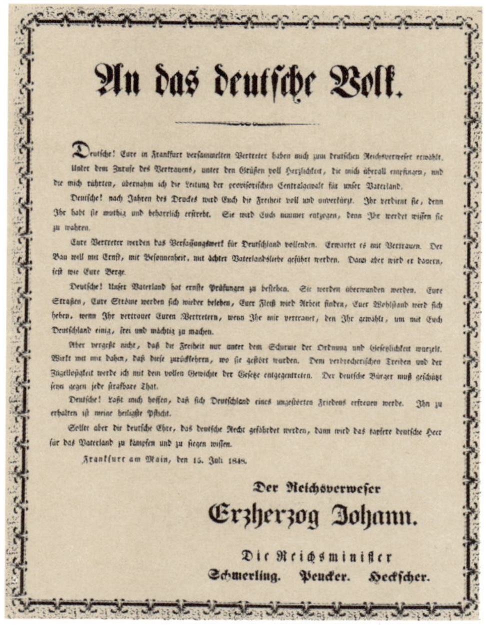

An das deutsche Volk.

Deutsche! Eure in Frankfurt versammelten Vertreter haben mich zum deutschen Reichsverweser erwählt.

Unter dem Zurufe des Vertrauens, unter den Grüßen voll Herzlichkeit, die mich überall empfingen, und die mich rührten, übernahm ich die Leitung der provisorischen Centralgewalt für unser Vaterland.

Deutsche! nach Jahren des Druckes wird Euch die Freiheit voll und unverkürzt. Ihr verdient sie, denn Ihr habt sie muthig und beharrlich erstrebt. Sie wird Euch nimmer entzogen, denn Ihr werdet wissen sie zu wahren.

Eure Vertreter werden das Verfassungswerk für Deutschland vollenden. Erwartet es mit Vertrauen. Der Bau will mit Ernst, mit Besonnenheit, mit ächter Vaterlandsliebe geführt werden. Dann aber wird er dauern, fest wie Eure Berge.

Deutsche! Unser Vaterland hat ernste Prüfungen zu bestehen. Sie werden überwunden werden. Eure Straßen, Eure Ströme werden sich wieder beleben, Euer Fleiß wird Arbeit finden, Euer Wohlstand wird sich heben, wenn Ihr vertrauet Euren Vertretern, wenn Ihr mir vertrauet, den Ihr gewählt, um mit Euch Deutschland einig, frei und mächtig zu machen.

Aber vergeßt nicht, daß die Freiheit nur unter dem Schirme der Ordnung und Gesetzlichkeit wurzelt. Wirkt mit mir dahin, daß diese zurückkehren, wo sie gestört wurden. Dem verbrecherischen Treiben und der Zügellosigkeit werde ich mit dem vollen Gewichte der Gesetze entgegentreten. Der deutsche Bürger muß geschützt seyn gegen jede strafbare That.

Deutsche! Laßt mich hoffen, daß sich Deutschland eines ungestörten Friedens erfreuen werde. Ihn zu erhalten ist meine heiligste Pflicht.

Sollte aber die deutsche Ehre, das deutsche Recht gefährdet werden, dann wird das tapfere deutsche Heer für das Vaterland zu kämpfen und zu siegen wissen.

Frankfurt am Main, den 15. Juli 1848.

Der Reichsverweser
Erzherzog Johann.

Die Reichsminister
Schmerling. Peucker. Heckscher.

Aufruf des Erzherzogs Johann

schlossen, die Zentralgewalt an einen Reichsverweser aus einem Fürstenhaus zu übertragen. Mit 373 gegen 175 Stimmen wurde bestätigt, daß er gegenüber der Nationalversammlung nicht verantwortlich sei. Die liberale Mehrheit des Parlaments wählte schließlich am 29. Juni den habsburgischen Erzherzog Johann zum Reichsverweser.
Der damals 66jährige Erzherzog, der nach seiner Heirat mit der Postmeisterstochter Anna Plochl und durch seine flexible Haltung während der Märzereignisse in Wien eine gewisse Popularität gewonnen hatte, wollte nichts weniger als ein Mann des Parlaments sein. Im Grunde blieb er schwarzgelber Österreicher und war bestrebt, im Sinne aller Revolutionsgegner »Ordnung und Ruhe« wiederherzustellen. Wenn auch mit österreichischem Charme und zunächst mit noch gebotener Zurückhaltung, leistete er der Konterrevolution Vorschub. »Johann ohne Land« erhielt von der Linken bald den Namen »Reichsvermoderer«.
Aufgabe des Reichsverwesers war es, das sogenannte Reichsministerium als provisorische Zentralgewalt zu berufen. Das Präsidium übernahm zunächst Karl Fürst v. Leiningen, ein Halbbruder der englischen Königin und einer der größten Grundherren in Süddeutschland. Innenminister wurde der österreichische Diplomat Anton Ritter v. Schmerling, der Leiningen im September als Ministerpräsident ablöste. Das Außenministerium erhielt der Hamburger Advokat Johann Heckscher. Weitere Ministerposten im »Reichsministerium« über-

nahmen ein preußischer Generalmajor, ein Bremer Großkaufmann, ein Professor aus Heidelberg und ein Krefelder Bankier. Kennzeichnend für diese provisorische Zentralgewalt war von Anfang an ihre Ohnmacht gegenüber den Regierungen der Einzelstaaten. Ohne Armee, Polizei und Beamte blieb sie vollkommen machtlos. Das sogenannte Reichsministerium arbeitete mit den Regierungen der einzelnen Staaten im Kampf gegen die revolutionären Massen eng zusammen.
Alle politischen Gruppen betrachteten die

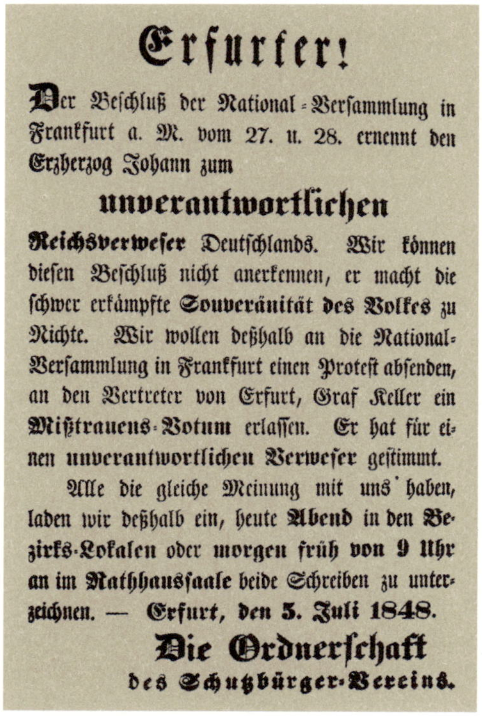

Erfurter!

Der Beschluß der National-Versammlung in Frankfurt a. M. vom 27. u. 28. ernennt den Erzherzog Johann zum

unverantwortlichen

Reichsverweser Deutschlands. Wir können diesen Beschluß nicht anerkennen, er macht die schwer erkämpfte Souveränität des Volkes zu Nichte. Wir wollen deßhalb an die National-Versammlung in Frankfurt einen Protest absenden, an den Vertreter von Erfurt, Graf Keller ein Mißtrauens-Votum erlassen. Er hat für einen unverantwortlichen Verweser gestimmt.

Alle die gleiche Meinung mit uns' haben, laden wir deßhalb ein, heute Abend in den Bezirks-Lokalen oder morgen früh von 9 Uhr an im Rathhaussaale beide Schreiben zu unterzeichnen. — Erfurt, den 5. Juli 1848.

Die Ordnerschaft
des Schutzbürger-Vereins.

Einladung des Erfurter Schutzbürger-Vereins zu einer Protestversammlung gegen die Wahl des Reichsverwesers, 5. Juli 1848

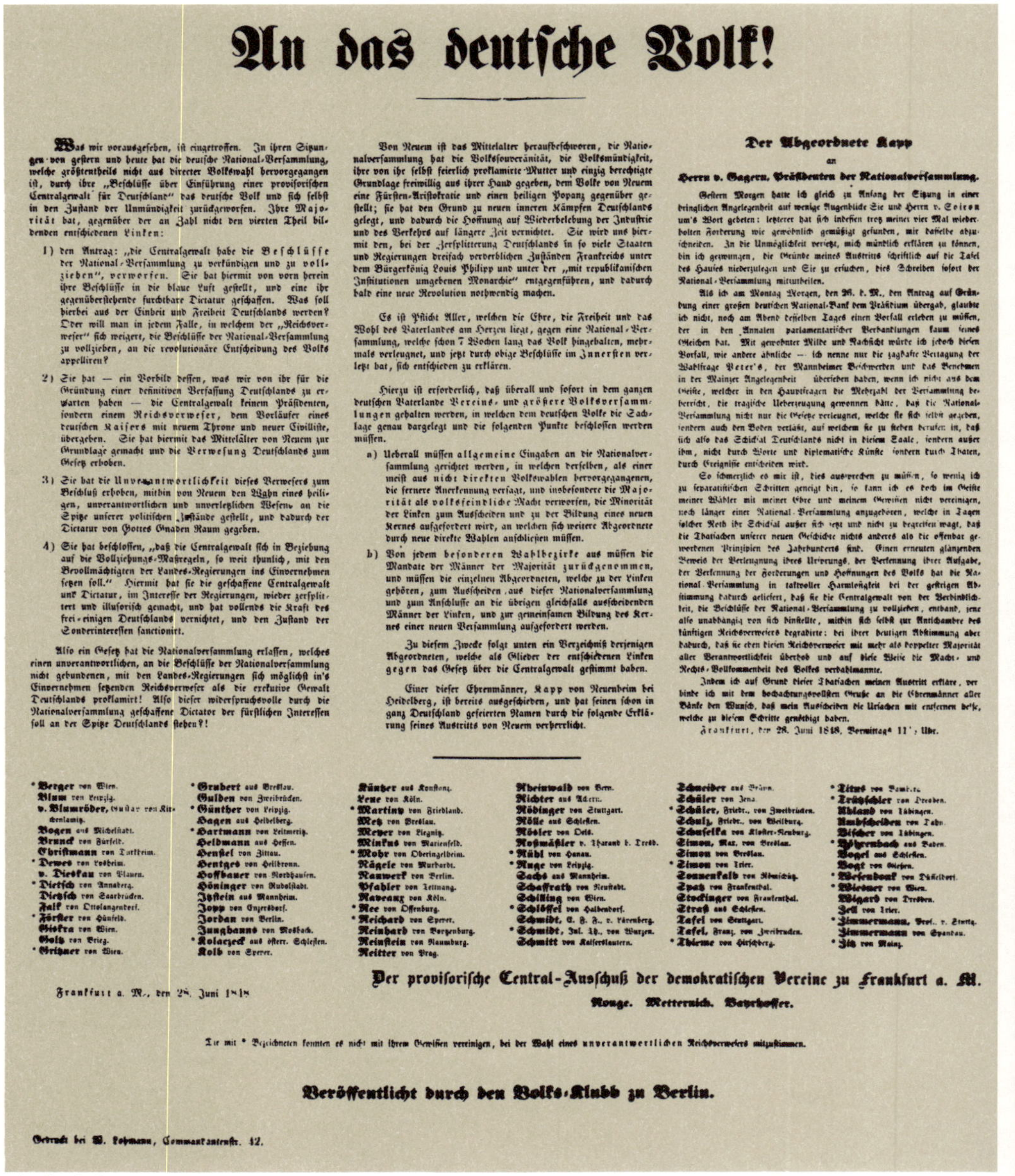

An das deutsche Volk!

Was wir vorausgesehen, ist eingetroffen. In ihren Sitzungen von gestern und heute hat die deutsche National-Versammlung, welche größtentheils nicht aus directer Volkswahl hervorgegangen ist, durch ihre „Beschlüsse über Einführung einer provisorischen Centralgewalt für Deutschland" das deutsche Volk und sich selbst in den Zustand der Unmündigkeit zurückgeworfen. Ihre Majorität hat, gegenüber der an Zahl nicht den vierten Theil bildenden entschiedenen Linken:

1) den Antrag: „die Centralgewalt habe die Beschlüsse der National-Versammlung zu verkündigen und zu vollziehen", verworfen. Sie hat hiermit von vorn herein ihre Beschlüsse in die blaue Luft gestellt, und eine ihr gegenüberstehende furchtbare Dictatur geschaffen. Was soll hierbei aus der Einheit und Freiheit Deutschlands werden? Oder will man in jedem Falle, in welchem der „Reichsverweser" sich weigert, die Beschlüsse der National-Versammlung zu vollziehen, an die revolutionäre Entscheidung des Volks appelliren?

2) Sie hat — ein Vorbild dessen, was wir von ihr für die Gründung einer definitiven Verfassung Deutschlands zu erwarten haben — die Centralgewalt keinem Präsidenten, sondern einem Reichsverweser, dem Vorläufer eines deutschen Kaisers mit neuem Throne und neuer Civilliste, übergeben. Sie hat hiermit das Mittelalter von Neuem zur Grundlage gemacht und die Verwesung Deutschlands zum Gesetz erhoben.

3) Sie hat die Unverantwortlichkeit dieses Verwesers zum Beschluß erhoben, mithin von Neuem den Wahn eines heiligen, unverantwortlichen und unverletzlichen Wesens an die Spitze unserer politischen Zustände gestellt, und dadurch der Dictatur von Gottes Gnaden Raum gegeben.

4) Sie hat beschlossen, „daß die Centralgewalt sich in Beziehung auf die Vollziehungs-Maßregeln, so weit thunlich, mit den Bevollmächtigten der Landes-Regierungen ins Einvernehmen setzen soll." Hiermit hat sie die geschaffene Centralgewalt und Dictatur, im Interesse der Regierungen, wieder zersplittert und illusorisch gemacht, und hat vollends die Kraft des frei-einigen Deutschlands vernichtet, und den Zustand der Sonderinteressen sanctionirt.

Also ein Gesetz hat die Nationalversammlung erlassen, welches einen unverantwortlichen, an die Beschlüsse der Nationalversammlung nicht gebundenen, mit den Landes-Regierungen sich möglichst in's Einvernehmen setzenden Reichsverweser als die exekutive Gewalt Deutschlands proklamirt! Also dieser widerspruchsvolle durch die Nationalversammlung geschaffene Dictator der fürstlichen Interessen soll an der Spitze Deutschlands stehen?!

Von Neuem ist das Mittelalter heraufbeschworen, die Nationalversammlung hat die Volkssouveränität, die Volksmündigkeit, ihre von ihr selbst feierlich proklamirte Mutter und einzig berechtigte Grundlage freiwillig aus ihrer Hand gegeben, dem Volke von Neuem eine Fürsten-Aristokratie und einen heiligen Popanz gegenüber gestellt; sie hat den Grund zu neuen inneren Kämpfen Deutschlands gelegt, und dadurch die Hoffnung auf Wiederbelebung der Industrie und des Verkehrs auf längere Zeit vernichtet. Sie wird uns hiermit den, bei der Zersplitterung Deutschlands in so viele Staaten und Regierungen dreifach verderblichen Zuständen Frankreichs unter dem Bürgerkönig Louis Philipp und unter der „mit republikanischen Institutionen umgebenen Monarchie" entgegenführen, und dadurch bald eine neue Revolution nothwendig machen.

Es ist Pflicht Aller, welchen die Ehre, die Freiheit und das Wohl des Vaterlandes am Herzen liegt, gegen eine National-Versammlung, welche schon 7 Wochen lang das Volk hingehalten, mehrmals verleugnet, und jetzt durch obige Beschlüsse im Innersten verletzt hat, sich entschieden zu erklären.

Hierzu ist erforderlich, daß überall und sofort in dem ganzen deutschen Vaterlande Vereins- und größere Volksversammlungen gehalten werden, in welchen dem deutschen Volke die Sachlage genau dargelegt und die folgenden Punkte beschlossen werden müssen.

a) Ueberall müssen allgemeine Eingaben an die Nationalversammlung gerichtet werden, in welchen derselben, als einer meist aus nicht direkten Volkswahlen hervorgegangenen, die fernere Anerkennung versagt, und insbesondere die Majorität als volksfeindliche Macht verworfen, die Minorität der Linken zum Ausscheiden und zu der Bildung eines neuen Kernes aufgefordert wird, an welchen sich weitere Abgeordnete durch neue direkte Wahlen anschließen müssen.

b) Von jedem besonderen Wahlbezirke aus müssen die Mandate der Männer der Majorität zurückgenommen, und müssen die einzelnen Abgeordneten, welche zu der Linken gehören, zum Ausscheiden aus dieser Nationalversammlung und zum Anschluße an die übrigen gleichfalls ausscheidenden Männer der Linken, und zur gemeinsamen Bildung des Kernes einer neuen Versammlung aufgefordert werden.

Zu diesem Zwecke folgt unten ein Verzeichniß derjenigen Abgeordneten, welche als Glieder der entschiedenen Linken gegen das Gesetz über die Centralgewalt gestimmt haben.

Einer dieser Ehrenmänner, Kapp von Neuenheim bei Heidelberg, ist bereits ausgeschieden, und hat seinen schon in ganz Deutschland gefeierten Namen durch die folgende Erklärung seines Austritts von Neuem verherrlicht.

Der Abgeordnete Kapp
an
Herrn v. Gagern, Präsidenten der Nationalversammlung.

Gestern Morgen hatte ich gleich zu Anfang der Sitzung in einer dringlichen Angelegenheit auf wenige Augenblicke Sie und Herrn v. Soiron um's Wort gebeten: letzterer hat sich indessen trotz meiner vier Mal wiederholten Forderung wie gewöhnlich gemüßigt gefunden, mir dasselbe abzuschneiden. In die Unmöglichkeit versetzt, mich mündlich erklären zu können, bin ich gezwungen, die Gründe meines Austritts schriftlich auf die Tafel des Hauses niederzulegen und Sie zu ersuchen, dies Schreiben sofort der National-Versammlung mitzutheilen.

Als ich am Montag Morgen, den 26. d. M., den Antrag auf Gründung einer großen deutschen National-Bank dem Präsidium übergab, glaubte ich nicht, noch am Abend desselben Tages einen Vorfall erleben zu müssen, der in den Annalen parlamentarischer Verhandlungen kaum seines Gleichen hat. Mit gewohnter Milde und Nachsicht würde ich jedoch diesen Vorfall, wie andere ähnliche — ich nenne nur die zaghafte Vertagung der Wahlfrage Peter's, der Mannheimer Beschwerden und das Benehmen in der Mainzer Angelegenheit — übersehen haben, wenn ich nicht aus dem Geiste, welcher in den Hauptfragen die Mehrzahl der Versammlung beherrscht, die tragische Ueberzeugung gewonnen hätte, daß die National-Versammlung nicht nur die Gesetze verleugnet, welche sie sich selbst gegeben, sondern auch den Boden verläßt, auf welchem sie zu stehen berufen ist, daß sich also das Schicksal Deutschlands nicht in diesem Saale, sondern außer ihm, nicht durch Worte und diplomatische Künste, sondern durch Thaten, durch Ereignisse entscheiden wird.

So schmerzlich es mir ist, dies aussprechen zu müssen, so wenig ich zu separatistischen Schritten geneigt bin, so kann ich es doch im Geiste meiner Wähler mit meiner Ehre und meinem Gewissen nicht vereinigen, noch länger einer National-Versammlung anzugehören, welche in Tagen solcher Noth ihr Schicksal außer sich setzt und nicht zu begreifen wagt, daß die Thatsachen unserer neuen Geschichte nichts anderes als die offenbar gewordenen Prinzipien des Jahrhunderts sind. Einen erneuten glänzenden Beweis der Verleugnung ihres Ursprungs, der Verkennung ihrer Aufgabe, der Verkennung der Forderungen und Hoffnungen des Volks hat die National-Versammlung in taktvoller Harmlosigkeit bei der gestrigen Abstimmung dadurch geliefert, daß sie die Centralgewalt von der Verbindlichkeit, die Beschlüsse der National-Versammlung zu vollziehen, entband, jene also unabhängig von sich hinstellte, mithin sich selbst zur Antichambre des künftigen Reichsverwesers degradirte; bei ihrer heutigen Abstimmung aber dadurch, daß sie eben diesen Reichsverweser mit mehr als doppelter Majorität aller Verantwortlichkeit überhob und auf diese Weise die Macht- und Rechts-Vollkommenheit des Volkes verhahlmannte.

Indem ich auf Grund dieser Thatsachen meinen Austritt erkläre, verbinde ich mit dem hochachtungsvollsten Gruße an die Ehrenmänner aller Bänke den Wunsch, daß mein Ausscheiden die Ursachen mit entfernen helfe, welche zu diesem Schritte genöthigt haben.

Frankfurt, den 28. Juni 1848, Vormittags 11½ Uhr.

* Berger von Wien.
Blum von Leipzig.
v. Blumröder, Gustav von Kirchenlamitz.
Bogen aus Michelstadt.
Brunck von Fürfeld.
Christmann von Dürkheim.
* Dewes von Losheim.
v. Dieskau von Plauen.
* Dietsch von Annaberg.
Dietzsch von Saarbrücken.
Falk von Ottolangendorf.
* Förster von Hünfeld.
Giskra von Wien.
Goltz von Brieg.
* Gritzner von Wien.
* Grubert aus Breslau.
Gulden von Zweibrücken.
* Günther von Leipzig.
Hagen aus Heidelberg.
* Hartmann von Leitmeritz.
Heldmann aus Hessen.
Hensel von Zittau.
Hentges von Heilbronn.
Hoffbauer von Nordhausen.
Höninger von Rudolstadt.
Itzstein aus Mannheim.
Jopp von Enzersdorf.
Jordan von Berlin.
Junghanns von Mosbach.
* Kolaczeck aus österr. Schlesien.
Kolb von Speyer.
Künzer aus Konstanz.
Lene von Köln.
* Martiny von Friedland.
Metz von Breslau.
Meyer von Liegnitz.
Minkus von Marienfeld.
* Mohr von Oberingelheim.
Nägele von Murhardt.
Nauwerk von Berlin.
Pfahler von Tettnang.
Raveaux von Köln.
* Ree von Offenburg.
* Reichard von Speyer.
Reinhard von Boyzenburg.
Reinstein von Naumburg.
Reitter von Prag.
Rheinwald von Bern.
Richter aus Achern.
Rödinger von Stuttgart.
Rölle aus Schlesien.
Rösler von Oels.
Roßmäßler v. Tharand b. Dresd.
* Rühl von Hanau.
* Ruge von Leipzig.
Sachs aus Mannheim.
Schaffrath von Neustadt.
Schilling von Wien.
* Schlöffel von Halbendorf.
Schmidt, C. F. F., v. Löwenberg.
* Schmidt, Jul. Th., von Wurzen.
Schmitt von Kaiserslautern.
Schneider aus Brünn.
Schüler von Jena.
* Schüler, Friedr., von Zweibrücken.
Schulz, Friedr., von Weilburg.
Schuselka von Kloster-Neuburg.
Simon, Max, von Breslau.
Simon von Breslau.
* Simon von Trier.
Sonnenkalb von Ronneburg.
Spatz von Frankenthal.
Stockinger von Frankenthal.
Straß aus Schlesien.
Tafel von Stuttgart.
Tafel, Franz, von Zweibrücken.
* Thieme von Hirschberg.
* Titus von Bamberg.
* Trützschler von Dresden.
Uhland von Tübingen.
Umbscheiden von Dahn.
Vischer von Tübingen.
* Wöhrenbach aus Baden.
Vogel aus Schlesien.
Vogt von Gießen.
* Wesendonk von Düsseldorf.
* Wiesner von Wien.
Wigard von Dresden.
Zell von Trier.
* Zimmermann, Prof., v. Stuttg.
Zimmermann von Spandau.
* Zitz von Mainz.

Frankfurt a. M., den 28. Juni 1848

Der provisorische Central-Ausschuß der demokratischen Vereine zu Frankfurt a. M.
Ronge. Metternich. Bayrhoffer.

Die mit * Bezeichneten konnten es nicht mit ihrem Gewissen vereinigen, bei der Wahl eines unverantwortlichen Reichsverwesers mitzustimmen.

Veröffentlicht durch den Volks-Klubb zu Berlin.

Gedruckt bei W. Lohmann, Commandantenstr. 42.

Aufruf des provisorischen Zentralausschusses der demokratischen Vereine zu Frankfurt (Main), 28. Juni 1848

Wahl des Reichsverwesers als Votum für die Monarchie und gegen die Republik. Von den Gegnern der demokratischen Weiterführung der Revolution wurde die Wahl als Sieg der »Ordnung« gefeiert. Die Bourgeoisie reagierte positiv: Die Kurse an den Börsen stiegen, und die Geschäfte belebten sich. Im Volk jedoch verlor die Nationalversammlung nach dieser Entscheidung rasch an Ansehen.
Bürgerliche Historiker stellen seit Jahrzehnten das Wirken des Frankfurter Parlaments als Höhepunkt der Revolution dar und bezeichnen die Nationalversammlung als das einzig bleibende Vermächtnis von 1848. Sie behaupten, das Frankfurter Parlament habe eine überragende Leistung vollbracht, und es sei nur an den ungünstigen Umständen gescheitert. Diese aus der Abneigung gegenüber der revolutionären Volksbewegung resultierenden Auffassungen werden bereits durch das Versagen der bürgerlich-liberalen Mehrheit in der Frage der Zentralgewalt widerlegt.
Für die Linke stellte sich, wie die »Neue Rheinische Zeitung« schon Anfang Juni geschrieben hatte, die Frage ihres Austritts. Der Zentralausschuß der Demokraten forderte, die Linke solle ein eigenes Parlament bilden. Aber es herrschte darüber keine Einigkeit unter den demokratischen Abgeordneten.

Um Anerkennung der Revolution und Volksbewaffnung

Die preußische verfassunggebende Versammlung

Vier Tage nach dem Frankfurter Parlament, am 22. Mai, trat in der Berliner Singakademie die preußische konstituierende Versammlung zusammen. Die Berliner Versammlung konnte als ein wesentliches Resultat der Revolution gelten. Ihre Einberufung war der Krone durch die Bourgeoisie und die Volksmassen abgetrotzt worden. Deshalb wurden an ihr Zusammentreten hohe Erwartungen geknüpft, hatte sie doch, wie die »Neue Rheinische Zeitung« mit Recht schrieb, »ihr Mandat keineswegs von der Krone oder ihren verantwortlichen Ministern, sondern nur von ihren Wählern und von sich selbst zu empfangen«[43]. Die Versammlung konnte angesichts der noch nicht ausgekämpften Entscheidung: Monarchie oder Republik, zu einem Zentrum der Revolution in Preußen werden. Im Zusammenwirken mit der revolutionären Volksbewegung war sie als souveräne Institution imstande, das Gesamtinteresse der Bourgeoisie an der Gestaltung der neuen bürgerlichen Gesellschaft nachhaltig zum Ausdruck zu bringen.

Das großbürgerliche Camphausen-Ministerium verband mit der Einberufung für die Berliner Versammlung zwei Ziele. Sie benötigte eine breite parlamentarische Basis für die Durchsetzung ihrer Politik und hoffte, die Versammlung als Druckmittel gegen Krone und Reaktion benutzen zu können, um antifeudale Maßnahmen durchzusetzen. Damit konnte der politische Spielraum des Ministeriums für eine bürgerliche Interessenpolitik erweitert werden. Andererseits suchte das Ministerium die Versammlung als Gegengewicht gegen den nationalen Souveränitätsanspruch des Frankfurter Parlaments zu nutzen. Im Sinne des reaktionären Partikularismus sollte auf jeden Fall verhindert werden, daß »Preußen in Deutschland« aufgehe.

Die Wahlen zur Berliner Versammlung erbrachten ähnliche Ergebnisse wie diejenigen zum Frankfurter Parlament. Die bürgerlichen Liberalen erzielten einen Wahlsieg über die kleinbürgerliche Demokratie. Dennoch ergaben sich wesentliche Unterschiede in der Zusammensetzung beider Körperschaften. »Die Berliner Nationalrepräsentation konstituierte sich als Repräsentation der preußischen Bourgeoisie.«[44]

Sitzung der preußischen verfassunggebenden Versammlung in der Berliner Singakademie. Nach der »Illustrierten Chronik 1849«

Unter den 402 Abgeordneten waren etwa 45 direkte Vertreter der Bourgeoisie, zumeist Kaufleute und Fabrikanten. Es überwogen die Angehörigen der Intelligenz und der Beamtenschaft. In ihrer großen Mehrheit erwiesen sie sich als Parteigänger der Bourgeoisie. Demgegenüber befand sich der Adel mit zwölf Abgeordneten in der Minderheit. Im Gegensatz zu Frankfurt (Main) saßen im Berliner Parlament 68 Abgeordnete, die aus der Landbevölkerung kamen, und zwar nicht nur Bauern, sondern, trotz des indirekten Wahlrechts, auch Häusler und Tagelöhner. Mit Julius Brill aus Breslau wurde auch ein Arbeiter gewählt.

Die politische Struktur der Berliner Versammlung wies gegenüber derjenigen in Frankfurt nicht geringe Unterschiede auf. Eine ausgesprochen konservative Rechte fehlte. Etwa 150 Abgeordnete gehörten zum rechten Flügel des Parlaments, der sowohl Konservative als auch gemäßigte Liberale umfaßte. Diese Rechte galt als eine wichtige Stütze der Regierung Camphausen-Hansemann im Parlament. Sie war grundsätzlich antifeudal eingestellt, verfocht einen äußerst gemäßigten Reformkurs und trat für die Aufhebung der Feudallasten durch Entschädigung ein. Bei striktem Festhalten an der Vereinbarungstheorie richtete sie ihr Streben auf ein konstitutionelles Preußen, in dem Adel und Krone entscheidende Machtpositionen behalten sollten.

Die politischen Interessenvertreter der preußischen Bourgeoisie sammelten sich in den Fraktionen der rechten und linken Mitte. Zusammen ebenfalls etwa 150 Mitglieder stark, vertraten sie die politische Konzeption des gemäßigten Liberalismus: Errichtung eines bürgerlich-konstitutionellen Systems in Preußen in Übereinkunft mit Junkertum und Krone und entschiedenes Auftreten gegen jeden Versuch, konsequent demokratische Veränderungen im Staatsapparat durchzusetzen. Das linke Zentrum, angeführt von dem bürgerlichen Nationalökonomen Karl Rodbertus, zeigte sich im Verlauf der Revolution in einigen Fragen durchaus bereit, die Linke zu unterstützen. Es strebte eine bürgerlich-parlamentarische Monarchie für Preußen an und näherte sich in der Agrarfrage und der Verfassungsdiskussion den Positionen der kleinbürgerlichen Demokraten. Das linke Zentrum erkannte zwar die Revolution indirekt an, betonte aber andererseits das Vereinbarungsprinzip.

Die etwa 40 bis 50 Abgeordneten des rechten Zentrums waren von Anfang an eindeutig ministeriell orientiert und traten als echte Interessenvertreter der kompromißbereiten liberalen Bourgeoisie auf. Obwohl die Gruppe zahlenmäßig kaum ins Gewicht fiel, spielte sie durch den Zufall der Mandatsverteilung bei vielen Entscheidungen im Parlament die Rolle des Züngleins an der Waage. »Diese Fraktion wollte auch aus derselben Schüssel mit dem König- und Junkertum essen, aber doch etwas tiefer als die Rechte mit dem Löffel hineinfahren.«[45] Ihr Charakter als Partei der zwar an der Macht befindlichen, aber zur Vereinbarung mit der Konterrevolution bereiten Bourgeoisie wurde an ihrem Führer besonders deutlich.

Karl d'Ester

Der damals 42jährige Hans Victor v. Unruh, in manchem Gagern ähnlich, von Beruf Fachmann für Bauwesen, war in der preußischen Bürokratie großgeworden. Noch vor 1848 wechselte er von der Beamtenhierarchie in führende Positionen kapitalistischer Eisenbahnunternehmen über. Als er 1844 die Leitung des Eisenbahnstreckenbaus Magdeburg—Potsdam übernahm, vollzog sich allmählich sein Übergang in die Bourgeoisie. Wie ein waschechter liberaler Bourgeois hat er sich dann auch in der Berliner Versammlung verhal-

Benedikt Waldeck.
Nach der »Illustrierten Zeitung«, 1848

Johann Jacoby

Eduard Graf v. Reichenbach

ten: Mit der Pose des freisinnigen, weltoffenen und an die Vernunft appellierenden Mannes verband er die stete Bereitschaft zu Kompromissen mit Krone und Ministerium.
Eine beachtliche Streitmacht stellte die Linke dar, die als geschlossenste und am besten organisierte Fraktion im Berliner Parlament wirkte. Im Mai rund 100 Mitglieder stark, wuchs sie bis November auf 120 bis 130 Abgeordnete an. Ungeachtet ihrer parlamentarischen Illusionen spielte die Linke im Parlament eine gewichtige Rolle und vermochte nicht selten Entscheidungen zugunsten des bürgerlichen Fortschritts herbeizuführen. Fraktionsführer waren Benedikt Waldeck, Johann Jacoby und Jodocus Donatus Hubertus Temme.

Hans Victor v. Unruh. Nach einer Lithographie von Hermann Eichens, 1848

In ihrer Mehrheit traten die Linken für eine demokratische Monarchie ein, in der Bourgeoisie und Kleinbürgertum über ein starkes Parlament ein entscheidendes Wort mitzureden haben sollten. Es gab jedoch auch einen republikanischen Flügel, der etwa 20 Abgeordnete umfaßte. Ihm gehörten unter anderem Moritz Elsner, Karl d'Ester, Georg Jung und Eduard Graf v. Reichenbach an.
Viele Mitglieder der Linken waren Republikaner. Entschiedene Demokraten, wie Karl d'Ester, Johann Jacoby, Georg Jung, Eduard Graf v. Reichenbach und Benedikt Waldeck, lieferten den konservativen Reaktionären und den liberalen Leisetretern manches harte Gefecht. Jedoch als Fraktion ging die äußerste Linke in der Verfassungsfrage nicht weiter als bis zu der Forderung nach einer parlamentarisch-demokratischen Monarchie.
D'Ester, ein Arzt aus Köln, stand seit den vierziger Jahren aktiv im demokratischen Kampf. Unter dem Einfluß von Marx und Engels wandte er sich der Arbeiterbewegung zu. Er wurde Mitglied des Bundes der Kommunisten. In Volksversammlungen zu Beginn der Revolution trat er als Vertreter der Arbeiter auf. In der Berliner Versammlung gehörte er zu den linken Abgeordneten, die konsequent für die enge Verbindung von parlamentarischem und außerparlamentarischem Kampf eintraten. Bis zum Ende der Reichsverfassungskampagne gehörte er zu den entschiedensten Streitern der Revolution.
Neben d'Ester spielte Reichenbach in der Berliner Linken eine führende Rolle. Sein Name hatte in der preußischen kleinbürgerlichen Demokratie 1848 schon einen Klang. Der schlesische Gutsbesitzer gehörte zu den bekannten Oppositionellen des Vormärz. Eng mit Robert Blum verbunden, wirkte er vor 1848 in der demokratischen Opposition Schlesiens. Im Berliner Parlament gehörte er zu den Abgeordneten, die mit Konsequenz von Anfang an die Revolution und die Souveränität des Volkes gegen die Krone verteidigten. Er trat für die entschädigungslose Aufhebung der Feudallasten ein und bekannte sich zur Republik.
Mit Waldeck stellte die Linke den stellvertretenden Präsidenten des Parlaments. Damals 46jährig und damit etwa zehn Jahre älter als d'Ester und Reichenbach, war er Richter am Geheimen Obertribunal in Berlin. Er war in seiner Heimat Westfalen in das Berliner Parlament gewählt worden. Bis zu seiner Verhaftung, Anfang 1849, trat er entschieden den Angriffen der Konterrevolution entgegen. Auch in der Zeit nach dem Sieg der Konterrevolution kämpfte er offen gegen Rechtsbruch und Unterdrückung demokratischer Rechte.

Die Krone, das Ministerium Camphausen und die Berliner Versammlung

Am 22. Mai wurde die »zur Vereinbarung der preußischen Staatsverfassung berufene Versammlung« im Weißen Saal des Berliner Schlosses durch König Friedrich Wilhelm IV. eröffnet. In der Folgezeit tagte das Parlament in der Berliner Singakademie. Die vom Ministerium unterstützte Forderung des Königs, daß die Eröffnung der Versammlung im Schloß stattzufinden habe, war zunächst bei vielen Abgeordneten auf Widerspruch gestoßen. Bei diesem ersten Konflikt zwischen Ministerium und Versammlung deutete sich bereits an, daß das Parlament seine Tätigkeit im Zeichen sich verschärfender Auseinandersetzungen zwischen revolutionärer Volksbewegung auf der einen Seite und dem »vermittelnden großbürgerlichen Ministerium« sowie der Reaktion auf der anderen Seite begann. Das Ministerium wurde von der Krone gedrängt, Schritte einzuleiten, um die demokratische Bewegung, insbesondere in Berlin, niederzuwerfen. »Gestärkt durch die Erklärung des Landtags«, schrieb Friedrich Wilhelm IV. Anfang Juni an Camphausen, »kann man getrost vorwärts gehen und ein ernstes Wort mit dem Pöbel reden. Berlin ist eine Eiterbeule, die, wenn der Staat in Freiheit aufstreben soll, wie es mein ernster Wille ist, aufgeschnitten werden muß über kurz oder lang.«[46]
Angesichts zunehmenden Drucks der Reaktion richteten sich im besonderen die Hoffnungen der Demokraten auf das entschiedene Auftreten der Berliner Versammlung als revolutionäres Parlament. Die Regierung dagegen versuchte von Anfang an, die Versammlung zum Instrument einer Politik des Klassenkompromisses, der kleinen antifeudalen Reformschritte zu machen. Da diese aber nicht willens war, sich zum bloßen Anhängsel eines Ministeriums herabwürdigen zu lassen, waren Konflikte zwischen beiden bürgerlichen Institutionen vorprogrammiert. Die Abgeordneten suchten ihre Eigenständigkeit gegenüber Krone und Regierung deutlich hervorzukehren. Bereits bei der Abfassung einer Adresse an den König prallten die Meinungen aufeinander. Während Camphausen wünschte, daß in ihr nicht nur der Dank an Friedrich Wilhelm IV. für die Eröffnungsrede, sondern auch das Bekenntnis zur Vereinbarungspolitik ausgesprochen wurde, betonte die Versammlung ihren souveränen Charakter. Es bedurfte am 31. Mai erst der Erklärung des Finanzministers David Hansemann, daß die Adreßdebatte für die Regierung »eine Frage des Bestehens des Kabinetts« sei[47], um die liberale Mehrheit des Parlaments zur Zustimmung zu bewegen. Dennoch vermied es die Versammlung in ihrer schließlich Mitte Juni verabschie-

Karikatur auf die Rückberufung des Prinzen von Preußen. Lithographie von Wolfarth

Demonstration des Politischen Klubs gegen die Rückberufung des Prinzen von Preußen vor dem Hotel des Ministerpräsidenten Camphausen in der Berliner Wilhelmstraße, 14. Mai 1848. Nach der »Illustrierten Zeitung«, 1848

deten Adresse, sich ausdrücklich zum Vereinbarungsprinzip zu bekennen.

Dem Druck von Krone und Ministerium sah sich die Versammlung auch in der Frage der Rückkehr des Prinzen Wilhelm von Preußen ausgesetzt. Als »Kartätschenprinz« hatte er am 20. März vor dem Volkszorn nach England fliehen müssen. Der König bedrängte Camphausen im April mit der Forderung, den Prinzen offiziell zurückzuberufen. Dessen Forderung, Wilhelm müsse eine öffentliche Loyalitätserklärung abgeben und sich zur konstitutionellen Monarchie sowie zu den Beschlüssen des Vereinigten Landtags bekennen, wurde nur ungenügend erfüllt. Dennoch setzte Camphausen am 8. Mai im Ministerrat die Entscheidung für die Rückberufung durch. Das großbürgerliche Ministerium hatte sich ein weiteres Mal im Interesse seiner antidemokratischen Kompromißpolitik dem Willen der Krone gebeugt.

Die Entscheidung der Regierung forderte nicht nur den entschiedenen Widerstand der demokratischen Volksbewegung heraus, sondern rief auch die Kritik führender Vertreter der liberalen Bourgeoisie hervor. Die demokratischen Klubs protestierten. Das Ministerium Camphausen sollte in Anklagezustand versetzt werden. Eine große Volksversammlung am 14. Mai forderte nachdrücklich, den Beschluß über die Rückberufung des Prinzen von Preußen zurückzunehmen. Eine Deputation wurde gebildet, die in Begleitung von Tausenden vor dem Ministerhotel Camphausen in der Wilhelmstraße diese Forderung unterbreitete. Die Regierung mußte daraufhin am 15. Mai versichern, daß der »Kartätschenprinz« vor seiner Ankunft erklären werde, daß er die neue, konstitutionelle Ordnung anerkennt. Diese Erklärung des Prinzen wurde am 4. Juni veröffentlicht.

Allen Protesten zum Trotz blieb die Regierung entschlossen, die Rückberufung des Prinzen durchzusetzen und das Auftreten

Erklärung des Ministeriums Camphausen, 15. Mai 1848

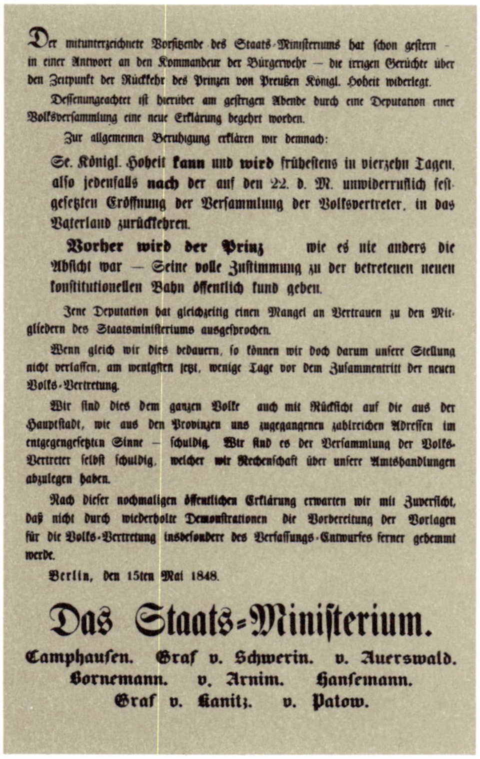

Der mitunterzeichnete Vorsitzende des Staats-Ministeriums hat schon gestern – in einer Antwort an den Kommandeur der Bürgerwehr – die irrigen Gerüchte über den Zeitpunkt der Rückkehr des Prinzen von Preußen Königl. Hoheit widerlegt.

Dessenungeachtet ist hierüber am gestrigen Abende durch eine Deputation einer Volksversammlung eine neue Erklärung begehrt worden.

Zur allgemeinen Beruhigung erklären wir demnach:

Se. Königl. Hoheit kann und wird frühestens in vierzehn Tagen, also jedenfalls nach der auf den 22. d. M. unwiderruflich festgesetzten Eröffnung der Versammlung der Volksvertreter, in das Vaterland zurückkehren.

Vorher wird der Prinz wie es nie anders die Absicht war – Seine volle Zustimmung zu der betretenen neuen konstitutionellen Bahn öffentlich kund geben.

Jene Deputation hat gleichzeitig einen Mangel an Vertrauen zu den Mitgliedern des Staatsministeriums ausgesprochen.

Wenn gleich wir dies bedauern, so können wir doch darum unsere Stellung nicht verlassen, am wenigsten jetzt, wenige Tage vor dem Zusammentritt der neuen Volks-Vertretung.

Wir sind dies dem ganzen Volke auch mit Rücksicht auf die aus der Hauptstadt, wie aus den Provinzen uns zugegangenen zahlreichen Adressen im entgegengesetzten Sinne – schuldig. Wir sind es der Versammlung der Volks-Vertreter selbst schuldig, welcher wir Rechenschaft über unsere Amtshandlungen abzulegen haben.

Nach dieser nochmaligen öffentlichen Erklärung erwarten wir mit Zuversicht, daß nicht durch wiederholte Demonstrationen die Vorbereitung der Vorlagen für die Volks-Vertretung insbesondere des Verfassungs-Entwurfes ferner gehemmt werde.

Berlin, den 15ten Mai 1848.

Das Staats-Ministerium.

Camphausen. Graf v. Schwerin. v. Auerswald.
Bornemann. v. Arnim. Hansemann.
Graf v. Kanitz. v. Patow.

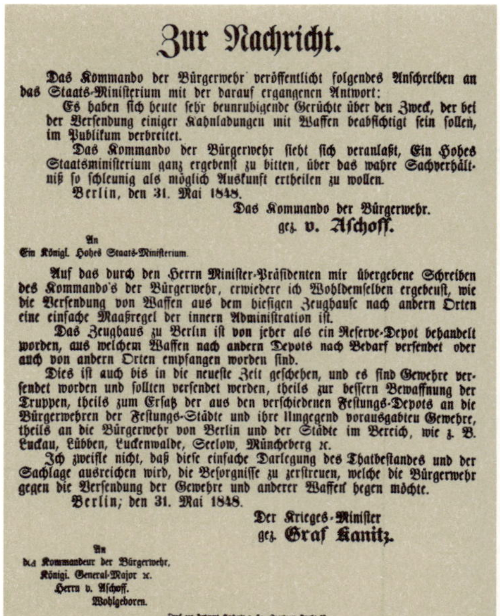

Zur Nachricht.

Das Kommando der Bürgerwehr veröffentlicht folgendes Anschreiben an das Staats-Ministerium mit der darauf ergangenen Antwort:

Es haben sich heute sehr beunruhigende Gerüchte über den Zweck, der bei der Versendung einiger Kahnladungen mit Waffen beabsichtigt sein sollen, im Publikum verbreitet.

Das Kommando der Bürgerwehr sieht sich veranlaßt, Ein Hohes Staatsministerium ganz ergebenst zu bitten, über das wahre Sachverhältniß so schleunig als möglich Auskunft ertheilen zu wollen.

Berlin, den 31. Mai 1848.

Das Kommando der Bürgerwehr.
gez. v. Aschoff.

An
Ein Königl. Hohes Staats-Ministerium.

Auf das durch den Herrn Minister-Präsidenten mir übergebene Schreiben des Kommando's der Bürgerwehr, erwiedere ich Wohldemselben ergebenst, wie die Versendung von Waffen aus dem hiesigen Zeughause nach andern Orten eine einfache Maaßregel der innern Administration ist.

Das Zeughaus zu Berlin ist von jeher als ein Reserve-Depot behandelt worden, aus welchem Waffen nach andern Depots nach Bedarf versendet oder auch von andern Orten empfangen worden sind.

Dies ist auch bis in die neueste Zeit geschehen, und es sind Gewehre versendet worden und sollten versendet werden, theils zur bessern Bewaffnung der Truppen, theils zum Ersatz der aus den verschiedenen Festungs-Depots an die Bürgerwehren der Festungs-Städte und ihre Umgegend verausgabten Gewehre, theils an die Bürgerwehr von Berlin und der Städte im Bereich, wie z. B. Luckau, Lübben, Luckenwalde, Seelow, Müncheberg ꝛc.

Ich zweifle nicht, daß diese einfache Darlegung des Thatbestandes und der Sachlage ausreichen wird, die Besorgnisse zu zerstreuen, welche die Bürgerwehr gegen die Versendung der Gewehre und anderer Waffen hegen möchte.

Berlin, den 31. Mai 1848.

Der Krieges-Minister
gez. Graf Kanitz.

An
den Kommandeur der Bürgerwehr,
Königl. General-Major ꝛc.
Herrn v. Aschoff.
Wohlgeboren.

Erklärung des preußischen Kriegsministers, 31. Mai 1848

des Prinzen in der Berliner Versammlung als Abgeordneter für den Kreis Wirsitz zu sichern. In einer Erklärung vor den Volksvertretern verlangte Camphausen am 6. Juni, daß »der König und das Königliche Haus« aus der Debatte im Parlament herausgehalten werden solle. Die liberale Mehrheit unterstützte ihn und gewährte ihm indirekt die Zustimmung zur Rückkehr des Prinzen. Am 8. Juni erteilte der Präsident der Versammlung dem Prinzen das Wort. Vom Beifall der Rechten und vom Zischen der Linken begleitet, begab dieser sich in voller Generalsuniform und mit ras-

Prinz Wilhelm von Preußen spricht in der verfassunggebenden Versammlung in Berlin, 8. Juni 1848. Darstellung der Neuruppiner Bilderbogen, 1848

selndem Säbel zur Rednertribüne in der Singakademie. Er forderte die Abgeordneten auf, »eine Vereinbarung mit dem König herbeizuführen«, und erklärte, er wolle an einer konstitutionellen Monarchie, »die unser König zu geben uns vorgezeichnet hat«, mitwirken.[48] Er schloß mit einer Losung, welche die halbfeudale Reaktion in Preußen auf ihr Panier geschrieben hatte: »Mit Gott für König und Vaterland.« Die Ansprache befriedigte in ihrer Unbestimmtheit nicht einmal gemäßigt liberale Abgeordnete. Aber der Protest der Linken blieb aus. Die nunmehr sanktionierte Rückkehr des Prinzen blieb ein Menetekel, welches das weitere Vordringen der Konterrevolution anzeigte.

Die Rückberufung des Prinzen war nur ein Schritt, dem weitere folgen sollten. Ende Mai wurden zwei mit Waffen beladene Zillen entdeckt. Dazu kam die Meldung, daß das Zeughaus jede Nacht von einer Kompanie Infanterie bewacht wurde. Diese Tatsachen waren Grund genug dafür, daß die Massen wieder auf die Straße gingen. Sie forderten von Camphausen, er möge unverzüglich Waffen an die Arbeiter aushändigen lassen.

Das Ministerium wurde durch die Aktivität der Massen jedoch nicht davon überzeugt, daß es notwendig war, der erstarkenden Konterrevolution entgegenzutreten. Sie blieb bei der Auffassung, daß die Märzerrungenschaften nicht von Adel und Kamarilla gefährdet wären, sondern durch die revolutionäre Volksbewegung. Das Ministerium Camphausen ergriff Maßnahmen gegen die vorwärtsdrängenden Massen und bereitete sich auf den bewaffneten Kampf gegen die demokratischen Kräfte vor.

Zeitgenössische Karikatur auf die Haltung der liberalen Bourgeoisie bei der Ankunft des Prinzen von Preußen in Berlin

Anerkennung der Revolution oder Vereinbarungspolitik

In dieser Situation hatte es die Berliner Versammlung von vornherein schwer, sich in der Öffentlichkeit Gehör zu verschaffen. Das galt um so mehr, als die Regierung ihr von Anfang an den Weg des Kompromisses mit der Krone aufzudrängen versuchte. In jenen Tagen offenbarte die Regierung der Großbourgeoisie noch einmal in aller Deutlichkeit das Ziel ihrer Politik. Was sie seit Beginn ihrer Existenz, seit Ende März beteuert hatte, wandte sie nun auf die Tätigkeit der Berliner Versammlung an: Das Parlament müsse auf dem »Boden der Gesetzlichkeit« bleiben und seine Tätigkeit darauf beschränken, die Verfassung für eine konstitutionelle Monarchie mit der Krone zu vereinbaren.

An der Vereinbarungstheorie schieden sich innerhalb und außerhalb der Berliner Versammlung die Geister. Wer für die Revolution, für Volkssouveränität und Bewahrung der Märzerrungenschaften des Volkes eintrat, mußte die »Vereinbarerei« mit der Krone entschieden zurückweisen.

Die Regierung unterbreitete am 22. Mai dem Parlament einen Verfassungsentwurf, der sich in wesentlichen Teilen an der belgischen Konstitution von 1831 orientierte. Der Entwurf zielte auf die Schaffung einer konstitutionellen Monarchie mit einem Zweikammersystem und dem indirekten Wahlrecht ab. Im Unterschied zur belgischen Verfassung bekannte er sich zum Vereinbarungsprinzip. Er lehnte die Volkssouveränität ab und räumte dem König bedeutende Vollmachten ein, unter anderem das absolute Veto gegen Beschlüsse der Kammern. Die Veröffentlichung des Verfassungsentwurfs rief eine breite Protestbewegung in allen Provinzen hervor. Die Demokraten kritisierten entschieden, daß die Errungenschaften des Märzkampfes nur in geringem Maße berücksichtigt und dem Monarchen so weitgehende Kompetenzen eingeräumt worden waren. Die »Berliner Zeitungs-Halle« urteilte über den Entwurf: »Nichts für das Volk, alles für die Privilegierten.«[49]

Selbst in weiten Teilen der Bourgeoisie wurde Widerspruch laut. Die liberale Presse und die liberalen Vereine bemängelten die schwache Stellung, die den Kammern zugewiesen war, das absolute Veto des Königs und die ungenügende Verankerung bürgerlicher Rechte und Freiheiten. Da die liberale Bourgeoisie aber die antidemokratische Stoßrichtung des Regierungsentwurfs billigte, blieb ihre Haltung widersprüchlich. In der preußischen Versammlung formierte sich entsprechend der Reaktion in der Öffentlichkeit eine starke Opposition gegen den Regierungsentwurf. Die Mehrheit der Abgeordneten zeigte sich nicht bereit, unbesehen der Kompromißpolitik des großbürgerlichen Ministeriums in der Verfassungsfrage zu folgen. In der Sitzung am 15. Juni wurde beschlossen, den Entwurf in einer Verfassungskommission zu überarbeiten. Das kam einem Mißtrauensantrag gegen das Ministerium gleich.

Nun eröffnete sich die Chance, das Parlament zu einer wirklich verfassunggebenden Versammlung zu entwickeln.
In der Verfassungsdiskussion wie in anderen Entscheidungsfragen erwies sich immer deutlicher die Haltung zur Märzrevolution und zu ihren Ergebnissen als Kernproblem der politischen Auseinandersetzungen. Je offener die adlige Konterrevolution die Revolution bekämpfte und je deutlicher sich die Bourgeoisie von der Märzrevolution distanzierte, um so mehr gewann die Haltung der Klassen und ihrer politischen Repräsentanten zur Revolution an Bedeutung. Die »Neue Rheinische Zeitung« betonte in diesen Tagen: »Die vereinigten reaktionären Parteien begannen ihren Kampf gegen die Demokratie damit, daß sie die *Revolution in Frage stellten*. Der Sieg des Volkes wurde geleugnet; die berühmte Liste der ›siebzehn Militärtoten‹ wurde fabriziert; schlag der demokratischen Studenten ein feierlicher Demonstrationszug nach dem Friedrichshain statt. Nicht nur das Andenken der dort bestatteten Märzkämpfer sollte wachgehalten werden. Die Demokraten und das hinter ihnen stehende Volk wollten die Berliner Versammlung drängen, die Revolution anzuerkennen.
Es war ein imposanter Demonstrationszug, der sich am 4. Juni vom Gendarmenmarkt zum Friedrichshain bewegte. Mehrere tausend Menschen, Arbeiter, Handwerker und Studenten, bekundeten ihren Willen, die Revolution fortzusetzen. An der Spitze des Zuges schritten die Abgeordneten der Linken im Berliner Parlament. Die Nobilitäten fehlten. Auch der Magistrat hatte seine Teilnahme abgesagt. Hunderte von Fahnen wurden mitgetragen, darunter auch die der Berliner Arbeitergewerke. Zum ersten Mal sah man in Berlin die rote Fahne des De- uns wieder an das Volk. Fürchtet Euch nicht, Berliner, daß man Euch verkennt, etwas können sie Euch nicht nehmen, *eine* Macht nimmermehr zwingen, die Macht der Geschichte!«[51] An die Abgeordneten der Berliner Versammlung gewandt, erklärte Boerner: »Sie haben gewußt, daß Sie Ihr Mandat von der Revolution erhielten, Sie sind gekommen, um denen, welche für Sie gekämpft haben, dies Zeichen der Erinnerung zu weihen. Nun wohl, meine Herren, Sie sind die Minorität in jenem Saale, aber seien Sie überzeugt, wollen Sie sich auf die Volkssouveränität stützen, Sie sind dann bei uns Majorität, Sie sind dann die alleinigen Vertreter des ganzen Volkes, denn in ihm wurzelt Ihre wahre, Ihre einzige Kraft; das Volk wird Ihnen diesen Schritt nie vergessen, wird Sie verteidigen mit Gut und Blut. Aber achten Sie auf das Vertrauen des Volkes, halten Sie fest an

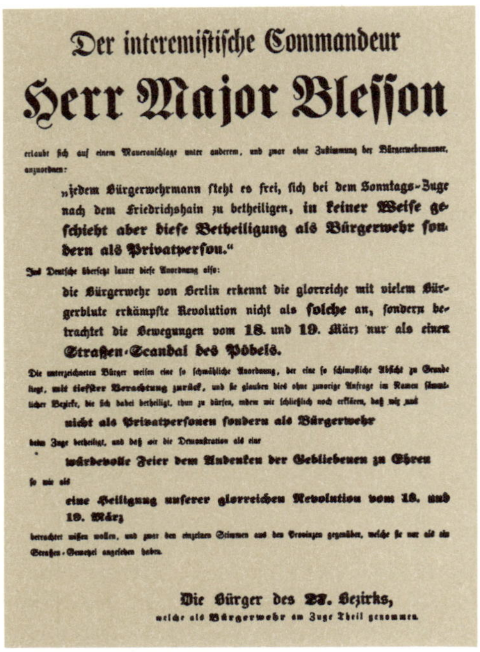
Der interemistische Commandeur
Herr Major Blesson
erlaubt sich auf einem Maueranschlage unter anderem, und zwar ohne Zustimmung der Bürgerwehrmänner, anzuordnen:
„Jedem Bürgerwehrmann steht es frei, sich bei dem Sonntags-Zuge nach dem Friedrichshain zu betheiligen, **in keiner Weise geschieht aber diese Betheiligung als Bürgerwehr sondern als Privatperson.**“
Ins Deutsche übersetzt lautet diese Anordnung also:
die Bürgerwehr von Berlin erkennt die glorreiche mit vielem Bürgerblute erkämpfte Revolution nicht als **solche** an, sondern betrachtet die Bewegungen vom **18.** und **19.** März nur als einen **Straßen-Scandal des Pöbels.**
Die unterzeichneten Bürger weisen eine so schmähliche Anordnung, der eine so schimpfliche Absicht zu Grunde liegt, **mit tiefster Verachtung zurück**, und sie glauben dies ohne vorige Anfrage im Namen sämmtlicher Bezirke, die sich dabei betheiligt, thun zu dürfen, indem wir schließlich noch erklären, daß wir uns
nicht als Privatpersonen sondern als Bürgerwehr
beim Zuge betheiligt, und daß wir die Demonstration als eine
würdevolle Feier dem Andenken der Gebliebenen zu Ehren
so wie als
eine Heiligung unserer glorreichen Revolution vom 18. und 19. März
betrachtet wissen wollen, und zwar den einzelnen Stimmen aus den Provinzen gegenüber, welche sie nur als ein Straßen-Gemetzel angesehen haben.
Die Bürger des [illegible]. Bezirks,
welche als **Bürgerwehr** am Zuge Theil genommen.

Angehörige der Berliner Bürgerwehr verwahren sich gegen Festlegungen des Kommandeurs Blesson

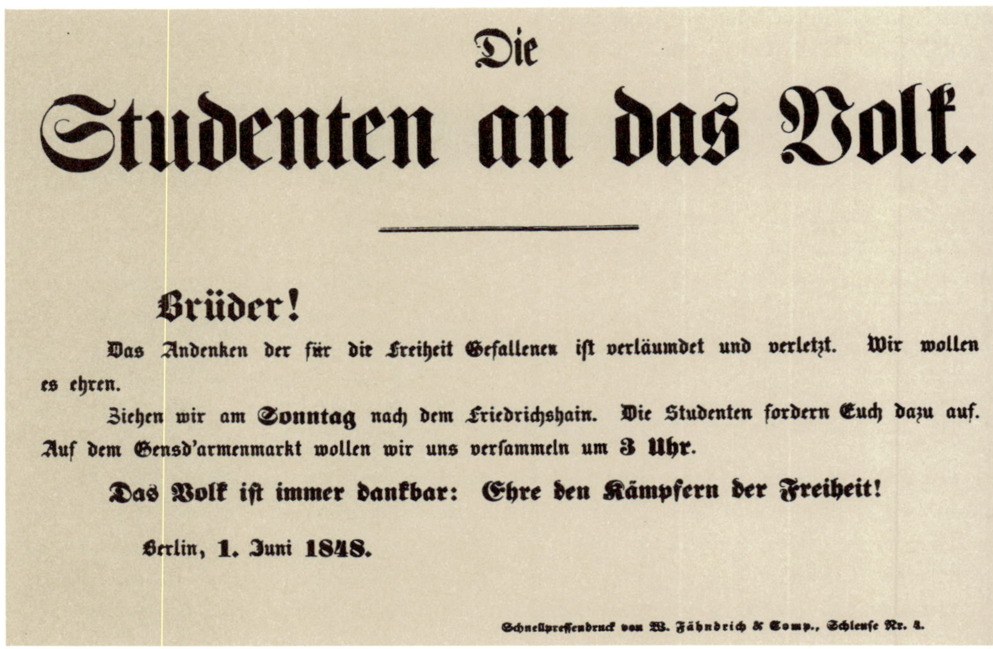
Die
Studenten an das Volk.
Brüder!
Das Andenken der für die Freiheit Gefallenen ist verläumdet und verletzt. **Wir wollen es ehren.**
Ziehen wir am **Sonntag** nach dem Friedrichshain. **Die Studenten fordern Euch dazu auf.**
Auf dem Gensd'armenmarkt wollen wir uns versammeln um **3 Uhr.**
Das Volk ist immer dankbar: Ehre den Kämpfern der Freiheit!
Berlin, **1. Juni 1848.**
Schnellpressendruck von W. Fähndrich & Comp., Schleuse Nr. 4.

Berliner Studenten rufen zur Teilnahme an der Gedenkfeier für die Märzgefallenen am 4. Juni 1848 auf

die Barrikadenkämpfer wurden in jeder möglichen Weise angeschwärzt.«[50]
In seiner Rede vor der Berliner Versammlung am 30. Mai hatte Camphausen betont, das Parlament beruhe nicht nur auf den Ergebnissen der Revolution, sondern auf den Beschlüssen des zweiten Vereinigten Landtags. Eine solche Abwertung der Revolution wurde von den Demokraten mit Recht als eine Herausforderung verstanden. Die Initiative ergriffen demokratische Organisationen in Berlin. Am 4. Juni fand auf Vor- mokratischen Klubs. Das »Erinnerungsfest« im Friedrichshain gestaltete sich an diesem wolkenlos schönen Junitag zu einer bewegenden Feier.
An den Gräbern im Friedrichshain sprachen zwölf Redner. Ausschließlich die Demokratie meldete sich zu Wort. Im Namen der Berliner Arbeitergewerke sprach Stephan Born. Einen nachhaltigen Eindruck hinterließ die Rede des Studenten Paul Boerner, der im Auftrag des Demokratischen Klubs sprach: »Darum wenden wir dem, was Sie uns versprochen haben; könnten Sie das jemals vergessen, könnten Sie je dem Volke untreu werden, es würde Ihnen mit Recht fluchen und Sie Volksverräter nennen! – Wir aber wollen die Revolution aufrechterhalten in allen ihren Konsequenzen, wir wollen einen neuen Kampf freudig beginnen, wenn man dies Recht uns nehmen will ...«[52]
Die Berliner Versammlung war gezwungen zu erklären, ob sie die Revolution als alleinige Grundlage ihrer Existenz und

Gedenkfeier im Berliner Friedrichshain, 4. Juni 1848. Nach der »Illustrierten Zeitung«, 1848

Gedenkblatt für die Berliner Märzgefallenen aus dem Jahre 1848

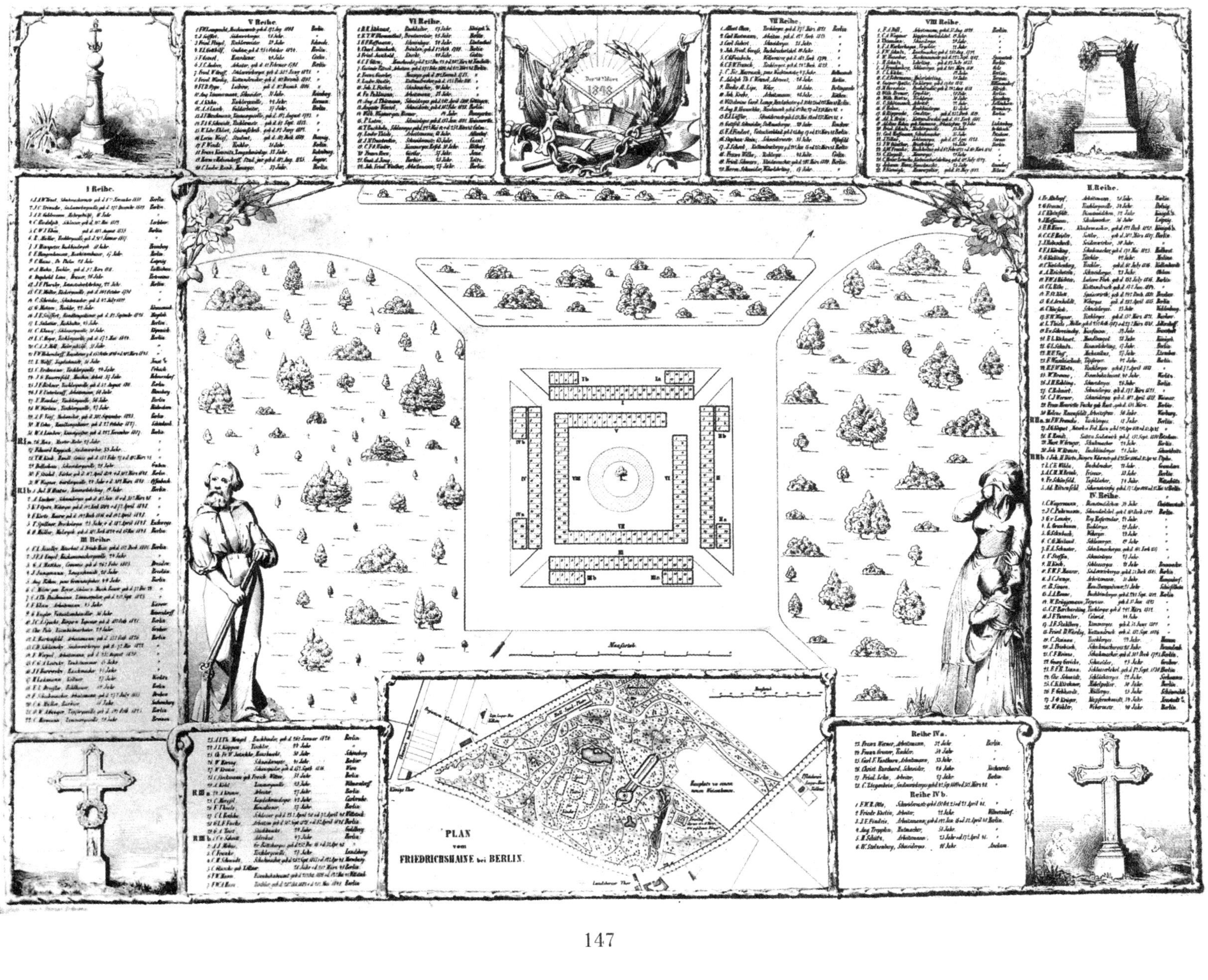

Julius Berends.
Nach der »Illustrierten Zeitung«, 1848

ihres Wirkens anerkennen wolle. Unter dem Eindruck des »Erinnerungsfestes« vom 4. Juni stellte der Abgeordnete Julius Berends am 8. Juni den entscheidenden Antrag: »... die Versammlung wolle in Anerkennung der Revolution zu Protokoll erklären, daß die Kämpfer des 18. und 19. März sich wohl ums Vaterland verdient gemacht haben.«[53] Um diesen Antrag wurde in der Versammlung lange und erbittert gestritten. Dutzende von Rednern ergriffen das Wort. Hinter dem Antrag stand das Volk von Berlin. Den Antrag Berends' unterstützend, hielt der Demokrat Johann Jacoby eine seiner besten Reden. Er stellte fest, daß die aufgeworfene Frage von prinzipieller Bedeutung sei und daß sie zugleich konkrete politische Konsequenzen in sich barg. »Meine Herren! Bis zu den Tagen des März war die Souveränität, die Machtvollkommenheit bei den Fürsten. Ihr Wille war das entscheidende Gesetz; Gehorsam und Unterwürfigkeit das Los der übrigen Landesbewohner. Anders ist es jetzt. In den Tagen des März hat es sich gezeigt, daß keine Macht der Erde dem einmütigen Willen des Volkes zu widerstehen vermag. Der Grundsatz, daß der Gesamtwille des Volkes die ursprüngliche, die einzige Quelle jeder Macht im Staate, also auch der des Königs ist ...«[54]

Während rechte und liberale Abgeordnete in der Debatte taktierten und verschiedene Änderungsanträge einbrachten, sprachen sich die Minister entschieden gegen den Antrag aus. Dieser stellte das Vereinbarungskonzept der Regierung grundsätzlich in Frage, so daß Camphausen zwar in allgemeinen Worten von der »hohen Bedeutung« der Märzereignisse sprach, sich aber eindeutig gegen die Anerkennung des Märzsieges des Volkes über die alte Ordnung wandte. Im Kreis um den König hatte man erwogen, falls der Antrag Berends mit Mehrheit angenommen würde, die Versammlung aufzulösen und Berlin militärisch zu besetzen. Daran konnte die großbürgerliche Regierung nicht interessiert sein.

Unter dem Druck der Regierung wurde am 19. Juni ein Antrag des Abgeordneten Heinrich Albert Zachariä mit 196 gegen 177 Stimmen angenommen. Er erhielt die Behauptung, die Versammlung dürfe keine Urteile abgeben. Ihre Aufgabe sei es vielmehr, »die Verfassung mit der Krone zu vereinbaren«[55]. Damit hatte sich die bürgerlich-konstitutionelle Mehrheit erstmals ausdrücklich zur Vereinbarungstheorie Camphausens bekannt und – wie die »Neue Rheinische Zeitung« schrieb – »die Revolution desavouiert«[56]. Die liberalen Abgeordneten in der Singakademie hatten damit klar zu verstehen gegeben, daß sie in einer entscheidenden Situation auf das Bündnis mit den Volksmassen verzichteten und sich nicht zu einer Wende ihrer Politik entschließen wollten. Sie mußten mit der Kritik und der Verachtung der Massen rechnen. Aber auch die demokratische Linke war bis auf wenige Ausnahmen nicht konsequent genug für den Antrag auf Anerkennung der Revolution durch das Parlament eingetreten.

Sturm auf das königliche Zeughaus

Konnte die reaktionäre Kamarilla auch zunächst ihre Staatsstreichpläne zurückstellen, so blieb es nach dem von den Vertretern der Bourgeoisie in der Vereinbarerversammlung begangenen Verrat keineswegs ruhig in Berlin. Der Zorn über die liberale Mehrheit, der Vormarsch der Reaktion, die Versuche des Arbeitsministers Erasmus Freiherr v. Patow, die zu Erdarbeiten in Berlin beschäftigten Arbeiter aus der Stadt zu entfernen, um so die preußische Hauptstadt ihrer wichtigsten revolutionären Kraft zu berauben, lösten neue revolutionäre Aktionen des Volkes aus.

Bereits am 8. und 9. Juni wurde vor der

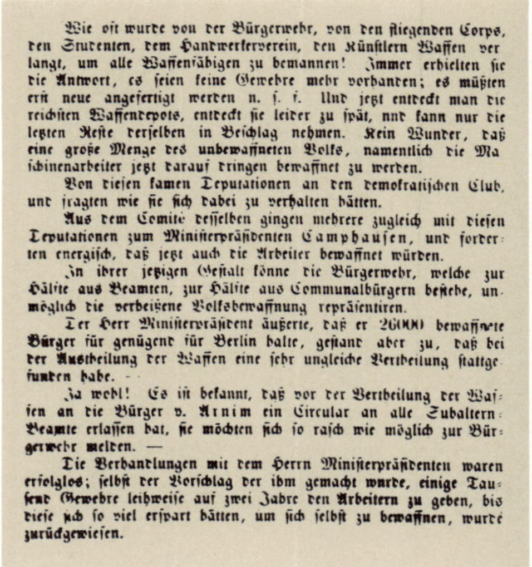

Wie oft wurde von der Bürgerwehr, von den fliegenden Corps, den Studenten, dem Handwerkerverein, den Künstlern Waffen verlangt, um alle Waffenfähigen zu bemannen! Immer erhielten sie die Antwort, es seien keine Gewehre mehr vorhanden; es müßten erst neue angefertigt werden u. s. f. Und jetzt entdeckt man die reichsten Waffendepots, entdeckt sie leider zu spät, nnd kann nur die letzten Reste derselben in Beschlag nehmen. Kein Wunder, daß eine große Menge des unbewaffneten Volks, namentlich die Maschinenarbeiter jetzt darauf dringen bewaffnet zu werden.

Von diesen kamen Deputationen an den demokratischen Club, und fragten wie sie sich dabei zu verhalten hätten.

Aus dem Comité desselben gingen mehrere zugleich mit diesen Deputationen zum Ministerpräsidenten Camphausen, und forderten energisch, daß jetzt auch die Arbeiter bewaffnet würden.

In ihrer jetzigen Gestalt könne die Bürgerwehr, welche zur Hälfte aus Beamten, zur Hälfte aus Communalbürgern bestehe, unmöglich die verheißene Volksbewaffnung repräsentiren.

Der Herr Ministerpräsident äußerte, daß er 26000 bewaffnete Bürger für genügend für Berlin halte, gestand aber zu, daß bei der Austheilung der Waffen eine sehr ungleiche Vertheilung stattgefunden habe. – –

Ja wohl! Es ist bekannt, daß vor der Vertheilung der Waffen an die Bürger v. Arnim ein Circular an alle Subaltern-Beamte erlassen hat, sie möchten sich so rasch wie möglich zur Bürgerwehr melden. –

Die Verhandlungen mit dem Herrn Ministerpräsidenten waren erfolglos; selbst der Vorschlag der ihm gemacht wurde, einige Tausend Gewehre leihweise auf zwei Jahre den Arbeitern zu geben, bis diese sich so viel erspart hätten, um sich selbst zu bewaffnen, wurde zurückgewiesen.

Demokraten fordern die Bewaffnung der Arbeiter. Auszug aus einer Extrabeilage des »Demokraten« (Berlin), Anfang Juni 1848

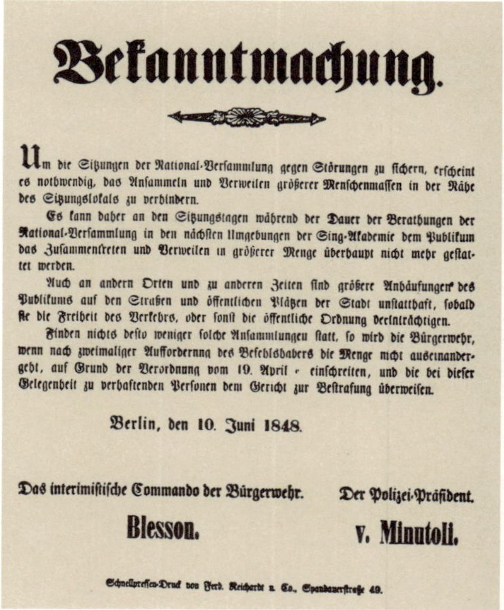

Bekanntmachung.

Um die Sitzungen der National-Versammlung gegen Störungen zu sichern, erscheint es nothwendig, das Ansammeln und Verweilen größerer Menschenmassen in der Nähe des Sitzungslokals zu verhindern.

Es kann daher an den Sitzungstagen während der Dauer der Berathungen der National-Versammlung in den nächsten Umgebungen der Sing-Akademie dem Publikum das Zusammentreten und Verweilen in größerer Menge überhaupt nicht mehr gestattet werden.

Auch an andern Orten und zu anderen Zeiten sind größere Anhäufungen des Publikums auf den Straßen und öffentlichen Plätzen der Stadt unstatthaft, sobald sie die Freiheit des Verkehrs, oder sonst die öffentliche Ordnung beeinträchtigen.

Finden nichts desto weniger solche Ansammlungeu statt, so wird die Bürgerwehr, wenn nach zweimaliger Auffordernng des Befehlshabers die Menge nicht auseinandergeht, auf Grund der Verordnung vom 19. April c. einschreiten, und die bei dieser Gelegenheit zu verhaftenden Personen dem Gericht zur Bestrafung überweisen.

Berlin, den 10. Juni 1848.

Das interimistische Commando der Bürgerwehr. Blesson.

Der Polizei-Präsident. v. Minutoli.

Schnellpressen-Druck von Ferd. Reichardt u. Co., Spandauerstraße 49.

Das Kommando der Bürgerwehr und der Berliner Polizeipräsident verbieten Demonstrationen vor der Tagungsstätte der preußischen konstituierenden Versammlung, 10. Juni 1848

Singakademie demonstriert. Die Entscheidung der Mehrheit gegen die Anerkennung der Revolution beantworteten die Volksmassen mit Protesten gegen die Abgeordneten, die dem Verrat zugestimmt hatten. Demokraten drangen in das Tagungsgebäude ein und forderten vom Präsidenten Karl August Milde Rechenschaft wegen des Verhaltens der Mehrheit. Diese bezeichneten sich als »Abgeordnete des souveränen Volkes« und verweigerten die Antwort. Mit Empörung empfing die Menschenmenge

Der Sturm auf das Zeughaus in Berlin, 14. Juni 1848. Darstellung der Neuruppiner Bilderbogen, 1848

die Abgeordneten der Rechten und der Mitte vor der Singakademie. Die Spannungen nahmen ständig zu.

Dem schrittweisen Abbau der revolutionären Errungenschaften des Volkes und der drohenden Reaktion war nur zu begegnen, wenn sich die demokratischen Kräfte bereit zeigten, durch entschiedene Massenaktionen die Revolution, die auf halbem Wege stehengeblieben war, konsequent weiterzuführen. In diesem Zusammenhang erlangte die Forderung nach Volks- und Arbeiterbewaffnung entscheidende Bedeutung. Insbesondere die Bewaffnung der Arbeiterklasse konnte das politische Gewicht der demokratischen Kräfte entscheidend verstärken. Im Gefolge der Märzrevolution waren in Preußen wie in den anderen deutschen Staaten fast ausnahmslos nur Angehörige der Bourgeoisie und des Kleinbürgertums in die Bürgerwehren aufgenommen worden. Die Funktion der Bürgerwehr blieb, auch nachdem im Mai vereinzelt Arbeiter aufgenommen worden waren, auf die Aufrechterhaltung von »Ruhe und Ordnung« beschränkt. Die Volksbewaffnung, wie sie die besten Demokraten bereits vor 1848 angestrebt hatten, wurde durch die Bildung der Bürgerwehr nicht erreicht. Vielmehr drohte die Bürgerwehr mit der Rechtsschwenkung der Bourgeoisie immer mehr zu einem Instrument konterrevolutionären Strebens zu werden.

Folgerichtig griffen in diesen kritischen Junitagen die entschiedensten Demokraten in Sachsen, Frankfurt (Main), Königsberg und Berlin den Gedanken der Arbeiterbewaffnung auf. Die Arbeiter Berlins forderten immer nachdrücklicher die Aushändigung von Waffen, die ihnen die Bourgeoisie bisher vorenthalten hatte.

So wuchs der Zorn der Arbeiter, Kleinbürger und Studenten über die Begünstigung der Konterrevolution durch die Berliner Versammlung hinüber in eine offene Auseinandersetzung um die Weiterführung der Revolution. Am 14. Juni erreichte die Aktivität der Massen ihren Höhepunkt. Bereits am Vormittag stießen am Brandenburger Tor und vor dem Schloß Arbeiter und arme Handwerker mit der Polizei und Angehörigen der Bürgerwehr zusammen. Gegen Abend konzentrierte sich die Massenbewegung auf das königliche Zeughaus. Die Forderung nach der vollständigen Volksbewaffnung wurde erneut laut. Das Gebäude war scharf bewacht. Im Inneren befand sich eine Kompanie Infanterie. Vor dem Zeughaus hatte eine Abteilung Bürgerwehr Posten bezogen. Versuche der Bürgerwehr, die Volksmenge zu zerstreuen, schlugen fehl. Gegen 20 Uhr ließ der Kommandant der Bürgerwehr, Johann Ludwig Urbain Blesson, für die gesamte Bürgerwehr Alarm schlagen.

Im Zeughaus bereitete sich die Bürgerwehr indessen auf eine blutige Auseinandersetzung vor. Einige Steinwürfe der vor dem Zeughaus versammelten Arbeiter wurden mit Schüssen der Bürgerwehr in die dichtgedrängte Menge beantwortet. Zwei Arbeiter wurden getötet, zwei schwer verletzt.

Erste Seite des »Kladderadatsch«, 21. Juni 1848

№ 3. Sonntag, den 21. Juni 1848.

Kladderadatsch.

Wochenkalender.

Montag den 22. Mai. Königl. Schauspielhaus: Der verwunschene Prinz. Lustspiel in 4 Aufzügen.

Dienstag den 23. Mai. Herr Minister Eichhorn kehrt von seiner diplomatischen Mission aus Neustadt-Eberswalde zurück.

Mittwoch den 24. Mai. Herr Minister Thiele kehrt von seiner diplom. Mission aus Görlitz zurück.

Wochenkalender.

Donnerstag den 25. Mai. Die Herren Minister Bodelschwingh, Uhden, Savigny rc. kehren von ihren resp. diplomatischen Missionen zurück.

Freitag den 26. Mai. Das Rauchen auf den Straßen wird von Herrn von Minutoli verboten.

Sonnabend den 27. Mai. 350 000 Einwohner Berlins arretirt und nach Spandau gebracht. Kladderadatsch mit Beschlag belegt. Gottesdienst in allen Kirchen!

Organ für und von Bummler.

Dieses Blatt erscheint täglich mit Ausnahme der Wochentage für den Preis von 1½ Sgr. Es kann jeden Sonnabend von fünf Uhr ab aus sämmtlichen Buchhandlungen abgeholt werden. Abonnements für 13 Nummern vierteljährlich werden mit 17½ Sgr. in allen Buchhandlungen und bei den Königl. Postämtern angenommen. — Beiträge erbittet unter Adresse der Verlagshandlung
Die Redaktion.

Die Vossische Zeitung
vom 17. Mai Nr. 114, sechzig Tage nach dem 18. März,
bittet in einem Eingesandt von Schmidt und Meißner
die Berliner Barrikadenhelden,
die in der Nacht vom 18. zum 19. März gefochten,
zur Bestrafung zu ziehen.

Hurrah! Hurrah! Es lebe die Revolution! Es leben die Männer voll des ächten Berliner Geistes! Hoch die Vossische! Hoch Berlin! Hoch Preußen! Hoch die große deutsche Nation!

Ein dreifaches Hoch der herrlichen schönen Zukunft!

Morgen holen wir den Bürgermeister Krausnick ein! Uebermorgen den Major Preuß und den Hofhandschuhmacher Wernicke! Seht ihr am Potsdammer Thor die Blumenguirlanden und Ehrenpforten, die Berliner Jungfrauen in weißen Kleidern mit rosa Schleifen und Sammetkissen?! —

Und da, am Brandenburger Thor, welch' langer stiller schwarzer Zug! Hurrah, — der Berliner Ehrenbürger Gustav Hesse wird heut in Spandau abgethan! Und dort, am Landsberger Thor! Heraus nach dem Friedrichshain! Grabt sie aus die dreihundert Leichen! An den Galgen mit ihren Gebeinen! Hurrah! wir wollen Ruhe, Ruhe, Ruhe!

Wahrhaftig! wer über gewisse Dinge noch Witze machen kann, der ist wahnwitzig!

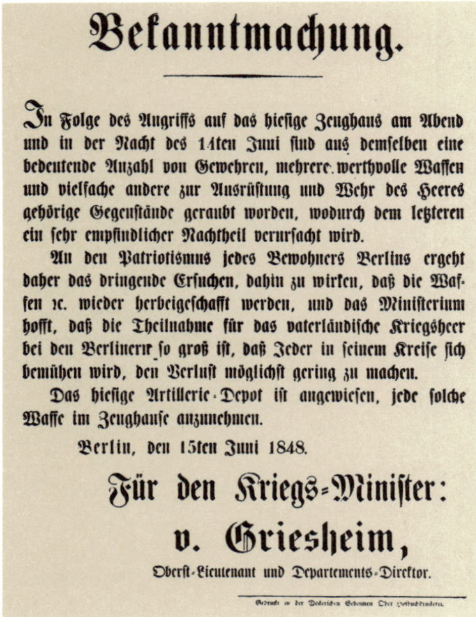

Bekanntmachung.

In Folge des Angriffs auf das hiesige Zeughaus am Abend und in der Nacht des 14ten Juni sind aus demselben eine bedeutende Anzahl von Gewehren, mehrere werthvolle Waffen und vielfache andere zur Ausrüstung und Wehr des Heeres gehörige Gegenstände geraubt worden, wodurch dem letzteren ein sehr empfindlicher Nachtheil verursacht wird.

An den Patriotismus jedes Bewohners Berlins ergeht daher das dringende Ersuchen, dahin zu wirken, daß die Waffen ꝛc. wieder herbeigeschafft werden, und das Ministerium hofft, daß die Theilnahme für das vaterländische Kriegsheer bei den Berlinern so groß ist, daß Jeder in seinem Kreise sich bemühen wird, den Verlust möglichst gering zu machen.

Das hiesige Artillerie-Depot ist angewiesen, jede solche Waffe im Zeughause anzunehmen.

Berlin, den 15ten Juni 1848.

Für den Kriegs-Minister:
v. Griesheim,
Oberst-Lieutenant und Departements-Director.

Aufforderung, die Waffen wieder abzuliefern, 15. Juni 1848

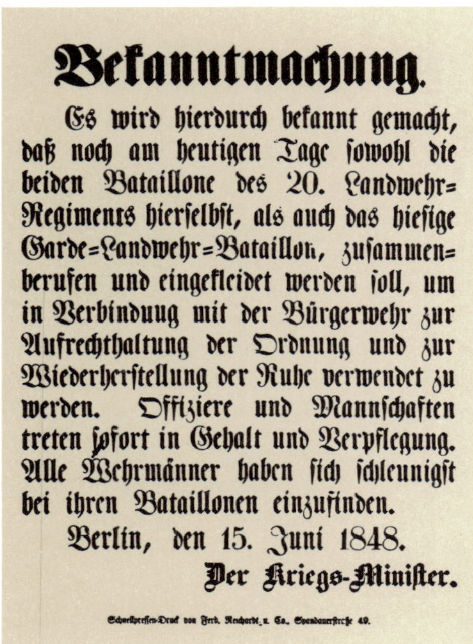

Bekanntmachung.

Es wird hierdurch bekannt gemacht, daß noch am heutigen Tage sowohl die beiden Bataillone des 20. Landwehr-Regiments hierselbst, als auch das hiesige Garde-Landwehr-Bataillon, zusammenberufen und eingekleidet werden soll, um in Verbindung mit der Bürgerwehr zur Aufrechthaltung der Ordnung und zur Wiederherstellung der Ruhe verwendet zu werden. Offiziere und Mannschaften treten sofort in Gehalt und Verpflegung. Alle Wehrmänner haben sich schleunigst bei ihren Bataillonen einzufinden.

Berlin, den 15. Juni 1848.

Der Kriegs-Minister.

Schnellpressen-Druck von Ferd. Reichardt u. Co. Spandauerstraße 40.

Bekanntmachung über die Einberufung der Landwehr, 15. Juni 1848

Ankündigung einer Versammlung von Angehörigen der Berliner Bürgerwehr, 18. Juni 1848

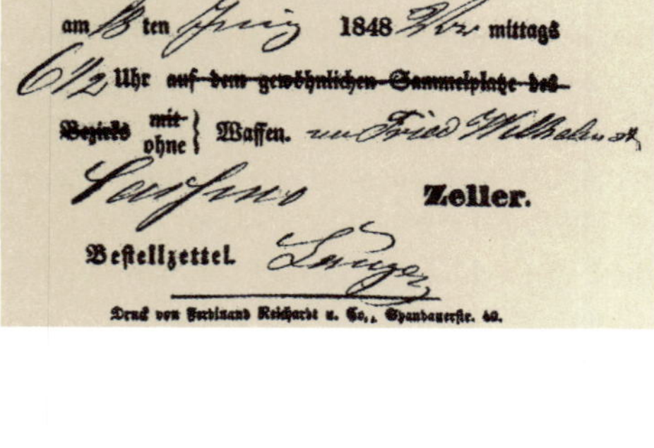

Außerordentliche Versammlung
der Mitglieder der Bürgerwehr
des Bezirks 74a.
am 18ten Juni 1848 mittags
6½ Uhr ~~auf dem gewöhnlichen Sammelplatze des Bezirks~~ mit-/ohne Waffen.
Zeller.
Bestellzettel.
Druck von Ferdinand Reichardt u. Co., Spandauerstr. 40.

Zorn und Empörung ergriff die Massen, die an einigen Stellen der Stadt wieder Barrikaden zu bauen begannen.
Die revolutionäre Entschlossenheit der Berliner Arbeiter zwang die Behörden zunächst zum Einlenken. Der Platz vor dem Zeughaus wurde von der Bürgerwehr geräumt. Es war schon tiefe Nacht, als unter Fackelschein die Massen in die unteren Räume des Zeughauses eindrangen. Die Infanteriekompanie befand sich zunächst noch im oberen Stockwerk des Hauses. Sie zog bald ab und gab damit das riesige Waffenlager frei. Die Arbeiter bemächtigten sich der Waffen. Sie hatten einen wichtigen Sieg erkämpft.
Aber niemand leitete die Selbstbewaffnung und sicherte den Erfolg der Aktion. Die aus dem Gebäude strömenden bewaffneten Arbeiter wurden zum Teil bereits von reaktionären Studenten wieder entwaffnet. Als dann noch in der Nacht Militär und Bürgerwehr anrückten, wurde die Menge aus dem Zeughaus vertrieben und fast vollständig entwaffnet.
Alles hatte sich gegen die Arbeiter gestellt. Die Kämpfenden fühlten sich verlassen. Nicht einmal die Linke der Berliner Versammlung hatte Hilfe geleistet. In einem für das Weiterschreiten der Revolution in Richtung auf Demokratie entscheidenden Augenblick hatten sich die kleinbürgerlich-demokratischen Abgeordneten allein auf den parlamentarischen Kampf verlassen und die Volksbewegung mißachtet. Die bewaffnete Reaktion entriß den Arbeitern den Sieg.
In Berlin war der erste Versuch gescheitert, die Revolution außerhalb des Parlaments durch eine Massenaktion weiterzuführen. Aber die Volksbewegung war noch nicht geschlagen. In den folgenden Monaten bewies sie immer wieder aufs neue ihre Kraft. »Die Ereignisse vom 14. Juni sind nur das erste Wetterleuchten dieser zweiten Revolution.« [57]
Die Juniereignisse in Berlin beschleunigten den Zerfall des Ministeriums Camphausen. Die Regierungskrise begann freilich früher und hatte ihre wesentliche Ursache im Streit um die Anerkennung der Revolution, der die Stabilität des Kabinetts in Frage stellte. Immer deutlicher zeigten sich im Ministerium Meinungsverschiedenheiten über die geplanten Reformen und über das Vorgehen gegenüber der revolutionären Volksbewegung. Die Kamarilla in Potsdam plante schon seit Mai ein neues, rechtsstehendes Ministerium, aber der König wollte in der Krisensituation zunächst keinen Regierungswechsel, zumal sich keine personelle Alternative abzeichnete. Aber die Volksbewegung nach dem Antrag Berends am 8. Juni ließ dem Camphausen-Ministerium keine Atempause. Am 17. Juni traten drei Minister zurück. Die Hoffnungen Camphausens, die Regierung durch Liberale zu ergänzen, schlugen fehl. Der Beschluß der Berliner Versammlung vom 15. Juni über die Bildung einer Verfassungskommission zur Überarbeitung des Verfassungsentwurfs verringerte die Chance, daß die Regierung im Parlament langfristig eine sichere Basis finden könnte. Die Kompromißpolitik des Ministeriums Camphausen war gescheitert. Am 20. Juni reichte Camphausen seinen Rücktritt ein.

Der erste Demokratenkongreß

In den Monaten seit dem März 1848 waren zahllose demokratische Vereine entstanden. Geführt von demokratischen Intellektuellen, insbesondere von Rechtsanwälten und Journalisten, hatten sich Handwerker, Kleinhändler und Angehörige der Intelligenz in vielen Gebieten in Vereinen und Klubs zusammengefunden. In zunehmendem Maße bildeten Arbeiter und Handwerksgesellen die soziale Basis der demokratischen Vereine. Entsprechend ihrem geringen Reifegrad stand die Arbeiterklasse auch ideologisch noch weitgehend unter dem Einfluß der kleinbürgerlichen Demokratie.
Während in der Märzrevolution vielerorts bürgerliche Liberale und kleinbürgerliche Demokraten gemeinsam wirkten, veränderten sich die Bedingungen unmittelbar nach dem gemeinsam errungenen Sieg. Die liberale Bourgeoisie betrieb eine Politik des Kompromisses mit dem Adel, verzichtete auf die Weiterführung der Revolution und brachte sich immer stärker in Gegensatz zu den Volksmassen, die um die Früchte ihres Sieges gebracht wurden. Diese Politik der bürgerlichen Liberalen war die entscheidende Ursache für die massenhafte Ausbreitung und Stärkung der demokratischen Bewegung.
Die sich formierende Partei war sich einig in dem Ziel, ein Maximum an bürgerlich-demokratischen Rechten zu erkämpfen und einen demokratischen Nationalstaat zu

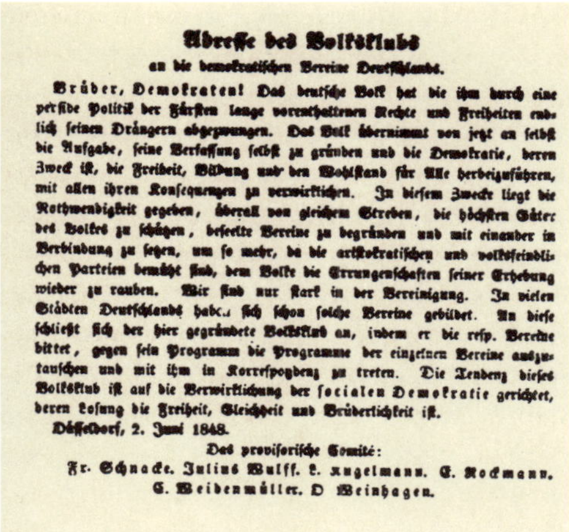

Adresse des Volksklubs

an die demokratischen Vereine Deutschlands.

Brüder, Demokraten! Das deutsche Volk hat die ihm durch eine perfide Politik der Fürsten lange vorenthaltenen Rechte und Freiheiten endlich seinen Drängern abgezwungen. Das Volk übernimmt von jetzt an selbst die Aufgabe, seine Verfassung selbst zu gründen und die Demokratie, deren Zweck ist, die Freiheit, Bildung und den Wohlstand für Alle herbeizuführen, mit allen ihren Konsequenzen zu verwirklichen. In diesem Zwecke liegt die Nothwendigkeit gegeben, überall von gleichem Streben, die höchsten Güter des Volkes zu schützen, beseelte Vereine zu begründen und mit einander in Verbindung zu setzen, um so mehr, da die aristokratischen und volksfeindlichen Parteien bemüht sind, dem Volke die Errungenschaften seiner Erhebung wieder zu rauben. Wir sind nur stark in der Vereinigung. In vielen Städten Deutschlands haben sich schon solche Vereine gebildet. An diese schließt sich der hier gegründete Volksklub an, indem er die resp. Vereine bittet, gegen sein Programm die Programme der einzelnen Vereine auszutauschen und mit ihm in Korrespondenz zu treten. Die Tendenz dieses Volksklub ist auf die Verwirklichung der socialen Demokratie gerichtet, deren Losung die Freiheit, Gleichheit und Brüderlichkeit ist.

Düsseldorf, 2. Juni 1848.

Das provisorische Comité:

Fr. Schnacke. Julius Wulff. L. Angelmann. C. Rockmann. C. Weidenmüller. D Weinhagen.

Adresse des Düsseldorfer Volksklubs an die demokratischen Vereine Deutschlands, 2.Juni 1848.
Aus der »Neuen Rheinischen Zeitung«, 7.Juni 1848 (Beilage)

schaffen. Jedoch bestanden zu einzelnen Fragen sehr unterschiedliche Auffassungen.[58] In der demokratischen Partei fanden sich sowohl Anhänger einer parlamentarischen Monarchie auf breitester demokratischer Grundlage als auch Republikaner zusammen. Neben der ausschließlich politischen Orientierung der demokratischen Vereine gewann zunehmend die Verbindung der politischen mit sozialreformerischen beziehungsweise sozialrevolutionären Forderungen eine Rolle.

Infolge ihrer kleinbürgerlichen Klassengrundlage und des Fortbestehens der Kleinstaaterei war die demokratische Partei von Anfang an zersplittert. Es gab ausschließlich lokale beziehungsweise regionale Organisationen. Zentren der demokratischen Partei waren das Rheinland, Westfalen, Berlin, Schlesien, Sachsen, Hessen, Württemberg und Baden. Die Wahlen zur Frankfurter Nationalversammlung im Frühjahr hatten den Demokraten die Erkenntnis vermittelt, daß die demokratischen Vereine und Klubs einer zentralen Organisation bedurften. Die demokratischen Kräfte hatten in jenen Gebieten Erfolge errungen, wo sie über ein den ganzen Einzelstaat umfassendes Organisationsnetz verfügten. So stellte sich für die entschiedenen Demokraten die Aufgabe, eine nationale Organisation zu bilden, damit sie gegenüber der Kompromißpolitik der liberalen Bourgeoisie die Interessen der Volksmassen zur Geltung bringen konnten.

Die Anregung zu einem Versuch, die Kräfte der Demokratie fester zusammenzufassen, ging Ende Mai vom Marburger demokratischen Verein unter Leitung von Prof. Karl Bayrhoffer aus. Die Marburger Demokraten schlugen vor, daß alle demokratischen und Arbeitervereine Delegierte zu einem demokratischen Kongreß nach Frankfurt (Main) entsenden sollten. Als politische Basis für ein enges Zusammengehen von Arbeitervereinen und demokratischen Vereinen wurde das Ziel der »sozialen demokratischen Republik« bezeichnet.

Am ersten Demokratenkongreß, der vom 14. bis 16. Juni in Frankfurt (Main) tagte, nahmen 234 Delegierte von 89 Vereinen teil. Zahlreiche Arbeitervereine hatten ihre Vertreter geschickt. Viele Mitglieder des Bundes der Kommunisten gehörten dazu: Joseph Moll, Joseph Weydemeyer, Karl Schapper, Ferdinand Freiligrath, Ernst Dronke, Heinrich Bürgers, Paul Stumpf, Adolph Cluß, G. Retterich, Oswald Dietz und Fritz Anneke. Insgesamt dominierten die kleinbürgerlichen Demokraten. Es zeigte sich, daß die große Mehrheit der Teilnehmer Demokraten waren, die für die entschiedene Weiterführung der Revolution und für das Ziel der demokratischen Republik eintraten. Sie waren sich einig in der Kritik an der Inaktivität des Frankfurter Parlaments, das sie vorwärtstreiben oder durch ein neues, revolutionäres Parlament ersetzen wollten. Die linken Fraktionen in der Frankfurter Nationalversammlung hatten die Teilnahme am Demokratenkongreß abgelehnt. Erregte Debatten wurden auf dem Kongreß um die politischen und sozialen Ziele und um die Organisation der demokratischen Partei geführt. Schließlich wurden zwei wesentliche Ergebnisse erzielt. Erstens einigte man sich auf das gemeinsame Programm der demokratischen Republik, in dem es unter anderem hieß: »Es gibt nur eine für das deutsche Volk haltbare Verfassung, die demokratische Republik, d.h. eine Verfassung, in welcher die Gesamtheit die Verantwortlichkeit für die Freiheit und die Wohlfahrt des einzelnen übernimmt.«[59] Der Demokratenkongreß verabschiedete außerdem zwei Adressen und einen Beschluß, die von seiner Verbundenheit mit der revolutionären Bewegung und von seiner entschiedenen Haltung zur internationalen demokratischen Solidarität zeugen. Die eine Adresse forderte von der Frankfurter Nationalversammlung, den rechtmäßig gewählten Friedrich Hecker als Parlamentsmitglied aufzunehmen. Die andere verlangte von der badischen Regierung, die nach dem badischen Aprilaufstand verhafteten Revolutionäre auf freien Fuß zu setzen. Der Beschluß sprach seine Sympathie mit der »französischen Nation« und allen um die Erringung der Republik kämpfenden Völkern aus. Zweitens wurde die Schaffung einer zentralen Organisation des republikanischen Flügels der demokratischen Partei beschlossen. Ein Zentralausschuß wurde eingesetzt, dem Leitung und Organisierung der Propaganda für den Gedanken der demokratischen Republik oblagen. Drei seiner Mitglieder, Julius Fröbel, Hermann Kriege und G. Rau, wurden bereits in Frankfurt gewählt. Der Zentralausschuß konstituierte sich dann, ergänzt durch Berliner Demokraten, Mitte Juli in Berlin.

Der Demokratenkongreß vom Juni war ein wichtiges Ereignis für die Entwicklung der republikanisch orientierten demokratischen Bewegung. Aus der Sicht von Marx und

Einladung des Marburger demokratischen Vereins zu einer Konferenz der demokratischen Vereine Deutschlands, 25.Mai 1848.
Aus der »Neuen Rheinischen Zeitung«, 11.Juni 1848

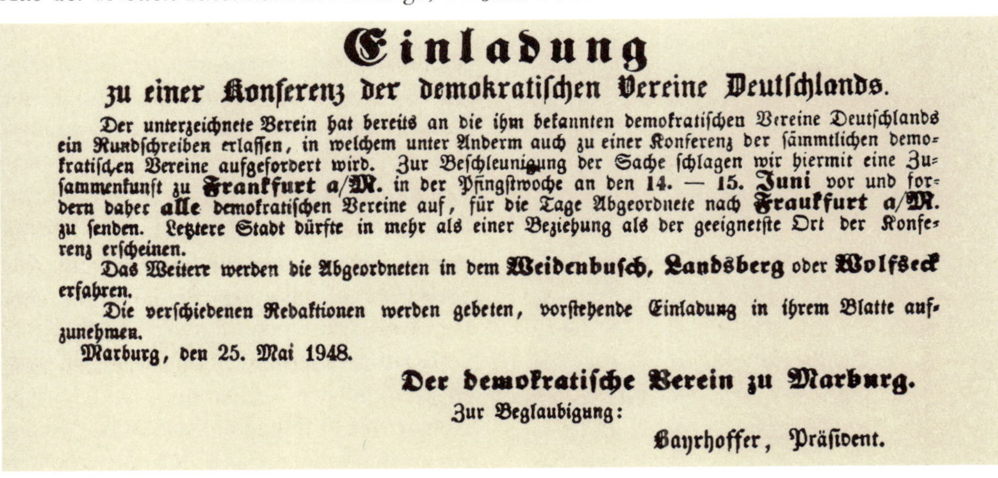

Einladung

zu einer Konferenz der demokratischen Vereine Deutschlands.

Der unterzeichnete Verein hat bereits an die ihm bekannten demokratischen Vereine Deutschlands ein Rundschreiben erlassen, in welchem unter Anderm auch zu einer Konferenz der sämmtlichen demokratischen Vereine aufgefordert wird. Zur Beschleunigung der Sache schlagen wir hiermit eine Zusammenkunft zu **Frankfurt a/M.** in der Pfingstwoche an den **14. — 15. Juni** vor und fordern daher **alle** demokratischen Vereine auf, für die Tage Abgeordnete nach **Frankfurt a/M.** zu senden. Letztere Stadt dürfte in mehr als einer Beziehung als der geeignetste Ort der Konferenz erscheinen.

Das Weitere werden die Abgeordneten in dem **Weidenbusch, Landsberg** oder **Wolfseck** erfahren.

Die verschiedenen Redaktionen werden gebeten, vorstehende Einladung in ihrem Blatte aufzunehmen.

Marburg, den 25. Mai 1948.

Der demokratische Verein zu Marburg.

Zur Beglaubigung:

Bayrhoffer, Präsident.

Engels hatte er mit der Annahme des Programms bewiesen, »daß die demokratische Partei sich auf dem Boden der revolutionären Praxis bewege«[60]. Die demokratische Bewegung erreichte zum ersten Mal eine Zusammenfassung der Kräfte, die sich zum Prinzip des revolutionären Kampfes bekannten. Damit gelangten auch die politischen Arbeitervereine im nationalen Rahmen unter die Führung der kleinbürgerlichen Demokratie. Der demokratischen Partei schlossen sich auch die Kommunisten an, ohne ihre politisch-ideologische Selbständigkeit aufzugeben. Sie sahen darin eine entscheidende Möglichkeit, breiteren Einfluß auf die Arbeiterklasse zu gewinnen und die demokratische Bewegung im revolutionären Sinn voranzutreiben.

In vielen Gebieten Deutschlands wurden die politischen Arbeitervereine zur entscheidenden und treibenden Kraft der demokratischen Bewegung. Das galt insbesondere für das Rheinland, wo der Kreisausschuß der rheinischen demokratischen Vereine unter Leitung von Karl Marx revolutionäre Entschlossenheit an den Tag legte. Die politische Richtung, die der Zentralausschuß seit Juli in seinen Appellen und Erklärungen verfolgte, war durch eine realistische Sicht auf die Erfordernisse der revolutionären Praxis gekennzeichnet; sie blieb jedoch nicht frei von Widersprüchen und Illusionen.

Die Kommunisten im Kampf um die Weiterführung der Revolution

Beginn der revolutionären Arbeit in Deutschland

Als die Mitglieder des Bundes der Kommunisten und mit ihnen zahlreiche andere revolutionäre Arbeiter aus Frankreich, England, Belgien und der Schweiz Ende März/Anfang April 1848 nach Deutschland zurückkehrten, stießen sie auf ein sich frei entfaltendes öffentliches politisches Leben. Wahlen für konstituierende Parlamente wurden vorbereitet. Zeitungen erschienen ohne Zensur. Neben bürgerlichen Liberalen und kleinbürgerlichen Demokraten waren auch die Arbeiter dabei, sich in eigenen Vereinen zu organisieren. Die Kommunisten mußten nicht mehr illegal tätig sein; sie konnten sich frei bewegen und ihre Ansichten offen verbreiten. Und sie konnten in einer breiten demokratischen und proletarischen Massenbewegung wirken. Sie sahen sich also ganz neuen Anforderungen gegenüber und mußte sich umstellen. »Kommunistisches Manifest« und »Forderungen der Kommunistischen Partei in Deutschland« vermittelten ihnen eine klare politische Richtlinie: Die Bundesmitglieder sollten sich energisch in den Kampf um bürgerliche Demokratie einschalten und dabei mit allen demokratischen Kräften zusammenarbeiten. Zugleich waren sie angehalten, sich um die Organisation und politische Aufklärung der Arbeiterklasse zu sorgen. Aber es war nicht einfach, diese Linie in den ständig wechselnden Situationen einer Revolution richtig anzuwenden. Da gab es viel zu lernen. Vieles mußte anders gemacht werden als in der Zeit der Illegalität.

Maurer. Darstellung der in Berlin herausgegebenen Winckelmannschen Bilderbogen, um 1850

Unverzüglich griffen die Kommunisten in die Klassenkämpfe ein, um die durch die Märzrevolution hoffnungsvoll eingeleitete demokratische Entwicklung voranzutreiben und die bereits errungenen Positionen der bürgerlichen Demokratie sichern und ausbauen zu helfen. Seit Anfang April tauchten die Namen von Kommunisten in den politischen Bewegungen der Arbeiter und der demokratischen Partei an vorderer Stelle auf. Besondere Aktivität entwickelten sie während der Vorbereitung und Durchführung der Wahlen zur Frankfurter Nationalversammlung und zu den Parlamenten in den deutschen Einzelstaaten. Sie sprachen auf Volksversammlungen, organisierten — wie in Berlin, Frankfurt (Main), Hanau und Offenbach so auch anderenorts — den Kampf gegen die undemokratischen Wahlrechtsbestimmungen und leisteten in demokratischen und Arbeitervereinen eine umfangreiche Aufklärungsarbeit, um die Arbeiter für die Wahl demokratischer Abgeordneter zu gewinnen. Einen lebendigen Eindruck von den außergewöhnlichen Belastungen, die der politische Kampf den meist vereinzelt dastehenden Kommunisten auferlegte, vermittelt Wilhelm Wolffs Bericht aus seinem schlesischen Einsatzort Breslau: »Wäre ich nicht auf allen Seiten wie ein Hund gehetzt, das heißt wären wir nicht in Verhältnissen, wo man sich wenigstens zwanzigfach zerteilen möchte, um an mehreren Orten zugleich zu wirken, so würde ich Euch die hiesigen Verhältnisse, die Stellung der Parteien etc. näher schildern. Allein ich muß zum Schluß eilen, um in mehreren Wahlbezirken Vorversammlungen der Arbeiter behufs der Wahlen der Wahlmänner zustande zu bringen und Tat und Stunde zu regulieren.«[61]

Die elementare Arbeiterbewegung und die Kommunisten

Gleichwohl vergaßen die Kommunisten über den großen Anforderungen, die das Ringen um die Weiterführung der Revolution stellte, nicht einen Moment ihre Verpflichtung als Parteimänner des Proletariats gegenüber ihrer Klasse. Sie betrachteten es als ihr ureigenstes Anliegen, die Arbeiter zu organisieren; und sie arbeiteten unermüdlich daran, den Arbeitern ungeachtet des gemeinsam mit Bourgeoisie und Kleinbürgertum gegen Adel und Krone geführten Kampfes, zugleich den Klassengegensatz zur Bourgeoisie bewußtzumachen. Die Märzrevolution hatte für das politische Wirken der Arbeiterklasse gänzlich neue Bedingungen geschaffen. Erstmals bestanden in Deutschland relativ weitgehende bürgerlich-demokratische Rechte und Freiheiten. Die Arbeiter hatten sie selbst mit erkämpft. Diese Kämpfe aber hatten zugleich eine große Zahl von Arbeitern ins politische Leben einbezogen und ihr Selbstbewußtsein gestärkt. Die Arbeiter hielten nun nicht mehr mit ihren Forderungen zurück.

Als die Revolution ausbrach, befand sich die Arbeiterklasse in Deutschland im Prozeß ihrer Konstituierung als Klasse. Der Anteil der Fabrik- und Bergarbeiter war 1848 noch relativ gering. Die Masse des Proletariats bildeten sozialökonomisch rückständige Arbeiterschichten: Handwerksgesellen, Heimarbeiter, Tagelöhner und Gesinde in der Stadt und auf dem Lande. In Preußen betrug der Anteil der Arbeiter, Gesellen, Tagelöhner und des Gesindes mit ihren Familienangehörigen etwa 40 Prozent der Gesamtbevölkerung von 16 219 000 Einwohnern. Aber neben nur knapp 600 000 Fabrikarbeitern gab es über 500 000 Handwerksmeister (in 53 Handwerken) und etwa 350 000 Gesellen und Lehrlinge.

Unter den neu gewonnenen bürgerlich-demokratischen Verhältnissen des Nachmärz

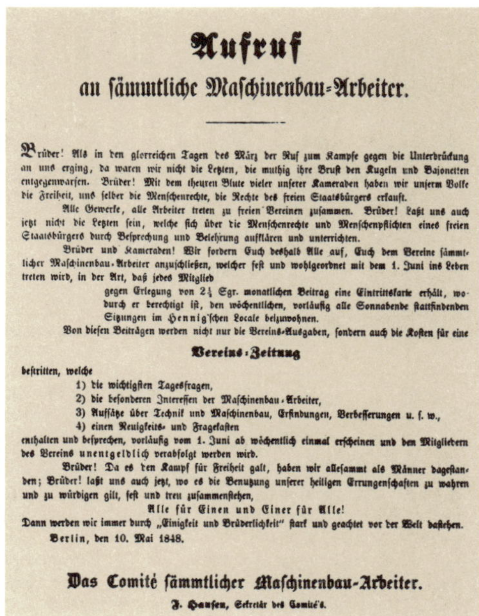
Aufruf
an sämmtliche Maschinenbau-Arbeiter.

Brüder! Als in den glorreichen Tagen des März der Ruf zum Kampfe gegen die Unterdrückung an uns erging, da waren wir nicht die Letzten, die muthig ihre Brust den Kugeln und Bajonetten entgegenwarfen. Brüder! Mit dem theuren Blute vieler unserer Kameraden haben wir unserm Volke die Freiheit, uns selber die Menschenrechte, die Rechte des freien Staatsbürgers erkauft.

Alle Gewerke, alle Arbeiter treten zu freien Vereinen zusammen. Brüder! Laßt uns auch jetzt nicht die Letzten sein, welche sich über die Menschenrechte und Menschenpflichten eines freien Staatsbürgers durch Besprechung und Belehrung aufklären und unterrichten.

Brüder und Kameraden! Wir fordern Euch deshalb Alle auf, Euch dem Vereine sämmtlicher Maschinenbau-Arbeiter anzuschließen, welcher fest und wohlgeordnet mit dem 1. Juni ins Leben treten wird, in der Art, daß jedes Mitglied

gegen Erlegung von 2½ Sgr. monatlichen Beitrag eine Eintrittskarte erhält, wodurch er berechtigt ist, den wöchentlichen, vorläufig alle Sonnabende stattfindenden Sitzungen im Hennig'schen Locale beizuwohnen.

Von diesen Beiträgen werden nicht nur die Vereins-Ausgaben, sondern auch die Kosten für eine

Vereins-Zeitung

bestritten, welche

1) die wichtigsten Tagesfragen,
2) die besonderen Interessen der Maschinenbau-Arbeiter,
3) Aufsätze über Technik und Maschinenbau, Erfindungen, Verbesserungen u. s. w.,
4) einen Neuigkeits- und Fragekasten

enthalten und besprechen, vorläufig vom 1. Juni ab wöchentlich einmal erscheinen und den Mitgliedern des Vereins unentgeldlich verabfolgt werden wird.

Brüder! Da es den Kampf für Freiheit galt, haben wir allesammt als Männer dagestanden; Brüder! laßt uns auch jetzt, wo es die Benutzung unserer heiligen Errungenschaften zu wahren und zu würdigen gilt, fest und treu zusammenstehen,

Alle für Einen und Einer für Alle!

Dann werden wir immer durch „Einigkeit und Brüderlichkeit" stark und geachtet vor der Welt dastehen.

Berlin, den 10. Mai 1848.

Das Comité sämmtlicher Maschinenbau-Arbeiter.

J. Hansen, Sekretär des Comité's.

Aufruf, dem Verein der Maschinenbauarbeiter Berlins beizutreten, 10. Mai 1848

entstand zum ersten Mal in der deutschen Geschichte eine spontane Massenbewegung der Arbeiter. Überall, wo das proletarische Element stärker vertreten war, bildeten sich seit Ende März 1848 Arbeitervereine. In allen größeren und in vielen kleinen Städten entstanden im Frühjahr und Sommer des Jahres 1848 rund 100 selbständige Arbeiterorganisationen. Die Arbeiterbewegung entwickelte sich in verschiedenen Formen.

Die elementarsten Bedürfnisse der Arbeiterklasse entsprangen ihrer sozialen Lage als der am meisten ausgebeuteten Klasse der Gesellschaft. Die Wirtschaftskrise von 1847 hatte ihre ohnehin menschenunwürdigen Lebensbedingungen weiter verschlechtert. So brach der Klassengegensatz zur Bourgeoisie, der schon im Schlesischen Weberaufstand 1844 und in den Hungerunruhen 1847 sichtbar geworden war, auch sofort nach Beginn der Revolution offen auf. Die Arbeiter traten schon im Verlauf der Märzkämpfe vielerorts mit Forderungen hervor, die auf eine unmittelbare Verbesserung ihrer sozialen Verhältnisse abzielten. Mitte März 1848 erschien in Berlin als Flugblatt eine Adresse von Arbeitern an den preußischen König, in der die Errichtung eines Ministeriums der Arbeiter verlangt wurde. Darin hieß es: »Wir werden nämlich von Capitalisten und Wucherern unterdrückt; die jetzigen bestehenden Gesetze sind nicht im Stande, uns vor ihnen zu schützen.« Das geforderte Ministerium der Arbeiter sollte »schleunige Abhülfe der jetzigen großen Noth und Arbeitslosigkeit aller Arbeiter und Sicherstellung ihrer Zukunft« schaffen.[62]

Als den Arbeitern Maßnahmen zur sozialen Besserstellung versagt wurden, zögerten sie nicht, den Kampf gegen die kapitalistische Ausbeutung aufzunehmen. Während der Märzrevolution in Wien erhoben sich in den Vorstädten Arbeiter gegen Fabrikanten und Unternehmer. In verschiedenen Orten des Rheinlandes brachen größere Arbeiterunruhen aus. Nicht selten hafteten diesen spontanen Erhebungen der Arbeiter — wie im Vormärz — maschinenstürmerische Züge an. Sie traten im Verlauf der Revolution mehr und mehr zurück und machten entwickelteren Kampfformen Platz. Die Revolution von 1848/49 brachte das faktische Ende des Ludditismus in der deutschen Arbeiterbewegung. In Berlin demonstrierten seit Ende März wiederholt die Erdarbeiter der Rehberge für höhere Löhne. In Mecklenburg erhoben sich im April und Mai Teile des Landproletariats gegen die junkerlich-kapitalistische Ausbeutung. Den Höhepunkt bildeten umfangreiche Streiks verschiedener Gewerke in zahlreichen Städten im April und Mai 1848. Die Arbeiter verlangten Lohnerhöhungen und Arbeitszeitverkürzungen. Obwohl diese erste größere Streikwelle in der Geschichte der deutschen Arbeiterbewegung nur zum Teil und auch dann nur zu geringen und zeitweiligen Erfolgen führte, war sie doch von weitreichender Bedeutung. Sie forcierte die Bildung von *Gewerkvereinen*.

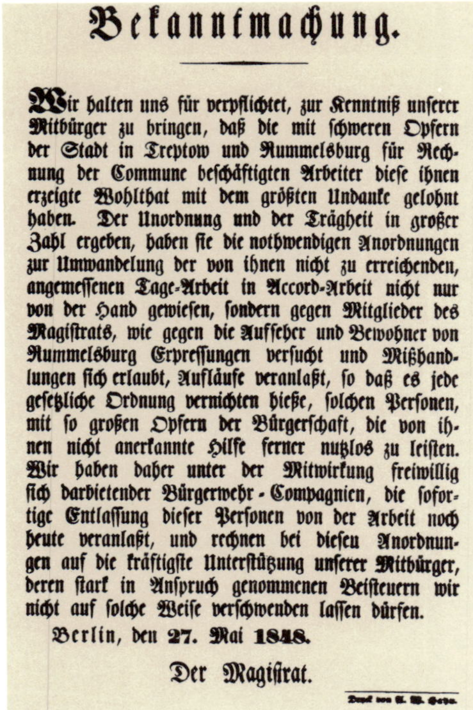

Bekanntmachung.

Wir halten uns für verpflichtet, zur Kenntniß unserer Mitbürger zu bringen, daß die mit schweren Opfern der Stadt in Treptow und Rummelsburg für Rechnung der Commune beschäftigten Arbeiter diese ihnen erzeigte Wohlthat mit dem größten Undanke gelohnt haben. Der Unordnung und der Trägheit in großer Zahl ergeben, haben sie die nothwendigen Anordnungen zur Umwandelung der von ihnen nicht zu erreichenden, angemessenen Tage-Arbeit in Accord-Arbeit nicht nur von der Hand gewiesen, sondern gegen Mitglieder des Magistrats, wie gegen die Aufseher und Bewohner von Rummelsburg Erpressungen versucht und Mißhandlungen sich erlaubt, Aufläufe veranlaßt, so daß es jede gesetzliche Ordnung vernichten hieße, solchen Personen, mit so großen Opfern der Bürgerschaft, die von ihnen nicht anerkannte Hilfe ferner nutzlos zu leisten. Wir haben daher unter der Mitwirkung freiwillig sich darbietender Bürgerwehr-Compagnien, die sofortige Entlassung dieser Personen von der Arbeit noch heute veranlaßt, und rechnen bei diesen Anordnungen auf die kräftigste Unterstützung unserer Mitbürger, deren stark in Anspruch genommenen Beisteuern wir nicht auf solche Weise verschwenden lassen dürfen.

Berlin, den 27. Mai 1848.

Der Magistrat.

Bekanntmachung des Magistrats, 27. Mai 1848

Zahlreiche der seit Ende März überall entstehenden lokalen Arbeiterorganisationen beschränkten sich jedoch nicht auf gewerkschaftliche Ziele. Es waren allgemeine Arbeitervereine, in denen sich Arbeiter unabhängig von ihren jeweiligen Berufsinteressen zusammenfanden und über ihre sozialen Bedürfnisse diskutierten. Die Mitglieder dieser *sozialen Arbeitervereine* wollten nicht bloß eine zeitweilige und teilweise Verbesserung der Lebenslage der Arbeiter, sondern die generelle Beseitigung ihres Elends, die »Sicherstellung ihrer Zukunft«. Die »soziale Frage« der Arbeiter sollte gelöst werden; die Arbeiter wollten nicht nur politisch, sondern auch sozial gleichberechtigt, das heißt von Ausbeutung und Unterdrückung befreit sein. Doch glaubte die Masse der in diesen Arbeitervereinen organisierten Arbeiter, daß dies auf friedlichem Wege, im Rahmen der bestehenden gesellschaftlichen Verhältnisse, also ohne Sturz der kapitalistischen Herrschaft und ohne Beseitigung der bürgerlichen Eigentumsverhältnisse, erreicht werden könne. Auch wurden in diesen Arbeitervereinen die Aufgaben des politischen Kampfes zumeist vernachlässigt oder gar ignoriert. Das wog um so schwerer, als es in der Revolution gerade darauf ankam, zunächst einmal diejenigen politischen Rechte zu erkämpfen, die den Arbeitern für ihre selbständige Organisierung und zur erfolgreichen Führung ihres Klassenkampfes gegen die Bourgeoisie unumgänglich waren. Trotz dieser Mängel hatten die sozialen Arbeitervereine jedoch eine wichtige positive Wirkung. In ihnen befaßten sich zahlreiche Arbeiter zum ersten Mal bewußt mit ihren sozialen Verhältnissen und begannen, ihre objektiven Klasseninteressen zu verstehen. Vor allem reifte die Erkenntnis, daß die Arbeiter selbst etwas unternehmen und sich organisieren müssen, um ihre Lage verändern zu können.

So unternahmen die Arbeiter praktische Versuche zur Veränderung ihrer sozialen Lage. Sie gründeten verschiedene Unterstützungskassen, um Notfällen, bedingt durch Krankheit oder Tod von Angehörigen oder den Unwägbarkeiten der Wanderschaft vorbeugen zu können. Im Glauben, durch gemeinsame Arbeit das Kapital in die Schranken weisen, ja niederkonkurrieren und auf diese Weise die Ausbeutung ausschalten zu können, bildeten Arbeiter an verschiedenen Orten Produktionsassoziationen oder Genossenschaften anderer Art. Sowenig diese, nur im kleinen betrieben, sich unter den bestehenden politischen und sozialen Verhältnissen halten, schon gar nicht sie umgestalten konnten, sondern an ihnen scheitern mußten, so nützlich waren doch die dabei gewonnenen negativen wie positiven Erfahrungen. Es wuchsen nicht nur das Gefühl der Solidarität und das Selbstbewußtsein der Arbeiter,

Erste Seite der ersten Ausgabe der Zeitung des Kölner Arbeitervereins, 23. April 1848

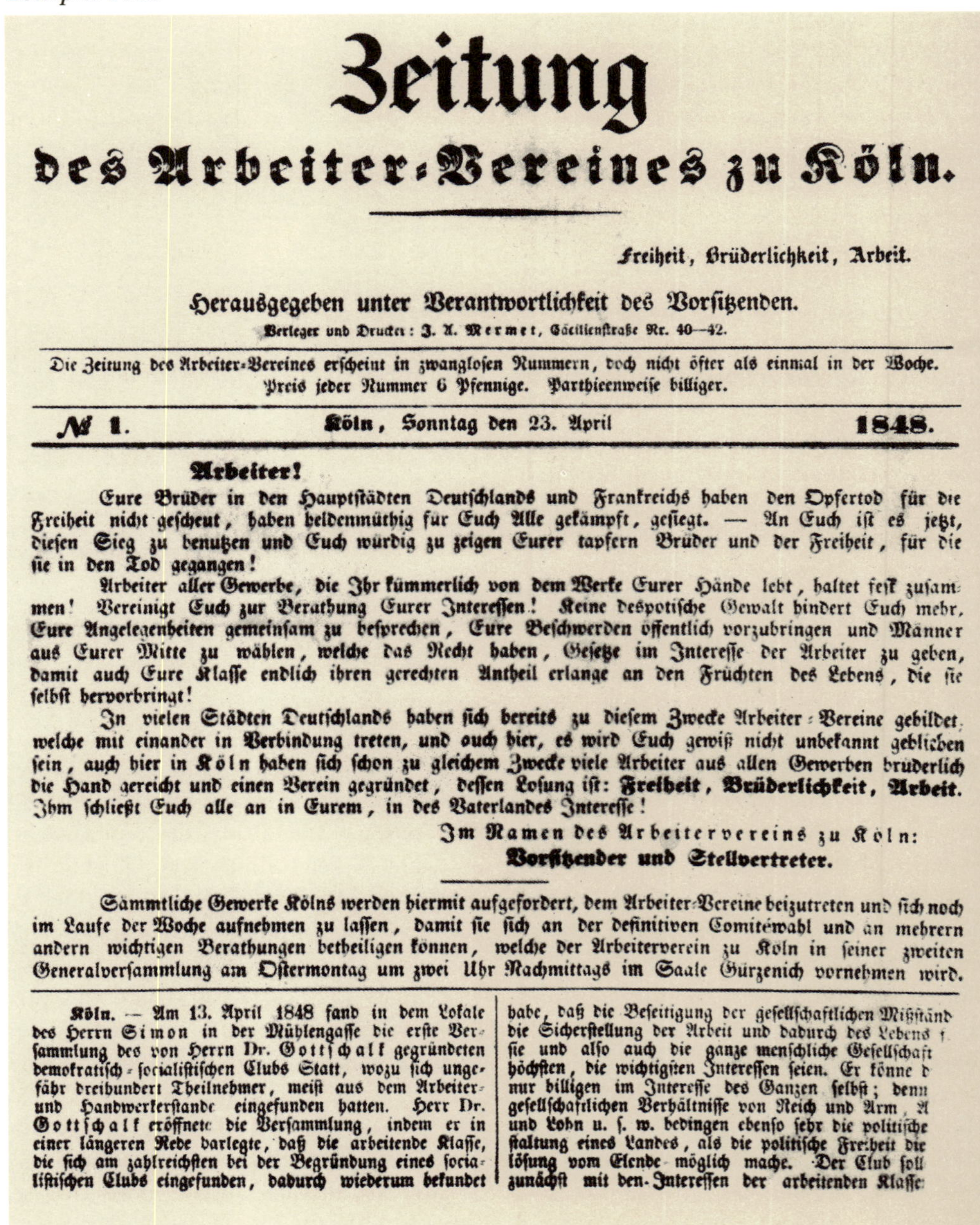

Zeitung des Arbeiter-Vereines zu Köln.

Freiheit, Brüderlichkeit, Arbeit.

Herausgegeben unter Verantwortlichkeit des Vorsitzenden.

Verleger und Drucker: J. A. Mermet, Cäcilienstraße Nr. 40—42.

Die Zeitung des Arbeiter-Vereines erscheint in zwanglosen Nummern, doch nicht öfter als einmal in der Woche. Preis jeder Nummer 6 Pfennige. Partieenweise billiger.

№ 1. Köln, Sonntag den 23. April 1848.

Arbeiter!

Eure Brüder in den Hauptstädten Deutschlands und Frankreichs haben den Opfertod für die Freiheit nicht gescheut, haben heldenmüthig für Euch Alle gekämpft, gesiegt. — An Euch ist es jetzt, diesen Sieg zu benutzen und Euch würdig zu zeigen Eurer tapfern Brüder und der Freiheit, für die sie in den Tod gegangen!

Arbeiter aller Gewerbe, die Ihr kümmerlich von dem Werke Eurer Hände lebt, haltet fest zusammen! Vereinigt Euch zur Berathung Eurer Interessen! Keine despotische Gewalt hindert Euch mehr, Eure Angelegenheiten gemeinsam zu besprechen, Eure Beschwerden öffentlich vorzubringen und Männer aus Eurer Mitte zu wählen, welche das Recht haben, Gesetze im Interesse der Arbeiter zu geben, damit auch Eure Klasse endlich ihren gerechten Antheil erlange an den Früchten des Lebens, die sie selbst hervorbringt!

In vielen Städten Deutschlands haben sich bereits zu diesem Zwecke Arbeiter-Vereine gebildet, welche mit einander in Verbindung treten, und auch hier, es wird Euch gewiß nicht unbekannt geblieben sein, auch hier in Köln haben sich schon zu gleichem Zwecke viele Arbeiter aus allen Gewerben brüderlich die Hand gereicht und einen Verein gegründet, dessen Losung ist: **Freiheit, Brüderlichkeit, Arbeit.** Ihm schließt Euch alle an in Eurem, in des Vaterlandes Interesse!

Im Namen des Arbeitervereins zu Köln:
Vorsitzender und Stellvertreter.

Sämmtliche Gewerke Kölns werden hiermit aufgefordert, dem Arbeiter-Vereine beizutreten und sich noch im Laufe der Woche aufnehmen zu lassen, damit sie sich an der definitiven Comitéwahl und an mehrern andern wichtigen Berathungen betheiligen können, welche der Arbeiterverein zu Köln in seiner zweiten Generalversammlung am Ostermontag um zwei Uhr Nachmittags im Saale Gürzenich vornehmen wird.

Köln. — Am 13. April 1848 fand in dem Lokale des Herrn Simon in der Mühlengasse die erste Versammlung des von Herrn Dr. Gottschalk gegründeten demokratisch-socialistischen Clubs Statt, wozu sich ungefähr dreihundert Theilnehmer, meist aus dem Arbeiter- und Handwerkerstande eingefunden hatten. Herr Dr. Gottschalk eröffnete die Versammlung, indem er in einer längeren Rede darlegte, daß die arbeitende Klasse, die sich am zahlreichsten bei der Begründung eines socialistischen Clubs eingefunden, dadurch wiederum bekundet habe, daß die Beseitigung der gesellschaftlichen Mißständ[e] die Sicherstellung der Arbeit und dadurch des Lebens [...] sie und also auch die ganze menschliche Gesellschaf[t] höchsten, die wichtigsten Interessen seien. Er könne d[...] nur billigen im Interesse des Ganzen selbst; denn [die] gesellschaftlichen Verhältnisse von Reich und Arm, A[...] und Lohn u. s. w. bedingen ebenso sehr die politische [Ge]staltung eines Landes, als die politische Freiheit die [Er]lösung vom Elende möglich mache. Der Club soll zunächst mit den Interessen der arbeitenden Klasse

geweckt wurde auch das Verständnis dafür, daß die Arbeiter gemeinsam gesellschaftliche Produktion ohne Kapitalisten zu betreiben vermögen. Auf höherer Stufenleiter als im Vormärz entfalteten sich in der Revolution die Bildungsbestrebungen der Arbeiter. Nahezu alle Arbeitervereine betrachteten die geistige und politische Bildung als ein unverzichtbares Element der Arbeiteremanzipation und praktizierten sie durch Vermittlung von Allgemeinwissen, politischen Erkenntnissen und kulturellen Bildungselementen. Zugleich entwickelten sie ein vielgestaltiges eigenes kulturelles Leben, in dem das Entstehen einer Arbeiterkultur zum Ausdruck kam.

Die in Gewerk- und sozialen Arbeitervereinen organisierten Arbeiter übten gleichwohl keineswegs Abstinenz gegenüber dem politischen Kampf. Viele von ihnen griffen an der Seite der kleinbürgerlichen Demokraten aktiv in die politischen Aktionen zur Weiterführung der Revolution ein. Bei den großen Kundgebungen dieser Wochen war die Masse der Teilnehmer Arbeiter. Das galt vor allem für die Protestdemonstrationen gegen die Wahlrechtsbeschränkungen im April 1848. Auch in den Wahlen standen die meisten wahlberechtigten Arbeiter zur Demokratie und sicherten mit ihren Stimmen nicht selten den Sieg kleinbürgerlicher Demokraten über Vertreter der Reaktion oder der liberalen Bourgeoisie. Aber auch in der organisierten politischen Bewegung standen die Arbeiter nicht abseits. In vielen Städten gehörten die Mitglieder der Gewerk- und der sozialen Arbeitervereine zugleich den demokratischen Vereinen an, die kleinbürgerliche Kräfte gegründet hatten und auch leiteten. In Sachsen kam sehr oft die Hälfte, bisweilen sogar zwei Drittel der Mitgliedschaft in den kleinbürgerlich-demokratischen Organisationen, den Vaterlandsvereinen, aus der Arbeiterklasse. In den demokratischen Vereinen befaßten sich die Arbeiter vorwiegend mit den politischen Problemen und Aufgaben, während sie in ihren Arbeitervereinen vor allem darüber debattierten, wie ihre soziale Lage verbessert und grundlegend geändert werden könne.

Die fortgeschrittensten proletarischen Kräfte schlossen sich in *politischen Arbeitervereinen* zusammen. Im Unterschied zu den Gewerkvereinen und zu den sozialen Arbeitervereinen spielten hier von Anfang an politische Ziele und der revolutionäre Kampf zur Vollendung der Revolution die zentrale Rolle. Doch war die Masse auch dieser Arbeitervereine keineswegs schon politisch selbständig. Die meisten politischen Arbeitervereine unterlagen dem Einfluß der kleinbürgerlichen Demokratie, die die politischen Losungen vorgab und die Arbeiter unter ihrer Kontrolle zu halten suchte. An der Spitze vieler dieser Arbeitervereine standen meist kleinbürgerliche Demokraten.

Die Kommunisten schalteten sich sofort in die Organisationsbestrebungen der deutschen Arbeiter ein und förderten sie nachhaltig. Bald erwies es sich als undurchführbar, den illegalen Bund der Kommunisten als schlagkräftige Organisation auf die Beine zu stellen, was die Zentralbehörde zunächst beabsichtigt hatte. Doch entsprach die Konstituierung einer zentral geleiteten Geheimorganisation ohnehin nicht mehr den neuen Kampfbedingungen, die legales öffentliches Auftreten der Kommunisten und ungehinderte Propagierung ihrer politischen Vorstellungen gestatteten. »Kurz, mit dem Augenblick, wo die Ursachen aufhörten, die den geheimen Bund notwendig gemacht hatten«, schrieb Engels, »hörte auch der geheime Bund auf, als solcher etwas zu bedeuten.«[63]

Die Leitung des Bundes der Kommunisten hatte daher die Bundesmitglieder von vornherein vor allem auf die öffentliche politische Arbeit in der zu politischem Leben erwachenden proletarischen Bewegung in Deutschland orientiert. In der elementaren Klassenbewegung der Arbeiter zu wirken betrachteten die Kommunisten als ihre eigentliche Aufgabe. An nicht wenigen Orten waren sie die Initiatoren bei der Gründung von Arbeitervereinen: in Köln Friedrich Anneke, Andreas Gottschalk, Johann Jansen und Peter Nothjung; in Mainz Adolph Cluß und Karl Wallau, ein Mitglied der Zentralbehörde; in Wiesbaden Karl Schapper und in Berlin zunächst Karl Hätzel und dann Stephan Born. Stephan Born gründete hier Mitte April 1848 das Zentralkomitee für Arbeiter und gab die Zeitung »Das Volk« heraus. Einfluß auf die Bildung von lokalen Arbeiterorganisationen nahmen die Kommunisten auch in Breslau, Düsseldorf, Frankfurt (Main), Hamburg, Hanau, Koblenz, Königsberg, Leipzig, Marburg, München und Nürnberg. In diesen Arbeitervereinen wirkten sie auch in den folgenden Monaten, um die Arbeiter dem politischen und ideologischen Einfluß des Kleinbürgertums zu entziehen und eigenes Klassenbewußtsein zu entwickeln.

Die Kommunisten wußten, daß die Arbei-

Aufruf des Mainzer Arbeiterbildungsvereins, 5. April 1848

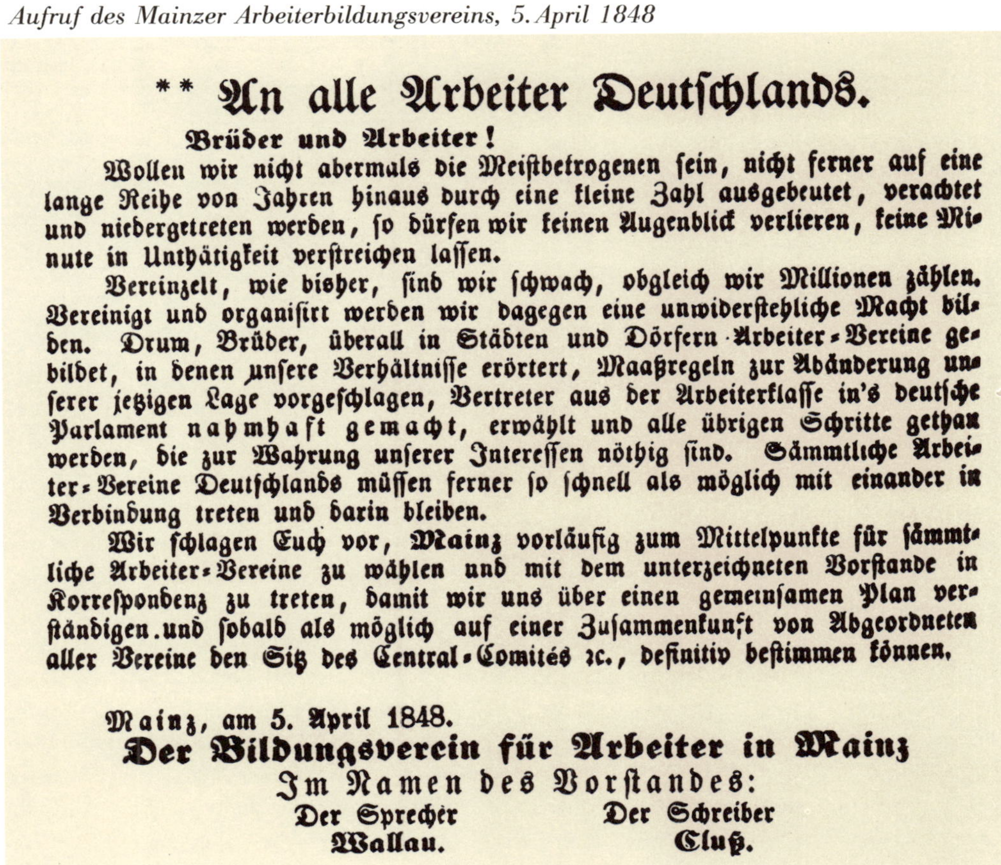

** An alle Arbeiter Deutschlands.

Brüder und Arbeiter!

Wollen wir nicht abermals die Meistbetrogenen sein, nicht ferner auf eine lange Reihe von Jahren hinaus durch eine kleine Zahl ausgebeutet, verachtet und niedergetreten werden, so dürfen wir keinen Augenblick verlieren, keine Minute in Unthätigkeit verstreichen lassen.

Vereinzelt, wie bisher, sind wir schwach, obgleich wir Millionen zählen. Vereinigt und organisirt werden wir dagegen eine unwiderstehliche Macht bilden. Drum, Brüder, überall in Städten und Dörfern Arbeiter-Vereine gebildet, in denen unsere Verhältnisse erörtert, Maaßregeln zur Abänderung unserer jetzigen Lage vorgeschlagen, Vertreter aus der Arbeiterklasse in's deutsche Parlament nahmhaft gemacht, erwählt und alle übrigen Schritte gethan werden, die zur Wahrung unserer Interessen nöthig sind. Sämmtliche Arbeiter-Vereine Deutschlands müssen ferner so schnell als möglich mit einander in Verbindung treten und darin bleiben.

Wir schlagen Euch vor, Mainz vorläufig zum Mittelpunkte für sämmtliche Arbeiter-Vereine zu wählen und mit dem unterzeichneten Vorstande in Korrespondenz zu treten, damit wir uns über einen gemeinsamen Plan verständigen und sobald als möglich auf einer Zusammenkunft von Abgeordneten aller Vereine den Sitz des Central-Comités rc., definitiv bestimmen können.

Mainz, am 5. April 1848.

Der Bildungsverein für Arbeiter in Mainz

Im Namen des Vorstandes:

Der Sprecher Wallau. Der Schreiber Cluß.

ter, wollten sie zu einer selbständigen politischen Kraft werden, die lokale Zersplitterung ihrer Bewegung überwinden und sich im nationalen Rahmen als Partei organisieren mußten. Sie riefen daher Anfang April 1848 als erste alle neugebildeten Arbeitervereine Deutschlands auf, sich in einer nationalen Organisation zusammenzuschließen. Sie wollten eine selbständige öffentlich agierende politische Arbeiterpartei mit Massenanhang und Masseneinfluß schaffen. Das gelang im Frühjahr 1848 nicht. Die Arbeiterbewegung in Deutschland war hierfür noch zuwenig entwickelt. Aber der Ruf nach einer selbständigen Arbeiterpartei blieb dennoch nicht ohne Wirkung. Der Gedanke des von den kommunistischen Leitern des Mainzer Arbeiterbildungsvereins am 5. April 1848 herausgegebenen Appells »An alle Arbeiter Deutschlands« blieb wach und war aus der deutschen Arbeiterbewegung nicht mehr zu verbannen: »Vereinzelt, wie bisher, sind wir schwach, obgleich wir Millionen zählen. Vereinigt und organisiert werden wir dagegen eine unwiderstehliche Macht bilden.«[64]

Die Gründung der »Neuen Rheinischen Zeitung«

Die Kommunisten beschränkten sich also von vornherein nicht darauf, hier und da in lokalem Rahmen die demokratische Bewegung vorwärtszudrängen und auf die Arbeitervereine politisch einzuwirken. Sie ließen sich auch nicht entmutigen, als die angestrebte politische Arbeiterpartei, auf die sie sich hätten stützen können, vorerst nicht zustande kam, sondern die Masse der politisch bereits aktiven Arbeiter, ihrer historischen Aufgaben noch nicht bewußt, sich in die von kleinbürgerlichen Kräften geleitete demokratische Partei einordnete. Sie hatten den legitimen Ehrgeiz aller echten Revolutionäre, die Bewegung stets als Ganzes im Blick zu behalten und nachhaltig zu fördern. Sie wollten als wirkliche Aktionspartei wirken und nicht als kleine Sekte in einer großen revolutionären Bewegung am Rande dahinvegetieren. »Zu Predigern in der Wüste aber waren wir verdorben«, schrieb Engels später, »dazu hatten wir die Utopisten zu gut studiert. Dazu hatten wir unser Programm nicht entworfen.«[65] Bei Lage der Dinge war das nur möglich mittels einer politischen Tageszeitung, die über

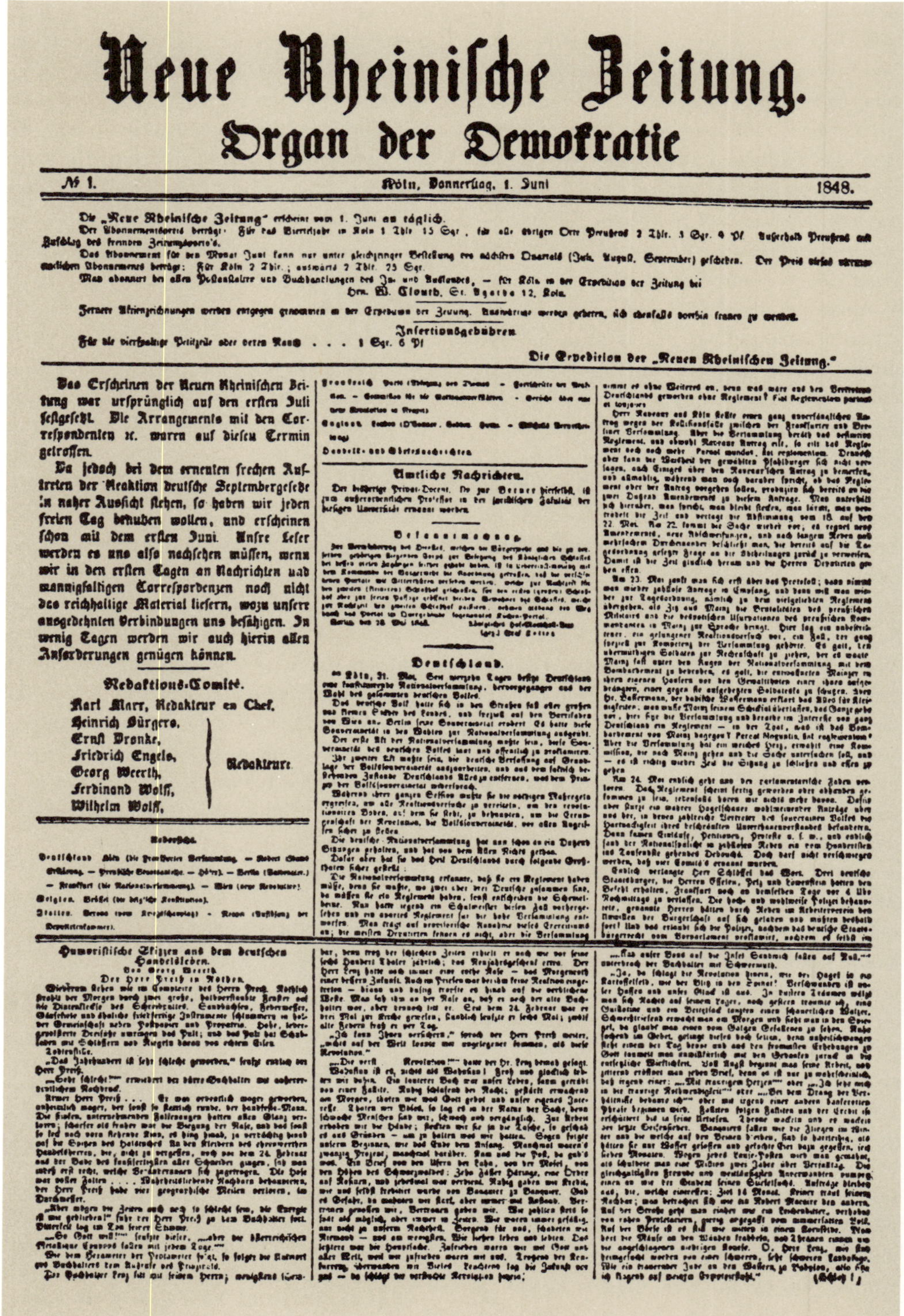

Neue Rheinische Zeitung.
Organ der Demokratie

№ 1. Köln, Donnerstag, 1. Juni 1848.

Die „Neue Rheinische Zeitung" erscheint vom 1. Juni an täglich.

Fernere Aktienzeichnungen werden entgegen genommen in der Expedition der Zeitung.

Insertionsgebühren

Für die vierspaltige Petitzeile oder deren Raum . . . 1 Sgr. 6 Pf

Die Expedition der „Neuen Rheinischen Zeitung."

Das Erscheinen der Neuen Rheinischen Zeitung war ursprünglich auf den ersten Juli festgesetzt. Die Arrangements mit den Correspondenten rc. waren auf diesen Termin getroffen.

Da jedoch bei dem erneuten frechen Auftreten der Reaktion deutsche Septembergesetze in naher Aussicht stehen, so haben wir jeden freien Tag benutzen wollen, und erscheinen schon mit dem ersten Juni. Unsre Leser werden es uns also nachsehen müssen, wenn wir in den ersten Tagen an Nachrichten und mannigfaltigen Correspondenzen noch nicht das reichhaltige Material liefern, wozu unsere ausgedehnten Verbindungen uns befähigen. In wenig Tagen werden wir auch hierin allen Anforderungen genügen können.

Redaktions-Comité.

Karl Marx, Redakteur en Chef.

Heinrich Bürgers, Ernst Dronke, Friedrich Engels, Georg Weerth, Ferdinand Wolff, Wilhelm Wolff, Redakteure.

Amtliche Nachrichten.

Deutschland.

Humoristische Skizzen aus dem deutschen Handelsleben.

Erste Seite der ersten Ausgabe der »Neuen Rheinischen Zeitung«, 1. Juni 1848

ganz Deutschland Verbreitung fand und dem politischen Reifegrad der Massen, insbesondere der Arbeiterklasse, Rechnung trug.

Marx und Engels haben deshalb schon von Paris aus zielstrebig auf die Gründung eines solchen publizistischen Organs hingearbeitet. Als sie Anfang April nach Deutschland zurückkehrten, blieb dies ihr Hauptanliegen. Alle »wohlgemeinten« Vorschläge, nach Berlin zu gehen oder sich gar in eines der Parlamente wählen zu lassen, schlugen sie rundweg aus. Sie ließen sich statt dessen in Köln, der Metropole der ökonomisch wie politisch fortgeschrittensten Provinz Preußens, nieder und rissen sofort die Initiative bei dort laufenden Vorbereitungsarbeiten für ein politisches Tagesblatt an sich. »Aber in 24 Stunden hatten wir, namentlich durch Marx, das Terrain erobert«, berichtete Engels, »das Blatt ward unser.«[66]

Die Zeitung erschien rund sechs Wochen später, am 1. Juni 1848, trotz riesiger Anstrengungen bei der Herbeischaffung des notwendigen Aktienkapitals finanziell noch kaum gesichert. Sie nannte sich »Neue Rheinische Zeitung«, in bewußter Anknüpfung an den Namen der von Marx 1842/43 geleiteten und von der preußischen Regierung verbotenen »Rheinischen Zeitung«. Ihr Untertitel lautete »Organ der Demokratie«. Als klar war, daß eine selbständige proletarische Partei in einem Anlauf nicht zu gründen war, haben Marx und Engels nicht einen Augenblick gezögert, sich der allgemeindemokratischen Bewegung anzuschließen. Sie stand zwar unter Führung kleinbürgerlicher Kräfte; in sie war aber auch die Masse der politisch bereits aktiven proletarischen Elemente einbezogen. Die eigene Zeitung bot den Kommunisten erst die Gewähr, innerhalb der demokratischen Partei eine selbständige politische Position einzunehmen.

Das Blatt der Kommunisten vertrat nicht jene Demokratie kleinbürgerlichen Zuschnitts, die sich in den Vereinen und in den Parlamenten, zumeist sogar noch als »gemäßigte Demokratie«, etabliert hatte. Im Gegenteil, es hat die kleinbürgerlichen Demokraten, mit denen die Kommunisten als politische Bundesgenossen unter Wahrung ihrer Selbständigkeit zusammengingen, aufs schärfste überwacht und sie wegen mangelnder revolutionärer Entschiedenheit unerbittlich kritisiert. Die »Neue Rheinische Zeitung« verstand sich als Organ einer Demokratie, »die überall den spezifisch proletarischen Charakter im einzelnen hervorhob, den sie noch nicht ein für allemal aufs Banner schreiben konnte«[67]. Sie verhehlte nie, daß sie sich der demokratischen Partei angeschlossen hatte, um in erster Linie als Sprachrohr der in dieser Partei wirkenden revolutionären proletarischen Kräfte zu fungieren. Sie wollte vor allem das Ohr der Arbeiterklasse gewinnen und die revolutionäre Bewegung im Interesse des Proletariats vorantreiben.

In diesem Sinne war die »Neue Rheinische Zeitung« die erste selbständige Zeitung des deutschen Proletariats. Sie erfüllte die Aufgaben eines leitenden Zentrums der proletarischen Partei unter den neuen Kampfbedingungen in Deutschland. Die Redaktion setzte faktisch die Tätigkeit der Zentralbehörde des Bundes der Kommunisten fort. Schon ein Blick auf ihre Zusammensetzung entkräftet jeden Zweifel daran. Sie bestand

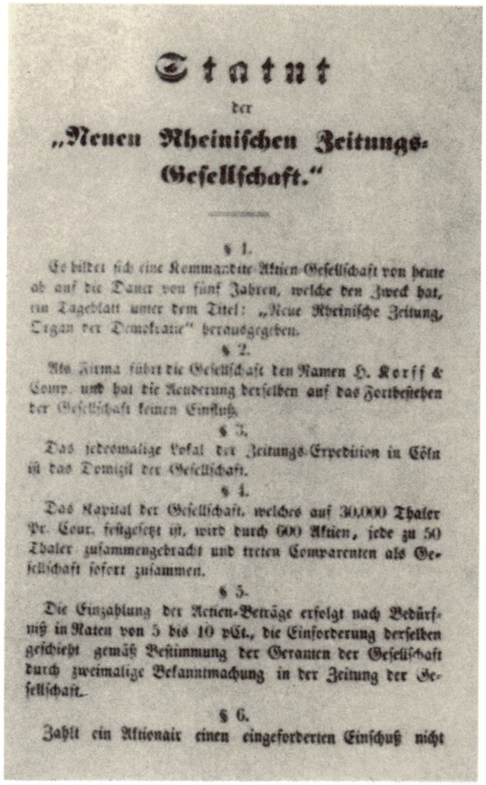

Statut
der
„Neuen Rheinischen Zeitungs-Gesellschaft."

§ 1.
Es bildet sich eine Kommandite-Aktien-Gesellschaft von heute ab auf die Dauer von fünf Jahren, welche den Zweck hat, ein Tageblatt unter dem Titel: „Neue Rheinische Zeitung, Organ der Demokratie" herauszugeben.

§ 2.
Als Firma führt die Gesellschaft den Namen H. Korff & Comp. und hat die Aenderung derselben auf das Fortbestehen der Gesellschaft keinen Einfluß.

§ 3.
Das jedesmalige Lokal der Zeitungs-Expedition in Cöln ist das Domizil der Gesellschaft.

§ 4.
Das Kapital der Gesellschaft, welches auf 30,000 Thaler Pr. Cour. festgesetzt ist, wird durch 600 Aktien, jede zu 50 Thaler zusammengebracht und treten Comparenten als Gesellschaft sofort zusammen.

§ 5.
Die Einzahlung der Actien-Beträge erfolgt nach Bedürfniß in Raten von 5 bis 10 pCt., die Einforderung derselben geschieht gemäß Bestimmung der Geranten der Gesellschaft durch zweimalige Bekanntmachung in der Zeitung der Gesellschaft.

§ 6.
Zahlt ein Aktionair einen eingeforderten Einschuß nicht

Aus dem Statut
der »Neuen Rheinischen Zeitung«

durchweg aus leitenden Funktionären des Bundes der Kommunisten.

An ihrer Spitze stand als »Redacteur en chef« Karl Marx. Von allen anerkannt, leitete er das Blatt mit klarem Blick und sicherer Hand auch in den schwierigsten politischen Situationen. Jederzeit wußte er das beschlossene Programm entsprechend den rasch wechselnden politischen Verhältnissen durchzusetzen. In seinen Artikeln verbanden sich revolutionäre Leidenschaft und politische Klarheit aufs vollkommenste mit nüchterner Analyse und einem glänzenden Stil. Es war vor allem Marx' Verdienst, wenn das Organ der Kommunisten zur berühmtesten deutschen Zeitung der Revolutionsjahre wurde. Sein Stellvertreter in allen Redaktionsangelegenheiten war sein engster Freund und Kampfgefährte Friedrich Engels, zugleich der Militärfachmann und Hauptverantwortliche für den außenpolitischen Teil der Zeitung. Aus der Feder von Engels stammen alle tragenden Artikel des Blatts zum Verhältnis der deutschen Revolution zu den revolutionären Bewegungen der von Preußen und Österreich unterdrückten Nachbarvölker.

Marx und Engels gestalteten die Zeitung nicht allein. Sie hatten kampferprobte proletarische Revolutionäre zur Seite, die zugleich erfahrene Journalisten waren, jeder ein ausgewiesener Könner auf seinem Gebiet. Die Redaktion war ein Ensemble, in dem keiner nur mitspielte, sondern jeder auch als Solist aufzuspielen verstand.

Wilhelm Wolff war unter den Kommunisten als unbestritten bester Kenner der altpreußischen Agrarverhältnisse Fachmann für alle Probleme des platten Landes. Ihm hatte Marx wegen seiner sprichwörtlichen Strenge überdies das nicht gerade dankbare Amt eines Redaktionssekretärs übertragen. Mit knapp 40 Jahren der Älteste in dem durchschnittlich fast um ein Jahrzehnt jüngeren Redaktionskollektiv, hatte er sein po-

Karl Marx

Friedrich Engels

Wilhelm Wolff

Ernst Dronke

Heinrich Bürgers

litisches Debüt bereits in der Burschenschaftsbewegung der frühen dreißiger Jahre gegeben und dafür vier Jahre lang hinter preußischen Festungsmauern sitzen müssen. Doch war der Demagog dadurch nicht zahm geworden. Der Sohn eines fronenden Freigärtners aus dem Schlesischen war aus anderem Holz geschnitzt. Er blieb revolutionärer Demokrat, und er wurde proletarischer Revolutionär, als das Proletariat auch in Deutschland seinen Protest erhob.
Der Name des Mannes, der 1846 mit Marx und Engels in Brüssel erstmals zusammentraf, hatte unter den deutschen Kommunisten bereits einen guten Klang. Man kannte den Kasematten-Wolff, dessen anprangernde Artikel über die Lage der Breslauer Kasemattenbewohner Furore gemacht hatten. Man wußte, daß die erste Darstellung der ersten Klassenschlacht des deutschen Proletariats, des schlesischen Weberaufstandes, vom Standpunkt der Arbeiterklasse seiner Feder entstammte. Was wunder, wenn ihn Freund und Feind sehr bald als einen der ersten Anhänger und fähigsten Propagandisten der Lehre von Marx und Engels kennenlernten und die erste marxistische Partei ihn zu ihren wichtigsten Wegbereitern zählte. Ein gerader, unerschütterlicher Charakter, ebenso ruhig und energisch wie hartnäckig und zuverlässig, hochgebildet und zugleich voll praktischen Sinns, wurde »Lupus«, wie Wolff im Kreis der Kommunisten bald hieß, nicht nur Marx' und Engels' Kampfgefährte, sondern auch ihr engster Vertrauter.

Wolffs Stärke war das Vermögen, schwierige theoretische Fragen nicht nur rasch zu erfassen und selbständig zu verarbeiten, sondern sie auch populär zu erläutern, sie dem einfachen Mann von der Straße verständlich zu machen. »Keiner von uns allen hat seine populäre Manier«[68], sagte Marx von ihm. Und Engels kannte niemand, »der so zum Volk zu sprechen wußte«[69]. Wolff schrieb einfach, klar, direkt, nicht selten geradezu derb; und er war stets konkret. Abstrakte Ableitungen waren ihm zuwider. Er ließ Tatsachen sprechen, nannte Zahlen, deckte Zusammenhänge auf und zog aus all dem theoretische wie praktische Schlußfolgerungen für den Klassenkampf der Arbeiter. Seine Artikel in der »Neuen Rheinischen Zeitung« legen davon beredtes Zeugnis ab. Es sind die besten von allen seinen Arbeiten; und sie gehören auch zu den wirkungsvollsten des Blattes. Seine berühmte Artikelserie »Die schlesische Milliarde«, die bis heute glänzendste Abrechnung mit dem preußischen Ablösungsbetrug an den Bauern, fand wie kein anderer Artikel Verbreitung durch Nachdruck in Zeitungen und in Form von Flugblättern.
Die Klassenkämpfe in Frankreich verfolgte, zeitweise direkt von Paris aus, Lupus' um drei Jahre jüngerer Namensvetter Ferdinand Wolff, wegen seines roten Haarschopfes scherzhaft der »rote« Wolff genannt. Er hatte die Bildung der kommunistischen Parteibewegung ebenfalls seit 1846 an der Seite von Marx und Engels mitgemacht und sich dabei als ein fähiger theoretischer Kopf ausgewiesen. Seine Beiträge in der »Neuen Rheinischen Zeitung« stellen ihn in die Reihe der besten revolutionär-proletarischen Journalisten.
Erst kurz vor der Revolution zur Partei gestoßen war Ernst Dronke, mit seinen 25 Jahren das jüngste Mitglied der Redaktion. Ihn hatte sein 1846 erschienenes sozialkritisches Buch »Berlin« bekanntgemacht und auf die Festung Wesel gebracht, von wo er Anfang März 1848 nach Belgien entfloh. In Brüssel gewann ihn Engels für die kommunistische Parteiarbeit. In der Redaktion oblag ihm die Aufgabe, die Vorgänge im Frankfurter Parlament im Blick zu behalten. Aus seiner Feder stammen bemerkenswerte Darstellungen zur polnischen nationalrevolutionären Bewegung.
Seit längerem mit Marx und Engels bekannt und ebenfalls Bundesmitglied war auch Heinrich Bürgers. Er hatte das revolutionäre Wesen des Marxismus freilich nie voll erfaßt. Marx und Engels hatten ihn mehr als Konzession an die Kölner Gruppe des Bundes, die sich zuvor um die Zeitungsgründung bemüht hatte, denn wegen seiner Fähigkeiten in die Redaktion genommen. Im direkten Kontakt mit Marx und Engels schrieb er dennoch zahlreiche gehaltvolle Artikel zu innenpolitischen Entwicklungen in Deutschland und wirkte an führender Stelle in der rheinischen Demokratie.
Die »Neue Rheinische Zeitung« stand auch in ihrer literarischen Qualität weit über dem Niveau anderer Zeitungen nicht nur

Ferdinand Freiligrath

Georg Weerth

ihrer Zeit. Die Sprachgewalt von Marx und Engels, die journalistische Begabung auch der anderen Mitarbeiter lassen das Blatt noch heute zu einer Fundgrube literarischer Kostbarkeiten werden. Überdies aber konnte die »Neue Rheinische« den Ruhm für sich verbuchen, zwei der bedeutendsten revolutionären deutschen Dichter im Redaktionskollegium zu haben: Ferdinand Freiligrath, damals schon Ende 30, und den 26jährigen Georg Weerth. Beider Ruf als Sänger des Volkes und der Arbeiterklasse war bereits fest begründet, als sie der Redaktion des Blattes der deutschen Kommunisten beitraten. Weerth gleich am ersten Tag des Erscheinens der Zeitung, Freiligrath im Oktober 1848. Beide waren seit Jahren mit Marx und Engels bekannt und standen in freundschaftlichem Verkehr mit ihnen. Auf beide übten die Begründer des wissenschaftlichen Sozialismus einen nachhaltigen Einfluß aus. Er schlug sich im revolutionären Gehalt und in der Konsequenz ihrer Dichtungen nieder.

Freiligraths Weg an die Seite der revolutionären Kräfte war der kompliziertere gewesen. In seinen ersten Werken hatte er noch der politischen Abstinenz gehuldigt und sich als Dichter auf höherer Warte gedünkt »als auf den Zinnen der Partei«. Die strikt fortschrittsfeindliche Haltung der herrschenden Klassen in Deutschland belehrte ihn rasch eines besseren und führte ihn in die Reihen der revolutionären literarischen Opposition. 1846 erschien seine Gedichtssammlung »Ça ira« mit dem Gedicht »Von unten auf«, in dem er erstmals mit den Mitteln der Lyrik einen revolutionären Proletarier gestaltete. Da hatte er, nicht ohne Zutun von Marx und Engels, seine politische Heimat in der proletarischen Bewegung gefunden, auch wenn er der kommunistischen Partei zunächst noch nicht als Mitglied angehörte.

Weerths Entwicklung war geradliniger verlaufen. Um ein Dutzend Jahre jünger als Freiligrath, hatte er wie dieser den Kaufmannsberuf ergreifen müssen. Doch stand sein literarisches Schaffen, das er gleichsam wie ein Hobby nur nebenher betreiben konnte, sofort im Dienst des kämpfenden Proletariats. Die sozialen Verhältnisse in England und die Chartistenbewegung, die er wie Engels aus unmittelbarer Anschauung kennenlernte, spiegelten sich bereits in seinen ersten, 1844 erschienenen Gedichten und Prosaarbeiten wider. Seit 1843 mit Engels eng befreundet, seit 1845 sich offen zum Kommunismus bekennend und seit Gründung des Bundes der Kommunisten auch dessen Mitglied, wußte Weerth nicht nur die Notlage des Proletariers zu schildern. Er vermochte vor allem das Bild des sich seiner Kraft bewußt werdenden Proletariats literarisch überzeugend zu gestalten.

Der Höhepunkt des Schaffens beider Dichter fiel in die Revolution von 1848/49, in die Zeit ihrer Redaktionsarbeit an der »Neuen Rheinischen Zeitung«. Freilich hatten sie nicht bloß Gedichte und Feuilletons zu liefern. Ihnen wurde wie jedem anderen Redakteur alles abverlangt, was zum Zeitungmachen gehört. Hier erwarb sich Freiligrath den Ehrennamen eines »Trompeters der Revolution«. Hier entstanden Weerths beste Verse und geschliffenste Feuilletons. Von ihm sagte Engels, daß er »der erste und *bedeutendste* Dichter des deutschen Proletariats«[70] war. Freiligraths Revolutionslieder setzten die politischen Lehren der Revolution, die Marx und Engels in ihren Artikeln zogen, in Poesie um und ließen sie so zu zündenden, das Volk begeisternden Appellen werden. Weerth goß währenddessen in seinen politischen Feuilletons ätzenden Spott über die Feinde der Revolution aus und gab sie dem Gelächter preis:

»Kein schöner Ding ist auf der Welt,
Als seine Feinde zu beißen,
Als über all die plumpen Gesellen
Seine lustigen Witze zu reißen.«[71]

Das war nicht nur die erste Strophe eines seiner wirkungsvollsten satirischen Gedichte; es war wohl auch das Panier, unter dem er wie »ein Prinz aus Genieland, leicht einherschreitend in funkelnder Rüstung und mit blitzendem Schwerte«[72], mit leichter Hand das Feuilleton zur scharfen politischen Waffe im Klassenkampf des Proletariats machte. Weerth lieferte als erster den Beweis, daß die Arbeiterklasse im Kampf gegen ihre Feinde dem Humor nicht entsagt.

Seine politische Grundorientierung besaß das neugegründete Blatt der deutschen Kommunisten in den Ende März erschienenen »Forderungen der Kommunistischen Partei in Deutschland«. Die Artikel der »Neuen Rheinischen Zeitung« wandten die Leitsätze dieses Programms auf die rasch sich wandelnden politischen Situationen der Revolutionsentwicklung an. Unverrückbares strategisches Ziel war und blieb die »einige, unteilbare, demokratische deutsche Republik«[73]. Aber die Kommunisten bekämpften mit aller Überzeugungskraft die Illusion des kleinbürgerlichen Radikalismus, als ob diese Republik einfach dekretiert und sofort eingeführt werden könnte. Und sie wandten sich ebenso entschieden gegen die weitverbreitete Vorstellung, daß die Republik allein auf parlamentarischem Wege zu erreichen sei. Sie machten vielmehr klar, daß die demokratische Republik nur am Ende eines langen und harten Weges revolutionärer Klassenkämpfe stehen kann. Als nüchterne politische Realisten gingen sie von den objektiv bestehenden Bedingungen der revolutionären Bewegung aus. Sie mobilisierten die Volksmassen und insbesondere die Arbeiterklasse für konkrete, erreichbare Ziele. Über die Klassenauseinandersetzungen aber wollten sie sie heranführen an den Kampf um die demokratische Republik. Deren Konstituierung konnte nur zusammenfallen »mit der Bewegung, die wir zu durchlaufen haben«[74].

Die »Neue Rheinische Zeitung« erfüllte in klassischer Weise die doppelte Aufgabe, der sich eine politische Arbeiterpartei in einer bürgerlich-demokratischen Revolution gegenübersieht. Getreu den Richtlinien des Parteimanifests der Kommunisten, unterstützte sie jede Bewegung, die sich gegen die alten halbabsolutistischen Zustände richtete, um sie vollends zu zerstören und eine, wenn auch bürgerlich begrenzte, so doch revolutionäre Demokratie zu begründen.

Schonungslos enthüllte die Redaktion die Ränke der halbfeudalen Konterrevolution, die mit List und Gewalt ihre frühere Alleinherrschaft zurückerobern wollte. Von ihr ging die Hauptgefahr für eine demokratische Entwicklung aus. Gegen sie richteten die Kommunisten vor allem ihre Angriffe. Sie taten alles, um die Massen für den revolutionären Kampf zur Zerstörung der politischen und ökonomischen Machtgrundlagen der halbfeudalen Konterrevolution zu mobilisieren.

Im Unterschied dazu suchte die »Neue Rheinische Zeitung« die Bourgeoisie zu entschlossenen antifeudalen Maßnahmen zu drängen. Das Blatt verlangte von deren Repräsentanten in den Regierungen und Parlamenten, sich im eigenen Interesse mit der halbherzigen Machtteilung mit dem Adel nicht abzufinden, sondern, gestützt auf das Volk, die politische Herrschaft vollends an sich zu reißen. Und die Zeitung trat der Bourgeoisie in offener Feindschaft entgegen, als diese ihrer historischen Aufgabe entsagte und, statt gemeinsam mit dem Volk Adel und Krone zu entmachten, sich mit der adligen Konterrevolution gegen das revolutionäre Volk zusammentat und so der Demokratie das Rückgrat brach.

Unermüdlich wirkte die Zeitung für das Kampfbündnis aller demokratischen Elemente, um so nach dem Abschwenken der Bourgeoisie aus der revolutionären Front doch noch eine Kraft zu entwickeln, die das Blatt zugunsten der Revolution wenden konnte. Das schloß freilich Kritik an den Schwankungen und Unzulänglichkeiten der kleinbürgerlichen Demokraten ein. Infolge der Schwäche und politischen Unreife des Proletariats beherrschte das Kleinbürgertum die demokratische Partei, tat aber zuwenig, um diese zu einem wirksamen revolutionären Führungsorgan zu entwickeln.

Zugleich unternahm die Zeitung große Anstrengungen, um das Klassenbewußtsein der Arbeiterklasse zu wecken und zu fördern und so die Parteibildung des Proletariats, die im ersten Anlauf nicht zustande gekommen war, vorzubereiten. Dem diente die tagtägliche Orientierung der Arbeiter auf unbedingte Teilnahme an den politischen Kämpfen zur Zuendeführung der bürgerlichen Revolution. Die Kommunisten

Als proletarische Internationalisten betrachteten Marx und Engels ihr Blatt ohnehin als Organ nicht bloß »der deutschen, sondern der europäischen Demokratie«[75]. Frankreich und England mußte ihr Interesse um so mehr gelten, als dort die Klassengegensätze zwischen Bourgeoisie und Proletariat viel weiter ausgebildet waren als in Deutschland und diese beiden Klassen dort auch schon in einem offenen Kampf miteinander lagen, ja der Bürgerkrieg zwischen ihnen ausgebrochen war. Die Korrespondenzen der »Neuen Rheinischen Zeitung« aus diesen beiden Staaten verarbeiteten die dort gewonnenen Erfahrungen. Sie waren dadurch zumeist indirekte, nicht selten aber auch direkt formulierte Anleitungen

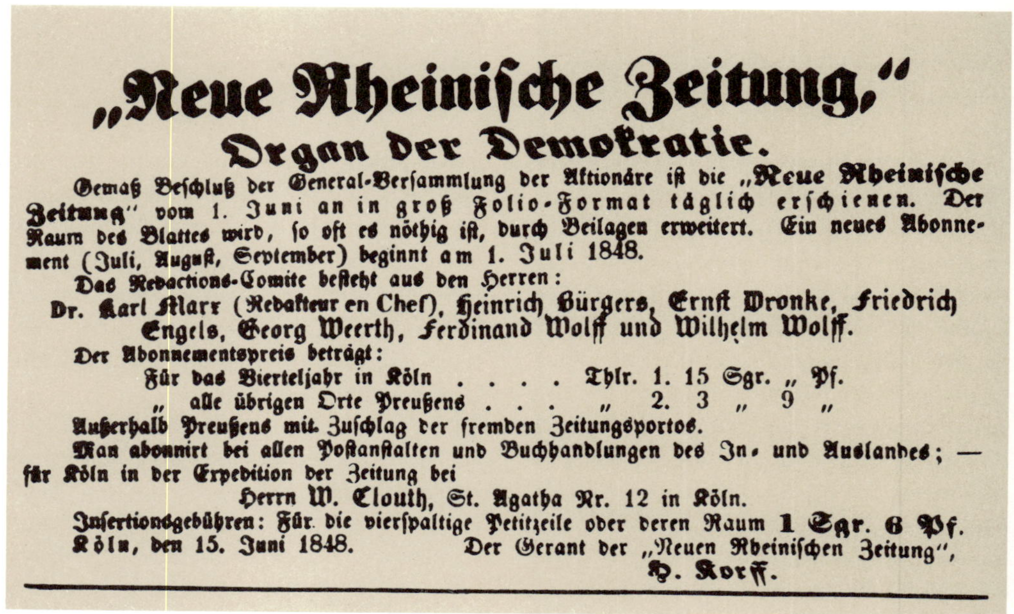

„Neue Rheinische Zeitung,"
Organ der Demokratie.

Gemäß Beschluß der General-Versammlung der Aktionäre ist die „Neue Rheinische Zeitung" vom 1. Juni an in groß Folio-Format täglich erschienen. Der Raum des Blattes wird, so oft es nöthig ist, durch Beilagen erweitert. Ein neues Abonnement (Juli, August, September) beginnt am 1. Juli 1848.

Das Redactions-Comite besteht aus den Herren:

Dr. Karl Marx (Redakteur en Chef), Heinrich Bürgers, Ernst Dronke, Friedrich Engels, Georg Weerth, Ferdinand Wolff und Wilhelm Wolff.

Der Abonnementspreis beträgt:

Für das Vierteljahr in Köln . . . . Thlr. 1. 15 Sgr. „ Pf.
„ alle übrigen Orte Preußens . . . „ 2. 3 „ 9 „

Außerhalb Preußens mit Zuschlag der fremden Zeitungsportos.

Man abonnirt bei allen Postanstalten und Buchhandlungen des In- und Auslandes; — für Köln in der Expedition der Zeitung bei

Herrn W. Clouth, St. Agatha Nr. 12 in Köln.

Insertionsgebühren: Für die vierspaltige Petitzeile oder deren Raum 1 Sgr. 6 Pf.

Köln, den 15. Juni 1848. Der Gerant der „Neuen Rheinischen Zeitung",
H. Korff.

Annonce der »Neuen Rheinischen Zeitung«. Aus der »Düsseldorfer Zeitung«, 18. Juni 1848

wußten, daß die Arbeiter nur in der politischen Konfrontation mit den anderen Klassen und Parteien jene Erfahrungen sammeln konnten, die zu der Erkenntnis führen, daß sich die Arbeiter von deren Bevormundung lösen und zu einer eigenen politischen Partei zusammenschließen müssen, wenn ihre Befreiung nicht ein leerer Traum bleiben soll. Die Zeitung ließ sich keine Gelegenheit entgehen, um den Arbeitern ebendiese Einsicht zu erläutern. Das tat sie nicht in belehrenden Artikeln, sondern durch die Analyse der tagtäglichen praktischen Klassenkämpfe.

Es nimmt nicht wunder, wenn die Redaktion den Entwicklungen in England und vor allem der Revolution in Frankreich größte Aufmerksamkeit entgegenbrachte. für das Wirken des deutschen Proletariats, das aufgefordert wurde, sich seiner historischen Aufgaben bewußt zu werden und sich politisch selbständig zu organisieren. Die Zeitung trat allen kleinbürgerlichen Bemühungen entgegen, den Klassengegensatz zwischen Arbeitern und Bourgeoisie zu verschleiern oder zu verwischen.

Die »Neue Rheinische Zeitung« war in ihrer Zeit ein wirkliches Massenblatt. In ihren besten Zeiten wurden 6 000 Exemplare gedruckt. Sie hatte Tausende von Abonnenten in allen Teilen Deutschlands. Zu den Festbeziehern gehörten nicht wenige Arbeiter- und Demokratenvereine, in denen jede Ausgabe zum Teil von Hunderten Personen gelesen wurde. Nachdrucke in anderen Zeitungen und Flugblättern machten viele Artikel noch weiter publik. Die Arbeit der »Neuen Rheinischen Zeitung« hat reiche Früchte getragen. Das Klassenbewußtsein, das sie bei den Arbeitern weckte und entwickelte, konnte ihnen niemals wieder völlig entrissen werden. Die von der Zeitung erstmals praktizierte Politik des Bündnisses der Arbeiterklasse mit den anderen demokratischen Kräften wurde zu einer unzerstörbaren Tradition der revolutionären Arbeiterpartei.

Die nationalrevolutionären Bewegungen und die Aufgaben einer demokratischen deutschen Außenpolitik

Die Revolution trägt europäische Ausmaße

»Die Revolution von 1848 war keine deutsche Lokalangelegenheit, sie war ein einzelnes Stück eines großen europäischen Ereignisses.«[76] Das unterschied sie von den vorangegangenen bürgerlichen Revolutionen des 16. bis 18. Jahrhunderts. Die frühbürgerliche Revolution in Deutschland von 1517 bis 1526, der niederländische Befreiungskampf von 1566 bis 1609, die englische Revolution des 17. Jahrhunderts und selbst die Große Französische Revolution von 1789 bis 1795 waren bei unbestrittener, freilich unterschiedlich starker internationaler Ausstrahlung, ja teilweise direkter Einwirkung auf andere Länder wie im Falle der Französischen Revolution, doch jeweils auf ein Land begrenzt geblieben. 1848/49 aber erfaßte eine Welle bürgerlicher Revolutionen gleichzeitig mehrere europäische Länder. Die deutsche Revolution war nur Teil dieser umfassenden europäischen Revolutionsbewegung, Glied in einer Kette von Revolutionen, die den europäischen Kontinent erschütterten. Diese einzelnen »nationalen« Revolutionen beeinflußten sich im Verlauf und in ihren Ergebnissen wechselseitig.

Bis zum ausgehenden 18. Jahrhundert, im Manufakturstadium der kapitalistischen Entwicklung, waren die Bedingungen für eine revolutionäre Beseitigung des Feudalsystems durchweg nur in einem Land voll ausgereift. Die industrielle Revolution und der damit erfolgende Übergang zum Industriekapitalismus sowie zahlreiche bürgerliche Reformen in einer Reihe von Ländern hatten in der ersten Hälfte des 19. Jahrhunderts zu einer raschen Ausbreitung des Kapitalismus geführt. Ungeachtet beträchtlicher Abstufungen in der Reife der kapitalistischen Entwicklung in den einzelnen Ländern, hatten die kapitalistischen Produktionsverhältnisse den europäischen Kontinent in einem solchen Maße erfaßt, daß hier um die Jahrhundertmitte die Beseitigung der feudalen Hemmnisse zu einem akuten gesellschaftlichen Erfordernis wurde. Deshalb wurde 1848 in zahlreichen europäischen Ländern zugleich zum Sturm auf die Bastionen der Feudalreaktion geblasen.

Wie schon 1830 hatte Frankreich erneut den revolutionären Auftakt gegeben. Aber anders als 1830, als nur zwei Länder — Belgien mit einer erfolgreichen und Polen mit einer niedergeschlagenen Revolution — gefolgt waren, machte das französische Beispiel nun bei fast einem Dutzend europäischer Völker Schule.

Ende März 1848 war ganz Italien revolutio-

Kampf zwischen österreichischen Truppen und italienischen Revolutionären in Mailand, März 1848. Zeitgenössische Lithographie

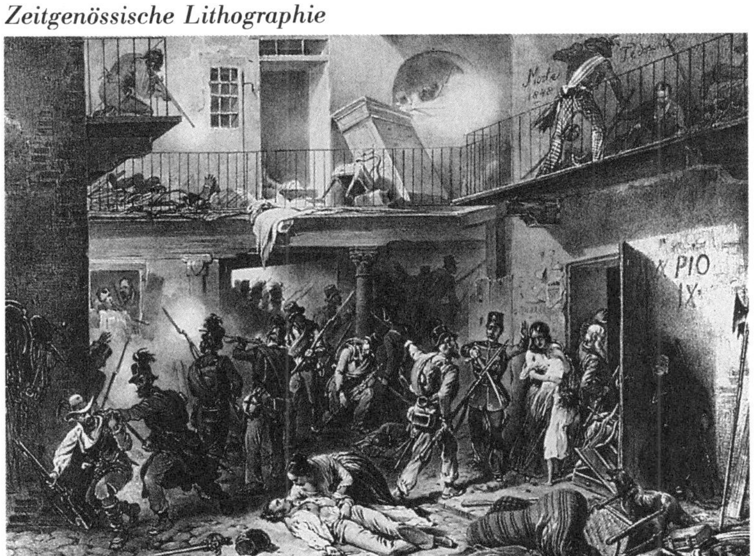

Barrikade in Neapel, Mai 1848. Nach »The Illustrated London News«, 1848

niert. Mailand war zu dieser Zeit schon in den Händen des Volkes. Auch Venedig hatten die österreichischen Truppen einer revolutionären italienischen Regierung überlassen müssen. In der Lombardei und in Venetien schien die Habsburger Fremdherrschaft abgeschüttelt. Vertrieben waren die Herzöge von Parma und von Modena. In die revolutionäre italienische Befreiungsbewegung schaltete sich Ende März König Karl Albert von Sardinien-Piemont ein. Er erklärte Österreich den Krieg. Doch ging es dem piemontesischen Königshause nicht sosehr um die Abschüttelung des österreichischen Jochs, sondern eher um dynastische Annexionen. Sein Ziel war der Anschluß der Lombardei und Venetiens an das Königreich Sardinien. Das stand ihm höher als die Zerschlagung der österreichischen Militärmacht auf italienischem Boden. So wurde wertvolle Zeit vergeudet, die der habsburgische Oberkommandierende in Italien, Joseph v. Radetzky, im April und Mai nutzte, um seine Kräfte für den konterrevolutionären Gegenschlag zu sammeln. Nicht nur die Italiener hatten sich gegen die österreichische Fremdherrschaft erhoben. Am anderen Ende des Habsburger Völkergefängnisses rebellierten seit Anfang März die Ungarn gegen das Wiener Regiment.

Empfang der Deputation der ungarischen Reichsstände auf dem Freiheitsplatz in Pest, 3. April 1848. Nach der »Illustrierten Zeitung«, 1848

Am 3. März forderte der Landtag in einer Adresse eine eigene ungarische Regierung, bürgerliche Freiheiten und Agrarreformen. Am 15. März siegte die Revolution in Budapest. Das kurz darauf gebildete unabhängige Ministerium war der Wiener Hof Anfang April gezwungen anzuerkennen. Auch das vom ungarischen Reichstag am 18. März 1848 beschlossene Gesetz über die Bauernbefreiung mußte Wien genehmigen. Die sich bildende ungarische Regierung bestand in ihrer überwältigenden Mehrheit aus liberalen Adligen. Der einzige Demokrat im Kabinett war Lajos Kossuth. Die Regierung suchte mit allen Mitteln die Revolution in Schranken zu halten. Sie ließ Bauernbewegungen, die eine Aufteilung des Bodens zum Ziel hatten, im Frühsommer mit Gewalt unterdrücken. Erst ab September entwickelte sich die ungarische Revolution weiter nach links.

In Prag und in den böhmischen und mährischen Ländern entfaltete sich seit dem 11. März, als in Prag eine große Volksversammlung stattfand, eine revolutionäre tschechische Bewegung, die ebenfalls auf nationale Gleichberechtigung und Selbständigkeit abzielte. Liberale und Radikale standen zunächst in einer Front. In den ersten Wochen dominierten die radikalen, demokratischen Elemente, die mit den deutschen revolutionär-demokratischen Kräften zusammengehen wollten. Als Wahlen zur Frankfurter Nationalversammlung ausgeschrieben wurden, brachen die nationalen Gegensätze zwischen deutschen und tschechischen Bourgeoisvertretern hervor. Die gemäßigten tschechischen Liberalen um František Palacký, die sich mehr und mehr von den Radikalen abgrenzten, lehnten eine Teilnahme an den Wahlen ab. Sie forderten statt dessen die Bildung einer konstutionellen Habsburger Monarchie als Föderation gleichberechtigter Nationen.

Auch die Slowaken sowie die Serben, Kroaten und Slowenen verlangten seit den Märztagen nationale Rechte, vor allem sprachliche Gleichberechtigung. Sie mußten ihre Ansprüche jedoch unmittelbar an die Ungarn richten, in deren Staatsverband sie eingegliedert waren. Ungarn, selbst national unterdrückt durch die Habsburger, hielt seinerseits die Slowaken und die Südslawen national nieder. Die ungarische Regierung war — zum Schaden der europäischen Revolution — nicht bereit, nationale Gleichberechtigung zu gewähren. Von der Wiener Konterrevolution bewußt gefördert,

eröffneten die sich gegen die ungarische Bevormundung auflehnenden Serben und Kroaten im Juni 1848 einen Krieg gegen das revolutionäre Ungarn. An der Spitze stand der vom österreichischen Kaiser zum Banus von Kroatien ernannte Josip v. Jellačić. Diese nationale Bewegung trug von Anfang an konterrevolutionären Charakter.
Seit Anfang April 1848 wurden die rumänischen Länder von der revolutionären Welle erfaßt. Eine Protestbewegung in der moldauischen Hauptstadt gegen die türkische Oberherrschaft am 8. April wurde rasch durch Waffengewalt unterdrückt. Eine revolutionäre Erhebung in der Walachei im Juni 1848 führte hingegen zur Einsetzung einer Provisorischen Regierung und zur Annahme einer fortschrittlichen Verfassung. Erst im Herbst 1848 erlag die rumänische Revolution der Invasion türkischer und russischer Truppen.
Schließlich stand Polen, das sich nie mit der Vernichtung seiner staatlichen Existenz durch die reaktionären Großmächte Rußland, Preußen und Österreich abgefunden hatte, auch 1848 nicht abseits. Im April erhob sich erneut Krakau. Der Aufstand wurde sofort vom österreichischen Militär niedergeschlagen. Der revolutionäre Schwerpunkt lag jedoch diesmal in dem von Preußen annektierten Großherzogtum Posen. Hier entwickelte sich unter dem Eindruck der Pariser Februarrevolution und stimuliert durch den Sieg des Volkes in Berlin seit den ersten Märztagen eine breite, vom Volk getragene und vom Kleinadel geführte nationalrevolutionäre Bewegung. Sie fand in Ludwik Mierosławski ihren bekanntesten Vorkämpfer. Ihr Ziel war nicht allein die Befreiung des Großherzogtums Posen von der preußischen Herrschaft. Die Posener Aufständischen betrachteten ihre revolutionären Aktionen zugleich als Vorbereitung auf einen revolutionären Volkskrieg gegen den Zarismus. Diesen Krieg wollten sie gemeinsam mit einem revolutionären Deutschland führen, und er sollte ihnen die Wiederherstellung des polnischen Staates bringen.
Die Märztage des Jahres 1848 waren in der Tat ein »Völkerfrühling«. Überall erhob sich das Volk in selbständigen revolutionären Aktionen und erkämpfte sich wichtige bürgerlich-demokratische Rechte und Freiheiten. Überall aber regte sich auch der Wille der einzelnen Völker nach eigenständigem nationalem Leben, meldeten die einzelnen Nationen ihren Anspruch auf selbständige Existenz und auf das Recht an, ihre eigenen Angelegenheiten auch selbst zu regeln. Die Volksmassen nahmen sich selbst der nationalen Forderungen an und suchten sie mit revolutionären Mitteln zu verwirklichen. Insofern erlangten bürgerlich-nationale Bewegungen in Europa erstmals Massencharakter.
In allen europäischen Revolutionen des Jahres 1848 – nimmt man die französische aus – spielte die nationale Komponente eine große Rolle, war die Erringung der Gleichberechtigung, der Unabhängigkeit oder der Einheit der einzelnen Länder

Verkündung der walachischen Verfassung, 27. Juni 1848.
Nach der »Illustrierten Chronik 1849«

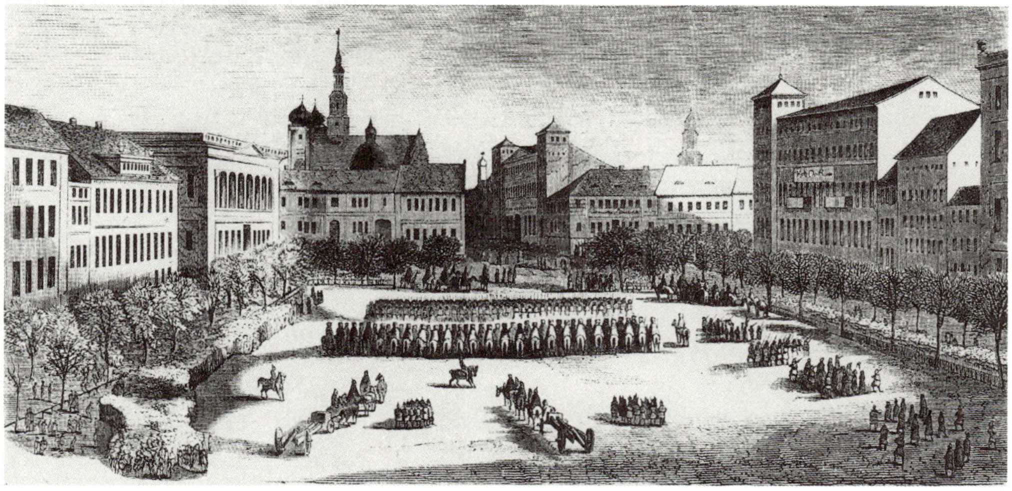

Besetzung Posens durch preußisches Militär, 19. März 1848.
Nach der »Illustrierten Zeitung«, 1848

Ludwik Mierosławski.
Nach der »Illustrierten Chronik 1848«

Bekanntmachung der Exekutivkommission der polnischen demokratischen Gesellschaft an das französische Volk, 10. Mai 1848

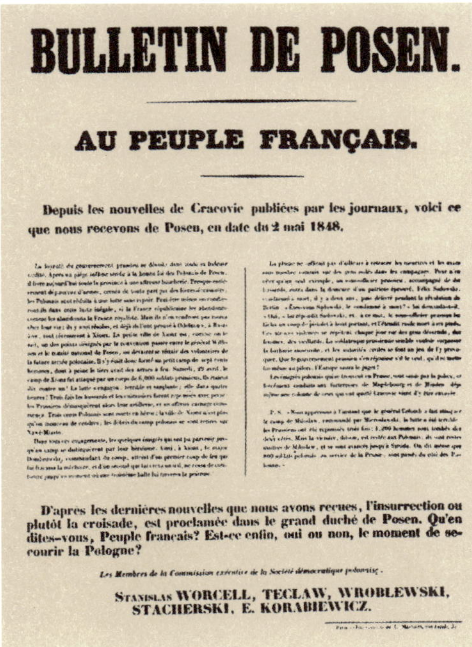

BULLETIN DE POSEN.

AU PEUPLE FRANÇAIS.

Depuis les nouvelles de Cracovie publiées par les journaux, voici ce que nous recevons de Posen, en date du 2 mai 1848.

D'après les dernières nouvelles que nous avons reçues, l'insurrection ou plutôt la croisade, est proclamée dans le grand duché de Posen. Qu'en dites-vous, Peuple français? Est-ce enfin, oui ou non, le moment de secourir la Pologne?

Les Membres de la Commission exécutive de la Société démocratique polonaise.

STANISLAS WORCELL, TECLAW, WROBLEWSKI, STACHERSKI, E. KORABIEWICZ.

eines der markantesten Ziele. Das war eine natürliche Begleiterscheinung des Aufstiegs der kapitalistischen Gesellschaftsordnung. Die Durchsetzung des Kapitalismus war gesetzmäßig verbunden mit der Bildung bürgerlicher Nationen und deren politischer Konstituierung in bürgerlichen Nationalstaaten. Doch machten die nationalen Ziele nicht das Wesen der revolutionären Bewegungen in den einzelnen Ländern aus. Ihr Inhalt wurde vielmehr durch die für alle Länder gleiche geschichtliche Notwendigkeit bestimmt, die Macht der Adelsklassen zu zerstören, die feudalen Verhältnisse zu beseitigen und der kapitalistischen Gesellschaft sowie der bürgerlichen Demokratie zum Siege zu verhelfen. Nur auf diesem Wege ließen sich auch die nationalen Ansprüche der einzelnen Völker verwirklichen. Im Mittelpunkt der geschichtlichen Klassenkämpfe von 1848 stand nicht die Nationalität, sondern die Vernichtung des Feudalabsolutismus und die Durchsetzung der bürgerlichen Demokratie in Europa.

Die Verantwortung der deutschen Revolution

In dieser großen Auseinandersetzung von gesamteuropäischem Ausmaß zwischen feudaler Reaktion und bürgerlichem Fortschritt fiel der deutschen Revolution eine besondere Verantwortung zu. Deutschland war von allen 1848 revolutionierten Ländern, in denen — im Unterschied zu Frankreich — noch die Aufgabe stand, den Feudalismus zu beseitigen und die Macht des Bürgertums zu errichten, das ökonomisch weitaus fortgeschrittenste. Hier waren wie in den entwickelteren und von der Bourgeoisie beherrschten westeuropäischen Staaten England und Frankreich bereits die tiefen Gegensätze der kapitalistischen Gesellschaft aufgebrochen; hier hatte auch der Klassenkampf zwischen Bourgeoisie und Proletariat schon begonnen.
Vor allem aber war die deutsche Revolution durch die politische Mächtekonstellation in Europa direkt mit den Revolutionen der anderen Völker verflochten. Der preußische Staat und die Habsburger Monarchie, die eigentlichen Gegner, die die deutsche Revolution im Innern niederzuringen hatte, waren zugleich die Hauptbastionen der Reaktion in Mitteleuropa. Gemeinsam mit dem russischen Zarismus bildeten sie den reaktionären Mächteblock der »Heiligen Allianz«, ohne dessen Zerschlagung ein Sieg der bürgerlichen Demokratie in Europa ausgeschlossen war. Eine Einigung Deutschlands, gleich in welcher Form, ob als konstitutionelle (groß- oder kleindeutsche) Monarchie, als föderalistisch organisierter bürgerlicher Repräsentativstaat oder als demokratische Republik, hätte faktisch eine grundlegende Veränderung der seit dem Wiener Kongreß bestehenden europäischen Mächtekonstellation bedeutet. Sie war nur durchzusetzen gegen die Mächte der »Heiligen Allianz«. Eine revolutionär-demokratische Lösung dieser Frage gar war gänzlich undenkbar ohne die Zerstörung Preußens, die Auflösung der Habsburgermonarchie und die Brechung der europäischen Vormachtstellung des russischen Zarismus, der sich — wie auch das bürgerlich-konterrevolutionäre England — der Bildung eines demokratischen deutschen Nationalstaates mit aller Kraft widersetzte. Preußen und Österreich, die stärksten und gefährlichsten konterrevolutionären Mächte im Deutschen Bund, waren aber zugleich Unterdrücker der nach nationaler Selbständigkeit strebenden Nachbarvölker Deutschlands, der Polen, Tschechen, Slowaken, Ungarn, Südslawen und Italiener. Diese Völker hatten sich ebenfalls zum revolutionären Kampf erhoben, und ihr Streben um nationale Selbständigkeit und demokratische Verhältnisse richtete sich auch gegen diese beiden Mächte.
Die Revolutionen in den einzelnen Ländern hatten einen gemeinsamen Hauptfeind, die »Heilige Allianz«, insbesondere deren mitteleuropäische Vorposten. Gelang es der deutschen Revolution, mit Österreich und Preußen fertig zu werden, diese beiden reaktionären Staatsgebilde zu vernichten, so war nicht nur der Weg zur demokratischen Einigung Deutschlands frei, sondern dies hätte auch einen Sieg für die nationaldemokratischen Unabhängigkeitsbestrebungen der Nachbarvölker Deutschlands bedeutet. Jeder Erfolg des nationalen Befreiungskampfes der Polen, Ungarn, Tschechen, Südslawen und Italiener aber mußte, sollte er diesen Völkern Demokratie und wirkliche nationale Freiheit bringen, die Hohenzollern- und die Habsburgermonarchie als Ganzes schwächen und war damit zugleich ein Beitrag für den Sieg auch der deutschen Revolution.
Es bestanden also objektive Voraussetzungen für ein revolutionäres Kampfbündnis der europäischen Völker gegen den europäischen Reaktionsblock, gegen den Zarismus und gegen Österreich und Preußen. Die deutsche Revolution besaß in den nationalrevolutionären Bewegungen der Nachbarvölker sowohl für ihre Auseinandersetzung mit Preußen und Österreich als auch in dem Kampf zur Zurückdrängung des Zarismus echte Bundesgenossen. Da die einzelnen nationalen Bestrebungen mit ihren jeweiligen bürgerlichen oder adligen Führungskräften jedoch mit oft widerstreitenden Zielen aufeinanderprallten, konnten von ihnen durchaus beträchtliche, den revolutionären Prozeß hemmende, ja ihm direkt zuwiderlaufende Tendenzen ausgehen. Ob ein Bündnis der revolutionierten Nationen auch wirklich zustande kam, hing wesentlich vom Verhalten der ausschlaggebenden Kräfte in den verschiedenen nationalrevolutionären Bewegungen, in erster Linie aber von der Stellung der führenden Klasse der deutschen bürgerlichen Revolution zu ihren außenpolitischen Bündnispartnern ab.

Die Aufgaben einer revolutionären Außenpolitik

Die Aufgaben einer revolutionären deutschen Außenpolitik waren damit vorgezeichnet. Zweierlei war unabdingbar: Erstens mußte das revolutionierte Deutschland mit der bisherigen nationalen Unterdrückungspolitik der herrschenden Klassen radikal brechen und den von Preußen und Österreich unterjochten Nationen ihre Freiheit geben. Die Anerkennung des Rechts dieser Völker auf volle politische Gleichberechtigung, auf nationale Unabhängigkeit bis zur staatlichen Selbständigkeit bot die Gewähr, um die großen revolutionären Potenzen, die die nationalen Bewegungen der anderen europäischen Völker in sich bargen, zur Entfaltung zu bringen und in eine demokratische Richtung zu lenken. Denn alle diese Nationen hatten sich gegen Österreich und Preußen erhoben und suchten ihre Ansprüche auf revolutionärem Wege und zunächst gemeinsam mit den revolutionären Kräften in Deutschland durchzusetzen. In den Märztagen 1848 bestand quer durch Europa eine überwältigende Einmütigkeit der Nationen im Kampf gegen die feudalen, absolutistischen Unterdrücker.
Besondere Bedeutung kam der nationalrevolutionären Bewegung der Polen zu. Polen war das einzige Land, in dem sich jede Bewegung für nationale Unabhängigkeit un-

Triumphzug polnischer Revolutionäre durch die Straßen Berlins, 20. März 1848. Nach »The Illustrated London News«, 1848

mittelbar gegen alle drei Hauptmächte der »Heiligen Allianz« richtete. Polen war unter Preußen, Österreich und Rußland aufgeteilt. Auf der Teilung Polens beruhte das internationale Bündnis dieser reaktionären Mächte. Polen kam daher objektiv die Rolle eines Vortrupps der europäischen Demokratie zu. Eine Wiederherstellung Polens war, weil sie die Vernichtung Preußens und der Habsburgermonarchie voraussetzte, nicht nur unabdingbar für die Errichtung eines demokratischen deutschen Staates. Die Losung von der Befreiung Polens war zugleich die schärfste Kampfansage an die »Heilige Allianz« überhaupt. Denn jeder ernst zu nehmende Versuch, Polen als selbständigen demokratischen Staat zu konstituieren, schloß vor allem einen offenen Kampf auch gegen den Zarismus ein.

Die deutsche Revolution hatte wegen ihrer zentralen Stellung in der europäischen Revolutionsbewegung zweitens eine besondere Verantwortung in den Auseinandersetzungen mit dem Zarismus. Die Brechung seiner reaktionären Vormachtstellung war eine Grundbedingung für den Sieg der bürgerlichen Demokratie in Europa. Sie lag auch im Interesse der deutschen Revolution, die den Widerstand all jener Kräfte zu überwinden hatte, die einer demokratischen Einigung des Landes von außen entgegenstanden. Eine revolutionäre Konfrontation mit dem Zarismus aber hatte nur dann auch einige Aussicht auf Erfolg, wenn das revolutionierte Deutschland nicht abseits stand. Ein revolutionärer Volkskrieg gegen den Zarismus bot zudem die günstigsten Voraussetzungen, um die bald auftretenden nationalen Gegensätze, die den Fortgang der Revolution in Europa hemmten, zu paralysieren und die revolutionären nationalen Bewegungen unter einem Ziel zu einen.

Für die nationale Gleichberechtigung der nichtdeutschen Bevölkerung in einem demokratischen Deutschland

Die Gewährleistung der vollen Gleichberechtigung für alle Nationalitäten war auch ein zwingendes Gebot für die Gestaltung der inneren Verhältnisse Deutschlands im Sinne einer konsequenten bürgerlichen Demokratie. Denn in verschiedenen deutschen Staaten lebten auch nichtdeutsche Volksgruppen, so die Dänen in Schleswig und die Sorben in Preußen und im Königreich Sachsen.

Die Sorben in der Lausitz hatten sich seit März 1848 an den revolutionären Bewegungen zur Überwindung der feudalen Verhältnisse beteiligt. Insbesondere die sorbischen Bauern hatten revolutionäre Aktivität an den Tag gelegt. Ihr Kampf um soziale Befreiung war mit gleichzeitigen Forderungen nach nationaler Gleichberechtigung verbunden. Diese wurden vor allem von Repräsentanten der sorbischen Intelligenz artikuliert, die zum Teil auf demokratischen, in der Mehrheit jedoch auf liberalen Positionen stand. Beide politischen Richtungen hoben sich deutlich von den Konservativen ab, die die Sorben beschworen, treue Untertanen der Fürsten zu bleiben. Die sorbischen Demokraten förderten nachdrücklich die sozialen Bestrebungen der Bauern. Doch verbanden sich auch die Liberalen mit der Bauernbewegung und unterstützten deren Organisierung. Sie suchten allerdings die sozialen und politischen Forderungen zu mildern und betonten um so stärker die national-kulturellen Ansprüche. Gegen den erklärten Widerstand der Konservativen im Frühsommer 1848 arbeiteten fortschrittliche Kräfte in der Mačica Serbska, einer 1847 zur Pflege der sorbischen Nationalität gegründeten Gesellschaft für Volksbildung und Wissenschaft, eine »Petition der sächsischen Wenden«, die sogenannte Mačica-Petition, aus, die Bewahrung und Pflege der sorbischen Nationalität und Sprache verlangte. Von fast 5 000 Haushaltungsvorständen unterschrieben, übergab sie eine Delegation Ende Juli 1848 dem sächsischen Ministerium.

Schon in der zweiten Maihälfte hatte sich der fortschrittliche sorbische Patriot Jan Arnošt Smoler mit der Bitte an den demokratischen Abgeordneten der Deutschen Nationalversammlung Robert Blum gewandt, er möge sich für die Aufnahme von Bestimmungen in die zu erarbeitende Verfassung einsetzen, die die »slawischen Bewohner Deutschlands aus dem geistigen, durch die Verkümmerung ihrer nationalen Sprache in Kirche, Schule und vor Gericht entstandenen Elende«[77] befreien. Blum stimmte dem uneingeschränkt zu und hatte wohl auch Anteil daran, daß die Nationalversammlung sich in dieser Frage sehr rasch und positiv entschied. Bereits am 31. Mai 1848 erklärte sie mit überwältigender Mehrheit feierlich, »daß sie in vollem Maße das Recht anerkenne, welches die nichtdeutschen Volksstämme auf deutschem Bundesboden haben, den Weg ihrer volkstümlichen Entwicklung ungehindert zu gehen und in Hinsicht auf das Kirchenwesen, den Unterricht, die Literatur und die innere Verwaltung und Rechtspflege sich der Gleichberechtigung ihrer Sprache, soweit deren Gebiete reichen, zu erfreuen ...«[78] Diese Erklärung änderte zwar nichts an den bestehenden Machtverhältnissen. Aber damit war die nationale Gleichberechtigung der nichtdeutschen Bevölkerung in einem künftigen einheitlichen deutschen Staat erstmals von der gewählten verfassunggebenden Nationalversammlung offiziell anerkannt und deren Ringen für nationale Rechte voll legalisiert worden. Die am 28. März 1849 beschlossene Verfassung des Deutschen Reiches gewährleistete in Paragraph 188 die Ende Mai 1848 von der Nationalversammlung zugesagten nationalen Grundrechte für die nichtdeutschen Volksgruppen.

Wesentlich schwerer zu entscheiden war die Frage der Gestaltung der Beziehungen zum tschechischen Volk, dessen Territorium zum Deutschen Bund gehörte. Sollte die nationale Frage in Deutschland auf revolutionäre Weise gelöst und eine großdeutsche demokratische Republik konstituiert werden, dann bot sich neben einer staatlichen Verselbständigung der tschechischen Länder als realistische Möglichkeit vor allem die Gewährleistung der vollständigen nationalen Gleichberechtigung des tschechischen Volkes im Rahmen eines einheitlichen demokratischen deutschen Staatswesens an. Die deutschen Demokraten, gemäßigte wie radikale, votierten in ihrer Mehrheit für eine solche Variante. In diese Richtung liefen auch die Vorstellungen der deutschen Kommunisten um Marx und Engels. Die tschechischen Liberalen unter Führung von František Palacký widersetzten sich dem entschieden. Aber sie plädierten nicht für eine selbständige tschechische Staatsbildung. Sie wollten vielmehr die Habsburgermonarchie erhalten, in der die slawischen Völker ein Übergewicht besaßen. In einem konstitutionellen österreichischen Staatsgebilde, das eine Vereinigung gleichberechtigter Völker sein sollte, glaubten sie eine bessere Garantie für die Entwicklung des tschechischen Volkes zu haben. Diese austroslawische Konzeption der tschechischen Liberalen, verbunden mit einer strikt antirevolutionären Grundhaltung, erleichterte der Wiener Hofkamarilla, die nationalen Gegensätze im Habsburgerreich für ihre konterrevolutionären Ziele auszunutzen und die nationalen Bewegungen der Tschechen und Südslawen gegen die Revolution auszuspielen.

Kurzer Traum der Völkerverbrüderung

Zunächst schien die deutsche Revolution ihre außenpolitischen Verpflichtungen durchaus wahrzunehmen. In den Märztagen wurden überall in Deutschland auch die revolutionären Erhebungen und das Freiheitsstreben der anderen Nationen begrüßt. Vor allem die revolutionären Arbeiter und Kleinbürger, aber auch die Masse der Vertreter des Großbürgertums zeigten Verständnis für die Forderungen der von Deutschland unterdrückten Völker. Selbst die in Heidelberg versammelten 51 Liberalen, die eine deutsche Nationalrepräsentation vorbereiten wollten, erklärten am 30. März 1848, es dürften »die Deutschen nicht veranlaßt werden, die Freiheit und Selbständigkeit, welche sie als ihr Recht für sich selbst fordern, anderen Nationen zu schmälern oder zu rauben«[79]. Die deutsche Revolution wurde als Teil eines allgemeinen Freiheitskampfes der europäischen Völker verstanden; die Gemeinsamkeit der Ziele stand noch ganz im Vordergrund. Varnhagen v. Ense traf wohl die allgemeine Stimmung, als er am 25. März 1848 in sein Tagebuch schrieb: »Verbrüderung mit Franzosen, Polen, Italienern, gemeinsamer Krieg gegen alle Unterdrücker, das ist not.«[80]

Angehörige der polnischen bewaffneten Formationen.
Nach der »Illustrierten Chronik 1848«

Besondere Sympathie galt dem Kampf des polnischen Volkes. Die Polenfreundschaft, seit 1830 in Deutschland ein wichtiges Kennzeichen oppositioneller, ja revolutionärer Einstellung, erlebte in den Märztagen geradezu ihren Höhepunkt. Die Befreiung der in Moabit eingekerkerten polnischen Revolutionäre am 20. März wuchs sich zu einem Triumphzug durch die Straßen Berlins aus, dem selbst der preußische König seine Reverenz erweisen mußte. Das Volk jubelte Ludwik Mierosławski zu, als er das freie Deutschland und das freie Polen zu Verbündeten im Kampf gegen den reaktionären Zarismus erklärte. »Berlin, Preußen, ganz Deutschland hat die Befreiung Polens beschlossen. Endlich!«[81] schrieben die liberalen Leipziger »Grenzboten«. Es gab in diesen Tagen wohl kaum eine Stimme, die der Forderung widersprochen hätte, Polen als unabhängigen und selbständigen Staat wiederherzustellen. Sogar das von Liberalen beherrschte Frankfurter Vorparlament mußte bekennen, »daß es heilige Pflicht des deutschen Volkes sei, Polen wieder herzustellen, indem die Teilung Polens als ein schreiendes Unrecht erklärt werde«[82]. Auch ein Krieg mit dem zaristischen Rußland wurde in diesen Wochen von liberalen Kräften und selbst von der neuen preußischen Regierung ernsthaft ins Auge gefaßt. Der preußische Außenminister Heinrich v. Arnim-Suckow unternahm in der zweiten Märzhälfte, wenn auch nur zaghaft, immerhin konkrete Schritte, um eine Allianz Preußens mit Frankreich für einen Waffengang gegen Rußland zustande zu bringen, dem Polens Erhebung zum Anlaß und Polens Befreiung als Ziel dienen sollte. Unter dem Druck der revolutionären Ereignisse sagte der preußische König am 24. März 1848 wenigstens eine sogenannte nationale Reorganisation im Großherzogtum Posen zu, die der polnischen Bevölkerung in einer Reihe von Fragen nationale Gleichberechtigung verschaffen sollte.

Der nationale Egoismus der Bourgeoisie bricht durch

Doch währten Sympathie und Verständnis für den Befreiungskampf der von Deutschland unterdrückten Nationen bei der Klasse, die dank der Märzrevolution in Deutschland an der Macht teilhatte und so auch Mitverantwortung für die Entwicklung der außenpolitischen Beziehungen trug, nicht lange. Die deutsche Bourgeoisie vergaß sehr rasch ihre Beteuerungen aus der Vormärzzeit und den ersten Tagen der Revolution, als deren praktische Verwirklichung die Befreiung der Polen, Tschechen, Ungarn und Italiener, ihre Lostrennung von Deutschland und selbständige Staatenbildung verlangte. In dem Moment besann sich die Bourgeoisie sofort des »nationalen Egoismus«, entdeckte sie überall »deutsche Interessen«, die durch das Unabhängigkeitsstreben der anderen Nationen gröblichst verletzt würden und die zu wahren als höchste Pflicht gepriesen wurde. Binnen kurzem war ein gesinnungswütiger Nationalismus entfacht, der vor allem von der halbfeudalen Konterrevolution und der liberalen Bourgeoisie getragen wurde, aber teilweise auch in die demokratische Bewegung eindrang.

Den Tschechen wurde nun das Recht auf nationale Selbständigkeit abgesprochen und von ihnen verlangt, in einem von der Bourgeoisie beherrschten Großdeutschland aufzugehen, ihre eigene Nationalität weitgehend preiszugeben. Als sie unter dem Einfluß der tschechischen Liberalen die Teilnahme an den Wahlen zur Frankfurter Nationalversammlung verweigerten, erklärte der deutsch-österreichische Vertreter Schilling in Frankfurt (Main) in großmachtchauvinistischer Manier: »Wenn es nicht gelingt, Böhmen in den Verband des Deutschen Reichs auf dem Wege der Überredung zu bringen, werden wir es mit dem Schwert an Deutschland schmieden.«[83]

Auch in Italien standen plötzlich deutsche Interessen auf dem Spiel, als die italienischen Revolutionäre die Habsburger Truppen unter Radetzky arg bedrängten und die Lombardei sowie Venetien ihre Lostrennung von Österreich proklamierten. Tatenlos sah die Frankfurter Nationalversammlung zu, wie konterrevolutionäre österreichische Truppen in Italien plünderten und brandschatzten. Als aber im Juni ein italienischer Angriff auf Triest drohte, fühlte sie sich sogleich bemüßigt, dies als Angriff auf Deutschland zu erklären.

Am radikalsten war der Stimmungsumschwung der deutschen Bourgeoisie in der polnischen Frage. Als die polnischen Bauern und Plebejer im Großherzogtum Posen sich Ende März in einem Aufstand erhoben und die preußische Herrschaft abschüttelten, als sie selbständige polnische Verwaltungen einsetzten und sich sogar polnische bewaffnete Formationen bildeten, kühlten die polenfreundlichen Gefühle rasch ab. Nun, als es Ernst wurde mit dem Aufgeben des alten Raubes, als die versprochene »nationale Reorganisation« als ein Schritt auf dem Wege zu einem selbständigen polnischen Staatswesen wahrgemacht werden sollte, da schrie die deutsche Bourgeoisie Zeter und Mordio. »Deutsches Eigentum und deutsches Leben sind überall gefährdet!«[84] tönte es aus der deutschen Bourgeoispresse. Sie entdeckte ihr Herz für die »deutschposener Netzebrüderschaft«, wie die »Neue Rheinische Zeitung« die deutsche Minderheit in Polen nannte, die, von preußischen Beamten angeleitet, einen antipolnischen Propagandafeldzug entfaltete, der auch vor den gemeinsten Verleumdungen nicht zurückschreckte.

Die polnischen Revolutionäre, Mitte März noch als Freiheitshelden gefeiert, wurden einen Monat später schon zu Banditen erklärt: »Es handelt sich jetzt um die Vernichtung von Räuberbanden«, schrieb die Stettiner »Ostsee-Zeitung« am 26. April 1848. »Hierfür fordern wir energisches Einschreiten. 20000 Mann preußische Truppen stehen im Herzogtume — wozu sind sie da?«[85] Selbst manche Demokraten waren vom Gift des Nationalismus angesteckt und verlangten die militärische Niederwerfung der polnischen Revolution. »Alle Achtung vor der polnischen Nationalität, allein die deutsche Kultur ist wichtiger; eine Gewalttat gegen Deutschland ruft uns zum Kriege gegen Polen«[86], schrieb in der gleichen Zeit der sächsische Demokrat Hermann Semmig.

Sogar die Gewährung bestimmter nationaler Rechte, wie sie die »nationale Reorganisation« versprach, wurde nun verweigert. Immer neue Teile des Großherzogtums Posen wurden, um angeblich deutsche Interessen zu wahren, von der preußischen Camphausen-Regierung dem Deutschen Bund zugeschlagen. Die Bourgeoisabgeordneten in der preußischen konstituierenden Versammlung und später auch in der Frankfurter Nationalversammlung billigten die Willkürmaßnahmen der preußischen Regierung und sanktionierten damit die erneute Zerteilung polnischen Landes und seine Annexion als angeblich deutsches Gebiet. Die »Kölnische Zeitung«, das Blatt der rheinischen Großbourgeoisie, brachte Anfang Juni den Haltungswandel des deutschen Bürgertums zu Polen unverhüllt zum Ausdruck: »Wir gestehen es, wir haben —

Auszüge aus dem Leitartikel der »Kölnischen Zeitung«, 8. Juni 1848

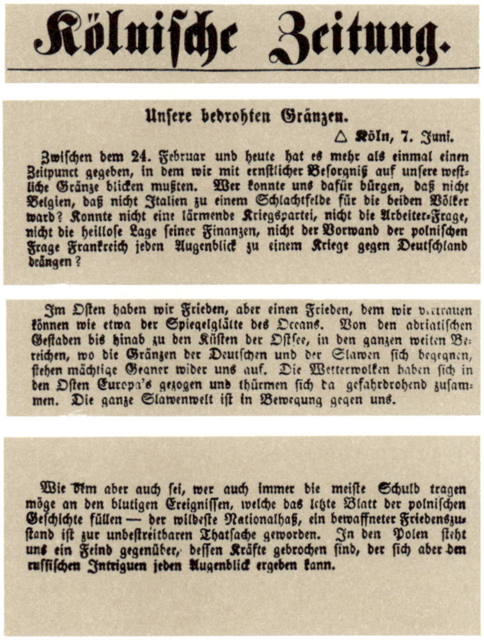

Kölnische Zeitung.

Unsere bedrohten Gränzen.

△ Köln, 7. Juni.

Zwischen dem 24. Februar und heute hat es mehr als einmal einen Zeitpunct gegeben, in dem wir mit ernstlicher Besorgniß auf unsere westliche Gränze blicken mußten. Wer konnte uns dafür bürgen, daß nicht Belgien, daß nicht Italien zu einem Schlachtfelde für die beiden Völker ward? Konnte nicht eine lärmende Kriegspartei, nicht die Arbeiter-Frage, nicht die heillose Lage seiner Finanzen, nicht der Vorwand der polnischen Frage Frankreich jeden Augenblick zu einem Kriege gegen Deutschland drängen?

Im Osten haben wir Frieden, aber einen Frieden, dem wir vertrauen können wie etwa der Spiegelglätte des Oceans. Von den adriatischen Gestaden bis hinab zu den Küsten der Ostsee, in den ganzen weiten Bereichen, wo die Gränzen der Deutschen und der Slawen sich begegnen, stehen mächtige Gegner wider uns auf. Die Wetterwolken haben sich in den Osten Europa's gezogen und thürmen sich da gefahrdrohend zusammen. Die ganze Slawenwelt ist in Bewegung gegen uns.

Wie dem aber auch sei, wer auch immer die meiste Schuld tragen möge an den blutigen Ereignissen, welche das letzte Blatt der polnischen Geschichte füllen — der wildeste Nationalhaß, ein bewaffneter Friedenszustand ist zur unbestreitbaren Thatsache geworden. In den Polen steht uns ein Feind gegenüber, dessen Kräfte gebrochen sind, der sich aber den russischen Intriguen jeden Augenblick ergeben kann.

viele mit uns! – einen Augenblick daran gedacht, daß Deutschland den Polen seine Hülfe ... leihen möge. Wir denken nicht mehr daran.«[87]

Die Bourgeoisie läßt nationale Unterdrückungskriege zu

Aber die deutsche Bourgeoisie tat mehr, als den Polen und den anderen Nationen ihre Hilfe zu verweigern. Sie ließ zu und billigte, ja förderte die militärischen Aktionen der halbfeudalen Konterrevolution zur brutalen Niederschlagung der nationalrevolutionären Bewegungen der Nachbarvölker Deutschlands. Das war so in Italien, in Böhmen und in Posen. Überall ließ sie den Armeen der Konterrevolution freie Hand, Krieg gegen die um die Freiheit kämpfenden Nationen zu führen. Überall spielte sie der Konterrevolution offen oder versteckt die Bälle zu. Gerade auf außenpolitischem Gebiet offenbarte die regierende deutsche Bourgeoisie zuerst ihr antidemokratisches Wesen.

Der Wiener Reichstag und die österreichische Regierung duldeten mit wohlwollendem Stillschweigen Radetzkys eigenmächtigen Feldzug gegen die italienische Unabhängigkeitsbewegung in Venetien und in der Lombardei. Nach mehreren unentschiedenen militärischen Auseinandersetzungen gelang es Radetzky in der blutigen Schlacht von Custozza am 25. Juli 1848, die Angriffe des Sardinierkönigs Karl Albert abzuwehren, ihn zurückzuschlagen und zur Flucht zu zwingen. Zehn Tage darauf fiel nach erneuten erbitterten Kämpfen Mailand in die Hände der Österreicher. Am 9. August folgte der Waffenstillstand. Die italienische Einigungsbewegung war zurückgeworfen; die Lombardei wieder fest in den Händen der Habsburger Konterrevolution. In Wien sah die Bourgeoisie nicht ungern, daß die reiche italienische Provinz bei Österreich blieb. Sie übersah indes, daß dies nur das Vorspiel zur Niederschlagung der Revolution in Wien selbst war.

In Böhmen war schon mehr als einen Monat zuvor der Widerstand der tschechischen nationalrevolutionären Bewegung mit Waffengewalt gebrochen worden. Auch hier hatten die Wiener Behörden den Kommandanten von Prag, Alfred Fürst v. Windischgrätz, einen der reaktionärsten österreichischen Militärs, frei gewähren lassen.

Einzug der österreichischen Truppen in Mailand. Nach der »Illustrierten Zeitung«, 1848

Die tschechische Nationalbewegung trug in den ersten Wochen der Revolution radikaldemokratischen Charakter. Die Tschechen hatten sich eigene Militärformationen geschaffen und ein Nationalkomitee gebildet, das als provisorische Regierung auftrat. Um der Gefahr einer weiteren Radikalisierung der Bewegung zu begegnen, ließ Windischgrätz Truppen in Prag zusammenziehen und provozierte am 12. Juni 1848 durch einen brutalen Überfall auf eine friedliche, unbewaffnete Demonstration den Prager Aufstand. Sechs Tage tobten erbitterte Barrikadenkämpfe. Arbeiter und Studenten trugen die Hauptlast. Auch deutsche Arbeiter und Demokraten beteiligten sich. Der Aufstand war »entschieden demokratisch«, schrieb Friedrich Engels in der »Neuen Rheinischen Zeitung«. »Er war ebensogut gegen die tschechischen Feudalherren wie gegen die österreichische Soldateska gerichtet.«[88] Als ein rascher militärischer Erfolg der Konterrevolution ausblieb, ließ Windischgrätz die Stadt beschießen. Erst am 17. Juni gaben sich die Prager Revolutionäre geschlagen.

Die linken Kräfte, die Arbeiter und Kleinbürger, die der tschechischen Nationalbewegung ihren demokratischen Charakter verliehen hatten, erlitten damit die entscheidende Niederlage. Die tschechische Bewegung geriet ganz in die Hände der Liberalen um Palacký. Palacký aber lehnte eine revolutionäre Lösung der nationalen Frage

Gefecht zwischen polnischen bewaffneten Formationen und preußischem Militär bei Rogalin, 8. Mai 1848. Nach der »Illustrierten Chronik 1848«

Barrikade am Altstädter Brückenturm in Prag, 16. Juni 1848. Nach der »Illustrierten Zeitung«, 1848

des tschechischen Volkes im Rahmen eines revolutionär geeinten demokratischen Deutschlands ab und setzte sich für die Erhaltung einer freilich konstitutionell gewandelten Habsburgermonarchie ein. Damit verlor die nun ganz von der Bourgeoisie geprägte nationale Bewegung der Tschechen ihren revolutionären Charakter; sie geriet in die Abhängigkeit von der schwarzgelben Konterrevolution des Wiener Hofs.

Die Schuld daran aber trug die deutsche Bourgeoisie, die den Sieg des Konterrevolutionärs Windischgrätz über die Revolution als ein Sieg des Deutschtums über die Tschechen feierte. Aus Wien kam kein Protest, keine Hilfe für die tschechischen Demokraten. Und aus dem Norden kamen nur Hohn und Haß für die Tschechen und überschwengliches Lob und Dank für Windischgrätz. Der Leipziger »Generalanzeiger für Deutschland« war so verblendet, Windischgrätz sogar seine Anerkennung für die angebliche Wahrung der Ehre Deutschlands auszusprechen.[89] »Und da verlangen die Deutschen, die Tschechen sollen ihnen vertrauen?« schrieb die »Neue Rheinische Zeitung« angesichts der nun beginnenden Tragödie der tschechischen Bewegung. »Und man verdenkt den Tschechen, daß sie sich nicht an eine Nation anschließen wollen, die, während sie sich selbst befreit, andere Nationen unterdrückt und mißhandelt? ... Wer aber am meisten zu bedauern ist, das sind die tapferen Tschechen selbst ... Durch ihre vierhundertjährige Unterdrückung von seiten der Deutschen, die jetzt in dem Prager Straßenkampf fortgesetzt wird, sind sie den Russen in die Arme gejagt.«[90]

In Posen fand die entscheidende Auseinandersetzung zwischen der polnischen Revolution und der preußisch-militaristischen Konterrevolution bereits im April und Mai statt. Die Posener Aufständischen hatten, um ihren nationalen Forderungen gegen Preußen Nachdruck zu verleihen und sich zugleich auf eine bewaffnete Auseinandersetzung auch für einen Krieg gegen den Zarismus vorzubereiten, seit Ende März selbständige militärische Einheiten gebildet. Die preußische Konterrevolution, in Berlin militärisch geschlagen, im Posenschen selbst arg bedrängt, konnte dies nicht verhindern. Da sprang die großbürgerliche Camphausen-Regierung in die Bresche und übernahm es, in der Zeit der Ohnmacht des Militärs die polnische revolutionäre Bewegung einzudämmen und schrittweise zurückzudrängen. Ihr nach Posen entsandter Regierungskommissar Karl Wilhelm v. Willisen sollte als Bedingung für die angekündigte »nationale Reorganisation« die Auflösung der bewaffneten polnischen Formationen erreichen. Die polnischen Adelsliberalen ließen sich in der Konvention von Jaroslawiec am 11. April 1848 darauf ein.

Statt nun aber die versprochene »nationale Reorganisation« in Angriff zu nehmen, trat das preußische Militär, das sich inzwischen auf den Gegenangriff hatte vorbereiten können, in Aktion. General Ferdinand August Peter v. Colomb, der Oberkommandierende im Großherzogtum Posen, attackierte die sich auflösenden polnischen Einheiten und begann damit den Bürgerkrieg. Die polnischen Revolutionäre setzten sich entschieden zur Wehr. Unter Führung von Ludwik Mierosławski schlugen sie, obwohl zahlenmäßig unterlegen, am 30. April 1848 bei Miłosław die preußischen Truppen. Dann aber mußten sie, von einer Überzahl preußischen Militärs bedrängt, mehrere militärische Niederlagen hinnehmen. Der ungleiche Kampf endete am 9. Mai 1848 mit der Kapitulation der polnischen Formationen.

Damit war die polnische Revolution von 1848/49 niedergeschlagen. Es begann der konterrevolutionäre Terror der preußischen Soldateska: Belagerungszustand, Verhaftungen, Plünderungen, Mißhandlungen und Greueltaten gegen polnische Soldaten und Zivilisten waren an der Tagesordnung. »Posen bietet das Bild einer eroberten und Marodeuren überlassenen Stadt.«[91] Das war das Urteil eines Posener Korrespondenten noch im August 1848. Inzwischen aber hatte die Frankfurter Nationalversammlung nach einer längeren Debatte vom 24. bis 27. Juli 1848 mehrheitlich beschlossen, die Einverleibung fast ganz Posens in den Deutschen Bund durch die preußische Regierung zu billigen. Damit war der Verrat an Polen vollends besiegelt. Die Niederlage der polnischen nationalrevolutionären Bewegung war der erste Sieg der Konterrevolution auf dem europäischen Kontinent. »Der Krieg in Posen war mehr als ein Krieg gegen die preußische Revolution«, so wertete Marx dieses Ereignis. »Er war der Fall Wiens, der Fall Italiens, die Niederlage der Junihelden. Er war der erste entscheidende Triumph, den der russische Zar über die europäische Revolution erfocht.«[92]

Die Folgen des Verrats

Der Verrat der deutschen Bourgeoisie an den nationalrevolutionären Bewegungen der Nachbarvölker hatte verhängnisvolle Folgen für den weiteren Verlauf sowohl der deutschen Revolution als auch der Revolutionen in den anderen Ländern. Die deutsche Revolution verlor ihre außenpolitischen Bundesgenossen.
Die Niederlagen der Italiener bei Custozza, der Tschechen im Prager Aufstand und der Polen bei Wreschen waren immer zugleich auch Niederlagen der deutschen Revolution. In einigen nationalen Bewegungen — vor allem in der der Tschechen — wurden die revolutionären Elemente, die für ein Zusammengehen mit der deutschen Revolution eintraten, zerschlagen; die tschechische Bewegung geriet — ebenso wie die der Südslawen — in die Fänge der Konterrevolution. Die von der Bourgeoisie geduldete und gewünschte Unterwerfung der um ihre Freiheit kämpfenden Nationen war überall zugleich ein Sieg der österreichischen und der preußischen Konterrevolution. In Wien und Berlin militärisch geschlagen, sammelte sie in den Feldzügen gegen die nationalrevolutionären Bewegungen außerhalb Deutschlands wieder ihre Kräfte und formierte sich für den Gegenangriff auf die Zentren der deutschen Revolution. Custozza und Mailand, Prag und Krakau, Wreschen und Xions waren jeweils Generalproben der Konterrevolution für die Liquidierung der Revolution in Wien und Berlin.
Außerhalb Deutschlands, in nationalen Unterdrückungskriegen, von der Bourgeoisie gebilligt und gefördert, fiel von April bis Juli 1848 die Vorentscheidung über die Niederlage der deutschen Revolution. Das war das Ergebnis jener »machiavellistischen Politik«, welche, wie die »Neue Rheinische Zeitung« schrieb, »im Innern Deutschlands in den Grundfesten erschwankend, die demokratische Energie zu lähmen, die Aufmerksamkeit von sich abzulenken, der revolutionären Glutlava einen Abzugskanal zu graben, die Waffe der innern Unterdrückung zu schmieden suchte, indem sie einen engherzigen, dem kosmopolitischen Charakter des Deutschen

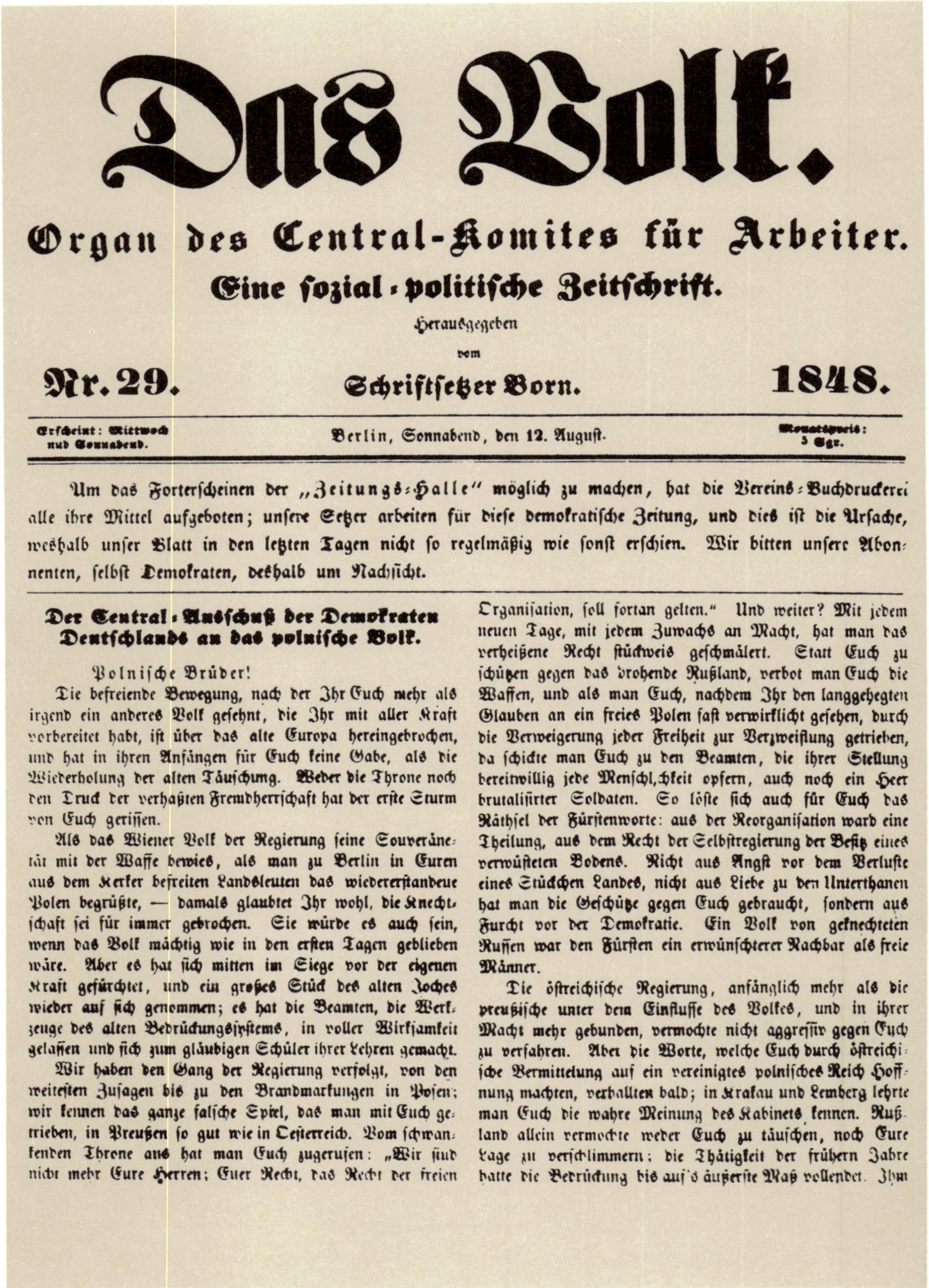

Das Volk.

Organ des Central-Komites für Arbeiter.

Eine sozial-politische Zeitschrift.

Herausgegeben vom Schriftsetzer Born.

Nr. 29. | Schriftsetzer Born. | 1848.

Erscheint: Mittwoch und Sonnabend. — Berlin, Sonnabend, den 12. August. — Monatspreis: 5 Sgr.

Um das Forterscheinen der „Zeitungs-Halle" möglich zu machen, hat die Vereins-Buchdruckerei alle ihre Mittel aufgeboten; unsere Setzer arbeiten für diese demokratische Zeitung, und dies ist die Ursache, weshalb unser Blatt in den letzten Tagen nicht so regelmäßig wie sonst erschien. Wir bitten unsere Abonnenten, selbst Demokraten, deshalb um Nachsicht.

Der Central-Ausschuß der Demokraten Deutschlands an das polnische Volk.

Polnische Brüder!

Die befreiende Bewegung, nach der Ihr Euch mehr als irgend ein anderes Volk gesehnt, die Ihr mit aller Kraft vorbereitet habt, ist über das alte Europa hereingebrochen, und hat in ihren Anfängen für Euch keine Gabe, als die Wiederholung der alten Täuschung. Weder die Throne noch den Druck der verhaßten Fremdherrschaft hat der erste Sturm von Euch gerissen.

Als das Wiener Volk der Regierung seine Souveränetät mit der Waffe bewies, als man zu Berlin in Euren aus dem Kerker befreiten Landsleuten das wiedererstandene Polen begrüßte, — damals glaubtet Ihr wohl, die Knechtschaft sei für immer gebrochen. Sie würde es auch sein, wenn das Volk mächtig wie in den ersten Tagen geblieben wäre. Aber es hat sich mitten im Siege vor der eigenen Kraft gefürchtet, und ein großes Stück des alten Joches wieder auf sich genommen; es hat die Beamten, die Werkzeuge des alten Bedrückungssystems, in voller Wirksamkeit gelassen und sich zum gläubigen Schüler ihrer Lehren gemacht.

Wir haben den Gang der Regierung verfolgt, von den weitesten Zusagen bis zu den Brandmarkungen in Posen; wir kennen das ganze falsche Spiel, das man mit Euch getrieben, in Preußen so gut wie in Oesterreich. Vom schwankenden Throne aus hat man Euch zugerufen: „Wir sind nicht mehr Eure Herren; Euer Recht, das Recht der freien Organisation, soll fortan gelten." Und weiter? Mit jedem neuen Tage, mit jedem Zuwachs an Macht, hat man das verheißene Recht stückweis geschmälert. Statt Euch zu schützen gegen das drohende Rußland, verbot man Euch die Waffen, und als man Euch, nachdem Ihr den langgehegten Glauben an ein freies Polen fast verwirklicht gesehen, durch die Verweigerung jeder Freiheit zur Verzweiflung getrieben, da schickte man Euch zu den Beamten, die ihrer Stellung bereitwillig jede Menschlichkeit opfern, auch noch ein Heer brutalisirter Soldaten. So löste sich auch für Euch das Räthsel der Fürstenworte: aus der Reorganisation ward eine Theilung, aus dem Recht der Selbstregierung der Besitz eines verwüsteten Bodens. Nicht aus Angst vor dem Verluste eines Stückchen Landes, nicht aus Liebe zu den Unterthanen hat man die Geschütze gegen Euch gebraucht, sondern aus Furcht vor der Demokratie. Ein Volk von geknechteten Russen war den Fürsten ein erwünschterer Nachbar als freie Männer.

Die östreichische Regierung, anfänglich mehr als die preußische unter dem Einflusse des Volkes, und in ihrer Macht mehr gebunden, vermochte nicht aggressiv gegen Euch zu verfahren. Aber die Worte, welche Euch durch östreichische Vermittelung auf ein vereinigtes polnisches Reich Hoffnung machten, verhallten bald; in Krakau und Lemberg lehrte man Euch die wahre Meinung des Kabinets kennen. Rußland allein vermochte weder Euch zu täuschen, noch Eure Lage zu verschlimmern; die Thätigkeit der frühern Jahre hatte die Bedrückung bis auf's äußerste Maß vollendet. Ihm

Erste Seite der Zeitschrift »Das Volk«, 12. August 1848

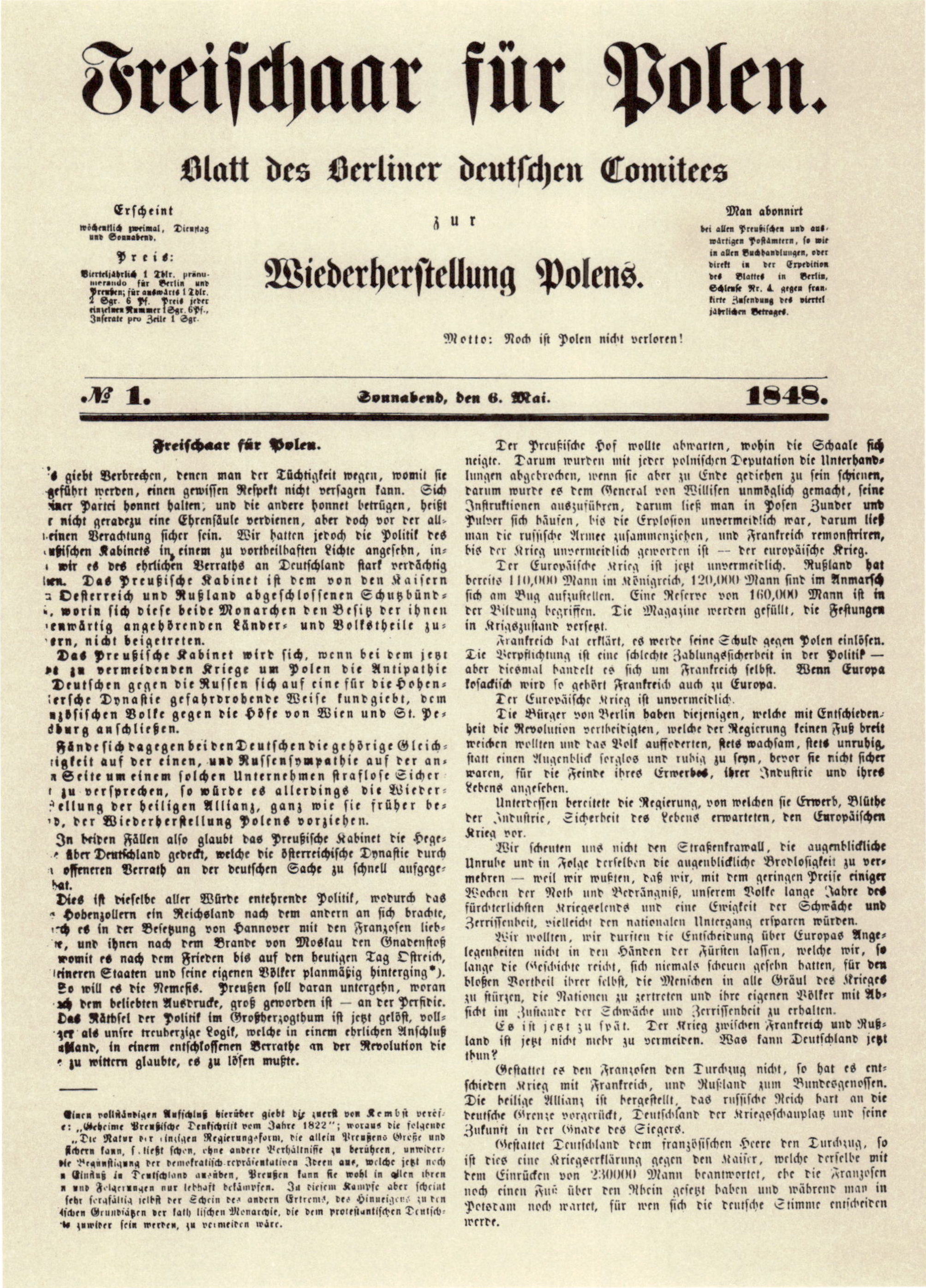

Freischaar für Polen.

Blatt des Berliner deutschen Comitees zur Wiederherstellung Polens.

Erscheint wöchentlich zweimal, Dienstag und Sonnabend.

Preis: Vierteljährlich 1 Thlr. pränumerando für Berlin und Preußen; für auswärts 1 Thlr. 2 Sgr. 6 Pf. Preis jeder einzelnen Nummer 1 Sgr. 6 Pf., Inserate pro Zeile 1 Sgr.

Man abonnirt bei allen Preußischen und auswärtigen Postämtern, so wie in allen Buchhandlungen, oder direkt in der Expedition des Blattes in Berlin, Schleuse Nr. 4. gegen frankirte Zusendung des viertel jährlichen Betrages.

Motto: Noch ist Polen nicht verloren!

№ 1. Sonnabend, den 6. Mai. **1848.**

Freischaar für Polen.

's giebt Verbrechen, denen man der Tüchtigkeit wegen, womit sie geführt werden, einen gewissen Respekt nicht versagen kann. Sich ..ner Partei honnet halten, und die andere honnet betrügen, heißt .. nicht geradezu eine Ehrensäule verdienen, aber doch vor der all..einen Verachtung sicher sein. Wir hatten jedoch die Politik des ..ußischen Kabinets in einem zu vortheilhaften Lichte angesehn, in.. wir es des ehrlichen Verraths an Deutschland stark verdächtig ..ten. Das Preußische Kabinet ist dem von den Kaisern .. Oesterreich und Rußland abgeschlossenen Schutzbünd.., worin sich diese beide Monarchen den Besitz der ihnen ..enwärtig angehörenden Länder- und Volkstheile zu..ern, nicht beigetreten.

Das Preußische Kabinet wird sich, wenn bei dem jetzt .. zu vermeidenden Kriege um Polen die Antipathie Deutschen gegen die Russen sich auf eine für die Hohen..lersche Dynastie gefahrdrohende Weise kundgiebt, dem ..nzösischen Volke gegen die Höfe von Wien und St. Pe..dburg anschließen.

Fände sich dagegen bei den Deutschen die gehörige Gleich..tigkeit auf der einen, und Russensympathie auf der an.. Seite um einem solchen Unternehmen straflose Sicher.. zu versprechen, so würde es allerdings die Wieder..tellung der heiligen Allianz, ganz wie sie früher be..d, der Wiederherstellung Polens vorziehen.

In beiden Fällen also glaubt das Preußische Kabinet die Hege.. über Deutschland gedeckt, welche die österreichische Dynastie durch .. offeneren Verrath an der deutschen Sache zu schnell aufgege..hat.

Dies ist dieselbe aller Würde entehrende Politik, wodurch das .. Hohenzollern ein Reichsland nach dem andern an sich brachte, ..ch es in der Besetzung von Hannover mit den Franzosen lieb..e, und ihnen nach dem Brande von Moskau den Gnadenstoß womit es nach dem Frieden bis auf den heutigen Tag Oestreich, ..leineren Staaten und seine eigenen Völker planmäßig hinterging*). So will es die Nemesis. Preußen soll daran untergehn, woran ..ch dem beliebten Ausdrucke, groß geworden ist — an der Perfidie. Das Räthsel der Politik im Großherzogthum ist jetzt gelöst, voll..zer als unsre treuherzige Logik, welche in einem ehrlichen Anschluß ..ßland, in einem entschlossenen Verrathe an der Revolution die .. zu wittern glaubte, es zu lösen mußte.

*) Einen vollständigen Aufschluß hierüber giebt die zuerst von Kembst veröf..e: „Geheime Preußische Denkschrift vom Jahre 1822"; woraus die folgende „Die Natur der einzigen Regierungsform, die allein Preußens Größe und ..chern kann, schließt schon, ohne andere Verhältnisse zu berühren, unwider.. die Begünstigung der demokratisch-repräsentativen Ideen aus, welche jetzt noch .. Einfluß in Deutschland ausüben, Preußen kann sie wohl in allen ihren .. und Folgerungen nur lebhaft bekämpfen. In diesem Kampfe aber scheint sehr sorgfältig selbst der Schein des andern Extrems, des Hinneigens zu den ..ischen Grundsätzen der katholischen Monarchie, die dem protestantischen Deutsch..e zuwider sein werden, zu vermeiden wäre.

Der Preußische Hof wollte abwarten, wohin die Schaale sich neigte. Darum wurden mit jeder polnischen Deputation die Unterhandlungen abgebrochen, wenn sie aber zu Ende gediehen zu sein schienen, darum wurde es dem General von Willisen unmöglich gemacht, seine Instruktionen auszuführen, darum ließ man in Posen Zunder und Pulver sich häufen, bis die Explosion unvermeidlich war, darum ließ man die russische Armee zusammenziehen, und Frankreich remonstriren, bis der Krieg unvermeidlich geworden ist — der europäische Krieg.

Der Europäische Krieg ist jetzt unvermeidlich. Rußland hat bereits 110,000 Mann im Königreich, 120,000 Mann sind im Anmarsch sich am Bug aufzustellen. Eine Reserve von 160,000 Mann ist in der Bildung begriffen. Die Magazine werden gefüllt, die Festungen in Krigszustand versetzt.

Frankreich hat erklärt, es werde seine Schuld gegen Polen einlösen. Die Verpflichtung ist eine schlechte Zahlungssicherheit in der Politik — aber diesmal handelt es sich um Frankreich selbst. Wenn Europa kosackisch wird so gehört Frankreich auch zu Europa.

Der Europäische Krieg ist unvermeidlich.

Die Bürger von Berlin haben diejenigen, welche mit Entschiedenheit die Revolution vertheidigten, welche der Regierung keinen Fuß breit weichen wollten und das Volk aufforderten, stets wachsam, stets unruhig, statt einen Augenblick sorglos und ruhig zu seyn, bevor sie nicht sicher waren, für die Feinde ihres Erwerbes, ihrer Industrie und ihres Lebens angesehen.

Unterdessen bereitete die Regierung, von welchen sie Erwerb, Blüthe der Industrie, Sicherheit des Lebens erwarteten, den Europäischen Krieg vor.

Wir scheuten uns nicht den Straßenkrawall, die augenblickliche Unruhe und in Folge derselben die augenblickliche Brodlosigkeit zu vermehren — weil wir wußten, daß wir, mit dem geringen Preise einiger Wochen der Noth und Bedrängniß, unserem Volke lange Jahre des fürchterlichsten Kriegeselends und eine Ewigkeit der Schwäche und Zerrissenheit, vielleicht den nationalen Untergang ersparen würden.

Wir wollten, wir durften die Entscheidung über Europas Angelegenheiten nicht in den Händen der Fürsten lassen, welche wir, so lange die Geschichte reicht, sich niemals scheuen gesehn hatten, für den bloßen Vortheil ihrer selbst, die Menschen in alle Gräul des Krieges zu stürzen, die Nationen zu zertreten und ihre eigenen Völker mit Absicht im Zustande der Schwäche und Zerrissenheit zu erhalten.

Es ist jetzt zu spät. Der Krieg zwischen Frankreich und Rußland ist jetzt nicht mehr zu vermeiden. Was kann Deutschland jetzt thun?

Gestattet es den Franzosen den Durchzug nicht, so hat es entschieden Krieg mit Frankreich, und Rußland zum Bundesgenossen. Die heilige Allianz ist hergestellt, das russische Reich hart an die deutsche Grenze vorgerückt, Deutschland der Kriegsschauplatz und seine Zukunft in der Gnade des Siegers.

Gestattet Deutschland dem französischen Heere den Durchzug, so ist dies eine Kriegserklärung gegen den Kaiser, welche derselbe mit dem Einrücken von 230000 Mann beantwortet, ehe die Franzosen noch einen Fuß über den Rhein gesetzt haben und während man in Potsdam noch wartet, für wen sich die deutsche Stimme entscheiden werde.

Die erste Nummer des Organs des Berliner deutschen Komitees zur Wiederherstellung Polens, 6. Mai 1848

widerstrebenden *Stammhaß* heraufbeschwor und in Stammkriegen von unerhörtem Greuel, von namenloser Barbarei eine Soldateska heranbildete, wie der Dreißigjährige Krieg sie kaum aufzuweisen hat.

In demselben Augenblick, wo die Deutschen um die innere Freiheit mit ihren Regierungen ringen, sie unter dem Kommando derselben Regierungen einen Kreuzzug gegen die Freiheit Polens, Böhmens, Italiens unternehmen lassen, welche Tiefe der Kombination! ... In revolutionärer Gärung begriffen, macht sich Deutschland nach außen Luft in einem *Krieg der Restauration*, in einem Feldzug *für* die Befestigung der alten Macht, *gegen* die es eben revolutioniert.«[93]

Die Demokratie übt Solidarität

Der Nationalismus der deutschen Bourgeoisie hat 1848 großen Schaden angerichtet. Er vergiftete die Beziehungen zwischen Deutschland und seinen Nachbarn. Vertan wurde so die Chance eines Sieges der bürgerlichen Demokratie in Mitteleuropa. Der Nationalismus blieb auch nicht ohne Einfluß auf bestimmte Kreise des Kleinbürgertums.

Die Mehrheit des deutschen Volkes aber vermochte er 1848/49 nicht zu verseuchen. Die Masse des demokratischen Kleinbürgertums, die politisch aktiven Teile der Bauernschaft und das zu politischem Bewußtsein gelangte deutsche Proletariat blieben den Prinzipien der Solidarität mit dem Kampf der unterdrückten Nationen treu. Die deutschen Demokraten stemmten sich mit aller Kraft der chauvinistischen Hetze entgegen, die die Bourgeoisie seit April 1848 betrieb. Das Wort der »Neuen Rheinischen Zeitung« traf zu: »Die große Masse des deutschen Mittelstandes aber und der Arbeiterklasse begreift oder fühlt in der Freiheit der benachbarten Völker die Garantie der eigenen Freiheit.«[94]

Die Mehrzahl der kleinbürgerlich-demokratischen Vereine trat auch in der Zeit, als der »nationale Egoismus« in Deutschland hohe Wellen schlug, für die Rechte der von Deutschland unterdrückten Völker ein und bekannte sich zu deren Freiheitskampf. Als Anfang April Polens kaum eroberte Freiheit durch die Intrigen der preußischen Regierung und das Eingreifen des Militärs in tödlicher Gefahr war, riefen kleinbürgerliche Demokraten in Berlin, in Leipzig, Dresden und an vielen anderen Orten Polenkomitees ins Leben und führten einen energischen Kampf gegen die Polenhetze der Reaktionäre und Liberalen. In Berlin beschlossen Demokraten sogar die Bildung eines Freikorps, das Polen zu Hilfe eilen sollte. »Der erste Schritt in unsere eigne Freiheit sei«, so bekannte das Berliner Polenmanifest vom 23. April 1848, »daß wir aufhören, uns zu Henkern fremder Nationen zu machen.«[95] Aber nicht nur für Polens Freiheit, auch für die Freiheit der Italiener, Ungarn und der Slawen überhaupt erhoben die Vereine ihre Stimme. Die entschiedenen Demokraten begriffen sehr genau, daß die Unterdrückung der fremden Nationen auch eine Unterdrückung der eigenen Freiheit bedeutet. »*Italien, Polen* und die *Slawen*stämme wollen frei sein, so gut wie wir selbst, und wir betrachten die Streiche, welche gegen diese unsere Brüder gerichtet werden, als gegen unsere eigene Freiheit zum Vorteil des Absolutismus geführt, und glauben nicht, daß die Vertreter des souveränen Volkes mit diesen reaktionären Bestrebungen der jetzigen Diplomatie einverstanden sind«, schrieb der Breslauer Allgemeine Landwehrverein Mitte August 1848 in einer Adresse an die Frankfurter Nationalversammlung. »Wir protestieren daher gegen jeden Krieg mit *Frankreich, Italien* und den *Südslawen* und verlangen die Befreiung *Polens.*«[96] Zugleich forderten viele kleinbürgerliche Demokraten wie die Breslauer Landwehrmänner einen revolutionären Krieg gegen den Zarismus, den Hort der europäischen Konterrevolution.

Auch in den Parlamenten in Frankfurt und Berlin widersetzte sich die Masse der kleinbürgerlich-demokratischen Abgeordneten dem nationalistischen Geheul von Bourgeoisliberalen und Konservativen und stand unerschrocken ein für die Rechte der unterdrückten Nationen. Die Frankfurter Polendebatte von Ende Juli 1848 gab der kleinbürgerlichen Demokratie vor allem Gelegenheit, ihr außenpolitisches Konzept vorzutragen. Die Hauptredner der Linken waren Arnold Ruge und Robert Blum.

Der polnischen Frage wiesen sie zu Recht einen zentralen Platz in den außenpolitischen Beziehungen Deutschlands zu.[97] Gewiß erfaßten die kleinbürgerlichen Demokraten nicht alle Seiten dieses Problems. Die Notwendigkeit, Polen wiederherzustellen, leiteten sie mehr aus allgemeinen Gerechtigkeitsprinzipien ab denn aus der objektiven Stellung dieses Landes im europäischen Kräfteringen zwischen Revolution und Konterrevolution. Nur unscharf erkannten sie den Zusammenhang zwischen Polens Freiheit und einem revolutionären Krieg der Völker gegen den Zarismus. Statt dessen vertrauten viele Demokraten auf eine Allianz mit dem bourgeoisen Frankreich und redeten einer allgemeinen Völkerverbrüderung das Wort. Auch blieb den meisten die innere Gesetzmäßigkeit der polnischen Revolution, die Verknüpfung des Kampfes um nationale Unabhängigkeit mit der Eroberung demokratischer Zustände vor allem auf dem Lande, verborgen. Aber das alles minderte nicht das kompromißlose Eintreten für ein freies, unabhängiges Polen. Die Konstituierung eines selbständigen polnischen Staates galt ihnen als unverrückbares Ziel.

Den Zusammenhang zwischen polnischer Unabhängigkeit und deutscher Revolution begriff der Vertreter der äußersten Linken, der schlesische Demokrat Franz Schmidt, am klarsten, als er den eigentlichen Sinn der preußischen Polenpolitik nach dem März 1848 enthüllte. Er sprach offen aus, daß dies ein frontaler Angriff auf die souveräne Kompetenz des Vorparlaments war. Falls die Nationalversammlung diese Annexion polnischer Gebiete billige, entmündige sie sich faktisch selbst und stelle auch die in der Märzrevolution eroberten demokratischen Rechte und Freiheiten in Deutschland in Frage. »Stoßen Sie erst *einmal* auf Grund einer Kabinettsordre einen Beschluß des Vorparlaments um, so liegt die Konsequenz nicht fern, dem Vorparlament jede Kompetenz abzusprechen, dem Vorparlament und allem, was daraus hervorgegangen.«[98]

Das außenpolitische Programm der Kommunisten

Am entschiedensten verfochten die Interessen der um ihre Freiheit ringenden fremden Nationen in Deutschland die politischen Repräsentanten der Arbeiterklasse, die Kommunisten. Schon am Vorabend der Revolution hatten Marx und Engels der nationalen Unterdrückungspolitik der herrschenden Klassen Deutschlands das Grundprinzip einer revolutionär-demokratischen deutschen Außenpolitik entgegengestellt: »Eine Nation kann nicht frei werden und zugleich fortfahren, andre Nationen zu unterdrücken.«[99] Diesem Grundsatz getreu, traten die deutschen Kommunisten und ihr Organ, die »Neue Rheinische Zeitung«, vom ersten Tage an für alle jene Völker ein, die den Kampf um ihre nationale Unabhängigkeit und um bürgerliche Demokratie aufgenommen hatten. »Trotz des patriotischen Geheuls und Getrommels fast der ganzen deutschen Presse hat die ›*Neue Rheinische Zeitung*‹ vom ersten Augenblick an in Posen für die Polen, in Italien für die Italiener, in Böhmen für die Tschechen Partei ergriffen.«[100] Die Befreiung der von Deutschland unterdrückten Nationen erschien ihnen als das erste und wichtigste außenpolitische Gebot. »Jetzt, wo die Deutschen das eigene Joch abschütteln«, schrieb die »Neue Rheinische Zeitung« in einem Leitartikel zur »auswärtigen deutschen Politik«, »muß sich auch ihre ganze Politik dem Auslande gegenüber ändern, oder in den Fesseln, womit wir fremde Völker umketten, nehmen wir unsere eigene junge, fast nur erst geahnte Freiheit gefangen. Deutschland

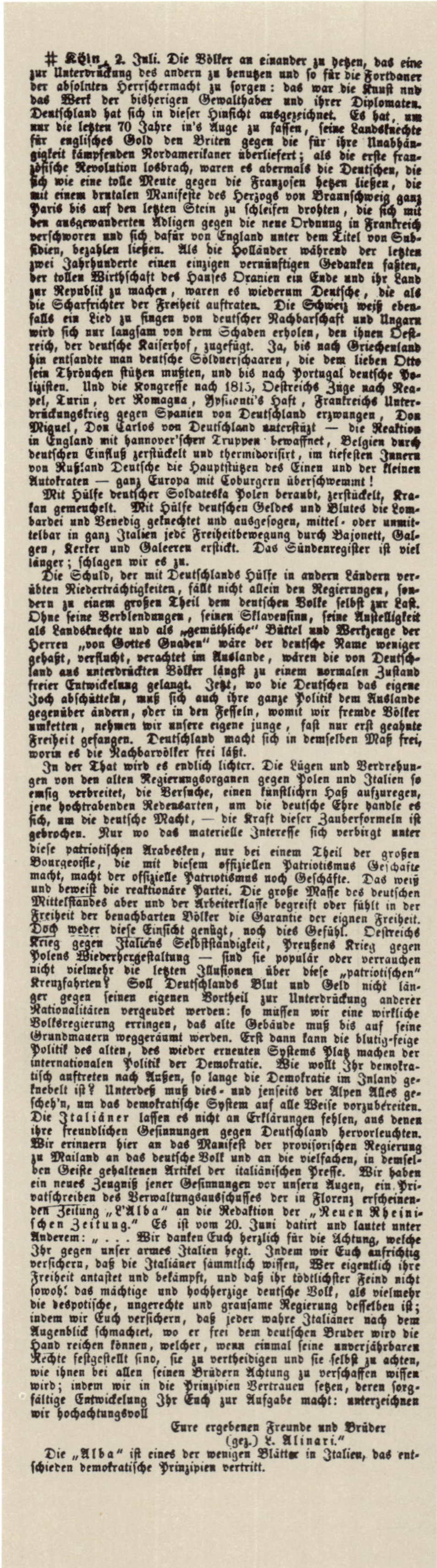

Köln, 2. Juli. Die Völker an einander zu hetzen, das eine zur Unterdrückung des andern zu benutzen und so für die Fortdauer der absoluten Herrschermacht zu sorgen: das war die Kunst und das Werk der bisherigen Gewalthaber und ihrer Diplomaten. Deutschland hat sich in dieser Hinsicht ausgezeichnet. Es hat, um nur die letzten 70 Jahre in's Auge zu fassen, seine Landsknechte für englisches Gold den Briten gegen die für ihre Unabhängigkeit kämpfenden Nordamerikaner überliefert; als die erste französische Revolution losbrach, waren es abermals die Deutschen, die sich wie eine tolle Meute gegen die Franzosen hetzen ließen, die mit einem brutalen Manifeste des Herzogs von Braunschweig ganz Paris bis auf den letzten Stein zu schleifen drohten, die sich mit den ausgewanderten Adligen gegen die neue Ordnung in Frankreich verschworen und sich dafür von England unter dem Titel von Subsidien, bezahlen ließen. Als die Holländer während der letzten zwei Jahrhunderte einen einzigen vernünftigen Gedanken faßten, der tollen Wirthschaft des Hauses Oranien ein Ende und ihr Land zur Republik zu machen, waren es wiederum Deutsche, die als die Scharfrichter der Freiheit auftraten. Die Schweiz weiß ebenfalls ein Lied zu singen von deutscher Nachbarschaft und Ungarn wird sich nur langsam von dem Schaden erholen, den ihnen Oestreich, der deutsche Kaiserhof, zugefügt. Ja, bis nach Griechenland hin entsandte man deutsche Söldnerschaaren, die dem lieben Otto sein Thrönchen stützen mußten, und bis nach Portugal deutsche Polizisten. Und die Kongresse nach 1815, Oestreichs Züge nach Neapel, Turin, der Romagna, Ypsilonti's Haft, Frankreichs Unterdrückungskrieg gegen Spanien von Deutschland erzwungen, Don Miguel, Don Carlos von Deutschland unterstützt — die Reaktion in England mit hannover'schen Truppen bewaffnet, Belgien durch deutschen Einfluß zerstückelt und thermidorisirt, im tiefesten Innern von Rußland Deutsche die Hauptstützen des Einen und der kleinen Autokraten — ganz Europa mit Coburgern überschwemmt!

Mit Hülfe deutscher Soldateska Polen beraubt, zerstückelt, Krakau gemeuchelt. Mit Hülfe deutschen Geldes und Blutes die Lombardei und Venedig geknechtet und ausgesogen, mittel- oder unmittelbar in ganz Italien jede Freiheitbewegung durch Bajonett, Galgen, Kerker und Galeeren erstickt. Das Sündenregister ist viel länger; schlagen wir es zu.

Die Schuld, der mit Deutschlands Hülfe in andern Ländern verübten Niederträchtigkeiten, fällt nicht allein den Regierungen, sondern zu einem großen Theil dem deutschen Volke selbst zur Last. Ohne seine Verblendungen, seinen Sklavensinn, seine Anstelligkeit als Landsknechte und als „gemüthliche" Büttel und Werkzeuge der Herren „von Gottes Gnaden" wäre der deutsche Name weniger gehaßt, verflucht, verachtet im Auslande, wären die von Deutschland aus unterdrückten Völker längst zu einem normalen Zustand freier Entwickelung gelangt. Jetzt, wo die Deutschen das eigene Joch abschütteln, muß sich auch ihre ganze Politik dem Auslande gegenüber ändern, oder in den Fesseln, womit wir fremde Völker umketten, nehmen wir unsere eigene junge, fast nur erst geahnte Freiheit gefangen. Deutschland macht sich in demselben Maß frei, worin es die Nachbarvölker frei läßt.

In der That wird es endlich lichter. Die Lügen und Verdrehungen von den alten Regierungsorganen gegen Polen und Italien so emsig verbreitet, die Versuche, einen künstlichen Haß aufzuregen, jene hochtrabenden Redensarten, um die deutsche Ehre handle es sich, um die deutsche Macht, — die Kraft dieser Zauberformeln ist gebrochen. Nur wo das materielle Interesse sich verbirgt unter diese patriotischen Arabesken, nur bei einem Theil der großen Bourgeoisie, die mit diesem offiziellen Patriotismus Geschäfte macht, macht der offizielle Patriotismus noch Geschäfte. Das weiß und beweist die reaktionäre Partei. Die große Masse des deutschen Mittelstandes aber und der Arbeiterklasse begreift oder fühlt in der Freiheit der benachbarten Völker die Garantie der eignen Freiheit. Doch weder diese Einsicht genügt, noch dies Gefühl. Oestreichs Krieg gegen Italiens Selbstständigkeit, Preußens Krieg gegen Polens Wiederhergestaltung — sind sie populär oder verrauchen nicht vielmehr die letzten Illusionen über diese „patriotischen" Kreuzfahrten? Soll Deutschlands Blut und Geld nicht länger gegen seinen eigenen Vortheil zur Unterdrückung anderer Nationalitäten vergeudet werden: so müssen wir eine wirkliche Volksregierung erringen, das alte Gebäude muß bis auf seine Grundmauern weggeräumt werden. Erst dann kann die blutig-feige Politik des alten, des wieder erneuten Systems Platz machen der internationalen Politik der Demokratie. Wie wollt Ihr demokratisch auftreten nach Außen, so lange die Demokratie im Inland geknebelt ist? Unterdeß muß dies- und jenseits der Alpen Alles gescheh'n, um das demokratische System auf alle Weise vorzubereiten. Die Italiäner lassen es nicht an Erklärungen fehlen, aus denen ihre freundlichen Gesinnungen gegen Deutschland hervorleuchten. Wir erinnern hier an das Manifest der provisorischen Regierung zu Mailand an das deutsche Volk und an die vielfachen, in demselben Geiste gehaltenen Artikel der italiänischen Presse. Wir haben ein neues Zeugniß jener Gesinnungen vor unsern Augen, ein Privatschreiben des Verwaltungsausschusses der in Florenz erscheinenden Zeitung „L'Alba" an die Redaktion der „Neuen Rheinischen Zeitung." Es ist vom 20. Juni datirt und lautet unter Anderem: „... Wir danken Euch herzlich für die Achtung, welche Ihr gegen unser armes Italien hegt. Indem wir Euch aufrichtig versichern, daß die Italiäner sämmtlich wissen, Wer eigentlich ihre Freiheit antastet und bekämpft, und daß ihr tödtlichster Feind nicht sowohl das mächtige und hochherzige deutsche Volk, als vielmehr die despotische, ungerechte und grausame Regierung desselben ist; indem wir Euch versichern, daß jeder wahre Italiäner nach dem Augenblick schmachtet, wo er frei dem deutschen Bruder wird die Hand reichen können, welcher, wenn einmal seine unverjährbaren Rechte festgestellt sind, sie zu vertheidigen und sie selbst zu achten, wie ihnen bei allen seinen Brüdern Achtung zu verschaffen wissen wird; indem wir in die Prinzipien Vertrauen setzen, deren sorgfältige Entwickelung Ihr Euch zur Aufgabe macht: unterzeichnen wir hochachtungsvoll

Eure ergebenen Freunde und Brüder
(gez.) L. Alinari."

Die „Alba" ist eines der wenigen Blätter in Italien, das entschieden demokratische Prinzipien vertritt.

»Auswärtige deutsche Politik« von Friedrich Engels. Montage des Textes aus der »Neuen Rheinischen Zeitung«, 3. Juli 1848

macht sich in demselben Maße frei, worin es die Nachbarvölker freiläßt.«[101] Der Kampf um konsequent demokratische Verhältnisse im Innern Deutschlands und das Ringen um die Befreiung der unterdrückten Nationen bildeten für Marx und Engels eine Einheit; sie bedingten einander und wirkten wechselseitig aufeinander ein.

Uneingeschränkt unterstützten die deutschen Kommunisten die italienische Unabhängigkeitsbewegung, in der sie einen direkten Bundesgenossen der deutschen Revolution sahen. »Wir werden die Sache der italienischen Unabhängigkeit verteidigen und den österreichischen Despotismus in Italien genau wie in Deutschland und Polen auf Tod und Leben bekämpfen ...«, versicherte Marx in einem Brief an den Redakteur der italienischen Zeitung »L'Alba«. »Aus diesem Grunde werden wir fordern, daß die brutale österreichische Soldateska unverzüglich Italien verläßt und das italienische Volk ohne jede Bevormundung eine Regierungsform wählen kann, die seinem Willen entspricht.«[102]

Ebenso stellte sich die »Neue Rheinische Zeitung« konsequent auf die Seite der Ungarn, die sich vom Habsburger Reich losgesagt hatten und einen entschlossenen revolutionären Krieg gegen die österreichische Konterrevolution führten. Auch der tschechischen Nationalbewegung und den Bestrebungen der Südslawen brachte die Zeitung zunächst volle Sympathie entgegen. Doch wandelte sich ihre Haltung, als die nationalen Bewegungen dieser Völker vor allem nach der Niederlage des Prager Aufstands infolge der nationalistischen Politik der deutschen Bourgeoisie und des ungarischen Kleinadels nicht mehr einen demokratischen Kampf gegen die Reaktion führten, sondern die »Nationalität *vor der Revolution*«[103] rangieren ließen und zu Stützen der österreichischen Konterrevolution wurden.

Marx' und Engels' Stellung zu den nationalen Bewegungen ergab sich nicht aus allgemeinen moralischen Gerechtigkeitsvorstellungen, sondern aus dem Charakter und der Rolle dieser Bewegungen in der großen Auseinandersetzung um den Sieg der bürgerlichen Demokratie in Europa. Entscheidend war für sie nicht die Nationalität an sich, sondern der jeweilige Klasseninhalt der nationalen Bestrebungen. Wenn diese von reaktionären Kräften geprägt wurden oder der Konterrevolution dienten, dann lag es im Interesse der Revolution, solche

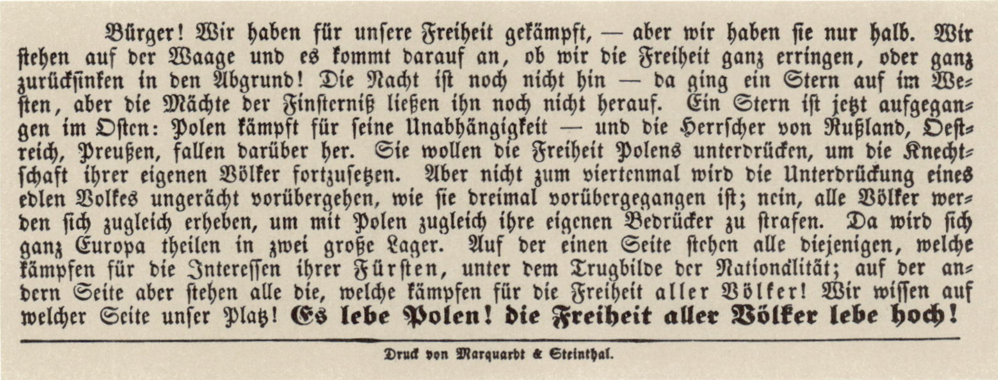

Bürger! Wir haben für unsere Freiheit gekämpft, — aber wir haben sie nur halb. Wir stehen auf der Waage und es kommt darauf an, ob wir die Freiheit ganz erringen, oder ganz zurücksinken in den Abgrund! Die Nacht ist noch nicht hin — da ging ein Stern auf im Westen, aber die Mächte der Finsterniß ließen ihn noch nicht herauf. Ein Stern ist jetzt aufgegangen im Osten: Polen kämpft für seine Unabhängigkeit — und die Herrscher von Rußland, Oestreich, Preußen, fallen darüber her. Sie wollen die Freiheit Polens unterdrücken, um die Knechtschaft ihrer eigenen Völker fortzusetzen. Aber nicht zum viertenmal wird die Unterdrückung eines edlen Volkes ungerächt vorübergehen, wie sie dreimal vorübergegangen ist; nein, alle Völker werden sich zugleich erheben, um mit Polen zugleich ihre eigenen Bedrücker zu strafen. Da wird sich ganz Europa theilen in zwei große Lager. Auf der einen Seite stehen alle diejenigen, welche kämpfen für die Interessen ihrer Fürsten, unter dem Trugbilde der Nationalität; auf der andern Seite aber stehen alle die, welche kämpfen für die Freiheit aller Völker! Wir wissen auf welcher Seite unser Platz! **Es lebe Polen! die Freiheit aller Völker lebe hoch!**

Druck von Marquardt & Steinthal.

Aus dem »Volksfreund« (Berlin), 1848

Nationalbewegungen energisch zu bekämpfen. Das war bei der Bewegung der Tschechen nach dem Prager Aufstand und der der Südslawen 1848/49 notwendig.

Demgegenüber gebot das Interesse der europäischen Revolution die besondere Unterstützung des polnischen nationalen Befreiungskampfes. Polen war schon auf Grund seiner politischen Stellung als ein von Rußland, Preußen und Österreich gemeinsam unterdrücktes Land revolutionär gegen das ganze System der europäischen Reaktionsherrschaft. Hinzu kam, daß die polnische nationale Bewegung einen ausgeprägt antifeudalen, demokratischen Charakter trug, »der Kampf für die Unabhängigkeit Polens zugleich der Kampf der *agrarischen Demokratie* ... gegen den *patriarchalisch-feudalen Absolutismus*«[104] war. Daraus erklärt sich, daß die Kommunisten mit großer Entschiedenheit für den Kampf des polnischen Volkes um die Wiedererlangung seiner nationalstaatlichen Existenz eintraten. »Die Herstellung eines demokratischen Polens ist die erste Bedingung der Herstellung eines demokratischen Deutschlands«[105], schrieb Engels in seiner bekannten Artikelserie über die »Polendebatte in Frankfurt«. Aber Polens Freiheit bedeutete mehr. Sie war zugleich der Sieg der Demokratie in Mitteleuropa. Denn sie war nur zu erreichen durch einen siegreichen revolutionären Volkskrieg gegen den Zarismus.

Befreiung Polens und Krieg gegen den Zarismus waren für Marx und Engels daher als Forderungen untrennbar miteinander verbunden. Eins bedingte das andere. Bei-

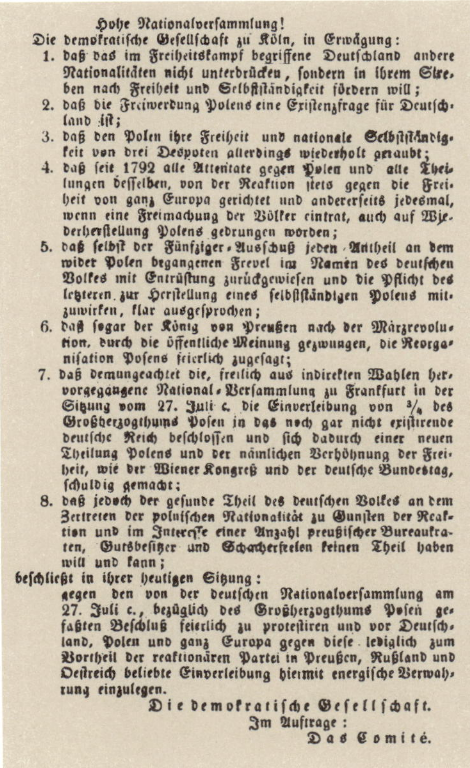

Hohe Nationalversammlung!

Die demokratische Gesellschaft zu Köln, in Erwägung:

1. daß das im Freiheitskampf begriffene Deutschland andere Nationalitäten nicht unterdrücken, sondern in ihrem Streben nach Freiheit und Selbstständigkeit fördern will;
2. daß die Freiwerdung Polens eine Existenzfrage für Deutschland ist;
3. daß den Polen ihre Freiheit und nationale Selbstständigkeit von drei Despoten allerdings wiederholt geraubt;
4. daß seit 1792 alle Attentate gegen Polen und alle Theilungen desselben, von der Reaktion stets gegen die Freiheit von ganz Europa gerichtet und andererseits jedesmal, wenn eine Freimachung der Völker eintrat, auch auf Wiederherstellung Polens gedrungen worden;
5. daß selbst der Fünfziger-Ausschuß jeden Antheil an dem wider Polen begangenen Frevel im Namen des deutschen Volkes mit Entrüstung zurückgewiesen und die Pflicht des letzteren zur Herstellung eines selbstständigen Polens mitzuwirken, klar ausgesprochen;
6. daß sogar der König von Preußen nach der Märzrevolution, durch die öffentliche Meinung gezwungen, die Reorganisation Posens feierlich zugesagt;
7. daß demungeachtet die, freilich aus indirekten Wahlen hervorgegangene National-Versammlung zu Frankfurt in der Sitzung vom 27. Juli c. die Einverleibung von 3/4 des Großherzogthums Posen in das noch gar nicht existirende deutsche Reich beschlossen und sich dadurch einer neuen Theilung Polens und der nämlichen Verhöhnung der Freiheit, wie der Wiener Kongreß und der deutsche Bundestag, schuldig gemacht;
8. daß jedoch der gesunde Theil des deutschen Volkes an dem Zertreten der polnischen Nationalität zu Gunsten der Reaktion und im Interesse einer Anzahl preußischer Bureaukraten, Gutsbesitzer und Schacherseelen keinen Theil haben will und kann;

beschließt in ihrer heutigen Sitzung:

gegen den von der deutschen Nationalversammlung am 27. Juli c., bezüglich des Großherzogthums Posen gefaßten Beschluß feierlich zu protestiren und vor Deutschland, Polen und ganz Europa gegen diese lediglich zum Vortheil der reaktionären Partei in Preußen, Rußland und Oestreich beliebte Einverleibung hiermit energische Verwahrung einzulegen.

Die demokratische Gesellschaft.
Im Auftrage:
Das Comité.

Protestadresse der Demokratischen Gesellschaft in Köln. Montage des Textes aus der »Neuen Rheinischen Zeitung«, 13. August 1848

Zar Nikolaus I.

des aber war der Schlüssel zum Sturz der Reaktionsherrschaft in Europa wie zum Sieg der Revolution in Deutschland. Einen Krieg der europäischen Völker gegen den Zarismus betrachteten Marx und Engels als den einzig wirklich revolutionären Krieg, für den sie uneingeschränkt eintraten. »Nur der *Krieg mit Rußland* ist ein Krieg des *revolutionären Deutschlands*«, schrieb die »Neue Rheinische Zeitung« Mitte Juli 1848, »ein Krieg, worin es die Sünden der Vergangenheit abwaschen, worin es sich ermannen, worin es seine eigenen Autokraten besiegen kann, worin es, wie einem die Ketten langer, träger Sklaverei abschüttelnden Volke geziemt, die Propaganda der Zivilisation mit dem Opfer seiner Söhne erkauft und sich nach innen frei macht, indem es nach außen befreit.«[106] Von einem solchen Krieg erhofften Marx und Engels – die Erfahrungen der französischen Revolutionskriege von 1792 bis 1794 berücksichtigend – eine Radikalisierung der revolutionären Bewegung im Innern der einzelnen Länder und einen Sieg der konsequent demokratischen Elemente.

Die Losung des Volkskrieges gegen den Zarismus war 1848/49 revolutionär und progressiv. Sie verlor diesen Charakter in dem Maße, wie in Rußland eine revolutionäre demokratische Bewegung und dann vor allem eine selbständige Arbeiterbewegung heranwuchs und Rußland damit nicht mehr den Hort der europäischen Reaktion bildete. Sie wurde vollends zu einem reaktionären Panier, als die Arbeiterklasse in Rußland die Macht eroberte und das Land an die Spitze des gesellschaftlichen Fortschritts stellte.

Kapitel 4

Politischer Alltag und Kultur

Frei von polizeistaatlichen Fesseln

»Der Anblick Berlins heute, verglichen mit dem vor vierzehn Tagen, ist wahrhaft traumhaft. Überall Leben, überall Waffen, überall freie und öffentliche Rede. Ganz Berlin hängt voll deutscher Fahnen, und die Straßen haben dadurch ein außerordentlich buntes und belebtes Aussehen gewonnen ... Die Berliner selbst sind natürlich voll Siegesstolz ... das ist etwa ganz Neues und fast das Wichtigste bei dieser Sache, daß wir jetzt Selbstgefühl, Selbstachtung, Selbstvertrauen gewonnen haben. Diese Eigenschaften sind das erste Bedürfnis für die Selbstregierung, welche die einzige, der Völker würdige Form des Staates ausmacht.«[1] Was Rudolf Virchow, der nachmalige weltberühmte Mediziner, in diesem Brief vom 24. März 1848 seinem Vater über das von der Volkserhebung veränderte Gesicht der preußischen Metropole und über die Stimmung ihrer Bevölkerung schrieb, war charakteristisch für die Atmosphäre, die in den Monaten nach Beginn der Revolution in vielen deutschen Städten und auch in Landgemeinden herrschte.

Mit dem Märzsieg nahmen die Massen von der Straße Besitz. Die kleinlichen Zwänge und Verbote der vormärzlichen Bürokratie waren beseitigt, die Enge und Beschaulichkeit des ganz aufs Private gerichteten biedermeierlichen Lebensstils überwunden, und überall entstand eine rege politische Öffentlichkeit. Daß in den Städten mehrerer deutscher Länder die Bürger das ihnen bislang vorenthaltene Recht in Anspruch nehmen konnten, unbehelligt von der Polizei unter freiem Himmel zu rauchen, stellte ein bezeichnendes Kuriosum der deutschen Revolution dar. Wie in Revolutionen üblich, spielte sich ein bedeutender Teil des politischen Lebens des Volkes auf den Straßen und Plätzen ab. Überall gab es Demonstrationen, Kundgebungen, öffentliche Versammlungen, Aufläufe, aber auch Krawalle, Tumulte und Plänkeleien und Zusammenstöße mit der Polizei und der Bürgerwehr. Diese Aktionen prägten das Bild auf den Straßen der Städte und ließen den Lebensrhythmus ihrer Bewohner rascher pulsieren.

Deutsche Opposition.
Karikatur auf das Rauchverbot.
Lithographie

Ein neues Antlitz verlieh die Revolution vor allem den beiden größten deutschen Städten. Der Überlieferung von Zeitgenossen zufolge erhielt Berlin erst durch die ungehemmte Bewegungsfreiheit des Volkes großstädtisches Gepräge. Im Stadtbild spielte das früher dominierende Militär kaum noch eine Rolle. In der Straße Unter den Linden waren die Uniformen der flanierenden Offiziere und die rasch dahin eilenden Equipagen der Adelsaristokratie fast gänzlich verschwunden. Richard Wagner, der sich im Sommer 1848 in Wien aufhielt, erlebte die Donaumetropole als ein zweites Paris, als eine Weltstadt, die ihn durch ihre Heiterkeit und Schönheit, durch den Fahnenschmuck ihrer Straßen und die Vitalität ihrer lärmenden, diskutierenden und singenden Menschen beeindruckte.

Vielerorts wurden Formen, in denen sich das Volk politisch betätigte, zu Bestandteilen des alltäglichen Lebens. In zahlreichen Städten entwickelten sich die an bestimmten Plätzen abgehaltenen Volksversammlungen und Debattierzirkel zu Einrichtungen von Dauer. In Berlin, wo es mehrere sogenannte politische Ecken gab, versammelte sich allabendlich Unter den Linden an der Kranzler-Ecke eine Menschenmenge, um mit dem Eisenhändler Müller, einem rhetorischen Naturtalent, die politischen Tagesereignisse zu debattieren. Durch Maueranschläge und Flugblätter wurden Nachrichten und Informationen schnell in Umlauf gebracht. In Berlin beteiligten sich die zur städtischen Tradition gehörenden Eckensteher wirkungsvoll an der Verbreitung politischer Neuigkeiten.

Für Aufsehen sorgten die Katzenmusiken, damals auch Charivari genannt. Volkshaufen veranstalteten diese Lärmszenen vor

Arbeiter lesen Maueranschläge.
Holzstich, 1848

den Häusern jener, die sich durch ihre Feindschaft zur Revolution oder durch antidemokratische Einstellung mißliebig gemacht hatten und denen ein Denkzettel verpaßt werden sollte. Bei derartigen Auftritten gingen häufig auch Fensterscheiben zu Bruch, und meist wurde die Ruhe erst nach Alarmierung der Bürgerwehr wiederhergestellt. Häufig haben sich die Katzenmusiken, in denen sich eine Form des Volkszorns artikulierte, als erfolgreiche Druck- und Kampfmittel von Studenten, Arbeitern, Gesellen, Tagelöhnern und Dienstboten erwiesen. Ende März 1848 beispielsweise wurden damit im württembergischen Eßlingen drei städtische Beamte, der Bürgermeister, der Polizeikommissar und ein Bauinspektor, zur Niederlegung ihrer Ämter gezwungen.

Den Anstoß zu derartigen Aktionen, durch die Tausende und Zehntausende mobilisiert wurden, gaben häufig demokratische Vereine. Die Klubs und Vereine, deren Sitzungen in der Regel öffentlich waren, sprachen breite Volkskreise an und fanden große Resonanz. Erheblich war der Beitrag, den sie zur Ausbildung von politischem Bewußtsein, zur Weckung der Bereitschaft, am revolutionären Kampf teilzunehmen, und zur Überwindung von Standesdenken und Vorurteilen leisteten. Sie brachten Gleichgesinnte eines Gemeinwesens einander näher und vermittelten sozialen Kontakt. In den Vereinen war es üblich, sich mit »Bürger« anzusprechen, eine Gewohnheit, die man der Französischen Revolution

von 1789 entlehnt hatte. In Sachsen und Baden und in einigen Regionen anderer deutscher Staaten gab es kaum Städte ohne einen Volks- oder Vaterlandsverein. Besonders engmaschig war das Netz dieser Vereine in Sachsen, wo im Frühjahr 1849 jeder sechste erwachsene männliche Einwohner einem Vaterlandsverein angehörte. Zu Brennpunkten des politischen Lebens in Städten und Gemeinden wurden vor allem die Gast- und Wirtshäuser, denen die Revolution einen bislang nicht gekannten Zulauf bescherte. Vielerorts gehörten Wirte zum Kreis der einflußreichsten Demokraten.
Die politischen Vereine legten Wert darauf, bedeutende Anlässe, wie Jahrestage revolutionärer Geschehnisse der Geschichte, Geburtstage bedeutender Persönlichkeiten, Ereignisse der aktuellen Politik, festlich zu würdigen. Man wollte ihnen damit besondere Publizität verleihen und sie zu Sinnbildern der neuen Ordnung machen. Den Tag, an dem die Wahlen zur Frankfurter Nationalversammlung stattfanden, erklärten in einigen Städten die Vereine zum Feiertag. Er wurde mit Fahnenumzügen und Musik begangen. Zur Abreise nach Frankfurt (Main) gaben dem erwählten Abgeordneten häufig Tausende das Geleit. Zum Gedenken an das Hambacher Fest von 1832 veranstalteten am 28. Mai 1848 südwestdeutsche Demokraten eine große Kundgebung in Neustadt in der bayerischen Pfalz, auf der zwei Hambach-Veteranen auftraten und zur Menge sprachen und die Fahne von 1832 geschwenkt wurde.
Während der Revolution zeigten sich neue Züge im Äußeren und in der Kleidung der Menschen. Der Vollbart, der als Zeichen freiheitlicher Gesinnung galt, erfreute sich vor allem bei Demokraten und Republikanern großer Beliebtheit. In Mode gekommen war das Tragen der deutschen Farben schwarzrotgold an Hüten, auch der Frauen, und auf Schärpen. Der breitkrempige, aus weichem Filz gearbeitete und häufig mit einer Hahnenfeder geschmückte Schlapphut, der nach Friedrich Hecker als »Heckerhut« bezeichnet wurde, und der schwarze Kalabreser, eine italienische Hutform, verdrängten den steifen Zylinder, der als Signum überwundenen Philistertums in Verruf gekommen war. Mancherorts demonstrierten Demokraten ihre Verbundenheit mit den Arbeitern, indem sie sich deren Kleidung anpaßten und blaue oder grüne Blusen trugen.
Besondere Buntheit und Farbigkeit erhielten die Städte auch durch die Kolonnen der rot, blau oder grau uniformierten, mit Schärpen und Schnüren geschmückten und Säbel tragenden Bürgerwehrsoldaten. Die sich überwiegend aus dem Kleinbürgertum rekrutierenden Bürgerwehren und Kommunalgarden, auf die zu Beginn der Revolution breite Schichten des Volkes Einfluß besaßen, wurden zunehmend von der Bourgeoisie in ihren Dienst gestellt und von ihr als polizeiähnliche Organe zur Aufrechterhaltung von Ruhe und Ordnung und zum Schutz des Eigentums genutzt. Nachdem der anfängliche Enthusiasmus verflogen war, stöhnten viele Bürgerwehrmänner unter der Last des zeitaufwendigen Wachdienstes, der sie in ihrer Berufsarbeit behinderte. So zogen es im Sommer 1848 in Berlin zwei Drittel der 21 000 Mann zählenden Bürgerwehr vor, nicht mehr an den Einsatzplätzen zu erscheinen.
Viele Demonstrationen, mit denen die Massen in das revolutionäre Geschehen eingriffen, dienten der Abwehr konterrevolutionärer Anschläge und Komplotte und der Brandmarkung antinationaler Politik. Sie bekundeten die Entschlossenheit des Volkes, die Errungenschaften der Revolution zu sichern und auszubauen. Arbeiter und Kleinbürger unternahmen energische Bemühungen, um mit dem Privilegienwesen und mit undemokratischen Einrichtungen in der Verfassung und Verwaltung ihrer Orte und Gemeinden aufzuräumen und Veränderungen auf kommunalpolitischer Ebene zu erzwingen. Viele Bürger- und Kommunalvereine wurden ausschließlich zu diesem Zweck gegründet. Besonders erzürnt waren große Teile des Volkes über die auf Lebenszeit gewählten Stadträte und Bürgermeister, über die ungerechte Verteilung der Kommunalsteuern, die fehlende Öffentlichkeit bei den Beratungen der Stadt- und Gemeindevertreter. In zahlreichen Petitionen forderte man eine Reform des kommunalen Wahlrechts und eine Ausdehnung des Bürgerrechts auf alle Bewohner der Stadt. Auf dem Lande drängten Bauern und Landarbeiter auf Abschaffung der Vorrechte, die die Gutsherren bei der Gemeindeverwaltung, im Gerichtswesen und bei der Anstellung der Lehrer und Pfarrer besaßen. Nur selten wurden so durchgreifende Erfolge erzielt wie in Orten des Rhein-Main-Gebietes, wo Bürgerausschüsse und Volksräte die bisherigen Gemeindebehörden beiseite schoben und demokratische Änderungen durchsetzten.

Karikatur aus dem »Eulenspiegel«, 1848

Unter der arbeitenden Bevölkerung führte das Interesse an der Überwindung der Fürsten- und Adelsherrschaft und an der Erringung einer demokratischen Staatsordnung zu einem hohen Maß von politischer Übereinstimmung. Es bildete die Grundlage für ihr weitgehend gemeinsames Auftreten im Revolutionsalltag und für die Entwicklung demokratischen Bewußtseins. Neben diesen gemeinsamen Zügen, die durch die Revolution stark in den Vordergrund traten, bestand die von der ökonomischen Existenzweise bedingte und sich im Alltagsleben äußernde Klassendifferenzierung innerhalb der werktätigen Bevölkerung natürlich fort. Neben den alle arbeitenden Klassen verbindenden Alltagsproblemen der Revolution standen die spezifischen, auch von der Revolution beeinflußten oder geprägten politischen Alltagsprobleme jeder einzelnen Klasse und Schicht.

Im Banne fortdauernder sozialer Not

Die Erringung politischer Freiheiten brachte dem Volk keine Besserung seiner materiellen Lage. Auf der Bevölkerung lasteten nach wie vor die Auswirkungen der 1847 ausgebrochenen Wirtschaftskrise und die Folgen der schon länger anhaltenden, von der kapitalistischen Industrialisierung hervorgerufenen Strukturkrisen ganzer Gewerbezweige. Nach der Märzrevolution brachen noch immer Handelshäuser, Banken und Fabriken zusammen, schrumpfte der Handel, fehlte es an disponiblem Kapital und barem Geld, und angesichts der Unklarheit der politischen Verhältnisse verzichteten viele Unternehmer darauf, geschäftliche Initiative zu entwickeln und Investitionen zu tätigen. Das Wirtschaftsleben lag am Boden; erst in der zweiten Jahreshälfte 1848 trat eine leichte Aufwärtsentwicklung ein.

Im Alltag der arbeitenden Bevölkerung nahm die bittere Sorge um das tägliche Brot wie eh und je den zentralen Platz ein. Geändert hatte sich mit der Revolution allerdings ein wichtiger Umstand: Die Betroffenen verfügten jetzt über Mittel, ihre Lebenslage vor das Forum der politischen Öffentlichkeit zu bringen, Ausschüsse und Organisationen zu bilden, Forderungen an den Staat und die Unternehmer zu stellen und zur Selbsthilfe zu greifen.

Eine der schlimmsten Geißeln war für Zehntausende von Familien die Arbeitslosigkeit. Im Frühjahr 1848 hatte die Not solche Ausmaße angenommen, daß sich die Magistrate zahlreicher Städte gezwungen sahen, kostenlos Brot verteilen zu lassen und zu Geldsammlungen für weitere Hilfsaktionen aufzurufen. Aus Furcht vor einer Radikalisierung der beschäftigungslosen Arbeiter bewilligten sie Mittel, um Notstandsarbeiten verrichten zu lassen. In Berlin, Wien, Chemnitz und vielen größeren Städten wurden Zehntausende mit Erdarbeiten, bei der Bodenkultivierung und beim Straßen-, Kanal- und Eisenbahnbau beschäftigt. Unter dem Einfluß der demokratischen Bewegung traten diese Arbeiter trotz der auf ihnen lastenden Not immer selbstbewußter auf. Sie setzten sich entschieden gegen Lohnherabsetzungen wie auch gegen Beschimpfungen zur Wehr, und sie scheuten keine Konflikte mit dem Aufsichtspersonal. In Berlin lebte die Bourgeoisie einige Zeit in Furcht vor den sogenannten Rehbergern, Tagelöhnern und Fabrik- und Gelegenheitsarbeitern aus dem Vogtländischen Viertel, die Planierungsarbeiten in den nahe gelegenen Rehbergen durchführten. Sie gehörten zum revolutionären Flügel der Demokratie. Wiederholte Demonstrationen vor Rathäusern und Ministerwohnungen machten mit Nachdruck auf die Dringlichkeit der Arbeitsbeschaffung aufmerksam. Die sächsische Regierung, die den Ausbruch von Hungerunruhen befürchtete, hatte sich beeilt, Chemnitzer Unternehmern einen Kredit von 50 000 Talern zur Sicherung von Arbeitsplätzen zur Verfügung zu stellen.

Schwer drückte auf Arbeiter- und Handwerkerfamilien die Last der hohen Mieten. Nach dem Sturz Metternichs griffen in Wien die Bewohner ganzer Straßenzüge zu einem monatelangen Mietzahlungsboykott, den ein Komitee der Hausbesitzer lange vergeblich zu brechen suchte. Der Erlaß von Schulgeldrückständen und von Mietschulden gehörte zu den ersten Maßnahmen, die der Berliner Magistrat nach dem 18. März verkündete. Aus Verzweiflung über ihre Lage ließen sich vereinzelt Manufakturarbeiter und Angehörige solcher Berufe, die durch die Fortschritte der industriellen Revolution, die Entwicklung des Eisenbahnwesens und der Dampfschiffahrt ihre materielle Existenz bereits verloren hatten oder gefährdet sahen, dazu hinreißen, Maschinen zu zerstören und Anschläge gegen Einrichtungen der modernen Transportsysteme zu verüben. Aktionen dieser Art blieben jedoch auf die ersten Wochen der Revolution beschränkt.

Im Mittelpunkt des ökonomischen Klassenkampfes stand das Aufbegehren gegen niedrige Löhne, lange Arbeitszeit und schlechte Arbeitsbedingungen. Obwohl es zum Teil recht beträchtliche Unterschiede in der Entlohnung der einzelnen Arbeiterkategorien gab, erhob sich das durchschnittliche Einkommen kaum über das

Schuhmacherwohnung am Sonntagmorgen. Federzeichnung von Theodor Hosemann, 1845

Arbeiter 1848. Nach einer Zeichnung von A. v. Boddien

Tischlermeister und Hausbesitzer. Federzeichnung von Theodor Hosemann, 1853

Existenzminimum. Die Dauer der Arbeitszeit schwankte zwischen 12 und 17 Stunden täglich. Um deren Herabsetzung auf zehn Stunden petitionierten zahlreiche Arbeiterkomitees. Ein bezeichnendes Beispiel waren die Berliner Handlungsgehilfen, die täglich von 5 Uhr morgens bis 23 Uhr abends ohne Sonntagsruhe arbeiten mußten. Sie verlangten von ihren Prinzipalen, die Sonntagsarbeit abzuschaffen und es bei einer 14stündigen Arbeitszeit bewenden zu lassen. Trotz monatelanger Verhandlungen, bei denen die Handlungsgehilfen vorübergehend bei städtischen Vertretern Unterstützung fanden, erzielten sie keinen Erfolg.

In den ökonomisch fortgeschrittenen Gebieten Deutschlands gab es während der Revolution keine Stadt, in der nicht für kürzere oder längere Zeit Komitees oder Ausschüsse bestanden, die über die Wünsche, Beschwerden und Forderungen aus den Kreisen der arbeitenden Bevölkerung berieten und dringliche Empfehlungen und Eingaben an Stadtverwaltungen oder Regierungen richteten. Derartige Vereinigungen waren auf Initiative von Arbeitern und Gesellen oder auch auf Anregung der Behörden gegründet worden. Daß sich in Sachsen binnen weniger Wochen mehr als 700 Ausschüsse für die Erörterung der Gewerbs- und Arbeitsverhältnisse bildeten, macht das Ausmaß der sozialen Mißstände deutlich und zeigt zugleich, wie sehr die Massen in der Illusion befangen waren, die liberale Märzregierung würde arbeiterfreundliche Maßnahmen ergreifen.

In den ersten Monaten der Revolution war die Vorstellung von einer baldigen Hilfe »von oben« überall verbreitet. Es gab kaum eine Petition, in der nicht die Errichtung eines deutschen Arbeitsministeriums und die Bildung entsprechender Institutionen in den Einzelstaaten gefordert wurde. Vom Sieg der Revolution, von der demokratischen Regierung eines einheitlichen Deutschlands erwartete man Initiativen für die Herstellung sozialer Gerechtigkeit, den Beginn einer aktiven Sozialpolitik, die zu einer durchgreifenden Umgestaltung der sozialen Lebensbedingungen führen sollte. Die Ernüchterung, die mit dem Wandel des politischen Kräfteverhältnisses einsetzte, führte bei einem freilich zunächst noch kleinen Teil der Arbeiter und Handwerksgesellen zu der Einsicht, daß es, statt auf Zugeständnisse der Besitzenden zu hoffen, realistischer sei, sich in Gewerks- und Arbeitervereinen zu organisieren und auf die proletarische Selbsthilfe als dem einzigen Ausweg aus der sozialen Misere zu setzen.

Die kleine städtische Handwerkerschaft, die sich der akuten Gefahr ausgesetzt sah, von der kapitalistischen Entwicklung überrollt und durch die Konkurrenz der größeren Unternehmen vernichtet zu werden, stand in ihren sozialen Anschauungen und ihrer Lebensweise dem Proletariat nahe. Ihre Programme, mit denen sie sich zwecks Abhilfe ihrer Not an die Öffentlichkeit wandte, waren recht widerspruchsvoll. Sie enthielten einerseits demokratische Forderungen wie die Einführung progressiver Einkommens- und Vermögenssteuern und die Abschaffung bürokratischer Hemmnisse, wiesen andererseits in der Grundtendenz aber in eine reaktionär-zünftlerische Richtung und traten für die Aufhebung der Gewerbefreiheit und für eine Beseitigung oder Einschränkung der freien Konkurrenz ein. Die rückwärtsblickende Handwerkerbewegung konnte wohl in manchen kleineren Städten Einfluß gewinnen, hatte jedoch keine Aussicht, sich zu einem politisch ins Gewicht fallenden Faktor entwickeln zu können.

Anfänge einer politischen Arbeiterkultur

Unter den sozialen Gruppen und Schichten des Proletariats, die im Vormärz durch zum Teil große Unterschiede in ihrer Lebenslage, im Denken, Empfinden und Handeln isoliert voneinander waren, führte die Teilnahme an der Revolution zu engerer Kooperation, zur Überwindung hemmender Barrieren und zur Herausbildung gemeinsamer politischer Überzeugungen. Deutliche Konturen nahmen die Grundlagen eines gemeinsamen Klassenbewußtseins an.

Das galt allerdings nur für eine Minderheit von Arbeitern, für etwa 20 000 bis 30 000 Werktätige, deren Bildungsstand und geistige Beweglichkeit ihnen nicht nur die mehr oder weniger klare Erkenntnis ihrer eigenen Interessen ermöglichte, sondern die auch Verständnis für die Voraussetzungen und Bedingungen einer gründlichen Änderung ihrer Lage aufbrachten. Die überwiegende Mehrheit der in Zehntausende von Klein- und wenigen Mittelbetrieben zersplitterten Arbeiterklasse blieb auch während der Revolution in rückständigen Vorstellungen befangen, stand den politischen Auseinandersetzungen teilnahmslos gegenüber und verharrte in einer apolitischen Haltung.

Nur weniger Wochen revolutionärer Entwicklung hatte es bedurft, um Handwerker, proletarisierte Kleinhandwerker, Tagelöhner, Manufaktur- und Fabrikarbeiter erkennen zu lassen, daß es geboten ist, den politischen Ballast der Vergangenheit abzuwerfen, den Glauben an die Unerschütterlichkeit der monarchischen Ordnung, die anerzogene Bindung an die Fürstenhäuser, die Bevormundung durch liberale Bourgeois und die Abhängigkeit von lokalen Machthabern und Honoratioren. An den revolutionären Auseinandersetzungen nahmen viele fortgeschrittene Arbeiter als Demokraten teil, wobei die meisten dem sozialrepublikanischen Flügel der kleinbürgerlichen Demokratie nahestanden, aber deren Repräsentanten häufig an politischer Entschiedenheit übertrafen. Daß der Revolution in erster Linie die Aufgabe gestellt

Böttcher. Darstellung der von Winckelmann & Söhne in Berlin herausgegebenen Bilderbogen, um 1850

sei, die Lebensverhältnisse der arbeitenden Massen zu verbessern und soziale Änderungen zu erzwingen, war eine auch unter den fortgeschrittenen Arbeitern weit verbreitete Meinung.

Die erkämpfte politische Öffentlichkeit ließ das unterschiedliche Verhalten zutage treten, mit dem innerhalb der Arbeiterklasse auf die von der kapitalistischen Industrialisierung ausgelösten ökonomischen und sozialen Prozesse reagiert wurde. Unter den in Handwerksberufen beschäftigten Gesellen gab es einen erheblichen Teil, der sich unter dem Einfluß der sich formierenden Arbeiterbewegung proletarischen Positionen annäherte, während ein anderer Teil glaubte, noch eine Perspektive als selbständiger Handwerksmeister zu haben und rückständig-zünftlerischen Auffassungen nachhing. Die Arbeiter einiger Gewerke, die einen besonderen Berufsstolz besaßen und sich als eine Elite betrachteten, waren bestrebt, ihre traditionell herausgehobene Stellung auch unter den sich verändernden Bedingungen zu behaupten. Zu ihnen gehörten besonders erfahrene Facharbeiter im Baugewerbe und Angehörige von Berufen, die, wie die Buchdrucker, über einen relativ hohen Bildungsstand verfügten. Mit Geringschätzung sahen sie auf Hilfsarbeiter und Ungelernte herab, waren Gegner der gewerblichen Frauenarbeit und verhielten sich gegenüber Organisationsbestrebungen, die über die Berufsgrenzen hinweggriffen und auf die Einbeziehung aller Arbeiter abzielten, indifferent oder ablehnend.

Die Ausbildung wichtiger Formen einer eigenständigen Kultur der Arbeiter, wie sie sich auf breiter Basis während der Revolution entwickelte, war das Werk der in den Arbeitervereinen organisierten Arbeiter, bei denen es sich überwiegend um Handwerksgesellen, proletarisierte Handwerker und Manufakturarbeiter handelte. In den Auffassungen dieser ideologisch fortgeschrittenen Arbeiter nahm die Erkenntnis des Gegensatzes von Bourgeoisie und Proletariat und seiner Rolle in den gesellschaftlichen Auseinandersetzungen einen wichtigen Platz ein. Für sie war eine mehr oder weniger ausgeprägte antibourgeoise Einstellung charakteristisch, die aus den Erfahrungen mit den Ausbeutungspraktiken der Unternehmer und Meister, mit der überwiegend revolutionsfeindlichen Haltung des besitzenden Bürgertums und aus Einflüssen von aus Frankreich stammenden utopisch-sozialistischen Ideen resultierte.

Die Arbeiter, die in der Arbeiterverbrüderung organisiert waren, erstrebten eine allmähliche Verdrängung der Bourgeoisie und die schließliche Beseitigung der kapitalistischen Ordnung auf friedlichem Wege, durch die Gründung von Produktionsgenossenschaften, die auf proletarischer Selbsthilfe beruhen und vom demokratischen Staat der Zukunft gefördert werden sollten. Erste Genossenschaften traten Ende 1848 ins Leben und fanden zahlreiche Nachfolger. Das Grundprinzip, auf dem sie basierten, war die Solidarität der Arbeiter, das solidarische Zusammenstehen über Berufsgrenzen hinweg. Es hatte sich schon bei vielen Streikkämpfen bewährt, wirkte fördernd auf die Entwicklung des Klassenbewußtseins und lag allen Schritten und Aktionen zugrunde, die Arbeiter zur Stärkung ihrer Positionen und zur Erziehung ihrer Klassengenossen unternahmen.

Das Anfang 1849 von den Arbeitervereinen geschaffene und rasch nationale Dimensionen annehmende Netz von Wanderunterstützungskassen, die den Handwerksgesellen auf ihrer Suche nach Arbeit überall dort, wo es einen Verein gab, finanzielle Hilfe und Obdach sicherten, war eine lebhaft begrüßte Einrichtung, die vor dem Zwang des Bettelns schützte und das Selbstbewußtsein der Gesellen stärkte. Aus solidarischem und humanem Denken und aus dem Grundsatz der Selbsthilfe erwuchsen auch zahlreiche Gesundheitspflegevereine und Krankenkassen, die vor allem in Berlin große Bedeutung erlangten. Sie boten dem Arbeiter im Krankheitsfalle Unterstützung und erschwingliche ärztliche Versorgung.

Im Arbeiterleben während der Revolution hatten Geselligkeit und Frohsinn einen festen Platz. In vielen Vereinen, die wöchentlich zwei Versammlungen durchführten, blieb die Sonntagsveranstaltung der Unterhaltung vorbehalten, zu der auch die Teilnahme der Frauen aller Mitglieder erwünscht war. Gewählte Vergnügungskomitees sorgten für die Organisierung von Theater- und Musikdarbietungen, von Tanzveranstaltungen und unterhaltsamen oder belehrenden Vorträgen. Gern wurde in den Arbeitervereinen gesungen. Vielerorts gab es Chöre. Es war üblich, auch die Versammlungen der Vereine und die Kongresse der Arbeiterverbrüderung mit einem Lied zu beginnen. Die politischen Arbeiterlieder fußten auf den von Arbeitern geschriebenen Gedichten, die sich in großer Zahl in vielen Arbeiterblättern fanden. Ihr Grundmotiv ist die Aufforderung zur Einigkeit und Eintracht, die als Voraussetzung für die Gewinnung der Freiheit, von Gerechtigkeit und nationaler Einigung beschworen werden. Viele Arbeiterlieder sind von revolutionärem Geist geprägt, sie rufen zur Tat, zur Entschlossenheit auf, für die Freiheit das Leben einzusetzen und das Joch der Unterdrückung abzuwerfen. Einige der populären Gedichte, die zu Liedern wurden und Aufnahme in zeitgenössische Liedersammlungen gefunden haben, sind von Arbeiterfunktionären wie Heinrich Bauer, Ludwig Bisky und Johann Christian Lüchow, alles Mitglieder des Bundes der Kommunisten, verfaßt worden. Die ersten Verse des von Heinrich Bauer 1849 verfaßten Gedichtes »Auf, Proletarier, Arbeitsleute!« lauten:

»Auf, Proletarier, Arbeitsleute!
Auf, die ihr wirket Tag und Nacht!
Die Stunde schlägt, sie ruft zum Streite. —
Auf, Brüder, mutig in die Schlacht!
Auf, Brüder, mutig in die Schlacht!

Verlasset jetzt die Arbeitsstätten,
Landmann, verlasse deinen Pflug:
Es ist gewirkt, geschafft genug —
Wir wollen uns befrein von Ketten.

Auf, Proletarier all! Das Werk ist bald getan!
Steht Mann für Mann! es kommt zum Fall —
Der Freiheit Tag bricht an!

Frisch, Brüder, greifet zu den Waffen!
Uns mahnt zum Kampf die heil'ge Pflicht.
Laßt durch das Schwert uns Recht verschaffen,
Das letzte Heil im Schwerte liegt.
Das letzte Heil im Schwerte liegt.«[2]

Die fortgeschrittensten Arbeiter strebten mit Eifer nach Vergrößerung ihres Wissens. Auf mannigfache Weise versuchten die Vereine, diesem Bedürfnis zu entsprechen: durch Errichtung von Lesezirkeln, die Einrichtung einer kleinen Bibliothek, die Gründung von Sonntagsschulen für Lehrlinge und junge Arbeiter, um die schulische Allgemeinbildung und die berufliche Ausbildung zu ergänzen. Oft gründete sich dieses Bemühen auf die Überlegung, daß das Verständnis politischer Fragen ein Minimum an allgemeiner Bildung voraussetzt. Als seit Frühherbst 1848 eine wachsende Zahl von Arbeitervereinen von der bisherigen Ge-

Fest-Lieder
der
deutschen Arbeiter-Verbrüderung
zum 18. März 1849.

Titelseite einer von der Arbeiterverbrüderung zum Jahrestag der Märzrevolution in Berlin herausgegebenen Liedsammlung, 1849

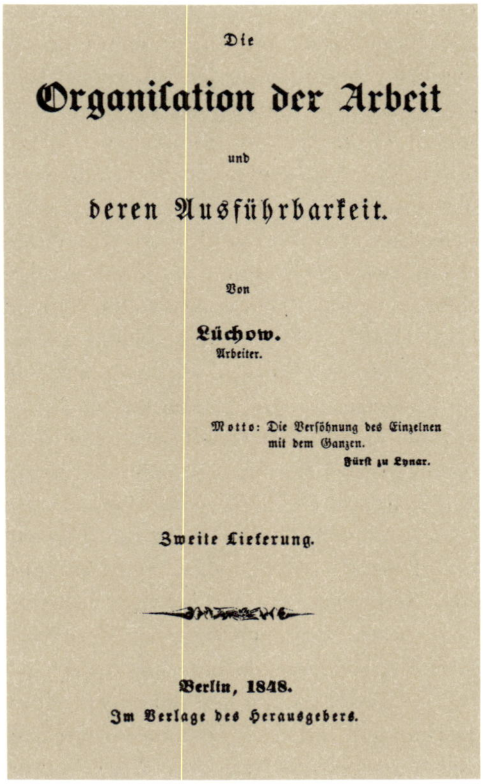
Die
Organisation der Arbeit
und
deren Ausführbarkeit.
Von
Lüchow.
Arbeiter.
Motto: Die Versöhnung des Einzelnen
mit dem Ganzen.
Fürst zu Lynar.
Zweite Lieferung.
Berlin, 1848.
Im Verlage des Herausgebers.

Titelseite der von dem in Berlin lebenden Schneider Christoph Lüchow, Mitglied des Bundes der Kommunisten, verfaßten Schrift mit seinen Gedanken zur Organisation der Arbeit, Mai 1848

pflogenheit, vorwiegend ökonomisch-soziale Belange zu erörtern, abrückte und die Politik in den Mittelpunkt der Vereinstätigkeit stellte, war die Voraussetzung für einen bedeutsamen Prozeß gegeben: für eine organisierte Selbsterziehung der Arbeiter zu politischem Denken. Die Politisierung der Vereine ließ unter den Arbeitern das Bewußtsein reifen, daß sie eine eigenständige, auch vom Kleinbürgertum unterschiedene Klasse sind und daß ihr Verhalten und ihr Engagement wesentlich sind für den Ausgang der Revolution.
Ein entwickeltes proletarisches Klassenbewußtsein besaß nur eine kleine Vorhut: die Mehrheit der Mitglieder des Bundes der Kommunisten. Vertraut mit Grundideen des Marxismus, gingen sie davon aus, daß nach dem Sieg der bürgerlich-demokratischen Revolution einzig die revolutionäre Entmachtung der Bourgeoisie unter der Führung des Proletariats den Weg zu einer neuen Ordnung, zum Sozialismus, öffnen kann. Über Arbeiterzeitungen und Flugschriften sowie durch die Tätigkeit von Bundesmitgliedern in vielen Arbeitervereinen hat kommunistisches Gedankengut Resonanz unter Arbeitern gefunden. Am stärksten war der marxistische Einfluß in Köln, wo Kommunisten seit Sommer 1848 an der Spitze des Arbeitervereins standen und in ihrer Meinungsbildung und ihrem Wirken von der »Neuen Rheinischen Zeitung« entscheidend unterstützt wurden.

Politisierungstendenzen bei Bauern und Landarbeitern

1848/49 traten auch im bäuerlichen Leben neue Erscheinungen und Elemente hervor. Während und nach der Märzrevolution hatte sich ein Teil der Landbevölkerung engagiert in den revolutionären Prozeß eingeschaltet. Ihre revolutionären Aktionen, die auf die völlige Beseitigung jedweder feudalen Unterdrückung gerichtet waren, untergruben die Adels- und Junkerherrschaft und attackierten die Hauptgegner des politischen Fortschritts. Sie waren indes spontan gewesen und ohne Fühlung mit der politischen Bewegung in den Städten erfolgt. Bei der in den Dörfern herrschenden geistigen Enge, Zurückgebliebenheit und Abgeschiedenheit fehlte notwendigerweise den Akteuren des bäuerlichen Klassenkampfes das Bewußtsein von der politischen Dimension ihres Handelns. Im vormärzlichen Deutschland war es Bauern und Landarbeitern, bedingt durch die Schwere ihrer Arbeit und ihres zumeist äußerst niedrigen Bildungsstandes unmöglich gewesen, klare politische oder gar demokratische Vorstellungen zu erlangen.
Im Verlauf der Revolution begann sich dieser Zustand allmählich zu ändern. Bereits während der Wahlbewegung im April 1848 gingen Liberale und Demokraten aufs Land, um die Dorfbevölkerung für ihre politischen Ziele und zur Stimmabgabe für ihre Kandidaten zu gewinnen. Mit dem Erstarken der demokratischen Bewegung im Laufe des Sommers zog vielerorts politisches Leben in die Dörfer und Gemeinden ein. Kleinbürgerliche Republikaner kamen als Agitatoren aus den Städten und organisierten Volksversammlungen, gründeten Vereine und verteilten Flugschriften. Die bäuerliche Bevölkerung begann, wenn auch regional sehr unterschiedlich, politisch zu erwachen und an den Auseinandersetzungen der Revolution teilzunehmen. Die Agitation der Demokraten fand einen vorbereiteten Boden. Tief enttäuscht war das Landvolk bald von den Märzministerien, die eine bauernfreundliche Agrargesetzgebung in Aussicht gestellt, aber wenig getan hatten, das Versprechen einzuhalten. Unter den Bauern gab es die Befürchtung, es könne eine politische Wende eintreten, in deren Gefolge die Adelskräfte wieder in den Besitz der Initiative gelangen und ihre Alleinherrschaft im Staat und ihre Macht über die Dörfer erneut errichten.
Die maßgeblichen Impulse für die Politisierung der Bauern kamen von den Republikanern. War die Agrarfrage am Beginn der Revolution von manchen Demokraten auch unterschätzt worden, so besaß deren radikaler Flügel mit der Losung von der entschädigungslosen Aufhebung aller Feudalverpflichtungen ein Konzept, das geeignet war, als Grundlage für ein politisches Bündnis mit der mittel- und kleinbäuerlichen Bevölkerung zu dienen. Erfolgreich gingen Republikaner daran, den naiven Monarchismus zu unterminieren, der für die Vorstellungswelt großer Teile der Bauern und Landarbeiter charakteristisch war. In Sachsen gaben die Kleinbauern des Vogtlandes und des Erzgebirges bei den Landtagswahlen im Dezember 1848 ihre Stimme Republikanern. Den dort auf den Dörfern ge-

Bauernversammlung. Satirische Darstellung aus den »Fliegenden Blättern«, 1848

gründeten Vaterlandsvereinen waren Tausende von Bauern beigetreten. Ähnlich war es in Baden, wo die im Frühjahr 1849 reorganisierten oder neu gegründeten Volksvereine in der kleinbäuerlichen Bevölkerung über eine feste Basis verfügten. Mit Unterstützung der Demokraten entstand in Schlesien die größte organisierte Bauernbewegung während der Revolution. Die schlesischen Rustikalvereine, die im September des Jahres 1848 gegründet wurden, umfaßten bald 200 000 Mitglieder. Sie waren eine agrarisch-ökonomische Interessenvertretung antijunkerlichen Charakters und standen bei allen politischen Entscheidungen an der Seite der demokratischen Kräfte.
Überall spielten Dorfschullehrer, die zumeist aktive Demokraten waren, bei der politischen Mobilisierung der Landbevölkerung eine besonders positive Rolle. Wichtig war auch der Einfluß der Presse. Die Revolution brachte erstmals viele Bauern in Kontakt mit der politischen Publizistik. Waren bislang Kalender, Almanache und religiöse Erbauungsschriften ihre einzige Lektüre, so wurden sie jetzt zu Lesern von politischen Tageszeitungen. In Nordwestdeutschland und anderswo bestand auf dem Lande die Gewohnheit, daß sich mehrere Familien ein Abonnement teilten und die Zeitung jeweils von Haus zu Haus weitergegeben wurde.
Der weitaus größte Teil der bäuerlichen Bevölkerung verblieb jedoch trotz der Revolution in politischer Indifferenz oder in Abhängigkeit von den Einflüssen der Junker. Dennoch hat es im 19. Jahrhundert zu keinem anderen Zeitpunkt eine so starke demokratische Bauernbewegung gegeben wie 1848/49. Sie entwickelte sich in Schlesien, in Süd- und Westsachsen, in Franken, in Rheinhessen, in Teilen von Thüringen und in Baden zu einer starken Stütze der demokratischen Bewegung.

Einige Bauernzeitungen aus der Revolution

Neue Deutsche Dorfzeitung.

(Probeblatt.)
Kreischaer Dorfzeitung.
Ein Wochenblatt,
für Sachsens Landbewohner.
Herausgeber und Redacteur: Dr. F. Theile in Lungwitz.

Der Aufschwung der Presse

Mit der Märzrevolution erhielt die Publizistik einen qualitativ neuen Platz im Leben der Gesellschaft. Die Presse leistete einen wesentlichen Beitrag zur politischen Mobilisierung der Bürger, zur Ausprägung politischer Haltungen und zur Formierung der Parteien. Er beruhte auf einem bislang nicht gekannten Lesebedürfnis, einem kaum zu befriedigenden Drang nach immer neuer Information. Ein neuer Abschnitt in der Entwicklung des deutschen Pressewesens begann.
Als die Zensur gefallen und die Publizität des freien Wortes erkämpft war, kam es innerhalb weniger Wochen zu bemerkenswerten Veränderungen in der Presse. Viele farblose Blätter, die von Zuwendungen der vormärzlichen Regierungen gelebt und ihren Lesern außer den amtlichen Verordnungen und Nachrichten nur Nichtigkeiten aus dem Theaterleben, der Literatur und der Mode geboten hatten, stellten ihr Erscheinen ein. Dieses Los teilte auch eine Anzahl der im Vormärz beliebten belletristischen Journale. Andere Zeitungen orientierten sich schnell an den veränderten Erfordernissen. Ihre Eigentümer beriefen neue Redaktionen oder neue Mitarbeiter und gaben ihren Blättern den Charakter politischer Organe. Zugleich schossen massenhaft neue Zeitungen aus dem Boden, deren Zahl in den ersten Revolutionsmonaten annähernd hundert betrug. Vor allem die bevorstehenden Wahlen zur Frankfurter und zur preußischen Nationalversammlung waren Anlaß für viele Zeitungsgründungen. Unter den neuen Blättern befanden sich anspruchsvolle, von bourgeoisen Geldgebern finanzierte oder auf Aktienbasis gegründete Zeitungen, die in einem bisher ungewohnten Großformat herauskamen.
Im Ergebnis dieser Veränderungen erhielt die Presse fast durchgängig einen politischen Zuschnitt. Über das Ausmaß der Politisierung geben zwei Zahlen Aufschluß: 1845 besaßen in Preußen von den 450 existierenden Zeitungen nur 42 einen — in der Regel regierungsfreundlich orientierten — politischen Teil, 1848 dagegen waren es allein in Berlin 90 der insgesamt 150 Blätter, die als politische Periodika bezeichnet werden können. Zu keinem anderen Zeitpunkt in den ersten zwei Dritteln des 19. Jahrhunderts war die Zahl der Presseorgane größer als 1848/49. Damals erschienen — im territorialen Rahmen des späteren Deutschen Reiches — 2 134 Zeitungen und Zeitschriften, eine Zahl, die um 300 höher lag als 1845 und die 1872 noch nicht wieder erreicht worden war.
Der Bürger sah sich einem eindrucksvollen Blätterwald gegenüber. Von Berlin und Wien, den herausragenden Zentren der deutschen Presse mit ihren jeweils über hundert Blättern, abgesehen, gab es in vielen größeren Städten immerhin ein bis zwei Dutzend Zeitungen, und selbst in einem so kleinen Städtchen wie dem sächsischen

Rochlitz erschienen sechs. Die Revolution ließ die Auflagenhöhe der meisten Zeitungen sprunghaft nach oben schnellen. In Berlin errang die neugegründete linksliberale »Nationalzeitung« auf Anhieb 11 000 Abonnenten. Die gemäßigt liberale »Vossische Zeitung«, das größte deutsche Blatt, steigerte die Zahl ihrer Leser von 20 000 auf 24 000. Und in der kurzen Zeit von Ende Februar bis Ende April 1848 hatte die liberale »Kölnische Zeitung« ihren Absatz von 9 500 auf 17 400 Exemplare erhöhen können.

Von Oehmigke & Riemenschneider herausgegebener Neuruppiner Bilderbogen, 1848

Ein zahlreiches und dankbares Publikum fanden in der Revolution die schon vorher bekannten Bilderbogen. Zumeist koloriert, stellten sie den Lesern und mehr noch den häufig des Lesens noch Unkundigen gravierende politische Ereignisse anschaulich vor. Neuruppin war die wichtigste Zentrale dieses beliebten Mediums. Zwei Verlage – Gustav Kühn und Oehmigke & Riemschneider, letzterer verfolgte eine deutliche demokratische Tendenz – belieferten ganz Deutschland mit ihren kolorierten Lithographien, von denen einige auch in das vorliegende Buch aufgenommen wurden. Aber auch aus Magdeburg, Mainz, München, Nürnberg und Stuttgart kamen solche Drucke, die politisches Tagesgeschehen abbildeten und damit eine Funktion ausfüllten, die in den folgenden Jahrzehnten zunehmend die Photographie übernahm.

Technische Neuerungen, die in der Polygraphie Eingang gefunden hatten und es ermöglichten, den Preis der Zeitungen erschwinglich zu halten, unterstützten die Expansion der Presse. Zu ihnen zählten die Schnellpresse, neue Schriftgießverfahren und die Bereitstellung billiger Papiersorten. Der erstmals in Schwung gekommene Straßenhandel erhöhte den Absatz.

Die Zeitungslektüre nahm einen beträchtlichen, weitaus größeren Platz als bisher in der Freizeit der Menschen ein. In der Gunst der Leser verdrängte die Zeitung nicht nur die Zeitschriften belletristischen Charakters, sondern auch die Bücher, über deren spürbar zurückgehenden Absatz die Buchhändler klagten. »Die Zeitungspresse nahm alles in Anspruch, es hatte niemand Zeit, etwas anderes zu lesen als Zeitungen«[3], urteilte ein Zeitgenosse. Schätzungen gehen davon aus, daß 1848/49 ein Viertel der Bevölkerung politische Zeitungen las. Zu berücksichtigen ist dabei, daß es in Preußen immer noch 20 Prozent Analphabeten gab und daß ein erheblicher Teil der Menschen auf Grund des niedrigen Bildungsstandes vom Zeitungslesen ausgeschlossen blieb. Arbeiter, für die die Kosten eines Abonnements zu hoch waren, konnten fast nur in Gasthäusern, Vereinslokalen und Lesehallen Zeitungen lesen. Erstmals war Zeitungslesen zur Gewohnheit der Massen geworden.

Die politischen Zeitungen trugen mehr oder weniger eindeutig Parteifarbe und ordneten sich einer politischen Strömung zu. In den mittleren und größeren Städten besaß die liberale Bourgeoisie gut redigierte große Organe von regionaler und vereinzelt auch von nationaler Bedeutung, mit denen sie die Meinungsbildung unter den Schichten der bürgerlichen Klassen bis hinein ins Kleinbürgertum steuerte. Der demokratischen Presse, zu der vor allem einige große und bekannte Zeitungen in Residenz- und Großstädten gehörten, gelang es, in beachtlichem Maße in kleineren Städten Fuß zu fassen. Ihre Hochburgen waren neben Wien vor allem Sachsen und Baden. Hinter den Zeitungen der kleinbürgerlichen Demokratie stand fast immer ein demokratischer Verein, auf dessen Initiative das Blatt meist auch ins Leben gerufen worden war. Zeugnisse seines Wirkens nahmen so auch in den Spalten des Organs einen vorrangigen Platz ein. Die reaktionär-junkerlichen Kräfte, die bisher die Volksmassen ignoriert oder verachtet hatten, bedienten sich nunmehr erstmals des wirkungsvollen Mediums Presse, um zu politischem Einfluß im Volke zu gelangen. Sie nutzten auch andere von der Revolution hervorgebrachte Mittel, wie Plakate, Karikaturen und Spottlieder, um politisch auf die Bevölkerung einzuwirken. Im Vergleich zum Pressepotential der Liberalen und der Demokraten waren die Zeitungen der konservativen Partei, die erst seit Sommer 1848 zu erscheinen begannen und von denen die »Kreuz-Zeitung« (»Neue Preußische Zeitung«) die bekannteste und einflußreichste war, jedoch von geringerer journalistischer Qualität und von nur begrenzter Resonanz.

Bot die Revolution der bürgerlichen und kleinbürgerlichen Journalistik neue Perspektiven, so schuf sie auch die Voraussetzungen dafür, daß die Arbeiterklasse erstmals auf deutschem Boden eigene Presseorgane gründen und eine proletarische Zeitungspublizistik ins Leben rufen konnte. Organe der proletarischen Bewegung, die von Wilhelm Weitling und von Karl Marx und Friedrich Engels entweder herausgegeben oder maßgeblich beeinflußt worden waren, hatten unter den vormärzlichen Verhältnissen nur in den Ländern der deutschen Emigration, in der Schweiz, in Frank-

Deutsche
Arbeiter-Zeitung.
Organ für Arbeiter und Arbeitgeber.
Erscheint: Für jetzt wöchentlich zwei Mal: Mittwoch und Sonnabend.
Bezug: Durch alle Postanstalten und Buchhandlungen des In- und Auslandes.
Redaktions-Comité:
Preis: Monatlich 5 Silbergroschen.
Bureau: Johannisstraße No. 4., wo auch Inserate, zu 1 Silbergroschen die Zeile, angenommen werden.
Herausgeber:

Allgemeine
Arbeiter-Zeitung.
Organ für die politischen und sozialen Interessen des arbeitenden Volkes, zugleich Zeitung des Arbeiter-Vereins zu Frankfurt a/M.
Redigirt unter Verantwortlichkeit des Verlegers von Eduard Pelz und Chr. Esselen.

Zeitung
des Arbeiter-Vereines zu Köln.
Freiheit, Brüderlichkeit, Arbeit.
Herausgegeben unter Verantwortlichkeit des Vorsitzenden.
Verleger und Drucker: J. A. Mermet, Cäcilienstraße Nr. 40–42.

Sonnabend — Nr. 12. — 15. Juli 1848.
Leipziger Arbeiter-Zeitung.
„Durch Bildung zur Freiheit, und durch diese zum Wohlstande."
Redigirt von
Fr. Hampel, Schlosser — L. Kirsinger, Tischler — O. Skrobek, Buchdrucker.

Arbeiter-Blatt.
Organ für die Interessen der arbeitenden Klasse.
Herausgegeben vom Arbeiter-Verein in Lennep.

Wöchentlich erscheint eine Nummer. Der Pränumerations-Preis beträgt für ein Vierteljahr 27 kr. od. 7½ Sg.
Allgemeine
Deutsche Arbeiter-Zeitung,
gegründet und herausgegeben
im Auftrag des ersten deutschen Arbeiter-Congresses zu Frankfurt a. M.,
unter verantwortlicher Redaktion von H. Nagel.
Man abonnirt bei jedem Postamt und direkt bei der Redaktion. Beiträge werden franko erbeten.

Vereins-Blatt
der
Maschinenbau-Arbeiter zu Berlin.
Im Jahre der Freiheit I.
Das Vereins-Blatt der Maschinenbau-Arbeiter erscheint vorerst wöchentlich einmal des Sonnabends. Der Abonnementspreis für Abonnenten außerhalb des Vereins beträgt monatlich 3 Sgr. Einzelne Nummern 1½ Sgr. Inserate pro Zeile 1½ Sgr.
Redactions-Comité: Schwink, Civil-Ingenieur. H. Eichel, Mechaniker. A. Krüger, Maschinenbauer.
Motto: Einer für Alle, Alle für Einen!

Arbeiterzeitungen aus der Revolution

+ Zeitung. In Buxtehude haben am 18. März Unruhen stattgefunden. Die verruchten Demokraten warfen bei einigen misliebigen Beamten die Fenster ein und lieferten dadurch aufs Neue den Beweis, daß wir nicht eher Frieden im Lande haben werden, als bis der Schlange der Demokratie der Kopf zertreten worden ist.

Neue Rheinische Zeitung. In Buxtehude haben am 18. März Unruhen stattgefunden. Die verruchten Reactionaire haben einige Bummler angestellt, welche bei mehrern der freisinnigsten Bürger der Stadt die Fenster einwerfen mußten, um Erbitterung unter der Demokratie zu erregen und dieselbe zu einem Putsch zu reizen; sie hatten aber falsch gerechnet und lieferten nur einen neuen Beweis, daß wir nicht eher Friede im Lande haben werden, als bis der Schlange der Reaction der Kopf zertreten worden ist.

Die freie Presse. Karikatur, 1848

reich und Belgien erscheinen können. 1848 entstanden mehr als ein Dutzend Arbeiterzeitungen. Ihnen fehlte aber im Vergleich zu bürgerlichen Blättern Geld; nur selten waren sie Tageszeitungen, meist erschienen sie in bescheidener Aufmachung, nur ein- oder zweimal in der Woche. Es ist nicht verwunderlich, wenn einige von ihnen nur kurze Zeit bestanden. Viele wurden von Arbeitervereinen herausgegeben oder erschienen mit deren Unterstützung wie die »Leipziger Arbeiter-Zeitung« oder die »Zeitung des Arbeitervereins zu Köln«, die immerhin in einer Auflage von 1 500 Exemplaren gedruckt wurde. Die vom Verband der Zigarrenarbeiter herausgegebene »Concordia« und der »Gutenberg«, das Organ der Buchdruckergehilfen, bildeten die Vorhut einer spezifischen Gewerkschaftspresse.

Eine Ausnahmestellung unter den Zeitungen der Arbeiterklasse nahm die »Neue Rheinische Zeitung« ein. Als Sprachrohr von Marx und Engels und des Bundes der Kommunisten wurde sie dank der Zusammensetzung ihrer Redaktion, der ausnahmslos führende Kommunisten angehörten, zur bedeutendsten Zeitung der Revolution. Sie bezeichnete sich zugleich als »Organ der Demokratie«, das die Interessen sowohl der Arbeiterklasse als auch der Bauern und des demokratischen Kleinbürgertums zur Geltung brachte und für deren Zusammenschluß im Kampf um revolutionär-demokratische Verhältnisse focht. Die Delegierten des ersten Demokratenkongresses im Juni 1848 in Frankfurt (Main) hatten die »Neue Rheinische« zu einem der drei Hauptorgane der demokratischen Bewegung Deutschlands bestimmt. Vielerorts lag die »Neue Rheinische Zeitung« in den von Arbeitern besuchten Lesehallen und Lokalen aus, und demokratische Zeitungen wie verschiedene Arbeiterblätter druckten häufig ihre Leitartikel und Korrespondenzen nach. Im Unterschied zu den kleinen Arbeiterblättern war sie eine große, täglich erscheinende Zeitung, der es um nationale Wirkung ging und die bis zum Ende der Revolution ihre Auflage auf 6 000 zu erhöhen vermochte.

Die Geburt der politischen Karikatur

Seit den Märztagen tauchte in der Presse ein neuer Typ von Zeitungen auf, den es in Deutschland bisher nicht gegeben hatte: das politische Witzblatt, die politisch-satirische Zeitschrift. Dieses Genre erlebte in der Revolution seine erste Blüte. Das Entstehen der Witzblätter war an die Existenz der politischen Karikatur gebunden, die als Kunstgattung und politische Waffe sich erst entfalten konnte, nachdem im März mit der Pressezensur auch die Bilderzensur gefallen war. Die Popularität der satirischen Zeitschriften und der mit Illustrationen versehenen Broschüren, fliegenden Blätter und Plakate war außerordentlich. Sie beruhte auf der Verbindung von Wort und Bild, auf der Kombination von karikierender Zeichnung und ihrer ironisch-satirischen Kommentierung im Ton des Volkswitzes. Hervorragend verstanden es die Witzblätter, die politischen Tagesereignisse keck und übermütig zu glossieren, die Gegner des Fortschritts mit Hohn und Spott zu überschütten und alles, was dem gesunden Menschenverstand widersprach, dem Gelächter der Öffentlichkeit preiszugeben.

Die satirische Presse nahm einmütig für die Volkssache Partei. Mit beißender Ironie bedachte sie jene, die sich der revolutionären Umgestaltung entgegenstellten und am alten hingen. Besonders gern verspottete sie Figuren des vormärzlichen Regimes, wie Zensoren, Bürokraten, Generäle, Vertreter der Adelsaristokratie und vor allem die Fürsten, von denen sich der preußische König der mit Abstand größten Aufmerksamkeit erfreute. Andererseits übte man auch keine Zurückhaltung, wenn es darum ging, Schwächen und Mängel, die der Volksbewegung anhafteten und durch die der Erfolg der Revolution in Frage gestellt werden konnte, sarkastisch zu geißeln. Gegenstand wiederholter Attacken war das Maulheldentum des Spießbürgertums, das häufig lächerlich wirkende Auftreten der Bürgerwehr, die undemokratische Haltung der liberalen Minister, die Wankelmütigkeit der Abgeordneten in Parlamenten und Landtagen. Nachdem sie in der zweiten Hälfte 1848 die Sympathien des Volkes verloren hatte, rief die Unfähigkeit der Frankfurter Nationalversammlung eine wahre Flut satirischer Flugblätter und Witzblattbeiträge hervor.

In Berlin, dem bedeutendsten Zentrum der satirischen Literatur, gab es 1848/49 35 humoristisch-satirische Journale. Wie nir-

Karikatur aus dem »Eulenspiegel«, 1848

In Berlin verbreitete politisch-satirische Journale aus der Revolutionszeit

gendwo gelang es hier Künstlern und Publizisten, die politische Atmosphäre der Stadt durch die Schlagfertigkeit ihres Witzes mitzubestimmen. Unter den vielen Periodika, die spöttisch-ironische Namen wie »Berliner Krakehler«, »Lampe«, »Revolutionsteufel«, »Berliner Großmaul« trugen, nahmen der »Komische Volkskalender« und die »Freien Blätter« eine Sonderstellung ein. Sie wurden von Adolf Glaßbrenner herausgegeben, einem populären humoristischen Schriftsteller, der sich in der vormärzlichen Oppositionsliteratur einen Namen gemacht und dem erst der Märzsieg die Rückkehr aus seinem mecklenburgischen Asyl nach Berlin ermöglicht hatte. Eine große Zahl von Karikaturen in Glaßbrenners Publikationen stammen von Theodor Hosemann, einem bedeutenden Illustrator, dessen Arbeitern das Volksleben und die Mentalität der Berliner auf überzeugende Weise humoristisch-satirisch widerspiegeln. Mit seiner Grafik über die Verteidigung einer Berliner Barrikade durch den Schlosserlehrling Ernst Zinna und den Gesellen Wilhelm Glasewald, die am Anfang dieses Buches abgebildet ist, setzte Hosemann dem Heldentum der Arbeiterjugend in den Kämpfen der Revolution ein unvergängliches Denkmal. Glaßbrenner, der in seinem Schaffen von echter Revolutionsbegeisterung und Parteinahme für die Demokratie erfüllt war, wurde gleich vielen seiner Gesinnungsfreunde ratlos, als das Wiedererstarken der Reaktion die revolutionäre Bewegung vor schwierige Entscheidungssituationen stellte.
Zum bekanntesten Berliner Witzblatt wurde der »Kladderadatsch«. Er war das einzige, das nicht nur die Revolutionszeit überlebte, sondern länger als neun Jahrzehnte bestand und dann, nachdem es ins liberal-konservative Lager übergegangen war, Weltbedeutung erlangte. Die erste Nummer des auf Initiative David Kalischs, eines Possendichters, gegründeten Blattes kam am 7. Mai in der hohen Auflage von 4 000 Exemplaren heraus. Unübertrefflich verstanden es die Redakteure, der Sprache ihrer witzig-kritischen Beiträge, ihrer Parodien und Glossen ein so unverwechselbares Berliner Lokalkolorit zu geben, daß die Zeitschrift schnell zum Liebling der hauptstädtischen Bevölkerung wurde. Schmunzelnd konnten die Leser in jeder Ausgabe eine Persiflage auf das Philistertum lesen und sich an den ironischen Dialogen zwischen den stehenden Figuren Schulze und

Freie Blätter,
herausgegeben von
Adolf Glaßbrenner.
Illustrirte politisch-humoristische Zeitung.
Motto: Der Staat sind Wir.

Diese illustrirte Zeitung erscheint wöchentlich. Preis für das Vierteljahr: 1 Thlr. Einzelne Nummern: 3 Sgr. Alle Postämter und Buchhandlungen nehmen Bestellungen an.

Beiträge werden frankirt unter der Adresse der Verlagshandlung, M. Simion in Berlin, erbeten. — Inserate werden mit 2 Sgr. für die Petit-Zeile od. deren Raum berechnet.

Zeitungskopf der von Adolf Glaßbrenner in Berlin herausgegebenen »Freien Blätter«

Müller erfreuen, die zwar der Revolution gewogen, aber zu bequem waren, sie tatkräftig zu unterstützen. Nach dem Staatsstreich der Konterrevolution im November 1848 wurde der »Kladderadatsch« verboten und gezwungen, vorübergehend in Leipzig, später in Eberswalde zu erscheinen.
Ihr künstlerisch höchstes Niveau erreichte die politische Karikatur in den Arbeiten der Düsseldorfer Malerschule. Mit ihren Holzschnitten und Lithographien illustrierten die Künstler die »Düsseldorfer Monatshefte«, eine 1847 gegründete satirische Zeitschrift, die sich nach der Märzerhebung in den Dienst der demokratischen Bewegung gestellt hatte. Künstlerische Aussage und politisches Engagement standen bei den Malern in enger Wechselbeziehung. In ihrer Mehrzahl scharten sie sich um die demokratische Partei und gehörten dem linken Flügel der städtischen Bürgerwehr an. Hervorzuheben sind von denen, die karika-

Die von Alfred Schroedter geschaffene Figur des Piepmeyer

turistisch ins politische Geschehen eingriffen, vor allem Andreas Achenbach, Alfred Schroedter, Wilhelm Camphausen, Karl Wilhelm Hübner, Carl Friedrich Lessing und Lorenz Clasen, der Herausgeber der »Monatshefte«. Achenbach, der Metternich, Louis Philippe, zahlreiche deutsche Monarchen und Repräsentanten der konterrevolutionären Großbourgeoisie aufs Korn nahm, schuf Karikaturen von bleibendem Wert. Alfred Schroedter ist der Schöpfer des »Piepmeyer«, einer sehr populär gewordenen Figur, die unter dem Vorwand der Gesinnungstreue immer wieder gesinnungslos und opportunistisch handelt und die die zweifellos beste Parodie auf bürgerlich-liberale Frankfurter Parlamentsabgeordnete darstellt.

Die Künste und die Revolution

Repräsentanten des Kunstlebens in Deutschland haben begeistert die Märzerhebung als eine historische Befreiungstat begrüßt. Sie sahen in ihr den Endpunkt einer Epoche, in der die herrschende Adelsklasse bedenkenlos von ihrer Macht Gebrauch gemacht hatte, mißliebige, als Staatsgefährdung klassifizierte Kunstäußerungen zu unterdrücken und progressive Künstler mit Verboten und Schikanen zu verfolgen. Unter der Praxis des vormärzlichen Polizeistaates hatten von den Künstlern Dichter und Schriftsteller am meisten zu leiden gehabt. Stärker als aus anderen Kunstbereichen kamen aus ihren Reihen Künstler, die sich mit der revolutionären Bewegung identifizierten, sich ihr anschlossen und ihr Schaffen in den Dienst der Volkssache stellten. Die demokratische Literatur empfing von den wechselvollen Revolutionsereignissen starke Impulse. Mit der Gestaltung revolutionärer Ereignisse und dem Einsatz literarischer Mittel im aktuellen Tageskampf erreichte die Dichtkunst in Deutschland ein bisher nicht gekanntes Niveau der Politisierung, das sie befähigte, wirkungsvoll zur Bewußtseinsbildung des Volkes beizutragen. Zugleich bot, da alle Presse- und Verbreitungsbeschränkungen gefallen waren und die Publizistik einen großen Aufschwung nahm, das revolutionierte Deutschland der Literatur ein Forum und eine Leserschaft, wie es sie in dieser Dimension noch nicht gegeben hatte. Die Massenverbundenheit des demokratischen Literaturschaffens war im 19. Jahrhundert zu keiner Zeit größer als 1848/49. Viele Schriftsteller unterstützten die Revolution mit der Waffe der politischen Publizistik. In Stuttgart leitete Ludwig Pfau den politisch-satirischen »Eulenspiegel«. Als Korrespondenten mehrerer Blätter berichteten Moritz Hartmann und Alfred Meiß-

Ludwig Pfau

ner, zwei vom Metternich-Regime zur Emigration gezwungene böhmische Dichter, über die Debatten der Frankfurter Nationalversammlung. Theodor Fontane, seit Sommer 1848 radikaler Demokrat, schrieb Artikel und Korrespondenzen für die »Berliner Zeitungshalle« und die »Dresdener Zeitung«, in denen er für die gänzliche Abschaffung der Adelsmacht und für die Durchsetzung der Volkssouveränität eintrat und offen republikanische Überzeugungen erkennen ließ. Bettina v. Arnim, deren »Polenbroschüre« Ende 1848 anonym erschien, verteidigte leidenschaftlich das Recht der Völker auf Selbstbefreiung aus nationaler Unterdrückung und politischer Entrechtung. Schriftsteller wie Fanny Lewald und Karl August Varnhagen von Ense, der Freund Heinrich Heines, deren politische Einstellung erst aus später veröffentlichten Erinnerungsschriften und Büchern bekannt wurde, sympathisierten lebhaft mit der kleinbürgerlichen Demokratie und sahen bereits in der Arbeiterklasse eine Kraft mit großer Zukunft. Als einziger Dichter war Ludwig Uhland zum Abgeordneten gewählt worden und saß in der Frankfurter Paulskirche in den Reihen der demokratischen Linken.

Wie schon im Vormärz, spielte 1848/49 innerhalb der Literatur die politische Lyrik die zentrale Rolle. Unter den Bedingungen der harten Klassenkonflikte entstand eine Revolutionslyrik, die nicht nur an das Denken, sondern auch an Herz und Gefühl der

Theodor Fontane

Menschen appellierte und deren mitreißender Schwung und emotionale Kraft im Volk großen Widerhall fand. Flugblätter, Broschüren und Zeitungen sorgten für eine schnelle Verbreitung der Gedichte. Zu den bekanntesten Revolutionsdichtern zählen Ferdinand Freiligrath, Georg Weerth, August Heinrich Hoffmann v. Fallersleben, Alfred Meißner, Moritz Hartmann, Ludwig Pfau, Robert Prutz, Karl Heinrich Schnauffer, Ludwig Seeger und Adolf Strodtmann. Von ihren Arbeiten ging eine stark revolutionär-mobilisierende Wirkung aus. Ihre Themen umfaßten Probleme und Vorgänge der Revolution wie den 18. März in Berlin, die Brutalität des Hohenzollernkönigs und seines Militärs, die nationale Einigung Deutschlands und die Farben schwarz-rot-gold, die Polenfrage, das Vermächtnis der Barrikadenkämpfer, eine deutsche Republik, soziale Gerechtigkeit, die Notwendigkeit der Abwehr der wiedererstarkenden Reaktion. Mit der Frankfurter Nationalversammlung und der kläglichen Politik ihrer liberalen Mehrheit, die seit Herbst 1848 immer mehr ins Kreuzfeuer der Kritik gerückt war, rechneten vor allem Georg Herwegh mit seinen in Paris geschriebenen satirischen Versen von beißender Schärfe und Moritz Hartmann mit der »Reimchronik des Pfaffen Mauritius«, einer satirisch-epischen Dichtung, ab.

Die politische Ausstrahlungskraft der Revolutionslyrik war um so größer, als viele Gedichte rasch vertont wurden oder nach be-

Fanny Lewald

kannten Weisen gesungen werden konnten. Besonders häufig wurden Verse nach der Melodie der Marseillaise gesungen. Die Demokraten haben auf Versammlungen und Kundgebungen dem Gesang von Freiheitsliedern großen Wert zugemessen, bot sich doch damit die Möglichkeit, das Zusammengehörigkeitsgefühl unter Gleichgesinnten zu stärken und die Identifizierung mit der Sache des Volkes emotional zu vertiefen.

Die während der Revolution am meisten verbreiteten Lieder stellten Vertonungen von Gedichten Freiligraths, Herweghs und Hoffmann v. Fallerslebens dar oder beruhten auf deren Schöpfungen. Daneben gab es auch anonyme Revolutionslieder, die als Flugblätter von Hand zu Hand gingen und in denen oft der politische Gegner verspottet und die Vorkämpfer der demokratischen Bewegung verherrlicht wurden. Das mit Abstand populärste dieser Lieder war das »Heckerlied«, ein Hymnus auf den beliebten Führer der badischen Republikaner und zugleich ein Aufruf, alle Kräfte für den greifbar nahen Sieg der Demokratie zu mobilisieren. Eine Strophe des Liedes lautet:

»Wir wurden lang' genug beraten,
Hinweg mit jedem feigen Rat!
Wir wollen Männer, wollen Taten,
Und Hecker ist der Mann der Tat,
Der kühn für Freiheit fechten kann:
›Es lebe Hecker! Stoßet an!‹ «

Ein bescheideneren Stellenwert als die Lyrik nahm in der Revolutionsdichtung die Dramatik ein. Das hing nur wenig mit der schweren Krise zusammen, von der das Theaterwesen erfaßt wurde, als seit den Märztagen überall in Deutschland der Besuch der Theater schlagartig nachließ und einschneidende Kostenbeschränkungen notwendig wurden. Ohne großen Aufwand arbeitende Volkstheater, bestehende oder neu gegründete, besaßen dagegen die Gunst des Publikums. Es waren aber nicht Angehörige der besitzenden Klassen, nicht die bisherigen Theaterbesucher, sondern »Schlapphüte, Bärte, Bewaffnete«[4], die auf den Zuschauerbänken der Theater saßen, die in Berlin Friedrich Spielberger und Franz Moser eröffnet hatten und in denen sie aktuelle Zeitstücke aufführten. Erzreaktionäre, ängstliche Bourgeois, Spießer, entschlossene Demokraten und andere Gestalten agierten hier in Bildern, Szenen und Possen und ließen das jüngst vergangene Geschehen nacherlebbar werden. Die gespielten Stücke wie »Die Barrikaden am Köllnischen Rathaus« und »Nante als Nationalversammelter« dokumentierten demokratische Gesinnung und feste Verbundenheit mit dem Volk. Unter großem Beifall der Zuschauer kam Anfang Juli 1848 in Wien Johann Nepomuk Nestroys Werk »Freiheit im Krähwinkel« auf die Bühne. Dieses im Stil der Volkskomödie gehaltene Schauspiel war das bedeutendste dramatische Kunstwerk des Revolutionsjahres. Nestroy, der darin aus demokratischer Sicht Ereignisse der Wiener revolutionären Bewegung seit den Märztagen behandelte, warnte die Demokraten vor den Gefahren, die ihnen von Engstirnigkeit, Kleinmut und Philisterhaftigkeit drohten, und hielt scharfe Abrechnung mit der Politik des Metternich-Regimes.

Die demokratische Literatur fand ihren Höhepunkt in den Spalten der »Neuen Rheinischen Zeitung«, in den Gedichten und Prosaarbeiten, die Ferdinand Freiligrath und Georg Weerth in dem von ihnen gestalteten Feuilleton des Blattes erscheinen ließen.

Freiligraths Revolutionsgedichte besaßen schon eine ungewöhnliche Popularität, ehe er im Oktober 1848 nach Köln übersiedelte und Redakteur der Zeitung wurde. Sein im Juli verfaßtes Gedicht »Die Toten an die Lebenden«, in dem er die Massen durch die Beschwörung der gefallenen Revolutionshelden zu größerer Tatbereitschaft anspornte, eine seiner herausragendsten Leistungen, war als Flugblatt in 9 000 Exemplaren erschienen, wovon in wenigen Tagen allein in Düsseldorf mehr als tausend verkauft wurden. Unermüdlich und leidenschaftlich stellte er die Kraft und die Schönheit seiner Sprache, das reine Pathos seiner Verse in den Dienst des revolutionären Ringens. Er wurde zum Trompeter der Revolution, zum bedeutendsten Dichter des Revolutionsjahres.

Georg Weerth, der am Beginn der sozialistischen deutschen Literatur steht, schuf

Arbeiterdeputation vor einem städtischen Magistrat im Rheinland, 1848. Gemälde von Johann Peter Hasenclever, 1849

Die Todten an die Lebenden.

Juli 1848.

Die Kugel mitten in der Brust, die Stirne breit gespalten,
So habt ihr uns auf blut'gem Brett hoch in die Luft gehalten!
Hoch in die Luft mit wildem Schrei, daß unsre Schmerzgeberde
Dem, der zu tödten uns befahl, ein Fluch auf ewig werde!
Daß er sie sehe Tag und Nacht, im Wachen und im Traume —
Im Oeffnen seines Bibelbuchs wie im Champagnerschaume!
Daß wie ein Brandmal sie sich tief in seine Seele brenne,
Daß nirgendwo und nimmermehr er vor ihr fliehen könne!
Daß jeder qualverzogne Mund, daß jede rothe Wunde
Ihn schrecke noch, ihn ängste noch in seiner letzten Stunde!
Daß jedes Schluchzen um uns her dem Sterbenden noch schalle,
Daß jede todte Faust sich noch nach seinem Haupte balle —
Mög' er das Haupt nun auf ein Bett, wie andre Leute pflegen,
Mög' er es auf ein Blutgerüst zum letzten Athmen legen!

So war's! Die Kugel in der Brust, die Stirne breit gespalten,
So habt ihr uns auf schwankem Brett auf zum Altan gehalten!
„Herunter!" — und er kam gewankt — gewankt an unser Bette;
„Hut ab!" — er zog — er neigte sich! (so sank zur Marionette,
Der erst ein Komödiante war!) bleich stand er und beklommen!
Das Heer indeß verließ die Stadt, die sterbend wir genommen!
Dann „Jesus meine Zuversicht!", wie ihr's im Buch könnt lesen;
Ein „Eisen meine Zuversicht!" wär' paßlicher gewesen!

Das war den Morgen auf die Nacht, in der man uns erschlagen;
So habt ihr triumphirend uns in unsre Gruft getragen!
Und wir — wohl war der Schädel uns zerschossen und zerhauen,
Doch lag des Sieges froher Stolz auf unsern grimmen Brauen.
Wir dachten: hoch zwar ist der Preis, doch ächt auch ist die Waare,
Und legten uns in Frieden drum zurecht auf unsrer Bahre.

2

Weh' euch, wir haben uns getäuscht! Vier Monden erst vergangen,
Und Alles feig durch euch verscherzt, was trotzig wir errangen!
Was unser Tod euch zugewandt, verlottert und verloren —
O, Alles, Alles hörten wir mit leisen Geisterohren!
Wie Wellen braust' an uns heran, was sich begab im Lande:
Der Aberwitz des Dänenkriegs, die letzte Polenschande;
Das rüde Toben der Vendée in stockigen Provinzen;
Der Soldateska Wiederkehr, die Wiederkehr des Prinzen;
Die Schmach zu Mainz, die Schmach zu Trier; das Hänseln, das Entwaffnen
Allüberall der Bürgerwehr, der eben erst geschaffnen;
Die Tücke, die den Zeughaussturm zu einem Diebszug machte,
Die selber uns, die selbst das Grab noch zu begeifern dachte:
So weit es Barrikaden gab, der Druck auf Schrift und Rede;
Mit der Versammlung freiem Recht die täglich frechre Fehde;
Der Kerkerthore dumpf Geknarr im Norden und im Süden;
Für Jeden, der zum Volke steht, das alte Kettenschmieden;
Der Bund mit dem Kosackenthum; das Brechen jedes Stabes,
Ach, über euch, die werth ihr seid des lorbeerreichsten Grabes:
Ihr von des Zukunftdranges Sturm am weitesten Getragnen!
Ihr — Juni-Kämpfer von Paris! Ihr siegenden Geschlagnen!
Dann der Verrath, hier und am Main im Taglohn unterhalten —
O Volk, und immer Friede nur in deines Schurzfells Falten?
Sag' an, birgt es nicht auch den Krieg? den Krieg herausgeschüttelt?
Den zweiten Krieg, den letzten Krieg mit Allem, was dich büttelt!
Laß deinen Ruf: „die Republik!" die Glocken überdröhnen,
Die diesem allerneuesten Johannesschwindel tönen!

Umsonst! Es thäte Noth, daß ihr uns aus der Erde grübet,
Uns wiederum auf blut'gem Brett hoch in die Luft erhübet!
Nicht, jenem abgethanen Mann, wie damals uns zu zeigen —
Nein, zu den Zelten, auf den Markt, in's Land mit uns zu steigen!
Hinaus in's Land, soweit es reicht! Und dann die Insurgenten
Auf ihren Bahren hingestellt in beiden Parlamenten!
O ernste Schau! Da lägen wir, im Haupthaar Erd' und Gräser,
Das Antlitz fleckig, halbverwest — die rechten Reichsverweser!
Da lägen wir und sagten aus: Eh' wir verfaulen konnten,
Ist eure Freiheit schon verfault, ihr trefflichen Archonten!
Schon fiel das Korn, das keimend stand, als wir im März starben:
Der Freiheit Märzsaat ward gemäht noch vor den andern Garben!
Ein Mohn im Felde hier und dort entging der Sense Hieben —
O, wär' der Grimm, der rothe Grimm im Lande so geblieben!

3

Und doch, er blieb! Es ist ein Trost im Schelten uns gekommen:
Zu viel schon hattet ihr erreicht, zu viel ward euch genommen!
Zu viel des Hohns, zu viel der Schmach wird täglich euch geboten:
Euch muß der Grimm geblieben sein — o, glaubt es uns, den Todten!
Er blieb euch! ja, und er erwacht! er wird und muß erwachen!
Die halbe Revolution zur ganzen wird er machen!
Er wartet nur des Augenblicks: dann springt er auf allmächtig!
Gehobnen Armes, weh'nden Haars dasteht er wild und prächtig!
Die rost'ge Büchse legt er an, mit Fensterblei geladen;
Die rothe Fahne läßt er wehn hoch auf den Barrikaden!
Sie fliegt voran der Bürgerwehr, sie fliegt voran dem Heere —
Die Throne gehn in Flammen auf, die Fürsten fliehn zum Meere!
Die Adler fliehn, die Löwen fliehn; die Klauen und die Zähne!
Und seine Zukunft bildet selbst das Volk, das souveraine!

Indessen, bis die Stunde schlägt, hat dieses unser Grollen
Euch, die ihr vieles schon versäumt, das Herz ergreifen wollen!
O, steht gerüstet! seid bereit! o, schaffet, daß die Erde,
Darin wir liegen strack und starr, ganz eine freie werde!
Daß fürder der Gedanke nicht uns stören kann im Schlafen:
Sie waren frei: doch wieder jetzt — und ewig! — sind sie Sklaven!

F. Freiligrath.

Flugschrift, 1848

ebenfalls lyrische, an Heinrich Heines satirischen Zeitgedichten geschulte Arbeiten. In dem von ihm geleiteten Feuilleton der »Neuen Rheinischen Zeitung« dominieren indes seine Prosaarbeiten, die Skizzen, Glossen, Reportagen und Parodien, deren politische Stoßrichtung weitgehend auf die Generallinie des Blattes, wie sie in den Leitartikeln und Hauptkorrespondenzen zum Ausdruck kam, abgestimmt war. Weerth war ein Meister der politischen Satire. Mit souveräner Überlegenheit und geistreichem Witz verspottete er die Gegner der Revolution, die reaktionäre Presse, den liberalen Philister. In seinem literarisch bedeutendsten Werk, den »Humoristischen Skizzen aus dem deutschen Handelsleben«, zeichnete er ein ironisches Bild vom Treiben der deutschen Handelsbourgeoisie. Politisch am wirksamsten war sein satirischer Roman »Leben und Taten des berühmten Ritters Schnapphahnski«, mit dem er in der Person des schlesischen Fürsten Lichnowski das preußische Junkertum verhöhnte.

Ein gebrochnes und widerspruchsvolles Verhältnis zur Revolution besaß eine Anzahl namhafter Dichter und Schriftsteller, die demokratischen Zielen fernstanden. Viele von ihnen, die zur vormärzlichen Opposition gehört oder mit ihr sympathisiert und den Märzumschwung begrüßt hatten, wandten sich von der revolutionären Bewegung ab, als diese sich radikalisierte und als die Volksmassen immer mehr in den Vordergrund des politischen Geschehens traten. Das gilt für Vertreter des literarischen Jungen Deutschland wie Heinrich Laube und Karl Gutzkow ebenso wie für die herausragenden Dichter der zeitgenössischen österreichischen Literatur Franz Grillparzer und Adalbert Stifter sowie für Friedrich Hebbel. Der Erzähler und Dramatiker Otto Ludwig lehnte es sogar ab, der politischen Tendenz in der Literatur überhaupt Heimatrecht zuzubilligen. Die Revolution in ihrer nachmärzlichen Phase erschien Grillparzer, Stifter und Hebbel nur als ein destruktiver Prozeß, als eine Gefahr für die Zukunft der Gesellschaft und der Kunst.

In dem Beitrag, den die Malerei zur Kunst der Revolution leistete, ragen drei Werke durch hohes künstlerisches Niveau heraus. Das unbestritten bedeutendste Revolutionsbild ist Adolph Menzels »Aufbahrung der Märzgefallenen«. Der damals 33jährige Künstler, der von der Perspektive einer neuen politischen Ordnung begeistert war und den Märzumschwung begrüßt hatte,

Der Tod auf der Barrikade.
Holzschnitt. Fünftes Blatt aus der sechsteiligen Folge Alfred Rethels »Auch ein Totentanz«, 1849

gestaltete aus eigenem Erleben in dem unvollendet gebliebenen Ölbild die Totenfeier für die Barrikadenkämpfer am 23. März 1848 auf dem Gendarmenmarkt. Das Werk, Menzels erstes Geschichtsbild, ist von großer historischer Authentizität und widerspiegelt die emotionale Anteilnahme des Künstlers am Schicksal der toten Helden. Ein Gemälde, auf dem zum erstenmal das Proletariat in Deutschland als selbstbewußt auftretende Klasse gezeigt wurde, schuf Johann Peter Hasenclever, ein Maler der Düsseldorfer Schule, der wie die Mehrzahl seiner Kollegen mit der demokratischen Bewegung sympathisierte. Auf dem Bild, das 1849 entstand und 1850 in einer zweiten Fassung ausgeführt wurde, ist dargestellt, wie Arbeiter im Saal eines Rathauses dem Stadtrat eine Petition mit dem Verlangen nach Arbeit überreichen und wie darüber Ratsherrn und Stadtverordnete in Angst und Schrecken geraten. Dieser Szene lag ein realer Vorgang zugrunde, die Demonstration von Düsseldorfer Arbeitern und Kleinbürgern am 9. Oktober 1848. Von einem anderen Ideengehalt ist die 1849 entstandene, künstlerisch meisterhafte sechsteilige Holzschnittfolge Alfred Rethels »Auch ein Totentanz« getragen. Rethel, ursprünglich der Revolution zugeneigt, war im Mai 1849 Zeuge der Barrikadenkämpfe in Dresden geworden und dort angesichts der Gefallenen zu dem Schluß gekommen, die Revolution sei nutzlos, und ihr einziger Sieger sei der Tod. Sein Werk, das später sehr populär wurde, diente objektiv der Konterrevolution.

Johann Strauß der Jüngere

Richard Wagner

Von den Repräsentanten des deutschen Musiklebens war Richard Wagner, damals Hofkapellmeister in Dresden, im Denken und Handeln am engsten mit der Revolution verbunden. Von ihrem Erfolg erwartete er nicht nur eine Renaissance der Kunst und die Beseitigung aller Abhängigkeitsverhältnisse, unter denen die Künstler litten, sondern eine grundstürzende Umgestaltung der Gesellschaft im Sinne utopisch-sozialistischer Ideen. Im Frühjahr 1848 drang er auf eine tiefer greifende Revolutionierung Deutschlands, auf eine fast gänzliche Entmachtung der Fürsten und die Übertragung der konstituierenden Gewalt auf das Frankfurter Parlament. In der konsequenten Durchführung der Volksbewaffnung und der Ausschaltung der Adels- und Geldaristokratie aus dem politischen Leben sah er unumgängliche Voraussetzungen eines erfolgreichen Verlaufs der revolutionären Bewegung. In seinen Aufsätzen in der von seinem Freund August Röckel herausgegebenen Wochenschrift, den radikaldemokratischen »Volksblättern«, attakkierte Wagner leidenschaftlich die Macht der Fürsten und die bestehende gesell-

5.

Dieses Blatt erscheint alle Sonnabende und ist durch alle Postanstalten des In- und Auslandes zu beziehen.

Preis vierteljährlich 4 Ngr.

Volksblätter,

unter Mitwirkung des Vaterlands-Vereines herausgegeben von A. Röckel.

Man abonnirt in der Expedition: große Brüdergasse Nr. 4, zwei Tr. In der Walther'schen Hof-Buchhandlung, mittle Frauengasse, und in Neustadt bei Otto und Lehmann, Heinrichstraße.

Dresden, Sonnabend, den 23. September 1848.

Zeitungskopf der von August Röckel herausgegebenen »Volksblätter«

schaftliche Ordnung. In Verbindung mit Michail Bakunin beteiligte er sich an den Vorbereitungen für eine »zweite« Revolution, unterstützte die Barrikadenkämpfer im Dresdner Maiaufstand 1849 und mußte, steckbrieflich verfolgt, in die Schweiz flüchten.

In Wien hatte die revolutionäre Erhebung Johann Strauß den Jüngeren und Albert Lortzing in ihren Bann gezogen. Während Strauß' Vater damals den sehr populär gewordenen Radetzky-Marsch komponierte

Albert Lortzing

Franz Liszt

und damit eines der militärischen Häupter der österreichischen Konterrevolution verherrlichte, vertonte Johann Strauß der Jüngere Studentenlieder und schuf einen Revolutionsmarsch. Mit seiner Kapelle hat er mehr als einmal die Marseillaise in der Öffentlichkeit gespielt. Ebenfalls demokratisch gesinnt, aber gemäßigt war Albert Lortzing, der die Uniform der Wiener Bürgerwehr trug und freundschaftliche Beziehungen zu den Studenten der Akademischen Legion unterhielt. Seiner Feder entstammten patriotische Lieder für revolutionäre Studenten, ein Musikstück zum Gedenken an die Märzgefallenen und die Oper »Regina«, in der er erstmals in der Operngeschichte streikende Arbeiter auftreten ließ, sich aber zugleich gegen die Anwendung revolutionärer Gewalt aussprach.

Franz Liszt, auf den schon die französische Julirevolution 1830 einen nachhaltigen Eindruck gemacht hatte, bezeugte auch der Revolution von 1848 seine Sympathie. Er komponierte einen Arbeiterchor, ein Loblied auf den arbeitenden Menschen, und eine Ungaria-Kantate, die als ein Bekenntnis zur revolutionären Unabhängigkeitsbewegung seines ungarischen Heimatlandes anzusehen ist. Zurückhaltend verhielt sich dagegen Robert Schumann. Der große Komponist, der der Politik sonst nur wenig Interesse entgegenbrachte, hat 1848/49 am politischen Zeitgeschehen stärker Anteil genommen. Seine Sympathien galten dem bürgerlich-liberalen Lager, was sowohl eine antiaristokratische Einstellung wie eine Distanzierung von der revolutionären Demokratie zum Ausdruck brachte.

Eine freie Schule

Am Vorabend der Revolution befand sich das Schulwesen in Deutschland in einem kläglichen Zustand. Es war außerstande, den Anforderungen der kapitalistischen Gesellschaft zu entsprechen, und fortschrittliche Schulmänner drängten schon seit Jahren auf durchgreifende Reformen. Neben der territorialstaatlichen Zersplitterung des Landes, die einheitliche schulpolitische Regelungen unmöglich machte, erwies sich vor allem der Einfluß der Kirche als schweres Hemmnis. Sie besaß das Recht, die Arbeit der Volksschule zu kontrollieren, eine Befugnis, die zu einer schweren Bevormundung der Lehrerschaft durch Pfarrer und kirchliche Instanzen geführt hatte. Der

Adolf Diesterweg

Machtstellung der Geistlichkeit war auch geschuldet, daß die naturwissenschaftlichen Fächer in den Schullehrplänen nur eine untergeordnete Rolle spielten. Der Staat hatte größeres Interesse allein an den Gymnasien, die staatliche Einrichtungen waren; alle anderen Schulen unterstanden den Gemeinden oder waren Privatschulen. Der geringen Wertschätzung der Volksschulen durch die Behörden entsprachen Besoldung und Sozialprestige der Lehrer. 1846 betrug in Preußen das Monatsgehalt eines Volksschullehrers acht Taler, eine Summe, die erheblich unter der eines gelernten Fabrikarbeiters lag. Alle Versuche, diesen Zustand zu ändern, hatten die Schulbehörden durch ein Verbot überlokaler Kontakte zu verhindern gewußt.

Seit den Märztagen waren die Mißstände im Bildungswesen zum Gegenstand öffentlicher Diskussion geworden. Sie wurden in der Presse und auf den zahlreichen, in den größeren Städten und auf Provinz- und Kreisebene stattfindenden Lehrerversammlungen erörtert. Vom Geist der Aufklärung und des bürgerlichen Humanismus erfüllte Pädagogen, von denen Adolph Diesterweg, der im Vormärz gemaßregelte Direktor des Berliner Lehrerseminars, und Karl Friedrich Wander, der in Schlesien tätige bedeutende demokratische Schulpolitiker, die hervorragendsten waren, veröffentlichten Nationalerziehungspläne und erziehungspolitische Programme, deren Verwirklichung den Sieg der Revolution und die nationalstaatliche Einigung voraussetzte. Große Beachtung fand ein Anfang April in den »Rheinischen Blättern« erschienener Aufsatz Diesterwegs, in dem er die Konturen eines reorganisierten Schulsystems skizzierte und zur Bildung von freien, von den Behörden unabhängigen Lehrervereinen aufrief.

Unter dem Einfluß der Gedanken Diesterwegs standen die Beratungen einer großen, von 500 Teilnehmern besuchten allgemeinen Lehrerversammlung am 26. April 1848 in Berlin. Auf der Konferenz wurde eine Petition an die künftige preußische Nationalversammlung verabschiedet, worin in 22 Leitsätzen Vorstellungen über eine Umgestaltung der Schule, der Schulbehörden und der Lehrerbildungsanstalten sowie über notwendige Verbesserungen der beruflichen und materiellen Situation der Lehrer formuliert waren. Für unaufschiebbar hielten die Lehrer Maßnahmen, durch die eine von klerikaler Abhängigkeit freie Schule geschaffen und die Trennung von Kirche und Schule institutionell vollzogen werden sollte. Sie forderten die sofortige Entlassung der Geistlichen aus der Schulaufsicht, die Berufung von Schulmännern für die Inspektion der Schulen und die Bildung eines Unterrichtsministeriums als Instrument und Garant einer bürgerlich-fortschrittlichen Schulpolitik. Neben den sozialen Belangen nahm in der Petition auch die Forderung nach Abschaffung der Gemeindeschulen und nach Überführung des gesamten Schulwesens in die Hände des Staates einen wichtigen Platz ein.

Das Programm der Berliner Versammlung trug wesentlich dazu bei, den Prozeß der Meinungsbildung unter den Lehrern in allen Teilen Deutschlands zu fördern. Aus den Erläuterungen in den Lehrervereinigungen ging eine weitere wichtige Forderung hervor: Das Postulat der Unentgeltlichkeit des Volksschulunterrichts, das als Grundsatz schließlich Eingang in die von der Paulskirche verabschiedete Reichsverfassung fand.

Mit einem eigenen bildungspolitischen Konzept, das in seinen wichtigsten Grundsätzen mit dem der Demokraten übereinstimmte, trat auch die junge Arbeiterbewegung an die Öffentlichkeit. Auf ihrem Gründungskongreß Ende August/Anfang September 1848 in Berlin forderte die Arbeiterverbrüderung nicht nur die von kirchlichem Einfluß freie und in der Elementarstufe unentgeltliche Schule, sondern auch die Errichtung von Bildungsanstalten für Lehrlinge und die Schaffung von Einrich-

tungen für die Weiterbildung der Gesellen und Arbeiter. In diesen Schulen sollten ausschließlich naturwissenschaftliche Fächer unterrichtet und die berufliche Fachausbildung in der Einheit von Theorie und Praxis vertieft werden. Mit Nachdruck verlangte die Arbeiterverbrüderung außerdem das Verbot der Kinderarbeit in den Fabriken und im Hausiererhandel.
Seit Sommer 1848 gingen die lokalen Lehrervereine daran, sich regional oder auf Landesebene zusammenzuschließen. Die zweite sächsische Lehrerversammlung, zu der Anfang August 1848 900 Pädagogen in Dresden zusammenkamen, rief alle deutschen Lehrer dazu auf, an der Schaffung einer nationalen Lehrerorganisation mitzuwirken. Die Versammlung folgte damit einer Anregung Karl Friedrich Wanders, der auch der Verfasser des Appells an die Lehrer war, in dem es hieß: »Alles sammelt sich unter der Fahne der Einheit. Deutsche Lehrer, reißt auch Ihr die Euch trennenden Schranken nieder! Lasset uns als Brüder arbeiten an dem großen Werke, das uns anvertraut ist: an der Bildung des deutschen Volkes.«[5]
Die Dresdener Initiative fand großen Widerhall. Zwei Monate später, auf der vom 28. bis 30. September in Eisenach tagenden ersten nationalen Lehrerversammlung, konnte der »Allgemeine Deutsche Lehrerverein« ins Leben gerufen werden. Sein Wirken sollte auf der Grundlage eines zugleich beschlossenen Schulprogramms erfolgen, das sowohl liberale wie demokratische Grundsätze enthielt. Aber schon wenig später machte der Sieg der Konterrevolution eine Tätigkeit des Verbandes unmöglich und verhinderte jeden Fortschritt auf dem Wege zu einer demokratischen Schule.
Bei den Verhandlungen in Eisenach traten Unterschiede in der politischen Einstellung der Lehrer zutage, die in der Tendenz symptomatisch waren für die gesamte Lehrerschaft in Deutschland. Während die Mehrheit der Gymnasiallehrer auf dem Boden des bürgerlichen Liberalismus stand, vertraten die Volksschullehrer im allgemeinen die Politik der kleinbürgerlichen Demokratie. Unter den Gruppierungen der Intelligenz, die die revolutionäre Bewegung unterstützten, ragen deutlich die Volksschullehrer heraus. In Baden nahmen sie unter den Führungskräften der Demokratie nach den Juristen mit zehn Prozent die zweite Stelle ein. Auch in Sachsen, Thüringen und Schlesien gab es eine weit über den Durchschnitt liegende Beteiligung der Lehrer am Kampf der demokratischen Kräfte. In Gebieten allerdings, wo die revolutionäre Bewegung schwach und der Einfluß liberaler und konservativer Kreise vorherrschend war, haben viele Pädagogen der Revolution auch indifferent oder feindlich gegenübergestanden.

Demokratische Universitäten

Seit Beginn der Revolution waren in vielen Universitätsstädten Studenten leidenschaftlich für die Schaffung einer freiheitlichen Ordnung und für einen deutschen Nationalstaat eingetreten. Sie hatten auf den Barrikaden von Wien und Berlin gekämpft und in Freiwilligenabteilungen für die Befreiung Schleswig-Holsteins gefochten. In der Donaumetropole stand die revolutionäre Bewegung unter der Führung der Akademischen Legion, der es im April und Mai gelungen war, die Massen für die Erringung weiterer demokratischer Rechte erfolgreich zu mobilisieren. Auch in anderen Städten bewährten sich Studenten als Vertrauensmänner des Volkes; sie gehörten zu den tätigsten Mitgliedern demokratischer Klubs und Vereine sowie zu unentbehrlichen Mitarbeitern demokratischer Zeitungen. Die fortschrittlichen Studenten von 1848 bekannten sich zur Tradition der Burschenschaftsbewegung und des Wartburgfestes von 1817 und gingen daran, deren Vermächtnis zu verwirklichen. Mit Hilfe einer nationalen Studentenorganisation und im Zusammenwirken mit der Frankfurter Nationalversammlung wollten sie die Universitäten reformieren, von feudalem Ballast und überlebten Einrichtungen befreien und zu festen Stützen eines staatlich geeinten Deutschlands machen.
Von einer Jenenser Burschenschaft, dem Burgkeller, angeregt und organisiert, fand zu Pfingsten, vom 12. bis 14. Juni, in Eisenach ein deutscher Studententag, das erste Wartburgtreffen von 1848, statt. Fast alle deutschen Hochschulen hatten zu der Veranstaltung Delegationen entsandt. Die 1 200 Teilnehmer, unter ihnen auch Vertreter reaktionärer Studentenverbindungen, die jedoch nur eine Minderheit bildeten, umfaßten zehn Prozent aller Studierenden Deutschlands.
Auf dem Treffen nahmen die Studenten Beschlüsse über Ziele und Aufgaben einer Universitätsreform an, die in einer Adresse dem Nationalparlament in Frankfurt zugeleitet wurden. In den einzelstaatlichen Regierungen sahen sie für ihr Anliegen schon keine kompetenten Instanzen mehr. Was sie erstrebten, war die Überwindung der

Wartburgtreffen der deutschen Studenten, Juni 1848. Darstellung aus der »Illustrierten Zeitung«, 1848

partikularistischen Zersplitterung des Hochschulwesens und die Demokratisierung der Universitäten. Von erstrangiger Bedeutung war für sie die Umwandlung aller Universitäten in Nationalanstalten und die Schaffung eines deutschen Unterrichtsministeriums. Im einzelnen beschlossen sie die Aufhebung der akademischen Gerichtsbarkeit, die Beseitigung der auf die Universitäten bezogenen Bundesbeschlüsse von 1819, die Abschaffung des Lateinischen als offizielle Sprache in Lehrveranstaltungen, die Garantie unbedingter Lehr- und Lernfreiheit sowie die Teilnahme der Studenten an der Wahl der akademischen Behörden und bei der Besetzung der Lehrstühle.

Auf der Wartburg wurde ein Studentenparlament gewählt, das sich zum Führungsorgan aller Studenten erklärte und an den Aufbau eines deutschen Studentenverbandes ging. An den einzelnen Universitäten bemühten sich gewählte Studentenausschüsse mit unterschiedlichem Erfolg darum, bestehende Zwistigkeiten zwischen rivalisierenden Verbindungen beizulegen und alle studentischen Universitätsangehörigen für die nationale Organisation zu gewinnen. Der Verband verstand sich als Studentenvertretung und sollte gegebenenfalls auch als Druckmittel zur Durchsetzung der Beschlüsse über die Universitätsreform dienen.

Die Studenten hatten die Absicht gehabt, mit einem gemeinsamen politischen Bekenntnis vor die Öffentlichkeit zu treten. Dieses Vorhaben scheiterte, da es sich in Eisenach zeigte, daß die Linke politisch aus zwei Flügeln bestand. Die Republikaner, bei diesem Treffen in der Minderheit, erstrebten die Konstituierung eines deutschen Bundesstaates nach nordamerikanischem Muster mit einem vom Volk gewählten Präsidenten an der Spitze. Dagegen befürworteten die Liberalen und die gemäßigten Demokraten eine konstitutionell-monarchische Verfassung für das einheitliche Deutschland.

Im Zeichen veränderter Mehrheitsverhältnisse stand das zweite Wartburgtreffen, das Ende September/Anfang Oktober stattfand und das eindeutig von radikaldemokratischen Studenten beherrscht wurde. Ihr führender Sprecher war Carl Schurz, ein 19jähriger Geschichts- und Philologiestudent aus Bonn, der später nach seiner Emigration in die USA amerikanischer Innenminister wurde. Aus der Neuwahl des Studentenparlaments, an der sich die Vertreter von 13 Universitäten beteiligten, ging die äußerste Linke als unbestrittener Sieger hervor. Weitere Beschlüsse über die Universitätsreform und über die Organisierung des studentischen Nationalverbandes dienten der Fortsetzung des im Juni begonnenen Werkes. In einem Aufruf an das deutsche Volk wandten sich die Repräsentanten der studentischen Jugend, der veränderten politischen Situation Rechnung tragend, ge-

Carl Schurz

gen die Haltung der liberalen Mehrheit der Frankfurter Paulskirche und gegen die konterrevolutionäre Politik der preußischen Regierung.

Um ihrerseits Fragen einer Universitätsreform zu erörtern, waren wenige Tage vor dem zweiten Wartburgtreffen Professoren und Dozenten vieler Universitäten, mit Ausnahme der preußischen, in Jena zusammengekommen. Im Unterschied zum Reformprogramm der Studenten trugen die Vorschläge, die die hier versammelten Hochschullehrer der Frankfurter Nationalversammlung machten, einen recht gemäßigten Charakter und bezogen sich lediglich auf die Einführung der Lehr- und Lernfreiheit, auf eine Reform des akademischen Prüfungswesens, auf eine Neubestimmung der Befugnisse der Universitätsbehörden sowie auf die rechtliche Gleichstellung aller Professoren. Doch wie auf dem Gebiet der Schulpolitik ließ das Vordringen der Adelsreaktion auch alle Bemühungen um eine Neugestaltung des Hochschulwesens zunichte werden.

Die Frauen und die Demokratie

Der Ausbruch der Revolution gab auch den Frauen die Möglichkeit, ihre von der patriarchalischen Lebensweise und Tradition bisher erzwungene Ausschließung von der politischen Öffentlichkeit zu überwinden und an der Seite der Männer aktiv am politischen Geschehen teilzunehmen. In den bedeutendsten Zentren der kleinbürgerlichen Demokratie, besonders in den Hauptstädten der beiden deutschen Großmächte, wandten sich Frauen der Politik zu und beteiligten sich an revolutionären Auseinandersetzungen, an Volksversammlungen und am Leben demokratischer Klubs und Vereine. Ihre Zahl war allerdings nicht sehr groß; die übergroße Mehrheit der Frauen blieb dem traditionellen Denken verhaftet, demzufolge sich ihre Interessen auf die Angelegenheiten der Familie und des Hauses zu beschränken hatten.

Als sich die Bevölkerung der preußischen Hauptstadt am 18. März 1848 erhob und in der blutigen Barrikadenschlacht das absolutistische Regime der Hohenzollern zu Fall brachte, da hatten sich unter den Kämpfern auch Frauen befunden, von denen fünf zu den Opfern gehörten. In Wien standen bei allen Erhebungen im Revolutionsjahr Frauen an der Seite der Aufständischen. Die Arbeiter und Studenten, die im Mai 1848 zweimal die konterrevolutionären Gegenschläge abwehrten, wurden dabei von Frauen unterstützt, die sich am Barrikadenbau beteiligten und deren Verdienste danach von demokratischen Zeitungen ausdrücklich gewürdigt wurden. Während des Oktoberaufstandes nahmen an der Verteidigung der Stadt gegen die Truppen von Windischgrätz Arbeiterinnen und weibliche Dienstboten teil, die sich militärisch organisiert hatten und Männerkleidung trugen. Unter den Freiheitskämpfern, die im Mai 1849 in Dresden und Elberfeld die Barrikaden verteidigten, befanden sich ebenfalls Frauen, von denen mehrere nach der Niederlage von der Justiz der Konterrevolution mit der gleichen Härte und Schonungslosigkeit wie die Männer verfolgt und abgeurteilt wurden.

Während die Mitwirkung an bewaffneten Aktionen Ausnahmeerscheinungen darstellten, äußerte sich in typischer Weise das politische Engagement der Frauen in den verschiedenartigen Formen der karikativen Fürsorge und in offenen Sympathiebekundungen für demokratische Bestrebungen. Hilfe leisteten sie bei Geldsammlungen für die Beschaffung von Ausrüstungsgegenständen und Waffen für Freischärler, bei der Betreuung und Versorgung von Witwen und Waisen gefallener Freiheitskämpfer, bei der Unterstützung politischer Flüchtlinge und ihrer Angehörigen. Als preußische Truppen am 23. Juli 1849 Rastatt besetzten, gehörten Frauen zu denen, die vielen Soldaten der Revolution, die mit der Todesstrafe oder langjähriger Haft zu rechnen hatten, zur Flucht aus den Kasematten der Festung verhalfen.

Von den Galerien der Frankfurter Paulskirche aus, wo ständig 200 Plätze für Damen reserviert waren, verfolgten viele Frauen leidenschaftlich die Debatten der Versammlung, wobei sie fast ausschließlich den Abgeordneten der Linken applaudierten, ihnen zuwinkten und Blumen und Kußhände zuwarfen. Im Sommer 1848 nahm im österreichischen Reichstag eine Frau, Anna Bachmann, die zusammen mit anderen Frauen eine Petition überreicht hatte, das Wort, um den Sicherheitsausschuß zu beschwören, sich nicht aufzulösen, weil ein solcher Schritt nur der Reaktion Vorschub leisten würde. In vielen Städten besaß die Demokratie eine feste Anhängerschaft unter den Frauen, die in der Regel als Gäste, in einigen Fällen auch als Mitglieder an den Versammlungen und Sitzungen der Vereine teilnahmen. Als Ausdruck ihrer Verbundenheit mit der Sache des Volkes stifteten sie häufig von ihnen angefertigte Vereinsfahnen und trugen durch Gesangsdarbietungen und Theateraufführungen zur Ausgestaltung von Festen und Feiern teil. Als sich am 4. Juni 1848 in Berlin der im Zeichen des Gedenkens an die Märzgefallenen stehende Demonstrationszug zum Friedrichshain formierte, übergaben demokratische Frauen eine rote Fahne mit Trauerband und reihten sich in den Zug ein.

Von Frauen und Mädchen der arbeitenden Klassen gingen Bestrebungen und Aktivitäten nach einer Verbesserung ihrer sozialen Lage aus. Noch mehr als die Männer unterlagen die Frauen der Ausbeutung und Entrechtung durch Adel und Bourgeoisie. In der Fabrikindustrie betrug ihr Lohn nur etwas mehr als die Hälfte von dem der Männer. Diskriminierende Gewohnheiten, Praktiken und Bestimmungen verweigerten ihnen den Zugang zu vielen Berufen und Tätigkeiten. Auf dem Arbeitsmarkt trat ihnen die Feindschaft der Männer entgegen, die, im Konkurrenzdenken befangen, um ihren Arbeitsplatz oder ihre Beschäftigungschance fürchteten. Besonders trostlos war die Lage der großen Zahl von Textilarbeiterinnen, von denen Zehntausende durch die Wirtschaftskrise ihren Arbeitsplatz verloren hatten und darauf angewiesen waren, ihre Existenz als Tagelöhner zu fristen. Ihnen machten die Revolution, das Wirken der demokratischen Kräfte und die veränderte gesellschaftliche Atmosphäre Mut, sich gegen die Unerträglichkeit von Not und Entbehrung zur Wehr zu setzen. Mit Nachdruck forderten die Weißnäherinnen in Wien den Sicherheitsausschuß auf, sich für eine Erhöhung ihres Lohnes einzusetzen. Als im August 1848 die Löhne der Wiener Notstands- und Bauarbeiter auf Anordnung des österreichischen Innenministers um 25 Prozent gesenkt wurden, befanden sich 8 000 Frauen unter den Demonstranten, die gegen diese Maßregel protestierten und von der National- und Sicherheitsgarde rücksichtslos zusammengeschossen wurden. Angeregt von den Versammlungen der Arbeiter, waren am 16. April 1848 die Dienstmädchen Leipzigs zur Beratung ihrer Arbeits- und Lebensbedingungen zusammengekommen. Der von ihnen formulierte Forderungskatalog enthielt neben dem Wunsch nach bescheidenen Lohnerhöhungen die Bitte, um 22 Uhr schlafen gehen zu dürfen, wenigstens freitags und sonnabends eine warme und kräftige Suppe zu erhalten und alle vier Wochen einmal Ausgang haben zu können. Dienstmädchenversammlungen fanden auch in Wien und Mainz statt.

Louise Otto. Zeitgenössische Lithographie

Von allen gesellschaftlichen Kräften hat allein die Arbeiterverbrüderung versucht, sich der Arbeiterinnen anzunehmen und ihre Belange zu vertreten. Frauen war es gestattet, mit gleichen Rechten und Pflichten der Organisation als Mitglieder beizutreten. So haben sich in Berlin, Breslau, Königsberg und Würzburg Arbeiterinnen an der Tätigkeit der Arbeitervereine beteiligt. Außerdem bemühte sich die Führung des Verbandes darum, auf die Funktionäre des Zigarettenarbeiterverbandes einzuwirken, um ihre ablehnende Haltung gegenüber der Frauenarbeit aufzugeben.

Politischer Damenklub. Karikatur aus dem »Satyr«. 1848

Im Verlauf der Revolution sind einige Frauenpersönlichkeiten hervorgetreten, die an der Seite ihrer Männer mit Hingabe und großem Mut für die Verwirklichung der demokratischen Ideale gefochten haben. Zu ihnen gehören Emma Herwegh, Amalie Struve, Mathilde Anneke und Elise Blenker, die man auch als die Amazonen der deutschen Revolution bezeichnet hat. Charakteristisch für sie war, daß sie, als es galt, der Reaktion bewaffnet entgegenzutreten, zum Gewehr oder zur Pistole griffen und sich in die kämpfenden Abteilungen der Demokratie einreihten. Im Dienste der in Paris gebildeten deutschen demokratischen Legion, die sich im April 1848 an der Erhebung in Baden beteiligte, durchbrach Emma Herwegh mehrmals die Linien des Gegners, um Kundschaftertätigkeit zu betreiben und Absprachen mit den badischen Revolutionären zu treffen. Amalie Struve, von gleicher republikanischer Überzeugungstreue wie ihr Mann, Gustav Struve, nahm an allen drei badischen Erhebungen teil und verbrachte nach dem gescheiterten Septemberaufstand 205 Tage im Gefängnis von Freiburg (Breisgau). Mathilde Anneke beteiligte sich als Ordonnanzoffizier am badisch-pfälzischen Feldzug 1849. Sie war die Frau des Kölner Kommunisten Friedrich Anneke, in dessen Vertretung — er war inhaftiert worden — sie von Juli bis Dezember 1848 ein Arbeiterblatt, die »Neue Kölnische Zeitung«, redigiert hatte. Ihren Versuch, eine Frauenzeitung herauszugeben, mußte sie im September 1848 nach Erscheinen der dritten Nummer aufgeben. Sie wiederholte ihn später mit besserem Erfolg in der Emigration in den USA. Auch Elise Blenker folgte ihrem Mann, dem Weinhändler und Kommandanten der Wormser Bürgerwehr Ludwig Blenker, bewaffnet in den Kampf, der als Oberst eine Freischar im badisch-pfälzischen Aufstand befehligte.

Auf Initiative besonders aktiver Frauen entstanden 1848/49 in vielen Städten Deutschlands eigenständige Frauenvereine, die von Spießbürgern und Reaktionären nicht wenig verlacht und verhöhnt wurden, in deren Existenz sich aber besonders augenscheinlich das von der Revolution stimulierte Selbstbewußtsein vieler Frauen ausdrückte. Sie waren ihrem Wesen nach mehr Hilfsorgane der kleinbürgerlichen Demokratie als selbständige Kampforgane der Frauen für ihre politische und soziale Gleichberechtigung. Während es in Frankreich 1848/49 eine machtvolle, über das ganze Land ausgedehnte emanzipatorisch orientierte Frauenbewegung gab, war, wie Clara Zetkin hervorgehoben hat, in Deutschland der »Odem der Revolution ... nicht heiß genug, die schlummernden Energien der Frauen zu wecken und ungestüm in den Kampf zu treiben« [6].

Dem Anliegen, für materielle Unterstützung zu sorgen und Samariterdienste zu leisten, was anderswo auf private Initiative erfolgte, widmeten sich die Frauenvereine in organisierter Form und mit großem Nutzen. Kein Zufall war es, daß die meisten Frauenvereine — über ein Dutzend — im Mai 1849 in Baden am Vorabend der bewaffneten Kämpfe zur Verteidigung der Revolution gegründet wurden. Mit den Republikanern, die nach dem Frankfurter und dem badischen Septemberaufstand 1848 und nach den Reichsverfassungskämpfen in Gefangenschaft geraten oder geflüchtet waren, bekundeten die Vereine ihre Solidarität, indem sie sich für deren Amnestierung an Fürsten und Regierungen wandten. Politisch am entschiedensten waren die Frauenvereine von Berlin, Wien und Mainz. An der Spitze des Berliner Vereins, der Mitte September 1848 gebildet worden war, stand Lucie Lenz, eine Frau, die wegen ihrer Teilnahme am Zeughaussturm im Juni 1848 verhaftet worden war. Gemäß seinen Statuten beschäftigte sich der nur zwei Monate bestehende Frauenverein in Wien, der 40 Mitglieder umfaßte, mit der Verbreitung demokratischer Ideen, mit der sozialen Gleichberechtigung der Frauen und mit der Hilfe für Opfer der Revolution. Der Mitte Mai 1849 gegründete und bis September 1851 bestehende Mainzer Verein »Humania« war einer der größten Frauenvereine in Deutschland. Ihm gehörten knapp 2000 Mitglieder an, vorwiegend Frauen des mittleren und kleineren Bürgertums. Die Vorsitzende Kathinka Zitz, eine Schriftstellerin und Publizistin, die Frau eines Führers der rheinhessischen Demokraten und Abgeordneten der Frankfurter Nationalversammlung Franz Zitz, verstand es, ein hohes Maß von Aktivität zu entfalten und durch die Veranstaltung von Konzerten und geselligen Zusammenkünften große Spendensummen aufzubringen.

Eine Ausnahmestellung nahm Louise Otto ein, eine in Meißen lebende Publizistin und Literatin, die 1848/49 mit ihrem Wirken den Grundstein für die bürgerliche Frauenbewegung in Deutschland legte, die von ihr dann später, in der Mitte der sechziger Jahre, in organisierter Form ins Leben gerufen wurde und als deren anerkannte Führerin sie über Jahrzehnte hinweg politische Bedeutung erlangt hat. Louise Otto, von Clara Zetkin als eine der »hingebungsvollsten Bahnbrecherinnen« [7] der Bewegung um Frauenrechte bezeichnet, hat in der Presse unermüdlich die Idee von der sozialen und politischen Befreiung der Frauen propagiert, die in der Öffentlichkeit sonst nur ganz sporadisch auftauchte. Sie verband diese Idee mit der Aufforderung an die Frauen, sich für die Ziele der demokratischen Revolution einzusetzen, weil nur durch deren Sieg die Voraussetzungen für die eigene Emanzipation geschaffen werden könnten. Darüber hinaus war sie die einzige Frau in Deutschland, die in der Öffentlichkeit ostentativ für die Belange der Arbeiterinnen eingetreten ist.

In der bekannten »Adresse eines Mädchens«, die am 20. Mai 1848 in der »Leipziger Arbeiter-Zeitung« erschien und an den sächsischen Innenminister und alle Arbeiter gerichtet war, machte Louise Otto auf das unbeschreibliche Elend der Arbeiterinnen und Tagelöhnerinnen aufmerksam und forderte, nicht allein die Lage der männlichen, sondern auch die der weiblichen Arbeiter gründlich zu verbessern. Louise Otto stand der Arbeiterverbrüderung nahe, an deren Organ sie ebenso mitarbeitete wie an Blättern der radikalen kleinbürgerlichen Demokratie. Unermüdlich warb sie für die Bildung von Genossenschaften der Arbeiterinnen und für die Einrichtung von Kindergärten nach dem Vorbild Friedrich Fröbels. Ihre bedeutendste Leistung war die Herausgabe und Leitung der in Großenhain und später in Gera erscheinenden »Frauen-Zeitung«, die von Mitte April 1849 bis Ende 1852 bestand und der sie das Motto gegeben hatte: Dem Reich der Freiheit werb' ich Bürgerinnen. In dieser Wochenzeitschrift wurden, gestützt auf ein fast alle deutsche Staaten umfassendes Korrespondentennetz, grundlegende Fragen der Gleichberechtigung der Frauen, ihrer Rolle in der Gesellschaft, ihrer sozialen Lage, ihrer Bildungsbedürfnisse und ihres Strebens nach persönlicher Selbstverwirklichung erörtert. Wie die Frauenvereine und wie alle demokratischen Bemühungen der Frauen ist auch die »Frauen-Zeitung« ein Opfer der wiedererstarkten Reaktion geworden.

Kapitel 5

Entscheidungen in Österreich und Preußen

Die Pariser Junischlacht

Am 23. Juni 1848 erhoben sich die Arbeiter von Paris in einem gewaltigen Aufstand gegen die Bourgeoisie. Vier Tage tobte in den Straßen der französischen Hauptstadt ein Bürgerkrieg von bis dahin nicht gekannten Ausmaßen. Die Pariser Juniinsurrektion war die erste große Klassenschlacht in der bürgerlichen Gesellschaft, eine offene Feldschlacht zwischen Proletariat und Bourgeoisie. Sie war das bedeutendste Ereignis in den europäischen Revolutionen der Jahre 1848 und 1849. Die blutige Niederlage der Pariser Arbeiter in diesem Kampf wurde zum Wendepunkt für die Revolution in ganz Europa, auch für die deutsche Revolution.

Die Bourgeoisie provoziert das Proletariat

Seit der Februarrevolution von 1848 war Frankreich eine bürgerliche demokratische Republik. Vor allem die Pariser Arbeiter hatten sie erkämpft. Das Proletariat hatte der nun herrschenden Bourgeoisie einige Konzessionen abgerungen. Zwei Repräsentanten der Arbeiter, Louis Blanc und Martin Albert, wurden Mitglieder der provisorischen Regierung, deren Zusammensetzung zunächst einen Kompromiß der Klassen ausdrückte, die den Thron der Julimonarchie gestürzt hatten. Die Regierung hatte das Recht auf Arbeit proklamiert und eine Reihe sozialer Institutionen gebildet. So schuf sie eine Kommission, die Mittel zur Verbesserung der Lage der arbeitenden Klasse herausfinden sollte. Sie tagte im Palais Luxembourg und wurde deshalb Luxembourgkommission genannt. Mit ihren Dekreten vom 27. Februar und 6. März ließ die Regierung sogenannte Nationalateliers einrichten, in denen etwa 100 000 arbeitslose Pariser Proletarier Beschäftigung fanden, zum größten Teil bei unproduktiven Erd- und Kanalisationsarbeiten. Vornehmlich waren die Ateliers zu dem Zweck geschaffen worden, die Arbeiterarmeen zu einem Instrument der Regierung zu machen, die Arbeiter dem Einfluß radikaler Ideen und Führer zu entziehen und sozialistische Auffassungen zu diskreditieren. Viele Arbeiter sahen in den Nationalateliers die von dem kleinbürgerlichen Sozialisten Louis Blanc propagierten Volkswerkstätten. Die Bourgeoisie erklärte die Nationalwerkstätten für Pflanzstätten des Müßiggangs, den Beginn der Verwirklichung des Sozialismus. Auf die Nationalwerkstätten und die Gelder, die ihr Unterhalt kostete, konzentrierte sich der ganze Haß der Bourgeoisie, der Mißmut der am Rande des Ruins stehenden Kleinbürger und der unter Steuerlasten ächzenden Bauern. Die Masse der Arbeiter lebte nach der Februarrevolution in der Vorstellung, diese Republik sei die ihre. Ernüchterung trat ein, je mehr die Bourgeoisie daranging, die Republik ihren Klasseninteressen entsprechend auszubauen, die im Februar gemachten sozialen Zugeständnisse und Verheißungen zurückzunehmen und weiter gehende Forderungen der Arbeiter abzuweisen.

Inneres eines Nationalateliers in Paris. Nach »The Illustrated London News«, 1848

Martin Albert.
Nach der »Illustrierten Zeitung«, 1848

Louis Blanc.
Nach der »Illustrierten Zeitung«, 1848

Zwei erfolglos verlaufene Demonstrationen der Pariser Arbeiter, am 17. März und am 16. April 1848, offenbarten das Kräfteverhältnis zwischen den Klassen und kündigten schon den bevorstehenden großen Kampf an. Bei den Wahlen zur Nationalversammlung Ende April erlangten die bürgerlichen Parteien ein deutliches Übergewicht. Die am 4. Mai eröffnete Nationalversammlung brach mit den sozialen Illusionen nach der Februarrevolution und proklamierte, den Arbeitern deutlich entgegentretend, die bürgerliche Republik. Ebenfalls im Mai verwarf sie den Vorschlag, ein besonderes Arbeitsministerium zu bilden. Sie schloß die Vertreter des Proletariats, Blanc und Albert, aus der Exekutivkommission aus. Nachdem bei einer Demonstration am 15. Mai Arbeiter in die Nationalversammlung eingedrungen waren und eine Regierung gefordert hatten, in der das Proletariat wieder Einfluß haben sollte, erließ die Exekutivkommission mehrere Dekrete, die sich gegen die Arbeiterklasse richteten. Die Führer der revolutionären Arbeiter, Auguste Blanqui, Armand Barbès, François-Vincent Raspail und Martin Albert, wurden verhaftet, Volkskundgebungen verboten, revolutionäre Arbeiterklubs geschlossen und die Luxembourgkommission aufgelöst.

Der Hauptangriff der Bourgeoisie richtete sich gegen die Nationalateliers. »Die Nationalwerkstätten müssen verschwinden«, forderten liberale Abgeordnete in der Nationalversammlung.[1] Mitte Juni hatte sich die Regierung entschlossen, eine schnelle Entscheidung herbeizuführen, und sie bereitete sie systematisch vor. »Man muß ein Ende machen«, wurde zum Schlagwort gegen die Arbeiter in den Nationalwerkstätten.[2] Der Zutritt zu ihnen wurde erschwert, der Tagelohn in Stücklohn umgewandelt, nicht in Paris fest ansässige Arbeiter wurden ausgeschlossen.

Am 21. Juni beschloß die Regierung die Auflösung der Werkstätten. Der »Moniteur«, das offizielle Organ der Regierung, veröffentlichte ein Dekret, das alle unverheirateten Arbeiter zwischen 17 und 25 Jahren vor die Wahl stellte, in die Armee einzutreten oder aus dem Arbeitsverhältnis entlassen zu werden. Eine Abordnung verlangte am Morgen des 22. Juni von der Regierung die Zurücknahme des Dekrets. Sie wurde abgewiesen.

Am selben Tag demonstrierten einige hundert Arbeiter der Nationalwerkstätten. Gegen Mittag setzte die Regierung das Militär in Alarmbereitschaft. Die Bourgeoisie wollte die vom Proletariat im Februar errungenen Rechte und Freiheiten gänzlich beseitigen, und sei es mit Hilfe der Waffen.

Als Antwort auf das Vorgehen der Regierung erhob sich das Pariser Proletariat. Die Arbeiter griffen spontan zu den Waffen, die sie im Februar erlangt und nicht mehr aus den Händen gegeben hatten. »Es blieb den Arbeitern keine Wahl, sie mußten verhungern oder losschlagen«[3], stellte Karl Marx fest. »Brot oder Tod!« lautete eine der häufigsten Losungen auf ihren roten Fahnen. Auch das Motto der aufständischen Lyoner Seidenweber von 1834 tauchte wieder auf: »Arbeitend leben oder kämpfend sterben!«

Der Groll der Arbeiter richtete sich gegen die Regierung und die Nationalversammlung, die ihre Hoffnungen enttäuscht, die im Interesse der Bourgeoisie täglich neue Maßregeln gegen sie ergriffen hatten. Die Arbeiter waren »zur Verzweiflung getrieben, so rasch die Früchte der Februarrevolution, die sie mit ihrem Blut erkauft, sich entwandt und von ihren alten Unterdrükkern konfisziert, ja ihre Ansprüche mit Hohn behandelt und sich selbst der ersten politischen Rechte wieder beraubt zu sehen«[4], schrieb die »Neue Rheinische Zeitung«.

Der Kampf wurde den Arbeitern aufgezwungen. Es war ein Verteidigungskampf.

Der Aufstand der Pariser Arbeiter im Juni 1848 war eine proletarische Insurrektion im Verlauf der bürgerlich-demokratischen französischen Revolution und als solche die erste in der »Reihe sozialistischer Bewegungen und sozialistischer Versuche«[5] in der Epoche der bürgerlichen Revolutionen in Europa. Aber für den Sturz der Bourgeoi-

Arbeiterdemonstration in Paris. Nach »The Illustrated London News«, 1848

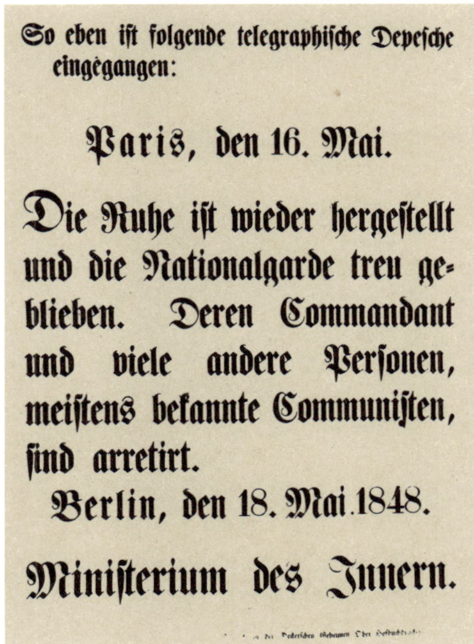

So eben ist folgende telegraphische Depesche eingegangen:

Paris, den 16. Mai.

Die Ruhe ist wieder hergestellt und die Nationalgarde treu geblieben. Deren Commandant und viele andere Personen, meistens bekannte Communisten, sind arretirt.

Berlin, den 18. Mai 1848.

Ministerium des Innern.

Plakatanschlag in den Maitagen 1848 in Berlin

PLAN VON PARIS.

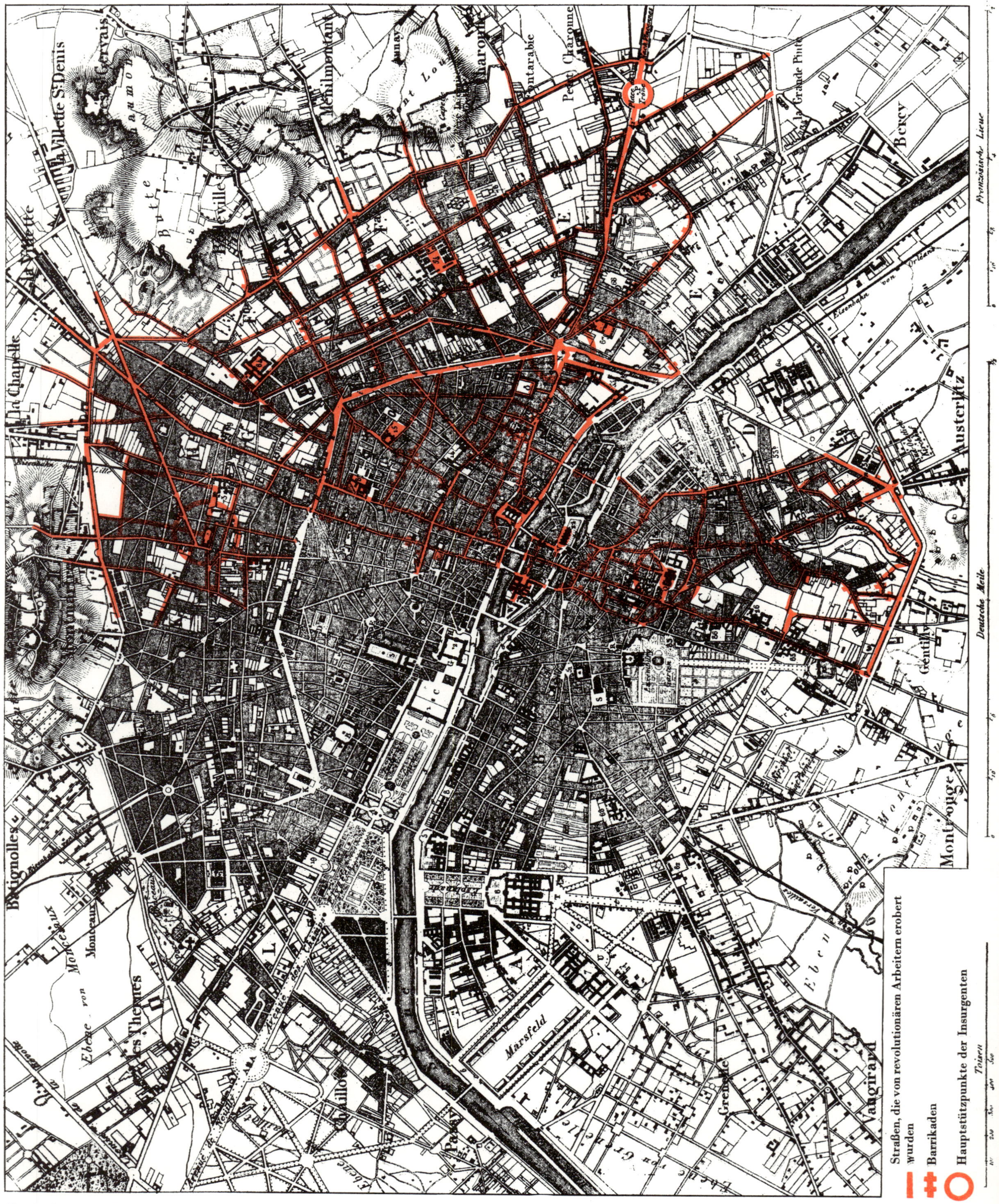

Stadtplan von Paris. Nach der »Illustrierten Zeitung«, 1848

Vorstädte.

A. Quartier du Gros-Caillou.
Faubourg.
B. St. Germain.
C. St. Jacques.
D. St. Marceau.
E. St. Antoine.
Fa. du Temple.
Fb. St. Martin.
G. Ménilmontant.
H. St. Denis.
I. Poissonnière.
K. Montmartre.
L. du Roule.
M. St. Honoré.
Quartier
N. de la Chaussée-d'Antin.
O. de la Cité.
P. de l'Ile St. Louis.

Oeffentliche Plätze.

Place
A. de la Concorde
AA. et barrière de l'Etoile.
B. Vendôme.
C. du Carrousel.
D. de la Bourse.
E. des Victoires.
F. du Palais-Royal.
G. du Musée.
H. du Louvre.
I. de l'Oratoire.
K. de la Madeleine.
L. du Châtelet.
M. de l'Hôtel-de-Ville.
N. de la Bastille.
O. Royale.
P. du Trône.
Q. du Panthéon.
R. de l'Odéon.
S. St. Sulpice.
T. de Vauban.
U. de Fontenoy.
V. du Parvis-N.-Dame.
W. Dauphine.

Die vorzüglichsten Quais und Straßen.

Quai
1. de la Grève.
2. de la Mégisserie,
3. de l'École.
4. du Louvre.
5. des Tuileries.
5'. Cours la Reine und Quai de la Conférence.
6. d'Orsay.
6'. Voltaire.
7. Malaquais.
8. Conti.
9. des Grands Augustins.
10. St. Michel.
11. Montebello ou Billy.
12. de la Tournelle.
13. St. Bernard.
14. d'Austerlitz.
15. de la Rapée.
16. Morand.
17. des Ormes.
18. de Béthune.
19. de l'Archevêché.
20. des Orfèvres.
21. de l'Horloge.
22. Napoléon.
23. Bourbon.
24. d'Anjou.
25. Port aux vins.

Hauptstraßen.

Rue
26. Royale.
27. Tronchet.
28. Malherbes.
29. Rivoli.
30. Castiglione.
30'. de la Paix.
31. St. Honoré.
32. Richelieu.
33. Vivienne.
34. Montmartre.
35. Poissonnière.
36. St. Denis.
37. St. Martin.
38. Rambuteau.
39. du Temple.
39'. vieille du Temple.
40. St. Louis.
41. St. Antoine.
41'. du faub. St. Antoine.
42. Lafayette.
Rue
43. du faubourg du Temple.
44. — St. Martin.
45. — St. Denis.
46. — Poissonnière.
47. — Montmartre.
48. Laffitte.
49. du Mont-Blanc.
50. du faubourg du Roule.
51. — St. Honoré.
52. d'Arcole.
53. de Seine.
54. de l'Université.
55. de Vaugirard.
56. de Sèvres.
57. St. Jacques.
58. St. Victor.

Boulevards.

Boulevard
a. de la Madeleine.
b. des Capucines.
c. des Italiens.
d. Montmartre.
e. Poissonnière.
f. Bonne-Nouvelle.
g. St. Denis.
h. St. Martin.
i. du Temple.
k. des Filles du-Calvaire.
l. St. Antoine.
m. de l'Arsenal ou de Bourdon.
n. de l'Hôpital.
o. des Gobelins.
p. St. Jacques.
q. d'Enfer.
r. du Mont Parnasse.
s. des Invalides.
t. Avenue de Breteuil.
u. Allée des Veuves.

Brücken.

Pont
a. de Bercy ou de la Gare.
b. d'Austerlitz.
c. de Constantine.
d. de Damiette.
e. de la Tournelle.
f. Marie.
g. de la Cité.
h. Louis-Philippe.
i. d'Arcole.
k. Notre-Dame.
l. au Change.
m. -Neuf.
n. de l'Archevêché.
o. au Double.
p. Petit.
q. St. Michel.
r. des Arts.
s. du Carrousel.
t. Royal.
u. de la Concorde.
v. des Invalides.
w. d'Iéna.

Oeffentliche Gebäude.

Palais
1. des Tuileries.
2. du Louvre.
3. Royal.
4. du Luxembourg (Pairskammer).
5. Bourbon (Deputirtenkammer).
6. Hôtel des Invalides.
7. Ecole militaire.
8. Palais de la Légion-d'Honneur.
9. Palais du quai d'Orsay.
10. Hôtel des Monnaies.
11. Palais de l'Institut.
12. Observatoire.
13. Palais de Justice.
14. ,, Soubise, Archives du Royaume.
15. Le Temple.
16. Banque de France.
17. Ministère des Affaires étrangères.
18. Ministère des Finances.
19. Elysée-Bourbon.
20. Ministère de la Marine.
Q. Panthéon.
M. Hôtel-de-Ville.
D. Bourse et Tribunal du commerce.
21. Garde-Meubles.

Kirchen.

Église
22. Notre-Dame.
23. St-Germain-des-Prés.
24. St.-Thomas-d'Aquin.

Eglise
24'. St. Valère.
25. St. Etienne-du-Mont.
26. du Val-de-grâce.
27. St. Germain l'Auxerrois.
28. St. Eustache.
29. St. Roch.
30. St. Gervais.
31. St. Paul.
32. Notre-Dame-de-Lorette.
33. St. François-de-Paul.
S. St. Sulpice.
K. de la Madeleine.
34. Chapelle St. Louis.

Theater.

35. Académie royale de musique.
Théâtre
36. Italien.
37. Français.
38. Ventadour.
39. de l'Opéra comique.
40. de la Porte-St. Martin.
41. de l'Ambigu-Comique.
42. du Cirque-Olympique.
43. du Gymnase dramat.
44. des Variétés.
45. Cirque des Champs-Elysées.
45b. Panorama.
R Théâtre de l'Odéon.

Hallen und Märkte.

46. Entrepôt général.
47. Halle aux vins.
48. ,, aux blés.
Marché
49. du Temple.
50. des Innocents.
51. St. Germain.
52. au gibier (Geflügelmarkt).
53. St. Honoré.
53b. aux chevaux.
54. Abattoirs (Schlachthäuser).
55. Greniers de réserve.

Hospitäler u. Hospizien.

56. Hôtel-Dieu.
Hôpital
57. de la Pitié.
58. de la Charité.
59. St. Antoine.
60. de la Salpêtrière.
61. Cochin.
62. Necker.
63. Beaujon.
64. St. Louis.
Hospice
65. des Enfants trouvés.
66. des Orphelins.
67. des Quinze-vingts.
68. des Incurables hommes.
69. des Incurables femmes.

Gefängnisse.

Prison
70. de la Force.
71. Ste. Pélagie.
72. des Madelonettes.
73. St. Lazare.
74. Clichy (des dettes).
75. -Modèle.
76. du nouveau Bicêtre.
77. militaire du Montaigu.

Wissenschaftliche und literarische Anstalten.

78. Sorbonne.
École
79. de Droit.
80. de Médecine.
81. Polytechnique.
82. des Beaux-Arts.
83. des Mines.
84. de Musique.
85. Collège de France.
86. Institution des Sourds-muets.
87. Conservatoire des Arts et Métiers.
88. Bibliothèque Royale.
89. Muséum d'histoire naturelle.
90. Sémin. de St. Sulpice.

sie und die Errichtung der Herrschaft der Arbeiterklasse waren in der Mitte des 19. Jahrhunderts die Voraussetzungen in Frankreich noch nicht gegeben.
Die »Neue Rheinische Zeitung« nannte den Aufstand eine *»Revolution der Verzweiflung«*[6]. Die Arbeiter wußten, daß sie einen Kampf auf Leben und Tod führten. Die »Verteidiger der Ordnung« zeigten einen beispiellosen Haß gegen die »Empörer«, beschimpften sie als Räuber, Plünderer und Mörder. Die Bourgeoisie erklärte die Arbeiter »nicht für gewöhnliche Feinde, die man besiegt, sondern für *Feinde der Gesellschaft,* die man vernichtet«[7]. So kämpften die Arbeiter um ihre nackte Existenz.

Ein reiner Arbeiteraufstand

Der Bourgeoisie standen etwa 200 000 gut bewaffnete Männer zur Verfügung, kommandiert von kriegserfahrenen Generalen: die reguläre Armee — Infanterie, Kavallerie, Artillerie —, etwa 80 000 Soldaten, fast 100 000 Mann Nationalgarde, ferner 20 000 bis 25 000 Mobilgardisten, uniformiertes Pariser Lumpenproletariat, sowie die republikanische Garde, eine Polizeitruppe.
Die Niederschlagung des Aufstandes leitete Louis-Eugène Cavaignac, der sich im Kolonialkrieg gegen die Araber die Generalsepauletten verdient hatte. Vor der Februarrevolution war er General in Algerien und Kommandant der Provinz Oran gewesen. Von der bürgerlichen Regierung zum Generalgouverneur berufen und im März zum Kriegsminister ernannt, wurde Cavaignac nach der Niedermetzelung des Pariser Proletariats und der nachfolgenden Terrorherrschaft zum gefeierten Helden der Bourgeoisie.
Die Arbeiter waren den Truppen der Bourgeoisie zahlenmäßig weit unterlegen und schlecht bewaffnet. Sie hatten wenig Munition, keine brauchbaren Kanonen und keine erfahrene militärische Führung. Sie gossen ihre Kugeln zum Teil selbst und benutzten Schießbaumwolle, die in den Arbeitergegenden fabriziert wurde. Aber den Arbeitern kam ihre Organisiertheit zugute. Sie waren schon in den Nationalwerkstätten beinahe militärisch organisiert gewesen, und nun übertrugen sie diese Organisiertheit auf ihren militärischen Kampf. Auch wußten sie das unübersichtliche Terrain der Pariser Innenstadt geschickt auszunutzen.
Der Juniaufstand war der erste, der eine »ganze Gesellschaft in zwei große feindliche Heerlager«[8] spaltete. Diese Spaltung zeigte sich äußerlich darin, daß sich Ost-Paris und West-Paris gegenübertraten. Der Aufstand erfaßte vor allem den östlichen, vorwiegend von Arbeitern bewohnten Teil der Stadt. Die Bourgeoisie griff vom westlichen Teil her an und erhielt von dort ihre Verstärkungen.
Aus der Beobachtung und genauen Kenntnis der Klassenkräfte und Klassenkämpfe in Paris und Frankreich vor dem Juni 1848 war es der Redaktion der »Neuen Rheinischen Zeitung« möglich, sofort nach dem Eintreffen der ersten genaueren Berichte

Louis-Eugéne Cavaignac.
Nach der »Illustrierten Zeitung«, 1848

Die große Barrikade in der Rue du Faubourg St. Antoine. Nach »The Illustrated London News«, 1848

aus Paris den »entschieden proletarischen Charakter der Insurrektion«[9] festzustellen. Während die bürgerlichen Zeitungen in Deutschland zunächst den Klassencharakter des Aufstandes nicht erkannten, schrieb Friedrich Engels schon in seinem ersten großen Artikel über die Kämpfe in Paris: »Der Aufstand ist ein reiner Arbeiteraufstand.«[10] Nach Vorliegen umfassender Informationen über die Vorgänge in Paris sprach die »Neue Rheinische Zeitung« von den »riesenhaften Umrissen dieser *Junirevolution*«, die sich *»zur größten Revolution, die je stattgefunden,* zur *Revolution des Proletariats gegen die Bourgeoisie«*, entwickelte.[11]

Auf der Seite der Bourgeoisie standen auch das Kleinbürgertum, die Intelligenz, die Bauern und das Lumpenproletariat. Der kleinbürgerliche Anhang der Bourgeoisie, materiell wie ideologisch an sie gebunden, wandte sich mit der Bourgeoisie gegen das Proletariat. Die Klassenverhältnisse waren nicht so weit entwickelt, daß die zwischen dem Proletariat und der Bourgeoisie stehenden kleinbürgerlichen und bäuerlichen Massen sich bereits gegen das Kapital empörten und sich den Arbeitern als ihren Vorkämpfern anschlossen. Die von der Bourgeoisie ausgegebene Parole von der Rettung des Eigentums, der Familie, der Religion bewirkte mit, daß sich alle übrigen Klassen und Schichten während der Juni-

Frauen auf einer Barrikade in der Nähe der Porte St. Denis in Paris. Nach »The Illustrated London News«, 1848

tage gegen das Proletariat als der »*Partei der Anarchie*, des Sozialismus, Kommunismus« [12] vereinten. Auch die meisten kleinbürgerlichen sozialistischen Führer standen jenseits der Barrikaden.

Die vier blutigen Junitage

Der erste Tag des Aufstandes war »ein Tag ohnegleichen in den revolutionären Annalen von Paris« [13]. Am Morgen des 23. Juni zogen Tausende von Arbeitern durch die Boulevards zum Panthéon-Platz. Es kam zu ersten Zusammenstößen. Die Arbeiter verbarrikadierten die östlichen und südöstlichen Stadtteile, schnitten die Zugänge zur Insel Cité ab und verschanzten die Brükken. Die Barrikaden waren höher und fester als bei früheren Straßenkämpfen. Das Volk entwaffnete einige Posten der Mobilgarde. Doch die Nationalgarde aus den westlichen, vom Bürgertum bewohnten Stadtteilen erschien zum Entsatz. Sie eröffnete das Feuer auf die Arbeiter und nahm einige Barrikaden. Ab Mittag warf Cavaignac reguläre Truppen in den Kampf. Unter dem Druck des kombinierten Einsatzes von Mobilgarde, Nationalgarde, Infanterie und Kavallerie mußten die Arbeiter zurückweichen. Cavaignacs Taktik bestand darin, seine Truppen nicht in kleine Scharmützel zu zersplittern, sondern den Aufstand unter Einsatz konzentrierter militärischer Kräfte in einem Meer von Blut zu ertränken. Die Truppen der Bourgeoisie gingen nach dem von Cavaignac ausgearbeiteten Plan vor. Mit Kanonen zerschossen sie Barrikaden und befestigte Häuser. Kartätschen fegten die Straßen leer.

Es gelang jedoch nicht, die Arbeiter am ersten Tag niederzuwerfen. Am frühen Morgen des 24. Juni begannen die Gefechte von neuem. Die Aufständischen eröffneten die Offensive. Die aufgeschreckte Nationalversammlung verhängte über Paris den Belagerungszustand, gab die gesamte vollziehende Gewalt in die Hände von Cavaignac und stattete ihn mit diktatorischen Vollmachten aus. Das war die Errichtung einer zeitweiligen Militärdiktatur im Namen der Großbourgeoisie.

Cavaignac setzte alle verfügbaren Truppen ein. Die Insurgenten wurden zurückgedrängt, aufgesplittert, umzingelt.

Am 25. Juni rückten auf Befehl Cavaignacs neu herangeführte Kräfte weiter vor. Auf die Stützpunkte der Arbeiter richtete das

Inneres einer Arbeiterwohnung während der Verteidigung einer Barrikade in der Pariser Vorstadt St. Antoine. Nach der »Illustrierten Zeitung«, 1848

Beschießung der Arbeitervorstadt St. Antoine durch Regierungstruppen und Nationalgardisten, 25. Juni 1848. Nach der »Illustrierten Zeitung«, 1848

Gefangene Insurgenten in den Kellern des Pariser Rathauses. Nach »The Illustrated London News«, 1848

Kampf zwischen Regierungstruppen und Insurgenten in der Nähe der Porte St. Denis, 23. Juni 1848. Darstellung der Neuruppiner Bilderbogen, 1848

Militär erbarmungslos Artilleriefeuer. Eine Barrikade nach der anderen fiel. Brandraketen setzten ganze Straßenzüge in Flammen. Den Aufständischen blieb nach hartnäckiger Verteidigung nur der Rückzug. Am Abend des dritten Tages waren sie fast aus der ganzen Innenstadt verdrängt. Sie hatten nur noch eine Festung, die Arbeitervorstadt St. Antoine und einen Teil des benachbarten Viertels du Temple.

Die militärische Lage der Insurgenten am 26. Juni war aussichtslos. Truppen hatten die letzten Stützpunkte der Aufständischen umstellt. Cavaignac drohte mit dem Bombardement. Um den am dichtesten bevölkerten Teil von Paris vor der völligen Zerstörung zu bewahren und Zehntausende Arbeiter mit ihren Familien zu retten, streckten die Insurgenten die Waffen. Das war das Ende der vier Pariser Barrikadentage. Ein Beobachter sprach von 3 888 erstürmten Barrikaden. Eine gewaltige Übermacht hatte die Arbeiter erdrückt. Der Sieg Cavaignacs, mit brutaler Rücksichtslosigkeit und mit Mitteln errungen, wie sie nie zuvor in einem Straßenkampf angewandt worden waren, er war »der ruhmloseste Sieg, der je erfochten« [14].

Am 28. Juni beschloß die französische Nationalversammlung, daß sich Cavaignac, die Armee, die Nationalgarde und die Mobilgarde »um das Wohl des Vaterlands verdient gemacht« hätten. Sie ernannte Cavaignac zum Ministerpräsidenten. Cavaignac

Aburteilung von Teilnehmern der Juniinsurrektion vor einem Kriegsgericht in Paris. Nach »The Illustrated London News«, 1848

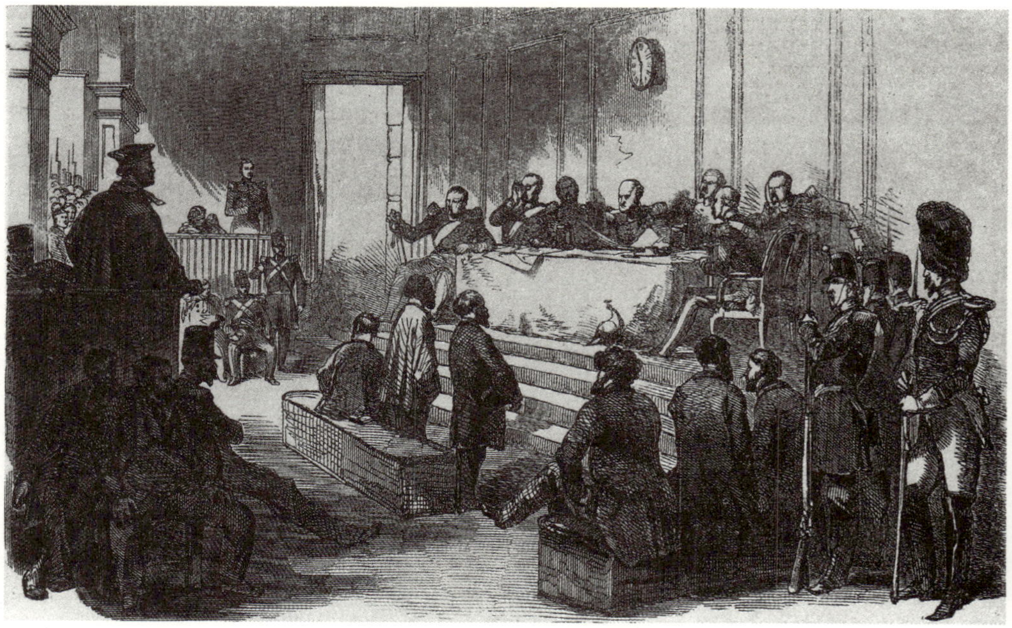

amtierte bis Dezember 1848, bis zur Wahl des Louis Bonaparte zum Präsidenten der Republik.
Während die Abgeordneten im Parlament eine republikanische Verfassung berieten, hielt Cavaignac den Belagerungszustand über Paris aufrecht und regierte mit Bajonetten gegen das Volk. Die Nationalateliers wurden am 3. Juli aufgelöst, die Arbeitszeit verlängert, die revolutionären Klubs geschlossen.
Es begann eine Zeit des konterrevolutionären Terrors. Wieviel Arbeiter im Kampf umgekommen waren, konnte nie genau ermittelt werden. Nun wurden wahre Treibjagden auf Insurgenten durchgeführt. Über 3 000 Aufständische waren sofort hingerichtet oder auf abscheuliche Weise massakriert worden. Etwa 25 000 gerieten in Gefangenschaft und wurden grausam mißhandelt. Ein Dekret gestattete die Verbannung der Teilnehmer am Aufstand ohne Gerichtsurteil. 3 500 Insurgenten wurden in überseeische Kolonialgebiete deportiert. 11 500 Aufständische kamen vor Gericht.
Auch deutsche Arbeiter, die in Paris lebten, hatten an der Seite ihrer französischen Klassenbrüder am Kampf teilgenommen. »Deutsche Ouvriers in St. Antoine fochten auf den Barrikaden rühmlich mit«, berichtete die »Neue Rheinische Zeitung« Ende Juli, »und ihrer vierhundert werden brüderlich die Deportation mit den Parisern teilen«.[15] Die »Neue Rheinische« und andere Zeitungen sowie demokratische Organisationen appellierten an die Frankfurter Nationalversammlung, bei der französischen Regierung zugunsten der deutschen Junigefangenen zu intervenieren und ihre Auslieferung zu verlangen. Die Appelle verhallten ungehört.

Parteinahme für die Insurgenten

Einen Tag nach der Niederschlagung der Pariser Arbeiter, am 27. Juni, schickte die preußische Gesandtschaft in der französischen Hauptstadt — an ihrer Spitze stand der stockreaktionäre Maximilian Graf v. Hatzfeldt — ein Telegramm an den Minister des Auswärtigen in Berlin: »Die Herrschaft des Gesetzes ist überall in Paris wiederhergestellt.«[16]
Bis dahin hatten der preußische König und seine Regierung die provisorische Regierung der Republik Frankreich nicht anerkannt. Nun nahm Preußen die diplomatischen Beziehungen mit Frankreich wieder auf, und Friedrich Wilhelm IV. empfing im Juli in besonderer Audienz den französischen Gesandten, der ihm das Beglaubigungsschreiben übergab. Anfang August entsandte der König seinen Vertrauten und Flügeladjutanten General Adolf Freiherr v. Willisen in besonderer Mission nach Frankreich, damit er die Pariser Erfahrungen zum Nutzen der preußischen Konterrevolution studiere.
Adlig-reaktionäre Kräfte hatten befürchtet, im Gefolge der Pariser Insurrektion könnte es in Deutschland zu einer republikanischen Erhebung kommen. Jetzt waren sie erleichtert. Sie hielten den deutschen Revolutionären Paris als abschreckendes Beispiel vor. Zugleich versuchten sie, die Arbeiter aus der gemeinsamen Front gegen die Konterrevolution herauszulösen und sie allein gegen die Bourgeoisie zu lenken. Sie machten sich scheinheilig zum Anwalt der Sache des Proletariats, erklärten, die Pariser Arbeiter wären nur die leidgeprüften Opfer der Schmeicheleien geworden, mit denen die bürgerliche Regierung das Volk zu gewinnen versucht hätte.
Auch die deutsche Bourgeoisie hatte in den Tagen des Pariser Aufstandes in ängstlicher Spannung gelebt. Viele hatten ein Übergreifen der revolutionären Bewegung über die Grenzen Frankreichs hinaus befürchtet. Nun frohlockte man über den Sieg, den »Ordnung, Gesetz und Freiheit gegen Anarchie und Pöbelherrschaft erfochten«[17] hätten. Die in Heidelberg erscheinende »Deutsche Zeitung« beruhigte ihre Leser: »War der Sturm an der Seine beschwichtigt, so war auch in den Nachbarländern die Ruhe fürs erste gesichert.«[18]
Die liberale Bourgeoisie sah in den Vorgängen in Paris die Ankündigung eines Kampfes, der ihr noch bevorstand. Die bürgerliche Presse warf den Arbeitern vor, sie hätten die »Grundpfeiler der Gesellschaft«[19], Eigentum und Familie, antasten wollen. In der preußischen konstituierenden Versammlung feierte der Liberale Eduard Baumstark die Niederwerfung des Pariser Proletariats als »eines der glücklichsten Ereignisse in ganz Europa«[20].
Das Kleinbürgertum stand dem bis dahin »kolossalsten Ereignis in der Geschichte der europäischen Bürgerkriege«[21] verständnislos gegenüber. Seine politischen Vertreter schwiegen oder bagatellisierten dessen Bedeutung, sie baten um Entschuldigung für das Pariser Proletariat, oder sie stimmten in den Chor der Verleumder ein. Der Zentralausschuß der Demokraten wich einer Stellungnahme zu den Ereignissen aus. Die meisten kleinbürgerlich-demokratischen Zeitungen distanzierten sich von den Junikämpfern. Zu den Ausnahmen gehörten einige wenige konsequent-demokratische Wiener Journalisten, die für die Besiegten Partei nahmen. Selbst Blätter, die den Kampf für die Demokratie mit den Arbeitern gemeinsam führten, gaben in dieser Frage ihre gegen das Proletariat gerichtete Klassenposition deutlich zu erkennen. Sie begrüßten den Sieg über die »Anarchie« und rechtfertigten den mörderischen Terror der Bourgeoisie »gegen die Ausrufer der roten Republik«[22]. Wenn erst in Deutschland die Republik errichtet sei, schrieb ein kleinbürgerliches Blatt, würden die Republikaner die »Schlechten« geradeso niederschmettern wie in Paris.[23]
So war die Stellung zur Pariser Juniinsurrektion einer der wichtigsten Punkte, in denen sich die Kommunisten von den kleinbürgerlichen Demokraten wesentlich unterschieden. Allein sie traten den Verleumdungen der Pariser Arbeiter durch »Bourgeois und Spießbürger aller Länder«[24] konsequent entgegen. Den Kommunisten kommt die Ehre zu, wie Friedrich Engels später schrieb, »die Fahne des zertretenen Proletariats hochgehalten«[25] zu haben.
Im weiteren Verlauf der Revolution gelangten dann die fortgeschrittensten kleinbürgerlichen Demokraten, die während des Kampfes den Aufstand der Pariser Arbeiter verurteilt hatten, zu einer anderen Bewertung der Junischlacht. Zwar erkannten die meisten von ihnen nach wie vor nicht deren eigentliches Wesen und hielten sie lediglich für eine Revolution allgemeindemokratischen Charakters, aber in dem Maße, wie mit den Hoffnungen auf eine neue Revolution in Deutschland die Augen der Revolutionäre sich auf Frankreich richteten, appellierten die radikalsten der kleinbürgerlichen Demokraten an die Arbeiter, da sie in ihnen die entschiedensten Kämpfer der Revolution sahen. Nach dem Pariser Juniaufstand begannen diejenigen Demokraten, die in einer »sozialen Republik« den Arbeitern bestimmte Rechte zubilligen wollten, sich auch »rote« Republikaner oder »soziale« Demokraten zu nennen.
Die »Neue Rheinische Zeitung« war jedoch die einzige große deutsche Zeitung, die

Neue Rheinische Zeitung.

Organ der Demokratie.

№ 29. Köln, Donnerstag 29. Juni 1848.

Die „Neue Rheinische Zeitung" erscheint vom 1. Juni an täglich. Bestellungen für das nächste Quartal, Juli bis September, wolle man baldigst machen.

Alle Postämter Deutschlands nehmen Bestellungen an.

Für Frankreich übernehmen Abonnements Herr **G. A. Alexandre**, Nr. 28, Brandgasse in Straßburg, und 23, rue Notre Dame de Nazareth in Paris; so wie das königliche Ober-Post-Amt in Aachen. Für England die HH. **J. J. Ewer** & Comp. 72, Newgate Street in London. Für Belgien und Holland die respekt. königlichen Briefpost-Aemter und das Postbüreau zu Lüttich.

Abonnementspreis in Köln vierteljährlich 1 Thlr. 15 Sgr., in allen übrigen Orten Preußens 2 Thlr. 3 Sgr. 9 Pf. Außerhalb Preußens mit Zuschlag des fremden Zeitungsportos. Inserate: die vierspaltige Petitzeile oder deren Raum 1 Sgr. 6 Pf.

Anzeigen aller Art erlangen durch die großen Verbindungen der Zeitung die weiteste Verbreitung.

Zu Nr. 28 der „Neuen Rheinischen Zeitung" ist am 28. Juni Morgens eine außerordentliche Beilage ausgegeben und versandt worden.

Französische Republik.

** Die Pariser Arbeiter sind erdrückt worden von der Uebermacht, sie sind ihr nicht erlegen. Sie sind geschlagen, aber ihre Gegner sind besiegt. Der augenblickliche Triumph der brutalen Gewalt ist erkauft mit der Vernichtung aller Täuschungen und Einbildungen der Februar-Revolution, mit der Auflösung der ganzen alt-republikanischen Partei, mit der Zerklüftung der französischen Nation in zwei Nationen, die Nation der Besitzer und die Nation der Arbeiter. Die trikolore Republik trägt nur mehr Eine Farbe, die Farbe der Geschlagenen, die Farbe des Bluts. Sie ist zur rothen Republik geworden.

Keine republikanische Reputation, sei es vom National, sei es von der Reforme auf Seite des Volks! Ohne andre Führer, ohne andre Mittel als die Empörung selbst, widerstand es der vereinigten Bourgeoisie und Soldateska länger, als je eine französische Dynastie, mit allem militärischen Apparat versehn, einer mit dem Volk vereinigten Fraktion der Bourgeoisie widerstand. Damit die letzte Illusion des Volks verschwinde, damit gänzlich mit der Vergangenheit gebrochen werde, mußte auch die gewohnte poetische Zuthat der französischen Emeute, die enthusiastische Bourgeoisjugend, die Zöglinge der école polytechnique, die dreikrampigen Hüthe auf der Seite der Unterdrücker stehn. Die Zöglinge der medizinischen Fakultät mußten den verwundeten Plebejern die Hülfe der Wissenschaft versagen. Die Wissenschaft existirt nicht für den Plebejer, der das unsagbare, das unsägliche Verbrechen beging, sich einmal für seine eigne Existenz in die Schanze zu schlagen, statt für Louis Philippe oder für Herrn Marrast.

Der letzte offizielle Rest der Februar-Revolution, die exekutive Kommission ist vor dem Ernst der Ereignisse wie ein Nebelbild zerflossen. Lamartine's Leuchtkugeln haben sich verwandelt in die Brandraketen Cavaignac's.

Die Fraternité, die Brüderlichkeit der entgegengesetzten Klassen, von denen die eine die andere exploitirt, diese Fraternité, im Februar proklamirt, mit großen Buchstaben auf die Stirne von Paris geschrieben, auf jedes Gefängniß, auf jede Kaserne — ihr wahrer, unverfälschter, ihr prosaischer Ausdruck, das ist der — Bürgerkrieg, der Bürgerkrieg in seiner fürchterlichsten Gestalt, der Krieg der Arbeit und des Kapitals. Diese Brüderlichkeit flammte vor allen Fenstern von Paris am Abend des 25. Juni, als das Paris der Bourgeoisie illuminirte, während das Paris des Proletariats verbrannte, verblutete, verächzte.

Die Brüderlichkeit währte grade so lang, als das Interesse der Bourgeoisie mit dem Interesse des Proletariats verbrüdert war. Pedanten der alten revolutionären Ueberlieferung von 1793, socialistische Systematiker, die bei der Bourgeoisie für das Volk bettelten und denen erlaubt wurde, lange Predigten zu halten und sich so lange zu compromittiren, als der proletarische Löwe in Schlaf gelullt werden mußte, Republikaner, welche die ganze alte bürgerliche Ordnung mit Abzug des gekrönten Kopfes verlangten, dynastische Oppositionelle, denen der Zufall an die Stelle eines Ministerwechsels den Sturz einer Dynastie unterschob, Legitimisten, welche die Livrée nicht abwerfen, sondern ihren Schnitt verändern wollten, das waren die Bundesgenossen, womit das Volk seinen Februar machte. Was es in Louis Philipp instinktmäßig haßte, war nicht Louis Philippe, sondern die gekrönte Herrschaft einer Klasse, das Kapital auf dem Throne. Aber wie immer großmüthig, wähnt es seinen Feind vernichtet zu haben, nachdem es den Feind seiner Feinde, den gemeinschaftlichen Feind gestürzt hat.

Die Februarrevolution war die schöne Revolution, die Revolution der allgemeinen Sympathie, weil die Gegensätze, die in ihr gegen das Königthum eklatirten, unentwickelt, einträchtig neben einander schlummerten, weil der sociale Kampf, der ihren Hintergrund bildete, nur eine luftige Existenz gewonnen hatte, die Existenz der Phrase, des Worts. Die Junirevolution ist die häßliche Revolution, die abstoßende Revolution, weil an die Stelle der Phrase die Sache getreten ist, weil die Republik das Haupt des Ungeheuers selbst entblößte, indem sie ihm die schirmende und versteckende Krone abschlugen.

Ordnung! war der Schlachtruf Guizots! Ordnung! schrie Sebastiani, der Guizotin, als Warschau russisch wurde. Ordnung! schreit Cavaignac, das brutale Echo der französischen Nationalversammlung und der republikanischen Bourgeoisie.

Ordnung! donnerten seine Kartätschen, als sie den Leib des Proletariats zerrissen.

Keine der zahllosen Revolutionen der französischen Bourgeoisie seit 1789 war ein Attentat auf die Ordnung, denn sie ließ die Herrschaft der Klasse, sie ließ die Sklaverei der Arbeiter, sie ließ die bürgerliche Ordnung bestehen, so oft auch die politische Form dieser Herrschaft und dieser Sklaverei wechselte. Der Juni hat diese Ordnung angetastet. Wehe über den Juni!

Unter der provisorischen Regierung war es Anstand und noch mehr, es war Nothwendigkeit, den großmüthigen Arbeitern, die, wie man in tausend von offiziellen Plakaten abdrucken ließ: „Drei Monat Elend zur Verfügung der Republik bereit stellten", es war Politik und Schwärmerei zugleich, ihnen vor zu predigen, die Februarrevolution sei in ihrem eigenen Interesse gemacht und es handle sich in der Februarrevolution vor allem um die Interessen der Arbeiter. Seit der Eröffnung der Nationalversammlung — wurde man prosaisch. Es handelte sich nur noch darum, — die Arbeit auf ihre alten Bedingungen, wie der Minister Trélat sagte, zurückzuführen. Also die Arbeiter hatten sich im Februar geschlagen, um in eine industrielle Crise geworfen zu werden.

Das Geschäft der Nationalversammlung besteht darin, den Februar ungeschehen zu machen, wenigstens für die Arbeiter und sie in die alten Verhältnisse zurückzuwerfen. Aber selbst das geschah nicht, weil es so wenig in der Gewalt einer Versammlung, wie eines Königs steht, einer industriellen Krise von universellem Charakter zuzurufen: bis hierhin! Die Nationalversammlung, im brutalen Eifer zu enden mit den verdrießlichen Februarredensarten, ergriff selbst die Maßregeln nicht, die auf dem Boden der alten Verhältnisse möglich waren. Die Pariser Arbeiter von 17—25 Jahr preßt sie für die Armee oder wirft sie auf das Pflaster; die auswärtigen verweist sie aus Paris in die Sologne, ohne ihnen selbst die zum Laufpaß gehörigen Gelder auszuzahlen; den erwachsenen Parisern versichert sie provisorisch ein Gnadenbrod in militärisch organisirten Werkstätten, unter der Bedingung, daß sie an keiner Volksversammlung Theil nehmen, d. h. unter der Bedingung, daß sie aufhören Republikaner zu sein. Nicht die sentimentale Rhetorik nach dem Februar reichte aus, nicht die brutale Legislatur nach dem 15. Mai. Faktisch, praktisch mußte entschieden werden. Habt ihr Canaillen die Februarrevolution für Euch gemacht, oder für Uns? Die Bourgeoisie stellte die Frage so, daß sie den Juni beantwortet werden mußte — mit Kartätschen und Barrikaden.

Und dennoch schlägt, wie ein Volksrepräsentant am 25. Juni sagt, der Stupor die ganze Nationalversammlung. Sie ist betäubt, als Frage und Antwort das Pflaster von Paris in Blut ertränken, betäubt, die Einen, weil ihre Illusionen im Pulverdampf zerrinnen, die andern, weil sie nicht begreifen, wie das Volk es wagen kann, seine allereigensten Interessen selbstständig zu vertreten. Russisches Geld, englisches Geld, der bonapartische Adler, die Lilie, Amulette aller Art müssen dies sonderbare Ereigniß ihrem Verstande vermitteln. Beide Theile der Versammlung aber fühlen, daß eine unermeßliche Kluft sie von dem Volke trennt. Keine wagt, sich für das Volk zu erheben.

Sobald der Stupor vorüber ist, bricht die Raserei aus und mit Recht zischt die Majorität jene elenden Utopisten und Heuchler aus, die den Anachronismus begehen, noch die Phrase Fraternité, Brüderlichkeit im Mund zu führen. Es handelte sich ja eben um die Abschaffung dieser Phrase und der Illusionen, die ihr vieldeutiger Schoos verbirgt. Als Larochejaquelin, der Legitimist, der ritterliche Schwärmer gegen die Infamie eiferte, mit der man Vae victis! Weh den Besiegten! ausruft, geräth die Majorität der Versammlung in Veitstänze, als wäre sie von der Tarantel gestochen. Sie schreit Weh! über die Arbeiter, um zu verbergen, daß Niemand anders der „Besiegte" ist, als sie selbst. Entweder sie muß jetzt untergehen oder die Republik. Und darum heult sie krampfhaft: Es lebe die Republik!

Der tiefe Abgrund, der sich vor uns eröffnet hat, darf er die Demokraten irren, darf er uns wähnen lassen, die Kämpfe um die Staatsform seien inhaltlos, illusorisch, null?

Nur schwache feige Gemüther können die Frage aufwerfen. Die Kollisionen, welche aus den Bedingungen der bürgerlichen Gesellschaft selbst hervorgehen, sie müssen durchkämpft, sie können nicht wegphantasirt werden. Die beste Staatsform ist die, worin die gesellschaftlichen Gegensätze nicht verwischt, nicht gewaltsam, also nur künstlich, also nur scheinbar gefesselt werden. Die beste Staatsform ist die, worin sie zum freien Kampf und damit zur Lösung kommen.

Man wird uns fragen, ob wir keine Thräne, keinen Seufzer, kein Wort für die Opfer haben, welche vor der Wuth des Volkes fielen, für die Nationalgarde, die Mobilgarde, die republikanische Garde, die Linie?

Der Staat wird ihre Wittwen und Waisen pflegen, Dekrete werden sie verherrlichen, feierliche Leichenzüge werden ihre Reste zur Erde bestatten, die offizielle Presse wird sie unsterblich erklären, die europäische Reaktion wird ihnen huldigen vom Osten bis zum Westen.

Aber die Plebejer, vom Hunger zerrissen, von der Presse geschmäht, von den Aerzten verlassen, von den Honnetten Diebe gescholten, Brandstifter, Galeerensklaven, ihre Weiber und Kinder in noch gränzenloseres Elend gestürzt, ihre besten Lebenden über die See deportirt, — ihnen den Lorbeer um die drohend finstere Stirn zu winden, das ist das Vorrecht, das ist das Recht der demokratischen Presse.

Der 25. Juni.

* Mit jedem Tage nahm die Heftigkeit, die Erbitterung, die Wuth des Kampfes zu. Die Bourgeoisie wurde immer fanatisirter gegen die Insurgenten, je weniger ihre Brutalitäten sofort zum Ziele führten, je mehr sie selbst im Kampf, Nachtwachen und Bivouakiren ermattete, je näher sie ihrem endlichen Siege rückte. Die Bourgeoisie erklärte die Arbeiter nicht für gewöhnliche

»Die Junirevolution« von Karl Marx. Aus der »Neuen Rheinischen Zeitung«, 29. Juni 1848

»vom ersten Schuß an«[26] für die Aufständischen eintrat, den Charakter des Aufstandes richtig einschätzte und seine epochale Bedeutung hervorhob. Keine andere Zeitung hat so wie die »Neue Rheinische Zeitung« die Sache des Pariser Proletariats zu ihrer eigenen gemacht.

In einem Leitartikel über die Resultate des Juniaufstandes hob Karl Marx als wichtigstes die »Vernichtung aller Täuschungen und Einbildungen der Februarrevolution«[27] hervor. Die bürgerliche Republik stand jetzt nackt da als die Klassenherrschaft der Bourgeoisie. Die in der Februarrevolution proklamierte Phrase von der

»Fraternité«, der Brüderlichkeit der verschiedenen Klassen, war zerstoben, das Märchen von einer möglichen Klassenharmonie zwischen Bourgeoisie und Proletariat, einem Ausgleich der sozialen Interessen hatte sich in den Junitagen als bürgerliches Trugbild erwiesen. Das Pariser Proletariat begann den Klassencharakter der Republik und die Bourgeoisie als seinen unversöhnlichen Feind zu erkennen.

Die Kommunisten bereiteten am Beispiel der Pariser Junischlacht das junge deutsche Proletariat auf seine künftigen Klassenauseinandersetzungen vor. Sie erklärten, daß die Klassengegensätze zwischen Proletariat und Bourgeoisie unversöhnlich sind. Doch gleichzeitig warnten sie die demokratische Bewegung in Deutschland davor, sich in ihrem Kampf um die Republik durch den Junikampf beirren zu lassen. Hier standen das Volk und auch die Masse des Bürgertums objektiv in einer Front: »Nicht, als wenn beide keine feindlich entgegengesetzten Interessen besäßen. Wohl aber, weil *dasselbe* Interesse gegen eine dritte, sie gleich niederdrückende Macht beide noch zusammenschmiedete.«[28] Erst in einer bürgerlichen Gesellschaft können die Klassengegensätze zwischen Bourgeoisie und Proletariat frei ausgetragen werden.

In dem klassenbewußten Teil der jungen deutschen Arbeiterbewegung löste die Niederlage der Junikämpfer eine Welle elementarer Solidarität aus. Die beiden zu dieser Zeit größten deutschen Arbeiterorganisationen, der Kölner Arbeiterverein und das Berliner Zentralkomitee für Arbeiter, stellten sich mit der »Neuen Rheinischen Zeitung« auf die Seite des Pariser Proletariats. Der Kölner Arbeiterverein und seine Zeitung nahmen von Anfang an Partei für die Insurgenten, und das vom Mitglied des Bundes der Kommunisten Stephan Born geleitete Organ des Zentralkomitees für Arbeiter in Berlin, »Das Volk«, schloß sich in der Grundfrage — für oder gegen die Insurgenten — der Haltung der Zeitung vom Marx und Engels an. Die Solidarität der Leipziger Mitglieder des Bundes der Kommunisten mit den niedergeworfenen Pariser Arbeitern bekundete Emil Ottokar Weller, Buchhändler und 1848 Herausgeber des »Volksfreund«. In Königsberg (Ostpreußen) verteidigte das Bundesmitglied Friedrich Crueger in einer Broschüre die Aufständischen. Wilhelm Weitling, der auf der Rückreise von den USA nach Deutschland die letzten Tage der Junischlacht in Paris erlebte, stand fest zu dieser »Prinzipienschlacht«.

Das Volk.
Organ des Central-Komites für Arbeiter.
Eine sozial-politische Zeitschrift.
Herausgegeben vom Schriftsetzer Born.
Nr. 14. 1848.
Erscheint: Dienstags, Donnerstags, Sonnabends. Berlin, Dienstag, den 4. Juli. Monatspreis: 5 Sgr.

Der Arbeiteraufstand in Paris.

Wir haben das Recht Partei zu nehmen für unsere unterdrückten Brüder, seien es Deutsche, seien es Franzosen oder Engländer, die Arbeiter trennt kein Unterschied der Sprache, keine Landesgrenze, sie haben Alle nur ein Interesse, die Befreiung aus den Fesseln der Geldherrschaft; sie haben Alle einen Unterdrücker, und das macht sie gleich und vereinigt sie, sie müssen insgesammt ihn stürzen, denn keiner von ihnen kann frei sein, wenn sie es nicht Alle sind. Auf den Straßen von Paris, da fochten die Arbeiter nicht allein für ihr französisches Interesse, für uns kämpften sie

Aus einem Artikel zum Juniaufstand in Paris. Aus »Das Volk«, 4. Juli 1848

Ferdinand Freiligrath, der Sänger der Revolution, der einige Monate darauf in die Redaktion der »Neuen Rheinischen Zeitung« eintrat, setzte die Ideen von Marx und Engels und auch ihre Stellungnahmen zum Pariser Juniaufstand in Verse um. Er rühmte in seinem Gedicht »Die Toten an die Lebenden«, das ihm mehrere Wochen Haft eintrug, die Unterlegenen von Paris als wert »des lorbeerreichsten Grabes«:

»Ihr von des Zukunftsdranges Sturm
am weitesten Getragnen!
Ihr — Juni-Kämpfer von Paris!
Ihr siegenden Geschlagnen!«[29]

Wende der europäischen Revolution

Cavaignac hatte, ohne es zu wissen, einen Sieg über die europäische Revolution errungen. Zar Nikolaus I. von Rußland sandte ihm überschwengliche Glückwünsche.

Die Juniniederlage schaltete das Proletariat in Frankreich für lange Zeit aus der politischen Bewegung aus und gab der Konterrevolution in allen revolutionierten europäischen Ländern neuen Auftrieb. Schon vor der Niederlage der Pariser Arbeiter hatte die Gegenrevolution in verschiedenen Ländern die revolutionäre Flut einzudämmen versucht und erste Erfolge errungen. Der früheste konterrevolutionäre Gegenstoß mit europäischen Auswirkungen nach den Februar- und Märzrevolutionen war am 10. April 1848 erfolgt. An diesem Tag brachte die Regierung der englischen Bourgeoisie einer Massendemonstration der Chartisten, der englischen Arbeiterpartei, in London eine Niederlage bei. Danach begannen Verhaftungen und Verfolgungen. Die Macht der Chartisten war gebrochen, und England blieb im folgenden Jahr von den revolutionären Erschütterungen des Kontinents unberührt. Der Triumph der englischen Bourgeoisie zerstörte viele Hoffnungen.

Im Mai konnte Preußen mit der Niederwerfung des polnischen Aufstandes im Großherzogtum Posen die dortige nationale Befreiungsbewegung der Polen vorerst erstikken. Das war nicht nur ein Sieg Preußens, sondern auch ein Triumph des russischen Zaren über die europäische Revolution. Im Juni schlugen österreichische Truppen den Prager Aufstand grausam nieder und brachen damit zugleich die revolutionäre Kraft der tschechischen nationalen Bewegung.

Doch entscheidend für den weiteren Verlauf der Revolutionen in Europa wurden die Junitage von Paris. Sie leiteten eine Wende in den europäischen Revolutionen ein. »Mit diesem *zweiten Akt der französischen Revolution* beginnt erst die *europäische Tragödie*«[30], schrieb die »Neue Rheinische Zeitung«. So wie die Revolution des Jahres 1848 mit der Pariser Februarrevolution erst wirklich europäischen Charakter angenommen hatte, nahm die Konterrevolution nach der Pariser Juniinsurrektion europäischen Charakter an. Der Juniaufstand wurde, nach den Worten von Karl Marx, das Zentrum, »worum sich die europäische Revolution und Kontrerevolution dreht«[31].

In Italien begann eine neue Phase des Kampfes der Reaktion gegen die demokratische Bewegung und die nationale Befreiungsbewegung. Die Wiedereroberung Mailands durch die österreichische Armee, Anfang August, war die erste Niederlage der Revolution von europäischer Bedeutung nach dem Pariser Juni. In der dreitägigen blutigen Schlacht bei Custozza Ende Juli hatten die Kaiserlichen unter Radetzky die piemontesischen Truppen des Königs von Sardinien kriegsentscheidend geschlagen. Karl Albert und seine Generale, die sich mit der Armee in die Hauptstadt der Lombardei zurückzogen, boten am 5. August verräterisch eine Kapitulation bei Ge-

Massendemonstration der Chartisten in London, 10. April 1848. Nach der »Illustrierten Zeitung«, 1848

währung freien Abzugs an. Radetzky ging darauf ein. Dem Fall Mailands und der Eroberung der Lombardei folgte die erneute Unterdrückung ganz Italiens. Hier kündigte sich schon das Wiedererstehen eines Zentrums der europäischen Konterrevolution an, des kaiserlichen Österreichs.
Ungarn, die revolutionäre Bastion innerhalb der Habsburgermonarchie, war Anfang Juli, als der neugewählte Landtag in Pest zusammentrat, von konterrevolutionären Armeen umzingelt: Österreichische, kroatische und russische Korps standen an seinen Grenzen, bereit zum Angriff auf die ungarische Revolution. Nach dem Fall Italiens eröffnete Österreich zunächst eine politische Offensive. Die Regierung in Wien bestritt Ungarn das Recht auf eine selbständige Regierung. Mitte September bildete sich der ungarische Landesverteidigungsausschuß unter Lajos Kossuth, und in der Abwehr ihrer Feinde entwickelte sich die Revolution weiter nach links.

Revolution und Konterrevolution vor der Entscheidung

Auch die deutsche Revolution trat nach der Pariser Juniinsurrektion in eine neue Etappe ein. Zwar stellte die Bourgeoisie nach wie vor in den meisten deutschen Staaten die Regierungen oder war an ihnen beteiligt, im Pakt mit Vertretern des Adels, und sie beherrschte mit ihren Mehrheiten die Parlamente, wie bisher seit dem März. Das Kräfteverhältnis zwischen Revolution und Konterrevolution blieb weiterhin labil; aber seit Juli begann sich ein Umschwung abzuzeichnen, vorbereitet durch die Politik der verschiedenen Klassen.
Kennzeichnend für diese Monate war das Bemühen der Bourgeoisie, die im März errungenen Positionen zu befestigen und ihre Herrschaft durch Gesetze und Reformmaßnahmen zu begründen, während sie gleichzeitig mit den geschlagenen vormärzlichen Staatsgewalten einen dauerhaften Kompromiß anstrebte. Gemeinsam gingen Bourgeoisie und Adel mit Hilfe des Staatsapparates gegen die demokratische Bewegung, vor allem gegen die Arbeiterklasse, vor. Ihr Hauptziel war, das Volk seiner demokratischen Errungenschaften zu berauben. Die demokratischen Kräfte befanden sich im — meist erfolglosen — zersplitterten Abwehrkampf gegen die Vorstöße der Konterrevolution, versuchten, die im März errungenen Rechte und Freiheiten zu verteidigen und gleichzeitig die Revolution weiterzuführen.
Das fortwährende Paktieren der Bourgeoisie mit dem Adel gegen das Volk ermunterte die adlige Konterrevolution zu ersten entschiedenen Schritten auch gegen ihren — aus ihrer Sicht zeitweiligen — Verbündeten, dessen sie sich wieder zu entledi-

gen suchte. Der Sieg der französischen Bourgeoisie über die Pariser Arbeiter führte zu einer Schwächung der Position der deutschen Bourgeoisie. Aber noch war über den Ausgang des Kampfes zwischen Revolution und Konterrevolution nicht entschieden. Diese Entscheidung mußte jetzt fallen. Sie fiel in Österreich und in Preußen, den beiden mächtigsten deutschen Staaten. Von den adligen Mächten zielbewußt angestrebt, reifte sie seit Juli heran.

Das Ministerium Auerswald/Hansemann

Ende Juni war in Preußen das Ministerium Camphausen zurückgetreten, die erste bürgerliche Regierung nach der Märzrevolution. Ihr folgte eine Regierung unter Rudolf v. Auerswald, zuvor Oberpräsident der Provinz Ostpreußen, Jugendfreund des Königs aus jenen Jahren, da der preußische Hof, vor Napoleon geflüchtet, in Königsberg residiert hatte. In dieser Regierung — wie schon in der vorigen — fungierte der Großkapitalist David Hansemann als Finanzminister. Ein von Militärs geprägtes Kabinett, das der konstituierenden Versammlung den Kampf ansagen würde, wie es der König ersehnte, ließen die Kräfteverhältnisse Ende Juni nicht zu, und es fand sich auch kein General, der dessen Bildung übernommen hätte. »Erst wenn man das souveräne Volk gecavaignact hat, könnte so etwas angehen«, schrieb Leopold v. Gerlach, Generaladjutant des Königs, am 20. Juli zynisch an seinen Bruder.[32] Nur eine liberale, von der Mehrheit der verfassunggebenden Versammlung getragene Regierung schien jetzt möglich und Hansemann der einzige, der in der Lage war, sie zustande zu bringen.

David Hansemann.
Nach der »Illustrierten Zeitung«, 1848

Hansemann war mit seinen 57 Jahren einer der profiliertesten Repräsentanten der rheinischen und preußischen Großbourgeoisie. Der Pfarrerssohn hatte nach einer kaufmännischen Lehre als Reisender in Tuch und Wolle begonnen und 1817 in Aachen ein Kommissionsgeschäft eröffnet. Bald war der zielstrebige und rührige Kaufmann ein erfolgreicher Unternehmer im Versicherungs- und Eisenbahnbaugeschäft. Schon vor der Revolution wurde Hansemann zum publizistischen und politischen Anwalt seiner Klasse, die im preußischen Staat um die Beseitigung der die Entwicklung des Kapitalismus beeinträchtigenden feudalbürokratischen Hemmnisse und um politische Mitbestimmung rang. Unbedingter Feind der Demokratie und Anhänger von »Ruhe und Ordnung«, war Hansemann während der Revolution einer der energischsten Vertreter der Bestrebungen der Großbourgeoisie. Der fähige Finanzmann, als einer der Führer der Opposition auf dem Vereinigten Landtag von 1847 von Friedrich Wilhelm IV. im März 1848 zunächst nur widerwillig als Minister akzeptiert, unternahm manches, um Preußen aus der seit 1847 andauernden Wirtschaftskrise herauszubringen und mit Hilfe des Staatsschatzes Banken und Unternehmen wieder flottzumachen. Seine Wirtschaftspolitik in den ersten Monaten der Revolution stärkte den Staat und befriedigte die Bourgeoisie, bei der er großes Ansehen genoß. Dem König empfahl er sich dadurch, daß er in der Regierung Camphausen am energischsten auf Unterdrückungsmaßnahmen gegen die »Anarchie« gedrängt hatte. Die Revolution hielt er für einen Fehler, der wiedergutgemacht werden müsse, und meinte, der März habe ein schädliches Übermaß von Freiheit gebracht, das reduziert werden sollte. Er war, so urteilte ein zeitgenössischer Historiker, der »Minister gewordene, lange bevormundete preußische reiche Bourgeois, der die Bürokratie demütigen und die Unterschiede zwischen Aristokratie und Bourgeoisie hinwegräumen oder vielmehr der Bourgeoisie zu den Vorteilen der Aristokratie verhelfen wollte«[33].

Beim Volk genoß Hansemann anfangs ein gewisses Maß an Popularität wegen seiner äußeren Erscheinung, seiner bürgerlichen Einfachheit, die sosehr abstach von dem hochmütigen, adelsstolzen Gehabe der vormärzlichen Minister. Steifheit und Feierlichkeit gingen dem rheinischen Handelsherrn ab, der gleichwohl ein übergroßes bourgeoises Selbstvertrauen zur Schau stellte, auch gegenüber der Aristokratie. Das bewog die Berater des Königs, kaum daß die neue Regierung ihre Arbeit aufgenommen hatte, nach einem Ersatz für Hansemann zu suchen.

Nach dem Rücktritt Camphausens stellte Hansemann — die Potsdamer Wünsche berücksichtigend — die Ministerliste für das Kabinett Auerswald zusammen. Er verfaßte das Regierungsprogramm, und er trug es in der konstituierenden Versammlung vor, nicht der Ministerpräsident. In das Programm schrieb er auch eine Formulierung über die »Anerkennung der Revolution« hinein und zwang sie dem König auf, was viele Konterrevolutionäre erregte, aber den Zweck erfüllte, dieses das Volk aufregende Thema aus den Debatten der Versammlung herauszuhalten.

Hansemann war der eigentliche Ministerpräsident, »das Haupttriebrad des Ganzen«[34]. Deshalb sprach man auch von der Regierung Hansemann. Aber Auerswald, der Präsident des Staatsministeriums, ein ostpreußischer Großgrundbesitzer, der seit 1840 zur junkerlich-liberalen Opposition zählte, spielte wegen seiner persönlichen Bindungen an Friedrich Wilhelm IV. doch mehr als nur eine Vermittlerrolle zwischen Hof und Regierung, wie manche Zeitgenos-

Rudolf v. Auerswald.
Lithographie von Schramm, 1848

sen es sahen. Auerswald übernahm zugleich das Ministerium des Auswärtigen. Damit lag die Außenpolitik — und das hieß, auch die Beziehungen zu den anderen deutschen Staaten, zur Nationalversammlung in Frankfurt und zur Zentralgewalt — in den Händen der Adelsfraktion im Ministerium und wurde faktisch von Potsdam aus geleitet.

Das Kriegsressort behielt, wie vom König verlangt, der General Ludwig Freiherr Roth v. Schreckenstein, den man in Berlin als den »preußischen Windischgrätz«[35] ansah. Schreckenstein garantierte der Krone, daß die Leitung der Armee außerhalb der Kompetenz des Gesamtministeriums verblieb. Bei der Verwirklichung seines schon im Juli gefaßten Planes zur Unterdrückung der Revolution in Berlin hoffte Friedrich Wilhelm IV., sich vor allem auf seine Vertrauensleute Auerswald und Schreckenstein verlassen zu können, die beide das Privileg des direkten Vortrages beim König besaßen.

Als Innenminister holte sich Hansemann einen Juristen aus seiner rheinischen Heimat, den Düsseldorfer Eisenbahndirektor und Gemeinderat Friedrich Kühlwetter, der erst im Mai 1848, ebenfalls auf Betreiben Hansemanns, zum Regierungspräsidenten in Aachen ernannt worden war. Kühlwetter führte sich mit dem Bekenntnis ein, der beste Staat sei der mit der besten Polizei, und die beste Polizei sei die stärkste Polizei.

Die Regierung Auerswald/Hansemann wollte ein *»Ministerium der Tat«* sein — nach dem abgetretenen der *»Vermittlung und des Übergangs«*. Die Taten der Regierung bestanden vor allem darin, daß sie zur *»aktiven* Unterwerfung des Volks«[36] überging. Die Niederschlagung der Pariser Juniinsurrektion ermutigte die Bourgeoisie, die revolutionären Massen im eigenen Lande zu unterdrücken und unter ihre Herrschaft zu zwingen. Mit allen Mitteln ging die Regierung gegen die »Anarchie«, das heißt gegen die revolutionäre Bewegung, vor. Ein österreichischer Beobachter meinte, jetzt kehre in Berlin das Gefühl zurück, daß die Regierung »die Sache mehr in der Hand« habe. Eine »zuversichtlichere Haltung« sei zu bemerken. Paris habe bewiesen, »daß die Kräfte der Regierung, mit Energie gehandhabt, ihr den Sieg verleihen, den Ruhestörern aber Verderben bereiten könne«.[37]

Die Regierung Auerswald/Hansemann präsentierte sich der konstituierenden Versammlung am 26. Juni, an dem Tage, da die Bourgeoisie in Paris über die Aufständischen siegte. War die Pariser Februarrevolution der Hintergrund des Ministeriums Camphausen gewesen, so war die Juniinsurrektion, wie Karl Marx bemerkte, der Hintergrund des Ministeriums Hansemann, und es selbst betrachtete sich als ein *»Ministerium der Junirevolution«*[38].

Das Uebergangs-Ministerium.

Das Ministerium der That.

Karikatur aus dem »Berliner Krakehler«, 1848

In der Krone und im Adel glaubte Hansemann einen für die Bourgeoisie bereits ungefährlichen Bundesgenossen zu besitzen. Weil sie sich — ohne Grund — von dem hinter ihr stehenden Proletariat bedroht fühlte, suchte die Bourgeoisie Bundesgenossen, mit denen sie bereit war, die Herrschaft zu teilen; sie verzichtete darauf, gestützt auf die Volksmassen, sich die volle politische Herrschaft zu erkämpfen, ihre eigenen Klasseninteressen und die daraus folgenden Prinzipien der bürgerlichen Freiheit konsequent durchzusetzen.

Waren die bürgerlichen Ministerien zu »schwach, die Interessen der Bourgeoisie und der Bauern entschieden zu vertreten und die Macht des Adels, der Bürokratie und der Armeeführer mit einem Schlage zu stürzen«, so besaß die liberale Bourgeoisie allein auch nicht genügend Kraft, die im März errungenen Machtpositionen zu halten und »die Staatseinrichtungen entsprechend ihren Bedürfnissen und Auffassungen umzugestalten«[39]. Sie konnte sich gegen die nicht überwundenen feudalen Kräfte nur dann behaupten, wenn sie sich auf die demokratische Volksbewegung stützte. Die Bourgeoisie zog jedoch dem Zusammengehen mit den Demokraten und dem — wie es ihr schien — Risiko einer fortschreitenden und möglicherweise zur Republik führenden Revolution das Paktieren mit Adel und Krone vor. In ihrem Klassenegoismus sah die Bourgeoisie — in Preußen wie in anderen deutschen Staaten — nicht, daß Fürsten und Adel auch ihre Feinde waren und ihr eigentlicher, wenigstens zeitweiser Bundesgenosse gegen diese gemeinsamen Feinde das Volk: Arbeiter, Kleinbürger und Bauern — trotz aller entgegengesetzten Klasseninteressen, die aber hinter die gemeinsamen Interessen zurücktreten mußten, welche Bourgeoisie und Volk objektiv im Kampf gegen die Spitzen der alten Gesellschaft verbanden. So richtete sich alles, was die Bourgeoisie gegen das Volk tat, im Grunde gegen sie selbst.

Die Bourgeoisie hatte nominell die Macht. Ihre Vertreter waren in die Ministerien eingezogen, aber die wichtigsten Instrumente der Macht waren in den Händen der Aristokraten geblieben, vor allem die Armee. Die Bourgeoisie meinte ihre eigene Staats-

Flugschrift der Redaktion der »Deutschen Wehr-Zeitung« (Berlin), 15. Juli 1848

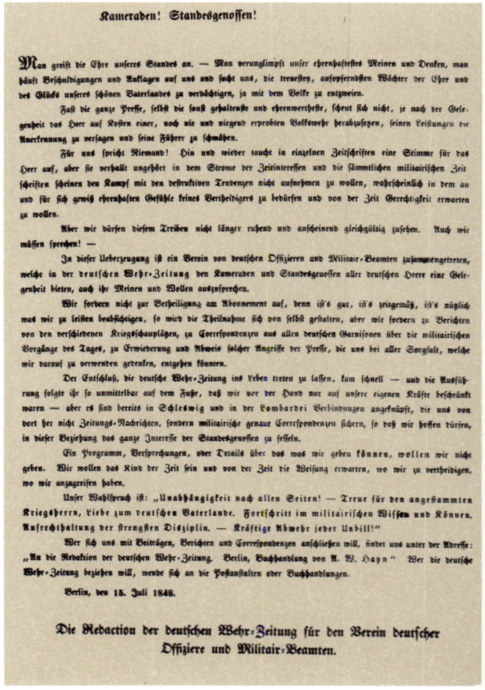

Kameraden! Standesgenossen!

Man greift die Ehre unseres Standes an. — Man verunglimpft unser ehrenhaftestes Meinen und Denken, man häuft Beschuldigungen und Anklagen auf uns und sucht uns, die treuesten, aufopferndsten Wächter der Ehre und des Glücks unseres schönen Vaterlandes zu verdächtigen, ja mit dem Volke zu entzweien.

Fast die ganze Presse, selbst die sonst gehaltenste und ehrenwertheste, scheut sich nicht, je nach der Gelegenheit das Heer auf Kosten einer, noch nie und nirgend erprobten Volkswehr herabzusetzen, seinen Leistungen die Anerkennung zu versagen und seine Führer zu schmähen.

Für uns spricht Niemand! Hin und wieder taucht in einzelnen Zeitschriften eine Stimme für das Heer auf, aber sie verhallt ungehört in dem Strome der Zeitinteressen und die sämmtlichen militairischen Zeitschriften scheinen den Kampf mit den destruktiven Tendenzen nicht aufnehmen zu wollen, wahrscheinlich in dem an und für sich gewiß ehrenhaften Gefühle keines Vertheidigers zu bedürfen und von der Zeit Gerechtigkeit erwarten zu wollen.

Aber wir dürfen diesem Treiben nicht länger ruhend und anscheinend gleichgültig zusehen. Auch wir müssen sprechen! —

In dieser Ueberzeugung ist ein Verein von deutschen Offizieren und Militair-Beamten zusammengetreten, welche in der deutschen Wehr-Zeitung den Kameraden und Standesgenossen aller deutschen Heere eine Gelegenheit bieten, auch ihr Meinen und Wollen auszusprechen.

Wir fordern nicht zur Betheiligung am Abonnement auf, denn ist's gut, ist's zeitgemäß, ist's nützlich was wir zu leisten beabsichtigen, so wird die Theilnahme sich von selbst gestalten, aber wir fordern zu Berichten von den verschiedenen Kriegsschauplätzen, zu Correspondenzen aus allen deutschen Garnisonen über die militairischen Vorgänge des Tages, zu Erwiederung und Abweis solcher Angriffe der Presse, die uns bei aller Sorgfalt, welche wir darauf zu verwenden gedenken, entgehen könnten.

Der Entschluß, die deutsche Wehr-Zeitung ins Leben treten zu lassen, kam schnell — und die Ausführung folgte ihr so unmittelbar auf dem Fuße, daß wir vor der Hand nur auf unsere eigenen Kräfte beschränkt waren — aber es sind bereits in Schleswig und in der Lombardei Verbindungen angeknüpft, die uns von dort her nicht Zeitungs-Nachrichten, sondern militairische genaue Correspondenzen sichern, so daß wir hoffen dürfen, in dieser Beziehung das ganze Interesse der Standesgenossen zu fesseln.

Ein Programm, Versprechungen, oder Details über das was wir geben können, wollen wir nicht geben. Wir wollen das Kind der Zeit sein und von der Zeit die Weisung erwarten, wo wir zu vertheidigen, wo wir anzugreifen haben.

Unser Wahlspruch ist: „Unabhängigkeit nach allen Seiten! — Treue für den angestammten Kriegsherrn, Liebe zum deutschen Vaterlande. Fortschritt im militairischen Wissen und Können. Aufrechthaltung der strengsten Disziplin. — Kräftige Abwehr jeder Unbill!"

Wer sich uns mit Beiträgen, Berichten und Correspondenzen anschließen will, findet uns unter der Adresse: „An die Redaktion der deutschen Wehr-Zeitung. Berlin, Buchhandlung von A. W. Hayn" Wer die deutsche Wehr-Zeitung beziehen will, wende sich an die Postanstalten oder Buchhandlungen.

Berlin, den 15. Juli 1848.

Die Redaction der deutschen Wehr-Zeitung für den Verein deutscher Offiziere und Militair-Beamten.

macht zu stärken, wenn sie den alten Staatsapparat gegen die Arbeiterklasse und die demokratische Bewegung einsetzte. Doch stärkte sie dabei nur diejenigen Kräfte, die sich nicht mit der Revolution abfinden wollten und nach weitgehender Wiederherstellung der vorrevolutionären Verhältnisse strebten.

Ihr Verhalten insbesondere seit dem Juli bestätigte, daß die regierende Bourgeoisie 1848 eine »Mittelstellung« einnahm: »nach der einen Seite fortschreitend, nach der andern zurückdrängend, zugleich progressiv — gegen den Absolutismus, reaktionär — gegen die Demokratie«[40]. Die Politik des Ministeriums Auerswald/Hansemann (und davor die des Ministeriums Camphausen) hatte, so wie die Bourgeoisie als Klasse in der Revolution gegen ihre zwei Klassenfeinde (den politisch noch nicht entmachteten alten und den erst drohenden neuen) Front machte, zwei Seiten: eine reaktionäre, gegen die Masse des Volkes gerichtete — und das Volk und die Arbeiterklasse betrachtete sie als ihren Hauptgegner — und eine, »sozusagen revolutionäre Seite«[41], die sich gegen den Feudalismus, gegen Adel und Großgrundbesitz richtete. Dieser innere Widerspruch erklärt die insgesamt »hilflose Politik«[42] der Bourgeoisie in der Revolution. Das ganze Dilemma der preußischen Bourgeoisie, die Widersprüchlichkeit, Doppelschlächtigkeit ihrer Position, sah die »Neue Rheinische Zeitung« darin, daß die Bourgeoisie glaubte, das Volk schon »unterjochen und beiseite werfen« zu können, ohne das sie doch den Feind nicht auf die Knie zwingen konnte. »Die Bourgeoisie hätte so gern auf *gütlichem* Wege das *feudale Königtum* in ein *bürgerliches Königtum* verwandelt«, schrieb Karl Marx[43]. Die Bourgeoisie meinte, es sei möglich, inmitten der Revolution bürgerliche Verhältnisse und Rechtszustände auf dem Wege von Reformen zu erreichen, ohne das Volk und bei gleichzeitigem Kampf gegen das Volk. Bereits im Juli sagte die Zeitung von Marx und Engels voraus, daß die Bourgeoisie an diesem historischen Problem scheitern werde wie an der Quadratur des Zirkels.

Das Ministerium Hansemann handelte so, als hätte die Bourgeoisie schon gesiegt, als wäre dieser Sieg schon gesichert und nur noch auszubauen, während tatsächlich, auch unter dem Gesichtspunkt des Eigeninteresses der Bourgeoisie, der eigentliche Kampf erst noch auszufechten und, anders als in Frankreich, bürgerliche politische Herrschaftsverhältnisse erst durchgesetzt werden mußten. Die meisten Liberalen in Preußen erkannten nicht, daß sich das Land »in einem provisorischen Zustande«[44] befand, sondern glaubten an die Stabilität und Dauerhaftigkeit der bestehenden Zustände und strebten nach dem Ausbau ihrer vermeintlich schon gesicherten Herrschaft und nach ihrer Abschirmung gegenüber dem Volk. Sie verhielten sich, als stünde man bereits »auf dem Boden der *konstituierten*, der fertigen konstitutionellen Monarchie«[45], und wiegten sich in »konstitutionellen Träumereien«[46].

Polizeimaßregeln

Anfang Juli setzten in fast allen deutschen Staaten verstärkte Polizeimaßregeln gegen die demokratische und Arbeiterbewegung und besonders gegen ihre führenden Persönlichkeiten ein. Schon am 26. Juni wurde in Hannover der Buchdruckergeselle Friedrich Stegen, Präsident des Arbeitervereins der Stadt, Delegierter auf dem Frankfurter Demokratenkongreß und Teilnehmer an der Mainzer National-Buchdrucker-Versammlung zu Pfingsten, wegen der Verbreitung demokratischer Schriften verhaftet. Die Begründung lautete: »Hochverrat«! In Berlin verhaftete die Polizei am 1. Juli die demokratischen Studenten Edmund Monecke und Emmanuel Fernbach, Korrespondent der »Neuen Rheinischen Zeitung«. Die Justizbehörden begannen demokratische Zeitungen zu verfolgen. Am 15. Juli verurteilte das Berliner Kammergericht einige der am Zeughaussturm Beteiligten zu langjähriger Festungshaft. Der Berliner Polizeipräsident drohte all jenen Bestrafung an, die Versammlungen unter freiem Himmel ohne vorherige polizeiliche Genehmigung durchführten. Ende Juli verbot er alle Versammlungen an der Kreuzung Friedrichstraße/Unter den Linden.

Für die preußische Hauptstadt schuf das Innenministerium eine neue Polizeitruppe, die blauuniformierten »Konstabler«. Als Vorbild hatten die britischen Constabler gedient, die die englische Bourgeoisie im April 1848 in London rekrutiert hatte, um der Bewegung der Chartisten zu begegnen. »Die militärische Polizei hat der bürgerlichen Platz machen müssen, das wahre Zeichen des Umschwunges in Preußen, der die Bourgeoisie scheinbar zur Herrschaft gebracht hat«, kommentierte ironisch ein Berliner Korrespondent der »Neuen Rheinischen Zeitung«.[47]

Nach der Einrichtung der Institution der Konstabler ging die Regierung in Berlin an die »Reorganisation« der Bürgerwehr. Am 7. Juli legte sie der konstituierenden Versammlung den »Entwurf eines Gesetzes über die Errichtung der Bürgerwehr« vor. Dieser Gesetzentwurf widerspiegelte das Unbehagen der Großbourgeoisie über die Bürgerwehr, in der sie Elemente einer Volksbewaffnung sah und fürchtete. In Preußen wie anderswo war nach der Märzrevolution mit der Aufstellung von Bürgerwehren die Forderung nach Volksbewaffnung zunächst abgefangen worden. Arbeiter und Handwerksgesellen blieben von der Beteiligung an der Bürgerwehr weitgehend ausgeschlossen. Die Behörden organisierten die Bürgerwehr so, daß Volk und Bürgerwehr einander feindlich gegenüberstanden. Die Führung der Bürgerwehr lag in der Regel in Händen von Angehörigen der Bourgeoisie oder ehemaligen Offizieren. In vielen Städten trat die Bürgerwehr den Arbeitern und revolutionären Demokraten mit Gewalt entgegen. Sie diente nicht den Interessen des Volkes, sondern war als Instrument der Bourgeoisie dazu bestimmt, »Ruhe und Ordnung« aufrechtzuerhalten, »Störungen der öffentlichen Sicherheit« abzuwehren.

Dennoch war das öffentliche Ansehen der Bürgerwehr durchaus nicht einheitlich. Trotz verschiedener Zusammenstöße mit dem Volk und vor allem mit Arbeitern wurde die Bürgerwehr doch zu einer recht volkstümlichen Einrichtung, besonders in den Augen des Kleinbürgertums. Die Bürgerwehr erschien vielen als Beschützerin der gewonnenen bürgerlichen Freiheiten und als eine Gewähr für die Erhaltung des Erreichten.

Mit dem Bürgerwehrgesetz sollten Errungenschaften der Märzrevolution beseitigt werden. Selbst bestehenden Bürgerwehren drohte es mit der Entziehung der Waffen; und mit der Auflösung von nicht direkt zur Bürgerwehr gehörenden Korps begann die Verwirklichung des Gesetzes, noch bevor es überhaupt beraten war. Die Regierung beabsichtigte die Unterordnung der Bürgerwehr unter den Staatsapparat und privilegierte die Besitzenden in ihr. Die Mehrheit der Bevölkerung, die Arbeiter und ein großer Teil des Kleinbürgertums, sollte — durch die Bestimmung, daß jedes Mitglied

Julius Wulff.
Nach einem Scherenschnitt
von Wilhelm Müller

Auflauf vor dem Haus des Ministerpräsidenten Auerswald in Berlin, 21. August 1848.
Darstellung der Neuruppiner Bilderbogen, 1848

der Bürgerwehr für Dienstkleidung und Waffe auf eigene Kosten zu sorgen habe — gesetzlich entwaffnet werden. Die Bestimmungen des Gesetzes machten das Wehrrecht für den größten Teil der Bevölkerung illusorisch. Der Gesetzentwurf markierte die Fortschritte im Vordringen der Konterrevolution und enthüllte die Rolle der Bourgeoisregierung, die dem Vorschub leistete. Die konstituierende Versammlung wurde mit einer Flut von Protestadressen aus allen Teilen des Landes überschüttet.

Ein erster großer Schlag des preußischen Regierungsapparates hatte schon Anfang Juli dem Arbeiterverein in Köln gegolten, der stärksten organisierten revolutionären Kraft in der Rheinprovinz. Durch die Verhaftung seiner leitenden Mitglieder sollte die Tätigkeit des Vereins lahmgelegt werden. Fritz Anneke, Christian Esser und Andreas Gottschalk wurden eingekerkert, vier weitere Gesuchte entkamen der Polizei. Die »Neue Rheinische Zeitung« deckte den Zusammenhang zwischen den Verhaftungen in Köln und der Politik der preußischen wie der übrigen deutschen Regierungen auf. Die Behörden in Köln planten, die Arbeiter zum Kampf herauszufordern und Zusammenstöße herbeizuführen. Polizei, Armee und Bürgerwehr waren alarmiert und zum Eingreifen bereit. Doch die Arbeiter ließen sich nicht provozieren, und ihre von der Konterrevolution gewünschte Niedermetzelung mit Kartätschen und Granaten nach dem Beispiel von Paris blieb aus.

Nach dem Anschlag auf den Kölner Arbeiterverein wurde bei dem Präsidenten des Arbeitervereins Hamm in Westfalen, M. J. Belker, Haussuchung gehalten, weil er mit dem Kölner Verein in Verbindung gestanden hatte. Am 8. Juli nahm die Polizei in Düsseldorf den Präsidenten des Volksklubs, Julius Wulff, fest, und in den Wohnungen der Komiteemitglieder schnüffelten Polizisten herum. Am selben Tag untersagte man in München Offizieren, Beamten und Beamtenanwärtern die Teilnahme an Volksversammlungen. Am 9. Juli verhaftete die Polizei in Breslau den Präsidenten des demokratischen Vereins »Germania«. In Kassel ernannte das kurhessische Ministerium, dessen »frühere Tatenlosigkeit« gegenüber den Republikanern von den Reaktionären beklagt worden war, Anfang Juli einen neuen Polizeichef. Strenge polizeiliche Maßregeln wurden angekündigt, das Bürgerfreikorps aufgelöst und mehrere Republikaner verhaftet.

Der preußische Minister des Innern ermahnte in einem Zirkular vom 12. Juli alle Regierungspräsidenten, die Sicherheitspolizei selbständig, schnell und mit Energie einzusetzen. Der Minister gab den Regierungspräsidenten freie Hand, bei Verhaftungen die Polizei auch ohne die eigentlich gebotene Mitwirkung der Regierungskollegien einzusetzen und von ihren Befugnissen »den ausgedehntesten Gebrauch« zu machen.[48] Ebenfalls am 12. Juli verbot die württembergische Regierung den demokratischen Kreisverein in Stuttgart. Zehn Tage später ordnete die Regierung des Großherzogtums Baden die Auflösung sämtlicher demokratischer Vereine an. Am 12. August erging ein entsprechendes Verbot für Bayern.

Das alles waren reaktionäre Maßnahmen, die sich gegen das im März errungene Recht auf Vereinigungsfreiheit richteten. Das Vorgehen der Polizei widersprach den geltenden Gesetzen der Einzelstaaten, und es erfolgte zu einem Zeitpunkt, zu dem das Parlament in Frankfurt über die »Grundrechte des deutschen Volkes« debattierte, von denen das Vereinigungsrecht zu den wichtigsten gehörte.

Das preußische Staatsministerium nahm Ende August eine Volksdemonstration in Berlin, die seinen Rücktritt gefordert hatte, »weil es für die Reaktion Partei nimmt«[49], zum Vorwand, einen Gesetzentwurf gegen Volksversammlungen und »Zusammenrottungen« vorzulegen, den selbst liberale Abgeordnete in den Abteilungen als terroristisch ablehnten. Friedrich Wilhelm IV. drängte seine Regierung, wie in den süddeutschen Staaten die demokratischen Klubs zu verbieten, worüber die Regierung aber nicht einig wurde; im Ministerrat wollten Kühlwetter, Schreckenstein und Auerswald die Auflösung der Klubs, die übrigen Minister sprachen sich aber dagegen aus, und der Gesetzentwurf der Regierung über »unerlaubte Volksversammlungen« erhielt eine etwas »mildere« Fassung. Im September befaßte sich das Reichsministerium mit dem Plan, ein Verbot der demokratischen Vereine in allen Einzelstaaten herbeizufüh-

ren, und es forderte die Regierungen auf, Volksversammlungen und die demokratische Presse schärfer zu überwachen.
Die »Kette der Reaktionsversuche«[50] alarmierte die revolutionären Kräfte. Die Kommunisten mobilisierten das Volk. Die demokratischen Errungenschaften mußten unbedingt verteidigt werden. Die »Neue Rheinische Zeitung« brachte täglich aufrüttelnde Berichte und Artikel über das Vorgehen der Behörden, über Verhaftungen, Verbote, polizeiliche Verfolgungen und gerichtliche Untersuchungen gegen Demokraten und ihre Organisationen. Auch die Redaktion der »Neuen Rheinischen Zeitung« mit ihrem Chefredakteur Karl Marx, der Verleger und sogar die Setzer wurden vor den Untersuchungsrichter zitiert, unter anderem deshalb, weil die Zeitung Artikel gedruckt hatte, die nach Meinung der Behörden den Kölner Staatsanwalt beleidigten. »Es scheint«, so schrieb die Zeitung, »daß man der Redaktion en masse den Prozeß machen will.«[51] In den Redaktionsräumen suchte man nach Manuskripten. Karl Marx antwortete auf diese Schikanen in einem Artikel, in dem er warnend darauf hinwies, welches Ausmaß die Konterrevolution erreicht hatte, und die »Waghalsigkeit« anprangerte, mit der die Bürokratie »gegen das neue politische Leben« vorging.[52]

Die Konterrevolution organisiert sich

Seit dem Sommer trat die junkerlich-militaristische Konterrevolution, die sich nach der Märzrevolution wieder gesammelt, aber mehr im Hintergrund gewirkt hatte, frech und offen hervor. Das reaktionäre Altpreußentum organisierte sich und eröffnete eine politisch-propagandistische Offensive. Mehrere konservative Presseorgane traten ins Leben. Ab Anfang Juli erschien in Berlin die »Deutsche Wehr-Zeitung«, herausgegeben von Offizieren, die den Kampf gegen den »Dämon der Revolution« als höchste Pflicht bezeichneten. Später nannte sich das Blatt »Preußische Wehr-Zeitung«. Andere konservative Zeitungen waren »Das neue Preußen«, die »Neue Berliner Zeitung« und die »Neue Volkszeitung«. Wichtigstes Blatt der Konterrevolution wurde die »Neue Preußische Zeitung«, die ab 30. Juni in Berlin erschien. Die »Kreuzzeitung«, wie sie wegen des im Zeitungskopf abgebildeten Eisernen Kreuzes genannt wurde, förderte die antidemokratischen Stimmungen besonders auf dem Lande und in den Kleinstädten und blies zum Angriff auf die Märzerrungenschaften. Den Kampf für die Erhaltung des Junkertums führte sie auch unter dem Deckmantel des Konstitutionalismus.

Extra-Blatt.
Neue Preußische Zeitung.
Vorwärts mit Gott für König und Vaterland

Das spezifische Altpreußentum feierte Wiederauferstehung. Die dreifarbige deutsche Kokarde wich der zweifarbigen preußischen. An einigen Militärgebäuden in Berlin, darunter der Artillerie- und Ingenieurschule in der Straße Unter den Linden, wurden demonstrativ schwarzweiße preußische Fahnen gezeigt. Anhänger der Trikolore, die als demokratisches Symbol galt, erzwangen mit einer Demonstration, daß die Fahnen eingezogen wurden. An den Kasernen blieben sie hängen.
Mit Zustimmung des Magistrats wurden nach und nach weitere Truppenteile in die Stadt geführt, die nach der Märzrevolution abgezogen worden waren. Als Ende Juli abermals zwei Schwadronen Gardehusaren einrückten, begleitete sie Militärmusik provokatorisch mit Melodien, die man in Berlin lange nicht gehört hatte, wie »Heil Dir im Siegerkranz« und »Ich bin ein Preuße«.
Der konterrevolutionäre preußische Partikularismus äußerte sich in einer Vielzahl von Aufsätzen und Schriften. Der Oberstleutnant Karl Gustav v. Griesheim, Direktor im Kriegsministerium, veröffentlichte Ende Juli anonym eine Broschüre mit dem Titel »Die Deutsche Centralgewalt und die Preußische Armee«, in der die unter dem Adel und besonders unter den Militärs vorherrschende Stimmung zum Ausdruck kam. Mit dem Hinweis auf die Überlegenheit der preußischen Militärmacht beanspruchte Griesheim für Preußen die Leitung der deutschen Angelegenheiten. Er bezifferte die Stärke der mobilisierten Armee mit 360 000 Mann und 1 000 Geschützen; hinzu kamen 200 000 Mann Festungstruppen. Diese Armee war die stärkste Stütze der Konterrevolution. Der Griesheimschen »Wachstubenschrift« trat der demokratische Abgeordnete Georg Jung mit der Broschüre »Der Berliner Cavaignac« entgegen, in der er die Ansprüche der Junker und »uckermärkischen Granden«[53] zurückwies.
Die Konterrevolution suchte sich Massenanhang zu verschaffen. In ganz Preußen

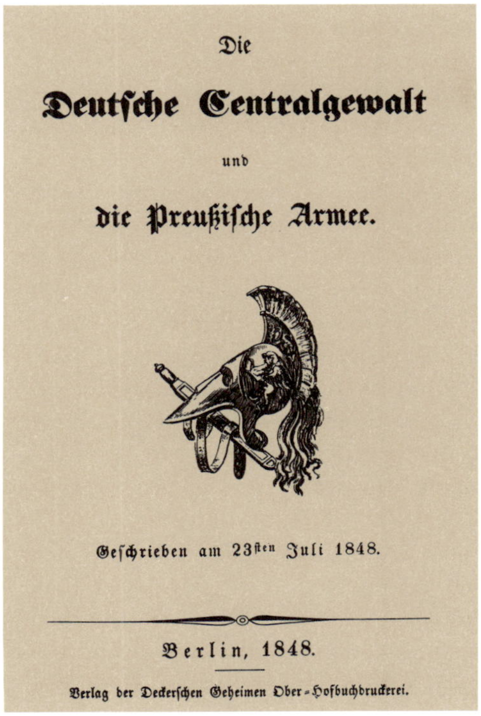
Die
Deutsche Centralgewalt
und
die Preußische Armee.

Geschrieben am 23sten Juli 1848.

Berlin, 1848.
Verlag der Deckerschen Geheimen Ober-Hofbuchdruckerei.

Titelblatt der Griesheimischen Schrift

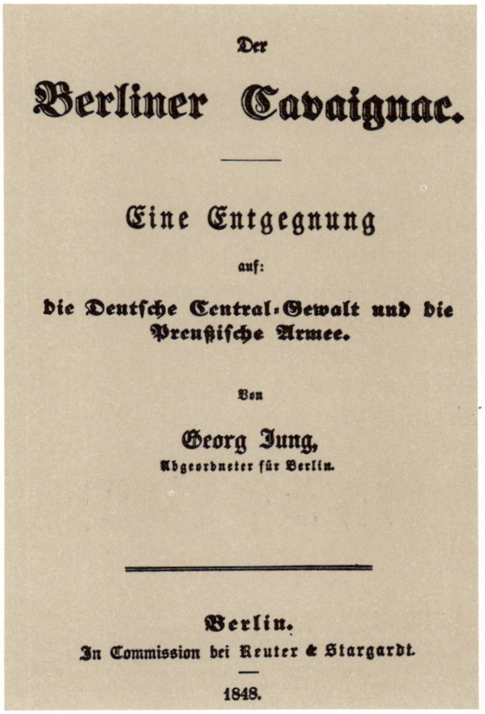
Der
Berliner Cavaignac.
Eine Entgegnung
auf:
die Deutsche Central-Gewalt und die Preußische Armee.
Von
Georg Jung,
Abgeordneter für Berlin.

Berlin.
In Commission bei Reuter & Stargardt.
1848.

Titelblatt der Schrift
Jungs zur Entgegnung auf Griesheim

Georg Jung

entstanden konservativ-militaristische Vereine, sogenannte Preußenvereine und Patriotische Vereine. Mitglieder waren Adlige, Offiziere, Gutsbesitzer, Beamte, aber auch Angehörige der Bourgeoisie, Handwerksmeister, Händler, Mittel- und Großbauern. Diese Vereine initiierten eine Flut von Petitionen und Adressen als Gegengewicht zu den Äußerungen der demokratischen Vereine. Sie füllten damit Zeitungen, überschwemmten Behörden und das Parlament, wandten sich gegen das liberale Ministerium und die konstituierende Versammlung und bestritten deren Kompetenz, Gesetze zu erlassen.

Aufruf des Preußen-Vereins für constitutionelles Königtum, 23. Juli 1848

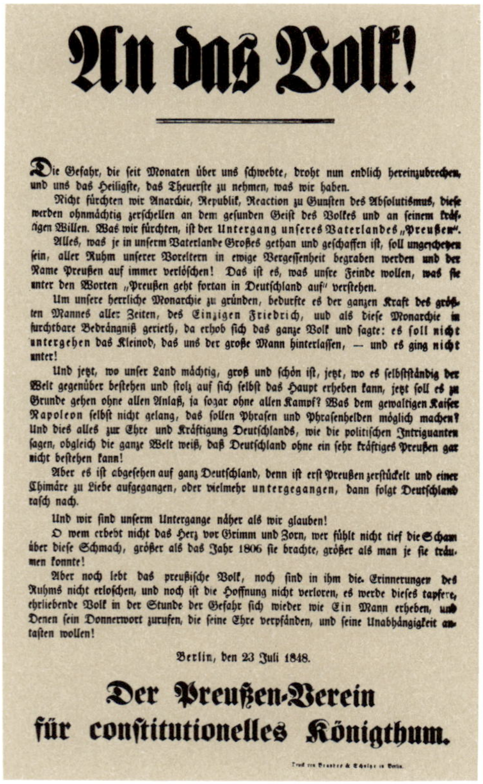

An das Volk!

Die Gefahr, die seit Monaten über uns schwebte, droht nun endlich hereinzubrechen, und uns das Heiligste, das Theuerste zu nehmen, was wir haben.

Nicht fürchten wir Anarchie, Republik, Reaction zu Gunsten des Absolutismus, diese werden ohnmächtig zerschellen an dem gesunden Geist des Volkes und an seinem kräftigen Willen. Was wir fürchten, ist der Untergang unseres Vaterlandes „Preußen".

Alles, was je in unserm Vaterlande Großes gethan und geschaffen ist, soll ungeschehen sein, aller Ruhm unserer Voreltern in ewige Vergessenheit begraben werden und der Name Preußen auf immer verlöschen! Das ist es, was unsre Feinde wollen, was sie unter den Worten „Preußen geht fortan in Deutschland auf" verstehen.

Um unsere herrliche Monarchie zu gründen, bedurfte es der ganzen Kraft des größten Mannes aller Zeiten, des Einzigen Friedrich, und als diese Monarchie in furchtbare Bedrängniß gerieth, da erhob sich das ganze Volk und sagte: es soll nicht untergehen das Kleinod, das uns der große Mann hinterlassen, — und es ging nicht unter!

Und jetzt, wo unser Land mächtig, groß und schön ist, jetzt, wo es selbstständig der Welt gegenüber bestehen und stolz auf sich selbst das Haupt erheben kann, jetzt soll es zu Grunde gehen ohne allen Anlaß, ja sogar ohne allen Kampf? Was dem gewaltigen Kaiser Napoleon selbst nicht gelang, das sollen Phrasen und Phrasenhelden möglich machen? Und dies alles zur Ehre und Kräftigung Deutschlands, wie die politischen Intriguanten sagen, obgleich die ganze Welt weiß, daß Deutschland ohne ein sehr kräftiges Preußen gar nicht bestehen kann!

Aber es ist abgesehen auf ganz Deutschland, denn ist erst Preußen zerstückelt und einer Chimäre zu Liebe aufgegangen, oder vielmehr untergegangen, dann folgt Deutschland rasch nach.

Und wir sind unserm Untergange näher als wir glauben!

O wem erbebt nicht das Herz vor Grimm und Zorn, wer fühlt nicht tief die Scham über diese Schmach, größer als das Jahr 1806 sie brachte, größer als man je sie träumen konnte!

Aber noch lebt das preußische Volk, noch sind in ihm die Erinnerungen des Ruhms nicht erloschen, und noch ist die Hoffnung nicht verloren, es werde dieses tapfere, ehrliebende Volk in der Stunde der Gefahr sich wieder wie Ein Mann erheben, und Denen sein Donnerwort zurufen, die seine Ehre verpfänden, und seine Unabhängigkeit antasten wollen!

Berlin, den 23 Juli 1848.

Der Preußen-Verein für constitutionelles Königthum.

Als konservativer Zentralverein und Sammelpunkt der in Vereinen organisierten Gegenrevolution fungierte der Verein für König und Vaterland, der am 3. Juli 1848 in Nauen gegründet wurde und weitere Generalversammlungen im Juli und September in Magdeburg, Halle (Saale) und Frankfurt (Oder) abhielt. Sein Presseorgan war die »Kreuzzeitung«. Der Verein stellte sich die Aufgabe, die Gegenrevolution zu sammeln und, bei »Unterordnung spezieller Meinungsschattierungen«, eine zum Handeln entschlossene »kräftige *konservative Partei*« zu bilden.[54]

Versuchte der Verein für König und Vaterland, die verschiedensten sozialen Gruppen zum Kampf gegen die Revolution auf die Beine zu bringen, so war der gleichfalls im Juli gegründete Verein zum Schutze des Eigentums und der Förderung des Wohlstandes aller Volksklassen eine spezifische Organisation der preußischen Großgrundbesitzer. Der Verein kämpfte gegen jede Schmälerung feudaler Privilegien, vertrat extrem reaktionäre Ziele und lehnte in junkerlicher Borniertheit selbst konstitutionelle Konzessionen entschieden ab. Als Vorsitzender fungierte der hinterpommersche Junker Ernst v. Bülow-Cummerow.

Treibende Kraft der adligen Konterrevolution in Preußen war die Potsdamer Kamarilla um Friedrich Wilhelm IV. Die Ratgeber des Königs spielten faktisch die Rolle einer Neben- beziehungsweise Gegenregierung zur Regierung in Berlin. Den größten Einfluß hatten die Generaladjutanten Friedrich Wilhelm v. Rauch und Leopold v. Gerlach, die Hofmarschälle Iwan Gustav Friedrich Alexander Graf v. Keller und Ludwig v. Massow sowie der Präsident des Oberlandesgerichts in Magdeburg, Ernst Ludwig v. Gerlach, der bei der politischen Sammlung der extremen Konservativen die Hauptrolle spielte. Der 33jährige Otto v. Bismarck trat als »Adjutant« des Potsdamer »Kamarilla-Hauptquartiers« hervor.[55]

Bürgerliche Bestrebungen gegen den Adel

Zum Regierungsprogramm Hansemanns gehörten nicht zuletzt Maßnahmen, die im Interesse der Bourgeoisie verschiedene feudale Überreste beseitigen sollten: »Abänderung der notwendigsten, mit der neuen Staatsverfassung nicht zu vereinbarenden Verhältnisse, Befreiung des Eigentums von den Fesseln, welche dessen *vorteilhafte Benutzung* in einem großen Teil der Monarchie lähmen, Reorganisation der Rechtspflege, Reformation der Steuergesetzgebung, namentlich *Abschaffung der Steuerbefreiungen.*«[56]

Von Sommer bis Herbst 1848 wurden in der Regierung, in der konstituierenden Versammlung und in deren Abteilungen beziehungsweise Kommissionen etwa zwei Dutzend Gesetze vorbereitet, beraten oder beschlossen, die Preußen in einen bürgerlichen Staat verwandeln sollten, die der Ausgestaltung der kapitalistischen Ordnung dienten. Sie enthielten zahlreiche Konzessionen an die königliche Macht, berücksichtigten nicht die Interessen der Volksmassen und zeigten die Merkmale bürgerlicher Inkonsequenz. Wegen ihres widersprüchlichen politischen und sozialen Inhalts wurden sie von der äußersten Linken kritisiert, und zu vielen Gesetzesentwürfen gab es Gegenentwürfe der Linken. Aber insgesamt schnitten sie doch, in unterschiedlichem Maße freilich, »der Reaktion tief ins Fleisch«[57], wie Hansemann sich ausdrückte, und das Junkertum fand sie geradezu umstürzend, durch und durch revolutionär.

Im einzelnen handelte es sich um Gesetzesvorlagen für eine neue politische und Verwaltungsorganisation des Landes, für eine Gemeindeordnung sowie eine Kreis-, Bezirks- und Provinzialordnung, über die Umgestaltung der staatlichen Domänen- und Forstverwaltung, über die Einführung von Geschworenengerichten, um ein Gesetz zum Schutz der persönlichen Freiheit, ein Pressegesetz, um Gesetze über die Aufhebung der Patrimonialgerichtsbarkeit, über die Gründung von Privatbanken, die Umwandlung der preußischen Seehandlung in ein privatkapitalistisches Institut, die Regulierung der Bergwerksabgaben. Die Umarbeitung des Strafgesetzbuches und ein Gesetz über die Zivilehe wurden vorbereitet, und die Abteilungen der konstituierenden Versammlung berieten über die Stellung

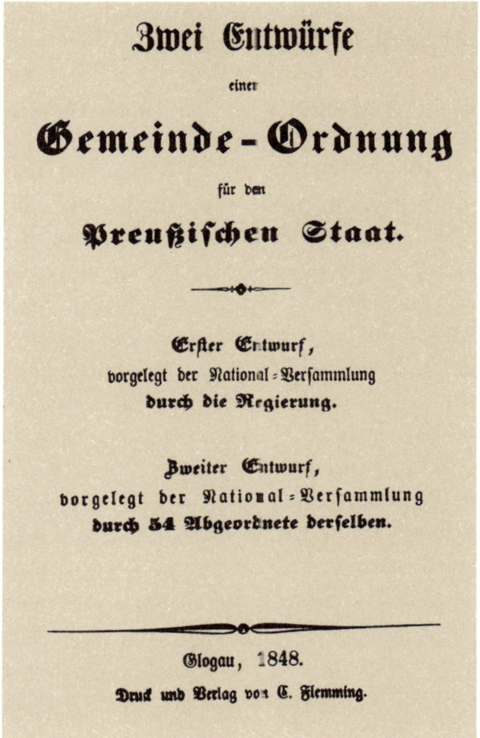

Zwei Entwürfe

einer

Gemeinde-Ordnung

für den

Preußischen Staat.

Erster Entwurf,
vorgelegt der National-Versammlung
durch die Regierung.

Zweiter Entwurf,
vorgelegt der National-Versammlung
durch 54 Abgeordnete derselben.

Glogau, 1848.

Druck und Verlag von C. Flemming.

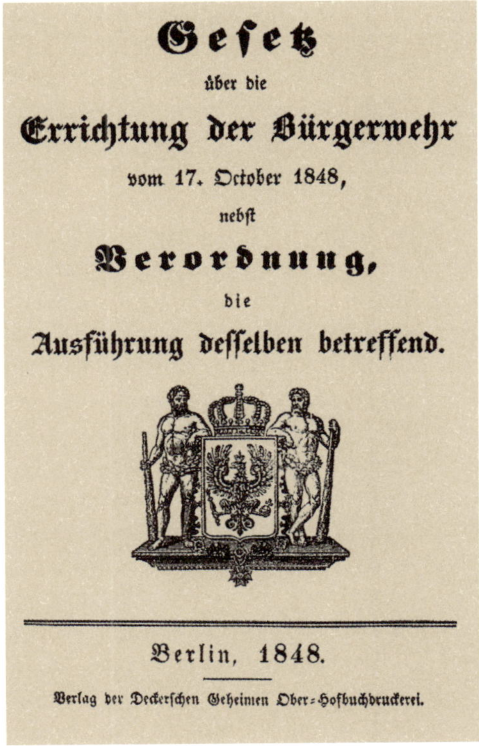

Gesetz

über die

Errichtung der Bürgerwehr

vom 17. October 1848,

nebst

Verordnung,

die

Ausführung desselben betreffend.

Berlin, 1848.

Verlag der Deckerschen Geheimen Ober-Hofbuchdruckerei.

des Staates zur Kirche und der Kirche zur Schule mit dem Ergebnis, daß sie deren völlige Trennung beschlossen und sogar den Antrag verwarfen, den Kirchen wenigstens die Oberhoheit über den Religionsunterricht zu belassen. Am weitesten ging, trotz aller Kompromisse, die vom Ministerium vorbereitete Agrargesetzgebung: ein Gesetzentwurf über die unentgeltliche Aufhebung einiger Feudallasten, bäuerlicher Abgaben und Dienste, ein Ablösungsgesetz, Projekte zur Auflösung der staatlichen Domänen und zu deren Verkauf an Private sowie zur Aufhebung der Steuerbefreiungen für Großgrundbesitzer, Standesherren, Offiziere, Militärbeamte und Geistliche.

Die Bourgeoisie übte Druck auf die Regierung aus, jene alten gesetzlichen Bestimmungen zu beseitigen, die der Entwicklung der kapitalistischen Produktionsweise und der Erhöhung des Profits hinderlich waren. So lasteten auf dem Bergbau in Preußen — außer in den linksrheinischen Landesteilen, in denen seit 1810 bürgerliche französische Steuergesetze galten — noch solche feudalen Abgaben wie der Zehnte vom Bruttoertrag, Freikurgeld, Meßgeld, Geding- und Stufengeld, Rezeßgeld. Sie verschlangen insgesamt fast ein Fünftel der Bruttoeinnahmen der Kapitalisten. Die westfälischen Bergwerks- und Hüttenbesitzer, darunter Hugo und Franz Haniel und Gustav Stinnes, verlangten von der preußischen Regierung die Abschaffung dieser Feudallasten wie der »den Stempel der Feudalzeit tragenden Bergordnungen« und die Einführung »zeitgemäßerer« bürgerlicher Gesetze.[58]

In einer Rübenzuckerfabrik. Nach der »Illustrierten Zeitung«, 1848

Manche der ökonomischen Maßnahmen des preußischen bürgerlichen Ministeriums erschienen als bloße finanzielle Notbehelfe zur Füllung der Staatskasse, wie das Hansemannsche Gesetz über eine Zwangsanleihe. Die Regierung setzte in der konstituierenden Versammlung die Erhöhung der Rübenzucker- und der Branntweinsteuer durch.

Solche »negativen Maßregeln«[59] der Regierung, wie Marx die Erhöhung der Rübenzucker- und der Branntweinsteuer nannte, empörten die »Geldbeutel« — die Krautjunker und auch die bürgerlichen Schnapsbrenner — und verärgerten die anderen Klassen und Schichten, auf die sich die Verteuerung vor allem auswirken mußte. Die Rübenzuckerfabrikanten der Provinz Pommern, darunter die Neu-Vorpommersche Zuckersiederei in Stralsund, erklärten in einer Adresse an das Parlament vom 17. Juli, daß die höhere Besteuerung des Rübenzuckers möglicherweise der Regierung eine jährliche Mehreinnahme von 120 000 Talern bringen, der preußischen Rübenzuckerindustrie aber »den Todesstoß geben«[60] würde, da sie der Konkurrenz der Zuckerimporteure nicht standhalten könnte. Die Brennereibesitzer im Magdeburgischen meinten, daß eigentlich sie viel stärker belastet seien als die Zuckerfabrikanten, und sie empfanden deren Konkurrenz als »erdrückend«[61]. Die Politik der Regierung Hansemann erbitterte gleichzeitig Arbeiterklasse und Kleinbürgertum, Teile der Bourgeoisie und den Adel, von dem Hansemann wegen seiner Steuerreformprojekte als »Kommunist« verschrien wurde; König Friedrich Wilhelm IV. schimpfte seine liberalen Minister in vertraulichen Briefen »Schöpse« und »Intriganten«.[62]

Zwiespältige liberale Agrarpolitik

Am 11. Juli 1848 unterbreitete die preußische Regierung der konstituierenden Versammlung den Entwurf eines Gesetzes über die Aufhebung verschiedener Lasten und Abgaben, der in der Sitzung vom

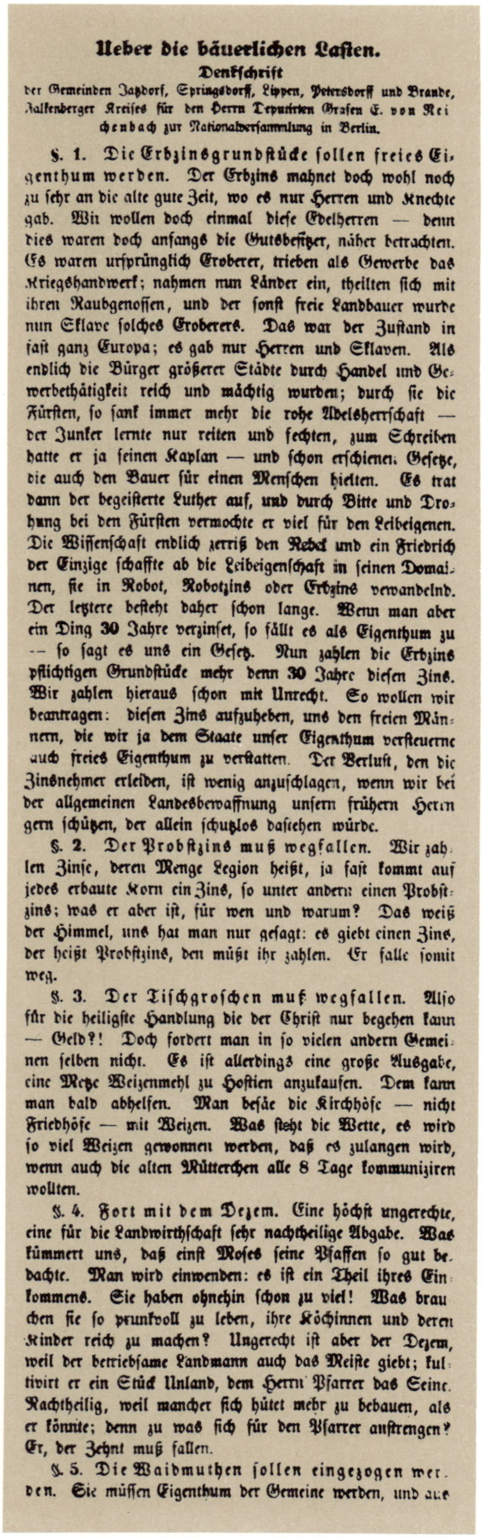

Ueber die bäuerlichen Lasten.

Denkschrift

der Gemeinden Jaßdorf, Springsdorff, Lippen, Petersdorff und Brande, Falkenberger Kreises für den Herrn Deputirten Grafen E. von Reichenbach zur Nationalversammlung in Berlin.

§. 1. Die Erbzinsgrundstücke sollen freies Eigenthum werden. Der Erbzins mahnet doch wohl noch zu sehr an die alte gute Zeit, wo es nur Herren und Knechte gab. Wir wollen doch einmal diese Edelherren — denn dies waren doch anfangs die Gutsbesitzer, näher betrachten. Es waren ursprünglich Eroberer, trieben als Gewerbe das Kriegshandwerk; nahmen nun Länder ein, theilten sich mit ihren Raubgenossen, und der sonst freie Landbauer wurde nun Sklave solches Eroberers. Das war der Zustand in fast ganz Europa; es gab nur Herren und Sklaven. Als endlich die Bürger größerer Städte durch Handel und Gewerbethätigkeit reich und mächtig wurden; durch sie die Fürsten, so sank immer mehr die rohe Adelsherrschaft — der Junker lernte nur reiten und fechten, zum Schreiben hatte er ja seinen Kaplan — und schon erschienen Gesetze, die auch den Bauer für einen Menschen hielten. Es trat dann der begeisterte Luther auf, und durch Bitte und Drohung bei den Fürsten vermochte er viel für den Leibeigenen. Die Wissenschaft endlich zerriß den Nebel und ein Friedrich der Einzige schaffte ab die Leibeigenschaft in seinen Domainen, sie in Robot, Robotzins oder Erbzins verwandelnd. Der letztere besteht daher schon lange. Wenn man aber ein Ding 30 Jahre verzinset, so fällt es als Eigenthum zu — so sagt es uns ein Gesetz. Nun zahlen die Erbzinspflichtigen Grundstücke mehr denn 30 Jahre diesen Zins. Wir zahlen hieraus schon mit Unrecht. So wollen wir beantragen: diesen Zins aufzuheben, uns den freien Männern, die wir ja dem Staate unser Eigenthum versteuerne auch freies Eigenthum zu verstatten. Der Verlust, den die Zinsnehmer erleiden, ist wenig anzuschlagen, wenn wir bei der allgemeinen Landesbewaffnung unsern frühern Herrn gern schützen, der allein schutzlos dastehen würde.

§. 2. Der Probstzins muß wegfallen. Wir zahlen Zinse, deren Menge Legion heißt, ja fast kommt auf jedes erbaute Korn ein Zins, so unter andern einen Probstzins; was er aber ist, für wen und warum? Das weiß der Himmel, uns hat man nur gesagt: es giebt einen Zins, der heißt Probstzins, den müßt ihr zahlen. Er falle somit weg.

§. 3. Der Tischgroschen muß wegfallen. Also für die heiligste Handlung die der Christ nur begehen kann — Geld?! Doch fordert man in so vielen andern Gemeinen selben nicht. Es ist allerdings eine große Ausgabe, eine Metze Weizenmehl zu Hostien anzukaufen. Dem kann man bald abhelfen. Man besäe die Kirchhöfe — nicht Friedhöfe — mit Weizen. Was steht die Wette, es wird so viel Weizen gewonnen werden, daß es zulangen wird, wenn auch die alten Mütterchen alle 8 Tage kommunizieren wollten.

§. 4. Fort mit dem Dezem. Eine höchst ungerechte, eine für die Landwirthschaft sehr nachtheilige Abgabe. Was kümmert uns, daß einst Moses seine Pfaffen so gut bedachte. Man wird einwenden: es ist ein Theil ihres Einkommens. Sie haben ohnehin schon zu viel! Was brauchen sie so prunkvoll zu leben, ihre Köchinnen und deren Kinder reich zu machen? Ungerecht ist aber der Dezem, weil der betriebsame Landmann auch das Meiste giebt; kultivirt er ein Stück Unland, dem Herrn Pfarrer das Seine. Nachtheilig, weil mancher sich hütet mehr zu bebauen, als er könnte; denn zu was sich für den Pfarrer anstrengen? Er, der Zehnt muß fallen.

§. 5. Die Waidmuthen sollen eingezogen werden. Sie müssen Eigenthum der Gemeine werden, und aus

Aus einer bäuerlichen Denkschrift. Montage des Textes aus »Das Volk«, 29. Juni 1848

18. Juli von Landwirtschaftsminister Rudolf Gierke begründet wurde. Die liberale Agrarpolitik in der Revolution war als Absicht schon vom Ministerium Camphausen/Hansemann verkündet worden. Aber erst das Ministerium Auerswald/Hansemann brachte den Gesetzentwurf zustande, in dem 18 Rechte und Befugnisse der Gutsherren und jene Leistungen und Dienste der noch in feudaler Abhängigkeit befindlichen Bauern aufgezählt waren, die ohne Entschädigung wegfallen sollten.[63]

Auf den ersten Blick schien der Regierungsentwurf die Bauern von einem Wust mittelalterlicher Lasten zu befreien — Beschränkungen, »die der freien Disposition über die Person oder das Eigentum« entgegenstanden, und Berechtigungen, die »als ein Ausfluß der Erbuntertänigkeit, der früheren Steuer- oder Gerichtsverfassung« beziehungsweise als »mißbräuchliche Ausdehnung« der Lasten betrachtet wurden: Lehnherrlichkeit, Allodifikationszins, Sterbefall, Besthaupt, Kurmende, Schutzgeld, Jurisdiktionszins, Dreidinggelder, Zuchtgelder, Siegelgelder, Blutzehnt, Bienenzehnt usw. Doch Frondienste und Rentenleistungen, die drückendste und verbreitetste Last jener Bauern, die sich vor der Revolution noch nicht von den Gutsherren hatten loskaufen können, sollten erst später und nur gegen Entschädigung aufgehoben und die vor dem 18. März abgeschlossenen Ablösungsverträge, in denen die Bauern übervorteilt worden waren, ohne Revision bestehenbleiben. Die Regierung erklärte, sie wolle das Vertrauen in die Stabilität der Rechtsverhältnisse nicht erschüttern!

Das hätte in der Praxis zunächst die Wiederherstellung der alten Verhältnisse bedeutet, denn in den ersten Monaten der Revolution hatten die Bauern in den meisten Gegenden die Leistung von Frondiensten faktisch eingestellt und alle Feudallasten tatsächlich beseitigt. Viele Bauern sahen es als ihr Recht an, die Abgaben bis zum Erlaß eines Gesetzes zu verweigern. Die Bauern des Dorfes Stödten bei Cölleda in der Provinz Sachsen erklärten am 23. August, daß der Wegfall der aus dem Mittelalter stammenden Feudallasten ihnen höher stehe »als alle andern Errungenschaften des Volkes«[64]. Bei den Bauern war allgemein die Auffassung verbreitet, daß eine künftige Regelung keinen anderen Inhalt haben könnte, »als alle gutsherrlichen Lasten ohne Entschädigung aufzuheben«[65], wie die Regierung in einem Bericht über die Lage in Schlesien feststellte.

Das Bourgeoisministerium stand, als es seinen Gesetzesvorschlag formulierte, unter dem Druck der Mehrheit der konstituierenden Versammlung wie der zahlreichen, hauptsächlich kleineren feudal ausgebeuteten Bauern. Bis zur 33. Sitzung der konstituierenden Versammlung am 20. Juli waren bei ihr 508 Anträge und 6504 Petitionen eingegangen, von denen sich mehr als zwei Drittel gegen die Überreste der Feudalzeit wandten.

In den ministeriellen Vorstellungen über die künftigen Ablösungen zeigte sich der Wille der liberalen Bourgeoisie, die Reformpolitik auf dem Lande im wesentlichen auf den gleichen Grundlagen fortzuführen wie vor der Revolution der halbfeudale Staat, unter dessen Ägide die bürgerliche Agrarumwälzung in den meisten preußischen Provinzen schon weit fortgeschritten war, während in erheblichen Teilen West- und Süddeutschlands, in Mecklenburg-Schwerin und in Schleswig-Holstein die Durchsetzung kapitalistischer Produktionsverhältnisse auf dem Lande 1848 noch bevorstand. Die Bauern sollten ihre Lasten ablösen können und freie Eigentümer ihres Bodens werden durch Zahlung des 18fachen Betrages ihrer bisherigen jährlichen Leistungen an ihre Grundherren (gegenüber dem 25fachen Betrag bei den Ablösungen vor der Revolution); die Ablösungssummen sollten, da die Bauern über solche Beträge nicht verfügten, von Rentenbanken an die Herren verauslagt und innerhalb von 41 Jahren von den Bauern mit 4 Prozent Zinsen zurückgezahlt werden.

Karl Marx charakterisierte den Regierungsentwurf als ein jämmerliches Machwerk bürgerlichen Kompromißgeistes, einerseits des Gelüstes, die Feudalprivilegien abzuschaffen, und andererseits der Angst, sich »revolutionär an irgendeiner Sorte des Eigentums zu vergreifen«[66]. Die Bourgeoisie befürwortete die allmähliche Umwandlung feudaler Lasten durch Loskauf auf dem Wege bürgerlicher »Gesetzlichkeit«. Eine revolutionäre Aufhebung der noch bestehenden Rechte der Grund- und Gutsherren und erst recht die Aufteilung von Junkerland widersprachen ihrem innersten Wesen.

Gleichwohl waren die Unterschiede der bürgerlichen Bestrebungen von 1848 zu der seit 1807 verfolgten Reformpolitik nicht zu übersehen. Die Bourgeoisie suchte die Revolution für sich auszubeuten. Ihre Agrargesetze waren aus der Revolution hervorgegangen und wären — trotz aller Begrenztheiten — ohne die Revolution nicht denkbar gewesen. Nur die durch die Revolution veränderte Situation erklärt auch die Reaktion der betroffenen Großgrundbesitzer. Die Gutsbesitzer schäumten vor Wut.

Sie waren empört über die Absicht der Regierung, »Reformen nach französischem Zuschnitt«[67], das heißt bürgerlicher Natur, durchzusetzen.
Die »Berechtigten« der Provinz Sachsen setzten noch im Juli eine gedruckte Petition in Umlauf, und die v. Bodenhausen, v. Eberstein, v. Gladitz, v. Helldorf, v. Ingenheim und v. Schoenburg und auch bürgerliche Gutsbesitzer verwahrten sich bei der preußischen Abgeordnetenversammlung gegen die Absicht, ihre Einkünfte zu schmälern; der Gesetzentwurf trage »den Charakter des Kommunismus an sich«[68]. Das Schreckgespenst des »Kommunismus« bemühten die Junker 1848 zur Diskreditierung und Abwehr vieler bürgerlicher Projekte. Die Liberalen formulierten ihr Anliegen ganz nüchtern: »Der Forderung nach Freiheit der Person steht die Forderung nach Freiheit des Eigentums zur Seite. Beide bedingen und ergänzen einander.« Das große Werk, den Grundbesitz von den darauf lastenden Fesseln zu befreien und ihn dem ungehemmten Verkehr zuzuführen, sei zu vollenden. Es sei »die dringende Aufgabe der Gegenwart, dasjenige nachzuholen, was während 33 Jahren des Stillstandes und des teilweisen Rückschritts« versäumt wurde.[69] Als das geeignete Mittel hierzu betrachtete die Bourgeoisie allein die Gemeinheitsteilung und die Ablösung nach dem Grundsatz der Entschädigung für die aufzuhebenden Berechtigungen. Eine unentgeltliche Aufhebung würde die einflußreiche Klasse der berechtigten Grundbesitzer den neuen Staatseinrichtungen entfremden. Das Ministerium appellierte an die durch das Ablösungsgesetz betroffenen Junker, die über eine »Plünderung« der Gutsherren wehklagten, in ihrem eigenen Interesse einige Opfer zu bringen, das Verhältnis zu den Bauern friedlich und freundlich zu gestalten und dadurch dem Grundbesitz überhaupt die Stellung im Staate zu bewahren.
Die demokratischen Linken in der konstituierenden Versammlung bemühten sich vergeblich, in den Beratungen über den Gesetzentwurf weiter gehende Festlegungen, namentlich die unentgeltliche Abschaffung der Frondienste, Zehnten, Laudemien usw., zu erreichen. Ihre Absichten liefen darauf hinaus, daß die großen Güter »mit dem Wegfall aller bisherigen Vorrechte, unter denen die verschiedenen Hand- und Spanndienste keine kleine Rolle spielen, von selbst auseinanderfallen und die großen Grundbesitzer genötigt werden, den außerordentlichen Umfang ihrer Ländereien zu beschränken«[70].
Wilhelm Wolff nannte 1849 in der »Neuen Rheinischen Zeitung« in einer Nachbetrachtung das Gesetz über die Ablösung der Feudallasten, selbst in seiner für die Bauern minimalen Variante, ein »Erlösungsgesetz« für das Landvolk und die Aufhebung der Lasten ohne Entschädigung eine »Lebensfrage« für Millionen Landleute in Schlesien, Pommern, der Mark Brandenburg, in den Provinzen Sachsen, Preußen und Westfalen und auch in rechtsrheinischen preußischen Gebieten.[71]
Die preußische konstituierende Versammlung kam mit ihren Beratungen über das Lastenaufhebungsgesetz vor dem Sieg der Konterrevolution zu keinem Ende. Erst 1850 erließ das Reaktionsministerium ein modifiziertes Ablösungs- und Regulierungsgesetz. Auch in einigen anderen deutschen Staaten, so in Baden, Bayern, Nassau, Sachsen-Gotha, Württemberg, wurden 1848 und nach der Revolution Agrarreformgesetze verkündet. Aber in allen Staaten vernichteten die liberalen Regierungen und Parlamente die Hoffnungen der Bauern auf entschädigungslose Beseitigung der Feudallasten, auf Rückerstattung von bei vorangegangenen Regulierungen abgetretenem Land und gezahlten Ablösungsgeldern.

Das Junkerparlament

Zehn Tage nach dem Lastenaufhebungsgesetz, am 21. Juli, legte die Regierung der preußischen verfassunggebenden Versammlung den Entwurf des von Hansemann ausgearbeiteten Gesetzes über die Aufhebung der Grundsteuerbefreiungen vor. Die Erhebung der Grundsteuer nach einheitlichen Grundsätzen im ganzen Staat kündigte Hansemann für die Zukunft an. Aber schon ab 1. Januar 1849 sollten alle Befreiungen von der Grundsteuer aufhören. Dies hätte die Anpassung der altpreußischen Besteuerungsgrundsätze an die bürgerlichen der Rheinprovinz und Westfalens bedeutet. Nur in den beiden westlichen Provinzen Preußens wurde bis dahin der Reinertrag von Grund und Boden nach gleichen Grundsätzen ermittelt und mit dem gleichen Prozentsatz zur Grundsteuer veranlagt. In den östlichen Provinzen gab es 120 von Provinz zu Provinz und innerhalb einzelner Provinzen verschiedene Arten von Grundsteuern mit zahlreichen Abstufungen bis zum steuerfreien Grundbesitz.
Die vorgesehenen Maßnahmen, so erklärte der Minister, wären nicht sosehr aus finanziellen Rücksichten denn aus der politischen Notwendigkeit geboten, die Steuerungleichheit zu beseitigen. Wieder beschwor die Regierung die Großgrundbesitzer, in ihrem eigenen Interesse Vorrechte aufzugeben.
Die Aufhebung der Grundsteuerbefreiungen, das Lastenaufhebungsgesetz, das Ablösungsgesetz, die Aufhebung der Patrimonialgerichtsbarkeit, der gutsherrlichen Polizei und des gutsherrlichen Jagdrechts auf bäuerlichem Boden wie einige andere in das Leben auf dem Lande eingreifende Veränderungen sollten nach den Vorstellungen der Bourgeoisie die 1807 begonnene »Bauernbefreiung« vollenden, die Umwandlung feudaler in kapitalistische Produktionsverhältnisse auf dem Wege von Reformen abschließen. Die »Kreuzzeitung« sah in den Maßregeln der Regierung »ein Ganzes und ein charakteristisches Ganzes« und als ihr Ziel die »Vernichtung der alten Reichen«.[72]
Das Grundsteuergesetz war ein ernster Angriff auf die Feudalprivilegien. Es war die bedeutendste Maßnahme gegen die Feudalität, die vom Ministerium Auerswald/Hansemann und während der Revolution von der Bourgeoisie überhaupt vorgeschlagen wurde. Sie traf einen Lebensnerv des Junkertums, dessen etwa 8 000 Familien (0,1 Prozent der Bevölkerung) 40 Prozent des Bodens als Eigentum besaßen und die damit ein Drittel der Gesamtbevölkerung ökonomisch beherrschten. Gerade mit diesem Gesetzesentwurf zogen sich Regierung und konstituierende Versammlung die Todfeindschaft der Junker zu.
Die Annahme und Ausführung der gegen sie gerichteten Gesetze zu verhindern, wurde zum nächsten Ziel der Junker. Der Adel blies zum Sturm auf Regierung und verfassunggebende Versammlung. Die Mehrheit der Großgrundbesitzer wollte keine einschneidenden Reformen, beschlossen von einer durch allgemeine, gleiche und geheime Wahl zustande gekommenen bürgerlichen konstituierenden Versammlung und durchgeführt von einem liberalen Ministerium. Initiator der sich über ganz Preußen erstreckenden Junkerbewegung gegen die Revolution war eine Gruppe pommerscher pietistischer Gutsbesitzer:

Bismarck als Gutsherr. Spätere Darstellung

Heinrich v. Puttkamer, Hans v. Kleist-Retzow, Alexander v. Below-Hohendorf und Otto v. Bismarck-Schönhausen, der bis 1845 auf seinem Gut in Pommern gelebt und eine Puttkamer zur Frau hatte. Kleist-Retzow, Landrat des Kreises Belgard, Organisator der Konterrevolution in Pommern, im Mai 1848 Wortführer bei der von Belgard ausgegangenen Kampagne zur Rückberufung des vor der Revolution nach England geflohenen Prinzen von Preußen aus seinem Exil, Mitbegründer und Mitarbeiter der »Kreuzzeitung«, hatte die Aufgabe formuliert, die zersprengten Konservativen zu sammeln und »eine mächtige konservative Partei zu bilden« [73]. Der 73jährige Gutsbesitzer und landwirtschaftliche Publizist Ernst v. Bülow-Cummerow wurde gewonnen, eine erste Zusammenkunft einzuberufen, auf der sich am 24. Juli in Stettin der Verein zur Wahrung der Rechte der Gutsbesitzer konstituierte; ein Zehnerausschuß wurde mit der »Überwachung« des Ministeriums und der konstituierenden Versammlung beauftragt.

Am 18. und 19. August 1848 trat in Berlin eine Generalversammlung der nun in »Verein zur Wahrung der Interessen des Grundbesitzes und zur Förderung des Wohlstandes aller Volksklassen« umbenannten Junkerorganisation zusammen. Diese Tagung von etwa 400 Großgrundbesitzern ging in die Geschichte ein als Junkerparlament. »Soviel Eleganz, so zierliche Schnurrbärte und Henri IV., soviel Stulpstiefel und Reitpeitschen hat man in diesem demokratischen Halbjahr noch nicht gesehen« [74], berichtete eine Zeitung. Die Häupter der Christlichkonservativen wurden auf dem Junkerparlament aktiv. Einer der Redner, Ernst Ludwig v. Gerlach, einflußreiches Mitglied der Potsdamer Kamarilla, wertete es »nächst der Kreuzzeitung« als einen »der ersten Keime konservativen Parteiwesens«.[75]

Die Liste der fast 170 identifizierten Teilnehmer bestätigt das Urteil der »Neuen Rheinischen Zeitung«, daß es sich bei dem Kongreß wirklich um ein »Adelsparlament« [76] handelte. »Was nur von hervorragenden konservativen Männern vorhanden war, versammelte sich hier, um zu beraten, wie man die Revolution am wirksamsten bekämpfen könne« [77], schrieb ein Eingeweihter. An den zweitägigen Beratungen nahmen frühere Minister und Landtagsmarschälle, königliche Geheimräte, Kammerherren und andere Würdenträger, ehemalige und amtierende Regierungspräsidenten, Regierungsräte, Landräte wie auch Angehörige der Potsdamer Kamarilla und einige künftige Reaktionsminister teil. Manche Anwesende unterschrieben als Vertreter mehrerer Rittergutsbesitzer ihrer Gegend beziehungsweise im Namen von Zweig- und Kreisvereinen der Gutsbesitzer oder landwirtschaftlicher Vereine, erklärten, auch im Auftrag der Stände ganzer Kreise zu handeln.

Die Blüte der preußischen Ritterschaft versammelte sich im August 1848 in Berlin. Die politisch einflußreichsten Großgrundbesitzer waren anwesend, große Herren wie bornierte kleine Landjunker, führende Vertreter der verknöcherten Bürokratie wie der Hochkonservativen: von der Sippe der Arnims (diese gleich mit acht Abgesandten: der königliche Oberschenk, der Boitzenburger Graf und je ein Arnim-Bärwalde, -Crieven, -Drusen, -Gerswalde, -Kröchelndorf, -Suckow, -Sperrenwalde) über drei Bethmann Hollwegs, vier Bismarcks, einige Burggrafen zu Dohna, Finckensteins und Grafen v. d. Goltz bis zu den Grafen Hochberg, Pourtalès, Lynar, Schwerin, Solms und Stolberg, dazwischen die Itzenplitz, Marwitz, Rochnow und Zastrow. Diese politisch tätigsten konservativen Großgrundbesitzer vertraten die Interessen der Masse der Junker, die sich im Sommer 1848 gegen die angekündigten bürgerlich-liberalen Gesetzentwürfe stemmten.

Das Junkerparlament im August signalisierte deutlich den Übergang der adligen Konterrevolution zum Gegenangriff auf die Revolution. Es beschloß zwei Adressen, die sich gegen die Aufhebung der Grundsteuerbefreiungen beziehungsweise gegen den Gesetzentwurf über die Aufhebung einiger bäuerlicher Lasten und Abgaben richteten und dem Ministerium sowie der verfassunggebenden Versammlung übergeben wurden. Eine dritte Adresse übergaben die Junker Friedrich Wilhelm IV. Darin mahnten sie ihn, nicht zuzulassen, daß die Großgrundbesitzer als Klasse vernichtet würden.

Der Adel bestritt der konstituierenden Versammlung die Kompetenz, sich überhaupt mit den vorgelegten Gesetzentwürfen zu beschäftigen. Sie habe sich auf den ihr von der Krone zugewiesenen Wirkungskreis zu beschränken, nämlich auf die Beratung der Verfassung und auf die Steuerbewilligung; Gesetze dürfe erst eine nach Vereinbarung der Verfassung gewählte verfassungsmäßige Vertretung beschließen. Daß die Gesetzentwürfe von Staatsministerium und König der Versammlung vorgelegt worden waren, und die Versammlung sie wie eine gesetzgebende Institution behandelte, berührte — das erkannte die adlige Konterrevolution — einen für die Entscheidung der nach der Märzrevolution noch offenen Machtfrage wesentlichen Punkt.

Der konstituierenden Versammlung erwuchs aus der Gelegenheit, über Lebensfragen des Junkertums entscheiden zu können — ähnlich wie in der Verfassungsangelegenheit —, eine Möglichkeit, das ihr gegebene revolutionäre Mandat zu nutzen, einen neuen Ansatzpunkt für die Weiterführung der Revolution zu schaffen und insbesondere die Bauern zu mobilisieren. Diese Versammlung war — trotz ihrer Vereinbarungswilligkeit — die »Vertreterin der Revolution«[78], und sie wurde auch von allen kämpfenden Klassenkräften als solche betrachtet und behandelt: von den alten Mächten (dem Adel und der Krone), von der großbourgeoisen Regierung, von der demokratischen Bewegung und auch von Marx und Engels in der »Neuen Rheinischen Zeitung«. Wie auch immer gewählt und zusammengesetzt — sie war letztlich aus den Barrikadenkämpfen hervorgegangen, hatte »das revolutionäre Mandat«, und es kam darauf an, wie sie es zur Geltung brachte »gegenüber den Versuchen der Reaktion, die Bewegung aufzuhalten«.[79] Innerhalb der einheitlichen bürgerlichen Führung der Revolution war die konstituierende Versammlung das vorwärtsweisende Element, und die Regierung war das rückläufige Element. Auf die Versammlung blickten alle revolutionären Kräfte in jeder Krisensituation, und das war kein illusionärer Parlamentsglaube.

Das Ministerium Auerswald/Hansemann konnte, anders als noch das Ministerium Camphausen, ohne die konstituierende Versammlung nicht mehr regieren und vor allem nicht ohne ihre Zustimmung Gesetze erlassen. Daß es der Versammlung überhaupt Reformgesetze zur Beratung und Beschlußfassung unterbreitete, sprengte bereits die ihr bei der Einberufung gesetzten Grenzen, wonach sie sich auf die Beratung der Verfassung beschränken sollte. Das Ministerium hatte den König bewegt, von der Regierung ausgearbeitete Gesetzesvorlagen zu unterzeichnen. Damit schien Friedrich Wilhelm IV. tatsächlich zeitweilig, ohne daß schon eine Verfassung bestand, ein konstitutioneller König zu sein, was die regierende Bourgeoisie in ihren Illusionen darüber, wer die reale Macht im Staate hatte, nur bestärkte. Diese Illusionen teilte auch die Mehrheit der konstituierenden Versammlung, obgleich sie, indem sie Gesetzentwürfe nicht nur von Regierung und König entgegennahm, sondern auch eigene vorlegte, das Vereinbarungsprinzip faktisch durchbrach und Aufgaben eines bürgerlichen Machtorgans zu erfüllen begann.

Friedrich Wilhelm IV. gab dem Druck der Junker nach. Dies entsprach der im Sommer 1848 allgemein zu beobachtenden Tendenz des Adels, sich dem ihm durch die Märzrevolution aufgezwungenen, aber nur widerwillig eingegangenen und von vornherein als zeitweilig betrachteten Bündnis mit der liberalen Bourgeoisie zu entwinden, die sich anschickte, in dieser Verbindung eine führende Rolle zu beanspruchen. Der König verlangte von Auerswald, die beiden von den Gutsbesitzern abgelehnten Gesetzentwürfe zurückzuziehen und auf die Vorlage des Ablösungsgesetzes zu verzichten. Damit desavouierte er das Staatsministerium und widerrief die eigenen, erst einen Monat zuvor gegebenen Unterschriften unter die Gesetzentwürfe. Das bürgerliche Ministerium folgte dem Ansinnen des Königs nicht.

Das Grundsteuergesetz kam vor der Verjagung und Auflösung der preußischen konstituierenden Versammlung im November/Dezember 1848 nicht mehr zur Beratung. Seine Verwirklichung konnten die Junker noch über Jahre hinaus verhindern. Erst 1861 wurden die Grundsteuerbefreiungen der ostelbischen Junker aufgehoben — gegen Entschädigung, und auch jetzt noch behielten die großen Standesherren das Privileg der Grundsteuerfreiheit.

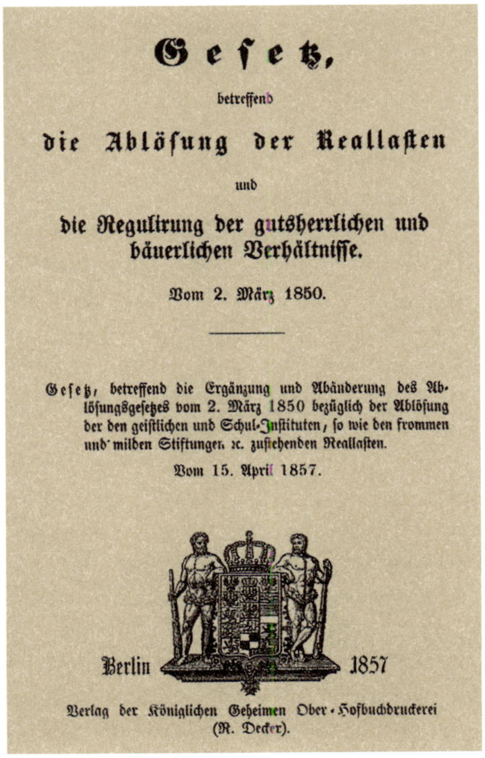

Gesetz,

betreffend

die Ablösung der Reallasten

und

die Regulirung der gutsherrlichen und bäuerlichen Verhältnisse.

Vom 2. März 1850.

Gesetz, betreffend die Ergänzung und Abänderung des Ablösungsgesetzes vom 2. März 1850 bezüglich der Ablösung der den geistlichen und Schul-Instituten, so wie den frommen und milden Stiftungen 2c. zustehenden Reallasten.

Vom 15. April 1857.

Berlin 1857

Verlag der Königlichen Geheimen Ober-Hofbuchdruckerei (R. Decker).

Die demokratische Bewegung wächst in die Breite

Für die revolutionären Kräfte in Deutschland bestand im Sommer und Herbst 1848 die wichtigste Aufgabe darin, die konterrevolutionären Angriffe abzuwehren, die im März errungenen Freiheiten zu verteidigen und die Revolution weiterzuführen. Zu viele erkämpfte Rechte und Freiheiten waren schon wieder verlorengegangen, beschnitten worden oder von der Reaktion bedroht.

Ferdinand Freiligrath rief im Juli 1848 in seinem Gedicht »Die Toten an die Lebenden« dazu auf, die Revolution weiterzuführen, die »halbe Revolution zur ganzen« zu machen. Freiligrath sang von der roten Fahne, die »hoch auf den Barrikaden« wehen, der Bürgerwehr und dem Heer voranfliegen werde. Dem Volk rief der Dichter zu: »O, steht gerüstet! Seid bereit!«[80]

Trotz und gerade wegen der konterrevolutionären Vorstöße wuchs im Sommer 1848 die demokratische Bewegung in die Breite. Nach dem Demokratenkongreß vom Juni in Frankfurt (Main) entstanden in allen deutschen Staaten weitere demokratische Vereine, die sich dem demokratischen Zentralausschuß in Berlin anschlossen. Das demokratische Kleinbürgertum, die demokratische Intelligenz und der größte Teil der politisch aktiven Arbeiter waren in demokratischen Vereinen mit verschiedensten Bezeichnungen erfaßt. Die Arbeiter bildeten die Hauptstütze der Demokratie. Die Führung der demokratischen Organisationen lag fast ausschließlich in den Händen kleinbürgerlicher Intellektueller. Sie leiteten auch die meisten politischen Arbeitervereine, die in einer Reihe mit den Demokraten kämpften. Die demokratischen Vereine waren fast überall die Initiatoren der Volksversammlungen und Kundgebungen, in denen sich vor allem die Massenbewegung gegen die Konterrevolution äußerte. Die Wirksamkeit und der Einfluß der demokratischen Bewegung in den verschiedenen Gebieten war unterschiedlich. Sehr aktiv waren die demokratischen Vereine in Schlesien, in der preußischen Provinz Sachsen und in den thüringischen Kleinstaaten. In Sachsen erfolgte mit der Zuspitzung des Klassenkampfes im Sommer ein Linksruck in der demokratischen Bewegung. Die Mehrheit der Delegierten auf der Generalversammlung der sächsischen Vaterlandsvereine am 9. und 10. Juli in Dres-

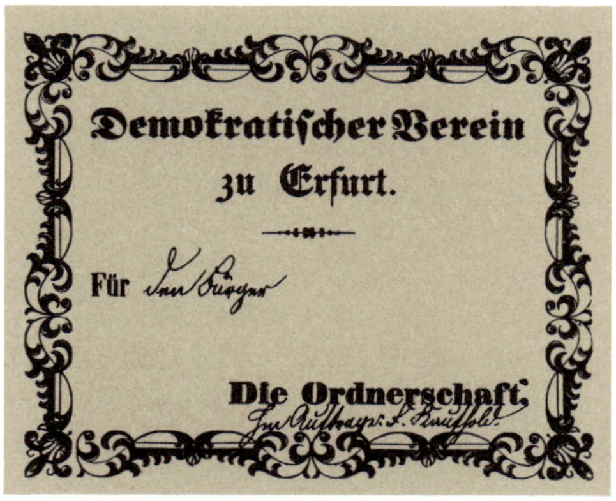

Mitgliedskarte des Demokratischen Vereins von Erfurt, 1848

den war jedoch nicht bereit, die Programmforderung nach einer konstitutionellen Monarchie durch die nach der Republik zu ersetzen.
Im Laufe des Sommers und des Herbstes hielten, wie vom ersten Kongreß der deutschen demokratischen Vereine zu Pfingsten in Frankfurt (Main) angeregt, die Vereine verschiedener Regionen und Provinzen Kreiskongresse ab, auf denen Kreisausschüsse gewählt wurden und die Organisation der demokratischen Vereine mehr oder weniger feste Gestalt anzunehmen begann, so in Preußen am 16. Juli in Breslau für Schlesien, am 20. und 21. August in Berlin für die Mark Brandenburg, am 10. und 11. September in Bielefeld für Westfalen, am 18. September in Halle (Saale) für die preußische Provinz Sachsen, am 24. September in Greifswald für Vorpommern, am 13. Oktober und 1. November in Straupitz beziehungsweise Calau für die Niederlausitz. Überlokale Verbindungen knüpften auch die Vereine in Ostpreußen und in Westpreußen. In Thüringen fanden Kongresse am 30. Juli in Jena und am 15. August in Altenburg statt. Zusammenschlüsse der Demokraten kamen zustande in Hamburg, Rheinhessen, Oberhessen, Schleswig-Holstein, Mecklenburg.
Nach dem Verbot des am 22. Juni in Stuttgart gegründeten demokratischen Kreisvereins als Zentralverein der württembergischen republikanischen Vereine im Juli blieben den Republikanern als Mittel politischer Tätigkeit hier die Volksversammlungen; die gemäßigten württembergischen Volksvereine gehörten der deutschen demokratischen Vereinsorganisation nicht an. In Bayern standen die Republikaner seit dem Sommer unter der Verbotsdrohung, die aber von der Regierung in München nicht vollzogen wurde.

Charakteristisch für die vom Kleinbürgertum geführte demokratisch-republikanische Bewegung waren allgemeine Unentschlossenheit, Zaudern, Abwarten, Halbheiten in Wort und Tat. Diese Inkonsequenzen forderten die Kritik der »Neuen Rheinischen Zeitung« heraus. Doch hatte diese Kritik eine andere Stoßrichtung als die Kritik an den gemäßigten Demokraten und an der Bourgeoisie: Sie war Ausdruck des Bemühens, die Wirksamkeit des gemeinsamen Kampfes aller demokratischen Kräfte zu erhöhen.

Die Kommunisten an der Spitze der rheinischen Demokratie

Seit Juli wurden Marx und Engels und ihre Mitstreiter in der demokratischen Bewegung Kölns und der preußischen Rheinprovinz besonders aktiv. Ebenso wie in ande-

Mitgliedskarte des Kölner Arbeitervereins für Wilhelm Wolff

Demokratische Gesellschaft.
Versammlung
heute Donnerstag den 1. Juni, 8 Uhr Abends, im Saale bei Stollwerk, Schildergasse Nr. 49, zur Besprechung des preußischen Verfassungsentwurfs.
Mitglieder können ihre Karten im Damen-Salon zwischen 6 und 8 Uhr Abends abnehmen, woselbst auch die neuen Einzeichnungen stattfinden.

Ankündigung einer Versammlung der Demokratischen Gesellschaft in Köln

ren Städten waren die Kommunisten in Köln sowohl Mitglieder des Arbeitervereins wie der dortigen Organisation der Demokraten. Karl Marx gehörte zu den führenden Persönlichkeiten der Kölner Demokratischen Gesellschaft. Als ihr Vertreter wirkte er mit bei der Schaffung des gemeinsamen Ausschusses der drei demokratischen Kölner Vereine, des Arbeitervereins, der Demokratischen Gesellschaft, des Vereins für Arbeiter und Arbeitgeber, der dann als Kreisausschuß der rheinischen demokratischen Vereine die Aufgabe des Zentrums der demokratischen Bewegung in der Rheinprovinz übernahm. Die Demokratische Gesellschaft entsandte Marx und Karl Schneider II als Mitglieder in den Kreisausschuß und bestimmte die beiden Redakteure der »Neuen Rheinischen Zeitung« Wilhelm Wolff und Heinrich Bürgers zu ihren Stellvertretern.
Von Juli 1848 bis April 1849 stand so der Chefredakteur der »Neuen Rheinischen Zeitung« an der Spitze der rheinischen Demokratie, deren Rückgrat die Arbeitervereine, vor allem der Kölner Arbeiterverein, und diejenigen demokratischen Klubs bildeten, in denen die Arbeiter stark vertreten waren. Im Kreisausschuß verwirklichten die Kommunisten während der Revolution von 1848/49 zum ersten Mal in der deutschen Geschichte das Bündnis zwischen Arbeiterklasse und demokratischem Kleinbürgertum. Hier spielten sie nicht nur eine vorwärtstreibende Rolle, sondern hatten in den folgenden Monaten zeitweise faktisch die Führung der demokratischen Bewegung inne.

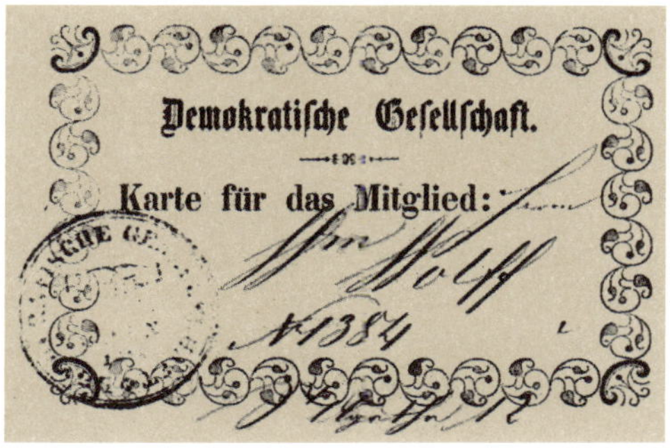

Mitgliedskarte der Kölner Demokratischen Gesellschaft für Wilhelm Wolff

Wilhelm Wolffs Delegiertenkarte für den Rheinischen Demokratenkongreß am 13. August 1848 in Köln

So, wie sich in anderen Provinzen die Demokraten auf regionalen Kongressen formierten, tagte, einberufen vom Kreisausschuß, am 13. August in Köln ein Kongreß der demokratischen Vereine der Rheinprovinz. Der Kongreß empfahl den Vereinen, in der Umgebung der Städte »die Runde auf dem Lande zu machen, auf die Bauern und Fabrikarbeiter zu wirken, auf den Dörfern Vereine zu stiften und mit selbigen in regelmäßiger Verbindung zu bleiben«[81].
Nach dem Kongreß begannen verschiedene demokratische und Arbeitervereine, darunter der Kölner Arbeiterverein, eine systematische Agitation unter den Bauern, Landarbeitern und unter den auf dem Lande wohnenden Arbeitern der Städte. Sie diente dem Ziel, die Landbewohner in die demokratische Bewegung einzubeziehen und eine Aktionsgemeinschaft mit den Demokraten der Städte herzustellen.
Der Kölner Arbeiterverein war mit zeitweise mehreren tausend Mitgliedern die größte und wegen des Einflusses der Kommunisten in ihm die fortgeschrittenste lokale Arbeiterorganisation in Deutschland während der Revolution. Im Kölner Arbeiterverein begann im Juli und August eine Wandlung zu einer selbständigen proletarischen Massenorganisation, in der die in der »Neuen Rheinischen Zeitung« vertretene Politik verwirklicht wurde.
Der erste Vereinspräsident war der Armenarzt Andreas Gottschalk gewesen, der Anfang Mai aus dem Bund der Kommunisten ausgetreten war, weil er mit dessen Politik in der Revolution nicht übereinstimmte. Gottschalk hatte im Verein einerseits eine pseudorevolutionäre, sektiererische Haltung eingenommen, den gemeinsamen Kampf aller demokratischen Kräfte um die Vollendung der bürgerlich-demokratischen Revolution abgelehnt und die sofortige Errichtung einer »Arbeiterrepublik« propagiert, andererseits hatte er dem Verein eine opportunistische und eng ökonomistische Politik aufgezwungen. Nach Gottschalks Verhaftung Anfang Juli wirkten Marx, Engels und ihre Freunde energisch für seine und der anderen Eingekerkerten Freilassung, im Verein aber führten die Kommunisten den Kampf um die Überwindung der Auffassungen Gottschalks und um die Gewinnung der Mitglieder für die kommunistische Politik. Nachdem die Mitglieder Mitte Juli Joseph Moll und Karl Schapper, zwei langjährige Freunde von Marx und Engels, zum Präsidenten beziehungsweise zum Vizepräsidenten des Vereins gewählt hatten, wurden die »Forderungen der Kommunistischen Partei in Deutschland« Grundlage des politischen Wirkens des Vereins.
Moll und Schapper waren zwei der erfahrensten Mitglieder des Bundes der Kommunisten. Der 34jährige Joseph Moll gehörte schon seit der zweiten Hälfte der dreißiger Jahre verschiedenen revolutionären Gesellschaften an. Als Uhrmachergeselle hatte ihn seine Wanderschaft in die Schweiz, nach Frankreich und nach Belgien geführt. Er war wie der ein Jahr jüngere Karl Schapper 1836 wegen revolutionärer Tätigkeit aus der Schweiz ausgewiesen worden, hatte in Paris mit Schapper, der dort als Schriftsetzer arbeitete, im Bund der Geächteten und im Bund der Gerechten gewirkt, und beide hatten 1840, aus Frankreich vertrieben, in London mit dem Schuhmacher Heinrich Bauer den kommunistischen Deutschen Arbeiterbildungsverein sowie eine Gemeinde des Bundes der Gerechten gebildet, die ab 1846 die Leitung des Bundes übernahm. Im Jahre 1842 lernte Friedrich Engels Moll, Schapper und Bauer in London kennen. Noch Jahrzehnte später erinnerte Engels sich daran, welchen »imponierenden Eindruck« diese »drei wirklichen Männer« auf ihn, den damals 22jährigen, gemacht hatten: Es waren »die ersten revolutionären Proletarier, die ich sah«. Schapper war nach Engels ein »Hüne von Gestalt, resolut und energisch, stets bereit, bürgerliche Existenz und Leben in die Schanze zu schlagen«. Und über die Energie, die Entschlossenheit und revolutionäre Leidenschaft seiner Freunde berichtete er: »*Joseph Moll*, ..., ein mittelgroßer Herkules — er und Schapper haben, wie oft! eine Saaltüre gegen Hunderte andringender Gegner siegreich behauptet ...«[82]
Von kleinbürgerlichen Republikanern ent-

Andreas Gottschalk

Karl Schapper

wickelten sich Moll und Schapper zunächst zu Anhängern des utopischen Arbeiterkommunismus, überwanden allmählich den Utopismus und wandten sich unter dem Einfluß von Marx und Engels dem wissenschaftlichen Sozialismus zu. Gemeinsam mit Marx und Engels hatten sie führenden Anteil an der Umgestaltung des Bundes der Gerechten in den Bund der Kommunisten. Nach der Februarrevolution in Frankreich gehörten Moll und Schapper als Mitglieder der Zentralbehörde zu den Unterzeichnern der »Forderungen der Kommunistischen Partei in Deutschland« vom März 1848. Bald darauf gingen sie nach Köln.
Schapper war als Korrektor und Mitarbeiter der »Neuen Rheinischen Zeitung« tätig. Moll wurde Sekretär der Kölner Gemeinde des Bundes der Kommunisten. Beide traten in den Arbeiterverein ein und wurden zu dessen anerkannten Führern. Schapper war ein beliebter Redner, der allabendlich in den Versammlungsräumen des Vereins und seiner Filialvereine in der Altstadt zu finden war. Souverän leitete er die Versammlungen und großen Volkskundgebungen. Ab September redigierten Moll und Schapper gemeinsam und dann Moll allein die zweimal wöchentlich erscheinende »Zeitung des Arbeitervereins zu Köln«.
Die Kommunisten machten die Mitglieder des Kölner Arbeitervereins mit ihren Bestrebungen und Zielen vertraut, diskutierten mit ihnen systematisch das kommunistische Revolutionsprogramm und über Grundfragen proletarischer Klassenpolitik. An den Sonntagen propagierten die Funktionäre des Arbeitervereins die »Forderungen« auf den umliegenden Dörfern. Zur Begründung der Notwendigkeit des Bündnisses zwischen Arbeitern und Bauern schrieb die Zeitung des Arbeitervereins: »In dem Bauern- und Arbeiterstande liegt die revolutionäre Kraft Deutschlands; dies hat sich seit dem März im größten Teile unseres Vaterlandes gezeigt ... Wenn die Bauern und Arbeiter sich vereinigen, wenn sie kräftig zusammenhalten, so werden sie bald von den Feudallasten, vom Wucher und dem Druck des Kapitals befreit sein.«[83]
Zu den eifrigsten Agitatoren des Arbeitervereins unter den Bauern gehörte der aus dem thüringischen Städtchen Blankenhain bei Weimar stammende 23jährige Schneidergeselle Friedrich Leßner, nach der Revolution, 1852, einer der im Kölner Kommunistenprozeß Verurteilten, in den sechziger und siebziger Jahren Mitglied des

Friedrich Leßner

Generalrats der Internationalen Arbeiterassoziation. Leßner hatte nach vier harten Lehrjahren und drei Jahren Wanderschaft in Hamburg Arbeit gefunden, war hier Ende 1846 dem Arbeiterbildungsverein beigetreten und hatte die Ideen des Weitlingschen Arbeiterkommunismus kennengelernt. Um sich der Einberufung in die sächsisch-weimarische Armee zu entziehen, ging er Ende März 1847 nach England. Im Londoner Deutschen Arbeiterbildungsverein und als Mitglied des Bundes der Gerechten schloß er sich dem Bund der Kommunisten an. Leßner hatte nicht die Mittel, um sofort nach Ausbruch der Revolution die Reise nach Deutschland antreten zu können. Als das Reisegeld beisammen war, fuhr er nach Köln, zu Marx und Engels, zu Moll und Schapper, mit denen ihn enge Freundschaft verband. Unter seinem richtigen Namen konnte er in Preußen nicht leben, da er sich der Militärdienstpflicht entzogen hatte. Freunde beschafften ihm ein Wanderbuch auf den Namen Friedrich Wilhelm Carstens. Als Carstens fand er in einer Schneiderwerkstatt Beschäftigung als Kleidermacher. Er wurde Mitglied des Kölner Arbeitervereins. Nebenbei fungierte er, wie er in seinen Erinnerungen erzählt, als »Leibschneider« von Friedrich Engels, doch bestand die Arbeit für Engels »nur in der Wiederherstellung und Ausbesserung seiner Garderobe«[84]. In allen Werkstätten, in denen er arbeitete, verteilte Leßner die »Neue Rheinische Zeitung«, und des öfteren las er Artikel aus einzelnen Nummern vor. Die Polizei registrierte die »große Zungenfertigkeit« des jungen Kommunisten, durch »welche er sich besonders in Wirtshäusern und sonstigen Versammlungsorten des Proletariats Geltung zu verschaffen gewußt« hätte.[85] Seine Aktivität führte Leßner bald in das Komitee des Arbeitervereins. Anfang 1849 war er dann Mitglied der Kommission, die das neue Statut des Vereins ausarbeitete, und die Arbeiter wählten ihn zum Präsidenten eines der neun Filialvereine. Als Agitator auf dem flachen Lande hinterließ Leßner während der Revolution einen solchen Eindruck, daß er noch nach 45 Jahren, als er 1893 in Köln weilte, von einigen Bauern aus Worringen wiedererkannt und von ihnen eingeladen wurde.
Enge Verbindungen bestanden zwischen der »Neuen Rheinischen Zeitung« und dem Kölner Arbeiterverein. Der Verein bildete die wichtigste organisatorische Basis der Massenaktionen, die auf Initiative der Redaktion der Zeitung stattfanden. Im Arbeiterverein traten fast sämtliche Redaktionsmitglieder mit Vorträgen auf: Karl Marx, Friedrich Engels, Ernst Dronke und Wilhelm Wolff, der hier zeitweise wöchentlich politische Übersichten gab. Später, im Oktober, als Joseph Moll aus Köln flüchten mußte und Karl Schapper inhaftiert wurde, wählten die Mitglieder des Kölner Arbeitervereins Karl Marx zum Präsidenten.

Ökonomischer Klassenkampf und Organisationsversuche der Arbeiter

Nach dem Pariser Juni kehrte die deutsche Bourgeoisie der Arbeiterklasse gegenüber auch die ökonomische Seite ihrer Unterdrückerfunktion stärker hervor. Die bürgerlichen Regierungen verschlechterten mit ihren Steuergesetzen die Lebensbedingungen der Arbeiter. Sie schränkten die öffentlichen Arbeiten ein, begannen, mit Notstandsarbeiten beschäftigte Arbeiter zu entlassen. Die preußischen Minister des Innern und für Handel, Gewerbe und öffentliche Arbeiten forderten den Oberpräsidenten für die Provinz Brandenburg am 22. Juli auf, wegen Geldknappheit des Staates für die Entlassung von Notstandsarbeitern zu sorgen.
Unternehmer machten im Frühjahr zugestandene Lohnerhöhungen rückgängig. In manchen Fabriken mußte für herabgesetzten Lohn gearbeitet werden. Im Solinger Gebiet, wo das Trucksystem besonders ver-

breitet war, zogen die Fabrikanten im Sommer ihre im März gegebenen Zusagen zurück, die Arbeiter künftig mit barem Geld zu entlohnen, statt sie zu zwingen, in fabrikeigenen Läden zu ungünstigen Bedingungen für ihren Lohn Waren zu beziehen. Hatten die Unternehmer das Ladengeschäft im stillen ohnehin weiterbetrieben, so wollten sie jetzt von seiner Aufgabe nichts mehr wissen.

Diese Taten der Bourgeoisie beantworteten die Arbeiter mit zahlreichen Streiks zur Verbesserung ihrer wirtschaftlichen Lage. Im Zusammenhang mit den ökonomischen Kämpfen und stimuliert durch die Rücksichtslosigkeit der Bourgeoisie, entstanden vielfältige neue lokale Organisationen gewerkschaftlichen Charakters. Sie sahen ihre kenden zeitweilige Erfolge. Die Leipziger Gesellen erreichten nichts, die Berliner (von 600 Buchdruckern streikten 400) mußten nach vier Wochen die Arbeit wiederaufnehmen, nur sechs Druckereien anerkannten den Tarif, etwa 100 Gesellen verloren ihre Arbeit.

Die Druckereibesitzer gründeten auf einem Kongreß Ende August in Frankfurt (Main) eine gemeinschaftliche Organisation von Druckereiarbeitern und -unternehmern, den Zentralverein der deutschen Buchdrucker, mit dessen Hilfe sie die Klassengegensätze verdecken und den Kampf gegen die Forderungen der Gesellen führen wollten. Der Versuch mißlang, der Verein blieb einflußlos.

Die politisch aktiven Arbeiter gehörten viel- Ordnung abschaffen. Sie erkannten noch nicht die Notwendigkeit einer selbständigen proletarischen Politik. Doch lernten sie in ihren Organisationen begreifen, daß sich ihre Lage von der anderer Klassen grundlegend unterschied und sie sich zur Vertretung ihrer wirtschaftlichen und sozialen Interessen auch über den örtlichen oder regionalen Bereich hinaus vereinigen mußten. So verstärkte sich in vielen Arbeiterverbindungen im Sommer 1848 das Verlangen nach Bildung einer zentralisierten allgemeinen Arbeiterorganisation, die über die Berufsgrenzen hinausreichte.

Die Bourgeoisie und die zünftlerisch gesinnten Handwerksmeister verfolgten die Organisationsbestrebungen der Arbeiter mit Mißtrauen und versuchten, vor allem

Das kurfürstliche Schloß in Mainz, Tagungsstätte der ersten National-Buchdrucker-Versammlung im Juni 1848

Nr. 1. 2. 1848.

Erscheint wöchentlich einmal Sonnabends.

Redactions-Büreau: Vereins-Buchdruckerei, Neue Kirchgasse Nr. 2. am Petri-Platze.

Pränumerations-Preis: vierteljährlich 7½ Sgr

Inserate: die gespaltene Zeile wird mit 1½ Sgr. berechnet.

Erster Jahrgang. Sonnabend, den 13. Mai.

Gutenberg.

Organ für das Gesammtinteresse der Buchdrucker und Schriftgießer Deutschlands.

Motto: Durch Einheit zur Kraft, durch Kraft zum Sieg.

Zeitschriftenkopf des Organs des Buchdruckerverbandes »Gutenberg«

Aufgabe im Wirken für die Verbesserung der sozialen Verhältnisse der Arbeiter. So schritt die elementare Arbeiterbewegung seit dem Sommer 1848 weiter voran.

Bereits im Juni war in Mainz ein National-Buchdrucker-Gehilfen-Verband, die erste deutsche Gewerkschaft, gebildet und ein allgemeiner Tarif für Schriftsetzer und Drucker vorgeschlagen worden, der am 1. August in Kraft treten sollte. Die Zeitschrift »Gutenberg« wurde Organ des Buchdruckerverbandes, dessen Zentralkomitee sich in Frankfurt (Main) niederließ. Der Tarif, von den Druckereibesitzern heftig bekämpft, blieb ein Wunsch. Zahlreiche Gehilfen in Berlin, Dresden, Potsdam und anderen Städten traten für seine Durchsetzung im August in den Streik. Im »Gutenberg« wurden die Namen von Streikbrechern angeprangert. In einigen kleineren und mittleren Städten errangen die Strei- fach außer einer Arbeiterorganisation gleichzeitig einem kleinbürgerlich-demokratischen Verein an; sie meinten, sich deshalb innerhalb ihrer eigenen Organisation auf die Beschäftigung mit ihren unmittelbaren sozialen Interessen beschränken zu können. So übten beispielsweise die meisten Arbeitervereine im Königreich Sachsen politische Abstinenz, weil viele Arbeiter auch Mitglieder der Vaterlandsvereine waren und durch sie ihre politischen Interessen vertreten sahen. Nicht wenige kleinbürgerliche Führer unterstützten diese Haltung, um das Entstehen einer politisch selbstbewußten und unabhängigen Arbeiterbewegung zu verhindern. Manche Arbeitervereine in Sachsen schlossen sich korporativ den örtlichen kleinbürgerlich-demokratischen Organisationen an.

Die meisten Arbeiter glaubten, die Ausbeutung ließe sich innerhalb der bürgerlichen

Kleinbürgerliches Flugblatt, 1848

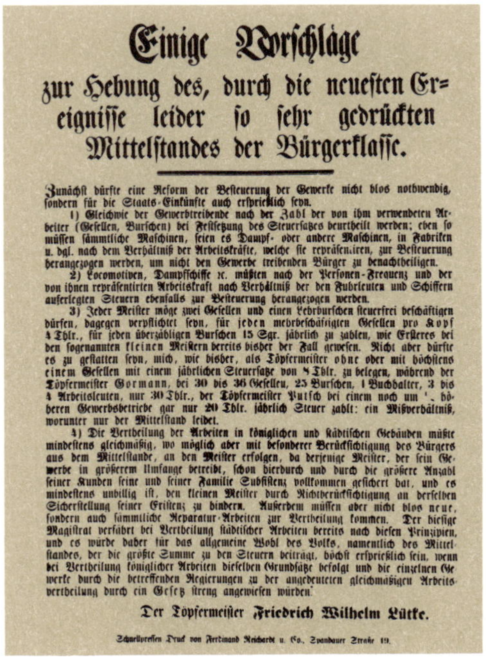

Einige Vorschläge

zur Hebung des, durch die neuesten Ereignisse leider so sehr gedrückten Mittelstandes der Bürgerklasse.

Zunächst dürfte eine Reform der Besteuerung der Gewerke nicht blos nothwendig, sondern für die Staats-Einkünfte auch ersprießlich seyn.

1) Gleichwie der Gewerbtreibende nach der Zahl der von ihm verwendeten Arbeiter (Gesellen, Burschen) bei Festsetzung des Steuersatzes beurtheilt werden; eben so müssen sämmtliche Maschinen, seien es Dampf- oder andere Maschinen, in Fabriken u. dgl. nach dem Verhältniß der Arbeitskräfte, welche sie repräsentiren, zur Besteuerung herangezogen werden, um nicht den Gewerbe treibenden Bürger zu benachtheiligen.

2) Locomotiven, Dampfschiffe rc. müßten nach der Personen-Frequenz und der von ihnen repräsentirten Arbeitskraft nach Verhältniß der den Fuhrleuten und Schiffern auferlegten Steuern ebenfalls zur Besteuerung herangezogen werden.

3) Jeder Meister möge zwei Gesellen und einen Lehrburschen steuerfrei beschäftigen dürfen, dagegen verpflichtet seyn, für jeden mehrbeschäftigten Gesellen pro Kopf 4 Thlr., für jeden überzähligen Burschen 15 Sgr. jährlich zu zahlen, wie Ersteres bei den sogenannten kleinen Meistern bereits bisher der Fall gewesen. Nicht aber dürfte es zu gestatten seyn, mich, wie bisher, als Töpfermeister ohne oder mit höchstens einem Gesellen mit einem jährlichen Steuersatze von 8 Thlr. zu belegen, während der Töpfermeister Gormann, bei 30 bis 36 Gesellen, 25 Burschen, 1 Buchhalter, 3 bis 4 Arbeitsleuten, nur 30 Thlr., der Töpfermeister Putsch bei einem noch um ⅓ höheren Gewerbsbetriebe gar nur 20 Thlr. jährlich Steuer zahlt: ein Mißverhältniß, worunter nur der Mittelstand leidet.

4) Die Vertheilung der Arbeiten in königlichen und städtischen Gebäuden müßte mindestens gleichmäßig, wo möglich aber mit besonderer Berücksichtigung des Bürgers aus dem Mittelstande, an den Meister erfolgen, da derjenige Meister, der sein Gewerbe in größerem Umfange betreibt, schon hierdurch und durch die größere Anzahl seiner Kunden seine und seiner Familie Subsistenz vollkommen gesichert hat, und es mindestens unbillig ist, den kleinen Meister durch Nichtberücksichtigung an derselben Sicherstellung seiner Existenz zu hindern. Außerdem müssen aber nicht blos neue, sondern auch sämmtliche Reparatur-Arbeiten zur Vertheilung kommen. Der hiesige Magistrat verfährt bei Vertheilung städtischer Arbeiten bereits nach diesen Prinzipien, und es würde daher für das allgemeine Wohl des Volks, namentlich des Mittelstandes, der die größte Summe zu den Steuern beiträgt, höchst ersprießlich sein, wenn bei Vertheilung königlicher Arbeiten dieselben Grundsätze befolgt und die einzelnen Gewerke durch die betreffenden Regierungen zu der angedeuteten gleichmäßigen Arbeitsvertheilung durch ein Gesetz streng angewiesen würden.

Der Töpfermeister Friedrich Wilhelm Lütke.

Schnellpressen Druck von Ferdinand Reichardt u. Co., Spandauer Straße 19.

auf die Handwerksgesellen einzuwirken. Die Handwerksmeister waren entweder darauf aus, wie bei den Buchdruckern, die Gesellen unter ihre Fittiche zu nehmen, damit diese sich nicht selbständig organisierten oder den Arbeitervereinen beitraten, oder sie wollten sich gegen die Gesellen abgrenzen, um diese keinen Einfluß auf ihre Beschlüsse nehmen zu lassen.
Im Juni und Juli 1848 bildeten sich — auch ministeriell gefördert — lose Zusammenschlüsse von Handwerksmeistern in verschiedenen Gebieten. Unter der Losung »Schutz des Handwerks« vertraten Handwerkervereine und -kongresse zünftlerische Interessen, wandten sie sich gegen die Gewerbefreiheit und forderten von Regierungen und Parlamenten Beschränkungen der Industrie, der Handwerksausübung, der Freizügigkeit der Arbeiter usw. Der kleinbürgerliche Antikapitalismus sah nicht den Gegensatz zwischen Bourgeoisie und Arbeiterklasse, sondern: »Fabrik und Handwerk stehen sich jetzt feindlich gegenüber.«[86]
Soweit sie politisch auftraten, nahmen diese Handwerkerorganisationen eine antidemokratische Haltung ein. Der Handwerkerverein der Provinz Sachsen und die Deputierten der Gewerke von Magdeburg appellierten an das preußische Parlament, wenn Hunderttausende von Handwerksmeistern »Stütze der Ordnung« und »Erhalter der Ruhe« bleiben und nicht den »schmeichelnden Volksverführern ihr Ohr leihen« sollten, müßte die Ausdehnung der Fabriken verhindert werden.[87] Solche Handwerkerorganisationen verkörperten das reaktionäre Spießbürgertum und stellten sich der jungen Arbeiterbewegung in den Weg. Doch gelang es ihnen auf die Dauer nicht, die Mehrheit der Handwerksgesellen den Arbeiterorganisationen zu entfremden.
Ende Juli bildete das preußische Parlament eine Kommission für Handwerker- und Gewerbeverhältnisse mit dem Auftrag, Vorschläge zur Befriedigung der dringendsten Wünsche der Handwerksmeister zu unterbreiten. Zu Mitgliedern der Kommission wurden überwiegend Gewerbetreibende, auch einige Fabrikanten berufen. Ihr Vorsitzender war der Oberlandesgerichtsassessor Franz Hermann Schulze aus Delitzsch. Bei der Kommission gingen im Laufe der folgenden Monate über 1600 Petitionen ein. Die Kommission machte sich die Forderungen der Handwerksmeister zu eigen und sprach sich für Innungszwang, Meister-

Franz Hermann Schulze-Delitzsch.
Nach einer Lithographie von Neumann

Karl Georg Winkelblech.
Nach der »Illustrierten Zeitung«, 1848

prüfungszwang und Einschränkung des Hausierhandels mit Handwerkerwaren aus. Den Antrag auf Untersagung des Gewerbebetriebes außerhalb der Städte befürwortete sie jedoch nicht. In dem von der Bourgeoisie beherrschten Parlament hatten derartige, die Entwicklung der Industrie hemmende Bestimmungen keine Aussicht, angenommen zu werden.
Auch die sächsische Regierung berief eine Kommission zur Erörterung der Gewerbe- und Arbeiterverhältnisse. Sie trat Anfang August in Dresden zu ihrer ersten Sitzung zusammen. Die Kommission bestand aus Arbeitern, Handwerkern, Gewerbetreibenden und Fabrikanten. Ihre Beratungen sollten vor allem die Arbeiter beruhigen. Tatsächlich weckte die Kommission unter ihnen Illusionen über Möglichkeiten zur Verbesserung ihrer Lage mit Hilfe des Staates. Sie schläferte die politische Tätigkeit einiger Arbeitervereine ein und korrumpierte durch Diäten und ministerielle Versprechen jene Arbeiter, die als ihre Mitglieder gewählt worden waren. Für die Arbeiter und auch für die Handwerker erwirkte die Kommission trotz monatelanger Tagungszeit keine Verbesserungen.
In Frankfurt (Main) tagte vom 14. Juli bis 18. August ein sogenannter deutscher Handwerker- und Gewerbekongreß, der sich der Nationalversammlung gegenüber als Vertreter des »deutschen Gewerbe- und Handwerkerstandes« ausgab. Die etwa 200 versammelten Meister wollten unter moderner Form den alten Zunftzwang wieder allgemein eingeführt wissen. Zahlreiche Arbeitervereine protestierten gegen die Beschlüsse des Meisterkongresses und sprachen ihm das Recht ab, im Namen auch der Gesellen und Arbeiter zu sprechen. Der Kölner Arbeiterverein wandte sich gegen »die ganze Tendenz« des Kongresses, der, »von dem Standpunkte des Kleinbürgertums ausgehend, die Errungenschaften der Neuzeit« vernichten wolle.[88]
Die Meister auf dem Frankfurter Handwerkerkongreß wandten sich schroff gegen jedes Mitspracherecht der Gesellen, worauf die meisten der anwesenden Gesellen die Beratungen verließen und sich am 20. Juli zu einem eigenen Allgemeinen deutschen Gesellenkongreß konstituierten, zu dem auch Arbeitervereine eingeladen wurden. Der Kongreß tagte vom 22. August bis 20. September als »Allgemeiner deutscher Arbeiterkongreß« weiter und setzte eine permanente Kommission ein, die sich später »Zentralkomitee« nannte. Kongreß und Zentralkomitee standen unter dem Einfluß des Kasseler Gewerbeschullehrers und kleinbürgerlichen Sozialreformers Professor Karl Georg Winkelblech, der in der industriellen Entwicklung die Ursache für die Not der Handwerksgesellen sah, die Gewerbefreiheit ablehnte, eine föderalistische Innungsverfassung und die Versöhnung zwischen Gesellen und Meistern, Arbeitern und Kapitalisten propagierte. Das Frankfurter Zentralkomitee gewann Anhang vor al-

lem in südwestdeutschen Arbeitervereinen. Kaum Einfluß auf die Arbeiterbewegung erlangte während der Revolution der Centralverein für das Wohl der arbeitenden Klassen, dessen Vorstand aus bürgerlichen Sozialreformern gleichwohl seit August 1848 in Berlin eine rege Tätigkeit entwikkelte, um unter Handwerksgesellen und Fabrikarbeitern Anhänger zu gewinnen.
Nicht zum Zuge kam mit seinen konservativen sozialreformerischen Plänen der protestantische Theologe und preußische Beamte Johann Hinrich Wichern. Er hatte auf dem Evangelischen Kirchentag in Wittenberg vom 21. bis 23. September 1848 die Institutionalisierung der karitativen Inneren Mission erreicht. Eine politische Einigung des deutschen Protestantismus scheiterte jedoch 1848/49 wegen der engen Bindungen der Kirche an die Partikulargewalten. Dagegen belebte die Revolution die schon im Vormärz in Abwehr der revolutionären Arbeiterbewegung unternommenen Bemühungen um die Schaffung einer katholisch-sozialen Bewegung.
Es entstanden die katholischen Gesellenvereine, eine Bewegung, die mit dem Namen des Elberfelder Kaplans Adolf Kolping verbunden blieb. Auf dem ersten deutschen Katholikentag vom 3. bis 6. Oktober 1848 in Mainz und in weiteren Reden entwickelte der damalige Pfarrer und spätere Mainzer Bischof Wilhelm Emmanuel Freiherr v. Ketteler, Abgeordneter in der Frankfurter Nationalversammlung, ein antirevolutionäres katholisches Sozialprogramm. Auf der Versammlung in Mainz, an der prominente Vertreter des Episkopats und 23 Abgeordnete der Nationalversammlung teilnahmen, erfolgte der Zusammenschluß der nach der Märzrevolution entstandenen etwa 400 politischen katholischen Vereine, in der Mehrzahl Pius-Vereine, mit ihren 100 000 Mitgliedern zum Katholischen Verein Deutschlands. Den hier begründeten politischen Katholizismus gelang es in manchen katholischen Gebieten, die Ausbreitung der demokratischen und der proletarischen Bewegung während der Revolution zu beeinträchtigen, nicht aber, sie zu verhindern.

Die Arbeiterverbrüderung

Zu einem ersten bedeutenden Erfolg führten die seit April 1848 andauernden Zentralisierungsbestrebungen der Arbeiter auf

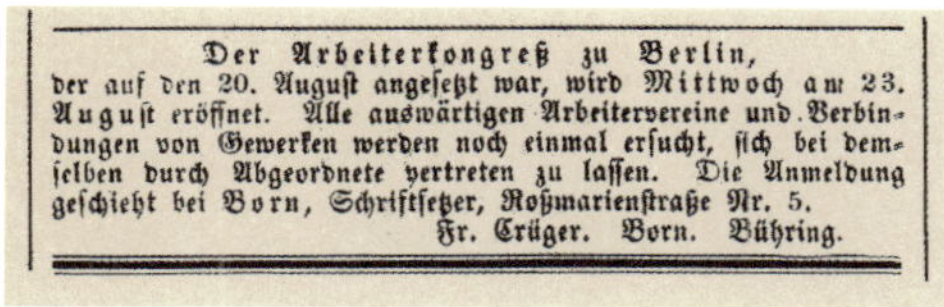
Der Arbeiterkongreß zu Berlin,
der auf den 20. August angesetzt war, wird Mittwoch am 23. August eröffnet. Alle auswärtigen Arbeitervereine und Verbindungen von Gewerken werden noch einmal ersucht, sich bei demselben durch Abgeordnete vertreten zu lassen. Die Anmeldung geschieht bei Born, Schriftsetzer, Roßmarienstraße Nr. 5.
Fr. Crüger. Born. Bühring.

Aufforderung zur Beschickung des Berliner Arbeiterkongresses. Aus der »National-Zeitung«, 20. August 1848

einem deutschen Arbeiterkongreß, der vom 23. August bis 3. September in Berlin stattfand. Getragen von dem elementaren Drängen nach einer selbständigen, von der Bourgeoisie unabhängigen Organisation, erfolgte hier unter wesentlicher Anteilnahme von Mitgliedern des Bundes der Kommunisten der erste überregionale Zusammenschluß verschiedenartiger deutscher Arbeitervereinigungen. Der Kongreß von etwa 40 Delegierten regionaler Arbeiterorganisationen — so des Zentralkomitees für Arbeiter in Berlin, des Zentralvereins des Königreichs Sachsen in Leipzig, des Bezirksvereins von Chemnitz und dem Erzgebirge, der Vereinigung der Zigarrenarbeiter Hamburgs, der Zentralkommission für Arbeiter in Hamburg, des Arbeiterkongresses in Frankfurt (Main) — sowie von fast 30 einzelnen Arbeiter- und Handwerkervereinen beschloß die Bildung einer demokratisch von unten nach oben aufgebauten Organisation, an deren Spitze ein Zentralkomitee für die deutschen Arbeiter stand und für die bald der Name »Arbeiterverbrüderung« allgemein benutzt wurde.
Die Einladung zu dem Berliner Arbeiterkongreß war von Teilnehmern einer vom Berliner Handwerkerverein im Juni in Berlin veranstalteten Konferenz ausgegangen. Vier der sechs Unterzeichner dieser Einladung waren Mitglieder des Bundes der Kommunisten. Nicht zufriedengestellt mit den Resultaten bisheriger Zusammenkünfte in bezug auf die soziale Frage, hatten die Einberufer »die arbeitenden Klassen aus allen Städten, Fabrik- und Ackerbaudistrikten« zur Beschickung eines »Arbeiter-Parlaments« aufgefordert, das »zum ausschließlichen Zweck die Besprechung der materiellen Interessen der arbeitenden Klassen« haben und eine »soziale Volks-Charte Deutschlands« beschließen sollte. Anknüpfend an Formulierungen im »Manifest der Kommunistischen Partei« und im Aufruf des Mainzer Arbeitervereins von Anfang April zur Schaffung einer deutschen Arbeiterorganisation, proklamierten

Stephan Born

sie: »Nur vereinigt im gleichen Streben werden wir stark sein und zu derjenigen Macht gelangen, die uns als den Hervorbringern alles Reichtums gebührt.«[89]
Zu den in der Einladung für die Kongreßberatungen aufgestellten Forderungen gehörten neben revolutionär-demokratischen auch sozialreformerische Maßregeln. Marx und Engels druckten die Vorschläge für die Beratungen des Arbeiterkongresses kommentarlos in der »Neuen Rheinischen Zeitung« ab. Als die Redaktion deshalb für dieses Programm verantwortlich gemacht wurde, stellte sie klar, daß dies nicht *»unser eignes«* ist[90], enthielt sich aber der Auseinandersetzung mit dem für eine revolutionäre Arbeiterorganisation unzureichenden Forderungskatalog.
Wesentlichen Anteil an der Vorbereitung des Berliner Arbeiterkongresses wie an seinen Beschlüssen hatte das Zentralkomitee für Arbeiter in Berlin mit seinem Vorsitzenden Stephan Born. Der 23 Jahre alte gelernte Schriftsetzer war 1845 in Berlin Mitglied des Handwerkervereins gewesen und in ihm mit sozialistischen und kommunistischen Ideen bekannt geworden. Unter dem Einfluß von Engels wurde er in Paris Mitglied des Bundes der Gerechten und dann des Bundes der Kommunisten. Er wirkte 1847 in Frankreich, in der Schweiz und in Brüssel aktiv für den Bund und trug selbst publizistisch zur Verbreitung marxistischer Auffassungen bei. Die Grundsätze des wissenschaftlichen Sozialismus und das Programm des Bundes der Kommunisten für

die Revolution waren ihm wohl vertraut. Nach der Märzrevolution ging er im Auftrag des Bundes nach Berlin und schaltete sich in die Organisationsbestrebungen der Arbeiter ein. Born, der schon von den Berliner Buchdruckergehilfen an die Spitze ihres Verbandes gestellt worden war, wurde Vorsitzender des Zentralkomitees für Arbeiter, von dessen siebenköpfigem geschäftsführendem Ausschuß vier Mitglieder dem Bund der Kommunisten angehörten. Von Mai bis August 1848 gab er für das Zentralkomitee die Zeitung »Das Volk« heraus, das erste von Bürgern und Kleinbürgern unabhängige Presseorgan der Berliner Arbeiter. Von Berlin aus schrieb er politische Korrespondenzen für die »Neue Rheinische Zeitung«. Er propagierte unter den Arbeitern revolutionär-demokratische Ansichten und stützte sich in seinen politischen Äußerungen auf die »Neue Rheinische Zeitung«, vermochte aber das politische Konzept der Partei unter den schwierigen Bedingungen einer gerade erst zu politischem Leben erwachenden, noch von unreifen und verworrenen Vorstellungen beherrschten Arbeiterbewegung in Berlin nicht richtig anzuwenden und machte Zugeständnisse an zurückgebliebene Auffassungen.

Das Berliner Zentralkomitee für Arbeiter beschäftigte sich vorwiegend mit sozialen Experimenten, Projekten zur Lösung der »sozialen Frage«, leistete aber zugleich viel, um das politische Denken der Berliner Arbeiter zu entwickeln. Born erklärte den Arbeitern, die Lösung der sozialen Fragen, die Aufhebung der Klassengegensätze sei erst unter der ausgedehntesten Volksherrschaft möglich, wenn die herrschende Macht im Staat eine volkstümliche, eine demokratische sei. Er wandte sich ausdrücklich gegen diejenigen, die den Arbeitern einreden wollten, es sei für den Proletarier ganz gleich, ob er in einer absoluten oder konstitutionellen Monarchie oder in einer Republik lebe, alle Politik sei Unsinn, und die soziale Frage, die Frage der Arbeit und des täglichen Lebens, sei die Hauptfrage. Die Zeitung trat für die Teilnahme der Arbeiter an der allgemeinen politischen Bewegung, am revolutionären Kampf für die Demokratie ein.

Der Berliner Arbeiterkongreß tagte im Versammlungssaal des Berliner Handwerkervereins im Zentrum der Stadt, Johannisstraße 4. Er war beschickt vor allem von Arbeiterorganisationen aus Norddeutschland, dem ostelbischen Preußen und aus Sachsen. Weitere Teilnehmer kamen aus Bielefeld, Hanau, Krefeld und München. Die Delegierten hatten eine sozial und politisch verschiedenartige Herkunft. Die meisten waren Arbeiter und Handwerksgesellen. Aktiven Anteil nahmen mehrere Bundesmitglieder und auch einige kleinbürgerliche Demokraten, die an der Spitze örtlicher Arbeitervereine standen. Zum Präsidenten wurde der greise Breslauer Botanikprofessor Christian Gottfried Daniel Nees v. Esenbeck gewählt, Mitbegründer und Delegierter des Arbeitervereins Breslau und Abgeordneter der preußischen konstituierenden Versammlung.

Versammlungssaal des Berliner Handwerkervereins in der Johannisstraße 4

Der Kongreß nahm nach längeren Beratungen eine Reihe von Beschlüssen an, in denen sich der Standpunkt der Mehrheit der Delegierten widerspiegelte: erstens ein Statut zur Organisation der Arbeiter, zweitens ein Programm zur Bildung von Assoziationen für die Selbsthilfe der Arbeiter, drittens Forderungen an den »demokratisch-konstitutionellen Staat« und viertens Beschlüsse über die Gestaltung der Volksbildung (Schulen, Lehrlings- und Gesellenausbildung). In mehreren Adressen wurde die Frankfurter Nationalversammlung aufgefordert, einen Gewerbekongreß unter Beteiligung von Arbeitern einzuberufen, ein demokratisches Wahlrecht für die Einzelstaaten durchzusetzen, eine militärische Einmischung einzelner deutscher Staaten in die inneren Verhältnisse eines anderen für unzulässig zu erklären.

Die Beschlüsse des Kongresses waren von mehreren Kommissionen ausgearbeitet worden, denen Delegierte unterschiedlicher Richtung angehörten, darunter außer Born drei weitere Mitglieder des Bundes der Kommunisten: der Goldarbeiter Ludwig Bisky, einer der Führer der Berliner Arbeiter, der Tischlergeselle J. Carl Bühring, Präsident des Arbeitervereins St. Georg in Hamburg, und der Bürstenmacher und Zigarrenarbeiter J. F. C. Steinhauer, Vorsitzender des Hamburger Arbeiterbildungsvereins. In den Kommissionen wirkten ferner der Deutschkatholik und utopische Sozialist Nees v. Esenbeck, der Geometer Franz Schwenniger, Delegierter des Handwerker- und Arbeitervereins für die Grafschaft Mark in Hamm, der Schneidergeselle Georg Kick, seit Juni 1848 Sekretär des Landesverbandes der sächsischen Arbeitervereine, der revolutionäre Demokrat Julius Polentz aus Schwerin, der dort einen Arbeiterverein mitbegründet hatte, der Schriftsetzer Julius Brill, Delegierter des Breslauer Arbeitervereins, der als einziger Arbeiter in der preußischen konstituierenden Versammlung saß und dort zu den äußersten Linken zählte. Kommissionsmitglied war aber auch der Zimmergeselle F. Wilhelm Koch aus Danzig, Vorsitzender des Allgemeinen deutschen Gesellenkongresses in Frankfurt (Main).

Die Beschlüsse des Gründungskongresses der Arbeiterverbrüderung hatten widersprüchlichen Charakter.

Einige Beschlüsse stimmten mit Punkten in den »Forderungen der Kommunistischen Partei in Deutschland« überein oder ähnelten ihnen. Andere entsprachen politischen Anliegen der radikalen Demokratie, zielten auf die Herstellung konsequent demokratischer Verhältnisse oder brachten unmittelbare politische und soziale Belange der Arbeiter zum Ausdruck. Der Kongreß forderte unter anderem aktives und passives Wahlrecht für jeden Deutschen ab 21 Jahre ohne jede Einschränkung, Beschränkung des stehenden Heeres und allgemeine Volksbewaffnung, Aufhebung der adligen Güter (Majorate), Parzellierung großer Güter und Domänen, staatliche Förderung des Ackerbaus, Einführung progressiver Einkommensteuern, Aufhebung der Steuerbefreiungen und der indirekten Steuern, Begrenzung der Arbeitszeit auf zehn Stunden, Verbot der Fabrikarbeit von Kindern unter zehn Jahren, Festlegung eines Lohnminimums entsprechend den örtlichen Bedingungen, Abschaffung von Ausnahmeregelungen im Paßwesen für Arbeiter, Aufhebung aller Aufenthalts-, Niederlassungs- und Heiratsbeschränkungen, allgemeine, unentgeltliche Volkserziehung, Trennung von Schule und Kirche, Abschaffung des konfessionellen Religionsunterrichts, Verbot von Privatschulen, kostenlose Unterrichtsmittel für bedürftige Kinder, Fortbildungsanstalten für Lehrlinge, Armenpflege.

Zu den erhobenen Forderungen gehörten aber auch jene nach Schutzzöllen, nach Beschränkung des Rechts, Meister zu werden, beziehungsweise des Rechts der Meister, Lehrlinge zu halten. Allerlei andere Zunftwünsche waren vermischt mit Ideen von Louis Blanc und Pierre-Joseph Proudhon. Gegen einzelne Mehrheitsbeschlüsse gerichtet, gaben die fortgeschrittenen Delegierten Separaterklärungen zu Protokoll. Den Kongreßbeschlüssen war ein Manifest an die Frankfurter Nationalversammlung vorangestellt, das Nees v. Esenbeck verfaßt hatte. Darin war dienerisch die Rede von den Arbeitern als »Stützen der Ruhe und der Ordnung«[91].

Zum ersten Mal in der Geschichte der jungen deutschen Arbeiterbewegung wurde vom Berliner Arbeiterkongreß verkündet, daß die weiblichen Arbeiter von allen erhobenen Forderungen nicht ausgeschlossen sind und unter gleicher Verpflichtung gleiche Rechte genießen sollten. »Mit diesem habt Ihr es ausgesprochen, daß Männer und Frauen gleichberechtigt sind nach der Gleichheit der Arbeit«, schrieb die Schriftstellerin Louise Otto (später Otto-Peters) in einer Grußadresse an das Zentralkomitee. »Ihr habt mit diesem Paragraphen den ganzen unsinnigen Fluch aufgehoben, der auf der einen Hälfte des Menschengeschlechts liegt.«[92]

Hemmend wirkte sich aus, daß der Berliner Kongreß rückständige Auffassungen unter den Arbeitern konservierte und ein sozialutopisches Reformprogramm formulierte. Die Lokalkomitees für Arbeiter sollten nach dem Statut als monopolisierte Arbeits- und Arbeitskräftevermittlung fungieren, Löhne festsetzen, anstelle der Unternehmer die ihnen zugeführten Löhne auszahlen, aus einbehaltenen Lohnabzügen eine Kreditbank errichten, Produktionsassoziationen gründen usw. Kern des Programms bildete die irrige Vorstellung, von den Arbeitern mit Staatshilfe errichtete Produktionsassoziationen könnten mit der Zeit die Privatbetriebe niederkonkurrieren, auf diese Weise die alten gesellschaftlichen Verhältnisse auflösen, neue schaffen und so die bestehenden sozialen Gegensätze allmählich ausgleichen. Die Produktionsassoziationen wurden zum hauptsächlichen Kampfmittel der Arbeiter gegen die Kapitalisten erklärt. Die Propagierung solcher sozialer Experimente unter den Bedingungen der bürgerlich-demokratischen Revolution und inmitten heftiger Auseinandersetzungen mit der Konterrevolution lenkte in gewisser Weise von der Teilnahme an den unmittelbaren politischen Kämpfen um die Schaffung demokratischer Verhältnisse ab.

Ziel der Arbeiterverbrüderung war die Befreiung der Arbeiter aus den Fesseln des Kapitals, die Überwindung der kapitalistischen Ausbeutung und die Ausschaltung der Bourgeoisie durch Vergesellschaftung des kapitalistischen Eigentums. Derartige Bestrebungen wiesen in sozialistische Richtung, doch durchbrachen die Vorstellungen über den Weg zu diesem Ziel nicht die Grenzen kleinbürgerlich-sozialistischen Denkens. Die Kongreßbeschlüsse verbreiteten den Irrglauben, daß der Übergang zu ausbeutungsfreien Verhältnissen ohne vorherige Beseitigung der Macht von Adel und Bourgeoisie ins Werk gesetzt werden könnte. In dieser Illusion befangen, wandten sich die Delegierten an die bestehenden Regierungen und Parlamente mit der Bitte um Unterstützung. Diese ökonomistische und sozialreformerische Zielsetzung hemmte die Konstituierung einer revolutionären Arbeiterpartei.

Gleichwohl förderte die Propagierung der Selbsthilfepläne die Entwicklung der Klassensolidarität wie die Erkenntnis von der Notwendigkeit der Selbstbefreiung der Arbeiter. Die Arbeiterverbrüderung drängte den Einfluß sozialreaktionärer zünftlerischer Ideen auf die Arbeiter zurück und wirkte für die Verbreitung gewerkschaftlichen und genossenschaftlichen Strebens.

So widersprüchlich die Beschlüsse des Berliner Arbeiterkongresses auch waren – sie gingen aus von einer von Arbeitern selbst getragenen und geführten Bewegung, und auch für sie galt, was Friedrich Engels Jahrzehnte später mit anderem Bezug schrieb: »Die Massen müssen Zeit und Gelegenheit haben, sich zu entwickeln, und die Gelegenheit haben sie erst, sobald sie eine eigne Bewegung haben – einerlei in welcher Form, sobald es nur ihre eigne Bewegung ist –, in der sie durch ihre eignen Fehler weitergetrieben werden, durch Schaden klug werden.«[93]

Zum Abschluß seiner Beratungen wählte der Berliner Arbeiterkongreß ein Zentralkomitee mit Sitz in Leipzig, das seine Tätigkeit am 1. Oktober aufnahm. Nach der beschlossenen Instruktion sollte das Zentralkomitee vier Mitglieder haben (Dirigent, Mitdirigent, Kassierer, Redakteur) und gemeinsam das Redaktionskomitee des Verbandsorgans bilden. Gewählt wurden Franz Schwenniger, Georg Kick und Stephan Born als Redakteur des Organs »Die Verbrüderung. Correspondenzblatt aller deutschen Arbeiter«, das ab 3. Oktober zweimal wöchentlich in Leipzig erschien. Der Kopf des Blattes zeigte eine Vignette: zwei verschlungene Hände, die ein Schwert hielten, umkränzt von Eichenblättern: künftig das Symbol der in der Arbeiterverbrüderung vereinigten Arbeiter. Der für ein Mitglied des Frankfurter Gesellenkongresses freigehaltene Platz im Zentralkomitee wurde nicht besetzt. Als Präsident (Dirigent) des Zentralkomitees wirkte Schwenniger, der auch den Hauptteil der Korrespondenz und der organisatorischen Arbeit leistete. Born als Redakteur der »Verbrüderung« erlangte wesentlichen politischen und ideologischen Einfluß auf die neue Arbeiterorganisation.

Die Arbeiterverbrüderung wurde neuer Ausgangspunkt und zugleich Rahmen für die weitere Verselbständigung großer Teile der deutschen Arbeiter, für die Weckung und Entwicklung ihres Klassenbewußtseins wie für ihre Einbeziehung in den demokratischen Kampf. Die Herstellung einer beständigen, wenn auch recht lockeren Verbindung zwischen den Arbeitervereinen bedeutete einen wesentlichen Schritt auf dem Wege der Lostrennung der Arbeiterbewegung von Bourgeoisie und Kleinbürgertum und zu einer politischen Arbeiterpartei. Das elementare Streben der deutschen Arbeiter nach überregionalem Zusammenschluß war zu einem ersten Erfolg

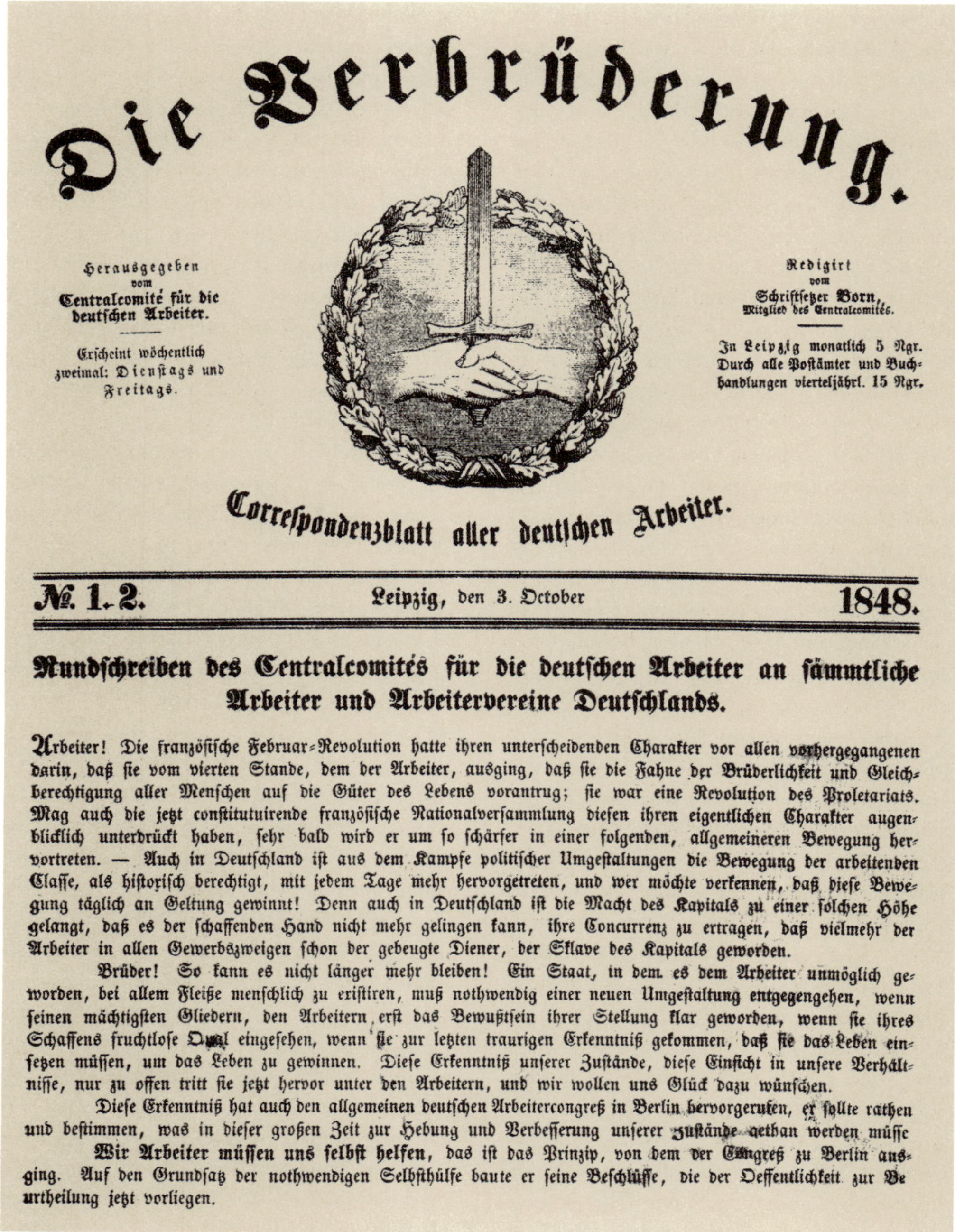

Die Verbrüderung.

Herausgegeben vom Centralcomité für die deutschen Arbeiter.

Erscheint wöchentlich zweimal: Dienstags und Freitags.

Redigirt vom Schriftsetzer Born, Mitglied des Centralcomités.

In Leipzig monatlich 5 Ngr. Durch alle Postämter und Buchhandlungen vierteljährl. 15 Ngr.

Correspondenzblatt aller deutschen Arbeiter.

№ 1. 2. Leipzig, den 3. October 1848.

Rundschreiben des Centralcomités für die deutschen Arbeiter an sämmtliche Arbeiter und Arbeitervereine Deutschlands.

Arbeiter! Die französische Februar-Revolution hatte ihren unterscheidenden Charakter vor allen vorhergegangenen darin, daß sie vom vierten Stande, dem der Arbeiter, ausging, daß sie die Fahne der Brüderlichkeit und Gleichberechtigung aller Menschen auf die Güter des Lebens vorantrug; sie war eine Revolution des Proletariats. Mag auch die jetzt constitutuirende französische Nationalversammlung diesen ihren eigentlichen Charakter augenblicklich unterdrückt haben, sehr bald wird er um so schärfer in einer folgenden, allgemeineren Bewegung hervortreten. — Auch in Deutschland ist aus dem Kampfe politischer Umgestaltungen die Bewegung der arbeitenden Classe, als historisch berechtigt, mit jedem Tage mehr hervorgetreten, und wer möchte verkennen, daß diese Bewegung täglich an Geltung gewinnt! Denn auch in Deutschland ist die Macht des Kapitals zu einer solchen Höhe gelangt, daß es der schaffenden Hand nicht mehr gelingen kann, ihre Concurrenz zu ertragen, daß vielmehr der Arbeiter in allen Gewerbszweigen schon der gebeugte Diener, der Sklave des Kapitals geworden.

Brüder! So kann es nicht länger mehr bleiben! Ein Staat, in dem es dem Arbeiter unmöglich geworden, bei allem Fleiße menschlich zu existiren, muß nothwendig einer neuen Umgestaltung entgegengehen, wenn seinen mächtigsten Gliedern, den Arbeitern erst das Bewußtsein ihrer Stellung klar geworden, wenn sie ihres Schaffens fruchtlose Qual eingesehen, wenn sie zur letzten traurigen Erkenntniß gekommen, daß sie das Leben einsetzen müssen, um das Leben zu gewinnen. Diese Erkenntniß unserer Zustände, diese Einsicht in unsere Verhältnisse, nur zu offen tritt sie jetzt hervor unter den Arbeitern, und wir wollen uns Glück dazu wünschen.

Diese Erkenntniß hat auch den allgemeinen deutschen Arbeitercongreß in Berlin hervorgerufen, er sollte rathen und bestimmen, was in dieser großen Zeit zur Hebung und Verbesserung unserer Zustände gethan werden müsse

Wir Arbeiter müssen uns selbst helfen, das ist das Prinzip, von dem der Congreß zu Berlin ausging. Auf den Grundsatz der nothwendigen Selbsthülfe baute er seine Beschlüsse, die der Oeffentlichkeit zur Beurtheilung jetzt vorliegen.

Erste Seite der Nr. 1/2 der »Verbrüderung«, 3. Oktober 1848

gelangt. Erstmals war eine Arbeiterorganisation über lokale und Landesgrenzen hinweg zustande gekommen. Mit dem Zentralkomitee der deutschen Arbeiter und der »Verbrüderung« erhielten die angeschlossenen Arbeitervereine ein koordinierendes Zentrum und ein zentrales, politisch und ideologisch wirksames Verbandsorgan. Das die Organisation leitende Zentralkomitee bestand über die Revolution hinaus bis zu seiner erzwungenen Auflösung im Juni 1850 weiter.

Die Gründung der Arbeiterverbrüderung beschleunigte den Prozeß der Organisierung der deutschen Arbeiter. Unter ihrem Einfluß entstanden zahlreiche neue Arbeitervereine. Der Arbeiterverbrüderung schlossen sich fast 100 Vereine an, und 1849 hatte sie etwa 18 000 Mitglieder. Die meisten Mitglieder waren Gesellen, doch wuchs bald auch der Anteil der Fabrikproletarier und Tagelöhner.

Die Arbeiterverbrüderung organisierte sich in verschiedenen Formen. An den meisten Orten bildeten sich aus Gewerken und anderen Arbeiterverbindungen einheitliche Lokalkomitees. Ferner traten ihr allgemeine Arbeitervereine bei, die das korporative Prinzip bereits überwunden hatten. In ihrem Rahmen wurden auch Genossenschaften gegründet. So vereinigte die Arbeiterverbrüderung sowohl politische Parteibestrebungen wie gewerkschaftliche Organisationsbemühungen und genossenschaftliche Aktivitäten der Arbeiter.

Produktionsassoziationen, Kredit- und Konsumgenossenschaften entstanden in mehreren deutschen Städten, so in Berlin Ankaufsgesellschaften für Brot, Bekleidung, Zigarren, eine Schneiderwerkstatt, eine Schuhmacherwerkstatt, eine Seidenwirkergenossenschaft. In Leipzig wurde auf genossenschaftlicher Grundlage eine Vereinsbuchdruckerei gegründet. Im April 1849 bildete sich der Berliner Gesundheitspflegeverein, die erste von Arbeitern geschaffene und verwaltete Krankenkasse, der bald über 5 000 und bei ihrer polizeilichen Schließung nach der Revolution im April 1853 rund 20 000 Mitglieder angehörten. Viele Lokalorganisationen schufen Hilfs- und Wanderunterstützungskassen für wandernde Handwerksgesellen.

Einige regionale Leitungen von Arbeiterorganisationen wandelten sich in Bezirkskomitees der deutschen Arbeiterverbrüderung um. Der Schweriner Arbeiterverein, gebildet im Prozeß der Vorbereitung des Berliner Arbeiterkongresses, fungierte als Bezirkskomitee der Arbeiterverbrüderung für Mecklenburg. Am 22. Oktober 1848 wählten die Deputierten die Leitung des Berliner Bezirkskomitees: Präsident: Ludwig Bisky, Vizepräsidenten: August Büttner (Drechslergeselle), Franke (Metzgergeselle); Geschäftsführer: Dr. Adolf Oschatz; Sekretäre: Hermann Eichel (Maschinenbauer), Schulz (Büroangestellter); Kassierer: August Michaelis (Schneidergeselle), J. E. Dießner (Buchbinder); zu Mitgliedern des Verwaltungsrats wurden gewählt: Salomon Levy (Kaufmann), Wilke (Maschinenbauer), A. Jonas (Seidenwirker), Thölde (Buchbinder), Hermann Müller (Schneidergeselle), Dechant (Tischler).

Das Berliner Bezirkskomitee der Arbeiterverbrüderung setzte sich zusammen aus Delegierten der Lokalvereine der Tischler, der Buchbinder und der Schneider, des Berliner Handwerkervereins, Johannisstraße 4, des Maschinenbauarbeitervereins, des Arbeitervereins in der Köpenicker Straße, des Gesellenvereins in der Jerusalemer Straße 23, des Vereins des 63. Salzhof-Bezirks. Außer diesen Vereinen gehörten zum Berliner Bezirk der Allgemeine Lokalverein, die Lokalvereine der Maler, Kattundrucker, Handschuhmacher, Goldschmiede, Schuhmacher, Schriftgießer, Steinsetzer, Vergolder, Mechaniker, Seidenknopfmacher, Messerschmiede und chirurgischen Instrumentenmacher, Posamentierer, Weber, Dachdecker, Formstecher, Steinmetze sowie eine Auswanderungsgesellschaft.

Die Arbeiterverbrüderung war anfangs vor allem in Preußen, in Sachsen und in geringerem Maße in Norddeutschland verbreitet. Bezirkskomitees bestanden außer in Berlin und Schwerin in Breslau, Hamburg, Hannover, Leipzig. Diese Städte waren während und nach der Revolution zugleich Zentren der Tätigkeit des Bundes der Kommunisten. Mit dem Zentralkomitee korrespondierten Arbeitervereine aus mehr als 90 Orten, so aus Annaberg, Bernau, Bielefeld, Brandenburg, Chemnitz, Crimmitschau, Darmstadt, Delitzsch, Dresden, Eilenburg, Elberfeld, Essen, Freiberg, Fürth, Gera, Glauchau, Halle (Saale), Hannover, Hildesheim, Karlsruhe, Kiel, Königsberg, Meißen, München, Nürnberg, Rostock, Stuttgart, Würzburg, Zerbst, Zschopau.

Der Frankfurter Gesellenkongreß distanzierte sich nachträglich von der in Berlin von seinen Delegierten gegebenen Zustimmung zu dem Beschluß, sich aufzulösen und mit dem Leipziger Zentralkomitee zusammenzuwirken; er forderte vielmehr, das Zentralkomitee für Arbeiter solle sich seinen zünftlerischen Vorstellungen anschließen. So verblieb die Mehrzahl der südwestdeutschen Arbeitervereine außerhalb der in Berlin gegründeten Arbeiterorganisation. Die Arbeitervereine der Rheinprovinz, Westfalens und Hessens, in denen teilweise Kommunisten führend waren und die den politischen Kampf um Demokratie in den Vordergrund stellten, banden sich ebenfalls nicht an die Arbeiterverbrüderung, sondern hielten die Verbindung mit dem Zentralausschuß der demokratischen Vereine in Berlin aufrecht. Ihnen widerstrebte die ökonomistische Programmatik der Arbeiterverbrüderung.

In der Praxis des revolutionären Kampfes gelangten viele der zur Arbeiterverbrüderung gehörenden Vereine über das gesetzte Programm hinaus. Gerade ab Herbst 1848 wurden die Arbeiter zunehmend in das Ringen mit der Konterrevolution hineingerissen. In diesen Kämpfen wuchsen ihre Organisiertheit und ihre politische Bewußtheit. Die Leiter der Arbeiterverbrüderung beschäftigten sich weiterhin eifrig mit Assoziationsprojekten, doch verbreitete die Zeitung »Die Verbrüderung« auch marxistische Erkenntnisse. Das Zentralkomitee für die deutschen Arbeiter propagierte Grundideen des proletarischen Klassenkampfes und trug so dazu bei, das Verständnis der Arbeiter für den Gegensatz zwischen Arbeiterklasse und Bourgeoisie zu wecken.

In verschiedenen Beiträgen, vor allem in Nachdrucken aus der »Neuen Rheinischen Zeitung«, vermittelte »Die Verbrüderung« einen revolutionären Standpunkt zu wichtigen politischen Vorgängen, nicht zuletzt über internationale Ereignisse und über die Erfahrungen der englischen und der französischen Arbeiterklasse.

Septemberkrisen und Septemberaufstände

Das Ringen zwischen Revolution und Konterrevolution erreichte im September 1848 einen neuen Höhepunkt. Die von Franz Mehring so bezeichneten Septemberkrisen in Berlin und in Frankfurt (Main) entwikkelten sich zur nationalen Krise. In Preußen wurde die Krise ausgelöst durch einen Konflikt zwischen der Mehrheit der konstituierenden Versammlung und der Regierung. Dieser Konflikt schwelte schon seit Anfang August.

Provokationen der Militärs

Im Juli und August hatte die preußische Armee in verschiedenen Städten die demokratische Bewegung und selbst politisch nicht engagierte Bürger provoziert. Zu den schwerwiegendsten Ausschreitungen kam es am 31. Juli in Schweidnitz in Schlesien. Ohne vorherige Warnung schoß am Abend dieses Tages eine Kompanie der Festungstruppen auf sich versammelnde Bürgerwehr und in eine Menschenansammlung. Elf Personen, meist Handwerksmeister, Gesellen und Arbeiter, darunter eine Frau, wurden getötet, 24 verwundet.

Erbitterung und Empörung erfaßten das ganze Land. Es hagelte Proteste. Die Linken in der preußischen Versammlung verlangten von der Regierung endlich energische Maßnahmen gegen die immer bedrohlicher werdenden konterrevolutionären Provokationen. Der Abgeordnete Julius Stein beantragte, die Regierung solle die Offiziere ermahnen, allen reaktionären Bestrebungen fernzubleiben und Konflikte mit Zivilpersonen zu vermeiden; Offiziere, die eine solche Haltung für nicht mit ihren politischen Überzeugungen vereinbar hielten, sollten aus der Armee austreten.

Am 9. August nahm die Abgeordnetenversammlung den Antrag Steins mit 219 gegen 152 Stimmen an. Versammlung wie Regierung waren sich dessen bewußt, daß es hier nicht allein um einen Erlaß ging, sondern um die Stellung der Armee im Staat. Die Regierung versuchte zu lavieren. Sie entfernte die an den Schweidnitzer Ereignissen unmittelbar beteiligten Truppenteile aus der Stadt. Doch Kriegsminister Schrekkenstein weigerte sich, den von der Versammlung geforderten Armeebefehl zu erlassen. Allgemeine Erlasse entsprächen

Das Berliner Polizeipräsidium verbietet Ansammlungen in den Straßen der Stadt, 31.Juli 1848

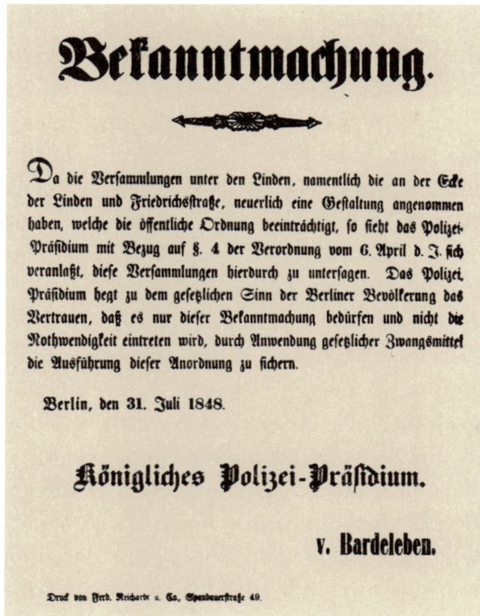
Bekanntmachung.

Da die Versammlungen unter den Linden, namentlich die an der Ecke der Linden und Friedrichsstraße, neuerlich eine Gestaltung angenommen haben, welche die öffentliche Ordnung beeinträchtigt, so sieht das Polizei-Präsidium mit Bezug auf §. 4 der Verordnung vom 6. April d. J. sich veranlaßt, diese Versammlungen hierdurch zu untersagen. Das Polizei-Präsidium hegt zu dem gesetzlichen Sinn der Berliner Bevölkerung das Vertrauen, daß es nur dieser Bekanntmachung bedürfen und nicht die Nothwendigkeit eintreten wird, durch Anwendung gesetzlicher Zwangsmittel die Ausführung dieser Anordnung zu sichern.

Berlin, den 31. Juli 1848.

Königliches Polizei-Präsidium.

v. Bardeleben.

Druck von Ferd. Reichardt u. Co., Spandauerstraße 49.

nicht dem Geist und dem Wesen der Armee, würden ihren Wert »mit der Zeit untergraben« und verderbliche Folgen haben, erklärte das Ministerium der Versammlung in einer am 4. September verlesenen schriftlichen Antwort auf die Beschlüsse vom 9. August.[94] Die Befehlshaber seien angewiesen, weder republikanische noch reaktionäre, antikonstitutionelle Tendenzen aufkommen zu lassen.

Die Aufregung in der konstituierenden Versammlung und in der Öffentlichkeit über die Weigerung der Regierung war groß. Der

Julius Stein.
Zeitgenössische Lithographie

Zentralausschuß der demokratischen Vereine Deutschlands erklärte zu der Haltung der Regierung, sie habe die Konterrevolution offen proklamiert und die Autorität der vom Volk gewählten Versammlung geleugnet. Der Zentralausschuß forderte alle demokratischen Vereine auf, gegen die ministerielle Willkürherrschaft zu protestieren. Viele demokratische und Arbeitervereine folgten dem Aufruf.

Im Zentrum der Konterrevolution, in Potsdam, wuchs die Wut auf die bürgerliche Versammlung, die es wagte, sich in Angelegenheiten der Armee zu mischen, und sei es mit papiernen Ermahnungen. Das Ministerium wurde von allen Seiten bedrängt: Die Konservativen und der Hof verdächtigten Hansemann, gemeinsam mit den Linken das monarchische Prinzip — und die ökonomischen Grundlagen der Junkerwirtschaft — antasten zu wollen. Die Mehrheit der Versammlung begann, sich gegen die konterrevolutionären Konspirationen und gegen die »Taten« der Regierung zu wehren. Jetzt, da die konstituierende Versammlung einige Energie zeigte, stellte sich der politisch aktive Teil des Volkes, stellten sich auch die Arbeiter und die anderen Demokraten, die vorher die Vorgänge im Parlament mißtrauisch beobachtet hatten, hinter die Versammlung und drängten sie vorwärts.

Die Bürgerwehr als Institution fühlte sich in Schweidnitz angegriffen und durch die Weigerung des Ministeriums verletzt. In allen Einheiten der Berliner Bürgerwehr wurden Unterschriften für eine Petition an das Parlament gesammelt, in der es hieß: »Wir können dem Ministerium nimmermehr das Recht zugestehen, dem Willen des Volkes entgegenzutreten.«[95] Die Berliner Bürgerwehrführung verlangte von der Versammlung, »mit allen ihr zu Gebote stehenden Mitteln«[96] ihre Beschlüsse aufrechtzuerhalten, und versprach, bei einem Konflikt die Versammlung schützen zu wollen.

Der zweite Antrag Stein

Die Reaktion wertete diese Petition als den Übergang von 30 000 Gewehren aus dem Lager des Königs in das der Opposition; die Revolution hätte nun eine bewaffnete Macht zur Verfügung. Von der Regierung wurde die Erklärung der Bürgerwehr, der eine Volksmenge, die das Tagungsgebäude der Versammlung umlagerte, Nachdruck verlieh, als äußerst bedrohlich angesehen.

Der Demokrat Julius Stein befragte, nicht befriedigt von der Verlautbarung des Ministeriums, noch am 4. September in der konstituierenden Versammlung den Kriegsminister dringlich, ob er den Beschluß der Versammlung ausführen werde; die Versammlung solle feststellen, »daß es die dringendste Pflicht des Staatsministerii sei, denjenigen Erlaß, welchen die Versammlung am 9. August in der 37. Sitzung beschlossen hat, ohne weiteres zur Beruhigung des Landes und Erhaltung des Vertrauens sowie zur Vermeidung eines Bruches mit der Versammlung ergehen zu lassen«[97]. Die Mehrheit der Versammlung stimmte am 7. September dem Antrag Steins zu. Eine Volkskundgebung brachte Stein nach der Sitzung Ovationen dar, und die Menge geleitete ihn in seine Wohnung.

Die Linke schwelgte im Triumph ihres parlamentarischen Sieges. Tatsächlich war der Abstimmungserfolg von prinzipieller Bedeutung. Die Versammlung hatte den Standpunkt bekräftigt, daß die Regierung verpflichtet sei, die von ihr gefaßten Beschlüsse auszuführen, und sich zum Prinzip der Volkssouveränität bekannt. Das war ein Angriff auf die Regierung, über dessen mögliche Konsequenzen sich allerdings viele Abgeordnete, die für den Antrag gestimmt hatten, nicht im klaren waren.

Der Abgeordnete Hans Victor v. Unruh, ein linker Liberaler und später, ab Oktober, Präsident der konstituierenden Versammlung, hatte in der Sitzung am 7. September ausgesprochen, was in Volksversammlungen schon lange gesagt worden war: »Wir stehen in diesem Augenblick zwischen einer Konterrevolution und einer zweiten Revolution.« [98] In den Augen des Volkes war eine zweite Revolution notwendig, um die seit den Märzrevolutionen wieder hervortretende Reaktion nun endgültig zu schlagen, aber auch, um weiter gehende Rechte als die im März errungenen zu erzwingen. Marx und Engels nahmen die Losung von der zweiten Revolution auf, die in diesen Wochen von Arbeitern und Demokraten vielfach gebraucht wurde. Nach Meinung der Kommunisten bestand durchaus die Möglichkeit, daß die Verteidigungskämpfe gegen die Konterrevolution eine neue revolutionäre Welle einleiteten. In der Frankfurter Nationalversammlung erklärte Robert Blum, die deutsche Revolution sei bis jetzt vor den Thronen stehengeblieben, eine zweite Revolution könnte diese Throne hinwegschwemmen.

Die preußische Regierung stellte sich erneut schützend vor den Thron und das reaktionäre Militär. Die Regierung der Bourgeoisie wagte es nicht, gegenüber der nun auch schon sie bedrohenden Konterrevolution irgend etwas Entscheidendes zu unternehmen. Sie weigerte sich, den vom Parlament verlangten Erlaß an die Armee herauszugeben.

Damit kam es zum ersten offenen Bruch zwischen der bürgerlichen Versammlung einerseits und Regierung und Krone andererseits. Die Versammlung machte die Ausführung ihres Beschlusses zu einer Prinzipienfrage, und sie errang bei dieser Machtprobe einen — wie sich später herausstellte — Scheinsieg.

In der Debatte war die Regierung aufgefordert worden, dem Beschluß nachzukommen oder abzutreten. Die Regierung bestritt der Versammlung das Recht, sich in die Exekutive einzumischen und »Verwaltungsmaßregeln«[99] festzusetzen. Mit der Begründung, die Versammlung habe dieses Prinzip verletzt, ohne das »die konstitutionelle Monarchie nicht bestehen kann«[100], erklärte das Ministerium seinen Rücktritt. Der König nahm ihn nach längerem Zögern an. Die Regierung wollte die Monarchie verteidigen und bekam vom Monarchen, datiert Sanssouci, 10. September 1848, die Entlassung. Die Minister schlugen dem König vor, er solle die Demission verweigern, dann würden sie bleiben; Friedrich Wilhelm IV. lehnte dies als Komödie ab. Krone und Kamarilla erklärten, indem sie sich darauf beriefen, daß es noch keine Verfassung gab, die Versammlung habe nicht über die Regierung zu entscheiden. Dennoch: das Ministerium Auerswald/Hansemann war gestürzt. Man hatte Hansemann glauben lassen, die Krone brauche seine Dienste und werde ihn unter keinen Umständen fallenlassen. Doch er wurde getäuscht und in seiner Person die Bourgeoisie. Hansemann hatte das Vertrauen seiner Klasse und beim Volk den letzten Schein der Popularität verloren und fiel nun den »Rankünen der Krautjunker« zum Opfer. »Unter dem Bürgerministerium«, schrieb

Satirischer Nachruf auf das Ministerium Auerswald/Hansemann

Berliner Krakehler.

Verlag von Ernst Litfaß. Adlerstr. Nr. 6.
Preis 1 Sgr.
Motto. Ruhe ist die letzte Bürgerpflicht; die erste aber: immer mit dem Kuhfuß

Nr. 25.
Donnerstag, den 14. September 1848,
Vierzehn Tage vor Abgang des Ministeriums Beckerath.

Leitender Krakehl.

Und sie begruben sieben Todte und die waren stumm.

Jammer und Wehklage herrscht im Lande der Reaction; tiefe Betrübniß erfüllt die Gemüther der Rückwärtsianer, und die Trauer aller Krebse ist eine so gewaltige, daß dieselben selbst nach dem Kochen nicht mehr roth, sondern schwarz erscheinen. Der Preußenverein, der erst jetzt in Flor zu kommen gedachte, hat sich selbst in Flor gehüllt, und der patriotische Verein, der die Augen des Volkes zu umfloren sich bemühete, ist nun selber umflort, und das Offiziercorps trauert in Sack und Asche und die Bureaukratie hat im entsetzlichen Schmerz ihre Kleider zerrissen von oben bis unten und sie Alle schlagen an ihre Brust und kreischen voll Angst:

Gott sei uns armen Sündern gnädig!!!

Gott aber war diesen Sündern nicht gnädig, sondern warf ihre Stützen zu Boden und zerschmetterte die sieben Säulen ihres Tempels.

Das Ministerium Auerswald ist gestürzt.

Da es nicht hören wollte der Stimme der Zeit, da drehete der Zeitgeist aus 77 Stimmen der Majorität einen Kantschuh und schlug damit die Tauben, daß sie hinstürzten, denn also steht geschrieben:

„Wer nicht hören will, muß fühlen."

Da liegen sie hingestreckt wie umgefallene Wollsäcke, geschwollen von Reaction und Verwesung, da liegen sie stumm und leblos, und der Weltgeist gönnt ihnen keine Grabesstätte in dem Mausoleum der Geschichte, sondern läßt sie verscharren in die ungeweihte Erde der ewigen Vergessenheit.

Da liegt Gierke!

der Mann der Consequenz, denn von ihm wird einst mit Recht sein Biograph rühmen:

„Stumm wie im Leben war er auch im Tode."

Da liegt Milde!

Sehet ihn an, da liegt er, verblichen und vergelbt, wie ein Stück Callicot von ewiger Masse. Er, der Herr der Weber und Spuhler, liegt da verwebt und verspuhlt, weil er es nicht verstand

Am sausenden Webstuhl der Zeit
Zu wirken der Freiheit lebendiges Kleid.

Da liegt Kühlwetter!

Er, der wie Deukalion Drachenzähne säete, aus denen menschenähnliche Wesen entstanden, die er Constabler nannte; da liegt er, der nicht ein Schutzmann der Freiheit, sondern ein Schuttmann derselben war, das heißt, sie in Schutt und Trümmer warf. Da liegt er selber nun ein verkühltes Schutthäufchen verwetterter Reaction.

Da liegt Schreckenstein!

Roth von Schreckenstein, aber Blaß von Freiheitsstein, Gelb von Gallenstein, aus Aerger fressen rein, Blau von Schießendrein, Grau von Ahnenstein und Schlau von Bringenrein!

Karl Marx, »war die alte ›Staatsmacht‹ hinreichend ›erstarkt‹, um diesen Coup wagen zu dürfen.«[101] König und Junkertum gingen daran, sich von der »bürgerlichen Vormundschaft«[102] zu befreien.

Der nächste preußische Ministerpräsident war ein General. Hansemann wandte sich wieder den Geldgeschäften zu; er wurde Bankdirektor.

Die Mehrheit der preußischen Abgeordneten hatte mit ihrem Beschluß über den Erlaß an die Armee faktisch das Vereinbarungsprinzip abgelehnt. Die Versammlung erhob sich – aber eben nur zeitweise – zu einer tatsächlich konstituierenden, nicht mehr vereinbarenden Versammlung. Zum ersten Mal brach am 7. September auch der Gegensatz zwischen den Vertretern der Bourgeoisie in der Versammlung und der großbourgeoisen Regierung offen aus.

Im September zeigte sich, daß die konstituierende Versammlung, wenn sie ihre Stellung nutzte und sich auf die Massen stützte, der Konterrevolution einen Damm entgegenzusetzen vermochte; die Mittel des bürgerlichen Parlamentarismus allein taugten freilich nicht für die Weiterführung der Revolution.

Verteidigung der Revolution in Schleswig-Holstein

Fast gleichzeitig mit der Krise in Berlin entfaltete sich nach dem am 26. August von Preußen in Malmö unter schimpflichen Bedingungen abgeschlossenen Waffenstillstandsvertrag mit Dänemark eine breite nationale Protestbewegung. Der Vertrag beendete den Scheinkrieg gegen die dänische Krone, den die preußische Regierung nach dem 18. März, noch im Auftrag des Deutschen Bundes, in Schleswig-Holstein begonnen hatte.

Der preußische König hatte in dem ihm übertragenen Krieg gegen das schwache Dänemark eine willkommene Gelegenheit gesehen, die durch die Märzrevolution demoralisierte Armee für das geplante Vorgehen gegen die Revolution im eigenen Lande wieder kampffähig zu machen. Insgeheim stand er auf seiten des dänischen Königs. In den Schleswig-Holsteinern sah er Rebellen, und er dachte gar nicht daran, den Krieg, diesen »Knechtesdienst für die Revolution«[103], wie er ihn nannte, energisch führen zu lassen.

Die schleswig-holsteinische Frage war eng mit der übrigen europäischen Revolutionsbewegung verflochten und zu einer europäischen Angelegenheit geworden. Die konterrevolutionären Großmächte England und Rußland unterstützten Dänemark, und unter ihrem diplomatischen Druck zog Preußen trotz anfänglicher Erfolge seine Truppen zurück, schloß eigenmächtig und ohne Einwilligung von Reichsregierung und Nationalversammlung den Waffenstillstand und brüskierte damit die Frankfurter Versammlung. Neben schmählichen militärischen Bedingungen legte der Vertrag fest, daß die provisorische Regierung Schleswig-Holsteins aufgelöst und ihre Verordnungen aufgehoben wurden. Die Regierungsgeschäfte der Herzogtümer sollte eine gemischte Kommission aus Parteigängern des dänischen Königs führen, an der Spitze Karl Graf v. Moltke-Nütschau, ein Monarchist durch und durch. Nun sollte der Vertrag der Nationalversammlung in Frankfurt vorgelegt werden.

Die Nachricht von der Preisgabe Schleswig-Holsteins an Dänemark und des Verrats der nationalrevolutionären Bewegung in den Herzogtümern führte zum ersten Mal seit der Märzrevolution wieder zu einer fast alle deutschen Staaten erfassenden Volksbewegung. Die Empörung gegen Preußen schlug hohe Wellen. In allen Teilen des Landes fanden Volksversammlungen statt, in denen Protest erhoben wurde gegen die preußische Regierung.

Mit Spannung wartete man darauf, wie sich die Nationalversammlung zu dem Vertrag von Malmö verhalten würde. In einer ersten Abstimmung am 5. September beschloß die Versammlung, daß die Ausführung des Waffenstillstands, also die Rückführung der Truppen, einzustellen sei. Die Linken hatten sich durchgesetzt. Das Reichsministerium, das den Vertrag gebilligt hatte, trat zurück, die Minister blieben aber im Amt, da kein neues Ministerium zustandezubringen war. Die folgenden Beratungen in den Ausschüssen und im Parlament selbst über den Waffenstillstand waren begleitet von Volksdemonstrationen, die eine weitere Radikalisierung der Massen und das Anwachsen ihrer politischen Bewußtheit anzeigten.

In der preußischen Rheinprovinz erreichte die Bewegung hohe Zielklarheit und eine neue Stufe politischer Organisiertheit. Eine große Kundgebung in Köln, die von 3 000 Menschen besucht war, forderte am 7. September die Nationalversammlung in

Zeitgenössische Karikatur auf die englisch-russische »Vermittlung« in der schleswig-holsteinischen Frage

Frankfurt auf, den Waffenstillstand zu verwerfen, weil, »während Deutschland in Italien, Posen und Prag fortwährend die Revolution bekämpft hat, der dänische Krieg der einzige ist, in welchem Deutschland die Revolution gegen die Legitimität und den Absolutismus verteidigt«[104]. Selbst auf die Gefahr eines europäischen Krieges hin müsse die schleswig-holsteinische Revolution verteidigt werden.

Die rote Republik wird zum Panier

Die Volksbewegung im September hatte tiefen demokratischen und nationalen Inhalt. In sie verwoben waren landes- beziehungsweise gebietsspezifische politische Forderungen sowie spontane Kundgebungen sozialen Unmuts der Unterdrückten. Anfang September gab es in Eilenburg Maschinenzerstörungen und blutige Unruhen, hervorgerufen durch verschärfte Ausbeutungsmethoden der Fabrikanten. In den sächsischen Dörfern strömten Bauern und Landarbeiter den kleinbürgerlich-demokratischen Vaterlandsvereinen zu. Eine Welle von Versammlungen der Demokraten richtete sich gegen das liberale Märzministerium. In Zwickau setzten die Behörden Militär ein. Das Vogtland war das Zentrum der demokratischen Bewegung gegen die Dresdener Regierung, die 500 Soldaten hierher entsandte und in Auerbach, Oelsnitz, Schönberg und Treuen Verhaftungen

Der Naumburger Magistrat verbietet der städtischen Bürgerwehr, sich bewaffnet zu versammeln. 14. September 1848

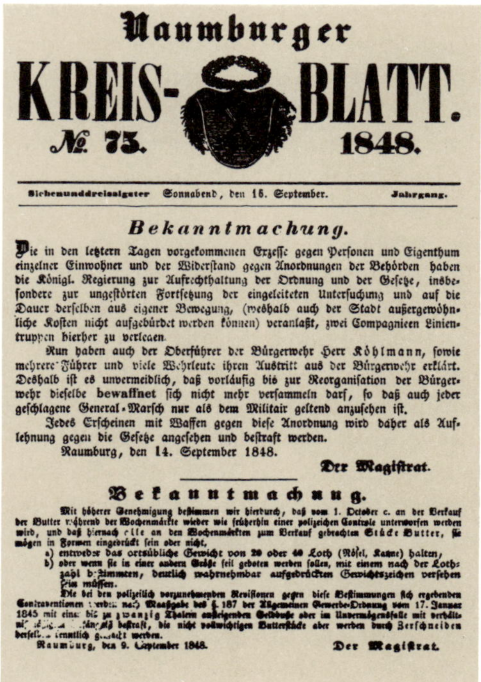

Naumburger

KREIS-BLATT.

№ 75. 1848.

Siebenunddreissigster Sonnabend, den 16. September. Jahrgang.

Bekanntmachung.

Die in den letztern Tagen vorgekommenen Exzesse gegen Personen und Eigenthum einzelner Einwohner und der Widerstand gegen Anordnungen der Behörden haben die Königl. Regierung zur Aufrechthaltung der Ordnung und der Gesetze, insbesondere zur ungestörten Fortsetzung der eingeleiteten Untersuchung und auf die Dauer derselben aus eigener Bewegung, (weshalb auch der Stadt außergewöhnliche Kosten nicht aufgebürdet werden können) veranlaßt, zwei Compagnieen Linientruppen hierher zu verlegen.

Nun haben auch der Oberführer der Bürgerwehr Herr Köhlmann, sowie mehrere Führer und viele Wehrleute ihren Austritt aus der Bürgerwehr erklärt. Deshalb ist es unvermeidlich, daß vorläufig bis zur Reorganisation der Bürgerwehr dieselbe bewaffnet sich nicht mehr versammeln darf, so daß auch jeder geschlagene General-Marsch nur als dem Militair geltend anzusehen ist.

Jedes Erscheinen mit Waffen gegen diese Anordnung wird daher als Auflehnung gegen die Gesetze angesehen und bestraft werden.

Naumburg, den 14. September 1848.

Der Magistrat.

Bekanntmachung.

Mit höherer Genehmigung bestimmen wir hierdurch, daß vom 1. October c. an der Verkauf der Butter während der Wochenmärkte wieder wie früherhin einer polizeichen Controle unterworfen werden wird, und daß hiernach alle an den Wochenmärkten zum Verkauf gebrachten Stücke Butter, sie mögen in Formen eingedrückt sein oder nicht,

a) entweder das ortsübliche Gewicht von 20 oder 40 Loth (Nösel, Kanne) halten,
b) oder wenn sie in einer andern Größe feil geboten werden sollen, mit einem nach der Lothzahl bestimmten, deutlich wahrnehmbar aufgedrückten Gewichtszeichen versehen sein müssen.

Die bei den polizeilich vorzunehmenden Revisionen gegen diese Bestimmungen sich ergebenden Contraventionen werden nach Maaßgabe des §. 187 der Allgemeinen Gewerbe-Ordnung vom 17. Januar 1845 mit einer bis zu zwanzig Thalern ansteigenden Geldbuße oder im Unvermögensfalle mit verhältni[illegible] bestraft, die nicht vollwichtigen Butterstücke aber werden durch Zerschneiden derselben kenntlich gemacht werden.

Naumburg, den 9. September 1848. Der Magistrat.

vornehmen ließ. In den sächsischen Städten und auf dem Lande fanden Volkskundgebungen mit oft mehr als 10 000 Teilnehmern statt, in denen ein von der Regierung vorgelegtes Wahlgesetz verurteilt, die Volksbewaffnung und die Abschaffung der Feudallasten gefordert wurden. In Leipzig, in Plauen und in Auerbach im Vogtland richteten sich Volksaktionen gegen politisch verhaßte Personen. In Chemnitz schlug eine Protestbewegung von Arbeitern in einen Aufstandsversuch um: Die Arbeiter bauten am 12. September einige Barrikaden, aber nach zweieinhalb Stunden waren die Aufständischen vom Militär überwältigt. Auch die Bauern gerieten in einigen Gebieten erneut in Bewegung. In Schlesien, im Königreich Sachsen und in Bayern löste der Versuch der Guts- und Grundherren, ihre wirtschaftlichen und politischen Vorrechte mit Gewalt durchzusetzen und wieder Abgaben einzutreiben, Unruhen aus. In Hultschin warfen Landbewohner Fenster im Schloß des Barons Rothschild ein, verwüsteten die Wirtschaftskanzlei und zerrissen die Papiere, nachdem angedroht worden war, daß der sogenannte Dukatenzins mit Gewalt eingezogen werden sollte. Aus Ratibor entsandte die Regierung Militär nach Hultschin.

In der Nähe von Hildburghausen fand am 3. September die erste große Versammlung von Einwohnern der Herzogtümer Sachsen-Coburg-Gotha und Sachsen-Meiningen unter freiem Himmel statt. Nahezu 4 000 Landbewohner aus etwa 25 Ortschaften versammelten sich »zur Beratung dortiger trostloser Zustände«[105]. Eine Woche später folgte die zweite Kundgebung auf derselben Wiese bei Steinfeld, an der Bauern aus 100 Dörfern der beiden Herzogtümer und Delegationen aus dem Bayerischen teilnahmen. Die Bauern drohten, daß sie »nicht lange mehr zusehen, sondern in kurzer Zeit der ganzen Wirtschaft, wodurch sie völlig ruiniert worden seien, ein Ende machen würden«[106].

Fast 2 000 Bewohner von Alt- und Neustrelitz, Bauern und Landarbeiter der Umgebung, zogen am 7. September zum Schloß nach Neustrelitz. Sie unterstützten die Forderung einer Deputation aus 23 Städten und 18 Dörfern nach Änderung des Wahlgesetzes, das den Adel begünstigte. Der Großherzog von Mecklenburg-Strelitz floh, und die wütende Menge bewarf das Schloß mit Steinen und versuchte einzudringen. Die wohlhabenden Bürger der Stadt riefen

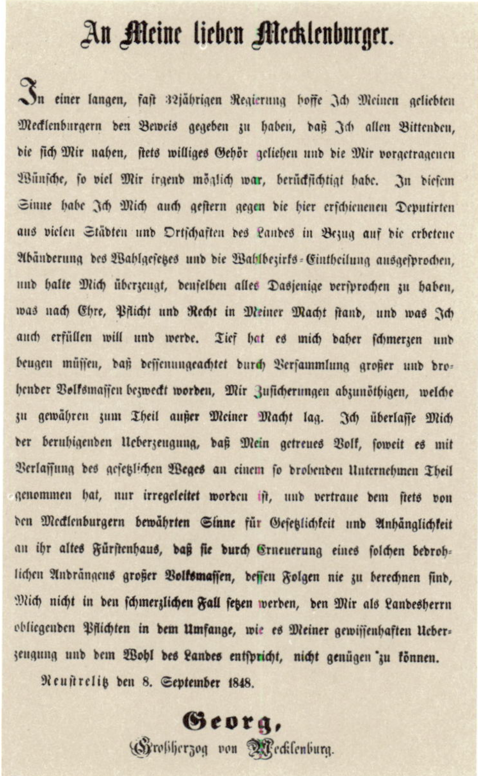

An Meine lieben Mecklenburger.

In einer langen, fast 32jährigen Regierung hoffe Ich Meinen geliebten Mecklenburgern den Beweis gegeben zu haben, daß Ich allen Bittenden, die sich Mir nahen, stets williges Gehör geliehen und die Mir vorgetragenen Wünsche, so viel Mir irgend möglich war, berücksichtigt habe. In diesem Sinne habe Ich Mich auch gestern gegen die hier erschienenen Deputirten aus vielen Städten und Ortschaften des Landes in Bezug auf die erbetene Abänderung des Wahlgesetzes und die Wahlbezirks-Eintheilung ausgesprochen, und halte Mich überzeugt, denselben alles Dasjenige versprochen zu haben, was nach Ehre, Pflicht und Recht in Meiner Macht stand, und was Ich auch erfüllen will und werde. Tief hat es mich daher schmerzen und beugen müssen, daß dessenungeachtet durch Versammlung großer und drohender Volksmassen bezweckt worden, Mir Zusicherungen abzunöthigen, welche zu gewähren zum Theil außer Meiner Macht lag. Ich überlasse Mich der beruhigenden Ueberzeugung, daß Mein getreues Volk, soweit es mit Verlassung des gesetzlichen Weges an einem so drohenden Unternehmen Theil genommen hat, nur irregeleitet worden ist, und vertraue dem stets von den Mecklenburgern bewährten Sinne für Gesetzlichkeit und Anhänglichkeit an ihr altes Fürstenhaus, daß sie durch Erneuerung eines solchen bedrohlichen Andrängens großer Volksmassen, dessen Folgen nie zu berechnen sind, Mich nicht in den schmerzlichen Fall setzen werden, den Mir als Landesherrn obliegenden Pflichten in dem Umfange, wie es Meiner gewissenhaften Ueberzeugung und dem Wohl des Landes entspricht, nicht genügen zu können.

Neustrelitz den 8. September 1848.

Georg,
Großherzog von Mecklenburg.

Beschwichtigungsversuch des Großherzogs von Mecklenburg-Strelitz, 8. September 1848

die Bürgerwehr. Immerhin bewirkte die Demonstration, daß der Großherzog seine reaktionären Minister entließ und die Änderung des Wahlgesetzes versprach. Zwei Tage später folgte der Schweriner Großherzog diesem Beispiel, um einer Volksaktion zuvorzukommen.

Die Demokraten von Taucha bei Weißenfels veranstalteten am 14. September eine Volksversammlung, an der Tausende von Landbewohnern teilnahmen. Der Redner vom Bürgerverein in Merseburg setzte den Bauern auseinander, daß »die Feudallasten und Privilegien nur in der demokratischen Republik verschwinden könnten und würden« [107].

In Thüringen kam es im September in verschiedenen Orten zu Unruhen. Das Reichsministerium in Frankfurt (Main) entsandte einen Kommissar und ließ Truppen einrükken. Im Regierungsbezirk Frankfurt (Oder) wurden während der Septemberkrise Truppen nach Cottbus, Guben, Lübbenau und Neuzelle beordert, um die Bevölkerung niederzuhalten. Selbst in einigen Teilen der preußischen Armee zeigten sich Zersetzungserscheinungen. So gab es in Potsdam, der Residenz des Königs, am 12. September Demonstrationen, die großes Aufsehen erregten, weil an ihnen Soldaten beteiligt waren, die sogar mit dem Bau von Barrikaden begannen.

Im September rückte bei vielen Kundgebungen die rote Farbe in den Vordergrund. Unter roten Fahnen und der Losung der »roten« oder »sozialen Republik« sammelten sich im Herbst 1848 die revolutionären Arbeiter und die entschiedenen Teile der kleinbürgerlichen Demokratie, die eine

Soldatenunruhen in Potsdam, 12. September 1848. Nach der »Illustrierten Zeitung«, 1848

Weiterführung der Revolution erstrebten. Anläßlich einer Volksversammlung in Weinheim in Baden am 3. September, die sich zur Republik bekannte, wimmelte es in der Stadt von roten Fahnen und Hahnenfedern. In Mücheln in der Provinz Sachsen fand, ebenfalls am 3. September, eine große Volksversammlung statt, zu der Tausende von Menschen aus Halle, Lützen, Merseburg, Weißenfels und anderen Orten herbeigeströmt waren. Unter stürmischem Jubel entschied sich die Versammlung für die »rote Republik«.

Das Wirken der »Neuen Rheinischen Zeitung« war in diesen kritischen Tagen darauf gerichtet, die Volksmassen zu revolutionären Aktionen zu mobilisieren. Marx und Engels und ihre Kampfgefährten erwarteten von der wachsenden Volksbewegung einen neuen Aufschwung der Revolution und verstärkten ihre politischen und organisatorischen Anstrengungen.

Auf Vorschlag der Kommunisten wählte eine große Volksversammlung am 13. September auf dem Frankenplatz in Köln einen aus 30 Mitgliedern bestehenden Sicherheitsausschuß »als Vertretung für die in den bestehenden gesetzlichen Behörden nicht vertretenen Teile der Bevölkerung« [108]. Unter den Gewählten waren fünf Redakteure der »Neuen Rheinischen Zeitung« sowie die Leiter des Kölner Arbeitervereins, Schapper und Moll. Der Sicherheitsausschuß erklärte als seine Aufgabe, »als einziges aus direkter Volkswahl hervorgegangenes und direkt dem Volke verantwortliches Komitee mit allen gesetzlichen Mitteln darüber zu wachen, daß die Eroberungen der Revolution, die mit dem Blute des Volkes erkämpften Rechte, nicht geschmälert werden« [109]. Auf Vorschlag von Friedrich Engels nahm die Kundgebung eine Adresse an das Berliner Parlament an, in der die Abgeordneten aufgefordert wurden, falls die Krone einen Staatsstreich unternehmen und versuchen sollte, das Parlament aufzulösen, »ihre Pflicht zu tun und ihre Plätze selbst der Gewalt der Bajonette gegenüber zu behaupten« [110].

Am 17. September erklärte sich eine von den Kölner Kommunisten und Demokraten auf der Fühlinger Heide bei Worringen veranstaltete Kundgebung mit mehr als 10 000 Teilnehmern für die »demokratisch-soziale«, für die »rote Republik«. Die Redner, darunter wiederum die Redakteure der »Neuen Rheinischen Zeitung« Engels, Dronke und Wilhelm Wolff und die beiden Leiter des Arbeitervereins, standen auf

Die von Friedrich Engels während der Volksversammlung auf dem Frankenplatz in Köln am 13. September vorgeschlagene Adresse an das Berliner Parlament. Aus der »Neuen Rheinischen Zeitung«, 15. September 1848

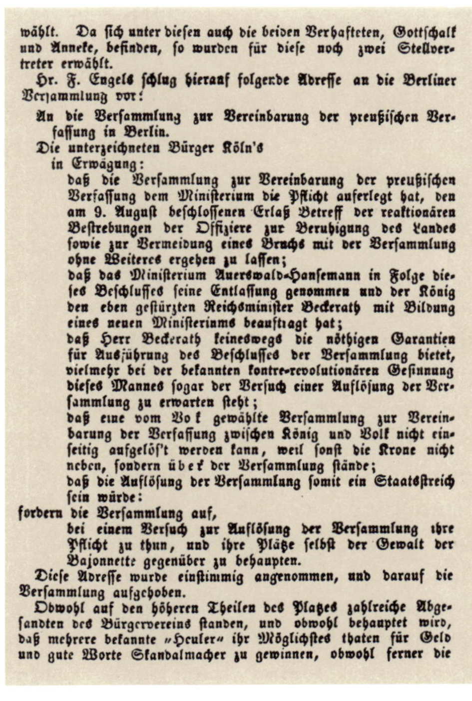

wählt. Da sich unter diesen auch die beiden Verhafteten, Gottschalk und Anneke, befinden, so wurden für diese noch zwei Stellvertreter erwählt.

Hr. F. Engels schlug hierauf folgende Adresse an die Berliner Versammlung vor:

An die Versammlung zur Vereinbarung der preußischen Verfassung in Berlin.

Die unterzeichneten Bürger Köln's

in Erwägung:

daß die Versammlung zur Vereinbarung der preußischen Verfassung dem Ministerium die Pflicht auferlegt hat, den am 9. August beschlossenen Erlaß Betreff der reaktionären Bestrebungen der Offiziere zur Beruhigung des Landes sowie zur Vermeidung eines Bruchs mit der Versammlung ohne Weiteres ergehen zu lassen;

daß das Ministerium Auerswald-Hansemann in Folge dieses Beschlusses seine Entlassung genommen und der König den eben gestürzten Reichsminister Beckerath mit Bildung eines neuen Ministeriums beauftragt hat;

daß Herr Beckerath keineswegs die nöthigen Garantien für Ausführung des Beschlusses der Versammlung bietet, vielmehr bei der bekannten kontre-revolutionären Gesinnung dieses Mannes sogar der Versuch einer Auflösung der Versammlung zu erwarten steht;

daß eine vom Volk gewählte Versammlung zur Vereinbarung der Verfassung zwischen König und Volk nicht einseitig aufgelös't werden kann, weil sonst die Krone nicht neben, sondern über der Versammlung stände;

daß die Auflösung der Versammlung somit ein Staatsstreich sein würde:

forderu die Versammlung auf,

bei einem Versuch zur Auflösung der Versammlung ihre Pflicht zu thun, und ihre Plätze selbst der Gewalt der Bajonnette gegenüber zu behaupten.

Diese Adresse wurde einstimmig angenommen, und darauf die Versammlung aufgehoben.

Obwohl auf den höheren Theilen des Platzes zahlreiche Abgesandten des Bürgervereins standen, und obwohl behauptet wird, daß mehrere bekannte „Heuler“ ihr Möglichstes thaten für Geld und gute Worte Skandalmacher zu gewinnen, obwohl ferner die

Volks-Versammlung.

Am Sonntag den 17. dieses Monats findet

zwischen 12 und 2 Uhr Mittags

in Worringen

eine große

Volks-Versammlung

statt.

Die Demokraten Kölns sind eingeladen sich daran zu betheiligen. Es werden Kähne von Worringen hier ankommen, um sie gegen Vergütung von 1 Sgr. an den Ort der Versammlung zu bringen. Man schreibt sich ein bei **Simons** im **Kranz** und heute (Freitag) Abend im demokratischen Verein im **Eiserschen Saale.**

Zur Rückfahrt kann die Eisenbahn (Station Langenfeld) benutzt werden.

Die Kähne fahren ab von der Trankgasse, Sonntag Morgens Punkt 8 Uhr.

Einladung zur Volksversammlung in Worringen. Aus der »Neuen Rheinischen Zeitung«, 16. September 1848

einer mit zwei schwarzrotgoldenen Fahnen an den Seiten und einer roten Fahne in der Mitte geschmückten Tribüne. Für die Demokraten Düsseldorfs sprach der 23jährige Ferdinand Lassalle.

Unter Berufung auf die hier gehaltenen »aufrührerischen Reden« erwirkte der Staatsanwalt Haftbefehle für Friedrich Engels, Wilhelm Wolff, Heinrich Bürgers, die Leiter des Arbeitervereins Joseph Moll und Karl Schapper sowie Karl Wachter und Hermann Becker von der Demokratischen Gesellschaft. Schapper und Becker wurden am Morgen des 25. September eingekerkert, die anderen konnten entkommen. Eine Protestversammlung gegen die Verhaftungen fand am selben Tage trotz Verbots statt. Marx und andere Führer der Demokraten warnten davor, in Köln einen isolierten Aufstandsversuch zu unternehmen, der notwendig scheitern müßte. Sie verwiesen auf die Entwicklung in Berlin: Man dürfe sich nicht vor dem Tag der Entscheidung kampfunfähig machen lassen. Moll wies im Arbeiterverein darauf hin, daß vorzeitige und zersplitterte Aktionen nur schädlich seien, und betonte die Notwendigkeit eines »gemeinschaftlichen Handelns für ganz Deutschland oder doch wenigstens die Hauptpunkte desselben«[111]. Als solche Punkte, von denen ein neuer Anstoß für die revolutionäre Bewegung ausgehen könnte, nannte die Zeitung des Kölner Arbeitervereins Berlin, Wien und Ungarn. Man rechnete mit dem Ausbruch des Kampfes gerade in Berlin. Dort werde sich »das Schicksal Preußens und ganz Deutschlands entscheiden«[112].

Die Kölner Demokraten dachten nicht daran, dem Militär einen Vorwand zum Einschreiten zu geben. Zwar wurden am Abend des 25. September, als zu den auf dem Alten Markt Versammelten das Gerücht drang, daß von allen Seiten Militär heranrücke, spontan Barrikaden gebaut und besetzt, aber da kein Angriff erfolgte, wurden sie wieder verlassen. Auf den Barrikaden hatten die Kommunisten nochmals erklärt, daß ein Putsch unter allen Umständen vermieden werden müsse.

Am nächsten Mittag, die Barrikaden waren längst weggeräumt, verkündete der Festungskommandant den Belagerungszustand. Alle demokratischen Vereine wurden verboten, die Bürgerwehr aufgelöst, das

Ferdinand Lassalle. Nach der »Illustrierten Zeitung«, 1848

Barrikade in Köln, 25. September 1848. Nach der »Illustrierten Zeitung«, 1848

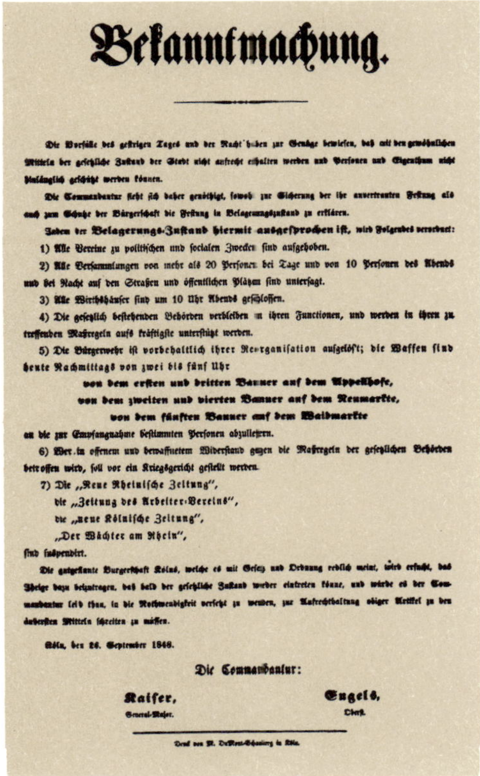

Bekanntmachung.

Die Vorfälle des gestrigen Tages und der Nacht haben zur Genüge bewiesen, daß mit den gewöhnlichen Mitteln der gesetzliche Zustand der Stadt nicht aufrecht erhalten werden und Personen und Eigenthum nicht hinlänglich geschützt werden können.

Die Commandantur sieht sich daher genöthigt, sowohl zur Sicherung der ihr anvertrauten Festung als auch zum Schutze der Bürgerschaft die Festung in Belagerungszustand zu erklären.

Indem der **Belagerungs-Zustand hiermit ausgesprochen ist**, wird Folgendes verordnet:

1) Alle Vereine zu politischen und socialen Zwecken sind aufgehoben.

2) Alle Versammlungen von mehr als 20 Personen bei Tage und von 10 Personen des Abends und bei Nacht auf den Straßen und öffentlichen Plätzen sind untersagt.

3) Alle Wirthshäuser sind um 10 Uhr Abends geschlossen.

4) Die gesetzlich bestehenden Behörden verbleiben in ihren Functionen, und werden in ihren zu treffenden Maßregeln aufs kräftigste unterstützt werden.

5) Die Bürgerwehr ist vorbehaltlich ihrer Reorganisation aufgelöst; die Waffen sind heute Nachmittags von zwei bis fünf Uhr

von dem ersten und dritten Banner auf dem Appellhofe,
von dem zweiten und vierten Banner auf dem Neumarkte,
von dem fünften Banner auf dem Waidmarkte

an die zur Empfangnahme bestimmten Personen abzuliefern.

6) Wer in offenem und bewaffnetem Widerstand gegen die Maßregeln der gesetzlichen Behörden betroffen wird, soll vor ein Kriegsgericht gestellt werden.

7) Die „Neue Rheinische Zeitung",
die „Zeitung des Arbeiter-Vereins",
die „neue Kölnische Zeitung",
„Der Wächter am Rhein",
sind suspendirt.

Die gutgesinnte Bürgerschaft Kölns, welche es mit Gesetz und Ordnung redlich meint, wird ersucht, das Ihrige dazu beizutragen, daß bald der gesetzliche Zustand wieder eintreten könne, und würde es der Commandantur leid thun, in die Nothwendigkeit versetzt zu werden, zur Aufrechthaltung obiger Artikel zu den äußersten Mitteln schreiten zu müssen.

Köln, den 26. September 1848.

Die Commandantur:

Kaiser, General-Major. **Engels,** Oberst.

Druck von M. DuMont-Schauberg in Köln.

Bekanntmachung des über Köln verhängten Belagerungszustandes, 26. September 1848

Versammlungsrecht aufgehoben, die »Neue Rheinische Zeitung« und die anderen demokratischen Zeitungen durften nicht erscheinen. Der Belagerungszustand dauerte bis zum 3. Oktober.

Barrikaden in Frankfurt (Main)

Seit dem 14. September beriet die Frankfurter Nationalversammlung über den von Preußen abgeschlossenen Waffenstillstandsvertrag mit Dänemark. Wenn die Abgeordneten die Ratifizierung ablehnten, bedeutete dies den Bruch zwischen Preußen und dem deutschen Parlament und die Möglichkeit neuer revolutionärer Entwicklungen. Deshalb hatte die Kundgebung in Worringen eine von Friedrich Engels vorgeschlagene Adresse angenommen, in der die Teilnehmer versicherten, daß, falls es zwischen der preußischen Regierung und der Frankfurter Versammlung zu einem Konflikt kommen sollte, sie »mit Gut und Blut«[113] zur Nationalversammlung stehen würden.

Am 16. September billigte eine höchst knappe Mehrheit der Nationalversammlung den Waffenstillstand von Malmö. Das war eine Kapitulation vor der preußischen Regierung. Die Nationalversammlung opferte Schleswig-Holstein und trat die vielberedete »Ehre und Würde Deutschlands« mit Füßen. Die Frankfurter demokratische »Reichstagszeitung« brachte, in Anspielung auf die Zusammensetzung der Abgeordneten, den Reim:

> »Fünfundsiebzig Bürokraten —
> Schöne Worte, keine Taten!
> Fünfundsiebzig Aristokraten —
> Vaterland, du bist verraten!
> Fünfundsiebzig Professoren —
> Vaterland, du bist verloren!«[114]

Friedrich Engels kommentierte das Abstimmungsergebnis in der Paulskirche mit den Worten, die Nationalversammlung habe »sich und der von ihr geschaffenen sogenannten Zentralgewalt das *Todesurteil* gesprochen«[115]. Das Parlament hatte den Anspruch aufgegeben, Machtorgan des Volkes zu sein. Die Versammlung mochte weiter über Verfassungsparagraphen debattieren — für die Revolutionäre hatte sie abgedankt, und die Regierungen der Einzelstaaten behandelten sie mehr denn je mit Verachtung.

Das Frankfurter Parlament war durch seine Tatenlosigkeit in eine Sackgasse geraten. Es hatte die von der großen Mehrheit der Bevölkerung gehegten Hoffnungen nicht erfüllt; auch den Erwartungen der Massen im Hinblick auf Änderung der wirtschaftlichen Lage war es nicht gerecht geworden. Der angestaute Unmut machte sich jetzt Luft.

Immer mehr Stimmen forderten von den Linken in der Frankfurter Versammlung, sie sollten sich offen gegen die Mehrheit stellen, aus der Versammlung austreten und ein neues, revolutionäres Parlament bilden. Würden die Linken den Mut haben? Die Kommunisten hielten dies, wenn auch mit starken Zweifeln, noch für möglich. Ein energisches Handeln der Linken, die Bildung eines wirklichen Volksparlaments hätten eine Wende in der Revolution herbeiführen können. Karl Schapper sagte dazu im Komitee des Kölner Arbeitervereins, daß sich in der Frankfurter Nationalversammlung »im gegenwärtigen Augenblick vielleicht wichtige Ereignisse vorbereiteten, da durch die Ratifizierung des Waffenstillstandes mit Dänemark die dortige Linke entweder an den Volkswillen appellieren und sich für permanent erklären oder aus der Versammlung ausscheiden würde, was denn jedenfalls den sofortigen Ausbruch des Krieges zwischen dem Deutsch- und Preußentum zur Folge haben werde«[116].

In Frankfurt (Main) griff die Aufregung seit dem Abend des 16. September immer mehr um sich. Die linken Fraktionen des Parlaments, voran Robert Blum, hatten an diesem Tage den Austritt aus der Nationalversammlung abgelehnt und beschlossen, weiter abzuwarten. Vor dem »Deutschen Hof«, einem Versammlungslokal der Linken, verlangte am Abend des 16. eine große Menschenmenge entschiedene Beschlüsse. Robert Blum hielt vom Fenster eine Rede und versuchte zu beschwichtigen. Ihm antworteten stürmische Zurufe: »Austreten! Ans Volk appellieren!«[117] Blum und seine Freunde verlangten, ihnen Zeit zu lassen, diese wichtige Sache zu beraten: man werde alles erwägen.

Am Nachmittag des nächsten Tages, einem Sonntag, fand auf der Pfingstweide bei Frankfurt (Main), einberufen vom Arbeiterverein und den demokratischen Vereinen, eine Volkskundgebung mit etwa 15 000 Teilnehmern statt. Unter den Versammelten waren viele Bürger aus den benachbarten Städten Darmstadt, Hanau, Heidelberg, Mainz und Offenbach und Bauern aus der Umgebung Frankfurts. Es sprachen einige Abgeordnete des Parlaments und Vertreter der demokratischen Vereine, unter anderen die Mitglieder des Bundes der Kommunisten Germain Metternich vom Arbeiterverein Mainz und Carl Balduin Bruhn aus Schleswig-Holstein. Die Ver-

Germain Metternich. Nach der »Illustrierten Zeitung«, 1848

sammlung forderte von den Linken den Austritt aus der Nationalversammlung und sagte ihnen, wie abends zuvor bereits eine Deputation der Frankfurter Vereine, den Schutz des Volkes zu. Diejenigen Abgeordneten, die den Waffenstillstand gebilligt hatten, wurden von den Kundgebungsteilnehmern zu Volksverrätern erklärt.

Revolution und den Kampf provozieren, was nicht in ihren Absichten liege«[118]. Nur 20 von den 237 Mitgliedern der Minorität, die gegen die Ratifizierung gestimmt hatten, erklärten den Austritt; die anderen konnten sich nicht zum Handeln entschließen.

Um Mitternacht verbreitete sich in der fieberhaft erregten Stadt die Nachricht, der Die liberale Mehrheit der Nationalversammlung flüchtete sich vor dem politischen Druck des Volkes in den Schutz der Bajonette. Als eine unbewaffnete Menschenmenge in die Paulskirche eindringen wollte, griffen die Soldaten an. Es gab Verletzte. Erbitterung gegen die preußischen Truppen machte sich breit. »Die Preußen

Der Abgeordnete des Frankfurter Parlaments Adolf Rösler sucht zwischen Frankfurter Barrikadenkämpfern und den angreifenden Truppen zu vermitteln, 18. September 1848. Nach der »Illustrierten Zeitung«, 1848

Eine auf der Pfingstweide gewählte Deputation verhandelte mit den Abgeordneten der Linken und versuchte sie zum Austritt zu bewegen: Von der jetzigen Versammlung erhoffe das Volk nichts mehr; die Linken sollten sich selbständig konstituieren, die Errungenschaften der Revolution verteidigen und sich so die Achtung des Volkes sichern. Vergeblich. Der Abgeordnete Karl Vogt antwortete für die Linken, austreten und sich konstituieren hieße »soviel als die

Senat der Freien Stadt Frankfurt habe das Reichsministerium um militärische Hilfe ersucht. Der Reichsinnenminister und der Reichskriegsminister hatten schon am Abend des 17. September ein preußisches und ein österreichisches Bataillon aus Mainz beordert, die in der Nacht einrückten. Am Morgen des 18. September war der Platz vor der Paulskirche von Truppen besetzt. Ein Antrag der Linken, das fremde Militär zurückzuziehen, wurde übergangen.

müssen hinaus!« wurde verlangt. Man rief zu den Waffen. An vielen Punkten der Stadt begann der Barrikadenbau; bis zum Nachmittag waren mehr als 40 Barrikaden errichtet. Eisenhandlungen, Waffenlager, das Zeughaus wurden gestürmt. Die Frankfurter Stadtwehr stellte sich zu einem großen Teil auf die Seite der revolutionären Arbeiter und Handwerker.

In dem Kampf, der nun begann, ging es schon nicht mehr um Schleswig-Holstein

oder um das Verhältnis der Nationalversammlung zu Preußen. Das war ein Aufstand republikanisch gesinnter Volksmassen gegen die vereinigte militärische Gewalt der Fürsten und der Bourgeoisie.
In der Altstadt rüstete man zum Straßenkampf. Unterstützt von Zuzug aus den benachbarten Städten Offenbach und Hanau, besetzten Arbeiter die Barrikaden, allen voran Mitglieder des Arbeitervereins und der Turnerschaft. Sie allein besaßen brauchbare Gewehre und Munition. Die Hanauer versahen sich mit Waffen aus dem gestürmten Zeughaus. Einiger Zuzug kam von Bauern der Umgebung. Insgesamt aber kämpften nur wenige tausend Mann. Auf einigen Barrikaden wehten rote Fahnen. Rote Fahnen wurden auch manchen Volkshaufen vorangetragen, die zur Verstärkung anrückten.
Am frühen Nachmittag griffen die Truppen an. Zunächst scheiterten einige Attacken auf einzelne Barrikaden. Das Militär hatte noch keine Geschütze. Der Angriff kam ins Stocken. Linke Abgeordnete versuchten zu vermitteln: Räumung der Barrikaden und Rückzug der Truppen. Die Aufständischen verlangten, zuerst solle das Militär zurückgezogen werden. Einige Linke baten den Reichsverweser, er solle dazu die Anweisung geben. Erzherzog Johann antwortete, er sei »nur eine Figur, eine Null«[119], die Minister allein seien verantwortlich. Er übergab den Abgeordneten einen nichtssagenden Brief an den Reichskriegsminister, den preußischen General Eduard v. Peukker, mit der leeren Floskel, »daß, was auf gütlichem Wege beigelegt werden kann — geschehe«[120]. Doch das antirevolutionäre und antirepublikanische Verhalten des Reichsverwesers während des Frankfurter Aufstandes war eindeutig. Noch im Jahre 1850 dankte es ihm der preußische König mit den Worten: » … was Sie in den Septembertagen des eid- und sittenbrechenden Schand- und Mordjahres 48 getan, wird niemand vergessen.«[121]
Das Reichsministerium lehnte jede gütliche Regelung ab. Vor allem der Reichsinnenminister, der österreichische Politiker Anton v. Schmerling, wollte den Kampf und die gewaltsame Niederschlagung des Aufstandes. Er sah darin das sicherste Mittel, die revolutionäre Bewegung auch politisch zu treffen. Aber dazu sollte erst die militärische Überlegenheit voll gesichert sein. Nachdem hessische Artillerie und weitere Verstärkungen (Preußen, Österreicher, Bayern, Hessen, Württemberger) herangeführt waren, fiel die Entscheidung. Granatfeuer zerstörte die wichtigsten Barrikaden. Die schlechtbewaffneten Aufständischen leisteten tapferen Widerstand, doch die Truppen nahmen auch die letzten Verschanzungen.

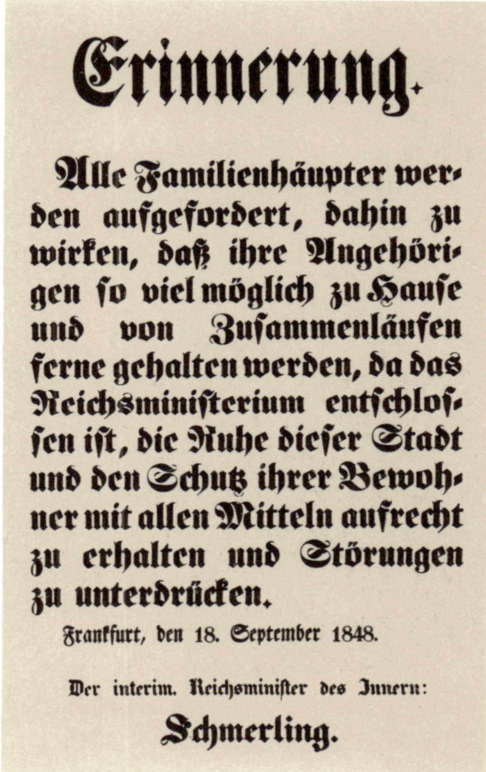
Erinnerung.

Alle Familienhäupter werden aufgefordert, dahin zu wirken, daß ihre Angehörigen so viel möglich zu Hause und von Zusammenläufen ferne gehalten werden, da das Reichsministerium entschlossen ist, die Ruhe dieser Stadt und den Schutz ihrer Bewohner mit allen Mitteln aufrecht zu erhalten und Störungen zu unterdrücken.

Frankfurt, den 18. September 1848.

Der interim. Reichsminister des Innern:

Schmerling.

Aufruf des Reichsinnenministers Schmerling, 18. September 1848

Außerhalb des eigentlichen Kampfplatzes in der Innenstadt wurden zwei Abgeordnete des Parlaments, Felix Fürst v. Lichnowski und General Hans v. Auerswald, die herannahenden württembergischen und preußischen Truppen entgegengeritten waren, um ihnen den Weg zur Umgehung eines Teils der Aufständischen zu weisen, von einer Gruppe Bewaffneter gerichtet. Lichnowski, einer der vom Volk am meisten gehaßten Reaktionäre, unrühmlicher Held des satirischen Romans von Georg Weerth »Leben und Taten des berühmten Ritters Schnapphahnski« in der »Neuen Rheinischen Zeitung«, hatte die aufständischen Arbeiter und Handwerker provoziert und auf sie geschossen; mit Auerswald wurde er ein Opfer der Volkswut. Die europäische Konterrevolution, auf deren Schuldkonto Hunderte und Tausende von Bluttaten des Revolutionsjahres kamen, nahm diesen Akt der Volksjustiz zum Anlaß einer scheinheiligen und lauten moralischen Entrüstung und versuchte, die Frankfurter Aufständischen zu diffamieren.
Über Frankfurt (Main) wurde der Belagerungszustand verhängt, die demokratischen Vereine wurden verboten, das Volk entwaffnet, seine Führer verfolgt. Schmerling verbot eine Leichenfeier für die gefallenen Volkskämpfer. Dem Historiker Wilhelm Zimmermann, Abgeordneter der Nationalversammlung, wurde nicht gestattet, auf dem Friedhof eine Gedenkrede zu halten.
Nachdem in Frankfurt (Main) die Hausdurchsuchungen und Verhaftungen abgeschlossen waren, begannen sie in Höchst, Hanau und Offenbach. Über die Härte der Maßnahmen des Reichsministeriums und die Ablehnung »halber Maßregeln« schrieb der österreichische Bevollmächtigte bei der Zentralgewalt in Frankfurt (Main): »Es galt aber nicht allein, der Nationalversammlung Schutz zu verleihen, nicht allein den Aufruhr hier zu dämpfen, sondern es galt, ganz Deutschland zu zeigen, daß die Zentralgewalt geschaffen sei, um Ordnung und Gesetzlichkeit immer und überall aufrechtzuerhalten.«[122]
Wie Anfang Juni in Prag und Ende Juni in Paris war in Frankfurt (Main) das Volk mit der Gewalt der Waffen niedergeworfen worden. Kam der Niederschlagung des Frankfurter Aufstandes auch kaum militärische Bedeutung zu und zeitigte sie auch keine der Pariser Junischlacht vergleichbaren politischen Folgen, so hatte sie doch

Während der Volksversammlung am 20. September 1848 in Köln angenommene Proklamation zu den Ereignissen in Frankfurt (Main). Aus der »Neuen Rheinischen Zeitung«, 23. September 1848

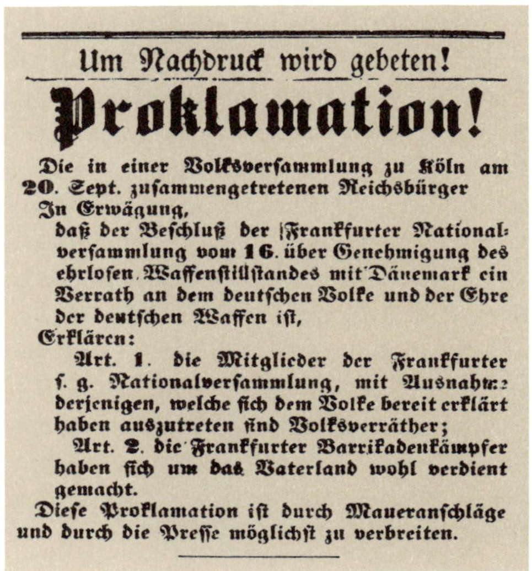
Um Nachdruck wird gebeten!

Proklamation!

Die in einer Volksversammlung zu Köln am 20. Sept. zusammengetretenen Reichsbürger
In Erwägung,
daß der Beschluß der Frankfurter Nationalversammlung vom 16. über Genehmigung des ehrlosen Waffenstillstandes mit Dänemark ein Verrath an dem deutschen Volke und der Ehre der deutschen Waffen ist,
Erklären:
Art. 1. die Mitglieder der Frankfurter s. g. Nationalversammlung, mit Ausnahme derjenigen, welche sich dem Volke bereit erklärt haben auszutreten sind Volksverräther;
Art. 2. die Frankfurter Barrikadenkämpfer haben sich um das Vaterland wohl verdient gemacht.
Diese Proklamation ist durch Maueranschläge und durch die Presse möglichst zu verbreiten.

eine große moralische Wirkung. Das erste offene Gefecht zwischen Militär und revolutionären Massen in Deutschland nach dem Pariser Juni wurde zuungunsten des Volkes entschieden. Die vorangegangenen vielen lokalen Zusammenstöße und kleinen Einzelaufstände hatten den Ausgang des revolutionären Kampfes nur hinauszögern können; jetzt aber hatten sich die kämpfenden Parteien an einem für den Fortgang der Revolution wichtigen Platz in einer wesentlichen Frage gegenübergestanden. »Die Verwicklungen in Wien, in Berlin, in Frankfurt selbst drängen zu einer Entscheidung« [123], schrieb Friedrich Engels einige Stunden, bevor er von dem Beginn des Aufstandes in Frankfurt (Main) erfuhr. Der 18. September als der Brennpunkt der Septemberkrisen zeigte an, daß diese Entscheidung im Ringen zwischen Revolution und Konterrevolution nun schnell herannahte.

Gustav v. Struve proklamiert in Baden die deutsche Republik, 21. September 1848. Nach der »Illustrierten Zeitung«, 1848

Zweiter Aufstand in Baden

Im Zusammenhang mit den Frankfurter Barrikadenkämpfen, aber isoliert von ihnen und nicht etwa, wie die konterrevolutionäre Propaganda behauptete, als Teil eines mysteriösen allgemeinen Revolutionsplanes, standen in den letzten Septemberwochen andere regionale und örtliche Aufstandsversuche im deutschen Südwesten. Der aufsehenerregendste dieser Versuche im badischen Oberland stand unter Leitung des kleinbürgerlichen Republikaners Gustav v. Struve.

Seit der mißlungenen Erhebung in Baden im April war Struve flüchtig und gab in Basel die Zeitung »Deutscher Zuschauer« heraus. Am 21. September überschritt er, nachdem er die ersten Nachrichten von den Ereignissen in Frankfurt erhalten hatte, den Grad der allgemeinen Gärung überschätzend und von einer falschen Beurteilung der Gesamtlage ausgehend, in einem spontanen Entschluß mit einigen anderen Flüchtlingen die Grenze, in der Hoffnung, von Baden aus eine deutsche republikanische Erhebung entfachen zu können. In der zweieinhalbtausend Einwohner zählenden Bezirkshauptstadt Lörrach besetzte am selben Tage, von Struve initiiert, die Bürgerwehr die wichtigsten Punkte der Stadt; am Abend des 21. proklamierte Struve von einem Fenster des Rathauses die deutsche Republik und stellte sich selbst an die Spitze einer »provisorischen Regierung«, als deren Sekretär (Schriftführer) Karl Blind zeichnete. Unter der Losung »Wohlstand, Bildung, Freiheit für alle!« erklärte die »Regierung« sämtliche auf dem Grund und Boden haftenden mittelalterlichen Lasten, alle feudalen persönlichen Dienste, Zehnten und Fronden für entschädigungslos aufgehoben, die Schulden der Bauern aus früheren Ablösungen für getilgt. An die Stelle der bisherigen Abgaben an Staat, Kirche und adlige Grundherren sollte eine progressive Einkommensteuer treten. Das Grundeigentum des Staates, der Kirche und des auf seiten der Fürsten stehenden Adels sollte an die Gemeinden übergehen. Die Bürgermeister sollten alle Anhänger der fürstlichen Partei verhaften und das Vermögen der Feinde der neuen Ordnung beschlagnahmen lassen. Um diese Ziele zu sichern, rief die »Regierung« alle waffenfä-

Einnahme Staufens durch badische Regierungstruppen, 24. September 1848. Nach der »Illustrierten Zeitung«, 1848

higen Männer vom 18. bis zum 40. Jahr zu den Waffen.
Aus mehreren benachbarten Orten kam tatsächlich bewaffneter Zuzug nach Lörrach. Von dem Geld aus beschlagnahmten Kassen wurden Waffen und Munition angeschafft und eine Kriegskasse gebildet; Aushebungen von Mannschaften begannen. Mit einigen Bataillonen aus herbeigeeilten Flüchtlingen, Freiwilligen, Bürgerwehren und Ausgehobenen brachen Struve und sein »republikanisches Hauptquartier« am frühen Morgen des 23. September von Lörrach über Kandern und Schliengen nach Mülheim auf, um gegen Freiburg, die Hauptstadt des Oberrheinkreises, vorzugehen. Struve selbst schätzte die Streitmacht auf fast 10 000 Bewaffnete.
In dem Städtchen Staufen wurde die Hauptkolonne der Republikaner von badischen Regierungstruppen am 24. September nach kurzem Kampf geschlagen. Die republikanische Wehrmannschaft löste sich

Wilhelm Liebknecht als Freischärler

auf, die großherzogliche Regierung verkündete den Kriegszustand und ordnete das Standrecht an. Struve und Blind wurden gefangen. Einer der nach dem Gefecht verhafteten Freischärler war der zweiundzwanzigjährige Wilhelm Liebknecht.
Wie das Unternehmen Struves in Baden, so mißlang ein Aufstandsversuch vom 25. bis 28. September unter Führung des Republikaners Gottlieb Rau in Württemberg, im Schwarzwaldkreis. In Hohenzollern-Sigmaringen, mit nicht einmal 36 000 Einwohnern einer der kleinsten deutschen Zwergstaaten, flohen zwar Fürst und Regierung aus der Residenzstadt, nachdem eine Volksversammlung in Sigmaringen die Einsetzung eines Sicherheitsausschusses gefordert und die demokratische und soziale Republik zum Ziel erklärt hatte, aber nach dem Eintreffen der Nachrichten über die Niederlagen der Republikaner in Baden und in Württemberg wurden auch in Hohenzollern wieder »Ruhe und Ordnung« hergestellt, hier durch bayerische Besatzungstruppen. Die alten Gewalten hatten im ganzen Südwesten Deutschlands gesiegt.

Der Wiener Oktoberaufstand

Revolution und Konterrevolution in Österreich seit dem März

Auch im Habsburger Vielvölkerstaat reifte im September 1848 die Entscheidung zwischen Revolution und Konterrevolution heran. Den Reaktionären am kaiserlichen Hof in Innsbruck, deren einflußreichste Persönlichkeit seit den Märztagen Erzherzogin Sophie war, und den führenden Militärs schien nunmehr die Zeit gekommen, entscheidende Schläge gegen die revolutionäre Demokratie in Wien und gegen Ungarn zu führen. Die Armee erwies sich als zuverlässiges Instrument einer solchen Strategie, um so mehr, als sie seit dem Sommer an den revolutionären Knotenpunkten der Monarchie das Heft des Handelns an sich gerissen hatte: im Juni unter Alfred Fürst v. Windischgrätz in Prag, im Juli und August die Italienarmee unter Feldmarschall Joseph Graf v. Radetzky, der am 25. Juli bei Custozza siegte und mit dem Einmarsch in Mailand am 6. August der nationalrevolutionären Bewegung Oberitaliens einen schweren Schlag versetzte und die Herrschaft Habsburgs in der Lombardei zurückgewann. Im Siegesrausch schlug Radetzky schon damals am Hofe vor, nunmehr mit seiner Armee gegen das revolutionäre Wien zu marschieren.
Anfang September verschlechterte sich die militärstrategische Lage der ungarischen Revolution grundlegend. Der Banus (Statthalter) von Kroatien und Slawonien, Feldmarschalleutnant Josip Baron Jellačić von Bužim stand, im geheimen Einvernehmen mit dem Kaiser, mit 45 000 Soldaten bereit, über die Drau nach Ungarn einzufallen.
Der Blick der Hofclique richtete sich nach den Erfolgen der Armee verstärkt auf die Kaiserstadt, in der die kleinbürgerliche Demokratie zu einer einflußreichen Kraft geworden war. Die Märzbewegung hatte in Wien zwar die Demission Metternichs und ein kaiserliches Verfassungsversprechen erzwungen, aber noch keine Regierungsbeteiligung der liberalen Bourgeoisie erreicht. Die Märzregierung unter Leitung des Grafen Ludwig v. Ficquelmont, fast durchweg mit Vertretern des Hochadels und überdies mit Ministern aus der Metternich-Ära besetzt, stellte nicht einmal die Wünsche der liberalen Bourgeoisie zufrieden. Der Versuch, mit dem Oktroi der Verfassung vom 25. April jegliche Mitwirkung der bisherigen Opposition am Verfassungswerk abzuschneiden, mußte den Widerstand des Volkes hervorrufen.
Die Versuche der schwarzgelben Reaktion, die Zugeständnisse an die Revolution so ge-

Nationalgardist, Student und Arbeiter aus Wien. Lithographie nach einer Zeichnung von G. Veith, 1848

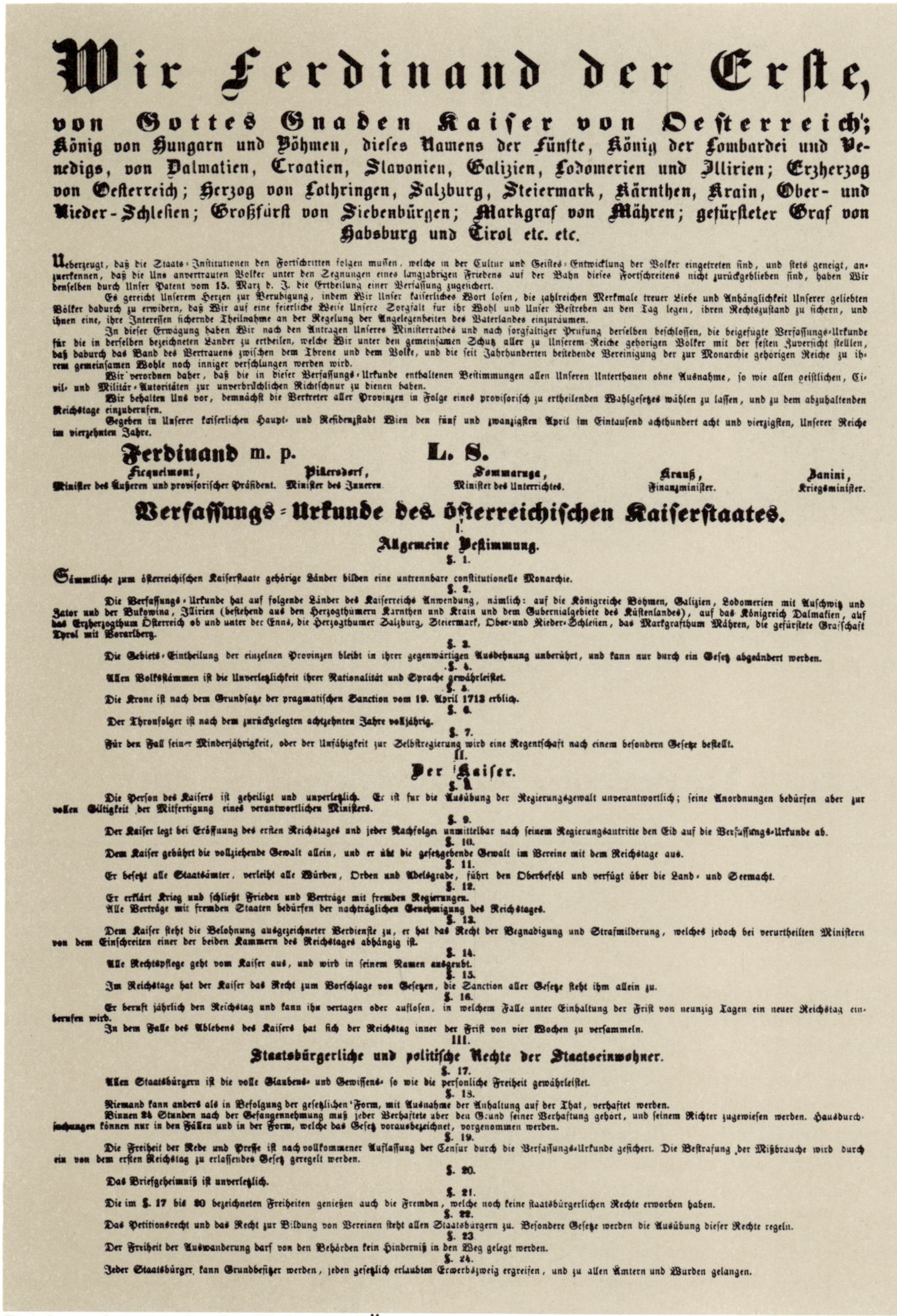

Wir Ferdinand der Erste,

von Gottes Gnaden Kaiser von Oesterreich; König von Hungarn und Böhmen, dieses Namens der Fünfte, König der Lombardei und Venedigs, von Dalmatien, Croatien, Slavonien, Galizien, Lodomerien und Illirien; Erzherzog von Oesterreich; Herzog von Lothringen, Salzburg, Steiermark, Kärnthen, Krain, Ober- und Nieder-Schlesien; Großfürst von Siebenbürgen; Markgraf von Mähren; gefürsteter Graf von Habsburg und Tirol etc. etc.

Ueberzeugt, daß die Staats-Institutionen den Fortschritten folgen müssen, welche in der Cultur und Geistes-Entwicklung der Völker eingetreten sind, und stets geneigt, anzuerkennen, daß die Uns anvertrauten Völker unter den Segnungen eines langjährigen Friedens auf der Bahn dieses Fortschreitens nicht zurückgeblieben sind, haben Wir denselben durch Unser Patent vom 15. März d. J. die Ertheilung einer Verfassung zugesichert.

Es gereicht Unserem Herzen zur Beruhigung, indem Wir Unser kaiserliches Wort lösen, die zahlreichen Merkmale treuer Liebe und Anhänglichkeit Unserer geliebten Völker dadurch zu erwidern, daß Wir auf eine feierliche Weise Unsere Sorgfalt für ihr Wohl und Unser Bestreben an den Tag legen, ihren Rechtszustand zu sichern, und ihnen eine, ihre Interessen sichernde Theilnahme an der Regelung der Angelegenheiten des Vaterlandes einzuräumen.

In dieser Erwägung haben Wir nach den Anträgen Unseres Ministerrathes und nach sorgfältiger Prüfung derselben beschlossen, die beigefügte Verfassungs-Urkunde für die in derselben bezeichneten Länder zu ertheilen, welche Wir unter den gemeinsamen Schutz aller zu Unserem Reiche gehörigen Völker mit der festen Zuversicht stellen, daß dadurch das Band des Vertrauens zwischen dem Throne und dem Volke, und die seit Jahrhunderten bestehende Vereinigung der zur Monarchie gehörigen Reiche zu ihrem gemeinsamen Wohle noch inniger verschlungen werden wird.

Wir verordnen daher, daß die in dieser Verfassungs-Urkunde enthaltenen Bestimmungen allen Unseren Unterthanen ohne Ausnahme, so wie allen geistlichen, Civil- und Militär-Autoritäten zur unverbrüchlichen Richtschnur zu dienen haben.

Wir behalten Uns vor, demnächst die Vertreter aller Provinzen in Folge eines provisorisch zu ertheilenden Wahlgesetzes wählen zu lassen, und zu dem abzuhaltenden Reichstage einzuberufen.

Gegeben in Unserer kaiserlichen Haupt- und Residenzstadt Wien den fünf und zwanzigsten April im Eintausend achthundert acht und vierzigsten, Unserer Reiche im vierzehnten Jahre.

Ferdinand m. p. **L. S.**

Ficquelmont, Minister des Äußeren und provisorischer Präsident. Pillersdorf, Minister des Inneren. Sommaruga, Minister des Unterrichtes. Krauß, Finanzminister. Zanini, Kriegsminister.

Verfassungs-Urkunde des österreichischen Kaiserstaates.

I.

Allgemeine Bestimmung.

§. 1.

Sämmtliche zum österreichischen Kaiserstaate gehörige Länder bilden eine untrennbare constitutionelle Monarchie.

§. 2.

Die Verfassungs-Urkunde hat auf folgende Länder des Kaiserreichs Anwendung, nämlich: auf die Königreiche Böhmen, Galizien, Lodomerien mit Auschwitz und Zator und der Bukowina, Illirien (bestehend aus den Herzogthümern Karnthen und Krain und dem Gubernialgebiete des Küstenlandes), auf das Königreich Dalmatien, auf das Erzherzogthum Österreich ob und unter der Enns, die Herzogthümer Salzburg, Steiermark, Ober- und Nieder-Schlesien, das Markgrafthum Mähren, die gefürstete Grafschaft Tyrol mit Vorarlberg.

§. 3.

Die Gebiets-Eintheilung der einzelnen Provinzen bleibt in ihrer gegenwärtigen Ausdehnung unberührt, und kann nur durch ein Gesetz abgeändert werden.

§. 4.

Allen Volksstämmen ist die Unverletzlichkeit ihrer Nationalität und Sprache gewährleistet.

§. 5.

Die Krone ist nach dem Grundsatze der pragmatischen Sanction vom 19. April 1713 erblich.

§. 6.

Der Thronfolger ist nach dem zurückgelegten achtzehnten Jahre volljährig.

§. 7.

Für den Fall seiner Minderjährigkeit, oder der Unfähigkeit zur Selbstregierung wird eine Regentschaft nach einem besondern Gesetze bestellt.

II.

Der Kaiser.

§. 8.

Die Person des Kaisers ist geheiligt und unverletzlich. Er ist für die Ausübung der Regierungsgewalt unverantwortlich; seine Anordnungen bedürfen aber zur vollen Giltigkeit der Mitfertigung eines verantwortlichen Ministers.

§. 9.

Der Kaiser legt bei Eröffnung des ersten Reichstages und jeder Nachfolger unmittelbar nach seinem Regierungsantritte den Eid auf die Verfassungs-Urkunde ab.

§. 10.

Dem Kaiser gebührt die vollziehende Gewalt allein, und er übt die gesetzgebende Gewalt im Vereine mit dem Reichstage aus.

§. 11.

Er besetzt alle Staatsämter, verleiht alle Würden, Orden und Adelsgrade, führt den Oberbefehl und verfügt über die Land- und Seemacht.

§. 12.

Er erklärt Krieg und schließt Frieden und Verträge mit fremden Regierungen.
Alle Verträge mit fremden Staaten bedürfen der nachträglichen Genehmigung des Reichstages.

§. 13.

Dem Kaiser steht die Belohnung ausgezeichneter Verdienste zu, er hat das Recht der Begnadigung und Strafmilderung, welches jedoch bei verurtheilten Ministern von dem Einschreiten einer der beiden Kammern des Reichstages abhängig ist.

§. 14.

Alle Rechtspflege geht vom Kaiser aus, und wird in seinem Namen ausgeübt.

§. 15.

Im Reichstage hat der Kaiser das Recht zum Vorschlage von Gesetzen, die Sanction aller Gesetze steht ihm allein zu.

§. 16.

Er beruft jährlich den Reichstag und kann ihn vertagen oder auflösen, in welchem Falle unter Einhaltung der Frist von neunzig Tagen ein neuer Reichstag einberufen wird.
In dem Falle des Ablebens des Kaisers hat sich der Reichstag inner der Frist von vier Wochen zu versammeln.

III.

Staatsbürgerliche und politische Rechte der Staatseinwohner.

§. 17.

Allen Staatsbürgern ist die volle Glaubens- und Gewissens- so wie die persönliche Freiheit gewährleistet.

§. 18.

Niemand kann anders als in Befolgung der gesetzlichen Form, mit Ausnahme der Anhaltung auf der That, verhaftet werden.
Binnen 24 Stunden nach der Gefangennehmung muß jeder Verhaftete über den Grund seiner Verhaftung gehört, und seinem Richter zugewiesen werden. Hausdurchsuchungen können nur in den Fällen und in der Form, welche das Gesetz vorausbezeichnet, vorgenommen werden.

§. 19.

Die Freiheit der Rede und Presse ist nach vollkommener Auflassung der Censur durch die Verfassungs-Urkunde gesichert. Die Bestrafung der Mißbräuche wird durch ein von dem ersten Reichstag zu erlassendes Gesetz geregelt werden.

§. 20.

Das Briefgeheimniß ist unverletzlich.

§. 21.

Die im §. 17 bis 20 bezeichneten Freiheiten genießen auch die Fremden, welche noch keine staatsbürgerlichen Rechte erworben haben.

§. 22.

Das Petitionsrecht und das Recht zur Bildung von Vereinen steht allen Staatsbürgern zu. Besondere Gesetze werden die Ausübung dieser Rechte regeln.

§. 23

Der Freiheit der Auswanderung darf von den Behörden kein Hinderniß in den Weg gelegt werden.

§. 24.

Jeder Staatsbürger kann Grundbesitzer werden, jeden gesetzlich erlaubten Erwerbszweig ergreifen, und zu allen Ämtern und Würden gelangen.

Reichsverfassung für das Kaisertum Österreich vom 25. April 1848

ring als möglich zu halten, trugen wesentlich zur Polarisierung der politischen Kräfte in Wien seit dem April bei. Während die liberale Bourgeoisie, abgesehen vom großbürgerlich geprägten Bürgerausschuß, politisch aktiv kaum in Erscheinung trat, wurden demokratische Organisationen zu Trägern der Volksforderungen nach Einlösung der kaiserlichen Versprechen im März. Die weitgehend demokratisch gesinnte studentische Jugend, die im Bündnis mit Arbeitern und Kleinbürgern wesentlich den Sturm entfacht hatte, der Metternich am 15. März von der politischen Bühne fegte, bewährte sich als diejenige Kraft, die die Revolution vorantrieb. Der bewaffnete Student der Akademischen Legion mit Schleppsäbel und Kalabreserhut galt als das Sinnbild der Wiener Revolution bis in die Oktobertage. Der Formierung der Akademischen Legion, die am 20. März der Nationalgarde eingegliedert wurde, folgte Ende März die Konstituierung des Studentenkomitees als deren politisches Organ. Der Tagungsort des Komitees in der Aula der Universität wurde zu einem Führungszentrum der Wiener Revolution. Daneben bildeten sich bereits Ende März ein demokratischer Verein, der die Regierung mit Forderungen nach dem allgemeinen Wahlrecht und einem konstituierenden Reichstag sowie mit der Warnung vor jeglicher Rückkehr zu den Vormärzzuständen gehörig unter Druck setzte. Dazu kam eine schon seit den Märztagen kräftig aufblühende Demokratenpresse: allen voran der republikanisch orientierte »Politische Studenten-Courier«, Organ des Studentenkomitees, und die revolutionäre, kleinbürgerlich-demokratische »Constitution«. Presse und Flugblätter erreichten in bisher nicht bekanntem Maße die Volksmassen und trugen im Verein mit den demokratischen Organisationen wesentlich dazu bei, daß die revolutionäre Bewegung Wiens im Mai ihre Macht gegen die Regierung ausspielen konnte.

Die Maierhebung

Der Aufmarsch von Studenten und Nationalgardisten erzwang am 3. Mai fast mühelos den Rücktritt des Ministerpräsidenten Ficquelmont, der mit Recht für den Staatsstreich der Oktroyierung der Verfassung vom 25. April verantwortlich gemacht wurde. Die neue Regierung Pillersdorf/Wessenberg zeigte nicht viel mehr Neigung als ihre Vorgängerin, den Volksforderungen entgegenzukommen, und hatte bald die Demokraten gegen sich. In der Nationalgarde, die von Anfang an politisch in bürgerlich-gemäßigte Kompanien vornehmlich der Innenstadt und demokratisch orientierte Kompanien der Vorstädte gespalten war, vollzog sich eine Linksentwicklung. Am 7. Mai konstituierte sich das Zentralkomitee der Nationalgarde, in dem die entschiedensten Vertreter der Akademischen Legion den Ton angaben. Wegen ihres politischen Gewichts betrachtete die Regierung die Radikalisierung der Nationalgarde mit größtem Mißtrauen und versuchte gegenzusteuern. Unter ihrem Einfluß erließ der Kommandant der Nationalgarde am 13. Mai einen Tagesbefehl, in dem das Zentralkomitee für aufgelöst erklärt wurde. Da die Regierung bereits mit der Wahlordnung vom 9. Mai, welche die Arbeiter grundsätz-

Verkündung neuer Zugeständnisse auf dem Konstitutionsplatz in Wien, 15. Mai 1848. Nach der »Illustrierten Zeitung«, 1848

lich vom aktiven und passiven Wahlrecht ausschloß, die Demokraten provoziert und ihre unvermindert starre Haltung bewiesen hatte, war der erneute Zusammenstoß mit der Volksbewegung nahezu unvermeidlich. Der Unmut entlud sich in der »Sturmpetition« am 15. Mai: In der Aula sammelten sich die akademischen Legionäre und Nationalgardisten. Zusammen mit Arbeitern der Vorstädte zogen sie gut bewaffnet und in geschlossenen Massen zur Hofburg, wo der Ministerrat tagte. Der Aufmarsch bewirkte, daß das Ministerium kapitulierte und in allen Punkten der Petition nachgab.

Barrikade auf dem Michaelerplatz in Wien, 26. Mai 1848. Nach der »Illustrierten Zeitung«, 1848

Der Sieg der entschlossenen Demonstranten war vollständig: der Tagesbefehl vom 13. Mai wurde aufgehoben und das allgemeine, gleiche Wahlrecht für den konstituierenden Reichstag zugesichert. Die Flucht des Hofes am 17. Mai aus Wien nach Innsbruck zeugte von der Dimension des errungenen Erfolges für die Volksbewegung, unterstrich zugleich den unverminderten Willen der schwarzgelben Reaktion, von der kaisertreuen Provinz Tirol aus und mit Hilfe der Armee den Kampf gegen die Revolution aufzunehmen. Der Hof setzte von Innsbruck aus sogleich die Regierung unter Druck, indem er, auf die Anhänglichkeit der Wiener Bevölkerung an die Monarchie bauend, erklärte, die wichtigste Bedingung für die Rückkehr des Kaisers sei die Auflösung der Akademischen Legion.

In der Tat bewies die Regierung ihre Übereinstimmung mit dem Hof, indem sie am 25. Mai versuchte, die Akademische Legion aufzulösen und die Universität zu schließen. Das Vorhaben scheiterte allein schon am Widerstand der Aula. Die Akademische Legion stellte sich am 26. Mai um das Universitätsgebäude dem Militär entgegen. Den bewaffneten Studenten folgten die kleinbürgerlichen Nationalgardisten der Vorstädte. Arbeiter drangen in die innere Stadt ein. Auf den Straßen und Plätzen der Innenstadt wurden in äußerster Eile Barrikaden gebaut. Das Verlangen der Barrikadenkämpfer reichte weit. Es ging bis zur Forderung, die Verantwortlichen für die Reaktionsmaßnahmen des 25. Mai wegen Hochverrats anzuklagen. Auf den Barrikaden wehten schwarzrotgoldene Fahnen. Die Entschlossenheit der revolutionären Bewegung versetzte das Ministerium in völlige Ratlosigkeit. Die Konterrevolution wagte nicht, die Truppen im Straßen- und Häuserkampf einzusetzen.

So wich die Regierung politisch und militärisch auf der ganzen Linie zurück. Das Militär erhielt den Befehl zum Rückzug, und die Akademische Legion blieb bestehen. Der Sieg der Maierhebung war vollständig.

Die Bauernbefreiung

Die Maibewegung machte die kleinbürgerliche Demokratie Wiens, die überwiegend auf die Losung der demokratischen Monarchie schwor, im Bündnis mit den Arbeitern zur entscheidenden Kraft. Ausdruck dieses entscheidenden Einflusses war die Grün-

Arbeiterdemonstration in Wien, 26. Mai 1848. Lithographie von D. u. V., 1848

dung des Sicherheitsausschusses, der bis in den Sommer, zumindest bis zum Zusammentritt des Reichstages am 22. Juli, faktisch die Gewalt in der Stadt ausübte. Das Ministerium wurde zeitweise zu einer zweitrangigen Machtgröße herabgedrückt. Am 8. Juli verlangte der Sicherheitsausschuß zusammen mit dem demokratischen Verein den Rücktritt des Ministeriums und verband dieses Ultimatum mit der Forderung, aus dem Kabinett nunmehr alle Träger des »alten Systems« zu entfernen. Im neuen Ministerium Wessenberg/Doblhoff war nunmehr die liberale Bourgeoisie bestimmend.

Im konstituierenden Reichstag, der seit dem 22. Juli in der Wiener Hofreitschule tagte, kam bald ein bedeutender Tagesordnungspunkt zur Debatte. Der mit 25 Jahren jüngste Abgeordnete Hans Kudlich stellte am 24. Juli den Antrag, die bäuerliche Untertänigkeit und die Zins- und Robotverhältnisse aufzuheben. Das Ziel bestand darin, die Bauern zu freien Eigentümern von Grund und Boden zu machen. In wochenlangen Debatten wurde darum gerungen, ob die Aufhebung entschädigungslos oder mit Entschädigung der Grundherren durchgeführt werden sollte. Schließlich setzten sich in der Abstimmung am 31. August die Anhänger der Entschädigung durch. Das am 7. September durch den Kaiser erlassene Ablösungsgesetz sicherte dennoch die Beseitigung der Fronden und der anderen Grundlasten und legte für die Bauern bessere Ablösungsbedingungen als in Preußen und anderen deutschen Staaten fest. Mit vollem Recht wurde Hans Kudlich als Bauernbefreier gefeiert.

Hans Kudlich.
Nach der »Illustrierten Zeitung«, 1848

Die Wiener Arbeiterbewegung und das Massaker vom 23. August

Seit Mitte August zeigte sich in Wien eine erneute Verschärfung der Klassenkämpfe. Am 12. August war der Kaiser von Innsbruck nach Wien zurückgekehrt. Damit verband sich die Absicht von Adel und hoher Bürokratie, die revolutionäre Bewegung in der österreichischen Hauptstadt zurückzudrängen. Der Hauptschlag richtete sich gegen das Wiener Proletariat. Die Arbeiter der Industrievorstädte hatten nicht nur als demokratische Kraft den entscheidenden Anteil an den Siegen der Revolution im März und Mai. Sie begannen im Frühjahr ihre eigenen sozialen Forderungen zu formulieren und selbständige Organisationen zu bilden. Neben Gewerkvereinen, von denen besonders der der Buchdrucker hervortrat, entstand Ende Juni unter Führung des Buchbindergesellen Friedrich Sander ein sozialer Arbeiterverein, der zeitweise 7 000 bis 8 000 Mitglieder zählte. Der Arbeiterverein nahm Verbindung zu Arbeiterorganisationen in Preußen und anderen deutschen Staaten auf. Kontakte pflegte er auch zum Berliner Zentralkomitee für Arbeiter. In seiner politischen Zielsetzung lehnte er sich an den Demokratischen Verein an, dessen führende Mitglieder im Arbeiterverein Vorträge hielten. Der Aufbau selbständiger Arbeiterorganisationen trug andererseits dazu bei, daß die kleinbürgerlichen Demokraten sich intensiver mit den Forderungen der Arbeiterklasse beschäftigten. Fortgeschrittene Demokraten wie Hermann Jellinek entwickelten den Gedanken der sozialen Demokratie. Die Regierung Wessenberg/Doblhoff, durch reaktionäre Mitglieder wie Theodor Graf Baillet-Latour und Alexander Freiherr v. Bach nach rechts gedrängt, fürchtete das selbständige Auftreten der Arbeiter. Insbesondere in den 20 000 Erdarbeitern erblickte sie eine permanente revolutionäre Gefahr. Das Arbeitsministerium entließ einen Teil der Notstandsarbeiter und kürzte den Tageslohn der zu öffentlichen Arbeiten eingesetzten Arbeiter auf fünf Kreuzer. Die Maßnahme und ihre Folgen ließen die Klassenfronten deutlich sichtbar werden. Die Erdarbeiter gingen aus Protest auf die Straße. Es war zunächst die Waffe des Spotts und des Witzes, mit der sie dem Angriff auf ihre Rechte begegneten. Aus Lehm geknetete Puppen wurden herumgetragen. Sie trugen die Aufschrift »Der Kreuzerminister«. Der Arbeitsminister Ernst v. Schwarzer wurde als »Fünferlfresser« verspottet und attackiert. Im Prater fand eine satirische Leichenfeier für den Minister statt. Am 23. August wollten die Arbeiter durch eine friedliche Demonstration vom Wiener Prater zur Innenstadt ihren Forderungen Nachdruck verleihen. Unter dem Einfluß der Regierung zeigte sich die bürgerliche Nationalgarde entschlossen, den Marsch in die Stadt zu verhindern. In der »Praterschlacht« machte sie rücksichtslos von der Schußwaffe gegen Arbeiter, Frauen und Kinder Gebrauch. Die kleinbürgerlich-demokratischen Kräfte, Aula ebenso wie der Demokratische Verein, verhielten sich in der dramatischen Auseinandersetzung »neutral«. Sie erhoben zwar in Zeitungen und Flugblättern leidenschaftlichen Protest gegen das brutale Vorgehen der Nationalgarde, aber nur wenige begriffen nach dem 23. August sofort, daß es um mehr als um fünf Kreuzer Lohn gegangen war. Mit einem Ton von Selbstkritik bekannte die demokratische »National-Zeitung«: »Damals, als sie (die Arbeiter) mit Aufopferung ihres Lebens auf den Barrikaden bereit standen, unser Leben und Eigentum zu verteidigen, waren sie unsere lieben Brüder und Schwestern, und jetzt belegte man sie mit dem Namen Hunde, die kein anderes Lob verdienen als das, nach der Ansicht einer gewissen Partei sich selbst bereitete.«[123]

In Wien während der Revolution erscheinende demokratische Zeitungen

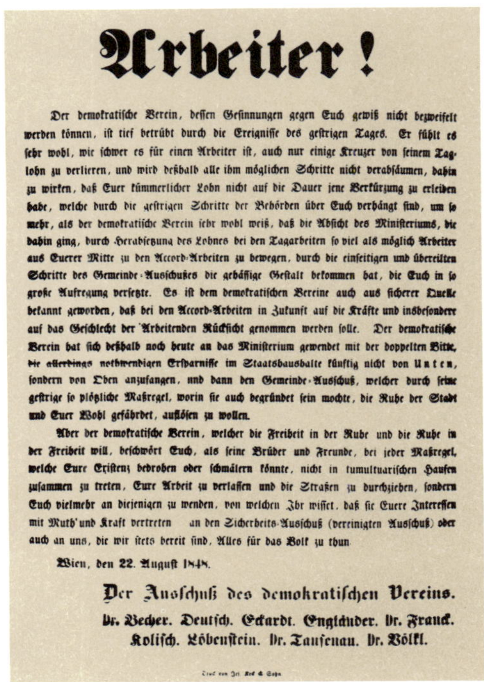

Arbeiter!

Der demokratische Verein, dessen Gesinnungen gegen Euch gewiß nicht bezweifelt werden können, ist tief betrübt durch die Ereignisse des gestrigen Tages. Er fühlt es sehr wohl, wie schwer es für einen Arbeiter ist, auch nur einige Kreuzer von seinem Taglohn zu verlieren, und wird deßhalb alle ihm möglichen Schritte nicht verabsäumen, dahin zu wirken, daß Euer kümmerlicher Lohn nicht auf die Dauer jene Verkürzung zu erleiden habe, welche durch die gestrigen Schritte der Behörden über Euch verhängt sind, um so mehr, als der demokratische Verein sehr wohl weiß, daß die Absicht des Ministeriums, die dahin ging, durch Herabsetzung des Lohnes bei den Tagarbeiten so viel als möglich Arbeiter aus Euerer Mitte zu den Accord-Arbeiten zu bewegen, durch die einseitigen und übereilten Schritte des Gemeinde-Ausschußes die gehässige Gestalt bekommen hat, die Euch in so große Aufregung versetzte. Es ist dem demokratischen Vereine auch aus sicherer Quelle bekannt geworden, daß bei den Accord-Arbeiten in Zukunft auf die Kräfte und insbesondere auf das Geschlecht der Arbeitenden Rücksicht genommen werden solle. Der demokratische Verein hat sich deßhalb noch heute an das Ministerium gewendet mit der doppelten Bitte, die allerdings nothwendigen Ersparnisse im Staatshaushalte künftig nicht von Unten, sondern von Oben anzufangen, und dann den Gemeinde-Ausschuß, welcher durch seine gestrige so plötzliche Maßregel, worin sie auch begründet sein mochte, die Ruhe der Stadt und Euer Wohl gefährdet, auflösen zu wollen.

Aber der demokratische Verein, welcher die Freiheit in der Ruhe und die Ruhe in der Freiheit will, beschwört Euch, als seine Brüder und Freunde, bei jeder Maßregel, welche Eure Existenz bedrohen oder schmälern könnte, nicht in tumultuarischen Haufen zusammen zu treten, Eure Arbeit zu verlassen und die Straßen zu durchziehen, sondern Euch vielmehr an diejenigen zu wenden, von welchen Ihr wisset, daß sie Euere Interessen mit Muth und Kraft vertreten an den Sicherheits-Ausschuß (vereinigten Ausschuß) oder auch an uns, die wir stets bereit sind, Alles für das Volk zu thun.

Wien, den 22. August 1848.

Der Ausschuß des demokratischen Vereins.

Dr. Becher. Deutsch. Eckardt. Englaender. Dr. Franck. Kolisch. Löbenstein. Dr. Tausenau. Dr. Völkl.

An die Wiener Arbeiter gerichteter Aufruf des Ausschusses des Demokratischen Vereins, 22. August 1848

Für die Wiener Arbeiterklasse bedeutete der blutige 23. August eine schwere Niederlage. Zunächst wurden auf Anordnung der Regierung 10 000 Erdarbeiter aus Wien entfernt. Damit verlor die revolutionäre Demokratie einen starken Rückhalt. Der Schlag der Reaktion galt der gesamten demokratischen Bewegung. Am 24. August wurde der Sicherheitsausschuß aufgelöst, womit die Regierung ihren Anspruch auf »Alleinherrschaft« gegenüber den revolutionären Gewalten unterstrich. Die Nationalgarde geriet wieder eindeutig unter die Exekutivgewalt der Regierung.

Damit wurde das Kräfteverhältnis zugunsten der Konterrevolution verändert. Im September wagten Aristokratie und kaisertreue Bourgeoisie auch wieder, in der Stadt offen ihre Meinung kundzutun. Auf dem Redaktionsgebäude einer reaktionären Zeitung wehte am 9. September zum ersten Mal seit dem Frühjahr wieder die schwarzgelbe Fahne der Habsburger. Wenige Tage später waren viele Schaufenster der Innenstadt schwarzgelb ausgeschmückt. Die jungen Bourgeois trugen schwarzgelbe Binden. Die schwarzgelb gesinnte Bourgeoisie begann sich im Monarchisch-Konstitutionellen Verein zu organisieren, der es bald auf 23 000 eingeschriebene Mitglieder brachte.

Der Hof und die Aristokratie hielten im September den Zeitpunkt für gekommen, um im ganzen Habsburger Reich loszuschlagen und im Bündnis mit großen Teilen der Bourgeoisie die Revolution endgültig abzuwürgen. Vielen deutschen Demokraten wurde jetzt nach der Septemberkrise bewußt, daß im Habsburger Reich eine für den weiteren Verlauf der Revolution entscheidende Schlacht bevorstand. Die Augen waren auf das revolutionäre Wien gerichtet. Würde es nach den konterrevolutionären Vorstößen im August und September Kraft finden, um die Angriffe abzuwehren und in einer »zweiten Revolution« der Demokratie zum Durchbruch zu verhelfen?

Nach der August-Niederlage begann sich die demokratische Bewegung zur Abwehr der konterrevolutionären Offensive erneut zu sammeln. Karl Marx eilte in den letzten Augusttagen nach Wien, um im Arbeiterverein und im Demokratischen Verein auf die besondere Rolle der Arbeiterklasse im Ringen um die Demokratie hinzuweisen. Die Linke des Reichstages, Studentenkomitee, demokratische Vereine und Arbeitervereine schlossen sich, von der demokratischen Presse unterstützt, enger zusammen. Der Demokratische Verein ergriff die Initiative, um die Wirksamkeit der zahlreichen linksstehenden Vereine zu koordinieren. Ende September wurde der Zentralausschuß der demokratischen Vereine unter Leitung von Karl Tausenau geschaffen. Er wurde zum wichtigsten Führungsinstrument des Kampfes gegen die schwarzgelbe Reaktion. Revolutionäre Publizisten, Vertreter der »sozialen Demokratie« wie Alfred Julius Becher, Hermann Jellinek und Andreas Stifft der Jüngere wirkten aktiv für den Zusammenschluß aller demokratischen Kräfte.

Stadtplan von Wien. Nach der »Illustrierten Zeitung«, 1848

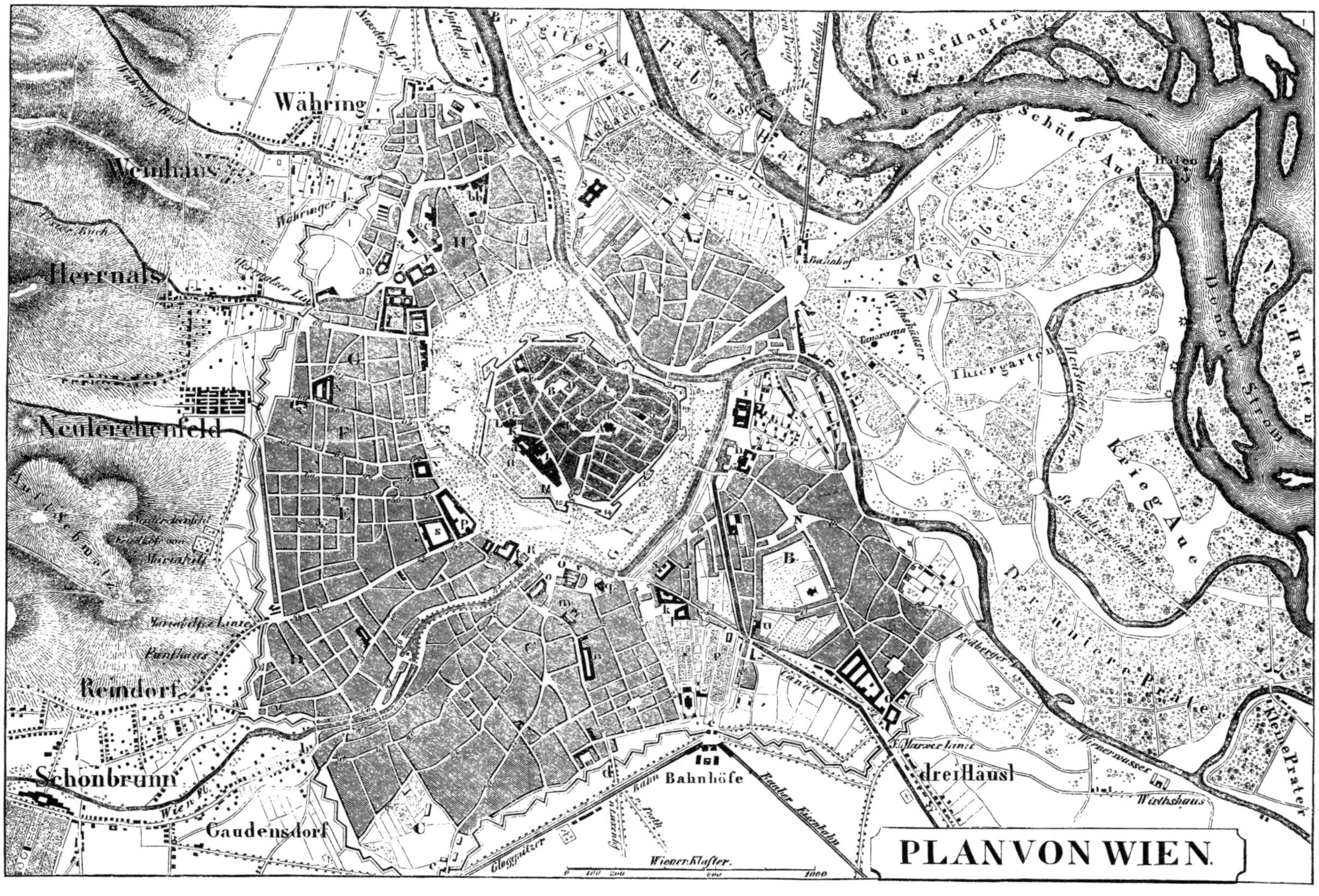

Vorstädte.
A. Leopoldstadt.
B. Landstraße.
C. Wieden.
D. Mariahilf.
E. Neubau.
F. Josephstadt.
G. Alsergrund.
H. Rossau.

Plätze und Gärten.
A. St. Stephansplatz (mit dem Dom).
B. Am Hof.
C. Hohe Markt.
D. Judenplatz.
E. Freiung.
F. Graben.
G. Minoritenplatz.
H. Neuer Paradeplatz.
I. Josephsplatz.
K. Ballplatz.
L. Volksgarten.
M. Hofgarten.
N. Kirchenplatz.
O. Schweinmarkt.
P. Botanischer Garten.
Q. Obstmarkt.
R. Getreidemarkt u. Laimgrube.

Basteien und Thore.
1. Biberbastei.
2. Rothe Bastei.
3. Gonzagabastei.
4. Fischerthor.
5. Neue Thorbastei.
6. Schottenbastei.
7. Schottenthor.
8. Mölker Bastei.
9. Kaiser-Franzthor.
10. Löwelbastei.
11. Burgthor.
12. Augustinerbastei.
13. Kärnthnerthor.
14. Wasserkunstbastei.
15. Seilerstetterthor.
16. Stubenthorbastei.
17. Stubenthor.
18. Dominikanerbastei.
19. Hauptmauththor.

Oeffentliche Gebäude.
a. Kaiserl. königl. Burg.
b. Universität.
c. Zeughaus.
d. Erzbischöflicher Pqlast.
e. Infanteriekaserne.
f. Münzgebäude.
g. Hofoperntheater.
h. Invalidenhaus.
i. Zollamt.
k. Belvedere, mit dem links daran stoßenden fürstl. Schwarzenberg. Palais.
l. Deutsche Nobelgarde.
m. Gußhaus.
n. Theresianum.
o. Freihaus.
p. Marstall.
q. Karlskirche.
r. Polytechnisches Institut.
s. Kasernen.
t. Theater an der Wien.
u. Italienische Nobelgarde.
v. Ungarische Nobelgarde.
w. Criminalgericht.
x. Allgemeines Krankenhaus.
y. Militairspital.
z. Irrenhaus.
aa. Versorgungshaus.
bb. k. k. Porzellanfabrik.
cc. Waisenhaus.

Straßen.
1. Jägerzeile.
2. Praterstraße.
3. Taborstraße.
4. Zur Franzensbrücke.
5. Vom Tabor.
6. Herrngasse.
7. Lilienbrunngasse.
8. Neue Gasse.
9. Donaustraße.
10. Augustenstraße.
11. Vom Augarten.
12. Praterstraße.
13. Am Glacis.
14. Landstraße-Hauptstr.
15. Haltergasse.
16. Erdberggasse.
17. Rittergasse.
18. Antongasse.
19. Rabengasse.
20. Waaggasse.
21. Paulusgrund-Hauptstraße.
22. Ungargasse.
23. Rennweggasse.
24. Fasangasse.
25. Heugasse.
26. Favoritenliniestraße.
27. Alte Wiedner Hauptstraße.
28. Matzleinsdorfer Hauptstraße.
29. Alleegasse.
30. Schmelerlgasse.
31. Luisengasse.
32. Kleine neue Gasse.
33. Mittersteig.
34. Sieben-Brunngasse.
35. Sieben-Brunnenwiese.
36. Neuwieder Hauptstr.
37. Griesgasse.
38. Reinprechtsdorferstr.
39. Oberschloßgasse.
40. Ziegelofengasse.
41. Heumühlgasse.
42. Margarethen-Langegasse.
43. Lange Gasse.
44. Hundsthurmer-Linie-Straße.
45. An der Wien.
46. Oberwährgasse.
47. U. Annagasse.
48. Annagasse.
49. Drei Hufeisen-Gasse.
50. Rothgasse.
51. Gumpendorfer Hauptstraße.
52. Laimgrube.
53. Mariahilfer-Hauptstr.
54. Penzinger Straße.
55. Burggasse.
56. Entengasse.
57. Lange Kellergasse.
58. Zeigler Gasse.
59. Am Platzl.
60. Neustift.
61. Feldgasse.
62. Roveranigasse.
63. Lerchenfelder Hauptstraße.
64. Alt Lerchenfeld-Hauptstraße.
65. Josephstädter Kaiserstraße.
66. Lerchenfelder Straße.
67. Florianigasse.
68. Alsergasse od. Hauptstraße.
69. Spitalgasse.
70. Am Alsterbach.
71. Nußdorfer oder Oberhauptgasse.
72. Währinger Gasse.
73. Lichtenthaler oder untere Hauptstraße.
74. Lange Gasse.
75. Drei Mohrengasse.
76. Porzellangasse.
77. Schmidtgasse.
78. Hohle Straße.
79. Pramer Gasse.

Linien.
Nußdorfer Linie.
Währinger Linie.
Herrnalser Linie.
Lerchenfelder Linie.
Mariahilfer Linie.
a. Gumpendorfer Linie.
b. Schönbrunner Linie.
c. Matzleinsdorfer Linie.
d. Favoriten-Linie.
e. Belvedere-Linie.
St. Marxer Linie.
Erdberger Linie.

Der Sieg vom 6. Oktober

Der Anstoß zum offenen Ausbruch des Konflikts in Wien kam von außen. Während in Italien eine österreichische Militärdiktatur errichtet wurde, versuchten die reaktionären Kräfte des Habsburger Reiches, die ungarische Revolution niederzuschlagen. Das am 3. Oktober erlassene Manifest des Kaisers war die endgültige Kriegserklärung an das revolutionäre Un-

Banus Josip v. Jellačić.
Nach der »Illustrierten Zeitung«, 1848

garn. Der ungarische Reichstag wurde aufgelöst. Der kroatische Banus v. Jellačić wurde zum unmittelbaren kaiserlichen Stellvertreter in Ungarn ernannt und erhielt damit alle Vollmacht, im Namen der habsburgischen Konterrevolution den Krieg zu führen. In Wien stationierte Regimenter wurden in diesen Tagen zum Kampf an die ungarische »Front« geschickt. Es war dies mehr als eine neue Phase der habsburgischen Unterdrückungspolitik gegenüber Ungarn. Die Wiener Demokraten sahen mit Recht die Gefahr voraus, daß die marschierende Konterrevolution keineswegs nur den ungarischen Revolutionären eine endgültige Niederlage beibringen konnte, sondern nunmehr jede Hoffnung auf demokratische Rechte, auf nationale Selbstbestimmung und ein menschenwürdiges Leben zertreten werden konnte. Die Demokraten in Wien, aber auch in Frankfurt (Main), Berlin und Leipzig gingen nicht fehl, wenn sie meinten, daß vom Kampf zwischen Revolution und Konterrevolution in Österreich das Schicksal der Revolution in Mitteleuropa weitgehend abhinge. Während das Ministerium Wessenberg sich aufzulösen begann, bereiteten sich die demokratischen Kräfte in Wien politisch auf die kommende Auseinandersetzung vor. Die Erfahrungen des Frühjahrs 1848 hatten besagt: Man mußte die Soldaten gewinnen. Konnten die Soldaten dazu bewegt werden, sich gegen die Offiziere zu wenden, so war für die Revolution viel gewonnen. Die Wiener Demokraten wirkten schon seit längerem unter den Soldaten der Wiener Garnisonen.

Verbrüderung zwischen Soldaten, Mitgliedern der Nationalgarde und Wiener Arbeitern, 6. Oktober 1848. Zeitgenössische Lithographie

In der Frühe des 6. Oktober marschierten die in Wien stationierten Richter-Grenadiere aus, um zum Kampf gegen das revolutionäre Ungarn zu ziehen. Aber schon waren die Anlagen des Nordbahnhofes von einer großen Volksmenge besetzt, die Schienen aufgerissen und die Bahnbrücke zum Teil zerstört. Der Versuch, einen anderen Bahnhof zu benutzen, schlug ebenfalls fehl. An diesem Morgen wuchsen in Wien wieder überall Barrikaden aus dem Boden. Die Grenadiere entschieden sich dafür, an der Seite des Volkes zu kämpfen. An der Taborbrücke eröffneten kaiserliche Truppen das Feuer. Überall in der Stadt wurden kaiserliche Einheiten und Bürgergarden von den revolutionären Milizen und Legionen in die Flucht geschlagen. Die siegreichen Kämpfer drangen in die Innenstadt vor, und der Widerstand der Konterrevolutionäre wurde gebrochen. Gegen Mittag

Kampf an der Taborbrücke in Wien, 6. Oktober 1848.
Nach der »Illustrierten Zeitung«, 1848

verkündete die große Glocke des Stephansdoms durch ihr Läuten: Das Volk von Wien steht wieder auf. Überstürzt floh der Hof mit seinem Gefolge und suchte Schutz in Olmütz. Ihm folgten die reaktionären Aristokraten und die Mehrheit der hohen Bürokratie. Schon am 6. Oktober suchten die meisten Minister das Weite. Im Troß der Revolutionsgegner befanden sich nunmehr auch viele Angehörige der Bourgeoisie. Das reiche Bürgertum, das in der Stadt verblieb, hielt sich von der Revolution fern oder suchte die Anstrengungen zu hintertreiben, die auf die Sicherung der Verteidigungsbereitschaft gerichtet waren.

Für die Verteidigung der Revolution in Wien

Gegenüber der Konterrevolution innerhalb Wiens und vor allem außerhalb der Stadt hatten die revolutionären Kräfte einen außerordentlich schweren Stand. Zum wichtigsten und entscheidenden Vorkämpfer für die Demokratie wurde auch in Wien in den Oktobertagen mehr und mehr die junge Arbeiterklasse. Sie war es, die vom 6. Oktober an auf entschiedene Maßnahmen drängte und insbesondere die eigene Bewaffnung

Eingabe des Studentenausschusses und des Zentralausschusses der Wiener demokratischen Vereine an den Sicherheitsausschuß des österreichischen Reichstages, 6. Oktober 1848

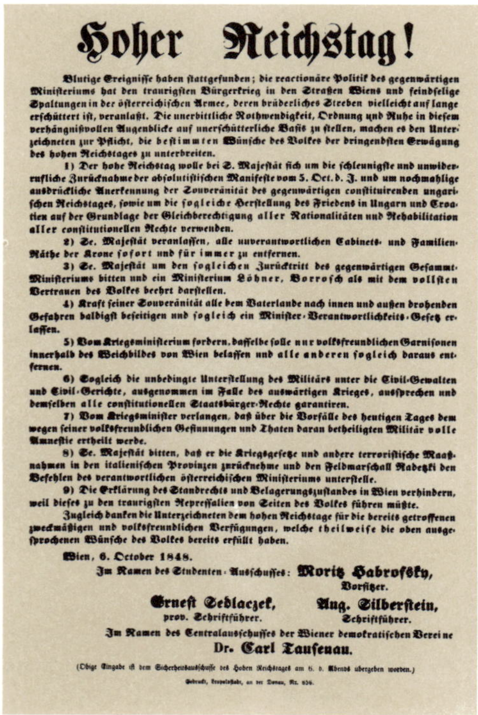

Hoher Reichstag!

Blutige Ereignisse haben stattgefunden; die reactionäre Politik des gegenwärtigen Ministeriums hat den traurigsten Bürgerkrieg in den Straßen Wiens und feindselige Spaltungen in der österreichischen Armee, deren brüderliches Streben vielleicht auf lange erschüttert ist, veranlaßt. Die unerbittliche Nothwendigkeit, Ordnung und Ruhe in diesem verhängnißvollen Augenblicke auf unerschütterliche Basis zu stellen, machen es den Unterzeichneten zur Pflicht, die bestimmten Wünsche des Volkes der dringendsten Erwägung des hohen Reichstages zu unterbreiten.

1) Der hohe Reichstag wolle bei S. Majestät sich um die schleunigste und unwiderrufliche Zurücknahme der absolutistischen Manifeste vom 5. Oct. d. J. und um nochmahlige ausdrückliche Anerkennung der Souveränität des gegenwärtigen constituirenden ungarischen Reichstages, sowie um die sogleiche Herstellung des Friedens in Ungarn und Croatien auf der Grundlage der Gleichberechtigung aller Nationalitäten und Rehabilitation aller constitutionellen Rechte verwenden.

2) Se. Majestät veranlassen, alle unverantwortlichen Cabinets- und Familien-Räthe der Krone sofort und für immer zu entfernen.

3) Se. Majestät um den sogleichen Zurücktritt des gegenwärtigen Gesammt-Ministeriums bitten und ein Ministerium Löhner, Borrosch als mit dem vollsten Vertrauen des Volkes beehrt darstellen.

4) Kraft seiner Souveränität alle dem Vaterlande nach innen und außen drohenden Gefahren baldigst beseitigen und sogleich ein Minister-Verantwortlichkeits-Gesetz erlassen.

5) Vom Kriegsministerium fordern, dasselbe solle nur volksfreundlichen Garnisonen innerhalb des Weichbildes von Wien belassen und alle anderen sogleich daraus entfernen.

6) Sogleich die unbedingte Unterstellung des Militärs unter die Civil-Gewalten und Civil-Gerichte, ausgenommen im Falle des auswärtigen Krieges, aussprechen und demselben alle constitutionellen Staatsbürger-Rechte garantiren.

7) Vom Kriegsminister verlangen, daß über die Vorfälle des heutigen Tages dem wegen seiner volksfreundlichen Gesinnungen und Thaten daran betheiligten Militär volle Amnestie ertheilt werde.

8) Se. Majestät bitten, daß er die Kriegsgesetze und andere terroristische Maaßnahmen in den italienischen Provinzen zurücknehme und den Feldmarschall Radetzki den Befehlen des verantwortlichen österreichischen Ministeriums unterstelle.

9) Die Erklärung des Standrechts und Belagerungszustandes in Wien verhindern, weil dieses zu den traurigsten Repressalien von Seiten des Volkes führen müßte.

Zugleich danken die Unterzeichneten dem hohen Reichstage für die bereits getroffenen zweckmäßigen und volksfreundlichen Verfügungen, welche theilweise die oben ausgesprochenen Wünsche des Volkes bereits erfüllt haben.

Wien, 6. October 1848.

Im Namen des Studenten-Ausschusses: Moritz Habrofsky, Vorsitzer.

Ernest Sedlaczek, prov. Schriftführer. Aug. Silberstein, Schriftführer.

Im Namen des Centralausschusses der Wiener demokratischen Vereine Dr. Carl Tausenau.

(Obige Eingabe ist dem Sicherheitsausschusse des Hohen Reichstages am 6. d. Abends übergeben worden.)

Gedruckt, Leopoldstadt, an der Donau, Nr. 656.

forderte und auch erreichte. Die Führung des Kampfes jedoch lag in den Händen der kleinbürgerlich-demokratischen Kräfte, die vorwiegend aus der Intelligenz und besonders aus der Studentenschaft kamen. Angesichts der Tatbereitschaft der Arbeiter aus den Wiener Vorstädten, der Studenten und eines großen Teils der Kleinbürger war es eine entscheidende Frage, wer die revolutionäre Bewegung in Wien leiten und organisieren sollte.

Die Regierung war auseinandergesprengt. Nur der Finanzminister Philipp Krauß blieb in der Stadt und arbeitete, so gut er konnte, der Konterrevolution in die Hände. Lediglich ein kleiner Teil der Abgeordneten des Reichstages war nach dem 6. Oktober in Wien verblieben. Das Rumpfparlament setzte zwar einen Permanenzausschuß ein, aber weder dieser noch der Reichstag selbst besaßen den Willen, die entschiedene Auseinandersetzung mit denjenigen zu wagen, die die Errungenschaften des Volkes aus dem Frühjahr beseitigen wollten. Von Anfang an nahm der Reichstag Kurs darauf, die militärische Konfrontation zu vermeiden und durch Verhandlungen mit dem Hof in Olmütz zu einem friedlichen Ausgleich zu kommen. Auch der Gemeinderat Wiens, seit dem 9. Oktober wieder aktiv, organisierte zwar die Verteidigung der Stadt, drang im übrigen aber auf Mäßigung. Mit Recht schrieb die »Neue Rheinische Zeitung« im Rückblick: »Die ganze Geschichte des Reichstags und des Gemeinderats seit dem 6. Oktober ist nichts als eine fortgesetzte Geschichte des Verrats.« [124]

Gegenüber den offiziellen Behörden konnten sich die Organisationen der demokratischen Kräfte nicht als revolutionäre Führungszentren zu etablieren. Dem Studentenausschuß und dem Zentralausschuß der demokratischen Vereine gelang es nicht, ihre im Wesen antimonarchische politische Konzeption und ihre Taktik der konsequenten militärischen Auseinandersetzung mit der Reaktion durchzusetzen. So vermochte die liberale Bourgeoisie in Wien, das einheitliche Vorgehen der revolutionären Kräfte zu verhindern.

Dennoch: Niemand konnte sich in jenen Tagen der gewaltigen Wirkung das revolutionären Wollens von Arbeiterklasse und anderen demokratischen Kräften entziehen. Die Massen wollten ihre Bewaffnung und den Sturz des verrotteten Kaiserstaates. Noch am 6. Oktober hatte das Volk die Ministerien gestürmt und an dem verhaßten Kriegsminister Latour Straßenjustiz geübt. Das kaiserliche Zeughaus in der Renngasse wurde in der Nacht zum 7. Oktober von den Revolutionären eingenommen. Die Arbeiter konnten sich aus dem reichen Waffenarsenal ausrüsten: Vor allem die Bewaffnung der Arbeiterklasse sicherte den Sieg der Volkskräfte zu Beginn des Aufstandes. Sie rief jedoch sofort die Vertreter der

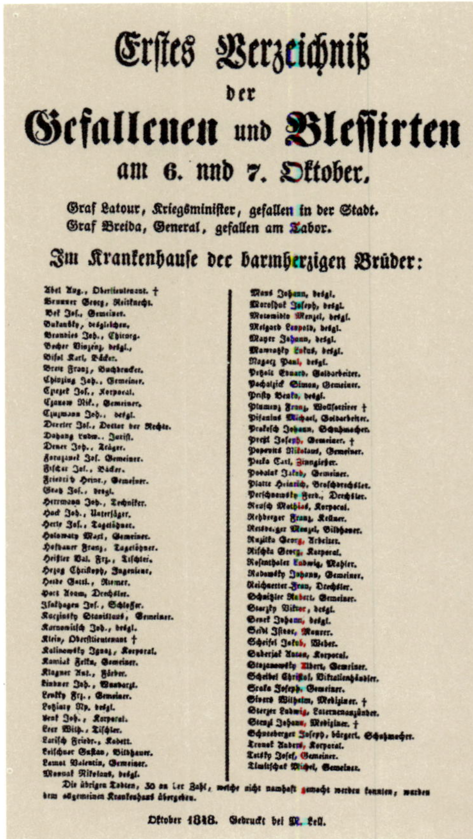

Erstes Verzeichniß der Gefallenen und Blessirten am 6. und 7. Oktober.

Graf Latour, Kriegsminister, gefallen in der Stadt.
Graf Breida, General, gefallen am Tabor.

Im Krankenhause der barmherzigen Brüder:

Abel Aug., Oberlieutenant. †
Brunner Georg, Reitknecht.
Bek Jos., Gemeiner.
Bukowsky, desgleichen.
Brandies Joh., Chirurg.
Becher Vinzenz, desgl.
Bisol Karl, Bäcker.
Breit Franz, Buchdrucker.
Chinzing Joh., Gemeiner.
Czezek Jos., Korporal.
Czanow Nik., Gemeiner.
Czuzmann Joh., desgl.
Derreter Jos., Doctor der Rechte.
Dohang Ludw., Jurist.
Dener Joh., Träger.
Foruzanek Jos. Gemeiner.
Fischer Jos., Bäcker.
Friedrich Heinr., Gemeiner.
Grab Jos., desgl.
Herrmann Joh., Techniker.
Hack Joh., Untersäger.
Hertz Jos., Tagelöhner.
Holowaty Mart, Gemeiner.
Hofbauer Franz, Tagelöhner.
Heißler Bal. Frz., Tischler.
Herzog Christoph, Ingenieur.
Heide Gottl., Riemer.
Horr Adam, Drechsler.
Jsakhagen Jos., Schlosser.
Kaczinsky Stanislaus, Gemeiner.
Karnowitsch Joh., desgl.
Klein, Oberstlieutenant †
Kalinowsky Ignaz, Korporal.
Komiak Felix, Gemeiner.
Klagner Ant., Färber.
Lindner Joh., Wundarzt.
Lewky Frz., Gemeiner.
Lotziary Ap., desgl.
Lenk Joh., Korporal.
Leer Wilh., Tischler.
Larisch Friedr., Kadett.
Leischner Gustav, Bildhauer.
Lamat Valentin, Gemeiner.
Mosnak Nikolaus, desgl.
Maus Johann, desgl.
Moroschuk Joseph, desgl.
Motowidlo Wenzel, desgl.
Meigard Leopold, desgl.
Mayer Johann, desgl.
Mawratzky Lukas, desgl.
Magacz Paul, desgl.
Petzolt Eduard, Goldarbeiter.
Pochalzick Simon, Gemeiner.
Pristy Benko, desgl.
Plumenz Franz, Wollsortirer †
Pisanius Michael, Goldarbeiter.
Prokesch Johann, Schuhmacher.
Prestl Joseph, Gemeiner. †
Popowits Nikolaus, Gemeiner.
Perko Carl, Zinngießer.
Podolak Jakob, Gemeiner.
Platte Heinrich, Broschdrechsler.
Perschnowsky Ferd., Drechsler.
Reusch Mathias, Korporal.
Rehberger Franz, Kellner.
Reisberger Wenzel, Bildhauer.
Ruzicka Georg, Arbeiter.
Rischka Georg, Korporal.
Rosenthaler Ludwig, Mahler.
Radowsky Johann, Gemeiner.
Reichwetter Fran, Drechsler.
Schnitzler Robert, Gemeiner.
Sterzky Viktor, desgl.
Senck Johann, desgl.
Seidl Isidor, Maurer.
Scheifel Jakob, Weber.
Suderjak Anton, Korporal.
Stojanowsky Albert, Gemeiner.
Scheibel Christof, Viktualienhändler.
Srako Joseph, Gemeiner.
Sivers Wilhelm, Mediziner. †
Sterger Ludwig, Laternenanzünder.
Stenzl Johann, Mediziner. †
Schneeberger Joseph, bürgerl. Schuhmacher.
Tronek Andreas, Korporal.
Tetsky Josef, Gemeiner.
Timitschak Michel, Gemeiner.

Die übrigen Todten, 30 an der Zahl, welche nicht namhaft gemacht werden konnten, wurden dem allgemeinen Krankenhaus übergeben.

Oktober 1848. Gedruckt bei M. Lell.

Unvollständiges Verzeichnis der während der Kämpfe am 6. und 7. Oktober 1848 in Wien Gefallenen und Verwundeten

Bourgeoisie auf den Plan. Der Gemeinderat machte sich zum Sprecher dieser Kreise. Er richtete eine Eingabe an den Permanenzausschuß des Reichstages, in der er vor der generellen Erlaubnis des Waffentragens für die Arbeiter warnen zu müssen glaubte: »So ehrenhaft sich nun auch jene Klasse von Menschen seither benahm und so sehr sie auch das Vertrauen, welches die Bevölkerung Wiens in sie setzte, rechtfertigte, so kann man doch nicht übersehen, daß die uneingeschränkte Gestattung des Waffentragens auf die Dauer ernste Besorgnisse zu erregen im Stande wäre, und daß es daher dringend notwendig erscheine, Maßregeln zu ergreifen, durch welche mög-

lichen nachteiligen Folgen vorgebeugt werden könnte.«[125]
Die Aktivität der Massen freilich konnte dadurch nicht mehr gebremst werden. Erst das Auftreten der Arbeiterklasse verlieh dem Aufstand jenen Schwung, den man in den Zentren der deutschen Revolution so bewunderte. Ihr Auftreten förderte auch den politisch-ideologischen Klärungsprozeß unter den kleinbürgerlichen Demokraten. Selbst noch nicht seiner Klassenrolle voll bewußt, zwang sie die kleinbürgerlich-demokratischen Führer zu größerer politischer Entschiedenheit und zur Vertretung von sozialen Forderungen im Interesse der Arbeiter.
Am 9. Oktober hatte der Reichstag den Banus Jellačić und seine kroatischen Truppen als den alleinigen Feind Wiens bezeichnet, so als handele er auf eigene Faust. Die wichtigste demokratische Zeitung Wiens, »Der Radikale«, antwortete darauf am 15. Oktober in einem Artikel unter der Überschrift »Wer ist der wahre Feind?«: »Die Stadt Wien rüstet sich zur Verteidigung. Gegen wen? Die Behörden sanctionieren die Verteidigungsmaßregeln. Wen betrachten sie als den Feind? Sowohl der Reichstag, der Gemeindeausschuß, als das Studentenkomitee und das ohnmächtige, ideenlose Zentralkomitee (des demokratischen Vereines) sehen nur in Jellačić den eigentlichen Feind. Wohl ist Jellačić unser Feind. Aber er kam erst nach dem 6. Oktober. Die Revolution vom Sechsten, war sie denn gegen Jellačić, der jetzt vor Wien steht, allein gerichtet? Oder erklärte sie sich nicht ebenso gegen die Politik der Hofpartei, gewöhnlich Kamarilla genannt? Allerdings. Die Revolution vom Sechsten war eine Kriegserklärung der Wiener Bürger gegen den Hof selbst. Man täusche sich nicht über den Tatbestand ... Kann die Hofpartei in Zukunft die Völker regieren? Sie ist unmöglich. Das Volk spricht sich jetzt schon darüber aus. Sie ist der eigentliche Feind der politischen Freiheit. Sie muß besiegt werden.«[126]
Solche Töne hatte man in der Wiener kleinbürgerlichen Demokratie noch nicht gehört. Die Forderung nach der Republik wurde zum wesentlichen Bestandteil des Programms der entschiedensten Wiener Demokraten. Mit den republikanischen Vorstellungen verbanden sich sozialreformerische Ideen, die zwar am System des Kapitalismus grundsätzlich nicht rüttelten, aber den zunehmenden Einfluß der Arbeiterforderungen auf die kleinbürgerlichen Demokraten sichtbar machten: Festsetzung einer Maximalarbeitszeit und eines Minimallohnes für Arbeiter, Versicherung und Steuerreform zugunsten der Armen.
Für die gründliche Diskussion solcher Fragen in den demokratischen Vereinen und Arbeiterorganisationen war in jenen Oktobertagen jedoch kaum Zeit. Wichtigste Aufgabe war die Organisation der Verteidigung. Sie entschied darüber, ob die Kräfte der Revolution oder die kompromißbereite Bourgeoisie siegen würden. Die seit dem Frühjahr bestehende Nationalgarde und die Bürgermiliz standen unter bürgerlichem Einfluß. Nur ein kleiner Teil ihrer Mitglieder war bereit, am bewaffneten Kampf gegen die schwarzgelbe Reaktion teilzunehmen. Neben diese Organisationen trat nach dem 6. Oktober die Mobilgarde, die bewaffnete Arbeiterklasse. Die Mobilgarde, in vier Bataillone gegliedert, war die Kerntruppe des revolutionären Kampfes, die nicht nur in der vordersten Linie der Verteidigung Wiens kämpfte, sondern auch die anderen militärischen Einheiten im Kampf mitriß. Zusammen mit der Akademischen Legion, den kleinbürgerlich-demokratischen Abteilungen der Nationalgarde und den Freikorps sicherte die Mobilgarde für einige Wochen Freiheit und volle revolutionäre Entfaltungsmöglichkeiten für das Volk. Zum ersten Mal während der deutschen Revolution von 1848/49 wurde eine Stadt weitgehend von den Kräften der Demokratie beherrscht.
Wesentlichen Einfluß auf den Erfolg des Aufstandes hatte die Organisation der militärischen Führung. Von der straffen und entschlossenen Leitung der militärischen Organisationen, denen etwa 30 000 bis 40 000 Bewaffnete angehörten, hing der Ausgang der Revolution ab. Die Ernennung Wenzel Cäsar Messenhausers zum Oberkommandanten der Nationalgarde und damit zum Leiter des Heerwesens in Wien war eine Entscheidung zugunsten der kompromißbereiten Kräfte, die ihre Bastionen im Reichstag und im Gemeinderat hatten.
Der damals 36jährige Messenhauser, Sohn eines Bataillontambours, hatte anfangs, wie es ihm von seiner Herkunft her vorgezeichnet schien, die Offizierslaufbahn eingeschlagen. Die Garnisonzeit in Wien brachte den jungen Mann mit der Oppositionsliteratur des Wiener Vormärz in Berührung. Dieser Einfluß bestimmte offensichtlich auch seinen Übergang auf antifeudale, liberale Positionen. Die Märzereignisse hatte Messenhauser in Lemberg erlebt. Die Bürgerschaft wählte ihn dort in den Ausschuß zur Organisation der Bürgerwehr. Aus seiner politischen Haltung zog er noch im Frühjahr 1848 die Konsequenz und reichte seinen Abschied als Offizier ein. Die Beobachter aus seiner Umgebung stimmen darin überein, daß er seiner Aufgabe als Organisator des Verteidigungskrieges nicht gewachsen war. Er fühlte sich als Beschützer der konstitutionellen Monarchie und des Reichstages. Die offene Konfrontation mit den Feinden des Volkes suchte er zu vermeiden. Mag der ewig zögernde, dagegen im Verfassen von pathetischen Proklamationen unermüdlich tätige Messenhauser auch persönlich ehrlich die Freiheit des Volkes

Wenzel Cäsar Messenhauser

Josef Bem.
Stich von Nordheim

erstrebt haben, so konnte er sich schließlich nicht dazu entschließen, durch eine militärische Offensive gegen Windischgrätz eine Vereinigung mit den ungarischen Truppen zu ermöglichen.
Die Wiener Oktobererhebung des Jahres 1848 hat selbst keinen geeigneten militärischen Leiter des Aufstandes hervorgebracht. Den einzigen Offizier, der dafür alle Voraussetzungen besaß, stellte man in die zweite Reihe: den polnischen General und Revolutionär Józef Bem. Er wurde zum militärischen Leiter der Verteidigung ernannt, war aber in dieser Funktion Messenhauser unterstellt. Es kann als einer jener glücklichen geschichtlichen Zufälle gelten, daß Bem am 14. Oktober nach Wien kam. Messenhauser mag ihn aus Lemberg gekannt haben und gewann ihn dafür, in Wien zu bleiben. Der damals 54jährige Bem hatte sich seine militärischen Sporen in den Feldzügen von 1809 und 1812 im französischen Heer verdient. Als glühender Verfechter des nationalen und demokratischen Befreiungskampfes seines Volkes kämpfte er während des Aufstandes von 1830/31 als Kommandant in der polnischen Revolutionsarmee. Er war der Sieger in der berühmten Schlacht von Ostrolenko im Mai 1831. Kriegserfahrung verband sich mit persönlichem Mut, revolutionärer Entschlossenheit und der Fähigkeit, Menschen zu führen. Er war nicht nur ein zutiefst mit dem Schicksal seiner polnischen Heimat verbundener Patriot. Er wußte, daß der Sieg der Völker in der europäischen Revolution von 1848 nur zu erringen war, wenn die revolutionären Kräfte aller Länder gemeinsam kämpften. Mit Bems Tätigkeit in Wien sprang ein Funke jener demokratischen Solidarität über, die die Stadt für ihr Ringen so nötig hatte. Bems faszinierende Persönlichkeit hat die Wiener Arbeiter, Handwerker und Studenten in den Tagen des Oktober mitgerissen. Sein Ungestüm verlangte sich und den Revolutionssoldaten alles an Tapferkeit ab. Aber er rieb sich in seinem Hauptquartier im Belvedere auf am Zögern und an den Verrätereien der Messenhauser und der Liberalen.

Die Gegenmaßnahmen der Konterrevolution

Während sich im Innern der Stadt der Aufmarsch der bewaffneten Revolution vollzog, wurde die schwarzgelbe Reaktion im Olmützer Zufluchtsort von hektischer Aktivität getrieben. Zu viel stand auf dem Spiel. Es war mehr als die Rebellion einer Stadt: Der revolutionäre Kampf Ungarns und der Aufstand in Wien führten die Habsburgermonarchie in ihre tiefste Krise seit dem Frühjahr 1848. Darüber hinaus beobachteten die Konterrevolutionäre in allen europäischen Ländern die Ereignisse in Wien mit Furcht. Der Schlächter der Pariser Arbeiter vom Juni, Cavaignac, schrieb in diesen Oktobertagen besorgt in einem Brief an den französischen Gesandten in Wien, von der Niederschlagung des Wiener Aufstandes hinge »die Rettung Europas« [127] ab. Die »Neue Rheinische Zeitung« charakterisierte die Situation in Wien folgendermaßen: »Die Wiener Revolution hat noch nicht gesiegt. Ihr erstes Wetterleuchten aber genügte, um alle Positionen der Konterrevolution vor Europa klarzulegen und so einen universellen Kampf auf Leben und Tod unvermeidlich zu machen.« [128]
Was die Konterrevolutionäre feudaler und bürgerlicher Herkunft in Europa ersannen, das wurde im Lager von Olmütz rasch zum Plan.
Zunächst hatte der geflohene Ministerpräsident Wessenberg noch Einfluß. Er empfahl den Gegnern der Revolution eine Taktik des Hinhaltens und des Verhandelns mit den verfassungsmäßigen Organen, wurde aber bald von denen überspielt, die, vom Haß gegen die Demokratie getrieben, den rücksichtslosen Kampf gegen die Stadt Wien wollten. Es fand sich ein Dioskurenpaar, das diesen Plan konsequent verwirklichte: Alfred Fürst v. Windischgrätz und Felix Fürst zu Schwarzenberg. Sie waren typische Vertreter des böhmischen beziehungsweise des österreichischen Hochadels. In beiden Männern lebte jener Geist der Ära Metternich, den die Demokraten irrtümlich schon im März für begraben hielten. Beide hatten in den vorangegangenen Monaten Erfahrungen in der Unterdrückung der revolutionären Bewegungen gesammelt: Windischgrätz als Schlächter des Prager Aufstandes vom Juni 1848 und Schwarzenberg als Mitglied des Generalstabs von Radetzky und Gouverneur von Mailand nach dem Sieg der Konterrevolution in Oberitalien. Da Kaiser Ferdinand I. geisteskrank und im Grunde politisch aktionsunfähig war, galt Windischgrätz seit langem als das Haupt der österreichischen Konterrevolution. Mit seiner Erklärung vom 11. Oktober, er werde mit den ihm in Böhmen unterstehenden Truppen von Prag zum Kampf gegen Wien ziehen, wischte er alle Pläne über Verhandlungen mit den Revolutionären hinweg. Bereits am 16. Oktober war er Oberbefehlshaber aller österreichischen Truppen außerhalb Italiens.
Als politischen Berater gewann er seinen Schwager Fürst zu Schwarzenberg. Mit Schwarzenberg präsentierte sich der künftige Ministerpräsident einer österreichischen Regierung der entschiedenen Konterrevolution. Der konstitutionelle Minister-

Alfred Fürst v. Windischgrätz.
Nach der »Illustrierten Zeitung«, 1848

Felix Fürst zu Schwarzenberg

präsident war bereits vor der Ernennung Schwarzenbergs zum Chef der Regierung im November kaltgestellt. Die Bourgeoisie, die der schwarzgelben Militärmacht Glück wünschte, konnte daraus schon ersehen, wie Schwarzenberg mit den liberalen Freiheitsrechten des Frühjahrs umzugehen dachte. Der Kampf gegen das revolutionäre Wien schien ihm ein günstiger Anlaß, das Metternichsche System zu restaurieren und damit auch die liberale Bourgeoisie von der politischen Macht vollständig auszuschließen.

Der Kampf auf Leben und Tod

Am 16. Oktober setzte sich die Armee der Konterrevolution gegen Wien in Marsch. Die revolutionären Kräfte in der Stadt aber unternahmen große Anstrengungen, um die Verteidigungsbereitschaft aller militärischen Einheiten zu erhöhen. Je komplizierter sich die militärische Lage der Stadt gestaltete, desto deutlicher wurde die vorwärtsdrängende Rolle sichtbar, die die Arbeiterklasse im Bündnis mit den revolutionären Intellektuellen spielte. Die buntgekleideten »Mobilen« bestimmten mehr und mehr das Straßenbild. Ihre Wirksamkeit ging über die Stärkung der Verteidigungsbereitschaft der Stadt hinaus. Sie waren es, die seit der Drohung Windischgrätz' mehr und mehr den Widerstand der Konterrevolution innerhalb der Stadt niederhielten. Einige Zeitungen bezogen immer deutlicher revolutionär-demokratische Positionen, allen voran die »Constitution« und der »Studenten-Courier«.
Die weitsichtigen Köpfe unter den Führern der Wiener Demokratie wußten, daß der revolutionäre Kampf Wiens das Signal sein konnte, um in den anderen Zentren der deutschen Revolution den Kampf verstärkt fortzuführen. Es war ihnen aber auch bewußt, daß Wien nicht allein gegen die habsburgische Heeresmaschinerie zu siegen vermochte. Viel hing von der Hilfe ab, die Wien von auswärts erhielt.
Die militärische Lage der Stadt war Mitte Oktober ziemlich klar. Deren Einschließung bereitete sich vor. Die Armee des Banus v. Jellačić stand, bedrängt von den ungarischen Revolutionstruppen, ganz nahe bei Wien. Die Truppen von Windischgrätz marschierten auf das linke Donauufer zu.
Die revolutionären Kräfte in Deutschland haben von Anfang an erkannt, daß in Wien eine für den Ausgang der Revolution entscheidende Schlacht geschlagen wurde. Die deutschen Kommunisten, an ihrer Spitze Karl Marx und Friedrich Engels, drängten darauf, der Konterrevolution nicht nur in Wien, sondern überall entschieden entgegenzutreten.
Den Demokraten in Österreich bereitete es Schwierigkeiten, direkte Hilfe und Unterstützung für Wien zu organisieren. Der kleinbürgerliche Demokrat Hans Kudlich, der im österreichischen Reichstag den Antrag auf Aufhebung der feudalen Abhängigkeit der Bauern gestellt hatte, bemühte sich unentwegt, die Bauern Ober- und Niederösterreichs zum Zug nach Wien zu bewegen. Die große Hoffnung der revolutionären Wiener Arbeiter, Handwerker und Studenten waren die Ungarn. Der Ruf »Die Ungarn kommen!« hat in Wien in jenen Tagen immer wieder Energien und Hoffnungen geweckt. Die Führer der ungarischen Revolution zögerten jedoch mehrfach mit dem Einsatz des Heeres zur Befreiung Wiens. Ungerufen, ohne Mandat des Reichstages wollte man nicht nach Wien marschieren. Eine große historische Chance, die ungarische Revolution zu retten und zugleich die sich herausbildende revolutionär-demokratische Macht in Wien zu sichern, wurde verspielt.
Das Frankfurter Parlament und die Zentralgewalt versagten in dieser Situation völlig. Die im Auftrag der bürgerlichen, rechtsliberalen Zentralgewalt auftretenden Abgeordneten Karl Welcker und Ludwig Mosle erreichten bei Windischgrätz nichts. Sie wollten »Frieden und Versöhnung« in einem Augenblick, da die Konterrevolution den Kampf längst beschlossen hatte. Nach Wien mochten die beiden »Reichskommissare« nicht gehen. Aber bei Windischgrätz ernteten sie nur Mißachtung und Hohn.
Da es die bürgerliche, gemäßigt-liberale Mehrheit des Frankfurter Parlaments ablehnte, sich mit der Wiener Revolution solidarisch zu erklären, schickten schließlich die linken Fraktionen eine Delegation von vier Abgeordneten nach Wien. Mit Julius Fröbel, Moritz Hartmann und Albert Trampusch kam einer der populärsten kleinbürgerlich-demokratischen Führer am 17. Oktober nach Wien: Robert Blum. Für den Leipziger Demokraten bedeutete die Teilnahme am Kampf in Wien ebenso eine politisch entscheidende wie persönlich tragische Wende seines Lebens.

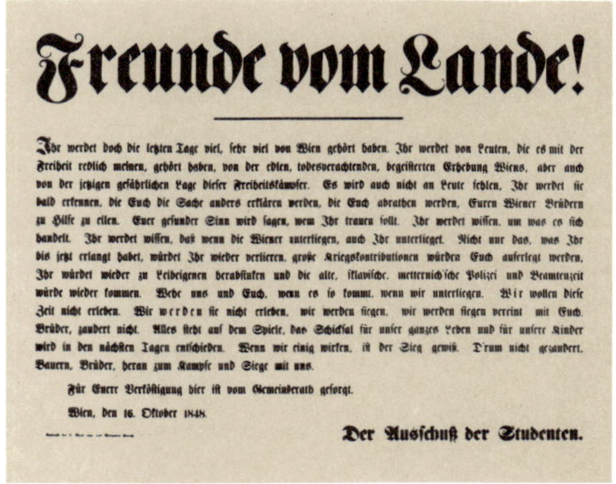
Freunde vom Lande!

Ihr werdet doch die letzten Tage viel, sehr viel von Wien gehört haben. Ihr werdet von Leuten, die es mit der Freiheit redlich meinen, gehört haben, von der edlen, todesverachtenden, begeisterten Erhebung Wiens, aber auch von der jetzigen gefährlichen Lage dieser Freiheitskämpfer. Es wird auch nicht an Leute fehlen, Ihr werdet sie bald erkennen, die Euch die Sache anders erklären werden, die Euch abrathen werden, Euren Wiener Brüdern zu Hilfe zu eilen. Euer gesunder Sinn wird sagen, wem Ihr trauen sollt. Ihr werdet wissen, um was es sich handelt. Ihr werdet wissen, daß wenn die Wiener unterliegen, auch Ihr unterlieget. Nicht nur das, was Ihr bis jetzt erlangt habet, würdet Ihr wieder verlieren, große Kriegskontributionen würden Euch auferlegt werden, Ihr würdet wieder zu Leibeigenen herabsinken und die alte, sklavische, metternich'sche Polizei und Beamtenzeit würde wieder kommen. Wehe uns und Euch, wenn es so kommt, wenn wir unterliegen. Wir wollen diese Zeit nicht erleben. Wir werden sie nicht erleben, wir werden siegen, wir werden siegen vereint mit Euch. Brüder, zaudert nicht. Alles steht auf dem Spiele, das Schicksal für unser ganzes Leben und für unsere Kinder wird in den nächsten Tagen entschieden. Wenn wir einig wirken, ist der Sieg gewiß. D'rum nicht gezaudert. Bauern, Brüder, heran zum Kampfe und Siege mit uns.

Für Euere Verköstigung hier ist vom Gemeinderath gesorgt.

Wien, den 16. Oktober 1848.

Der Ausschuß der Studenten.

An die Bauern gerichteter Aufruf des Wiener Studentenausschusses, 16. Oktober 1848

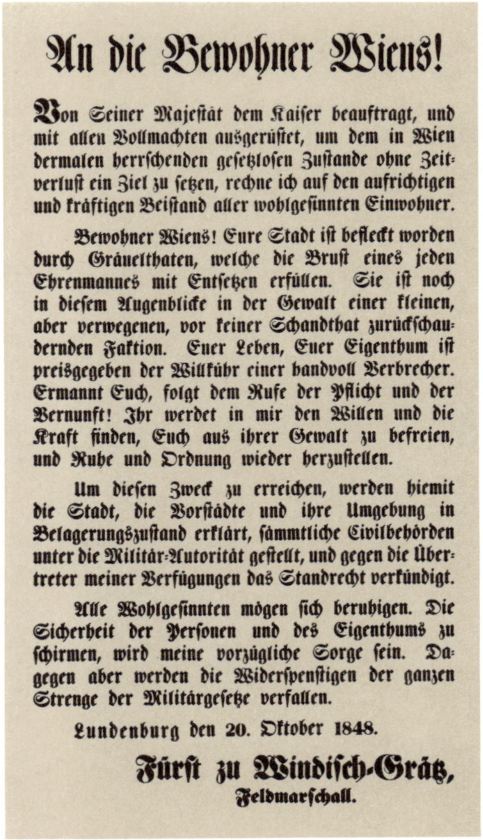
An die Bewohner Wiens!

Von Seiner Majestät dem Kaiser beauftragt, und mit allen Vollmachten ausgerüstet, um dem in Wien dermalen herrschenden gesetzlosen Zustande ohne Zeitverlust ein Ziel zu setzen, rechne ich auf den aufrichtigen und kräftigen Beistand aller wohlgesinnten Einwohner.

Bewohner Wiens! Eure Stadt ist befleckt worden durch Gräuelthaten, welche die Brust eines jeden Ehrenmannes mit Entsetzen erfüllen. Sie ist noch in diesem Augenblicke in der Gewalt einer kleinen, aber verwegenen, vor keiner Schandthat zurückschaudernden Faktion. Euer Leben, Euer Eigenthum ist preisgegeben der Willkühr einer handvoll Verbrecher. Ermannt Euch, folgt dem Rufe der Pflicht und der Vernunft! Ihr werdet in mir den Willen und die Kraft finden, Euch aus ihrer Gewalt zu befreien, und Ruhe und Ordnung wieder herzustellen.

Um diesen Zweck zu erreichen, werden hiemit die Stadt, die Vorstädte und ihre Umgebung in Belagerungszustand erklärt, sämmtliche Civilbehörden unter die Militär-Autorität gestellt, und gegen die Übertreter meiner Verfügungen das Standrecht verkündigt.

Alle Wohlgesinnten mögen sich beruhigen. Die Sicherheit der Personen und des Eigenthums zu schirmen, wird meine vorzügliche Sorge sein. Dagegen aber werden die Widerspenstigen der ganzen Strenge der Militärgesetze verfallen.

Lundenburg den 20. Oktober 1848.

Fürst zu Windisch-Grätz,
Feldmarschall.

Bekanntgabe des Belagerungszustandes über Wien und Umgebung, 20. Oktober 1848

Der damals 40jährige Blum, Sprecher der kleinbürgerlichen Massen, galt als ein zäher Streiter für die Revolution in den Jahren vor 1848. Er war rastlos tätig als Propagandist des Kampfes gegen das halbfeudale System des Deutschen Bundes und für bürgerlich-demokratische Rechte. Manchmal tastend und unklar, aber immer zutiefst mit den Massen des politisch und sozial unterdrückten Volkes verbunden, hatte er im Frühling 1848 die Verwirklichung seiner Hoffnungsträume zum Greifen nahe gesehen. Er hoffte, auf parlamentarischem Wege könne das erstrebte Ziel, der bürgerlich-republikanische Nationalstaat, erreicht werden, wenn nur Parlament und Volksbewegung eng genug zusammenwirkten. Deutlich genug hatte sich in den Monaten bis September gezeigt, daß der parlamentarische Weg, den Blum und seine gemäßigt-demokratischen Freunde in Frankfurt (Main) einschlugen, nicht zum Ziel führte. Die Septemberkrise machte Blum vollends bewußt, daß das von einer kompromißlerischen, gemäßigt-liberalen Mehrheit bestimmte Parlament seine revolutionäre Aufgabe nicht erfüllen konnte. Die Teilnahme am Kampf in Wien führte ihn aus der Krise heraus. Er erkannte, daß die vorrückende Konterrevolution nur im revolutionären Kampf des Volkes außerhalb der Parlamente besiegt werden konnte. »Wenn Wien nicht siegt«, schrieb er an seine Freunde, »so bleibt nach der Bestimmung nur ein Schutt- und Leichenhaufen übrig«, unter dem er sich »mit freudigem Stolze« begraben lassen würde.[129] In Wien überwand Blum seine Halbheiten und Inkonsequenzen. Er wurde zum revolutionären Demokraten.

Voller Begeisterung schloß er sich den revolutionären Wiener Arbeitern und Studenten an: »Wien ist prächtig, herrlich, die liebenswürdigste Stadt, die ich je gesehen habe: dabei revolutionär in Fleisch und Blut.«[130] Für die bedrohte Stadt mußte die Ankunft der Frankfurter Abgeordneten, wie jede Äußerung demokratischer Solidarität, neue Hoffnung und neuen Mut erwekken: Überall jubelte man den demokratischen Mitstreitern zu, in der Aula bereiteten ihnen die Studenten Ovationen.

Am 23. Oktober erging vom Hauptquartier in Hetzendorf die Aufforderung, daß das Wiener Volk binnen 48 Stunden die Waffen niederlegen sollte. Die bedingungslose Unterwerfung galt als beschlossene Sache. Die Antwort der Revolutionäre war großartig: Zeitungen und Aufrufe erteilten den schwarzgelben Henkern eine Lektion. Auch Blum schrieb im Auftrag des demokratischen Zentralkomitees einen Zeitungs-

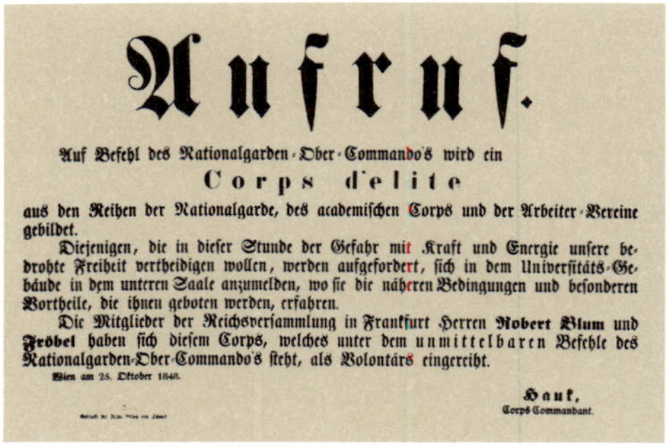

Aufruf.

Auf Befehl des Nationalgarden-Ober-Commando's wird ein

Corps d'elite

aus den Reihen der Nationalgarde, des academischen Corps und der Arbeiter-Vereine gebildet.

Diejenigen, die in dieser Stunde der Gefahr mit Kraft und Energie unsere bedrohte Freiheit vertheidigen wollen, werden aufgefordert, sich in dem Universitäts-Gebäude in dem unteren Saale anzumelden, wo sie die näheren Bedingungen und besonderen Vortheile, die ihnen geboten werden, erfahren.

Die Mitglieder der Reichsversammlung in Frankfurt Herren **Robert Blum** und **Fröbel** haben sich diesem Corps, welches unter dem unmittelbaren Befehle des Nationalgarden-Ober-Commando's steht, als Volontärs eingereiht.

Wien am 25. Oktober 1848.

Hauk,
Corps-Commandant.

Aufforderung zum Eintritt in das Elitekorps der Wiener Nationalgarde, 25. Oktober 1848

artikel gegen Windischgrätz: eine Replik voll Schwung, Hohn und keckem Kampfesmut. Der »Studenten-Courier« fragte: »Warum lassen wir uns den Konstitutionalismus mit seiner Ledernheit, Abgeschmacktheit und seinen immensen Kosten gefallen? Warum wählen wir nicht die einfache und einzig vernünftige Republik?«[131]

Am 26. Oktober begann der Sturm auf Wien. Jetzt bewährten sich die bewaffneten

Verteidigung der Sophienbrücke in Wien gegen die anrückenden kroatischen Truppen. Nach der »Illustrierten Chronik 1849«

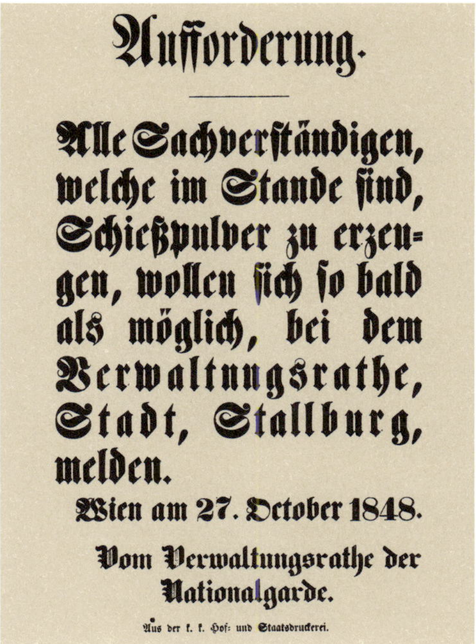

Aufforderung.

Alle Sachverständigen, welche im Stande sind, Schießpulver zu erzeugen, wollen sich so bald als möglich, bei dem Verwaltungsrathe, Stadt, Stallburg, melden.

Wien am 27. October 1848.

Vom Verwaltungsrathe der Nationalgarde.

Aus der k. k. Hof- und Staatsdruckerei.

Aufruf der Nationalgarde, 27. Oktober 1848

Der Kampf in der Jägerzeile, 28. Oktober 1848. Nach der »Illustrierten Chronik 1849«

Arbeiter der Mobilgarde. Von General Bem vorzüglich geleitet, verteidigten sie jeden Meter des Stadtgebietes gegen eine Übermacht von 60 000 wohlausgerüsteten Soldaten.

Die kampfesmutigen Arbeiter rissen Zögernde mit. Blum fand sie wie viele andere »bewundernswert«[132]. Zum ersten Mal während der deutschen Revolution von 1848/49 stand eine solche militärische Macht der revolutionären Demokratie im Kampf, und die junge Arbeiterklasse war ihr zuverlässiger Kern.

Windischgrätz unterlag einer Fehleinschätzung, wenn er geglaubt hatte, er werde die Stadt mühelos erobern können. Zäh wurden jede Straße, jede Barrikade gegen die Truppen verteidigt. Schritt für Schritt nur kamen die Soldaten voran. Erst am 28. Oktober erreichten die Truppen die Wälle der Innenstadt. Neun Stunden tobte an diesem Tage der erbitterte Kampf, ehe die Barrikade am Praterstern und die Straßen der Leopoldstadt erobert waren. Trotz der drückenden Überlegenheit mußte jedes Haus den heldenhaft kämpfenden Arbeitern und Studenten in erbittertem Kampf entrissen werden. Die Mordlust der Soldateska tobte sich aus. Die revolutionäre Entschlossenheit der Verteidiger von Wien konnte aber nicht gebrochen werden.

Messenhauser wie andere schwankende kleinbürgerliche Führer drängten jedoch auf Kapitulation. Reichstag, Gemeinderat, Nationalgarde empfahlen, sich Windischgrätz zu unterwerfen. Im Großen Redoutensaal beschlossen am 29. Oktober Vertreter der verschiedenen an der Verteidigung Wiens beteiligten Korps gegen die Stimmen der Abgesandten der Arbeiter, die Waffen niederzulegen. Gegen den Protest der Vertreter der Mobilgarde sandte Messenhauser diesen Beschluß an Windischgrätz.

Noch einmal flammte jedoch am folgenden Tag der Widerstand der revolutionären Kräfte auf. Die Nachricht vom Herannahen der ungarischen Truppen ließ die Revolutionäre wieder zu den Waffen greifen. Die ungarische Armee hatte lange gezögert, die österreichische Grenze zu überschreiten. Vom ungarischen Landtag war am 10. Oktober beschlossen worden, daß ein Vorrükken auf Wien nicht ohne vorherige offizielle Aufforderung der Wiener Behörden geschehen dürfe. Reichstags- und Gemeinderatsmehrheit in Wien widersetzten sich dem Drängen der demokratischen Kräfte, ungarische Hilfe herbeizurufen. Als Kossuth, der am 24. Oktober im ungarischen Heerlager eintraf, endlich den Marsch über die ungarisch-österreichische Grenze durchsetzte, war es für Wien zu spät. Die Vereinigung mit den belagerten Wiener Revolutionären gelang nicht mehr. Etwa zehn Kilometer vor der Stadt wurde am 30. Oktober die ungarische Armee von Jellačić gestellt und zum Rückzug gezwungen.

Aber in der Stadt vermochten besonders die Arbeiter der Mobilgarde noch einmal auch Zögernde mitzureißen. Die Verteidigungsstellungen wurden wieder besetzt und das Feuer auf die Truppen Windischgrätz' eröffnet. Der Geist revolutionärer Entschlossenheit beherrschte die Innenstadt. Messenhauser wurde von einer Volksversammlung für abgesetzt erklärt und durch den jungen Ferdinand Fenner v. Fenneberg ersetzt. Die »Mobilen« übten in der Innenstadt praktisch die Macht aus. Sie verhinderten, daß Zeichen der Kapitulation aufgesteckt wurden. Schwarzgelbe Fahnen wurden zerrissen.

Bekanntgabe der Kapitulation Wiens, 29. Oktober 1848

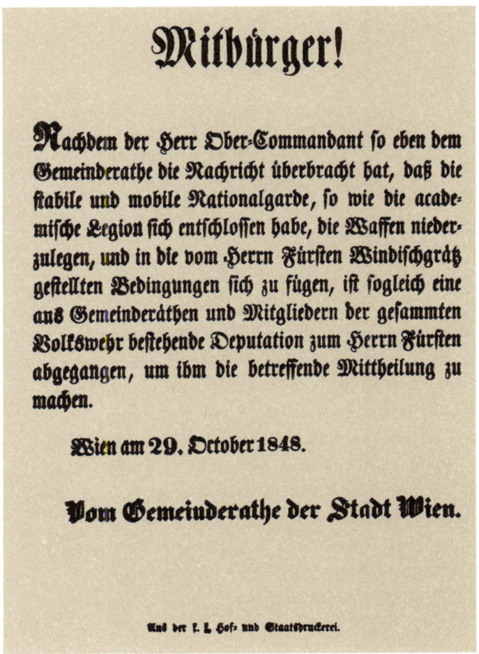

Mitbürger!

Nachdem der Herr Ober-Commandant so eben dem Gemeinderathe die Nachricht überbracht hat, daß die stabile und mobile Nationalgarde, so wie die academische Legion sich entschlossen habe, die Waffen niederzulegen, und in die vom Herrn Fürsten Windischgrätz gestellten Bedingungen sich zu fügen, ist sogleich eine aus Gemeinderäthen und Mitgliedern der gesammten Volkswehr bestehende Deputation zum Herrn Fürsten abgegangen, um ihm die betreffende Mittheilung zu machen.

Wien am 29. October 1848.

Vom Gemeinderathe der Stadt Wien.

Aus der k. k. Hof- und Staatsdruckerei.

Die Jägerzeile in Wien nach der Beschießung durch die kaiserlichen Truppen. Nach der »Illustrierten Zeitung«, 1848

An die

Bewohner von Nieder- und Ober-Oesterreich.

Der verlängerte Widerstand, den die in offener Empörung begriffene Stadt Wien meinen Truppen entgegen gesetzt hat, bemüssigte mich, nachdem ich alle Mittel zur gütlichen Unterwerfung derselben erfolglos versucht, und selbst die schon angebothene Kapitulation treulos und wortbrüchig von derselben umgangen wurde, die strengste Waffengewalt eintreten zu lassen, welche deren vollkommene Bezwingung zur Folge hatte.

Die Stadt Wien und deren Umgebung auf zwei Meilen im Umkreise befindet sich von heute an im Belagerungszustande, wodurch sämmtliche innerhalb der gedachten Ausdehnung bestehenden Ortsbehörden unter die Autorität der Militärgewalt gestellt werden.

Indem ich dieses hiermit allgemein bekannt gebe, spreche ich die zuversichtliche Erwartung aus, daß die Provinzen Oesterreich ob und unter der Enns in ihrer bisherigen Treue an das Kaiserhaus und die constitutionelle Monarchie unerschütterlich verharren, alle bösen Einflüsterungen von sich entfernt halten und mir die Nothwendigkeit ersparen werden, den Belagerungszustand noch weiter auf einzelne Ortschaften oder Gemeinden ausdehnen zu müssen, in denen sich wider mein Erwarten ein gleicher übler Geist zeigen sollte.

Ich warne somit die Bewohner dieser Provinzen auf das Eindringlichste vor jenen Aufwieglern, welche unter täuschenden Vorspieglungen nur die Auflösung aller Bande der Ordnung und Gesetzlichkeit beabsichtigen, unabsehbares Verderben verbreiten, und der fortschreitenden Entwicklung jeder wahren Freiheit nur entgegen wirken können.

Hetzendorf am 1: November 1818.

Fürst zu Windisch-Grätz,
k. k. Feldmarschall.

Aufruf Windischgrätz', 1. November 1848

Der tapfere Widerstand der Verteidiger Wiens zwang Windischgrätz zum Einsatz seines letzten Mittels, mit dem er auch Prag bezwungen hatte. Am Nachmittag ordnete er die Beschießung der Innenstadt an. Innerhalb von drei Stunden wurden 2 000 Geschosse abgefeuert. Der Brand von kulturgeschichtlich bedeutenden Gebäuden kündete von der Roheit und Unmenschlichkeit derer, die die Reaktion wieder etablieren wollten. Trotz der Beschießung der Innenstadt leisteten die revolutionären Arbeiter und Studenten bis zuletzt Widerstand.

Am kalten und verregneten Morgen des 1. November hing am Stephansturm wieder die schwarzgelbe Fahne: Das Drama des revolutionären Kampfes war zu Ende.

Die Häuser und Straßen trugen noch die Spuren des Kampfes, als die Schergen von Windischgrätz und Schwarzenberg ihr Strafgericht über die Revolutionäre begannen. Viele, vor allem die auf die Seite der Revolutionäre übergetretenen Soldaten, wurden sofort hingemordet. Auf die Führer des Aufstandes wurde eine regelrechte Hetzjagd veranstaltet. Kommandeure von militärischen Einheiten und demokratische Publizisten wurden zum Tode verurteilt. Am 23. November fielen Alfred Julius Becher und Hermann Jellinek im Stadtgraben unter den Kugeln des Exekutionskommandos. Sie hatten bis zuletzt mit der Feder oder mit der Waffe in der Hand gegen die Konterrevolution gekämpft. Ein Schrei der Empörung ging durch das Land, als bekannt wurde, daß am 9. November nach kurzem Prozeß vor dem Kriegsgericht Robert Blum in der Brigittenau erschossen worden war. Das Urteil gegen Robert Blum gründete sich darauf, daß er in der Aula »zum Aufruhre aufgeregt« und am 26. Oktober »an dem bewaffneten Aufruhr in Wien als Kommandant einer Kompanie des Elitekorps« teilgenommen hätte.[133]

Das Urteil traf Blum völlig unvorbereitet. Im Abschiedsbrief an seine Frau schrieb er: »Mein teures, gutes, liebes Weib, lebe wohl, wohl für die Zeit, die man ewig nennt, die es aber nicht sein wird. Erziehe unsere — jetzt deine Kinder zu edlen Menschen, dann werden sie ihrem Vater nim-

Aus der »Neuen Rheinischen Zeitung«, 5. November 1848

Wien.

„Hoffen wir trotz dem „Aufruf des demokratischen Kongresses," daß das Volk aus seiner Lethargie erwachen und die einzige Hülfe den Wienern bringen wird, die es ihnen in diesem Augenblicke noch bringen kann, die Besiegung der Contre-Revolution im eignen Hause."

„N. Rh. Ztg." vom 3. Nov.

Wenn wir noch knieen könnten, wir lägen auf den Knien;
Wenn wir noch beten könnten, wir beteten für Wien!
Doch lange schon verlernten wir Kniefall und Gebet —
Der Mann ist uns der beste, der grad und aufrecht steht!
Die Hand ist uns die liebste, die Schwert und Lanze schwingt!
Der Mund ist uns der frommste, der Schlachtgesänge singt!
Wozu noch bittend winseln? Ihr Männer, in's Gewehr —
Heut ballt man nur die Hände, man faltet sie nicht mehr!
Es ist das Händefalten ein abgenutzt Geschäft —
Die linke an die Scheide, die rechte Hand an's Heft!
Die Linke an die Gurgel dem Sclaven und dem Schuft,
Die Rechte mit der Klinge ausholend in der Luft!
Ein riesig Schilderheben, ein Ringen wild und kühn —
Das ist zur Weltgeschichte das rechte Flehn für Wien!

Ja, Deutschland, ein Erheben! ja, Deutschland, eine That!
Nicht, wo im rothen Dolman einhersprengt der Kroat,
Nicht, wo vom Huf der Rosse das Donauufer bebt,
Nicht, wo vom Stephansthurme der weiße Rauch sich hebt,
Nicht, wo aus Slavenmörsern die Brandraketen sprühn —
Nicht dorthin, ernster Norden, gewaffnet sollst du ziehn!
Nicht dorthin sollst du pilgern zur Hülfe, zum Entsatz —
Allwärts, um Wien zu retten, stehst du an deinem Platz!
Räum' auf im eignen Hause! Räum' auf und halte Stich —
Den Jellachich zu jagen, wirf deinen Jellachich!
Ein dreister Schlag im Norden ist auch im Süd ein Schlag;
Mach' fallen unser Olmütz, und Olmütz rasselt nach!

Der Herbst ist angebrochen, der kalte Winter naht —
O Deutschland, ein Erheben! o Deutschland, eine That!
Die Eisenbahnen pfeifen, es zuckt der Telegraph —
Du aber bleibst gelassen, du aber bleibst im Schlaf!
Bei'm Todeskampf der Riesin dastehst du wie von Stein —
Alles, wozu du dich ermannst, ein kläglich Bravoschrein!

3. November, Nachmittags. F. Freiligrath.

mer Schande machen. Unser kleines Vermögen verkaufe mit Hilfe unserer Freunde. Gott und gute Menschen werden Euch ja helfen. Alles, was ich empfinde, rinnt in Tränen dahin, daher nochmals: lebe wohl, teures Weib!
Betrachte unsere Kinder als teures Vermächtnis, mit dem Du wuchern mußt, und ehre so Deinen treuen Gatten.
Leb wohl, leb wohl: Tausend, tausend, die letzten Küsse von

Deinem Robert.«[134]

Die blutige Rache der Schwarzenberg und Windischgrätz an Blum traf einen aufrechten kleinbürgerlichen Demokraten, der sein ganzes Leben lang für die Rechte des werktätigen Volkes gestritten hatte und der gerade in diesen Oktobertagen Schwankungen und Inkonsequenzen überwunden und als entschlossener Revolutionär gekämpft hatte. Für die demokratischen Rechte des Volkes ist er gestorben. Die Verbundenheit mit den Massen hatte Blum populär gemacht.
Mit der Ermordung Blums und anderer Demokraten wollte die österreichische Reaktion die gesamte Demokratie treffen.
Der Sieg der Konterrevolution in Wien vernichtete nicht nur zunächst jede Hoffnung auf eine demokratische Entwicklung Österreichs. Er ermutigte die reaktionären Kräfte in ganz Europa.

Staatsstreich in Berlin

Am Abend des 6. November, als bestätigte Nachrichten über den Fall Wiens vorlagen, berichtete Karl Marx in der Komiteesitzung des Arbeitervereins in Köln über die Wiener Ereignisse. Er erläuterte die Folgerungen, die sich aus dem Sieg der Konterrevolution in Österreich ergaben. Den Fall Wiens bezeichnete er als den zweiten Akt des Dramas, das mit der Junischlacht in Paris begann. Für die Entwicklung in Preußen sagte er voraus: »Zu *Berlin* werden wir bald den dritten Akt erleben.«[135]

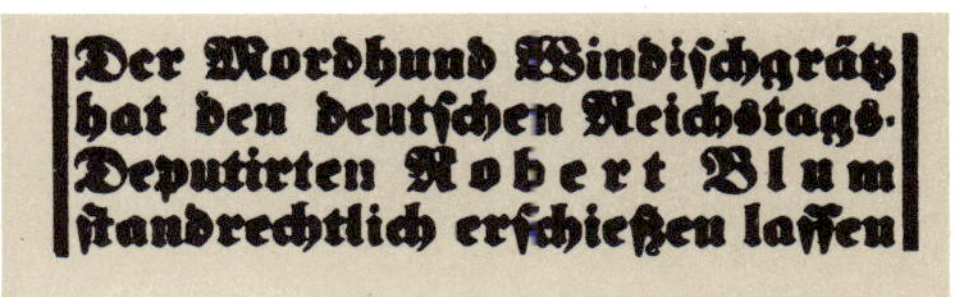
Der Mordhund Windischgrätz hat den deutschen Reichstags-Deputirten Robert Blum standrechtlich erschießen lassen

Aus der »Neuen Rheinischen Zeitung«, 14. November 1848

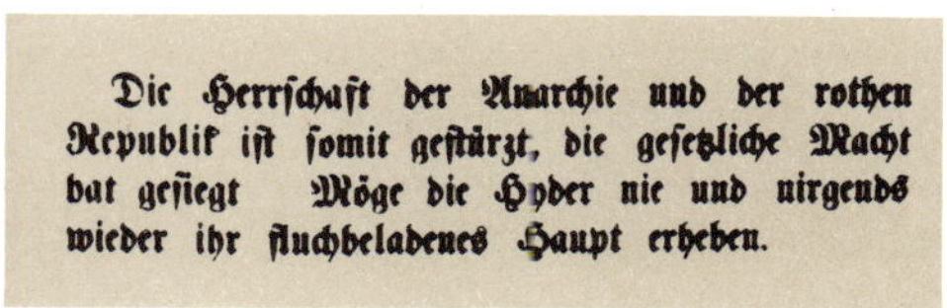
Die Herrschaft der Anarchie und der rothen Republik ist somit gestürzt, die gesetzliche Macht bat gesiegt Möge die Hyder nie und nirgends wieder ihr fluchbeladenes Haupt erheben.

Zu den Ereignissen in Wien.
Aus dem Extra-Blatt der »Kreuzzeitung« vom 3. November 1848

Marx und Engels werteten die revolutionäre Erhebung und die darauffolgende Erstürmung Wiens durch kaiserliche Truppen als das deutsche Gegenstück zur Pariser Junischlacht. Die Niederlage Wiens veränderte das Kräfteverhältnis zwischen Revolution und Konterrevolution in Deutschland entscheidend zugunsten der Konterrevolution. Sie stärkte, wie Friedrich Engels schrieb, »sofort den Mut und die Kraft der konterrevolutionären Partei in ganz Deutschland«[136].
Mit Spannung hatte man in allen deutschen Staaten den Verlauf der Ereignisse in Wien verfolgt. »Wien ist der Punkt, nach welchem alle Blicke sich wenden«[137], und von dorther erwarte man, je länger die Entscheidung sich verzögere, um so ungeduldiger die Nachricht über den Ausgang des Kampfes, schrieb der österreichische Gesandte in Hannover in einem Bericht nach Wien. Auch in Preußen war »alle Aufmerksamkeit auf Wien gerichtet, wo die wichtigste politische Frage zur Entscheidung kommen und über die Geschicke mehr denn eines Staates das Urteil gesprochen werden«[138] würde, wie der österreichische Gesandte seiner Regierung aus Berlin berichtete. »Der Ausgang der Wiener Ereignisse«, meinte er, »wird auf den Gang, den man in der nächsten Zukunft hier einzuschlagen gedenkt, den wesentlichsten Einfluß haben; durch die dortigen Erfolge sind die Entschlüsse der preußischen Regierung bedingt.«[139]
Tatsächlich gab der Sieg der Konterrevolution in Wien das Signal für ihr rasches Vorgehen in Preußen. »Der Donner der Kanonen vor Wien weckte in Berlin zu neuen Leben«[140], beobachtete der österreichische Gesandte. Im Schloß in Potsdam wurde das königliche Tafelzimmer mit den Porträts von Windischgrätz, Jellačić, Radetzky und Latour geschmückt. Der Sieg der Habsburger ließ die Hohenzollern nicht ruhen. Nach der Niederlage Wiens erfolgte im November der Staatsstreich in Berlin. Dieser Staatsstreich war seit langem vorbereitet worden.

Die Kamarilla trifft Vorbereitungen

In Potsdam, wohin sich der besiegte preußische König nach der Märzrevolution zurückgezogen hatte, war Friedrich Wilhelm IV. von einer Gruppe von Hofleuten umgeben, die an der Spitze der junkerlich-militaristischen Konterrevolution in Preußen stand: die Kamarilla. Sie stützte, beriet und lenkte den König, der in vielen Situationen ratlos und unentschlossen war und seine Schwäche durch unberechenbare Launen und Willkür zu kompensieren suchte. Friedrich Wilhelm IV. war teils nachgiebiges Werkzeug in der Hand seiner Umgebung, teils eigenwillig starr in seinen Entscheidungen, hin- und hergerissen zwischen dem Glauben an sein eigenes Gottesgnadentum und mutloser Verzagtheit. Zeitweise dachte er dann daran abzudanken, oder er fürchtete, die Armee würde ihn absetzen und seinen Bruder, den Prinzen Wilhelm von Preußen, auf den Thron heben. In der Kamarilla gab es manche Verwirrung über die Kapriolen des Königs. Einige Männer in seiner Umgebung wollten seine Abdankung, weil sie ihn für unfähig hielten, in der Mehrheit waren jedoch jene, die meinten, ein schlechter König sei besser als gar kein König.
Die Kamarilla betrachtete den Zustand seit dem März nur als ein Provisorium. Sie ar-

beitete von Anfang an darauf hin, die volle politische Macht des Adels wiederherzustellen, und zwar vor allem mit Hilfe der Armee. Sie wollte sich die »Elemente der Anarchie« vom Halse schaffen, schließlich aber auch die konstituierende Versammlung, die ihr, als eine Frucht der Revolution, zutiefst zuwider war und ihren Haß auf sich zog, je mehr sie sich als ein bürgerliches Machtorgan gebärdete. Eine »miserable«, eine »anstößige Bande« nannte einer der Wortführer der Kamarilla, Leopold v. Gerlach, die Versammlung.[141] Alle bürgerlichen Gesetzesvorschläge müßten zurückgenommen werden, meinte der König.

Doch man gab sich konstitutionell. Selbst Friedrich Wilhelm IV. war jetzt ein Konstitutioneller. Die Konterrevolution nutzte das machtpolitische Provisorium seit dem März geschickt aus, gewann schrittweise Positionen, bevor sie mit einem Gewaltstreich die Auflösung der Berliner Abgeordnetenversammlung, die Einsetzung einer reaktionären Regierung, die Unterdrückung der demokratischen Bewegung erzwingen wollte. Vor allem der Aufschwung der Volksbewegung seit Juli hatten König und Kamarilla bislang vor der Ausführung ihrer Staatsstreichpläne zurückschrecken lassen.

Der Sturz des Ministeriums Auerswald/Hansemann hatte die adlige Konterrevolution ihrem Ziel ein Stück näher gebracht. Am 22. September ernannte der König den fast 70jährigen General Ernst v. Pfuel zum Ministerpräsidenten und Kriegsminister. Die Ministerliste enthielt nur Namen hoher Bürokraten. Sie war vom König und seinen Beratern — und nicht von Pfuel — zusammengestellt worden. Zum Kabinett gehörten keine Männer aus dem Parlament. Der König erwartete von dem neuen Ministerpräsidenten, daß er die Konterrevolution im Sinne des Hofes weiter vorantreiben würde. Pfuel legte auch ein geheimes, vom König bestätigtes Regierungsprogramm vor, in dem es hieß, daß die preußische Versammlung »bei fortgesetzten Kompetenzüberschreitungen« aufzulösen und sie möglichst schon vorher, damit sie dem »Terrorismus« des Volkes in Berlin entzogen werde, in eine andere Stadt zu verlegen sei.[142]

In der Septemberkrise wäre die Bildung einer Regierung aus Linken und Mitgliedern der Zentrumsfraktion möglich gewesen, aus jener Mehrheit, die eben das alte Ministerium gestürzt hatte. Das wäre ein Ministerium der Bourgeoisie gewesen, aber

Zeitgenössische Karikatur auf die Furcht der Bourgeoisie vor den revolutionären Massen

die Repräsentation ihrer Mehrheit und nicht ihrer obersten Spitze. Hätte die konstituierende Versammlung das ihr von der Krone offerierte Ministerium Pfuel abgelehnt und ein Ministerium aus den eigenen Reihen durchgesetzt, dann hätte dies ein neuer Ausgangspunkt für die Weiterführung der Revolution sein können: eine Situation wäre entstanden wie »am Morgen des 19. März«[143]. Diese Konsequenz brachte die Versammlung indes nicht auf.

Die Bourgeoisie akzeptierte Pfuel, weil er im Ruf eines Konstitutionellen stand. Pfuels öffentliches Regierungsprogramm versprach Fortschritt auf konstitutionellem Wege, Vereinbarung einer Verfassung mit der Versammlung und selbstverständlich Kampf gegen die »Anarchie«.

Einige Leute in der Umgebung des Königs hatten gegen Pfuel Bedenken, denn er galt als liberal. Der schon etwas greisenhafte General, der am Mittag des 18. März 1848 als Militärgouverneur von Berlin abgesetzt worden war, weil er mit dem Angriff auf das Volk gezögert hatte, entsprach recht wenig dem Geschmack der extremsten Reaktionäre. Am liebsten hätten sie gesehen, wenn jetzt in Berlin genauso gegen die Demokraten vorgegangen worden wäre wie in Frankfurt (Main). Doch noch wagte man nicht, ein offen konterrevolutionäres Ministerium einzusetzen, geschweige denn jetzt schon einen militärischen Gewaltstreich zu führen.

Die Regierung Pfuel benutzte konstitutionelle Phrasen wie die Frankfurter Zentralgewalt die Worte von der »deutschen Einheit«[144], schrieb Karl Marx in der »Neuen Rheinischen Zeitung«. Pfuel ging zum Schein auch auf den Wunsch der Versammlung ein, den von der Regierung Auerswald/Hansemann verweigerten Armeebefehl zu erlassen. Was er verkündete, war eine abgeschwächte Fassung des alten Beschlusses, der sogar der König — widerwillig — zustimmte. Pfuel sandte an die kommandierenden Generale ein Rundschreiben, in dem sie aufgefordert wurden, reaktionäre Tendenzen in der Armee nicht zu dulden. Der Befehl blieb ein wertloses Stück Papier, aber das Parlament nahm die Farce hin. Selbst die Linken gaben sich zufrieden und erklärten den Antrag des Abgeordneten Stein vom 9. August nun für erledigt.

Die meisten Diplomaten in Berlin, die Vertreter der Fürstenhöfe wie der bürgerlichen Regierungen, zeigten sich durch die scheinbare Nachgiebigkeit der Regierung »wahrhaft betreten«; die Gesandten glaubten die preußische Monarchie bedroht und fürchteten »den Ausbruch anarchischer Bewegungen der ärgsten Art«[145]. Einige Linke sahen in dem Armeebefehl Pfuels ganz unberechtigt den Anfang der Entwaffnung der Reaktion. Die Ultrareaktionäre aber wähnten die Monarchie in Gefahr. Sie glaubten nicht daran, daß es der Regierung gelingen würde, durch die von Pfuel eingeschlagene Taktik für sich im Parlament eine dauerhafte Mehrheit zusammenzuzimmern.

Dem Offizierskorps erschien schon die rhetorische Ermahnung Pfuels als ein Akt der Revolution. In der Praxis freilich hielt es sich an den Armeebefehl des Generals Friedrich v. Wrangel, der am 15. September vom König zum »Oberbefehlshaber in den Marken« ernannt worden war. Das war eine deutliche Antwort auf den Beschluß der Abgeordnetenversammlung vom 7. September über die Armee.

Wrangel, Sohn eines Generals, hatte die Schule bis zum zwölften Lebensjahr besucht, war dann in die Armee eingetreten und schon 1823, noch nicht 40jährig, zum Generalmajor befördert worden. Zuletzt hatte er die preußischen Truppen in Schleswig-Holstein kommandiert. In einer Zeitungsnotiz wurde er charakterisiert als »der echte Repräsentant des urpommerschen Junkertums, ungebildet und pochend auf das adlige Blut, das in seinen Adern fließt, dabei Preuße von der echtesten schwarzweißen Farbe«. Er, der stolz darauf war, in Rede und Schrift der deutschen Sprache schlimme Gewalt anzutun, war der »eingefleischteste Gamaschenheld«[146].

Dieser grobschlächtige alte Kavallerist sollte nun das revolutionäre Berlin bändigen. Der neuernannte Oberbefehlshaber erklärte am 17. September in einem Befehl an die Truppen, daß sie »Ruhe und Ordnung« zu schützen und »zunächst eine moralische Stütze« der »guten Elemente« zu sein hätten. Wrangel drohte denjenigen, »welche zur Ungesetzlichkeit verführen wollen«[147], und forderte die Soldaten auf, sich fest um ihre Offiziere und den König zu scharen. In einer besonderen Ansprache an die Offiziere kündigte er an, sie könnten bald zur Aufrechterhaltung der Gesetzlichkeit gerufen werden. Wrangels Truppen sollten bei der Verwirklichung der konterrevolutionären Pläne den militärischen Rückhalt bilden. Sie kreisten Berlin ein. 80 000 Soldaten standen als mobiles Korps in der Umgebung der Stadt bereit.

Der General
Wrangel,
der sich in offenem Widerstande gegen die Versammlung der Vertreter des Volks, also gegen das ganze Preußische Volk befindet, der es versucht, die Nationalversammlung an der Ausübung ihrer gesetzlichen Obliegenheiten mit Bajonetten zu hindern,
diesen General Wrangel erklären wir, im Einverständnisse mit allen ehrenhaften Bürgern des Staates, für einen Volksverräther, der, selbst außerhalb des Gesetzes stehend, auf gesetzlichen Schutz keinerlei Anspruch zu machen hat.

Der demokratische Club.

Der Demokraten-Verein der Königsstadt.

Druck von Ferd. Reichardt u. Co, Neue Friedrichstraße 24.

Berliner Demokraten erklären Wrangel zum Volksverräter

Friedrich v. Wrangel. Lithographie, 1849

Gleich nach seinem Einmarsch hielt Wrangel am 21. September eine Truppenschau in Berlin ab, die erste seit der Märzrevolution. Etwa 8 000 Mann, aufgestellt in der Straße Unter den Linden, vom Brandenburger Tor bis zum Opernplatz, defilierten an dem General vorbei, der bei dieser Heerschau provokatorisch erklärte: »Die Truppen sind gut, die Schwerter haarscharf geschliffen, die Kugeln im Lauf.«[148]

Pfuel erfüllte weder die Erwartungen des Königs noch die der Bourgeoisie. Wrangel hielt, was er versprach.

Das Parlament streicht »von Gottes Gnaden«

Während der Amtszeit des Ministeriums Pfuel nahm die preußische konstituierende Versammlung eine Linksentwicklung.

Zeitgenössische Karikatur auf die Truppenschau Wrangels in Berlin

Diese Zeit wurde zum Höhepunkt ihres Wirkens. »Das Singspiel ist zu Ende, das Drama beginnt«[149], hieß es in Berlin, als die Versammlung im September, nach der Abdankung Hansemanns und Auerswalds, aus der Singakademie an der Straße Unter den Linden in das Schauspielhaus am Gendarmenmarkt umzog. Während die Regierung, von der Kamarilla beargwöhnt, in ihrer Handlungsfähigkeit eingeschränkt war, sich auch nicht zu einem drastischen Vorgehen gegen die Versammlung und die demokratische Bewegung außerhalb des Parlaments entschließen wollte, wuchs das Selbstbewußtsein der Abgeordneten. Mitgerissen von den Linken, stimmten Abgeordnete der Fraktionen des linken und sogar des rechten Zentrums so, daß bei einigen Entscheidungen Mehrheiten zustande kamen, die das bürgerliche Parlament in den Mittelpunkt der Aufmerksamkeit rückten und ihm die Sympathien der Bevölkerung einbrachten. Gerade jetzt, da die Versammlung anfing, wahre Lebenskraft zu entwikkeln, begannen die Gegner der Volksrechte, ihr innere Lebensfähigkeit abzusprechen. Das Herannahen eines neuen Konflikts zwischen Versammlung und Regierung zeichnete sich ab, und es war vorauszusehen, daß dieser Konflikt nicht wieder durch einen einfachen Ministerwechsel beigelegt werden könnte.

Im Oktober begann die Beratung über eine Verfassung in Preußen. Der erste Entwurf vom Mai stammte noch von Ludolf Camphausen, der sich mit seinen juristischen Beratern die Verfassungen der belgischen und der französischen konstitutionellen Monarchien zum Muster genommen und den Entwurf dem preußischen König auf den Leib zugeschnitten hatte. Friedrich Wilhelm IV. und seine Vertrauten brachten weitere reaktionäre Veränderungen ein. Diese Fassung war von der konstituierenden Versammlung verworfen und eine Kommission zur Umarbeitung beziehungsweise zur Ausarbeitung eines eigenen Entwurfs eingesetzt worden. Jetzt lag ein zum großen Teil im liberalen Sinne formulierter Text vor, und in der Debatte über die einzelnen Paragraphen spitzten sich die Differenzen zwischen der konstituierenden Versammlung einerseits, Regierung und Krone andererseits weiter zu. Der Kampf um die Verfassung hatte deshalb prinzipielle Bedeutung, weil ein Grundgesetz, von der Versammlung beschlossen und vom König beschworen, nach dem Verständnis aller Klassenkräfte das Provisorium seit der Märzrevolution beendet und neue, bürgerliche Rechtsverhältnisse begründet hätte. Ungeachtet aller undemokratischen Festlegungen und selbst reaktionären Einschränkungen hätte eine solche Verfassung die Ansprüche der Bourgeoisie fixiert und ihre durch die Märzrevolution gewonnenen Machtpositionen befestigt. Daran änderte auch nichts, daß eine große Mehrheit der Versammlung gegen die Stimmen der äußersten Linken den Begriff der Vereinbarung der Verfassung zwischen Volk und Krone in der Eingangsformel akzeptierte.

Gleich zu Beginn der Verfassungsberatungen, bei der Festlegung der Titulatur des Königs, stimmte die Versammlung am 12. Oktober, obwohl die Mehrheit monarchisch gesinnt war – aber eben bürgerlich-konstitutionell monarchisch – für den Wegfall der Formel: »Von Gottes Gnaden«. Die Verfassung sollte nicht mehr an den Absolutismus und die Zeit erinnern, in der als Grundsatz galt, daß man einer von Gott eingesetzten Obrigkeit in allem unbedingt Folge zu leisten hätte und dem »beschränkten Untertanenverstand« nicht einmal ein Urteil über die »unfehlbaren« Handlungen des Fürsten zustand. »Man pflegt, wenn ein Handlungshaus bankrott geworden ist, die Firma nicht mit in das neue Geschäft hinüberzunehmen«[150], sagte ein Abgeordneter in nüchtern-bürgerlicher Begründung bei der Debatte über diesen Antrag im Parlament.

Friedrich Wilhelm IV. fühlte sich zutiefst getroffen: Gottlose Revolutionäre wollten seine Krone ihres »wahrhaften Glanzes« berauben. Er hielt die Zeit für gekommen, die Obrigkeit, die »seit März vergessen ist, wieder in Erinnerung« zu bringen, und erklärte seinen Ministern, daß für ihn allein eine Verfassung auf der Grundlage der »angestammten Obrigkeit von Gottes Gnaden« in Frage käme.[151] Einer Abgeordnetendeputation, die dem König zu dessen Geburtstag am 15. Oktober im Schloß Bellevue im Berliner Tiergarten gratulierte, drohte Friedrich Wilhelm, daß er »Ruhe und Ordnung im Lande herstellen werde, daß Mir hierzu die Mittel vollauf zu Gebote stehen«. Er werde »den Aufruhr und die Aufrührer ... bekämpfen und zerschmettern«, und er fühle sich hierzu »durch Gottes Gnaden stark genug«.[152] Aufrührer – das waren für den König alle, die die Rechte der Krone ernstlich zu beschneiden gedachten.

Die konstituierende Versammlung ging

»Der Kanonenwilhelm«. Zeitgenössische Karikatur auf Kronprinz Wilhelm

noch weiter und beschloß am 31. Oktober mit 200 gegen 153 Stimmen: »Der Adel ist abgeschafft.« Sie wollte die Vorrechte des Adels und besonders des ostelbischen Junkertums möglichst weitgehend beseitigen und die bürgerliche Gleichheit erreichen. Die Mehrheit der Abgeordneten war auch für die Beseitigung adliger Titel und Prädikate und stimmte der Abschaffung der Orden zu. Schon zuvor war ein Jagdgesetz angenommen worden, mit dem das Recht des Adels, auf fremdem Grund und Boden jagen zu dürfen, ohne Entschädigung aufge-

Aus einem Zeitungsbericht über das Aufbegehren von Bauern aus der Gegend von Lübbenau gegen die Jagdvorrechte des Adels

Wachet und seid stark!

Diese Zeitung erscheint Dienstag, Donnerstag u. Sonnabend, die Gratiszugabe: Geschichten, wie sie die Zeit bringt, wöchentlich einmal.

Preis: 15 Sgr. für das Vierteljahr. Bestellungen auf diese Zeitung nehmen alle Postämter und Buchhandlungen an.

Bürger- und Bauern-Zeitung.

Herausgeber: Otto Ruppius.

№ 37. Berlin. Dienstag, den 26. September. 1848.

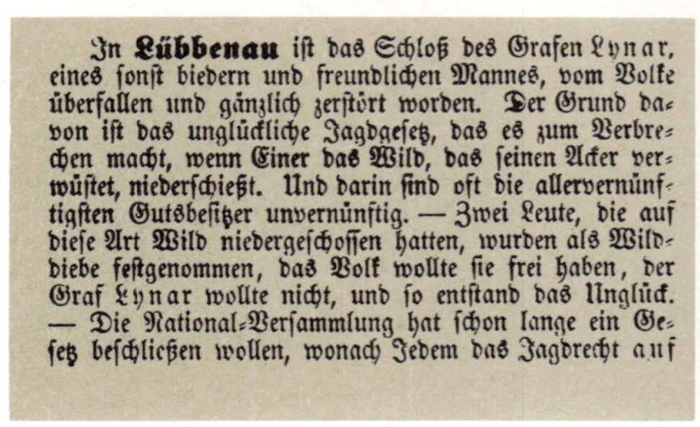

In **Lübbenau** ist das Schloß des Grafen Lynar, eines sonst biedern und freundlichen Mannes, vom Volke überfallen und gänzlich zerstört worden. Der Grund davon ist das unglückliche Jagdgesetz, das es zum Verbrechen macht, wenn Einer das Wild, das seinen Acker verwüstet, niederschießt. Und darin sind oft die allervernünftigsten Gutsbesitzer unvernünftig. – Zwei Leute, die auf diese Art Wild niedergeschossen hatten, wurden als Wilddiebe festgenommen, das Volk wollte sie frei haben, der Graf Lynar wollte nicht, und so entstand das Unglück. – Die National-Versammlung hat schon lange ein Gesetz beschließen wollen, wonach Jedem das Jagdrecht auf

hoben werden sollte. Der König zögerte, das Jagdgesetz in Kraft zu setzen. Die Gutsbesitzer, fürchtend, daß ihnen das Jagdrecht über kurz oder lang entzogen werden würde, luden große Jagdgesellschaften ein und jagten, zum Teil mit Soldaten als Treibern, die Felder der Bauern ab, die nach der Herbstbestellung frisch aufgesprungenen Saaten rücksichtslos verwüstend. Nur vereinzelt konnten Bauern die Jäger mit Gewalt vertreiben.

Im Oktober begann auch, alternierend mit den Debatten über den Entwurf der Verfassung, die Beratung über den inzwischen von den Kommissionen und Abteilungen der konstituierenden Versammlung in liberalem Sinne veränderten Gesetzentwurf über die Aufhebung einiger Feudallasten. Die Rechten hatten das Wirkungsfeld der Versammlung auf die Beratung der Verfassung und damit auf die Rolle als Vereinbarer mit der Krone reduzieren wollen. Die demokratische Linke dagegen drängte darauf, auch in der Regelung der materiellen Fragen voranzukommen, da ohne sie wie ohne die gründliche Beseitigung feudaler Mißbräuche, »ohne die Einführung einer freisinnigen Gemeindeordnung, ohne die Umgestaltung des bisherigen Gerichts- und Heerwesens« die Verfassung »ein leerer Schatten, ein inhaltloser Gedanke« sei.[153] Eine beschlossene Verfassung würde, soviel stand fest, das bürgerliche Eigentum für heilig und unantastbar erklären, und dann wäre auch, so argumentierten die Linken, die entschädigungslose Abschaffung adliger Vorrechte und bäuerlicher Lasten nicht mehr möglich. Die Versammlung beschloß am 2. Oktober, das Lastenaufhebungsgesetz solle »zur Beruhigung des Landes«[154], weil die Aufregung einen bedrohlichen Grad erreicht habe, vor allen anderen Gesetzen den Vorrang bei der Beratung haben.

Die Beschlüsse der konstituierenden Versammlung brachten, noch mehr als die Gesetzesvorlagen der Regierung, das bürgerliche Bestreben zum Ausdruck, die feudalen Überreste in der Gesellschaft zu überwinden. Der Adel und das ganze Altpreußentum setzten sich gegen die liberalen und demokratischen Angriffe zur Wehr. Die Junker sahen ihre Privilegien schwinden und fürchteten um die materiellen Grundlagen ihrer politischen Stellung. Es waren auch die sozialen Interessen des Königtums und seiner Stützen, die König und Adel zur offenen Konterrevolution trieben. Deren Haß richtete sich zunächst gegen die konstituierende Versammlung. Sie repräsentierte gegenüber Adel und Krone die moderne bürgerliche Gesellschaft, vertrat »das Interesse der Bourgeoisie gegen das Interesse des Feudalismus«, wollte die »Feudalverhältnisse aufheben, die Armee und Bürokratie dem Handel und der Industrie unterordnen, der Verschleuderung des Staatsschatzes Einhalt tun, die adligen und bürokratischen Titel abschaffen«[155]. Mochten die meisten ihrer Mitglieder auch Vereinbarer sein — die von dieser, wie Marx sie im historischen Rückblick nannte, »revolutionären Versammlung von 1848«[156] ausgearbeitete Verfassung und die sie begleitenden Gesetze waren geeignet, die adlige Vorherrschaft zu beseitigen, bürgerliche Eigentumsverhältnisse und eine ihnen entsprechende politische Staatsform durchzusetzen. Gerade deshalb wurde die Versammlung, so Wilhelm Wolff in der »Neuen Rheinischen Zeitung«, »zum Teufel gejagt«.[157]

Zur gleichen Zeit, da die adlige Konterrevolution zum Vorgehen gegen die Revolution rüstete, verschärfte die Bourgeoisie den wirtschaftlichen und politischen Druck auf die Arbeiterklasse. Am 13. Oktober stimmte eine Mehrheit der konstituierenden Versammlung unter dem Protest der Linken dem Bürgerwehrgesetz zu. Das Gesetz ordnete die Bürgerwehr dem Staatsapparat unter, privilegierte die Besitzenden in ihr, schloß Arbeiter und Mittellose faktisch aus und war mit dem Gedanken der Volksbewaffnung unvereinbar.

In der politisch gespannten Situation der Oktobertage, als auf dem von Truppen umlagerten Berlin schon die Staatsstreichdrohung lastete, provozierten Teile der Bourgeoisie einen blutigen Zusammenstoß mit Arbeitern. Eine Bürgerwehrabteilung überfiel am 16. Oktober demonstrierende Erdarbeiter auf dem Köpenicker Feld. Anschließend bauten empörte Arbeiter einzelne Barrikaden in benachbarten Straßen. Die Bürgerwehr griff an; zehn Arbeiter fielen, dreizehn wurden verwundet. Die Trauerfeier für die Gefallenen am 20. Oktober richteten kleinbürgerliche Demokraten, darunter linke Abgeordnete der konstituierenden Versammlung, und das Bezirkskomitee der Arbeiterverbrüderung gemeinsam aus.

Der zweite Demokratenkongreß

Während die Konterrevolution in Preußen auf der Lauer lag und die Revolutionäre in Wien ihre Niederlage schon vor Augen hatten, kamen vom 26. bis 30. Oktober in Berlin im »Englischen Haus« in der Mohrenstraße die Delegierten von etwa 260 deutschen demokratischen und Arbeitervereinen zu ihrem zweiten Kongreß zusammen. Dieser zweite Demokratenkongreß erfüllte nicht die Hoffnungen, die von den entschiedensten Demokraten in ihn gesetzt worden waren. Statt wirksame Schritte gegen die Konterrevolution festzulegen, erschöpfte er sich im wesentlichen in fruchtlosen Debatten über Geschäftsordnungsfragen, über das Frankfurter Parlament und über die Menschenrechte. Zu einem Zeitpunkt, als die Gegenrevolution zu ihrem

Berliner Bürgerwehr schießt auf Arbeiter, 16. Oktober 1848. Nach der »Illustrierten Zeitung«. 1848

entscheidenden Schlag ausholte, hörte man sich tagelang langatmige Berichte über den Stand der demokratischen Bewegung in den einzelnen Gebieten an. Immerhin erklärte sich der Kongreß, anknüpfend an den Beschluß des ersten Demokratenkongresses vom Juni 1848 in Frankfurt (Main) für den Grundsatz, »daß nur in der demokratischen Republik die Lösung der sozialen Frage möglich ist« [158].

Auf Anregung des Kongresses fanden eine große Volksversammlung und eine Demonstration für das revolutionäre Wien statt. Der Kongreß wandte sich in einem von Arnold Ruge ausgearbeiteten Aufruf an das Volk und appellierte darin an die preußische Regierung und an die Regierungen der anderen deutschen Staaten, etwas zur Rettung des revolutionären Wiens zu tun — als wenn nicht diese Regierungen mit der österreichischen konspirierten! Die »Neue Rheinische Zeitung« charakterisierte diese Haltung als »jungfräuliche Schwärmerei« [159], über die die Regierungen nur lächeln würden. Die Kommunisten gaben in diesem Augenblick die allein richtige revolutionäre Losung aus: Die einzige Hilfe, die das Volk in den übrigen Staaten den Wienern noch bringen konnte, schrieb Marx, war »die Besiegung der Kontrerevolution im eigenen Hause« [160].

Der Verlauf des Demokratenkongresses widerspiegelte, welch unterschiedliche Vereine sich dem demokratischen Zentralausschuß angeschlossen hatten, wie heterogen die demokratische Bewegung war und wie stark sie sich zu differenzieren begann. Die Mehrheit der Delegierten waren unentschlossene kleinbürgerliche Demokraten, Reformer, nicht Revolutionäre. Als in den Sitzungen radikale Töne laut wurden, verließen zahlreiche Anhänger der Rechten den Kongreß. Am letzten Beratungstag waren von den anfangs etwa 220 Delegierten noch 50 bis 60 anwesend.

Die preußische Regierung hatte von dem Kongreß »Schlimmeres« befürchtet und ihn sorgfältig überwachen lassen. Nun konstatierte sie befriedigt »Zerfahrenheit, Schlappheit und Handlungslosigkeit« und bescheinigte der Mehrheit der Delegierten »Talentlosigkeit, Mittelmäßigkeit und Armut an Geist und Charakter« [161].

Ein Bericht der »Neuen Rheinischen Zeitung« hob als folgenreichste Tatsache aus dem Verlauf des Kongresses hervor, daß es zu einer Auseinandersetzung zwischen »Reformern und Roten« und zu einer »Sondierung der Fraktionen« kam.[162] Auf dem Kongreß kristallisierte sich eine »Art Partei« von etwa 40 Delegierten heraus, »die sich zur ›roten Republik‹ « [163] bekannte und sich seit dem zweiten Kongreßtag regelmäßig gesondert zu Vorberatungen versammelte. Den Kern dieser Gruppierung bildeten die auf dem Kongreß anwesenden Mitglieder des Bundes der Kommunisten. Sie waren bemüht, den ganzen Kongreß in eine politisch entschiedene Richtung zu drängen, aber ohne Erfolg. Es gelang ihnen jedoch, zu verhindern, daß der Kongreß abgebrochen wurde, bevor soziale Probleme der Arbeiterklasse auf die Tagesordnung kamen. Das Bundesmitglied Louis Heilberg, Delegierter des Berliner Demokratischen Klubs, erklärte: »Die Arbeiter erwarten einen Ausspruch über die soziale Frage. Wir haben noch nichts darüber gesagt, und ich halte es durchaus für nötig, daß ein Zukunftsprogramm aufgestellt werde.« [164]

Auf Vorschlag von Heilberg und von Friedrich Beust, dem Delegierten des Kölner Arbeitervereins, erfolgte die Wahl einer Kommission für die soziale Frage. Die Kommission, der auch Wilhelm Weitling angehörte, arbeitete einen Bericht aus und schlug praktische Maßregeln vor, die zum Teil den »Forderungen der Kommunistischen Partei in Deutschland« vom Frühjahr 1848 entlehnt waren. Dieser als »Kommissionsgutachten über die soziale Frage« bezeichnete Bericht wurde im Kongreßprotokoll veröffentlicht und den Vereinen zur Diskussion empfohlen. Auf diese Weise lernten im Herbst 1848 viele Arbeiter und Demokraten wesentliche Punkte des Revolutionsprogramms des Bundes der Kommunisten kennen.

Ein wichtiges Ergebnis des Kongresses war die Wahl entschiedener Demokraten, »roter Republikaner« in den »Zentralausschuß der Demokraten Deutschlands«, an dessen Spitze das Mitglied des Bundes der Kommunisten Karl d'Ester, Abgeordneter der Berliner konstituierenden Versammlung, gelangte. Die revolutionären und sozialen Tendenzen des neuen Zentralausschusses veranlaßten die auf Versöhnung, Vermittlung und vor allem parlamentarische Auseinandersetzung orientierten Demokraten, sich in der Folgezeit von dem republikanischen Zentralausschuß loszusagen.

Parallel mit dem Demokratenkongreß tagte in Berlin ein sogenanntes Gegenparlament von kaum mehr als einem Dutzend linken Abgeordneten der Paulskirche, der preußischen konstituierenden Versammlung und weniger anderer einzelstaatlicher Versammlungen. Das »Gegenparlament« blieb ohne Bedeutung für die weitere Entwicklung der demokratischen Bewegung.

Als Vertreter des Zentralkomitees der Arbeiterverbrüderung hatte Stephan Born von den Delegierten des Demokratenkongresses gefordert, sich den Beschlüssen des Berliner Arbeiterkongresses von Anfang September anzuschließen. Dies lehnte der Kongreß ab, bekundete lediglich allgemein sein Interesse für den Gedanken der Assoziation. Born verließ die Beratungen, noch bevor die anderen Kommunisten den Kommissionsbericht über die soziale Frage vorlegten. Dem Zentralausschuß der Demokraten empfahl der Kongreß, sich mit dem Zentralkomitee der Arbeiterverbrüderung

Auf Anregung des zweiten Demokratenkongresses durchgeführte Massendemonstration für das revolutionäre Wien vor dem Schauspielhaus, der Tagungsstätte des Berliner Parlaments, 31. Oktober 1848. Nach der »Illustrierten Zeitung«, 1848

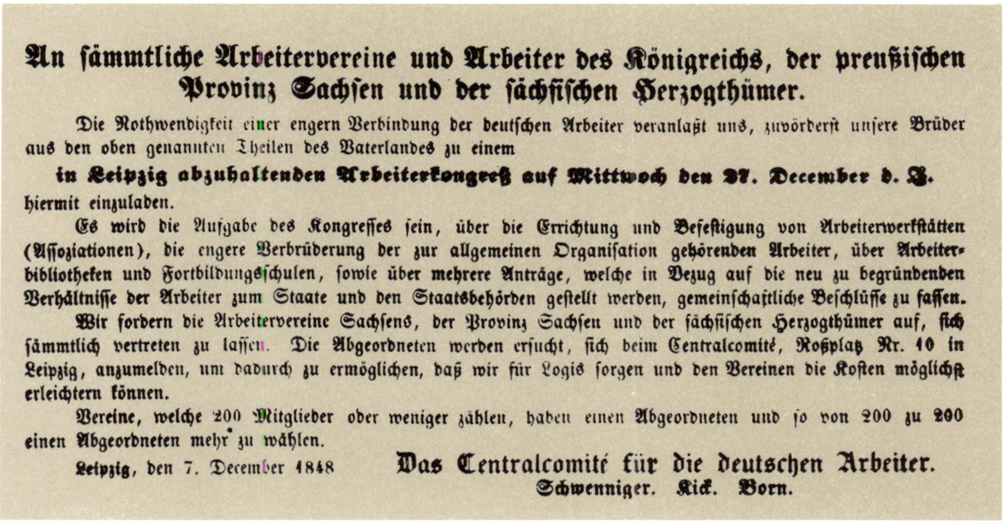

An sämmtliche Arbeitervereine und Arbeiter des Königreichs, der preußischen Provinz Sachsen und der sächsischen Herzogthümer.

Die Nothwendigkeit einer engern Verbindung der deutschen Arbeiter veranlaßt uns, zuvörderst unsere Brüder aus den oben genannten Theilen des Vaterlandes zu einem

in Leipzig abzuhaltenden Arbeiterkongreß auf Mittwoch den 27. December d. J.

hiermit einzuladen.

Es wird die Aufgabe des Kongresses sein, über die Errichtung und Befestigung von Arbeiterwerkstätten (Assoziationen), die engere Verbrüderung der zur allgemeinen Organisation gehörenden Arbeiter, über Arbeiterbibliotheken und Fortbildungsschulen, sowie über mehrere Anträge, welche in Bezug auf die neu zu begründenden Verhältnisse der Arbeiter zum Staate und den Staatsbehörden gestellt werden, gemeinschaftliche Beschlüsse zu fassen.

Wir fordern die Arbeitervereine Sachsens, der Provinz Sachsen und der sächsischen Herzogthümer auf, sich sämmtlich vertreten zu lassen. Die Abgeordneten werden ersucht, sich beim Centralcomité, Roßplatz Nr. 10 in Leipzig, anzumelden, um dadurch zu ermöglichen, daß wir für Logis sorgen und den Vereinen die Kosten möglichst erleichtern können.

Vereine, welche 200 Mitglieder oder weniger zählen, haben einen Abgeordneten und so von 200 zu 200 einen Abgeordneten mehr zu wählen.

Leipzig, den 7. December 1848

Das Centralcomité für die deutschen Arbeiter.
Schwenniger. Kick. Born.

Einladung zum Arbeiterkongreß in Leipzig. Aus der »Verbrüderung«, 8. Dezember 1848

in Verbindung zu setzen, das sich Anfang Oktober in Leipzig, am Roßplatz 10, etabliert hatte und dessen Bemühungen bewirkten, daß Leipzig seit Herbst 1848 zum Mittelpunkt der elementaren deutschen Arbeiterbewegung wurde.

Das Ministerium Brandenburg/Manteuffel

Am 1. November ging das Zwischenspiel des Ministeriums Pfuel zu Ende. Die Berufung Pfuels hatten König und Hofpartei sehr bald als Mißgriff empfunden. In ihrem Bemühen, sowohl die Interessen des Königtums wahrzunehmen wie mit der konstituierenden Versammlung übereinzukommen, mußte die Regierung so manche Demütigung von beiden Seiten hinnehmen. Sie hatte sich bereit gezeigt, den Verfassungsentwurf der Versammlung, über dessen Artikel 4 die Abgeordneten allerdings mit der Beratung nicht hinausgekommen waren, trotz prinzipieller Einwände als Ausgangspunkt für eine Vereinbarung mit der Krone anzusehen. Friedrich Wilhelm IV. fand, daß seine Regierung der Bourgeoisie überhaupt zu viele Konzessionen mache. Er fühlte sich von ihr hintergangen. Pfuel und seine Minister hätten ihm ein anderes Vorgehen versprochen. Schon seit Ende September war man in Potsdam über die »Feigheit und Schlaffheit« der Regierung besorgt, obgleich die Polizeiaktionen gegen die demokratische Bewegung unter dem Innenminister Franz August Eichmann noch drastischer erfolgten als unter seinem Vorgänger. Der Prinz von Preußen nannte Pfuel den Schwächsten im Ministerium. Ab Anfang Oktober suchte die Kamarilla nach einem »starken Mann«.

Der Präsident des Ministeriums hatte mehrmals seinen Rücktritt angeboten. Die Kamarilla, insbesondere die beiden Brüder Gerlach und in ihrem Anhang der junge Heißsporn Bismarck, laborierte hektisch an der Zusammensetzung einer neuen Regierung. Zerfahrenheit herrschte darüber, wie man dem Parlament und der Volksbewegung entgegentreten sollte. Bereits Anfang Oktober dachte der König an Belagerungszustand und Einsatz des Militärs. Man sprach in Sanssouci immer wieder vom Konflikt, fürchtete ihn aber. Vor dem Fall Wiens war die Kamarilla unentschlossen und glaubte, sich nicht auf eine Auseinandersetzung einlassen zu können. Die Entwicklung in Wien gab den Ausschlag. Kamarilla und König entschieden sich jetzt für den lange erwogenen Staatsstreich.

Den Vorwand lieferten Demonstrationen vor dem Sitzungsgebäude der konstituierenden Versammlung am 31. Oktober.

Ein Ministerpräsident stand seit Mitte Oktober zur Verfügung, ein Vertrauensmann der Kamarilla und von ihr vorgeschlagen: Friedrich Wilhelm Graf v. Brandenburg, zu dieser Zeit kommandierender General in Schlesien, ein illegitimer Hohenzollernsproß des Jahrgangs 1792, Sohn des Königs Friedrich Wilhelm II. und der Gräfin Sophie v. Dönhoff, ein »Bastard von Preußen« [165], wie ihn sein Neffe Friedrich Wilhelm IV. nannte. Hinter dem Rücken des Königs bestimmte die Hofpartei den politischen Kurs der neuen Regierung gegenüber der konstituierenden Versammlung und der Volksbewegung zur »Wiederherstellung der Ordnung«: Einsatz von Militär, Vertagung und Verlegung der Versammlung. Zum Innenminister und politisch führenden Kopf im Kabinett Brandenburg wurde Otto Freiherr v. Manteuffel be-

Friedrich Wilhelm Graf v. Brandenburg. Lithographie von Carl Pantzow, 1848

Otto Freiherr v. Manteuffel. Lithographie von Carl Pantzow, 1848

August v. d. Heydt

stimmt, bis dahin Direktor der 1. Abteilung des Innenministeriums und von keiner der bürgerlichen Regierungen entlassen, jetzt erfolgreicher Regisseur des Staatsstreichs. Als Justizminister fungierte Heinrich Wilhelm Rintelen, vor der Revolution Mitglied des Geheimen Obertribunals, ein Richter für die Interessen des Adels.

Die Bourgeoisie war in dieser Regierung ab Anfang Dezember durch Handelsminister August v. d. Heydt vertreten. Heydt, Bankier aus Elberfeld, galt als einer der reichsten Männer der Rheinlande. Eine Zeitung charakterisierte ihn 1849 so: »Jeder Zoll ein Geld-Bourgeois, stattlich, gemästet, fein gekleidet, kluges, kaltes, scharfes Gesicht, die echte Börsen-Visage, diktatorisch blikkend und sprechend, als wären die Mitglieder der zweiten Kammer seine Comptoir-Diener. Personifizierte Million, der widrigste Ausdruck der Geld-Aristokratie.« [166]

Daß Graf Brandenburg das neue Ministerium leiten sollte, erfuhr das Parlament am 2. November. Seine Einsetzung bedeutete

Plakatanschlag in Berlin mit einer Schilderung der Vorgänge in der preußischen konstituierenden Versammlung am 2. November 1848

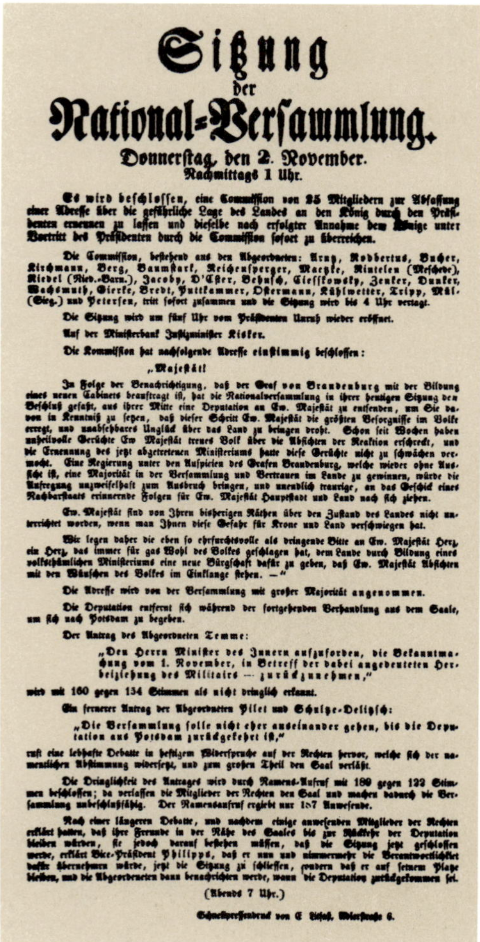

Sitzung der National-Versammlung.

Donnerstag, den 2. November.
Nachmittags 1 Uhr.

Es wird beschlossen, eine Commission von 25 Mitgliedern zur Abfassung einer Adresse über die gefährliche Lage des Landes an den König durch den Präsidenten ernennen zu lassen und dieselbe nach erfolgter Annahme dem Könige unter Vortritt des Präsidenten durch die Commission sofort zu überreichen.

Die Commission, bestehend aus den Abgeordneten: Arnz, Rodbertus, Bucher, Kirchmann, Berg, Baumstark, Reichensperger, Maetzke, Rintelen (Meschede), Riedel (Nied.-Barn.), Jacoby, D'Ester, Behnsch, Cieszkowsky, Zenker, Dunker, Wachsmuth, Gierke, Bredt, Puttkammer, Ostermann, Kühlwetter, Tripp, Mül- (Sieg.) und Petersen, tritt sofort zusammen und die Sitzung wird bis 4 Uhr vertagt.

Die Sitzung wird um fünf Uhr vom Präsidenten Unruh wieder eröffnet.

Auf der Ministerbank Justizminister Kisker.

Die Kommission hat nachfolgende Adresse einstimmig beschlossen:

„Majestät!

In Folge der Benachrichtigung, daß der Graf von Brandenburg mit der Bildung eines neuen Cabinets beauftragt ist, hat die Nationalversammlung in ihrer heutigen Sitzung den Beschluß gefaßt, aus ihrer Mitte eine Deputation an Ew. Majestät zu entsenden, um Sie davon in Kenntniß zu setzen, daß dieser Schritt Ew. Majestät die größten Besorgnisse im Volke erregt, und unabsehbares Unglück über das Land zu bringen droht. Schon seit Wochen haben unheilvolle Gerüchte Ew. Majestät treues Volk über die Absichten der Reaktion erschreckt, und die Ernennung des jetzt abgetretenen Ministeriums hatte diese Gerüchte nicht zu schwächen vermocht. Eine Regierung unter den Auspicien des Grafen Brandenburg, welche wieder ohne Aussicht ist, eine Majorität in der Versammlung und Vertrauen im Lande zu gewinnen, würde die Aufregung unzweifelhaft zum Ausbruch bringen, und unendlich traurige, an das Geschick eines Nachbarstaats erinnernde Folgen für Ew. Majestät Hauptstadt und Land nach sich ziehen.

Ew. Majestät sind von Ihren bisherigen Räthen über den Zustand des Landes nicht unterrichtet worden, wenn man Ihnen diese Gefahr für Krone und Land verschwiegen hat.

Wir legen daher die eben so ehrfurchtsvolle als dringende Bitte an Ew. Majestät Herz, ein Herz, das immer für gas Wohl des Volkes geschlagen hat, dem Lande durch Bildung eines volksthümlichen Ministeriums eine neue Bürgschaft dafür zu geben, daß Ew. Majestät Absichten mit den Wünschen des Volkes im Einklange stehen. —"

Die Adresse wird von der Versammlung mit großer Majorität angenommen.

Die Deputation entfernt sich während der fortgehenden Verhandlung aus dem Saale, um sich nach Potsdam zu begeben.

Der Antrag des Abgeordneten Temme:

„Den Herrn Minister des Innern aufzufordern, die Bekanntmachung vom 1. November, in Betreff der dabei angedeuteten Herbeiziehung des Militairs — zurückzunehmen,"

wird mit 160 gegen 134 Stimmen als nicht dringlich erkannt.

Ein fernerer Antrag der Abgeordneten Pilet und Schulze-Delitzsch:

„Die Versammlung solle nicht eher auseinander gehen, bis die Deputation aus Potsdam zurückgekehrt ist,"

ruft eine lebhafte Debatte in heftigem Widerspruche auf der Rechten hervor, welche sich der namentlichen Abstimmung widersetzt, und zum großen Theil den Saal verläßt.

Die Dringlichkeit des Antrages wird durch Namens-Aufruf mit 189 gegen 122 Stimmen beschlossen; da verlassen die Mitglieder der Rechten den Saal und machen dadurch die Versammlung unbeschlußfähig. Der Namensaufruf ergiebt nur 157 Anwesende.

Nach einer längeren Debatte, und nachdem einige anwesenden Mitglieder der Rechten erklärt hatten, daß ihre Freunde in der Nähe des Saales bis zur Rückkehr der Deputation bleiben würden, sie jedoch darauf bestehen müssen, daß die Sitzung jetzt geschlossen werde, erklärt Vice-Präsident Phillipps, daß er nun und nimmermehr die Verantwortlichkeit dafür übernehmen würde, jetzt die Sitzung zu schließen, sondern daß er auf seinem Platze bleiben, und die Abgeordneten dann benachrichten werde, wann die Deputation zurückgekommen sei.

(Abends 7 Uhr.)

Schnellpressendruck von E. Litfaß, Adlerstraße 6.

Die Abordnung des Berliner Parlaments in Sanssouci, 2. November 1848. Nach der »Illustrierten Zeitung«, 1848

die Ankündigung der offenen Konterrevolution, eine Herausforderung nicht nur für die Demokraten, sondern auch für die Bourgeoisie.

Die bürgerliche konstituierende Versammlung war bestürzt. Ihr stand nun eine konterrevolutionäre adlig-militärische Regierung gegenüber. Eine völlig neue Machtkonstellation hatte sich herausgebildet. Die Versammlung wich zurück. Die liberalen Führer bemühten sich bis zuletzt, eine friedliche Lösung der Krise zu erreichen. Auch jetzt noch wollten sie Verständigung, nicht Kampf. Die Mehrheit der Versammlung war gegen Brandenburg, sprach ihm das Mißtrauen aus. Sie lehnte aber einen Vorschlag der äußersten Linken ab, das Parlament in Permanenz zu erklären und außerordentliche Maßregeln einzuleiten. Man beschloß eine Protesterklärung an den König und erbat von ihm die Einsetzung einer »volkstümlichen« Regierung.

Friedrich Wilhelm IV. empfing am Abend des 2. November in Sanssouci eine Delegation der Versammlung, hörte sich die Erklärung an, weigerte sich aber, mit den Abgeordneten zu sprechen, und kehrte ihnen den Rücken. Der Republikaner Johann Jacoby rief ihm jenen berühmt gewordenen Satz nach, der schnell die Runde machte: »Das ist das Unglück der Könige, daß sie die Wahrheit nicht hören wollen!« [167] Fast alle übrigen Mitglieder der Deputation distanzierten sich feige von Jacoby, nachdem Friedrich Wilhelm IV. den Saal verlassen hatte, und mehrere erklärten dem Adjutanten, er solle dem König sagen, Jacoby habe nur im eigenen Namen gesprochen. Allein d'Ester solidarisierte sich mit Jacoby.

Tausende Berliner feierten Jacoby am 3. November mit einem Fackelzug vom Alexanderplatz bis zu seinem Hotel. Die Erregung in der preußischen Hauptstadt wuchs. Arbeiter und Handwerker warteten nur auf ein Zeichen zum Kampf. Die kleinbürgerlichen Führer zögerten. »Auffallend ist es, daß die ultrademokratische Partei, die linke Seite der Nationalversammlung sich in dem gegenwärtigen ministeriellen Konflikte ... ungewöhnlich ruhig verhält« [168], berichtete der österreichische Gesandte nach Wien. Ein Teil der Bürgerwehr stellte sich auf die Seite des Volkes. Bewaffnete Korps formierten sich. Die Militärs drängten, der »Anarchie und dem Terrorismus« mit Gewalt ein Ende zu setzen.

Am 9. November erschien Graf Brandenburg mit seinen Ministern im Parlament und erklärte, in Berlin könnte die Versammlung nicht länger uneingeschüchtert und sicher vor der »Anarchie« beraten. Sie sei deshalb nach Brandenburg an der Havel verlegt und bis zum 27. November vertagt. Die ganz Rechten verließen im Einverständnis mit Brandenburg die Versammlung. Eine große Mehrheit unter dem Präsidenten Hans Victor v. Unruh beschloß, weiter in Berlin zu tagen, und erklärte das Vorgehen des Ministeriums für ungesetzlich. Die Minister sofort als Hochverräter verhaften zu lassen, wie es Karl Marx in der »Neuen Rheinischen Zeitung« forderte (was die im Sitzungssaal anwesende Bürgerwehrwache auch tun wollte, als Brandenburg den Raum verließ), wagte die Versammlung nicht. Eine gewaltsame Auseinandersetzung wollte sie unbedingt vermeiden. Auch von den äußersten Linken sprachen sich nur zwei Abgeordnete für den bewaffneten Widerstand aus. Die demokratischen Organisationen Berlins waren nicht auf den Kampf vorbereitet. Die Bürgerwehr erhielt den Befehl, nicht zu kämpfen. Deren Kommandant erklärte, daß, falls es zum Kampf käme, höchstens ein Viertel der Mannschaft teilnehmen würde.

Das Volk war bereit, die Versammlung zu unterstützen, wenn sie zur Verteidigung ihrer eigenen Existenz aufrufen würde. Das Berliner Bezirkskomitee der Arbeiterverbrüderung und die ihm angeschlossenen 29 Gewerkvereine erklärten am 9. November, »die Arbeiter Berlins sind bereit und gerüstet, Eurem Rufe Folge zu leisten, wenn man es wagen sollte, die Rechte des Volkes in seinen Vertretern zu verletzen; sie bieten Euch ihren Arm und ihr Herzblut gegen jeden Feind, der Hochverrat üben wollte an Euch und an den Freiheiten des Volkes!«[169]

Leiter der Arbeiterverbrüderung in Berlin war seit September der 31jährige Gold- und Silberschmied Friedrich Ludwig Bisky, ein geborener Genthiner. Bisky, seit 1844 Mitglied des Berliner Handwerkervereins, wurde nach dem März 1848 zu einem anerkannten Führer der Berliner Arbeiter. Er trat allen Zunftbestrebungen entgegen und wirkte für die aktive Teilnahme der Arbeiter am revolutionären Kampf. Unter Leitung des populären und energischen Bisky, der auch mit dem Kölner Arbeiterverein in Verbindung stand, wurde die Berliner Organisation zur aktivsten und stärksten Bezirksorganisation der Arbeiterverbrüderung.

Der Präsident der konstituierenden Versammlung antwortete den Arbeitern auf ihr Angebot, den Gewaltschritten der Krone dürfe nur »passiver Widerstand« entgegengesetzt werden. Die Versammlung lehnte es ab, sich auf die organisierten Arbeiter zu stützen. Sie verzichtete auch darauf, die demokratische Bewegung der Bauern für ihre Auseinandersetzung mit der Krone auszunutzen. Die Bourgeoisie wollte keinen ernsthaften Kampf, aus Furcht, eine solche Austragung des Konflikts könnte in eine neue Volkserhebung im ganzen Lande münden. Sie beschwor die Gesetzlichkeit und glaubte, gegen die militärische Gewalt der Krone mit parlamentarischen Mitteln etwas ausrichten zu können. Diese entschlußunfähige Versammlung stand Kräften gegenüber, die wohl wußten, was sie wollten. Graf Brandenburg und General Wrangel waren zwar die Verkörperung des »preußischen Unteroffizierstums«, wie Karl Marx schrieb, »zwei Menschen ohne Kopf, ohne Herz, ohne Tendenz, reiner Schnurrbart«, aber ihr auf die Macht der Bajonette gegründetes Konzept ging auf.[170]

Während die Abgeordneten über Gesetzesvorlagen verhandelten, als sei nichts besonderes geschehen, besetzte Wrangel am 10. November mit 13 000 Soldaten das Zentrum der Stadt. Er ließ das Tagungsgebäude umstellen. Die Abgeordneten zogen aus dem Schauspielhaus am Gendarmenmarkt aus. Das Militär verfolgte sie in den nächsten Tagen von einem neuen Sitzungssaal zum anderen. Am 11. November tagte das Parlament im »Hotel de Russie«, am 12. und 13. im Schützenhaus, am 14. im Köllnischen Rathaus, am 15. im »Hotel Mielentz«, immer wieder auseinandergesprengt.

Die Truppen Wrangels waren auf vier Operationsabschnitte verteilt: der erste unter

Auszug der Abgeordneten der konstituierenden Versammlung aus dem Schauspielhaus, 10. November 1848. Darstellung der Neuruppiner Bilderbogen, 1848

Friedrich Ludwig Bisky. Ausschnitt aus einer Darstellung, 1848

Aufruf der konstituierenden Versammlung zur »Gesetzlichkeit«, 10. November 1848

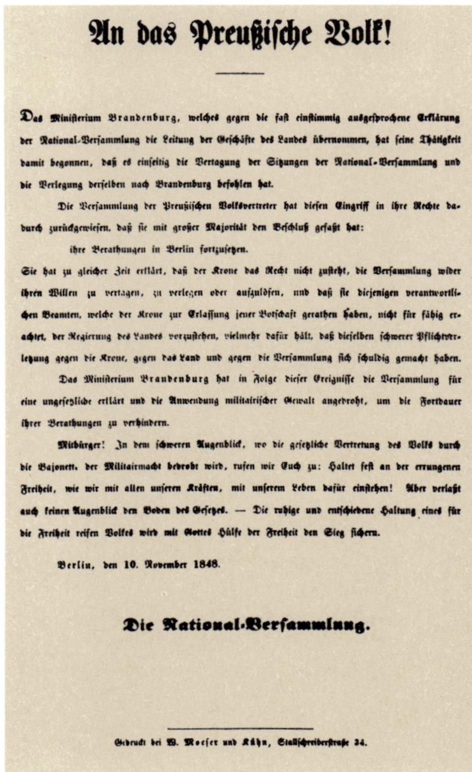

An das Preußische Volk!

Das Ministerium Brandenburg, welches gegen die fast einstimmig ausgesprochene Erklärung der National-Versammlung die Leitung der Geschäfte des Landes übernommen, hat seine Thätigkeit damit begonnen, daß es einseitig die Vertagung der Sitzungen der National-Versammlung und die Verlegung derselben nach Brandenburg befohlen hat.

Die Versammlung der Preußischen Volksvertreter hat diesen Eingriff in ihre Rechte dadurch zurückgewiesen, daß sie mit großer Majorität den Beschluß gefaßt hat:

ihre Berathungen in Berlin fortzusetzen.

Sie hat zu gleicher Zeit erklärt, daß der Krone das Recht nicht zusteht, die Versammlung wider ihren Willen zu vertagen, zu verlegen oder aufzulösen, und daß sie diejenigen verantwortlichen Beamten, welche der Krone zur Erlassung jener Botschaft gerathen haben, nicht für fähig erachtet, der Regierung des Landes vorzustehen, vielmehr dafür hält, daß dieselben schwerer Pflichtverletzung gegen die Krone, gegen das Land und gegen die Versammlung sich schuldig gemacht haben.

Das Ministerium Brandenburg hat in Folge dieser Ereignisse die Versammlung für eine ungesetzliche erklärt und die Anwendung militairischer Gewalt angedroht, um die Fortdauer ihrer Berathungen zu verhindern.

Mitbürger! In dem schweren Augenblick, wo die gesetzliche Vertretung des Volks durch die Bajonett. der Militairmacht bedroht wird, rufen wir Euch zu: Haltet fest an der errungenen Freiheit, wie wir mit allen unseren Kräften, mit unserem Leben dafür einstehen! Aber verlaßt auch keinen Augenblick den Boden des Gesetzes. — Die ruhige und entschiedene Haltung eines für die Freiheit reifen Volkes wird mit Gottes Hülfe der Freiheit den Sieg sichern.

Berlin, den 10. November 1848.

Die National-Versammlung.

Gedruckt bei W. Moeser und Kühn, Stallschreiberstraße 34.

Unterredung Wrangels mit dem Kommandanten der Berliner Bürgerwehr, 10. November 1848. Nach der »Illustrierten Zeitung«, 1848

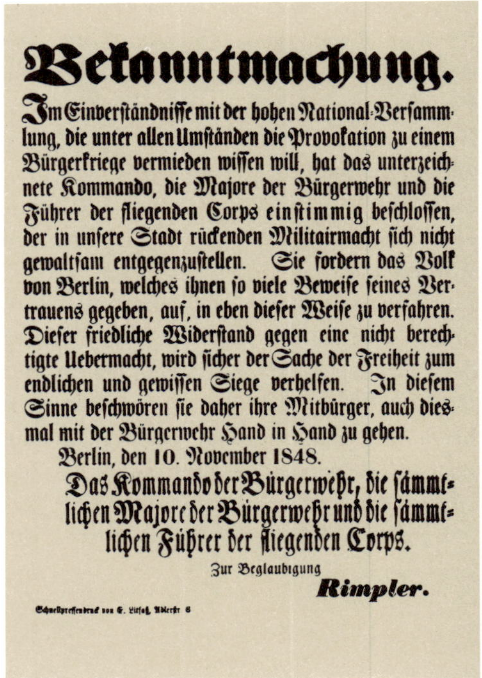

Bekanntmachung.

Im Einverständnisse mit der hohen National-Versammlung, die unter allen Umständen die Provokation zu einem Bürgerkriege vermieden wissen will, hat das unterzeichnete Kommando, die Majore der Bürgerwehr und die Führer der fliegenden Corps einstimmig beschlossen, der in unsere Stadt rückenden Militairmacht sich nicht gewaltsam entgegenzustellen. Sie fordern das Volk von Berlin, welches ihnen so viele Beweise seines Vertrauens gegeben, auf, in eben dieser Weise zu verfahren. Dieser friedliche Widerstand gegen eine nicht berechtigte Uebermacht, wird sicher der Sache der Freiheit zum endlichen und gewissen Siege verhelfen. In diesem Sinne beschwören sie daher ihre Mitbürger, auch diesmal mit der Bürgerwehr Hand in Hand zu gehen.

Berlin, den 10. November 1848.

Das Kommando der Bürgerwehr, die sämmtlichen Majore der Bürgerwehr und die sämmtlichen Führer der fliegenden Corps.

Zur Beglaubigung

Rimpler.

Schnellpressendruck von E. Litfaß, Adlerstr. 6

Aufruf der Führung der Berliner Bürgerwehr zum »friedlichen Widerstand«, 10. November 1848

dem Obersten Kropf mit vier Bataillonen umfaßte die Schloßinsel; der zweite, unter Generalmajor Webern (später Oberst Graf Schlieffen), ebenfalls aus vier Bataillonen bestehend, hatte sein Zentrum im Zeughaus; der dritte unter Generalmajor Möllendorf hielt die Verbindungen zwischen den beiden ersteren mit dem Brandenburger Tor durch die Straße Unter den Linden, zu ihm gehörten sechs Bataillone Gardeinfanterie, die auf die wichtigsten Gebäude der Friedrichstadt verteilt waren: Potsdamer und Anhalter Bahnhof, Bauschule, Artilleriewerkstätten an der Marschallsbrücke, Artillerie- und Ingenieurschule Unter den Linden, Schauspielhaus, Bank, Hausvogtei, Seehandlung, Münze, Palais des Prinzen Albrecht; der vierte Abschnitt, kommandiert von Generalmajor v. Gayl, war zentriert in den Kasernen des 2. Garderegiments zu Fuß. Weitere Truppenteile hielten die anderen Bahnhöfe und Tore besetzt, die Kavallerie stand einsatzbereit vor den Toren.

Die Regierung löste am 11. November die Bürgerwehr auf und verlangte, sie solle die Waffen abliefern. Die Bürgerwehr ließ die Entwaffnung geschehen. Eine Abordnung der Arbeiterverbrüderung forderte sie vergeblich zu aktivem Widerstand auf, die Unterstützung des Proletariats zusichernd.

Schließlich verhängte Wrangel über Berlin und einen Umkreis von zwei Meilen den Belagerungszustand. Die Klubs wurden geschlossen, das Versammlungsrecht aufgehoben und die demokratische Presse verboten. In Berlin herrschte ein brutales Säbelregiment.

Als Antwort auf diesen Willkürakt verfaßte die Abgeordnetenversammlung eine Denkschrift, in der die Attentate des Ministeriums aufgezählt wurden. Sie übergab das Schriftstück dem Staatsanwalt, »auf daß er seine Pflicht tue«![171]

Die Konterrevolution hatte alles für eine bewaffnete Auseinandersetzung vorbereitet: 80 000 Soldaten standen bereit, und 170 Kanonen sollten im Falle einer Erhebung die Stadt bombardieren. Die Truppen Wrangels hatten jedoch Anweisung, Zusammenstöße zu vermeiden und nur, wenn sie angegriffen würden, von den Waffen Gebrauch zu machen. König und Kamarilla wollten ihr Ziel möglichst auf »friedlichem« Wege erreichen. Da die Konterrevolution

Vertreibung der konstituierenden Versammlung aus dem Mielentzschen Saale in Berlin, 14. November 1848. Nach der »Illustrierten Zeitung«, 1848

keinen Widerstand fand, verlief der Staatsstreich in Berlin unblutig. »Der König ist«, so versicherten Hofleute dem österreichischen Gesandten am 10. November, »in heiterer, mutvoller Stimmung.«[172]

Das Volk steht hinter den Abgeordneten

In diesen Tagen entwickelte sich in Preußen eine spontane Bewegung zum Schutz der konstituierenden Versammlung. Sie war weit umfassender als in den Septembertagen und ergriff größere Teile der Bevölkerung. Volksversammlungen, Vereine der verschiedensten politischen Richtungen, Bürgerwehr, Gemeinderäte, Stadtverordnetenversammlungen, Magistrate und städtische Behörden stellten sich auf die Seite des Parlaments. Hunderte von Adressen wurden nach Berlin gesandt.
In der Erklärung einer Bürgerversammlung in Magdeburg hieß es, daß der Schritt des Ministeriums gegenüber dem Parlament nur der erste sein würde »auf dem Wege des Absolutismus und der Gewaltherrschaft«. Die Magdeburger bezeichneten es als das Recht, ja die Pflicht der Abgeordneten, »sich den Befehlen eines Ministeriums, welches das ganze Volk zum blutigsten Kampfe herausfordert, nicht zu fügen«.[173]
Die Breslauer demokratischen Vereine erklärten sich einmütig für die Versammlung in Berlin. Der demokratische Hauptverein,

Solidaritätsadresse der mecklenburgischen Abgeordneten für das Berliner Parlament, 11. November 1848

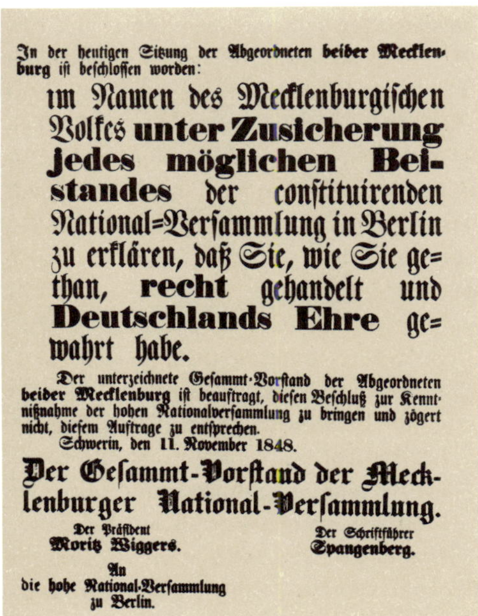
In der heutigen Sitzung der Abgeordneten beider Mecklenburg ist beschlossen worden:

im Namen des Mecklenburgischen Volkes **unter Zusicherung jedes möglichen Beistandes** der constituirenden National=Versammlung in Berlin zu erklären, daß Sie, wie Sie gethan, **recht** gehandelt und **Deutschlands Ehre** gewahrt habe.

Der unterzeichnete Gesammt-Vorstand der Abgeordneten beider Mecklenburg ist beauftragt, diesen Beschluß zur Kenntnißnahme der hohen Nationalversammlung zu bringen und zögert nicht, diesem Auftrage zu entsprechen.
Schwerin, den 11. November 1848.

Der Gesammt-Vorstand der Mecklenburger National-Versammlung.

Der Präsident
Moritz Wiggers.

Der Schriftführer
Spangenberg.

An
die hohe National-Versammlung
zu Berlin.

der Volksverein, der Arbeiterverein, der republikanische Verein, der Hauptrustikalverein für Schlesien, der demokratische Studentenverein, der politische Bildungsverein und der demokratische Provinzialausschuß Schlesiens unterzeichneten gemeinsam ein Flugblatt. Die Bürgerwehr von Guben rief

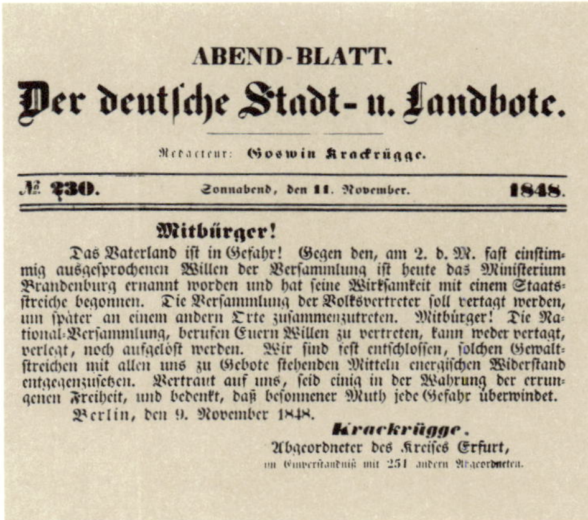
ABEND-BLATT.

Der deutsche Stadt- u. Landbote.

Redacteur: Goswin Krackrügge.

№ 230. Sonnabend, den 11. November. 1848.

Mitbürger!

Das Vaterland ist in Gefahr! Gegen den, am 2. d. M. fast einstimmig ausgesprochenen Willen der Versammlung ist heute das Ministerium Brandenburg ernannt worden und hat seine Wirksamkeit mit einem Staatsstreiche begonnen. Die Versammlung der Volksvertreter soll vertagt werden, um später an einem andern Orte zusammenzutreten. Mitbürger! Die National-Versammlung, berufen Euern Willen zu vertreten, kann weder vertagt, verlegt, noch aufgelöst werden. Wir sind fest entschlossen, solchen Gewaltstreichen mit allen uns zu Gebote stehenden Mitteln energischen Widerstand entgegenzusetzen. Vertraut auf uns, seid einig in der Wahrung der errungenen Freiheit, und bedenkt, daß besonnener Muth jede Gefahr überwindet.
Berlin, den 9. November 1848.

Krackrügge.
Abgeordneter des Kreises Erfurt,
im Einverständniß mit 251 andern Abgeordneten.

Protesterklärung des Erfurter Demokraten Goswin Krackrügge gegen das ungesetzliche Verhalten der Regierung Brandenburg, 9. November 1848

dem Parlament zu: »Das einmal erwachte Volk läßt sich die Freiheit nimmer nehmen; das bewaffnete Volk wird sie, wird Euch schützen! Verlasset das Volk nicht, das Volk wird Euch nicht verlassen!«[174] Von den Abgeordneten wurde gefordert, Konsequenz zu zeigen. Wien, so mahnte eine Versammlung in Greifswald, »mußte fallen, weil unentschieden die Vertreter des Volkes in den Tagen der Gefahr schwankten und mit den hochverräterischen Dienern der Krone unterhandelten«[175].
In den Novembertagen kam es für kurze Zeit zu einer einheitlichen Front aller antifeudalen Kräfte gegen Krone und Regierung. Das Volk unterstützte die konstituierende Versammlung, weil das sonst so »zahme« Parlament in dieser Situation in eine revolutionäre Haltung gedrängt wurde und, wie Friedrich Engels schrieb, »offiziell an der Spitze der ganzen revolutionären Bewegung stand«[176].
Die Bourgeoisie fürchtete jedoch das Volk mehr als die Fußtritte der Junker. Das Parlament bot der Gegenrevolution nicht die Stirn. Statt anzugreifen, beließ es die konstituierende Versammlung beim »passiven Widerstand«. Auch das Kleinbürgertum wagte nicht, der Konterrevolution entschieden entgegenzutreten. So wurde im November der für die Revolution in Preußen »entscheidende Augenblick«[177] verpaßt.

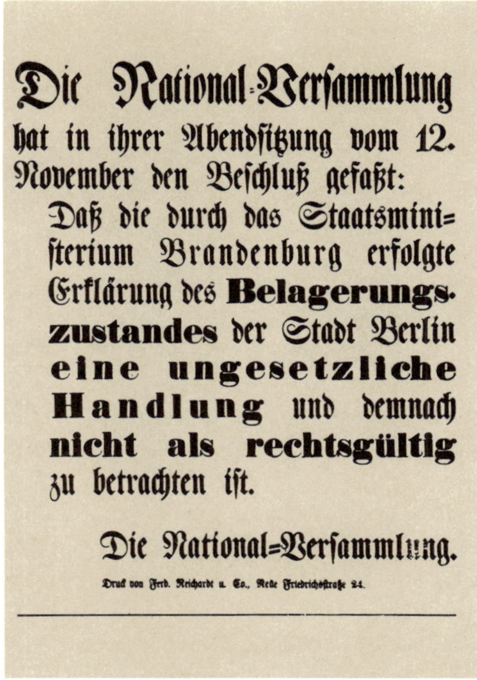
Die National-Versammlung hat in ihrer Abendsitzung vom 12. November den Beschluß gefaßt:

Daß die durch das Staatsministerium Brandenburg erfolgte Erklärung des **Belagerungszustandes** der Stadt Berlin **eine ungesetzliche Handlung** und demnach **nicht als rechtsgültig** zu betrachten ist.

Die National=Versammlung.

Druck von Ferd. Reichardt u. Co., Neue Friedrichstraße 24.

Das Berliner Parlament erklärt die Verhängung des Belagerungszustandes zu einer »ungesetzlichen Handlung«, 12. November 1848

Die Lage in Berlin sei sonderbar und unheimlich, die Atmosphäre derart, daß man jederzeit den Losbruch des Gewitters erwarte, schrieb der österreichische Gesandte in diesen Tagen an seine Regierung. Zwischen dem Parlament und der Königsmacht herrsche ein Status quo. Die Versammlung finde trotz des Belagerungszustandes Mittel, ihre Verhandlungen fortzuführen, Beschlüsse zu fassen und diese durch Plakate verbreiten zu lassen, also entgegen dem königlichen Befehl wirksam zu bleiben. Truppenabteilungen durchzögen die Straßen, seien hier und da aufgestellt und hielten Gebäude wie Schloß und Zeughaus stark besetzt. »Man begreift nicht recht, warum die Regierung nicht mit mehr Ernst auf augenblickliche Ausführung der seit dem 9. erlassenen Verfügungen gedrungen« habe. Das Gefühl ihrer Macht scheine der Regierung eine Sicherheit zu geben, die ihr bereits den Vorwurf von Lauheit und Schwäche eingebracht habe.[178]
Die Kommunisten unternahmen alles, was eine Entscheidung hätte herbeiführen können. An der Spitze der fortgeschrittensten Arbeiter stehend, taten sie, was »eigentlich die Pflicht und Schuldigkeit ... der Bourgeoisie«[179] gewesen wäre. Sie bemühten sich im November mehr denn je, Bourgeoisie und Kleinbürger zu konsequentem revolutionärem Handeln vorwärtszutreiben,

Satirische Darstellung der Neuruppiner Bilderbogen zum »passiven Widerstand« gegen den Anschlag der Konterrevolution

verfuhren nach dem revolutionären Grundsatz, den W. I. Lenin fast 70 Jahre später prägnant so formulierte: »*wenn es der Sache nützt*, wird das Proletariat stets nicht nur das schwankende Kleinbürgertum, sondern auch die Großbourgeoisie unterstützen«[180].

Von Köln aus, wo Marx und Engels wirkten, konnte der Kampf gegen die Staatsstreichregierung in Berlin nicht mit Aussicht auf Erfolg geführt werden. Aber Köln konnte ein Beispiel geben für die Provinzen. Marx und Engels handelten nach der von ihnen vertretenen Erkenntnis: »Berlin kann nur durch die revolutionäre Energie der Provinzen, die größern Provinzialstädte und namentlich die Provinzialhauptstädte können nur durch die revolutionäre Energie des flachen Landes sichergestellt werden.«[181]

Wie schon im September, so waren auch im November die Kommunisten die Initiatoren der Volksbewegung in Köln, und der Arbeiterverein bildete ihren Kern. Das Bündnis zwischen Arbeitern und kleinbürgerlichen Demokraten ermöglichte hier eine große Breite der Bewegung. Der Arbeiterverein forderte das Parlament auf, eine feste Einheitsfront gegen die um das Königtum gruppierte Reaktion zu schaffen. Er erklärte den Arbeitern, daß, obwohl der vor sich gehende Kampf direkt und in erster Linie die Bourgeoisie anging, sie auch ein großes eigenes Interesse hätten, die Konterrevolution zu besiegen: Die Feinde der Versammlung in Berlin »sind unsere Feinde, und was zur weißen oder schwarzrotgoldenen Republik führt, führt ja auch einen Schritt weiter zur roten«[182].

Am 11. November klebten an den Straßenecken Kölns große grüne Plakate, die den Aufruf der linken Berliner Abgeordneten wiedergaben: »Das Vaterland ist in Gefahr!« Eine Kundgebung unterstützte einmütig den Beschluß der konstituierenden Versammlung vom 9. November, der Krone nicht das Recht zu geben, sie zu vertagen, zu verlegen oder aufzulösen. Unter dem Druck der Volksstimmung schloß sich der bourgeoise Gemeinderat mit knapper Mehrheit der Erklärung an.

Ein am 13. November von der in Permanenz tagenden Volksversammlung gewähltes Volkskomitee entwickelte sich zeitweise zu einem neuen leitenden revolutionären Zentrum in der Stadt.

In der Provinz Sachsen entstanden Mitte November 17 Sicherheitsausschüsse, die sich auf die Seite der konstituierenden Versammlung in Berlin stellten. Sie erklärten sich in einigen Städten zu Organen der

Extrablatt der »Neuen Rheinischen Zeitung«, 15. November 1848

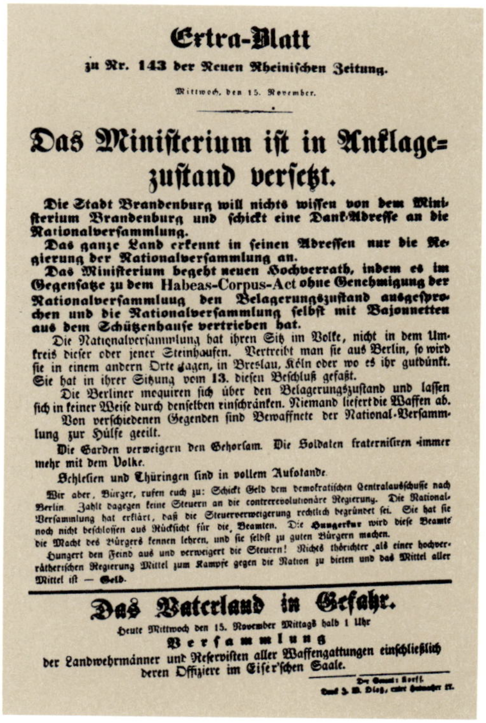

Extra-Blatt

zu Nr. 143 der Neuen Rheinischen Zeitung.

Mittwoch, den 15. November.

Das Ministerium ist in Anklagezustand versetzt.

Die Stadt Brandenburg will nichts wissen von dem Ministerium Brandenburg und schickt eine Dank-Adresse an die Nationalversammlung.

Das ganze Land erkennt in seinen Adressen nur die Regierung der Nationalversammlung an.

Das Ministerium begeht neuen Hochverrath, indem es im Gegensatze zu dem Habeas-Corpus-Act ohne Genehmigung der Nationalversammluug den Belagerungszustand ausgesprochen und die Nationalversammlung selbst mit Bajonnetten aus dem Schützenhause vertrieben hat.

Die Nationalversammlung hat ihren Sitz im Volke, nicht in dem Umkreis dieser oder jener Steinhaufen. Vertreibt man sie aus Berlin, so wird sie in einem andern Orte tagen, in Breslau, Köln oder wo es ihr gutdünkt. Sie hat in ihrer Sitzung vom 13. diesen Beschluß gefaßt.

Die Berliner mequiren sich über den Belagerungszustand und lassen sich in keiner Weise durch denselben einschränken. Niemand liefert die Waffen ab.

Von verschiedenen Gegenden sind Bewaffnete der National-Versammlung zur Hülfe geeilt.

Die Garden verweigern den Gehorsam. Die Soldaten fraternisiren immer mehr mit dem Volke.

Schlesien und Thüringen sind in vollem Aufstande.

Wir aber, Bürger, rufen euch zu: Schickt Geld dem demokratischen Centralausschusse nach Berlin. Zahlt dagegen keine Steuern an die contrerevolutionäre Regierung. Die National-Versammlung hat erklärt, daß die Steuerverweigerung rechtlich begründet sei. Sie hat sie noch nicht beschlossen aus Rücksicht für die Beamten. Die **Hungerkur** wird diese Beamte die Macht des Bürgers kennen lehren, und sie selbst zu guten Bürgern machen.

Hungert den Feind aus und verweigert die Steuern! Nichts thörichter, als einer hochverrätherischen Regierung Mittel zum Kampfe gegen die Nation zu bieten und **das** Mittel aller Mittel ist — **Geld**.

Das Vaterland in Gefahr.

Heute Mittwoch den 15. November Mittags halb 1 Uhr

Versammlung

der Landwehrmänner und Reservisten aller Waffengattungen einschließlich deren Offiziere im Eiser'schen Saale.

Der Gerant: Korff.

Druck J. W. Dietz, unter Hutmacher 17.

Volkssouveränität, versuchten, die exekutive Gewalt zu übernehmen und die Volksbewaffnung durchzuführen; es gelang ihnen vorübergehend, den beginnenden konterrevolutionären Aufmarsch teilweise ernsthaft zu behindern. Meist kurzlebige Sicherheitsausschüsse, von denen manche allerdings durch gemäßigte Kräfte in Organe zur »Aufrechterhaltung von Ruhe und Ordnung« umfunktioniert wurden, bildeten sich in Halberstadt, Magdeburg, Oschersleben, Aschersleben, Halle, Merseburg, Eisleben, Alsleben, Zeitz, Weißenfels, Osterfeld, Naumburg, Stößen, Teuchern, Hohenmölsen, Schkölen, Eckartsberga und Mühlhausen.

Steuerverweigerung

Gleich nach dem Staatsstreich erwogen einige Abgeordnete der konstituierenden Versammlung, der konterrevolutionären Regierung dadurch entgegenzutreten, daß man die Bevölkerung aufforderte, keine Steuern mehr zu zahlen. Ähnliche Anregungen trugen Volksversammlungen an das Parlament heran. Eine Versammlung von 2 000 Bürgern Magdeburgs verlangte von den Abgeordneten, sie sollten beschließen, daß das Ministerium nicht befugt sei, Staatsausgaben zu machen und Steuern zu erheben. Eine Delegation von Bauern aus der Gegend von Oschersleben und Neuhaldensleben überbrachte der Versammlung die Erklärung, sie würden so lange keine Steuern mehr zahlen, bis ein volkstümliches Ministerium eingesetzt sei.

Die »Neue Rheinische Zeitung« griff diese Forderungen auf und propagierte die Idee der Steuerverweigerung. »Ein Wrangel, ein Brandenburg begreift«, schrieb Karl Marx, »daß sie einen Degen tragen und eine Uniform und Gehalt beziehen. *Woher* aber der Degen und die Uniform und das Gehalt, das begreifen sie nicht.« Vorläufig gäbe es nur ein Mittel, das Königtum zu besiegen:

»Das Königtum trotzt nicht nur dem
Völker-, es trotzt dem Bürgertum.
Besiegt es also auf bürgerliche Weise.
Und wie besiegt man das Königtum
in bürgerlicher Weise?
Indem man es aushungert.
Und wie hungert man es aus?
Indem man die Steuern verweigert.

Bedenkt es wohl! Alle Prinzen von Preußen, alle Brandenburgs und Wrangels pro-

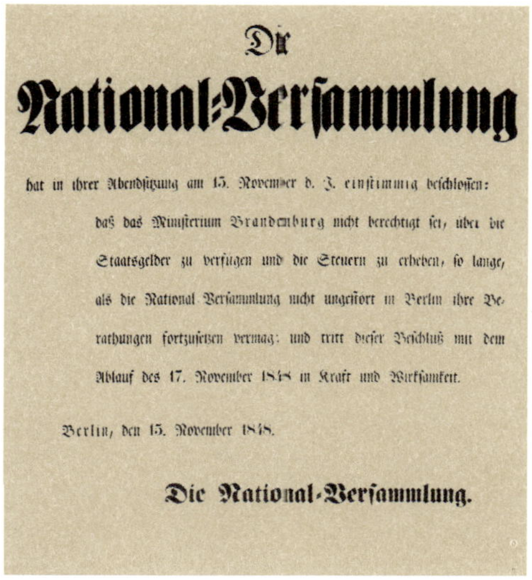

Die

National-Versammlung

hat in ihrer Abendsitzung am 15. November d. J. einstimmig beschlossen:

daß das Ministerium Brandenburg nicht berechtigt ist, über die Staatsgelder zu verfügen und die Steuern zu erheben, so lange, als die National-Versammlung nicht ungestört in Berlin ihre Berathungen fortzusetzen vermag; und tritt dieser Beschluß mit dem Ablauf des 17. November 1848 in Kraft und Wirksamkeit.

Berlin, den 15. November 1848.

Die National-Versammlung.

Bekanntmachung des preußischen Parlaments, 15. November 1848

duzieren kein — *Kommißbrot*. Ihr, ihr produziert selbst das Kommißbrot.«[183]
In der Sitzung am 11. November beantragte Benedikt Waldeck, unterstützt von einigen anderen Linken wie Karl d'Ester und Johann Jacoby, die Versammlung solle die Steuerverweigerung beschließen. Der Antrag wurde abgelehnt. Die Versammlung, selbst schon in Agonie, setzte auf echt bürgerlich-parlamentarische Weise eine Kommission ein. Zweimal berichtete die Kommission, zweimal kam die Versammlung zu keinem Ergebnis. Am 15. November endlich beschloß die dezimierte, aber beschlußfähige Versammlung in ihrer letzten Sitzung, bevor sie vor den Bajonetten Wrangels kapitulierte, die Steuerverweigerung in mildester Form: Ab 17. November sollte die Regierung nicht mehr berechtigt sein, Steuern zu erheben und über sie zu verfügen, solange nicht die Versammlung ihre Sitzungen in Berlin frei fortsetzen könnte.
Obzwar der Steuerverweigerungsbeschluß in dieser Fassung für die Regierung harmlos und nichtssagend war, konnten wirkliche Revolutionäre an ihn anknüpfen. Die »Neue Rheinische Zeitung« kommentierte ihn mit den Worten: *»Von dem heutigen Tage an sind also die Steuern aufgehoben!!! Die Steuerzahlung ist Hochverrat, die Steuerverweigerung erste Pflicht des Bürgers!«*[184]
Für die Rheinprovinz hatte der demokratische Kreisausschuß in Köln schon am 14. November zur Steuerverweigerung aufgerufen. Im benachbarten Düsseldorf war wie in Köln die politische Aktionseinheit vom Volksklub bis zum Bürgerverein hergestellt worden, und der Volksklub erklärte sich am 11. November für permanent.
Im Auftrag des Provinzialausschusses forderte Marx Lassalle auf, dafür zu wirken, daß in Düsseldorf beschlossen werde: »*1. Allgemeine Steuerverweigerung* — speziell auf dem Lande zu propagieren; 2. Freischaren nach Berlin; 3. Geldsendungen an den demokratischen Zentralausschuß in Berlin.«[185] Am 14. November entwickelte Lassalle im Volksklub unter Berufung auf den Kreisausschuß jene Aufgaben, die Marx in seinem Brief dargelegt hatte.
Aus allen Teilen Preußens erhielten die Berliner Abgeordneten Zustimmungserklärungen. Viele Landgemeinden und kleinere Städte in Brandenburg, Pommern, Schle-

Kampf zwischen preußischem Militär und Landwehrmännern vor dem Zeughaus in Erfurt, 24. November 1848. Darstellung der Neuruppiner Bilderbogen, 1848

Neue Rheinische Zeitung

Organ der Demokratie.

№ 147. Köln, Sonntag den 19. November. 1848.

Den auswärtigen Freunden der „Neuen Rheinischen Zeitung“ zeigen wir hiermit an, daß uns von dem hiesigen Ober-Postamte die Genehmigung ertheilt worden ist, vom heutigen Tage bis Ende Quartals Abonnements zum Preise von 1 Thlr. incl. des Postaufschlags entgegenzunehmen. Wir fordern demnach das auswärtige Publikum zur regen Theilnahme auf.

Köln, 16. November 1848. Die Expedition der „N. Rh. Ztg.“

Keine Steuern mehr!!!

Ab 19. November 1848 erscheint die »Neue Rheinische Zeitung« mit der Überschrift »Keine Steuern mehr!!!«

sien, Westfalen, der Provinz Sachsen und der Rheinprovinz erklärten sich für die Steuerverweigerung. Sie schien ihnen das geeignetste Mittel zu sein, die Regierung Brandenburg zum Rücktritt zu zwingen. Innerhalb einer Woche erhielt die Berliner Versammlung über 700 Adressen mit etwa einer halben Million Unterschriften. In Schlesien forderte die Provinzialorganisation der demokratischen Rustikalvereine die Bauern zur Steuerverweigerung auf. Der Arbeiterverein in Hamm in Westfalen erklärte unter Übernahme des Vokabulars der »Neuen Rheinischen Zeitung« seine Befriedigung, daß das Parlament »sich nicht länger mehr ein Ministerium von Schnurrbärten und Säbeln« habe gefallen lassen. Der Verein forderte die Abgeordneten auf, »das Volk unter die Waffen zu rufen und ebenso einen Ruf an das Militär zum Strecken der Waffen zu richten, um dem König noch einmal und in noch verständlicherer Weise, wie es am 18. März geschah, zu zeigen, was er kann und was er ist – dem Volke gegenüber«. Die Abgeordneten wurden darauf aufmerksam gemacht, »daß rasches Handeln doppeltes Handeln ist und daß es doppelte Wirkung tut«[186]. 3 000 Einwohner von Münster appellierten an Bürgerwehr und Soldaten, mit ihren Waffen auf die Seite des Volkes überzutreten.

Nun, da die gewählten Volksvertreter die Steuerverweigerung beschlossen hatten, mußten sie auf wirkungsvollere Weise als durch Zustimmungsadressen unterstützt werden. Das Nichtzahlen von Steuern allein blieb noch im Rahmen des passiven Widerstandes. Jetzt mußte man mehr tun. Die »Neue Rheinische Zeitung« appellierte

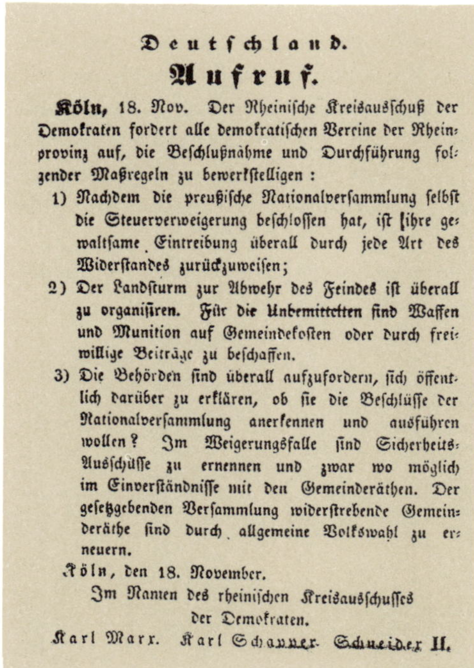

Deutschland.

Aufruf.

Köln, 18. Nov. Der Rheinische Kreisausschuß der Demokraten fordert alle demokratischen Vereine der Rheinprovinz auf, die Beschlußnahme und Durchführung folgender Maßregeln zu bewerkstelligen:

1) Nachdem die preußische Nationalversammlung selbst die Steuerverweigerung beschlossen hat, ist ihre gewaltsame Eintreibung überall durch jede Art des Widerstandes zurückzuweisen;

2) Der Landsturm zur Abwehr des Feindes ist überall zu organisiren. Für die Unbemittelten sind Waffen und Munition auf Gemeindekosten oder durch freiwillige Beiträge zu beschaffen.

3) Die Behörden sind überall aufzufordern, sich öffentlich darüber zu erklären, ob sie die Beschlüsse der Nationalversammlung anerkennen und ausführen wollen? Im Weigerungsfalle sind Sicherheits-Ausschüsse zu ernennen und zwar wo möglich im Einverständnisse mit den Gemeinderäthen. Der gesetzgebenden Versammlung widerstrebende Gemeinderäthe sind durch allgemeine Volkswahl zu erneuern.

Köln, den 18. November.

Im Namen des rheinischen Kreisausschusses der Demokraten.

Karl Marx. Karl Schapper. Schneider II.

Steuerverweigerungsaufruf des rheinischen Kreisausschusses der Demokraten, 18. November 1848. Aus der »Neuen Rheinischen Zeitung«, 19. November 1848

an das Volk, vom passiven Widerstand gegen Regierung und Krone zum aktiven Widerstand überzugehen und ihn von unten her zu organisieren. Der Kreisausschuß der rheinischen Demokraten forderte die demokratischen Vereine der Provinz auf, alle Versuche gewaltsamer Steuereintreibung zurückzuweisen. Beauftragte des Arbeitervereins und der Demokratischen Gesellschaft Kölns wirkten in der Umgebung der Stadt für die Verweigerung der Steuern.

In zahlreichen Landorten der Rheinprovinz verweigerten die Bauern die Steuerzahlung. In kleinere Städte wurden, teils gewaltsam, teils unter dem Schutz der örtlichen Bürgerwehren, Vieh und Mehl unversteuert eingeführt. Der Kölner Festungskommandant entsandte nach Bonn Artillerie und Kavallerie. Militär besetzte die Stadttore, damit Mahl- und Schlachtsteuern erhoben werden konnten, deren Abgabe unter Anwendung von Waffengewalt verhindert worden war, nachdem Bürgerwehr die Zollhäuser besetzt hatte.

Der Görlitzer Magistrat sprach sich gegen die Ablieferung der Steuern an die Zentralkasse aus. In Waldenburg wurden die Steuerkasse beschlagnahmt und das Steueramt von Bürgerwehr besetzt. In Striegau brachte man die Steuerkasse auf das Rathaus; der ganze Kreis sandte keine Steuergelder mehr nach Berlin. Der Oberpräsident der Provinz Schlesien erklärte den Steuerverweigerungsbeschluß der konstituierenden Versammlung für rechtmäßig. Die Berliner Regierung setzte den Oberpräsidenten ab.

In Düsseldorf, Frankfurt (Oder), Guben, Halberstadt, Trier und Zeitz wurde gewaltsamer Widerstand gegen die Steuereintreibung geleistet. In Berncastel, im Regierungsbezirk Trier, zwang das bewaffnete Volk am 26. November zwei Kompanien Infanterie samt Untersuchungskommission und oberen Verwaltungsbeamten, sich aus der Stadt zurückzuziehen. Es gelang nicht, den Organisator der Steuerverweigerung zu verhaften. Die Militärbehörden fürchteten die Ausbreitung des Widerstandes über die ganze mittlere Moselgegend.

Die Regierung Brandenburg berief die Landwehr ein, um mit verstärkten militärischen Kräften gegen die Bewegung des Volkes vorzugehen. In verschiedenen Orten stieß die Einberufung der Landwehr auf Widerstand. In Halberstadt, Mühlhausen und Nordhausen widersetzten sich Landwehrmänner der Einkleidung. Die Wehrmänner des Stralsunder Regierungsbezirks fanden sich am 19. November in Stralsund ein, viele weigerten sich aber, sich einkleiden zu lassen. Landwehrmänner drangen ins Zeughaus ein, Bürgerwehr stellte sich auf ihre Seite. Stralsund wurde noch am gleichen Tage unter Ausnahmerecht gestellt. In einem Rundschreiben an alle militärischen Instanzen befahl die Berliner Regierung, jeden Versuch eines Widerstandes zu unterdrücken und nach eigenem Ermessen das Standrecht über einzelne Städte oder ganze Provinzen zu verhängen. Die

Einkleidung der Landwehr stieß auch in Erfurt auf beharrlichen Widerstand der Mannschaften. Am 24. November kam es zu blutigen Zusammenstößen zwischen Militär und Bürgerwehr, der sich spontan gebildete Arbeiterabteilungen anschlossen. Bei den heftigen Straßenkämpfen fielen 13 Revolutionäre. Es gelang der Garnison, den Widerstand zu brechen. Die Militärs verhängten den Belagerungszustand.
In Köln begannen Landwehr und Reservisten, sich unabhängig von den offiziellen Militärbehörden demokratisch zu organisieren, um im Falle eines bewaffneten Konflikts vorbereitet zu sein. Der Kölner Turnverein stellte ein Freikorps zusammen, der Arbeiterverein ein »fliegendes Korps« aus jenen Männern, die nicht zur Landwehr gehörten. Der Düsseldorfer Turnverein bildete eine bewaffnete Turnerwehrabteilung; eine Volksversammlung wählte eine Barrikadenkommission zur Vorbereitung auf das erwartete Eingreifen des Militärs. Auch in Düsseldorf wurde die Bewegung durch den Belagerungszustand unterdrückt.
In Halberstadt beschloß eine Volksversammlung am 12. November die Bildung eines Freikorps, das sich auf den ersten Ruf der bedrohten preußischen konstituierenden Versammlung bewaffnen und unter ihren Befehl stellen wollte. Am gleichen Tage konstituierte sich ein fliegendes Korps in Magdeburg. Der Arbeiterverein Halle (Saale) stellte sich mit einem Lancierkorps auf die Seite der Berliner Versammlung. Überall, wo starke Arbeitervereine bestanden, bildeten sie die Zentren des Widerstandes. Auch in Frankfurt (Oder) beschlossen mehrere hundert Arbeiter, ein bewaffnetes Korps zum Schutz der Revolution zu organisieren. Sie wählten einen Hauptmann und verlangten von der Bürgerwehr, sie solle ihnen Waffen überlassen. Die Behörden verhinderten die Bewaffnung mit Gewalt.
Ein Höhepunkt des bewaffneten Volkswiderstandes in Preußen gegen die Berliner Staatsstreichregierung waren Mitte November die Aktionen einer mobilen Kolonne von Freischärlern im Saale-Unstrut-Gebiet. Der populäre Landarzt Carl Stockmann aus

Vertreibung der Linken des preußischen Parlaments aus dem »Hotel Mylius« in Berlin, 27. November 1848. Nach der »Illustrierten Zeitung«, 1848

Kölleda, Vorsitzender des demokratischen Vereins in Bibra, am 8. November zum Führer aller Bürgerwehren des Kreises Ekkartsberga gewählt, stellte aus Freiwilligen zahlreicher Orte der Umgebung, darunter von Arbeitern aus Naumburg, zwei Abteilungen Freischaren auf, die in mehreren Städten und Landgemeinden die Steuerverweigerung erzwangen. Er richtete im Rathaus von Bibra ein Kreiskommando ein, das Verfügungen erließ, die örtlichen Verwaltungsorgane lahmlegte, die Stadt Bibra und das umliegende Land faktisch beherrschte. Das Kommando unter Stockmann und seinen beiden Stellvertretern, dem Buchhändler Otto Maaß aus Naumburg und dem Arzt Dr. Neuhaus aus Lauscha, verfügte seit dem 18. November über etwa 1 000 bewaffnete Kämpfer, die mehrere Tage lang die Lage im Saale-Unstrut-Dreieck bestimmten, mehrere kleine Scharmützel mit preußischen Husarenpiquets erfolgreich bestanden, einen Zug Husaren mit einem Offizier gefangennahmen und in Bibra festsetzten. Die Insurrektion, deren Teilnehmer auf die Beschlüsse der Berliner konstituierenden Versammlung in Berlin eingeschworen waren, scheiterte schließlich an einer in Marsch gesetzten überlegenen Militärmacht von vier Kompanien, fünf Schwadronen und einer Batterie unter einem Generalmajor v. Schack, der die Stadt Bibra regelrecht erobern mußte.

Der Plan des demokratischen Kreisausschusses in Halle (Saale), durch einen allgemeinen Aufstand in der Provinz Sachsen der Konterrevolution entgegenzutreten und der Berliner Demokratie zu Hilfe zu eilen, blieb unausgeführt. Im Königreich Sachsen begannen sich in den Städten Freiberg, Großenhain, Leipzig, Werdau und Zwickau Freischaren für Berlin zu bilden, vor allem aus Arbeitern. Die Regierung vereitelte den Plan und ließ in Leipzig bereits ausgerüstete Freiwillige wieder entwaffnen.

Das Zentralkomitee der Arbeiterverbrüderung in Leipzig forderte am 22. November seine Organisationen dringend auf, alle Kräfte und Mittel zur Bewaffnung der Arbeiter aufzubieten. Die Arbeiter-Genossenschaften sollten Geld zur Anschaffung von Waffen zur Verfügung stellen. An die Arbeiter in Preußen wandte sich das Zentralkomitee mit der besonderen Aufforderung, den Beschlüssen der Berliner Abgeordnetenversammlung nicht nur zu folgen, sondern ihnen entschieden vorzuarbeiten.

Die Erfolgsaussichten der zersplitterten Widerstandsversuche in den preußischen Provinzen blieben gering. Es gelang der Konterrevolution, sie einzeln niederzuschlagen, meist unter Einsatz militärischer Gewalt. Führende Männer der Bourgeoisie standen auch diesmal auf der Seite der Krone und der Regierung. Mit ihrer Hilfe wurde die Regierung der Volksbewegung Herr.

Breiter aktiver Widerstand kam nicht zustande, weil die Steuerverweigerer unter den Abgeordneten ihn nicht organisierten, sondern es beim passiven Widerstand beließen. Vor außerparlamentarischen revolutionären Aktionen scheuten sie zurück, ebenso die Masse der kleinbürgerlichen Demokraten. Nachdem sie die Steuerverweigerung beschlossen hatten, liefen die

№ 30. Sonntag, den 26. November. 1848.

Kladderadatsch.

Wochenkalender.

Montag den 20. Novbr.

Dienstag den 21. Novbr.

Der von Radowitz erkaufte Judas in Frankfurt grüßt den in Berlin durchgefallenen Bassermann mit den Worten: Wer die Besten seiner Zeit zum Besten gehabt, der hat gelebt für alle Zeiten.

Mittwoch den 22. Novbr.

Wochenkalender.

Donnerstag den 23. Novbr.

Freitag den 24. Novbr.

Sonnabend den 25. Novbr.

Organ für und von Bummler.

Unsre Zeit in Unruhe — unsre Hoffnung auf Unruh!

Auf dem Banquet der demokratischen Republik in Paris am 17. November d. J. brachte Hervé einen Toast aus:

der Geduld, der schwersten aller Tugenden — aber auch der nützlichsten und der nothwendigsten für das gute Recht!

Auch wir rufen euch wiederholt zu:

Geduld, Geduld! wenn's Herz auch bricht!
Mit Gott im Himmel hadert nicht!

Unser Himmel ist die befreite Erde — unser Gott die Zukunft — an die wir glauben wollen trotz aller Folterqualen der Windischgrätze und Jellachiche, trotz aller Inquisitionen der Manteuffels und Brandenburgs!

Muth! Muth! u. nochmals Muth!

So lang es in Berlin nicht wieder so weit gekommen ist, daß jeder Constabler das Recht hat, uns die Cigarren aus dem Munde zu schlagen, so lange die Gardeleutnants zu ihrer Unterhaltung nicht jeden Bürgersmann mit der Reitpeitsche übers Gesicht hauen dürfen, — so lange nicht jeder Handwerksbursche bei seiner Ankunft auf dem Polizeipräsidium 25 auf den Allerwerthesten bekommt, — so lange wird die edle deutsche Nation vorläufig keine Revolution mehr machen.

Dazu aber verhelfe uns der liebe Gott und Hinkeldey — !

Berlin, am 25. November 1848. Kladderadatsch.

Erste Seite des »Kladderadatsch« vom 26. November 1848

übriggebliebenen Abgeordneten auseinander. Ohne einheitliche Führung und Organisation aber mußte die Volksbewegung scheitern.

Die oktroyierte Verfassung

Zwei Wochen lang war die preußische Abgeordnetenversammlung in Berlin hin- und hergejagt und dann zersprengt worden. Am 27. November trat sie im Dom von Brandenburg wieder zusammen. Da die Linken fehlten, war sie jedoch beschlußunfähig. Die Konterrevolution nutzte den Augenblick. Am 5. Dezember löste Friedrich Wilhelm IV. die Versammlung endgültig auf. Gleichzeitig verkündeten der König und seine Regierung eine Verfassung.

Die Regierung hoffte, mit Hilfe der oktroyierten Verfassung die Bourgeoisie beschwichtigen und die antiministerielle Opposition sprengen zu können. Sie lockte mit der Wiederherstellung eines »festen Rechtszustandes« und des »gestörten Vertrauens« und behauptete, die Verfassung würde die »ersehnten Segnungen der verheißenen konstitutionellen Freiheit« sichern.[187]

Die Tatsache, daß die Verfassung vom König aufgezwungen, oktroyiert wurde, befriedigte die meisten Konservativen. Weil die Verfassung der Bourgeoisie Konzessionen machte, konstitutionell-monarchische und bürgerliche Grundsätze enthielt, rechnete die Regierung mit der Zustimmung der Liberalen. Tatsächlich sah die Masse der Bourgeoisie ihre Wünsche im wesentlichen erfüllt. Die Bourgeoisie wollte Ruhe, wollte das Ende der Revolution.

Um eine innenpolitische Konsolidierung Preußens zu erreichen, hatte die Regierung der Verfassung ein weitgehend liberales Gepräge gegeben. Furcht vor der Revolution, das Schreckgespenst einer möglicherweise entstehenden Einheitsfront zwischen Demokraten und Liberalen gaben dafür den Ausschlag. Die »Realpolitiker« sahen ein, daß eine verfassungspolitische Rückkehr zum Status quo ante, zum Zustand vor der Märzrevolution, nicht möglich war. Die Regierung Brandenburg/Manteuffel, in der sich das Bündnis von Armee und Bürokratie verkörperte, hatte den widerstrebenden König und die Kamarilla für ihr Verfassungsprojekt gewonnen und die Einwände der äußersten Rechten beiseite geschoben.

Die Verfassung enthielt einige Formeln aus den in der Frankfurter Nationalversammlung beschlossenen Grundrechten für eine deutsche Reichsverfassung und stützte sich zum Teil auf den Verfassungsentwurf, der in der Berliner konstituierenden Versammlung beraten worden und unter dem Einfluß der Linken zustande gekommen war. Die Verfassung versprach Presse-, Versammlungs- und Vereinigungsfreiheit, persönliche Freiheit, Unverletzlichkeit der Wohnung, Religionsfreiheit und Gleichheit der religiösen Bekenntnisse, bürgerliche Eheschließung, Freiheit der Wissenschaft und ihrer Lehre, Abschaffung der Standesvorrechte, Ministerverantwortlichkeit, Zugang aller Befähigten zu öffentlichen Äm-

Eine Abordnung des Berliner Magistrats überbringt Glückwünsche zur silbernen Hochzeit des Königspaares. Darstellung der Neuruppiner Bilderbogen, 1848

tern, allgemeines Wahlrecht, freie Verfügung über das Grundeigentum, Aufhebung von Familien-Fideikommissen, Aufhebung der Gerichtsherrlichkeit auf den Gütern und der gutsherrlichen Polizei. Gleichzeitig kündigte die Regierung mehr als ein Dutzend Gesetze und Verordnungen an, darunter ein Gesetz über die Einführung des mündlichen und öffentlichen Gerichtsverfahrens mit Geschworenen, Gesetze über die Aufhebung der Grund- und Klassensteuerbefreiungen und über die Einkommensteuer, eine neue Ablösungsordnung und eine Verordnung über die Aufhebung von Lasten und Abgaben der ländlichen Grundbesitzer. Die Verwirklichung alles dessen wäre geeignet gewesen, dem preußischen Staat eine bürgerliche Grundlage zu geben. Es war mehr, als die Bourgeoisie zu erwarten gewagt hatte. »Wie feige und wie tollkühn zugleich ist das Unterschreiben alles dieses Unsinns!« vertraute Ernst Ludwig v. Gerlach am 6. Dezember seinem Tagebuch an.[188]

Allerdings fiel es schwer, ernsthaft zu glauben, daß Friedrich Wilhelm IV. und seine Regierung die Proklamation bürgerlicher Rechte und Gesetze in dieser ausgedehnten Weise ernst meinten. Zu deutlich war die Absicht, zunächst und vor allem die Unruhe im Lande zu dämpfen und die Bourgeoisie für die Regierung zu gewinnen. Vertraulich nannte der König die Verfassung einen »Wisch«, und einer der Führer der Kamarilla beruhigte diejenigen Reaktionäre, denen die in dem »Wisch« gemachten Konzessionen zu weit gingen: »Soll man überhaupt einen so großen Wert auf solch papierne Verfassung legen?«[189]

Die Unaufrichtigkeit der Väter dieser Verfassung sprach aus den reaktionären Be-

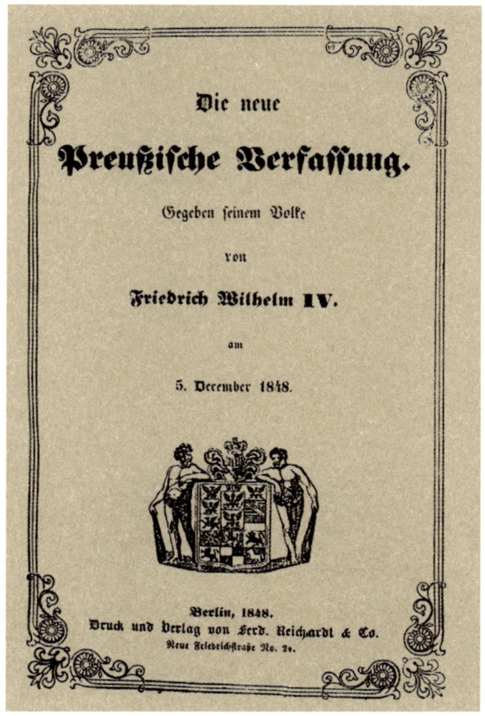
Die neue
Preußische Verfassung.
Gegeben seinem Volke
von
Friedrich Wilhelm IV.
am
5. December 1848.

Berlin, 1848.
Druck und Verlag von Ferd. Reichardt & Co.
Neue Friedrichstraße No. 2.

Titelblatt einer Ausgabe der oktroyierten Verfassung

stimmungen, die selbst von blassen Demokraten kritisiert wurden: Zweikammersystem, absolutes Veto des Königs, Entziehung des Rechts der Volksvertretung, Steuern zu bewilligen und die königliche Zivilliste (das Einkommen der Königsfamilie aus Staatsmitteln) festzusetzen, das Recht der Regierung, durch Erklärung des Belagerungszustandes Verordnungen mit Gesetzeskraft zu erlassen, die Grundrechte willkürlich aufzuheben und außerhalb der Tagungszeit der Kammern Notverordnungen mit Gesetzeskraft zu erlassen. Der Notverordnungsartikel war der Kern der oktroyierten Verfassung.

Mißtrauen erregte auch jene Klausel, die es dem Parlament vorbehielt, die Verfassung

»Das Zweikammersystem«. Aus dem »Leuchtthurm«, 1848

zu revidieren und zu bestätigen. Auf diese Revisionsmöglichkeit bauten sowohl die Hofpartei wie ein Teil der Bourgeoisie. Die Liberalen hofften auf den Ausbau der bürgerlichen Bestimmungen der Verfassung, die Regierung und die Royalisten wollten davon so viel wieder wegrevidieren, wie es die Lage erlauben würde — und sie haben es später getan: nicht mit Hilfe der Anfang 1849 gewählten, bald wieder aufgelösten Kammern, aber mit dem 1850 zustande gekommenen Abgeordnetenhaus, das sogar das ultrareaktionäre Dreiklassenwahlrecht bestätigte.

Im Dezember 1848 blieben die liberalen Verfassungsbestimmungen papierne Verheißungen. Die Bourgeoisie war zufrieden. Mit dem »Geschenk« der Verfassung belohnt, nahm sie die Auseinanderjagung der Abgeordneten am 5. Dezember widerstandslos hin. Und das Volk und vor allem die Arbeiter blieben ruhig in diesem Augenblick, denn sie waren »nicht so dumm«, wie Friedrich Engels 40 Jahre später urteilte, »für die Bourgeoisie und ohne die Bourgeoisie loszuschlagen« [190].

Die Schläge der Konterrevolution richteten sich in erster Linie gegen die unmittelbaren Interessen der Bourgeoisie. Der November/Dezember war deshalb zunächst die Niederlage der liberalen Bourgeoisie, der Konstitutionellen. Der Staatsstreich beendete in Preußen die labilen Machtverhältnisse.

Als ihre Repräsentanten aus der Regierung geworfen und ihre Versammlung aufgelöst wurde, kapitulierte die Bourgeoisie. Sie dachte nicht daran, um ihre Interessen zu kämpfen, rückte von ihren politischen Ambitionen ab. Für die Haltung der preußischen Bourgeoisie zur Frage der eigenen politischen Macht scheint deshalb der November/Dezember die entscheidende Zäsur.

Kapitel 6

Endkampf

Die Konterrevolution stabilisiert ihre Herrschaft

Um die Jahreswende 1848/49 schien die Revolution in allen europäischen Ländern unterdrückt oder gestoppt. Die Konterrevolution war im Vormarsch. Jetzt zeigten sich erst ganz die weitreichenden Folgen der Niederlage der Pariser Arbeiter im Juni für die gesamte europäische bürgerlich-demokratische Bewegung.

Das neue Kräfteverhältnis

In Frankreich veränderte sich das Kräfteverhältnis nach dem Juni schnell zugunsten der royalistischen Fraktionen der Bourgeoisie. Das Proletariat war zunächst von der politischen Bühne verschwunden, das demokratische Kleinbürgertum zum Schweigen gebracht, und nun wurden auch die republikanischen Teile der Bourgeoisie ausgeschaltet. Männer der äußersten Rechten verdrängten die Sieger des Juni aus der Regierung. Nach den Wahlen vom 10. Dezember 1848 trat Prinz Louis Bonaparte, ein Neffe von Napoleon I., als Präsident an die Spitze der Republik. Der Diktator Louis-Eugène Cavaignac ging ab, und Louis Bonaparte steuerte auf die Errichtung einer Monarchie zu.

In Italien loderte nach der Niederlage Mailands im August und Siziliens im September 1848 die Revolution gegen die Fürsten und die österreichischen Unterdrücker in einigen Gebieten wieder auf; Toskana und Piemont erhoben sich; im Dezember vertrieb ein siegreicher Volksaufstand den Papst aus Rom, und die liberale Bourgeoisie übernahm hier die Regierung. Aber zu einem allgemeinen revolutionären Aufschwung fehlte der zersplitterten italienischen Freiheitsbewegung zunächst die Kraft. Im Fürstentum der Walachei unterdrückten türkische und russische Truppen im Herbst 1848 gemeinsam die Befreiungsbewegung der rumänischen Bauern und Bürger. In diesem Augenblick sei »der Zar allgegenwärtig in Europa«[1], schrieb Karl Marx in der »Neuen Rheinischen Zeitung« am 1. Januar 1849, und das Blatt sprach davon, daß die konterrevolutionären Kräfte Europas die »Heilige Allianz« wiederzubeleben versuchten.

Im Dezember 1848 griff die österreichische Armee das revolutionäre Ungarn an. Nach der Niederlage der Revolution in Paris, Wien und Berlin wurde Ungarn zum Zentrum der revolutionären Bewegung in Mitteleuropa, auf das sich die Augen der europäischen Demokraten richteten. Am Silvesterabend erhoben Karl Marx und seine Freunde in Köln das Glas auf die Ungarn, und Ferdinand Freiligrath schrieb ein »Sil-

Louis Bonaparte.
Darstellung der Neuruppiner Bilderbogen, 1849

Sturm auf den päpstlichen Palast in Rom, Dezember 1848.
Darstellung der Neuruppiner Bilderbogen, 1849

Türkische Truppen marschieren in Bukarest ein.
Darstellung der Neuruppiner Bilderbogen, 1849

Abmarsch ungarischer Revolutionstruppen aus Pest, Januar 1849.
Nach der »Illustrierten Zeitung«, 1849

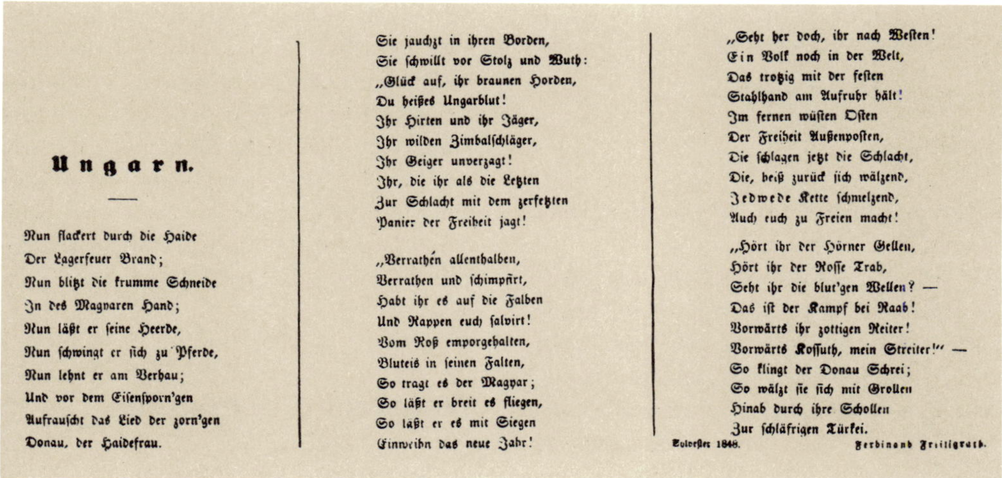

Ungarn.

Nun flackert durch die Haide
Der Lagerfeuer Brand;
Nun blitzt die krumme Schneide
In des Magyaren Hand;
Nun läßt er seine Heerde,
Nun schwingt er sich zu Pferde,
Nun lehnt er am Verhau;
Und vor dem Eisenspornʼgen
Aufrauscht das Lied der zornʼgen
Donau, der Haidefrau.

Sie jauchzt in ihren Borden,
Sie schwillt vor Stolz und Wuth:
„Glück auf, ihr braunen Horden,
Du heißes Ungarblut!
Ihr Hirten und ihr Jäger,
Ihr wilden Zimbalschläger,
Ihr Geiger unverzagt!
Ihr, die ihr als die Letzten
Zur Schlacht mit dem zerfetzten
Panier der Freiheit jagt!

„Verrathen allenthalben,
Verrathen und schimpfirt,
Habt ihr es auf die Falben
Und Rappen euch salvirt!
Vom Roß emporgehalten,
Bluteis in seinen Falten,
So tragt es der Magyar;
So läßt er breit es fliegen,
So läßt er es mit Siegen
Einweihn das neue Jahr!

„Seht her doch, ihr nach Westen!
Ein Volk noch in der Welt,
Das trotzig mit der festen
Stahlhand am Aufruhr hält!
Im fernen wüsten Osten
Der Freiheit Außenposten,
Die schlagen jetzt die Schlacht,
Die, heiß zurück sich wälzend,
Jedwede Kette schmelzend,
Auch euch zu Freien macht!

„Hört ihr der Hörner Gellen,
Hört ihr der Rosse Trab,
Seht ihr die blutʼgen Wellen? —
Das ist der Kampf bei Raab!
Vorwärts ihr zottigen Reiter!
Vorwärts Kossuth, mein Streiter!" —
So klingt der Donau Schrei;
So wälzt sie sich mit Grollen
Hinab durch ihre Schollen
Zur schläfrigen Türkei.

Sylvester 1848. Ferdinand Freiligrath.

Ferdinand Freiligraths »Silvesterlied an Ungarn«.
Aus der »Neuen Rheinischen Zeitung«, 1. Januar 1849

vesterlied an Ungarn«. Seit November 1848 kämpfte in Ungarn eine Legion deutscher Freiwilliger unter dem Kommando des Aacheners Peter Giron für die Sache der europäischen Demokratie. Die ungarische Revolutionsarmee mußte vor der Übermacht weit zurückweichen. Buda und Pest fielen am 5. Januar. Dennoch kapitulierte die ungarische nationale Befreiungsbewegung nicht. Sie blieb eine den Bestand der Habsburgermonarchie bedrohende Kraft, deren revolutionäre Ausstrahlung auf ganz Europa wirkte.

In Italien errangen Anfang 1849 die Republikaner neue Erfolge. Der Großherzog von Toskana floh vor dem Volk. Im Februar wurde in Florenz und in Rom die Republik proklamiert.

In Frankreich führte die Politik der Regierung, die sich nach den Dezemberwahlen schroff gegen Proletariat und Kleinbürgertum richtete, zur Polarisierung der Klassenkräfte. Die Masse der reaktionären Bourgeoisie scharte sich um die Regierung und den Thronprätendenten Prinz Louis Bonaparte. Das enttäuschte demokratische Kleinbürgertum näherte sich erneut den revolutionären proletarischen Kräften.

So gab es nach den Rückschlägen des Jahres 1848 Anfang 1849 in verschiedenen europäischen Ländern wieder Symptome für einen revolutionären Aufschwung. Unter den Bedingungen der Wechselwirkung zwischen den europäischen Revolutionsbewegungen und ihrer gegenseitigen Beeinflussung konnten von Frankreich, Italien oder Ungarn durchaus Anstöße ausgehen für die Weckung neuer revolutionärer Energien auch in Deutschland. Diese internationalen Entwicklungen in ihre eigenen Überlegungen einzubeziehen war selbstverständlich für wirkliche Revolutionäre.

Für den Gesamtverlauf der deutschen Revolution war eine wichtige Entscheidung in Berlin gefallen. Das Volk — Arbeiter, Bauern, Kleinbürger — hatte im Jahr 1848 die revolutionären Errungenschaften nicht ausbauen und den Angriff der Gegenrevolution nicht stoppen können. Die Bourgeoisie, die nach den Volkssiegen im März in fast allen deutschen Staaten die Regierungen gebildet oder maßgeblichen Anteil an den Regierungsgeschäften hatte, war in Wien und Berlin aus ihren Machtpositionen vertrieben worden.

Nach dem Sieg der Konterrevolution in Preußen hatte eine neue, die vierte und letzte Etappe der deutschen Revolution begonnen. Die Bildung von Regierungen der adligen Gegenrevolution in den beiden größten deutschen Staaten hatte das Kräfteverhältnis zwischen den kämpfenden Klassen grundlegend verändert. Obwohl die Entwicklung in den Klein- und Mittelstaaten nicht unmittelbar berührt war, fehlte nach dem Fall Wiens und der Entmachtung der Revolution in Berlin ein revolutionäres Zentrum, und die Reaktion bekam auch in diesen Staaten Auftrieb.

Die Revolution war aber noch nicht beendet. Die konterrevolutionären Kräfte hatten zwar das Übergewicht, doch ihre Herrschaft blieb labil. Sie beruhte weitgehend auf der Macht der Bajonette und war keineswegs politisch gesichert. Die revolutionäre Bewegung war nicht vollständig unterworfen. In Österreich bestand noch der Reichstag, in den Klein- und Mittelstaaten blieben die Parlamente; im Königreich Sachsen errang die kleinbürgerliche Demokratie bei Landtagswahlen im Dezember sogar eine absolute Mehrheit in der Zweiten Kammer. In Preußen sollten im Februar und März 1849 neue Kammern gewählt werden. In Frankfurt (Main) tagte die deutsche Nationalversammlung, der nach der Ausschaltung der konstituierenden Versammlung in Berlin wieder größere Bedeutung zukam. Wenn auch eingeschränkt durch Belagerungszustand und Polizeischikanen, existierte weiterhin in den meisten Staaten das Vereinigungsrecht, und es gab eine relativ weitgehende bürgerliche Pressefreiheit.

In den ersten Monaten des Jahres 1849 ging die Konterrevolution in Österreich und in Preußen daran, ihre errungenen Positionen Schritt für Schritt auszubauen.

In Österreich verfolgte die am 21. November 1848 ernannte Regierung des Fürsten

Hamburger Karikatur auf Friedrich Wilhelm IV., 1848/49

Felix v. Schwarzenberg zunächst das Ziel, den Reichstag zu beseitigen, der seit dem 22. November, aus Wien verlegt, in der südmährischen Provinzstadt Kremsier an einer Verfassung arbeitete. Die Kamarilla hatte am 1. Dezember die Abdankung des geisteskranken Kaisers Ferdinand zugunsten seines 18jährigen Neffen veranlaßt, der, anfangs noch unter der politischen Vormundschaft seiner Mutter, einer bayerischen Königstochter, und Schwarzenbergs stehend, als Franz Joseph I. bis 1916 auf dem Habsburger Thron saß.

Als der Verfassungsausschuß den ersten Paragraphen des Grundgesetzes formulierte: »Alle Staatsgewalt geht vom Volke aus«, verwahrte sich das Ministerium mit schroffen Worten dagegen und machte den Abgeordneten klar, daß die Monarchie im Oktober gesiegt hatte. Die Reichstagskommission zog diese Formulierung zurück. Doch nahm sie in den föderalistisch orientierten Verfassungsentwurf, in Anlehnung an die in der Frankfurter Paulskirchenversammlung und in der Berliner konstituierenden Versammlung beratenen Verfassungsbestimmungen, eine Reihe liberaler Grundsätze auf.

Die österreichische Regierung sah sich dadurch in ihrer Absicht bestärkt, sich der ihr unbequemen Abgeordnetenversammlung zu entledigen. Nach preußischem Muster wurden der Reichstag aufgelöst, seine Mitglieder mit Waffengewalt auseinandergejagt und eine Verfassung oktroyiert. Mit dem 4. März 1849 war der Sieg der Konterrevolution in Österreich vollständig.

Die »Reichsverfassung für das Kaisertum Österreich« erklärte das Habsburger Reich zur unteilbaren zentralisierten Monarchie und beseitigte alle bislang bestehenden Schranken zwischen ihren deutschen und nichtdeutschen Teilen. Das bedeutete die Aufhebung der selbständigen staatlichen Existenz Ungarns und den Bruch mit der Frankfurter Nationalversammlung, die Absage an die Idee eines deutschen Staates unter Einschluß der deutsch-österreichischen Landesteile, die Kursnahme auf die Erneuerung des alten Deutschen Bundes.

Wahlkampf in Preußen

In einer großen Artikelserie unter dem Titel »Die Bourgeoisie und die Kontrerevolution« hatte Karl Marx im Dezember 1848, nach dem Staatsstreich in Preußen, die Bilanz der durchschrittenen Etappen der Revolution gezogen. Er analysierte die Ursachen des Sieges der reaktionären Kräfte und versuchte, die noch vorhandenen Chancen der revolutionären Bewegung zu bestimmen. Die Bourgeoisie hatte bis November/Dezember 1848 offiziell an der Spitze der Revolution in Preußen gestanden. Marx kam zu dem Schluß, daß nun, nachdem die Bourgeoisie die Front der revolutionären Kräfte verlassen hatte, ein Sieg der bürgerlichen Revolution nur noch durch eine unmittelbare Auseinandersetzung zwischen Krone und Adel auf der einen und den Volksmassen auf der anderen Seite zu erreichen sei. Daraus erwuchs mehr noch denn zuvor die Notwendigkeit, Arbeiter, Bauern und Kleinbürger zum selbständigen Kampf gegen die Konterrevolution zu befähigen und den hemmenden Einfluß der Bourgeoisie und der unent-

Tagungsstätte des österreichischen Reichstages, der erzbischöfliche Palast in Kremsier. Nach der »Illustrierten Zeitung«, 1849

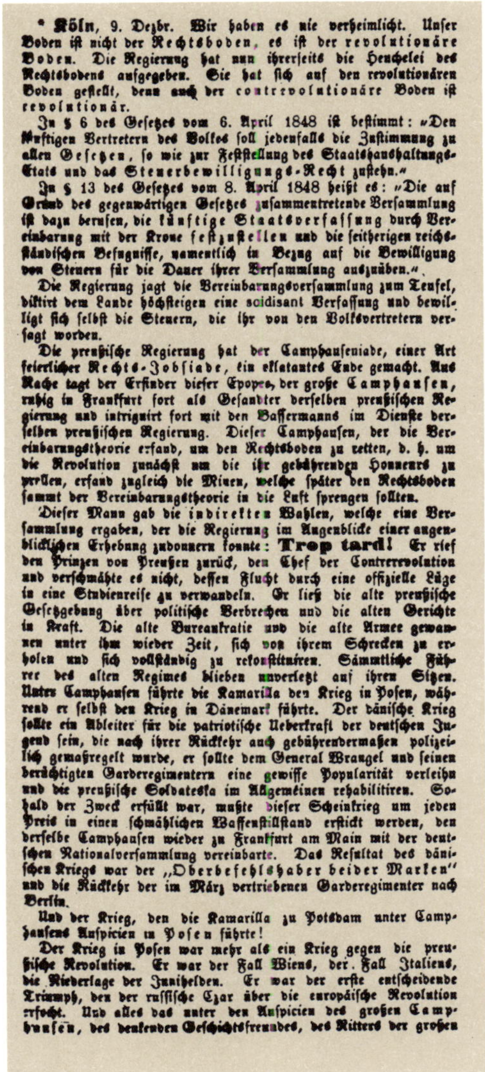

* **Köln**, 9. Dezbr. Wir haben es nie verheimlicht. Unser Boden ist nicht der Rechtsboden, es ist der revolutionäre Boden. Die Regierung hat nun ihrerseits die Heuchelei des Rechtsbodens aufgegeben. Sie hat sich auf den revolutionären Boden gestellt, denn auch der contrerevolutionäre Boden ist revolutionär.

In § 6 des Gesetzes vom 6. April 1848 ist bestimmt: „Den künftigen Vertretern des Volkes soll jedenfalls die Zustimmung zu allen Gesetzen, so wie zur Feststellung des Staatshaushaltungs-Etats und das Steuerbewilligungs-Recht zustehn."

In § 13 des Gesetzes vom 8. April 1848 heißt es: „Die auf Grund des gegenwärtigen Gesetzes zusammentretende Versammlung ist dazu berufen, die künftige Staatsverfassung durch Vereinbarung mit der Krone festzustellen und die seitherigen reichsständischen Befugnisse, namentlich in Bezug auf die Bewilligung von Steuern für die Dauer ihrer Versammlung auszuüben."

Die Regierung jagt die Vereinbarungsversammlung zum Teufel, diktirt dem Lande höchsteigen eine soidisant Verfassung und bewilligt sich selbst die Steuern, die ihr von den Volksvertretern versagt worden.

Die preußische Regierung hat der Camphauseniade, einer Art feierlicher Rechts-Jobsiade, ein eklatantes Ende gemacht. Aus Rache tagt der Erfinder dieser Epopee, der große Camphausen, ruhig in Frankfurt fort als Gesandter derselben preußischen Regierung und intriguirt fort mit den Bassermanns im Dienste derselben preußischen Regierung. Dieser Camphausen, der die Vereinbarungstheorie erfand, um den Rechtsboden zu retten, d. h. um die Revolution zunächst um die ihr gebührenden Honneurs zu prellen, erfand zugleich die Minen, welche später den Rechtsboden sammt der Vereinbarungstheorie in die Luft sprengen sollten.

Dieser Mann gab die indirekten Wahlen, welche eine Versammlung ergaben, der die Regierung im Augenblicke einer augenblicklichen Erhebung zudonnern konnte: **Trop tard!** Er rief den Prinzen von Preußen zurück, den Chef der Contrerevolution und verschmähte es nicht, dessen Flucht durch eine offizielle Lüge in eine Studienreise zu verwandeln. Er ließ die alte preußische Gesetzgebung über politische Verbrechen und die alten Gerichte in Kraft. Die alte Bureaukratie und die alte Armee gewannen unter ihm wieder Zeit, sich von ihrem Schrecken zu erholen und sich vollständig zu rekonstituiren. Sämmtliche Führer des alten Regimes blieben unverletzt auf ihren Sitzen. Unter Camphausen führte die Kamarilla den Krieg in Posen, während er selbst den Krieg in Dänemark führte. Der dänische Krieg sollte ein Ableiter für die patriotische Ueberkraft der deutschen Jugend sein, die nach ihrer Rückkehr auch gebührendermaßen polizeilich gemaßregelt wurde, er sollte dem General Wrangel und seinen berüchtigten Garderegimentern eine gewisse Popularität verleihn und die preußische Soldateska im Allgemeinen rehabilitiren. Sobald der Zweck erfüllt war, mußte dieser Scheinkrieg um jeden Preis in einen schmählichen Waffenstillstand erstickt werden, den derselbe Camphausen wieder zu Frankfurt am Main mit der deutschen Nationalversammlung vereinbarte. Das Resultat des dänischen Kriegs war der „Oberbefehlshaber beider Marken" und die Rückkehr der im März vertriebenen Garderegimenter nach Berlin.

Und der Krieg, den die Kamarilla zu Potsdam unter Camphausens Auspicien in Posen führte!

Der Krieg in Posen war mehr als ein Krieg gegen die preußische Revolution. Er war der Fall Wiens, der Fall Italiens, die Niederlage der Junihelden. Er war der erste entscheidende Triumph, den der russische Czar über die europäische Revolution erfocht. Und alles das unter den Auspicien des großen Camphausen, des denkenden Geschichtsfreundes, des Ritters der großen

Anfang des ersten Artikels der Serie »Die Bourgeoisie und die Kontrerevolution« von Karl Marx. Aus der »Neuen Rheinischen Zeitung«, 10. Dezember 1848

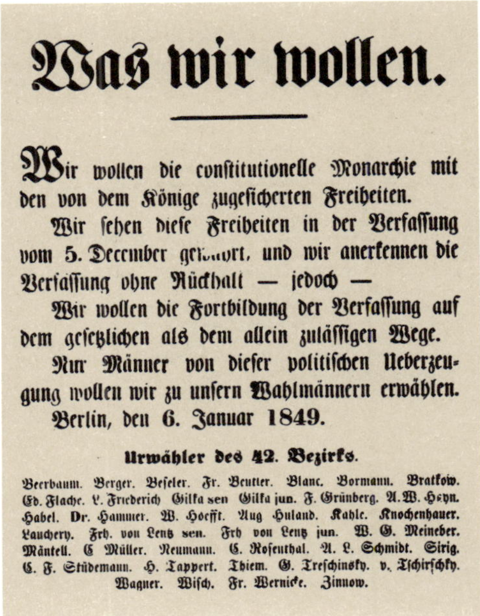

Was wir wollen.

Wir wollen die constitutionelle Monarchie mit den von dem Könige zugesicherten Freiheiten.

Wir sehen diese Freiheiten in der Verfassung vom 5. December gewährt, und wir anerkennen die Verfassung ohne Rückhalt — jedoch —

Wir wollen die Fortbildung der Verfassung auf dem gesetzlichen als dem allein zulässigen Wege.

Nur Männer von dieser politischen Ueberzeugung wollen wir zu unsern Wahlmännern erwählen.

Berlin, den 6. Januar 1849.

Urwähler des 42. Bezirks.

Beerbaum. Berger. Beseler. Fr. Beutler. Blanc. Bormann. Bratkow. Ed. Flache. L. Friederich Gilka sen Gilka jun. F. Grünberg. A. W. Heyn. Habel. Dr. Hammer. W. Hoefft. Aug Huland. Kahle. Knochenhauer. Lauchery. Frh. von Lentz sen. Frh von Lentz jun. W. G. Meineber. Mäntell. C Müller. Neumann. C. Rosenthal. A. L. Schmidt. Sirig. C. F. Stüdemann. H. Tappert. Thiem. G. Treschinsky. v. Tschirschky. Wagner. Wisch. Fr. Wernicke. Zinnow.

Konstitutionelles Wahlplakat, 6. Januar 1849

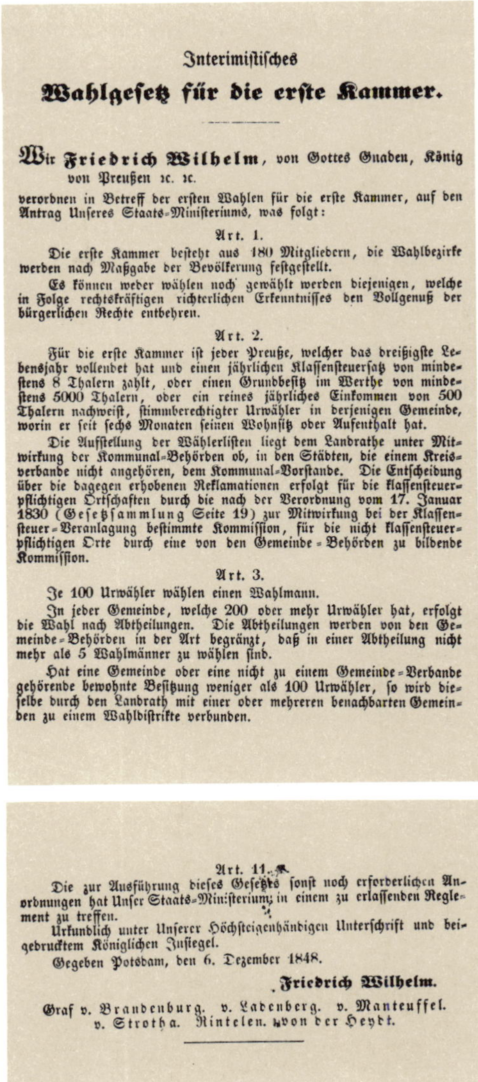

Interimistisches

Wahlgesetz für die erste Kammer.

Wir Friedrich Wilhelm, von Gottes Gnaden, König von Preußen &c. &c.

verordnen in Betreff der ersten Wahlen für die erste Kammer, auf den Antrag Unseres Staats-Ministeriums, was folgt:

Art. 1.

Die erste Kammer besteht aus 180 Mitgliedern, die Wahlbezirke werden nach Maßgabe der Bevölkerung festgestellt.

Es können weder wählen noch gewählt werden diejenigen, welche in Folge rechtskräftigen richterlichen Erkenntnisses den Vollgenuß der bürgerlichen Rechte entbehren.

Art. 2.

Für die erste Kammer ist jeder Preuße, welcher das dreißigste Lebensjahr vollendet hat und einen jährlichen Klassensteuersatz von mindestens 8 Thalern zahlt, oder einen Grundbesitz im Werthe von mindestens 5000 Thalern, oder ein reines jährliches Einkommen von 500 Thalern nachweist, stimmberechtigter Urwähler in derjenigen Gemeinde, worin er seit sechs Monaten seinen Wohnsitz oder Aufenthalt hat.

Die Aufstellung der Wählerlisten liegt dem Landrathe unter Mitwirkung der Kommunal-Behörden ob, in den Städten, die einem Kreisverbande nicht angehören, dem Kommunal-Vorstande. Die Entscheidung über die dagegen erhobenen Reklamationen erfolgt für die klassensteuerpflichtigen Ortschaften durch die nach der Verordnung vom 17. Januar 1830 (Gesetzsammlung Seite 19) zur Mitwirkung bei der Klassensteuer-Veranlagung bestimmte Kommission, für die nicht klassensteuerpflichtigen Orte durch eine von den Gemeinde-Behörden zu bildende Kommission.

Art. 3.

Je 100 Urwähler wählen einen Wahlmann.

In jeder Gemeinde, welche 200 oder mehr Urwähler hat, erfolgt die Wahl nach Abtheilungen. Die Abtheilungen werden von den Gemeinde-Behörden in der Art begränzt, daß in einer Abtheilung nicht mehr als 5 Wahlmänner zu wählen sind.

Hat eine Gemeinde oder eine nicht zu einem Gemeinde-Verbande gehörende bewohnte Besitzung weniger als 100 Urwähler, so wird dieselbe durch den Landrath mit einer oder mehreren benachbarten Gemeinden zu einem Wahldistrikte verbunden.

Art. 11.

Die zur Ausführung dieses Gesetzes sonst noch erforderlichen Anordnungen hat Unser Staats-Ministerium in einem zu erlassenden Reglement zu treffen.

Urkundlich unter Unserer Höchsteigenhändigen Unterschrift und beigedrucktem Königlichen Insiegel.

Gegeben Potsdam, den 6. Dezember 1848.

Friedrich Wilhelm.

Graf v. Brandenburg. v. Ladenberg. v. Manteuffel. v. Strotha. Rintelen. von der Heydt.

Auszug aus dem Wahlgesetz für die Erste Kammer in Preußen, 6. Dezember 1848

schlossenen kleinbürgerlichen politischen Kräfte auf die Volksbewegung weiter zurückzudrängen. Die »sozial-republikanische Revolution«[2] oder, wie Karl Marx auch sagte, die »Volksrevolution« hatte sowohl den Adel als auch jene Teile der Bourgeoisie zum Feind, die im Lager der Konterrevolution standen. Aber immer noch hoffte Karl Marx darauf, daß der »lebensfähige Teil der Bourgeoisie«[3] aus seiner Apathie erwachen und sich ebenfalls gegen die adlige Konterrevolution wenden würde.

In Preußen entwickelten sich nach dem Staatsstreich im Dezember wieder größere politische Aktivitäten im Zusammenhang mit den Wahlen für die beiden Kammern, die am 22. Januar und 5. Februar 1849 stattfanden. Es handelte sich, wie schon im Mai 1848, um indirekte Wahlen. Im ersten

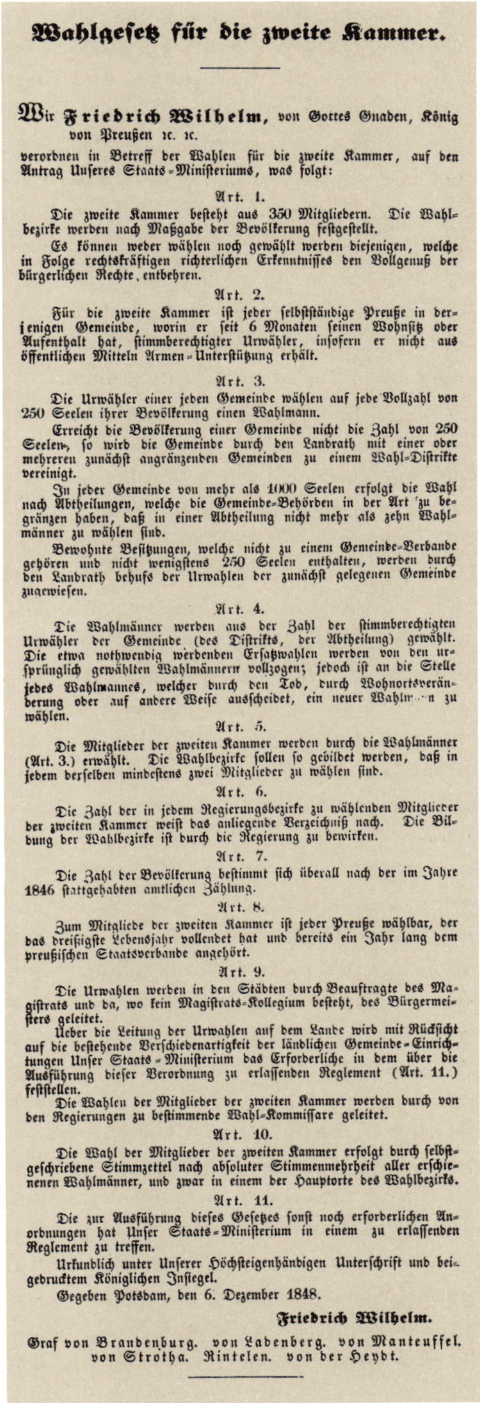

Wahlgesetz für die zweite Kammer.

Wir Friedrich Wilhelm, von Gottes Gnaden, König von Preußen &c. &c.

verordnen in Betreff der Wahlen für die zweite Kammer, auf den Antrag Unseres Staats-Ministeriums, was folgt:

Art. 1.

Die zweite Kammer besteht aus 350 Mitgliedern. Die Wahlbezirke werden nach Maßgabe der Bevölkerung festgestellt.

Es können weder wählen noch gewählt werden diejenigen, welche in Folge rechtskräftigen richterlichen Erkenntnisses den Vollgenuß der bürgerlichen Rechte entbehren.

Art. 2.

Für die zweite Kammer ist jeder selbstständige Preuße in derjenigen Gemeinde, worin er seit 6 Monaten seinen Wohnsitz oder Aufenthalt hat, stimmberechtigter Urwähler, insofern er nicht aus öffentlichen Mitteln Armen-Unterstützung erhält.

Art. 3.

Die Urwähler einer jeden Gemeinde wählen auf jede Vollzahl von 250 Seelen ihrer Bevölkerung einen Wahlmann.

Erreicht die Bevölkerung einer Gemeinde nicht die Zahl von 250 Seelen, so wird die Gemeinde durch den Landrath mit einer oder mehreren zunächst angränzenden Gemeinden zu einem Wahl-Distrikte vereinigt.

In jeder Gemeinde von mehr als 1000 Seelen erfolgt die Wahl nach Abtheilungen, welche die Gemeinde-Behörden in der Art zu begränzen haben, daß in einer Abtheilung nicht mehr als zehn Wahlmänner zu wählen sind.

Bewohnte Besitzungen, welche nicht zu einem Gemeinde-Verbande gehören und nicht wenigstens 250 Seelen enthalten, werden durch den Landrath behufs der Urwahlen der zunächst gelegenen Gemeinde zugewiesen.

Art. 4.

Die Wahlmänner werden aus der Zahl der stimmberechtigten Urwähler der Gemeinde (des Distrikts, der Abtheilung) gewählt. Die etwa nothwendig werdenden Ersatzwahlen werden von den ursprünglich gewählten Wahlmännern vollzogen; jedoch ist an die Stelle jedes Wahlmannes, welcher durch den Tod, durch Wohnortsveränderung oder auf andere Weise ausscheidet, ein neuer Wahlmann zu wählen.

Art. 5.

Die Mitglieder der zweiten Kammer werden durch die Wahlmänner (Art. 3.) erwählt. Die Wahlbezirke sollen so gebildet werden, daß in jedem derselben mindestens zwei Mitglieder zu wählen sind.

Art. 6.

Die Zahl der in jedem Regierungsbezirke zu wählenden Mitglieder der zweiten Kammer weist das anliegende Verzeichniß nach. Die Bildung der Wahlbezirke ist durch die Regierung zu bewirken.

Art. 7.

Die Zahl der Bevölkerung bestimmt sich überall nach der im Jahre 1846 stattgehabten amtlichen Zählung.

Art. 8.

Zum Mitgliede der zweiten Kammer ist jeder Preuße wählbar, der das dreißigste Lebensjahr vollendet hat und bereits ein Jahr lang dem preußischen Staatsverbande angehört.

Art. 9.

Die Urwahlen werden in den Städten durch Beauftragte des Magistrats und da, wo kein Magistrats-Kollegium besteht, des Bürgermeisters geleitet.

Ueber die Leitung der Urwahlen auf dem Lande wird mit Rücksicht auf die bestehende Verschiedenartigkeit der ländlichen Gemeinde-Einrichtungen Unser Staats-Ministerium das Erforderliche in dem über die Ausführung dieser Verordnung zu erlassenden Reglement (Art. 11.) feststellen.

Die Wahlen der Mitglieder der zweiten Kammer werden durch von den Regierungen zu bestimmende Wahl-Kommissare geleitet.

Art. 10.

Die Wahl der Mitglieder der zweiten Kammer erfolgt durch selbstgeschriebene Stimmzettel nach absoluter Stimmenmehrheit aller erschienenen Wahlmänner, und zwar in einem der Hauptorte des Wahlbezirks.

Art. 11.

Die zur Ausführung dieses Gesetzes sonst noch erforderlichen Anordnungen hat Unser Staats-Ministerium in einem zu erlassenden Reglement zu treffen.

Urkundlich unter Unserer Höchsteigenhändigen Unterschrift und beigedrucktem Königlichen Insiegel.

Gegeben Potsdam, den 6. Dezember 1848.

Friedrich Wilhelm.

Graf von Brandenburg. von Ladenberg. von Manteuffel. von Strotha. Rintelen. von der Heydt.

Wahlgesetz für die Zweite Kammer in Preußen, 6. Dezember 1848

Wahlgang sollten die »Urwähler« Wahlmänner wählen, im zweiten Wahlgang bestimmten die Wahlmänner die Abgeordneten für die Zweite Kammer. Auf die Wahlen für die Erste Kammer konnte das Volk von vornherein keinen Einfluß nehmen; sie waren einzig Angelegenheit der Ausbeuterklassen. So konzentrierte sich der politische Kampf auf die Urwahlen im Januar. Die Zusammensetzung der Wahlmännerversammlungen entschied darüber, wer nach Berlin entsandt werden würde.

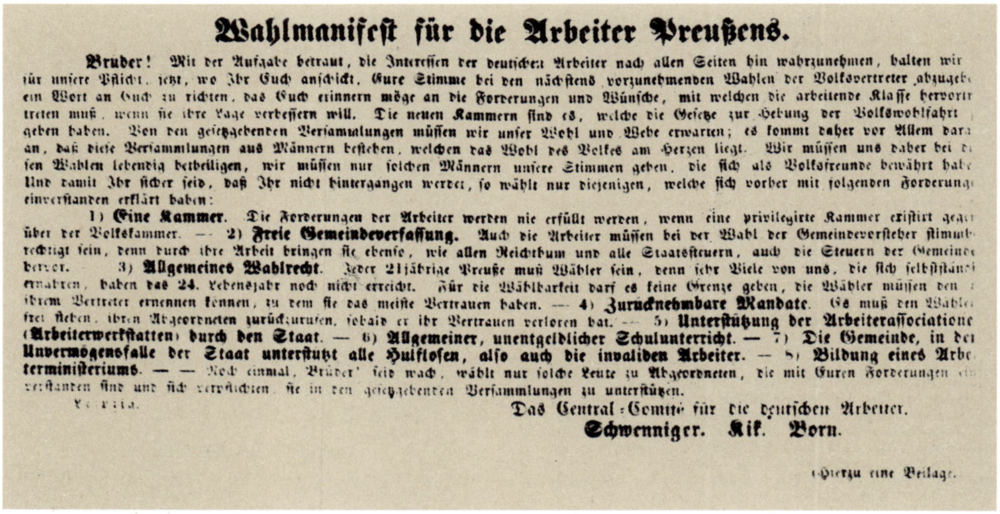

Wahlmanifest für die Arbeiter Preußens.

Bruder! Mit der Aufgabe betraut, die Interessen der deutschen Arbeiter nach allen Seiten hin wahrzunehmen, halten wir für unsere Pflicht, jetzt, wo Ihr Euch anschickt, Eure Stimme bei den nächstens vorzunehmenden Wahlen der Volksvertreter abzugeb ein Wort an Euch zu richten, das Euch erinnern möge an die Forderungen und Wünsche, mit welchen die arbeitende Klasse hervortr treten muß, wenn sie ihre Lage verbessern will. Die neuen Kammern sind es, welche die Gesetze zur Hebung der Volkswohlfahrt geben haben. Von den gesetzgebenden Versammlungen müssen wir unser Wohl und Wehe erwarten; es kommt daher vor Allem dara an, daß diese Versammlungen aus Männern bestehen, welchen das Wohl des Volkes am Herzen liegt. Wir müssen uns daher bei d sen Wahlen lebendig betheiligen, wir müssen nur solchen Männern unsere Stimmen geben, die sich als Volksfreunde bewährt habe Und damit Ihr sicher seid, daß Ihr nicht hintergangen werdet, so wählt nur diejenigen, welche sich vorher mit folgenden Forderung einverstanden erklärt haben:

1) **Eine Kammer.** Die Forderungen der Arbeiter werden nie erfüllt werden, wenn eine privilegirte Kammer existirt geg über der Volkskammer. — 2) **Freie Gemeindeverfassung.** Auch die Arbeiter müssen bei der Wahl der Gemeindevorsteher stimmb rechtigt sein, denn durch ihre Arbeit bringen sie ebenso, wie allen Reichthum und alle Staatssteuern, auch die Steuern der Gemeinde hervor. 3) **Allgemeines Wahlrecht.** Jeder 21jährige Preuße muß Wähler sein, denn sehr Viele von uns, die sich selbstständi ernähren, haben das 24. Lebensjahr noch nicht erreicht. Für die Wählbarkeit darf es keine Grenze geben, die Wähler müssen den ihrem Vertreter ernennen können, zu dem sie das meiste Vertrauen haben. — 4) **Zurücknehmbare Mandate.** Es muß den Wähle frei stehen, ihren Abgeordneten zurückzurufen, sobald er ihr Vertrauen verloren hat. — 5) **Unterstützung der Arbeiterassociatione (Arbeiterwerkstätten) durch den Staat.** — 6) **Allgemeiner, unentgeldlicher Schulunterricht.** — 7) **Die Gemeinde, in dem Unvermögensfalle der Staat unterstützt alle Hülflosen, also auch die invaliden Arbeiter.** — 8) **Bildung eines Arbe terministeriums.** — — Noch einmal, Brüder! seid wach, wählt nur solche Leute zu Abgeordneten, die mit Euren Forderungen ein verstanden sind und sich verpflichten, sie in den gesetzgebenden Versammlungen zu unterstützen.

Leipzig.

Das Central-Comité für die deutschen Arbeiter.

Schwenniger. Kik. Born.

(Hierzu eine Beilage.)

Wahlmanifest für die Arbeiter Preußens.
Aus der »Halleschen Demokratischen Zeitung«, 19. Januar 1849

Die Kammern sollten als erstes über die Annahme der oktroyierten Verfassung vom 5. Dezember 1848 entscheiden: Die Anerkennung dieser Verfassung bedeutete die nachträgliche Legalisierung des Staatsstreiches und die Unterstützung der konterrevolutionären Regierung. Die Stellungnahme der Kandidaten zur Verfassung war deshalb die Hauptfrage im Wahlkampf. Die entschiedenen Demokraten forderten dazu auf, nur solchen Kandidaten die Stimme zu geben, die diese mit Bajonetten aufgezwungene Verfassung grundsätzlich ablehnten.

Karl Marx versuchte der Bourgeoisie klarzumachen, daß die preußische Staatsstreichregierung ihr eigentlicher Feind war. Diese Regierung behinderte die möglichst freie Entwicklung des Kapitalismus. Die materiellen Interessen der Bourgeoisie erforderten die Durchsetzung einer den ökonomischen Bedingungen voll entsprechenden Staatsform, einer »Staatsform, in der sie die gemeinsamen Angelegenheiten ihrer Klasse, die Interessen des Handels, der Industrie, des Ackerbaus, frei verwalten, die Staatsgelder auf die produktivste Weise verwenden, die Staatshaushaltung auf die wohlfeilste Weise einrichten, die Nationalarbeit wirksam nach außen beschützen und nach innen alle vom feudalen Schlamme versperrten Springquellen des Nationalreichtums eröffnen«[4] konnte. Die oktroyierte Verfassung gab der Bourgeoisie diese Staatsform nicht. Die Großbourgeoisie, gleichgültig gegen die Interessen der gesamten Klasse, arrangierte sich mit dem Adel, und die Mehrheit der Bourgeoisie verzichtete aus Furcht vor dem Volk darauf, ihre Interessen im Staate energisch durchzusetzen. Die Bourgeoisie, die im März 1848 vor der Revolution gezittert und sich mit halben Erfolgen zufriedengegeben hatte, duldete nun, daß die Konterrevolution ihr »den Fuß auf den Nacken«[5] setzte.

Die Liberalen, die sich mit dem Staatsstreichregime versöhnt hatten, versuchten rückständige Wähler mit der Behauptung zu schrecken, wer die Verfassung nicht wolle, der wolle die Republik, die rote Republik. Aber selbstverständlich konnte der Kampf um eine deutsche demokratische Republik nicht in preußischen Kammerwahlen entschieden werden. »Leider handelt es sich bei unsern Wahlen um nichts weniger als Republik und rote Republik«, erklärte Karl Marx. Es ging vielmehr um die Frage, ob die Staatsmacht in den Händen des Adels bleiben oder ob ein »bürgerliches *Repräsentativsystem*« geschaffen werden sollte. »Wir sind sicher die letzten, die die Herrschaft der Bourgeoisie wollen«, schrieb Karl Marx. »Aber wir rufen den Arbeitern und Kleinbauern zu: Leidet lieber in der modernen bürgerlichen Gesellschaft, die durch ihre Industrie die materiellen Mittel zur Begründung einer neuen, euch alle befreienden Gesellschaft schafft, als daß ihr zu einer vergangenen Gesellschaftsform zurückkehrt, die unter dem Vorwand, eure Klassen zu retten, die ganze Nation in mittelalterige Barbarei zurückstürzt!«[6]

Die Regierung griff Anfang 1849 zu den verschiedensten Mitteln, um ihre Stellung zu festigen. Es gehörte zu ihrer Wahlvorbereitung, daß sie die Handwerksmeister und die mit diesen verbundenen Gesellen für sich zu gewinnen suchte. Schon zwei Wochen nach dem Staatsstreich, am 18. Dezember 1848, hatte Friedrich Wilhelm IV.

Schlosser.
Zeichnung von Theodor Hosemann

eine Handwerkerdeputation empfangen, und in seinem Auftrag berief Handelsminister August Freiherr v. d. Heydt eine Beratung von Meistern und Gesellen aus allen Provinzen für Mitte Januar nach Berlin ein.

»Eine Dankvisite«. Karikatur aus der »Buddelmeyer-Zeitung« (Berlin), 1849

Herr Wanstburg, Urwähler I. Klasse, empfängt den demuthsvollen Dank der drei von ihm erwählten Wahlmänner.

Das sogenannte Handwerkerparlament beriet über eine Ergänzung der Gewerbeordnung und die Bildung von Gewerbegerichten und Gewerberäten zur Regelung von Handwerkerangelegenheiten. Nach dieser Tagung verabschiedete die Regierung mit großer Eile entsprechende Verordnungen, die am 9. Februar 1849 vom König gebilligt wurden.

Sicher haben die Finten der Regierung dazu beigetragen, die Unzufriedenheit der Handwerker in »geordnete Bahnen« zu lenken. Der Bourgeois v. d. Heydt und die Junker machten den Handwerksmeistern einige Konzessionen. In die Gewerbeordnung wurden verschiedene zünftlerische Bestimmungen aufgenommen. Doch die verkündeten Maßnahmen zum angeblichen Schutz des Handwerks vor der Konkurrenz der Industrie blieben meist bloß Papier. Die gesetzmäßige Entwicklung der Industrie und des Kapitalismus konnte auf die Dauer durch sie ebensowenig aufgehalten werden wie die zunehmende Differenzierung zwischen Handwerksmeistern einerseits und Gesellen und Arbeitern andererseits.

Der Beschwichtigung der Arbeiter in einigen Fabrikgegenden sollte das zur gleichen Zeit erlassene Verbot des Trucksystems dienen. Ein Kongreß der konstitutionellen Vereine Rheinlands und Westfalens am 9. Januar in Dortmund gab die Begründung, warum Regierung und Großbourgeoisie in dieser Situation so sehr betonten, daß etwas für die »Hebung der sozialen Mißstände« getan werden müßte: »Die sozialen Fragen können nicht mit Kartätschen gelöst werden; wird nicht der arbeitenden Klasse und dem Gewerbestande bald und gründlich geholfen — in dieser Beziehung ist früher vieles versäumt worden —, so wird uns das Proletariat über den Kopf wachsen und alles in Frage stellen.« Die Konstitutionellen müßten dem Volke zeigen, daß auch sie »ein Herz für seine Leiden« hätten, und damit dem »Geschrei der Demokraten« entgegentreten.[7]

Die Kommunisten rangen im Wahlkampf um den Zusammenschluß aller oppositionellen Kräfte, und zeitweilig stellten sie ihre eigenen Ansichten gegenüber der »offiziellen Opposition« aus den Reihen des Kleinbürgertums und des Bürgertums in den Hintergrund. In Köln und in der Rheinprovinz trug diese Haltung wesentlich zu dem eindeutigen Erfolg der Demokratie bei.

Trotz Wahlbeschränkungen und Wahlbetrugs und des Fortbestehens des Belagerungszustandes in einigen Gebieten, so in Berlin und Erfurt, wo er erst Ende Juli aufgehoben wurde, entschieden sich die Urwähler in vielen Teilen Preußens gegen die Regierung und die Großbourgeoisie. Im Zusammenhang mit den Wahlergebnissen vom Januar hob Marx das in den zehn Monaten der Revolution gewachsene politische Bewußtsein der Volksmassen hervor. Er schrieb, daß »bei den Urwahlen die Kleinbürgerschaft, die Bauern und die Proletarier sich von der großen Bourgeoisie, dem hohen Adel und der hohen Bürokratie emanzipiert«[8] hatten.

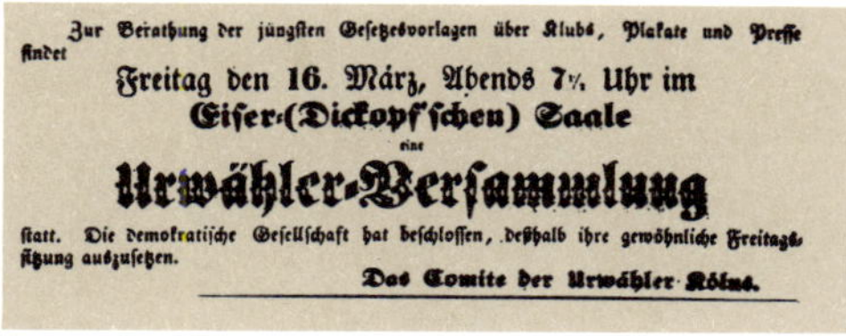
Zur Berathung der jüngsten Gesetzesvorlagen über Klubs, Plakate und Presse findet
Freitag den 16. März, Abends 7½ Uhr im
Eiser-(Dickopf'schen) Saale
eine
Urwähler-Versammlung
statt. Die demokratische Gesellschaft hat beschlossen, deßhalb ihre gewöhnliche Freitagssitzung auszusetzen.
Das Comite der Urwähler Kölns.

Einladung zu einer Urwähler-Versammlung. Anzeige aus der »Neuen Rheinischen Zeitung«, 16. März 1849

Im zweiten Wahlgang, bei den Abgeordnetenwahlen, erhielten dennoch Liberale und Konservative dank indirekter Wahl, Wahlbeschränkung und Wahlmanöver eine geringe Mehrheit. Den 184 regierungstreuen Abgeordneten in der Zweiten Kammer standen 160 Oppositionelle gegenüber. Die Linken erreichten etwa die gleiche Stärke wie in der im Dezember auseinandergejagten konstituierenden Versammlung.

In Bayern hatten bei Landtagswahlen im November 1848 die Demokraten gegenüber den gemäßigten Liberalen und den Klerikal-Konservativen Stimmen gewonnen; der König reagierte mit der Ernennung eines der Krone ergebenen (Schein-)Liberalen zum Innenminister.

Im Königreich Sachsen war nach den Wahlen zum Landtag im Dezember eine politische Krise entstanden: Unterstützt von den breiten Massen, geriet die kleinbürgerlich-demokratische Landtagsmehrheit mit der noch seit dem März 1848 im Amt befindlichen liberalen Regierung in Konflikt. Mit Ausnahme einer kleinen Gruppe der äußersten Linken, deren Wortführer der Bautzener Advokat Samuel Erdmann Tzschirner war, beschränkten sich die Linken jedoch auf opportunistisches Taktieren. Selbst als im Februar 1849 vom König ein neues Ministerium aus konservativen und gemäßigt-liberalen Beamten eingesetzt wurde, suchten die Linken keinen revolutionären Ausweg aus der Krise, sondern warteten ab. Die konservativen Extremisten verlangten auch in Sachsen einen Staatsstreich. Der neue Innenminister Friedrich Ferdinand Graf v. Beust erwog die Möglichkeit einer preußischen militärischen Intervention, da die sächsischen Truppen als »unzuverlässig« galten.

Prozesse gegen die »Neue Rheinische Zeitung«

Am 7. und 8. Februar 1849 fanden vor dem Geschworenengericht in Köln zwei Prozesse statt, die von den Behörden angestrengt worden waren, um die Führer der demokratischen Bewegung der Rheinprovinz und die »Neue Rheinische Zeitung« zu beseitigen. Im ersten Prozeß waren Karl Marx, Friedrich Engels und der Geschäftsführer der Zeitung, Hermann Korff, wegen eines im Juli 1848 veröffentlichten Artikels angeklagt worden. Am Tage darauf wurde gegen den Rheinischen Kreisausschuß der Demokraten (Karl Marx, Karl Schapper, Karl Schneider II) wegen seiner Novemberaufrufe in der Steuerverweigerungskampagne verhandelt. Beide Male sprachen die Geschworenen die Angeklagten frei.

In dem Presseprozeß verteidigten Marx und Engels nicht nur ihre eigene Zeitung,

Titelblatt der Broschüre »Zwei politische Prozesse« mit den Reden von Karl Marx und Friedrich Engels

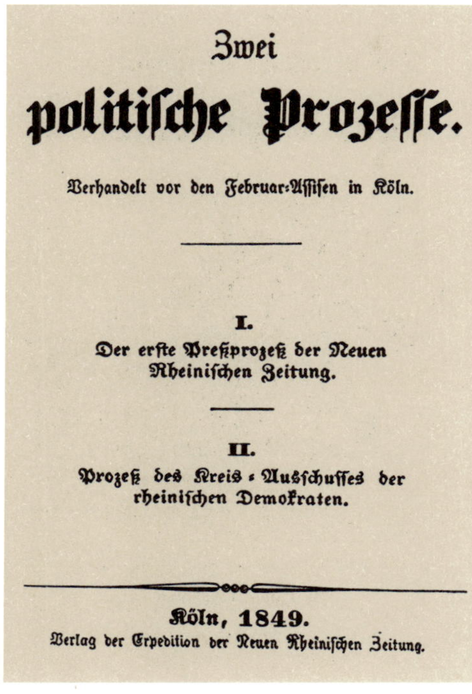
Zwei
politische Prozesse.
Verhandelt vor den Februar-Assisen in Köln.

I.
Der erste Preßprozeß der Neuen Rheinischen Zeitung.

II.
Prozeß des Kreis-Ausschusses der rheinischen Demokraten.

Köln, 1849.
Verlag der Expedition der Neuen Rheinischen Zeitung.

Karikatur auf die Unterdrückung der Grundrechte. Aus der »Illustrierten Zeitung«, 1849

sondern die Pressefreiheit in Preußen und ganz Deutschland. Im Interesse der demokratischen Presse prangerten sie die Bestrebungen der Konterrevolution an, durch Belagerungszustand, Wiedereinführung der Zensur und gerichtliche Verfolgungen die Pressefreiheit zu durchlöchern und vollständig zu beseitigen.

Der Freispruch im Prozeß gegen die Mitglieder des Kreisausschusses der Demokraten bedeutete, daß die Geschworenen den Aufruf zum Widerstand gegen die Behörden nach dem Steuerverweigerungsbeschluß des Parlaments als nicht strafbar erklärten. Das war auch für zahlreiche andere Prozesse wichtig, die in Preußen gegen Steuerverweigerer vorbereitet wurden.

Gegen die »Neue Rheinische Zeitung« und ihre Redakteure schwebte Anfang 1849 ein Dutzend gerichtliche Untersuchungen. Den Reichsbehörden, dem preußischen Innenminister, der Regierung der Rheinprovinz, dem Kommandanten der Festung Köln, der rheinischen Bourgeoisie — ihnen allen war die Zeitung des revolutionären Proletariats ein Dorn im Auge. Ende März mußte der Kölner Polizeidirektor dem Berliner Polizeipräsidenten versprechen, auf den Chefredakteur Karl Marx und seinen Stellvertreter Friedrich Engels »ein wachsames Auge« zu haben, sie ständig zu überwachen. Der Polizeipräsident hatte sogar ihre sofortige Verhaftung verlangt, und zwar wegen angeblicher Beteiligung an einer »Verschwörung«.

Dies stand im Zusammenhang mit einer Aktion des Frankfurter Reichsministeriums und der deutschen Einzelregierungen zur Einschüchterung der demokratischen Bewegung. Sie lancierten seit den ersten Monaten des Jahres 1849 durch die ihnen zur Verfügung stehenden Zeitungen erfundene Nachrichten über angeblich drohende neue Aufstände der Republikaner. Die konstitutionelle und monarchische Presse in Baden, Bayern, Braunschweig, Frankfurt (Main),

Titelblatt einer satirischen Flugschrift auf die von der Reaktion genährte Angst vor Arbeiterverschwörungen

Die schreckliche Verschwörung
der
rothen Republikaner.

Ein November-Verschworner in Amtstracht.
Vierter Akt. Scene 2
Holofernes. Was wolltest Du mit dem Pinsel, sprich!
Verschworner. Wir wollten die Soldaten mit Pech bestreichen, damit sie besser brennen. Das sollte aber so heimlich geschehen, daß die Soldaten nicht eher merken, was mit ihnen vorgeht, als bis sie in vollen Flammen stehen.
Holofernes. Und mit der Spritze, was wolltest Du da?
Verschworner. Mit dem Vitriol das Feuer anspritzen.
Alle. O wie grausam! Schauderhaft!

Ein Trauerspiel mit Gesang, in fünf Akten. Frei nach Sittenfeld
von
Anastasius Schnüffler.

Berlin, 1849.
Zu haben: Zimmerstraße Nr. 4, auf dem Hofe 2 Treppen hoch.
Preis: 1½ Sgr.

Titelblatt einer Broschüre

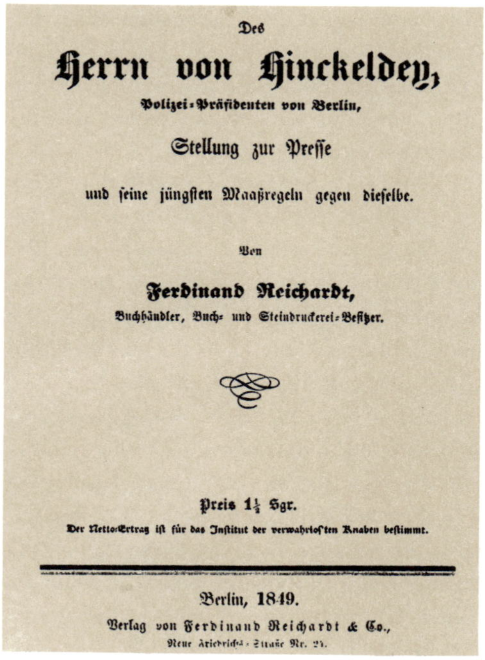
Des
Herrn von Hinckeldey,
Polizei-Präsidenten von Berlin,
Stellung zur Presse
und seine jüngsten Maaßregeln gegen dieselbe.

Von
Ferdinand Reichardt,
Buchhändler, Buch- und Steindruckerei-Besitzer.

Preis 1½ Sgr.
Der Netto-Ertrag ist für das Institut der verwahrlosten Knaben bestimmt.

Berlin, 1849.
Verlag von Ferdinand Reichardt & Co.,
Neue Friedrichs-Straße Nr. 25.

Der Berliner Polizeipräsident Karl Ludwig Friedrich v. Hinckeldey

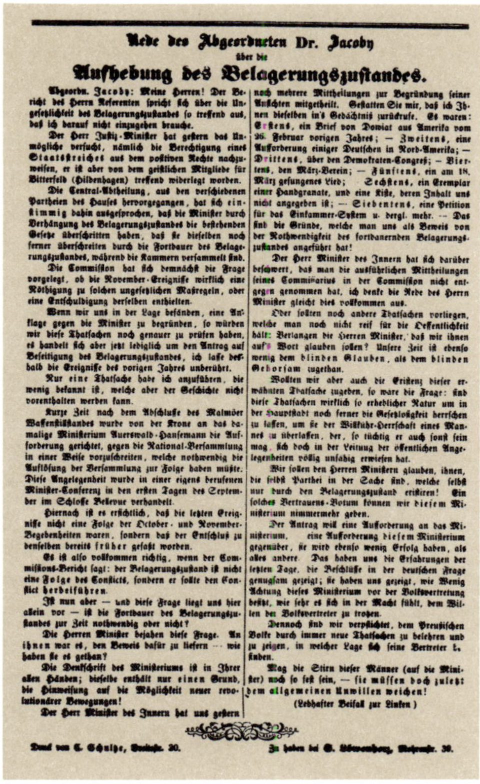

Rede des Abgeordneten Dr. Jacoby
über die
Aufhebung des Belagerungszustandes.

Abgeordn. Jacoby: Meine Herren! Der Bericht des Herrn Referenten spricht sich über die Ungesetzlichkeit des Belagerungszustandes so treffend aus, daß ich darauf nicht einzugehen brauche.

Der Herr Justiz-Minister hat gestern das Unmögliche versucht, nämlich die Berechtigung eines Staatsstreiches aus dem positiven Rechte nachzuweisen, er ist aber von dem geistlichen Mitgliede für Bitterfeld (Hildenhagen) treffend widerlegt worden.

Die Central-Abtheilung, aus den verschiedenen Partheien des Hauses hervorgegangen, hat sich einstimmig dahin ausgesprochen, daß die Minister durch Verhängung des Belagerungszustandes die bestehenden Gesetze überschritten haben, daß sie dieselben noch ferner überschreiten durch die Fortdauer des Belagerungszustandes, während die Kammern versammelt sind.

Die Commission hat sich demnächst die Frage vorgelegt, ob die November-Ereignisse wirklich eine Nöthigung zu solchen ungesetzlichen Maßregeln, oder eine Entschuldigung derselben enthielten.

Wenn wir uns in der Lage befänden, eine Anklage gegen die Minister zu begründen, so würden wir diese Thatsachen noch genauer zu prüfen haben, es handelt sich aber jetzt lediglich um den Antrag auf Beseitigung des Belagerungszustandes, ich lasse deshalb die Ereignisse des vorigen Jahres unberührt.

Nur eine Thatsache habe ich anzuführen, die wenig bekannt ist, welche aber der Geschichte nicht vorenthalten werden kann.

Kurze Zeit nach dem Abschluße des Malmöer Waffenstillstandes wurde von der Krone an das damalige Ministerium Auerswald-Hansemann die Aufforderung gerichtet, gegen die National-Versammlung in einer Weise vorzuschreiten, welche nothwendig die Auflösung der Versammlung zur Folge haben müßte. Diese Angelegenheit wurde in einer eigens berufenen Minister-Conferenz in den ersten Tagen des September im Schloße Bellevue verhandelt.

Hiernach ist es ersichtlich, daß die letzten Ereignisse nicht eine Folge der October- und November-Begebenheiten waren, sondern daß der Entschluß zu denselben bereits früher gefaßt worden.

Es ist also vollkommen richtig, wenn der Commissions-Bericht sagt: der Belagerungszustand ist nicht eine Folge des Conflicts, sondern er sollte den Conflict herbeiführen.

Ist nun aber — und diese Frage liegt uns hier allein vor — ist die Fortdauer des Belagerungszustandes zur Zeit nothwendig oder nicht?

Die Herren Minister bejahen diese Frage. An ihnen war es, den Beweis dafür zu liefern — wie haben sie es gethan?

Die Denkschrift des Ministeriums ist in Ihrer allen Händen; dieselbe enthält nur einen Grund, die Hinweisung auf die Möglichkeit neuer revolutionärer Bewegungen!

Der Herr Minister des Innern hat uns gestern noch mehrere Mittheilungen zur Begründung seiner Ansichten mitgetheilt. Gestatten Sie mir, daß ich Ihnen dieselben in's Gedächtniß zurückrufe. Es waren: Erstens, ein Brief von Dowiat aus Amerika vom 26. Februar vorigen Jahres; — Zweitens, eine Aufforderung einiger Deutschen in Nord-Amerika; — Drittens, über den Demokraten-Congreß; — Viertens, den März-Verein; — Fünftens, ein am 18. März gesungenes Lied; Sechstens, ein Exemplar einer Handgranate, und eine Kiste, deren Inhalt uns nicht angegeben ist; — Siebentens, eine Petition für das Einkammer-System u. dergl. mehr. — Das sind die Gründe, welche man uns als Beweis von der Nothwendigkeit des fortdauernden Belagerungszustandes angeführt hat!

Der Herr Minister des Innern hat sich darüber beschwert, daß man die ausführlichen Mittheilungen seines Commissarius in der Commission nicht entgegen genommen hat, ich denke die Rede des Herrn Minister gleicht dies vollkommen aus.

Oder sollten noch andere Thatsachen vorliegen, welche man noch nicht reif für die Oeffentlichkeit hält: Verlangen die Herren Minister, daß wir ihnen auf's Wort glauben sollen? Unsere Zeit ist ebenso wenig dem blinden Glauben, als dem blinden Gehorsam zugethan.

Wollten wir aber auch die Existenz dieser erwähnten Thatsache zugeben, so wäre die Frage: sind diese Thatsachen wirklich so erheblicher Natur um in der Hauptstadt noch ferner die Gesetzlosigkeit herrschen zu lassen, um sie der Willkühr-Herrschaft eines Mannes zu überlassen, der, so tüchtig er auch sonst sein mag, sich doch in der Leitung der öffentlichen Angelegenheiten völlig unfähig erwiesen hat.

Wir sollen den Herren Ministern glauben, ihnen, die selbst Parthei in der Sache sind, welche selbst nur durch den Belagerungszustand existiren! Ein solches Vertrauens-Votum können wir diesem Ministerium nimmermehr geben.

Der Antrag will eine Aufforderung an das Ministerium, eine Aufforderung diesem Ministerium gegenüber, sie wird ebenso wenig Erfolg haben, als alles andere. Das haben uns die Erfahrungen der letzten Tage, die Beschlüße in der deutschen Frage genugsam gezeigt; sie haben uns gezeigt, wie wenig Achtung dieses Ministerium vor der Volksvertretung besitzt, wie sehr es sich in der Macht fühlt, dem Willen der Volksvertreter zu trotzen.

Dennoch sind wir verpflichtet, dem Preußischen Volke durch immer neue Thatsachen zu belehren und zu zeigen, in welcher Lage sich seine Vertreter befinden.

Mag die Stirn dieser Männer (auf die Minister) noch so fest sein, — sie müssen doch zuletzt dem allgemeinen Unwillen weichen!

(Lebhafter Beifall zur Linken)

Johann Jacoby fordert die Aufhebung des Belagerungszustandes, 26. April 1849

Hannover, Hessen und Württemberg berichtete von »unverkennbaren Anzeichen« bevorstehender Putschversuche. Damit sollten der Bourgeoisie und dem Spießbürgertum Angst eingeflößt und Zusammenstöße provoziert werden, um eine Begründung für konterrevolutionäre Gewaltmaßnahmen zu haben. Man sprach von der Gefahr eines Einfalls von Freischaren deutscher Republikaner aus der Schweiz und aus Frankreich und übertrieb die tatsächliche Wirksamkeit einzelner revolutionärer Gruppen und deren putschistischer Ideen, zum Beispiel in Baden und in Nassau. Mitte Februar teilte das Reichskriegsministerium den Regierungsbevollmächtigten der Einzelstaaten mit, es sei eine republikanische Erhebung zu erwarten; nach einem genauen Plan sollte an mehreren Punkten Deutschlands losgeschlagen werden. Festungsbesatzungen wurden in Bereitschaft versetzt und andere militärische Vorbereitungen getroffen.

Die preußische Regierung verbreitete Lügenmeldungen über eine republikanische Verschwörung in Preußen: An die deutschen Flüchtlinge in Besançon in Frankreich (es waren kaum 100) sollten 400 falsche Pässe ausgegeben, in alle Teile Preußens Emissäre entsandt und Anweisungen für einen Aufstand gegeben worden sein.

Die »Neue Rheinische Zeitung« warnte die Demokraten und besonders die Arbeiter, auf derartige Verleumdungen hereinzufallen: »Die Regierungen rüsten sich offen zu Staatsstreichen, welche die Konterrevolution vollenden sollen. Das Volk wäre also in vollem Rechte, sich zum Aufstand zu rüsten. Es begreift aber sehr wohl, daß die Verwicklungen in Frankreich und namentlich in Ungarn und Italien ihm in nächster Frist unfehlbar Gelegenheit zur Erhebung bereiten werden. Es läßt sich daher nicht in die plump angelegte Falle locken.«[9]

Die revolutionären Demokraten trafen wohl Verabredungen, was sie tun wollten, wenn die Regierungen neue konterrevolutionäre Maßnahmen ergreifen würden, so auf einem Treffen sächsischer, Altenburger und Berliner Demokraten in Dresden Anfang April. Aber das war keine Verschwörung. Als in Berlin die Polizei bei einer Haussuchung bei dem Schuhmacher August Hätzel, einem Mitglied des Bundes der Kommunisten, Waffen, Handgranaten und Bundesstatuten fand, benutzte dies der Innenminister Otto Theodor Freiherr v. Manteuffel, um die Aufrechterhaltung des Belagerungszustandes in Berlin zu begründen; den Abgeordneten der Zweiten Kammer erklärte er, die »verschwörerische Verbindung« hätte die Einführung der demokratisch-sozialen Republik zum Zwecke[10]. Die »Neue Kölnische Zeitung« antwortete dem Minister, der Geheimpolizisten nach Köln entsandt hatte, die dort vergeblich nach Beweisen für eine »Verschwörung« suchten, die Polizisten würden »rote Gestalten« genug finden, »aber schwerlich Verschwörungen. Mit Verschwörungen macht man keine demokratisch-soziale Republik.«[11]

Falsche Hoffnungen der linken Abgeordneten

Ende Februar traten in Berlin die neugewählten preußischen Kammern zusammen — unter den Bedingungen des Belagerungszustandes und der suspendierten Grundrechte des Volkes. Von der Ersten Kammer war wegen ihrer erzreaktionären Zusammensetzung gar nichts für den Fortgang der Revolution zu erwarten. Auf die Zweite Kammer, in der die Linken beachtliche Positionen einnahmen, richtete sich die Aufmerksamkeit der Revolutionäre wie der Konterrevolutionäre. Die linken Abgeordneten waren meist ehemalige Mitglieder der konstituierenden Versammlung und Steuerverweigerer vom November 1848. Das Volk hatte sie in der Erwartung gewählt, daß sie in der Kammer Protest gegen den Staatsstreich vom 5. Dezember erheben und eine revolutionäre Haltung einnehmen würden. Doch die Linken stellten sich nicht einheitlich und entschlossen den rechten Konservativen und Liberalen entgegen, die ihre Mehrheit rigoros ausnutzten.

Die Fraktionen der Linken, die sich, wie 1848 in der konstituierenden Versammlung, als »demokratische Partei in der zweiten Kammer zu Berlin« konstituierten, stützten sich nicht auf das Volk, nahmen nicht »eine außerparlamentarische Stellung im Parlament« ein.[12] Obwohl gegen die Abfassung einer Adresse der Kammer an den König (in dieser Situation ein scheinparlamentarisches Ritual), setzten sie dem Adreßentwurf der Rechten einen eigenen entgegen — und wurden Abschnitt für Abschnitt niedergestimmt.

In der Verfassungsfrage erklärten die Linken, sie hielten die Regierung nicht für befugt, aus eigener Machtvollkommenheit eine Verfassung dem Volke aufzudringen, und mithin sei die Verfassung vom 5. Dezember 1848 nicht rechtsgültig. Sie legten Verwahrung ein gegen alle seit dem 5. Dezember ohne Zustimmung einer Volksvertretung erlassenen Gesetze und Verordnungen und wiederholten ihre Forderung nach Umgestaltung der Verwaltung, des Heerwesens und der Strafgesetzgebung. Die Linken beantragten auch, sofort über einige wichtige Gesetze zu beraten, über eine Verfassung der Gemeinden, Kreise und Bezirke, über eine Gewerbeordnung und den Schutz der Auswanderer; sie nahmen die Forderung aus der konstituierenden Versammlung von 1848 wieder auf, ein Gesetz über die unentgeltliche Aufhebung der Feudallasten zu verabschieden, und brachten entsprechende Gesetzentwürfe ein. Die linken Abgeordneten verlangten, sofort den Belagerungszustand über Berlin und die anderen Orte, wo er noch bestand, aufzuheben und damit Pressefreiheit und Vereinigungsrecht wiederherzustellen. Selbst entschiedene Mitglieder dieser bunt gemischten demokratischen Partei in der Kammer machten sich Hoffnungen auf Parlamentserfolge und meinten, sie seien »berufen, dasjenige parlamentarisch durchzusetzen, was nur revolutionär … durchgesetzt werden«[13] konnte.

Die demokratische Partei wandte sich gegen den »preußischen Sonderpatriotismus«, meinte gleichzeitig, daß die Frankfurter Nationalversammlung den verkehrten Weg eingeschlagen habe, zuerst an die Einheit und dann erst möglicherweise an die Freiheit zu denken, und erklärte, daß »*die erste Bedingung der Einheit Deutschlands die Sicherung der Freiheit und die Befestigung der Rechte des Volkes sei*, ohne welche die Einheit jedenfalls zur Unterdrückung des Volkes führen« [14] werde. Nur einige Abgeordnete der äußersten Linken lehnten die oktroyierte Verfassung vom Dezember 1848 bedingungslos ab. Die meisten Linken wollten diese Verfassung, ohne sich auf eine Diskussion über ihre Rechtsgültigkeit einzulassen, zur Grundlage der Beratung in der Kammer machen und sie dann der Krone zur Annahme vorlegen. Das war die alte Vereinbarermentalität. Die »Neue Rheinische Zeitung« betonte nun wieder ihren eigenen selbständigen Standpunkt auch gegenüber den anderen Oppositionellen.

Auszug aus dem Pressegesetz vom 30. Juni 1849

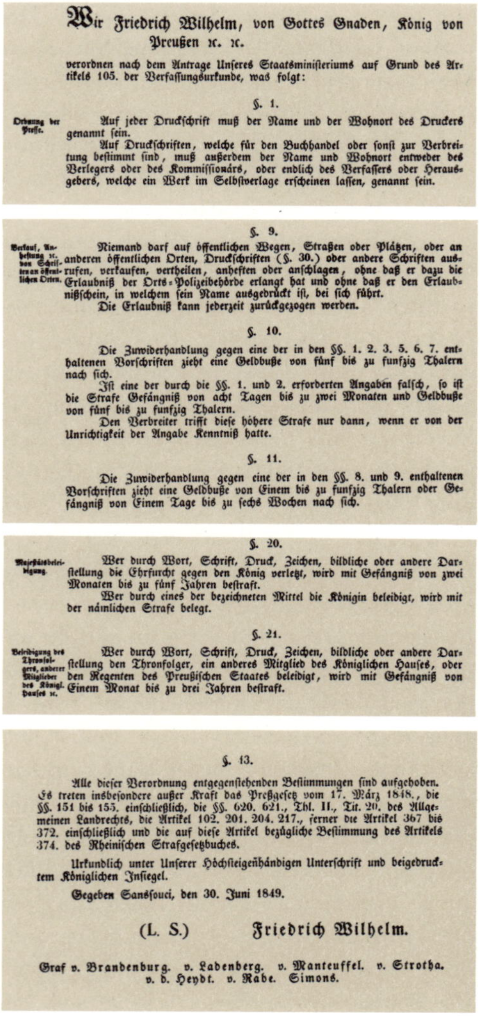

Wir Friedrich Wilhelm, von Gottes Gnaden, König von Preußen ꝛc. ꝛc.

verordnen nach dem Antrage Unseres Staatsministeriums auf Grund des Artikels 105. der Verfassungsurkunde, was folgt:

§. 1.

Ordnung der Presse. Auf jeder Druckschrift muß der Name und der Wohnort des Druckers genannt sein.

Auf Druckschriften, welche für den Buchhandel oder sonst zur Verbreitung bestimmt sind, muß außerdem der Name und Wohnort entweder des Verlegers oder des Kommissionärs, oder endlich des Verfassers oder Herausgebers, welche ein Werk im Selbstverlage erscheinen lassen, genannt sein.

§. 9.

Verkauf, Anheftung ꝛc. von Schriften an öffentlichen Orten. Niemand darf auf öffentlichen Wegen, Straßen oder Plätzen, oder an anderen öffentlichen Orten, Druckschriften (§. 30.) oder andere Schriften ausrufen, verkaufen, vertheilen, anheften oder anschlagen, ohne daß er dazu die Erlaubniß der Orts-Polizeibehörde erlangt hat und ohne daß er den Erlaubnißschein, in welchem sein Name ausgedrückt ist, bei sich führt.

Die Erlaubniß kann jederzeit zurückgezogen werden.

§. 10.

Die Zuwiderhandlung gegen eine der in den §§. 1. 2. 3. 5. 6. 7. enthaltenen Vorschriften zieht eine Geldbuße von fünf bis zu funfzig Thalern nach sich.

Ist eine der durch die §§. 1. und 2. erforderten Angaben falsch, so ist die Strafe Gefängniß von acht Tagen bis zu zwei Monaten und Geldbuße von fünf bis zu funfzig Thalern.

Den Verbreiter trifft diese höhere Strafe nur dann, wenn er von der Unrichtigkeit der Angabe Kenntniß hatte.

§. 11.

Die Zuwiderhandlung gegen eine der in den §§. 8. und 9. enthaltenen Vorschriften zieht eine Geldbuße von Einem bis zu funfzig Thalern oder Gefängniß von Einem Tage bis zu sechs Wochen nach sich.

§. 20.

Majestätsbeleidigung. Wer durch Wort, Schrift, Druck, Zeichen, bildliche oder andere Darstellung die Ehrfurcht gegen den König verletzt, wird mit Gefängniß von zwei Monaten bis zu fünf Jahren bestraft.

Wer durch eines der bezeichneten Mittel die Königin beleidigt, wird mit der nämlichen Strafe belegt.

§. 21.

Beleidigung des Thronfolgers, anderer Mitglieder des Königl. Hauses ꝛc. Wer durch Wort, Schrift, Druck, Zeichen, bildliche oder andere Darstellung den Thronfolger, ein anderes Mitglied des Königlichen Hauses, oder den Regenten des Preußischen Staates beleidigt, wird mit Gefängniß von Einem Monat bis zu drei Jahren bestraft.

§. 43.

Alle dieser Verordnung entgegenstehenden Bestimmungen sind aufgehoben. Es treten insbesondere außer Kraft das Preßgesetz vom 17. März 1848., die §§. 151 bis 155. einschließlich, die §§. 620. 621., Thl. II., Tit. 20. des Allgemeinen Landrechts, die Artikel 102. 201. 204. 217., ferner die Artikel 367 bis 372. einschließlich und die auf diese Artikel bezügliche Bestimmung des Artikels 374. des Rheinischen Strafgesetzbuches.

Urkundlich unter Unserer Höchsteigenhändigen Unterschrift und beigedrucktem Königlichen Insiegel.

Gegeben Sanssouci, den 30. Juni 1849.

(L. S.) Friedrich Wilhelm.

Graf v. Brandenburg. v. Ladenberg. v. Manteuffel. v. Strotha. v. d. Heydt. v. Rabe. Simons.

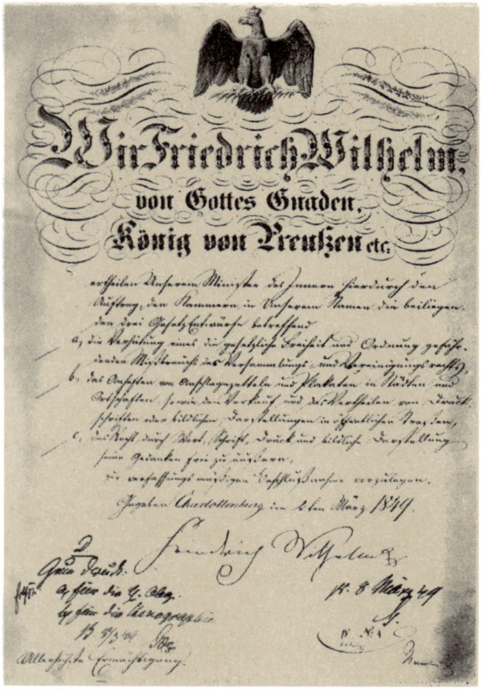

Wir Friedrich Wilhelm, von Gottes Gnaden, König von Preußen etc.

Vorlage der reaktionären Gesetzentwürfe an die Kammern, 2. März 1849

Die Mehrheit der Kammer anerkannte die Verfassung vom 5. Dezember als das nunmehr gültige Grundgesetz Preußens. Dies ermutigte die Regierung Brandenburg/Manteuffel, den Kammern im März eine Reihe von Gesetzentwürfen vorzulegen, die dazu bestimmt waren, ihre im Dezember errungene Herrschaft zu stabilisieren. Mit diesen Gesetzen sollten die wichtigsten noch bestehenden demokratischen Freiheiten beseitigt oder eingeschränkt werden: Gesetzentwürfe über das Versammlungs- und Vereinigungsrecht, die politische Straßenliteratur und die Presse. Das verfassungsmäßig drapierte Vorgehen war besonders heimtükkisch: »Die vereinigten Feudalherren, Bürokraten und Bourgeois haben ihren Staatsstreich vom vorigen Herbst mit Gewalt der Waffen glücklich durchgesetzt und wollen uns jetzt vermittelst der Kammern diejenigen Ergänzungsgesetze dazu oktroyieren, welche noch nötig sind, damit die Herrn ihren Sieg ruhig genießen können.« [15] Die demokratischen Abgeordneten in der Zweiten Kammer sagten ihren Wählern, daß diese Gesetze den Belagerungszustand in einzelnen Orten unnötig machen würden, da sie »einen polizeilichen Belagerungszustand über das ganze Land verbreiten, das Bestehen der blutig erkämpften Märzerrungenschaften dem Gutbefinden der Polizei überliefern würden, und wir am Jahrestag der Märzrevolution in das Grab der Helden auch die Freiheit des Volkes legen könnten« [16]. Sie hofften, daß mit der Beseitigung der Belagerungszustandes und der parlamentarischen Verwerfung der Gesetzvorlagen das Land auch von dem Ministerium der Gewalt befreit werden würde.

Vor allem gegen die Arbeiter richtete sich der Entwurf jenes Gesetzes, das alle politischen Plakate und die öffentliche Verbreitung von Flugschriften verbieten sollte. Flugblätter und Plakate waren in der Revolution »ein Hauptmittel, auf das Proletariat

Das Prinzenpalais in Berlin um 1848. Zeitgenössische Darstellung

zu wirken«. Sie waren dazu angetan, »die revolutionäre Leidenschaft unter den Arbeitern lebendig zu erhalten«, verwandelten »jede Straßenecke in eine große Zeitung«[17], wie Friedrich Engels schrieb. Deshalb verteidigte er so energisch das Recht des Volkes auf diese »Straßenliteratur«, das »Recht der *Arbeiter* auf die in den Plakaten vertretene *kostenfreie Literatur*«[18].

Aus allen Provinzen kamen Proteste gegen die von dem Innenminister Manteuffel erdachten Knebelungsgesetze. Der Arbeiterverein in Königsberg verlangte im Namen seiner 1630 Mitglieder von den Abgeordneten der Zweiten Kammer, daß sie die Gesetze nicht paragraphenweise, sondern ganz ablehnten. Diese Gesetzentwürfe müßten »auch dem Kurzsichtigsten die Augen geöffnet haben über die wahren Absichten des Ministeriums«[19]. Der Abgeordnete Karl d'Ester überreichte der Kammer eine Adresse aus Schönholthausen im Kreis Meschede, in der die Dorfbewohner forderten, die Gesetzentwürfe, mit denen »der vormärzliche Zustand« wieder herbeigeführt werden sollte, zu verwerfen und die Rechte des Volkes zu wahren. Beschlossen am Jahrestag der Märzrevolution von 1848, sprachen die Verfasser gegenüber den Abgeordneten die Erwartung aus, »daß ihr euch am heutigen Tag des 18. März v. J. würdig zeiget«[20].

Eine Volksversammlung in Köln appellierte an die Kammer, die Manteuffelschen Attentate auf die Pressefreiheit und das Vereinigungsrecht mit Entrüstung zurückzuweisen. Die rheinischen Abgeordneten sollten aus der Kammer austreten, falls sich eine Mehrheit für die Maulkorbgesetze finden würde. Mit Hunderten von Unterschriften versehen, ging die Adresse nach Berlin.

Die Zweite Kammer hat die Gesetze nicht mehr verabschiedet; die Entwürfe blieben im parlamentarischen Getriebe der Kommissionen stecken. Nach der Verjagung auch der im Februar gewählten Kammern im April erließ Friedrich Wilhelm IV. im Juni 1849 Verordnungen über das Verlagsrecht und ein Plakatgesetz, die von den reaktionären neuen Kammern nach der Niederschlagung der Revolution nachträglich gebilligt wurden und der Pressefreiheit ein Ende machten.

Differenzierung in der demokratischen Bewegung

Ein Jahr nach dem Sieg der Revolution in Berlin fanden überall im Lande Erinnerungsfeiern an den 18. März 1848 statt. Die Veranstaltungen der Bourgeoisie dienten der »Besinnung«, auf ihnen wurden »Ruhe und Ordnung« gepredigt, dem Adel und der Krone »Versöhnung« und »Verständigung« angeboten. Grundtenor aller Reden war der Wunsch, nun endlich die Revolution zu beenden.

In Orten, in denen selbstbewußte demokratische Organisationen und politisch fortgeschrittene Arbeitervereine bestanden, veranstalteten diese, getrennt von der Bourgeoisie, eigene Märzfeiern. Hier wurde der gefallenen Barrikadenkämpfer gedacht, vor allem aber zur Fortführung der Revolution aufgerufen. Schon zum Jahrestag der Februarrevolution von 1848 in Paris hatten fortgeschrittene Arbeiterorganisationen Feiern abgehalten. So veranstaltete der Münchener Arbeiterverein am 24. Februar in den Räumen des prächtig dekorierten »Kreuzbräu« ein »Revolutionsbankett«; das erste demokratische Bankett in der Rheinprovinz, zu dem der örtliche Arbeiterverein eingeladen hatte, fand in Mülheim (Rhein) statt, ihm folgte ein Bankett in Köln am 24. Februar.

Ein Bankett zur Erinnerung an die Berliner Barrikadenkämpfe veranstalteten die Arbeiter und Demokraten in Köln am 19. März. Es stand ganz »unter den Auspizien der roten Fahne«[21]. Noch nie war der mächtige Saal des Gürzenich so voll gewesen wie an diesem Tage. Fast 6000 Menschen standen dichtgedrängt, hörten Reden und sangen revolutionäre Lieder. Neben schwarzrotgoldenen schmückten rote Fahnen die Tribüne, die Ordner trugen Jakobinermützen und rote Schärpen, einige Frauen waren von Kopf bis Fuß rot gekleidet. »Die ganze Versammlung war rot«[22], schrieb eine Zeitung. Die Toaste galten der »*ganzen* Revolution, nicht der halben«, dem »Sturz Österreichs« den italienischen Republiken (Wilhelm Wolff), dem Sieg der ungarischen Revolution, den Polen, den Juniinsurgenten von Paris (Friedrich Engels), den revolutionären englischen Chartisten (Karl Schapper) und schließlich »der roten Republik«.[23]

Für diese Feier hatte Ferdinand Freiligrath das Revolutionslied »Reveille« (Erwachen) geschrieben. Nach der Melodie der französischen »Marseillaise« sangen Tausende:

»Marsch — wär's zum Tod!
Und unsre Fahn' ist rot!«

Wie auf der Kölner Revolutionsfeier, so trat auch auf anderen Kundgebungen der radikalen Demokraten in diesen Monaten die Losung der »roten Republik« in den Vordergrund. Auf einem »Verbrüderungsfest der deutschen Jugend« in Leipzig am

Der Gürzenich in Köln um 1848. Zeitgenössische Darstellung

17. März 1849 mit 500 bis 600 Teilnehmern dienten als Dekoration des Versammlungslokals die »Abzeichen der roten Republik«[24].

Bei einem Bankett zur Feier der Wiener und der Berliner Revolution in der Hamburger Tonhalle am 19. März war der Saal mit deutschen, französischen, italienischen, polnischen, ungarischen und mit roten Arbeiterfahnen geschmückt. In Breslau setzten die Gewerk- und Arbeitervereine gegen die Einwände des Volksvereins und trotz Polizeidrohungen durch, daß bei der Demonstration am 19. März drei rote Fahnen mitgetragen wurden, eine mit der Aufschrift: »Emanzipation der Arbeit«. Auf der abendlichen Kundgebung des Arbeitervereins wurde ein Toast ausgebracht »auf die rote Fahne, als Symbol der sozial-demokratischen Republik«[25].

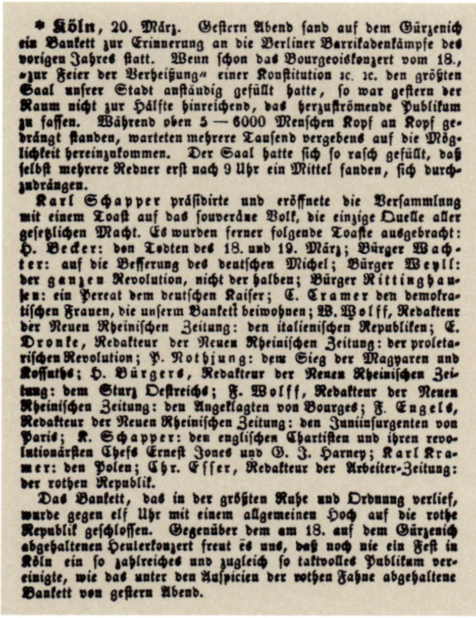
* **Köln**, 20. März. Gestern Abend fand auf dem Gürzenich ein Bankett zur Erinnerung an die Berliner Barrikadenkämpfe des vorigen Jahres statt. Wenn schon das Bourgeoiskonzert vom 18., »zur Feier der Verheißung« einer Konstitution ꝛc. ꝛc. den größten Saal unsrer Stadt anständig gefüllt hatte, so war gestern der Raum nicht zur Hälfte hinreichend, das herzuströmende Publikum zu fassen. Während oben 5 — 6000 Menschen Kopf an Kopf gedrängt standen, warteten mehrere Tausend vergebens auf die Möglichkeit hereinzukommen. Der Saal hatte sich so rasch gefüllt, daß selbst mehrere Redner erst nach 9 Uhr ein Mittel fanden, sich durchzudrängen.

Karl Schapper präsidirte und eröffnete die Versammlung mit einem Toast auf das souveräne Volk, die einzige Quelle aller gesetzlichen Macht. Es wurden ferner folgende Toaste ausgebracht: H. Becker: den Todten des 18. und 19. März; Bürger Wachter: auf die Besserung des deutschen Michel; Bürger Weyll: der ganzen Revolution, nicht der halben; Bürger Rittinghausen: ein Pereat dem deutschen Kaiser; C. Cramer den demokratischen Frauen, die unserm Bankett beiwohnen; W. Wolff, Redakteur der Neuen Rheinischen Zeitung: den italienischen Republiken; E. Dronke, Redakteur der Neuen Rheinischen Zeitung: der proletarischen Revolution; P. Nothjung: dem Sieg der Magyaren und Kossuths; H. Bürgers, Redakteur der Neuen Rheinischen Zeitung: dem Sturz Oestreichs; F. Wolff, Redakteur der Neuen Rheinischen Zeitung: den Angeklagten von Bourges; F. Engels, Redakteur der Neuen Rheinischen Zeitung: den Juniinsurgenten von Paris; K. Schapper: den englischen Chartisten und ihren revolutionärsten Chefs Ernest Jones und G. J. Harney; Karl Kramer: den Polen; Chr. Esser, Redakteur der Arbeiter-Zeitung: der rothen Republik.

Das Bankett, das in der größten Ruhe und Ordnung verlief, wurde gegen elf Uhr mit einem allgemeinen Hoch auf die rothe Republik geschlossen. Gegenüber dem am 18. auf dem Gürzenich abgehaltenen Heulerkonzert freut es uns, daß noch nie ein Fest in Köln ein so zahlreiches und zugleich so taktvolles Publikum vereinigte, wie das unter den Auspicien der rothen Fahne abgehaltene Bankett von gestern Abend.

Bericht über die Märzfeier in Köln. Montage des Textes aus der »Neuen Rheinischen Zeitung«, 21. März 1849

Das Leipziger Organ der Arbeiterverbrüderung druckte zum Jahrestag der Märzrevolution am 16. März ein »Märzlied«, in dem dazu aufgerufen wurde, den »halbverwelkten Freiheitsbaum« wieder zum Blühen zu bringen, in einem »Kampflied« wurde die rote Fahne als die Fahne der Freiheit besungen.

Das stärkere Hervortreten der roten Farbe und das Bekenntnis zur »roten Republik« waren kennzeichnend für die zunehmende Differenzierung innerhalb der demokratischen Bewegung. Das Vordringen der Konterrevolution seit dem Winter ließ die einander widerstrebenden Tendenzen in der Demokratie deutlicher werden. Einerseits war ein Teil der Demokraten durch die Reaktion eingeschüchtert, die Aktivität ließ nach, und es gab Anzeichen politischer Windstille; die konterrevolutionären Siege hatten viele mutlos gemacht. Andererseits bewirkte die Konterrevolution eine Verbreiterung und teilweise eine Aktivierung der Demokratie. Neue Schichten des Kleinbürgertums stießen zu den Demokraten. Dies führte zu einer Belebung der demokratischen Bewegung. An vielen Orten entstanden neue Vereine, von denen manche schon durch die Namengebung ihre radikale politische Haltung unterstrichen.

Während einige kleinere, vorher demokratische oder zumindest oppositionelle Zeitungen nach dem Dezember 1848 auf eine gemäßigte, konstitutionelle oder gar regierungstreue Linie umschwenkten, wandten sich andere den Demokraten zu oder betonten ihre regierungsfeindliche, republikanische oder »sozial-demokratische« Haltung. Es wuchs die Zahl der demokratischen Blätter, die sich in ihrer Argumenta-

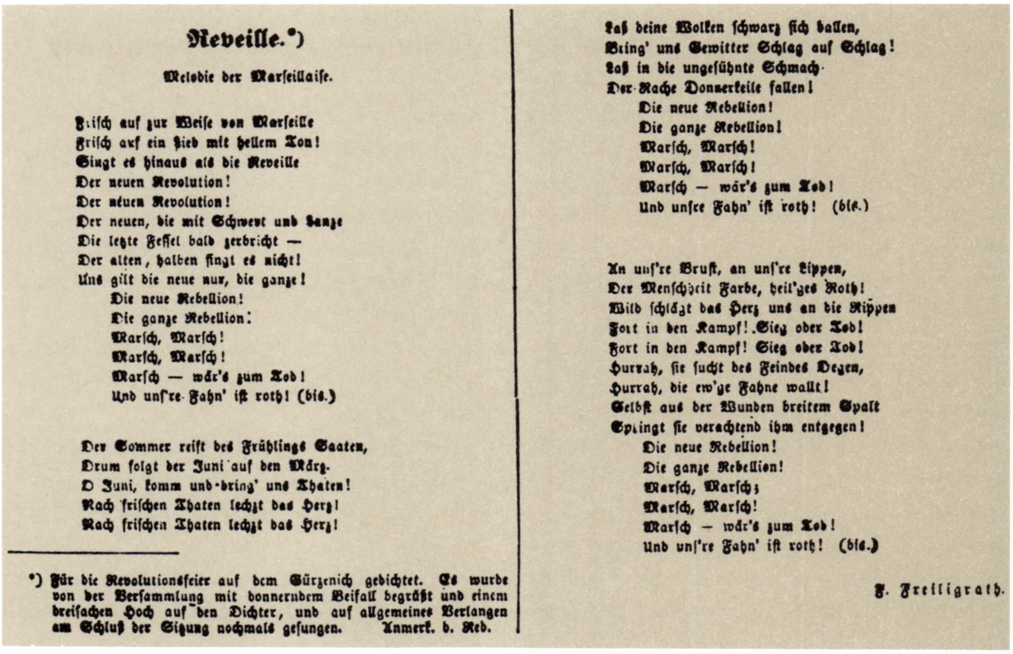
Reveille.*)

Melodie der Marseillaise.

Frisch auf zur Weise von Marseille
Frisch auf ein Lied mit hellem Ton!
Singt es hinaus als die Reveille
Der neuen Revolution!
Der neuen Revolution!
Der neuen, die mit Schwert und Lanze
Die letzte Fessel bald zerbricht —
Der alten, halben singt es nicht!
Uns gilt die neue nur, die ganze!
Die neue Rebellion!
Die ganze Rebellion!
Marsch, Marsch!
Marsch, Marsch!
Marsch — wär's zum Tod!
Und uns're Fahn' ist roth! (bis.)

Der Sommer reift des Frühlings Saaten,
Drum folgt der Juni auf den März.
O Juni, komm und bring' uns Thaten!
Nach frischen Thaten lechzt das Herz!
Nach frischen Thaten lechzt das Herz!

Laß deine Wolken schwarz sich ballen,
Bring' uns Gewitter Schlag auf Schlag!
Laß in die ungesühnte Schmach
Der Rache Donnerkeile fallen!
Die neue Rebellion!
Die ganze Rebellion!
Marsch, Marsch!
Marsch, Marsch!
Marsch — wär's zum Tod!
Und unsre Fahn' ist roth! (bis.)

An uns're Brust, an uns're Lippen,
Der Menschheit Farbe, heil'ges Roth!
Wild schlägt das Herz uns an die Rippen
Fort in den Kampf! Sieg oder Tod!
Fort in den Kampf! Sieg oder Tod!
Hurrah, sie sucht des Feindes Degen,
Hurrah, die ew'ge Fahne wallt!
Selbst aus der Wunden breitem Spalt
Springt sie verachtend ihm entgegen!
Die neue Rebellion!
Die ganze Rebellion!
Marsch, Marsch;
Marsch, Marsch!
Marsch — wär's zum Tod!
Und uns're Fahn' ist roth! (bis.)

F. Freiligrath.

*) Für die Revolutionsfeier auf dem Gürzenich gedichtet. Es wurde von der Versammlung mit donnerndem Beifall begrüßt und einem dreifachen Hoch auf den Dichter, und auf allgemeines Verlangen am Schluß der Sitzung nochmals gesungen. Anmerk. d. Red.

Ferdinand Freiligraths »Reveille«. Aus der »Neuen Rheinischen Zeitung«, 21. März 1849

Gedenkbeiträge aus der demokratischen Presse

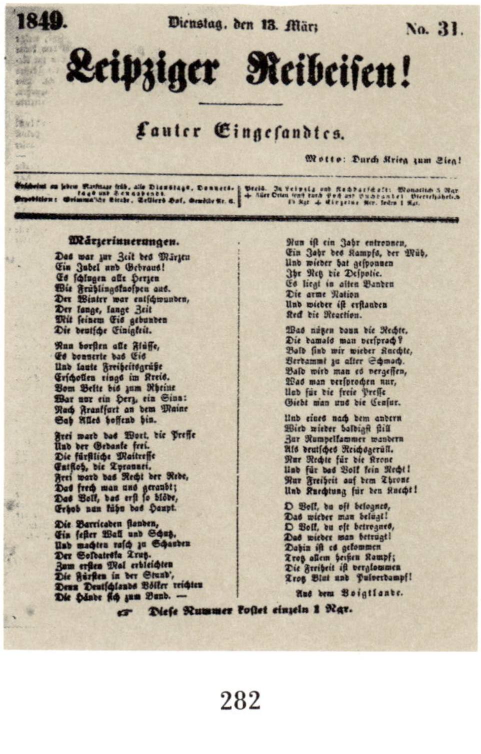
1849. Dienstag, den 13. März No. 31.

Leipziger Reibeisen!

Lauter Eingesandtes.

Motto: Durch Krieg zum Sieg!

[illegible]

Märzerinnerungen.

Das war zur Zeit des Märzen
Ein Jubel und Gebraus!
Es schlugen alle Herzen
Wie Frühlingsknospen aus.
Der Winter war entschwunden,
Der lange, lange Zeit
Mit seinem Eis gebunden
Die deutsche Einigkeit.

Nun borsten alle Flüsse,
Es donnerte das Eis
Und laute Freiheitsgrüße
Erschollen rings im Kreis.
Vom Belte bis zum Rheine
War nur ein Herz, ein Sinn:
Nach Frankfurt an dem Maine
Sah Alles hoffend hin.

Frei ward das Wort, die Presse
Und der Gedanke frei.
Die fürstliche Maitresse
Entfloh, die Tyrannei.
Frei ward das Recht der Rede,
Das frech man uns geraubt;
Das Volk, das erst so blöde,
Erhob nun kühn das Haupt.

Die Barricaden standen,
Ein fester Wall und Schutz,
Und machten rasch zu Schanden
Der Soldateska Trutz.
Zum ersten Mal erbleichten
Die Fürsten in der Staub',
Denn Deutschlands Völker reichten
Die Hände sich zum Bund. —

Nun ist ein Jahr entronnen,
Ein Jahr des Kampfs, der Müh,
Und wieder hat gesponnen
Ihr Netz die Despotie.
Es liegt in alten Banden
Die arme Nation
Und wieder ist erstanden
Keck die Reaction.

Was nützen denn die Rechte,
Die damals man versprach?
Bald sind wir wieder Knechte,
Verdammt zu alter Schmach.
Bald wird man es vergessen,
Was man versprochen nur,
Und für die freie Presse
Giebt man uns die Censur.

Und eines nach dem andern
Wird wieder baldigst still
Zur Rumpelkammer wandern
Als deutsches Reichsgerüll.
Nur Rechte für die Krone
Und für das Volk kein Recht!
Nur Freiheit auf dem Throne
Und Knechtung für den Knecht!

O Volk, du oft belogenes,
Das wieder man belügt!
O Volk, du oft betrogenes,
Das wieder man betrügt!
Dahin ist es gekommen
Trotz allem heißen Kampf;
Die Freiheit ist verglommen
Trotz Blut und Pulverdampf!

Aus dem Voigtlande.

Diese Nummer kostet einzeln 1 Ngr.

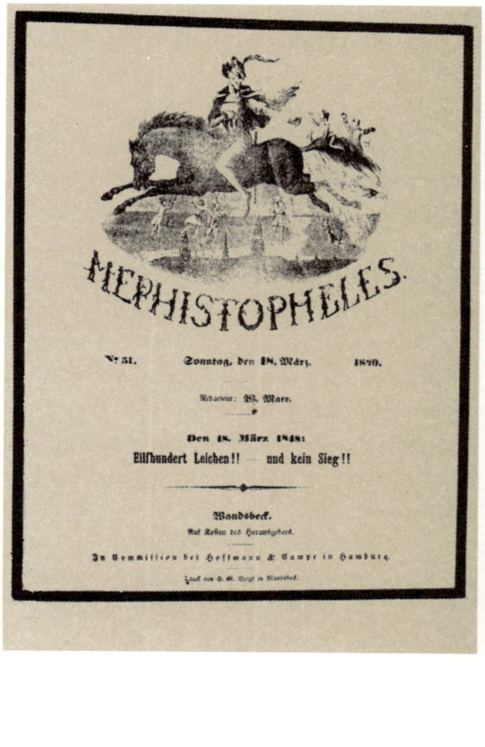

tion auf die »Neue Rheinische Zeitung« stützten und Beiträge aus ihr nachdruckten. Die Abonnentenzahl der »Neuen Rheinischen Zeitung« erreichte durch die Radikalisierung vieler demokratischer Vereine in den ersten Monaten des Jahres 1849 ihren höchsten Stand. »Ihre Zeitung gewinnt in Westfalen ungeheuer an Terrain«[26], berichtete einer der Leiter der Demokraten in Münster am 18. Januar an Karl Marx. In immer mehr Vereinen benutzten die Redner Artikel dieser Zeitung als Grundlage für ihre Agitation, und sie diente, wie der Führer der »Volkspartei« der Stadt Emmerich Anfang März an Marx schrieb, »bei meinen Vorträgen als Leitfaden«[27]. Die demokratischen Bankette zogen Tausende in den Bann und brachten eine von den Behörden gefürchtete »größere Aufregung« der »niederen Volksklassen« mit sich.[28]

In den ersten Monaten des Jahres 1849 hoben sich in der demokratischen Bewegung die politisch und klassenmäßig unterschiedlichen Elemente stärker voneinander ab. Während ein Teil der kleinbürgerlichen Demokratie weiter radikalisiert wurde und sich auf die Arbeiter orientierte, gewann insgesamt die gemäßigte Richtung an Gewicht, die die soziale Republik strikt ablehnte. Diese »Gemäßigten« näherten sich den Konstitutionellen an. Auf Vereine dieser Art erlangte der Zentralmärzverein großen Einfluß.

Der Zentralmärzverein war Ende November 1848 in Frankfurt (Main) von linken und linksliberalen Abgeordneten der Nationalversammlung mit der allgemeinen Zielstellung gegründet worden, die Errungenschaften der Märzrevolution zu bewahren und durch Zusammenwirken von Nationalversammlung und Volksbewegung die Einigung Deutschlands ohne gewaltsame revolutionäre Auseinandersetzung zu erreichen. Um eine breite Einheitsfront vom radikalen Kleinbürgertum bis zur linksliberalen Bourgeoisie zu bilden, opferten die entschiedenen Linken in der Nationalversammlung im Programm des Zentralmärzvereins zahlreiche demokratische Grundsätze. Die »Neue Rheinische Zeitung« kritisierte an diesen Linken, daß es ihnen »an Klarheit der Auffassung wie an Energie des Handelns« fehle[29].

Den Vorstand des Zentralmärzvereins bildeten zunächst Wilhelm Adolf v. Trützschler aus Dresden, Franz Raveaux aus Köln und Gottfried Eisenmann aus Würzburg, seit dem Frühjahr 1849 Franz Raveaux,

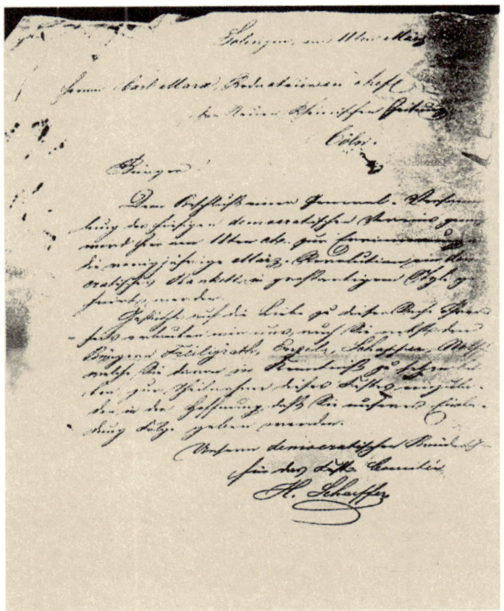

Einladung des demokratischen Vereins in Solingen vom 11. März 1849 für Karl Marx, Friedrich Engels, Ferdinand Freiligrath, Karl Schapper und Wilhelm Wolff zu einem Bankett aus Anlaß der Märzrevolution

Christian Schüler aus Jena und Ludwig Simon aus Trier. Der Zentralmärzverein wollte der Konterrevolution nur »auf friedlichem Wege durch gesetzliche Mittel«[30] entgegentreten. Hinter der These vom »gesetzlichen Widerstand« verbarg sich »Halbheit, Unentschlossenheit«[31]. Mit seiner Orientierung allein auf die Auseinandersetzung in den Parlamenten vertiefte der Zentralmärzverein parlamentarische Illusionen. Er wirkte faktisch als eine »Vermittlungspartei«[32].

Zum Zentralmärzverein bekannten sich jene demokratischen Provinzialorganisationen und Vereine vor allem Süd- und Mitteldeutschlands, die eine gemäßigte Haltung einnahmen und dem auf dem zweiten Demokratenkongreß im Oktober 1848 in Berlin gewählten Zentralausschuß der demokratischen Vereine Deutschlands wegen dessen revolutionärer und sozialer Tendenzen nicht folgten. Der Zentralausschuß war in seinen Wirkungsmöglichkeiten ohnehin eingeschränkt, da er sich nach dem preußischen Staatsstreich aus Berlin hatte zurückziehen müssen und zuerst in Köthen, dann in Halle (Saale) und Anfang 1849 in Leipzig seinen Sitz nahm. Auch unter den teilweise illegalen Bedingungen war der demokratische Zentralausschuß unter der Leitung von Karl d'Ester bemüht, die Kräfte der Demokratie für den erwarteten neuen revolutionären Aufschwung zu sammeln und zu koordinieren. Der Zentralausschuß versuchte, den Einfluß des Zentralmärzvereins zurückzudrängen und die wirklich revolutionär-demokratischen Vereine an sich zu binden. Er arbeitete eng mit dem Zentralkomitee der Arbeiterverbrüderung zusammen. Das Zentralkomitee der Arbeiterverbrüderung riet den ihm verbundenen Organisationen ab, dem Zentralmärzverein beizutreten.

Die Kommunisten wandten sich gegen die Versuche des Zentralmärzvereins, sich möglichst viele demokratische und auch Arbeitervereine unterzuordnen. In Preußen faßte der Zentralmärzverein kaum Fuß. In den süddeutschen Staaten trug die Agitation des Zentralmärzvereins im Frühjahr 1849 zur Politisierung breiterer Kreise der

Antwort von Karl Marx auf den Brief des Zentralmärzvereins vom Februar 1849. Montage des Textes aus der »Neuen Rheinischen Zeitung«, 11. März 1849

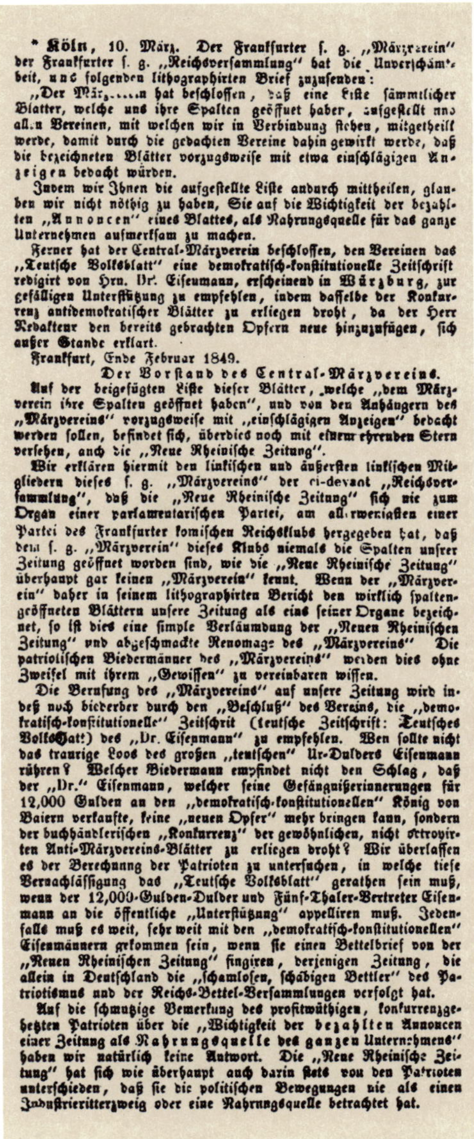

* **Köln**, 10. März. Der Frankfurter s. g. „Märzverein" der Frankfurter s. g. „Reichsversammlung" hat die Unverschämtheit, uns folgenden lithographirten Brief zuzusenden:

„Der Märzverein hat beschlossen, daß eine Liste sämmtlicher Blätter, welche uns ihre Spalten geöffnet haben, aufgestellt und allen Vereinen, mit welchen wir in Verbindung stehen, mitgetheilt werde, damit durch die gedachten Vereine dahin gewirkt werde, daß die bezeichneten Blätter vorzugsweise mit etwa einschlägigen Anzeigen bedacht würden.

Indem wir Ihnen die aufgestellte Liste anbei mittheilen, glauben wir nicht nöthig zu haben, Sie auf die Wichtigkeit der bezahlten „Annoncen" eines Blattes, als Nahrungsquelle für das ganze Unternehmen aufmerksam zu machen.

Ferner hat der Central-Märzverein beschlossen, den Vereinen das „Teutsche Volksblatt" eine demokratisch-konstitutionelle Zeitschrift redigirt von Hrn. Dr. Eisenmann, erscheinend in Würzburg, zur gefälligen Unterstützung zu empfehlen, indem dasselbe der Konkurrenz antidemokratischer Blätter zu erliegen droht, da der Herr Redakteur den bereits gebrachten Opfern neue hinzuzufügen, sich außer Stande erklärt.

Frankfurt, Ende Februar 1849.

Der Vorstand des Central-Märzvereins.

Auf der beigefügten Liste dieser Blätter, „welche „dem Märzverein ihre Spalten geöffnet haben", und von den Anhängern des „Märzvereins" vorzugsweise mit „einschlägigen Anzeigen" bedacht werden sollen, befindet sich, überdies noch mit einem ehrenden Stern versehen, auch die „Neue Rheinische Zeitung".

Wir erklären hiermit den linkischen und äußersten linkischen Mitgliedern dieses s. g. „Märzvereins" der ci-devant „Reichsversammlung", daß die „Neue Rheinische Zeitung" sich nie zum Organ einer parlamentarischen Partei, am allerwenigsten einer Partei des Frankfurter komischen Reichsklubs hergegeben hat, daß dem s. g. „Märzverein" dieses Klubs niemals die Spalten unsrer Zeitung geöffnet worden sind, wie die „Neue Rheinische Zeitung" überhaupt gar keinen „Märzverein" kennt. Wenn der „Märzverein" daher in seinem lithographirten Bericht den wirklich spaltengeöffneten Blättern unsere Zeitung als eins seiner Organe bezeichnet, so ist dies eine simple Verläumdung der „Neuen Rheinischen Zeitung" und abgeschmackte Renomage des „Märzvereins". Die patriotischen Biedermänner des „Märzvereins" werden dies ohne Zweifel mit ihrem „Gewissen" zu vereinbaren wissen.

Die Berufung des „Märzvereins" auf unsere Zeitung wird indeß noch biederber durch den „Beschluß" des Vereins, die „demokratisch-konstitutionelle" Zeitschrit (teutsche Zeitschrift: Teutsches Volksblatt) des „Dr. Eisenmann" zu empfehlen. Wen sollte nicht das traurige Loos des großen „teutschen" Ur-Dulders Eisenmann rühren? Welcher Biedermann empfindet nicht den Schlag, daß der „Dr." Eisenmann, welcher seine Gefängnißerinnerungen für 12,000 Gulden an den „demokratisch-konstitutionellen" König von Baiern verkaufte, keine „neuen Opfer" mehr bringen kann, sondern der buchhändlerischen „Konkurrenz" der gewöhnlichen, nicht oktroyirten Anti-Märzvereins-Blätter zu erliegen droht? Wir überlassen es der Berechnung der Patrioten zu untersuchen, in welche tiefe Vernachlässigung das „Teutsche Volksblatt" gerathen sein muß, wenn der 12,000-Gulden-Dulder und Fünf-Thaler-Vertreter Eisenmann an die öffentliche „Unterstützung" appelliren muß. Jedenfalls muß es weit, sehr weit mit den „demokratisch-konstitutionellen" Eisenmännern gekommen sein, wenn sie einen Bettelbrief von der „Neuen Rheinischen Zeitung" fingiren, derjenigen Zeitung, die allein in Deutschland die „schamlosen, schäbigen Bettler" des Patriotismus und der Reichs-Bettel-Versammlungen verfolgt hat.

Auf die schmutzige Bemerkung des profitwüthigen, konkurrenzgehetzten Patrioten über die „Wichtigkeit der bezahlten Annoncen einer Zeitung als Nahrungsquelle des ganzen Unternehmens" haben wir natürlich keine Antwort. Die „Neue Rheinische Zeitung" hat sich wie überhaupt auch darin stets von den Patrioten unterschieden, daß sie die politischen Bewegungen nie als einen Industrieritterzweig oder eine Nahrungsquelle betrachtet hat.

Bevölkerung und zum raschen Anwachsen der Vereinsbewegung bei; viele Vereine, die erst jetzt entstanden, nannten sich »Märzverein«. Die demokratischen Vereine in Baden, Bayern, Schleswig-Holstein, Württemberg wie in einigen thüringischen Staaten, auch die sächsischen Vaterlandsvereine und viele von diesen beeinflußte Arbeitervereine unterstellten sich dem Zentralmärzverein. Im März 1849 erreichte der Zentralmärzverein mit etwa 950, wenngleich nur lose mit ihm zusammenhängenden Vereinen und etwa einer halben Million Mitglieder seine größte Verbreitung. Danach ging sein Einfluß zurück. Entschiedene republikanische Vereine wandten sich von ihm ab.

Auf dem Wege zur Partei

In den ersten Monaten des Jahres 1849 entstanden neue Bedingungen für die Formierung einer breiten politischen Organisation des Proletariats in Deutschland. In den revolutionären Kämpfen seit Juli, vor allem nach dem konterrevolutionären Umschwung im November/Dezember 1848, war das politische Bewußtsein der Arbeiter gewachsen. Die Unfähigkeit der kleinbürgerlichen Demokraten, die revolutionäre Bewegung zielstrebig zu leiten, wurde immer offenkundiger. Die Bestrebungen der Arbeiter, sich von bürgerlicher und kleinbürgerlicher Bevormundung zu befreien, erhielten neuen Auftrieb. Der proletarische Parteibildungsprozeß machte Fortschritte.

Drängen zum Zusammenschluß

Im Herbst und Winter 1848/49 waren in allen Teilen Deutschlands zahlreiche neue Arbeitervereine, teils mehr gewerkschaftlichen, teils mehr politischen Charakters entstanden. Die Mitgliederzahl vieler Vereine wuchs bedeutend an. In einigen Gebieten bildeten sich Berufsvereinigungen mit gewerkschaftlichem Charakter auf regionaler Ebene, so in Sachsen die Berufsvereinigungen der Maurer und Zimmerer, der Hausweber, der Spinner, der Gesellen des Tuchmacher-, Zeugmacher- und Leinenwebergewerbes. In den preußischen Provinzen schlossen sich die Handwerksgesellen verschiedener Berufe zu Bezirksvereinen zusammen, die nicht mehr Anhängsel der zünftlerisch orientierten Meisterverbindungen waren. Im preußischen Ministerium machte man sich Sorgen, weil in den Gesellenvereinigungen Abgeordnete von Arbeitervereinen »demokratische Grundsätze«[33] verbreiteten.

Den Selbständigkeitsbestrebungen der Arbeiter standen zahlreiche Schwierigkeiten im Wege. Die deutsche Arbeiterklasse war zahlenmäßig schwach und hatte eine für den politischen Zusammenschluß ungünstige Struktur: Es überwogen, auch in den Arbeitervereinen, Handwerksgesellen, Gesellenlohnarbeiter oder Manufakturarbeiter; das moderne Fabrikproletariat, der Kern der Arbeiterklasse, war noch relativ gering entwickelt und in den Organisationen wenig vertreten. Groß waren die Unterschiede im Entwicklungsstand der Arbeiterbewegung in den einzelnen Teilen Deutschlands, hervorgerufen oder beeinflußt durch unterschiedliche ökonomische Fortschritte und politische Verhältnisse. Auch Isolierung voneinander und Zersplitterung in manchmal mehrere lokale Organisationen wirkten sich hemmend aus.

In den schon länger bestehenden politischen Arbeitervereinen, die meist direkt oder indirekt im Schlepptau der kleinbürgerlichen Demokratie hingen, wuchs das Streben nach organisatorischer Selbständigkeit. Zur politischen Radikalisierung der Vereine, zur Abwendung von bürgerlichen und kleinbürgerlichen Illusionen und zur Hinwendung zu einer politisch-revolutionären Orientierung trugen auch die wachsende Ausbeutung und Verelendung der Arbeiter, Arbeitslosigkeit und Willkürakte der Kapitalisten bei.

Die fortschreitende Konterrevolution und in einigen Städten auch das Andauern des Belagerungszustandes ermunterten die Unternehmer, einen steigenden wirtschaftli-

Als historisches Dokument für den Cynismus unserer Bourgeoisie, der Arbeiterklasse gegenüber, veröffentlichen wir wörtlich die „Arbeiterkarte," welche die bei städtischen Arbeiten beschäftigten Proletarier in der guten Stadt Köln unterzeichnen müssen.

Arbeiterkarte

§ 1. Jeder Arbeiter hat den Anweisungen und Anordnungen sämmtlicher städtischer Aufsichtsbeamten, welche zugleich als Polizeibeamte vereidet sind, pünktlich Folge zu leisten. Unfolgsamkeit und Widersetzlichkeit ziehen sofortige Entlassung nach sich.

§ 2. Ohne besondere Erlaubniß des Bauaufsehers darf kein Arbeiter aus einer Abtheilung in eine andere übertreten oder die Baustelle verlassen.

§ 3. Arbeiter, welche Karren, Karrenbretter oder sonstige Geräthe aus einer andern Atheilung entwenden, um solche zu ihrer Arbeit zu gebrauchen, werden entlassen.

§ 4. Trunkenheit, Ruhestörung, Anstiftung von Zank, Streit oder Schlägerei haben sofortige Entlassung aus der Arbeit zur Folge. — Außerdem tritt in den dazu geeigneten Fällen die gesetzliche Verfolgung der Schuldigen durch die kompetenten Gerichte.

§ 5. Wer zehn Minuten zu spät auf der Arbeisstelle erscheint, erhält für den betreffenden halben Tag keine Arbeit; im dritten Wiederholungsfalle kann die gänzliche Ausschließung von der Arbeit eintreten.

§ 6. Wenn Arbeiter auf ihren Antrag oder zur Strafe entlassen werden, so findet ihre Bezahlung am nächsten regelmäßigen Zahltage nach dem Verhältnisse der von ihnen gefertigten Arbeit statt.

§ 7. Die erfolgte Entlassung des Arbeiters wird auf der Arbeitskarte vermerkt. — Erfolgt die Entlassung zur Strafe, so wird dem Arbeiter nach Bewandtniß der Umstände die Wiederbeschäftigung auf der betreffenden Arbeitsstelle, oder bei allen städtischen Arbeiten versagt.

§ 8. Von der Strafenlassung der Arbeiter und deren Veranlassung wird die Polizeibehörde jedesmal in Kenntniß gesetzt.

§ 9. Haben die Arbeiter Beschwerden gegen den Bauaufsichtsbeamten zu führen, so ist solche durch eine erwählte, aus drei Arbeitern bestehende Deputation bei dem Stadtbaumeister anzubringen. Dieser untersucht den Gegenstand der Beschwerde an Ort und Stelle und entscheidet darüber.

§ 10. Die Arbeitszeit ist festgestellt von Morgens halb sieben Uhr bis Mittags 12 Uhr und von Nachmittags Ein Uhr bis Abends Dunkel. (Schöner Styl!)

§ 11. Unter diesen Bedingungen erhält der Arbeiter Beschäftigung.

§ 12. Die Zahlung wird am Samstag Nachmittag auf der Baustelle geleistet.

Der vereidete Bauaufseher, zunächst dessen Anordnungen Folge zu leisten.

Köln.

Unterschrift resp. Merkzeichen des Arbeiters. — Wird in die Abtheilung des p. p. gestellt und hat u. s. w.

Unterschrift des Bauaufsehers.

»Arbeiterkarte«, die von Kölner Proletariern unterschrieben werden mußte. Montage des Textes aus der »Neuen Rheinischen Zeitung«, 5. Januar 1849

»Fortschritte der Organisation der Arbeiter«. Notiz aus der »Verbrüderung«, 12. Januar 1849

Annaberg. Sonntag den 7. d. M. wurde hier eine Arbeiterversammlung abgehalten, bei welcher sich außer den Arbeitern hiesiger Stadt die Städte Schlettau, Thum, Ehrenfriedersdorf und Wolkenstein durch Deputirte, sowie Wiesenthal durch beistimmende Erklärung betheiligten. Es wurde beschlossen, die Beschlüsse des Berliner Arbeiterkongresses, sowie die auf dem jüngst zu Leipzig abgehaltenen Sächsischen Provinzial-Kongreß entworfenen Spezialstatuten anzuerkennen und sich so der allgemeinen deutschen Arbeiterverbindung anzuschließen. Ferner wurde von den vertretenen Städten, welche sich bereits als Localcomité constituirt (errichtet) hatten, das bisherige Lokalcomité Annaberg zum Bezirkscomité ernannt. In dem Schreiben, welches dem Centralcomité diese Anzeige macht, wird von dem Vorsitzenden des Bezirkscomités Annaberg Ch. Weisenseel die erfreuliche Mittheilung gemacht, daß die Anzahl der Mitglieder, welche der Organisation beizutreten wünschen, mit jedem Tage bedeutend zunimmt, überhaupt unter den Arbeitern eine rege Theilnahme sich zeigt.

Die Verbrüderung.

Herausgegeben vom Centralcomité für die deutschen Arbeiter.

Erscheint wöchentlich zweimal: Dienstags und Freitags.

Redigirt vom Schriftsetzer Born, Mitglied des Centralcomités.

In Leipzig monatlich 5 Ngr. Durch alle Postämter und Buchhandlungen vierteljährl. 15 Ngr.

Correspondenzblatt aller deutschen Arbeiter.

№ 55. Leipzig, den 10. April 1849.

Aus den Hungergegenden Schlesiens

ist uns folgende Adresse zugekommen, welche dort zur Sammlung von Unterschriften cirkulirt. Wir theilen sie hier mit, um einen Spiegel dortiger Zustände und Gesinnung zu geben. Wir hoffen, daß sie unsere Leser zu gleichen Aufstellungen und Adressen ermuntern wird.

Hohe zweite Kammer!

Wieder greifen die Hungerseuchen um sich und erinnern von Neuem furchtbar mahnend unsere Regierung an ihre Pflicht, aber wir hoffen von ihr, der alten Genossenschaft Bodelschwing's, keine Hülfe, wir wissen, sie wird uns fort und fort verhungen lassen, wie sie es bisher gethan hat, darum wenden wir uns an Euch, unsere erwählten Vertreter und Fürsprecher, an Euch, die Ihr unserer Wahl Eure Parlamentssitze verdankt und fordern von Euch:

Brodt.

Allerdings hat in der ersten Kammer der Kattunfabrikant Herr Milde beantragt, zur Beruhigung des Volkes in der Adresse die sociale Frage zu berühren, und wir wollen glauben, daß der Herr wirklich in dem Wahne steht, uns mit solcher Redensart satt machen zu können; aber bei Euch, den Abgeordneten des Volkes, setzen wir eine andere Anschauung der Sache voraus, von Euch erwarten wir nicht herzrührend ausgesprochene sociale Redensarten, sondern wirkliches ernstes Eingehen in die materiellen Einzelheiten der Frage und dadurch schleunige kräftige Hülfe durch entsprechende Gesetze. Darum erlaubt uns eine kurze Schilderung des Bedürfnisses und der Lage der Arbeiter, weil wir glauben, daß diese Euch zur Richtschnur Eures Handels dienen wird.

Die Statistiker rechnen eine Familie gewöhnlich zu sechs Köpfen: Mann, Frau und 4 Kinder; eine solche Familie bedarf zu ihrem nothdürftigen Lebensunterhalt im Jahr:

Brodt: 2 Erwachsene täglich 1½ Pfd., jedes à 6 Pf., das macht	18 Thlr.	7 Sgr.	6 Pf
4 Kinder täglich ¾ Pfd., jedes à 6 Pf., das macht	18 "	7 "	6 "
Gemüse, als Hülsenfrüchte, Kartoffeln u. s. w.: 2 Erwachsene, jedes 6 Pf. täglich	12 "	5 "	— "
4 Kinder, jedes à 3 Pf. täglich	12 "	5 "	— "
Fleisch, Butter, Käse u. s. w.: 2 Erwachsene, jedes à 1½ Sgr. täglich	36 "	15 "	— "
4 Kinder, jedes à 9 Pf. täglich	36 "	15 "	— "
Salz.	3 "	— "	— "
Bier: 2 Erwachsene, täglich jedes à 6 Pf.	12 "	— "	— "
Milch: 4 Kinder, täglich jedes für 6 Pf.	12 "	5 "	—

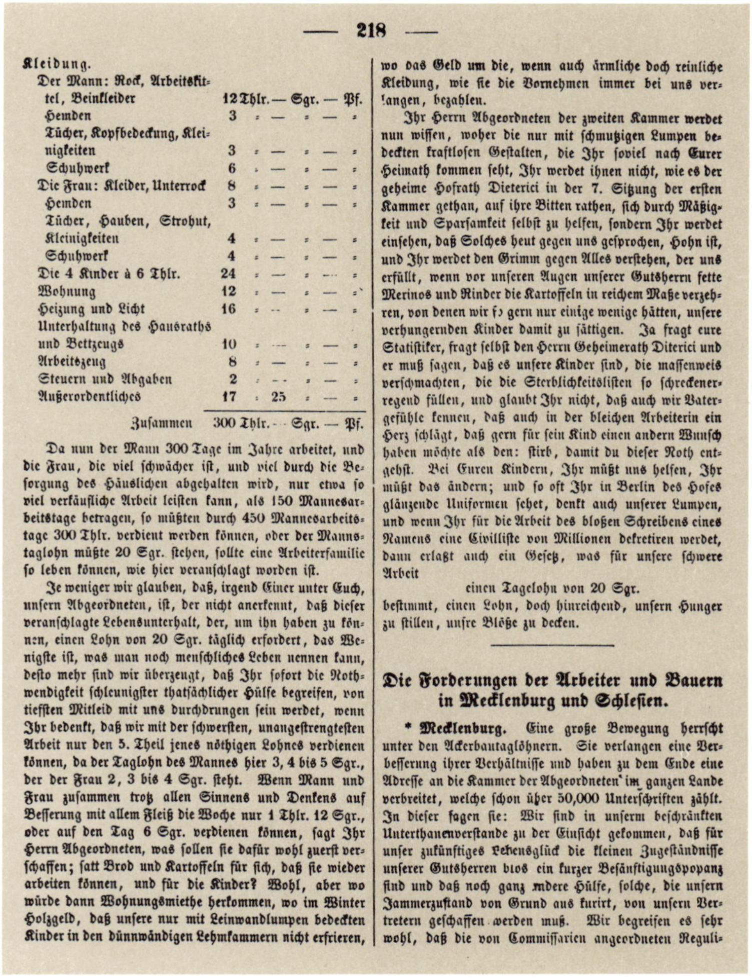

— 218 —

Kleidung.			
Der Mann: Rock, Arbeitskittel, Beinkleider	12 Thlr.	— Sgr.	— Pf.
Hemden	3 "	— "	— "
Tücher, Kopfbedeckung, Kleinigkeiten	3 "	— "	— "
Schuhwerk	6 "	— "	— "
Die Frau: Kleider, Unterrock	8 "	— "	— "
Hemden	3 "	— "	— "
Tücher, Hauben, Strohut, Kleinigkeiten	4 "	— "	— "
Schuhwerk	4 "	— "	— "
Die 4 Kinder à 6 Thlr.	24 "	— "	— "
Wohnung	12 "	— "	— "
Heizung und Licht	16 "	— "	— "
Unterhaltung des Hausraths und Bettzeugs	10 "	— "	— "
Arbeitszeug	8 "	— "	— "
Steuern und Abgaben	2 "	— "	— "
Außerordentliches	17 "	25 "	— "
Zusammen	300 Thlr.	— Sgr.	— Pf.

Da nun der Mann 300 Tage im Jahre arbeitet, und die Frau, die viel schwächer ist, und viel durch die Besorgung des Häuslichen abgehalten wird, nur etwa so viel verkäufliche Arbeit leisten kann, als 150 Mannesarbeitstage betragen, so müßten durch 450 Mannesarbeitstage 300 Thlr. verdient werden können, oder der Mannstaglohn müßte 20 Sgr. stehen, sollte eine Arbeiterfamilie so leben können, wie hier veranschlagt worden ist.

Je weniger wir glauben, daß, irgend Einer unter Euch, unsern Abgeordneten, ist, der nicht anerkennt, daß dieser veranschlagte Lebensunterhalt, der, um ihn haben zu können, einen Lohn von 20 Sgr. täglich erfordert, das Wenigste ist, was man noch menschliches Leben nennen kann, desto mehr sind wir überzeugt, daß Ihr sofort die Nothwendigkeit schleunigster thatsächlicher Hülfe begreifen, von tiefsten Mitleid mit uns durchdrungen sein werdet, wenn Ihr bedenkt, daß wir mit der schwersten, unangestrengtesten Arbeit nur den 5. Theil jenes nöthigen Lohnes verdienen können, da der Taglohn des Mannes hier 3, 4 bis 5 Sgr., der der Frau 2, 3 bis 4 Sgr. steht. Wenn Mann und Frau zusammen troß allen Sinnens und Denkens auf Besserung mit allem Fleiß die Woche nur 1 Thlr. 12 Sgr., oder auf den Tag 6 Sgr. verdienen können, sagt Ihr Herrn Abgeordneten, was sollen sie dafür wohl zuerst verschaffen; satt Brod und Kartoffeln für sich, daß sie wieder arbeiten können, und für die Kinder? Wohl, aber wo würde dann Wohnungsmiethe herkommen, wo im Winter Holzgeld, daß unsere nur mit Leinwandlumpen bedeckten Kinder in den dünnwändigen Lehmkammern nicht erfrieren, wo das Geld um die, wenn auch ärmliche doch reinliche Kleidung, wie sie die Vornehmen immer bei uns verlangen, bezahlen.

Ihr Herrn Abgeordneten der zweiten Kammer werdet nun wissen, woher die nur mit schmutzigen Lumpen bedeckten kraftlosen Gestalten, die Ihr soviel nach Eurer Heimath kommen seht, Ihr werdet ihnen nicht, wie es der geheime Hofrath Dieterici in der 7. Sitzung der ersten Kammer gethan, auf ihre Bitten rathen, sich durch Mäßigkeit und Sparsamkeit selbst zu helfen, sondern Ihr werdet einsehen, daß Solches heut gegen uns gesprochen, Hohn ist, und Ihr werdet den Grimm gegen Alles verstehen, der uns erfüllt, wenn vor unseren Augen unserer Gutsherrn fette Merinos und Rinder die Kartoffeln in reichem Maße verzehren, von denen wir so gern nur einige wenige hätten, unsere verhungernden Kinder damit zu sättigen. Ja fragt eure Statistiker, fragt selbst den Herrn Geheimerath Diterici und er muß sagen, daß es unsere Kinder sind, die massenweis verschmachten, die die Sterblichkeitslisten so schreckenerregend füllen, und glaubt Ihr nicht, daß auch wir Vatergefühle kennen, daß auch in der bleichen Arbeiterin ein Herz schlägt, daß gern für sein Kind einen andern Wunsch haben möchte als den: stirb, damit du dieser Noth entgehst. Bei Euren Kindern, Ihr müßt uns helfen, Ihr müßt das ändern; und so oft Ihr in Berlin des Hofes glänzende Uniformen sehet, denkt auch unserer Lumpen, und wenn Ihr für die Arbeit des bloßen Schreibens eines Namens eine Civilliste von Millionen dekretiren werdet, dann erlaßt auch ein Gesetz, was für unsere schwere Arbeit

einen Tagelohn von 20 Sgr.

bestimmt, einen Lohn, doch hinreichend, unsern Hunger zu stillen, unsre Blöße zu decken.

Die Forderungen der Arbeiter und Bauern in Mecklenburg und Schlesien.

* **Mecklenburg.** Eine große Bewegung herrscht unter den Ackerbautaglöhnern. Sie verlangen eine Verbesserung ihrer Verhältnisse und haben zu dem Ende eine Adresse an die Kammer der Abgeordneten im ganzen Lande verbreitet, welche schon über 50,000 Unterschriften zählt. In dieser sagen sie: Wir sind in unserm beschränkten Unterthanenverstande zu der Einsicht gekommen, daß für unser zukünftiges Lebensglück die kleinen Zugeständnisse unserer Gutsherren blos ein kurzer Besänftigungspopanz sind und daß noch ganz andere Hülfe, solche, die unsern Jammerzustand von Grund aus kurirt, von unsern Vertretern geschaffen werden muß. Wir begreifen es sehr wohl, daß die von Commissarien angeordneten Reguli-

Haushaltsrechnung einer Arbeiterfamilie. Artikel aus der »Verbrüderung«, 10. April 1849

chen Druck auf die Arbeiter auszuüben, Löhne zu kürzen, die Arbeitszeit zu verlängern. Arbeiter und Gesellen, die nach der Märzrevolution an die Versprechungen der Bourgeoisie geglaubt hatten und durch Zugeständnisse der Fabrikanten und Meister darin bestärkt worden waren, sahen jetzt nüchterner. Sie merkten, wie die »Märzerrungenschaften zu Wasser«[34] wurden. Arbeitseinstellungen der Berliner Kattundrukker, Buchdrucker, Tischler, Maurer, Zimmerleute im Spätsommer, Herbst und Winter 1848 folgte im April 1849 ein Streik der Steinsetzergesellen.

Von der Lage und der Not der Arbeiter spricht eine Adresse, die von dem Arbeiterverein des Kreises Falkenberg in Schlesien im März 1849 mit der Forderung nach einem Tagelohn von 20 Silbergroschen an die Abgeordneten der Zweiten preußischen Kammer gerichtet wurde; zugleich zeugt der Appell von den Hoffnungen, die dieser Arbeiterverein an die bürgerliche Abgeordnetenkammer knüpfte und die sich als falsch erwiesen.

Mit einer ähnlichen Aufstellung über die

Titelblatt der Erstausgabe

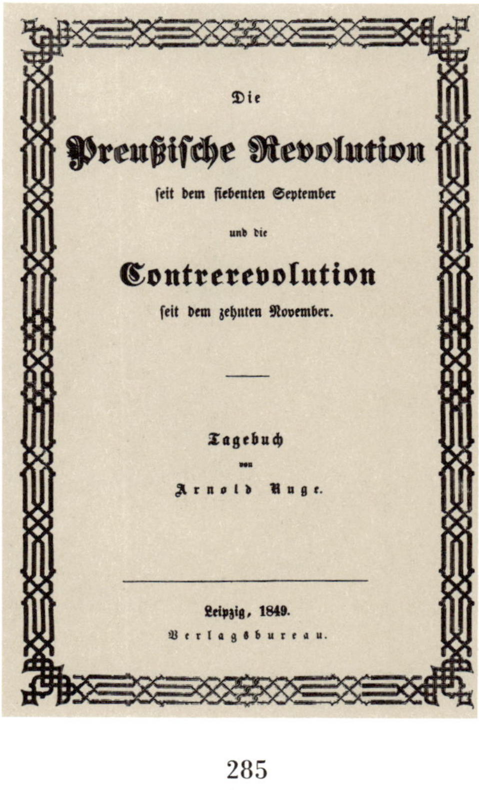

Die

Preußische Revolution

seit dem siebenten September

und die

Contrerevolution

seit dem zehnten November.

Tagebuch

von

Arnold Ruge.

Leipzig, 1849.

Verlagsbureau.

Bedürfnisse einer Arbeiterfamilie und der Forderung nach materieller Hilfe von seiten des Staates wandten sich die »Vereinigten Arbeitervereine des Kreises Lennep« in der Rheinprovinz an die Zweite Kammer in Berlin. Sie machten folgende Rechnung auf: Ein Arbeiter verdiene wöchentlich einen Taler und 20 Silbergroschen bis zu zwei Talern, und wenn die meisten Arbeiter ihren Verdienst für das Jahr berechneten, so käme der niedrigste Satz nicht einmal heraus. Dagegen benötigte eine Familie mit drei Kindern pro Woche mindestens drei Taler, nicht gerechnet die Ausgaben bei Krankheit oder Unfällen.

Der Arbeiterverein von Lennep verband, anders als derjenige von Falkenberg, seine materiellen Forderungen mit einer politischen Stellungnahme gegen die Haltung der bürgerlichen Abgeordneten. Er mißbilligte entschieden die Tätigkeit der drei Abgeordneten des Kreises Lennep in der Kammer, weil sie »die Reihen der Volksvertreter verlassen und sich zu Beschützern des privilegierten Junkertums erniedrigt« hätten. Am Schluß der Erklärung forderte der Verein zum Zusammenschluß der Arbeiter auf: »Arbeiter des Wuppertales! Verbindet Euch mit uns, geht hin und tut desgleichen! Wenn aber alles nicht hilft, wenn es denn einmal darauf abgesehen ist, uns das Los unserer Brüder in Schlesien zu bereiten, dann laßt uns wenigstens eine Radikalkur versuchen. Einig macht stark!«[35]

Die Arbeiter erklären sich politisch mündig

Die meisten deutschen Arbeiterorganisationen waren im Verlauf der Revolution mehr und mehr in die revolutionäre Bewegung hineingerissen und zunehmend politisiert worden, darunter viele, die der Arbeiterverbrüderung angeschlossen waren. Die Arbeiter in den gewerkschaftlich-genossenschaftlich orientierten Vereinen überwanden allmählich die engen ökonomischen Zielstellungen und beteiligten sich ebenfalls an den politischen Auseinandersetzungen. In Sachsen, dem nächst der Rheinprovinz industriell am weitesten fortgeschrittenen Teil Deutschlands, hatten sich die Arbeitervereine vorher fast ausschließlich mit ökonomischen Fragen beschäftigt. Seit Ende 1848 wurden die meisten Arbeitervereine politisch aktiver.

Das gewachsene politische Selbstbewußtsein der Mitglieder vieler Arbeitervereine äußerte sich im Februar und März 1849 in der Protestbewegung gegen die undemokratischen Bestimmungen des Reichswahlgesetzentwurfs des Verfassungsausschusses der Frankfurter Nationalversammlung. Dieser schloß Arbeiter, Handwerksgesellen und alle »Unselbständigen« von Wahlen für das geplante »Volkshaus«, die Abgeordnetenkammer des Reichstages, aus. Für Preußen hätte dies bedeutet, daß etwa die Hälfte der Bürger, die im Mai 1848 zur Wahl zugelassen waren, an diesen Wahlen nicht hätte teilnehmen dürfen.

Im Kölner Arbeiterverein erklärte Vereinspräsident Karl Schapper, ein solches Wahlrecht, das die produzierende Klasse, die revolutionären Elemente ausschließe, sie unter die Vormundschaft des Kapitals stelle, habe für Arbeiter keinen Wert, es sei nur für Konservative, Bourgeois und Millionäre. Gegen die Absicht, den größten Teil des deutschen Volkes herabzuwürdigen, protestierte der Vorstand der Organisation der deutschen Buchdrucker und Setzer. Das Zentralkomitee der Arbeiterverbrüderung veranstaltete eine Unterschriftensammlung gegen den Wahlgesetzentwurf und verlangte von den Abgeordneten der Nationalversammlung, den Entwurf zurückzuweisen. Im Namen des Zentralkomitees warnten Stephan Born und mehrere Leipziger Arbeiterorganisationen die Abgeordneten der Paulskirche vor der Annahme eines Wahlgesetzes, das die Gleichberechtigung verletzt. Sie verlangten direkte und geheime Wahlen, allgemeines und gleiches Wahlrecht für jeden Mann ab 21 Jahre (der Entwurf sah ein Wahlalter von 25 Jahren an vor) ohne jede Einschränkung. Den Verfassern des Entwurfs warf »Die Verbrüderung« vor, sie wollten das Wahlrecht beschränken, weil die Arbeiter ihnen »zu revolutionär« seien: »Ihr fürchtet die arbeitende Klasse, darum wollt Ihr sie nicht anerkennen.«[36]

Das Berliner Bezirkskomitee der Arbeiterverbrüderung verfaßte eine Protestadresse, die von 33 Berliner Gewerk- und Arbeitervereinen unterzeichnet und am 19. Februar an die Nationalversammlung in Frankfurt (Main) abgesandt wurde: *»Hohe Nationalversammlung.* Mit tiefer Entrüstung haben die Arbeiter Deutschlands vernommen, daß die Vertreter der deutschen Nation im Begriff stehen, einen Verfassungsentwurf zu beraten, durch dessen Annahme alle ›nicht selbständigen‹ Deutschen (dazu sind außer den *Unmündigen, Verbrechern usw. die deutschen Fabrikarbeiter, Handwerksgehilfen, Tagelöhner und Dienstboten gerechnet*) ihres Wahlrechtes und somit ihres Staatsbürgerrechts für immer verlustig erklärt werden. Wenn die Geschichte lehrt,

Ein deutscher Arbeiter

an die deutsche Nationalversammlung zu Frankfurt bei Gelegenheit des Wahlgesetzentwurfs.

Wer war's, der in des Märzes heißen Tagen
Die nackte Brust der Todeskugel bot,
Der in den Straßen siegreich sich geschlagen?
— Die Steine zeugen's, noch vom Blute roth! —
Wir waren's, wir! Durch unsre harten Hände
Das Reich der Knechtschaft nahm ein schmäblich Ende

Und auf die Wahlstatt, von der unsere Leichen
Gedüngt zu schön'rer Zukunft Erntefeld,
Da haben wir als flatternd Siegeszeichen
Das schwarz-roth-goldne Banner aufgestellt;
Wir riefen Euch, was wir in Kampfs-Gefahren
Errungen hatten, friedlich zu bewahren.

Zwar reden könnt Ihr, der Ruhm soll Euch bleiben,
Allein zur That fehlt Euch der rechte Muth,
Gesetze könnt Ihr trefflich niederschreiben,
Doch Keinen zwingen, daß er danach thut.
Und Ihr, Ihr wollet unsre Thaten richten,
Des Kampfes Frucht mit einem Wort vernichten?

Ihr wollet aus dem Volke uns verstoßen,
Stellt mit Verbrechern uns in einen Rang,
Wir sollen Sklaven sein des Golds der Großen:
Das ist für unsern Todesmuth der Dank.
Und warum Alles? — Weil wir arm geboren,
Drum werft Ihr uns zu Schurken und zu Thoren.

Wer Gold hat, nur — kennt nicht Betrug und Lüge,
Wer Gold hat, nur — hat Scharfsinn und Verstand,
Er ist ein Salomo schon von der Wiege,
Er wird allein mit Recht ein Mensch genannt.
Wir Andern aber!? — Nun, wir müssen eben
Zufrieden sein mit unserm nackten Leben.

So meint Ihr's, Herrn; doch glaubet mir, es wohnen
Verstand und Tugend auch wohl anderwärts,
Vor Schurkerei schützt weder Gold noch Kronen,
Auch unter'm Kittel schlägt ein Menschenherz.
Stoßt uns nur aus, Ihr sollt es bald erfahren,
Daß wir's verstehen, unser Recht zu wahren.

Gedicht aus der »Verbrüderung«, 16. Februar 1849

»Ein wohltätiger Fabrikherr«. Darstellung aus dem »Eulenspiegel«, 1849

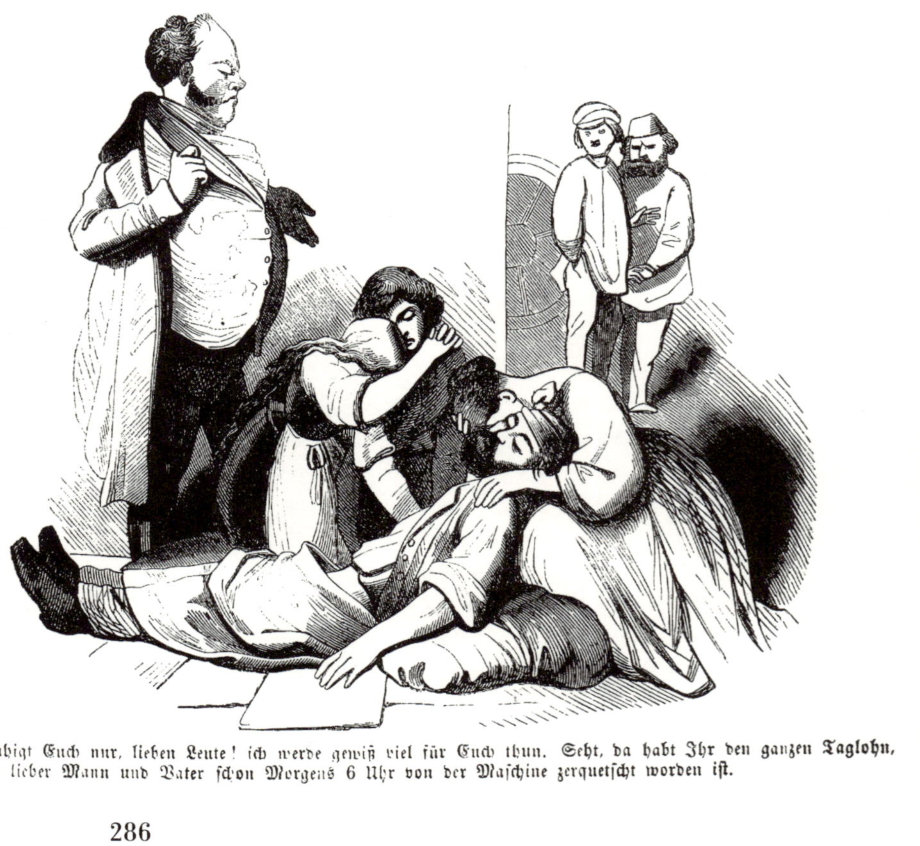

— Beruhigt Euch nur, lieben Leute! ich werde gewiß viel für Euch thun. Seht, da habt Ihr den ganzen Taglohn, obgleich Euer lieber Mann und Vater schon Morgens 6 Uhr von der Maschine zerquetscht worden ist.

daß gerade jene ›nicht selbständigen‹ Staatsbürger ihre Teilnahme an der Zertrümmerung politischer Verderbtheit selbst mit ihrem Herzblute und mit den *Donnerworten der Revolution* beweisen können; wenn wir ferner erwägen, daß unsere Abgeordneten erst durch die Kraft unseres Armes und unserer Wahl in Frankfurt tagen, so müssen wir ihnen nicht nur das Recht, sondern auch die Macht absprechen, jenen Entwurf zum Gesetz zu erheben, zumal er im schreiendsten Widerspruch mit dem von derselben Versammlung festgestellten Grundrechte: *Alle Standesvorrechte sind aufgehoben* stehen würde. Jener Entwurf, zum Gesetz erhoben, würde uns zwingen, Feinde einer Staatsgesellschaft zu sein, welche uns nicht anerkennt. Ihre Gesetze würden dann für uns Fesseln sein, nur geschaffen, um uns zu berauben und zu unterdrücken.«[37]

Die Arbeiter beantworteten die Versuche, sie von den Wahlen fernzuhalten, mit einem Gegenvorschlag: Die Abgeordneten in der Paulskirche sollten, wenn sie schon eine Wahlbeschränkung einführen wollten, doch all jene von der Wahl ausschließen, die mehr als 2000 Taler Jahreseinkommen hätten oder fürstliche Pensionen bezögen; denn denen ginge es ja ohnehin so gut, daß ihnen die Staatsverfassung gleichgültig sein könnte. Dagegen hätten selbst die Vagabunden mehr Interesse an der Abänderung schlechter Gesetze.

Durch die Teilnahme am politischen Kampf erkannten viele Arbeiter dessen Bedeutung für die eigene Befreiung. Die gesammelten Erfahrungen brachten sie der Position der »Neuen Rheinischen Zeitung« näher.

Die wachsenden politischen Erfahrungen der Arbeiter und die daraus resultierenden allmählichen Veränderungen in vielen Arbeiterorganisationen hatten auch Auswirkungen auf die Haltung der Leiter der Arbeiterverbrüderung. In einer Reihe von politischen Fragen setzten sich bei den Mitgliedern des Leipziger Zentralkomitees in zunehmendem Maße revolutionär-demokratische Auffassungen durch; in ihrer publizistischen wie in ihrer praktisch-politischen Wirksamkeit trat die politische Seite im Sinne der revolutionären Demokratie mehr hervor. Obgleich »Die Verbrüderung« auch weiterhin soziale Utopien verbreitete, trug das Organ des Zentralkomitees nun stärker dazu bei, ein proletarisches Klassenbewußtsein zu entwickeln und dem spontanen Emanzipationsdrang der Arbeiter eine schon über die bürgerliche Ordnung hinausweisende Richtung zu geben.

Die Leiter der Arbeiterverbrüderung erklärten den Arbeitern, daß zur Verwirklichung sozialer Reformen der politische Kampf geführt und politische Veränderungen erreicht werden müßten. Die Arbeiter müßten, so sagte Stephan Born am 6. März in Leipzig, »zuerst danach streben, in allen Dingen die Herrschaft des ganzen Volkes zu verwirklichen, die Arbeiter müßten Demokraten sein«[38]. Zahlreiche Stellungnahmen der Leiter der Arbeiterverbrüderung waren von der »Neuen Rheinischen Zeitung« beeinflußt. Sie machten sich deren Standpunkt zu eigen, indem sie wichtige Beiträge im Organ der Arbeiterverbrüderung abdruckten. Die Zeitung »Die Verbrüderung« orientierte die Arbeitervereine mehr auf den politischen Kampf. Das blieb nicht ohne Einfluß auf viele Vereine.

So erreichte die Arbeiterbewegung Anfang 1849, trotz weiterbestehender hemmender Faktoren, einen Grad der Reife, der zu der Erwartung berechtigte, daß die in den verschiedenen Teilen Deutschlands unter so verschiedenartigen Bedingungen herangewachsenen Arbeiterorganisationen in einer einheitlichen Organisation zusammengefaßt und zu einer wirklich selbständigen politischen Massenpartei entwickelt werden konnten. Wenngleich die deutsche Arbeiterbewegung auch Anfang 1849 ideologisch und theoretisch stark differenziert war, zeigte sich doch in der letzten Phase der Revolution, daß die Kommunisten, freilich in örtlich und regional unterschiedlichem Maße, relativ großen Einfluß auf sie gewonnen hatten. Die Trennung der fortgeschrittenen Arbeiter von Bourgeoisie und Kleinbürgertum war vorangeschritten.

Marx und Engels hatten auch während ihres organisatorischen Zusammengehens mit den kleinbürgerlichen Demokraten für die politische und ideologische Verselbständigung, für die »Parteibildung des Proletariats«[39] gewirkt, vor allem durch die »Neue Rheinische Zeitung«. Nun stellte sich für die Kommunisten die Frage, ob das weitere organisatorische Zusammengehen mit den Demokraten genügte, damit die Arbeiter den Anforderungen in der neuen Etappe der Revolution gerecht werden konnten, oder ob nicht die Vorbereitung auf die erwarteten Kämpfe die Bildung einer eigenen politischen Arbeiterorganisation besonders dringlich machte. Sie griffen jetzt ihren Plan vom Frühjahr 1848 wieder auf und nahmen unmittelbar Kurs auf die Schaffung einer solchen Organisation, wobei sie an die Bestrebungen in der Arbeiterbewegung selbst anknüpften.

Die Kommunisten förderten seit der Jahrhundertwende verstärkt die Scheidung der unterschiedlichen Bestandteile der demokratischen Bewegung voneinander und die selbständige Formierung der proletarisch-revolutionären Kräfte. Das hieß nicht, daß die Arbeiter das politische Bündnis aller Revolutionäre verlassen sollten; im Gegenteil, der enge Zusammenschluß der Arbeiter war notwendig, um dieses Bündnis zu stärken. Aber die organisatorische Verbindung mit der kleinbürgerlichen Demokratie, die überwiegend die politisch-ideologischen oder organisatorischen Rahmenbe-

Die Hausvogtei (Gerichtsgefängnis) in Berlin. Nach der »Illustrierten Zeitung«, 1848

dingungen für die Teilnahme der deutschen Arbeiter an der Revolution setzte, war zu einem Hemmschuh für die Entfaltung der revolutionären Potenzen des Proletariats geworden. Die Arbeiter mußten diese Bingungen lösen.

Das Ziel: allgemeiner deutscher Arbeiterbund

Die Organisation der Arbeiter kam in den ersten Monaten des Jahres 1849 weiter voran. Zahlreiche neue Vereine schlossen sich an das Zentralkomitee für die deutschen Arbeiter an. Im Königreich Sachsen erhöhte sich die Zahl der Arbeitervereine von 23 im Oktober 1848 auf 52 im Mai 1849; hier gehörten im Frühjahr mindestens 8000 Arbeiter selbständigen allgemeinen Klassenorganisationen an, von denen sich die meisten dem Leipziger Zentralkomitee zuwandten. Freilich überwogen selbst in den fortgeschrittensten dieser Vereine, wie in denjenigen von Chemnitz, Crimmitschau, Dresden, Freiberg, Glauchau, Leipzig und Meißen diffuse Zukunftsvorstellungen.

Regionale Kongresse erweiterten und festigten die Organisation der Arbeiter. Sie erfaßte nun auch süd- und südwestdeutsche Gebiete sowie den Norden. Bereits vom 27. bis 29. Dezember 1848 hatte in Leipzig auf Einladung des Zentralkomitees ein Kongreß von Arbeitervereinen des Königreichs Sachsen, der preußischen Provinz Sachsen, aus Anhalt und Thüringen stattgefunden, in dessen Folge unter anderem in den Industriegebieten des Erzgebirges und des Vogtlandes Zweigvereine entstanden. Ein Kongreß für Südwestdeutschland tagte am 28. und 29. Januar in Heidelberg. Ein Kongreß vom 10. bis 14. Februar in Hamburg, an dem Vertreter von Vereinen aus Bremen, Hamburg, Hannover, Holstein, Lauenburg, Lübeck, Lüneburg, Mecklenburg, Oldenburg teilnahmen, war wichtig für die engere Verknüpfung der Organisationen der norddeutschen Arbeiter. Die »Neue Rheinische Zeitung« hob das Wirken dieses Kongresses, der sich ausführlich auch mit der Frage des Landproletariats beschäftigte, als bedeutsam hervor. Es folgten ein Arbeiterkongreß der sächsisch-thüringischen Staaten mit Delegierten für Altenburg, Eisenberg, Gera, Jena Ronneburg, Schmölln, Stadtroda und Weimar am 11. und 12. Februar in Altenburg, ein Kongreß der württembergischen Arbeitervereine am 4. März in Göppingen und ein bayerischer Arbeiterkongreß vom 2. bis 4. April in Nürnberg. Der bayerische Kongreß forderte die Arbeitervereine auf, in ihren Bereichen Bauernvereine zu gründen und sich mit ihnen zu verbinden.

Von besonderer Bedeutung war der Regionalkongreß in Heidelberg, den der dortige Arbeiterverein einberufen hatte. Auf dem Kongreß waren Vereine aus Baden, der bayerischen Pfalz und Württemberg sowie aus Hessen der Mainzer Arbeiterverein vertreten. Mit der Veranstaltung des süddeutschen Arbeiterkongresses hatte sich der Heidelberger Arbeiterverein die Aufgabe gestellt, die Vertreter des Leipziger Zentralkomitees für Arbeiter und des in Frankfurt (Main) ansässigen Zentralkomitees des »Allgemeinen deutschen Arbeiterkongresses« zusammenzubringen und eine Verbindung der beiden Komitees herzustellen.

An dem Kongreß nahmen auf Einladung des Heidelberger Arbeitervereins die Redakteure der in Darmstadt erscheinenden »Neuen Deutschen Zeitung« Otto Lüning und Joseph Weydemeyer teil. Mit Weydemeyer stand Marx in enger Verbindung. Weydemeyer, ein Mitglied des Bundes der Kommunisten, war ständiger Korrespon-

Aufruf aus der »Verbrüderung«, 13. April 1849

— 223 —

An sämmtliche Cigarrenarbeiter Deutschlands.

Entschieden mißbilligend hat der unterzeichnete Verein es aufgenommen, daß gerade von unserem Gewerk in Berlin eine Zersplitterung ausgeht, die unserem Willen direkt widerspricht. Es sollte im Gegentheil eine jede Arbeiterparthei in einer Zeit, wie die jetzige ist, alle egoistische selbstsüchtige Zwecke und Absichten vergessen und einstimmig zu dem großen Werke der Verbrüderung die Hand bieten. Es sind uns freilich Aufforderungen zum Anschluß an das Centralkomité zugegangen, aber von einem Anschluß der Berliner Assoziation an das Leipziger Centralkomite der Verbrüderung ist darin mit keiner Silbe Erwähnung geschehen. Deshalb geht die Aufforderung des Hamburger Cigarrenarbeitervereins an das Berliner Centralkomité dahin, sich sofort dem Leipziger Centralkomité der Verbrüderung der deutschen Arbeiter anzuschließen und es sich zur Hauptaufgabe zu machen dafür zu sorgen, daß sämmtliche Cigarrenarbeitervereine Deutschlands dieser Verbrüderung beitreten und dieselbe mit allen zu Gebote stehenden Kräften zu fördern und zu stützen.

Außerdem hat es der Hamburger Cigarrenarbeiterverein sehr unwillig aufgenommen, daß vom Berliner Centralkomité in unserer jetzigen Zeit ein eignes Organ für unser Geschäft herausgegeben wird; wenn gleich auch in diesem Blatte die freundliche Aufnahme desselben in einigen Vereinen enthalten ist, so kann der Hamburger Cigarrenarbeiterverein in der Herausgabe des Blattes eben nichts weiter erkennen, als daß dadurch der Zersplitterung die Krone aufgesetzt, daß dadurch der Riß vollkommen wird. Die große Masse Arbeiter unseres Geschäfts in Deutschland wird eben nichts anderes lesen als gerade dies Blatt, was unter anderen Umständen gewiß sehr zweckmäßig wäre, aber jetzt wird dadurch nicht allein das Organ der Verbrüderung zurückgesetzt, sondern dem Werke selbst der größte Schaden bereitet; und wenn wirklich unter den Berliner Cigarrenarbeitern so intelligente Kräfte vorhanden sind, so müssen wir das mit der größten Freude anerkennen, aber um so mehr sind wir berechtigt Euch aufzufordern, eben diese Kräfte dem Werke der Verbrüderung zu weihen.

Und deshalb geht auch in dieser Hinsicht die Aufforderung des Hamburger Cigarrenarbeitervereins an das Berliner Centralkomité dahin, die Herausgabe des Blattes „Concordia" sofort einzustellen und bis auf geeignetere Zeiten zu verschieben.

Sollten aber die Verhältnisse unseres Geschafts in Deutschland es durchaus gebieten, daß ein selbstständiges Organ hierfür erscheint, so muß unserer Ansicht nach, das Blatt „Concordia" in das Organ der Verbrüderung aufgehen. Wir halten uns überzeugt, das Central-Komite in Leipzig werde einem solchen Antrage gewiß mit großer Bereitwilligkeit entgegen kommen, es werde gewiß gern den Raum der Verbrüderung durch einige besondere Spalten für die Anzeigen der Assoziation der Cigarren-Arbeiter Deutschlands vergrößern und nicht zweckmäßiger könnten beide Theile gefördert werden, indem dann der Arbeiter unseres Geschäfts gezwungen wäre, wenn er von seinen Interessen etwas erfahren will, zugleich das Blatt der Verbrüderung zur Hand zu nehmen.

Brüder! solltet Ihr aber von der Ansicht ausgegangen sein, daß gerade unser Geschäft es sei, welches an den meisten Mißbräuchen leidet und daß deren Abhülfe durchaus nicht anders, als durch Erhaltung eines eigenen Centralpunktes zu beschaffen sei, so wird der Hamburger Cigarrenarbeiter-Verein Euch hierin durchaus nicht hindernd in den Weg treten, sondern im Gegentheil nach Kräften unterstützen, nur findet der Verein, daß die Beiträge zur Erhaltung des Centralpunktes unverhältnißmäßig hoch berechnet sind, denn da sich bereits über 60 Vereine angeschlossen haben, so kann und darf der gemeinschaftliche Beitrag zur Erhaltung des Centralpunktes eventuel Honorar des Präsidenten nur sehr gering sein. Denn Brüder, Ihr müßt es nie vergessen, daß es Arbeiter sind, welche diese Beiträge und Aufopferungen von ihrem sauer erworbenen Lohn abkargen müssen und daß es noch viele andere Ausgaben giebt, welche der Arbeiter zu erschwingen hat. Darum Brüder noch einmal fordern wir Euch auf, schließt Euch so wie wir dem Leipziger Centralkomite der Verbrüderung an, sewohl in Worten als in Werken, sowohl mit dem Blatte „Concordia" als auch mit der ganzen Association, dann erst können wir in eine Seperat-Vereinigung mit Euch eingehen, dann hört die Zersplitterung auf und doppelt freudig werden wir den Augenblick der Verbindung mit Euch begrüßen.

Der Hamburger Cigarren-Arbeiter-Verein.
Julius Hincke, Präsident.

Deutsche Zustände.

Ein armer Handwerksbursche kommt nach Bamberg, sein Geld reicht nicht hin, daß er nach Nürnberg fahren könnte; er übergiebt deshalb sein Ränzchen der Eisenbahn und er selbst geht zu Fuß. In Nürnberg angekommen, will er sich seine Effekten abholen, da wird ihm die traurige Nachricht, dieselben seien während der Fahrt durch Funken, welche von der Maschine in den Gepäckwagen geflogen, verbrannt. Der Unglückliche, ein junger Mensch von 18 Jahren, der wohl eben erst seine Wanderschaft

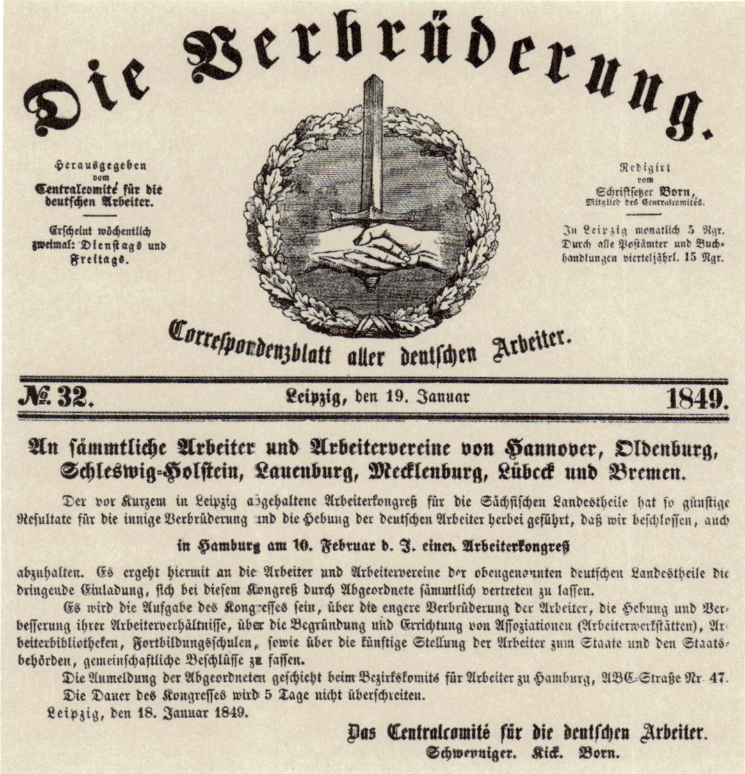

Die Verbrüderung.

Herausgegeben vom Centralcomité für die deutschen Arbeiter.

Erscheint wöchentlich zweimal: Dienstags und Freitags.

Redigirt vom Schriftsetzer Born, Mitglied des Centralcomités.

In Leipzig monatlich 5 Ngr. Durch alle Postämter und Buchhandlungen vierteljährl. 15 Ngr.

Correspondenzblatt aller deutschen Arbeiter.

№ 32. Leipzig, den 19. Januar 1849.

An sämmtliche Arbeiter und Arbeitervereine von Hannover, Oldenburg, Schleswig-Holstein, Lauenburg, Mecklenburg, Lübeck und Bremen.

Der vor Kurzem in Leipzig abgehaltene Arbeiterkongreß für die Sächsischen Landestheile hat so günstige Resultate für die innige Verbrüderung und die Hebung der deutschen Arbeiter herbei geführt, daß wir beschlossen, auch

in Hamburg am 10. Februar d. J. einen Arbeiterkongreß

abzuhalten. Es ergeht hiermit an die Arbeiter und Arbeitervereine der obengenannten deutschen Landestheile die dringende Einladung, sich bei diesem Kongreß durch Abgeordnete sämmtlich vertreten zu lassen.

Es wird die Aufgabe des Kongresses sein, über die engere Verbrüderung der Arbeiter, die Hebung und Verbesserung ihrer Arbeiterverhältnisse, über die Begründung und Errichtung von Assoziationen (Arbeiterwerkstätten), Arbeiterbibliotheken, Fortbildungsschulen, sowie über die künftige Stellung der Arbeiter zum Staate und den Staatsbehörden, gemeinschaftliche Beschlüsse zu fassen.

Die Anmeldung der Abgeordneten geschieht beim Bezirkskomité für Arbeiter zu Hamburg, ABC-Straße Nr. 47.

Die Dauer des Kongresses wird 5 Tage nicht überschreiten.

Leipzig, den 18. Januar 1849.

Das Centralcomité für die deutschen Arbeiter.
Schwenniger. Kick. Born.

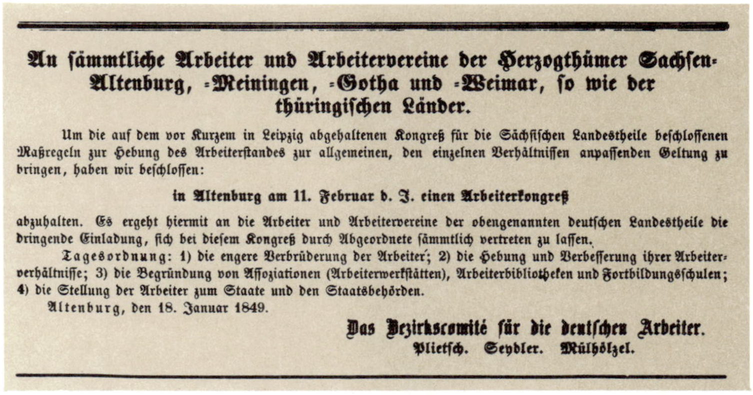

An sämmtliche Arbeiter und Arbeitervereine der Herzogthümer Sachsen-Altenburg, -Meiningen, -Gotha und -Weimar, so wie der thüringischen Länder.

Um die auf dem vor Kurzem in Leipzig abgehaltenen Kongreß für die Sächsischen Landestheile beschlossenen Maßregeln zur Hebung des Arbeiterstandes zur allgemeinen, den einzelnen Verhältnissen anpassenden Geltung zu bringen, haben wir beschlossen:

in Altenburg am 11. Februar d. J. einen Arbeiterkongreß

abzuhalten. Es ergeht hiermit an die Arbeiter und Arbeitervereine der obengenannten deutschen Landestheile die dringende Einladung, sich bei diesem Kongreß durch Abgeordnete sämmtlich vertreten zu lassen.

Tagesordnung: 1) die engere Verbrüderung der Arbeiter; 2) die Hebung und Verbesserung ihrer Arbeiterverhältnisse; 3) die Begründung von Assoziationen (Arbeiterwerkstätten), Arbeiterbibliotheken und Fortbildungsschulen; 4) die Stellung der Arbeiter zum Staate und den Staatsbehörden.

Altenburg, den 18. Januar 1849.

Das Bezirkscomité für die deutschen Arbeiter.
Plietsch. Seydler. Mülhölzel.

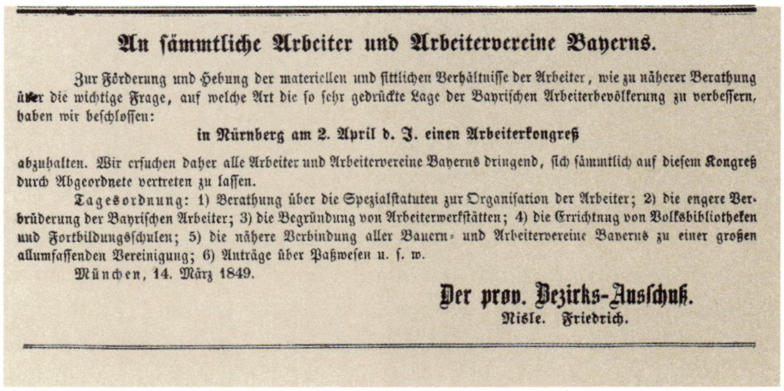

An sämmtliche Arbeiter und Arbeitervereine Bayerns.

Zur Förderung und Hebung der materiellen und sittlichen Verhältnisse der Arbeiter, wie zu näherer Berathung über die wichtige Frage, auf welche Art die so sehr gedrückte Lage der Bayrischen Arbeiterbevölkerung zu verbessern, haben wir beschlossen:

in Nürnberg am 2. April d. J. einen Arbeiterkongreß

abzuhalten. Wir ersuchen daher alle Arbeiter und Arbeitervereine Bayerns dringend, sich sämmtlich auf diesem Kongreß durch Abgeordnete vertreten zu lassen.

Tagesordnung: 1) Berathung über die Spezialstatuten zur Organisation der Arbeiter; 2) die engere Verbrüderung der Bayrischen Arbeiter; 3) die Begründung von Arbeiterwerkstätten; 4) die Errichtung von Volksbibliotheken und Fortbildungsschulen; 5) die nähere Verbindung aller Bauern- und Arbeitervereine Bayerns zu einer großen allumfassenden Vereinigung; 6) Anträge über Paßwesen u. s. w.

München, 14. März 1849.

Der prov. Bezirks-Ausschuß.
Nisle. Friedrich.

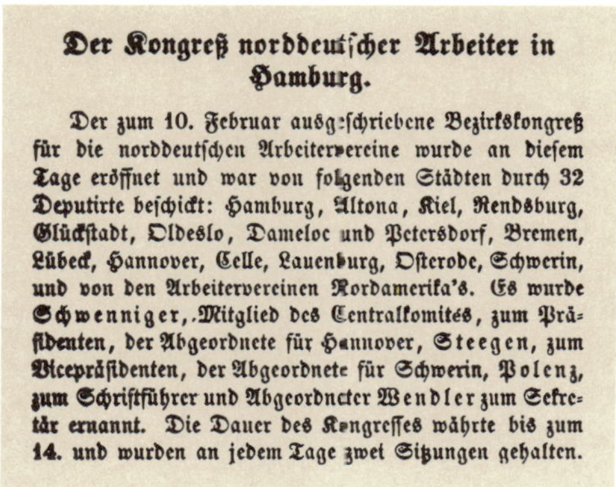

Der Kongreß norddeutscher Arbeiter in Hamburg.

Der zum 10. Februar ausgeschriebene Bezirkskongreß für die norddeutschen Arbeitervereine wurde an diesem Tage eröffnet und war von folgenden Städten durch 32 Deputirte beschickt: Hamburg, Altona, Kiel, Rendsburg, Glückstadt, Oldeslo, Dameloc und Petersdorf, Bremen, Lübeck, Hannover, Celle, Lauenburg, Osterode, Schwerin, und von den Arbeitervereinen Nordamerika's. Es wurde Schwenniger, Mitglied des Centralkomités, zum Präsidenten, der Abgeordnete für Hannover, Steegen, zum Vicepräsidenten, der Abgeordnete für Schwerin, Polenz, zum Schriftführer und Abgeordneter Wendler zum Sekretär ernannt. Die Dauer des Kongresses währte bis zum 14. und wurden an jedem Tage zwei Sitzungen gehalten.

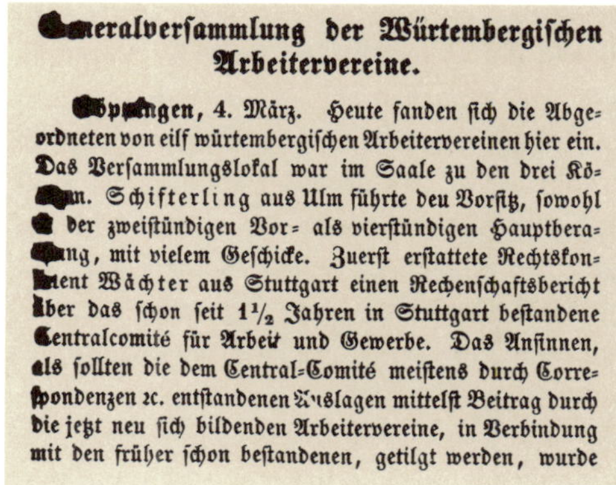

Generalversammlung der Würtembergischen Arbeitervereine.

Göppingen, 4. März. Heute fanden sich die Abgeordneten von eilf würtembergischen Arbeitervereinen hier ein. Das Versammlungslokal war im Saale zu den drei Königen. Schifterling aus Ulm führte deu Vorsitz, sowohl bei der zweistündigen Vor- als vierstündigen Hauptberathung, mit vielem Geschicke. Zuerst erstattete Rechtskonsulent Wächter aus Stuttgart einen Rechenschaftsbericht über das schon seit 1½ Jahren in Stuttgart bestandene Centralcomité für Arbeit und Gewerbe. Das Ansinnen, als sollten die dem Central-Comité meistens durch Correspondenzen &c. entstandenen Auslagen mittelst Beitrag durch die jetzt neu sich bildenden Arbeitervereine, in Verbindung mit den früher schon bestandenen, getilgt werden, wurde

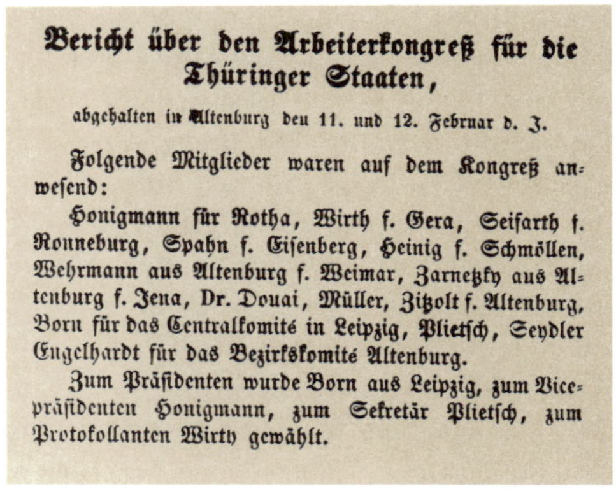

Bericht über den Arbeiterkongreß für die Thüringer Staaten,

abgehalten in Altenburg den 11. und 12. Februar d. J.

Folgende Mitglieder waren auf dem Kongreß anwesend:

Honigmann für Rotha, Wirth f. Gera, Seifarth f. Ronneburg, Spahn f. Eisenberg, Heinig f. Schmöllen, Wehrmann aus Altenburg f. Weimar, Zarnetzky aus Altenburg f. Jena, Dr. Douai, Müller, Zitzolt f. Altenburg, Born für das Centralkomité in Leipzig, Plietsch, Seydler Engelhardt für das Bezirkskomité Altenburg.

Zum Präsidenten wurde Born aus Leipzig, zum Vicepräsidenten Honigmann, zum Sekretär Plietsch, zum Protokollanten Wirth gewählt.

Meldungen über Arbeiterkongresse aus der »Verbrüderung«, Januar bis April 1849

dent der »Neuen Rheinischen Zeitung«. Von dem Kongreß erwartete er, wie er an Karl Marx schrieb, die Entscheidung, ob die süddeutschen Arbeiter, deren Vereine zwar politisch außerordentlich aktiv wirkten, aber zum Teil sozialreaktionären kleinbürgerlichen Auffassungen anhingen, »ganz und gar vom alten Zunftdreck lassen und sich der revolutionären Entwicklung anschließen werden«[40]. Außer Weydemeyer war von bekannten Mitgliedern des Bundes Gottfried Stumpf anwesend, einer der Leiter des Mainzer Arbeitervereins, der bei dem kommunistischen Versuch einer Zentralisierung der deutschen Arbeitervereine im Frühjahr 1848 eine wichtige Rolle gespielt hatte. Das Leipziger Zentralkomitee hatte Georg Kick und Stephan Born entsandt. Anwesend war auch der Philosoph Ludwig Feuerbach.

Der theoretische Kopf des Frankfurter Komitees, Karl Georg Winkelblech, erläuterte in Heidelberg sein »Föderativsystem«. Der von Weydemeyer verfaßte Bericht der »Neuen Rheinischen Zeitung« über den Kongreß enthielt eine ausführliche Kritik des Winkelblechschen »Systems zur Restauration des Kleinbürgertums«. In ihm wurde Winkelblech charakterisiert als »der doktrinäre Vertreter unseres süddeutschen Kleinbürgertums«. Er gab »eine historische Darstellung der industriellen Entwicklung, wie er sie eigens für das Kleinbürgertum zurechtgemacht hatte«. Winkelblechs System sah vor, die großen Kapitalien wieder zu zerschlagen und für jedes Handwerk genau zu bestimmen, wie groß die darin verwendete Summe sein und wo Maschinen angewendet werden dürften und wo nicht. Die großen Kapitalisten sollten nur ein Handwerk betreiben dürfen, ihr Kapital sollte ihnen durch Banken entrissen werden. Bissig hieß es in der »Neuen Rheinischen Zeitung«: »Herr Rothschild mag sich hüten, er findet in dem Kasseler Professor einen gefährlicheren Feind als in den Kommunisten.« Winkelblech erlitt auf dem Kongreß mit seiner zünftlerisch-reaktionären Konzeption eine Niederlage. Ihm gegenüber vertrat Stephan Born, der für das Leipziger Zentralkomitee sprach, »die revolutionären Arbeiter, welche die große Industrie nicht vernichten, sondern für sich ausbeuten wollen«.[41]

Auf dem Kongreß im Heidelberger Rathaus wurde die Zusammenlegung der beiden Zentralkomitees der Arbeiter zu einem einzigen mit Sitz in Leipzig beschlossen. Die vertretenen Vereine erklärten ihren Anschluß und bestimmten die »Verbrüde-

Heidelberg um 1848. Zeitgenössische Darstellung

rung« zu ihrem Organ. Der Tischlergeselle J. Müller aus Heidelberg, vorher Mitglied des Frankfurter Komitees — er fiel im Juni 1849 im badisch-pfälzischen Aufstand —, wurde in das Leipziger Zentralkomitee gewählt. Die übrigen Mitglieder des Frankfurter Ausschusses weigerten sich dann aber, wie schon in Herbst 1848, ihre zünftlerisch orientierte Sonderorganisation aufzugeben. Der Heidelberger Arbeiterbildungsverein bemühte sich nach dem Kongreß als Bezirksvorstand der Arbeitervereine Badens um den Anschluß der badischen Vereine an das Zentralkomitee.

Der Heidelberger Kongreß beschloß die Gründung eines »allgemeinen deutschen Arbeiterbundes«. Die Konstituierung sollte Pfingsten 1849 auf einem allgemeinen deutschen Arbeiterkongreß in Leipzig erfolgen und die Tagung am 27. Mai beginnen. Das Leipziger Zentralkomitee erhielt den Auftrag, bis dahin die Organisierung des Bundes mit allen Kräften zu betreiben. Der Kongreß sollte über Programm und Organisationsstatut des Arbeiterbundes entscheiden.

Auf dem Heidelberger Kongreß wurden Diskussionen über die programmatischen Grundlagen der künftigen Arbeiterorganisation geführt, in denen die kommunistischen Auffassungen sich aber noch nicht durchzusetzen vermochten. Die Kommunisten konnten jedoch verhindern, daß eine Festlegung auf die Beschlüsse der Arbeiterverbrüderung vom September 1848 oder auf irgendwelche kleinbürgerlichen Prinzipien erfolgte. Es wurde beschlossen, daß erst der Gründungskongreß des allgemeinen deutschen Arbeiterbundes ein neues Programm verabschieden sollte: »*Die Einigung* über ein soziales Glaubensbekenntnis wird dem nächsten *allgemeinen* Arbeiter-Kongreß vorbehalten.«[42] Der Aufschub wurde damit begründet, daß der Versuch, jetzt ein Programm aufzustellen, nur zu Zwiespalt und Irrungen führen würde. Durch diese abwartende Haltung in programmatischen Fragen war nichts geschehen, was Marx und seinen Kampfgenossen in Köln den Weg zum Zusammenschluß mit den anderen Arbeiterorganisationen hätte verbauen können. Es war Zeit gewonnen, um bis zu dem allgemeinen Arbeiterkongreß die kommunistischen Ideen in den deutschen Arbeiterorganisationen zu verbreiten und den Prozeß des politischen und ideologischen Reifens in ihnen zu fördern.

Wie in der Frage des Programms verfuhr der Heidelberger Kongreß in der Organisationsfrage. Über ein neues Organisationsstatut wurde diskutiert, seine Abfassung aber ebenfalls aufgeschoben; der Kongreß erklärte, dem allgemeinen deutschen Arbeiterkongreß nicht vorgreifen zu wollen. Für die Organisation der auf dem Kongreß vertretenen Vereine wurden kurzgefaßte provisorische Bestimmungen angenommen, die eine Absage an das alte Organisationsprinzip der Arbeiterverbrüderung bedeuteten. Im September 1848 war die Arbeiterverbrüderung als eine ihrem Aufbau nach gewerkschaftliche Vereinigung der Arbeiter entstanden. Das vom Gründungskongreß beschlossene »Statut für die Organisation der Arbeiter« hatte den Zusammenschluß der Berufsvereinigungen der jeweiligen Orte zu Lokalkomitees zur Grundlage, in denen die Gewerke, entsprechend der Zahl ihrer Mitglieder, vertreten sein sollten. Dieses Organisationsschema war allerdings in der Praxis nicht eingehalten worden, weil zahlreiche Organisationen, die sich dem Leipziger Zentralkomitee angeschlossen hatten, nicht nach Gewerken aufgebaut waren. Aber noch Ende Dezember 1848 hatte der Kongreß sächsischer Arbeitervereine ein vom Zentralkomitee vorgelegtes Statut beschlossen, das ganz auf dem berufsständischen Vertretungsprinzip beruhte.

Um so gewichtiger waren die einen Monat später getroffenen Festlegungen des Heidelberger Kongresses, die deutlich von kommunistischer Mitwirkung zeugten. An jedem Ort sollte ein einheitlicher Arbeiterverein für alle Arbeiter gebildet werden, unabhängig von ihrer Berufszugehörigkeit. Die Idee einer Organisation allein nach Gewerken und einer bloßen Zusammenfassung der Vertreter der Gewerke in Lokalkomitees wurde fallengelassen. Als Hauptaufgabe der Arbeitervereine wurde formuliert, daß in ihnen die Arbeiter in regelmäßigen Versammlungen »durch Vorträge, Diskussionen sowohl die allgemeine Bildung sich zu verschaffen suchen als auch besonders in politischer und sozialer Beziehung sich über ihre Stellung, ihre Forderungen und ihre Zukunft klarwerden«[43]. Eine besondere Organisation nach einzelnen Gewerken sollte dort erfolgen, wo die Arbeiter es für zweckmäßig hielten; die Gewerke sollten dann als selbständige Glieder des Vereins ihre materiellen Interessen beraten und mit Hilfe des Gesamtvereins geltend machen. Diese Organisationsbestimmungen waren ein Versuch, die bestehenden politischen und gewerkschaftlichen Formen des Zusammenschlusses der Arbeiter in einer einheitlichen Organisation zu kombinieren.

Die Ergebnisse des Heidelberger Kongresses veranlaßten das Leipziger Zentralkomitee in einem Appell an sämtliche Arbeiter und Arbeitervereine zu der Feststellung, nun seien Deutschlands Arbeiter einig in der Verfolgung ihres gemeinsamen Ziels, der sozialen und politischen Freiheit.

Nach dem Heidelberger Kongreß trafen die Kölner Kommunisten mit Stephan Born zusammen. Anfang Februar fuhr Born nach Köln, wo er bei der Familie Marx wohnte. Bei diesem Aufenthalt trafen die Redakteure der »Neuen Rheinischen Zeitung«

mit Born Absprachen hinsichtlich des Leipziger Arbeiterkongresses.
Im Zusammenhang mit den allgemeinen Bestrebungen zur Verselbständigung der Arbeiter stand auch eine illegale Reise, die Joseph Moll von November 1848 bis zum Frühjahr 1849 im Auftrage der Zentralbehörde des Bundes der Kommunisten durch verschiedene deutsche Staaten unternahm. Nach den Septemberereignissen in Köln, als außer Marx alle anderen Mitglieder der Zentralbehörde eingekerkert wurden oder aus Deutschland fliehen mußten, hatte sich in London eine neue Zentralbehörde konstituiert, der Heinrich Bauer, Johann Georg Eccarius und der aus Köln geflüchtete Joseph Moll angehörten. Als ihr Emissär suchte Moll nacheinander Hamburg, Schwerin, Bielefeld, Köln, Berlin, Leipzig, München, Ulm und Stuttgart auf.
Moll betrieb die Reorganisation des Bundes als geheime Organisation, und zwar auf der Grundlage neuer Statuten, die Ende 1848 in London verfaßt worden waren. Sie beruhten auf den vom zweiten Kongreß des Bundes im Dezember 1847 angenommenen, enthielten jedoch einige wesentliche Abänderungen. Um sie den Bedingungen der bürgerlich-demokratischen Revolution in Deutschland anzupassen, war auf die Prinzipienerklärung des ersten Artikels, die Formulierung des Endziels der Kommunisten — Sturz der Bourgeoisie, Errichtung der Herrschaft des Proletariats, Gründung einer neuen Gesellschaft ohne Klassen und ohne Privateigentum — verzichtet worden. Statt dessen erklärte der Artikel zum Endziel des Bundes, was nur ein strategisches Teilziel war: die Einführung einer einigen, unteilbaren sozialen Republik. Andere Artikel hätten den Bund wieder auf Organisationsformen und Methoden hingelenkt, die bei der Gründung des Bundes der Kommunisten gerade überwunden worden waren, wie die Bestimmung über die Bestrafung von Verrat mit dem Tode. Beim Besuch Molls in Köln Anfang 1848 lehnten Marx, Engels und andere in einer Beratung im Redaktionslokal der »Neuen Rheinischen Zeitung« diese Statuten ab.
In einigen Städten führte Molls Reise zur Wiederbelebung der Bundestätigkeit. Moll gewann auch neue Mitglieder für den Bund. Insgesamt blieb seine Mission jedoch ohne größeren Erfolg.
Die Aktivitäten der Londoner Zentralbehörde zur Wiederherstellung einer Geheimorganisation entsprachen nicht den Bedingungen, unter denen die deutsche Arbeiterbewegung in diesen Monaten noch wirken konnte. In den meisten deutschen Gebieten bestand weiterhin die Möglichkeit öffentlicher politischer Betätigung. Doch galt Molls Reise außer den inneren Bundesangelegenheiten auch dem Ziel, den Einfluß von Bundesmitgliedern auf die Arbeiterverbrüderung zu stärken. Moll förderte auf diese Weise die Bestrebungen, eine revolutionäre öffentliche Massenorganisation der deutschen Arbeiterklasse zu schaffen. Er nahm in verschiedenen Städten Verbindungen zu Funktionären legaler Arbeiterorganisationen auf und initiierte die Herstellung engerer Beziehungen zwischen den Arbeitervereinen. Anfang 1849 verhandelte er in Leipzig mit dem Zentralkomitee für die deutschen Arbeiter.
Bis zum Frühjahr 1849 verbanden sich die meisten deutschen Arbeitervereine mit dem Zentralkomitee in Leipzig. Die Kommunisten um Marx und Engels unterstützten die Verbindung der Vereine mit Leipzig. Sie sahen jetzt in dem Anschluß von einzelnen Arbeitervereinen und regionalen Arbeiterorganisationen an das Leipziger Zentralkomitee ein notwendiges Durchgangsstadium zur Begründung einer umfassenden politischen Arbeiterorganisation.

Köln um 1848. Zeitgenössische Darstellung

Die Kommunisten sammeln die Arbeitervereine

Auch die Arbeitervereine der Rheinprovinz nahmen an der Vorbereitung des Leipziger Arbeiterkongresses teil. Der Kölner Arbeiterverein spielte eine herausragende Rolle: Seine Wirksamkeit war eine Bedingung für die Verwirklichung der Pläne von Marx und Engels. An der Seite des Kölner Arbeitervereins leiteten die »Neue Rheinische Zeitung« und die »Neue Kölnische Zeitung« die Sammlung der Arbeitervereine der Rheinprovinz und Westfalens ein und bereiteten ihren engeren Zusammenschluß als ein Glied der angestrebten Organisation der deutschen Arbeiter vor.
Der Kölner Arbeiterverein hatte ein hohes Maß politischer und ideologischer Selbständigkeit erreicht. Unter dem Einfluß und der Leitung von Marx, Engels und ihren Freunden war er zum Beispiel für eine selbständige politische Arbeiterorganisation, wenn auch noch im lokalen Rahmen, geworden. Er war die organisatorische Massenbasis des Zentrums der deutschen Kommunisten und sollte ihnen helfen, ihre Ansichten in der zu schaffenden umfassenden Arbeiterorganisation, in dem, wie sie auch sagten, »allgemeinen Verband sozial-demokratischer Arbeitervereine«[44], durchzusetzen.
Auf der Generalversammlung des Kölner Arbeitervereins am 4. Februar wurde erklärt, daß jetzt die Notwendigkeit bestünde, in ganz Deutschland eine große organisierte Partei der Arbeiter zu schaffen. Auch die Reorganisation des Kölner Arbeitervereins im Februar und März 1849 war wichtig für die Verwirklichung des Plans einer selbständigen deutschen Arbeiterorganisation.
Ab Mitte März forderten die »Neue Rheini-

№ 13 1849.

Freiheit, Brüderlichkeit, Arbeit.

Diese Zeitung erscheint wöchentlich 2 Mal, Sonntag und Donnerstag. Man abonnirt bei allen Postämtern. — Preis vierteljährig 10 Silbergroschen.

Die Redaction ist Kostgasse Nr. 18.

Einzelne Nummern à 4 Pfennige sind zu haben bei Simon im Kranz, Legemann in der Follerstraße, Mergeler unter der Lachen, Herschel im Sternchen an Kunibert und Christian Ebeler Peterspfuhl Nro. 30.

Einrückungsgebühren werden mit 6 Pfennigen die Zeile bezahlt.

Organ des Arbeiter-Vereins.

Köln, Donnerstag den 22. März

Wär's möglich!?

Motto.
Wenn Extreme sich berühren, so gerathen sie mit einander in Kampf.

(Schluß.)

Streift den heute einmal ab, und wenn Ihr Euch in dieser Beziehung auch ein bischen Gewalt anthun müsset! — Bedenket, daß in außerordentlichen Fällen, auch nur außerordentliche Maaßregeln angewendet werden mussen! — Vertraut auch nicht zu sehr der Macht der Bajonette, die etwa der nackten Brust der hungernden Arbeiter ent egen gehalten werden konnten; das wäre ein sehr schlechtes (ein unmenschliches) Vertrauen. Vielleicht habt Ihr auch „gerüchtweise" zufällig einmal gehört: „der Hunger sei das schärfste Schwert!" — Dem ist wirklich so! — Wir können dies in der That bestätigen! und Ihr möchtet am Ende doch wohl nicht den Muth haben, die Verantwortung auf Euch laden zu wollen, „es auf eine Probe ankommen zu lassen." deren tragischer Ausgang, in einem solchen Kampfe, Euch ebenso leicht dem Untergange weihen kann, als Ihr die Tausende von Unglücklichen dem schrecklichsten Elende Preis gebet! —

Wir erscheinen deshalb heute als Parlamentair vor Euch, indem wir uns unter die Standarte der Menschlichkeit stellen! —

Versteht unsere Parole recht! — sie lautet in gut deutscher Mundart: „Ueberfluß und Mangel", und darin liegt das Extrem!

Zum Schlusse noch diesen wohlgemeinten, guten Rath:

Sparet Euch, Ihr Reichen und wohlhäbigen Besitzenden, täglich nur ein Gericht an Eurer vollen Tafel ab, wenn Ihr, was wir eben so sehr bezweifeln, nicht anders könnet, und erwählet redliche Männer, denen Ihr diese täglichen Ersparnisse, die doch leichtlich für jeden Haushalt unter Euch, mehr oder weniger „Zehn Silbergroschen" ausmachen werden, überantwortet, und die es sich zur gewissenhaftesten Pflicht machen, durch Anschaffung resp. Ueberweisung von Lebensmitteln und Geldunterstützungen etc. aus diesen Fonds, an die Hülfsbedürftigen, unbeschäftigten Handwerker und brodlosen Arbeiter hiesiger Stadt, dem allgemeinen Unglücke dieser Armen so viel als möglich zu steuern!

Erste Seite des Organs des Kölner Arbeitervereins, 22. März 1849

Arbeiter-Verein.

Versammlung im Eiser-(Dickopf'schen) Saale. Montag den 23. Apr 1849. Abends 8 Uhr.

Tagesordnung:
1) Bekanntmachung der Comite-Beschlüsse.
2) Vortrag über Tages-Politik.
3) Interesse des Vereins.
4) Besprechung der Arbeiter-Associationen.
5) Besprechung des Manteuffel'schen Entwurfs einer Gemeindeordnung.

Eintrittspreis für Nicht-Mitglieder ein Silbergroschen. Damen frei.
Das Comite.

Die Filial-Clubs des Arbeiter-Vereins

halten ihre Sitzungen:
Nr. 1., bei **Simons** im Kranz, jeden Sonntag 8 Uhr.
" 2., bei **Legemann**, Follerstraße, Mittwochs und Samstags 8 Uhr.
" 3., bei **Herschel**, an St. Cunibert, Sonntags 8 Uhr.
" 4., bei **Dahlhausen**, Rothenberg Nr. 7, Sonntags 7 Uhr.
" 5., bei **Castelli**, Biberstraßen-Ecke, Donnerstags und Samstags 8 Uhr.
" 6., bei **Pfahl** am alten Thurm, Donnerstags und Sonntags 8 Uhr.
" 7., bei **Esch**, Cäcilienstraße, Donnerstags 8 Uhr.
" 8., bei **Faßbender**, am Griechenthor Nr. 89, Sonntags 8 Uhr.
" 9., bei **Hühnerscheidt**, Plankgasse, Mittwochs 8 Uhr.

Für jede Haushaltung unentbehrlich.

Ein Pulver, womit man Gold, Silber, Messing, Zinn, Stahl, Eisen etc. den prachtvollsten Glanz geben, und in einer Stunde mehr wie sonst in einem Tage ausrichten kann. Das Packet à 2 Sgr., bei J. P. Hospelt, Höhle 35.

Anzeigen aus der »Neuen Rheinischen Zeitung«, 22. April 1849 (Beilage)

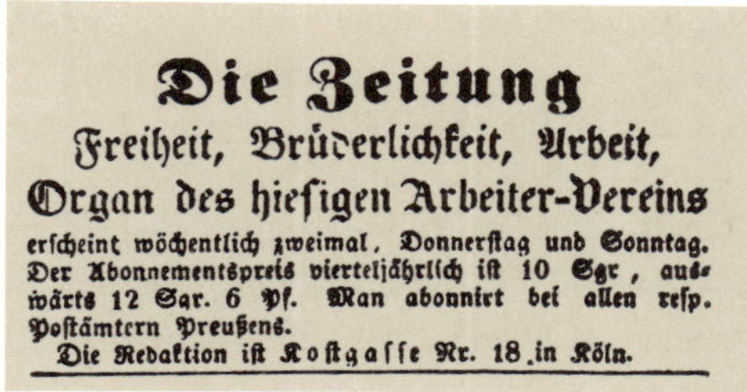

Die Zeitung

Freiheit, Brüderlichkeit, Arbeit,
Organ des hiesigen Arbeiter-Vereins
erscheint wöchentlich zweimal, Donnerstag und Sonntag.
Der Abonnementspreis vierteljährlich ist 10 Sgr., auswärts 12 Sgr. 6 Pf. Man abonnirt bei allen resp. Postämtern Preußens.
Die Redaktion ist Kostgasse Nr. 18 in Köln.

Anzeige aus der »Neuen Rheinischen Zeitung«, 4. April 1849

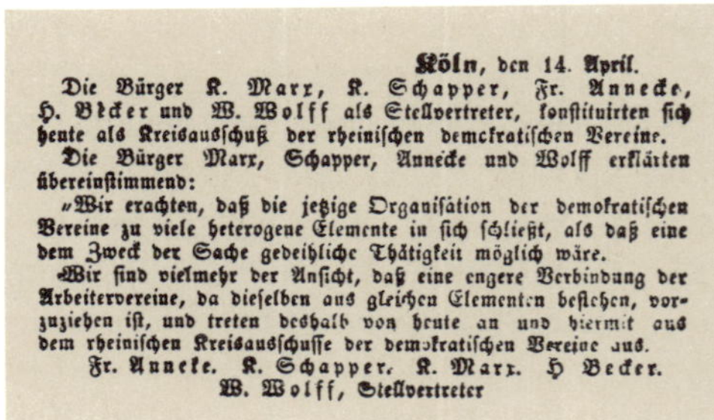

Köln, den 14. April.

Die Bürger K. Marx, K. Schapper, Fr. Anneke, H. Becker und W. Wolff als Stellvertreter, konstituirten sich heute als Kreisausschuß der rheinischen demokratischen Vereine.

Die Bürger Marx, Schapper, Anneke und Wolff erklärten übereinstimmend:

„Wir erachten, daß die jetzige Organisation der demokratischen Vereine zu viele heterogene Elemente in sich schließt, als daß eine dem Zweck der Sache gedeihliche Thätigkeit möglich wäre.

Wir sind vielmehr der Ansicht, daß eine engere Verbindung der Arbeitervereine, da dieselben aus gleichen Elementen bestehen, vorzuziehen ist, und treten deshalb von heute an und hiermit aus dem rheinischen Kreisausschusse der demokratischen Vereine aus.

Fr. Anneke. K. Schapper. K. Marx. H. Becker.
W. Wolff, Stellvertreter

Erklärung von Karl Marx, Karl Schapper, Fritz Anneke und Wilhelm Wolff vom 14. April 1849 über ihren Austritt aus dem Kreisausschuß der rheinischen demokratischen Vereine. Aus der »Neuen Rheinischen Zeitung«, 15. April 1849, Zweite Ausgabe

sche Zeitung« und die »Neue Kölnische Zeitung« die demokratischen Vereine der Rheinprovinz auf, ihre Adressen an beide Zeitungen einzusenden. Mit der Adressensammlung sollte sondiert werden, welche Vereine in die künftige selbständige Arbeiterorganisation einbezogen werden könnten.

Zahlreiche Arbeitervereine begannen sich stärker von den demokratischen Vereinen abzugrenzen. Das geschah auch durch Umbenennung. Manche Vereine legten den Namen Demokratischer Verein ab und nannten sich nun Arbeiterverein. Sie wollten zeigen, wie ein solcher Verein erklärte, daß sie »nicht allein die Demokratie verbreiten«, sondern auch die besonderen Arbeiterinteressen vertreten wollten.[45]

Am 11. April forderte der Kölner Arbeiterverein die Arbeitervereine der Rheinprovinz zum regionalen Zusammenschluß auf: »Das Komitee des Arbeitervereins zu Köln, überzeugt von der Fruchtlosigkeit des Bemühens, alles das, was sich unter dem weitschichtigen Namen der Demokratie verbirgt, unter einen Hut zu bringen, und durchdrungen von der Notwendigkeit, eine enge Verbrüderung der ganzen arbeitenden Klasse, die nur ein und dasselbe Interesse hat, herbeizuführen, ladet alle Arbeitervereine der preußischen Rheinprovinz ein, um eine solche Verbrüderung einleiten zu können, ihre Adresse an die Redaktion der ›Neuen Kölnischen Zeitung‹ einzuschikken.«[46] Drei Tage später traten die Kommunisten aus dem rheinischen demokratischen Kreisausschuß aus.

Eine Generalversammlung des Arbeitervereins entschied am 16. April, »aus dem Verbande der demokratischen Vereine Deutschlands auszutreten und sich dagegen dem Verband der deutschen Arbeitervereine, deren Zentralausschuß sich in Leipzig befindet, anzuschließen«[47]. Vor dem allgemeinen Arbeiterkongreß in Leipzig sollte in Köln ein Provinzialkongreß der Arbeitervereine der Rheinprovinz und Westfalens stattfinden.

Der Kölner Arbeiterverein konstituierte sich zum organisatorischen Zentrum der Arbeitervereine der Rheinprovinz und

Westfalens. Die Zeitung des Vereins wurde zum Organ der ganzen Arbeiterpartei der Rheinprovinz und Westfalens bestimmt. Das Vereinskomitee berief am 17. April Karl Marx, Wilhelm Wolff und die Komiteemitglieder Karl Schapper, Friedrich Anneke, Christian Josef Esser und Karl Wunibald Otto zum provisorischen Zentralausschuß der rheinisch-westfälischen Arbeitervereine und betraute sie mit der Vorbereitung des Provinzialkongresses.
Der provisorische Zentralausschuß lud am 24. April sämtliche Arbeitervereine der Rheinprovinz und Westfalens und alle anderen Vereine, die, »ohne bisher diesen Namen zu führen, doch *den Grundsätzen der sozialen Demokratie mit Entschiedenheit anhängen*« [48], für den 6. Mai zum Kongreß nach Köln ein. Er motivierte die Notwendigkeit der organisatorischen Trennung von den demokratischen Vereinen mit den Worten, von einem gemeinsamen Verband sei für die Interessen der arbeitenden Klasse oder der großen Masse des Volkes wenig Ersprießliches zu erwarten, desto dringender sei ein festes Aneinanderschließen, ein kräftiges Zusammenwirken aller Arbeitervereine. An die Vereine erging die Aufforderung, ihre Mitteilungen an den Präsidenten des Kölner Arbeitervereins zu senden. Als Adresse wurde der Sitz der Redaktion der »Neuen Rheinischen Zeitung« angegeben. Somit liefen alle Fäden, die vom Kölner Arbeiterverein nach der Einberufung des Provinzialkongresses über Köln hinaus geknüpft wurden, in den Redaktionsräumen des Parteiorgans der deutschen Kommunisten zusammen.
Parallel mit den Vorbereitungen zum organisatorischen Zusammenschluß der Arbei-

Titelseite der »Neuen Kölnischen Zeitung für Bürger, Bauern und Soldaten« mit der Einladung zum rheinisch-westfälischen Arbeiterkongreß am 6. Mai 1849, 26. April 1849

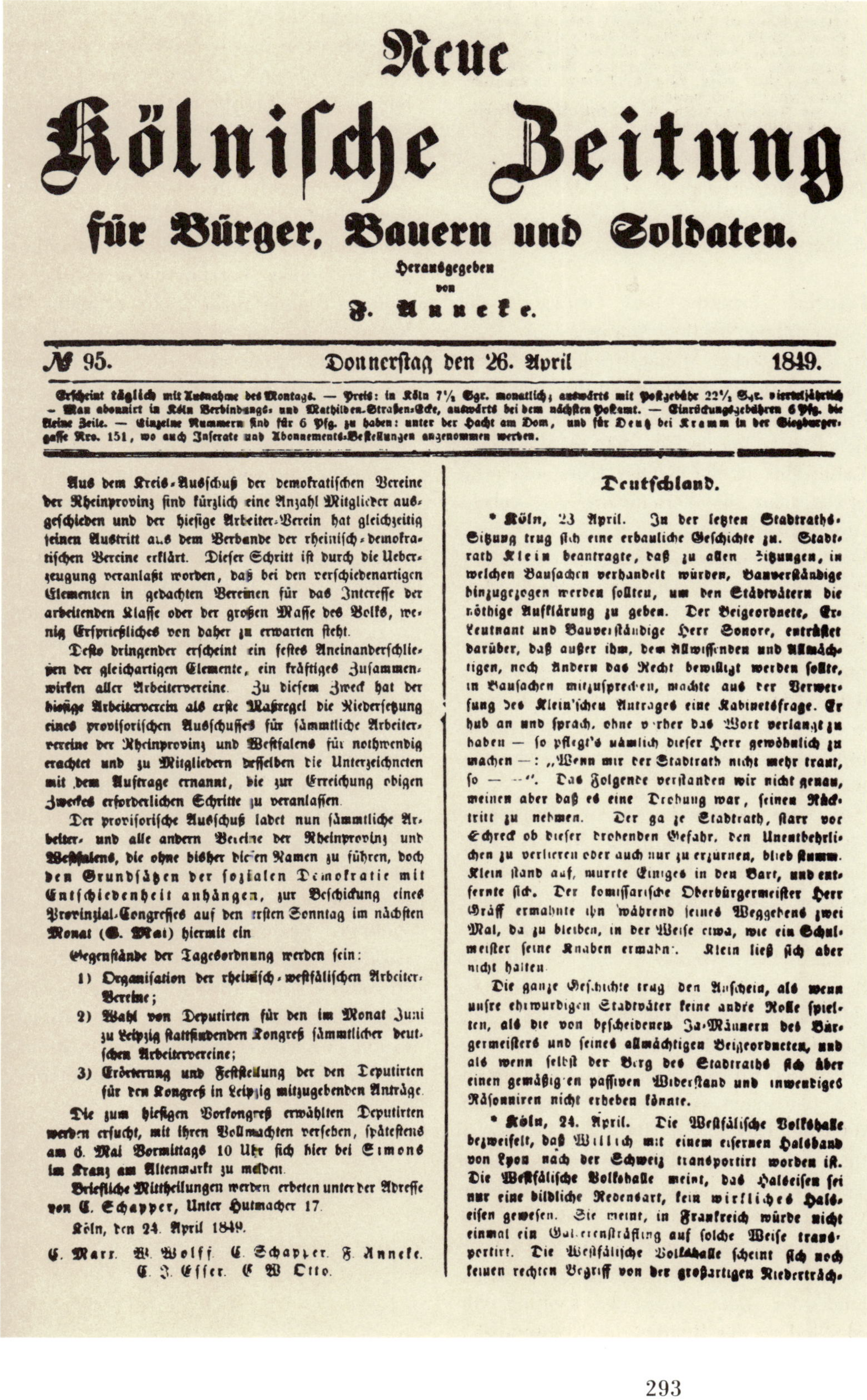

Neue Kölnische Zeitung
für Bürger, Bauern und Soldaten.

Herausgegeben von F. Anneke.

№ 95. Donnerstag den 26. April 1849.

Erscheint täglich mit Ausnahme des Montags. — Preis: in Köln 7½ Sgr. monatlich; auswärts mit Postgebühr 22½ Sgr. vierteljährlich. — Man abonnirt in Köln Verbindungs- und Mathilden-Straßen-Ecke, auswärts bei dem nächsten Postamt. — Einrückungsgebühren 6 Pfg. die kleine Zeile. — Einzelne Nummern sind für 6 Pfg. zu haben: unter der Hacht am Dom, und für Deutz bei Kramm in der Siegburger-gasse Nro. 151, wo auch Inserate und Abonnements-Bestellungen angenommen werden.

Aus dem Kreis-Ausschuß der demokratischen Vereine der Rheinprovinz sind kürzlich eine Anzahl Mitglieder ausgeschieden und der hiesige Arbeiter-Verein hat gleichzeitig seinen Austritt aus dem Verbande der rheinisch-demokratischen Vereine erklärt. Dieser Schritt ist durch die Ueberzeugung veranlaßt worden, daß bei den verschiedenartigen Elementen in gedachten Vereinen für das Interesse der arbeitenden Klasse oder der großen Masse des Volks, wenig Ersprießliches von daher zu erwarten steht.

Desto dringender erscheint ein festes Aneinanderschließen der gleichartigen Elemente, ein kräftiges Zusammenwirken aller Arbeitervereine. Zu diesem Zweck hat der hiesige Arbeiterverein als erste Maßregel die Niedersetzung eines provisorischen Ausschusses für sämmtliche Arbeitervereine der Rheinprovinz und Westfalens für nothwendig erachtet und zu Mitgliedern desselben die Unterzeichneten mit dem Auftrage ernannt, die zur Erreichung obigen Zweckes erforderlichen Schritte zu veranlassen.

Der provisorische Ausschuß ladet nun sämmtliche Arbeiter- und alle andern Vereine der Rheinprovinz und Westfalens, die ohne bisher diesen Namen zu führen, doch den Grundsätzen der sozialen Demokratie mit Entschiedenheit anhängen, zur Beschickung eines Provinzial-Congresses auf den ersten Sonntag im nächsten Monat (6. Mai) hiermit ein.

Gegenstände der Tagesordnung werden sein:

1) Organisation der rheinisch-westfälischen Arbeiter-Vereine;
2) Wahl von Deputirten für den im Monat Juni zu Leipzig stattfindenden Kongreß sämmtlicher deutschen Arbeitervereine;
3) Erörterung und Feststellung der den Deputirten für den Kongreß in Leipzig mitzugebenden Anträge.

Die zum hiesigen Vorkongreß erwählten Deputirten werden ersucht, mit ihren Vollmachten versehen, spätestens am 6. Mai Vormittags 10 Uhr sich hier bei Simons im Kranz am Altenmarkt zu melden.

Briefliche Mittheilungen werden erbeten unter der Adresse von C. Schapper, Unter Hutmacher 17.

Köln, den 24. April 1849.

C. Marx. W. Wolff. C. Schapper. F. Anneke. C. J. Esser. C. W. Otto.

Deutschland.

* Köln, 23 April. In der letzten Stadtraths-Sitzung trug sich eine erbauliche Geschichte zu. Stadtrath Klein beantragte, daß zu allen Sitzungen, in welchen Bausachen verhandelt würden, Bauverständige hinzugezogen werden sollten, um den Stadtvätern die nöthige Aufklärung zu geben. Der Beigeordnete, Ex-Leutnant und Bauverständige Herr Sonore, entrüstet darüber, daß außer ihm, dem Allwissenden und Allmächtigen, noch Andern das Recht bewilligt werden sollte, in Bausachen mitzusprechen, machte aus der Verwerfung des Klein'schen Antrages eine Kabinetsfrage. Er hub an und sprach, ohne vorher das Wort verlangt zu haben — so pflegt's nämlich dieser Herr gewöhnlich zu machen —: „Wenn mir der Stadtrath nicht mehr traut, so — —". Das Folgende verstanden wir nicht genau, meinen aber daß es eine Drohung war, seinen Rücktritt zu nehmen. Der ganze Stadtrath, starr vor Schreck ob dieser drohenden Gefahr, den Unentbehrlichen zu verlieren oder auch nur zu erzürnen, blieb stumm. Klein stand auf, murrte Einiges in den Bart, und entfernte sich. Der komissarische Oberbürgermeister Herr Gräff ermahnte ihn während seines Weggehens zwei Mal, da zu bleiben, in der Weise etwa, wie ein Schulmeister seine Knaben ermahnt. Klein ließ sich aber nicht halten.

Die ganze Geschichte trug den Anschein, als wenn unsre ehrwürdigen Stadtväter keine andre Rolle spielten, als die von bescheidenen Ja-Männern des Bürgermeisters und seines allmächtigen Beigeordneten, und als wenn selbst der Berg des Stadtraths sich über einen gemäßigten passiven Widerstand und inwendiges Räsonniren nicht erheben könnte.

* Köln, 24. April. Die Westfälische Volkshalle bezweifelt, daß Willich mit einem eisernen Halsband von Lyon nach der Schweiz transportirt worden ist. Die Westfälische Volkshalle meint, das Halseisen sei nur eine bildliche Redensart, kein wirkliches Halseisen gewesen. Sie meint, in Frankreich würde nicht einmal ein Galeerensträfling auf solche Weise transportirt. Die Westfälische Volkshalle scheint sich noch keinen rechten Begriff von der großartigen Niederträch-

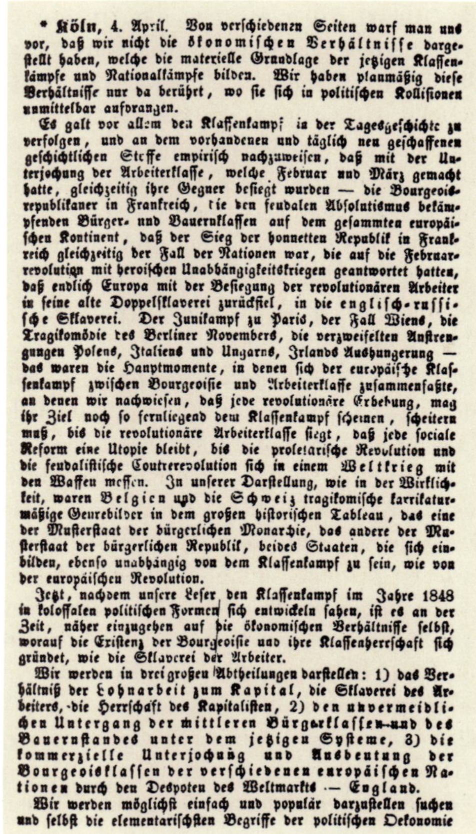

* Köln, 4. April. Von verschiedenen Seiten warf man uns vor, daß wir nicht die ökonomischen Verhältnisse dargestellt haben, welche die materielle Grundlage der jetzigen Klassenkämpfe und Nationalkämpfe bilden. Wir haben planmäßig diese Verhältnisse nur da berührt, wo sie sich in politischen Kollisionen unmittelbar aufdrangen.

Es galt vor allem den Klassenkampf in der Tagesgeschichte zu verfolgen, und an dem vorhandenen und täglich neu geschaffenen geschichtlichen Stoffe empirisch nachzuweisen, daß mit der Unterjochung der Arbeiterklasse, welche Februar und März gemacht hatte, gleichzeitig ihre Gegner besiegt wurden — die Bourgeoisrepublikaner in Frankreich, die den feudalen Absolutismus bekämpfenden Bürger- und Bauernklassen auf dem gesammten europäischen Kontinent, daß der Sieg der honnetten Republik in Frankreich gleichzeitig der Fall der Nationen war, die auf die Februarrevolution mit heroischen Unabhängigkeitskriegen geantwortet hatten, daß endlich Europa mit der Besiegung der revolutionären Arbeiter in seine alte Doppelsklaverei zurückfiel, in die englisch-russische Sklaverei. Der Junikampf zu Paris, der Fall Wiens, die Tragikomödie des Berliner Novembers, die verzweifelten Anstrengungen Polens, Italiens und Ungarns, Irlands Aushungerung — das waren die Hauptmomente, in denen sich der europäische Klassenkampf zwischen Bourgeoisie und Arbeiterklasse zusammenfaßte, an denen wir nachwiesen, daß jede revolutionäre Erhebung, mag ihr Ziel noch so fernliegend dem Klassenkampf scheinen, scheitern muß, bis die revolutionäre Arbeiterklasse siegt, daß jede sociale Reform eine Utopie bleibt, bis die proletarische Revolution und die feudalistische Contrerevolution sich in einem Weltkrieg mit den Waffen messen. In unserer Darstellung, wie in der Wirklichkeit, waren Belgien und die Schweiz tragikomische karrikaturmäßige Genrebilder in dem großen historischen Tableau, das eine der Musterstaat der bürgerlichen Monarchie, das andere der Musterstaat der bürgerlichen Republik, beides Staaten, die sich einbilden, ebenso unabhängig von dem Klassenkampf zu sein, wie von der europäischen Revolution.

Jetzt, nachdem unsere Leser den Klassenkampf im Jahre 1848 in kolossalen politischen Formen sich entwickeln sahen, ist es an der Zeit, näher einzugehen auf die ökonomischen Verhältnisse selbst, worauf die Existenz der Bourgeoisie und ihre Klassenherrschaft sich gründet, wie die Sklaverei der Arbeiter.

Wir werden in drei großen Abtheilungen darstellen: 1) das Verhältniß der Lohnarbeit zum Kapital, die Sklaverei des Arbeiters, die Herrschaft des Kapitalisten, 2) den unvermeidlichen Untergang der mittleren Bürgerklassen und des Bauernstandes unter dem jetzigen Systeme, 3) die kommerzielle Unterjochung und Ausbeutung der Bourgeoisklassen der verschiedenen europäischen Nationen durch den Despoten des Weltmarkts — England.

Wir werden möglichst einfach und populär darzustellen suchen und selbst die elementarischsten Begriffe der politischen Oekonomie

Anfang des ersten Artikels der Serie »Lohnarbeit und Kapital« von Karl Marx. Aus der »Neuen Rheinischen Zeitung«, 5. April 1849

tervereine der Rheinprovinz und Westfalens erfolgte die politische und ideologische Vorbereitung des allgemeinen deutschen Arbeiterkongresses durch die Kommunisten. Das wichtigste und wirkungsvollste Instrument hierfür war die »Neue Rheinische Zeitung«, die mit ihrer zunehmenden Verbreitung unter den Arbeitern sich immer mehr unmittelbar an die Arbeiterklasse wandte.

Ab Mitte April diskutierten die Mitglieder des Kölner Arbeitervereins die Artikelserie »Lohnarbeit und Kapital« von Karl Marx. In diesen Artikeln erläuterte Marx die »materielle Grundlage der jetzigen Klassenkämpfe und Nationalkämpfe«[49]. Er gab eine wissenschaftliche Erklärung der Struktur der bürgerlichen Gesellschaft und der Gesetze ihrer Entwicklung und lehrte die Arbeiter, im Geiste des Kommunistischen Manifests den selbständigen Kampf um ihre Befreiung zu führen.

Der Kölner Arbeiterverein forderte alle deutschen Arbeitervereine auf, ebenfalls über »Lohnarbeit und Kapital« zu diskutieren und ihm die Ansichten darüber mitzuteilen. Er übersandte vielen Vereinen die betreffenden Nummern der »Neuen Rheinischen Zeitung« und auch die eigene Vereinszeitung. So knüpften die Leiter des Vereins organisatorische Verbindungen über das Rheinland hinaus zu Vereinen in anderen deutschen Territorien.

Die Zeitung des Leipziger Zentralkomitees, »Die Verbrüderung«, druckte zur gleichen Zeit die neuen Statuten des Kölner Arbeitervereins ab und empfahl sie den angeschlossenen Arbeiterorganisationen zur Nachahmung. Dies diente der Überwindung noch zurückgebliebener Organisationsprinzipien und förderte die Durchsetzung fortgeschrittener Organisationsauffassungen sowohl in den lokalen Arbeiterorganisationen als auch in der zu bildenden neuen deutschen Arbeiterorganisation.

Selbständige Arbeiterorganisation der Rheinprovinz und Westfalens

Am 6. Mai 1849, einem Sonntag, trat in Köln der Kongreß der rheinisch-westfälischen Arbeitervereine zusammen. Auf der Tagesordnung standen drei Punkte: Organisation der rheinisch-westfälischen Arbeitervereine, Wahl der Deputierten für den

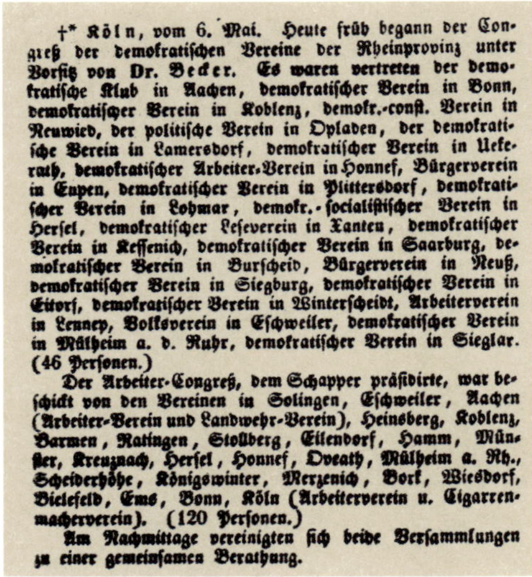

†* Köln, vom 6. Mai. Heute früh begann der Congreß der demokratischen Vereine der Rheinprovinz unter Vorsitz von Dr. Becker. Es waren vertreten der demokratische Klub in Aachen, demokratischer Verein in Bonn, demokratischer Verein in Koblenz, demokr.-const. Verein in Neuwied, der politische Verein in Opladen, der demokratische Verein in Lamersdorf, demokratischer Verein in Uekerath, demokratischer Arbeiter-Verein in Honnef, Bürgerverein in Eupen, demokratischer Verein in Plittersdorf, demokratischer Verein in Lohmar, demokr.-socialistischer Verein in Hersel, demokratischer Leseverein in Xanten, demokratischer Verein in Kessenich, demokratischer Verein in Saarburg, demokratischer Verein in Burscheid, Bürgerverein in Neuß, demokratischer Verein in Siegburg, demokratischer Verein in Eitorf, demokratischer Verein in Winterscheidt, Arbeiterverein in Lennep, Volksverein in Eschweiler, demokratischer Verein in Mülheim a. d. Ruhr, demokratischer Verein in Sieglar. (46 Personen.)

Der Arbeiter-Congreß, dem Schapper präsidirte, war beschickt von den Vereinen in Solingen, Eschweiler, Aachen (Arbeiter-Verein und Landwehr-Verein), Heinsberg, Koblenz, Barmen, Ratingen, Stolberg, Eilendorf, Hamm, Münster, Kreuznach, Hersel, Honnef, Oveath, Mülheim a. Rh., Scheiderhöhe, Königswinter, Merzenich, Bork, Wiesdorf, Bielefeld, Ems, Bonn, Köln (Arbeiterverein u. Cigarrenmacherverein). (120 Personen.)

Am Nachmittage vereinigten sich beide Versammlungen zu einer gemeinsamen Berathung.

Bericht über den rheinisch-westfälischen Arbeiterkongreß am 6. Mai 1849. Aus der »Düsseldorfer Zeitung«, 8. Mai 1849

Leipziger Kongreß und Festlegung der ihnen mitzugebenden Anträge.

In diesen ersten Maitagen loderten bereits die bewaffneten Kämpfe um die Reichsverfassung auf. In Dresden und Breslau standen Barrikaden; in Elberfeld rebellierte die Landwehr; in der Kölner Kommandantur erwog man die Verhängung des Belagerungszustandes.

Der rheinisch-westfälische Arbeiterkongreß, auf dem 120 Delegierte von 21 rheinischen, fünf westfälischen und einem nassauischen Arbeiterverein anwesend waren, mußte schon nach wenigen Stunden beendet werden. Dennoch war die Zusammenkunft für die Arbeiterbewegung der Rheinprovinz und Westfalens ein einschneidendes Ereignis.

Auf dem Kongreß, der im Wirtshaus »Kranz«, einem traditionellen Versammlungslokal des Kölner Arbeitervereins, tagte, erfolgte die Konstituierung einer eigenen politischen Organisation der rheinisch-westfälischen Arbeitervereine, die nun neben der kleinbürgerlichen Demokratie als selbständig organisierte Kraft auftrat. Der Kongreß war der Höhepunkt auf dem Wege der Konstituierung einer selbständigen deutschen Arbeiterorganisation während der Revolution 1848/49: Hier waren die Absichten von Marx und Engels ihrer Verwirklichung am nächsten. Die Arbeitervereine zweier preußischer Provinzen hielten ihren ersten Kongreß ab. Er war der erste größere Arbeiterkongreß in Deutschland, der ganz unter der Leitung von Mitgliedern des Bundes der Kommunisten stand und von den Ideen der »Neuen Rheinischen Zeitung« getragen war.

Marx konnte an dem Kölner Kongreß nicht teilnehmen. Er befand sich zu dieser Zeit auf einer Reise durch Nord- und Nordwestdeutschland, die das Ziel hatte, Geld für die finanziell bedrohte »Neue Rheinische Zeitung« zu beschaffen. Schapper leitete die Versammlung. Über den Inhalt der Beratungen liegen keine genauen Nachrichten vor. Die Veranstalter hatten allen Grund, sich nicht »in die Karten sehen«[50] zu lassen, wie es in einem Zeitungsbericht unter Hinweis auf das Vorliegen von acht Haftbefehlen gegen Führer der Kölner Arbeiter und Demokraten hieß. Im Vordergrund stand jedenfalls die Beratung darüber, wie der Konterrevolution entgegengetreten werden mußte.

Die Aufgabe, den deutschen Arbeiterkongreß in Leipzig vorzubereiten, konnte die Kölner Tagung nicht mehr erfüllen. Die Kommunisten hatten die Absicht, ihr Programm für die zu schaffende Arbeiterorganisation darzulegen, und es sollten die Delegierten für den Leipziger Kongreß gewählt werden. Der Provinzialkongreß sollte der Ausgangspunkt werden für die Umwandlung der bestehenden deutschen Arbeiterorganisationen und die Gründung einer Arbeiterpartei. Dazu ist es nicht gekommen. Die Abwehr der Konterrevolution verlangte jetzt alle Kräfte. Die Redakteure der »Neuen Rheinischen Zeitung«, die Leiter des Kölner Arbeitervereins und anderer Vereine eilten auf jene Kampfplätze, auf denen sich das Schicksal der Revolution entschied.

Der Leipziger Kongreß der deutschen Arbeitervereine konnte nicht mehr stattfinden. Die Siege der Konterrevolution verhinderten, daß die im Frühjahr 1849 schon zu erfolgversprechenden Zwischenresultaten gediehenen Versuche der Kommunisten verwirklicht werden konnten, während der Revolution von 1848/49 in Deutschland eine selbständige politische Arbeiterorganisation zu schaffen, die sich zu einer proletarischen Partei hätte entwickeln können.

Das Frankfurter Parlament und die Reichsverfassung

Das Parlament und die neuen Kampfbedingungen

Nach den Siegen der Konterrevolution in Wien und Berlin befand sich auch die Frankfurter Nationalversammlung in einer neuen Situation. Sie bestand weiterhin als unabhängige Institution, die nach ihrem Ursprung und ihrer Existenz »doch mehr oder weniger revolutionärer Natur«[51] war und die Souveränität des Volkes repräsentierte. Die demokratischen Kräfte, vor allem der Klein- und Mittelstaaten, blickten nun wieder verstärkt nach Frankfurt. Angesichts der vordringenden Konterrevolution erwarteten viele, daß sich das Frankfurter Parlament auf seine Aufgabe als Führungszentrum der Revolution besinne. So wuchs noch einmal dessen politisches Gewicht.

Die Absicht, durch entschiedene Maßnahmen der revolutionären Bewegung neue Impulse zu geben, lag jedoch der liberalen Mehrheit und auch den gemäßigten Demokraten der Paulskirche fern. Allerdings waren selbst gemäßigt-liberale Abgeordnete besorgt über die Staatsstreichpolitik Preußens. Sogar liberale Kompromißpolitiker wie Friedrich Daniel Bassermann und Heinrich v. Gagern forderten Ende November von Preußen, daß das reaktionäre Ministerium Brandenburg zurücktreten müsse. Aber der Protest gegen den preußischen Staatsstreich blieb matt, und zu einem Bündnis mit der demokratischen Volksbewegung waren Bassermann und Gagern nicht bereit. Das Ziel der liberalen Bourgeoisie, deren Interessen sie vertraten, bestand vielmehr darin, mit Hilfe der Verfassung für einen monarchischen Bundesstaat zu einem Kompromiß mit der Hohenzollernmonarchie zu kommen und die Revolution zu beenden. In diesem Sinne versuchte der Unterstaatssekretär im Reichsinnenministerium, Friedrich Daniel Bassermann, bei einer Mission in Berlin vom 7. bis 14. November einen Kompromiß mit der preußischen Krone auszuhandeln. Die liberale Mehrheit der Paulskirche hatte dafür zweierlei anzubieten: den gemeinsamen Kampf gegen die demokratische Volksbewegung und für die Krone die Führung im angestrebten deutschen Bundesstaat. Sie hoffte zu erwirken, daß die preußische Regierung dafür dem Frankfurter Verfassungswerk zustimmen werde. König Friedrich Wilhelm IV. gewann aus dem Auftreten Bassermanns den Eindruck, daß Reichsre-

Eine Parlamentssitzung in der Paulskirche. Lithographie von E. G. May nach der Zeichnung von F. Bamberger

Karikatur auf die Untätigkeit der Abgeordneten. Um 1849

gierung und Frankfurter Parlament größere Bereitschaft zeigten, den Wünschen der Konterrevolution entgegenzukommen. Gerade deshalb mußte Bassermann mit leeren Händen, ohne jedes Zugeständnis nach Frankfurt zurückkehren. Das Kräfteverhältnis hatte sich auch in der Verfassungsfrage mehr und mehr zuungunsten der Nationalversammlung entwickelt. Zu einer realen Macht konnte sie nur werden, wenn sie mit der Volksbewegung zusammenging, wozu sie freilich nicht bereit war.

Im Zeichen des Kompromißprogramms der liberalen Mehrheit stand die Verfassungsdiskussion im Frankfurter Parlament, die dazu beitrug, die Blicke wieder auf die Paulskirche zu ziehen. Mit der Beratung der Verfassung hatte das Plenum in der 100. Sitzung am 19. Oktober 1848 begonnen. Fünf Monate nach der Eröffnung des Parlaments gingen die Abgeordneten an eine Aufgabe heran, für deren Lösung die Volksmassen bereits in den Märztagen gekämpft hatten. Als die Paulskirche im Mai zusammengetreten war, hatte die Möglichkeit bestanden, den zu schaffenden Nationalstaat auf der Grundlage der Volkssouveränität demokratisch zu gestalten. Eine solche Chance konnte jedoch nur dann genutzt werden, wenn das Parlament im Stil eines revolutionären Konvents handelte, wenn es jeden Versuch der reaktionären adligen Kräfte entschlossen vereitelte, die Errungenschaften der Revolution wieder zu beseitigen. Aber die liberal-konstitutionelle Mehrheit der Paulskirche, die Beseler, Droysen und Gagern, hatte schon während der Verhandlungen über die Wahl eines »Reichsverwesers« im Juni auf das Prinzip der Vereinbarung gesetzt. Sie hatte darauf verzichtet, die ihr vom Volk verliehene Macht zu gebrauchen, um die Einmischung der Fürsten in die Arbeit des Parlaments zu verhindern. Während des Septemberaufstandes hatten sich die Abgeordneten sogar unter den Schutz von preußischen und österreichischen Truppen gestellt. Da die Liberalen den Weg der Vereinbarung weitergingen, billigte die Konterrevolution dem Parlament kein selbständiges Handeln mehr zu.

Der Verfassungsplan der liberalen Bourgeoisie

Das Verfassungskonzept der liberalen Bourgeoisie stand lange Zeit vor der Debatte im Plenum des Frankfurter Parlaments fest. Den Ausgangspunkt hatte Droysen bereits im Frühjahr formuliert: »Wir wollen nicht Zerrüttung aller territorialen Ordnung und Regierung, um zu Einheit und Freiheit zu gelangen; wir wollen nicht den Einzelregierungen die Schwierigkeiten häufen und sie durch Mißtrauen zwingen, daß sie sich auf Gnade und Ungnade ergeben, sondern wir, bisher Opposition, jetzt Sieger, wollen auferbauen und mit dem guten Willen der Regierungen und der Regierten, mit deren möglichst guter Haltung und Ordnung ein überwölbendes neues Werk schaffen.«[52]

»Deutsche Parlaments-Galeriewache«. Zeitgenössische Karikatur

Die entscheidende liberale Gruppierung, die Fraktion Casino, strebte auf dieser Grundlage eine liberale Verfassung an, die der Bourgeoisie Macht und Einfluß in dem zu schaffenden deutschen Nationalstaat sichern sollte. Das Ziel der großen Mehrheit der Frankfurter Liberalen war seit dem Frühjahr 1848 im Grunde abgesteckt: Es sollte ein konstitutionell-monarchischer Bundesstaat geschaffen werden, in dessen Rahmen die Selbständigkeit der deutschen Einzelstaaten weitgehend erhalten blieb. Entsprechend der Vereinbarungstheorie gingen die liberalen Fraktionen der Frankfurter Versammlung davon aus, daß das vorgesehene Verfassungsdokument zwischen Parlament und den Länderregierungen abgestimmt werden müsse. Als der Verfassungsausschuß des Parlaments im Herbst den Entwurf der Reichsverfassung

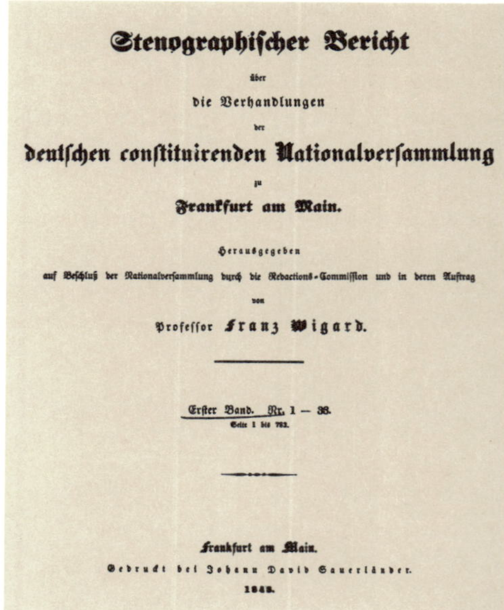
Stenographischer Bericht

über

die Verhandlungen

der

deutschen constituirenden Nationalversammlung

zu

Frankfurt am Main.

Herausgegeben

auf Beschluß der Nationalversammlung durch die Redactions-Commission und in deren Auftrag

von

Professor Franz Wigard.

Erster Band. Nr. 1 – 38.

Seite 1 bis 782.

Frankfurt am Main.

Gedruckt bei Johann David Sauerländer.

1848.

Titelblatt der Protokolle

vorlegte, wurden entscheidende offene Punkte sichtbar. Sollte Preußen oder Österreich in dem zu schaffenden deutschen Staat die Vorherrschaft erlangen? Nach dem Sieg der Konterrevolution in beiden Staaten rückte der Streit um die Führungsrolle erneut in den Vordergrund und überschattete die Verfassungsdiskussion. Da die Liberalen sich auf ein monarchisches Oberhaupt des deutschen Bundesstaates unverrückbar eingeschworen hatten, drängte sich ihnen damit zugleich das Problem auf, wer dafür gewählt werden sollte. Damit war das Dilemma vorgezeichnet, welches das Parlament, ließ es sich einmal mit den Fürsten ein, vor schier unlösbare Aufgaben stellen sollte.

So brach im Dezember innerhalb der liberalen wie der linken Fraktionen der Gegensatz zwischen den »Großdeutschen«, vornehmlich Abgeordneten aus Süddeutschland und Österreich, und den »Kleindeutschen« auf. Die »Großdeutschen« befürworteten die Aufnahme der deutsch-österreichischen Länder in den angestrebten Bundesstaat, während die »Kleindeutschen« sich gegen eine solche Eingliederung aussprachen und für die Vormachtstellung der Hohenzollern im deutschen Bundesstaat eintraten.
Die deutschen Kommunisten und die entschiedenen kleinbürgerlichen Demokraten forderten dagegen, daß der habsburgische Vielvölkerstaat aufgelöst werden müsse. Sie traten dafür ein, daß deutschsprachige österreichische Gebiete zu einer demokratischen Republik gehören sollten, in der weder die Habsburger noch die Hohenzollern etwas zu sagen hatten.
Die »Großdeutschen« und die »Kleindeutschen« unter den Anhängern des monarchischen Bundesstaates konnten sich im Parlament nicht einigen. Die »Großdeutschen« traten aus den gemäßigt-liberalen Fraktionen aus und gründeten am 18. Dezember die neue Fraktion »Pariser Hof«. Unrichtig ist jedoch die Behauptung bürgerlicher Historiker, daß der Gegensatz zwischen »großdeutsch« und »kleindeutsch« seit dem Dezember die alten Grenzen zwischen links und rechts verwischt habe. Die »Großdeutschen« des »Pariser Hofes« stimmten grundsätzlich mit den »Kleindeutschen« in der Ablehnung der Republik, im Kampf gegen die demokratische Volksbewegung und in der Kompromißbereitschaft gegenüber der Adelsklasse überein.

Die österreichische kaiserliche Residenz in Olmütz. Nach der »Illustrierten Zeitung«, 1849

Die Auseinandersetzung zwischen Preußen und Österreich

Die Diskussion um die Reichsverfassung verband sich nach dem Sieg der Konterrevolution in Preußen und Österreich immer mehr mit der machtpolitischen Auseinandersetzung der beiden Staaten um die Vorherrschaft in Deutschland. Die Regierungen in Berlin und Wien sahen jetzt die Chance, der Bourgeoisie bei dem Ringen um den deutschen Bundesstaat ihren Willen aufzuzwingen.
Die preußische Regierung strebte — während Friedrich Wilhelm IV. zunächst zögerte — danach, einen Bundesstaat unter preußischer Führung durchzusetzen. Die junkerliche Konterrevolution wollte den Kampf um die preußische Vorherrschaft zu einem entscheidenden Schlag gegen die demokratische Volksbewegung ausnutzen. Der Bourgeoisie sollte ein möglichst geringer Anteil an der politischen Macht in dem zu schaffenden Bundesstaat zugestanden werden.
Die Regierung des Fürsten Schwarzenberg hatte am 27. November in der mährischen Kleinstadt Kremsier das Programm der habsburgischen Konterrevolution verkündet: straffe Organisation und staatliche Festigung der Vielvölkermonarchie und Wiederherstellung des Deutschen Bundes unter Führung des Habsburger Reiches. Dieses Programm zielte auf die Wiederherstellung der halbabsolutistischen Zustände der Zeit vor 1848 ab und bedeutete völlige Mißachtung des Frankfurter Parlaments und seines Verfassungsanliegens. Es verwies Preußen wieder auf den zweiten Platz unter den deutschen Staaten.
Die Gegensätze zwischen Preußen und Österreich in der Frage der Hegemonie in Deutschland wurden daher im Winter 1848 deutlich sichtbar. Die preußische Regierung forderte nunmehr, es müsse ein engerer Bund unter preußischer Führung ohne Österreich geschaffen werden. Dabei machte sie der liberalen Bourgeoisie insofern Hoffnungen, als sie sich zeitweise den Anschein gab, den Verfassungsentwurf des Frankfurter Parlaments als Diskussionsgrundlage zu akzeptieren.

Das königliche Schloß in Berlin um 1848. Nach einer Lithographie von A.H. Payne

Die Entscheidung reift heran

Der preußisch-österreichische Dualismus beeinflußte das Verhalten der Bourgeoisie in der Verfassungsdiskussion nachhaltig. Die Absage Österreichs an jede Form eines deutschen Bundesstaates und die Verachtung gegenüber dem Frankfurter Parlament führte den liberalen »Kleindeutschen« neue Kräfte zu. Es wuchs das Gewicht jener liberalen Abgeordneten, die für den Ausschluß Österreichs und für einen Bundesstaat unter Führung Preußens eintraten.

Sichtbares Zeichen dafür war die Ernennung Gagerns zum Ministerpräsidenten am 18. Dezember. Er legte am gleichen Tage ein Fünfpunkteprogramm vor, das einen Bundesstaat mit Ausschluß Österreichs unter preußischer Führung forderte. Die Richtung innerhalb der liberalen Mehrheit, die für diese »kleindeutsche« Lösung eintrat, konsolidierte sich und prägte zunehmend die Verfassungsdiskussion im Parlament. Nach dem österreichischen Staatsstreich vom 7. März forderte Ministerpräsident Schwarzenberg, den Habsburger Staat, einschließlich seiner nichtdeutschen Gebiete, in den zu schaffenden deutschen Staatenverband aufzunehmen. Dieses Ultimatum kostete die »Großdeutschen« die Mehrheit ihrer nord- und süddeutschen Anhänger. Dagegen zeichnete sich eine Reichsverfassung mit einem erblichen preußischen Kaisertum ab.

Die gemäßigt-liberalen »Kleindeutschen« unter Gagerns Führung unternahmen große Anstrengungen, um ihrem Verfassungskonzept, gegen das sich insbesondere die demokratische Linke aussprach, im Parlament eine Mehrheit zu verschaffen. Am 17. Februar wurde eine interfraktionelle Verbindung aller Anhänger des preußischen Erbkaisertums gegründet. Sie trat in der Gaststätte »Weidenbusch« zusammen und nannte sich nach dieser Gaststätte. Ein Korrespondenzblatt, die »Zentrenkorrespondenz«, verbreitete ihre Forderungen unter den regionalen Zeitungen. Auf allen Ebenen sollten die Volksmassen zur Unterstützung einer liberalen Reichsverfassung gewonnen werden. Jetzt hieß es, man müsse die Kleindeutschen »dem Volk als die wahren Freunde erkennbar machen«[53].

Angesichts der Versuche der preußischen Konterrevolution, die zentrale Organisation Deutschlands selbst in die Hand zu nehmen und die Souveränität des Parlaments weiter einzuschränken, erhielt jeder selbständige Schritt der Nationalversammlung Gewicht. Die Verabschiedung einer Verfassung bedeutete, den reaktionären Ansprüchen der preußischen und österreichischen Konterrevolution entgegenzutreten. Deshalb gingen von der Verfassungsdiskussion in Frankfurt (Main) seit Dezember trotz der dominierenden Rolle der kompromißlerischen Liberalen revolutionierende Wirkungen aus. Die Verfassungsdiskussion fand in den deutschen Einzelstaaten ein zunehmendes Echo. Die Arbeiter und Kleinbürger in den Städten nahmen mehr und mehr Anteil am Kampf um die Verfassung. In den demokratischen Vereinen wurden die Fragen des Wahlrechts und der Gestaltung des bürgerlich-demokratischen Nationalstaates beraten. Resolutionen und Eingaben mit demokratischen Forderungen gingen in einer Anzahl nach Frankfurt wie zu keiner Zeit seit Bestehen des Parlaments. Die Volksbewegung in den Kleinstaaten erhielt starke Anstöße, neue Schichten wurden in den demokratischen Kampf einbezogen.

In der Massenbewegung für eine demokra-

»Die Kandidaten der deutschen Kaiserkrone«. Zeitgenössische Karikatur

»Die Ausführung der deutschen Grundrechte in Berlin«. Karikatur aus der »Illustrierten Zeitung«, 1849

tische Verfassung wurde die Alternative des Frankfurter Parlaments sichtbar. Seine Chance lag darin, sich konsequent auf die Seite des Volkes zu stellen.

Dazu war aber die große Mehrheit der Nationalversammlung keineswegs bereit. Nur eine kleine Gruppe entschiedener Demokraten, Abgeordnete wie Adolf v. Trützschler, Friedrich Wilhelm Schlöffel und Ernst Friedrich Franz Schmidt, bekannte sich zur engen Verbindung mit der demokratischen Volksbewegung. In der Diskussion um die Verfassung geriet die kleinbürgerlich-demokratische Linke in eine komplizierte Situation. In ihrer Mehrheit in parlamentarischen Illusionen befangen, sah sie sich einer umfassenden politischen und propagandistischen Offensive der Liberalen gegenübergestellt. Vor dem Appell an die revolutionäre Bewegung zurückschreckend, hatte die Linke der Zusammenarbeit der Mehrheit in der Paulskirche mit der preußischen Regierung wenig entgegenzusetzen.

Immerhin trat sie in den Debatten des Parlaments dafür ein, die zum Verfassungswerk gehörenden Grundrechte, das Wahlgesetz und die Verfassung selbst nach demokratischen Grundsätzen zu gestalten. Sie stellte zahlreiche Anträge zur Reichsverfassung: für die Volksbewaffnung, für die Aufhebung der adligen Privilegien, für die entschädigungslose Beseitigung der Feudallasten und für eine demokratische Heeresreform.

Viele dieser Anträge wurden abgelehnt. Die Linke, insbesondere die Fraktion »Donnersberg«, hatte aber großen Anteil daran, daß in das Gesetz über die Grundrechte wie in die Reichsverfassung überhaupt fortschrittlichere Bestimmungen einflossen, als sie die meisten Verfassungen der Einzelstaaten enthielten. Den Bemühungen der Linken vor allem war es auch zu danken, daß sich das Parlament im Dezember endlich zu einem selbständigen gesetzgeberischen Akt entschloß. Am 21. Dezember 1848 beschloß es die Annahme der Grundrechte, die der Reichsverweser am 27. De-

Grundrechte des Deutschen Volkes.

Dem deutschen Volke sollen die nachstehenden Grundrechte gewährleistet sein. Sie sollen den Verfassungen der deutschen Einzelstaaten zur Norm dienen, und keine Verfassung oder Gesetzgebung eines deutschen Einzelstaates soll dieselben je aufheben oder beschränken können.

Einführungsgesetz.

Frankfurt, den 27. Dezember 1848.

Der Reichsverweser: Erzherzog Johann.

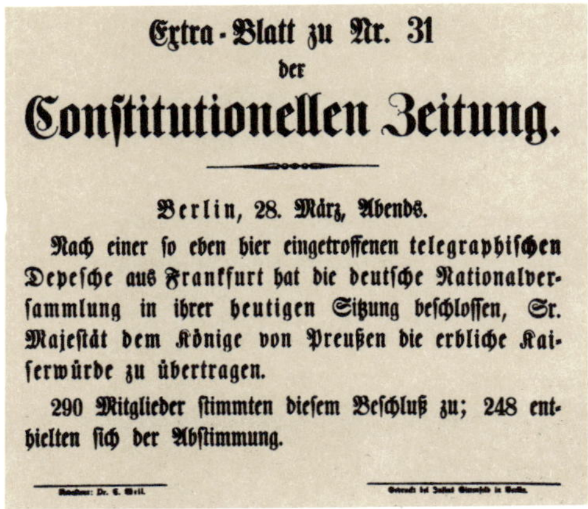
Extra-Blatt zu Nr. 31 der Constitutionellen Zeitung.

Berlin, 28. März, Abends.

Nach einer so eben hier eingetroffenen telegraphischen Depesche aus Frankfurt hat die deutsche Nationalversammlung in ihrer heutigen Sitzung beschlossen, Sr. Majestät dem Könige von Preußen die erbliche Kaiserwürde zu übertragen.

290 Mitglieder stimmten diesem Beschluß zu; 248 enthielten sich der Abstimmung.

Extrablatt der »Constitutionellen Zeitung« (Berlin), 28. März 1849

zember als Reichsgesetz bekanntgab. Die Grundrechte sollten den Verfassungen der Einzelstaaten zur Norm dienen, und die Gesetzgebung dieser Staaten sollte sie weder aufheben noch beschränken können.

Die Nationalversammlung erklärte die Grundrechte als im ganzen Reich eingeführt, aber ihre rechte Mehrheit setzte durch, daß zahlreiche wichtige Paragraphen lediglich unter dem Vorbehalt einer künftigen Änderung der Landesgesetzgebung gelten sollten. Doch gingen die Beschlüsse des Frankfurter Parlaments so weit, daß Preußen, Österreich, Bayern und Hannover die Anerkennung und Veröffentlichung des Gesetzes über die Grundrechte rundweg ablehnten.

In der Frage der Gestaltung des deutschen Nationalstaates erlitt die republikanische Konzeption bei den Abstimmungen über die Reichsverfassung eine Niederlage. Am 19. Januar 1849 stimmten nur 122 Abgeordnete (gegen 339) für ein vom Volk gewähltes Reichsoberhaupt. Schritt für Schritt setzte sich im Parlament seit Januar die preußisch-erbkaiserliche Lösung durch. Am 23. Januar hatte Preußen auf Drängen des Ministeriums Brandenburg in einer Zirkularnote zu erkennen gegeben, daß es einen deutschen Bundesstaat unter preußischer Führung anstrebte. Die »Kleindeutschen« nutzten diese Meinungsäußerung im illusionären Vertrauen auf die Erklärung Friedrich Wilhelms IV. vom März 1848 dazu aus, in ihrem Urteil noch schwankende Abgeordnete für ihre Pläne zu gewinnen. In den entscheidenden Abstimmungen im Februar und März entschied sich ein großer Teil der Linken, um die antidemokratische Verpreußung Deutschlands zu verhindern, mit den »Großdeutschen« gegen das preußische Erbkaisertum. Andere Abgeordnete der Linken um Heinrich Simon ließen sich gegen Zugeständnisse in der Frage eines demokratischen Wahlrechts dazu bewegen, ein Bündnis mit den Erbkaiserlichen um Gagern einzugehen. So erhielt schließlich die Reichsverfassung, die einen monarchischen Bundesstaat unter preußischer Führung vorsah, im März eine Mehrheit. Am 27. und 28. März wurde sie endgültig verabschiedet. Am 28. März wurde mit 290 Stimmen bei 248 Stimmenthaltungen der preußische König Friedrich Wilhelm IV. zum Kaiser gewählt. In Frankfurt (Main) läuteten nun wieder die Glocken. Böllerschüsse wurden abgefeuert. Der Präsident der Nationalversammlung, Eduard Simson, hielt eine feierliche Ansprache. Das Ergebnis, das die Abgeordneten des Frankfurter Parlaments nach monatelangem Debattieren zustande gebracht hatten, war jedoch zwiespältiger Natur.

Die Reichsverfassung

Die von der Frankfurter Nationalversammlung beschlossene »Verfassung des deutschen Reiches« war die erste deutsche bürgerliche Reichsverfassung. Sie entsprach nicht den Vorstellungen der entschiedenen Demokraten und schon gar nicht den programmatischen Forderungen der Kommunisten. Aber sie war doch trotz vieler undemokratischer Einschränkungen, der Festschreibung einer preußisch-monarchischen Spitze und der Beibehaltung der Selbständigkeit der Einzelstaaten die fortschrittlichste deutsche Verfassung des 19. Jahrhunderts. Ihre Durchsetzung hätte in der Mitte des Jahrhunderts einen bürgerlichen Nationalstaat liberalen Zuschnitts begründen können.

Die Grundgedanken der Verfassung waren im Frühjahr 1848 noch unter dem Eindruck des Sieges der Volksmassen während der Märzrevolution formuliert worden. Der Entwurf, den der Verfassungsausschuß der Paulskirche vorgelegt hatte, berücksichtigte wenigstens teilweise die Forderungen des Volkes nach bürgerlich-demokratischen Rechten und Freiheiten. Das Auftreten der kleinbürgerlich-demokratischen Linken in den Verhandlungen des Parlaments hatte

Die deutsche Reichsverfassung, angenommen am 28. März 1849. Einband

Letzte Seite der Reichsverfassung mit den ersten Unterschriften der Mitglieder der verfassunggebenden Versammlung

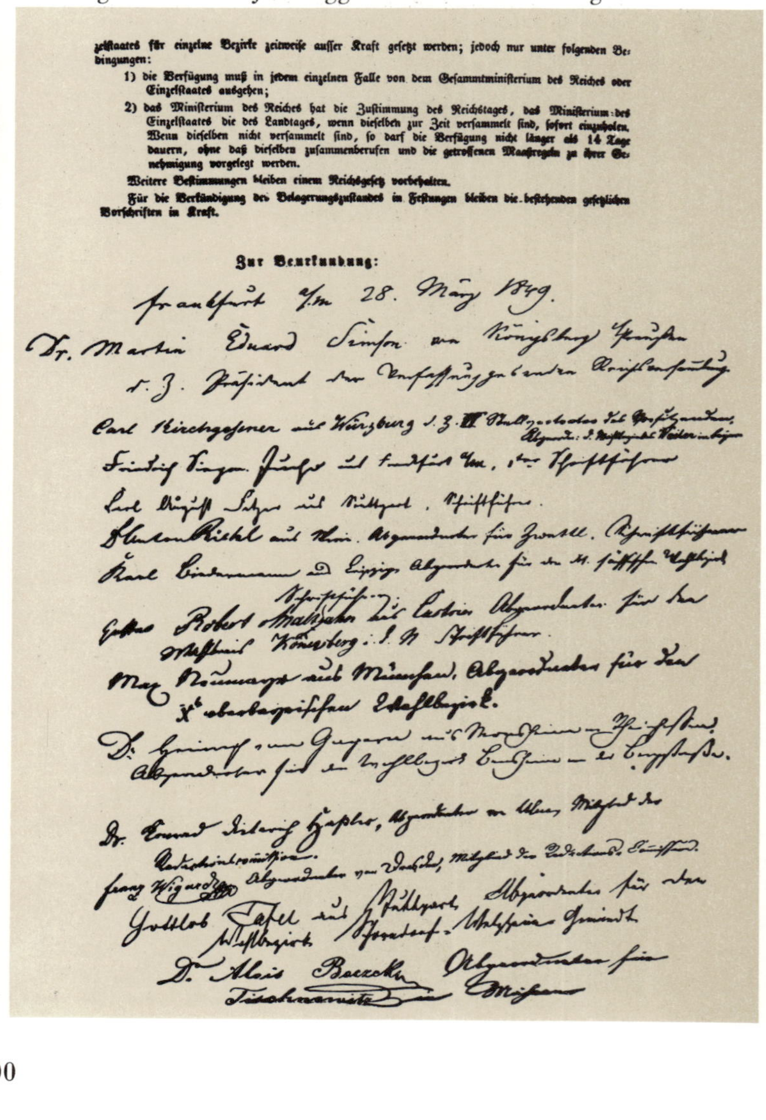
zelstaates für einzelne Bezirke zeitweise ausser Kraft gesetzt werden; jedoch nur unter folgenden Bedingungen:

1) die Verfügung muß in jedem einzelnen Falle von dem Gesammtministerium des Reiches oder Einzelstaates ausgehen;

2) das Ministerium des Reiches hat die Zustimmung des Reichstages, das Ministerium des Einzelstaates die des Landtages, wenn dieselben zur Zeit versammelt sind, sofort einzuholen. Wenn dieselben nicht versammelt sind, so darf die Verfügung nicht länger als 14 Tage dauern, ohne daß dieselben zusammenberufen und die getroffenen Maasregeln zu ihrer Genehmigung vorgelegt werden.

Weitere Bestimmungen bleiben einem Reichsgesetz vorbehalten.

Für die Verkündigung des Belagerungszustandes in Festungen bleiben die bestehenden gesetzlichen Vorschriften in Kraft.

Zur Beurkundung:

Frankfurt a/m 28. März 1849.

dazu beigetragen, daß »noch die liberalste Verfassung in ganz Deutschland«[54] zustande kam. Der Hauptinhalt der Reichsverfassung bestand darin, bürgerliche Verhältnisse in allen Bereichen des staatlichen und gesellschaftlichen Lebens verfassungsrechtlich festzulegen. Der von der Verfassung vorgesehene Nationalstaat sollte ein liberal-konstitutioneller Bundesstaat sein, an dessen Spitze zwar ein Fürst stand, in dem aber die Bourgeoisie den entscheidenden Anteil an der Macht besessen hätte. Die kapitalistische Entwicklung sollte verfassungsrechtlich gefördert werden durch Gewerbefreiheit, einheitliche Wirtschafts- und Verkehrsgesetzgebung usw. Deutsche Gesetzbücher über bürgerliches Recht, Handels- und Wechselrecht, Strafrecht und gerichtliches Verfahren kündigte die Verfassung an.
Die Reichsgewalt sollte die alleinige Vertretung gegenüber dem Ausland haben, ausschließlich ihr sollte das Recht zustehen, Kriege zu führen, und ihr sollte die gesamte bewaffnete Macht des Landes zur Verfügung stehen. Dem Reichstag mit seinen beiden Häusern, dem »Staatenhaus« und dem »Volkshaus«, waren weitgehende Rechte zugedacht. Gegen seine Beschlüsse sollte dem Kaiser bzw. der Regierung nur ein aufschiebendes Veto zustehen.
Die Reichsverfassung fixierte bürgerliche Grundrechte in einem bis dahin in den deutschen Staaten ungekannten Maße. Es wurden ein einheitliches deutsches Reichsbürgerrecht proklamiert, für alle Einzelstaaten die Abschaffung des Adels und aller Standesunterschiede, Gleichheit aller vor dem Gesetz, gleiche Wehrpflicht sowie Unverletzlichkeit der Freiheit der Person bestimmt. Die Todesstrafe sollte abgeschafft sein, die Unverletzlichkeit der Wohnung, das Briefgeheimnis, Presse-, Glaubens- und Gewissensfreiheit, Freiheit der Wissenschaft gewährleistet werden. Die Verfassung sah bürgerliche Eheschließung, Trennung des Unterrichts- und Erziehungswesens von den Kirchen, Volksschulpflicht, Schulgeldfreiheit, Versammlungs- und Vereinigungsfreiheit vor.
Der Grundbesitz sollte überall aus feudalem in frei verkäufliches Eigentum umgewandelt werden. Die Untertänigkeits- und Hörigkeitsverhältnisse sollten aufhören. Für entschädigungslos aufgehoben erklärt wurden die Patrimonialgerichtsbarkeit und die grundherrliche Polizei, alle aus den gutsherrlichen Verhältnissen entspringenden persönlichen Abgaben und Leistungen. Die auf Grund und Boden haftenden Abgaben, insbesondere die Zehnten, sollten entsprechend der einzelstaatlichen Gesetzgebung ablösbar sein, die Jagdberechtigung auf fremdem Grund und Boden ohne Entschädigung fortfallen, die adligen Familienfideikomisse (außer denen der regierenden fürstlichen Häuser), aller Lehnverband und alle Bevorzugungen bei der Besteuerung aufgehoben werden.
Die Verfassung verkündete die alleinige staatliche Gerichtsbarkeit, Unabhängigkeit der Gerichte und der Richter. Die Gerichtsverfahren sollten öffentlich und mündlich sein. In Strafsachen war der Anklageprozeß vorgesehen; Schwurgerichte sollten bei schweren Strafsachen und bei politischen Vergehen urteilen, Verwaltung und Rechtspflege getrennt sein.
Zwar nicht als formellen Bestandteil der Reichsverfassung, aber im engen Zusammenhang mit ihr beschloß die Nationalversammlung unter dem Druck der Volksbewegung und unter dem Einfluß der Linken noch im April 1849 ein allgemeines und gleiches Wahlrecht, allerdings mit einigen Einschränkungen, sowie geheime und direkte Wahlen zum »Volkshaus«.
In der Verfassung wurde gegen den Willen der Linken eine preußisch-monarchische Zentralgewalt festgeschrieben. An der Spitze des Staates sollte ein Fürst stehen, dessen kaiserliche Macht erblich sein sollte und dem eine Reihe bedeutender Verfassungsrechte zugesprochen wurde. Mit der Wahl Friedrich Wilhelms IV. zum »Kaiser der Deutschen« gab die Mehrheit der »kleindeutschen« Liberalen ihrer Hoffnung Ausdruck, der preußische König und die junkerliche Konterrevolution würden endlich doch ihre Positionen modifizieren und sich der Entscheidung des Frankfurter Parlaments für eine bürgerlich-liberale Entwicklung beugen.
Gerade darin irrte sich die liberale Bourgeoisie gründlich. Trotz der Zugeständnisse, die sie der adligen Reaktion, insbesondere den Fürsten, in der Reichsverfassung machte, wurde diese nicht wirksam. Mit Recht hat Friedrich Engels rückschauend von der Reichsverfassung gesagt: »Ihr größter Fehler war, daß sie bloß ein Stück Papier war, ohne jede Macht, ihren Bestimmungen Geltung zu verschaffen.«[55]

Der preußische Fußtritt

Tatsächlich fiel schon wenige Tage nach der Verabschiedung der Verfassung eine Vorentscheidung über den Erfolg der »kleindeutschen« Verfassungskonstruktion. Eine 32köpfige Deputation des Frankfurter Parlaments unter Leitung von Eduard Sim-

Die Kaiserdeputation im Rittersaal des königlichen Schlosses in Berlin, 3. April 1849. Nach der »Illustrierten Zeitung«, 1849

* Köln, 1. Mai. Wieder ein neues Stück in der Geschichte der preußischen Contrerevolution. Der König gibt der Frankfurter Versammlung einen definitiven Fußtritt und wirft ihr die dargebotene goldpapierne Krone eines imaginären Kaiserthums mit Verachtung in's Gesicht.

Wenn die Frankfurter Versammlung sich zur rechten Zeit energisch benommen hätte, sie könnte jetzt diesen übermuthberauschten Hohenzollern arretiren lassen, und wegen „Beleidigung der Nationalversammlung" (Gesetz vom September 1848, das auch in Preußen publizirt ist) vor die Geschwornen stellen. Bis jetzt existirt kein „Reichs"-Gesetz, das die einzelnen Herren Fürsten auch dem „Reich" gegenüber unverantwortlich erklärt; und die kaiserliche Unverantwortlichkeit stößt der Hohenzollern ja von sich.

Die neue preußische „Reichs"-Note vom 28. April mildert den „Reichs"-Fußtritt durch einige wohlwollende Bemerkungen über die sogenannte deutsche Reichsverfassung. Dies unschuldige Machwerk wird hier als Ausbund aller Schlechtigkeit und als „alle Schranken niederreißendes" äußerstes Produkt der Revolution und des heimlichen Republikanismus dargestellt.

Die Paulskirche, eine carbonaristische Räuberhöhle! Welcker und Gagern, heimliche Republikaner, „Möros, den Dolch im Gewande"! Bassermann, der Spökenkiker, selbst zu einer „Bassermann'schen Gestalt" geworden! Das schmeichelt natürlich den Frankfurter Biedermännern nach all' dem Hohn, den das Volk, nach allen Verwünschungen, die die zertretenen Frankfurter und Wiener Barrikadenkämpfer auf sie gehäuft haben, und Leute aller Couleuren, bis herab zu Herrn Vogt, sind im Stande, solche Albernheiten wirklich zu glauben.

Die preußische Note ist die letzte Drohung an die Frankfurter Versammlung, noch ehe zu ihrer wirklichen Sprengung geschritten wird. Noch einmal bietet der widerspenstige Hohenzollern die Hand zur „Verständigung". Und in der That — die Versammlung, nachdem sie so weit gegangen ist, könnte wahrhaftig auch noch den einen kleinen Schritt weiter gehen und ganz preußisches Werkzeug werden.

Unterdessen aber klammert sich ein Theil des Volks und besonders die Bauern und Kleinbürger der süddeutschen Raubstaaten an die Versammlung und die sogenannte Reichsverfassung an. Das Militär ist günstig für die Reichsverfassung gestimmt. Das Volk sieht in jedem, wenn auch noch so lumpigen Schritt näher zur Einigung Deutschlands einen Schritt näher zur Beseitigung der kleinen Fürsten und zur Befreiung von der drückenden Steuerlast. Auch der Haß gegen Preußen trägt sein Theil dazu bei. Die Schwaben haben sogar eine Revolution für die sogenannte Reichsverfassung gemacht; natürlich ein Sturm in einem Glase Wasser, aber doch immer etwas.

Anfang des Artikels von Friedrich Engels »Der preußische Fußtritt für die Frankfurter«. Aus der »Neuen Rheinischen Zeitung«, 2. Mai 1849

Karikatur aus der »Buddelmeyer-Zeitung«, 1849

son reiste nach Berlin. Am 3. April versammelte sie sich im Schloß, um dem preußischen König die Kaiserkrone anzutragen. Die Antwort Friedrich Wilhelms IV. sparte nicht mit Höflichkeiten, war aber im Kern eine unzweideutige Absage. Sie enthielt drei wesentliche Aussagen. Über die Anerkennung der Reichsverfassung und Übernahme der Krone könne erst entschieden werden, wenn »das freie Einverständnis der gekrönten Häupter, der Fürsten und freien Staaten Deutschlands« vorliege. Friedrich Wilhelm ließ ferner erkennen, daß er die von der Verfassung festgelegten Rechte des Kaisers für ungenügend halte. Schließlich kündigte er gegen die »inneren Feinde« den Einsatz des »preußischen Schildes und Schwertes« an, was nach den Erfahrungen des Jahres 1848 nur als unverhüllte Drohung konterrevolutionären Eingreifens von preußischen Truppen verstanden werden konnte.[56] Der König wollte wohl für sich die führende Rolle bei der staatlichen Neugestaltung Deutschlands in Anspruch nehmen. Aber die Kaiserkrone, den »Reif aus Dreck und Letten geboren«[57], wie er sie vertraulich nannte, mochte er nicht aus den Händen einer Institution der Revolution entgegennehmen.

So nahmen Friedrich Wilhelm IV. und die preußischen Junker voller Genugtuung Rache für den 18. März 1848. Die junkerliche Konterrevolution in Preußen zeigte sich nicht bereit, den Wünschen der Bourgeoisie nachzugeben und sich einem Stück Papier zu beugen.

Als Friedrich Wilhelm IV. die Kaiserkrone der Paulskirche zurückwies, erteilte er nicht nur der liberal-konstitutionellen Parlamentspartei eine Absage. Indem er sich gegen eine auf dem Boden der Volkssouveränität erwachsende politische Gestaltung Deutschlands wandte, sagte er namens der Reaktion der gesamten Demokratie den Kampf an. Die Kritik der entschiedenen Demokraten am Verfassungswerk des Frankfurter Parlaments mußte daher jetzt zurücktreten. Die Reichsverfassung wurde zum Panier für die Auseinandersetzung mit den feudal-bürokratisch-militaristischen Kräften, zum Ausgangspunkt für die Endkämpfe mit der Konterrevolution in Deutschland.

Die Reichsverfassungskampagne

Die Verfassungsbewegung entfaltet sich

Am 11. April 1849 beschloß die Frankfurter Nationalversammlung, an der Reichsverfassung und am Wahlgesetz »unwandelbar festzuhalten«. Sie bildete einen Ausschuß von 30 Abgeordneten »zur Vorbereitung derjenigen Maßregeln, welche zur Durchführung« dieser Erklärung nötig seien.[58] Die liberalen Erbkaiserlichen und gemäßigten Linken, die in diesem Ausschuß die Mehrheit hatten, dachten jedoch keineswegs daran, eine revolutionäre Volksbewegung zu entfalten. Sie hofften noch immer, zu einem Übereinkommen mit den Regierungen zu gelangen.

Bei allem Pochen auf fürstliche Legitimität ließ Preußen doch deutlich sein Streben nach Vorherrschaft in Deutschland erkennen. Zudem erklärten sich 28 kleinere Staaten aus Furcht, teils vor der Volksbewegung, teils vor Preußen, schon am 14. April in einer Kollektivnote an das Reichsministerium zur Annahme der Reichsverfassung und eines preußischen Erbkaisertums bereit. Sie suchten sich abzusichern durch den Vorbehalt, daß alle Königreiche sich anschlössen. Die Monarchen von Hannover, Sachsen, Württemberg und Bayern aber verweigerten ihre Zustimmung. Hier glaubten die Frankfurter Abgeordneten ansetzen zu müssen. Die Parteigänger Gagerns hofften, Beauftragte der Reichsgewalt könnten die widerstrebenden Regierungen zur Anerkennung der Verfassung einschließlich des preußischen Kaisertums bewegen, und dadurch sei auch Preußen noch zum Einlenken zu bringen. Die Demokraten versuchten, der Reichsverfassung vor allem mit Hilfe der Ländervertretungen Geltung zu verschaffen, in denen sie allein oder zusammen mit den Liberalen die Mehrheit hatten. In der zweiten Aprilhälfte erklärten sich tatsächlich die Kammern Hannovers, Sachsens, Württembergs, Bayerns und auch die preußische Zweite Kammer für die Reichsverfassung. Die Regierungen aber gingen daraufhin auch zum Angriff auf die Kammern über.

In dem Maße, wie die Reaktion gegen die Reichsverfassung Front machte, griff die Agitation für die Reichsverfassung von den Kammern auf das gesamte politische Leben über. Gemeindebehörden, Universitäten und Bürgerwehren, die oppositionelle und revolutionäre Presse, liberale, demokratische und Arbeitervereine begannen, ihre Stimme für die Durchsetzung der Reichsverfassung zu erheben.

Was breite Massen in Bewegung brachte, war weniger die Verfassung selbst als vielmehr der Widerstand, den die Reaktion ihr entgegensetzte. Wenn die Fürsten die Souveränität der Nationalversammlung angriffen, so griffen sie die Souveränität des Volkes an, aus der sich jene herleitete. Das

Versammlung des Märzvereins in Frankfurt (Main), 6. Mai 1849.
Nach der »Illustrierten Zeitung«, 1849

Heinrich v. Gagern wirbt vergeblich bei den Einzelstaaten um die Anerkennung der Reichsverfassung. Zeitgenössische Darstellung

Erklärungen von Vereinen und Volksversammlungen für die Durchsetzung der Reichsverfassung.
Montage des Textes aus den »Protokollen der Frankfurter Nationalversammlung«

Verzeichniß der Eingänge

vom 16. bis 17. April.

Petitionen.

1. (8161) Eingabe des Märzvereins der Stadt Schotten, Aufforderung zur Festhaltung an der von der Nationalversammlung endgültig festgesetzten Reichsverfassung betreffend. (An den Ausschuß für Durchführung der Verfassung.)

2. (8162) Gleiche Eingabe des Volksvereins zu Braunschweig. (An den Ausschuß für Durchführung der Verfassung.)

3. (8163) Beitrittserklärung zu dieser Eingabe vom Ortsverein zu Lehre. (An den Ausschuß für Durchführung der Verfassung.)

4. (8164) Gleiche Eingabe des politischen Vereins für das Bauland in Krautheim. (An den Ausschuß für Durchführung der Verfassung.)

5. (8165) Gleiche Eingabe des Vaterlandsvereins zu Ingolstadt. (An den Ausschuß für Durchführung der Verfassung.)

6. (8166) Gleiche Eingabe des demokratischen Vereins zu Hailer. Uebergeben vom Abgeordneten Rühl von Hanau. (An den Ausschuß für Durchführung der Verfassung.)

7. (8167) Gleiche Eingabe, beschlossen in einer am 17. April 1849 abgehaltenen Volksversammlung zu Grünberg. (An den Ausschuß für Durchführung der Verfassung.)

8. (8168) Gleiche Eingabe des Volksvereins für Stadt und Amt Bochum. (An den Ausschuß für Durchführung der Verfassung.)

9. (8169) Gleiche Eingabe vieler Bürger von Laudenbach. (An den Ausschuß für Durchführung der Verfassung.)

10. (8170) Gleiche Eingabe der Gemeindeverwaltung zu Eichenbühl. (An den Ausschuß für Durchführung der Verfassung.)

11. (8171) Gleiche Eingabe, beschlossen in einer am 15. April 1849 zu Elberfeld abgehaltenen Volksversammlung. (An den Ausschuß für Durchführung der Verfassung.)

12. (8172) Gleiche Eingabe des politischen Vereins zu Weimar. (An den Ausschuß für Durchführung der Verfassung.)

13. (8173) Gleiche Eingabe, beschlossen in einer zu Carlshafen (Kurhessen) abgehaltenen Volksversammlung. (An den Ausschuß für Durchführung der Verfassung.)

14. (8174) Nachträgliche Unterschriften zu obiger Eingabe von Elberfeld. (An den Ausschuß für Durchführung der Verfassung.)

15. (8175) Gleiche Eingabe des vaterländischen Vereins zu Bensheim. (An den Ausschuß für Durchführung der Verfassung.)

16. (8176) Gleiche Eingabe des demokratischen Vereins zu Striegau, übergeben vom Abgeordneten Schlöffel. (An den Ausschuß für Durchführung der Verfassung.)

17. (8177) Gleiche Eingabe des Märzvereins zu Emmendingen, übergeben vom Abgeordneten Fehrenbach. (An den Ausschuß für Durchführung der Verfassung.)

18. (8178) Gleiche Eingabe des Volksvereins zu Urach. (An den Ausschuß für Durchführung der Verfassung.)

19. (8179) Gleiche Eingabe des vaterländischen Vereins zu Osnabrück, übergeben vom Abgeordneten Breusing. (An den Ausschuß für Durchführung der Verfassung.)

20. (8180) Gleiche Eingabe, beschlossen in einer Volksversammlung zu Detmold. (An den Ausschuß für Durchführung der Verfassung.)

21. (8181) Gleiche Eingabe des Märzvereins zu Wenings, übergeben vom Abgeordneten Rühl von Hanau. (An den Ausschuß für Durchführung der Verfassung.)

22. (8182) Gleiche Eingabe des deutschen Vereins zu Landsberg in Oberbayern, übergeben vom Abgeordneten Barth. (An den Ausschuß für Durchführung der Verfassung.)

23. (8183) Gleiche Eingabe des Volsvereins zu Gelnhausen. (An den Ausschuß für Durchführung der Verfassung.)

24. (8184) Gleiche Eingabe von 189 Bewohnern Schloßvippachs im Großherzogthum Weimar. (An den Ausschuß für Durchführung der Verfassung.)

25. (8185) Gleiche Eingabe des Bürgervereins zu Corbach in Waldeck. (An den Ausschuß für Durchführung der Verfassung.)

26. (8186) Gleiche Eingabe einer am 15. April in Bockenheim abgehaltenen Volksversammlung. (An den Ausschuß für Durchführung der Verfassung.)

27. (8187) Gleiche Eingabe vieler Einwohner von Calbe, übergeben vom Abgeordneten Löwe von Calbe. (An den Ausschuß für Durchführung der Verfassung.)

28. (8188) Gleiche Eingabe des Volksvereins zu Schmalkalden. (An den Ausschuß für Durchführung der Verfassung.)

29. (8189) Gleiche Eingabe des constitutionell-monarchischen Vereins zu Darmstadt. (An den Ausschuß für Durchführung der Verfassung.)

30. (8190) Gleiche Eingabe, beschlossen in einer zu Hochstädt bei Lichtenfels abgehaltenen Volksversammlung, übergeben vom Abgeordneten Mertel. (An den Ausschuß fur Durchführung der Verfassung.)

31. (8191) Gleiche Eingabe des constitutionellen Vereins zu Prenzlau. (An den Ausschuß für Durchführung der Verfassung.)

Volk konnte das Verfassungswerk der Nationalversammlung kritisieren. Seine Zurückweisung durch die Fürsten dulden aber hieß, sich diesen wieder zu unterwerfen. So argumentierten die Demokraten, und sie fanden Gehör. Unter der Parole »Durchsetzung der Reichsverfassung« traten noch einmal alle antifeudalen Kräfte gegen die Konterrevolution auf. Ziele wie Mittel der einzelnen Klassen und Parteien waren in dem nun beginnenden Kampfe jedoch sehr unterschiedlich.

Die liberale Bourgeoisie trat für die Reichsverfassung deshalb ein, weil sie die Revolution auf der Grundlage eines Kompromisses mit dem Adel so schnell wie möglich beenden wollte. Die Hauptbedingung dieses Kompromisses war für die ausschlaggebenden Kräfte der Bourgeoisie die nationalstaatliche Konstituierung Deutschlands unter Führung Preußens. Durch die Politik Friedrich Wilhelms IV. und der Kamarilla zeitweise nochmals in eine scharfe Opposition getrieben, blieben sie doch einer revolutionären Volksbewegung feindlich. Sie hielten weiter Kurs auf einen Ausgleich mit der adligen Reaktion, insbesondere auf ein Übereinkommen mit der Hohenzollernmonarchie.

Das demokratische Kleinbürgertum engagierte sich für die Reichsverfassung, weil es in deren demokratischen Bestimmungen einen Schutzwall für die von ihm in vielen Mittel- und Kleinstaaten noch behaupteten politischen Positionen und einen Hebel zu deren weiteren Ausbau sah. Vielfach hoffte es auch, den zu schaffenden deutschen Bundesstaat später auf die eine oder andere Weise aus einer Monarchie in eine Republik umwandeln zu können. Da die liberale Bourgeoisie ihren beherrschenden Einfluß auf die Massen des Volkes eingebüßt hatte, fiel die Führung der Reichsverfassungskampagne dem Kleinbürgertum zu. Es war aber politisch weniger denn je eine einheitliche Kraft.

Die gemäßigten Demokraten, die im Lager des Kleinbürgertums in der Mehrheit waren, suchten an der Zusammenarbeit mit den Liberalen und am »gesetzlichen Weg« festzuhalten. Die beginnende Welle von Versammlungen, Petitionen und Protesterklärungen betrachteten sie vor allem als Unterstützung für ihre parlamentarische und publizistische Agitation. Charakteristisch war dies insbesondere für die gemäßigte Linke der Nationalversammlung und den Zentralmärzverein in Frankfurt (Main), die einen beträchtlichen Einfluß auf die Entwicklung der kleinbürgerlich-demokratischen Verfassungsbewegung ausübten.

Die entschiedeneren kleinbürgerlichen Demokraten schwenkten von der Kritik an der Verfassung zur Teilnahme am Kampf für ihre Durchsetzung um, »jedoch nicht um ihretwillen, sondern um einer künftigen, der demokratischen Staatsidee vollkommen entsprechenden willen«[59]. Sie suchten den von Liberalen und gemäßigten Demokraten für die Reichsverfassungskampagne gezogenen engen Rahmen zu überschreiten. Abgeordnete der äußersten Linken traten Mitte April 1849 aus dem Märzverein aus, weil dieser zuwenig Tatkraft und Entschiedenheit zeige. Der Zentralausschuß der Demokraten Deutschlands bemühte sich, legal wie illegal die Voraussetzungen für eine zweite Revolution vorzubereiten.

Der Hintergrund dieser Differenzierung innerhalb der kleinbürgerlichen Demokratie, die auch in den einzelnen Staaten und Provinzen Deutschlands hervortrat, war die zunehmende Aktivität der fortgeschrittenen Teile der Arbeiterklasse und der mit ihnen verbundenen entschiedenen Kräfte des städtischen Kleinbürgertums und der Bauernschaft. In der klaren Erkenntnis oder dem richtigen Instinkt, daß eine entscheidende Auseinandersetzung mit der vordringenden Konterrevolution heranreifte, traten sie in der außerparlamentarischen Volksbewegung immer mehr in den Vordergrund.

Eine klare Zielstellung und Taktik für die

»Die Reaktion am Baum der Freiheit«. Holzschnitt von Wilhelm Scholz

Arbeiterklasse und alle demokratischen Kräfte entwickelte in dieser Situation wiederum die »Neue Rheinische Zeitung«, die politische Zentrale und das publizistische Organ der Kommunisten. Sie wirkte für eine breite Bewegung gegen die Konterrevolution, die selbst die zeitweilig progressiv auftretenden Teile der Bourgeoisie einbezog und deren Führung zunächst nur beim demokratischen Kleinbürgertum liegen konnte. Vor allem aber kämpfte das Organ der Kommunisten darum, daß in dieser Bewegung die Arbeiterklasse und die mit ihr verbundenen radikal-demokratischen kleinbürgerlichen Schichten in Stadt und Land eine selbständige und vorwärtstreibende Rolle spielten. Die Durchsetzung der Reichsverfassung, so arbeitete die »Neue Rheinische Zeitung« heraus, mußte zwar der Ausgangspunkt, konnte aber keineswegs das endgültige Ziel der Bewegung sein. In dem anhebenden Kampf ging es darum, ob die Konterrevolution in Deutschland triumphieren oder ob die demokratischen Kräfte deren Entmachtung durchsetzen würden. Daher mußte die kleinbürgerliche Führung »im äußersten Falle, wenn es auf Entscheidung ankommt, *die eine und unteilbare deutsche Republik der Restauration des deutschen Bundestags* vorziehen«[60]. Ebensowenig konnten Petitionen, Deputationen, Proteste und Versammlungen genügen, man durfte sich »nicht scheuen, *den Bürgerkrieg zu proklamieren*«[61]. Die Ausgaben der »Neuen Rheinischen Zeitung« wurden »Aufrufe an das Volk, sich bereit zu halten zum Losschlagen«[62].

Die Volksbewegung zur Durchsetzung der Reichsverfassung konnte nur erfolgreich sein, wenn der Abwehrkampf gegen die Anschläge der adlig-militaristischen Konterrevolution in dem Maße, wie die Bedingungen sich dafür entwickelten, in eine Offensive zur Weiterführung der Revolution übergeleitet wurde.[63] Diese von den Kommunisten gewiesene Perspektive ergab sich ebenso aus der inneren Dialektik des Klassenkampfes in Deutschland wie aus der internationalen Entwicklung.

Internationale Impulse

Die Anzeichen für einen neuen Aufschwung der internationalen Revolution hatten sich im Frühjahr 1849 gemehrt.

Die Proklamierung der Republik in Rom im Februar 1849 hatte den Befreiungskampf in ganz Italien wieder aufleben lassen. Das Königreich Sardinien-Piemont war allerdings schon im März von den Österreichern und die Sizilianer waren noch im gleichen Monat von der Armee des Königs von Neapel geschlagen worden. Aber Venedig setzte sich den Truppen Radetzkys tapfer zur Wehr. Vor allem trotzte die römische Republik, verteidigt von den Scharen Giuseppe Garibaldis, den Angriffen der neapolitanisch-spanischen Reaktion, obwohl zu deren Unterstützung ein französisches Expeditionskorps eingriff. Jederzeit konnte der revolutionäre Funke wieder auf die anderen italienischen Staaten überschlagen. Österreich mußte große Teile seiner Armee zur Niederhaltung Italiens einsetzen.

Inzwischen erlangte der ungarische Befreiungskampf europäische Bedeutung. Die ungarische Revolutionsarmee, zu Jahresbeginn in das Innere und den Süden des Landes zurückgedrängt, gewann neue Kräfte durch die »Levée en masse«, die Mobilisierung aller Kräfte der Nation, zu der Lajos Kossuth aufrief. In erbitterten Kämpfen stieß sie erneut vor. Sie schlug Windischgrätz, Jellačić und die anderen blutbefleckten Generale der Konterrevolution immer wieder aufs Haupt. Am 14. April 1849 erklärte der ungarische Reichstag das Land für unabhängig. Am 24. April befreiten die Ungarn ihre Hauptstadt Pest. Einige Tage später warf die ungarische Revolutionsarmee das Gros der österreichischen Truppen über die Grenze zurück. Täglich erwartete man sie vor den Toren von Wien. Der Habsburgermonar-

Ausrufung der römischen Republik in der Konstituante, 9. Februar 1849. Nach der »Illustrierten Zeitung«, 1849

Giuseppe Garibaldi. Zeitgenössische Darstellung

Lajos Kossuth, der Führer der ungarischen Revolution, ruft den Landsturm auf. Darstellung der Neuruppiner Bilderbogen, 1849

chie drohte die Auflösung. Die wenige Wochen zuvor noch siegestrunkene Kamarilla von Olmütz mußte den russischen Zaren Nikolaus I. um Hilfe ersuchen.

Der Vorstoß der ungarischen Revolutionsarmee legte Österreich, das eine Zentrum der Konterrevolution in Deutschland, lahm. Er ermutigte zugleich die deutschen Demokraten. Begeistert verfolgten sie den Kampf der ungarischen Revolutionäre, die aus einer scheinbar hoffnungslosen Lage die Kraft zu einer neuen Offensive gefunden hatten. Sie sind »unsre Hoffnung und die Stütze unserer Sache«[64], schrieb der bürgerliche Demokrat und Humanist Karl August Varnhagen v. Ense am 23. April 1849.

Die Hoffnungen der Arbeiterklasse und der entschiedenen Demokraten richteten sich noch mehr auf Frankreich. Hier hatte das Proletariat nach dem starken Aderlaß der Junischlacht erneut seine Kräfte zu sammeln begonnen. Das demokratische Kleinbürgertum suchte bei ihm um so mehr Rückhalt, je offener die bourgeoise Partei der Ordnung die demokratischen Freiheiten abbaute und der neue Präsident der Republik, Louis Bonaparte, auf seine Diktatur hinarbeitete. In allen Ländern rechneten die revolutionären Kräfte mit einem unmittelbar bevorstehenden Gegenschlag, mit einem neuen Aufstand des arbeitenden Volkes von Paris, der der gesamten Bewegung starke Impulse geben und zum Auftakt und internationalen Zentrum für die zweite, sozialrepublikanische Revolution werden konnte.

Diese internationale Entwicklung erhöhte

Die ungarische Revolutionsarmee erstürmt die Festung Ofen (Buda), 21. Mai 1849. Darstellung der Neuruppiner Bilderbogen, 1849

Schließung eines politischen Klubs in Paris, Februar 1849.
Nach der »Illustrierten Chronik 1849«

Totenmesse für die Gefallenen der Februarrevolution in der Magdalenenkirche zu Paris, 24. Februar 1849.
Nach der »Illustrierten Zeitung«, 1849

die Verantwortung der demokratischen Kräfte in Deutschland. Der letzte Entscheidungskampf zwischen Revolution und Konterrevolution hob in ganz Europa an; es galt, auch in Deutschland alles zur Entfaltung des Volkskampfes zu tun. Zunächst aber schien es vielen, als seien hier die beschränkten Ziele und Kampfmittel ausreichend, die Liberale und gemäßigte Demokraten für die Reichsverfassungskampagne propagierten.

Anfangserfolge in Südwestdeutschland

Die Reichsverfassungskampagne entfaltete sich zuerst und am breitesten in den Staaten Südwestdeutschlands. Hier saßen die Fürsten noch nicht wieder fest im Sattel und konnten gegen das Volk keine starken, militarisierten Armeen einsetzen. Der Rükkendeckung seitens Österreichs waren sie dank der Offensive der ungarischen Revolutionsarmee beraubt. Im industriell noch unentwickelten Südwesten, wo es weder eine Großbourgeoisie noch ein massenhaftes Proletariat gab, wurde auch das politische Leben am stärksten vom Kleinbürgertum bestimmt. So konnte es hier zu Anfangserfolgen kommen, welche die von den gemäßigten Demokraten und linken Liberalen eingeschlagene Taktik zu bestätigen schienen.
Zum Paradebeispiel ihrer Politik wurde Württemberg. In Stuttgart regierte noch das Märzministerium von Friedrich Römer, der zu den Führern der gemäßigten Linken der Frankfurter Nationalversammlung gehörte. Als sich König Wilhelm weigerte, die Reichsverfassung anzuerkennen, organisierten Demokraten und Liberale gemeinsam in ganz Württemberg Erklärungen von Stadträten, Bürgerausschüssen, Vaterländischen Vereinen, Volksvereinen und Bürgerwehren für die Verfassung. Darauf drohte Römer am 19. April mit der Abdankung, und die übrigen Minister stellten sich hinter ihn. Angesichts der einmütigen Haltung der Bevölkerung fand sich niemand, der eine neue Regierung bilden wollte.

Württembergische Bürgerwehr.
Nach der »Illustrierten Zeitung«, 1849

Als der König dennoch auf seiner Weigerung beharrte, beschloß die Zweite Kammer am 22. April 1849 über seinen Kopf hinweg, die Reichsverfassung zum Gesetz zu erheben. Jeder Württemberger, ob Zivilist oder Militärangehöriger, sei zu ihrem Schutz und zu ihrer Befolgung verpflichtet, jeder Angriff auf die Verfassung Hochverrat. Diesem Beschluß verliehen Deputationen von Gemeinderäten, Bürgerausschüssen und Bürgerwehren Nachdruck, die aus allen Teilen des Landes in der Residenz erschienen. Die Stuttgarter Bürgerwehr be-

Karikatur auf die Annahme der Reichsverfassung durch den König von Württemberg.
Aus dem »Eulenspiegel«, 1849

setzte das Schloß. Der Hof floh in den Schutz der Garnison von Ludwigsburg. Entscheidend wurde, daß die Offiziere dem König eröffnen mußten, sie könnten für die Zuverlässigkeit der Armee nicht mehr garantieren. Der Schwabenkönig gab nach, ohne daß die Kampfentschlossenheit der kleinbürgerlichen Demokraten und das Bündnis mit den Liberalen auf die Probe gestellt wurde. Am 24. April erklärte er die vorbehaltlose Annahme der Reichsverfassung.

»Die Sache des Volkes, die deutsche Sache hat gesiegt; der Grundsatz der Nationalsouveränität hat sich wiederholt Anerkennung errungen ... Das Volk ... hat den Bürgern derjenigen Staaten, deren Regierungen die Reichsverfassung noch nicht anerkannt haben, ein Vorbild gegeben, welches seine Wirkung nicht verfehlen wird.«[65] So hieß es in einer Erklärung der württembergischen Kammer vom 25. April 1849. Liberale wie gemäßigte Demokraten betrachteten das württembergische Beispiel als das Maß für Ziele wie Kampfmittel der Verfassungsbewegung in den übrigen Staaten. Die Frankfurter Nationalversammlung erklärte am 26. April die Verfassung nochmals für rechtskräftig und forderte die Regierungen auf, sie anzuerkennen und durchzuführen.

Preußen, Hannover und Sachsen beantworteten freilich die württembergischen Ereignisse und die Appelle der Frankfurter Nationalversammlung nur damit, daß sie in den letzten Apriltagen ihre Kammern auflösten. Die bayerische Kammer wurde vertagt.

Die Volksbewegung aber verbreiterte sich und gewann an Entschiedenheit. Zu ihrem Hauptangriffspunkt in Südwestdeutschland wurde zunächst das Königreich Bayern. In Franken und vor allem in der Pfalz kam es zu ähnlichen Vorgängen wie kurz zuvor in Württemberg. Als in den bayerischen Kernlanden die Monarchie Herr der Lage blieb, empörte sich die fortgeschrittenste, linksrheinische Provinz, die Pfalz.

Am 3. Mai fand in Kaiserslautern auf Initiative von Abgeordneten der Münchener Kammer und der Frankfurter Nationalversammlung eine große Volksversammlung statt. Sie wählte einen Landesverteidigungsausschuß, bestehend aus liberalen und demokratischen Abgeordneten und Politikern. Dieser wurde vorangedrängt von Arbeitern, Turnern und der revolutionären Jugend, die bereits die Proklamierung der

Schütze und Sensenträger der Heilbronner Turnerwehr. Zeitgenössische Lithographie

Republik forderten. Der Landesverteidigungsausschuß unterstellte die Pfalz der Frankfurter Nationalversammlung und forderte Beamte, Geistliche und Soldaten auf, den Eid auf die Reichsverfassung abzulegen. An das Volk appellierte er, im Falle eines Angriffs bewaffneten Widerstand zu leisten.

Die Bewegung in der Pfalz hatte damit revolutionären Boden beschritten. Dennoch fand sie keinen ernsthaften Widerstand. Die im Linksrheinischen stehenden bayerischen Truppen, meist Pfälzer, gingen in der großen Mehrheit auf die Seite des Volkes über. Die restlichen Einheiten zogen sich in die Festungen Landau und Germersheim zurück. Fast die ganze Pfalz schloß sich der Bewegung an, froh, die verhaßte Bayernherrschaft losgeworden zu sein. Die königliche Regierung in München war außerstande, neue Truppen nach der Pfalz zu schicken.

Erneut meldete sich die Frankfurter Nationalversammlung zu Wort. Am 4. Mai rief sie die gesetzgebenden Körperschaften, die Gemeindevertretungen und nun auch das gesamte Volk der Einzelstaaten zur Durchsetzung der Reichsverfassung auf. Wenn Preußen sich weiterhin widersetze, solle das Oberhaupt des größten der Verfassung zustimmenden Bundesstaates als Reichsstatthalter wirken. Zugleich beraumte die Nationalversammlung Wahlen für den

Karikatur auf die Auflösung der Kammern durch die reaktionären Regierungen. Aus der »Deutschen Reichsbremse«, 1849

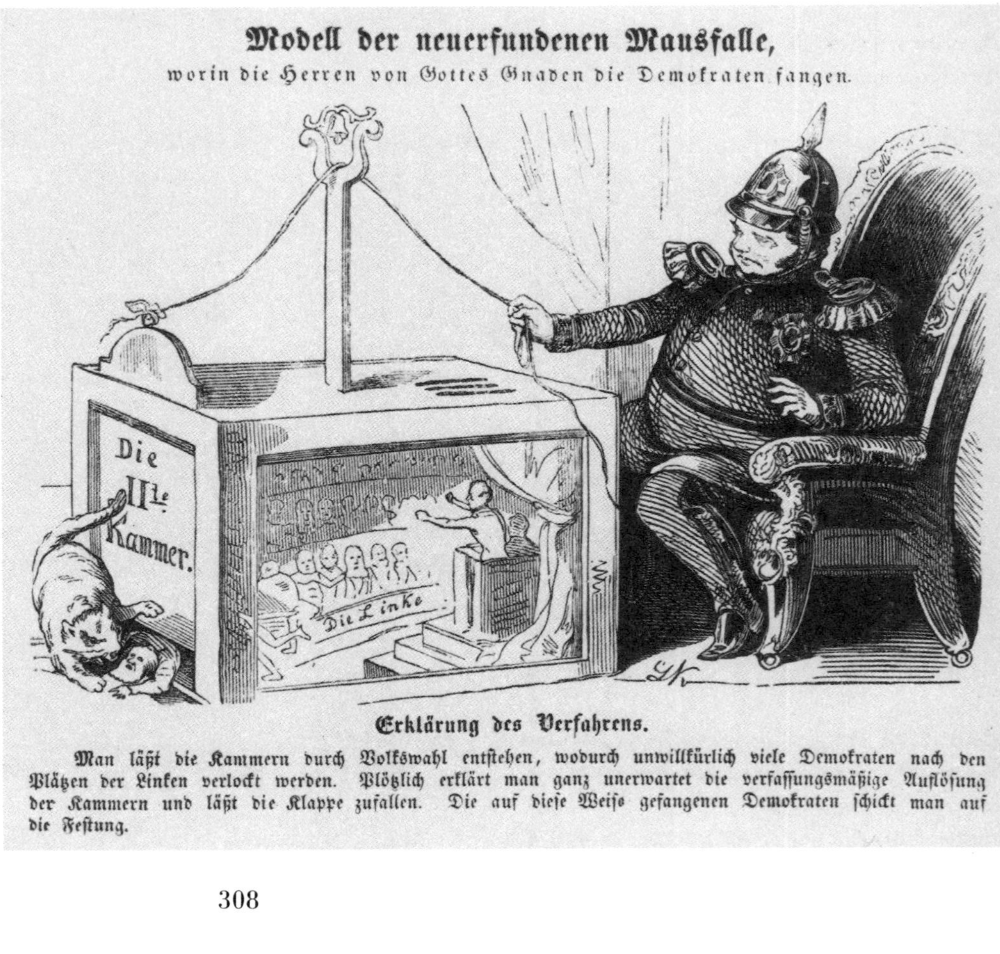

neuen Reichstag an. Noch immer glaubte die Mehrheit der Parlamentarier, eine revolutionäre Auseinandersetzung ließe sich umgehen. Aber die Konterrevolution hatte eine Gegenoffensive eingeleitet, die ganz andere Beschlüsse erforderte.

Die preußische Gegenoffensive

Da Österreich vollauf zu tun hatte, sich der ungarischen Revolutionsarmee zu erwehren, war Preußen die Hauptmacht der Konterrevolution in Deutschland. Seitdem die Truppen Wrangels im November 1848 in Berlin eingezogen waren, hatte die junkerliche Reaktion ihre Herrschaft so wiederbefestigt, daß Friedrich Wilhelm IV. sowie seine Generale und Minister die Reichsverfassungskampagne als Anlaß betrachteten, die demokratische Bewegung in Preußen selbst endgültig niederzuwerfen und die Revolution in ganz Deutschland im Blut zu ersticken. Auf diese Weise wollten sie auch bei den deutschen Fürsten die Anwartschaft Preußens auf die Führung in Deutschland geltend machen. Sie setzten auf die militaristische Armee, die zu zerbrechen die Revolution verabsäumt hatte.
Den längst geplanten Feldzug eröffnete die preußische Konterrevolution, als sich die Zweite Kammer für die Reichsverfassung aussprach und die Aufhebung des Belagerungszustandes forderte. Am 27. April 1849 ließ Friedrich Wilhelm IV. die Kammer auflösen. Da sie die im Dezember 1848 oktroyierte Verfassung revidieren sollte, war dies ein neuer Staatsstreich. Die Kamarilla legte es geradezu darauf an, die Massen zu spontanen Erhebungen aufzureizen, um dann ein Exempel zu statuieren. Die Abgeordneten der Linken, die sich in der Konversationshalle am Dönhoffplatz versammelten, um gegen den widerrechtlichen Akt zu protestieren, wurden durch Konstabler und Militär auseinandergejagt. Truppen hatten auch den Platz umstellt und schossen ohne Anlaß in die hier versammelte unbewaffnete Volksmenge.
Dem »Übergang zur *Säbelherrschaft in der zweiten Potenz*«[66] in Preußen folgte die offene Kriegserklärung an die Frankfurter Nationalversammlung und die liberale und demokratische Verfassungsbewegung in ganz Deutschland auf dem Fuße. In einer Zirkularnote an die deutschen Regierungen, die am 2. Mai 1849 veröffentlicht wurde, forderte der preußische Ministerpräsident, Graf v. Brandenburg, »der Revolution in Deutschland ein Ziel« zu setzen.

Die Auflösung der Zweiten Kammer durch den preußischen Ministerpräsidenten von Brandenburg, 27. April 1849. Federzeichnung von R. Kretschmar, 1849

Truppen eröffnen am Dönhoffplatz das Feuer auf das protestierende Volk, 27. April 1849. Nach der »Illustrierten Zeitung«, 1849

Die Nationalversammlung solle sich den Forderungen der Fürsten unterwerfen, andernfalls sei Preußen entschlossen, »den zerstörenden und revolutionären Bestrebungen nach allen Seiten hin mit Kraft und Energie entgegenzutreten«. Es werde allen Regierungen »erforderliche Hilfe« erweisen.[67] Die Hohenzollernmonarchie stellte klar, daß sie ihren »deutschen Beruf« nicht in einem Volkskaisertum, sondern in einem konterrevolutionären Gendarmentum erblickte.

Der Widerstand der Fürsten in den Mittel- und Kleinstaaten gegen die Verfassungsbewegung versteifte sich sofort. Die Volksmassen aber drängten nun über deren bisherige Kampfformen hinaus. Der Druck Preußens wirkte zuerst in den beiden benachbarten Königreichen, aber in verschiedener Richtung. Während in Hannover die Volksbewegung erstickt wurde, trieb sie im Königreich Sachsen zum bewaffneten Aufstand.

Volksaufstand in Sachsen

Als die sächsische Regierung am 28. April 1849 nach dem Berliner Vorbild die Zweite Kammer auflöste, trat sie im Vertrauen auf preußische Hilfe aus einer politischen Krise die konterrevolutionäre Flucht nach vorn an.

Industriell nach dem Rheinland der fortgeschrittenste Teil Deutschlands, hatte sich in Sachsen eine breite und differenzierte demokratische Bewegung entfaltet, deren entschiedenstes Element die Arbeiterklasse bildete. Eine Reihe von Organisationen der Arbeiterverbrüderung, deren Zentralkomitee in Leipzig wirkte, hatte sich zu kämpferischen Klassenorganisationen entwickelt. Der Schwerpunkt der politischen Aktivität der Arbeiter blieb freilich noch innerhalb der kleinbürgerlich geführten Vaterlandsvereine, doch boten sie hier radikalen Demokraten Rückhalt.

Die Initiative und Führung der Reichsverfassungskampagne lag auch in Sachsen zunächst bei den Liberalen und gemäßigten Demokraten. Nach der Kammerauflösung brachten sie eine Adressenkampagne für die Anerkennung der Reichsverfassung und die Berufung eines volkstümlichen Ministeriums in Gang. Besonders von den Kommunalbehörden der größeren Städte getragen, zeugte sie von der intensiven Beteiligung der liberalen Bourgeoisie. In der

Dresden um 1849. Nach einer Lithographie von A.H. Payne

Residenz, wo die Entscheidung fallen mußte, stand an der Spitze der Bewegung der von gemäßigten Demokraten beherrschte Ausschuß des Vaterlandsvereins. Er nahm sich die Verfassungsbewegung in Württemberg zum Vorbild, verstärkte zwar den Druck auf die Krone, wollte aber einen gewaltsamen Kampf vermeiden. Deshalb trachtete er danach, die rund 5 000 Mann musternde Dresdener Kommunalgarde ins Spiel zu bringen. Eine für den 3. Mai geplante Parade sollte für die Reichsverfassung demonstrieren und zugleich die zunehmende Erregung der Volksmassen dämpfen.

König Friedrich August II. und seine Minister aber suchten im Vertrauen auf preußischen Beistand den Entscheidungskampf. Alle Deputationen wurden abschlägig beschieden, die Parade der Kommunalgarde im letzten Augenblick verboten, die in Dresden und Umgebung stationierten Soldaten in den Kasernen festgehalten. Vor allem richtete die sächsische Regierung nun auch ein direktes Ersuchen um sofortige militärische Hilfe nach Berlin.

Abteilung der Kommunalgarde am Dresdener Stadthaus, Mai 1849. Lithographie, 1849

Am Mittag des 3. Mai in Dresden bekannt geworden, wirkte diese Nachricht wie ein Funke am Pulverfaß. Die Empörung der Arbeiter und entschiedenen Demokraten war um so größer, als sie die meisten Bataillone der Kommunalgarde trotz der drohenden preußischen Intervention auseinander-

Der Kampf am Zeughausplatz in Dresden, 3. Mai 1849. Zeitgenössische Darstellung

gehen sahen. Vor dem Zeughaus sammelte sich eine erregte Menge und forderte Waffen und Munition für den Kampf gegen die preußischen Truppen. Gegen 16 Uhr drückten Handwerksgesellen und Arbeiter das Gattertor ein. Der Schneidergeselle Peter Kappler, die schwarzrotgoldene Fahne in der Hand, forderte die Truppen auf, das Zeughaus zu übergeben. Da eröffnete die Besatzung ohne Warnung das Feuer und streckte die ersten Kämpfer nieder. Immer mehr Menschen strömten nun zum Zeughaus, vor allem mit dem Bau erster Barrikaden beschäftigte Arbeiter. Ehe ein alarmiertes Bataillon der Kommunalgarde sich entscheiden konnte, ob es für oder gegen das Volk eingreifen wollte, drangen Arbeiter und Demokraten erneut vor. Sie gingen daran, das mittlere Haupttor mit Hilfe eines Wagens aufzusprengen. Der Kommandant aber ließ nun Kartätschenfeuer eröffnen. Über 20 Tote und Verwundete lagen in ihrem Blut.

Die Bluttat des Militärs am Zeughaus wurde zum Signal für die allgemeine Erhebung in Dresden. Arbeiter und Demokraten zogen zum Rathaus, um Waffen und Munition zu fordern. Die ganze Altstadt wurde zur Verteidigung vorbereitet. Straßen wurden aufgerissen. Pflastersteine, Möbel und Hausrat zu Barrikaden getürmt. Binnen kurzer Zeit entstanden mehr als 100 Barrikaden. Auf ihren Wällen erschien neben der schwarzrotgoldenen Fahne die rote Fahne der sozialen Republik.

Die Turnerwaffenschar und andere Demokraten unterstützten die Handwerksgesellen und Arbeiter, die fast waffenlos den Kampf begonnen hatten. An die Seite der Aufständischen traten auch hervorragende Vertreter der Intelligenz der Kunststadt an der Elbe. So manche Barrikade verdankte ihre Festigkeit den Instruktionen des Baumeisters Gottfried Semper. Leidenschaftlichen Anteil an der Erhebung nahmen ebenso der Kapellmeister und bereits bekannte Komponist Richard Wagner und der Musikdirektor August Röckel. Am frühen Morgen dampften der sächsische König und seine reaktionären Minister ab. Sie flohen vor dem Aufstand, aber sie zogen hinter sich auch die Zugbrücke gegen Verhandlungen hoch. Das Volk verstand dies durchaus als Herausforderung. Die in der Nacht zum Teil verlassenen Barrikaden wurden wieder besetzt. Der Kampf mit den Truppen flammte erneut auf. Als bekannt wurde, daß ein Waffenstillstand abgeschlossen sei, erschien vor dem Rathaus wiederum eine große Volksmenge, die »stürmisch und drohend zum Angriff auf das Militär geführt zu werden verlangte«[68].

Im Dresdener Rathaus aber herrschten Unsicherheit und Durcheinander. Am Nachmittag des 3. Mai hatten hier Stadtverordnete unter Führung gemäßigter Demokraten des Vaterlandsvereins einen Sicherheitsausschuß gebildet. Er traf zwar einige Maßnahmen, um Dresden gegen preußische Truppen zu verteidigen, vor einer zielbewußten Fortsetzung des Kampfes gegen das sächsische Militär scheute er jedoch zurück. Erschreckt von dem aufständischen Volk und von der ihm zugefallenen Verantwortung, suchte der Sicherheitsausschuß die Zusammenarbeit mit dem liberalen

Barrikade am Eingang der Wilsdruffer Gasse, 3. Mai 1849. Zeitgenössische Lithographie

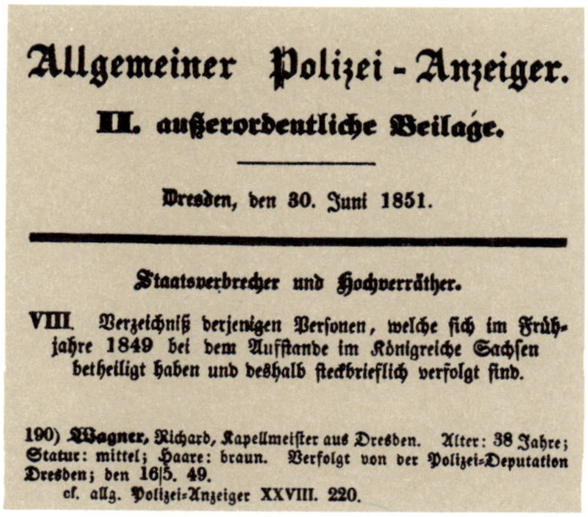

Allgemeiner Polizei-Anzeiger.

II. außerordentliche Beilage.

Dresden, den 30. Juni 1851.

Staatsverbrecher und Hochverräther.

VIII. Verzeichniß derjenigen Personen, welche sich im Frühjahre 1849 bei dem Aufstande im Königreiche Sachsen betheiligt haben und deshalb steckbrieflich verfolgt sind.

190) Wagner, Richard, Kapellmeister aus Dresden. Alter: 38 Jahre; Statur: mittel; Haare: braun. Verfolgt von der Polizei-Deputation Dresden; den 16/5. 49.
cf. allg. Polizei-Anzeiger XXVIII. 220.

Steckbrief auf Richard Wagner

Stadtrat. Er duldete sogar, daß dieser das Volk aufforderte, »den Boden des Gesetzes und den Weg der Ordnung keinen Schritt zu verlassen«[69].

Im Verein mit dem Stadtrat schloß der Sicherheitsausschuß mit dem Militärgouverneur einen bis zum 5. Mai mittags befristeten Waffenstillstand ab. Sie vergaben damit die Chance, den Aufstand in einem Augenblick weiterzuführen, wo die Truppenkommandeure und Behörden — von König und Regierung ohne Instruktionen zurückgelassen — unsicher und verwirrt, die Massen aber begeistert und kampfentschlossen waren. Die Militärkommandeure gewannen Zeit, ihre Truppen wieder zu ordnen und Verstärkungen heranzuziehen. Vor allem konnten die angeforderten preußischen Regimenter anrücken. Auch die Aufständischen mußten sich erst organisieren, Waffen beschaffen und durch Zuzug verstärken. Sie konnten jedoch den Waffenstillstand längst nicht im gleichen Maße nutzen. Namentlich ließ dieser erneut die Illusion wachsen, ein Kompromiß mit der königlichen Regierung stünde in Aussicht.

Die Provisorische Regierung

Entschiedene Demokraten suchten dem spontan ausgebrochenen Dresdener Aufstand die notwendige Führung zu geben. Ihr Kopf war der Bautzener Advokat Samuel Erdmann Tzschirner, ein Mann, der an Entschlossenheit, Unermüdlichkeit und geistiger Energie die meisten kleinbürgerlich-demokratischen Politiker in Deutschland überragte. Er war der Hauptsprecher der äußersten Linken des sächsischen Landtags und wirkte als Mitglied des Zentralausschusses der demokratischen Va-

Samuel Erdmann Tzschirner

terlandsvereine zugleich in der Führung der größten demokratischen Organisation Sachsens. Im Vormärz einer der Linksliberalen aus dem Kreis um Robert Blum, hatten ihn die Klassenkämpfe des Jahres 1848/49 zu einem radikalen Demokraten werden lassen, der in den Arbeitern die Hauptkraft der Volksbewegung erkannte. So aktiv er sich in die Reichsverfassungskampagne einschaltete, so wenig war für ihn die Verfassung das letzte Ziel des angebrochenen Kampfes. Sein politisches Streben deckte sich mit den Hoffnungen der Aufständischen aus dem arbeitenden Volk auf eine Republik, die die sozialen Interessen der werktätigen Massen verwirklichte. In dem Maße, wie die Kämpfe sich zuspitzten, wurde er zum Führer der Volksmassen im Dresdener Maiaufstand.

Wiegelten die liberalen Stadträte beim Sicherheitsausschuß nach Kräften ab, so suchten ihn Tzschirner und seine Freunde voranzudrängen. Als der Oberbefehlshaber der Kommunalgarde die Ausgabe von Munition verweigerte, veranlaßten sie den Ausschuß, ihn abzulösen. Sie kümmerten sich um die Bewaffnung der Barrikadenbesatzungen und riefen Freiwillige aus den umliegenden Orten herbei. Aber zunächst wollten Tzschirner und seine Freunde alle Möglichkeiten ausschöpfen, um zu verhindern, daß die Dresdener Aufständischen isoliert gegen die preußischen und sächsischen Truppen den bewaffneten Kampf aufnehmen mußten.

Sie hofften, daß trotz des Gemetzels am Zeughaus das sächsische Militär durch ein einheitliches Auftreten des Volkes noch auf die Seite der Aufständischen herübergezogen werden könne. Ein Zusammengehen von Truppen und Bevölkerung in Sachsen, so glaubten sie, könnte Preußen von einer Intervention abhalten, zumal sie auf Bewegungen in Preußen selbst, am Rhein, in Schlesien und Berlin, rechneten. Von diesen Erwägungen, die freilich die Kampfentschlossenheit der Reaktion unterschätzten, ließen sich Tzschirner und seine Freunde leiten, als sie am 4. Mai Abgeordnete des sächsischen Landtags zur Bildung einer Provisorischen Regierung veranlaßten.

Die Provisorische Regierung sollte ganz Sachsen in den in der Metropole begonnenen Kampf einbeziehen und unter der Flagge der Reichsverfassung die Bevölkerung von den revolutionär gesinnten Arbeitern bis zur liberalen Bourgeoisie zusammenschließen. Darüber hinaus sollte sie Unterstützung bei der Verfassungsbewegung im übrigen Deutschland, nicht zuletzt bei der Nationalversammlung, gewinnen. Daher wurden in die Provisorische Regierung mit Zustimmung der radikalen Demokraten drei Landtagsminister von recht unterschiedlicher politischer Farbe gewählt: Samuel Erdmann Tzschirner, der Führer der äußersten Linken, der Kreisamtmann Otto Leonhard Heubner, ein Mitglied der gemäßigten Linken, und der Regierungsrat Karl Gotthelf Todt, ein Vertreter der Liberalen.

Diese Koalitionsregierung war außerstande,

Eine Anweisung der Provisorischen Regierung von Sachsen, 4. Mai 1849

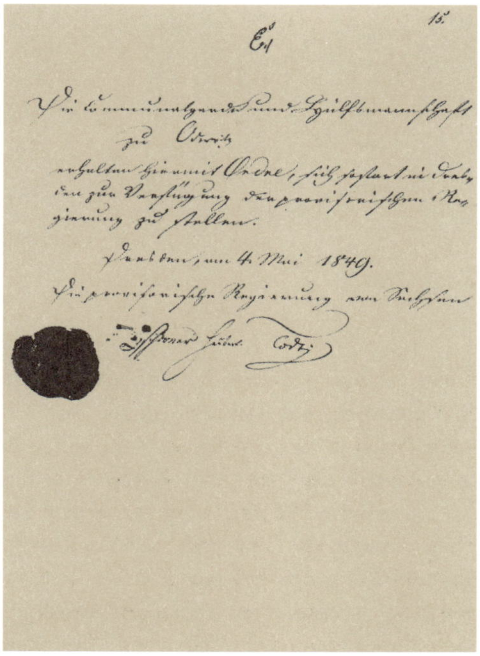

15.

Die Communalgarden-Schützenmannschaft
zu Oderwitz
erhalten hiermit Ordre, sich sofort nach Dresden zur Verstärkung der provisorischen Regierung zu stellen.
Dresden, am 4. Mai 1849.
Die provisorische Regierung von Sachsen
Tzschirner Heubner Todt

als revolutionäres Machtorgan zu handeln. Sie wollte nicht die Regierungsgewalt in Sachsen übernehmen, sondern nur die Bewegung zur Durchsetzung der Reichsverfassung und der demokratischen Forderungen führen. Statt den bewaffneten Kampf zu leiten, suchte sie durch politisch-moralischen Druck den sächsischen Hof und Preußen davon abzubringen, ihn wiederaufzunehmen. So erklärt es sich, daß die Provisorische Regierung einerseits weitere Bürgerwehren nach Dresden rief, aber andererseits nur wenige organisatorische Vorbereitungen für eine militärische Auseinandersetzung traf. Deshalb duldete sie auch, daß Mitglieder des Stadtrats und des Sicherheitsausschusses mit den vom Königstein zurückkehrenden Ministern verhandelten.

In dem Bestreben, die Liberalen und die gemäßigten Demokraten an die Bewegung zu binden, ließ selbst der entschiedene Demokrat Tzschirner viele Möglichkeiten ungenutzt, die revolutionären Energien der Arbeiter und des werktätigen Volkes zu mobilisieren. Entscheidend für das Schicksal des sächsischen Maiaufstandes wurde aber, daß die liberale Bourgeoisie Sachsens geschlossen gegen die Volkserhebung Front machte und auch große Teile des Kleinbürgertums die Provisorische Regierung nicht energisch unterstützten.

Die liberale Bourgeoisie wurde durch das Verbleiben der Provisorischen Regierung im Rahmen der Gesetzlichkeit keineswegs zur weiteren Mitwirkung an der Bewegung veranlaßt. Sobald in Dresden das Volk sich zum bewaffneten Kampf erhoben hatte, ging sie zum offenen Verrat über. Die meisten größeren Städte Sachsens, in denen die liberale Bourgeoisie politisch ausschlaggebend war, blieben dem Aufstand fern und erkannten die Provisorische Regierung nicht an. Dazu gehörte Leipzig, dem wegen seiner Größe und Bedeutung als Messemetropole und Verkehrsknotenpunkt zwischen Dresden und den westsächsischen Industriestädten besondere Bedeutung für den Verlauf des Aufstandes zukam. Anders war es freilich in den kleineren und mittleren Industriestädten und in Gebieten des Vogtlandes und des Erzgebirges, wo die kleinbürgerlichen Demokraten die Mehrheit der Stadträte und Stadtverordneten stellten und die Vaterlandsvereine das politische Übergewicht hatten. Hier entstanden Verteidigungs- oder Sicherheitsausschüsse, die — nicht selten unter harten Auseinan-

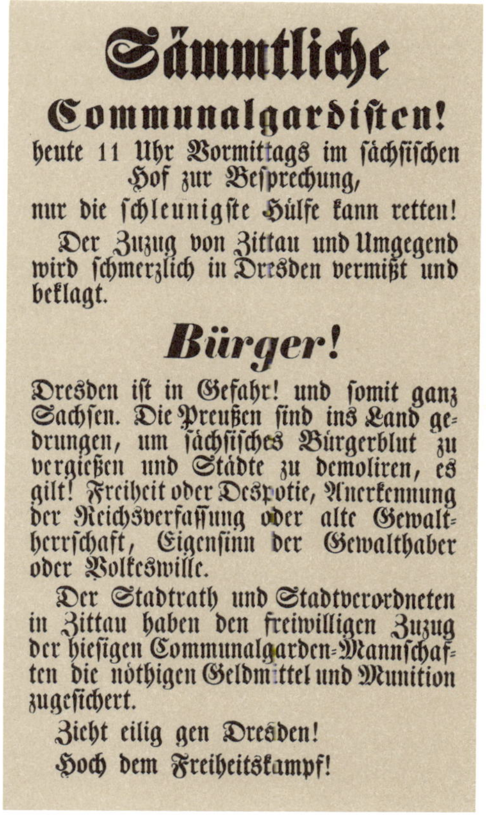

Sämmtliche

Communalgardisten!

heute 11 Uhr Vormittags im sächsischen Hof zur Besprechung,
nur die schleunigste Hülfe kann retten!

Der Zuzug von Zittau und Umgegend wird schmerzlich in Dresden vermißt und beklagt.

Bürger!

Dresden ist in Gefahr! und somit ganz Sachsen. Die Preußen sind ins Land gedrungen, um sächsisches Bürgerblut zu vergießen und Städte zu demoliren, es gilt! Freiheit oder Despotie, Anerkennung der Reichsverfassung oder alte Gewaltherrschaft, Eigensinn der Gewalthaber oder Volkswille.

Der Stadtrath und Stadtverordneten in Zittau haben den freiwilligen Zuzug der hiesigen Communalgarden-Mannschaften die nöthigen Geldmittel und Munition zugesichert.

Zieht eilig gen Dresden!

Hoch dem Freiheitskampf!

Zittauer Demokraten rufen zum Zug nach Dresden auf, Mai 1849

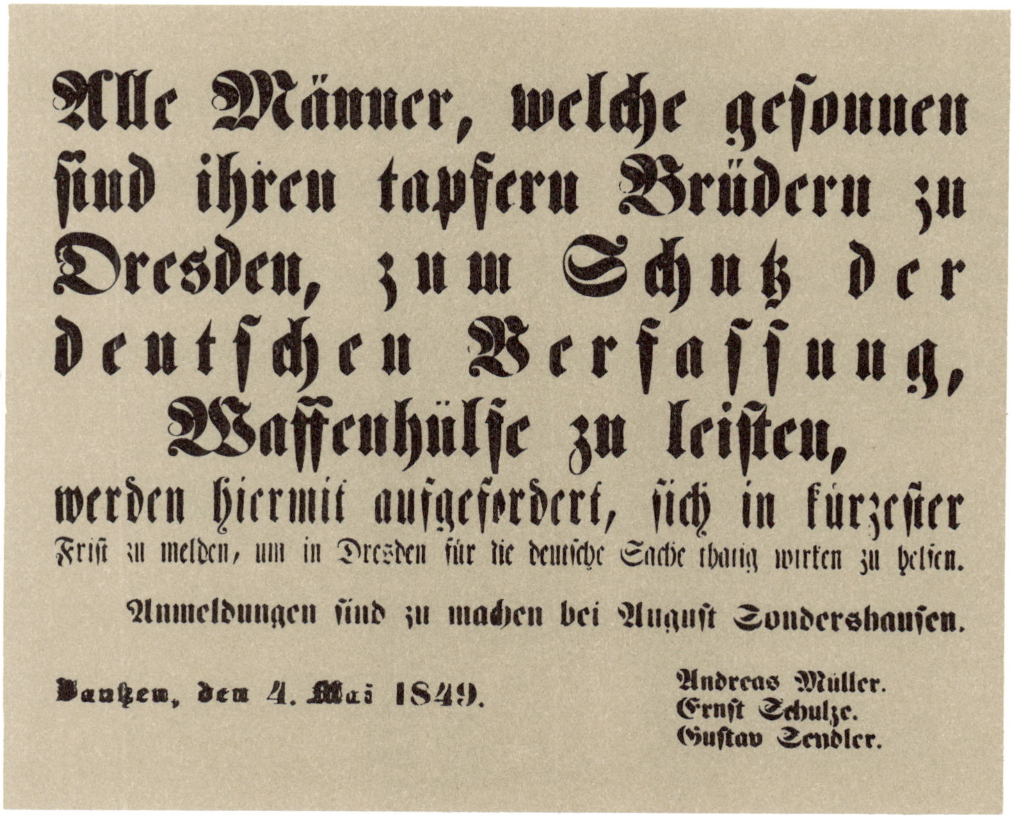

Alle Männer, welche gesonnen sind ihren tapfern Brüdern zu Dresden, zum Schutz der deutschen Verfassung, Waffenhülfe zu leisten,

werden hiermit aufgefordert, sich in kürzester Frist zu melden, um in Dresden für die deutsche Sache thätig wirken zu helfen.

Anmeldungen sind zu machen bei August Sondershausen.

Bautzen, den 4. Mai 1849.

Andreas Müller.
Ernst Schulze.
Gustav Sendler.

Aufruf Bautzener Demokraten zur Unterstützung der Aufständischen in Dresden, 4. Mai 1849

Freischarenzug nach Dresden, Mai 1849. Nach einer zeitgenössischen Zeichnung

dersetzungen mit den Liberalen — Kommunalgarden und Freiwillige nach Dresden sandten. Aber auch der Enthusiasmus des Kleinbürgertums verrauchte schnell und machte dem Bestreben Platz, erst die Chancen des Kampfes abzuschätzen und kein Risiko einzugehen. So waren es in der Mehrheit proletarische Kräfte, die Dresden zu Hilfe eilten.

Mit den politischen Hoffnungen der Provisorischen Regierung scheiterten auch ihre Bemühungen, die sächsischen Truppen auf ihre Seite zu ziehen. Es kam zwar zu starken Schwankungen bei der von Barrikaden umgebenen und vom Volk bedrängten Zeughausbesatzung. Aber die Provisorische Regierung überschätzte sie. Die Offiziere behielten die Soldaten in der Hand. Ermöglicht wurde ihnen dies nicht zuletzt durch die defensive Haltung der Aufständischen, insbesondere durch das feige Verhalten der bürgerlichen Kommunalgarde, von denen nur einige hundert Mann wieder zusammenzubringen waren. Als die Truppen am Mittag des 5. Mai das Feuer auf die Barrikaden eröffneten, hatte sich das Kräfteverhältnis zu ihren Gunsten verschoben.

Eine Sitzung der Provisorischen Regierung von Sachsen. Darstellung der Neuruppiner Bilderbogen, 1849

Der Kampf um Dresden

Im Kampf um Dresden konnte die Konterrevolution bald 5000 schwerbewaffnete Soldaten einsetzen, fast die Hälfte davon preußische Einheiten. Ihnen standen auf seiten der Demokraten, trotz der eintreffenden Zuzüge, nie mehr als 3000 Mann gegenüber. Höchstens ein Drittel der Barrikadenkämpfer war mit Gewehren bewaffnet. Ein weiteres Drittel besaß Piken, Hellebarden oder Sensen. Die übrigen mußten zum Pflasterstein oder Knüppel greifen. Die ganze Artillerie der Aufständischen belief sich auf vier kleine Kanonen, die Bergleute dem Freiherrn von Burgk abgenommen hatten. Der schwächste Punkt war jedoch die von der Provisorischen Regierung vernachlässigte militärische Organisation. Der zum neuen Kommandeur der Kommunalgarde ernannte Heinze rechtfertigte in keiner Weise die Hoffnungen, die Tzschirner auf ihn als ehemaligen Oberstleutnant in griechischen Diensten gesetzt hatte.

Die Aufständischen mußten sich daher auf die Verteidigung beschränken und den Truppen die Initiative überlassen. Deren Hauptquartier war im Schloß, das der Insurgenten in dem nur wenige hundert Meter entfernten Rathaus. Das Militär suchte durch zwei Flankenstöße, über den Neumarkt und über den Zwinger, die Altstadt einzukreisen, um mit den Demokraten abzurechnen. Diese leisteten jedoch erbitterten Widerstand.

Militärisch nahm die Schlacht um Dresden den Charakter eines regelrechten Häuser- und Straßenkampfes an. Trotz aller Improvisation bei den Aufständischen bildeten die Barrikaden zusammen mit Schützenstellungen in Erkern von Eckhäusern, hinter Fenstern und in Dachstühlen bei den engen Straßen und hohen Häusern der Dresdener Altstadt oft wirksame Verteidigungssysteme. Aber auch die Führer der konterrevolutionären Truppen hatten aus den Kämpfen der Revolution, namentlich der Pariser Junischlacht, gelernt. Sie vermieden soweit wie möglich Sturmangriffe auf die Barrikaden, belegten diese vielmehr mit Artilleriebeschuß. Inzwischen drangen Infanterie und Pioniere in die Häuser ein, brachen die Brandmauern durch, stießen von Haus zu Haus vor und nahmen die

Sturm preußischer und sächsischer Truppen auf das Hotel Stadt Rom und die Barrikade an der Großen Frauengasse. Nach der »Illustrierten Zeitung«, 1849

Zeitgenössische Lithographie

Barrikadenbesatzungen von oben und hinten unter Feuer.
Der Kampf um Dresden wurde von Beginn an auch dadurch geprägt, daß preußische Militärs eine Orgie des konterrevolutionären Terrors und der zügellosen Lynchjustiz entfesselten. Um den sächsischen Truppen den rechten Geist beizubringen, wurden die preußischen Einheiten unter sie verteilt. Auf jede Art gegen die Demokraten aufgeputscht, gaben sie die Parole aus, sich nicht auf die Gerichte zu verlassen, sondern mit den Aufrührern »kurzen Prozeß« zu machen.[70] Wer von den Aufständischen verwundet in Feindeshand geriet, wurde zumeist niedergemacht, darunter alle Insassen eines Lazaretts. Ermordet wurden auch zahlreiche Gefangene. Viele verröchelten, aus den Fenstern gestürzt, mit zerschlagenen Gliedern auf den Straßen. An die 50 Gefangene wurden beim Abtransport von der Elbbrücke gestoßen und, wenn sie nicht gleich ertranken, abgeknallt. Niedergemetzelt, mißhandelt oder gedemütigt wurden aber auch am Kampf völlig Unbeteiligte. Niemand war sicher, ob Greis, ob Dienstmädchen, ob harmloser Reisender.
Der konterrevolutionären Soldateska trotzten die besten Kräfte der sächsischen Demokratie. Ihre zuverlässigsten Streiter stellten Dresdener Handwerksgesellen und Turner, die Scharfschützenkompanie der Kommunalgarde und die Akademische Legion sowie Landleute aus der Umgebung der sächsischen Hauptstadt und Arbeiter aus Leipzig, aus dem Bergbaugebiet des Plauenschen Grundes und der Chemnitzer Maschinen- und Textilindustrie. Die bürgerliche Dresdener Kommunalgarde dagegen zog sich aus dem entbrennenden mörderischen Kampf bald gänzlich zurück, und die Kleinbürger verkrochen sich größtenteils feige in den Häusern. Wie in allen Erhebungen der Reichsverfassungskampagne bestand schon in Dresden »der *wirklich kämpfende* Kern der Aufständischen, jener Kern, der zuerst zu den Waffen griff und sich mit den Truppen schlug, aus den *Arbeitern*«[71].

Abführung von gefangenen Aufständischen über die Elbbrücke.
Darstellung der Neuruppiner Bilderbogen, 1849

Die Provisorische Regierung brach bei Beginn des Kampfes auseinander. Der Liberale Todt verließ bereits am 6. Mai unter einem Vorwand Dresden. Dagegen bewiesen Tzschirner und auch Heubner in der Stunde der Bewährung aufrechte demokratische Gesinnung, persönlichen Mut und Treue zum werktätigen Volk, das ihrem Ruf gefolgt war. Sie entschlossen sich nun zu revolutionären Maßnahmen, die zu einem früheren Zeitpunkt dem Aufstand einen ganz anderen Schwung hätten geben können. So forderten sie am 7. Mai die sächsische Bevölkerung auf, »sämtliche Kreisdirektoren, Amtshauptleute, Rentamtsmänner, Postmeister, Bürgermeister, Stadträte,

Michail Alexandrowitsch Bakunin

Polizeibehörden sowie alle Beamten, welche nicht genau und ohne Zögern die Befehle der Provisorischen Regierung innerhalb ihres Wirkungskreises aufs Pünktlichste ausführen«, sofort abzusetzen, sie bei Widerstand zu verhaften und an ihrer Stelle neue Behörden zu wählen.[72]
Um eine einheitliche militärische Leitung der weitgehend auf sich selbst gestellten Barrikadenmannschaften bemühte sich vor allem Tzschirner. Er stützte sich dabei auf Michail Alexandrowitsch Bakunin und Stephan Born. Der russische revolutionäre Demokrat und spätere Begründer des militan-

Plätze.

A. Schloßplatz.
B. Theaterplatz.
C. Zwinger.
D. Altmarkt.
E. Neumarkt.
F. Pirnaischer Platz.
G. Dippoldiswalder Platz.
H. Wilsdruffer od. Postplatz.
I. Antonsplatz.
J. Brühlscher Garten.
K. Brühlsche Terrasse.
L. Markt mit der Reiterstatue August II.
M. Palaisplatz.
N. Garten des Japan. Palais.
O. Gräfl. Hofmannscher Gart.
P. Exercierplatz.
Q. Bautzner Platz.
R. Bahnhof-Platz.
S. Prinz Anton Palais und Garten.

Oeffentliche Gebäude.

1. Königl. Schloß.
2. Katholische Kirche.
3. Theater (neues).
4. Hauptwache.
5. Archiv.
6. Gemäldegallerie.
7. Brühlsches Palais.
8. Prinzenpalais.
9. Großes Opernhaus.
10. Sophienkirche.
11. Postgebäude.
12. Rathhaus.
13. Kreuzkirche.
14. Kreuzschule.
15. Frohnveste.
16. Fleischhallen.
17. Landhaus.
18. Amthaus.
19. Akademie u. bot. Garten.
20. Zeughaus.
21. Polizei.
22. Zimmerhof.
23. Münzstätte.
24. Frauenkirche.
25. Zuckerraffinerie.
26 Packhof.
27. Reitbahn und kgl. Ställe.
28. Hospitalmauer (alte).
29. Königl. Röhrhof.
30. St. Annenkirche u. Schule.
31. Josephinenstift.
32. Blochmann's Institut.
33. Polytechnisches Institut.
34. Waisenhauskirche.
35. Johannisk. u. Kirchhof.
36. Thierarzneischule.
37. Gondelhafen.
38. Commandantenhaus und Hauptwache der Neustadt.
39. Regierungsgebäude.
40. Japanisches Palais.
41. Rathhaus.
42. (An der) Kirche.
43. Infanteriekaserne.
44. Cavalleriekaserne.
45. Sappeurkaserne.
45b. Gardekaserne.
46. Militairhospital.
47. Ritterakademie.
48. Militair-Requisiten-Schuppen.
49. Garnisons- und Armenschule.
50. Leipzig-Dresdn. Bahnhof.
51. Sächs.-schles. Bahnhof.
52. Gewandhaus.
53. St. Annenkirchhof.
54. Synagoge.

Straßen.

1. Schloßgasse.
2. Seegasse.
a. Leipziger Thor.
b. Elb-Schlag.
c. Baderthor.
d. Ober-Elbthor.
e. Bautzener Thor.
f. Ostra-Wiesenschlag.
3. Taschenberggasse.
4. Sporgasse.
5. Jüdenhof.
6. Augustusstraße.
7. Töpfergasse.
8. Kleine Brüdergasse.
9. Große Brüdergasse.
10. Wilsdruffer Gasse.
11. Scheffelgasse.
12. Webergasse.
13. Zahnsgasse.
14. Breite Gasse.
15. An der Mauer.
16. Schöffergasse.
17. Große Frauengasse.
18. Rosmaringasse.
19. Mittle Frauengasse.
20. Badergasse.
21. Große Marktgasse.
22. Kleine Marktgasse.
22.* Weiße Gasse.
23. Große Kirchgasse.
23.* Kleine Kirchgasse.
24. Kleine Frauengasse.
25. Schreibergasse.
26. Pfarrgasse.
27. Kreuzgasse.
28. Große Frohngasse.
29. Moritzstraße.
30. Pirnaische Straße.
31. Innere Rampische Gasse.
32. Kleine Schießgasse.
33. Große Schießgasse.
34. Frohngasse.
35. Gewandhausgasse.
36. Wallstraße.
37. Marienstraße.
38. Margarethenstraße.
39. Am See.
40. Reitbahngasse.
41. Große Plauische Gasse.
42. Kleine Plauische Gasse.
43. Josephinergasse.
44. Seilergäßchen.
45. Liliengasse.
46. Polirgasse.
47. Annengasse.
48. Zwingergasse.
49. Hundsgasse.
50. Mittelgasse.
51. Grüne Gasse.
52. Gerbergasse.
53. Am Queckborn.
54. Orangeriegarten.
55. Stallstraße.
56. Packhofstraße.
57. Am Klepperstall.
58. Kleine Fischergasse.
59. Große Fischergasse.
60. Salzgasse.
61. Elbberg.
62. Elbgasse.
63. Amalienstraße.
64. Moritzallee.
65. Aeußere Rampische Gasse.
66. Neue Straße.
67. Ziegelgasse.
68. Aeußere Pirnaische Str.
69. Lange Straße.
70. Dohnasche Straße.
71. Am Jüdenteich.
72. Halbe Gasse.
73. Große Oberseegasse.
74. Waisenhausstraße.
75. Johannisgasse.
76. Große Borngasse.
77. Maximiliansallee.
78. Johannisallee.
79. Friedrichsallee.
80. Poppitzplatz.
81. Bosengasse.
82. Freiberger Platz.
83. An der Entenpfütze.
84. Fischerdorf.

Neustadt.

a. Große Klostergasse.
b. Kleine Klostergasse.
c. Jägerhofgasse.
cc. Am Wiesenhof.
d. Breite Gasse.
e. Kirchgasse.
f. Niedergraben.
g. Ritterstraße.
h. Hospitalstraße.
i. Am Glacis.
j. Große Meißner Gasse.
k. Kleine Meißner Gasse.

l. Neue Gasse od. Fleischerg.
m. Pfarrgasse od. Heinrichsg.
n. Obergraben.
o. An der Kirche.
p. Schmiedegasse.
q. Königsstraße.
r. Rhänitzstraße.
s. Theresienstraße.
t. Carolinenstraße.
u. Antonstraße.
v. Leipziger Straße.
w. Wasserstraße.

Stadtplan von Dresden, Mai 1849. Nach der »Illustrierten Zeitung«, 1849

ten Anarchismus wirkte damals von Dresden aus für ein Bündnis slawischer, deutscher und französischer Demokraten. Er war schon am 4. Mai von Tzschirner zur Teilnahme an der militärischen Leitung des Aufstands gewonnen worden. Als eine Art Chef des Generalstabs blieb Bakunin bis zuletzt auf seinem Posten.

Wie die Arbeiter mehr und mehr die Hauptlast des Kampfes trugen, hatten auch Arbeiterfunktionäre das Kommando über viele Barrikaden und Straßenabschnitte. Den Befehl über die von Leipziger Arbeitern besetzte Barrikade an der Schloßgasse, dem »Dardanellenpaß zwischen den Zentren der kämpfenden Parteien«[73], führte Stephan Born. Durch seine umsichtigen Maßnahmen – er ließ links und rechts der Barrikade die Innenwände der Häuser durchbrechen, um das Militär daran zu hindern, in den Rücken der Verteidiger zu gelangen – wurde diese wichtige Position unbezwinglich. Nachdem der unfähige Oberkommandierende Heinze sich hatte gefan-

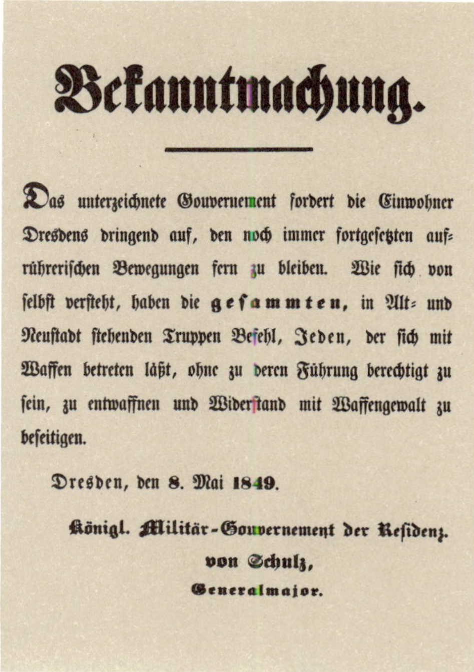

Bekanntmachung.

Das unterzeichnete Gouvernement fordert die Einwohner Dresdens dringend auf, den noch immer fortgesetzten aufrührerischen Bewegungen fern zu bleiben. Wie sich von selbst versteht, haben die **gesammten**, in Alt- und Neustadt stehenden Truppen Befehl, Jeden, der sich mit Waffen betreten läßt, ohne zu deren Führung berechtigt zu sein, zu entwaffnen und Widerstand mit Waffengewalt zu beseitigen.

Dresden, den 8. Mai 1849.

Königl. Militär-Gouvernement der Residenz.
von Schulz,
Generalmajor.

Plakatanschlag des Königlichen Militär-Gouvernements der Residenz, 8. Mai 1849

gennehmen lassen, übertrug Tzschirner Born den Oberbefehl über die Barrikaden. Die Verteidigung Dresdens war vor allem das Hohelied der unbekannten Helden aus der Arbeiterklasse und den werktätigen Massen. Sie warfen ihr Leben in die Schanze nicht für eine bürgerliche Reichsverfassung, sondern in dem Bewußtsein, eine Schlacht auf dem langen Weg zur Befreiung des arbeitenden Volkes zu schlagen. Ein Arbeiterkind war das vielerwähnte Dresdener Heldenmädchen Pauline Wunderlich, die trotz zweifacher Verwundung bis zuletzt auf der Barrikade an der Wilsdruffer Gasse kämpfte, nachdem ihr Verlobter, ein Schneidergeselle, am Zeughaus den Tod gefunden hatte. So mancher Dresdener Lehrling stand einem Gavroche nicht nach. »... es galt für die Freiheit zu kämpfen, und der Vater ist ja auch kein Aristokrat«, schrieb später der 16jährige Steinmetzlehrling Moritz Hiller in einem Kassiber aus dem Gefängnis seinen Eltern. Obwohl alle seine älteren Kameraden vor seinen Augen niedergemacht worden waren, fügte er in seiner ungelenken Schrift hinzu: »... deswegen müssen wir uns auch nicht fürchten, wenn wir gleich einmal sind auf den Kopf geschlagen worden, mit vereinter Kraft müssen wir doch *siegen.*«[74]
Von solchem Geist beseelt, hielten die Dresdener Kämpfer vier Tage lang einer Übermacht stand, von der man nicht sagen konnte, wo sie mehr überlegen war: an Zahl, an Organisation oder an Bewaffnung. Um viele Kampfabschnitte lieferten sie erbitterte Gefechte, so um die Barrikade in der Großen Frauengasse am Hotel Stadt Rom, einem vorgeschobenen Posten auf dem rechten Flügel der Verteidigung, und um die Barrikade an der Wilsdruffer Gasse, einem der letzten festen Punkte auf dem linken Flügel. Ungeschlagen traten sie schließlich den geordneten Rückzug an. Als am 8. Mai nur noch ein Stadtausgang frei war, beschloß eine Beratung der Viertels-

Die Verteidiger der Barrikade an der Großen Frauengasse. Zeitgenössische Lithographie

Erschießung gefangener Revolutionäre. Nach der »Illustrierten Zeitung«, 1849

Barrikadenkampf in Breslau, 7. Mai 1849. Darstellung der Neuruppiner Bilderbogen, 1849

führer im Rathaus, den Abzug aus Dresden zu organisieren. Dies gelang unter der Leitung Borns und Bakunins. Während zurückgelassene Schützen die vorsichtig anrückenden Gegner aufhielten, marschierten am 9. Mai morgens an die 2000 Kämpfer in Richtung Freiberg ab. Viele hatten freilich den Befehl nicht erhalten, viele waren auch von den tagelangen Kämpfen so erschöpft, daß sie sich nicht mehr von der Stelle zu rühren vermochten.

Die Aufständischen hatten etwa 250 Tote zu beklagen, aber nur elf gehörten den »höheren Ständen« an. Von den 869 Personen, gegen die allein in Dresden förmliche Untersuchung eröffnet wurde — in ganz Sachsen waren es rund 9000 —, waren die Hälfte Arbeiter. Für sie vor allem galt Engels' ehrenvolles Urteil, »daß die Dresdner Kämpfer sich gegen diese Übermacht tapferer geschlagen haben, als es sonst wohl in der Reichsverfassungskampagne geschehen ist« [75].

Barrikaden zwischen Rhein und Ruhr

Dem blutigen Feldzug zur endgültigen Niederwerfung der deutschen Revolution, den die preußischen Militaristen mit der Intervention in Sachsen eingeleitet hatten, vermochten die demokratischen Kräfte in Preußen selbst in den meisten Gebieten nicht mehr nachdrücklich entgegenzutreten. Demonstrationen für die Reichsverfassung in Ostpreußen, Aufstandsversuche in Posen und der Provinz Sachsen wurden unterdrückt. In Breslau gingen Arbeiter und Demokraten am 6. und 7. Mai auf die Barrikaden, als Artillerie nach Sachsen abrückte. Durch den Verrat der Breslauer Bourgeoisie, die Feigheit des Kleinbürgertums und die Überlegenheit des Militärs wurden auch sie geschlagen. Der Weg nach Südwestdeutschland, wo die Volksbewegung inzwischen ihrem Höhepunkt zustrebte, wurde den preußischen Generalen aber zunächst verlegt in den westlichsten und fortgeschrittensten Provinzen Preußens, im Rheinland und in Westfalen.

Den Auftakt zu der Bewegung gab auch hier die Bourgeoisie. Über die Auflösung der preußischen Zweiten Kammer enttäuscht, beraumte sie einen Kongreß der Deputierten der rheinischen Gemeinderäte nach Köln an. Der am 8. Mai tagende Kongreß forderte die Anerkennung der Reichsverfassung und die Ablösung des Ministeriums Brandenburg/Manteuffel. Die Bourgeoisie war dabei darauf bedacht, die Massen unter ihrem Einfluß zu halten. Ihr Sprachrohr, die »Kölnische Zeitung«, wandte sich ständig »gegen die Anarchisten und blutroten Demokraten« und forderte zur »Gesetzestreue« auf.[76] Aber die Entwicklung schritt über sie hinweg. Breite Massen gerieten vor allem dadurch in Bewegung, daß die Landwehr einberufen wurde. Das konnte nur der Vorbereitung einer konterrevolutionären Intervention in Süddeutschland dienen. Überall weigerten sich die Landwehrmänner, sich einkleiden zu lassen. Als dann der Kampf begann, wa-

Elberfeld um 1848. Zeitgenössische Darstellung

ren es wiederum die Arbeiter, die zuerst zu Pflasterstein und Gewehr griffen.
In Elberfeld zwangen schon am 8. Mai Arbeiter und Landwehrmänner die Garnisonstruppen zum Rückzug aus der Stadt und sicherten die Straßen mit Barrikaden. Als am 9. Mai gegen Mittag Infanterie, Ulanen und zwei Geschütze anrückten, um die renitenten Landwehrmänner mit Gewalt einzuholen, waren sie im Nu von einer kampflustigen Menge umgeben. Tausende von Fabrikarbeitern strömten auf die Straßen und umschwärmten die Soldaten. Sie drängten auch die zaghaft gewordenen Landwehrmänner, von denen nur noch ein Häuflein von 50 Aufrechten zusammengeblieben war, zum Widerstand. Der Marktplatz war von Barrikaden umgeben. Die anreitenden Ulanen wurden durch einen Steinhagel vertrieben. Die Infanteristen weigerten sich zu feuern und mußten von Offizieren zurückgenommen werden. Immer mehr Barrikaden türmten sich auf und sperrten die Altstadt schließlich für das Militär völlig. Nachdem ein Angriff am Abend abgeschlagen und in der Nacht mehrfach Kugeln gewechselt worden waren, verließen die Truppen am Morgen die Stadt.
Zum zweiten Aufstandszentrum wurde Iserlohn, die größte Industriestadt des Bezirks. Auch hier widersetzte sich die Landwehr der Einkleidung. Arbeiter und Landwehrmänner stürmten am 10. Mai das Zeughaus, bewaffneten sich und verbarrikadierten die Stadt. Ein anrückendes Bataillon wagte keinen Angriff. Dagegen wurde in der Exresidenz und stark belegten Garnisonstadt Düsseldorf ein Aufstandsversuch der Arbeiter unter rücksichtslosem Einsatz von Artillerie niedergeschlagen.
Die Kämpfe in Elberfeld und Düsseldorf und die Verbarrikadierung Iserlohns gaben das Signal zum Aufstand des größten Teils des bergisch-märkischen Industriegebiets. Die Solinger Arbeiter nahmen das Gräfrater Zeughaus und versahen sich hier mit Gewehren und Patronen. Barmen, Remscheid, Ronsdorf, Solingen und andere Orte entsandten Kontingente nach Elberfeld. Zusammen mit der Landwehr und Bürgerwehr waren am 10. Mai an die 3000 Bewaffnete in der Stadt. Ebensoviel sammelten sich am 11. Mai in Iserlohn. Hier strömten die Freiwilligen aus den Eisenorten der Umgebung zusammen, namentlich aus Hagen, wo den Insurgenten eine große Menge an Waffen und Munition in die Hände gefallen war. Vom Kleinbürgertum gebildete Sicherheitsausschüsse traten in Elberfeld, Hagen, Iserlohn, Solingen und anderen Städten neben oder an die Stelle der von der Bourgeoisie beherrschten Kreis- und Lokalbehörden.
Zwei Tage nach dem Beginn der Erhebung hatte dieses Industriegebiet mehr Kampfbereite auf die Beine gebracht, als Sachsen für die Verteidigung Dresdens aufgeboten hatte. Und dennoch sollte die Insurrektion hier in sich zusammensinken, ehe es überhaupt zum entscheidenden Kampf kam.

Eine Elberfelder Barrikade.

In Elberfeld haben viel tausend Mann
Auf die Reichsverfassung geschworen.
Der Tanz geht los! der Feind rückt an!
Die Preußen stehn vor den Thoren!

In Elberfeld giebt's harten Strauß,
Und Prügel giebts nach Noten;
Die Preußen ziehn zur Stadt hinaus
Mit fünf drei Viertel Todten.

In Elberfeld geht's lustig her:
Die Rheinischen Lazzaroni
Bau'n Barrikaden von Golde schwer,
Von Silber und Mahagoni.

Und all die blanke Herrlichkeit,
Bildsäulen, Spiegel und Lüstre,
Die liefert Herr Daniel von der Heydt,
Der Bruder vom Handelsminister.

Herr Daniel rauft sich das Haar und heult:
Weh! Wollt ihr mich denn nicht schonen?
Ich habe ja an die Rebellen vertheilt
Schon an die tausend Patronen!"

Da kömmt ein Proletarier her
Und bietet ihm eine Prise:
„Wenn ihr Bruder nur kein Minister wär'!
Und wenn er nicht August hieße!!"

»Eine Elberfelder Barrikade«. Aus dem »Kladderadatsch«, 1849

Preußische Truppen werden für den Einmarsch ins Rheinland vorbereitet. Zeitgenössische Darstellung

Das Rheinland war gespickt und umgeben von Festungen und Garnisonen, in denen mindestens 30 000 preußische Soldaten lagen. Gegen sie konnten sich die Aufständischen nicht längere Zeit behaupten, es sei denn, daß die demokratische Bewegung Süddeutschlands ihnen Entlastung brachte. Ausschlaggebend waren jedoch die politischen Bedingungen. Im industriell fortgeschrittensten Teil Deutschlands hatte sich die Scheidung in Bourgeoisie und Proletariat am stärksten ausgebildet. Hier kam die Stellung der verschiedenen Klassen in der Reichsverfassungskampagne am deutlichsten zum Ausdruck. Obwohl Bewußtheit und Organisiertheit des Proletariats hinter seiner zahlenmäßigen Stärke noch sehr zurückstanden, offenbarten sich hier der Verrat der Bourgeoisie und die Feigheit des Kleinbürgertums am krassesten. Charakteristisch dafür war der Gang der Ereignisse in Elberfeld.

»Elberfeld mit seinen – übrigens höchst planlosen und eilig zusammengerafften – Barrikaden, mit den vielen Wachtposten,

Bekanntmachung des Sicherheitsausschusses in Elberfeld, 14. Mai 1849

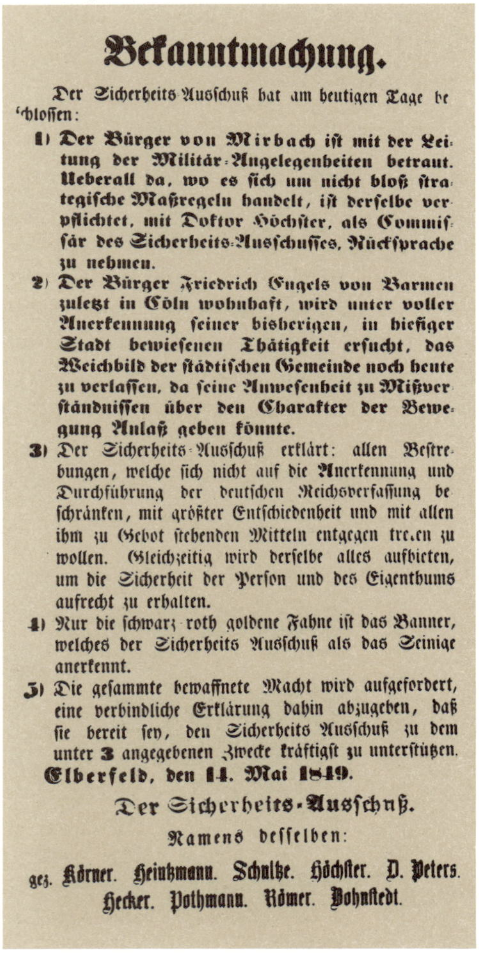

Bekanntmachung.

Der Sicherheits-Ausschuß hat am heutigen Tage beschlossen:

1) **Der Bürger von Mirbach ist mit der Leitung der Militär-Angelegenheiten betraut. Ueberall da, wo es sich um nicht bloß strategische Maßregeln handelt, ist derselbe verpflichtet, mit Doktor Höchster, als Commissär des Sicherheits-Ausschusses, Rücksprache zu nehmen.**

2) **Der Bürger Friedrich Engels von Barmen zuletzt in Cöln wohnhaft, wird unter voller Anerkennung seiner bisherigen, in hiesiger Stadt bewiesenen Thätigkeit ersucht, das Weichbild der städtischen Gemeinde noch heute zu verlassen, da seine Anwesenheit zu Mißverständnissen über den Charakter der Bewegung Anlaß geben könnte.**

3) Der Sicherheits-Ausschuß erklärt: allen Bestrebungen, welche sich nicht auf die Anerkennung und Durchführung der deutschen Reichsverfassung beschränken, mit größter Entschiedenheit und mit allen ihm zu Gebot stehenden Mitteln entgegen treten zu wollen. Gleichzeitig wird derselbe alles aufbieten, um die Sicherheit der Person und des Eigenthums aufrecht zu erhalten.

4) Nur die schwarz-roth goldene Fahne ist das Banner, welches der Sicherheits-Ausschuß als das Seinige anerkennt.

5) Die gesammte bewaffnete Macht wird aufgefordert, eine verbindliche Erklärung dahin abzugeben, daß sie bereit sey, den Sicherheits-Ausschuß zu dem unter 3 angegebenen Zwecke kräftigst zu unterstützen.

Elberfeld, den 14. Mai 1849.

Der Sicherheits-Ausschuß.

Namens desselben:

gez. Körner. Heintzmann. Schultze. Höchster. D. Peters. Hecker. Pothmann. Römer. Bohnstedt.

Patrouillen und sonstigen Bewaffneten, mit der ganzen Bevölkerung auf den Straßen, wo nur die große Bourgeoisie zu fehlen schien, mit den roten und trikoloren Fahnen nahm sich zwar gar nicht übel aus, im übrigen aber herrschte in der Stadt die größte Verwirrung.«[77] So berichtete Friedrich Engels. Er hatte sich sofort nach Beginn der Erhebung in seine Geburtsstadt begeben, die zum Aufstandszentrum geworden war.

Engels stellte sich in Elberfeld der Militärkommission zur Verfügung, auf die der kleinbürgerliche Sicherheitsausschuß alle Verantwortung abgewälzt hatte. Die Militärkommission übertrug ihm die Leitung der Befestigungsarbeiten und am nächsten Tage auch das Kommando über die – freilich unbedeutende – Artillerie der aufständischen Elberfelder. Schon am ersten Tag seiner Anwesenheit organisierte Engels eine Kompanie Pioniere und vervollständigte mit ihr die Barrikaden an mehreren Ausgängen der Stadt. Auf seinen Vorschlag wurde auch der ehemalige preußische Artillerieoffizier Otto v. Mirbach, der sich am griechischen Freiheitskampf beteiligt hatte und einige Energie in die militärische Leitung brachte, zum Oberkommandierenden ernannt. Vor allem suchte Engels auf die Ausweitung und Zentralisation der Erhebung hinzuwirken. Während in den rheinpreußischen Festungen und in den Garnisonstädten Aufstandsversuche wegen ihrer Aussichtslosigkeit unterbleiben mußten, galt es diese von den linksrheinischen Fabrikorten her zu beschäftigen. Vor allem aber kam es darauf an, in dem rechtsrheinischen Bezirk alle verfügbaren Kräfte zu sammeln und – unter Einbeziehung der Landwehr – »den Kern einer revolutionären Armee zu organisieren«[78].

Bei alledem erklärte Engels gleich am ersten Tage, »daß bis jetzt hier nur eine schwarz-rot-goldene Bewegung möglich sei und daher jedes Auftreten gegen die Reichsverfassung vermieden werden müsse«. Er wünsche deshalb auch, »dem politischen Charakter der Bewegung gänzlich fremd zu bleiben«.[79] Die Bourgeoisie und das Kleinbürgertum waren jedoch nicht einmal bereit, einen entschiedenen Kampf unter ihrer eigenen Flagge zuzulassen.

Die Großbourgeoisie, von dem keinen Augenblick beabsichtigten Arbeiteraufstand zunächst »wie niedergedonnert«, begann bald gegen die Insurrektion zu arbeiten. Sie

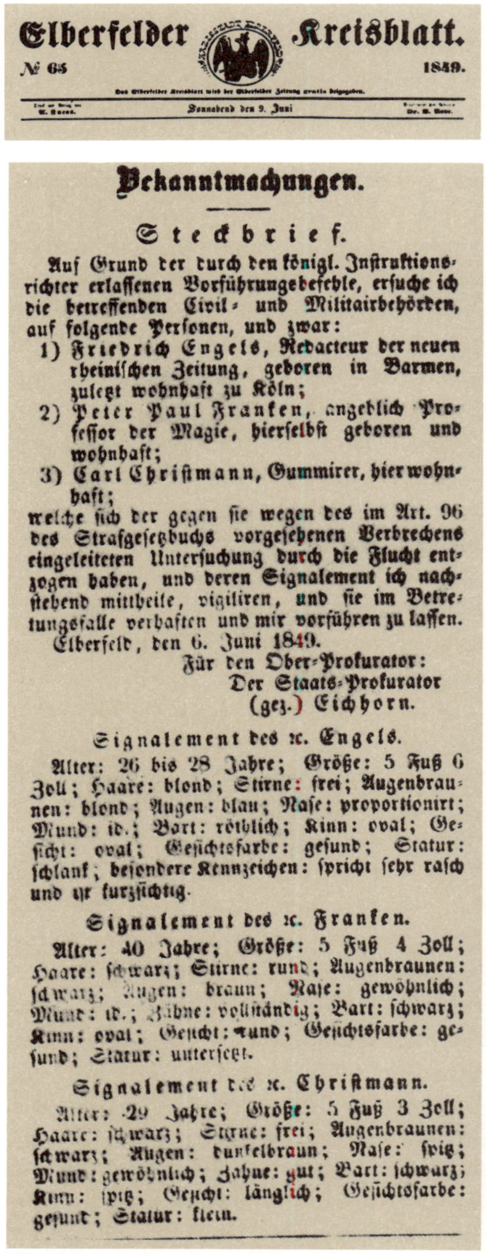

Elberfelder Kreisblatt.

№ 65 1849.

Das Elberfelder Kreisblatt wird der Elberfelder Zeitung gratis beigegeben.

Sonnabend den 9. Juni

Bekanntmachungen.

Steckbrief.

Auf Grund der durch den königl. Instruktionsrichter erlassenen Vorführungsbefehle, ersuche ich die betreffenden Civil- und Militairbehörden, auf folgende Personen, und zwar:

1) Friedrich Engels, Redacteur der neuen rheinischen Zeitung, geboren in Barmen, zuletzt wohnhaft zu Köln;

2) Peter Paul Franken, angeblich Professor der Magie, hierselbst geboren und wohnhaft;

3) Carl Christmann, Gummirer, hier wohnhaft;

welche sich der gegen sie wegen des im Art. 96 des Strafgesetzbuchs vorgesehenen Verbrechens eingeleiteten Untersuchung durch die Flucht entzogen haben, und deren Signalement ich nachstehend mittheile, vigiliren, und sie im Betretungsfalle verhaften und mir vorführen zu lassen.

Elberfeld, den 6. Juni 1849.

Für den Ober-Prokurator:
Der Staats-Prokurator
(gez.) Eichhorn.

Signalement des ꝛc. **Engels.**

Alter: 26 bis 28 Jahre; Größe: 5 Fuß 6 Zoll; Haare: blond; Stirne: frei; Augenbraunen: blond; Augen: blau; Nase: proportionirt; Mund: id.; Bart: röthlich; Kinn: oval; Gesicht: oval; Gesichtsfarbe: gesund; Statur: schlank; besondere Kennzeichen: spricht sehr rasch und ist kurzsichtig.

Signalement des ꝛc. **Franken.**

Alter: 40 Jahre; Größe: 5 Fuß 4 Zoll; Haare: schwarz; Stirne: rund; Augenbraunen: schwarz; Augen: braun; Nase: gewöhnlich; Mund: id.; Zähne: vollständig; Bart: schwarz; Kinn: oval; Gesicht: rund; Gesichtsfarbe: gesund; Statur: untersetzt.

Signalement des ꝛc. **Christmann.**

Alter: 29 Jahre; Größe: 5 Fuß 3 Zoll; Haare: schwarz; Stirne: frei; Augenbraunen: schwarz; Augen: dunkelbraun; Nase: spitz; Mund: gewöhnlich; Zähne: gut; Bart: schwarz; Kinn: spitz; Gesicht: länglich; Gesichtsfarbe: gesund; Statur: klein.

Steckbrief. Aus dem »Elberfelder Kreisblatt«, 9. Juni 1849

setzte ihre ganze Hoffnung auf den kleinbürgerlichen Sicherheitsausschuß – Stadträte, Advokaten, Staatsprokuratoren, lauter »gesetzte Leute« –, biederte sich bei ihm durch Geldzahlungen an und umgarnte ihn. Die Vertreter des Kleinbürgertums wiederum suchten Rückhalt bei der Bourgeoisie. Von dieser bestärkt, hemmten sie jede energische Tätigkeit unter dem Vorwand, »man müsse vorerst die Antwort auf die nach Berlin und Frankfurt geschickten Deputationen abwarten ..., die Scheu vor dem fast unvermeidlichen Bombardement Elberfelds werde die Regierung zu Konzessionen bewegen«[80]. Das aber konnte nicht ohne Wirkung auf die Masse des Proletariats bleiben, die eben erst aus der Bewußtlosig-

keit des Schnapses und des Pietismus erwacht war, an der Reichsverfassung kein unmittelbares Interesse fand und zudem nach längerer Wirtschaftskrise erstmals wieder Arbeits- und Verdienstmöglichkeiten hatte.
So schmolz die Zahl der Kämpfer schnell zusammen. Ein Teil der Zuzügler kehrte in die Heimatorte zurück. Die Elberfelder Landwehr wurde furchtsam. Die von der Bourgeoisie beherrschte Bürgerwehr machte mehr und mehr Front gegen die Arbeiter. »... als es endlich zu einem Generalappell kam«, so berichtete Engels, »stellte sich heraus, daß die ganze bewaffnete Macht, auf die man rechnen konnte, höchstens noch 700 bis 800 Mann betrug. Landwehr und Bürgerwehr weigerten sich, auf diesem Appell zu erscheinen.«[81]
Gegen Engels, der mit Unterstützung der politisch bewußten Arbeiter dieser Entwicklung mit allen Mitteln entgegenzuarbeiten suchte, wühlten die Bourgeois nach Kräften und mit Erfolg. Schon nach vier Tagen wurde ihm vom Sicherheitsausschuß eröffnet, »die Elberfelder Bourgeoisie ... fürchte jeden Augenblick, er werde die rote Republik proklamieren, und wünsche allgemein, er möge sich entfernen«[82].
Engels' Vertreibung war der Auftakt zur vollständigen Kapitulation der kleinbürgerlichen Kräfte. Als starke Truppeneinheiten anrückten, drängten diese die bewaffneten Arbeiter mit aller Macht, die Stadt zu verlassen. Des ewigen Hinhaltens, der zaudernden Feigheit und des verräterischen Einschläferns überdrüssig, rückten die kampfgewillten Arbeiter schließlich ab. Sie suchten sich nach Süddeutschland durchzuschlagen, wo die Bewegung inzwischen durch den badischen Aufstand in eine neue Etappe getreten war. Die verräterischen Elberfelder Bourgeois aber ließen die Barrikaden abtragen und den Truppen Ehrenpforten bauen.
Auf ähnliche Weise wie in Elberfeld war im zweiten Aufstandszentrum, in Iserlohn, die Zahl der Verteidiger auf einige Hundert zusammengeschmolzen. Als am Morgen des 17. Mai eine preußische Division anrückte, kam es in den Straßen der Stadt zu einem blutigen Gemetzel. Der Kern der Division war ein Infanterieregiment, das schon in Sachsen durch seine Grausamkeit von sich reden gemacht hatte. Nachdem der Regimentskommandeur tödlich getroffen worden war, kannte die Wut dieser Soldateska keine Grenzen mehr. Sie machte wahllos

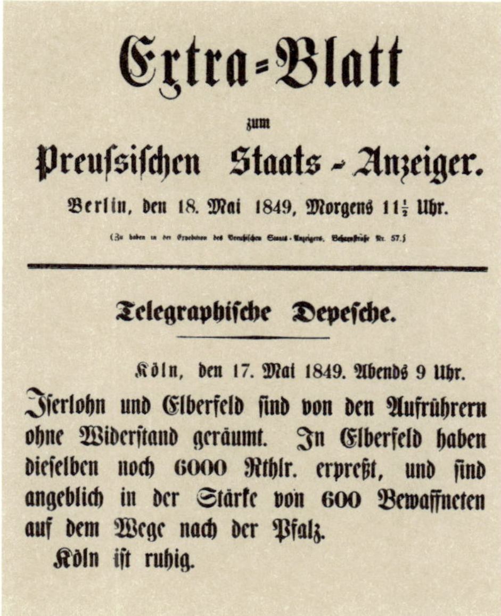
Extra-Blatt
zum
Preußischen Staats-Anzeiger.
Berlin, den 18. Mai 1849, Morgens 11½ Uhr.

Telegraphische Depesche.

Köln, den 17. Mai 1849. Abends 9 Uhr.
Iserlohn und Elberfeld sind von den Aufrührern ohne Widerstand geräumt. In Elberfeld haben dieselben noch 6000 Rthlr. erpreßt, und sind angeblich in der Stärke von 600 Bewaffneten auf dem Wege nach der Pfalz.
Köln ist ruhig.

Extrablatt des »Preußischen Staats-Anzeigers«, 18. Mai 1849

nieder, was ihr in den Weg kam. In kurzer Zeit waren in Häusern und auf Straßen über 100 Menschen tot hingestreckt, darunter Frauen, Kinder und Greise. Die Truppen hatten zwei Tote. Die konterrevolutionäre Lynchjustiz feierte in der Arbeiterstadt Iserlohn ihre schlimmsten Orgien.

Das Abschiedswort der »Neuen Rheinischen Zeitung«

Nach der Niederwerfung der rheinischen Arbeiter konnte die preußische Regierung endlich das einzige Blatt unterdrücken, in dem die Interessen der deutschen Arbeiterklasse konsequent vertreten worden waren, die »Neue Rheinische Zeitung«. Während der Revolution hatte sie eine Doppelaufgabe erfüllt. Sie hatte der gesamten Demokratie das revolutionäre Aktionsprogramm aufgezeigt, und indem sie die Stellung und Ziele aller Klassen aufdeckte, hatte sie zugleich die fortgeschrittenen Teile des jungen Proletariats zum Bewußtsein ihrer eigenen Interessen und ihrer historischen Mission geführt. Die »Neue Rheinische Zeitung« hatte sie gelehrt, in der bürgerlichen Revolution die selbständigen Interessen der Arbeiterklasse zu verfolgen, um die bürgerliche Demokratie als um eine Durchgangsetappe zum sozialistischen Zukunftsziel zu kämpfen.
Die »Neue Rheinische Zeitung« war der Reaktion so verhaßt, daß der preußische Innenminister Manteuffel über die ganze Rheinprovinz den Belagerungszustand verhängen wollte, um das Blatt zu unterdrükken. Der Regierungspräsident in Köln ging einen anderen Weg. Er machte sich zunutze, daß Marx im August 1848 von der Regierung in Berlin die Wiederverleihung des preußischen Staatsbürgerrechts verweigert worden war, auf das er 1845 als politischer Flüchtling verzichtet hatte. Marx wurde als »Ausländer« aus Preußen ausgewiesen. Auch die übrigen Redakteure mußten als »Nichtpreußen« das preußische Staatsgebiet verlassen.
In der roten Abschiedsnummer vom 19. Mai 1849 rechnete die Redaktion nochmals leidenschaftlich mit den Feinden des Volkes ab. In einem großartigen Schlußartikel umrissen Marx und Engels die grundsätzliche Position der »Neuen Rheinischen Zeitung«. Voller Stolz bekannten sie, daß der Kampf um die soziale Republik der eigentliche Inhalt des Blattes war und »unsrer ganzen Beurteilungs- und Darstellungsweise der europäischen Bewegungen den *›roten‹* Faden« lieferte. Indem sie *»die Seele der Junirevolution«* als *»die Seele unsrer Zeitung«* bezeichneten[83], charakterisierten sie den proletarischen Klasseninhalt der von der »Neuen Rheinischen Zeitung« vertretenen Demokratie. Von der Siegesgewißheit, mit der die Kommunisten ihren Kampf fortsetzten, kündete das berühmte »Abschiedswort« Ferdinand Freiligraths und die gemeinsame Abschiedserklärung der Redakteure: »Ihr letztes Wort wird überall und immer sein: *Emanzipation der arbeitenden Klasse!*«[84]

Südwestdeutschland in Aufruhr

Die Aufstände in Sachsen und im rheinisch-westfälischen Industriegebiet hatten der Verfassungsbewegung in ihrem Hauptzentrum, in Südwestdeutschland, die Zeit verschafft, sich weiter zu entfalten. Der kleinbürgerliche Charakter der gesellschaftlichen Verhältnisse ließ hier jene Klassengegensätze noch wenig hervortreten, die die Verfassungsbewegung in den entwickelteren Gebieten schon auseinandergesprengt hatten. In der Pfalz behauptete und festigte sich die Anfang Mai 1849 ausgebrochene Erhebung. Arbeiter und Demokraten bewaffneten sich und bildeten Freischaren und Volkswehren. Am 17. Mai erklärte eine Art Landesparlament die förmliche Los-

Neue

Rheinische Zeitung

Organ der Demokratie.

№ 301. Köln, Samstag, den 19. Mai 1849.

Abschiedswort der Neuen Rheinischen Zeitung.

Kein offner Hieb in offner Schlacht –
Es fällen die Nücken und Tücken,
Es fällt mich die schleichende Niedertracht
Der schmutzigen West-Kalmücken!
Aus dem Dunkel flog der tödtende Schaft,
Aus dem Hinterhalt fielen die Streiche –
Und so lieg' ich nun da in meiner Kraft,
Eine stolze Rebellenleiche!

Auf der Lippe den Trotz und den zuckenden Hohn,
In der Hand den blitzenden Degen,
Noch im Sterben rufend: „Die Rebellion!" –
So bin ich mit Ehren erlegen.
O, gern wohl bestreuten mein Grab mit Salz
Der Preuße zusammt dem Czare –
Doch es schicken die Ungarn, es schickt die Pfalz
Drei Salven mir über die Bahre!

Und der arme Mann im zerriß'nen Gewand,
Er wirft auf mein Haupt die Schollen;
Er wirft sie hinab mit der fleißigen Hand,
Mit der harten, der schwielenvollen.
Einen Kranz auch bringt er aus Blumen und Mai'n,
Zu ruh'n auf meinen Wunden;
Den haben sein Weib und sein Töchterlein
Nach der Arbeit für mich gewunden

Nun Ade, nun Ade, du kämpfende Welt,
Nun Ade, ihr ringenden Heere!
Nun Ade, du pulvergeschwärztes Feld,
Nun Ade, ihr Schwerter und Speere!
Nun Ade – doch nicht für immer Ade!
Denn sie tödten den Geist nicht, ihr Brüder!
Bald richt' ich mich rasselnd in die Höh',
Bald kehr' ich reisiger wieder!

Wenn die letzte Krone wie Glas zerbricht,
In des Kampfes Wettern und Flammen,
Wenn das Volk sein letztes „Schuldig!" spricht,
Dann stehn wir wieder zusammen!
Mit dem Wort, mit dem Schwert, an der Donau, am Rhein, –
Eine allzeit treue Gesellin
Wird dem Throne zerschmetternden Volke sein
Die Geächtete, die Rebellin!

F. FREILIGRATH.

An die Arbeiter Kölns.

Wir warnen Euch schließlich vor jedem Putsch in Köln. Nach der militärischen Lage Kölns wäret ihr rettungslos verloren. Ihr habt in Elberfeld gesehen, wie die Bourgeoisie die Arbeiter ins Feuer schickt und sie hinterher aufs Niederträchtigste verräth. Der Belagerungszustand in Köln würde die ganze Rheinprovinz demoralisiren und der Belagerungszustand wäre die nothwendige Folge jeder Erhebung von Eurer Seite in diesem Augenblicke. Die Preußen werden an Eurer Ruhe verzweifeln.

Die Redakteure der Neuen Rheinischen Zeitung danken Euch beim Abschiede für die ihnen bewiesene Theilnahme. Ihr letztes Wort wird überall und immer sein: Emancipation der arbeitenden Klasse!

Die Redaktion der Neuen Rhein. Zeitung.

Deutschland.

* Köln, 18 Mai. Vor einiger Zeit wurde von Berlin aus an eine hiesige Behörde die Forderung gestellt, abermals den Belagerungszustand über Köln zu verhängen. Man bezweckte die standrechtliche Beseitigung der „Neuen Rheinischen Zeitung," aber man stieß auf unerwarteten Widerstand. Später wandte sich die Kölnische Regierung an das hiesige Parket, um denselben Zweck durch willkürliche Verhaftungen zu erreichen. Sie scheiterte an dem juristischen Bedenken des Parkets, wie sie schon zweimal an dem gesunden Menschenverstand der rheinischen Geschwornen gescheitert war. Es blieb nichts andres übrig, als zu einer Polizeifinte seine Zuflucht zu nehmen und man hat für den Augenblick seinen Zweck erreicht. Die Neue Rheinische Zeitung hört einstweilen auf zu erscheinen. Am 16. Mai wurde ihrem Redacteur en chef Carl Marx folgender Regierungswisch mitgetheilt:

„In ihren neuesten Stücken (!) tritt die N. Rh. Z. mit der Aufreizung zur Verachtung der bestehenden Regierung, zum gewaltsamen Umsturz und zur Einführung der socialen Republik immer entschiedener hervor. Es ist daher ihrem Redacteur en chef, dem Dr. Karl Marx, das Gastrecht (!), welches er so schmählich verletzt, zu entziehen, und da derselbe eine Erlaubniß zum ferneren Aufenthalt in den hiesigen Staaten nicht erlangt hat, ihm aufzugeben, dieselben binnen 24 Stunden zu verlassen. Sollte er der an ihn ergehenden Aufforderung nicht freiwillig Genüge leisten, so ist derselbe zwangsweise über die Gränze zu bringen."

Köln, den 11. Mai 1849.

Königl. Regierung.
Moeller.

An den Königl. Polizeidirektor Herrn Geiger hier.

Proklamation an die Frauen.

Seit dem 1. Juni 1848, wo die „Neue Rheinische Zeitung" wie ein fremder Wunderstern drohend und prächtig über Ländern und Meeren heraufstieg und wo das Feuilleton wie ein humoristischer Kometenschweif hinterdrein flackerte, hat dieser Kometenschweif so unbeschreiblich viel geleistet, daß meine freundlichen Leserinnen weinend ihre holden Gesichter verhüllen werden, wenn sie die schreckliche Kunde vernehmen, daß auch dieser Kometenschweif in der augenblicklichen Götterdämmerung der Neuen Rheinischen Zeitung, dem Auge profaner Sterblicher entrückt wird, um vielleicht erst später wieder den Himmel mit seinem lustigen Zickzack zu durchschießen.

„Und scheint die Sonne noch so schön.
Am Ende muß sie untergehn."

Ich habe mich von jeher an die Frauen gehalten; für Männer interessire ich mich selten.

Zu Euch, ihr schönen Frauen, wende ich mich daher mit diesem Abschiedsstrauß, in dem ich alle Rosen und Disteln meiner unerforschlichen Seele zusammenband. Die Rosen sind natürlich für Euch; die Disteln für Eure allenfallsigen Männer.

Treffliche Männer habt Ihr. Seht nur, was aus Euern Männern geworden ist! Aus jenen großen Staatsmännern, mit denen man nicht einmal mehr die kleinen Kinder bange macht; aus jenen berühmten Gelehrten, vor denen nicht einmal die tollen Hunde die Wasserscheu bekommen; aus jenen gefeierten Bänkelsängern, die durch alle ihre patriotische Begeisterung nur zu einer rothen Nase gelangten, und aus jenen stillen Schwärmern Ur-Deutschlands, die gleich melancholischen Heidschnucken, mit verhängten Schwänzen, über die Lüneburgerheide der Gegenwart, der Sahara der Zukunft entgegenwedeln.

Es thut mir leid, Frau Regierungsräthin, daß Sie sich in Ihrem Herrn Gemahle so geirrt haben. Sie hielten ihn für einen Solon und da kommt er aus der Berliner Nationalversammlung nach Hause zurück und es findet sich, daß er ein rechter Gimpel ist. Ich bedaure dies, Frau Regierungsräthin. Trösten Sie Ihren Mann damit, daß er ein verkanntes Genie sei, aber vor allen Dingen: schaffen Sie sich diesen Menschen vom Halse – ja, ihr Frauen, gebt Euern Männern den Abschied, sie sind keinen Schuß Pulver werth. – – Wer möchte ein Kameel umarmen!

Wunderlich haben uns die Familienväter in den Berliner und Frankfurter Nationalversammlungen mitgespielt. Wärt Ihr Frauen am Ruder gewesen, wahrlich, Alles wäre anders geworden. Lachend hättet Ihr eure ambrosischen Locken geschüttelt und nach kurzen Debatten hättet Ihr irgend einen Adonis zum deutschen Kaiser gemacht und nach drei Tagen hättet Ihr ihn geköpft und aus seinem Blute wären blutrothe Rosen gewachsen, die Blumen der Liebe und der Republik!

Aber das ganze Unheil ist nur deßhalb über Deutschland gekommen, weil man die deutsche Politik bisher für eine ernste, wichtige und nicht für eine Herzenssache hielt. Ihr Frauen seid dazu berufen, diesem Mißverständniß ein für allemal abzuhelfen.

Fragt nicht nach dem: Wie? Ihr wißt es selbst am besten. Laßt eure alten Männer laufen; nehmt neue Männer, revolutionäre Männer – voilà tout!

Wenn es vor vierzig oder fünf und vierzig Jahren hieß: „die Franzosen kommen!" da liefen alle jungen Mädchen und Frauen eilig an's Fenster und schoben die Gardinen bei Seite und schauten in die Straße hinaus, halb lüstern, halb verschämt, bis der Tambourmajor kam mit seinem großen Stock, und hinterdrein die lustigen, kleinen Kerle, die ohne Weiteres in die Stadt und in jedes Herz hineinmarschirten. – – Niemals hat es hübschere Kinder gegeben, als nach jenen gesegneten Feldzügen!

Heute heißt es nicht mehr: „die Franzosen kommen!" nein, „die Ungarn kommen!" und diese Ungarn sollt Ihr freundlich empfangen. Dies ist die Herzenssache der deutschen Politik. Die Ungarn sind die Franzosen des neunzehnten Jahrhunderts!

Früher lispelten die deutschen Mädchen im Momente des höchsten Glückes: „Du machst mich unglücklich!" Bald werden sie jubeln: „Du machst mich glücklich!" Denn die Ungarn werden sich in Deutsche verwandeln und die Deutschen in Ungarn und der Kuß der glücklichen Lippen wird durch Berge und Wälder brennen, bis die Schneefelder Sibiriens aufthauen, und die Kosacken darin ersaufen vom Don bis zum Dniester.

Von Anbeginn seid Ihr Frauen gescheidter gewesen als alle Schriftgelehrten und Pharisäer, aber von Anbeginn wart ihr auch leidenschaftlicher als alle Schriftgelehrten und Pharisäer.

So fahrt denn heraus mit Eurer flammenden Leidenschaft und ergreift Eure zahmen Männer bei ihren liederlichen Zöpfen und hängt sie als Vogelscheuchen wohin Ihr wollt – nur fort mit ihnen!

Die Guillotine wird uns retten und die Leidenschaft der Weiber.

Im Uebrigen empfehle ich mich Euch von ganzem Herzen. Die Nachtigallen singen in den Büschen, die Kugeln pfeifen und meine Proklamation ist zu Ende.

Georg Weerth.

Die erste Seite der letzten Nummer der »Neuen Rheinischen Zeitung«, 19. Mai 1849

trennung der Pfalz von Bayern und wandelte den Landesverteidigungsausschuß in eine provisorische Regierung um. Im bayerischen Franken nahmen die Demokraten neuen Anlauf, die Münchener Regierung zur Anerkennung der Reichsverfassung zu zwingen. In Württemberg drängten die entschiedeneren Kräfte der Volksvereine über die Ziele der Regierung Römer hinaus. Der Aufruhr ergriff auch die anderen Staaten des Südwestens: Baden, beide Hessen, Nassau.

Die Bewegung hatte sich seit Anfang Mai nicht nur territorial verbreitert, sondern wie überall auch eine höhere Stufe erreicht. Zielte sie zunächst anscheinend darauf ab,

»Gefährliche und schwankende Stellung eines deutschen Ministers«. Karikatur aus den »Düsseldorfer Monatsheften«, 1848

die deutsche Kaiserkrone dem widerstrebenden preußischen König aufzusetzen, so war sie gerade im Südwesten zu einem Kampf gegen Preußen geworden. In diesem am stärksten zu republikanischen Ideen neigenden Teil Deutschlands trat die Idee der erbkaiserlichen Spitze völlig in den Hintergrund. In den Vordergrund stellten die kleinbürgerlichen Volksvereine freilich in jedem Land die provinziellen Aufgaben. Sie forderten den Rücktritt der jeweiligen reaktionären oder liberalen Ministerien, die Erweiterung der demokratischen Rechte und Freiheiten, die Aufhebung feudaler Abgaben und Privilegien, die Minderung der Steuerlasten.

Gerade dies aktivierte jedoch breite Massen der Kleinbürger, kleinen Bauern und Arbeiter. Ihre Beteiligung sprengte den Rahmen der Kammer-, Presse- und Vereinsagitation. Charakteristisch wurden Massenvolksversammlungen, wie sie selbst in den Märztagen 1848 in Deutschland selten gesehen worden waren. Halb Volksfeste, halb bewaffnete Demonstrationen, verliehen sie den demokratischen Forderungen Nachdruck. An die 30 000 Menschen waren am 13. Mai 1849 zur Volksversammlung für das bayerische Franken auf dem Judenbühl bei Nürnberg versammelt. Mehr als 20 000 zählte die württembergische Volksversammlung in Reutlingen am 27. Mai. Wie in Sachsen, so erreichte auch im größten Teil Süddeutschlands während der Reichsverfassungskampagne die demokratische Massenaktivität für die gesamte Revolutionszeit ihren Höhepunkt. Das vor allem bestimmt den bedeutenden Platz der Reichsverfassungskampagne in den fortschrittlichen Traditionen der deutschen Geschichte.

Volksversammlung auf dem Judenbühl bei Nürnberg, 13. Mai 1849. Nach der »Illustrierten Zeitung«, 1849

Obwohl die maßgebenden kleinbürgerlichen Führer den schmalen Grat zwischen Volksdemonstration und Volkserhebung nicht zu verlassen trachteten, gerieten die Regierungen Süddeutschlands allenthalben ins Wanken. Sie konnten sich fast nur noch auf das Militär stützen, aber auch seiner waren sie sich nirgends mehr sicher. Um so größer war die Bedeutung des Durchbruchs, den die Volksbewegung noch vor Anrücken der preußischen Interventionsarmee in Baden erzielte.

Die Chance des badischen Aufstandes

Geburtsstätte des bürgerlichen Liberalismus in den dreißiger Jahren, Hochburg des kleinbürgerlichen Republikanismus seit den vierziger Jahren, wurde Baden zum Zentrum der Reichsverfassungskampagne in Südwestdeutschland. Die nach den republikanischen Aufständen von 1848 unterdrückten demokratischen Vereine waren überall unter anderem Namen wiedererstanden. Geleitet von Advokaten, Ärzten, Lehrern, Buchhändlern und anderen Wortführern des demokratischen Kleinbürgertums, arbeiteten im Frühjahr 1849 in Baden über 400 Volksvereine. In manchen Orten gehörte ihnen die Masse der männlichen Bevölkerung an, und auch demokratische Frauenvereine waren in großer Zahl entstanden. In den meisten Gemeinderäten der Dörfer, kleineren und mittleren Städte hatten die Volksvereine die Mehrheit. Sie geboten auch über den größten Teil der Presse.

Die Volksvereine gaben sich nicht damit zufrieden, daß der badische Großherzog die Reichsverfassung anerkannte. Mit Berufung auf die Grundrechte forderten sie die Auflösung der Kammern und die Wahl einer konstituierenden Landesversammlung nach dem allgemeinen, gleichen und geheimen Wahlrecht, in der die Mehrheit den kleinbürgerlichen Demokraten zufallen mußte. Obwohl die sozial-republikanisch eingestellte Richtung in den badischen Volksvereinen in der Minderheit geblieben war, wurden die gegen Struve und andere

Gustav v. Struve und Karl Blind vor dem Geschworenengericht in Freiburg. Nach der »Illustrierten Zeitung«, 1849

Führer des Septemberaufstandes angestrengten Prozesse für die Regierung des gemäßigten Liberalen Johann Baptist Bekk zum politischen Bumerang. Unterstützt durch demokratische Verteidiger, verwandelten Struve und seine Freunde die Verhandlungen vor den Geschworenen in Tribunale gegen das Ministerium. Die Regierung verlor jeden politischen Kredit.

Für den 12. Mai berief der Landesausschuß der Volksvereine einen Delegiertenkongreß und für den 13. Mai eine Versammlung des ganzen badischen Volkes nach Offenburg. Gestützt auf diese große Volksdemonstration, so beabsichtigten die führenden Kräfte, sollte ein legaler Machtwechsel in Baden erzwungen werden. Während aber eine Deputation der in Offenburg zusammengetretenen Delegierten mit entsprechenden Forderungen nach Karlsruhe abging, begann im Lande bereits ein bewaffneter Aufstand.

Wenn in den industriell entwickelten Gebieten die Arbeiter zuerst zu den Waffen gegriffen hatten, so ging in Baden der Aufstand von der Armee aus. Ihre Soldaten und Unteroffiziere rekrutierten sich infolge des lange geltenden Einstehersystems vorwiegend aus den ärmsten Schichten der Bevölkerung. Durch die Einführung einer Art allgemeiner Wehrpflicht waren sie Anfang 1849 durch neue, meist demokratisch gesinnte Kräfte aufgefüllt worden. Zugleich wurden mit den Längerdienenden die Unteroffiziere rebellisch gemacht, da die Regierung sie um die Einstandsgelder betrog. Die meist adligen höheren Offiziere, die ihren preußischen Vorbildern in aristokratischem Hochmut und nichtsnutziger Mißhandlung der Soldaten nacheiferten, verloren dadurch jeden politischen Einfluß auf die Mannschaften. Die im Lande ohnehin allmächtig werdende Agitation der Demokraten ergriff schnell die Armee.

Der Soldatenaufstand begann in Rastatt, wo mehr als ein Drittel der badischen Armee garnisoniert war und zugleich die Volksvereine eine ihrer Hochburgen hatten. Schon am 8. Mai hielten Infanteristen und Artilleristen des 4. Regiments auf dem Exerzierplatz eine Versammlung ab, um ihre Sympathien für das Volk zu bekunden. Die Gefreiten Bannwart und Stark riefen ihre Kameraden auf, sich bei einer Revolution nicht gegen ihre Väter und Brüder mißbrauchen zu lassen, und diese stimmten begeistert zu. Sie verbrüderten sich wie ein Mann mit der demokratisch gesinnten Bürgerwehr, die nun mit klingendem Spiel und wehender Fahne auf den Platz zog. An einer neuen Versammlung, am 10. Mai, beteiligte sich schon die Mehrheit der Garnison, mehrere tausend Mann. Die von reaktionären Offizieren vorgenommenen Verhaftungen führten schließlich zum allgemeinen Aufstand der Soldaten und Unteroffiziere.

Ähnliche Vorgänge bahnten sich in den anderen badischen Garnisonstädten an. Überall verbrannten die Soldaten ihre Gamaschen, Symbol des Kasernenhofdrills und Kadavergehorsams. Sie vertrieben reaktionäre Offiziere, befreiten politische Gefangene und verbrüderten sich mit den Demokraten. Zum ersten Mal in der deutschen

Beginn des Soldatenaufstandes in Rastatt. Nach der »Illustrierten Zeitung«, 1849

Notiz über die Offenburger Volksversammlung. Aus der »Neuen Rheinischen Zeitung«, 17. Mai 1849, Zweite Ausgabe

* **Offenburg**, 13. Mai. Die heutige Volksversammlung war in der That großartig; mindestens 20,000 Menschen nahmen Theil. Es wurde eine Deputation an die Regierung nach Karlsruhe gesandt mit folgenden Forderungen:

1) Auflösung der Kammer.
2) Abtreten des Ministeriums Bekk.
3) Einberufung einer konstituirenden Landesversammlung.
4) Freigebung der politischen Militär- und Civilgefangenen.

Mit einem Extrazuge fuhr die Deputation. Sie brachte eine theils nichtssagende, theils ausweichende, theils ablehnende Antwort. Die Entrüstung des Volkes stieg auf den höchsten Punkt. Man erklärte sich jetzt entschieden dahin, den fürstlichen Rebellen bewaffneten Widerstand entgegenzusetzen. Es wurden 16 Forderungen aufgestellt und durchzuführen beschlossen. Ferner setzte man einen Landesausschuß der Volksvereine nieder, welche für Durchführung der Beschlüsse sorgen sollen.

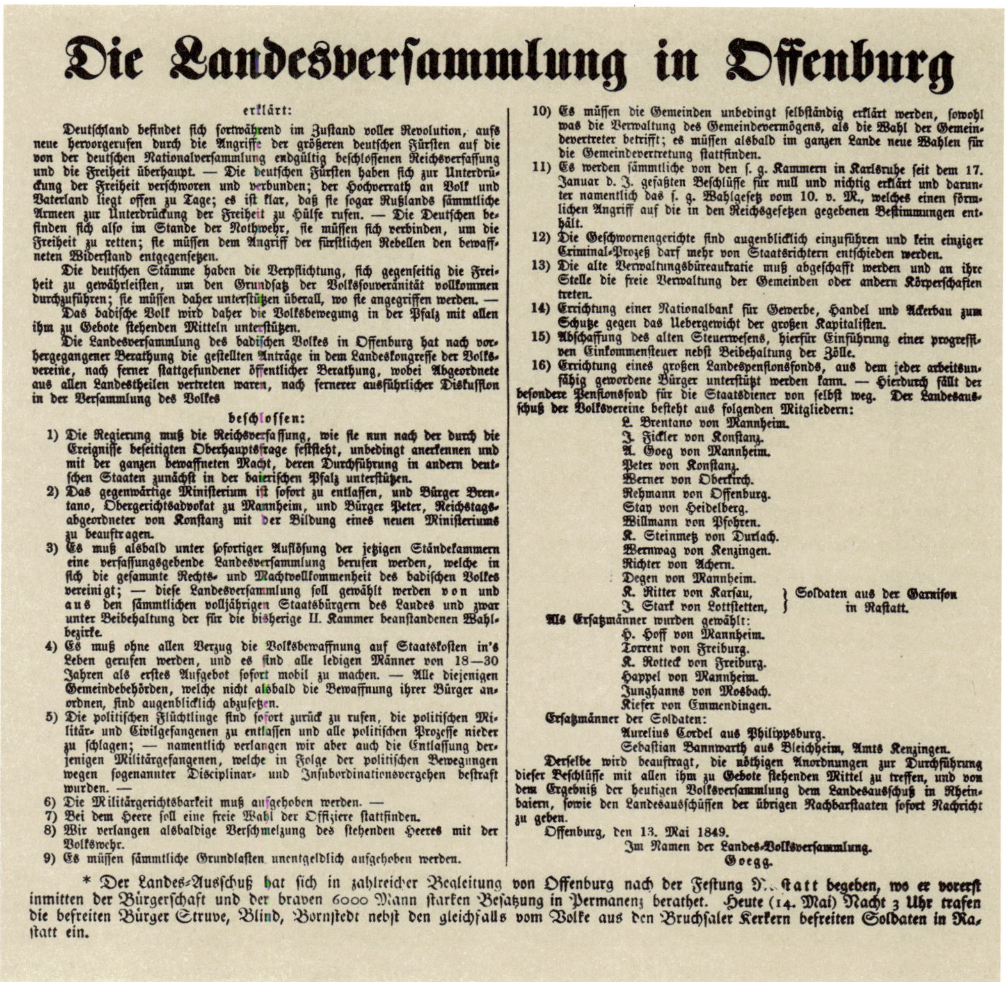

Die Landesversammlung in Offenburg

erklärt:

Deutschland befindet sich fortwährend im Zustand voller Revolution, aufs neue hervorgerufen durch die Angriffe der größeren deutschen Fürsten auf die von der deutschen Nationalversammlung endgültig beschlossenen Reichsverfassung und die Freiheit überhaupt. — Die deutschen Fürsten haben sich zur Unterdrückung der Freiheit verschworen und verbunden; der Hochverrath an Volk und Vaterland liegt offen zu Tage; es ist klar, daß sie sogar Rußlands sämmtliche Armeen zur Unterdrückung der Freiheit zu Hülfe rufen. — Die Deutschen befinden sich also im Stande der Nothwehr, sie müssen sich verbinden, um die Freiheit zu retten; sie müssen dem Angriff der fürstlichen Rebellen den bewaffneten Widerstand entgegensetzen.

Die deutschen Stämme haben die Verpflichtung, sich gegenseitig die Freiheit zu gewährleisten, um den Grundsatz der Volkssouveränität vollkommen durchzuführen; sie müssen daher unterstützen überall, wo sie angegriffen werden. —

Das badische Volk wird daher die Volksbewegung in der Pfalz mit allen ihm zu Gebote stehenden Mitteln unterstützen.

Die Landesversammlung des badischen Volkes in Offenburg hat nach vorhergegangener Berathung die gestellten Anträge in dem Landeskongresse der Volksvereine, nach ferner stattgefundener öffentlicher Berathung, wobei Abgeordnete aus allen Landestheilen vertreten waren, nach fernerer ausführlicher Diskussion in der Versammlung des Volkes

beschlossen:

1) Die Regierung muß die Reichsverfassung, wie sie nun nach der durch die Ereignisse beseitigten Oberhauptsfrage feststeht, unbedingt anerkennen und mit der ganzen bewaffneten Macht, deren Durchführung in andern deutschen Staaten zunächst in der baierischen Pfalz unterstützen.
2) Das gegenwärtige Ministerium ist sofort zu entlassen, und Bürger Brentano, Obergerichtsadvokat zu Mannheim, und Bürger Peter, Reichstagsabgeordneter von Konstanz mit der Bildung eines neuen Ministeriums zu beauftragen.
3) Es muß alsbald unter sofortiger Auflösung der jetzigen Ständekammern eine verfassungsgebende Landesversammlung berufen werden, welche in sich die gesammte Rechts- und Machtvollkommenheit des badischen Volkes vereinigt; — diese Landesversammlung soll gewählt werden von und aus den sämmtlichen volljährigen Staatsbürgern des Landes und zwar unter Beibehaltung der für die bisherige II. Kammer beanstandenen Wahlbezirke.
4) Es muß ohne allen Verzug die Volksbewaffnung auf Staatskosten in's Leben gerufen werden, und es sind alle ledigen Männer von 18—30 Jahren als erstes Aufgebot sofort mobil zu machen. — Alle diejenigen Gemeindebehörden, welche nicht alsbald die Bewaffnung ihrer Bürger anordnen, sind augenblicklich abzusetzen.
5) Die politischen Flüchtlinge sind sofort zurück zu rufen, die politischen Militär- und Civilgefangenen zu entlassen und alle politischen Prozesse nieder zu schlagen; — namentlich verlangen wir aber auch die Entlassung derjenigen Militärgefangenen, welche in Folge der politischen Bewegungen wegen sogenannter Disciplinar- und Insubordinationsvergehen bestraft wurden. —
6) Die Militärgerichtsbarkeit muß aufgehoben werden. —
7) Bei dem Heere soll eine freie Wahl der Offiziere stattfinden.
8) Wir verlangen alsbaldige Verschmelzung des stehenden Heeres mit der Volkswehr.
9) Es müssen sämmtliche Grundlasten unentgeldlich aufgehoben werden.
10) Es müssen die Gemeinden unbedingt selbständig erklärt werden, sowohl was die Verwaltung des Gemeindevermögens, als die Wahl der Gemeindevertreter betrifft; es müssen alsbald im ganzen Lande neue Wahlen für die Gemeindevertretung stattfinden.
11) Es werden sämmtliche von den s. g. Kammern in Karlsruhe seit dem 17. Januar d. J. gefaßten Beschlüsse für null und nichtig erklärt und darunter namentlich das s. g. Wahlgesetz vom 10. v. M., welches einen förmlichen Angriff auf die in den Reichsgesetzen gegebenen Bestimmungen enthält.
12) Die Geschwornengerichte sind augenblicklich einzuführen und kein einziger Criminal-Prozeß darf mehr von Staatsrichtern entschieden werden.
13) Die alte Verwaltungsbüreaukratie muß abgeschafft werden und an ihre Stelle die freie Verwaltung der Gemeinden oder andern Körperschaften treten.
14) Errichtung einer Nationalbank für Gewerbe, Handel und Ackerbau zum Schutze gegen das Uebergewicht der großen Kapitalisten.
15) Abschaffung des alten Steuerwesens, hierfür Einführung einer progressiven Einkommensteuer nebst Beibehaltung der Zölle.
16) Errichtung eines großen Landespensionsfonds, aus dem jeder arbeitsunfähig gewordene Bürger unterstützt werden kann. — Hierdurch fällt der besondere Pensionsfond für die Staatsdiener von selbst weg. Der Landesausschuß der Volksvereine besteht aus folgenden Mitgliedern:

L. Brentano von Mannheim.
J. Fickler von Konstanz.
A. Goeg von Mannheim.
Peter von Konstanz.
Werner von Oberkirch.
Rehmann von Offenburg.
Stay von Heidelberg.
Willmann von Pfohren.
K. Steinmetz von Durlach.
Wernwag von Kenzingen.
Richter von Achern.
Degen von Mannheim.
K. Ritter von Karsau, } Soldaten aus der Garnison
J. Stark von Lottstetten, } in Rastatt.

Als Ersatzmänner wurden gewählt:

H. Hoff von Mannheim.
Torrent von Freiburg.
K. Rotteck von Freiburg.
Happel von Mannheim.
Junghanns von Mosbach.
Kiefer von Emmendingen.

Ersatzmänner der Soldaten:

Aurelius Cordel aus Philippsburg.
Sebastian Bannwarth aus Bleichheim, Amts Kenzingen.

Derselbe wird beauftragt, die nöthigen Anordnungen zur Durchführung dieser Beschlüsse mit allen ihm zu Gebote stehenden Mittel zu treffen, und von dem Ergebniß der heutigen Volksversammlung dem Landesausschuß in Rheinbaiern, sowie den Landesausschüssen der übrigen Nachbarstaaten sofort Nachricht zu geben.

Offenburg, den 13. Mai 1849.

Im Namen der Landes-Volksversammlung.
Goegg.

* Der Landes-Ausschuß hat sich in zahlreicher Begleitung von Offenburg nach der Festung R..statt begeben, wo er vorerst inmitten der Bürgerschaft und der braven 6000 Mann starken Besatzung in Permanenz berathet. Heute (14. Mai) Nacht 3 Uhr trafen die befreiten Bürger Struve, Blind, Bornstedt nebst den gleichfalls vom Volke aus den Bruchsaler Kerkern befreiten Soldaten in Rastatt ein.

Plakatanschlag mit den Beschlüssen der Offenburger Volksversammlung, 13. Mai 1849

Geschichte ging eine ganze Armee auf die Seite des Volkes über.

Auf der Volksversammlung in Offenburg am 13. Mai herrschte daher jubelnde Begeisterung. 35 000 Menschen drängten sich auf dem Marktplatz: Bürger, Handwerker, Arbeiter, Bauern und Soldaten mit schwarzrotgoldenen und roten Fahnen, geschmückt mit Bändern und Frühlingsblumen. Die sich hier manifestierende Kraft des Volkes, die Nachricht von der Erhebung der Armee und die Agitation radikaler Demokraten ließ die Versammlung Forderungen erheben, die über die am Vortage von den Delegierten der Volksvereine aufgestellten erheblich hinausgingen.

»Deutschland befindet sich fortwährend im Zustande voller Revolution, aufs neue hervorgerufen durch die Angriffe der größeren deutschen Fürsten auf die von der Deutschen Nationalversammlung endgültig beschlossene Reichsverfassung und die Freiheit überhaupt.« So hieß es in der Willenserklärung, die von dem jungen Amand Goegg, dem Vertreter der entschiedenen Kräfte im Landesausschuß, vorgetragen wurde. Baden müsse die Durchführung der Reichsverfassung in den anderen deutschen Staaten »mit der ganzen bewaffneten Macht« unterstützen.[85] Dazu solle eine verfassunggebende Landesversammlung ein-

Amand Goegg.
Nach der »Illustrierten Zeitung«, 1849

berufen, unverzüglich eine neue Regierung aus Vertretern der Volksvereine gebildet und die allgemeine Volksbewaffnung durchgeführt werden. Weiter verlangten die Offenburger Beschlüsse: unentgeltliche Aufhebung der Feudallasten; Einrichtung einer Staatsbank für Gewerbe, Handel und Ackerbau zum Schutze der kleinen Gewerbetreibenden und Bauern gegen das Kapital; Ersetzung der das Volk belastenden Steuern durch eine progressive Einkommenssteuer sowie andere Maßnahmen im Interesse des Kleinbürgertums. Das war das radikalste Programm, das eine kleinbürgerliche Massenbewegung während der Revolution verkündete. In den nächsten Wochen bewiesen zahlreiche kleinbürgerliche Demokraten auch ihre Bereitschaft, das Leben in die Schanze zu schlagen und mit der Waffe zu kämpfen.

Die aus Offenburg zurückkehrenden Züge trugen den Aufstand in alle Teile des Landes. Nur in Karlsruhe fand er Widerstand. Hier trat die Bürgerwehr, die Garde der Bourgeoisie, Hoflieferanten und Beamten der Residenzstadt, den aufständischen Soldaten, Arbeitern und Demokraten entgegen. Aber während der Kampflärm durch die nächtlichen Straßen hallte, flüchteten der badische Großherzog und seine Minister aus der Stadt. Am 14. Mai konnte der Landesausschuß der Volksvereine die Regierung übernehmen.

Der badische Aufstand übertraf alle provinziellen Bewegungen und Erhebungen der Reichsverfassungskampagne in dreierlei Hinsicht: Fast die gesamte Bevölkerung hatte sich hier einmütig hinter die Demokraten gestellt. Die Armee, die in anderen Ländern erst besiegt oder auf die Seite des Volkes gezogen werden mußte, war an die Spitze der Erhebung getreten; wie der ganze Staat mit seinen Mitteln und Ressourcen stand sie der Bewegung zur Verfügung. Zudem war die Lage in den Nachbarstaaten der badischen Erhebung so günstig, wie sie es bei keinem anderen Teilaufstand gewesen war. »Sie fand …«, so faßte Engels zusammen, »auf dem linken Rheinufer, in der Pfalz, eine bereits fertige Insurrektion vor, die ihr die linke Flanke deckte; in Rheinpreußen eine Insurrektion, die zwar stark bedroht, aber noch nicht besiegt war; in Württemberg, in Franken, in beiden Hessen und Nassau eine allgemeine Aufregung, selbst unter der Armee, die nur eines Funkens bedurfte, um den badischen Aufstand in ganz Süd- und Mitteldeutschland zu wiederholen und wenigstens 50 000 bis 60 000 Mann regulärer Truppen der Empörung zu Gebot zu stellen.«[86]

So bot sich noch einmal eine Möglichkeit, eine Wende der Revolution herbeizuführen. Sie konnte nur darin bestehen, gestützt auf Baden und die Pfalz, ganz Süddeutschland zu insurgieren, ehe die schon in Marsch gesetzten Armeen der preußischen Konterrevolution heran waren.

Die Desertion der Nationalversammlung

Ob die letzte Chance der deutschen Revolution genutzt werden konnte, hing in hohem Maße von der Haltung der Frankfurter Nationalversammlung ab. Sie allein konnte zu einem Zentrum für die provinziellen Bewegungen und Aufstände werden, die, voneinander isoliert und auf sich selbst gestellt, der militärischen Übermacht der Konterrevolution nicht standzuhalten vermochten.

Von den bisher in der Versammlung vorherrschenden gemäßigten Liberalen war freilich revolutionäres Handeln nicht zu erwarten. Die Parteigänger Gagerns suchten auch nach den preußischen Fußtritten weiterhin und bald um jeden Preis ein Übereinkommen mit der Hohenzollernmonarchie. Da nun die Nationalversammlung in eine revolutionäre Stellung zu geraten drohte, kehrten ihr aber die Vertreter der Bourgeoisie in Scharen den Rücken. Der Austritt rechter und gemäßigt-liberaler Abgeordneter hatte bereits eingesetzt, als Österreich am 4. April 1849 die Mandate seiner Bürger für erloschen erklärte. Er wurde zur Massenerscheinung, nachdem die militärische Intervention Preußens gegen die Volksbewegung in Sachsen begonnen hatte. Erst nach der Niederschlagung Sachsens und nur mit schwacher Mehrheit hatte die Versammlung einen Protest zustande gebracht. Die Aufforderung, dem »schweren Bruch des Reichsfriedens durch alle zu Gebote stehenden Mittel entgegenzutreten«[87], richtete sie auch nicht etwa an das Volk, sondern an den Reichsverweser. Doch rief jetzt auch Preußen seine Abgeordneten zurück. Noch im gleichen Monat schied gruppenweise die gesamte erbkaiserliche Partei aus der Nationalversammlung aus.

Die Mehrheit in der Paulskirche erlangten dadurch allmählich die Fraktionen der Linken, die Wortführer des demokratischen Kleinbürgertums. Um so eher konnte die Nationalversammlung sich zum Zentrum der Volksbewegung aufwerfen. Die gemäßigte Linke hatte bisher Anträge von Vertretern der äußersten Linken, sich mit den Erhebungen in Sachsen und der Pfalz zu solidarisieren und zum bewaffneten Aufstand aufzurufen, abgelehnt. Das Höchste, wozu sie sich entschlossen hatte, war der

»Der edle Doktrinär«. Zeitgenössische Karikatur

vom Kongreß der Märzvereine in Frankfurt (Main) am 6. Mai erlassene Appell an das Volk, sich zu rüsten und sich den Märzvereinen anzuschließen. Die inzwischen erfolgte brutale Niederschlagung der Verfassungskämpfer in Sachsen und im Rheinland durch die preußischen Truppen einerseits und die durch den badischen Aufstand eröffneten Perspektiven andererseits hätten auch den kleinbürgerlichen Parlamentariern zeigen sollen, daß sie weitergehen mußten, wenn sie nicht das Schei-

»Schlußsitzung in der Paulskirche«. Karikatur aus der »Buddelmeyer-Zeitung«, 1849

»Eine Wandertruppe«. Karikatur aus der »Illustrierten Zeitung«, 1849

Wilhelm Adolf v. Trützschler. Nach der »Illustrierten Zeitung«, 1849

Friedrich Wilhelm Schlöffel

tern der Revolution verschulden wollten. Die Versammlung mußte »sich öffentlich zu all den Erhebungen bekennen, die bereits ausgebrochen, überall das Volk aufrufen, die Waffen zur Verteidigung der Vertreter der Nation aufzunehmen«. Sie mußte »sofort den deutschen Reichsverweser absetzen, eine starke, aktive, *rücksichtslose* Exekutivgewalt schaffen, aufständische Truppen zu ihrem unmittelbaren Schutz nach Frankfurt rufen und damit zugleich einen gesetzlichen Vorwand für das Umsichgreifen des Aufstands liefern, alle zu ihrer Verfügung stehenden Kräfte zu einem geschlossenen Ganzen zusammenfassen«.[88] Dazu drängten Karl Marx, Friedrich Engels, Wilhelm Wolff und ihre Freunde, die sich von Köln aus nach Frankfurt (Main) begeben hatten, am 19. und 20. Mai Abgeordnete der Linken. Aber das war vergeblich.

In der großen Mehrheit verhielten sich die Vertreter des Kleinbürgertums im Frankfurter Parlament nicht anders als die maßgeblichen kleinbürgerlichen Führer in den einzelnen Staaten, wo immer die von ihnen angerufene Volksbewegung zum bewaffneten Aufstand schritt. Sie wichen erschrokken zurück, bremsten und wiegelten ab. Von der Masse der kleinbürgerlichen Politiker unterschieden sie sich nur durch einen übersteigerten Glauben an die Macht und Unverletzlichkeit des Parlaments, die doch nur durch die revolutionäre Bewegung hätten gewährleistet werden können. Dieser parlamentarische Kretinismus machte die Verhandlungen des Rumpfparlaments zu einer Tragikomödie. Die kleinbürgerlichen Abgeordneten waren weiter bemüht, alle Aktionen der Volksbewegung in »gesetzliche Bahnen« zu leiten, auch dann noch, als von ihrem Aufruf zum revolutionären Handeln das Schicksal der ganzen demokratischen Bewegung und auch das der Versammlung selbst abhing. Sie wandten sich nach wie vor an den Reichsverweser und an die Reichsminister mit dem Verlangen, den Intrigen der reaktionären Regierungen entgegenzutreten. Dabei war es ein offenes Geheimnis, daß jene mit diesen im Einvernehmen handelten, wenn es gegen das Volk ging.

Einmal jedoch ertönte in dieser Versammlung noch die Stimme der Revolution. Wilhelm Wolff, in Schlesien als Ersatzmann gewählt und für einen ausgeschiedenen Erbkaiserlichen nachgerückt, ergriff am 26. Mai gegen neuerliche leere Protestresolutionen das Wort. »Wenn überhaupt eine Proklamation zu erlassen ist«, rief er dem Plenum zu, »so erlassen Sie eine, in welcher Sie von vornherein den ersten Volksverräter, den Reichsverweser, für vogelfrei erklären … Ebenso alle Minister.«[89] Während die Galerie begeistert zustimmte, wußten sich die Abgeordneten vor Entrüstung über die Verletzung parlamentarischer Etikette kaum zu fassen. Der Präsident entzog Wolff das Wort.

Wenige Tage später schon war die Stellung der Versammlung in Frankfurt (Main) unhaltbar geworden, da unter der Ägide des Reichsverwesers neue Truppen zusammengezogen wurden. Sie beschloß am 30. Mai, ihren Sitz zu verlegen, aber nicht etwa in das aufständische Baden, sondern nach Württemberg. Dort boten Römer und seine Partei, seit dem Ausbruch bewaffneter Kämpfe nach rechts gerückt, mit Erfolg ihren ganzen Einfluß auf, um den An-

Aufruf der Reichsregenten an das deutsche Volk, 7. Juni 1849

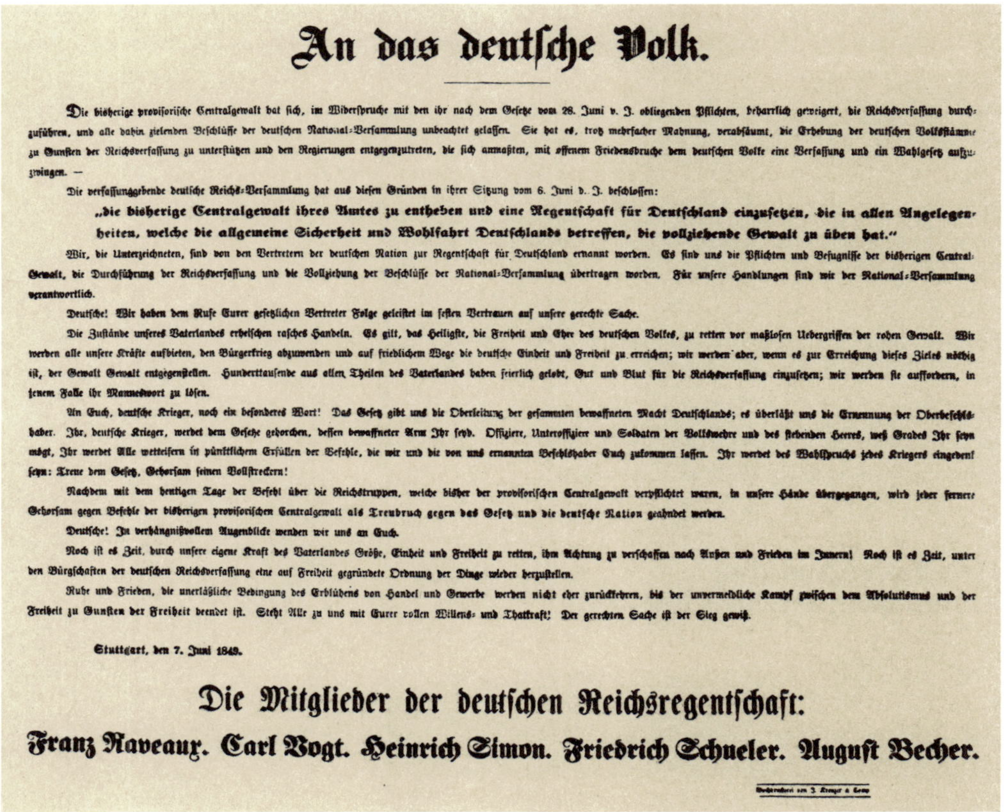

An das deutsche Volk.

Die bisherige provisorische Centralgewalt hat sich, im Widerspruche mit den ihr nach dem Gesetze vom 28. Juni v. J. obliegenden Pflichten, beharrlich geweigert, die Reichsverfassung durchzuführen, und alle dahin zielenden Beschlüsse der deutschen National-Versammlung unbeachtet gelassen. Sie hat es, trotz mehrfacher Mahnung, verabsäumt, die Erhebung der deutschen Volksstämme zu Gunsten der Reichsverfassung zu unterstützen und den Regierungen entgegenzutreten, die sich anmaßten, mit offenem Friedensbruche dem deutschen Volke eine Verfassung und ein Wahlgesetz aufzuzwingen. –

Die verfassunggebende deutsche Reichs-Versammlung hat aus diesen Gründen in ihrer Sitzung vom 6. Juni d. J. beschlossen:

„die bisherige Centralgewalt ihres Amtes zu entheben und eine Regentschaft für Deutschland einzusetzen, die in allen Angelegenheiten, welche die allgemeine Sicherheit und Wohlfahrt Deutschlands betreffen, die vollziehende Gewalt zu üben hat."

Wir, die Unterzeichneten, sind von den Vertretern der deutschen Nation zur Regentschaft für Deutschland ernannt worden. Es sind uns die Pflichten und Befugnisse der bisherigen Central-Gewalt, die Durchführung der Reichsverfassung und die Vollziehung der Beschlüsse der National-Versammlung übertragen worden. Für unsere Handlungen sind wir der National-Versammlung verantwortlich.

Deutsche! Wir haben dem Rufe Eurer gesetzlichen Vertreter Folge geleistet im festen Vertrauen auf unsere gerechte Sache.

Die Zustände unseres Vaterlandes erheischen rasches Handeln. Es gilt, das Heiligste, die Freiheit und Ehre des deutschen Volkes, zu retten vor maßlosen Uebergriffen der rohen Gewalt. Wir werden alle unsere Kräfte aufbieten, den Bürgerkrieg abzuwenden und auf friedlichem Wege die deutsche Einheit und Freiheit zu erreichen; wir werden aber, wenn es zur Erreichung dieses Zieles nöthig ist, der Gewalt Gewalt entgegenstellen. Hunderttausende aus allen Theilen des Vaterlandes haben feierlich gelobt, Gut und Blut für die Reichsverfassung einzusetzen; wir werden sie auffordern, in jenem Falle ihr Manneswort zu lösen.

An Euch, deutsche Krieger, noch ein besonderes Wort! Das Gesetz gibt uns die Oberleitung der gesammten bewaffneten Macht Deutschlands; es überläßt uns die Ernennung der Oberbefehlshaber. Ihr, deutsche Krieger, werdet dem Gesetze gehorchen, dessen bewaffneter Arm Ihr seyd. Offiziere, Unteroffiziere und Soldaten der Volkswehre und des stehenden Heeres, weß Grades Ihr seyn mögt, Ihr werdet Alle wetteifern in pünktlichem Erfüllen der Befehle, die wir und die von uns ernannten Befehlshaber Euch zukommen lassen. Ihr werdet des Wahlspruchs jedes Kriegers eingedenk seyn: Treue dem Gesetz, Gehorsam seinen Vollstreckern!

Nachdem mit dem heutigen Tage der Befehl über die Reichstruppen, welche bisher der provisorischen Centralgewalt verpflichtet waren, in unsere Hände übergegangen, wird jeder fernere Gehorsam gegen Befehle der bisherigen provisorischen Centralgewalt als Treubruch gegen das Gesetz und die deutsche Nation geahndet werden.

Deutsche! In verhängnißvollem Augenblicke wenden wir uns an Euch.

Noch ist es Zeit, durch unsere eigene Kraft des Vaterlandes Größe, Einheit und Freiheit zu retten, ihm Achtung zu verschaffen nach Außen und Frieden im Innern! Noch ist es Zeit, unter den Bürgschaften der deutschen Reichsverfassung eine auf Freiheit gegründete Ordnung der Dinge wieder herzustellen.

Ruhe und Frieden, die unerläßliche Bedingung des Erblühens von Handel und Gewerbe werden nicht eher zurückkehren, bis der unvermeidliche Kampf zwischen dem Absolutismus und der Freiheit zu Gunsten der Freiheit beendet ist. Steht Alle zu uns mit Eurer vollen Willens- und Thatkraft! Der gerechten Sache ist der Sieg gewiß.

Stuttgart, den 7. Juni 1849.

Die Mitglieder der deutschen Reichsregentschaft:

Franz Raveaux. Carl Vogt. Heinrich Simon. Friedrich Schueler. August Becher.

schluß an Baden und die Pfalz zu verhindern. In Württemberg glaubten sich die Parlamentler sowohl vor den preußischen Truppen als auch vor der revolutionären Bewegung abgeschirmt. Eine Reihe Vertreter der äußersten Linken zog es allerdings vor, sich den Aufständischen zur Verfügung zu stellen, so Friedrich Wilhelm Schlöffel, Friedrich Martiny und andere. Wilhelm Adolf v. Trützschler, einer der Köpfe der äußersten Linken, starb später ohne zu zittern unter den Kugeln eines preußischen Hinrichtungspelotons.

Die 104 Abgeordneten aber, die sich am 6. Juni in Stuttgart versammelten, mußten sehr schnell feststellen, daß ihnen die Regierung Römer keinen Rückhalt bot. Sie kamen nun nicht mehr umhin, mit dem Reichsverweser und seinen Ministern zu brechen. Das Rumpfparlament setzte eine Provisorische Reichsregentschaft ein: Franz Raveaux, Heinrich Simon, Karl Vogt, Friedrich Schüler und August Becher. Ihre Proklamation an das deutsche Volk vom 7. Juni zeigte trotz tönender Worte, daß sie weiterhin nur mit politisch-moralischem Druck für die Verfassung wirken, nicht den revolutionären Kampf organisieren wollten, was jetzt praktisch darauf hinauslief, diesen abzuwiegeln.

Schon die Einsetzung einer Reichsregentschaft ging jedoch der Regierung Römer zu weit. Sie ließ dem Parlament den Ständesaal sperren. Mit einem Reithaus mußte es als Tagungslokal fürlieb nehmen. Unverdrossen stellten die Abgeordneten und Regenten dennoch auf dem Papier eine ganze Reichsarmee auf. Sie wandten sich insbesondere an die Regierung und die Generale Württembergs mit dem Ansinnen, der drohenden preußischen Intervention in Süddeutschland entgegenzutreten. Diese zogen auch Truppen zusammen, aber nur gegen die demokratische Bewegung und gegen sie selbst. Das Rumpfparlament hatte sich zu ruhmlosem Untergang verurteilt, als es vor seiner Aufgabe, der revolutionären Bewegung ein Zentrum zu geben, desertierte.

Das Versagen des badischen Kleinbürgertums

Angesichts der Haltung der Linken der Nationalversammlung war es um so notwendiger, daß die Führer der badischen Erhebung die Offensive ergriffen. Das Schicksal Sachsens mußte auch sie lehren, daß davon die Behauptung der gewonnenen Macht abhing. »Es handelte sich darum«, schrieb Engels, »sofort und ohne einen Augenblick zu zaudern, den Aufstand weiterzutragen, nach Hessen, Darmstadt, Frankfurt, Nassau und Württemberg.«[90] Der revolutionäre Enthusiasmus des Rastatter Aufstandes und der Offenburger Volksversammlung bot dazu durchaus Voraussetzungen. Dieser Enthusiasmus war jedoch schon eine Woche später am Abflauen. Von Frankfurt (Main) aus nach Baden weitergereist, mußten Marx und Engels hier feststellen, »daß der erste Aufschwung schon vorüber, daß viele unangenehm enttäuscht waren. Die Soldaten waren malkontent; wir haben die Insurrektion gemacht, sagten sie, und jetzt, wo die Bürgerlichen an die Reihe kommen und die Leitung übernehmen sollen, jetzt lassen sie alles ins Stocken geraten und verderben!«[91] Als Marx und Engels in Karlsruhe Mitgliedern des Landesausschusses der badischen Volksvereine ihre Einschätzung der Situation und der Aufgaben vortrugen, stimmten ihnen nur radikale Demokraten wie Amand Goegg und Karl Blind zu. Sie aber waren hier in der Minderheit.

Der Landesausschuß und sein Exekutivkomitee wurden politisch beherrscht von dem Mannheimer Advokaten Lorenz Peter Brentano. Nach Heckers Auswanderung in die USA und Struves Einkerkerung war er zum einflußreichsten Führer der kleinbürgerlichen Demokraten Badens geworden. Zunächst vor allem ihr Sprecher in der Zweiten Kammer und in der Nationalversammlung, hatte er sich seit Ende 1848 vornehmlich der Organisierung der Volksvereine gewidmet und den Vorsitz im Landesausschuß übernommen. Durch seine beißende Kritik an der preußischen Reaktion, an der badischen Dynastie und an dem Ministerium des Liberalen Bekk hatte er sich den Ruf eines Radikalen verschafft. Aber er war kein Anwalt der revolutionär gesinnten Arbeiter und Bauern und der rebellischen Jugend. Sein unbändiger politischer Ehrgeiz richtete sich auf ein sehr beschränktes Ziel. Brentano hatte nur auf eine von ihm geleitete kleinbürgerlich-demokratische Reformregierung unter dem badischen Großherzog hingearbeitet. Über dieses Ziel war die Volksbewegung ganz gegen seine Absicht hinausgeschritten. Nun setzte er mit zäher Verbissenheit seine Popularität und advokatische Verschlagenheit dazu ein, sie einzudämmen. Insgeheim suchte er einen Kompromiß mit der badischen Dynastie. Er hoffte, als starker Mann der gemäßigten Partei, als Römer Badens, Triumphe feiern zu können. Brentano wurde geradezu zur Symbolfigur kleinbürgerlichen Versagens vor der Führungsaufgabe der demokratischen Aufstandsbewegung.

Lorenz Peter Brentano.
Lithographie aus dem »Leuchtthurm«, 1849

Unter dem Einfluß Brentanos betrieb die badische Provisorische Regierung die Reorganisation der Armee äußerst nachlässig, behinderte die Aufstellung von Volkswehren und Freischaren und verschleppte die militärische Offensive. Die Pfalz ließ sie ohne wirksame Unterstützung. Ebenso wurde die Aufhebung der Feudallasten, die die Masse der Bauern revolutionieren konnte, zwar mehrfach versprochen, aber immer wieder aufgeschoben. Bei alledem gelang es Brentano, sich eine nahezu diktatorische Stellung zu schaffen. Er vermochte die radikalen Demokraten auszuschalten oder zu umgarnen und die entscheidenden Positionen mit Anhängern seiner Politik oder unfähigen Stellenjägern zu besetzen.

Brentano wurde unterstützt durch die in der Residenzstadt Karlsruhe tonangebenden Hoflieferanten, Spießbürger und Beamten und durch die in der Armee verbliebenen reaktionären Offiziere, die die Folgen seiner Politik richtig abschätzten. Er konnte sich jedoch nur durchsetzen, weil auch die Masse der badischen Kleinbürger ihm Rückhalt bot, indem sie kurzsichtig die schnelle Wiederkehr von Ruhe und Ordnung unter der neuen Regierung als Beweis ihres Sieges begrüßte.

Badische Freischärler. Zeitgenössische Darstellung

Das höchste Ideal der Mehrheit der badischen und überhaupt der süddeutschen Kleinbürger und Bauern war die kleine bürgerlich-bäuerliche Republik nach dem Muster der damaligen Schweiz. Soweit ihr Blick über Baden hinausschweifte, stellten sie sich ein zukünftiges Deutschland als Föderativrepublik vor. Die Ereignisse des Jahres 1848, namentlich die Pariser Junischlacht, hatten aber ihre Furcht geweckt, daß auch eine für dieses Ziel begonnene Revolution zu unabsehbaren Folgen führen könne. »Daher«, so schlußfolgerte Engels, der diese Spielart des kleinbürgerlichen Demokratismus mit bitterem Sarkasmus porträtiert hat, »ihre Begeisterung für die Reichsverfassung, die wenigstens ihre nächsten Interessen befriedigte und ihnen Hoffnung gab, bei dem bloß suspensiven Veto des Kaisers die Republik zu gelegener Zeit auf gesetzlichem Wege einzuführen ..., daher ihre Furcht, die Insurrektion über die Grenzen des zukünftigen Kantons Baden hinaus zu verbreiten. Die Feuersbrunst hätte ja auch einmal Gegenden ergreifen können, in denen es große Bourgeois und massenhaftes Proletariat gab ...«[92]
Die aufständischen Soldaten, die Volkswehrleute und Freischärler allerdings und die aus allen Gegenden herbeiströmenden revolutionären Demokraten und Arbeiter betrachteten Baden und die Pfalz als Bollwerk und Kraftzentrum der demokratischen Bewegung. Das südwestdeutsche Aufstandsgebiet sollte für Deutschland werden, was Ungarn für Europa war. Es sollte das Bindeglied zwischen der ungarischen Revolution und der ersehnten neuen Erhebung in Paris bilden. In diesem Bestreben unternahmen radikale badische und pfälzische Demokraten im Verein mit politischen Flüchtlingen aus anderen deutschen Staaten verschiedene Versuche, die kleinbürgerlichen Führer in der Pfalz und in Baden voranzudrängen.
In der Pfalz, die sich bald von preußischen Truppen bedroht sah und bei der Regierung Brentano vergeblich Hilfe suchte, gewannen politische Flüchtlinge aus Sachsen und anderen deutschen Staaten auf die Provisorische Regierung nicht unerheblichen Einfluß. Es war namentlich der Vorsitzende des Zentralausschusses der Demokraten Deutschlands, der Kommunist Karl d'Ester, der die Pfälzer Regierung »zu allen einigermaßen energischen Schritten forttrieb«[93]. Er stellte Marx auch ein Mandat des Demokratischen Zentralausschusses aus, mit dem dieser nach Paris ging, um mit den französischen Sozialdemokraten, die einen neuen Aufstand vorbereiteten, Verbindung aufzunehmen.

Karl Ludwig Johann d'Ester. Zeitgenössische Darstellung

In Baden suchte sich die Opposition gegen die Regierung Brentano Anfang Juni durch die Bildung eines Klubs des entschiedenen Fortschritts zu organisieren. Nominelles Oberhaupt dieses Klubs war Struve, sein eigentlicher politischer Kopf Tzschirner, der vormalige Leiter der sächsischen Provisorischen Regierung, die meisten leitenden Mitglieder waren Freischarenoffiziere. Mit der Forderung nach »erhöhter revolutionärer Tatkraft im Innern wie nach außen«[94] fand der Klub in der Residenzstadt Karlsruhe aber nur bei den revolutionären Freischaren Unterstützung. Brentano konnte diese mit Hilfe der Karlsruher Bürgerwehr und ihm ergebener Linientruppen und Volkswehren am 6. Juni zum Abmarsch an die Front zwingen. Der Klub des entschiedenen Fortschritts war damit seines einzigen Rückhalts beraubt und löste sich auf.

Der Aufmarsch Preußens

Während die badisch-pfälzischen Insurgenten durch die Schuld der kleinbürgerlichen Führer in der Defensive blieben, zog die Konterrevolution überlegene Streitkräfte zusammen, um den letzten Herd der Revolution in Deutschland auszutreten. Gegen Baden marschierten vom Reichsverweser aufgebotene Kontingente verschiedener Mittel- und Kleinstaaten in Stärke von 18 000 Mann, die unter dem Befehl des preußischen Generalleutnants Eduard v. Peucker standen. Hinter ihnen rückte ein preußisches Armeekorps unter dem Generalleutnant Karl Graf v. d. Gröben in Stärke von 16 000 Mann an. An der Nordgrenze der Pfalz konzentrierte Preußen ein weiteres Armeekorps von etwa 20 000 Mann, das Generalleutnant Alexander Adolph v. Hirschfeld befehligte. Mit der militärischen Intervention in Südwestdeutschland handelten die Hohenzollern im gemeinsamen Interesse und in Übereinstimmung mit den übrigen Mächten der feudalen Konterrevolution, mit der Habsburgermonarchie und dem russischen Zarismus. Während diese noch damit beschäftigt waren, die Freiheit der Ungarn in Blut und Tränen zu erstikken, übernahm Preußen die Rolle des Gendarmen der Konterrevolution in Südwestdeutschland.

Zugleich suchte die Hohenzollernmonarchie aber die Situation auszunutzen, um die Klein- und Mittelstaaten in ihr Schlepptau zu bringen und Preußen die Vorherrschaft in Deutschland zu sichern. Hauptverfechter dieser Politik war der General Joseph Maria v. Radowitz, ein langjähriger Vertrauter des Königs, der bereits als Militärbevollmächtigter beim Bundestag seit 1836 und als Führer der äußersten rechten Fraktion (»Café Milani«) in der Frankfurter Nationalversammlung für eine Reform des Deutschen Bundes mit dem Ziel der preußischen Führung Deutschlands eingetreten war. Nach intensiven politischen Vorbereitungen durch Radowitz hatte am 26. Mai 1849 Friedrich Wilhelm IV. mit den Monarchen von Hannover und Sachsen das Dreikönigsbündnis geschlossen, dem sich unter dem Druck der preußischen Militärmacht fast alle anderen deutschen Staaten anschlossen, Württemberg und Bayern allerdings fernblieben. Aus ihm sollte die Union, ein engerer Bund unter Ausschluß Österreichs und Führung Preußens, hervorgehen, mit dem Österreich nur noch einen weiteren Bund bilden sollte. Die Unionspolitik, von Vertretern der Kamarilla mit Argwohn betrachtet und später von Österreich mit Unterstützung Rußlands zum Scheitern gebracht, war der erste Anlauf zu einer nationalstaatlichen Einigung Deutschlands durch Preußen im Interesse der Machterhaltung und Machterweiterung der Hohenzollernmonarchie und der Junkerklasse.

Dem von Radowitz ausgearbeiteten und am 28. Mai 1849 veröffentlichten Verfassungsentwurf für die Union fehlte alles, was demokratischen Geist atmete und dem Volk politischen Einfluß gewährleisten konnte. Nicht der Abgeordnetenkammer, sondern dem preußischen König war darin die Exekutive unterstellt, und ihm war auch das absolute Vetorecht gegen alle Beschlüsse der Abgeordneten vorbehalten. Die Wahl zur Abgeordnetenkammer sollte zudem nach dem Dreiklassenwahlrecht erfolgen, welches die Wähler entsprechend der Höhe der von ihnen zu zahlenden direkten Steuern in Klassen einteilte, so daß die kleine Zahl von reichen Wählern in der ersten Klasse genausoviele Abgeordnete wählte wie die große Masse des Volkes in der dritten. Dieses reaktionäre Wahlrecht führte die Regierung Brandenburg/Manteuffel zwei Tage später in Preußen ein, um den

Karikatur auf die Pläne Preußens zur Unterwerfung Deutschlands. Aus der »Deutschen Reichsbremse«, 1849

anderen Staaten mit »gutem Beispiel« voranzugehen. Formal wurde jedoch der Entwurf der Unionsverfassung bewußt an die Reichsverfassung angelehnt. Es sollte nicht nur der Marschtritt preußischer Divisionen gehört, sondern auch ein pseudonationales und scheinkonstitutionelles Programm vernommen werden. Dazu bestimmt, die Schwankenden und Kompromißbereiten aus dem bürgerlichen Lager auf die Seite der adligen Konterrevolution zu ziehen, zeitigte es bei maßgebenden Kreisen der liberalen Bourgeoisie sofort Wirkung. »Seitdem die Verfassung veröffentlicht ist, sehe ich Land; steuern wir frisch darauf los!«[95] So schrieb der rheinische Liberale Hermann v. Beckerath schon am 4. Juni 1849 seinem badischen Gesinnungsgenossen Karl Mathy, und dieser stimmte ihm zu.

Indessen putschten die preußischen Militaristen ihre Soldaten mit dem Geist des reaktionären Preußentums auf. Preußen und die Hohenzollern wurden als einziger fester Hort von Recht und Ordnung in Deutschland hingestellt, alle demokratischen Bestrebungen dagegen als Gesetzlosigkeit, Treuebruch, Lüge, Verrat, ja Barbarei verleumdet.

Es war auch ein Programm, wenn der Oberbefehl über die Expedition nach Süddeutschland dem Prinzen Wilhelm von Preußen, dem Bruder und vorbestimmten Nachfolger Friedrich Wilhelms IV., übertragen wurde. In den Traditionen des reaktionären Preußentums aufgewachsen und seit 1825 Korpskommandeur der Garde, war er Hauptrepräsentant jenes militaristischen Systems, nach dem die »Bürgerkanaille« und der ganze Staat nur der Armee und diese nur der Dynastie wegen da war. In den Berliner Märztagen hatte er sich so lauthals als Scharfmacher gebärdet, daß er vom Volk als »Kartätschenprinz« gebrandmarkt wurde. Er konnte nie die schmachvolle Flucht nach England vergessen, zu der ihn der Volkszorn gezwungen hatte. Unter dem Ministerium Camphausen schon nach wenigen Wochen nach Berlin zurückgekehrt, hatte er als einer der Führer der Kamarilla bei jedem Schritt der Konterrevolution in Preußen die Hand im Spiel gehabt. Nun war er dazu ausersehen, in Süddeutschland zu vollbringen, was Windischgrätz in Prag und Wien getan hatte, wozu sich Zar Nikolaus I. in Ungarn anschickte, und so die Schmach des 18. März zu sühnen.

Aus den Marschkolonnen, die sich auf Ba-

Prinz Wilhelm von Preußen zur Zeit seines Oberbefehls über die preußischen Truppen in den Kämpfen in Süddeutschland. Nach einer Zeichnung von Schertle

Aufruf Friedrich Wilhelms IV. an das deutsche Volk, 15. Mai 1849

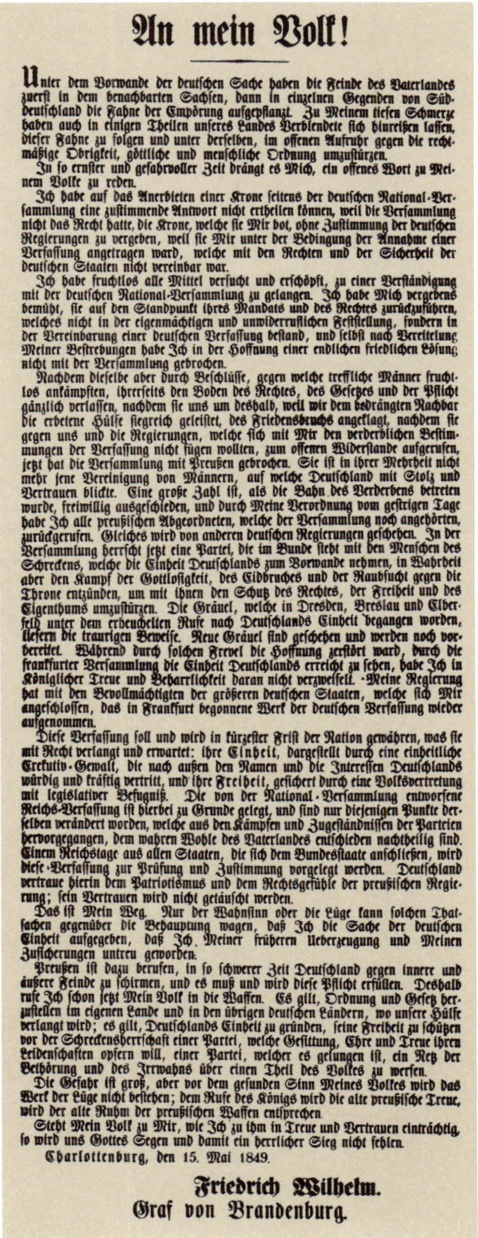

An mein Volk!

Unter dem Vorwande der deutschen Sache haben die Feinde des Vaterlandes zuerst in dem benachbarten Sachsen, dann in einzelnen Gegenden von Süddeutschland die Fahne der Empörung aufgepflanzt. Zu Meinem tiefen Schmerze haben auch in einigen Theilen unseres Landes Verblendete sich hinreißen lassen, dieser Fahne zu folgen und unter derselben, im offenen Aufruhr gegen die rechtmäßige Obrigkeit, göttliche und menschliche Ordnung umzustürzen.

In so ernster und gefahrvoller Zeit drängt es Mich, ein offenes Wort zu Meinem Volke zu reden.

Ich habe auf das Anerbieten einer Krone seitens der deutschen National-Versammlung eine zustimmende Antwort nicht ertheilen können, weil die Versammlung nicht das Recht hatte, die Krone, welche sie Mir bot, ohne Zustimmung der deutschen Regierungen zu vergeben, weil sie Mir unter der Bedingung der Annahme einer Verfassung angetragen ward, welche mit den Rechten und der Sicherheit der deutschen Staaten nicht vereinbar war.

Ich habe fruchtlos alle Mittel versucht und erschöpft, zu einer Verständigung mit der deutschen National-Versammlung zu gelangen. Ich habe Mich vergebens bemüht, sie auf den Standpunkt ihres Mandats und des Rechtes zurückzuführen, welches nicht in der eigenmächtigen und unwiderruflichen Feststellung, sondern in der Vereinbarung einer deutschen Verfassung bestand, und selbst nach Vereitelung Meiner Bestrebungen habe Ich in der Hoffnung einer endlichen friedlichen Lösung nicht mit der Versammlung gebrochen.

Nachdem dieselbe aber durch Beschlüsse, gegen welche treffliche Männer fruchtlos ankämpften, ihrerseits den Boden des Rechtes, des Gesetzes und der Pflicht gänzlich verlassen, nachdem sie uns um deshalb, weil wir dem bedrängten Nachbar die erbetene Hülfe siegreich geleistet, des Friedensbruchs angeklagt, nachdem sie gegen uns und die Regierungen, welche sich mit Mir den verderblichen Bestimmungen der Verfassung nicht fügen wollten, zum offenen Widerstande aufgerufen, jetzt hat die Versammlung mit Preußen gebrochen. Sie ist in ihrer Mehrheit nicht mehr jene Vereinigung von Männern, auf welche Deutschland mit Stolz und Vertrauen blickte. Eine große Zahl ist, als die Bahn des Verderbens betreten wurde, freiwillig ausgeschieden, und durch Meine Verordnung vom gestrigen Tage habe Ich alle preußischen Abgeordneten, welche der Versammlung noch angehörten, zurückgerufen. Gleiches wird von anderen deutschen Regierungen geschehen. In der Versammlung herrscht jetzt eine Partei, die im Bunde steht mit den Menschen des Schreckens, welche die Einheit Deutschlands zum Vorwande nehmen, in Wahrheit aber den Kampf der Gottlosigkeit, des Eidbruches und der Raubsucht gegen die Throne entzünden, um mit ihnen den Schutz des Rechtes, der Freiheit und des Eigenthums umzustürzen. Die Gräuel, welche in Dresden, Breslau und Elberfeld unter dem erheuchelten Rufe nach Deutschlands Einheit begangen worden, liefern die traurigen Beweise. Neue Gräuel sind geschehen und werden noch vorbereitet. Während durch solchen Frevel die Hoffnung zerstört ward, durch die Frankfurter Versammlung die Einheit Deutschlands erreicht zu sehen, habe Ich in Königlicher Treue und Beharrlichkeit daran nicht verzweifelt. Meine Regierung hat mit den Bevollmächtigten der größeren deutschen Staaten, welche sich Mir angeschlossen, das in Frankfurt begonnene Werk der deutschen Verfassung wieder aufgenommen.

Diese Verfassung soll und wird in kürzester Frist der Nation gewähren, was sie mit Recht verlangt und erwartet: ihre Einheit, dargestellt durch eine einheitliche Exekutiv-Gewalt, die nach außen den Namen und die Interessen Deutschlands würdig und kräftig vertritt, und ihre Freiheit, gesichert durch eine Volksvertretung mit legislativer Befugniß. Die von der National-Versammlung entworfene Reichs-Verfassung ist hierbei zu Grunde gelegt, und sind nur diejenigen Punkte derselben verändert worden, welche aus den Kämpfen und Zugeständnissen der Parteien hervorgegangen, dem wahren Wohle des Vaterlandes entschieden nachtheilig sind. Einem Reichstage aus allen Staaten, die sich dem Bundesstaate anschließen, wird diese Verfassung zur Prüfung und Zustimmung vorgelegt werden. Deutschland vertraue hierin dem Patriotismus und dem Rechtsgefühle der preußischen Regierung; sein Vertrauen wird nicht getäuscht werden.

Das ist Mein Weg. Nur der Wahnsinn oder die Lüge kann solchen Thatsachen gegenüber die Behauptung wagen, daß Ich die Sache der deutschen Einheit aufgegeben, daß Ich Meiner früheren Ueberzeugung und Meinen Zusicherungen untreu geworden.

Preußen ist dazu berufen, in so schwerer Zeit Deutschland gegen innere und äußere Feinde zu schirmen, und es muß und wird diese Pflicht erfüllen. Deshalb rufe Ich schon jetzt Mein Volk in die Waffen. Es gilt, Ordnung und Gesetz herzustellen im eigenen Lande und in den übrigen deutschen Ländern, wo unsere Hülfe verlangt wird; es gilt, Deutschlands Einheit zu gründen, seine Freiheit zu schützen vor der Schreckensherrschaft einer Partei, welche Gesittung, Ehre und Treue ihren Leidenschaften opfern will, einer Partei, welcher es gelungen ist, ein Netz der Bethörung und des Irrwahns über einen Theil des Volkes zu werfen.

Die Gefahr ist groß, aber vor dem gesunden Sinn Meines Volkes wird das Werk der Lüge nicht bestehen; dem Rufe des Königs wird die alte preußische Treue, wird der alte Ruhm der preußischen Waffen entsprechen.

Steht Mein Volk zu Mir, wie Ich zu ihm in Treue und Vertrauen einträchtig, so wird uns Gottes Segen und damit ein herrlicher Sieg nicht fehlen.

Charlottenburg, den 15. Mai 1849.

Friedrich Wilhelm.
Graf von Brandenburg.

»Auch ein Roter«. Karikatur aus dem »Eulenspiegel«, 1849

den und die Pfalz zuwälzten, tönte es: »Ich bin ein Preuße, will als Preuße sterben, als echter Preuße leben allerwärts.« Was das hieß, hatten viele Pickelhauben bereits gezeigt in den Straßen und Häusern Dresdens und Iserlohns, indem sie sich austobten in feiger Willkür, im Plündern und Demolieren, Beleidigen, Beschimpfen und Demütigen, im Morden wehrloser Gefangener und Verwundeter. Nun zogen sie heran, um Baden und der Pfalz »Ruhe und Ordnung« zu bringen. Aber die Expedition nach Süddeutschland wurde für sie kein Triumphzug.

Die badisch-pfälzische Revolutionsarmee

Aus den zum Volk übergegangenen badischen und pfälzischen Soldaten, aus Volkswehren und Freischaren hatte sich eine Revolutionsarmee gebildet. Die konterrevolutionäre preußische Militärmacht sollte in Baden und der Pfalz nicht nur auf den Widerstand voneinander isolierter Abteilungen von Barrikadenkämpfern stoßen. Hier trat ihr eine revolutionäre Armee in offenen Feldschlachten entgegen.

Das Straßenbild von Heidelberg, dem Hauptquartier der badischen Revolutionstruppen, schilderte der hier studierende Gottfried Keller Mitte Juni 1849: »... die keckste malerische Tracht und Behabung in der größten Mannigfaltigkeit ...: der Turnerhut in der größtmöglichen Auswahl von Aufstülpungen, mit Bändern aller Art geschmückt, die blaue Blouse, dreifarbig oder rot gegürtet, Ränzel und Bündel in den kühnsten Lagen an Hüften und Rükken; kampflustige frohe Gesichter und bei alle dem Durcheinander eine feste kriegerische Haltung, nur durch den feurigsten

Abteilungen der badisch-pfälzischen Revolutionsarmee. Nach der »Illustrierten Zeitung«, 1849

Willen so bald erworben.«[96] Aber auch dies beobachtete der Schweizer Demokrat: »Die Soldaten, die bewaffnete Jugend und das arme Straßenvolk sind noch ganz guten Mutes; die sogenannten Bürger aber und die solide Bauernmacht sind nicht sauber. Wenigstens will kein Mensch mit Geld herrücken. Der größte Übelstand ist, daß es an Offizieren fehlt ... Dann und wann heißt es, es seien wieder einige Offiziere verschwunden, und so ist es ein unheimliches Durcheinander.«[97]

Der zahlenmäßig stärkste und relativ am besten organisierte und ausgerüstete Teil der Revolutionsarmee waren die badischen Linientruppen. Fast vollständig auf die Seite des Volkes übergegangen, zählten sie etwa 15 000 Mann. Die Offiziere bis zum Hauptmann wurden entsprechend einem Beschluß des Landesausschusses der Volksvereine von den Soldaten gewählt. Dabei rückten vielfach demokratisch gesinnte Offiziere auf. Oft konnten sie die Disziplin nicht gewährleisten, und im höheren Offizierskorps verblieb eine große Zahl konterrevolutionärer Kräfte. Auch die durch die Politik der Regierung Brentano

Franz Sigel

Scheitern des Vorstoßes der badischen Revolutionstruppen nach Hessen bei Hemsbach, Ende Mai 1849. Darstellung der Neuruppiner Bilderbogen, 1849

verschuldete defensive Haltung begünstigte Erscheinungen der Desorganisation und Demoralisation. Trotz alledem waren die Soldaten und Unteroffiziere, die den Aufstand begonnen hatten, bereit, ihn zu verteidigen. Das hatte sich nach den ersten Gefechten mit hessischen Truppen gezeigt.
Ein verspäteter und unzureichend vorbereiteter Vorstoß auf hessisches Gebiet endete mit einer Schlappe. Er war vom Kriegsminister Franz Sigel geleitet worden, einem 24jährigen ehemaligen badischen Leutnant, der sich der demokratischen Bewegung angeschlossen und schon am badischen Aprilaufstand teilgenommen hatte. Brentano entzog nun Sigel den Oberbefehl über die Armee, um diesen an den reaktionären Obersten v. Beck auszuliefern, der sich kampflos den Reichstruppen ergeben wollte. Als aber hessische Truppen erstmals auf badisches Gebiet vorstießen, erhob sich in der Armee über die Kapitulationsabsichten ein solcher Unwille, daß Sigel v. Beck zum Rücktritt veranlassen und wieder den Oberbefehl übernehmen konnte.
Die Linientruppen waren zunächst durch Volkswehren verstärkt worden. Sie entstanden auf Grund des Offenburger Beschlusses, die Volksbewaffnung durchzuführen und als erstes Aufgebot unverzüglich alle kampffähigen Männer zwischen 18 und 30 Jahren mobil zu machen. Diesem Beschluß waren meist kleinere Städte und vor allem Landgemeinden mit einer revolutionär gesinnten Bauernschaft nachgekommen, namentlich viele Dörfer des Schwarzwaldes und des Odenwaldes. Während die Bürgerwehren von Karlsruhe und anderen größeren Städten vorwiegend aus dem besitzenden Bürgertum und dessen politischen Anhang bestanden, stellten in den Volkswehren die unteren Volksschichten einen beträchtlichen Teil der Mitglieder und gaben demokratisch gesinnte Kräfte des Kleinbürgertums und der Bauernschaft den Ton an. Das Oberkommando der Volkswehr wurde auf Betreiben Struves zu Beginn des Aufstandes dem revolutionären Demokraten Johann Philipp Becker übertragen. Seine Bemühungen, das erste Aufgebot mit Gewehren zu versorgen und es einzuüben, wurden jedoch durch Brentano und seine Parteigänger in der Regierung und den örtlichen Behörden ständig behindert und vielfach durchkreuzt. Immerhin konnten in Baden etwa 25 Volkswehrbataillone mit einer Durchschnittsstärke von etwa 500 Mann gebildet werden. Meist nur

Soldaten der zum Volk übergegangenen badischen Linientruppen. Zeitgenössische Darstellung

notdürftig bewaffnet und ausgebildet, fanden sie vorwiegend in ihren Heimatorten Verwendung. Acht Bataillone wurden der am Neckar zusammengezogenen badischen Armee eingegliedert.
In der Pfalz wurden die Volkswehren und die zum Volk übergegangenen Soldaten vereinigt. Hier fehlte es den Volkswehren noch mehr an Waffen und Munition als in Baden. Viele Pfälzer Volkswehren waren nur mit Sensen bewaffnet.
Zu kampfkräftigen Einheiten entwickelten sich die Freischaren, neben den Linientruppen und Volkswehren der dritte Bestandteil der badisch-pfälzischen Revolutionsarmee. In ihnen organisierten sich Freiwillige, vor allem Zuzügler, die aus anderen deutschen Staaten oder aus der Emigration nach Baden und der Pfalz kamen. Die meisten dieser Freischärler waren Handwerksgesellen und Arbeiter. Sie erkannten, daß es die Interessen der Arbeiter erforderten, der Reaktion nicht kampflos das Feld zu räumen, und daß die Proletarier die vom Kleinbürgertum geführte Bewegung vorantreiben mußten. Aus Württemberg, beiden Hessen, Rheinpreußen und anderen Teilen Süd- und Westdeutschlands, aus der Schweiz und aus Frankreich strömten vom Beginn der Aufstände an fortgeschrittene Arbeiter, meist Mitglieder von Arbeitervereinen, nach Baden und der Pfalz. Dieser Zuzug nahm um so mehr zu, je mehr die Versuche zur Insurgierung der Nachbarstaaten fehlschlugen.
Die schwachen proletarischen Kräfte in Baden und der Pfalz erhielten so eine bedeutende Verstärkung. Handwerksgesellen und Arbeiter stellten nicht nur die Mehrheit der Freischärler im Mannheimer und Karlsruher Arbeiterbataillon, sondern auch in den anderen Freischaren, die ihre Namen meist aus der geographischen Herkunft ableiteten. Besonders gilt dies für die Deutsche Legion aus der Schweiz, die Schwäbische Legion, die Hanauer Turnerwehr, das

Johann Philipp Becker.
Nach der »Illustrierten Zeitung«, 1849

Friedrich Wilhelm Fritzsche

August Willich

Rheinhessische Freikorps und das Willichsche Freikorps. Insgesamt erreichten die vorwiegend proletarisch zusammengesetzten Freischaren in Baden und der Pfalz schließlich eine Stärke von etwa 6 000 Mann. In keiner Phase der Revolution hatten Handwerksgesellen und Arbeiter so zahlreich zu den Waffen gegriffen.
In der badisch-pfälzischen Revolutionsarmee führten auch erstmals Kommunisten das Kommando über einzelne bewaffnete Einheiten. Aus ihnen ragte August Willich hervor, der Kommandeur eines 800 Mann starken Freikorps, unter dessen roter Fahne bis auf eine Kompanie Studenten nur Arbeiterkompanien marschierten. Willich gehörte zu jenen preußischen Berufsoffizieren, die vor der Revolution in Westfalen unter den Einfluß sozialistischer und kommunistischer Ideen geraten waren. Nach heftigen Auseinandersetzungen mit den vorgesetzten Dienststellen hatte er seine Entlassung eingereicht. Er war Ende 1847 nach Köln gegangen und hatte noch als 37jähriger eine Lehre als Zimmermann angetreten. Hier war er auch Mitglied des Bundes der Kommunisten geworden. Willich blieb freilich stets in den Ideen des wahren Sozialismus und utopischen Kommunismus befangen. Aber so verschwommen und phantastisch auch seine theoretischen Vorstellungen waren, er war ein revolutionärer Streiter, der selbstlos sein Leben im Kampf gegen die Reaktion einsetzte. Er war vor allem ein erfahrener und mutiger Kommandeur, im Gefecht von größter Kaltblütigkeit. Mit seinem kleinen Korps hielt Willich in der Pfalz die Garnisonen von Landau und Germersheim in Schach. Der tapferen Schar trat zu Beginn des preußischen Einmarsches Friedrich Engels als Adjutant und später Joseph Moll als Musketier bei. Offiziersstellen bekleideten in der badisch-pfälzischen Revolutionsarmee auch andere Mitglieder des Bundes der Kommunisten. Johann Joseph Jansen, bis Juni 1848 Sekretär des Kölner Arbeitervereins, diente als Hauptmann der badischen Volkswehr; er wurde später von den Preußen standrechtlich erschossen. Peter Imandt führte ein Kommando im Rheinhessischen Freikorps. Fritz Anneke war Mitglied der Militärkommission der Pfalz und später Artilleriekommandeur.

In der großen Mehrheit mußten die proletarischen Freischärler in Baden und der Pfalz jedoch unter das Kommando von kleinbürgerlichen Demokraten treten. Unter den von ihnen gestellten Kommandeuren befanden sich manche renommierende Schwätzer, die beim ersten Schuß die Flinte ins Korn warfen, aber auch mutige Revolutionäre. Als Offiziere der badisch-pfälzischen Armee gaben die revolutionären Demokraten Gustav Adolph Schlöffel und Maximilian Dortu ihr Leben. In den Reihen der badisch-pfälzischen Freischaren sammelten Wilhelm Liebknecht, Friedrich Adolph Sorge und Victor Schily Erfahrungen, die dazu beitrugen, daß sie sich später der Arbeiterbewegung anschlossen. In den Reihen der Revolutionsarmee kämpften ebenso

Ludwik Mierosławski spricht vor Truppen der badischen Revolutionsarmee.
Spätere Darstellung

Friedrich Wilhelm Fritzsche, Carl Wilhelm Toelcke und andere spätere Funktionäre der deutschen Arbeiterbewegung.

Als hervorragendster Kommandeur von Volkswehren und Freischaren erwies sich ein revolutionärer Demokrat, der später einer der engsten Mitstreiter und Freunde von Marx und Engels werden sollte: Johann Philipp Becker. Der aus der Pfalz stammende Handwerkersohn war schon auf dem Hambacher Fest als einer der radikalsten Redner hervorgetreten und hatte sich während der Revolution immer weiter nach links entwickelt. Seit der Pariser Junischlacht erkannte er in den Arbeitern bereits die entschiedenste revolutionäre Kraft. Sein Ziel war eine rote Republik, die in erster Linie durch die Arbeiter und auch in ihrem Interesse errungen werden sollte. Wegen seiner revolutionären Haltung von Brentano als Oberbefehlshaber der badischen Volkswehr abgesetzt, übernahm Bekker den Befehl einer Volkswehren- und Freischarendivision. Dafür brachte dieser glühende Revolutionär von seiner Teilnahme an den Freischarenzügen in der Schweiz und in Baden sowie aus dem Schweizer Sonderbundskrieg auch unschätzbare militärische Erfahrungen mit. »Während die übrigen Offiziere«, schrieb Engels, »in der Schule der stehenden Heere erzogen, hier einen wildfremden, für sie fast unlenkbaren Soldatenstoff vorfanden, hatte Becker seine ganze Organisationskunst, Taktik und Strategie in der hanebüchenen Schule der Schweizer Miliz gelernt. Ein Volksheer war ihm nichts Fremdes, seine notwendigen Mängel nichts Ungewohntes.«[98] Becker erwies sich als »ein geborner Volksheerführer, von merkwürdiger Geistesgegenwart und mit einem seltenen Geschick, junge Truppen zu behandeln«[99]. Friedrich Engels charakterisierte ihn als den »einzigen deutschen Revolutionsgeneral«[100], und in der Familie Marx nannte man Becker später treffend »unsern deutschen Garibaldi«[101].

An der Seite deutscher Demokraten reihten sich in die badisch-pfälzische Revolutionsarmee auch Hunderte von Angehörigen anderer Nationen ein: Schweizer, Franzosen, Ungarn und vor allem Polen. »Hier galt es, den Kampf nicht nur für die gemeinschaftliche Sache«, schrieb ein polnischer Freiwilliger, »sondern auch gegen den gemeinschaftlichen Feind zu führen; denn Deutschlands Unterdrücker sind auch die Unterdrücker Polens, sie unterjochen das

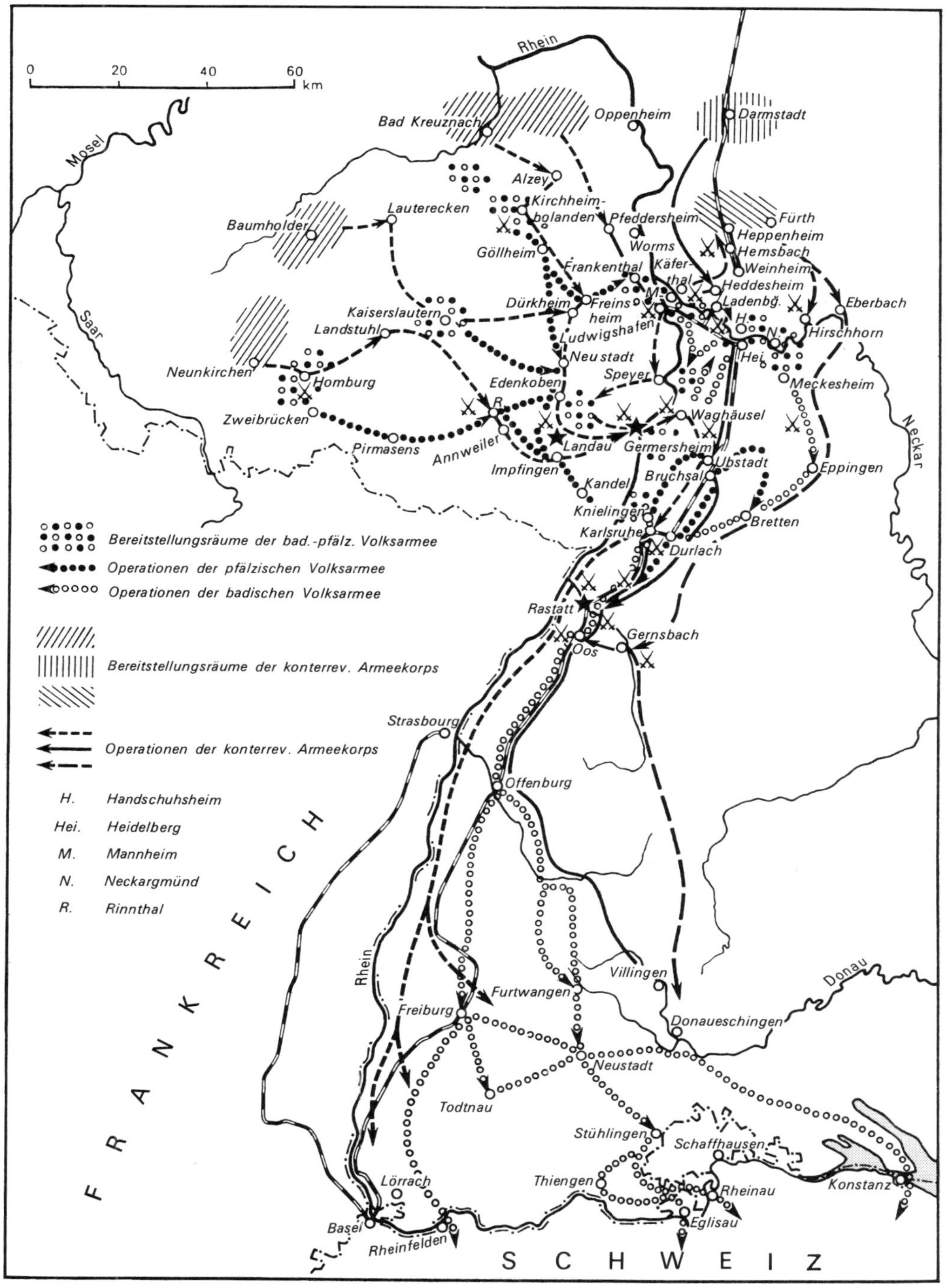

Die Kampfhandlungen in Baden und der Pfalz 1849

eine durch das andere.«[102] Solche Demokraten und Internationalisten stellten einen Teil der Freischärler in der Schweizer Legion, der Deutsch-ungarischen Legion und der Deutsch-polnischen Legion, aber auch viele Offiziere anderer Abteilungen.

Einen befähigten Oberbefehlshaber fand die badisch-pfälzische Revolutionsarmee in Ludwik Mierosławski, neben den in Ungarn kämpfenden Joseph Bem und Henryk Dembinski der namhafteste polnische Revolutionsgeneral. Er hatte schon den Aufstand von 1830 als 17jähriger mitgemacht, sich dem demokratischen Flügel der polnischen Emigration angeschlossen und gehörte zu den Leitern des Februaraufstandes von 1846. In Deutschland wurde er weiterhin bekannt, als er in dem Monstreprozeß von Moabit zum Tode verurteilt, dann aber durch den 18. März befreit wurde. Er leitete danach den Maiaufstand von 1848 in Posen, und 1849 kommandierte er zunächst die sizilianische Revolutionsarmee. Mierosławski war kein revolutionärer Demokrat, sondern stand innerhalb der demokratischen polnischen Emigration auf dem rechten Flügel. Er war jedoch ein leidenschaftlicher Gegner der preußisch-deutschen Reaktion und ein begabter Organisator und Stratege.

Die badisch-pfälzischen Truppen waren bis Anfang Juni ohne wirkliche Führung gewesen, ein Konglomerat von Einheiten, in denen die Befehle häufig einander widersprachen, denen eine feste Organisation wie eine klare militärische Zielstellung fehlten. In Mierosławski erhielten sie unmittelbar vor Beginn der Kämpfe mit den anrückenden konterrevolutionären Truppen einen Oberbefehlshaber, der sie erst zu einer eigentlichen Armee zusammenschloß. Er führte sie nach einer kühnen strategischen Konzeption, paralysierte damit wenigstens teilweise die Kapitulationsabsichten und konterrevolutionären Umtriebe im höheren Offizierskorps und entsprach dem Kampfwillen Tausender revolutionärer Soldaten, Volkswehrmänner und Freischärler.

Mit den badisch-pfälzischen Revolutionstruppen entstand unter Beteiligung der Arbeiterklasse die erste deutsche Revolutionsarmee. Dank ihr gehört die Reichsverfassungskampagne als einer der bedeutendsten bewaffneten Kämpfe des deutschen Volkes zu den revolutionären militärischen Traditionen der deutschen Geschichte.

Gefechte im badischen Unterland

Gegen die Revolutionstruppen am Neckar und in der Pfalz, die insgesamt etwa 27 000 Mann zählten, hatte die Konterrevolution eine Militärmacht aufgeboten, als ginge es gegen die Alte Garde Napoleons. Durch drei Armeekorps, die zahlenmäßig mehr als doppelt so stark und zudem weitaus besser bewaffnet waren, sollte die Revolutionsarmee noch in der Pfalz und im badischen Unterland eingekreist und zerschlagen werden. Groß war die Begierde des »Kartätschenprinzen« und seiner Generale, mit den Demokraten abzurechnen. Noch größer war allerdings ihre Furcht, daß bei einer Schlappe die Landwehrregimenter, die der Einberufung vielfach nur unter Zwang gefolgt waren, überlaufen könnten. Daher scheuten sie jedes Risiko und operierten mit der im Manöver- und Gamaschendienst eingedrillten schwerfälligen Präzision.

Mirosławski dagegen entschied sich für eine Taktik der offensiven Verteidigung. Er beschloß, die Revolutionsarmee zwischen Rhein und Neckar zu konzentrieren und aus dem Flußwinkel heraus mit ihren Hauptkräften jeweils eines der drei feindlichen Armeekorps anzugreifen. Einen Sieg konnte allerdings selbst das beste strategische Konzept angesichts der feindlichen Übermacht nicht mehr gewährleisten.

Auch die Aussichten auf eine günstige Entwicklung der internationalen Situation schwanden. Im Osten war die ungarische Revolutionsarmee in die Defensive gedrängt worden, außerdem fiel nun eine zaristische Interventionsarmee von 140 000 Mann in Ungarn ein. Im Westen wurden die revolutionären Energien von Paris durch die kleinbürgerliche Führung der Sozialdemokratie am 13. Juni 1849 in einer friedlichen Demonstration verpufft, die von der Regierung mit Waffengewalt zerschlagen wurde.

Die badisch-pfälzische Revolutionsarmee trat so von vornherein ohne Siegeschancen gegen die Heere der Konterrevolution an. Es galt jedoch, durch einen tapferen Widerstand günstige moralisch-politische Voraussetzungen für das weitere Ringen um eine demokratische Entwicklung, gegen die Verpreußung Deutschlands zu schaffen. Darin bestand der geschichtliche Sinn ihres opferreichen Kampfes.

Während sich die Pfälzer Truppen an den Rhein zurückzogen, führten die badischen Divisionen am 15. und 16. Juni bei Ladenburg unter dem direkten Befehl Mierosławskis den ersten großen Gegenangriff. Er richtete sich gegen das Armeekorps v. Peuckers, das als erstes die Nordgrenze Badens überschritten hatte. In schweren Kämpfen wurden die Reichstruppen weit zurückgeworfen. Sie bekamen einen solchen Respekt vor der Revolutionsarmee, daß sie zunächst keinen neuen Vorstoß wagten. Sie überließen diesen Abschnitt dem anrückenden preußischen Armeekorps v. d. Groebens, marschierten allerdings in die rechte Flanke der Revolutionsarmee ab. Jubel herrschte nach dem ersten militärischen Erfolg in Heidelberg, Mannheim und anderen Städten am Neckar. Die Häuser waren festlich illuminiert. In den

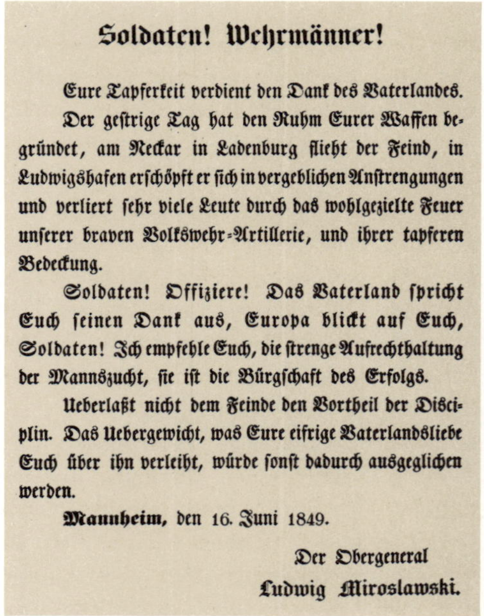

Soldaten! Wehrmänner!

Eure Tapferkeit verdient den Dank des Vaterlandes.

Der gestrige Tag hat den Ruhm Eurer Waffen begründet, am Neckar in Ladenburg flieht der Feind, in Ludwigshafen erschöpft er sich in vergeblichen Anstrengungen und verliert sehr viele Leute durch das wohlgezielte Feuer unserer braven Volkswehr-Artillerie, und ihrer tapferen Bedeckung.

Soldaten! Offiziere! Das Vaterland spricht Euch seinen Dank aus, Europa blickt auf Euch, Soldaten! Ich empfehle Euch, die strenge Aufrechthaltung der Mannszucht, sie ist die Bürgschaft des Erfolgs.

Ueberlaßt nicht dem Feinde den Vortheil der Disciplin. Das Uebergewicht, was Eure eifrige Vaterlandsliebe Euch über ihn verleiht, würde sonst dadurch ausgeglichen werden.

Mannheim, den 16. Juni 1849.

Der Obergeneral
Ludwig Miroslawski.

Aufruf Mierosławskis nach dem Gefecht bei Ladenburg, 16. Juni 1849

Übergang der Pfälzer Volkswehr über die Rheinbrücke bei Knielingen, 18. Juni 1849. Nach der »Illustrierten Zeitung«, 1849

Bau einer Barrikade in Mannheim, Juni 1849. Darstellung der Neuruppiner Bilderbogen, 1849

Straßen feierten die Soldaten und das Volk den Sieg. Aber nur kurz war die errungene Atempause.

Das preußische Armeekorps v. Hirschfelds durchquerte inzwischen die Pfalz und überschritt in der linken Flanke der badischen Armee, bei Germersheim, den Rhein. Mierosławski raffte erneut seine Hauptkräfte zusammen, um dieses stärkste Armeekorps des Gegners noch beim Flußübergang zu schlagen und in den Rhein zu werfen. Am 21. Juni lieferten die Revolutionstruppen den Preußen bei Waghäusel ein erbittertes Gefecht. Durch einen überraschenden und energischen Angriff brachten sie die preußischen Vorhuten ins Wanken. Die bedeutenden Anfangserfolge wurden jedoch zunichte gemacht durch die Unfähigkeit und den Verrat mehrerer Divisionskommandeure. Das für den Feldzugsverlauf höchst wichtige Gefecht endete schließlich mit einer Niederlage, obwohl auch hier viele Revolutionssoldaten tapfer gekämpft hatten. »Besonders die badischen Kanoniere«, so berichtete Gottfried Keller, »haben sich heldenmäßig gehalten. Sie arbeiteten, da es sehr heiß war, im bloßen Hemd, wie die Bäcker vor dem Backofen, bei ihren Kanonen und waren noch forsch und wohlgemut dabei. Ihre Verwundeten haben sie selbst völlig totgeschossen, damit sie den Preußen nicht in die Hände geraten.«[103]

Durch die Niederlage von Waghäusel drohte sich die Ordnung im Gros der badischen Truppen aufzulösen. Im höheren Offizierskorps und unter der Bourgeoisie von Mannheim und Heidelberg erhoben konterrevolutionäre Kräfte das Haupt. Mierosławski behielt jedoch das Heft in der Hand. In Eilmärschen führte er die Revolutionstruppen in einem großen Bogen über Heidelberg und Durlach aus der nun unmittelbar drohenden Umklammerung durch die drei feindlichen Armeekorps heraus. Er konnte das Konzept der preußischen Generale durchkreuzen, weil die Unzulänglichkeiten der Revolutionsarmee, die durch die kleinbürgerliche Führung des badischen Aufstandes verschuldet waren, immer wieder wettgemacht wurden durch den Heroismus, mit dem zahlreiche Revolutionssoldaten und -offiziere kämpften.

Die »glänzendste Episode im ganzen badisch-pfälzischen Feldzug«[104] war das Gefecht bei Durlach, unweit von Karlsruhe, am 25. Juni 1849. Hier traten Freischaren und Volkswehren der Division Johann Philipp Beckers dem ersten preußischen Armeekorps entgegen, um den Rückzug der Armee auf die Murg und die Räumung der badischen Landeshauptstadt zu sichern. Es waren kaum 1 000 Mann, ohne Artillerie, abgehetzt durch Eilmärsche. Sie hatten als Nachhut der Armee schon den Rückzug von Heidelberg aus gedeckt und innerhalb von 48 Stunden 80 Kilometer durch feindliche Abteilungen zurückgelegt. Aber sie gehörten zu den besten Kräften der Revolutionsarmee. Kompanien der Schweizer Legion und der Deutsch-polnischen Legion, die zahlreiche revolutionäre Arbeiter in ihren Reihen zählten, hatte Becker an den entscheidenden Stellungen postiert.

Die Preußen irrten sich gründlich, wenn sie glaubten, die kleine Schar einfach überrennen zu können. Der Frontalangriff mehrerer Bataillone ihrer ersten Division, obwohl von Artillerie unterstützt, scheiterte im Büchsenfeuer der Verteidiger. Der »Kartätschenprinz« erschien persönlich auf dem

Beschießung Mannheims durch preußische Artillerie. Darstellung der Neuruppiner Bilderbogen, 1849

Badische Revolutionstruppen im Gefecht bei Waghäusel, 21. Juni 1849.
Darstellung der Neuruppiner Bilderbogen, 1849

Gefechtsfeld. Wütend über das unerwartete Stocken des Vormarschs, befahl er einen neuen Sturm mit verstärkten Kräften. Dazu wurde ein Iserlohner Landwehrbataillon, das der Einberufung nur gezwungen gefolgt war, in geschlossener Kolonne ins Feuer getrieben. Es erlitt dadurch, wie der preußische Divisionsbericht kleinlaut eingestehen mußte, »den bedeutenden Verlust von sieben Offizieren, fünf Unteroffizieren und 74 Gemeinen«. Der Kommandeur »sah sich, selbst dreifach verwundet, genötigt, das ohnehin durch die außerordentliche Hitze sehr erschöpfte Bataillon aus dem wirksamsten Feuer wieder herauszunehmen«.[105] Verstärkter Beschuß mit acht Geschützen zwang die Verteidiger dann, Deckung in den wenigen festen Gebäuden am Ortsrand zu suchen. Von dort aus setzten sie den Widerstand aber so hartnäckig fort, daß die Preußen wiederum nicht vorankamen. Sie mußten abwarten, bis zwei weitere Divisionen an den Flanken des kleinen Häufleins eingreifen konnten.

So erfochten die tapferen Freischaren und Volkswehren in stundenlangem Kampf gegen drei preußische Divisionen genügend Zeit, daß die Landeshauptstadt geräumt, alles Kriegs- und Eisenbahnmaterial abgefahren und das Gros der Armee außer Reichweite des Gegners gebracht werden konnte. Nachdem Becker diese Nachricht erhalten hatte, entzog er obendrein seine Schar in letzter Minute geschickt der feindlichen Umzingelung. »Die preußischen Verluste in diesem Gefecht«, so mußte selbst ein renommierter preußischer Militärschriftsteller bezeugen, »betrugen neun Offiziere, 118 Mann, die feindlichen gibt Becker selbst auf 50 Tote und Gefangene an, sie werden auch kaum größer gewesen sein.«[106]

Wie die Volkswehren- und Freischarendivision Johann Philipp Beckers unter den badischen Truppen, so zeichnete sich unter den Pfälzer Einheiten besonders das Willichsche Freikorps aus. Als Adjutant Willichs stand Friedrich Engels in vier Gefechten in der vordersten Kampflinie, »und von seiner außerordentlichen Kaltblütigkeit und seiner absoluten Verachtung jeder Gefahr sprachen noch lange später alle, welche ihn im Feuer gesehen hatten«[107].

Der Verrat der Gothaer

Während die badisch-pfälzische Revolutionsarmee im schweren Abwehrkampf aushielt, traten die maßgeblichen kleinbürgerlichen Führer der Reichsverfassungskampagne von der politischen Bühne ab. Das Rumpfparlament war wenige Tage nach dem Beginn der preußischen Intervention in Baden, am 18. Juni 1849, von württembergischen Truppen auseinandergetrieben worden. Die Abgeordneten, die sich protestierend in stummem Zuge zum Tagungslokal in Bewegung setzten, waren von Kavallerie attackiert, mit dem Pallasch mißhandelt und auseinandergejagt worden. Charakterlos war der politische Abgang Brenta-

»Die Konsequenz der Karlsruher«.
Karikatur aus der »Deutschen Reichsbremse«, 1849

Karikatur auf die Gothaer Versammlung vom 26. bis 28. Juni 1849.
Aus dem »Eulenspiegel«, 1849

Szene aus dem Gefecht bei Durlach, 25. Juni 1849. Nach der »Illustrierten Zeitung«, 1849

nos. Seine Hoffnungen, als großer Mann der gemäßigten Partei Triumphe feiern zu können, waren im Lärm der Gefechte zerstoben. Nun floh er am 28. Juni heimlich und feige bei Nacht und Nebel in die Schweiz.

Die maßgebenden Vertreter der liberalen Bourgeoisie aber traten sogar als aktive Bundesgenossen an die Seite der preußischen Konterrevolution. Die aus der Nationalversammlung ausgeschiedenen Erbkaiserlichen hatten in der »Deutschen Zeitung« eine politische Kampagne zur Unterstützung der preußischen Unionspläne gestartet. Sie gaben die von ihnen beschworene Frankfurter Reichsverfassung als »undurchführbar« preis und billigten den Entwurf der antidemokratischen Unionsverfassung als »einen großen Schritt vorwärts zur allseitigen Verständigung.«[108] Darin zeigte sich mit aller Deutlichkeit, daß die Bourgeoisie ihren Kurs auf ein Klassenbündnis mit den preußischen Junkern auch beibehielt, als ihre Hoffnungen, in diesem Bündnis politisch die bestimmende oder auch nur eine halbwegs gleichberechtigte Rolle spielen zu können, vollständig dahinschwanden. Es genügte der preußisch orientierten Großbourgeoisie, wenn mit einer staatlichen Einigung Deutschlands durch Preußen ihre wichtigsten wirtschaftspolitischen Interessen gesichert wurden. Dafür opferten sie liberale, erst recht demokratische Rechte und verzichtete auf ihre unmittelbare Machtausübung.

Die Liberalen unterstützten Preußens Unionspolitik nicht nur gegen den zunehmenden Widerstand der Fürsten anderer Staaten, sondern gegenüber der revolutionären Volksbewegung. Die Bourgeoisie unterwarf sich lieber bedingungslos der politischen Herrschaft der preußischen Junker, als zuzulassen, daß die Volksmassen demokratische Rechte erkämpften. Voller Haß gegen die demokratische Bewegung schrieb Mathy am 11. Juni an Beckerath: »Der Angriff der Preußen gegen die Pfalz und der Reichstruppen gegen Baden scheint endlich beginnen zu wollen, und ich hoffe mit ihnen, daß er mit wenigen Schlägen zu Ende führen wird.« Er nahm sogar in Kauf, daß im Gefolge der preußischen Armeen auch in Süddeutschland »vormärzliche Gestalten« die liberalen Minister wieder von ihren Posten verdrängten. »Das Volk«, so erklärte er, »muß sehen und fühlen, was es durch den unsinnigen Mißbrauch der Freiheit erreicht hat.«[109]

Erfüllt von solchem Geist, kamen vom 26. bis 28. Juni zahlreiche Mitglieder der ehemaligen Frankfurter Erbkaiserpartei in Gotha zusammen. Fast alle ihre führenden Köpfe hatten sich eingefunden, darunter Heinrich v. Gagern, Friedrich Dahlmann und Hermann v. Beckerath. Mit 130 von 148 Stimmen sprachen sie sich für eine aktive Unterstützung des preußischen Unionsplans aus. Sie beschlossen, »so viel an ihnen ist, auf den Anschluß der noch nicht beigetretenen Staaten an den von der Berliner Konferenz vorgelegten Entwurf hinzuwirken«[110]. Während Tausende von Revolutionären ihr Leben im Kampf um ein demokratisches Deutschland in die Schanze warfen, machten sich die Gothaer zum Anwalt der Unterwerfung unter die Herrschaft der mit Demokratenblut befleckten preußischen Junker und Militaristen. Der Name Gothaer blieb bis weit in die sechziger Jahre hinein der Inbegriff des großbourgeoisen Opportunismus und der liberalen Feigheit, des schamlosen Verrats der deutschen Bourgeoisie an der eigenen Revolution.

Die letzten Gefechte an der Murg

Währenddessen demonstrierte die badisch-pfälzische Armee den Willen der revolutionären Kräfte Deutschlands, vor der Reaktion, vor dem preußischen Militarismus nicht zu kapitulieren. Ohne Aussicht auf einen Sieg stellte sie sich Ende Juni 1849 an der Murg noch einmal der konterrevolutionären Übermacht. Wenn der Fluß auch eine Verteidigungslinie von nur 20 Kilometer Länge bildete, die zudem an der Festung Rastatt einen Rückhalt fand, so war diese Stellung doch leicht verwundbar. Die preußischen Generale entfalteten ihre beiden Armeekorps gegenüber der Murgfront. Die Reichstruppen v. Peuckers hingegen sollten ihr über das angeblich neutrale, der

Preußische Truppen vor Rastatt. Nach der »Illustrierten Zeitung«, 1849

Revolutionsarmee unzugängliche Württemberg in den Rücken fallen. Mierosławski sah nur die Möglichkeit, an der Taktik der offensiven Verteidigung festzuhalten. Er wollte versuchen, die Front der beiden preußischen Armeekorps zu durchbrechen, was auch dem Vormarsch v. Peuckers Einhalt gebieten konnte. Die badisch-pfälzische Armee war jedoch auf 13 000–15 000 Mann zusammengeschmolzen. Sie mußte aber jetzt sogar gleich zwei feindliche Korps, und zwar die beiden kampfkräftigeren, angehen. So wurde die

Die Festung Rastatt. Nach der »Illustrierten Zeitung«, 1849

Schlacht an der Murg der letzte und zugleich der blutigste Kampf der Revolutionsarmee.

Den ganzen Vormittag des 29. Juni hielten die Revolutionstruppen den Vorstößen der beiden preußischen Armeekorps tapfer stand. Das preußische Oberkommando befahl zwischen 14 und 15 Uhr deren Einstellung, um größere Verluste zu vermeiden. Darauf ließ Mierosławski an der ganzen Front zum Gegenangriff gegen den dreifach überlegenen Feind antreten. Mierosławski selbst, Becker, Sigel und andere revolutionäre Offiziere stellten sich an die Spitze der Angriffskolonnen. Stundenlang wogte der Kampf hin und her. In unübersichtlichem Gelände verknäuelten sich vielfach die Einheiten beider Seiten ineinander. Schließlich warfen die Revolutionstruppen den Gegner überall zurück, ohne freilich dessen Front durchbrechen zu können. Groß und schmerzlich waren die Verluste.

Beim Gegenangriff der auf dem rechten Flügel kämpfenden Division, deren Vorhut das Willichsche Freikorps bildete, fiel Joseph Moll, Mitbegründer des Bundes der Kommunisten und Mitglied seiner Zentralbehörde. Einen hohen Blutzoll leisteten auch die Freischaren Johann Philipp Bekkers, die auf dem linken Flügel, vor Rastatt, bis zum Anbruch der Nacht angriffen. »Wagen um Wagen führte Verwundete herbei«, so erinnerte sich ein Rastatter Bürger, »meist Freischärler von der Schweiz und polnischen Legion, alle ohne durch Ächzen ihre Schmerzen kundzugeben.« [111]

Das preußische Hauptquartier war am Abend »nicht sehr befriedigt« und erwartete für den nächsten Tag erneut »hartnäkkigen Widerstand, wenn nicht sogar einen Offensivstoß«.[112] Mit größter Ungeduld harrte man der Meldungen über das Eingreifen des Neckarkorps. Der von ihm geführte Stoß in den Rücken der Revolutionsarmee hatte in der Tat seinen Zweck nicht verfehlt.

Während die Revolutionstruppen, »von verzweiflungsvollem Enthusiasmus beseelt« [113], vor der Murg gegen die Preußen vorstießen, hatten die Reichstruppen v. Peuckers von Württemberg aus den rechten Flügel der Front aufgerollt. Die Schreckensnachricht von der drohenden Umklammerung lief die Front hinab und entmutigte die eben noch tapfer kämpfenden Soldaten. Ein Truppenteil nach dem anderen wandte sich zur Flucht oder löste sich auf. Die Schlacht war verloren. »Die Preußen«, so schrieb Engels dazu, »haben sich übrigens durch das gewonnene Treffen von Rastatt keinen besondern Ruhm erworben … Trotz dieser kolossalen Überzahl wagten sie keinen ernstlichen Frontangriff, sondern schlugen uns durch feigen Verrat, indem sie das neutrale, uns verschlossene württembergische Gebiet verletzten.« [114]

Auch der jetzt vielfach einsetzenden panischen Flucht widerstanden die besten Einheiten der Armee.

Abteilungen Johann Philipp Beckers lieferten den Preußen am 30. Juni bei Kuppenheim an der Murg das letzte größere Gefecht des Feldzugs. Von drei Seiten her angegriffen, hielten unter Führung des deutschen Garibaldi nicht mehr als 1 500 Mann noch einmal ein ganzes preußisches Armeekorps stundenlang auf und ermöglichten dadurch vielen aufgelöst zurückströmenden Einheiten das Entkommen. Dabei zeichneten sich das Mannheimer und das Karlsruher Arbeiterbataillon aus. An ihrer Seite lieferten drei Batterien badischer Kanoniere der überlegenen feindlichen Artillerie das heftigste Artillerieduell des ganzen Feldzugs. Eine kleine Nachhut Beckers eroberte in einem Gegenstoß bei Oos am gleichen Tage sogar noch eine mecklenburgische Haubitze. Während etwa 5 000 Mann der Revolutionsarmee in Rastatt eingeschlossen wurden, zogen sich die übrigen Einheiten ins badische Oberland zurück. Insbesondere die Freischaren drängten auf einen neuen Vorstoß zum Entsatz der in der Festung eingeschlossenen Abteilungen. Aber der fortschreitende Zusammenbruch der kleinbürgerlichen Führung im zivilen wie im militärischen Bereich machte schließlich diese Absicht zunichte. Es blieb nur noch der Übertritt in die Schweiz. Als letzte Einheit der Revolutionsarmee ging am 12. Juli das Willichsche

Artillerie der badischen Revolutionsarmee im Gefecht bei Kuppenheim an der Murg, 30. Juni 1849. Nach der »Illustrierten Zeitung«, 1849

Abzug badischer Revolutionstruppen aus dem Lager von Baltersweil in die Schweiz. Spätere Darstellung

Freikorps über die Grenze. Zwei Wochen später mußte auch Rastatt kapitulieren. Hier war die Schweizer Flüchtlingslegion, in deren Reihen ebenfalls zahlreiche revolutionäre Arbeiter kämpften, die Seele des Widerstandes gewesen.

In der Reichsverfassungskampagne hatte der demokratische Volkskampf gegen die Konterrevolution und gegen den preußischen Militarismus seine größte Breite und seinen Höhepunkt erreicht. Die letzte Schlacht der deutschen Revolution hatte die badisch-pfälzische Revolutionsarmee geliefert. Sie war durch die kleinbürgerliche politische Führung von vornherein in eine aussichtslose Lage gebracht und im höheren Offizierskorps durchsetzt von reaktionären Kräften. Dennoch hatte sie dank dem Kampfmut Tausender von Freischärlern, Soldaten und Volkswehrmännern den preußischen Armeen, der Hauptmacht der Konterrevolution, wochenlang tapferen Widerstand geleistet. Von der Reaktion auf jede Weise verunglimpft, lebte sie weiter im Gedächtnis der demokratischen Kräfte. Ihr Kampf wurde wichtiger Bestandteil der revolutionären Traditionen des deutschen Volkes. Mit um so größerem Stolz konnte Friedrich Engels feststellen: »Die Partei des Proletariats war ziemlich stark in der badisch-pfälzischen Armee vertreten, besonders in den Freikorps, wie im unsrigen, in der Flüchtlingslegion usw., und sie kann ruhig alle andern Parteien herausfordern, auf nur einen einzigen ihrer Angehörigen den geringsten Tadel zu werfen. Die entschiedensten Kommunisten waren die couragiertesten Soldaten.« [115]

Kapitel 7

Das Erbe der Revolution

»Gegen Demokraten helfen nur Soldaten!« Diese Devise hatte die preußische Kamarilla ausgegeben, als sich die im März 1848 geschlagene Reaktion wieder stark genug fühlte, um den Entscheidungskampf gegen die revolutionären Kräfte aufzunehmen. Unter dieser berüchtigten Losung war im Frühjahr 1849 auch die preußische Militärmaschine, die die Revolution nicht angetastet hatte, in Gang gesetzt worden, um die revolutionäre Bewegung in Deutschland vollends niederzuwalzen. Ihrer Übermacht erlag die Revolution.

Der preußische Militarismus hatte die Rolle des Henkers der deutschen Revolution übernommen. Das preußische Heer warf das revolutionäre Volk in den letzten Brennpunkten der revolutionären Kämpfe, in Sachsen, im Rheinland, in Baden und in der Pfalz, nieder.

Satirische Zeichnung auf das Erstarken der Reaktion nach der Niederschlagung der europäischen Revolution. Aus den »Düsseldorfer Monatsheften«, 1850

Die Niederlage der europäischen Revolution

Nicht nur in Deutschland brachte der Sommer 1849 das Ende der Revolution. Auch in den anderen revolutionierten Ländern Europas erlosch in diesen Monaten die revolutionäre Flamme.

In Frankreich fand die von allen europäischen Revolutionären erhoffte Entscheidungsschlacht, von der ein neuer Aufschwung der revolutionären Bewegung ausgehen konnte, nicht statt. Ende Mai/Anfang Juni 1849 war in Paris eine revolutionäre Situation entstanden. Der schwelende Konflikt zwischen der kleinbürgerlichen Demokratie, die das Proletariat wieder unter ihre Fittiche zu bekommen suchte, und der auf weitere Restauration hinarbeitenden Ordnungspartei brach offen aus, als französische Truppen gegen die römische Republik zogen, um die weltliche Macht des Papstes wiederherzustellen.

Die kleinbürgerliche Partei beantragte daraufhin im Parlament, den Präsidenten Louis Bonaparte und die Minister des Verfassungsbruchs anzuklagen. Als der Antrag abgelehnt wurde, rief sie zu einer friedlichen Demonstration auf. Sie wurde am 13. Juni 1849 durch Militär auseinandergetrieben. Ein Aufruf zur bewaffneten Verteidigung der Verfassung konnte das Blatt nicht mehr wenden. Lediglich in Lyon erhoben sich Arbeiter und Handwerker in einem bewaffneten Aufstand, der von Truppen blutig unterdrückt wurde. Mit der Niederlage vom 13. Juni 1849 war die kleinbürgerliche Demokratie in Frankreich politisch mattgesetzt. Die Ordnungspartei glaubte sich fest im Sattel. Eine Republik nach dem Zuschnitt der konservativen Bourgeoisie schien gesichert. Aber der 13. Juni 1849 war nur ein Schritt auf dem Wege der Selbstzerstörung der Bourgeoisrepublik und ihrer Ersetzung durch eine bonapartistische Diktatur, unter der die Bourgeoisie ihre Herrschaft nur indirekt ausüben konnte. Der 18. Brumaire des Louis Bonaparte, ein Staatsstreich des Präsidenten am 2. Dezember 1851, der selbst die großbürgerliche Opposition vollends ausschaltete, stand am Ende dieser Entwicklung. Ein Jahr darauf proklamierte sich Louis Bonaparte als Napoleon III. zum »Kaiser der Franzosen«. Damit hatte die französische Revolution ihren endgültigen Abschluß gefunden. Das aus Paris erwartete Signal für einen erneuten Aufschwung der europäischen Revolutionsbewegung war ausgeblieben. Damit waren die Chancen für eine Wiederbelebung der Revolution in den anderen Ländern dahin.

In Italien hatten bereits am 23. März 1849 die österreichischen Armeen bei Novara

Louis Bonaparte nimmt in Paris eine Truppenparade ab, 1849. Darstellung der Neuruppiner Bilderbogen, 1849

Feldlager russischer Truppen, die zur Niederschlagung der ungarischen Revolutionsarmee eingesetzt wurden. Darstellung der Neuruppiner Bilderbogen, 1849

Fürst Iwan Fjodorowitsch Paskewitsch. Nach der »Illustrierten Zeitung«, 1849

Sardinien-Piemont vernichtend geschlagen. Die letzten Leuchtfeuer der Revolution waren hier die römische Republik und das revolutionäre Venedig. Unter Leitung von Giuseppe Garibaldi verteidigte sich Rom zwei Monate gegen die Angriffe der von Frankreich militärisch unterstützten neapolitanisch-spanischen Reaktion. Am 3. Juli mußte Rom kapitulieren. Der Papst zog wieder ein und errichtete sein reaktionäres Regime. Sechs Wochen später, am 23. August, fiel Venedig, das sich monatelang heldenhaft gegen Radetzkys Truppen zur Wehr gesetzt hatte. In ganz Italien war die alte Ordnung wiederhergestellt.

Von Juni bis August 1849 tobten in Ungarn, auf das die Revolutionäre in Europa ihre noch verbliebenen Hoffnungen setzten, die Entscheidungsschlachten. Ungarns Revolutionsheere hatten im Frühjahr 1849 die von Windischgrätz und Jellačič kommandierten österreichischen Armeen aus dem Lande gejagt. Am 14. April 1849 entthronte der ungarische Landtag die Habsburger und erklärte Ungarn für unabhängig. Der Wiener Hof begriff, daß er allein der ungarischen Revolution nicht Herr werden konnte. Er rief den Zaren zu Hilfe. Am 27. Mai fielen zaristische Truppen mit 200 000 Mann unter Fürst Iwan Fjodorowitsch Paskewitsch in Ungarn ein. Gegen den konzentrierten Angriff der vereinigten zaristisch-habsburgischen Konterrevolution vermochte auch die vom liberalen Adel freilich mehr boykottierte als unterstützte »levée en masse«, die Mobilisierung aller

Revolutionäre Truppen vor dem Hauptquartier Giuseppe Garibaldis in Rom. Nach »The Illustrated London News«, 1850

Artúr v. Görgey. Nach der »Illustrierten Chronik 1849«

Kapitulation der ungarischen Revolutionsarmee bei Vilàgos, 13. August 1849. Nach der »Illustrierten Zeitung«, 1849

Kräfte der Nation, zu der Lajos Kossuth aufrief, nichts Entscheidendes mehr auszurichten. Militärische Fehler des ehrgeizigen und nach der Militärdiktatur strebenden Artúr v. Görgey beschleunigten die Niederlage. Die Entscheidung fiel, als das Gros der ungarischen Armee am 9. August 1849 bei Temesvár von österreichisch-russischen Truppen vernichtend geschlagen wurde. Am 13. August streckte die ungarische Hauptmacht bei Világos die Waffen. Am 2. Oktober fiel mit der Festung Komorn das letzte Bollwerk der ungarischen Revolution. Hinrichtungspelotons, die das Land durchzogen, und Galgen kündeten die Wiedererrichtung der Habsburger Macht an.

Der Kannibalismus der Konterrevolution

Die Abrechnung mit den Revolutionären, die in Italien und Ungarn die schwarzgelbe Reaktion aus Wien vollzog, übernahm in Deutschland das reaktionäre Preußen. Anfang 1849 schrieb Marx: »Nicht *während* des Krieges, *nach* dem Kriege spielen die Heldentaten der ›glorreichen‹ preußischen Armee ..., nach dem Kriege beginnen erst die Heldentaten der preußischen Armee wie die Heldentaten der Kerkermeister *nach* dem Urteilsspruch.« [1]

Die Revolution war besiegt. Nun feierte der »Kannibalismus der Konterrevolution« [2] seine blutigen Triumphe. Vae Victis! hieß ihr Schlachtruf. Im Land tobte das Schreckensregiment der Reaktion mit Standgerichten und Erschießungen, mit Plünderungen, Mißhandlungen, Demütigungen und hinterhältigen Morden. Die Revolution hatte des revolutionären Terrorismus entsagt, der notwendig gewesen wäre, um mit ihren gefährlichen Feinden fertig zu werden. Die Konterrevolution ließ nun den weißen Terror gegen die Revolutionäre wüten. Rücksichtslos rechneten sie mit jenen Männern ab, die bis zuletzt zur Revolution gestanden hatten und der Reaktion mutig mit der Waffe in der Hand entgegengetreten waren. Die Soldateska begann wahllos zu morden.

Der Musikdirektor am Hoftheater in Dresden August Röckel, als Teilnehmer des Dresdener Maiaufstands 1849 zum Tode verurteilt und später zu lebenslanger Zuchthaushaft »begnadigt«, berichtet in seinen Erinnerungen über die preußischen Greueltaten in der sächsischen Metropole: »Nicht erst nach Beendigung des Kampfes, auch schon während desselben waren die empörendsten Schändlichkeiten vorgekommen. Es ist Tatsache, daß Männer und Frauen, welche in entlegenen, friedlichen Straßen ruhig ihren Geschäften nachgingen, von müßigen, gelangweilten Soldaten in benachbarten Häusern zur Unterhaltung niedergeschossen wurden ..., in der Schuhmachergasse fanden diese Wüteriche in einem Hause 14 Männer, die ihre Gewehre im 4. Stock gelassen hatten und sich wehrlos ergaben. Alle 14 wurden, nachdem sie in jeder Weise mißhandelt worden waren, der Reihe nach aus den Fenstern des 3. Stockes mit solcher Gewalt auf die Straße geschleudert, daß ihre Körper meistenteils gegen das Haus auf der anderen Seite der engen Gasse anprallten. In der Frauengasse befand sich ein Lazarett mit vielen Verwundeten; sie wurden sämtlich ermordet.« [3]

Wie in Sachsen, so in Baden und in der Pfalz! Als die Festung Rastatt am 23. Juli 1849 kapitulierte, mußten mehr als 5 000 revolutionäre Streiter in die Kasematten der Stadt einziehen, wo man sie unter men-

Waffenstreckung der ungarischen Besatzung von Komorn. Nach der »Illustrierten Zeitung«, 1849

In den Kasematten von Rastatt.
Nach der »Illustrierten Zeitung«, 1849

schenunwürdigen Bedingungen gefangenhielt und viele von ihnen den Tod fanden. 19 Gefangene wurden in Rastatt standrechtlich erschossen, Offiziere, Freischarenführer, einfache Soldaten. Zu den ersten Opfern gehörten der letzte Kommandant von Rastatt, Gustav Nikolaus Tiedemann, und der Wachtmeister Konrad Heilig, der die Festungsartillerie befehligt hatte, der Schreiner Karl Jacoby und der Büchsenmacher L. Zenthöfer, beide aus Mannheim. Unter preußischen Kugeln starben der polnische Revolutionär Theophil Mniewski, der aufrechte Demokrat aus dem thüringischen Mühlhausen August Bernigau und der ehemalige Sekretär des Kölner Arbeitervereins Johann Jansen.

Weitere acht Revolutionäre wurden in Mannheim und Freiburg Opfer preußischer Hinrichtungspelotons. In Mannheim fanden der Klempner Dietz aus Schneeberg und der Lehrer Höfer aus dem badischen Brehmen den Tod. Hier nahm die preußische Konterrevolution auch blutige Rache an einem der entschiedensten kleinbürgerlichen Revolutionäre von 1848, an dem sächsischen Demokraten Wilhelm Adolf v. Trützschler. Er war Abgeordneter auf der äußersten Linken in der Deutschen Nationalversammlung gewesen und hatte sich der badisch-pfälzischen Revolutionsarmee als Zivilkommissar zur Verfügung gestellt. Nach der Verurteilung durch ein Standgericht fiel er am 14. August 1849 unter den Kugeln eines preußischen Erschießungskommandos.

In Freiburg wurde als erster der frühere preußische Unteroffizier Maximilian Dortu aus Potsdam exekutiert. Ihn traf der besondere Haß des preußischen Militärklüngels. Dortu hatte dem preußischen Kronprinzen und späteren Kaiser Wilhelm I., der den Oberbefehl über die preußischen Interventionstruppen führte, den Namen »Kartätschenprinz« gegeben, der damals in aller

Maximilian Dortu.
Nach der »Illustrierten Zeitung«, 1849

Letzte Seite von Dortus Brief an die Eltern, kurz vor seiner Hinrichtung geschrieben

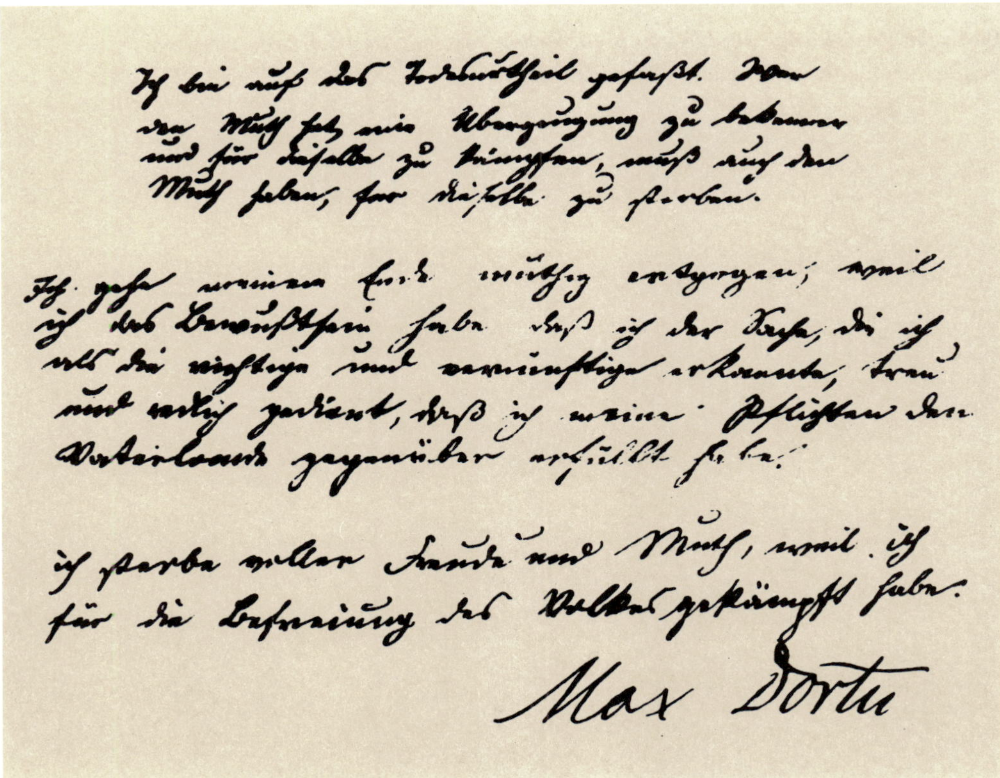

Ich bin auf das Todesurtheil gefaßt. Wer den Muth hat, eine Überzeugung zu bekennen und für dieselbe zu kämpfen, muß auch den Muth haben, für dieselbe zu sterben.

Ich gehe meinem Ende muthig entgegen; weil ich das Bewußtsein habe, daß ich der Sache, die ich als die richtige und vernünftige erkannte, treu und redlich gedient, daß ich meine Pflichten dem Vaterlande gegenüber erfüllt habe.

Ich sterbe voller Freude und Muth, weil ich für die Befreiung des Volkes gekämpft habe.

Max Dortu

Badisches Wiegenlied.

S chlaf', mein Kind, schlaf' leis,
Dort draußen geht der Preuß'!
Deinen Vater hat er umgebracht.
Deine Mutter hat er arm gemacht,
Und wer nicht schläft in guter Ruh',
Dem drückt der Preuß' die Augen zu.
Schlaf, mein Kind, schlaf leis,
Dort draußen geht der Preuß'!

Schlaf', mein Kind, schlaf' leis,
Dort draußen geht der Preuß'!
Der Preuß' hat eine blut'ge Hand,
Die streckt er über's bad'sche Land,
Und Alle müssen wir stille sein,
Als wie dein Vater unter'm Stein.
Schlaf', mein Kind, schlaf' leis,
Dort draußen geht der Preuß'!

Schlaf', mein Kind, schlaf' leis,
Dort draußen geht der Preuß'!
Zu Rastatt auf der Schanz',
Da spielt er auf zum Tanz',
Da spielt er auf mit Pulver und Blei,
So macht er alle Badener frei.
Schlaf', mein Kind, schlaf' leis,
Dort draußen geht der Preuß'!

Schlaf', mein Kind, schlaf' leis,
Dort draußen geht der Preuß'!
Gott aber weiß, wie lang' er geht,
Bis daß die Freiheit aufersteht,
Und wo dein Vater liegt, mein Schatz,
Da hat noch mancher Preuße Platz!
Schrei, mein Kindlein, schrei's:
Dort draußen l i e g t der Preuß'!

L. Pfau.

Aus dem »Eulenspiegel«, 1849

Munde war. Als revolutionärer Demokrat hatte Dortu nicht gezögert, seine militärischen Kenntnisse in den Dienst der Revolution zu stellen. Als Adjutant Johann Philipp Beckers und zuletzt als Bataillonskommandeur war er, wie es in der preußischen Bekanntmachung über seine Exekution hieß, »den Truppen seines eigenen rechtmäßigen Land- und Kriegsherrn, seinen eigenen Waffenbrüdern und Landsleuten mit den Waffen in der Hand feindselig gegenübergetreten«[4]. Er starb mit 24 Jahren am 31. Juli 1849.

Neben denen, deren Name uns überliefert ist, gibt es unzählige Revolutionäre, die heimlich zu Tode gequält wurden. Über sie schrieb Friedrich Engels: »Dieselben Krieger, die auf dem Marsch oder dem Schlachtfelde mehr als einmal von panischem Schrecken ergriffen wurden — sie sind in den Gräben von Rastatt gestorben wie die Helden. Kein einziger hat gebettelt, kein einziger hat gezittert. Das deutsche Volk wird die Füsilladen und die Kasematten von Rastatt nicht vergessen; es wird die großen Herren nicht vergessen, die diese Infamien befohlen haben ...«[5]

In Südwestdeutschland schlug der Haß gegen das militaristische Preußen tiefe Wurzeln. Mit dem Namen Preußen verbanden sich im Bewußtsein der Menschen fortan Unterwerfung unter den Militärstiefel, Knebelung der Demokratie, Mord und Terror. Antipreußentum wurde zu einem Wesenszug demokratischer Haltung. Damals schrieb Ludwig Pfau, der Herausgeber der satirischen Zeitschrift »Eulenspiegel«, das »Badische Wiegenlied«[6]. Es verlieh der Stimmung der Massen nach dem Mordfeldzug Preußens in Südwestdeutschland im Jahre 1849 Ausdruck.

Georg Bönning,
ermordet am 17. August 1849.
Nach der »Illustrierten Zeitung«, 1849

Badische Freischärler werden von preußischen Truppen in die Gefangenschaft geführt. Nach der »Illustrierten Zeitung«, 1849

Gleichzeitig mit dem brutalen militärischen Terror gegen die Revolutionäre setzte eine Verfolgungswelle bislang nicht gekannten Ausmaßes ein. Der reaktionäre Polizei- und Justizapparat lief auf vollen Touren, um Revolutionäre aufzuspüren und sie zu jahrelanger, oft genug lebenslänglicher Haft abzuurteilen. Hunderte und aber Hunderte Kämpfer füllten die Kerker. Allein in Dresden wurden nach dem Maiaufstand mehr als 800 Personen in Untersuchungshaft festgehalten. Tausenden gelang die Flucht über die Grenzen. Sie teilten fortan das bittere Los politischer Emigranten. Zehntausende verließen in den Jahren nach der Revolution, unzufrieden mit den politischen Zuständen, oftmals auch polizeilichen Verfolgungen ausgesetzt, als Auswanderer ihr Heimatland. Unter ihnen waren viele Revo-

Ein Auswandererschiff. Nach »The Illustrated London News«, 1850

lutionäre, mutige Streiter für das Recht des Volkes und gegen die Willkür der Reaktion. Viele von ihnen haben in ihrer Exilheimat in den folgenden Jahrzehnten an der vordersten Front im Kampf für Demokratie, gesellschaftlichen Fortschritt und Arbeiteremanzipation gestanden. Friedrich Hecker, Karl Schurz, Franz Sigel und August Willich sind nur einige von Hunderten deutscher Emigranten, die im amerikanischen Sezessionskrieg für die Befreiung der Sklaven fochten. An der Seite von Abraham Lincoln wirkte Schurz für die Zuendeführung der bürgerlichen Revolution in den Vereinigten Staaten. Adolf Cluß, Friedrich Adolph Sorge und Joseph Weydemeyer wurden mit vielen anderen Kommunisten zu Initiatoren der kommunistischen Bewegung in Amerika. Zahlreiche emigrierte deutsche Mitglieder des Bundes der Kommunisten standen Marx und Engels zur Seite, als 1864 in London die I. Internationale gegründet wurde. Sie halfen in den folgenden Jahren, den Marxismus in die Arbeiterbewegung zu tragen. Flucht und Auswanderung brachten nach 1849 den bis dahin wohl größten Aderlaß für die demokratischen Kräfte in Deutschland.

Joseph Weydemeyer

Friedrich Adolph Sorge

Wappen für das deutsche Volk

vor 1848 —

und 1849.

Zeitgenössische Karikatur auf die Situation in Deutschland vor und nach der Revolution

Nach der Niederlage der Revolution traten an die Stelle des freien politischen Lebens während der Revolutionszeit die »Ruhe und Ordnung« der Reaktion. Die bürgerlich-demokratischen Rechte und Freiheiten, die sich das Volk auf den Barrikaden des März erobert hatte – Pressefreiheit, Versammlungsfreiheit, Redefreiheit, Assoziationsrecht, aktives und passives Wahlrecht –, wurden fast vollständig wieder beseitigt. Eines der ersten Verbote galt den Organisationen der Arbeiterbewegung, der entschiedensten Kraft im Ringen um Demokratie und gesellschaftlichen Fortschritt. Besonders hart schlug die siegreiche Konterrevolution gegen die revolutionäre Vorhut

Die deutsche Presse: Im Jahre 1848 — im Jahre 1849.

Zeitgenössische Karikatur auf die Beseitigung der Pressefreiheit nach der Niederlage der Revolution

der Arbeiterbewegung, den Bund der Kommunisten, zu. Kommunistenverfolgung und Kommunistenprozesse sollten der Arbeiterbewegung das Rückgrat brechen und die übrigen oppositionellen, regierungsfeindlichen Elemente lähmen. Im Kölner Kommunistenprozeß vom 4. Oktober bis 12. November 1852 wurden sechs führende Bundesmitglieder zu hohen Kerkerstrafen verurteilt.

Auch die kleinbürgerlichen demokratischen Vereinigungen und selbst die liberale Opposition waren Verfolgungs- und Unterdrückungsmaßnahmen ausgesetzt. Die Konterrevolution konsolidierte ihre Machtpositionen und beherrschte in den fünfziger Jahren nahezu wieder allein das öffentliche politische Leben.

Die Ursachen der Niederlage

Nachdem die Revolution gescheitert war, fragte man sich allenthalben nach den Gründen für das Mißlingen der großen Volkserhebung. Diese Frage blieb bis heute Gegenstand heftiger Kontroversen nicht nur unter Historikern. Und sie wird seitdem von den verschiedenen Parteien durchaus unterschiedlich beantwortet.

Kleinbürgerliche Revolutionäre machten in Unkenntnis der bewegenden Kräfte der Geschichte vornehmlich einzelne revolutionäre Führer für die Niederlage der Revolution verantwortlich. Repräsentanten der Bourgeoisie haben bis heute versucht, vom Versagen ihrer Klasse in der achtundvierziger Revolution dadurch abzulenken, daß sie die Schuld für den Mißerfolg den revolutionären Massen, insbesondere der jungen Arbeiterklasse und ihrer kommunistischen Vorhut, aufbürdeten. Deren konsequenter Kampf gegen die junkerlichen Feinde des bürgerlichen Fortschritts, ihre radikalen, auf die völlige Vernichtung des

In dieser Schrift deckt Karl Marx die Hintergründe des Prozesses und die Methoden der preußischen Regierung und Polizei auf.
Titelblatt der Erstausgabe

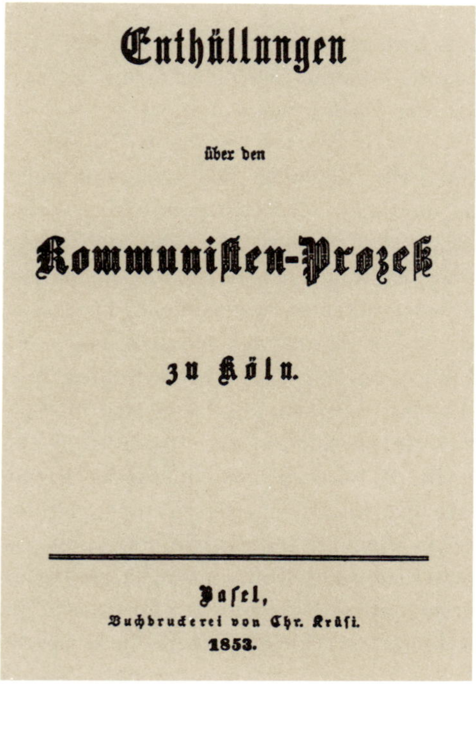
Enthüllungen

über den

Kommunisten-Prozeß

zu Köln.

Basel,
Buchdruckerei von Chr. Kräsi.
1853.

Kommunistenprozeß vor dem Schwurgericht zu Köln, 4. Oktober – 12. November 1852. Nach der »Illustrierten Zeitung«, 1852

Feudalsystems abzielenden Forderungen hätten das Bürgertum verschreckt, es von der weiteren Verfolgung seiner gemäßigten, auf schrittweise Reformen gerichteten Ziele abgehalten und schließlich in die Arme der junkerlichen Konterrevolution getrieben. Der apologetische Sinn einer solchen Argumentation, die bis heute ihre Verfechter hat, ist unschwer erkennbar: Die Vorkämpfer der Demokratie, ohne deren Eingreifen überhaupt keine Revolution stattgefunden hätte, mit deren revolutionären Potenzen allein ein Sieg der Revolution zu erringen war, sollen als fortschrittshemmend erscheinen. Die Haltung der deutschen Bourgeoisie hingegen, die damals objektiv zur Führung der Revolution berufen war, ihre historische Aufgabe aber preisgab, wird gerechtfertigt.

Die von den Theoretikern der Arbeiterklasse begründete Geschichtsauffassung fand den Zugang zu den Gründen für das Scheitern der Revolution in den gesellschaftlichen Bedingungen, in der Konstellation der verschiedenen Klassenkräfte und im Verhalten der mit- und gegeneinander ringenden Klassen. Der historische Materialismus enthüllt die treibenden Kräfte der geschichtlichen Entwicklung; er begreift die Geschichte als eine Geschichte von Klassenkämpfen, in denen und durch die objektiv wirkende, ökonomisch determinierte, gesetzmäßige Tendenzen in der Gesellschaft durchgesetzt werden. Er erteilt damit auch all denen eine entschiedene Absage, die in der Geschichte in fatalistischer Manier einen mit automatischer Zwangsläufigkeit, geradlinig verlaufenden Prozeß erblicken wollen. Der Ausgang von Revolutionen, die Höhepunkte der Klassenkämpfe darstellen, hängt sowohl von den Potenzen der sich dem Fortschritt entgegenstemmenden Kräfte als auch und vor allem vom Zustand und von der Stärke der jeweils progressiven Klassen ab, was auch deren Fähigkeit und Willen einschließt, den gesellschaftlichen Fortschritt zu verwirklichen. Während der russischen Revolution von 1905 schrieb Lenin: »Es wäre falsch zu glauben, daß die revolutionären Klassen immer über genügend Kraft verfügen, um einen Umsturz zu bewerkstelligen, wenn dieser auf Grund der gesellschaftlich-ökonomischen Entwicklung vollauf herangereift ist. Nein, die menschliche Gesellschaft ist nicht so vernünftig eingerichtet und nicht so ›bequem‹ für die fortgeschrittenen Elemente. Der Umsturz kann herangereift sein, allein die Kräfte der revolutionären Schöpfer dieses Umsturzes können sich als ungenügend erweisen, ihn zu bewerkstelligen.«[7] Das gilt auch für die Revolution von 1848/49.

Es ist also zu fragen, weshalb die Kräfte der revolutionären »Schöpfer dieses Umsturzes« nicht ausreichten. Die Antwort ergibt sich aus der damaligen Konstellation der Klassenkräfte, aus der objektiven Stellung und dem subjektiven Verhalten aller am bürgerlichen, demokratischen Fortschritt in Deutschland interessierten Klassen und Schichten.

Zunächst muß die Politik jener Klasse kritisch gewertet werden, die in der welthistorischen Epoche, in der die Revolution von 1848/49 stattfand, in der Epoche des Übergangs vom Feudalismus zum Kapitalismus, im Zentrum der geschichtlichen Bewegung stand. Diese Klasse war die Bourgeoisie. Sie hatte in der Mitte des 19. Jahrhunderts dank ihrer gesellschaftlichen Stellung als führende Klasse der zu erkämpfenden bürgerlichen Gesellschaft objektiv auch den Kampf zum Sturz der überholten feudalen Gesellschaftsordnung zu leiten. Von ihrem Verhalten in der Revolution hingen in erster Linie Sieg oder Niederlage ab. Sie war damals die einzige Klasse, die die anderen antifeudalen Kräfte vereinigen und sie geschlossen in den Kampf führen konnte.

Die deutsche Bourgeoisie aber tat das Gegenteil. Sie verfolgte gewiß weiter antifeudale Ziele; auch wollte sie durchaus an der Macht sein oder zumindest daran beteiligt bleiben. Doch sollten diese Zielsetzungen lediglich durch Reformen und über eine Vereinbarung mit Adel und Krone erreicht werden. Statt sich an die Spitze der Revolution zu stellen und die durch den Kampf des Volkes errungenen politischen Machtpositionen für demokratische Umwälzungen zu nutzen, bremste die deutsche Bourgeoisie die revolutionären Aktionen der Massen. Mehr noch, sie war nicht nur kompromißlerisch und reformerisch eingestellt. Im Unterschied zur französischen Bourgeoisklasse, die in der bürgerlichen Revolution von 1789 bis 1795 das Volk hatte gewähren lassen, in revolutionär-demokratischer, »plebejischer Manier« dem Feudalismus den Garaus zu machen, stellte sich die deutsche Bourgeoisie dem Streben der Massen entgegen, die Revolution weiterzutreiben und konsequent zu Ende zu führen. Die volle Entfaltung der revolutionären

Ironie der Zeit.

Im Jahre 1848.

N. „Guten Tag ooch Herr Hofrath Gumpel!"
H. „Ihr Diener! Bester Freund, ein Wort im Vertrauen — nennen Sie mich einfach Herr Gumpel und lassen' Sie' den Hofrath weg." —

Im Jahre 1849.

N. „Guten Tag ooch, Herr Gumpel."
H. „Guten Tag! Lieber Mann, ein Wort im Vertrauen — nenne Er mich einfach Herr Hofrath und lasse Er den 'Gumpel weg!"

Zeitgenössische Karikatur auf die Haltung der deutschen Bourgeoisie während und nach der Revolution

Ein Münchener Demokrat im Gefängnis

Kraft der Volksmassen, der Arbeiter, Bauern und städtischen Kleinbürger, aber war ausschlaggebend für den siegreichen Ausgang der Revolution. In allen siegreichen bürgerlichen Revolutionen bis zum Jahre 1848 war der Sieg vor allem das Ergebnis der entschiedenen, revolutionären, zumeist über die Ziele der Bourgeoisie hinausgreifenden Aktionen dieser nichtbourgeoisen Klassen der bürgerlichen Gesellschaft. Es ist dies ein Gesetz der bürgerlichen Revolution, das Friedrich Engels so formulierte: »Die Errungenschaften des ersten Sieges wurden erst sichergestellt durch den zweiten Sieg der radikaleren Partei; war dies und damit das augenblicklich Nötige erreicht, so verschwanden die Radikalen und ihre Erfolge wieder vom Schauplatz.«[8]

Die deutsche Bourgeoisie tat alles, um einen solchen zeitweiligen Sieg der Radikalen, der erst ihre eigene Herrschaft dauerhaft begründet hätte, zu verhindern. Mehr noch, sie verbündete sich selbst dann nicht mit dem Volk, als die Konterrevolution sie im Herbst 1848 aus den durch die Märzrevolution eroberten Machtpositionen in den Regierungen und Parlamenten wieder verjagte. Die Revolutionsfeindschaft der deutschen Bourgeoisie war stärker als ihr Wunsch, an der Macht zu bleiben. Sie verzichtete auf die politische Alleinherrschaft, ja selbst auf einen Anteil an der Macht, und blieb für Jahrzehnte gegenüber der Junkerklasse zu politischer Ohnmacht verurteilt. Da aber während der zugespitzten politischen Machtkämpfe zwischen Bourgeoisie und Adelsklasse dank der damit einhergehenden Intervention der revolutionären Massen die bürgerliche Gesellschaft ihre mehr oder weniger demokratische Ausgestaltung erfährt, bezahlte diese in Deutschland die machtpolitische Abstinenz der Bourgeoisie mit einem Mangel an Demokratie.

Die Haltung der deutschen Bourgeoisie in der Revolution von 1848/49 ist von Marx und Engels und der marxistischen Geschichtsschreibung, aber auch von verschiedenen nichtmarxistischen Historikern als Verrat bezeichnet worden. Nicht selten wird dies als eine rein moralisierende Wertung abgetan. Doch geht es hier um mehr. Denn das Verhalten einer Klasse in den geschichtlichen Kämpfen ihrer Epoche wird sowohl an deren generellen gesellschaftlichen Erfordernissen als auch an den ureigensten sozialpolitischen Interessen und Zielen der Klasse selbst gemessen. Es reicht nicht aus, lediglich die objektiven Zusammenhänge aufzuhellen, die zu einer so extrem revolutionsfeindlichen Einstellung der Bourgeoisie geführt haben. Eine Geschichtsbetrachtung, der Fatalismus fremd ist, hat auch zu berücksichtigen, daß jede Klasse im Rahmen der objektiven Bedingungen in ihren geschichtlichen Auseinandersetzungen durchaus einen Handlungsspielraum besitzt. Auch die deutsche Bourgeoisie war 1848/49 nicht von vornherein auf die von ihr eingenommene Haltung festgelegt. Sie konnte sich durchaus auch für die Revolution entscheiden, und sei es auch nur insoweit, als sie — wie es in den Märztagen 1848 geschah — das revolutionäre Volk gewähren und für sich die Arbeit machen ließ.

Schließlich ist zu fragen, woraus sich die äußerst starke Abneigung der deutschen Bourgeoisie gegen die Revolution erklärt und warum sie auf die Errichtung ihrer eigenen Herrschaft verzichtete.

Der Hauptgrund für ihre extrem antirevolutionäre Einstellung war die Angst vor dem Proletariat, das bereits mit selbständigen Forderungen auftrat. Freilich war die Bourgeoisie weder in Frankreich noch gar in Deutschland durch das Proletariat bereits in ihrer Herrschaft bedroht. Sie fürchtete

Karikatur auf die Charakterlosigkeit des Bürgertums.
Aus der »Deutschen Reichsbremse«, 1850

Die Furcht der Kleinbürger vor dem Geist der Märzgefallenen.
Karikatur auf die Berliner Bürgerwehr.
Zeitgenössische Lithographie

jedoch, daß eine siegreiche bürgerliche Revolution mit demokratischen Rechten und Freiheiten auch dem Proletariat Vorteile bringen würde. Um der Arbeiterklasse einen relativ freien Kampfboden zu verwehren, verband sie sich mit der geschlagenen, aber noch keineswegs entmachteten Reaktion und nahm selbst den Verlust schon gewonnener Machtpositionen in Kauf. »Lieber Rückkehr zum alten bürokratisch-feudalen Absolutismus als ein Sieg der Bourgeoisie als Klasse, als ein moderner Bourgeoisiestaat, erkämpft auf revolutionärem Weg, unter Stärkung der revolutionären Klasse, des Proletariats! Das war der Angstruf der deutschen Bourgeoisie, unter dem die Reaktion auf der ganzen Linie siegte.«[9]
Der deutschen Bourgeoisie war es 1848/49 aber auch möglich, ihre politischen Machtambitionen preiszugeben, denn ihre ökonomischen Interessen waren im Grunde nicht mehr gefährdet, die weitere Durchsetzung der kapitalistischen Verhältnisse nicht mehr aufzuhalten. Sie brauchte deshalb nicht — wie die französische Bourgeoisie 1789 —, ihren Konflikt mit dem Adel bis zur äußersten Konsequenz auszutragen. Die kapitalistische Entwicklung war in der Mitte des 19. Jahrhunderts bereits unumkehrbar geworden. Dafür hatten die Große Französische Revolution von 1789 mit ihren Folgen und die industrielle Revolution gesorgt. Sie hatten der neuen Gesellschaftsformation gegenüber dem Feudalismus im internationalen Maßstab ein Übergewicht verschafft. Die deutsche Bourgeoisie verfügte über genügend Spielraum, um die kapitalistische Wirtschaft zu entwickeln. Und sie wußte ihn trotz einer verlorenen Revolution und fehlender politischer Macht bestens zu nutzen. Deutschland hatte nach 1848/49 ein höheres wirtschaftliches Entwicklungstempo als die wesentlich fortgeschritteneren Staaten Frankreich oder England.
Nächst der Bourgeoisie fiel dem städtischen Kleinbürgertum Verantwortung für den Verlauf der bürgerlichen Revolution zu. Seine Aufgaben waren freilich anderer Natur als die der Bourgeoisie. Es vermochte nur zeitweilig führend in den Gang der Revolution einzugreifen. Es trat dann an die Spitze der Bewegung, wenn nach den ersten Siegen der Revolution die Interessen der Bourgeoisie im wesentlichen befriedigt waren. Die kleinbürgerlichen Schichten bildeten die soziale Basis jener radikaleren Partei, die den für die Gewährleistung einer

Tausende von Arbeitern kämpften mit revolutionärer Kühnheit auf den Barrikaden. Nach der »Illustrierten Chronik 1848«

ungehinderten bürgerlichen Entwicklung notwendigen zweiten Sieg zu erkämpfen hatte. Engels bezeichnete es daher als »politischen Beruf« des modernen Kleinbürgertums, »die Bourgeoisie in ihrem Kampf gegen die Reste der alten Gesellschaft und namentlich gegen ihre eigene Schwäche und Feigheit voranzutreiben«.[10]
Die kleinbürgerlichen Massen in Stadt und Land entfalteten in der deutschen achtundvierziger Revolution bedeutende revolutionäre Energien. In allen revolutionären Kämpfen spielten sie eine maßgebliche Rolle. Aus ihren Reihen kamen zahlreiche entschlossene Führer. Doch seinen »politischen Beruf« vermochte das deutsche Kleinbürgertum 1848/49 nicht mehr zu erfüllen. Im Unterschied zum französischen Kleinbürgertum am Ende des 18. Jahrhunderts, das während der Jakobinerherrschaft 1793/94 die noch vorhandenen Brücken zur Feudalherrschaft völlig abgebrochen hatte, brachte das deutsche Kleinbürgertum rund sechs Jahrzehnte später die Kraft hierzu nicht mehr auf. Allerdings kämpfte es unter wesentlich schwierigeren Bedingungen.
Als eine Zwischenschicht zwischen Bourgeoisie und Proletariat befand sich das Kleinbürgertum gesellschaftlich generell in einer unentschlossenen, zwiespältigen, schwankenden Position. Diese Unentschlossenheit prägte sich in dem Maße aus, wie der Gegensatz zwischen Bourgeoisie und Proletariat aufbrach und sich verschärfte. Die industriekapitalistische Entwicklung, die zur vollen Ausbildung von Bourgeoisie und Proletariat führte, zerstörte mit der

massenhaften Zersetzung der einfachen Warenproduktion zugleich die Existenzgrundlagen des modernen Kleinbürgertums. Dadurch wurden die 1789 noch wirksamen gesellschaftlichen Potenzen dieser Schicht als Repräsentant revolutionär-demokratischer Umwälzungen wesentlich eingeschränkt.
Hinzu kam, daß der Gang der deutschen Revolution die Profilierung der kleinbürgerlichen Demokratie als revolutionäre Bewegungspartei erheblich erschwerte. Die deutsche Revolution bewegte sich nicht in aufsteigender, sondern in absteigender Linie. Die demokratische Bewegung hatte nicht bloß gegen die Feigheit der Bourgeoisie anzukämpfen; sie stand einer mit der aristokratisch-monarchischen Konterrevolution verbündeten Bourgeoisie gegenüber, die mit allen Kräften die revolutionären Bestrebungen zur Weiterführung der Revolution unterdrückte.
Die Revolution von 1848/49 war die erste der Weltgeschichte, in die die Arbeiterklasse handelnd eingriff. Jedoch stand diese Klasse gerade erst am Anfang ihres Entwicklungsweges; zumal in Deutschland begann sie sich gerade erst als Klasse zu konstituieren. Noch waren die Arbeiter eine Minderheit in der Bevölkerung. Am Vorabend der Revolution hatte sich mit dem Bund der Kommunisten eine revolutionäre proletarische Partei gebildet, die über ein marxistisches Programm und eine wissenschaftlich begründete Strategie und Taktik für die bürgerlich-demokratische Revolution verfügte. Doch die Zahl ihrer Mitglieder war klein. Die Masse der deutschen Arbeiter erwachte erst während der Revolution zu politischem Leben. Politisch noch unerfahren, noch nicht ihrer historischen Mission bewußt, anfangs ideologisch noch fast vollständig unter bürgerlichem Einfluß, konnte die Arbeiterklasse objektiv nicht mehr tun, als die revolutionäre Bewegung vorantreiben. Sie tat dies zunächst im wesentlichen elementar, ohne Einsicht in den Gang der gesellschaftlichen Bewegung und in die ihr darin zukommende Rolle. Die Kommunisten, die diese Einsicht in den Verlauf der geschichtlichen Klassenkämpfe besaßen, stellten sich bewußt auf den äußersten linken Flügel der Demokratie und wirkten zielstrebig auf die breite Massenbewegung der deutschen Arbeiter ein. Erst gegen Ende der Revolution begannen sich die politisch fortgeschrittensten Teile des jungen Proletariats zu emanzipieren. Doch auch in dieser letzten Phase war die deutsche Arbeiterklasse wegen ihrer zahlenmäßigen Schwäche, ihrer noch unzureichenden politischen Organisation und ihrer ideologischen Unreife außerstande, die Führung in der bürgerlichen Revolution zu übernehmen.

Die Folgen der Niederlage

Die deutsche Revolution von 1848/49 erlitt eine Niederlage. Keine der Aufgaben, die sie zu bewältigen hatte, war gelöst. Sie endete nicht mit der Bildung eines fortschrittlichen bürgerlich-demokratischen deutschen Nationalstaates. Statt dessen konsolidierten Fürsten und Junker in mehr als 30 Einzelstaaten ihre politische Herrschaft; Adel und Junker behielten auch ihre ökonomischen Machtpositionen. Die Bourgeoisie war fast gänzlich wieder von der Macht verdrängt. Die politischen Verhältnisse der Nachmärzzeit waren ein Hohn auf die bürgerliche Demokratie, die zu erkämpfen das eigentliche Ziel der Revolution gewesen war.
Die unmittelbaren Folgen der Niederlage waren Unterdrückung, Verfolgung und Terror, Depression und Niedergeschlagenheit im Volk. Aber als noch verhängnisvoller erwiesen sich die weiterreichenden Wirkungen des erneuten Triumphs der Konterrevolution. Wieder war ein hoffnungsvoller Anlauf des deutschen Volkes gescheitert, den Bannkreis der bisherigen, von reaktionären Klassen bestimmten Entwicklung des Landes zu durchbrechen. Wie schon in der frühbürgerlichen Revolution von 1517 bis 1526 und während der Befreiungskriege von 1812 bis 1814 hatten auch jetzt die reaktionären Mächte das Heft in der Hand behalten. Ein Verhängnis für die weitere Entwicklung des deutschen Volkes war, daß es in der Revolution von 1848/49 nicht gelang, die Reaktionsherrschaft zu stürzen und, wenn auch nur für kurze Zeit, ein revolutionär-demokratisches Regime zu errichten, das die verrotteten Feudalverhältnisse radikal beseitigt hätte.
Die weitere Durchsetzung der kapitalistischen Gesellschaft war zwar nicht mehr aufzuhalten, aber sie vollzog sich nicht im Zeichen der bürgerlichen Demokratie. Nicht die progressiven Klassen der bürgerlichen Gesellschaft gewannen den entscheidenden Einfluß auf diese Entwicklung, sondern die Junker. Ihnen beugte sich auch die deutsche Bourgeoisie. Da Adel und Junkertum nicht entmachtet wurden, konnten sie die lange vor der Revolution begonnene schrittweise Umstellung ihrer wirtschaftlichen Macht auf kapitalistische Grundlagen erfolgreich zu Ende führen. Dank der durch diese ökonomischen Wandlungen gestärkten politischen Positionen vermochten sie die Gestaltung der bürgerlichen Ordnung im reaktionären Sinne zu beeinflussen. Der Junker gab in Deutschland, wie Lenin schrieb, »während

Karikatur auf die Haltung des preußischen Königs. Aus der »Deutschen Reichsbremse«, 1849

In einer Tagelöhnerkate, Mitte des 19. Jahrhunderts. Illustration von O.E. Lau, 1878

Regierungs - Blatt

für das

Großherzogthum Sachsen-Weimar-Eisenach.

Nummer 15. Weimar. 21. Juni 1848.

Bekanntmachung.

Auf höchsten Befehl werden die nachbenannten, mit dem getreuen Landtage vereinbarten Gesetze:

I. Gesetz über die Ablösung grundherrlicher Rechte,

II. Gesetz über die Haftpflicht der Gemeinden für die Bezüge der Geistlichen und Schullehrer an Zinsen, Zehenten und anderen Abgaben,

hierdurch zur öffentlichen Kenntniß gebracht.

Weimar am 3. Juni 1848.

Großherzoglich Sächsische Landesregierung.
von Müller.

I.

Carl Friedrich,

von Gottes Gnaden Großherzog von Sachsen-Weimar-Eisenach, Landgraf in Thüringen, Markgraf zu Meißen, gefürsteter Graf zu Henneberg, Herr zu Blankenhayn, Neustadt und Tautenburg

2c. 2c.

Von der Ueberzeugung geleitet, daß durch die Herstellung möglichster Freiheit des Grundbesitzes die Landeswohlfahrt wesentlich gefördert wird, zugleich

Die Ablösungsgesetze bedeuteten für die Masse der Bauern qualvolle Leiden, Schuldknechtschaft und oft finanziellen Ruin

der ganzen Zeit der bürgerlichen Revolutionen die Hegemonie nicht aus der Hand, und er ›erzog‹ die Bourgeoisie nach seinem Bild und Ebenbild«[11]

Eine der schwerwiegendsten Folgen der Niederlage der Revolution von 1848/49 bestand darin, daß die kapitalistische Umgestaltung auf dem Lande, die Überwindung der feudalen und die Herstellung bürgerlicher Verhältnisse in der Landwirtschaft, auf »preußischem Wege« zu Ende geführt wurde. Die Revolution hatte den Bauern die Möglichkeit eröffnet, die feudalen Verhältnisse auf revolutionäre Weise zu vernichten. Da die Bourgeoisie die Bauern im Stich ließ, wurde diese Chance vertan. Die Bauern mußten sich — wie schon vor der Revolution — von ihren feudalen Verpflichtungen durch Abtretung von Land oder hohe Geldabgaben weiter loskaufen. Die Hauptnutznießer dieser Art »Bauernbefreiung« waren die Junker, die mit dem Land und dem Geld der Bauern ihre Besitztümer vergrößerten und modernisierten. Im Gefolge der Agrarreformen wurden auch zahlreiche Bauern freie Eigentümer ihres Grund und Bodens. Aber einer Vielzahl namentlich kleiner Bauern brachte diese Entwicklung Schuldknechtschaft und oft genug finanziellen Ruin. Rund 300 Millionen Taler, fast eine Milliarde Mark, hatten die preußischen Bauern im Verlauf der sogenannten Ablösungen an Adel und Fiskus zu zahlen, um der Feudallasten ledig zu werden. Der »preußische Weg« bewahrte feudale Relikte verschiedenster Art. Sie belasteten das gesellschaftliche Leben in der bürgerlichen Gesellschaft. Mit dem junkerlichen Gutsbesitz blieben zahlreiche Adelsprivilegien erhalten. Die Adelsklasse behielt, anders als in Ländern, in denen die bürgerliche Revolution gesiegt hatte, eine bevorzugte Stellung im öffentlichen Leben. Aus ihren Reihen kamen die meisten Offiziere in der Armee, ihr blieben zahlreiche Funktionen im Staatsapparat vorbehalten. Auf dem Lande wurde die Staatsgewalt bis zur Kreisebene über Jahrzehnte hinweg von den Rittergutsbesitzern ausgeübt.

Einer der drückendsten feudalen Überreste war die sogenannte Gesindeordnung. Sie schuf wesentliche Bedingungen für kapitalistische Ausbeutungsbeziehungen auf dem Lande; sie gewährte dem auf dem Rittergut arbeitenden Tagelöhner den Status eines »freien« Lohnarbeiters, stempelte ihn in vielem aber immer noch zum »Untertan«. Zahlreiche Bestimmungen der Gesindeordnung und andere feudale Privilegien hielten das Landproletariat in Deutschland in gesellschaftlicher Abhängigkeit von den Junkern, in Unwissenheit und weitgehender politischer Unmündigkeit. Gesindeordnungen aber gab es bis 1918. Erst die Novemberrevolution fegte sie hinweg.

Besonders deutlich traten die negativen Folgen der Niederlage der Revolution von 1848/49 in dem deutschen Staatswesen zutage, das am Ende der Epoche bürgerlicher Umwälzungen als Ergebnis des jahrzehntelangen Ringens um die nationalstaatliche Einigung des Landes entstand. Das gilt für die Art und Weise seines Entstehens wie für seinen Inhalt.

Vor und während der Revolution von 1848/49 war der bürgerliche Nationalstaat das Panier, unter dem — zwar mit unterschiedlichen Vorstellungen vom Ausmaß der Demokratie in diesem Staat — die verschiedensten antifeudalen Kräfte ihren Kampf geführt hatten. Die Fürsten, Junker und Adligen setzten damals allein auf die Aufrechterhaltung der staatlichen Zersplitterung. Darin sahen sie zu Recht eine ihrer Existenzbedingungen. Durch die Niederlage der Revolution entstand eine neue Situation. Die adlig-junkerliche Reaktion, die der Revolution bislang durchweg mit der Konservierung des reaktionären Status quo begegnet war, konnte nach den Erfahrungen von 1848/49 nicht weiter auf dieser

Herrensitz Altdöbern

Mit dem Sieg der preußischen Truppen über die österreichische Armee wurde der Kampf um die Vorherrschaft in Deutschland zugunsten Preußens entschieden. Schlacht bei Königgrätz, 3. Juli 1866. Zeichnung von A. Beck

Eine preußische Batterie bombardiert das revolutionäre Paris. Nach der »Illustrierten Kriegs-Chronik«, 1870

Die Gründung des preußisch-deutschen Reiches in Versailles, 18. Januar 1871. Nach dem Gemälde von Anton v. Werner

starren Position verharren. Sie begann, nun ein eigenes, konterrevolutionäres Konzept zur nationalstaatlichen Einigung zu entwikkeln.

Der Revolution der Volksmassen mit dem Ziel der Herstellung des bürgerlichen Nationalstaates setzten die weitsichtigsten Vertreter der preußischen Junkerklasse als Alternative die Einigung des Landes »von oben« entgegen. In den sechziger Jahren fand der Entscheidungskampf zwischen den revolutionären und konterrevolutionären Kräften um den Weg zur Einigung Deutschlands statt. Da die Bourgeoisie erneut davor zurückschreckte, gestützt auf das Volk mit revolutionären Mitteln die politische Macht zu erobern, vermochte Bismarck sein Konzept zu verwirklichen und durch eine Revolution von oben die staatliche Einheit Deutschlands herzustellen. Der bürgerliche deutsche Nationalstaat entstand nicht als Ergebnis einer Revolution der Volksmassen, sondern im Gefolge dreier Kriege unter preußischer Vorherrschaft. Das reaktionäre Preußentum und mit ihm der volksfeindliche Militarismus überschwemmten ganz Deutschland. Nicht die bürgerliche Demokratie, sondern das Klassenbündnis von Junkertum und Bourgeoisie prägte diesen Staat. Das 1871 gegründete Deutsche Reich war, wie Marx formulierte, »ein mit parlamentarischen Formen verbrämter, mit feudalem Beisatz vermischter und zugleich schon von der Bourgeoisie beeinflußter, bürokratisch gezimmerter, polizeilich gehüteter Militärdespotismus«[12]. Das Bündnis von Junkerklasse und Bourgeoisie, in der Revolution von 1848/49 geboren, während der Reichsgründung zu einem stabilen Klassenkompromiß geworden, gehört zu jenen historischen Faktoren, die den deutschen Imperialismus besonders aggressiv und raubgierig machten und ihn zu einem Hort der Weltreaktion werden ließen.

Die Revolution bleibt eine historische Macht

Die Niederlage der Revolution war ein Verhängnis. Sie hatte zahlreiche unheilvolle Folgen. Aber die Ergebnisse einer gescheiterten Revolution erschöpfen sich nicht in den negativen Resultaten der Niederlage. Auch ein noch so vollständiger Sieg der Konterrevolution kann die Revolution nicht ungeschehen machen. Im Sommer 1848

Die Proklamierung der Kommune von Paris, 28. März 1871. Nach der »Illustrierten Zeitung«, 1871

Die letzten Kämpfe der Kommune. Aus »Der wahre Jacob«, 1895

schrieb Friedrich Engels über die Bedeutung der deutschen Märzereignisse: »Die wichtigste Eroberung der Revolution ist *die Revolution selbst.*«[13] In diesen Worten steckt eine tiefe Wahrheit. Als Höhepunkte im Kampf der Klassen, als Perioden höchster Aktivität des Volkes sind Revolutionen, auch wenn sie scheitern, von großer geschichtsbildender Kraft. Revolutionen schaffen Tatsachen, die auch von der Konterrevolution nie gänzlich rückgängig gemacht werden können. Revolutionen vermitteln dem Volk einen reichhaltigen Schatz an geschichtlichen Erfahrungen. Als Ergebnis des Kampfes der Massen entstehen starke progressive Werte, die auch Zeiten der Reaktion überdauern und künftige Klassenkämpfe positiv beeinflussen. Auch niedergeschlagene Revolutionen sind nach den Worten von Marx »Lokomotiven der Geschichte«[14].

Das gilt auch für die deutsche Revolution von 1848/49. Trotz ihrer Niederlage gehört sie zu den bedeutendsten fortschrittlichen Ereignissen in der deutschen Geschichte. Sie ist einer der Höhepunkte im jahrhundertelangen Ringen des deutschen Volkes um den gesellschaftlichen Fortschritt. Das Jahr 1848/49 steht nicht nur zeitlich im Zentrum der welthistorischen Epoche des Sieges und der Festigung des Kapitalismus, die von der bürgerlichen Französischen Revolution von 1789 bis zur Pariser Kommune von 1871 reicht und in der sich auch in Deutschland die bürgerliche Ordnung durchsetzte. Das Revolutionsjahr bildet geradezu den Dreh- und Angelpunkt der deutschen Geschichte im 19. Jahrhundert. Es war jene Periode im großen gesellschaftlichen Umwälzungsprozeß von der feudalen zur bürgerlichen Gesellschaft, in der die Volksmassen ihre Schöpferkraft am weitestgehenden entfalteten. In dieser Revolution kulminierten die Anstrengungen der werktätigen Klassen des deutschen Volkes, die bürgerliche Umgestaltung der gesellschaftlichen Verhältnisse im Sinne einer fortschrittlichen bürgerlichen Demokratie zu vollziehen. Der Versuch der Volksmassen, in der deutschen Geschichte eine Wende zugunsten von Demokratie und gesellschaftlichem Fortschritt herbeizuführen, hatte trotz der Niederlage weit über seine Zeit hinausreichende positive Wirkungen. Die Revolution erwies sich als eine mächtige Triebkraft der geschichtlichen Bewegung.

Durch die Revolution erzwungene Konzessionen

Die junkerliche Konterrevolution vermochte über die Revolution zu triumphieren, aber sie war außerstande, sich den progressiven, die gesellschaftliche Entwicklung stimulierenden Wirkungen der von ihr niedergeworfenen Revolution zu entziehen. Die Junkerklasse, die politisch das Heft wieder fest in der Hand hatte, stand dennoch fortan unter dem Zwang der Revolution. Trotz aller politischen Restauration konnte die junkerliche Reaktion ihre Macht nicht mehr in der gleichen Weise wie im Vormärz ausüben. Sie mußte Konzessionen machen. Diese waren, verglichen mit den Ergebnissen einer siegreichen Revolution, zwar mehr als bescheiden, verschafften aber der bürgerlich-kapitalistischen Entwicklung dennoch einen größeren Spiel-

Auszug aus der preußischen Verfassung, 31. Januar 1850

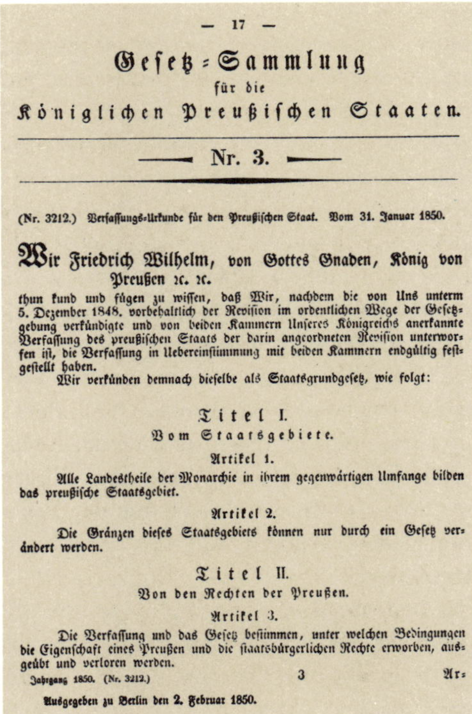

— 17 —

Gesetz-Sammlung
für die
Königlichen Preußischen Staaten.

Nr. 3.

(Nr. 3212.) Verfassungs-Urkunde für den Preußischen Staat. Vom 31. Januar 1850.

Wir Friedrich Wilhelm, von Gottes Gnaden, König von Preußen ꝛc. ꝛc.

thun kund und fügen zu wissen, daß Wir, nachdem die von Uns unterm 5. Dezember 1848. vorbehaltlich der Revision im ordentlichen Wege der Gesetzgebung verkündigte und von beiden Kammern Unseres Königreichs anerkannte Verfassung des preußischen Staats der darin angeordneten Revision unterworfen ist, die Verfassung in Uebereinstimmung mit beiden Kammern endgültig festgestellt haben.

Wir verkünden demnach dieselbe als Staatsgrundgesetz, wie folgt:

Titel I.
Vom Staatsgebiete.

Artikel 1.

Alle Landestheile der Monarchie in ihrem gegenwärtigen Umfange bilden das preußische Staatsgebiet.

Artikel 2.

Die Gränzen dieses Staatsgebiets können nur durch ein Gesetz verändert werden.

Titel II.
Von den Rechten der Preußen.

Artikel 3.

Die Verfassung und das Gesetz bestimmen, unter welchen Bedingungen die Eigenschaft eines Preußen und die staatsbürgerlichen Rechte erworben, ausgeübt und verloren werden.

Jahrgang 1850. (Nr. 3212.) 3 Ar-

Ausgegeben zu Berlin den 2. Februar 1850.

raum. In diesen Zugeständnissen manifestierte sich ganz unmittelbar die Macht der Revolution.

In Preußen sah sich die Reaktion genötigt, die am 5. Dezember 1848 oktroyierte Verfassung, wenn auch noch erheblich im reaktionären Sinne revidiert, bestehen zu lassen. Sie wurde ergänzt durch ein reaktionäres Dreiklassenwahlrecht, das den besitzenden Klassen das Übergewicht in der Abgeordnetenkammer verschaffte. Immerhin aber begann damit der Übergang Preußens zur konstitutionellen Monarchie; »... die Revolution von 1848«, so kennzeichnete Engels diese geringfügigen politischen Wandlungen, »hatte den Staat in die äußre konstitutionelle Form übergeführt«, worin die Bourgeoisie »auch politisch herrschen und ihre Herrschaft ausbilden konnte«.[15] Von größerem Wert war für die preußische Bourgeoisie die Einrichtung eines Ministeriums für Handel, Gewerbe und öffentliche Arbeiten. An dessen Spitze trat mit dem Sproß einer alten Elberfelder Bankiersfamilie August Freiherr v. d. Heydt ein ausgesprochener Bourgeois. Mit Hilfe dieses Ministeriums konnte die Bourgeoisie eine Reihe von Erleichterungen für die Entwicklung der kapitalistischen Wirtschaft durchsetzen. All das veranlaßte Marx 1850, von einem politischen Erfolg der preußischen Bourgeoisie zu sprechen: »*Preußen.* Obgleich von der *Regierung* ausgeschlossen, gedemüthigt, Scheinconstitution, [hat] die Bourgeoisie alles und mehr erreicht, als sie 1847 zu verlangen wagte.«[16]

Auch in den anderen deutschen Staaten brachte die Revolution der Bourgeoisie politische Konzessionen. Zwar wurden die demokratischen Wahlgesetze und fortschrittlichen Verfassungen des Revolutionsjahres in allen deutschen Klein- und Mittelstaaten rückgängig gemacht oder reaktionär revidiert, aber außer in Mecklenburg-Schwerin und Hannover erfolgte nirgends eine Wiederherstellung der altständischen Zustände. Erhalten blieben neben den schon im Vormärz bestehenden konstitutionellen Rechten auch einige Errungenschaften der Revolution wie die Gleichstellung der Bürger vor dem Gesetz, die Beseitigung der Patrimonialgerichtsbarkeit und die Aufhebung der Zensur.

Das bedeutendste Zugeständnis mußte die siegreiche junkerliche Konterrevolution auf ihrem ureigensten Terrain, in der Agrarfrage, machen. »Das Jahr 1848 öffnete endlich den ebenso bornierten wie eingebildeten preußischen Krautjunkern die Augen. Die Bauern ... stürmten die Schlösser, verbrannten die schon abgeschlossenen Ablösungsurkunden und zwangen die gnädigen Herren zu schriftlichem Verzicht auf alle ferneren Leistungen. Diese Exzesse ... wurden allerdings mit Militärgewalt unterdrückt und streng geahndet; aber das sah nun auch der hirnloseste Junkerschädel ein: Die Frondienste waren unmöglich geworden.«[17] Am 2. März 1850 wurde in Preußen ein neues Ablösungsgesetz erlassen. Seinem Wesen nach unterschied es sich zwar nicht von den früheren preußischen Ablösungsgesetzen. Nach wie vor konnten die Bauern nur durch hohe Entschädigungen der feudalen Lasten ledig werden. Eins aber war neu, war durch die Revolution erzwungen worden: Nun erhielten alle Bauern, die großen wie die kleinen Landwirte, das Recht, sich von den feudalen Verpflichtungen loszukaufen und Eigentümer des ihnen verbliebenen Grund und Bodens zu werden. Damit erst war es möglich, die feudalen Verhältnisse auf dem Lande generell abzuschaffen. In Preußen kam der Prozeß der Ablösung in den folgenden eineinhalb Jahrzehnten zum Abschluß.

Auch in anderen deutschen Staaten gab die Revolution den Anstoß, noch bestehende feudale Bindungen zu beseitigen. Das galt für die meisten thüringischen Staaten. In Württemberg und Baden wurden während und unmittelbar nach der Revolution die letzten Ablösungsverordnungen erlassen. In Bayern kam wie in Österreich die Ablösung durch die Revolution überhaupt erst in Gang. Der vom Demokraten Hans Kudlich im September 1848 im Wiener Reichstag eingebrachte Gesetzesvorschlag zur Bauernbefreiung hatte den Bauern in Österreich günstigere Bedingungen als in Preußen und anderen deutschen Staaten verschafft. Sie brauchten keine direkten Zahlungen an die Gutsbesitzer zu leisten. Dies übernahm der Staat, der diese Ausgabe aus höheren Steuern beglich, die indirekt auch die Bauernschaft trafen. Für Österreich charakterisierte daher Marx als wichtigstes Ergebnis der Revolution von 1848/49: »*Oestreich* bis jetzt die Bauernklasse bevorzugt, hat die Resultate der Revolution geerndtet.«[18]

Alle Maßnahmen zur Beseitigung der Feudalverhältnisse waren ebenso viele Schritte zum Sieg der bürgerlichen Gesellschaft. Sie förderten die rasche Ausbreitung des Kapitalismus und kamen damit in erster Linie der Bourgeoisie zugute. Das äußere Bild der fünfziger Jahre des 19. Jahrhunderts war durch politische Restauration gekennzeichnet. Wer tiefer schaute, sah die Wandlungen, die die Revolution wesentlich stimuliert hatte, konnte ihre progressiven

Karikatur auf die deutschen Verfassungspläne des preußischen Königs. Aus den »Leuchtkugeln«, 1849

Das Burbacher Hüttenwerk bei Saarbrücken. Nach einer Zeichnung von G. Arnould

Wirkungen bereits erkennen. Das Resultat der Revolution war nicht allein aus ihrer Niederlage und dem Sieg der junkerlichen Konterrevolution abzuleiten. Zu den Ergebnissen gehörten auch mehr als jene scheinkonstitutionellen Formen, in denen sich das staatliche Leben vollzog. Das wichtigste positive Resultat der Revolution bestand darin, daß die Entwicklung des Kapitalismus beschleunigt wurde. Auch legte die Bourgeoisie vor allem auf wirtschaftlichem Gebiet größere Aktivität an den Tag. Diese Klasse, die sich jahrhundertelang nur verkrüppelt entwickelt und ihrer eigenen Revolution sogar den Rücken gekehrt hatte, stand im Guten wie im Bösen dennoch im Banne ebendieser Revolution, erhielt durch sie — gleichsam unverdient — wichtige Im-

Versammlung eines Arbeiterbildungsvereins. Nach einer Illustration, um 1868

KGR. GROSS-BRITANNIEN
Nordsee
London
1847-1848
1848-1850
KGR. NIEDERLANDE
Amsterdam
Zuider-zee
KGR. BELGIEN
Brüssel
1848
Lüttich
Maas
Paris
1848
Seine
Loire
Meuse
Mosel
KSR. FRANKREICH
Lyon
Genf
Lausanne
Bern
Le Locle
La Chaux-de-Fonds
Zürich
SCHWEIZ
Rhône
Rhein
(ITAL
Ghzm. Lux.
Hzm. Limburg
Rheinprovinz
Westfalen
Iserlohn
Düsseldf.
Solingen
Köln
1848
1850-1851
Aachen
Bonn
Ahrweiler
Koblenz
Hzm. Nassau
Höchst
Wiesbaden
Mainz
Frankfurt
Hanau
Darmstadt
Ghzm. Hessen
Lgft. Hessen-Hombu
Pfalz
Mannheim
Ghzm. Baden
Baden-Baden
Stuttgart
Württembe
Fsm. Hohenzolle
Fsm. Waldeck
Kfs Hessen
Fsm. Lippe Detmold
Fsm. Schaumbu Lippe
Ghzm. Oldenburg
Bremen
Hamb
Hann
Ems
Weser
Hzm. H
K G R. D
0 50 100 150 200 km

MARK
KGR. SCHWEDEN
Ostsee
Memel
Königsberg
Preußen
1848-1851 zum Deutschen Bund
Ghzm. Mecklenburg-Schwerin
Schwerin
Ghzm. Mecklenburg-Strelitz
Pommern
Weichsel
Oder
Warthe
Preußen
Posen
1848-1851 zum Deutschen Bund
Berlin
Havel
Spree
Brandenburg
Magdeburg
Prov. Sachsen
Anhalt
Mulde
Saale
Glogau
Neiße
Liegnitz
Breslau
Schlesien
Leipzig
Kgr. Sachsen
Frankenstein
Thüringische Staaten
Eger
Elbe
Main
Bamberg
Nürnberg
Kgr. Bayern
Böhmen
Moldau
Mähren
Schlesien
K. S. R. RUSSLAND
Bug
Wisła
K. S. R. ÖSTERREICH
Nieder-
Ober-
österreich
Donau
Lech
Inn
München
Theiß
Steiermark
Isel
Salzburg
Tirol
Kärnten
Küstenland
Krain
Drau
Save
OSMANISCHES REICH
Bund der Kommunisten
Gemeinde des Bundes der Kommunisten
1847 - 1848
1849 - 1852
Tagungsort des 1. und 2. Kongresses des Bundes der Kommunisten 1847
Sitz der Zentralbehörde des Bundes der Kommunisten (mit Jahresangabe)
1848
außerhalb der Kartenbegrenzung:
Marseille
Stockholm
New York
Philadelphia
Grenze des Deutschen Bundes 1848

pulse. »In Wirklichkeit aber hatte die Revolution das Bürgertum auch der zerstückelten Länder, und namentlich Deutschlands, mächtig aus dem alten ererbten Schlendrian aufgerüttelt«, schrieb Engels später. »Es hatte einen, wenn auch bescheidnen, Anteil an der politischen Macht bekommen; und jeder politische Erfolg der Bourgeoisie wird ausgebeutet in einem industriellen Aufschwung.«[19] Dieser industrielle Aufschwung wurde durch die sich auch in Deutschland voll entfaltende industrielle Revolution geprägt. Und er hatte nicht nur die Stärkung der Bourgeoisie zur Folge; er führte auch zur Herausbildung eines Industrieproletariats.

Die konterrevolutionäre Testamentsvollstreckung

Die positive Wirkung der Revolution blieb nicht beschränkt auf die den herrschenden Klassen abgerungenen Konzessionen der unmittelbaren Nachrevolutionszeit. Ihr Einfluß war nachhaltiger. »... und alles, was seitdem bei uns geschehn«, schrieb Engels in den achtziger Jahren über den Platz der Revolution, »ist nur eine Fortsetzung von 1848, nur Testamentsvollstreckung der Revolution.«[20] In ihrem Zeichen stand der gesamte nachfolgende Kampf um die Zuendeführung der bürgerlichen Umgestaltung in Deutschland, der erst um die Wende von den sechziger zu den siebziger Jahren des 19. Jahrhunderts abgeschlossen wurde. In der Politik aller an diesem Kampf beteiligten Klassen und Parteien war die Revolution als historischer Machtfaktor stets im Kalkül.

Die Abschaffung noch bestehender feudaler Verhältnisse und die Herstellung eines einheitlichen bürgerlichen Nationalstaates waren vor allem durch die elementaren Bedürfnisse der kapitalistischen Wirtschaftsentwicklung unumgänglich geworden. Die industrielle Revolution, die in den fünfziger Jahren in Deutschland ihrem Höhepunkt zustrebte und einen bislang ungekannten wirtschaftlichen Aufschwung bewirkte, ließ keine andere Wahl. »Die deutsche Einheit war eine wirtschaftliche Notwendigkeit geworden.«[21] Diesem Zwang mußte sich auch die Junkerklasse beugen. Und sie stand zugleich unter dem Eindruck der stattgefundenen und einer erneut drohenden Revolution. Die Junker waren zu Maßnahmen und Entscheidungen genötigt, die einer historisch überholten Klasse zutiefst widersprachen. Die Adligen in Deutschland waren in den sechziger Jahren des 19. Jahrhunderts aber längst keine Feudalklasse mehr. Dank der bürgerlichen Agrarreformen hatte sich ihr Wesen gewandelt. Sie waren selbst verbürgerlicht und zu einer Klasse der neuen, bürgerlichen Gesellschaft geworden. Unter dem unaufhaltsamen Druck der ökonomischen Entwicklung und aus Furcht vor der Revolution sahen sich dieselben Kräfte, die 1848/49 die Revolution niedergeschlagen hatten, zehn Jahre später gezwungen, wichtige Forderungen dieser Revolution selbst aufzugreifen — so vor allem die Forderung nach Bildung eines einheitlichen bürgerlichen Staates — und mit ihrer Verwirklichung zu beginnen. Wenn dies auch auf konterrevolutionäre Weise, zum Nutzen der Junker und der mit ihnen sich erneut verbündenden Bourgeoisie und gegen das Volk geschah, so wurde die bürgerliche Umgestaltung dennoch zu Ende geführt und gesellschaftlicher Fortschritt durchgesetzt.

Das war das politische Konzept und der Inhalt der Bismarckschen Politik in den sechziger Jahren des 19. Jahrhunderts. Bismarck selbst hat offen ausgesprochen, wie stark seine Politik unter dem Druck der Revolution stand. Die Gefahr einer Revolution von unten nutzte er als Argument zur Begründung seiner Politik der Revolution von oben. »Soll Revolution sein«, telegraphierte Bismarck am 11. August 1866 an Otto v. Manteuffel, »so wollen wir sie lieber machen als erleiden.«[22] Friedrich Engels hat ihn zu Recht einen »königlich-preußischen Revolutionär«[23] genannt. Nach den ökonomischen Erfordernissen war es die Macht der Revolution, die die Konterrevolutionäre von 1848/49 dazu zwang, bei Strafe ihres Untergangs die bürgerliche Umgestaltung abzuschließen und so, wie Marx und Engels es wiederholt ausdrückten, wider Willen als Testamentsvollstrecker der Revolution zu fungieren. Die Revolution wirkte in den sechziger Jahren um so mehr als indirekter geschichtsbildender Faktor auf alle Klassen ein, als die Volksmassen erneut in Bewegung gerieten und nach einer revolutionär-demokratischen Erneuerung des Landes und seiner Einigung in einer Republik drängten.

Da die staatliche Einigung durch eine Revolution von oben erfolgt war, hafteten dem Deutschen Reich von 1871 starke reaktionäre Züge an. Der weitere gesellschaftliche

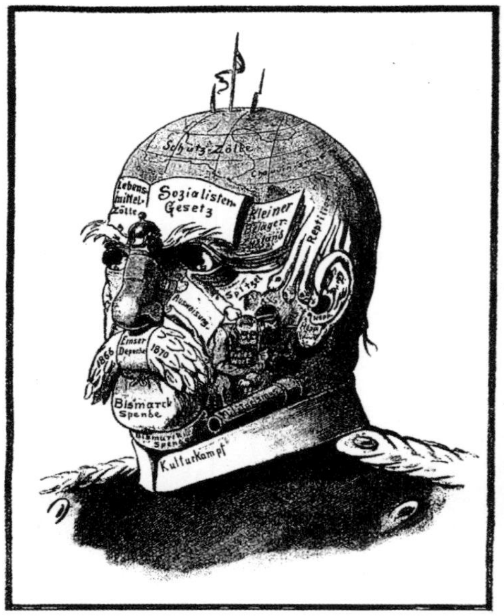

Bismarck ohne Maske.
Nach einem Holzschnitt von E. Holoch

Fortschritt konnte nur im Kampf gegen diesen vom reaktionären Klassenbündnis zwischen Junkertum und Bourgeoisie beherrschten Staat durchgesetzt werden. Gleichwohl bedeutete die Überwindung des Partikularismus und die Verwirklichung zwingender wirtschaftspolitischer Forderungen einen Fortschritt. Das galt auch für einige bürgerlich-demokratische Rechte und Freiheiten, die die herrschenden Klassen dem Volk nicht länger hatten verweigern können. All das brachte den Volksmassen und vor allem der Arbeiterklasse einen günstigeren Kampfboden und bessere Möglichkeiten für die eigene Organisation und die Führung ihres Klassenkampfes.

Alles Positive und Progressive, das im Ringen um die bürgerliche Umgestaltung der gesellschaftlichen Verhältnisse in Deutschland am Ende der sechziger Jahre erreicht wurde, war nicht das Verdienst der konterrevolutionären Kräfte, die den Umwälzungsprozeß nach 1849 zu Ende geführt hatten. Es war vielmehr das Ergebnis der Revolution von 1848/49 und des revolutionären Wirkens der Volksmassen und insbesondere der Arbeiterklasse. Die wenn auch spärlichen, so doch nicht unbedeutenden gesellschaftlichen Fortschritte waren dem Kampf der progressiven Kräfte gegen die konterrevolutionäre Bismarcksche Linie der bürgerlichen Umgestaltung, ihrem Ringen um die Konstituierung einer demokratischen deutschen Republik geschuldet. In diesem Sinne schrieb Lenin: »Deutschland hat Freiheiten erhalten, trotz Bismarck, *trotz* der preußischen Liberalen, *nur* dank dem nachdrücklichen und hartnäckigen Streben der Arbeiterklasse (teilweise, aber zu sehr geringem Teil, auch der kleinbürgerlichen Demokratie) nach vollständiger Demokratisierung.« Und auch die Verfassung, die das Deutsche Reich erhielt, ist ohne den revolutionären Druck der Massen nicht zu verstehen. Sie war, nach Lenin, die »*Resultante* ... aus den Bestrebungen Bismarcks und der Liberalen, die Furcht hatten, den Arbeitern Freiheiten zu geben, und aus den Bestrebungen der Arbeiter, die in den vierziger, fünfziger und sechziger Jahren nach der *vollständigen* Demokratisierung Deutschlands trachteten. Die Arbeiter Deutschlands waren *damals* schwach. Daher konnten Bismarck und die preußischen Liberalen *zur Hälfte* siegen. Wären die Arbeiter Deutschlands stärker gewesen, hätte Bismarck zu einem Viertel gesiegt. Wären sie noch stärker gewesen, hätte Bismarck überhaupt nicht gesiegt.«[24]

Bürgerliche Revolution und Arbeiterklasse

Bismarck und die Klassenkräfte, die er vertrat, waren zwar zu Testamentsvollstreckern der Revolution von 1848 geworden, aber doch nur gezwungen, »wider Willen«[25], wie Engels schrieb. Sie hatten dieses Werk auf ihre Weise getan, indem sie nur jene Punkte des Testaments einlösten, die ihren Klasseninteressen entsprachen. Ein wichtiges Vermächtnis der Revolution, die Durchsetzung der Demokratie, blieb unerfüllt. Weder die junkerliche Konterrevolution noch die mit ihr paktierende Bourgeoisie waren fähig und gewillt, dieses Vermächtnis anzunehmen und einzulösen.

Anders als Junker und Bourgeoisie haben die kleinbürgerlichen Demokraten sich der Aufgabe einer Demokratisierung der gesellschaftlichen Verhältnisse gestellt, die die bürgerliche Revolution von 1848/49 hinterließ. Aber sie blieben ein Fähnlein von Aufrechten, das in der zweiten Hälfte des 19. Jahrhunderts von Jahrzehnt zu Jahrzehnt kleiner wurde. Zu einer starken geschichtsbildenden Macht erhob sich die kleinbürgerliche Demokratie in Deutschland nicht mehr.

Das demokratische Erbe von 1848/49 trat vor allem die Arbeiterklasse an. Ihr Erbrecht an der bürgerlichen Revolution war historisch unanfechtbar. Es leitete sich ab aus ihrer Rolle in der Revolution. Arbeiter hatten 1848/49 welthistorisch erstmals in eine Revolution selbständig handelnd eingegriffen und den Gang der Ereignisse mitgeprägt. Das galt vor allem für die Revolution in Frankreich, war aber auch für die deutsche Revolution charakteristisch.

Die deutsche Revolution von 1848 hatte keine sozialistischen Ziele, sie diente der Verwirklichung der bürgerlichen Gesellschaft, war eine bürgerliche Revolution. Gleichwohl warfen revolutionäre Arbeiter Leib und Leben für diese Revolution in die Schanze. Allerorten hob sich das junge, gerade erst entstehende Proletariat in den Revolutionskämpfen durch seinen rückhaltlosen Einsatz, seine kompromißlose Entschiedenheit und revolutionäre Kühnheit von allen anderen an der Revolution beteiligten Klassen ab. Obwohl in der Masse noch unter bürgerlichem Einfluß, hatten Arbeiter an den revolutionären Kämpfen den Hauptanteil und trugen am meisten dazu bei, dem gesellschaftlichen Fortschritt den Weg zu bahnen. Wenn die triumphierenden Konterrevolutionäre zu Konzessionen gezwungen wurden, so war das in erster Linie das Verdienst der kämpfenden Arbeiterklasse.

Wie die Arbeiterklasse in der Revolution von 1848/49 eine entscheidende Rolle spielte, so nimmt die Revolution in der geschichtlichen Entwicklung der Arbeiterbewegung einen herausragenden Platz ein. Die Schlachten, die das Proletariat 1848 und 1849 schlug, waren keineswegs vergebens, auch wenn am Ende nicht der Sieg der Revolution stand. Sie halfen vielmehr, den Weg zu ebnen für die Entwicklung der Arbeiterklasse und ihre politische Bewegung. Es war von grundlegender Bedeutung für den Aufstieg der Arbeiterbewegung in den folgenden Jahrzehnten, daß mit der sich nach 1848/49 in Deutschland rasch

Die Arbeiterklasse ist legitimer Erbe der Revolution von 1848/49. Barrikadenkämpfer aus den Oktobertagen des Jahres 1848

vollziehenden kapitalistischen Entwicklung das Proletariat schnell anwuchs und zur zahlenmäßig stärksten Klasse der Gesellschaft wurde. Vor allem erstarkte der Kern der Arbeiterklasse, das Industrieproletariat. Damit erhielt die moderne Arbeiterbewegung ihren eigentlichen sozialen Rückhalt, wurde die revolutionäre sozialistische Bewegung ein für allemal zu einer unüberwindlichen, nicht mehr zu vernichtenden gesellschaftlichen Kraft.

Während der achtundvierziger Revolution sammelte das kämpfende Proletariat in Deutschland und in anderen Ländern wichtige praktisch-politische Erfahrungen, die den Reifeprozeß der Arbeiterbewegung entschieden förderten. In Deutschland entwickelte sich 1848/49 zum erstenmal eine proletarische Massenbewegung. Es waren nicht nur Tausende von Arbeitern an den revolutionären Kämpfen beteiligt, sondern es entstand auch eine in aller Öffentlichkeit agierende organisierte Bewegung, die mit Macht nach politischer und geistiger Selbständigkeit der Arbeiterklasse strebte. Auch in dieser Beziehung bereitete die Revolution von 1848/49 der vergleichsweise um vieles kraftvolleren und vor allem beständigeren proletarischen Massenbewegung der sechziger Jahre den Boden. In den Revolutionskämpfen, in denen die Arbeiter die verschiedenen Klassen und ihre Parteien im politischen Kampf kennenlernten, zerstoben zahlreiche Illusionen wie Spreu im Winde. Die politisch fortgeschrittensten Arbeiter eigneten sich wichtige Grunderkenntnisse für die erfolgreiche Führung des Klassenkampfes an, die von den Kommunisten zielbewußt propagiert wurden. Diese Erkenntnisse gingen ein in den Erfahrungsschatz der Arbeiterklasse und erleichterten ein Jahrzehnt später den neuen Aufschwung der Arbeiterbewegung und die rasche Durchsetzung des Marxismus.

Karl Marx

1848/49 – Bewährungsprobe des Marxismus

In der Revolution von 1848/49 erlebte die wissenschaftliche Theorie der Arbeiterklasse ihre Feuertaufe in der revolutionären Praxis. Die Revolution bestätigte die Richtigkeit des Marxismus. Bewährt hatte sich vor allem die Strategie und Taktik der ersten revolutionären marxistischen Partei, des Bundes der Kommunisten.

Die revolutionäre Tatkraft und politische Klarheit der Kommunisten um Karl Marx und Friedrich Engels verkörpern das Beste, was die deutsche Revolution von 1848/49 hervorbrachte. Die Revolution bildete einen zentralen Punkt im gesamten praktisch-politischen Wirken von Marx und Engels. Die Erfahrungen und Erkenntnisse, die die Revolution vermittelte, galten ihnen fortan gleichsam als Maßstab bei der Beurteilung späterer revolutionärer Ereignisse und Prozesse. Und die theoretische Verallgemeinerung dieser Erfahrungen betrachteten sie nach der Revolution als eine ihrer wichtigsten Aufgaben. Ihr widmeten sie einen Großteil ihrer Kraft und Aufmerksamkeit.

Freilich erschlossen und verallgemeinerten Marx und Engels nicht allein die Erfahrungen der deutschen Revolution. Als proleta-

Friedrich Engels

rische Internationalisten hatten sie die revolutionären Bewegungen von 1848/49 nicht als isolierte Angelegenheit einzelner Länder, sondern als einen einheitlichen, Europa umspannenden Prozeß im Blick. Und als proletarische Revolutionäre orientierten sie sich vor allem an der am weitesten fortgeschrittenen proletarischen Bewegung. Den größten Einfluß aber hatte die Arbeiterklasse zu dieser Zeit in England und in Frankreich. Für Marx und Engels stand außer Frage, daß ein durchgreifender Erfolg der Revolution in ganz Europa nur erreicht werden konnte, wenn das französische und — in höherem Grade noch — das englische Proletariat Siege zu erringen vermochte. England schied aus. Hier gelang es den Chartisten nicht, eine Revolution auszulösen. Damit rückte Frankreich ganz ins Zentrum der Aufmerksamkeit. Hier hatte die Revolution nicht nur ihren Anfang genommen, sondern war der Klassengegensatz zwischen Arbeiterklasse und Bourgeoisie auch schon zur Drehachse der Revolution geworden. Die französische Revolution 1848 bewies, daß das Schicksal der bürgerlichen Demokratie bereits wesentlich vom Kampf der Arbeiterklasse abhing. Aus der Pariser Juniinsurrektion und den folgenden Kämpfen der französischen Arbeiterklasse ergaben sich die wichtigsten Lehren für die revolutionäre Arbeiterbewegung. Die Hauptschriften von Marx und Engels zur Auswertung der Revolution von 1848/49 hatten daher die Revolutionen in Frankreich und in Deutschland zum Gegenstand. Zwei Schriften von Engels — »Die deutsche Reichsverfassungskampagne« und »Revolution und Konterrevolution in Deutschland« galten der historischen Analyse der deutschen Revolution. In zwei berühmten historischen Darstellungen — »Die Klassenkämpfe in Frankreich 1848 bis 1850« und »Der achtzehnte Brumaire des Louis Bonaparte« — untersuchte Marx die französische Revolutionsentwicklung zwischen 1848 und 1851.

In diesen Werken schlugen sich die qualitativen Fortschritte in der Theorie nieder, die aus der Praxis der bürgerlichen Revolution für den Klassenkampf der Arbeiter gewonnen werden konnten. Die in den genannten und in einer Reihe weiterer Arbeiten von Marx und Engels niedergelegten Einsichten führten zu einer Weiterentwicklung des Marxismus. Die Revolution hatte ein für allemal klargestellt, daß die Arbeiterklasse ohne eine sie führende Partei machtlos ist und Gefahr läuft, im Schlepptau bürgerlicher Parteien zu bleiben. Die Parteibildung des Proletariats kennzeichneten Marx und Engels als erstes und wichtigstes Erfordernis. Die Revolution von 1848/49, insbesondere die Klassenkämpfe in Frankreich, hatten gezeigt, wie sich das Proletariat zum bürgerlichen Staat verhalten muß. Marx zog aus den freilich negativen Erfahrungen der französischen Arbeiter den fundamentalen Schluß, daß die proletarische Revolution den bürgerlichen Staatsapparat zerbrechen und die Arbeiterklasse ihren eigenen Staat, die Diktatur des Proletariats, errichten muß. Die Revolution hatte deutlich werden lassen, daß die Arbeiter die kapitalistische Herrschaft nicht allein stürzen können, sondern dazu der Unterstützung der anderen vom Kapital ausgebeuteten Klassen und Schichten, insbesondere der Bau-

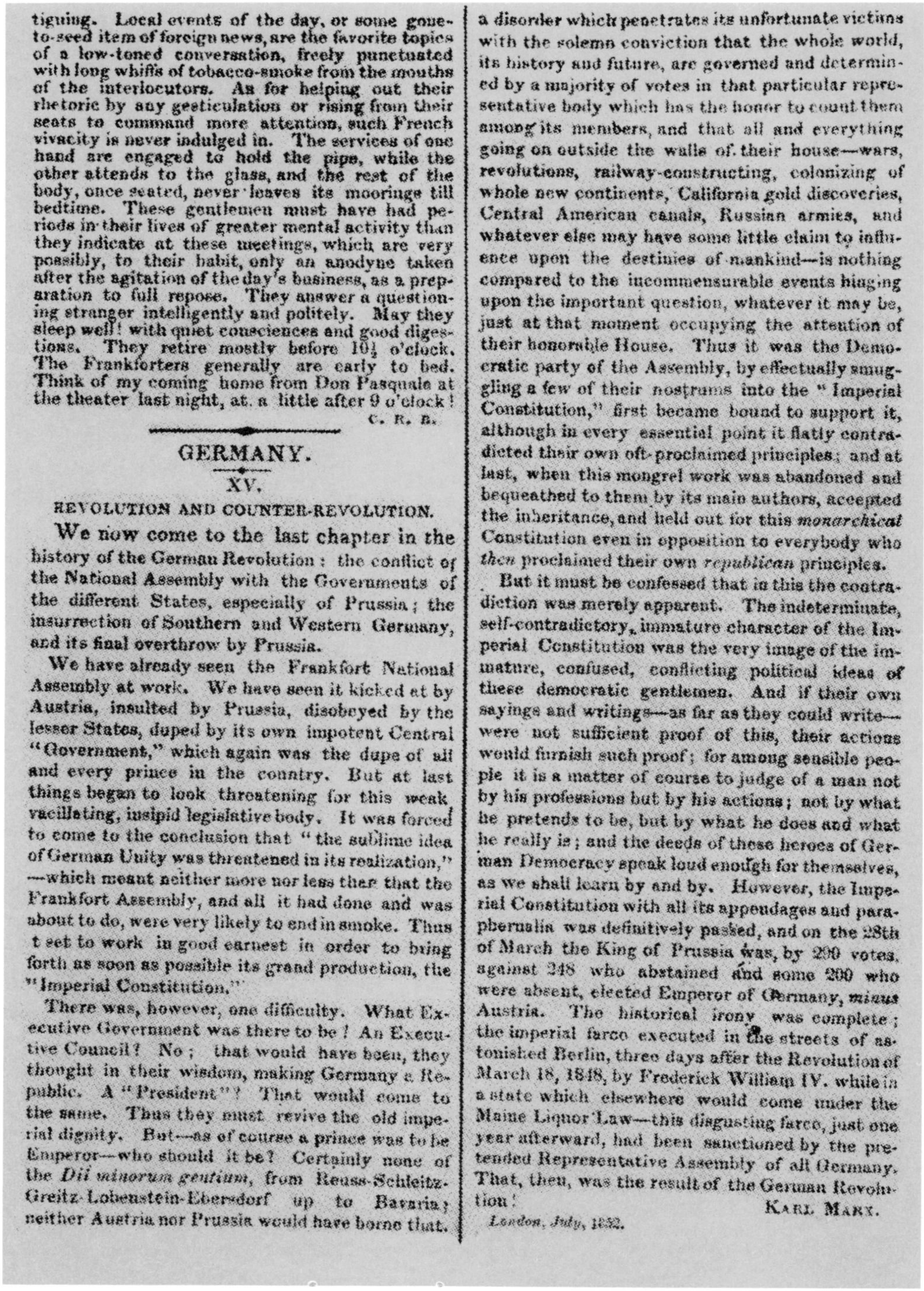

tiguing. Local events of the day, or some gone-to-seed item of foreign news, are the favorite topics of a low-toned conversation, freely punctuated with long whiffs of tobacco-smoke from the mouths of the interlocutors. As for helping out their rhetoric by any gesticulation or rising from their seats to command more attention, such French vivacity is never indulged in. The services of one hand are engaged to hold the pipe, while the other attends to the glass, and the rest of the body, once seated, never leaves its moorings till bedtime. These gentlemen must have had periods in their lives of greater mental activity than they indicate at these meetings, which are very possibly, to their habit, only an anodyne taken after the agitation of the day's business, as a preparation to full repose. They answer a questioning stranger intelligently and politely. May they sleep well! with quiet consciences and good digestions. They retire mostly before 10½ o'clock. The Frankforters generally are early to bed. Think of my coming home from Don Pasquale at the theater last night, at a little after 9 o'clock!

C. R. B.

GERMANY.

XV.

REVOLUTION AND COUNTER-REVOLUTION.

We now come to the last chapter in the history of the German Revolution: the conflict of the National Assembly with the Governments of the different States, especially of Prussia; the insurrection of Southern and Western Germany, and its final overthrow by Prussia.

We have already seen the Frankfort National Assembly at work. We have seen it kicked at by Austria, insulted by Prussia, disobeyed by the lesser States, duped by its own impotent Central "Government," which again was the dupe of all and every prince in the country. But at last things began to look threatening for this weak vacillating, insipid legislative body. It was forced to come to the conclusion that "the sublime idea of German Unity was threatened in its realization," —which meant neither more nor less then that the Frankfort Assembly, and all it had done and was about to do, were very likely to end in smoke. Thus t set to work in good earnest in order to bring forth as soon as possible its grand production, the "Imperial Constitution."

There was, however, one difficulty. What Executive Government was there to be? An Executive Council? No; that would have been, they thought in their wisdom, making Germany a Republic. A "President"? That would come to the same. Thus they must revive the old imperial dignity. But—as of course a prince was to be Emperor—who should it be? Certainly none of the *Dii minorum gentium*, from Reuss-Schleitz-Greitz-Lobenstein-Ebersdorf up to Bavaria; neither Austria nor Prussia would have borne that. a disorder which penetrates its unfortunate victims with the solemn conviction that the whole world, its history and future, are governed and determined by a majority of votes in that particular representative body which has the honor to count them among its members, and that all and everything going on outside the walls of their house—wars, revolutions, railway-constructing, colonizing of whole new continents, California gold discoveries, Central American canals, Russian armies, and whatever else may have some little claim to influence upon the destinies of mankind—is nothing compared to the incommensurable events hinging upon the important question, whatever it may be, just at that moment occupying the attention of their honorable House. Thus it was the Democratic party of the Assembly, by effectually smuggling a few of their nostrums into the "Imperial Constitution," first became bound to support it, although in every essential point it flatly contradicted their own oft-proclaimed principles; and at last, when this mongrel work was abandoned and bequeathed to them by its main authors, accepted the inheritance, and held out for this *monarchical* Constitution even in opposition to everybody who *then* proclaimed their own *republican* principles.

But it must be confessed that in this the contradiction was merely apparent. The indeterminate, self-contradictory, immature character of the Imperial Constitution was the very image of the immature, confused, conflicting political ideas of these democratic gentlemen. And if their own sayings and writings—as far as they could write—were not sufficient proof of this, their actions would furnish such proof; for among sensible people it is a matter of course to judge of a man not by his professions but by his actions; not by what he pretends to be, but by what he does and what he really is; and the deeds of these heroes of German Democracy speak loud enough for themselves, as we shall learn by and by. However, the Imperial Constitution with all its appendages and paraphernalia was definitively passed, and on the 28th of March the King of Prussia was, by 290 votes, against 248 who abstained and some 200 who were absent, elected Emperor of Germany, *minus* Austria. The historical irony was complete; the imperial farce executed in the streets of astonished Berlin, three days after the Revolution of March 18, 1848, by Frederick William IV. while in a state which elsewhere would come under the Maine Liquor Law—this disgusting farce, just one year afterward, had been sanctioned by the pretended Representative Assembly of all Germany. That, then, was the result of the German Revolution!

KARL MARX.

London, July, 1852.

Artikel aus der Serie »Revolution und Konterrevolution in Deutschland« von Friedrich Engels, die ab 27. Juli 1852 unter Karl Marx' Namen in der »New York Daily Tribune« erschien. Die Arbeit gibt eine wissenschaftliche Analyse über die Ursachen, den Verlauf und die Gründe für die Niederlage der Revolution 1848/49 in Deutschland

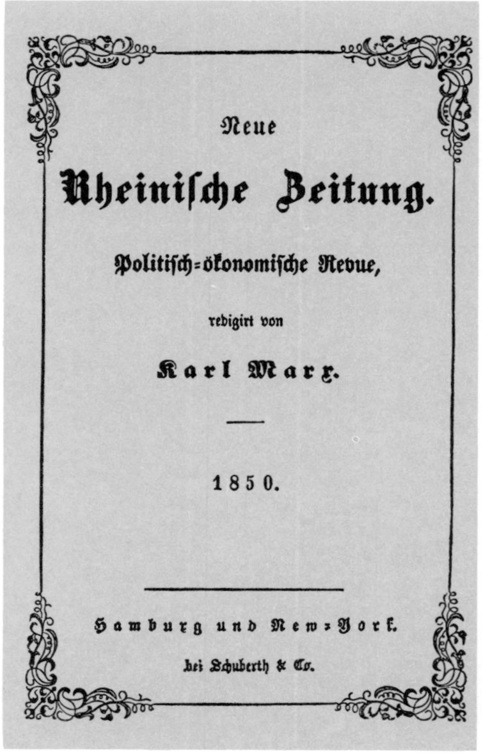

Neue

Rheinische Zeitung.

Politisch-ökonomische Revue,

redigirt von

Karl Marx.

1850.

Hamburg und New-York.

bei Schuberth & Co.

Titelblatt der »Neuen Rheinischen Zeitung. Politisch-ökonomische Revue«

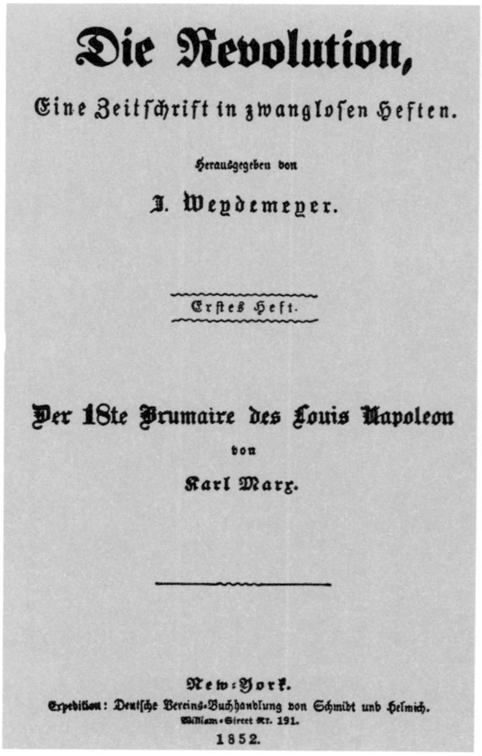

Die Revolution,

Eine Zeitschrift in zwanglosen Heften.

Herausgegeben von

J. Weydemeyer.

Erstes Heft.

Der 18te Brumaire des Louis Napoleon

von

Karl Marx.

New-York.

Expedition: Deutsche Vereins-Buchhandlung von Schmidt und Helmich.

William-Street Nr. 191.

1852.

Titelblatt der Zeitschrift »Die Revolution«, in der Karl Marx' »Achtzehnter Brumaire des Louis Bonaparte« 1852 erstmals erschien

ernschaft, bedürfen. Ausgehend von dieser Erfahrung, formulierten Marx und Engels die These von der Notwendigkeit und Möglichkeit des Bündnisses zwischen Arbeiterklasse und Bauernschaft im Kampf gegen die feudale und die kapitalistische Ausbeutergesellschaft. Schließlich hatte die Revolution bestätigt, worauf Marx und Engels schon im Vormärz aufmerksam gemacht hatten: Um die objektiven und subjektiven Voraussetzungen für den Kampf um die eigene Befreiung zu schaffen, müssen sich die Arbeiter energisch am demokratischen Kampf beteiligen, ohne jedoch ihre weiter gehenden Ziele aus dem Auge zu verlieren. Gestützt auf die Erfahrungen aus der Revolution, vertieften Marx und Engels die Erkenntnis, daß der Kampf um Demokratie und das Ringen um den Sozialismus in einem engen Zusammenhang stehen. Sie begründeten umfassender die Notwendigkeit, die demokratische Revolution nach

Maßgabe der Kräfte in die sozialistische Umwälzung überzuleiten.
Alle diese von Marx und Engels zu theoretischen Erkenntnissen verdichteten Erfahrungen aus der achtundvierziger Revolution gingen ein in die Schatzkammer des Marxismus. An sie knüpfte Lenin an, als er in der neuen Epoche des Imperialismus und der proletarischen Revolution den Marxismus schöpferisch weiterentwickelte. Die Lehren aus der Revolution von 1848/49 fanden Eingang in den Leninismus, wurden durch neue Einsichten bereichert und auf diese Weise zu einem Element für den Sieg der Arbeiterklasse in unserem Jahrhundert. Die Leninsche Theorie der sozialistischen Revolution, die auch wichtige Erkenntnisse aus der Revolution von 1848/49 einschließt, erwies ihre Richtigkeit in der Großen Sozialistischen Oktoberrevolution, als die russische Arbeiterklasse unter Führung ihrer marxistisch-leninistischen Partei den Kapitalismus stürzte und den ersten sozialistischen Staat in der Welt aufbaute. Sie bestätigte ihre Allgemeingültigkeit in den antiimperialistisch-demokratischen und sozialistischen Umwälzungen nach dem zweiten Weltkrieg in zahlreichen Ländern Europas und Asiens, so auch beim Übergang vom Kapitalismus zum Sozialismus in der Deutschen Demokratischen Republik.
Der tiefe historische Sinn der Revolution von 1848 liegt nicht nur darin, daß sie den bürgerlich-kapitalistischen Fortschritt durchsetzen half. Darin sind größere historische Zusammenhänge eingeschlossen. Die Revolution von 1848/49 war die erste große Bewährungsprobe der Arbeiterklasse. Damals noch schwach, unentwickelt und gerade erst an der Schwelle ihrer geschichtlichen Laufbahn, hat diese Klasse in unserem Jahrhundert dominierenden Einfluß auf die weltgeschichtliche Entwicklung gewonnen. Und sie hat mit dem Sieg des Sozialismus in der DDR auch auf deutschem Boden dem gesellschaftlichen Fortschritt unserer Epoche zum Durchbruch verholfen. Es waren nicht zuletzt die Lehren aus der Revolution von 1848/49, die – im Marxismus-Leninismus zu höchster Reife gelangt – halfen, diesen seit 1848/49 notwendigen Bruch mit den Mächten der Reaktion zu vollziehen.

Wladimir Iljitsch Lenin

Die Arbeiterklasse – Erbin der Revolution

Die deutsche Arbeiterklasse hat den geschichtlichen Auftrag, den die gescheiterte, unvollendete bürgerlich-demokratische Revolution von 1848/49 hinterließ, seit jenen Tagen, da die geschlagenen Revolutionäre die Waffen aus den Händen legten, als den ihren betrachtet.
Der historische Auftrag der Arbeiterklasse war und ist freilich ein anderer als der, eine bürgerliche Revolution konsequent zu Ende zu führen. Ihre Aufgabe greift weiter; sie ist von ganz anderer Qualität. Die weltgeschichtliche Mission der Arbeiterklasse bestand vom ersten Tage ihres selbständigen Auftretens an darin, die Herrschaft der Bourgeoisie zu stürzen, die politische Macht zu erobern und mit deren Hilfe die seit Jahrtausenden bestehenden Ausbeuterverhältnisse zu vernichten und die von Ausbeutung freie sozialistische und schließlich klassenlose kommunistische Gesellschaft zu errichten.
Die Erkenntnis von dieser Mission der Ar-

beiterklasse war am Vorabend der Revolution von 1848/49 im »Manifest der Kommunistischen Partei« zum ersten Mal programmatisch formuliert worden. Die Erstveröffentlichung der Geburtsurkunde des wissenschaftlichen Sozialismus wie die Revolution sind an das Jahr 1848 geknüpft. Dieses zeitliche Zusammenfallen von bürgerlich-demokratischen Revolutionen in Europa und Geburt des Marxismus macht augenfällig, daß unter den fortgeschrittenen gesellschaftlichen Bedingungen des Klassenkampfes im Ringen um die Durchsetzung der bürgerlichen Demokratie schon die weit darüber hinausweisenden Ziele des Proletariats fixiert wurden. Die revolutionär-proletarische Traditionspflege verband die Erinnerung an die Revolution mit der Besinnung auf das erste wissenschaftliche kommunistische Programm und mit der Aufforderung zum Kampf um seine Verwirklichung.

Die Arbeiterklasse hat keine Sonderinteressen gegenüber der Gesellschaft; sie vertritt vielmehr auf jeder Stufe der geschichtlichen Entwicklung am entschiedensten die gesellschaftlichen Gesamtinteressen. Die Arbeiterklasse kann sich daher niemals neutral verhalten gegenüber noch ungelösten historischen Aufgaben. Das gilt insbesondere für die Aufgaben der bürgerlichen Revolution. Die Arbeiterklasse übernimmt es auf ihrem langen und schweren Weg zur Eroberung der politischen Macht, die von der Bourgeoisie preisgegebenen historischen Verpflichtungen zu erfüllen. Sie betrachtet den Kampf um die Verwirklichung einer revolutionären Demokratie, die nicht allein der Bourgeoisie, sondern auch den werktätigen Klassen in der bürgerlichen Gesellschaft zugute kommt, als Schritt auf dem Wege zur Überwindung der Ausbeutung.

In den Kampf um die Erfüllung ihrer Mission schloß die Arbeiterklasse auch in Deutschland die Bewältigung der von der gescheiterten bürgerlichen Revolution nicht gelösten Aufgaben ein. Das machte sie zur legitimen Erbin der Revolution von 1848/49. Durch Wort und Tat erwies sie sich dessen in allen entscheidenden geschichtlichen Situationen würdig. Das gilt in einem doppelten Sinn.

In den Klassenkämpfen der folgenden Jahre und Jahrzehnte stritt sie in vorderster Reihe für die Erfüllung des Vermächtnisses von 1848/49. Während die Bourgeoisie, zunächst noch zur Führung der geschichtlichen Bewegung ihrer Zeit berufen, den Weg des Verrats an der bürgerlichen Demokratie, den sie 1848 betreten hatte, folgerichtig weiterbeschritt, nahm die Arbeiterklasse das Banner des demokratischen Kampfes auf und setzte sich am entschiedensten für Demokratie und gesellschaftlichen Fortschritt ein.

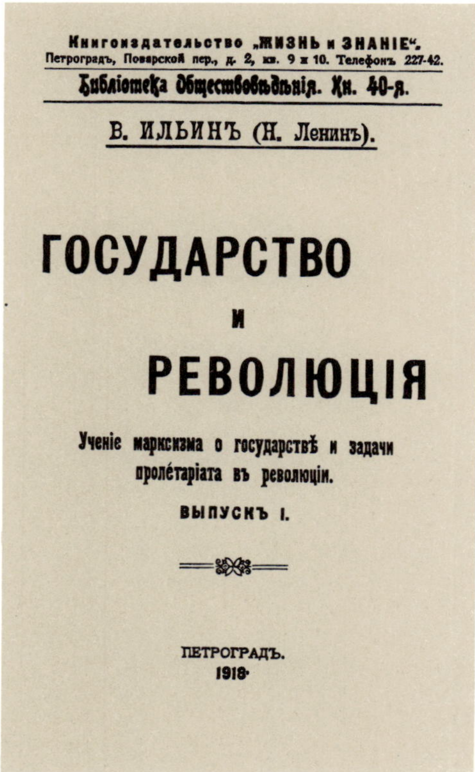
Книгоиздательство „ЖИЗНЬ и ЗНАНІЕ".
Петроградъ, Поварской пер., д. 2, кв. 9 и 10. Телефонъ 227-42.
Библіотека Обществовѣдѣнія. Кн. 40-я.
В. ИЛЬИНЪ (Н. Ленинъ).
ГОСУДАРСТВО
и
РЕВОЛЮЦІЯ
Ученіе марксизма о государствѣ и задачи пролетаріата въ революціи.
ВЫПУСКЪ I.
ПЕТРОГРАДЪ.
1918.

Fußend auf den Arbeiten von Karl Marx und Friedrich Engels zur Revolution 1848/49 und zur Pariser Kommune, entwickelte W.I. Lenin in dem Werk »Staat und Revolution« die marxistisch-leninistische Staatstheorie. Titelblatt der Erstausgabe, Petrograd 1918

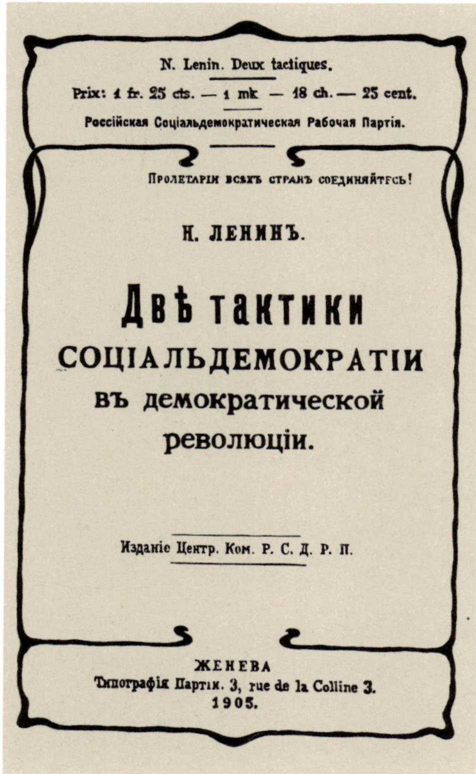
N. Lenin. Deux tactiques.
Prix: 1 fr. 25 cts. — 1 mk — 18 ch. — 25 cent.
Россійская Соціальдемократическая Рабочая Партія.
Пролетаріи всѣхъ странъ соединяйтесь!
Н. ЛЕНИНЪ.
Двѣ тактики
СОЦІАЛЬДЕМОКРАТІИ
въ демократической
революціи.
Изданіе Центр. Ком. Р. С. Д. Р. П.
ЖЕНЕВА
Типографія Партіи. 3, rue de la Colline 3.
1905.

In seinem Werk »Zwei Taktiken der Sozialdemokratie in der demokratischen Revolution«, das während der Revolution von 1905 bis 1907 in Rußland entstand, entwickelte W.I. Lenin auch unter Einbeziehung der Erfahrungen aus der Revolution von 1848/49 entscheidende Grundlagen der marxistisch-leninistischen Revolutionstheorie. Umschlag der Erstausgabe, Genf 1905

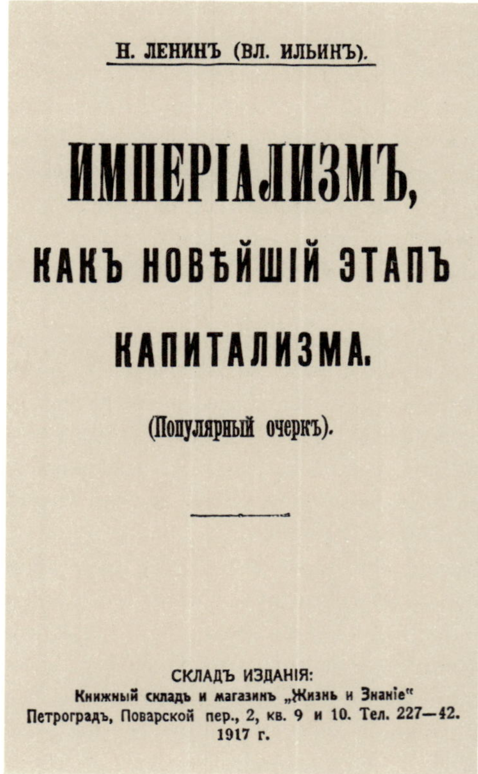
Н. ЛЕНИНЪ (ВЛ. ИЛЬИНЪ).
ИМПЕРІАЛИЗМЪ,
КАКЪ НОВѢЙШІЙ ЭТАПЪ
КАПИТАЛИЗМА.
(Популярный очеркъ).
СКЛАДЪ ИЗДАНІЯ:
Книжный складъ и магазинъ „Жизнь и Знаніе"
Петроградъ, Поварской пер., 2, кв. 9 и 10. Тел. 227—42.
1917 г.

In seiner Schrift »Der Imperialismus als höchstes Stadium des Kapitalismus« gab W.I. Lenin die erste umfassende wissenschaftliche Analyse des Imperialismus als des Vorabends der proletarischen Revolution. Titelblatt der Erstausgabe, Petrograd 1917

Hütten- und Walzwerkarbeiter. Nach der »Illustrierten Zeitung«, 1848

Die revolutionären Arbeiter waren gewiß nicht die einzigen, die die Traditionen von 1848/49 pflegten. Auch aufrechte kleinbürgerliche Demokraten haben sich darum verdient gemacht. Selbst vereinzelte bürgerliche Liberale, die es mit dem Liberalismus ernst meinten, beriefen sich namentlich seit dem Ende des 19. Jahrhunderts auf die positiven Werte des Revolutionsjahres, die aus diesem Blickwinkel freilich zumeist nur im Parlamentarismus gesehen wurden.[26] Aber die wirklichen Revolutionäre von 1848/49 zu ehren, die Aktivitäten des Volkes in der Revolution zu erschließen, das blieb von Anfang an der revolutionären Arbeiterbewegung vorbehalten. In der Pflege der revolutionären Kampftraditionen war sie der eigentliche Widerpart von Junkertum und Bourgeoisie, die sich darin überboten, das »tolle Jahr« zu verunglimpfen und zu verfälschen oder als Jugendsünde schamhaft zu verschweigen.

Marx und Engels machten auch bei der Pflege der achtundvierziger Traditionen den Anfang. Mit ihren Schriften zur Auswertung der Revolution von 1848/49 legten sie zugleich den Grundstein der marxistischen Revolutionsgeschichtsschreibung und schufen erste Voraussetzungen für die Vermittlung eines wahrheitsgetreuen Revolutionsbildes.

Der Kampf gegen die Reste des Absolutismus

Als Ende der fünfziger Jahre der Entscheidungskampf zwischen den revolutionären und den konterrevolutionären Kräften um die Zuendeführung der bürgerlichen Umgestaltung in Deutschland heranreifte, bezogen sich die verschiedenen oppositionellen Elemente bei der Begründung ihrer politischen Haltung in ganz unterschiedlicher Weise auf die Revolution von 1848/49, die gerade ein gutes Jahrzehnt zurücklag.[27] Die Liberalen, die vor allem auf Preußens Macht setzten, taten dies, um vor einer Wiederholung der Revolution, hauptsächlich vor dem »Wahnsinn der Radikalen« zu warnen. Selbst eine Berufung auf die liberale Reichsverfassung erschien ihnen gefährlich. Im Nationalverein, der ebenfalls auf ein revolutionäres Programm verzichtete, suchten lediglich die linken, demokratischen Kräfte durch einen Rückgriff auf die Reichsverfassung eine breite Zustimmung des Volkes zu erreichen. Und nur ganz wenige Demokraten bekannten sich offen zum 18. März 1848 und zu den Massenaktionen des Revolutionsjahres.

Wie schon 1848/49 waren es die Vertreter des deutschen Proletariats, die das entschiedenste revolutionär-demokratische Programm verfochten: Errichtung einer demokratischen deutschen Republik auf dem Wege einer Volksrevolution. Wie 1848/49, stellten die revolutionären Arbeiter auch jetzt die Hauptmacht im Heerlager derjenigen, die eine Revolution von unten gegen Bismarck und die mit ihm paktierende Bourgeoisie erzwingen wollten. August Bebel und Wilhelm Liebknecht beschworen die Traditionen der Volkskämpfe von 1848/49 und betrachteten es als Aufgabe der Arbeiter, entschieden für die bürgerliche Demokratie einzustehen. Und sollte die Bourgeoisie diese erneut preisgeben, »selbst dann wird der Arbeiterpartei nichts übrigbleiben«, schrieb Friedrich Engels 1865, »als die von den Bürgern verratene Agitation für bürgerliche Freiheit, Preßfreiheit, Versammlungs- und Vereinsrecht trotz der Bürger fortzuführen«.[28] Zwar war dem Ringen um die revolutionäre Lösung der historischen Aufgaben kein durchgreifender Erfolg beschieden. Aber in diesem Kampf entstand die Sozialdemokratische Arbeiterpartei, die sich zu einer revolutionären marxistischen Massenpartei entwickelte.

Schillerfeier auf dem Gendarmenmarkt in Berlin, 10. November 1859. Nach der »Illustrierten Zeitung«, 1859

Diese Partei schloß die Erfüllung des Vermächtnisses von 1848/49 in ihren Kampf um sozialistische Ziele ein. Die revolutionäre deutsche Sozialdemokratie wurde in den Jahrzehnten nach der Reichsgründung zum entschiedensten, im Grunde sogar zum einzigen wirklichen Verfechter demokratischer Rechte und Freiheiten in Deutschland. Sie wußte, daß die immer noch ungelösten Aufgaben der bürgerlichen Revolution von der Arbeiterklasse als ein Schritt auf dem Wege zu ihrem Endziel, zum Sozialismus, mit bewältigt werden müssen. »Unsere deutsche Bourgeoisie ist dumm und feig; sie hat nicht einmal verstanden, die ihr 1848 durch die Arbeiterklasse erkämpfte politische Herrschaft zu ergreifen und festzuhalten; die Arbeiterklasse muß in Deutschland erst die Reste des Feudalismus und des patriarchalischen Absolutismus wegfegen, die unsere Bourgeoisie längst aus der Welt zu schaffen verpflichtet war« [29], so kennzeichnete Friedrich Engels die Situation, in der sich die deutsche Arbeiterklasse nach 1871 befand. In unversöhnlicher Feindschaft bekämpfte die revolutionäre Arbeiterklasse zunächst den reaktionären preußisch-deutschen Bismarckstaat mit dem Ziel, die Revolution von oben durch die immer noch ausstehende demokratische Revolution zu ergänzen und durch den revolutionären Sturz der Reaktionsherrschaft Deutschland in eine demokratische Republik zu verwandeln.

Wilhelm Liebknecht

August Bebel. Radierung von J. Veet, 1896

Mit der Reichsgründung verfestigte sich endgültig die Revolutionsfeindschaft im herrschenden Geschichtsbild der junkerlich-bourgeoisen Gesellschaft.[30] Die borussischen Historiker sorgten in großen Geschichtswerken dafür, daß die Reichsgründung von 1871 an die Stelle der Revolution von 1848 trat. Mit der Verklärung der Revolution von oben und des sogenannten deutschen Berufs Preußens einher ging eine massive Diffamierung und Verketzerung der achtundvierziger Revolution. Bestenfalls wurde der Nationalversammlung von 1848 konzediert, sie habe das »Samenkorn in die deutsche Erde geworfen, welches durch das Blut der Schlachtfelder erfrischt und gekräftigt zum Heile Deutschlands aufkeimte und erblühte« [31]. Die Stimmen einiger weniger kleinbürgerlich-demokratischer Publizisten, die das demokratische Vermächtnis von 1848 bewahren wollten, verhallten nahezu ungehört im brausenden Chor der offiziell gesteuerten Glorifizierung der Bismarckschen Reichsgründung.

Lediglich die revolutionäre Arbeiterpartei machte dagegen mit einigem Erfolg Front. Die herrschenden Klassen des neuen Reiches hatten das alljährliche Gedenken an den 2. September, den Tag des Sieges der preußisch-deutschen Truppen über die Armeen Napoleons III. bei Sedan im Jahre 1871, zu einer staatlich verordneten Tradition gemacht. Die revolutionären Arbeiter setzten gegen den Sedan-Tag der Reaktion die Erinnerung an den 18. März. Die deutsche Sozialdemokratie gedachte fortan alljährlich des 18. März als Höhepunkt der deutschen Revolution von 1848 und Beginn der Pariser Kommune von 1871. Zwei Revolutionsereignisse wurden im Bewußtsein der Arbeiterklasse zu Bestandteilen einer einheitlichen revolutionären Traditionslinie. Die gleichzeitige Pflege der Erinnerung an diese beiden Ereignisse bringt sinnfällig zum Ausdruck, wie die deutsche Arbeiterklasse die nationale revolutionäre Tradition einschloß in ihren, dem Wesen nach internationalistischen, eigenen Befreiungskampf, wie sie revolutionären Patriotismus und proletarischen Internationalismus zu einer unauflöslichen Einheit verband. Seit Beginn der siebziger Jahre gehörte der Zug zu den Gräbern der Märzgefallenen im Friedrichshain zu den wirksamsten und populärsten Demonstrationen der Berliner Sozialdemokratie. Er hatte den Charakter einer Kampfaktion gegen die preußisch-deutsche Reaktionsherrschaft und wurde von der Polizei fast immer verboten.

Einen besonderen Höhepunkt in der proletarischen Traditionspflege der Revolution von 1848/49 bildete deren 25. Jahrestag im Jahre 1873. Damals schrieb Georg Herwegh sein bekanntes Erinnerungsgedicht »Achtzehnhundertvierzig und acht«, in dem er die Proletarier als Vorkämpfer der Märzrevolution feierte und der Reaktion ankündigte, daß noch nicht alle Märzen vorbei sind. Es erschien am 26. März 1873 im Zentralorgan der Sozialdemokratischen Arbeiterpartei »Der Volksstaat«. Die sozialdemokratische Presse brachte zahlreiche Artikel über die Kämpfe von 1848/49 und die Greueltaten der siegreichen Konterrevolution. »Der Volksstaat« veröffentlichte

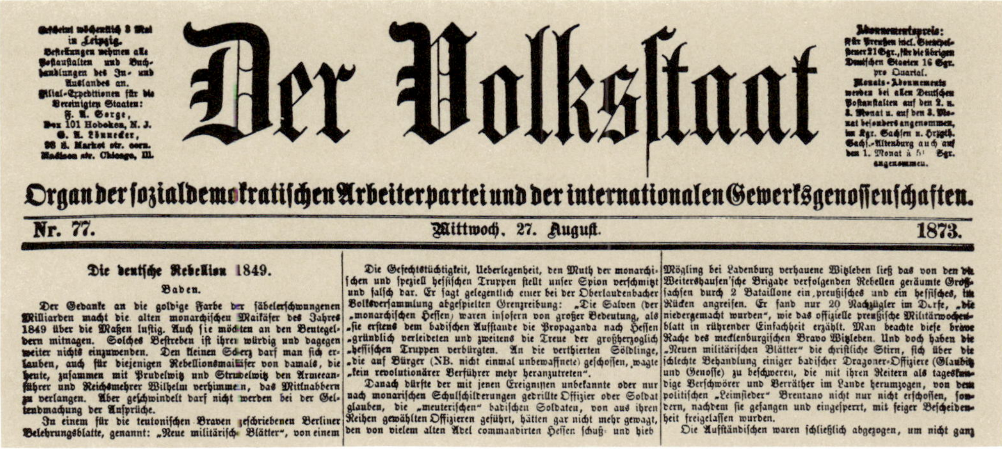
Der Volksstaat

Organ der sozialdemokratischen Arbeiterpartei und der internationalen Gewerksgenossenschaften.

Nr. 77. Mittwoch, 27. August. 1873.

Die deutsche Rebellion 1849.

Der Sozialdemokrat

Zentral-Organ der deutschen Sozialdemokratie

№ 12. Donnerstag, 16. März. 1882.

Parteigenossen! Vergeßt der Verfolgten und Gemaßregelten nicht!

Gedenktage des Proletariats.

1848. Der 18. März. 1871.

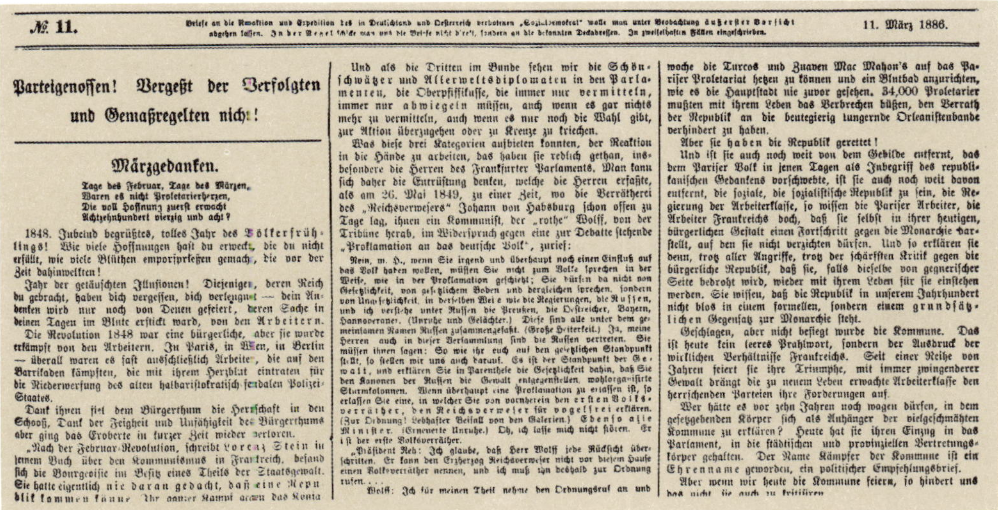
№ 11. 11. März 1886.

Parteigenossen! Vergeßt der Verfolgten und Gemaßregelten nicht!

Märzgedanken.

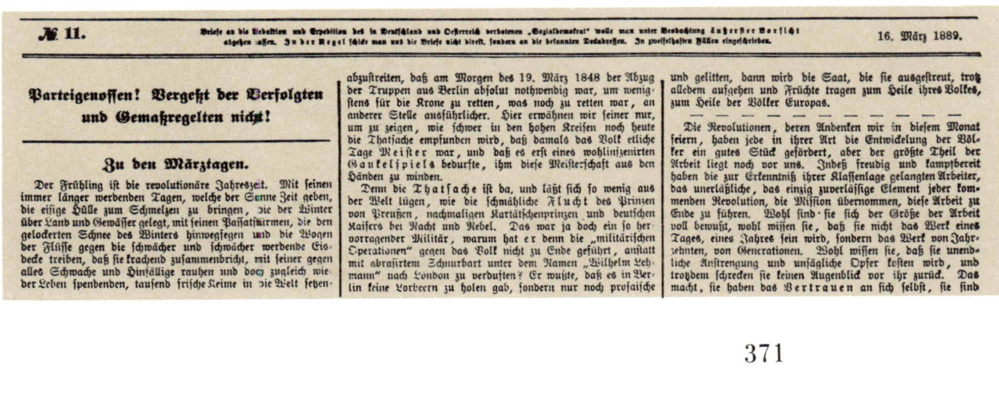
№ 11. 16. März 1889.

Parteigenossen! Vergeßt der Verfolgten und Gemaßregelten nicht!

Zu den Märztagen.

Die Neue Zeit.

Nr. 24. XVI. Jahrgang, I. Band. 1897-98

Zum Gedächtniß der Märzrevolution.

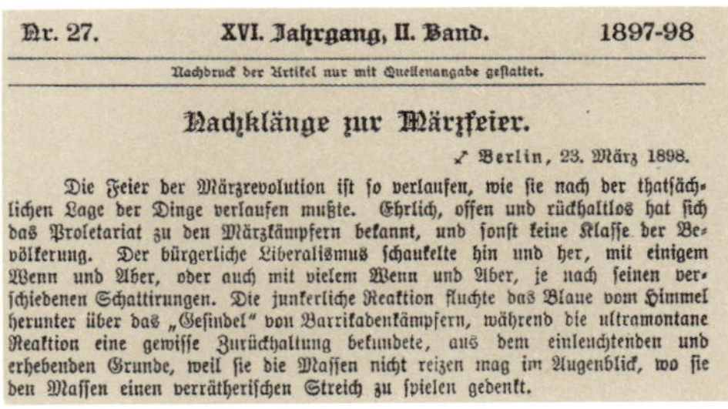
Nr. 27. XVI. Jahrgang, II. Band. 1897-98

Nachklänge zur Märzfeier.

Gedenkartikel zu Jahrestagen der Revolution in der sozialdemokratischen Presse

eine entlarvende Darstellung über die Rolle der preußischen Armee bei der Niederschlagung der Reichsverfassungskampagne in Baden aus der Feder eines in London lebenden »alten Rebellen«[32] und erinnerte in einer zweiteiligen Artikelfolge an die »Gedenktage des Proletariats« aus dem Revolutionsjahr, an die »Pariser Junischlacht vom 23. bis 26. Juni 1848«[33]. Wie in der Presse, so standen auch in den Versammlungen der Partei die Würdigung der Rolle der Arbeiter in der Revolution von 1848/49 und das Gedenken an die Pariser Kommune im Vordergrund.

Für die Berliner Arbeiter wurde der 18. März zu einem besonderen Kampftag. »Der Jahrestag der 48er Revolution und der Pariser Kommune wurde diesmal in der deutsch-kaiserlichen Reichshauptstadt in äußerst würdiger und wahrhaft erhebender Weise begangen«, berichtete »Der Volksstaat«. »Die Berliner Arbeiter bewiesen, daß trotz aller hier herrschenden Siegesduselei und trotzdem man hier von allen Seiten und mit allen offenen und versteckten Mitteln die Arbeiter zu korrumpieren versucht, ... daß trotz alledem der jedem Arbeiter gleichsam angeborene republikanische Geist noch in keiner Weise in ihnen erkaltet ist.«[34] Mehr als sonst strömten an diesem Tag die Massen zum Friedhof der Märzgefallenen im Berliner Friedrichshain. Alle Verbote der Polizei vermochten das nicht zu verhindern. Über 10 000 Personen, vor allem Arbeiter, waren allein am Nachmittag auf dem Friedhof der Märzgefallenen versammelt. Als die Polizei sich anschickte, die Arbeitermassen auseinanderzutreiben, kam es zu Zusammenstößen. Ein Kundgebungsteilnehmer wurde getötet, zahlreiche Personen wurden verwundet. Die Polizei verhaftete 33 Arbeiter. Der Zug zu den Gräbern der Märzgefallenen von 1848 blieb bis zum ersten Weltkrieg eine traditionelle Kampfkundgebung der Berliner Sozialdemokraten.[35]

Auch nach dem Jubiläumsjahr 1873 unternahm die Sozialdemokratie große Anstrengungen, die Erinnerung an 1848 lebendig zu halten. Vor allem während der Jahre unter dem Bismarckschen Sozialistengesetz erfolgte eine starke Rückbesinnung auf das Revolutionsjahr. Der illegale »Sozialdemokrat« pflegte diese Tradition ebenso wie die legale theoretische Zeitschrift der Partei »Die Neue Zeit«. Regelmäßig erschienen Erlebnisberichte, Memoiren, historische Darstellungen, Gedenkartikel. Und immer wieder stand vor allem die Rolle des Proletariats in der Revolution im Vordergrund. Es war in hohem Maße das Verdienst von

Polizisten kontrollieren vor dem Friedhof der Märzgefallenen die Aufschriften der Kranzschleifen, 1898

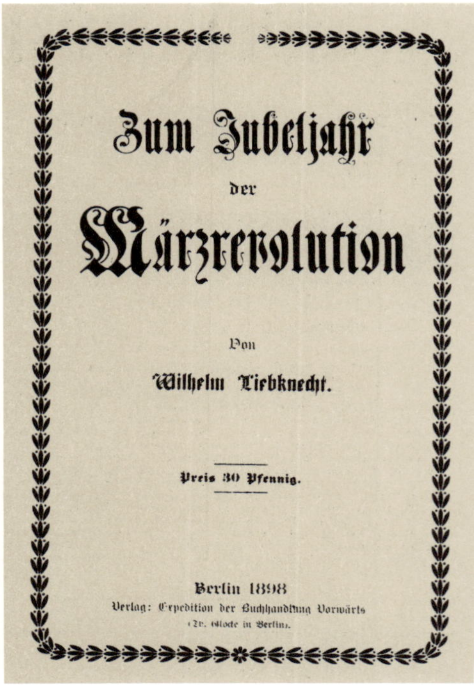

Zum Jubeljahr
der
Märzrevolution

Von
Wilhelm Liebknecht.

Preis 30 Pfennig.

Berlin 1898
Verlag: Expedition der Buchhandlung Vorwärts
(Th. Glocke in Berlin).

Titelblatt der Schrift von Wilhelm Liebknecht

Georg Herwegh: »Achtzehnter März«. Aus »Der Volksstaat«, 26. März 1873

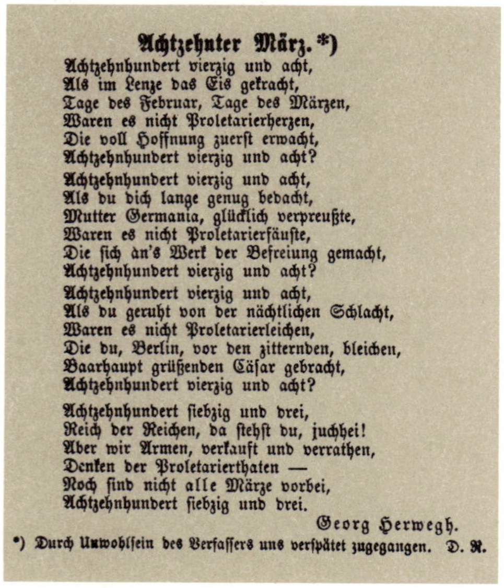

Achtzehnter März.*)

Achtzehnhundert vierzig und acht,
Als im Lenze das Eis gekracht,
Tage des Februar, Tage des Märzen,
Waren es nicht Proletarierherzen,
Die voll Hoffnung zuerst erwacht,
Achtzehnhundert vierzig und acht?

Achtzehnhundert vierzig und acht,
Als du dich lange genug bedacht,
Mutter Germania, glücklich verpreußte,
Waren es nicht Proletarierfäuste,
Die sich an's Werk der Befreiung gemacht,
Achtzehnhundert vierzig und acht?

Achtzehnhundert vierzig und acht,
Als du geruht von der nächtlichen Schlacht,
Waren es nicht Proletarierleichen,
Die du, Berlin, vor den zitternden, bleichen,
Baarhaupt grüßenden Cäsar gebracht,
Achtzehnhundert vierzig und acht?

Achtzehnhundert siebzig und drei,
Reich der Reichen, da stehst du, juchhei!
Aber wir Armen, verkauft und verrathen,
Denken der Proletarierthaten —
Noch sind nicht alle Märze vorbei,
Achtzehnhundert siebzig und drei.

Georg Herwegh.

*) Durch Unwohlsein des Verfassers uns verspätet zugegangen. D. R.

Franz Mehring

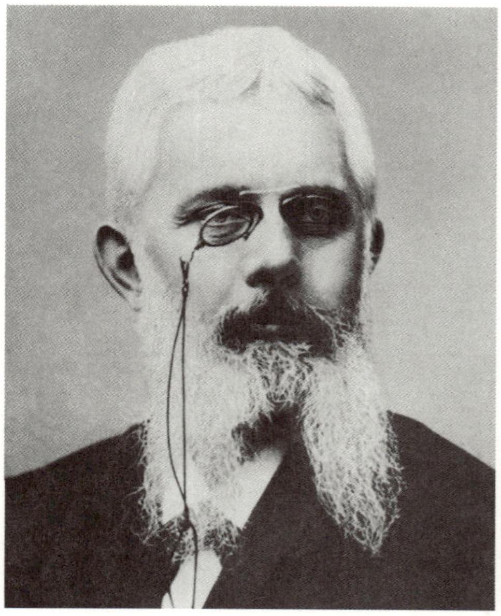

Zwei Achtundvierziger: Johannes v. Miquel und Wilhelm Liebknecht.
Beide waren 1848 Revolutionäre und Kommunisten. Während Liebknecht seiner Überzeugung treu blieb
und dafür ins Gefängnis ging, wurde Miquel später Nationalliberaler
und preußischer Staatsminister. Zeichnung von Lyonel Feininger.
Aus »Das Narrenschiff«, 1898

Friedrich Engels, wenn die »ruhmvolle Jugendzeit der internationalen Arbeiterbewegung« [36] nicht der Vergessenheit anheimfiel. Er veranlaßte seine Kampfgefährten wie Johann Philipp Becker und Friedrich Adolph Sorge, ihre Erinnerungen niederzuschreiben und sie der neuen Generation revolutionärer Arbeiter mitzuteilen. Und er verfaßte in diesen Jahren selbst eine Vielzahl historischer Arbeiten über die Revolution. Nun erschienen auch die ersten größeren geschlossenen Revolutionsdarstellungen aus der Feder revolutionärer Sozialdemokraten. Vor allem Wilhelm Liebknecht und seit dem Beginn der neunziger Jahre noch mehr Franz Mehring machten sich darum verdient.

Als 1898 das 50. Jubiläum der Revolution begangen wurde, war sie im Bewußtsein der proletarischen Massen bereits fest verwurzelt als ein Ereignis, das einen Ehrenplatz in der Geschichte der eigenen revolutionären Bewegung einnimmt.

Die proletarische Pflege der achtundvierziger Revolutionstraditionen hatte neben anderen Faktoren wesentlichen Anteil daran, daß liberale Kräfte in der bürgerlichen Geschichtsschreibung der bürgerlichen Revolution einen höheren Stellenwert beizumessen begannen. Dominierend blieb im junkerlich-bourgeoisen Geschichtsverständnis des Wilhelminischen Reiches natürlich nach wie vor die Verfemung der Revolution. Immerhin aber wurde von einem der wenigen, die 1848 positiver gewertet wissen wollten, von Max Lenz, nun offen beklagt, daß Staat und Bürgertum sich zum 50. Jahrestag der Revolution in Schweigen hüllten und es allein die Sozialdemokraten seien, »welche sich zu unserer Revolution bekennen und sie zur lärmenden Demonstration ausnutzten« [37]. Eine gewisse Aufwertung der Revolution erschien manchem Liberalen, besonders den Kräften um Friedrich Naumann, um so mehr erforderlich, als mit dem Übergang zum Imperialismus die Brüchigkeit des 1871 geschaffenen deutschen Staatswesens deutlicher zutage trat und man in liberalen Kreisen den daraus erwachsenden Gefahren für den Bestand des Reiches durch eine stärkere Liberalisierung und Parlamentarisierung begegnen wollte. Die Korrekturen am Revolutionsbild waren freilich vornehmlich kosmetischer Natur.[38] Einige Verunglimpfungen wurden gestrichen. Aber als Ganzes blieb die Revolution eingeordnet in den geradezu als vorherbestimmt aufgefaßten Weg ins Deutsche Reich. Lediglich einige kleinbürgerliche Demokraten und verschiedene Liberale außerhalb der akademischen Geschichtsschreibung wagten es bereits, die Revolution von 1848 mit ihrem Ansatz eines bürgerlichen Parlamentarismus positiv gegen die Reichsgründung zu setzen und die gemäßigten Liberalen von damals wegen ihrer Anlehnung an die alten Mächte sogar zu kritisieren.

Den Hauptanteil an der Vermittlung eines exakten Revolutionsbildes hatte auch zum 50. Jubiläum der Revolution wiederum die revolutionäre Arbeiterpartei.[39] Ihre Publikationen beherrschten das Bild. Die populäre Revolutionsdarstellung des Sozialdemokraten Wilhelm Blos, 1891 erstmals erschienen[40], kam 1898 erneut mit einer Auflage von 45 000 heraus, was damals von keiner anderen Schrift zu diesem Thema erreicht wurde. Die sozialdemokratische Presse gedachte in zahlreichen Beiträgen der Ereignisse von 1848. Aber schon zeigte sich auch hier die der Partei drohende Gefahr des Opportunismus, der bereits ein Jahrzehnt später die Partei ausgehöhlt hatte. Zurückgetreten war bereits das Gedenken an die Pariser Kommune; breitzumachen begannen sich Illusionen über die bürgerliche Demokratie und vor allem über die

Macht des Wahlrechts als des angeblichen Hauptmittels, um zum Sozialismus zu gelangen.[41]
Aber noch war der revolutionäre Standpunkt für die Haltung der Sozialdemokratie zu 1848 bestimmend. Den Höhepunkt in der öffentlichen Verteidigung der Revolution durch die Sozialdemokratie bildete die von August Bebel im Deutschen Reichstag am 18. März 1898 erzwungene Debatte um den Platz der Revolution in der deutschen Geschichte. Diese Diskussion machte in der Tat Furore. Sie zitterte, wie Bebel sich ausdrückte, noch lange im deutschen Volke nach.[42] Reaktionäre Junker, von Bebel aus der Reserve gelockt, suchten die Revolution als nutzlose Tat »ausländischen Gesindels« zu diffamieren. Der liberale Großbourgeois Rudolf v. Bennigsen, von Bebel direkt aufgefordert, seine Meinung zu sagen, schmähte den 18. März als verhängnisvoll und störend und ohne den geringsten Einfluß auf die weitere historische Entwicklung, um dafür das Lieblingskind der Bourgeoisie, das Frankfurter Parlament, als wichtigste nachwirkende Tradition auf den Schild zu heben. Gegen diese Anfeindungen und Verleumdungen vertrat Bebel rückhaltlos die Ehre der Revolutionäre des März 1848. Leidenschaftlich bekannte er sich zu den von den Konservativen beschimpften Barrikadenkämpfern: »Das ›Gesindel‹ soll Ihnen noch eingetränkt werden, das werden wir Ihnen nicht vergessen«, rief er Robert v. Puttkamer zu. »Es ist eine *Infamie* sondergleichen, die Männer, die damals ihr Leben in die Schanze schlugen und für ihre Ideale kämpften, in solcher Weise zu beschimpfen ... Die Männer haben im Jahre 1848 getan, was Sie 1870 getan zu haben vorgeben und sich dessen heute rühmen. Wäre 1848 geworden, was die damaligen Kämpfer des Volks aus ihm machen wollten, dann war 1870 unnötig, *dann wäre das Deutsche Reich in ganz anderer Macht und Herrlichkeit als heute schon damals gegründet worden.*«[43] Und Bennigsens Versuch, dem Reichstag mit dem Frankfurter Parlament einen besonderen Rechtsboden zu schaffen, konterte Bebel mit der Bemerkung, doch nicht zu vergessen, daß die Frankfurter Nationalversammlung »*die Frucht dieses bösen Jahres,* wie es die Herren da drüben bezeichnen, *der Revolution von 1848 war*«[44]. Die Debatte wies eines besonders klar nach, daß nämlich, wie Bebel formulierte, »die Sozialdemokratie, die keinen *besonderen* Grund hat, den Verherrlicher einer *bürgerlichen* Revolution zu spielen, der einzige Verteidiger dieser bürgerlichen Revolution ist ... Daß dagegen die Parteien, die jahrzehntelang auf dem Boden der Errungenschaften dieser Revolution standen, die Männer des Nationalvereins ... *vollständig schweigen zu all den Beschimpfungen, die heute ge-*

W. I. Lenin verkündet auf dem II. Gesamtrussischen Sowjetkongreß die Errichtung der Sowjetmacht, 8. November 1917. Gemälde von W. A. Serow

gen das deutsche Bürgertum von 1848 und die Revolutionäre jener Zeit geschleudert wurden, und sie nicht in Schutz zu nehmen wagen.«[45]

Das 20. Jahrhundert – alle Probleme von 1848 neu entrollt

In der nun anbrechenden Epoche des Imperialismus verleugnete die Bourgeoisie aber nicht nur die demokratischen Ideale ihrer Vorkämpfer von 1848. Sie wurde selbst der Hauptfeind der Demokratie, bedrohte permanent die bürgerlich-demokratischen Rechte und Freiheiten und vernichtete sie zeitweise — wie während des ersten Weltkrieges und in der Zeit des Faschismus — sogar vollständig. Seitdem stand die revolutionäre Arbeiterklasse an der Spitze des Kampfes um Demokratie, die nur durch die Beseitigung der Herrschaft des Imperialismus zu erreichen und durch die grundlegende Umgestaltung der gesellschaftlichen Verhältnisse in Richtung auf den Sozialismus zu sichern war.

Zu den Bannerträgern dieses Kampfes wurden die revolutionären Kräfte in der deutschen Arbeiterbewegung, die deutschen Linken. Sie waren die einzigen, die erkannten, daß das Vermächtnis von 1848 erfüllen nun hieß, die Bourgeoisie selbst revolutionär zu entmachten und über den demokratischen Kampf gegen den Imperialismus der Machteroberung durch das Proletariat und dem Aufbau des Sozialismus den Weg zu bahnen. Als gegen Ende des ersten Weltkrieges in Deutschland eine revolutionäre Krise heranreifte, erfaßten die deutschen Linken sowohl den inneren Zusammenhang der Aufgaben der bevorstehenden Revolution mit der Revolution von 1848/49 als auch die neuen Anforderungen, die ihre Lösung unter den Bedingungen des Imperialismus stellte. Im Revolutionsprogramm der Spartakusgruppe vom Oktober 1918 hieß es: Die entstandene revolutionäre Situation habe »alle Probleme neu entrollt, die die deutsche Bourgeoisie in der Revolution von 1848 nicht zu lösen fähig war«[46]. Und als die revolutionären deutschen Linken im Feuer der Novemberrevolution die Kommunistische Partei Deutschlands gründeten, da gab sich diese Partei ihre revolutionäre Zielsetzung unter Berufung auf die von Marx und Engels am Vorabend und in der Revolution entwickelten und verfochtenen Prinzipien. Im Sinne eines notwendigen Rückgriffs auf die unverfälschten revolutionären Maximen des Kommunistischen Manifests von 1848 sagte Rosa Luxemburg in ihrer Rede zur Begründung des Parteiprogramms: » … es ist eine rein aktuelle Frage und eine historische Pflicht, die vor uns steht, indem wir unser Programm heute auf den Boden stellen, auf dem einst 1848 Marx und Engels standen.«[47]

9. November 1918 – Nr. 1 | Preis 10 Pfennig

Die rote Fahne

Ehemaliger Berliner Lokal-Anzeiger – 2. Abend-Ausgabe

Verlag August Scherl G. m. b. H., Berlin SW 68, Zimmerstr. 35-41. — Fernsprecher: Amt Zentrum 9001 bis 9020. — Telegramme: Scherlverlag.

Berlin unter der roten Fahne.

Polizeipräsidium gestürmt. – 650 Gefangene befreit. – Rote Fahnen am Schloß.

Die Redaktion des „Berliner Lokal-Anzeigers" ist von Vertretern des revolutionären Volkes (Spartakus-Gruppe) besetzt. Die Redaktionsführung ist damit an die Leitung der Genossen übergegangen.

Mit rasender Wucht rollt sich die Entwicklung der Ereignisse nun auch in Berlin ab. Seit heute vormittag sind fast alle Stellen, die für den Verkehr, die Verwaltung und die Sicherheit der Stadt wichtig sind, in den Händen des Arbeiter- und Soldatenrates und seiner Beauftragten. Die Umwälzung setzte vormittags ruhig ein und vollzog sich auch weiterhin in völlig geordneten Formen.

Ueber die Vorgänge des Nachmittags liegen uns die folgenden Nachrichten vor:

Die Uebernahme der Kasernen.

Beim 3. Garde-Regiment zu Fuß, dessen Kaserne in der Wrangelstraße ist, hat sich auch ein Soldatenrat gebildet. Die Mannschaften bewahren Ruhe.

Ueber die Vorgänge in der Müllerstraße wird uns noch berichtet: Um ½12 Uhr kam vom Stettiner Bahnhof her ein nicht endenwollender Zug von Frauen und Männern mit roten Fahnen. Diese machten sich auf den Weg zur Maikäferkaserne. Hier fielen die ersten Schüsse. Der Führer der Jugendwehr und zwei Mann wurden getroffen. Nunmehr schlug die Menge die Scheiben ein und befreite die Soldaten. Die Uebergabe der Kaserne erfolgte. Sämtliche Gewehre, 4 Maschinengewehre, viel Munition und zwei Autos fielen in die Hände der Menge. Die Maschinengewehre wurden auf den Autos untergebracht und dort geladen. Die Soldaten und bewaffnetes Zivil machte sich nun unter den Hochrufen der Menge auf den Weg zum Lehrter Bahnhof. Unzählige Rufe, wie „Hoch Liebknecht", „Hoch die Revolution", erschollen. Eine Abordnung begab sich in die Kaserne der Garde-Ulanen, und forderte die Uebergabe, sie erfolgte nicht. Es wurde Aufstellung genommen, der erste Schuß fiel, hiernach betrat die Kommission nochmals die Kaserne, es erfolgte nunmehr die Uebergabe. Alle Gewehre nahm die Menge an sich. Auch wurden zwei weitere Autos angehalten. Einem Oberleutnant wurde der Degen und Revolver abgenommen, man stellte ihm eine Bescheinigung aus. Ein Herr Cohen-Heinz hielt vom Auto aus eine Ansprache und teilte die Abdankung des Kaisers mit, nicht endenwollende Hochrufe erschollen. Im Namen des Reichskanzlers, ersuchte er um Ruhe, daß kein unnützes Blut fließt. Die Menge ging nun nach dem Militärgefängnis Lehrter Straße und holte die Soldaten aus der Haft. Wie wir soeben hören, sind aus dem Militärgewahrsam in der Dirckenstraße 700 Mann befreit worden.

In der Wilhelmstraße.

Um ½3 Uhr marschierte ein Trupp von einigen hundert Arbeitern und Soldaten mit zahlreichen roten Fahnen durch die Wilhelmstraße. Am Palais des Prinzen August Wilhelm machte er Halt. Ein Teil der Arbeiter und Soldaten drang in den Hof und zwang die dort aufgestellte Infanteriewache, die Gewehre abzugeben. Am benachbarten Reichsamt des Innern überredeten sie die Führer eines dort haltenden Militärautos, sich ihnen anzuschließen. Zwei Soldaten erkletterten das Deck und schwangen im Weitermarsch rote Fahnen. Vor dem Auswärtigen Amt machten die Demonstrierenden ebenfalls eine kurze Pause, betraten das Haus, kehrten aber sofort wieder freiwillig um. Ebenso ließen sie das angrenzende Reichskanzlerpalais unbehelligt. Der Zug bewegte sich sodann in der Richtung auf die Leipziger Straße.

Rote Fahnen am Schloß.

Am Kgl. Schloß und am Kronprinzenpalais waren am Eingang zu den Portalen rote Fahnen angebracht. — Die Hauptwache Unter den Linden ist von Militär entblößt, dafür sind drei Zivilisten mit Gewehr aufgezogen, die Ansprachen an das Publikum hielten. Sie behaupteten darin unter anderem, daß an der Front das Schießen eingestellt sei.

Der Sturm auf das Polizei-Präsidium.

In den Nachmittagsstunden begannen bewaffnete Trupps in Kraftwagen mit Umzügen durch die Stadt. In der Nähe des Halleschen Ufers wurden aus einem

geheimen Waffendepot

Gewehre verteilt, und nun begann die Rundfahrt, die zweifellos gut organisiert war.

Vom Norden her drang ein Zug von mehreren Hundert Personen, darunter eine Abteilung Soldaten der vom Soldatenrat bereits besetzten Maikäferkaserne gegen das Polizeipräsidium vor. Unterwegs schlossen sich neue Mengen an, so daß beim Eintreffen des Zuges der Alexanderplatz binnen weniger Minuten mit einer unübersehbaren Menge besetzt war.

Von allen Seiten wurde nun der Sturm auf das Polizei-Präsidium begonnen. Vom Präsidenten war einige Zeit vorher der Befehl gegeben worden, sämtliche Türen des Gebäudes zu schließen.

Mit dem Gewehrkolben

wurde an die Türen gehämmert. Nichts rührte sich. Aus der Menge fielen Rufe: „Schlagt die Fenster ein!" Im selben Augenblick klirrten die Scheiben und eine Reihe von Schüssen wurde gegen die Fenster abgegeben. Um Blutvergießen zu vermeiden, wurden schließlich die Türen geöffnet, und eine Abordnung Bewaffneter drang in das Gebäude. Das Gefängnis wurde geöffnet und

650 Gefangene befreit.

Die Bewaffneten nahmen den Schutzleuten das Versprechen ab, keinen Widerstand zu leisten, und der Polizeipräsident verließ darauf mit den höheren Beamten das Gebäude, das von dem Anführer der Aufständischen besetzt wurde.

Gegen zwei Uhr nachmittags zog von der Straße Unter den Linden her ein starker Trupp die Wilhelmstraße entlang, um die öffentlichen Dienststellen zum Niederlegen ihrer Tätigkeit zu zwingen. In die Reichskanzlei drangen Bewaffnete, fanden die Räume aber bereits verlassen. Am Wilhelmsplatz sammelte ein Zivilist die Bewaffneten zu einer Abteilung, kletterte auf ein von dem Trupp mitgeführtes Auto und erklärte: „Kameraden, Genossen! Als kriegsbeschädigter Offizier, dem im Felde bereits großes Unrecht geschehen ist, ersuche ich euch, der Freiheit zum vollen Siege zu verhelfen. Wir wollen jedes Blutvergießen vermeiden, müssen aber selbst Ordnung halten. Achtet besonders auf die Gewehrträger unter euch, die etwa die Waffen zum Mißbrauch benutzen. Jede unnötige Gewalt muß unterbleiben. Es lebe die soziale Revolution!"

W.T.B. von A. und S. besetzt.

In den ersten Nachmittagsstunden erschienen Abgesandte des Arbeiter- und Soldatenrates in den Räumen des bisher amtlichen Wolffschen Telegraphenbureaus und übernahmen es im Auftrage des Rates. Die Eingänge wurden scharf kontrolliert, nur Personen mit Ausweis bekamen Zutritt. Die Uebermittlung der Nachrichten durch den Ferndrucker setzte um diese Zeit aus. Gegen 4 Uhr kam wieder die erste Meldung aus dem W.T.B. in die Redaktionen. Sie lautet:

Das Wolffsche Telegraphische Bureau wurde heute mittag durch den Arbeiter- und Soldatenrat besetzt. Seit 3 Uhr steht der Nachrichtendienst dieses Bureaus unter der Vorzensur des Arbeiter- und Soldatenrates. Die Besetzung des Bureaus geschah ohne Schwierigkeiten, so daß der Nachrichtendienst für die deutsche Presse hierdurch keine Verzögerung erleidet.

Gefangenenbefreiung im Lazarett.

Ein Trupp von etwa 80 bis 100 Zivilpersonen, durchweg mit Gewehren und Handgranaten bewaffnet, drang in den heutigen Mittagsstunden in die Parkanlagen des Garnisonlazaretts in der Scharnhorststraße und von da aus in das Lazarett selbst ein. An ihrer Spitze befand sich eine Frau mit einer großen roten Fahne. Die zur Bewachung des Lazaretts dort befindlichen Soldaten ließen sich ohne Widerstand entwaffnen. Hierauf erfolgte nach Verhandlung mit einem der im Lazarett tätigen Stabsärzte die Befreiung sämtlicher wegen politischer Vergehen dort festgehaltenen Insassen der Gefangenenstation. Die Leute durften ihre Kleidung in der Kammer in Empfang nehmen und alsbald das Lazarett verlassen. Gefangene, die wegen gemeiner Vergehen in Haft gehalten werden, sowie solche mit Geisteskrankheiten und nicht Gehfähige wurden ohne weiteres im Lazarett belassen.

Die Kokarden.

Am Nachmittag wurden den Soldaten und Offizieren von den Beauftragten des Arbeiter- und Soldatenrats die Kokarden von den Mützen abgenommen. Das geschah meistens in ziemlich höflichen Formen. Die Offiziere wurden umringt, und es blieb ihnen schließlich nichts weiter übrig, als dem Willen der Delegierten nachzukommen. Auch in die Droschken, in denen Soldaten und Offiziere saßen, sprangen Delegierte hinein und entfernten die Kokarden. Später legte die Mehrzahl der Soldaten, die auf den Straßen zu sehen waren, freiwillig die Kokarden ab.

Die Rundfahrt der Roten Flagge.

Der Arbeiter- und Soldatenrat ließ heute nachmittag eine große Anzahl Militär- und Privatautomobile, mit roten Fahnen besteckt, durch die Stadt fahren, um der Bevölkerung die Abdankung des Kaisers mitzuteilen. Die Automobile waren dicht besetzt mit Arbeitern und Soldaten, die Mehrzahl mit Gewehren bewaffnet. Vorne auf den Automobilen stand je ein Arbeiter und ein Soldat, die sich die Hand reichten. Auf einem Automobil sahen wir auch einen Feldwebelleutnant. Von den Automobilen wurden zu Tausenden Flugblätter heruntergeworfen, die zumeist den bekannten Erlaß des Reichskanzlers mitteilten und dann noch folgende Mitteilungen enthielten:

„Es wird nicht geschossen!"

Der Reichskanzler hat angeordnet, daß seitens des Militärs von der Waffe kein Gebrauch gemacht werde.

Parteigenossen! Arbeiter! Soldaten! Soeben sind das Alexanderregiment und die Vierten Jäger geschlossen zum Volke übergegangen. Sozialdemokratischer Reichstagsabgeordneter Wels u. a. haben zu den Truppen gesprochen. Offiziere haben sich den Soldaten angeschlossen. Der sozialdemokratische Arbeiter- und Soldatenrat."

Die französische Front.

In Berlin sind heute Nachrichten eingetroffen, denen zufolge an oder hinter der französischen Front ähnliche Bewegungen ausgebrochen sind wie jetzt in Deutschland.

Hughes' Friedensforderungen.

Drahtbericht unseres Korrespondenten.

1. Rotterdam, 8. November. Der australische Ministerpräsident Hughes hielt gestern im Australischen Klub in London eine Rede. Er erinnerte daran, daß der Rat von Versailles nicht nur über die Waffenstillstandsbedingungen, sondern auch über die Friedensbedingungen die Entscheidung getroffen habe, und äußerte sein Bedauern über die Tatsache, daß die Dominien über die Friedensbedingungen nicht gefragt worden seien. Zum dritten Punkte Wilsons erklärte er, daß das australische Volk nicht daran denke, Deutschland auf dem Gebiet der Tarif- und Handelsabkommen die nämliche Behandlung zu gewähren wie den Verbündeten. Diese Bedingung würde den Völkern ihre souveränen Rechte nehmen, die Gesetze nach ihrem eigenen Gutdünken zu machen. Im Namen Australiens protestiere er dagegen. Er fordere eine Vereinbarung der Verbündeten über die Rohstoffe. Ob eine solche Vereinbarung bestehe, welche Deutschland nicht so zu behandeln wünsche wie die Verbündeten, sei noch nicht ausdrücklich erwiesen worden. Deshalb müsse man eine Erklärung über die Entschlüsse, die die Verbündeten über die Rohstoffe gefaßt haben, fordern. Hughes sagte weiter, er würde die Friedensbedingungen beanstanden, welche keine Kriegsentschädigung vorsehen.

Aus Oesterreich.

Telegraphische Meldungen.

Graz, 7. November. Wie dem Grazer Volksblatt aus Cilli gemeldet wird, werden die deutschen Gemeinden des slowenischen Unterlandes zum Rücktritt gezwungen. Die Stadtverwaltung von Rann wurde bereits am 31. Oktober den Slowenen übergeben. Auch die deutschen Geldinstitute wurden unter slowenische Verwaltung gestellt. Die südslawische Regierung hat für den slowenischen Teil Kroatiens den Schriftleiter des Mir, Franz Smodej, zum Kommissar ernannt, der mit weitgehenden Vollmachten ausgestattet wurde. Die Postanstalten Untersteiermarks liefern das Geld nach Laibach ab.

Innsbruck, 7. November. Wie aus Bregenz gemeldet wird, sind die Verhältnisse in Vorarlberg vollständig normal. Das Leben wickelt sich in voller Ruhe und Ordnung ab. Plünderungen und Ausschreitungen sind nirgends vorgekommen. Der Soldatenrat hat die Geschäfte der Landesverwaltung übernommen und führt sie in zielbewußter Weise.

Die erste Nummer der »Roten Fahne« erläutert den Arbeitern die Aufgaben der Revolution und fordert sie zum Kampf für die sozialistische Republik auf

Die Novemberrevolution erlitt wie die Revolution von 1848/49 eine Niederlage. Es gelang nicht, die Macht des Monopolkapitals zu brechen und eine demokratische und sozialistische Entwicklung einzuleiten. Die Arbeiter eroberten zwar bessere Kampfbedingungen. Aber die Ergebnisse dieser niedergeschlagenen antiimperialistischen Volksrevolution blieben im Rahmen der bürgerlichen Demokratie. Eine Republik war entstanden, aber sie wurde nicht

Demonstrationszug von Arbeitern und Soldaten in Berlin, Unter den Linden, 9. November 1918

vom Volk beherrscht, sondern von den imperialistischen Kräften. Die Machtverhältnisse waren die alten geblieben. Das Vermächtnis von 1848 war nach wie vor nicht erfüllt.

Doch im Feuer dieser Revolution hatte sich die Kraft formiert, die die Lehren aus dem Scheitern zog und die schließlich den erfolgreichen Durchbruch zu Demokratie und Sozialismus vorbereitete: die Kommunistische Partei. Bei ihr lag fortan auch die Verantwortung für die wirkliche Testamentsvollstreckung von 1848. Sie vermochte dieser Verantwortung vor allem dadurch gerecht zu werden, daß sie für ihren eigenen Kampf die Erfahrungen der ersten siegreichen Revolution des Proletariats, der Großen Sozialistischen Oktoberrevolution, auswertete, jener Revolution, die die Epoche des Übergangs vom Kapitalismus zum Sozialismus im Weltmaßstab einleitete. Die feste internationalistische Verbundenheit mit dem ersten sozialistischen Staat wurde unverrückbarer Grundsatz. Die Aneignung der Lehren seines Schöpfers Lenin durch die KPD schuf wesentliche Voraussetzungen, um die deutsche Arbeiterklasse zur Erfüllung ihrer historischen Aufgaben zu befähigen. Die KPD trug die Erkenntnis in die deutsche Arbeiterklasse, daß das Vermächtnis von 1848/49 und 1918/19 nur im Geiste und auf der Grundlage der Erfahrungen des siegreichen Roten Oktober von 1917 verwirklicht werden konnte.

In diesen neuen welthistorischen Zusammenhängen sah die junge Kommunistische Partei Deutschlands den Platz der Revolu-

Rosa Luxemburg

Karl Liebknecht

tion von 1848/49, als sich 1923 ihr Beginn zum 75. Mal jährte. Sie beging den Gedenktag des 18. März nicht nur in Erinnerung an die Revolutionshelden von 1848 und in ehrendem Gedenken an die Pariser Kommunarden von 1871. Sie orientierte mit der gleichzeitigen Feier des 25. Jahrestages der Gründung der Partei Lenins, der Bolschewiki, auf den Leninismus und die erste siegreiche revolutionäre proletarische Kampfpartei.

Die Kommunistische Partei Deutschlands vertiefte den revolutionären internationalistischen Charakter des Geschichtsbildes über die Revolution von 1848/49, indem sie den Weg der Revolution von den Berliner Barrikadenkämpfen von 1848 über die Himmelsstürmer von Paris 1871 bis zum Sieg der russischen Arbeiterklasse in Petrograd 1917 zeichnete. Sie zog hieraus Konsequenzen für den Kampf des deutschen Proletariats, um die niedergeschlagenen deutschen Revolutionen von 1848 und 1918 siegreich zu Ende zu führen. Von diesen Positionen aus begegnete die KPD auch entschieden den Versuchen bürgerlicher Kräfte und der rechten Sozialdemokratie, die Weimarer Republik als Erfüllung der Ziele von 1848 hinzustellen.

Die Mehrheit der bürgerlichen Historiker blieb auch nach der Novemberrevolution der traditionellen Aversion gegen die achtundvierziger Revolution verhaftet. Eine zahlenmäßig kleine Gruppe, die sich zur Weimarer Verfassung bekannte, reagierte auf die bis dahin schwerste Krise des kapitalistischen Systems, in der die kaiserlich-monarchische Form des Deutschen Reiches in die Brüche ging, mit einer beträchtlichen Aufwertung der bürgerlichen Revolution von 1848/49. Im Mittelpunkt ihres Interesses standen freilich das liberale und parlamentarische Erbe von 1848/49. Namentlich die Frankfurter Nationalversammlung wurde bemüht, um der Weimarer Republik eine gegen den monarchistischen Obrigkeitsstaat gerichtete historische Legitimation zu verschaffen. Ganz im Zeichen der Verklärung liberaler Vereinbarungspolitik standen die offiziellen Feiern anläßlich des 75. Jubiläums der achtundvierziger Revolution im Jahre 1923. Suspekt blieben jedoch auch diesen Historikern nach wie vor die revolutionär-demokratischen Bestrebungen und Aktivitäten des Volkes. Die Glorifizierung von Liberalismus und Parlamentarismus war begleitet von einer entschiedenen Verurteilung des Demokratismus von 1848.

Allein der linksliberale Historiker Veit Valentin durchbrach mit einer zweibändigen Revolutionsdarstellung zu Beginn der dreißiger Jahre dieses bourgeoise Tabu.[48] Zwar vermochte auch er den sogenannten linken Extremisten von 1848/49, den radikalen Demokraten und insbesondere der revolutionären Arbeiterbewegung, nicht gerecht zu werden. Doch suchte er nicht bloß im liberalen Parlamentarismus, sondern auch in den Volksbewegungen der deutschen Revolution des 19. Jahrhunderts historische Wurzeln für die bürgerlich-demokratische Ordnung bloßzulegen, der er sich verpflichtet fühlte. Von rechtsliberalen und konservativen Fachkollegen angefeindet, bekannte er sich zum Recht auf Revolution, wertete

Im Feuer der Novemberrevolution gründeten die deutschen Linken die Kommunistische Partei Deutschlands

Bericht
über den
Gründungsparteitag der
Kommunistischen Partei
Deutschlands
(Spartakusbund)
vom 30. Dezember 1918 bis 1. Januar 1919.

Herausgegeben
von der Kommunistischen Partei Deutschlands
(Spartakusbund).

die Märzgefallenen als Vorkämpfer einer bürgerlichen Demokratie und betrachtete nicht 1871, sondern 1848 als die »große Geschichtswende der Deutschen im 19. Jahrhundert«[49].
Die deutsche Sozialdemokratie schwenkte weitgehend auf die bürgerlich-liberale Linie ein und pries ebenfalls das Frankfurter Parlament als Höhepunkt der Revolution. Sie verklärte die bürgerlichen Machtverhältnisse der Republik von Weimar als Verwirklichung der Ideale von 1848. Im Unterschied zur bürgerlichen Historiographie spielten in der Geschichtsschreibung der Sozialdemokratie in den zwanziger Jahren allerdings die Volksbewegungen und insbesondere die Arbeiterbewegung während der Revolution von 1848/49 eine größere Rolle.
Die KPD widersetzte sich entschieden allen Bestrebungen, den bürgerlich-imperialistischen Weimarer Staat als Testamentsvollstrecker der Revolution 1848/49 auszugeben. Die Republik von Weimar, schrieb die »Rote Fahne« am 18. März 1923, »ist nicht die Erbin der Barrikadenkämpfer, sie ist die Erbin des Herrn von Hansemann, nach dem bekanntlich in Geldsachen die Gemütlichkeit aufhört«[50]. Daran könne auch die Übernahme der Farben von 1848 nichts ändern. »… die schwarzrotgoldene Fahne, einst das Banner, das der auf den Barrikaden erkämpften Republik des Volkes voranwehen sollte, deckt heute die Ware der Stinnes-Republik. Die schwarzrotgoldene Fahne, einst das Banner, unter dem die Freiheit von Willkür und Unterdrückung erfochten werden sollte, sieht heute Hunderte revolutionärer Freiheitskämpfer im Gefängnis … Aber die Arbeiter sind da. Sie haben gestern der Toten gedacht. Sie werden morgen als Lebende handeln. Handeln und kämpfen unter den roten Fahnen, die gestern leuchtend in der Märzsonne flammten. – Die Arbeiter haben für die Republik, die nicht die ihre ist, ihr Blut vergossen, das Testament der Toten vollstrekkend, die heute das Bürgertum nicht mehr kennt. Sie werden kämpfen für *ihre*, die proletarische Republik. Das war das Gelöbnis aller der Tausenden gestern, die am Friedrichshain aufmarschierten: Blut und Leben einzusetzen für die Abrechnung mit dem Faschismus und der Kapitalsklaverei; und aufzustehen im Rebellenkampf für die *Diktatur des Proletariats.* Die Republik wird nicht sein, wenn sie nicht die Herrschaft der Arbeiterklasse ist.«[51]
Die KPD verstand sich nicht nur von Anfang an auch als Erbin der revolutionären

Das Zentralorgan der KPD ehrt die Revolutionshelden von 1848/49 und 1871

März-Nummer
6. Jahrg. / Nr. 65
Sonntag, den 18. März 1923
Die Rote Fahne
Zentralorgan der Kommunistischen Partei Deutschlands (Sektion der Kommunistischen Internationale)
Begründet von Karl Liebknecht und Rosa Luxemburg

Unser die Welt trotz alledem!

Dieser 18. März.

Die Eröffnung der Frankfurter Konferenz.

Auf zur Gedächtnisfeier heute mittags 12½ Uhr im Friedrichshain.

Ernst Thälmann

Plakat der KPD zum Volksentscheid gegen die Fürstenabfindung, 1924

Tradition von 1848/49. Sie arbeitete auch unablässig daran, das wissenschaftliche, an der politischen Praxis des proletarischen Klassenkampfes orientierte Geschichtsbild über die Revolution von 1848/49 unter den Massen zu verbreiten.[52] Insbesondere nach der Bildung des marxistisch-leninistischen Zentralkomitees unter Führung von Ernst Thälmann im Jahre 1925 nahm das Studium der Klassiker des Marxismus-Leninismus und in diesem Zusammenhang auch der geschichtlichen Erfahrungen der internationalen und deutschen Arbeiterbewegung in der KPD einen großen Aufschwung. Besondere Verdienste um die Geschichtspropaganda erwarben sich so bewährte Funktionäre der KPD wie Hermann Duncker, Edwin Hoernle, Heinrich Rau und Ernst Schneller. Einen Höhepunkt dieser ideologischen Arbeit bildete der 80. Jahrestag der Revolution 1928.

Großen Einfluß auf die Ausprägung des marxistisch-leninistischen Geschichtsbildes in der revolutionären deutschen Arbeiterbewegung hatte die Marxistische Arbeiterschule (MASCH). Hier fanden Kurse zur Geschichte der internationalen und der deutschen Arbeiterbewegung statt und wurden spezielle Lehrhefte, so auch zur »Revolution von 1848 in Frankreich und Deutschland«, herausgegeben. Die Geschichtspropaganda der KPD folgte konsequent dem internationalistischen Leitbild. Sie begriff die deutsche Revolution stets als Teil der europäischen Revolutionen von 1848/49. Für sie war 1848 nicht nur das Revolutionsjahr, sondern zugleich das Geburtsjahr des Marxismus. Und von hier aus zog sie eine Linie über die Pariser Kommune bis zur siegreichen russischen Oktoberrevolution und der niedergeschlagenen deutschen Novemberrevolution. Als wichtigste Lehre aus dieser geschichtlichen Entwicklung wurde die Bildung einer marxistisch-leninistischen Kampfpartei nach dem Vorbild der Bolschewiki.

Besondere Aktualität gewann die Pflege der revolutionären Traditionen von 1848/49, als die Nacht des Faschismus hereinbrach und die Erinnerung an alle progressiven und revolutionären Ereignisse in der deutschen Geschichte ausgelöscht werden sollte. Die KPD handelte entsprechend den Richtlinien des VII. Weltkongresses der Kommunistischen Internationale von 1935, in denen es unter anderem hieß: »Die Kommunisten müssen mit allen Mitteln die faschistische Verfälschung der Geschichte der Nation bekämpfen und alles tun, um vor den werktätigen Massen die Vergangenheit des eigenen Volkes historisch richtig … zu beleuchten und ihren gegenwärtigen Kampf mit den revolutionären Traditionen der Vergangenheit zu verknüpfen.«[53]

Im Kampf gegen die faschistische Ideologie berief sich die KPD auf alle fortschrittlichen, demokratischen Traditionen des deutschen Volkes, nicht zuletzt auf die Revolution von 1848/49. »Wir Kommunisten wollen *die großen Freiheitstraditionen der Revolution von 1848* in den breiten Volks-

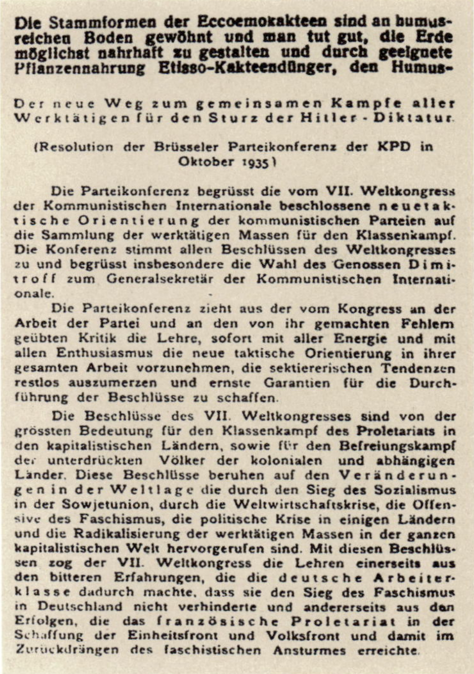

Die Stammformen der Eccoemokakteen sind an humusreichen Boden gewöhnt und man tut gut, die Erde möglichst nahrhaft zu gestalten und durch geeignete Pflanzennahrung Etisso-Kakteendünger, den Humus-

Der neue Weg zum gemeinsamen Kampfe aller Werktätigen für den Sturz der Hitler-Diktatur.

(Resolution der Brüsseler Parteikonferenz der KPD in Oktober 1935)

Die Parteikonferenz begrüsst die vom VII. Weltkongress der Kommunistischen Internationale beschlossene neue taktische Orientierung der kommunistischen Parteien auf die Sammlung der werktätigen Massen für den Klassenkampf. Die Konferenz stimmt allen Beschlüssen des Weltkongresses zu und begrüsst insbesondere die Wahl des Genossen Dimitroff zum Generalsekretär der Kommunistischen Internationale.

Die Parteikonferenz zieht aus der vom Kongress an der Arbeit der Partei und an den von ihr gemachten Fehlern geübten Kritik die Lehre, sofort mit aller Energie und mit allen Enthusiasmus die neue taktische Orientierung in ihrer gesamten Arbeit vorzunehmen, die sektiererischen Tendenzen restlos auszumerzen und ernste Garantien für die Durchführung der Beschlüsse zu schaffen.

Die Beschlüsse des VII. Weltkongresses sind von der grössten Bedeutung für den Klassenkampf des Proletariats in den kapitalistischen Ländern, sowie für den Befreiungskampf der unterdrückten Völker der kolonialen und abhängigen Länder. Diese Beschlüsse beruhen auf den Veränderungen in der Weltlage die durch den Sieg des Sozialismus in der Sowjetunion, durch die Weltwirtschaftskrise, die Offensive des Faschismus, die politische Krise in einigen Ländern und die Radikalisierung der werktätigen Massen in der ganzen kapitalistischen Welt hervorgerufen sind. Mit diesen Beschlüssen zog der VII. Weltkongress die Lehren einerseits aus den bitteren Erfahrungen, die die deutsche Arbeiterklasse dadurch machte, dass sie den Sieg des Faschismus in Deutschland nicht verhinderte und andererseits aus den Erfolgen, die das französische Proletariat in der Schaffung der Einheitsfront und Volksfront und damit im Zurückdrängen des faschistischen Ansturmes erreichte.

Auszug aus der Resolution der Brüsseler Parteikonferenz der KPD, 1935. Aus einer Tarnschrift der KPD

Edwin Hoernle

Hermann Duncker

Mitglieder und Kandidaten des Präsidiums des Exekutivkomitees der Kommunistischen Internationale 1935 (erste Reihe von links: André Marty, Georgi Dimitroff, Palmiro Togliatti, Wilhelm Florin, Wang Ming; zweite Reihe von links: M.A. Moskwin, O.W. Kuusinen, Klement Gottwald, Wilhelm Pieck, D.S. Manuilski)

massen wieder lebendig werden lassen und eine Ideologie des Freiheitskampfes gegen den barbarischen Faschismus schaffen«[54], forderte der Beschluß der Brüsseler Parteikonferenz der KPD von 1935. Eine Vielzahl historischer Arbeiten aus der Feder führender Funktionäre der KPD, darunter auch zahlreiche zur Revolution von 1848/49, entstanden als Echo auf diesen Ruf der Partei, die geschichtlichen Leistungen des deutschen Volkes zu erschließen.

Das Vermächtnis wird erfüllt

Das volle Verständnis für die historische Stellung der bisherigen Revolutionen in der deutschen Geschichte, ihrer Ergebnisse wie der Ursachen für ihre Niederlage, war ein wichtiges Element für die Ausarbeitung der richtigen Strategie und Taktik des Kampfes der Arbeiterklasse zum Sturz des Imperialismus, zur Errichtung der eigenen politischen Macht und zum Aufbau des Sozialismus. Das galt insbesondere für die Novemberrevolution von 1918, traf im weiteren Sinne aber auch für die Revolution von 1848/49 zu. Die revolutionäre Vorhut der deutschen Arbeiterklasse wandte konsequent die Leninsche Erkenntnis an, daß der Zugang zur sozialistischen Revolution im Kampf des Proletariats als Hegemon aller demokratischen Kräfte um die Durchsetzung einer revolutionären Demokratie des Volkes liegt, die im Imperialismus die Beseitigung der Herrschaft der Monopole verlangt. In Deutschland aber war infolge der gescheiterten Revolution von 1848/49 selbst die bürgerliche Demokratie nie zum vollen Siege gekommen. Jeder Kampf um wahrhaft demokratische Verhältnisse konnte darum historisch auch an den Kampf von 1848 anknüpfen. Unter den Bedingungen des 20. Jahrhunderts, in der Epoche des Übergangs vom Kapitalismus zum Sozialismus, mußte er sich gegen den neuen Hauptfeind der Demokratie, gegen das Monopolkapital richten und durch dessen Ausschaltung die sozialistische Revolution vorbereiten.

Die Befreiung des deutschen Volkes vom Faschismus durch die Sowjetunion bot die Chance, diesen Weg zu beschreiten. Unter Führung ihrer revolutionären Partei ging die Arbeiterklasse an der Spitze aller demokratischen Kräfte daran, die bisher größte revolutionäre Umwälzung in der deutschen Geschichte auf dem Boden der DDR zu vollziehen. Dieser Umbruch stand in einem doppelten historischen Zusammenhang. Er war Bestandteil des von der Großen Sozialistischen Oktoberrevolution eingeleiteten internationalen revolutionären Prozesses des Übergangs vom Kapitalismus zum Sozialismus und zugleich Fortführung und

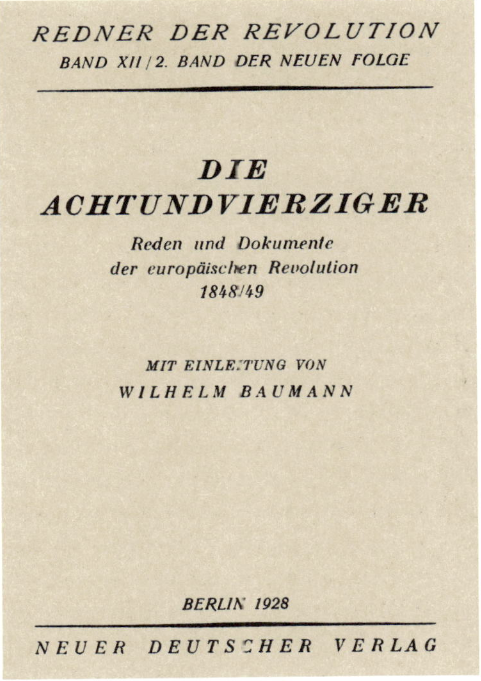

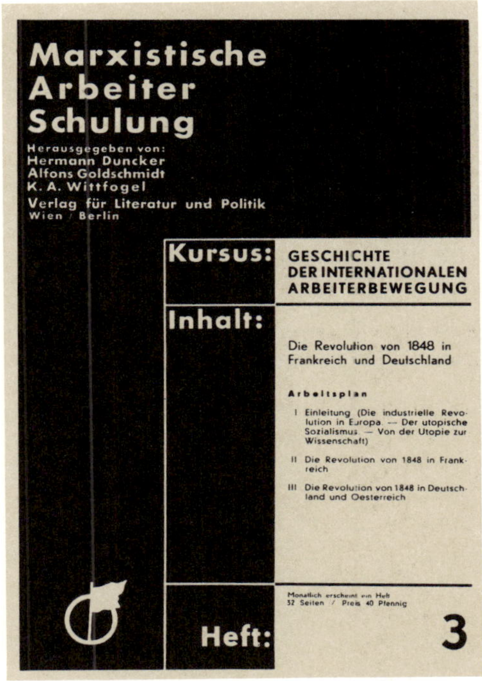

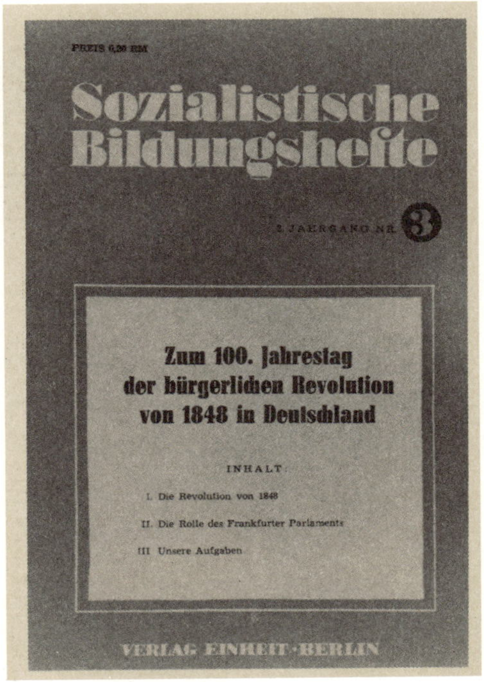

Studienmaterialien der KPD und der SED zur Geschichte der Revolution 1848/49

Vollendung der jahrhundertelangen revolutionären Kämpfe der Volksmassen und insbesondere der Arbeiterklasse um die Durchsetzung des gesellschaftlichen Fortschritts im eigenen Lande, auch der unvollendeten Revolutionen von 1848/49 und 1918. In diesem Sinne erklärte die KPD in ihrem Aufruf vom 11. Juni 1945: »Mit der Vernichtung des Hitlerismus gilt es gleichzeitig, die Sache der Demokratisierung Deutschlands, die Sache der bürgerlich-demokratischen Umbildung, die 1848 begonnen wurde, zu Ende zu führen, die feudalen Überreste völlig zu beseitigen und den reaktionären altpreußischen Militarismus mit allen seinen ökonomischen und politischen Ablegern zu vernichten.«[55]

In den politischen Richtlinien zur Durchführung der Veranstaltungen zum 100. Jahrestag der Revolution von 1848/49 unterstrich die Sozialistische Einheitspartei Deutschlands mit allem Nachdruck die antiimperialistische Stoßrichtung des demokratischen Kampfes in unserem Jahrhundert. Sie erklärte, daß die antiimperialistisch-demokratischen Umwälzungen nur Schritte auf dem Wege zur Verwirklichung des Sozialismus sein können. Seit dem Aufkommen des Imperialismus »ist die demokratische Umbildung in Deutschland nur noch im Kampfe gegen den … Monopolkapitalismus möglich«[56]. Die Losungen von 1848 »haben in der heutigen geschichtlichen Situation einen anderen Inhalt. Die zentrale Losung ist heute: antifaschistische Demokratie in der einheitlichen deutschen Republik. Die Verwirklichung dieser Losung sichert eine Politik des Friedens und ebnet den Weg für die Verwirklichung der sozialistischen deutschen Republik.«[57] Die führende Rolle in diesem Kampf war endgültig der Arbeiterklasse zugefallen.

Zugleich wies die SED nach, daß die sich nach der Niederschlagung des Faschismus vollziehende revolutionäre Umwälzung auf deutschem Boden ebenso wie 1848 organisch eingebettet ist in den internationalen revolutionären Prozeß: »Die Revolution in Deutschland 1848 war ein Glied in der Kette internationaler revolutionärer Bewegungen. Ebenso ist heute unser Kampf für die Einheit und demokratische Erneuerung Deutschlands ein Glied im Kampfe der Völker um Demokratie, Freiheit und Frieden. In diesem Kampfe stehen an der Seite der

Sowjetische Soldaten hissen auf dem Brandenburger Tor in Berlin die rote Fahne, Mai 1945

Deutsche Volkszeitung

Nummer 1 / 1. Jahrgang — Zentralorgan der Kommunistischen Partei Deutschlands — Berlin, 13. Juni 1945

Feste Einheit der demokratischen Kräfte

Von Wilhelm Pieck

Wir stehen an einem historischen Wendepunkt in der Geschichte Deutschlands. Es gilt, unser deutsches Volk aus dem Elend und aus der nationalen Katastrophe herauszuführen, in die es durch das verbrecherische Naziregime gestürzt wurde. Ein neues Deutschland gilt es zu schaffen, neue Wege zu beschreiten, damit das deutsche Volk wieder ein würdiges Leben gewinnen, das kostbare Gut der inneren Freiheit gesichert und eine Wiederholung der imperialistischen Gewalt- und Kriegspolitik verhindert werden kann, die unser Volk im Verlauf eines Menschenalters zum zweiten Mal in so großes Unglück und Verderben gestürzt hat.

Vergessen wir dabei nie: Hitler konnte nur zur Macht gelangen und den zweiten Weltkrieg entfesseln, weil das schaffende deutsche Volk gespalten war und es nicht gelang, die Einheit der demokratischen Volkskräfte im Kampf gegen den Hitlerismus, für Frieden und Freiheit zu schaffen. Darum lehrt uns die Vergangenheit mit aller Eindringlichkeit:

Schluß mit der Spaltung des schaffenden Volkes! Nur durch die Einheit der antifaschistischen demokratischen Kräfte kann das schwere Werk des Wiederaufbaus gelingen und die Zukunft unseres Volkes gesichert werden!

AUFRUF

der Kommunistischen Partei Deutschlands

Schaffendes Volk in Stadt und Land! Männer und Frauen! Deutsche Jugend!

Wohin wir blicken, Ruinen, Schutt und Asche. Unsere Städte sind zerstört, weite ehemals fruchtbare Gebiete verwüstet und verlassen. Die Wirtschaft ist desorganisiert und völlig gelähmt. Millionen und Abermillionen Menschenopfer hat der Krieg verschlungen, den das Hitlerregime verschuldete. Millionen wurden in tiefste Not und größtes Elend gestoßen.

Eine Katastrophe unvorstellbaren Ausmaßes ist über Deutschland hereingebrochen, und aus den Ruinen schaut das Gespenst der Obdachlosigkeit, der Seuchen, der Arbeitslosigkeit, des Hungers.

Und wer trägt daran die Schuld?

Der Aufruf der KPD vom 11. Juni 1945

Plakat der KPD zur demokratischen Bodenreform, 1945

deutschen Arbeiterklasse die mächtige Sowjetunion, die Volksdemokratien und die fortschrittlichen demokratischen Kräfte der ganzen Welt.«[58] Bildete die deutsche Revolution von 1848/49 ein Glied in der Kette revolutionärer Erhebungen, die die Durchsetzung der bürgerlichen Demokratie in Europa zum Ziele hatten, so waren 100 Jahre später die revolutionären Umwälzungen auf dem Gebiet der DDR Teil der sozialistischen Erneuerung der Welt, die 1917 begonnen hatte.

Der 1945 eingeleitete Ansturm der Arbeiterklasse und ihrer Verbündeten brach die Festen der imperialistischen Reaktion. Die antifaschistisch-demokratische Umwälzung wurde erfolgreich durchgeführt und wuchs in die sozialistische Revolution hinüber. Es entstand der sozialistische deutsche Staat, die Deutsche Demokratische Republik. Auf ihrem Boden wurden die Grundlagen des Sozialismus geschaffen und wird gegenwärtig die entwickelte sozialistische Gesellschaft gestaltet. In der DDR wurden damit zum ersten Mal in der deutschen Geschichte revolutionäre Umwälzungen siegreich zu Ende geführt. Sie vollendeten, was bislang unvollendet geblieben war: auch die geschlagene Revolution von 1848. Wonach die Besten des Volkes 1848/49 gestrebt hatten, das gelang den revolutionären deutschen Arbeitern nach einem hundertjährigen erbitterten Kampf. Mit der Errichtung der Arbeiter-und-Bauern-Macht in der DDR erfolgte ein Jahrhundert nach der Revolution von 1848/49 unter Führung der Arbeiterklasse und ihrer marxistisch-leninistischen Partei der bislang mißlungene Bruch mit der reaktionären Vergangenheit und damit die entscheidende Wende in der deutschen Geschichte. Mit dem Aufbau und Ausbau der sozialistischen Gesellschaft in der DDR verankerten die Arbeiterklasse und ihre Verbündeten diesen Sieg und machten ihn, im engen Bündnis mit der Sowjetunion und fest eingefügt in die sozialistische Staatengemeinschaft, endgültig und unwiderruflich. Damit erfüllten die Arbeiterklasse und ihre marxistisch-leninistische Partei in der DDR im Bunde mit allen fortschrittlichen Klassen und Schichten unseres Volkes das Vermächtnis derer, die 1848 ihr Blut vergossen haben, um der Demokratie und dem gesellschaftlichen Fortschritt den Weg zu bahnen.

Die größte revolutionäre Umwälzung in der deutschen Geschichte war begleitet von einem bislang ungekannten Aufschwung der Pflege der Traditionen von 1848/49.

Die Besinnung auf das Vermächtnis von 1848 wurde zusammen mit der Verbreitung der Erkenntnisse des »Manifests der Kommunistischen Partei« zu einem festen Bestandteil des Ringens um die Entwicklung des Klassenbewußtseins der Arbeiterklasse und um das Bündnis der Arbeiterklasse mit den anderen werktätigen Klassen und Schichten.
Einen ersten Höhepunkt in der Erschließung des historischen Erbes von 1848/49 bildete der 100. Jahrestag der Revolution im Jahre 1948.[59] Die SED, große Teile der Arbeiterklasse und die fortgeschrittensten Kräfte der anderen werktätigen Klassen und Schichten befaßten sich damals mit den Lehren der Revolution von 1848/49 und den Aufgaben, die sich daraus für den Kampf der Arbeiterklasse und ihrer Verbündeten ein Jahrhundert später ergaben. In allen Städten fanden Gedenkkundgebungen und -versammlungen anläßlich der 100. Wiederkehr des 18. März 1848 statt. In Berlin trafen sich an diesem Tag Zehntausende auf dem Friedhof der Märzgefallenen. Sie bekannten sich zum entschiedenen Kampf für die Vollendung der ungelösten Aufgaben von 1848/49, die nun die Zerstörung der Macht des Monopolkapitals und der Junker und die Freilegung der Bahn für den Aufbau einer sozialistischen Ordnung erforderte.
Mit den Diskussionen um die Lehren von 1848 leistete die Partei einen wesentlichen Beitrag zur Klärung des klassenmäßigen, sozialen Inhalts der nationalen Frage auf deutschem Boden nach dem zweiten Weltkrieg. Sie machte bewußt, daß sie nur unter Führung der revolutionären Arbeiterklasse zu lösen war und eine Erneuerung der Existenzgrundlagen der Nation entsprechend den Erfordernissen der Epoche des Übergangs vom Kapitalismus zum Sozialismus erforderte.
In der DDR wurde diese Aufgabe gelöst. Es entstand ein stabiler sozialistischer deutscher Staat, der zu einem anerkannten Faktor des Friedens in Europa wurde. Mit der Entwicklung des Sozialismus gewinnt auch die Nation einen neuen Charakter, bildet sich die sozialistische deutsche Nation. Sie ist in der ganzen deutschen Geschichte verwurzelt und weiß sich allen ihren progressiven Traditionen verpflichtet, auch denen von 1848.
Unter den Bedingungen des Sozialismus nahm die historisch-materialistische Revolutionsforschung einen Aufschwung. Die Geschichtswissenschaft der DDR betrachtet es als eine ihrer vornehmsten Aufgaben, die Geschichte der Revolution von 1848/49 aufzuarbeiten. Indem sie die zentralen Fragen der Revolutionsgeschichte untersuchte, die die bürgerliche Geschichtsschreibung ignoriert oder vernachlässigt hatte, schuf sie wissenschaftliche Grundlagen für ein präzises, schärferes, klareres Geschichtsbild über die achtundvierziger Revolution.
Im Zentrum des Revolutionsbildes der siegreichen Arbeiterklasse stehen die für eine Revolution ausschlaggebenden Vorgänge. Es reflektiert die Revolution als Werk der revolutionären Massen des deutschen Volkes und macht den hervorragenden Anteil der Arbeiterklasse und ihrer Vorhut, der Kommunisten um Marx und Engels, sichtbar.
Die sozialistische Gesellschaft stellt sich jedoch dem ganzen Erbe der Revolution. Sie würdigt die Leistungen und benennt die Fehlleistungen aller Klassen und Schichten in einer Revolution. Die Geschichtswissenschaft befaßte sich daher mit den Aktivitä-

Händedruck zwischen Wilhelm Pieck und Otto Grotewohl während des Vereinigungsparteitages von KPD und SPD in der Deutschen Staatsoper (Admiralspalast) in Berlin, 21./22. April 1946

Wilhelm Pieck ehrt die Märzkämpfer am Landsberger Platz (Leninplatz) in Berlin, 18. März 1948

Junge Pioniere auf dem Friedhof der Märzgefallenen im Friedrichshain in Berlin

ten der kleinbürgerlichen Demokraten ebenso wie mit den Bestrebungen der bürgerlichen Liberalen, in denen sich antifeudale Ambitionen mit gleichzeitiger antidemokratischer revolutionsfeindlicher Haltung verbanden. Sie erschloß die progressiven Werte wie die Grenzen des bürgerlichen Parlamentarismus jener Zeit und erhellte auch die flexiblere, unter dem Druck der Revolution zu Konzessionen an den kapitalistischen Fortschritt bereite Politik der adlig-junkerlichen Konterrevolution.

Das wissenschaftliche Geschichtsbild der Revolution von 1848/49, zunächst nur im Bewußtsein einer kleinen Vorhut der Arbeiterklasse verwurzelt, dann von den Massen der Arbeiterklasse aufgenommen, ist heute in der DDR zum festen Bestandteil des sozialistischen Geschichtsbewußtseins des ganzen Volkes geworden.

Die Revolution von 1848/49 bleibt ein unverzichtbares Element in der revolutionären Traditionslinie der Deutschen Demokratischen Republik. »Die Deutsche Demokratische Republik ist heute die staatliche Verkörperung der besten Traditionen der deutschen Geschichte – der Bauernerhebungen des Mittelalters, des Kampfes der revolutionären Demokraten von 1848, der von Marx und Engels, Bebel und Liebknecht begründeten deutschen Arbeiterbewegung, der Heldentaten im antifaschistischen Widerstandskampf.«[60] Die Errungenschaften des sozialistischen deutschen Staates wurzeln auch in den Kämpfen und Bestrebungen der fortschrittlichen Kräfte in der Revolution – der revolutionären Arbeiter und Bauern und Handwerker, der entschiedenen kleinbürgerlichen Demokraten und auch der aufrechten, für ein von der Junkerherrschaft befreites Deutschland eintretenden bürgerlichen Liberalen von 1848. Deren Ideale wurden von jener Klasse verwirklicht, die vor 140 Jahren gerade die ersten Schritte ihrer eigenen Bewegung tat, von der Arbeiterklasse. Indem sie sich an die Spitze des Volkes stellte und sich zum Zwecke der grundlegenden Erneuerung der Gesellschaft mit den Nachfahren der standhaften Demokraten und aufrichtigen Liberalen aus jenem Revolutionsjahr verbündete, bewährte sie sich als die treueste Erbin von 1848.

Der Leninplatz in Berlin mit Blick auf den Friedrichshain

Die Abbildungen auf den Zwischentiteln zu den Kapiteln zeigen:

Anmerkungen

Kapitel 1

1 Leopold von Ranke: Friedrich der Große. Friedrich Wilhelm der Vierte, Leipzig 1878, S. 157.
2 W. I. Lenin: Die Hauptaufgabe unserer Tage. In: Werke, Bd. 27, S. 149.
3 Schlesische Chronik (Breslau), 26. Juli 1844.
4 Max Ring: Erinnerungen, Bd. 1, Berlin 1898, S. 170.
5 Wilhelm Wolff: Die schlesische Milliarde. Mit einer Einleitung von Friedrich Engels, Berlin 1954, S. 89.
6 Joseph Hansen: Rheinische Briefe und Akten zur Geschichte der politischen Bewegung 1830–1850, Bd. 1, Essen 1919, S. 239.
7 Friedrich Engels: Revolution und Konterrevolution in Deutschland. In: Karl Marx/Friedrich Engels: Werke (MEW), Bd. 8, S. 9.
8 Bruno Kaiser: Die Achtundvierziger. Ein Lesebuch für unsere Zeit. Hrsg. von Walther Victor, Berlin 1970, S. 139.
9 Ebenda, S. 136.
10 Heinrich Heine: Werke und Briefe in zehn Bänden. Hrsg. von Hans Kaufmann, Bd. 1, Berlin 1961, S. 436.
11 Bruno Kaiser: Die Achtundvierziger, S. 368.
12 Vorwärts! Pariser Deutsche Zeitschrift, 29. November 1844. Wiederabdruck durch Walter Schmidt. In: Aus der Frühgeschichte der deutschen Arbeiterbewegung, Berlin 1964, S. 62.
13 Friedrich Daniel Bassermann: Denkwürdigkeiten, Frankfurt (Main) 1926, S. 30.
14 Friedrich Engels: Revolution und Konterrevolution in Deutschland: In: MEW, Bd. 8, S. 26.
15 W. I. Lenin: Friedrich Engels. In: Werke, Bd. 2, S. 12.
16 Karl Marx: [Thesen über Feuerbach]. In: MEW, Bd. 3, S. 535.
17 W. I. Lenin: Friedrich Engels. In: Werke, Bd. 2, S. 5.
18 Schlesische Chronik, 12. Januar 1844.
19 Deutsche Brüsseler Zeitung (Brüssel), 30. Mai 1847.
20 Der erste Vereinigte Preußische Landtag in Berlin 1847. Hrsg. von Eduard Bleich, Bd. 1, Berlin 1847, S. 22.
21 Ebenda, Bd. 3, Berlin 1847, S. 1507.
22 Friedrich Engels: Die Bewegungen von 1847. In: MEW, Bd. 4, S. 496.
23 Briefwechsel zwischen Jacob und Wilhelm Grimm, Dahlmann und Gervinus. Hrsg. von Eduard Ippel, Berlin 1886, Bd. 2, S. 265.
24 Georg Gottfried Gervinus Leben. Vom ihm selbst, Leipzig 1893, S. 265.
25 Georg Gottfried Gervinus. Gesammelte kleine historische Schriften. Karlsruhe 1838 (Historische Schriften, Bd. 7), S. 617.
26 Zit. nach: Veit Valentin: Geschichte der deutschen Revolution von 1848–1849, Erster Band, Köln–Berlin (West) 1970, S. 162.
27 Zit. nach: Einheit und Freiheit. Die deutsche Geschichte von 1815 bis 1849 in zeitgenössischen Dokumenten, dargestellt und eingel. von Karl Obermann, Berlin 1950, S. 216.
28 Zit. nach: Ebenda.
29 Zit. nach: Ebenda, S. 214.
30 Karl Marx/Friedrich Engels: Manifest der Kommunistischen Partei. In: MEW, Bd. 4, S. 493.
31 Karl Marx: Die moralisierende Kritik und die kritisierende Moral. In: Ebenda, S. 351.
32 Karl Marx/Friedrich Engels: [Zirkular gegen Kriege]. In: Ebenda, S. 3.

Kapitel 2

1 Karl Marx: Die Klassenkämpfe in Frankreich 1848 bis 1850. In: MEW, Bd. 7, S. 16.
2 Die Revolution in Deutschland 1848/49. Auswahl aus dem Sammelwerk »Die Revolution 1848/49«. Hrsg. von F. W. Potjemkin und A. I. Molok, Bd. 1, Berlin 1956, S. 85.
3 Peter Schuppan: Aus dem Briefwechsel Johann Jacobys in den Jahren 1848/49. In: Jahrbuch für Geschichte, Bd. 5, Berlin 1971, S. 356.
4 Marcel Herwegh: 1848. Briefe von und an Georg Herwegh, München 1896, S. 105.
5 Joseph Hansen: Gustav von Mevissen, Bd. 2, Berlin 1906, S. 331.
6 Joseph Hansen: Rheinische Briefe und Akten zur Geschichte der politischen Bewegung 1830–1850, Bd. 2: Januar 1846 bis April 1848, Bonn 1942, S. 544.
7 Ricarda Huch: 1848. Die Revolution des 19. Jahrhunderts in Deutschland, Köln 1948, S. 291/292.
8 Die Gegenwart. Eine enzyklopädische Darstellung der neuesten Zeitgeschichte für alle Stände, Bd. 6, Leipzig 1851, S. 536.
9 Karl Obermann: Flugblätter der Revolution. Eine Flugblattsammlung zur Geschichte der Revolution von 1848/49 in Deutschland, Berlin 1970, S. 82/83.
10 Ebenda, S. 86.
11 Ricarda Huch: 1848, S. 303.
12 Karl Obermann: Deutschland von 1815 bis 1849, Lehrbuch der deutschen Geschichte (Beiträge), Bd. 6, Berlin 1961, S. 248.
13 Die Gegenwart, Bd. 2, Leipzig 1849, S. 552.
14 Tim Klein: 1848. Der Vorkampf deutscher Einheit und Freiheit. Erinnerungen, Urkunden, Berichte, Briefe, Leipzig 1914, S. 165.
15 Die Gegenwart, Bd. 2, S. 555.
16 Einheit und Freiheit, S. 280.
17 Friedrich Engels: Revolution und Konterrevolution in Deutschland. In: MEW, Bd. 8, S. 40.
18 An die Mitglieder der Provisorischen Regierung der Französischen Republik. In: MEW, Bd. 4, S. 605.
19 [Friedrich Engels]: Revolution in Paris. In: Ebenda, S. 530.
20 Bericht des Kreises London an die Zentralbehörde des Bundes der Kommunisten in Köln, 18. Juni 1848. In: Der Bund der Kommunisten. Dokumente und Materialien. Redaktion: Herwig Förder, Martin Hundt, J. Kandel, S. Lewiowa, Berlin 1970, Bd. 1: 1836–1849, S. 805.
21 Beschluß der Zentralbehörde des Bundes der Kommunisten in Brüssel über ihre Verlegung nach Paris, 3. März 1848. In: Ebenda, S. 713/714.
22 Brief von Karl Schapper in London an die Zentralbehörde des Bundes der Kommunisten in Paris, 28. März 1848. In: Ebenda, S. 742.
23 Friedrich Engels: Die Kommunisten und Karl Heinzen. In: MEW, Bd. 4, S. 317.
24 Karl Marx/Friedrich Engels: Forderungen der Kommunistischen Partei in Deutschland. In: MEW, Bd. 5, S. 3.
25 Karl Marx: Die Junirevolution. In: Ebenda, S. 136.
26 Karl Marx/Friedrich Engels: Forderungen der Kommunistischen Partei in Deutschland. In: Ebenda, S. 3.
27 Brief von Louis Heilberg in London an Moses Heß in Köln, 17. April 1848. In: Der Bund der Kommunisten, Bd. 1, S. 758.

Kapitel 3

1 Joseph Hansen: König Friedrich Wilhelm IV. und das liberale Märzministerium der Rheinländer Camphausen und Hansemann im Jahre 1848. In: Westdeutsche Zeitschrift für Geschichte und Kunst (Trier), 1913, H. 1, S. 185.
2 Anna Caspary: Ludolf Camphausens Leben, Stuttgart–Berlin 1902, S. 186.
3 Ebenda, S. 181.
4 Ebenda, S. 188.
5 Joseph Hansen: König Friedrich Wilhelm IV. und das liberale Märzministerium ... In: Westdeutsche Zeitschrift für Geschichte und Kunst, 1913, H. 1, S. 194.
6 Karl Marx: Die Bourgeoisie und die Konterrevolution. In: MEW, Bd. 6, S. 109.
7 Anna Caspary: Ludolf Camphausens Leben, S. 196.
8 Karl Marx: Die Bourgeoisie und die Konterrevolution. In: MEW, Bd. 6, S. 112.
9 Eduard v. Rosenberg an Minister v. Auerswald, Görlitz, den 26. März 1848. In: Zentrales Staatsarchiv Merseburg (im folgenden: ZStA Merseburg), Rep. 77, Tit. 507, Nr. 3, vol. 2, S. 106ff.
10 Breslauer Zeitung, 31. März 1848.
11 Schlesische Zeitung, 29. März 1848.
12 Wojewódzkie Archiwum Państwowe Wrocław, Rep. 200, Acc. 54/16, Nr. 2813, Akte über die Verwaltung des Königlichen Oberpräsidiums der Provinz Schlesien, vol. 1: 1817–1850, Staatsministerium an Pinder, Berlin, 30. März 1848.

13 Breslauer Zeitung, 31. März 1848.
14 Schlesische Chronik, 31. März 1848.
15 Friedrich Engels: Wilhelm Wolff. In: MEW, Bd. 19, S. 62.
16 Zentrales Staatsarchiv Potsdam (im folgenden: ZStA Potsdam), Nachlaß Blum, 90 Bl. 3, Nr. 14, fol. 1368.
17 Offizieller Bericht über die Verhandlungen zur Gründung eines deutschen Parlaments, Frankfurt a. M. 1848, S. 3.
18 Ebenda.
19 Ebenda, S. 99.
20 Ebenda, S. 38.
21 Georg Herwegh an Johann Jacoby, etwa Mitte April 1848. In: Johann Jacoby. Briefwechsel 1816—1849, hrsg. und erläutert von Edmund Silberner, Hannover 1979, S. 428.
22 Seeblätter, 2. April 1848.
23 Wilhelm Blos: Die Deutsche Revolution. Geschichte der Deutschen Bewegung von 1848 und 1849, Stuttgart 1893, S. 187.
24 Einheit und Freiheit, S. 318.
25 Ebenda, S. 319/320.
26 Zit. nach: Veit Valentin: Geschichte der deutschen Revolution von 1848—1849, Erster Band, S. 497.
27 Johann Jacoby an Simon Meyerowitz, 12. April 1848. In: Johann Jacoby. Briefwechsel 1816—1849, S. 421.
28 Theodor Mögling: Briefe an seine Freunde, Solothurn 1858, S. 103/104. Zit. nach: Rolf Dlubek: Johann Philipp Becker. Vom radikalen Demokraten zum Mitstreiter von Marx und Engels in der I. Internationale (1848—1864/65), Phil. Diss. Berlin 1964, S. 46.
29 Einheit und Freiheit, S. 351.
30 Karl Obermann: Flugblätter der Revolution, S. 226.
31 Friedrich Engels: Die Frankfurter Versammlung. In: MEW, Bd. 5, S. 14.
32 Karl Marx/Friedrich Engels: Programme der radikal-demokratischen Partei und der Linken zu Frankfurt. In: Ebenda, S. 40.
33 Wilhelm Wolff: Gesammelte Schriften. Hrsg. von Franz Mehring, Berlin 1909, S. 12.
34 Friedrich Engels: Revolution und Konterrevolution in Deutschland. In: MEW, Bd. 8, S. 46.
35 L. Schatte: Lebensbilder aus der deutschen Nationalversammlung, Lieferung 1, Schwäbisch-Hall 1850, S. 22. — »Weidenbusch«: Versammlungslokal der liberalen Mehrheit des Frankfurter Parlaments.
36 Stenographischer Bericht über die Verhandlungen der deutschen constituirenden Nationalversammlung zu Frankfurt am Main. Hrsg. auf Beschluß der Nationalversammlung durch die Redactions-Commission und in deren Auftrag von Franz Wigard, Erster Band, Frankfurt am Main 1848, S. 17.
37 Friedrich Engels: Die Frankfurter Versammlung. In: MEW, Bd. 5, S. 15.
38 Neue Rheinische Zeitung, 2. Juni 1848. In: Ebenda, S. 22.
39 Verhandlungen der deutschen verfassungsgebenden Reichsversammlung zu Frankfurt a. M. Hrsg. von K. D. Haßler, Bd. 2, Frankfurt am Main 1849, S. 39.
40 Stenographischer Bericht ..., S. 403.
41 Ebenda.
42 Ebenda, S. 521.
43 Neue Rheinische Zeitung, 13. September 1848. In: MEW, Bd. 5, S. 399.
44 Neue Rheinische Zeitung, 16. Dezember 1848. In: MEW, Bd. 6, S. 111.
45 Franz Mehring: Geschichte der deutschen Sozialdemokratie, Erster Teil: Von der Julirevolution bis zum preußischen Verfassungsstreite 1830 bis 1863. Gesammelte Schriften, Bd. 1, 3. Aufl. Berlin 1980, S. 373.
46 König Friedrich Wilhelms Briefwechsel mit Ludolf Camphausen. Hrsg. von E. Brandenburg, Berlin 1906, S. 138.
47 Verhandlungen der constituierenden Versammlung für Preußen, Berlin 1848, Bd. 1, S. 248/249.
48 Ebenda, S. 443/444.
49 Zit. nach: Jürgen Hofmann: Das Ministerium Camphausen-Hansemann. Zur Politik der preußischen Bourgeoisie in der Revolution 1848/49, Berlin 1981, S. 133/134.
50 Friedrich Engels: Die Berliner Debatte über die Revolution. In: MEW, Bd. 5, S. 65.
51 Adolf Wolff: Berliner Revolutionschronik. Darstellung der Berliner Bewegung im Jahre 1848 nach politischen, socialen und literarischen Beziehungen, Dritter Band, Berlin 1852, S. 131/132.
52 Ebenda, S. 132.
53 Zit. nach: Veit Valentin: Geschichte der deutschen Revolution von 1848—1849, Zweiter Band, Köln—Berlin (West) 1970, S. 67.
54 Einheit und Freiheit, S. 423.
55 Zit. nach: Veit Valentin: Geschichte der deutschen Revolution von 1848—1849, Zweiter Band, S. 68.
56 Friedrich Engels: Die Berliner Debatte über die Revolution. In: MEW, Bd. 5, S. 64.
57 Karl Marx/Friedrich Engels: Die Vereinbarungsversammlung vom 15. Juni. In: Ebenda, S. 79.
58 Siehe Rolf Weber: Centralausschuß der Demokraten Deutschlands. In: Lexikon zur Parteiengeschichte. Die bürgerlichen und kleinbürgerlichen Parteien und Verbände in Deutschland (1789—1945). In vier Bänden, Bd. 1, Leipzig 1983, S. 393.
59 Zit. nach: Ebenda, S. 394.
60 Neue Rheinische Zeitung, 29. Dezember 1848.
61 Brief von Wilhelm Wolff in Breslau an Karl Wallau und andere in Mainz für die Zentralbehörde des Bundes der Kommunisten, 18. April 1848. In: Der Bund der Kommunisten, Bd. I, S. 762.
62 Adolf Wolff: Berliner Revolutionschronik, Erster Band, Berlin 1851, S. 58. — Siehe auch das Faksimile des Flugblatts im vorliegenden Band, Kapitel 2.
63 Friedrich Engels: Zur Geschichte des Bundes der Kommunisten. In: MEW, Bd. 21, S. 218.
64 [Aufruf des Mainzer Arbeiterbildungsvereins an alle Arbeiter Deutschlands zur Gründung von Arbeitervereinen und zur Vorbereitung eines Arbeiterkongresses]. In: MEW, Bd. 5, S. 483.
65 Friedrich Engels: Marx und die »Neue Rheinische Zeitung« 1848—1849. In: MEW Bd. 21, S. 18.
66 Ebenda.
67 Ebenda.
68 Marx an Joseph Weydemeyer in New York, 23. Januar 1852. In: MEW, Bd. 28, S. 477.
69 Engels an Joseph Weydemeyer in St. Louis, 24. November 1864. In: MEW, Bd. 31, S. 423.
70 Friedrich Engels: [Georg Weerth, der erste und bedeutendste Dichter des deutschen Proletariats]. In: MEW, Bd. 21, S. 7.
71 Georg Weerth: Sämtliche Werke in fünf Bänden. Hrsg. von Bruno Kaiser, Erster Band, Berlin 1956, S. 269.
72 Franz Mehring: Geschichte der deutschen Sozialdemokratie, Erster Teil. In: Gesammelte Schriften, Bd. 1, S. 477.
73 Friedrich Engels: Marx und die »Neue Rheinische Zeitung« 1848—1849. In: MEW, Bd. 21, S. 19.
74 Karl Marx/Friedrich Engels: Programme der radikal-demokratischen Partei und der Linken zu Frankfurt. In: MEW, Bd. 5, S. 42.
75 [Mitteilung betreffs Bestellung der »Neuen Rheinischen Zeitung« für das 1. Quartal 1849]. In: MEW, Bd. 6, S. 576.
76 Friedrich Engels: Der deutsche Bauernkrieg. In: MEW, Bd. 7, S. 473.
77 Smoler an Blum. In: Meine Landsleute. Die Sorben und die Lausitz im Zeugnis deutscher Zeitgenossen. Von Spener und Lessing bis Pieck. Hrsg. von Hartmut Zwahr, Bautzen 1984, S. 213.
78 Die Verfassung gebende deutsche Nationalversammlung erklärt feierlich, Frankfurt am Main, 31. Mai 1848. In: Ebenda, S. 216.
79 Verhandlungen des deutschen Parlaments. Officielle Ausgabe, Bd. 1, Frankfurt a. M. 1848, S. VIII.
80 Tagebücher von Varnhagen von Ense, Bd. 4, Leipzig 1862, S. 130.
81 Die Grenzboten. Zeitschrift für Politik und Literatur. Siebenter Jahrgang, I. Semester, I. Band, Leipzig 1848, S. 567.
82 Verhandlungen des deutschen Parlaments, Bd. 1, S. 172.
83 Zit. nach: Eva Priester: Kurze Geschichte Österreichs, Bd. 2: Aufstieg und Untergang des Habsburgerreiches, Wien 1949, S. 366.
84 Hannoversche Morgenzeitung, 24. April 1848.
85 Ostsee-Zeitung, 26. April 1848.
86 Zit. nach: Rolf Weber: Die Revolution in Sachsen 1848/49. Entwicklung und Analyse ihrer Triebkräfte, Berlin 1970, S. 139.
87 Kölnische Zeitung, 8. Juni 1848.
88 Friedrich Engels: Demokratischer Charakter des Aufstandes. In: MEW, Bd. 5, S. 108.
89 Siehe Rolf Weber: Die Revolution in Sachsen 1848/49, S. 154.
90 Friedrich Engels: Der Prager Aufstand. In: MEW, Bd. 5, S. 81/82.
91 Neue Rheinische Zeitung, 23. August 1848.
92 Karl Marx: Die Bourgeoisie und die Konterrevolution. In: MEW, Bd. 6, S. 103.
93 Karl Marx/Friedrich Engels: Die auswärtige deutsche Politik und die letzten Ereignisse zu Prag. In: MEW, Bd. 5, S. 202.
94 Friedrich Engels: Auswärtige deutsche Politik. In: Ebenda, S. 155.
95 Adolf Wolff: Berliner Revolutionschronik, Zweiter Band, Berlin 1852, S. 299.
96 Zit. nach: Karl Obermann: Die internationale Solidarität in der Revolution von 1848/49. In: Zeitschrift für Geschichtswissenschaft (ZfG), 1965, H. 5, S. 834.
97 Siehe Gunther Hildebrandt: Parlamentsopposition auf Linkskurs. Die kleinbürgerlich-demokratische Fraktion Donnersberg in der Frankfurter

Nationalversammlung, Berlin 1975, S. 96ff.
98 Opposition in der Paulskirche. Reden, Briefe und Berichte kleinbürgerlich-demokratischer Parlamentarier 1848/49. Hrsg. und eingel. von Gunther Hildebrandt, Berlin 1981, S. 73.
99 Karl Marx/Friedrich Engels: Reden über Polen. In: MEW, Bd. 4, S. 417.
100 Karl Marx/Friedrich Engels: Die auswärtige deutsche Politik und die letzten Ereignisse zu Prag. In: MEW, Bd. 5, S. 202.
101 Friedrich Engels: Auswärtige deutsche Politik. In: Ebenda, S. 155.
102 Karl Marx: [Brief an den Redakteur der Zeitung »L'Alba«]. In: Ebenda, S. 8.
103 Friedrich Engels: Der demokratische Panslawismus. In: MEW, Bd. 6, S. 285.
104 Friedrich Engels: Die Polendebatte in Frankfurt. In: MEW, Bd. 5, S. 333.
105 Ebenda.
106 Karl Marx/Friedrich Engels: Die auswärtige deutsche Politik und die letzten Ereignisse zu Prag. In: Ebenda, S. 202.

Kapitel 4

1 Zit. nach: 1848. Augenzeugen der Revolution. Briefe, Tagebücher, Reden, Berichte. Hrsg. von Peter Goldammer, Berlin 1973, S. 191/192.
2 Heinrich Bauer: Auf, Proletarier, Arbeitsleute. In: Die Achtundvierziger. Ein Lesebuch für unsere Zeit. Hrsg. von Bruno Kaiser, Berlin 1970, S. 372.
3 A. Prinz: Der Buchhandel vom Jahre 1843 bis zum Jahre 1853, Hamburg und Altona 1855. Zit. nach: Reinhard Wittmann: Buchmarkt und Lektüre im 18. und 19. Jahrhundert. Beiträge zum literarischen Leben, Tübingen 1982, S. 118.
4 Curt Meyer: Alt-Berliner politisches Volkstheater (1848–1850), Emsdetten 1951, S. 104.
5 Zit. nach: Geschichte der Erziehung, Elfte Auflage Berlin 1973, S. 303.
6 Clara Zetkin: Zur Geschichte der proletarischen Frauenbewegung Deutschlands, Berlin 1958, S. 41.
7 Ebenda, S. 151.

Kapitel 5

1 R. Stratz: Die Revolutionsereignisse des Sommers 1848, Heidelberg 1891, S. 72.
2 Ebenda.
3 Karl Marx: Die Klassenkämpfe in Frankreich 1848 bis 1850. In: MEW, Bd. 7, S. 31.
4 Neue Rheinische Zeitung, 26. Juni 1848.
5 W. I. Lenin: Zwei Taktiken der Sozialdemokratie in der demokratischen Revolution. In: Werke, Bd. 9, S. 74/75.
6 Friedrich Engels: Der 23. Juni. In: MEW, Bd. 5, S. 118.
7 Friedrich Engels: Der 25. Juni. In: Ebenda, S. 128.
8 Friedrich Engels: Der 23. Juni. In: Ebenda, S. 119.
9 Friedrich Engels: Details über den 23. Juni. In: Ebenda, S. 112.
10 Ebenda.
11 Karl Marx/Friedrich Engels: Nachrichten aus Paris. In: Ebenda. S. 116.
12 Karl Marx: Der achtzehnte Brumaire des Louis Bonaparte. In: MEW, Bd. 8, S. 123.
13 Friedrich Engels: Der 23. Juni. In: MEW, Bd. 5, S. 121.
14 Karl Marx: Die revolutionäre Bewegung in Italien. In: MEW, Bd. 6, S. 78/79.
15 Neue Rheinische Zeitung, 24. Juli 1848.
16 ZStA Merseburg, Rep. 169, B 4, Gen. Nr. 5, Bl. 12.
17 Deutsche Zeitung (Heidelberg), 7. Juli 1848.
18 Ebenda.
19 Vossische Zeitung (Berlin), 28. Juni 1848.
20 Zit. nach: Franz Mehring: Geschichte der deutschen Sozialdemokratie, Erster Teil. In: Gesammelte Schriften, Bd. 1, 3. Aufl. Berlin 1980, S. 380.
21 Friedrich Engels: Revolution und Konterrevolution in Deutschland. In: MEW, Bd. 8, S. 42.
22 Der Wächter am Rhein (Köln), 1. Dutzend, Nr. 4.
23 Der freie Staatsbürger (Nürnberg), 8. Juli 1848.
24 Friedrich Engels: Marx und die »Neue Rheinische Zeitung« 1848–1849. In: MEW, Bd. 21, S. 22.
25 Ebenda.
26 Ebenda.
27 Karl Marx: Die Junirevolution. In: MEW, Bd. 5, S. 133.
28 Karl Marx: Die Bourgeoisie und die Kontrerevolution. In: MEW, Bd. 6, S. 115.
29 Bruno Kaiser: Die Achtundvierziger, S. 75.
30 Karl Marx/Friedrich Engels: Nachrichten aus Paris. In: MEW, Bd. 5, S. 116.
31 Karl Marx: [Cavaignac und die Junirevolution]. In: MEW, Bd. 6, S. 19.
32 Leopold von Gerlach an seinen Bruder Ludwig, Berlin, den 20. Juli 1848. In: Von der Revolution zum Norddeutschen Bund. Politik und Ideengut der preußischen Hochkonservativen 1848 bis 1866. Aus dem Nachlaß von Ernst Ludwig von Gerlach. Hrsg. und eingel. von Hellmut Diwald, Zweiter Teil: Briefe, Denkschriften, Aufzeichnungen, Göttingen 1970, S. 551.
33 Adolf Stahr: Die Preußische Revolution, Erster Teil, II. Abteilung, Oldenburg 1851, S. 22.
34 Haus-, Hof- und Staatsarchiv Wien (im folgenden: HHStA Wien), StK Dipl. Korr. Preußen, Polit. Ber., Fasz. 242, Bl. 12 v.
35 Ebenda, Bl. 13 v.
36 Karl Marx: Die Bourgeoisie und die Kontrerevolution. In: MEW, Bd. 6, S. 113.
37 HHStA Wien, StK Dipl. Korr. Preußen, Polit. Ber., Fasz. 242, Bl. 51–52.
38 Karl Marx: Die Bourgeoisie und die Kontrerevolution. In: MEW, Bd. 6, S. 115.
39 Karl Marx: Die Krisis und die Kontrerevolution. In: MEW, Bd. 5, S. 402; Friedrich Engels: Revolution und Konterrevolution in Deutschland. In: MEW, Bd. 8, S. 44.
40 Die demokratische Partei: In: MEW, Bd. 5, S. 23.
41 Franz Mehring: Geschichte der deutschen Sozialdemokratie, Erster Teil. In: Gesammelte Schriften, Bd. 1, S. 383.
42 Ebenda.
43 Karl Marx: Die Kontrerevolution in Berlin. In: MEW, Bd. 6, S. 8.
44 Karl Marx: Die Krisis und die Kontrerevolution. In: MEW, Bd. 5, S. 401.
45 Ebenda, S. 402.
46 Ebenda.
47 Neue Rheinische Zeitung, 28. Juli 1848.
48 Hauptstaatsarchiv Düsseldorf, Regierung Düsseldorf, Präs., Nr. 753.
49 Neue Rheinische Zeitung, 24. August 1848.
50 Karl Marx/Friedrich Engels: Der erste Preßprozeß der »Neuen Rheinischen Zeitung«. In: MEW, Bd. 6, S. 238.
51 Gerichtliche Untersuchung gegen die »Neue Rheinische Zeitung«. In: MEW, Bd. 5, Beilage 3, S. 485.
52 Karl Marx: Gerichtliche Untersuchung gegen die »Neue Rheinische Zeitung«. In: MEW, Bd. 5, S. 200.
53 Georg Jung: Der Berliner Cavaignac, Berlin 1848, S. 9.
54 Neue Preußische Zeitung, 31. August 1848.
55 Zit. nach: Ernst Engelberg: Bismarck. Urpreuße und Reichsgründer, Berlin 1985, S. 307.
56 Zit. nach: Karl Marx: Die Bourgeoisie und die Kontrerevolution. In: MEW, Bd. 6, S. 115.
57 Stenographische Berichte über die Verhandlungen der zur Vereinbarung der preußischen Staats-Verfassung berufenen Versammlung, 2. Bd., Berlin 1848, S. 1184.
58 ZStA Merseburg, Rep. 169, B 4, Spez. Nr. 19.
59 Karl Marx: Die Bourgeoisie und die Kontrerevolution. In: MEW, Bd. 6, S. 119.
60 ZStA Merseburg, Rep. 169, B 4, Spez. Nr. 19.
61 Ebenda.
62 Zit. nach: Franz Mehring: Geschichte der deutschen Sozialdemokratie, Erster Teil. In: Gesammelte Schriften, Bd. 1, S. 382.
63 Original des Gesetzentwurfes in: ZStA Merseburg, Rep. 169, B 4, Gesetze, Nr. 9, B. 1–5; Abdruck in: Verhandlungen ..., Bd. II, S. 1167–1171; Motive in: ZStA Merseburg, Rep. 169, B 4, Gesetze, Nr. 9, Bl. 8–39 v; Abdrucke in: Verhandlungen ..., Bd. 99, S. 1213–1233.
64 ZStA Merseburg, Rep. 169, B 4, Gesetze, Nr. 9, Bl. 199–200.
65 ZStA Merseburg, Rep. 169, C 5, Nr. 1, Bd. 1, Bl. 11.
66 Karl Marx: Die Bourgeoisie und die Kontrerevolution. In: MEW, Bd. 6, S. 121.
67 HHStA Wien, StK Dipl. Korr. Preußen, Polit. Ber., Fasz. 242, Bl. 132.
68 ZStA Merseburg, Rep. 169, B 4, Gesetze, Nr. 9, Bl. 62–65.
69 Ebenda, Bl. 241/241 v.
70 Außerordentlicher Bericht der demokratischen Partei in der konstituierenden Versammlung zu Berlin, Berlin, 1. November 1848 (Druckschrift).
71 Wilhelm Wolff: Die Ablösung der Feudallasten. In: Neue Rheinische Zeitung, 17. Dezember 1848. Siehe auch in: Wilhelm Wolff: Aus Schlesien, Preußen und dem Reich. Ausgewählte Schriften. Hrsg. und eingel. von Walter Schmidt, Berlin 1985, S. 198–203.
72 Neue Preußische Zeitung, 13. August 1848.
73 Zit. nach: Herrmann von Petersdorff: Kleist-Retzow. Ein Lebensbild, Stuttgart–Berlin 1907, S. 121.
74 Zit. nach: Alfred Herrmann: Berliner Demokraten, Berlin 1948, S. 191.
75 Ernst Ludwig von Gerlach. Aufzeichnungen aus seinem Leben und Wirken 1795 bis 1877. Hrsg.

von Jakob von Gerlach, Bd. 1, Schwerin 1903, S. 540.
76 Neue Rheinische Zeitung, 22. August 1848.
77 A. Andrae (Roman): Erinnerungen eines alten Mannes aus dem Jahre 1848, Bielefeld 1895, S. 51.
78 Franz Mehring: Geschichte der deutschen Sozialdemokratie, Erster Teil. In: Gesammelte Schriften, Bd. 1, S. 388.
79 Friedrich Engels: Die Debatte über den Jacobyschen Antrag. In: MEW, Bd. 5, S. 227.
80 Bruno Kaiser: Die Achtundvierziger, S. 76.
81 Zeitung des Arbeitervereins zu Köln (im folgenden: ZAV), 7. September 1848.
82 Friedrich Engels: Zur Geschichte des Bundes der Kommunisten. In: MEW, Bd. 21, S. 208, 207.
83 ZAV, 7. September 1848.
84 Friedrich Leßner: Erinnerungen eines Arbeiters an Friedrich Engels: In: Mohr und General, Berlin 1970, S. 461/462.
85 Wermuth/Stieber: Die Communisten-Verschwörungen des neunzehnten Jahrhunderts, Zweiter Teil, Berlin 1854, S. 73.
86 ZStA Merseburg, Rep. 169, B 4, Spez. Nr. 19, Bd. 1, Bl. 74 v.
87 Ebenda.
88 ZAV, 10. August 1848.
89 Das Volk (Berlin), 27. Juni 1848.
90 Die Turiner »Concordia«. In: MEW, Bd. 5, S. 261.
91 Zit. nach: Beschlüsse des Arbeiter-Kongresses zu Berlin. In: Max Quarck: Die erste deutsche Arbeiterbewegung. Geschichte der Arbeiterverbrüderung 1848/49, Leipzig 1924, S. 350.
92 Die Verbrüderung, 27. Oktober 1848.
93 Engels an F. A. Sorge, 29. November 1886. In: MEW, Bd. 35, S. 579.
94 ZStA Merseburg, Rep. 169, B 4, Spez. Nr. 15.
95 Ebenda.
96 Ebenda.
97 Ebenda.
98 Zit. nach: Veit Valentin: Geschichte der deutschen Revolution von 1848—1849, Zweiter Band, S. 242.
99 ZStA Merseburg, Rep. 169, B 4, Spez. Nr. 15.
100 Ebenda.
101 Karl Marx: Die Bourgeoisie und die Kontrerevolution. In: MEW, Bd. 6, S. 123.
102 Ebenda.
103 Zit. nach: Franz Mehring: Karl Marx. Geschichte seines Lebens. In: Gesammelte Schriften, Bd. 3, 4. Aufl. Berlin 1979, S. 174.
104 ZAV, 10. September 1848.
105 ZAV, 24. September 1848.
106 Ebenda.
107 Ebenda.
108 Volksversammlung und Sicherheitsausschuß. In: MEW, Bd. 5, Beilage 15, S. 493.
109 ZStA Merseburg, Rep. 77, Tit. 505, Nr. 2, Bd. 4, Bl. 113.
110 Volksversammlung und Sicherheitsausschuß. In: MEW, Bd. 5, Beilage 15, S. 494.
111 ZAV, 5. Oktober 1848.
112 ZAV, 24. September 1848.
113 Volksversammlung in Worringen. In: MEW, Bd. 5, Beilage Nr. 16, S. 497.
114 Zit. nach: Wilhelm Blos: Die Deutsche Revolution, S. 400 (Anmerkung*).
115 Friedrich Engels: Die Ratifikation des Waffenstillstandes. In: MEW, Bd. 5, S. 408.
116 ZAV, 21. September 1848.
117 Carl Vogt: Der achtzehnte September in Frankfurt, Frankfurt a. M. 1848, S. 11.
118 Ebenda, S. 28/29.
119 Ebenda, S. 50.
120 Ebenda, S. 51.
121 HHStA Wien, P. A. VII Frankfurt, Karton 23, Varia de Francfort 1850, Bl. 3 v.
122 HHStA Wien, Deutsche Akten, Fasz. 112, Bl. 175 v.
123 National-Zeitung (Wien), 27. August 1848.
124 Karl Marx: Sieg der Konterrevolution zu Wien. In: MEW, Bd. 5, S. 455.
125 Zit. nach: Maximilian Bach: Geschichte der Wiener Revolution im Jahre 1848, Wien 1898, S. 708/709.
126 Ebenda, S. 735/736.
127 Zit. nach: Joseph Alexander v. Helfert: Geschichte Österreichs vom Ausgange des Wiener Oktoberaufstandes von 1848, Bd. 1, Prag—Leipzig 1869, S. 151.
128 Karl Marx: Die »Frankfurter Oberpostamts-Zeitung« und die Wiener Revolution. In: MEW, Bd. 5, S. 429.
129 ZStA Potsdam, Autographensammlung, Umschlag 4.
130 ZStA Potsdam, Nachlaß Blum, 90, Bl. 3, Nr. 6, Bl. 342.
131 Zit. nach: Ernst Fischer: Österreich 1848, Wien 1946, S. 108.
132 ZStA Potsdam, Nachlaß Blum, 90, Bl. 3, Nr. 13, Bl. 1779.
133 Ludwig Brügel: Geschichte der österreichischen Sozialdemokratie, Bd. 1, Wien 1922, Anhang, S. 18.
134 Robert Blum: Briefe und Dokumente. Hrsg. von Siegfried Schmidt, Berlin 1981, S. 125/126.
135 Karl Marx: Sieg der Kontrerevolution zu Wien. In: MEW, Bd. 5, S. 457.
136 Friedrich Engels: Revolution und Konterrevolution in Deutschland. In: MEW, Bd. 8, S. 75.
137 HHStA Wien, StK Hannover, Polit. Korr., Fasz. 30, Nr. 110.
138 HHStA Wien, StK Dipl. Korr. Preußen, Polit. Ber., Fasz. 243, Bl. 61—62.
139 Ebenda, Bl. 92—93.
140 Ebenda, Bl. 61.
141 Zit. nach: Alfred Herrmann: Berliner Demokraten, S. 199.
142 Revolutionsbriefe 1848, Leipzig 1930, S. 179.
143 Karl Marx: Die Krisis und die Kontrerevolution. In: MEW, Bd. 5, S. 400.
144 Karl Marx: Das Ministerium Pfuel. In: MEW, Bd. 5, S. 422.
145 HHStA Wien, StK Dipl. Korr. Preußen, Polit. Ber., Fasz. 242, Bl. 37.
146 Berliner Zeitungs-Halle, 29. September 1848.
147 Zit. nach: MEW, Bd. 6, S. 624/625 (Anmerkung 160).
148 Zit. nach: Wilhelm Blos: Die Deutsche Revolution, S. 377.
149 Zit. nach: Alfred Herrmann: Berliner Demokraten, S. 219.
150 Zit. nach: Ebenda, S. 432.
151 Revolutionsbriefe 1848, S. 206, 210, 216.
152 Deutsche Rundschau, Bd. XII, 1877, S. 441.
153 Außerordentlicher Bericht der demokratischen Partei in der konstituierenden Versammlung zu Berlin, Berlin, 1. November 1848 (Druckschrift).
154 Stenographische Berichte über die Verhandlungen der zur Vereinbarung der preußischen Staats-Verfassung berufenen Versammlung, 2. Bd., Berlin 1848, S. 1304/1305.
155 Karl Marx: Montesquieu LVI. In: MEW, Bd. 6, S. 192.
156 Karl Marx: Die Lage in Preußen. In: MEW, Bd. 12, S. 615.
157 Wilhelm Wolff: Das königliche Patent an die Bauern. In: Neue Rheinische Zeitung, 20. Januar 1849. — Siehe auch Wilhelm Wolff: Aus Schlesien, Preußen und dem Reich, S. 211.
158 Zweiter Kongreß der deutschen Demokraten in Berlin. Beschlüsse. Zit. nach: Gerhard Becker: Die Beschlüsse des zweiten Demokratenkongresses 1848. In: ZfG, 21. Jg. 1973, H. 3, S. 330.
159 Karl Marx: »Aufruf des demokratischen Kongresses an das deutsche Volk«. In: MEW, Bd. 5, S. 446/447.
160 Ebenda, S. 447.
161 Zirkular an die Gesandtschaften, 4. November 1848. In: ZStA Merseburg.
162 Neue Rheinische Zeitung, 3. November 1848.
163 Neue Rheinische Zeitung, 5. November 1848.
164 Verhandlungen des zweiten demokratischen Congresses zu Berlin. In: Volksblätter (Berlin), Nr. 40, Beilage, S. 27.
165 Siehe Veit Valentin: Geschichte der deutschen Revolution von 1848—1849, Zweiter Band, S. 264.
166 Der Leuchtthurm (Leipzig), 1849, Nr. 14.
167 Zit. nach: Veit Valentin: Geschichte der deutschen Revolution von 1848—1849, Zweiter Band, S. 266.
168 HHStA Wien, StK Dipl. Korr. Preußen, Polit. Ber., Fasz. 243, Bl. 42.
169 Zit. nach: Einheit und Freiheit, S. 629.
170 Karl Marx: Die Kontrerevolution in Berlin. In: MEW, Bd. 6, S. 10/11.
171 ZStA Merseburg, Rep. 169, C 11, Nr. 1, Bd. 2, Bl. 106.
172 HHStA Wien, StK Dipl. Korr. Preußen, Polit. Ber., Fasz. 243, Bl. 164—165.
173 ZStA Merseburg, Rep. 169, C 11, Nr. 1, Bd. 2, Bl. 59.
174 Ebenda, Bl. 60.
175 Ebenda, Bl. 117.
176 Friedrich Engels: Revolution und Konterrevolution in Deutschland. In: MEW, Bd. 8, S. 77.
177 Ebenda.
178 HHStA Wien, StK Dipl. Korr. Preußen, Polit. Korr., Fasz. 243.
179 Friedrich Engels: Vorwort (zu »Karl Marx vor den Kölner Geschwornen«). In: MEW, Bd. 21, S. 200.
180 W. I. Lenin: Zu den Losungen. In: Werke, Bd. 25, S. 184.
181 Marx/Engels Gesamtausgabe, Erste Abteilung, Bd. 7, Moskau 1935, S. 682.
182 Freiheit, Brüderlichkeit, Arbeit (Köln), 16. November 1848.
183 Karl Marx: Die Kontrerevolution in Berlin. In: MEW, Bd. 6, S. 11.
184 Karl Marx: Keine Steuern mehr!!! In: Ebenda, S. 30. (Im Original halbfett, gesperrt.)
185 MEW, Bd. 39, S. 520.
186 Zit. in: Wilhelm Hüttermann: Parteipolitisches Leben in Westfalen vom Beginn der Märzbewegung im Jahre 1848 bis zum Einsetzen der Reaktion im Jahre 1849, Münster 1910, S. 223.

187 Siehe Alfred Herrmann: Berliner Demokraten, S. 507/508.
188 Ernst Ludwig von Gerlach: Tagebuch 1848–1866. In: Von der Revolution zum Norddeutschen Bund. Politik und Ideengut der Preußischen Hochkonservativen 1848–1866. Aus dem Nachlaß von Ernst Ludwig von Gerlach. Hrsg. und eingel. von Hellmut Diwald, Erster Teil, Göttigen 1970, S. 144.
189 Zit. nach: Wilhelm Blos: Die Deutsche Revolution, S. 474.
190 Friedrich Engels: Vorwort (zu »Karl Marx vor den Kölner Geschwornen«). In: MEW, Bd. 21, S. 199.

Kapitel 6

1 Karl Marx: Die revolutionäre Bewegung. In: MEW, Bd. 6, S. 149.
2 Karl Marx: Die Bourgeoisie und die Kontrerevolution. In: Ebenda. S. 124.
3 Ebenda.
4 Karl Marx: Montesquieu LVI. In: Ebenda, S. 191.
5 Karl Marx: Die Berliner »National-Zeitung« an die Urwähler. In: Ebenda, S. 203.
6 Karl Marx: Montesquieu LVI. In: Ebenda, S. 190, 195.
7 Zit. nach: Wilhelm Hüttermann: Parteipolitisches Leben in Westfalen vom Beginn der Märzbewegung im Jahre 1848 bis zum Einsetzen der Reaktion im Jahre 1849, S. 169/170.
8 Karl Marx: Die »Kölnische Zeitung« über die Wahlen. In: MEW, Bd. 6, S. 216.
9 Karl Marx/Friedrich Engels: Regierungsprovokationen. In: Ebenda, S. 345.
10 Neue Rheinische Zeitung, 28. April 1849.
11 Neue Kölnische Zeitung, 29. April 1849.
12 Friedrich Engels: Die Adreßdebatte in Berlin. In: MEW, Bd. 6, S. 374.
13 Ebenda.
14 Zweiter Bericht der demokratischen Partei in der zweiten Kammer zu Berlin, Berlin, 1. April 1849 (Druckschrift).
15 Friedrich Engels: Die Debatte über das Plakatgesetz. In: MEW, Bd. 6, S. 439.
16 Erster Bericht der demokratischen Partei in der zweiten Kammer zu Berlin, Berlin, 12. März 1849 (Druckschrift).
17 Friedrich Engels: Die Debatte über das Plakatgesetz. In: MEW, Bd. 6, S. 440.
18 Ebenda, S. 437.
19 ZStA Merseburg, Rep. 169, C 59, Nr. 1a, Bd. 1, Bl. 212.
20 Ebenda, Bl. 22–23.
21 Bankett auf dem Gürzenich. In: MEW, Bd. 6, Beilage 15, S. 583.
22 Neue Kölnische Zeitung, 22. März 1849.
23 Bankett auf dem Gürzenich. In: MEW, Bd. 6, Beilage 15, S. 583.
24 HHStA Wien, IB, Karton 1, Bl. 3.
25 Neue Rheinische Zeitung, 23. März 1849.
26 MEGA, III/3, S. 140.
27 Ebenda, S. 281.
28 ZStA Merseburg, Rep. 77, Tit. 505, Nr. 2, Bd. 4, Bl. 207–208.
29 Neue Rheinische Zeitung, 15. April 1849, Zweite Ausgabe.
30 Zit. nach: Lexikon zur Parteiengeschichte, Bd. 1, Leipzig 1983, S. 405.
31 Neue Rheinische Zeitung, 29. Dezember 1848.
32 Neue Rheinische Zeitung, 17. März 1849.
33 ZStA Merseburg, Rep. 120, B I 1, Nr. 62, Bd. 1, Bl. 35.
34 Die Verbrüderung, 17. April 1849.
35 Freiheit, Brüderlichkeit, Arbeit, 6. Mai 1849.
36 Die Verbrüderung, 16. Februar 1849.
37 StA Potsdam, Tit. 95, Sect. 5, Lit. 5, Nr. 6. Zit. nach: Kurt Wernicke: Kommunisten und politische Aktivisten in der Berliner Arbeiterbewegung vor, während und nach der Revolution 1848/49. In: BzG, 10. Jg. 1968, H. 2, S. 325.
38 Oppositionsblätter, 8. März 1849. Zit. nach: Rolf Weber: Die Revolution in Sachsen 1848/49, S. 298.
39 Karl Marx: Enthüllungen über den Kommunisten-Prozeß zu Köln. In: MEW, Bd. 8, S. 458.
40 Joseph Weydemeyer an Karl Marx, Darmstadt, 23. Januar 1849. In: MEGA, III/3, S. 157.
41 Neue Rheinische Zeitung, 4. Februar 1849.
42 Die Verbrüderung, 9. Februar 1849.
43 Zit. nach: Gerhard Becker: Karl Marx und Friedrich Engels in Köln 1848–1849, S. 242.
44 Neue Rheinische Zeitung, 6. April 1849.
45 Solinger Kreis-Intelligenzblatt, 5. Mai 1849.
46 Neue Kölnische Zeitung, 12. April 1849.
47 Beschlüsse der Generalversammlung des Arbeitervereins vom 16. April 1849. In: MEW, Bd. 6, Beilage 16, S. 584.
48 [Mitteilung über die Einberufung des Kongresses der Arbeitervereine.] In: Ebenda, Beilage 20, S. 588.
49 Karl Marx: Lohnarbeit und Kapital. In: Ebenda, S. 397.
50 Triersche Zeitung, 12. Mai 1849.
51 Friedrich Engels: Revolution und Konterrevolution in Deutschland. In: MEW, Bd. 8, S. 83.
52 Joseph Hansen: Gustav von Mevissen, Bd. 2, S. 381.
53 Brief von J. G. Droysen an H. Sybel vom 27. Januar 1849: In: J. G. Droysen: Briefwechsel. Hrsg. von R. Hübner, Bd. 1 (1928–1851), Stuttgart 1929, S. 439.
54 Friedrich Engels: Revolution und Konterrevolution in Deutschland. In: MEW, Bd. 8, S. 90.
55 Ebenda.
56 Einheit und Freiheit, S. 777/778.
57 Leopold von Ranke: Aus dem Briefwechsel Friedrich Wilhelms IV. mit Bunsen, Leipzig 1873, S. 272.
58 Stenographischer Bericht über die Verhandlungen der deutschen constituirenden Nationalversammlung zu Frankfurt am Main. Hrsg. auf Beschluß der Nationalversammlung durch die Redactions-Commission und in deren Auftrag von Franz Wigard, Achter Band, Frankfurt am Main 1849, S. 6142.
59 Aus der Rede Samuel Erdmann Tzschirners auf der Volksversammlung in Leipzig am 30. April 1849. Zit. nach: Curt Geyer: Politische Parteien und Verfassungskämpfe in Sachsen von der Märzrevolution bis zum Ausbruch des Maiaufstands 1848–1849, Phil. Diss., Leipzig 1914, S. 203.
60 Friedrich Engels: Der preußische Fußtritt für die Frankfurter. In: MEW, Bd. 6, S. 460.
61 Ebenda.
62 Friedrich Engels: Marx und die »Neue Rheinische Zeitung« 1848–1849. In: MEW, Bd. 21, S. 23.
63 Siehe Friedrich Engels: Die deutsche Reichsverfassungskampagne. In: MEW, Bd. 7, S. 196.
64 Tagebücher von Varnhagen von Ense, Bd. 6, Leipzig 1862, S. 137.
65 Zit. nach: Johann Philipp Becker/Christian Esselen: Geschichte der süddeutschen Mai-Revolution des Jahres 1849, Genf 1849, S. 18/19.
66 Friedrich Engels: [Auflösung der zweiten Kammer]. In: MEW, Bd. 6, S. 446.
67 Einheit und Freiheit, S. 781.
68 August Röckel: Zu lebenslänglich begnadigt. Sachsens Erhebung und das Zuchthaus zu Waldheim. Nachwort von Rolf Weber, Berlin 1963, S. 91.
69 Zit. nach: Karl Obermann: Deutschland von 1815 bis 1849, S. 375.
70 Siehe Graf v. Waldersee: Der Kampf in Dresden im Mai 1849. Mit besonderer Rücksicht auf die Mitwirkung der preußischen Truppen geschildert und militärisch beleuchtet, Berlin 1849, S. 180.
71 Friedrich Engels: Revolution und Konterrevolution in Deutschland. In: MEW, Bd. 8, S. 98.
72 Zit. nach: Rolf Weber: Die Revolution in Sachsen 1848/49, S. 347.
73 Stefan Born: Erinnerungen eines Achtundvierzigers, Leipzig 1898, S. 220.
74 Zit. nach: Rudolf Franz: Die Rolle der Arbeiter während des Dresdner Maiaufstandes von 1849. In: Geschichtsunterricht und Staatsbürgerkunde (Berlin), 1965, H. 9, S. 723.
75 Friedrich Engels: Die deutsche Reichsverfassungskampagne. In: MEW, Bd. 7, S. 115.
76 Kölnische Zeitung, 2. Mai 1849.
77 Friedrich Engels: Die deutsche Reichsverfassungskampagne. In: MEW, Bd. 7, S. 124.
78 Ebenda.
79 Friedrich Engels: [Elberfeld]. In: MEW, Bd. 6, S. 501.
80 Friedrich Engels: Die deutsche Reichsverfassungskampagne. In: MEW, Bd. 7, S. 125.
81 Ebenda, S. 127.
82 Friedrich Engels: [Elberfeld]. In: MEW, Bd. 6, S. 501.
83 Karl Marx: [Die standrechtliche Beseitigung der »Neuen Rheinischen Zeitung«]. In: Ebenda, S. 504, 505.
84 Karl Marx/Friedrich Engels: An die Arbeiter Kölns. In: Ebenda, S. 519.
85 Einheit und Freiheit, S. 826/827.
86 Friedrich Engels: Die deutsche Reichsverfassungskampagne. In: MEW, Bd. 7, S. 133.
87 Stenographischer Bericht über die Verhandlungen der deutschen constituirenden Nationalversammlung zu Frankfurt am Main, Neunter Band, Frankfurt am Main 1849, S. 6503.
88 Friedrich Engels: Revolution und Konterrevolution in Deutschland. In: MEW, Bd. 8, S. 96.
89 Stenographischer Bericht ..., Neunter Band, S. 6749.
90 Friedrich Engels: Die deutsche Reichsverfassungskampagne. In: MEW, Bd. 7, S. 134.
91 Ebenda, S. 142.
92 Ebenda, S. 139.
93 Ebenda, S. 150.
94 Forderungen des Klubs des entschiedenen Fortschritts. In: Karlsruher Zeitung, 7. Juni 1849.
95 Hermann von Beckerath an Karl Mathy, 4. Juni 1849. In: Georg Witzmann: Die Gothaer Nachversammlung zum Frankfurter Parlament im Jahre 1849, Gotha 1917, S. 18.

96 Jakob Baechthold: Gottfried Kellers Leben. Seine Briefe und Tagebücher, Bd. 1, Berlin 1894, S. 457.
97 Gottfried Keller an Wilhelm Baumgartner, 14. Juni 1849. In: Ebenda, S. 377.
98 Friedrich Engels: Johann Philipp Becker. In: MEW, Bd. 21, S. 324.
99 Friedrich Engels an August Bebel, 8. Oktober 1886. In: MEW, Bd. 36, S. 542.
100 Friedrich Engels: Johann Philipp Becker. In: MEW, Bd. 21, S. 324.
101 Jenny Marx an Johann Philipp Becker, 7. November 1872. Internationales Institut für Sozialgeschichte (IISG), Amsterdam, Marx-Engels-Nachlaß.
102 Anton Zurkovski: Kurze Darstellung des Feldzugs in Baden und der Pfalz, Bern 1849, S. 2/3.
103 Gottfried Keller an Mutter und Schwester, 24. Juli 1849. In: Jakob Baechthold: Gottfried Kellers Leben, Bd. 1, S. 385.
104 Friedrich Engels: Johann Philipp Becker. In: MEW, Bd. 21, S. 321.
105 Operationen und Gefechtsberichte aus dem Feldzuge in der Rheinpfalz und in Baden im Jahre 1849. Beilage zum Militär-Wochenblatt (Berlin), Oktober 1849 bis Juni 1851, S. 105.
106 Wilhelm v. Voß: Der Feldzug in Baden im Jahre 1849, Berlin 1903, S. 233.
107 Eleanor Marx-Aveling: Friedrich Engels. In: Mohr und General, S. 446.
108 Deutsche Zeitung, Frankfurt (Main), 17. Juni 1849.
109 Karl Mathy an Hermann von Beckerath, 11. Juni 1849. In: Georg Witzmann: Die Gothaer Nachversammlung zum Frankfurter Parlament im Jahre 1849, S. 21.
110 Gothaer Erklärung vom 28. Juni 1849. In: Ebenda, S. 73.
111 C. B. A. Fickler: In Rastatt 1849, Rastatt 1899, S. 153.
112 [Hartmann:] Aus der Pfalz und aus Baden 1849. Briefe eines preußischen Generalstabsoffiziers. In: Deutsche Rundschau (Berlin), Jg. 1882, S. 430.
113 Berichte des Generals Mierosławski über den Feldzug in Baden, Bern 1849, S. 32.
114 Friedrich Engels: Die deutsche Reichsverfassungskampagne. In: MEW, Bd. 7, S. 189.
115 Ebenda, S. 185.

Kapitel 7

1 Karl Marx: Eine Neujahrsgratulation. In: MEW, Bd. 6, S. 162,163.
2 Karl Marx: Sieg der Kontrerevolution zu Wien. In: MEW, Bd. 5, S. 457.
3 August Röckel: Zu lebenslänglich begnadigt. Sachsens Erhebung und das Zuchthaus zu Waldheim, S. 128.
4 Die Standgerichte in Baden. In: Wilhelm Blos: Die Deutsche Revolution, S. 665.
5 Friedrich Engels: Die deutsche Reichsverfassungskampagne. In: MEW, Bd. 7, S. 197.
6 Siehe Bruno Kaiser: Die Achtundvierziger, S. 234.
7 W. I. Lenin: Das letzte Wort der »iskristischen« Taktik oder eine Wahlkomödie als neuer Impuls, der zum Aufstand anregt. In: Werke, Bd. 9, S. 367.
8 Friedrich Engels: Einleitung [zu Karl Marx' »Klassenkämpfe in Frankreich 1848 bis 1850« (1895)]. In: MEW, Bd. 22, S. 514.
9 Friedrich Engels: Wilhelm Wolff. In: MEW, Bd. 19, S. 63.
10 Friedrich Engels: Die preußische Militärfrage und die deutsche Arbeiterpartei. In: MEW, Bd. 16, S. 68.
11 W. I. Lenin: Prinzipielle Fragen der Wahlkampagne. In: Werke, Bd. 17, S. 402.
12 Karl Marx: Kritik des Gothaer Programms. In: MEW, Bd. 19, S. 29.
13 Friedrich Engels: Die Berliner Debatte über die Revolution. In: MEW, Bd. 5, S. 69.
14 Karl Marx: Die Klassenkämpfe in Frankreich 1848 bis 1850. In: MEW, Bd. 7, S. 85.
15 Friedrich Engels: Die Rolle der Gewalt in der Geschichte. In: MEW, Bd. 21, S. 451.
16 Karl Marx: Notizen über Deutschland für die »Revue. Mai bis Oktober 1850«. In: Karl Marx/ Friedrich Engels: Gesamtausgabe (MEGA), Erste Abteilung, Bd. 10 (I/10), S.447.
17 Friedrich Engels: Zur Geschichte der preußischen Bauern. In: MEW, Bd. 21, S. 245.
18 Karl Marx: Notizen über Deutschland ... In: MEGA, I/10, S. 447.
19 Friedrich Engels: Die Rolle der Gewalt in der Geschichte. In: MEW, Bd. 21, S. 408.
20 Friedrich Engels: Ludwig Feuerbach und der Ausgang der klassischen deutschen Philosophie. In: Ebenda, S. 265.
21 Friedrich Engels: Die Rolle der Gewalt in der Geschichte. In: Ebenda, S. 411.
22 Otto v. Bismarck: Die Gesammelten Werke. Politische Schriften. Bearb. von Friedrich Thimme, Sechster Band: Juni 1866 bis Juli 1867, Berlin 1929, S. 120.
23 Friedrich Engels: Die Rolle der Gewalt in der Geschichte. In: MEW, Bd. 21, S. 438.
24 W. I. Lenin: Aufschlußreiche Reden. In: Werke, Bd. 19, S. 245, 244.
25 Friedrich Engels: An den italienischen Leser [Vorwort zur italienischen Ausgabe (1893) des »Manifests der Kommunistischen Partei«]. In: MEW, Bd. 22, S. 365.
26 Siehe С. Б. Кан: Немецкая историография революции 1848–1849 гг. в Германии (Die deutsche Geschichtsschreibung zur Revolution von 1848/1849 in Deutschland), Moskau 1962.
27 Siehe Franzjörg Baumgart: Die verdrängte Revolution. Darstellung und Bewertung der Revolution von 1848 in der deutschen Geschichtsschreibung vor dem Ersten Weltkrieg, Düsseldorf 1976, S. 64ff.
28 Friedrich Engels: Die preußische Militärfrage und die deutsche Arbeiterpartei. In: MEW, Bd. 16, S. 77.
29 Friedrich Engels: Die Abdankung der Bourgeoisie. In: MEW, Bd. 21, S. 383.
30 Siehe Hans Schleier: Die kleindeutsche Schule (Droysen, Sybel, Treitschke). In: Studien über die deutsche Geschichtswissenschaft vom Beginn des 19. Jahrhunderts bis zur Reichseinigung von oben. Hrsg. von Joachim Streisand, Berlin 1963, S. 271ff.; ders.: Treitschke und Sybel. Antidemokratismus und Militarismus im historisch-politischen Denken großbourgeoiser Geschichtsideologen, Berlin 1965.
31 F. Fischer: Das Ende der deutschen Nationalversammlung. In: Preußisches Jahrbuch, 32. Jg. 1873, S. 376.
32 Der Volksstaat (Leipzig), 27./31. August 1873.
33 Der Volksstaat, 25./26. Juni 1873.
34 Der Volksstaat, 29. März 1873.
35 Siehe Wolfgang Schröder: Friedrichshain – Gedenk- und Kampfstätte. In: Berliner Arbeiterbewegung. Beiträge zur Geschichte der Berliner Arbeiterbewegung, H. 5, März 1973, S. 103ff.
36 Friedrich Engels: Zur Geschichte des Bundes der Kommunisten. In: MEW, Bd. 21, S. 206.
37 Max Lenz: 1848. In: Max Lenz: Kleine historische Schriften, Bd. 1, München–Berlin 1910, S. 345.
38 Siehe Hans Schleier: Die Ranke-Renaissance. In: Studien über die deutsche Geschichtswissenschaft, Bd. II: Die bürgerliche Geschichtsschreibung von der Reichseinigung von oben bis zur Befreiung Deutschlands vom Faschismus, Berlin 1965, S. 99ff.; Franzjörg Baumgart: Die verdrängte Revolution, S. 119ff.
39 Siehe Wolfgang Schröder: Die Traditionen von 1848/49 und der Übergang zum Imperialismus. Zu einigen Aspekten des Erbes der bürgerlich-demokratischen Revolution von 1848/49 im letzten Jahrzehnt des 19. Jahrhunderts. In: Jahrbuch für Geschichte, Bd. 8, Berlin 1973, S. 91ff.
40 Wilhelm Blos: Die deutsche Revolution. Geschichte der deutschen Bewegung von 1848 und 1849, Stuttgart 1891.
41 Siehe dazu »Der achtzehnte März«. In: Vorwärts, 18. März 1898 (Leitartikel).
42 Siehe Stenographische Berichte über die Verhandlungen des Reichstages, IX. Legislaturperiode, V. Session, 1897/98, 2. Band, S. 1600.
43 Ebenda.
44 Ebenda, S. 1609.
45 Ebenda, S. 1605.
46 Dokumente zur Geschichte der SED. Bd. 1: 1847 bis 1945, 2. Aufl. Berlin 1983, S. 153.
47 Rosa Luxemburg: Unser Programm und die politische Situation. In: Rosa Luxemburg: Gesammelte Werke, Bd. 4, Berlin 1974, S. 491.
48 Siehe Veit Valentin: Geschichte der deutschen Revolution von 1848–1849, Bd. 1, Berlin 1930; Bd. 2, Berlin 1931.
49 Ebenda, Bd. 1, S. 339.
50 »Bürgerliche Marxgedanken«. In: Die Rote Fahne, 18. März 1923.
51 »Das Proletariat gedenkt der Toten des März«. In: Die Rote Fahne, 19. März 1923.
52 Siehe Klaus Kinner: Die Lehren der Revolution von 1848/49 im Kampf der KPD um die schöpferische Aneignung des Leninismus in den Jahren der Weimarer Republik. In: Jahrbuch für Geschichte, Bd. 8, Berlin 1973.
53 Resolution des VII. Weltkongresses der Kommunistischen Internationale zum Bericht des Genossen Georgi Dimitroff. In: Wilhelm Pieck/Georgi Dimitroff/Palmiro Togliatti: Die Offensive des Faschismus und die Aufgaben der Kommunisten im Kampf für die Volksfront gegen Krieg und Faschismus, Berlin 1960, S. 284.
54 Dokumente zur Geschichte der SED, Bd. 1, S. 310.
55 Dokumente zur Geschichte der SED, Bd. 2: 1945 bis 1971, Berlin 1986, S. 12.
56 Von der Paulskirche bis zum Volkskongreß. In: Dokumente der Sozialistischen Einheitspartei Deutschlands, Bd. I, Berlin 1951, S. 268.

57 Ebenda, S. 269.
58 Ebenda, S. 270.
59 Siehe Helene Fiedler: Die SED und der 100. Jahrestag der Märzrevolution von 1848 in Deutschland. In: Jahrbuch für Geschichte, Bd. 8, S. 323ff.; Manfred Bogisch: Die LDPD und die Revolution von 1848/49. Zur Entwicklung des Traditionsverständnisses in der LDPD 1945 bis 1948. In: Ebenda, S. 353ff.
60 Erich Honecker: Zügig voran bei der weiteren Verwirklichung der Beschlüsse des VIII. Parteitages der SED. In: Erich Honecker: Reden und Aufsätze, Bd. 2, Berlin 1975, S. 241.

Literaturauswahl

Die theoretisch-methodologische Grundlage der vorliegenden Darstellung bildet der historische Materialismus. Einen besonderen Stellenwert besaßen daher die Werke von Karl Marx, Friedrich Engels und Wladimir Iljitsch Lenin. Eine Quelle von hohem Rang war für die Autoren die von Marx und Engels während der achtundvierziger Revolution in Köln herausgegebene »Neue Rheinische Zeitung«. Gründlich ausgewertet wurden die Schriften Franz Mehrings über die Revolution von 1848/49 und über die Arbeiterbewegung des Vormärz und der Revolutionszeit. Das gleiche gilt für die Ergebnisse der sowjetischen Geschichtsschreibung zu dieser Thematik. Die vorgelegte Revolutionsgeschichte basiert in besonderem Maße auf den umfangreichen Forschungen und methodologischen Diskussionen der DDR-Geschichtswissenschaft zur Problematik der bürgerlichen Umwälzung. Sie sind in den entsprechenden Literaturberichten der Sonderbände der »Zeitschrift für Geschichtswissenschaft«: »Historische Forschungen in der DDR« von 1960, 1970 und 1980 erfaßt. Eine spezifische Auswahlbibliographie von Veröffentlichungen in sozialistischen Ländern zur Revolution von 1848/49 enthält das Jahrbuch für Geschichte, Bd. 8, Berlin 1973, S. 469–561. Von großem Nutzen war das verdienstvolle, in vieler Hinsicht bis heute unverzichtbare zweibändige Werk des linksliberalen Historikers Veit Valentin »Geschichte der deutschen Revolution von 1848–1849« aus den Jahren 1930/31. Herangezogen wurden Quellenveröffentlichungen. Die Autoren verarbeiteten die in den letzten zwei Jahrzehnten zur Revolutionsgeschichte 1848/49 stark angewachsenen und in zahlreichen Spezialarbeiten sowie in Gesamtdarstellungen publizierten Ergebnisse nichtmarxistischer Forschungen. Die folgende Übersicht bringt eine Auswahl aus der reichhaltigen Literatur über die deutsche Revolution von 1848/49.

1. Schriften von Marx, Engels und Lenin

Karl Marx/Friedrich Engels: Gesamtausgabe (MEGA) Erste Abteilung: Werke, Artikel, Entwürfe, Bd. 10: Juli 1849 bis Juni 1851, Berlin 1977; Bd. 11: Juli 1851 bis Dezember 1852, Berlin 1985; Bd. 12: Januar bis Dezember 1853, Berlin 1984.
Karl Marx/Friedrich Engels: Gesamtausgabe (MEGA) Dritte Abteilung: Briefwechsel, Bd. 2: Mai 1846 bis Dezember 1848, Berlin 1979; Bd. 3: Januar 1849 bis Dezember 1850, Berlin 1981.
Karl Marx/Friedrich Engels: Werke (MEW), Bd. 5: März–November 1848; Bd. 6: November 1848–Juli 1849.
Marx, Karl: Die Bourgeoisie und die Kontrerevolution. In: MEW, Bd. 6, S. 102–124.
– Die Klassenkämpfe in Frankreich 1848 bis 1850. In: MEW, Bd. 7, S. 9–107.
– Der achtzehnte Brumaire des Louis Bonaparte. In: MEW, Bd. 8, S. 111–207.
Engels, Friedrich: Die deutsche Reichsverfassungskampagne. In: MEW, Bd. 7, S. 109–197.
– Revolution und Konterrevolution in Deutschland. In: MEW, Bd. 8, S. 3–108.
– Wilhelm Wolff. In: MEW, Bd. 19, S. 53–88.
– Karl Marx. In: Ebenda, S. 96–106.
– [Georg Weerth, der erste und bedeutendste Dichter des deutschen Proletariats]. In: MEW, Bd. 21, S. 5–8.
– Marx und die »Neue Rheinische Zeitung« 1848–1849. In: Ebenda, S. 16–24.
– Zur Geschichte des Bundes der Kommunisten. In: Ebenda, S. 206–224.
– Zur Geschichte der preußischen Bauern. In: Ebenda, S. 238–247.
– Ludwig Feuerbach und der Ausgang der klassischen deutschen Philosophie. In: Ebenda, S. 259–307.
– Johann Philipp Becker. In: Ebenda, S. 319–324.
Lenin, W. I.: Eine Revolution vom Typus 1789 oder vom Typus 1848. In: Werke, Bd. 8, S. 248–250.
– Offener Brief an den Vorsitzenden des Rats der SDAPR, Genossen Plechanow. In: Ebenda, S. 330–338.
– III. Parteitag der SDAPR, 12. (25.) April bis 27. April (10. Mai) 1905. In: Ebenda, S. 355–421.
– Zwei Taktiken der Sozialdemokratie in der demokratischen Revolution. In: Werke, Bd. 9, S. 1–130.
– Die historischen Schicksale der Lehre von Karl Marx. In: Werke, Bd. 18, S. 576–579.
– Die Dritte Internationale und ihr Platz in der Geschichte. In: Werke, Bd. 29, S. 294–302.

2. Quellenpublikationen

1848. Augenzeugen der Revolution. Briefe, Tagebücher, Reden, Berichte. Hrsg. von Peter Goldammer, Berlin 1973.
Berliner Straßenecken-Literatur 1848/49. Humanistisch-satirische Flugschriften aus der Revolutionszeit. Zusammengest. und eingel. von Gesine Abert, Stuttgart 1977.
Die Allgemeine Deutsche Arbeiterverbrüderung 1848–1850. Dokumente des Zentralkomitees für die deutschen Arbeiter in Leipzig. Bearb. und eingel. von Horst Schlechte, Weimar 1979.
Bamberger, Ludwig: Erinnerungen. Hrsg. von Paul Nathan, Berlin 1899.
Becker, Gerhard: Antifeudale Petitionen preußischer Bauern vom März 1848. In: Zeitschrift für Geschichtswissenschaft (ZfG), Berlin, 1968, H. 2, S. 182–197.
– Die Beschlüsse des zweiten Demokratenkongresses 1848. In: ZfG, 1973, H. 3, 321–342.
– Das Protokoll des ersten Demokratenkongresses vom Juni 1848 (Dokumentation). In: Jahrbuch für Geschichte, Bd. 8, Berlin 1973.
Becker, Johann Philipp/Christian Esselen: Geschichte der süddeutschen Mai-Revolution des Jahres 1849, Genf 1849.
Bleiber, Helmut: Wiener Regierung, Grundherren und Bauern im Vormärz. Zum Hofkanzleidekret vom 18. Dezember 1846 über die Robot- und Zehntablösung (Dokumentation). In: Jahrbuch für Geschichte, Bd. 13, Berlin 1975.
Blum, Robert: Briefe und Dokumente. Hrsg. von Siegfried Schmidt, Leipzig 1981.
Born, Stephan: Erinnerungen eines Achtundvierzigers, Leipzig 1898.
Der Bund der Kommunisten. Dokumente und Materialien, Bd. 1: 1836 bis 1849, Berlin 1970; Bd. 2: 1849–1851, Berlin 1982, Bd. 3: 1851 bis 1852, Berlin 1984.
Corvin, Otto v.: Erinnerungen aus meinem Leben, 4 Bde., Leipzig 1880.
Deutsche-Brüsseler-Zeitung. 1. Januar 1847–27. Februar 1848. – Faksimile/Mit Einführung und Anmerkungen von Bert Andréas, Jacques Grandjonc, Hans Pelger, Bruxelles 1981.
Einheit und Freiheit. Die deutsche Geschichte von 1815 bis 1849 in zeitgenössischen Dokumenten, dargestellt und eingel. von Karl Obermann, Berlin 1950.
Freiligraths Briefwechsel mit Marx und Engels. Bearb. und eingel. von Manfred Häckel, 2 Bde., Berlin 1968.
Französische und sächsische Gesandtschaftsberichte aus Dresden und Paris 1848–1849. Hrsg. von Hellmut Kretzschmar und Horst Schlechte, Berlin 1956.
Frauen im Aufbruch. Frauenbriefe aus dem Vormärz und der Revolution von 1848. Hrsg. von Fritz Böttger, Berlin 1977.
Hartstock, Erhard/Peter Kunze: Die bürgerlich-demokratische Revolution von 1848/49 in der Lausitz. Dokumente zum Verlauf und zur Wirkung der Revolution im deutsch-sorbischen Gebiet. Eine Quellenauswahl, Bautzen 1977.
Die Hegelsche Linke. Dokumente zu Philosophie und Politik im deutschen Vormärz. Hrsg. von Heinz und Ingrid Pepperle, Berlin 1985.
Hoor, Ernst: Erzherzog Johann von Österreich als Reichsverweser: Der unveröffentlichte Briefwechsel mit Felix Fürst zu Schwarzenberg aus den Jahren 1848 und 1849, Wien 1981.
Jacoby, Johann: Briefwechsel. 1816–1849. Hrsg. und eingel. von Edmund Silberner, Hannover 1974.
Kaiser, Bruno: Die Achtundvierziger. Ein Lesebuch für unsere Zeit. Hrsg. von Walther Victor, Berlin 1970.

Kowalski, Werner: Vom kleinbürgerlichen Demokratismus zum Kommunismus. Zeitschriften aus der Frühzeit der deutschen Arbeiterbewegung (1834–1847), Berlin 1967.
Lage und Kampf der Landarbeiter im ostelbischen Preußen (vom Anfang des 19. Jahrhunderts bis zur Novemberrevolution 1918/19). Bd. 1. 2. Quellen. Einleitung: Hans Hübner, Auswahl und Bearbeitung: Hans Hübner und Heinz Kathe, Bd. 1, Berlin 1977, S. IX–XXXVI, S. 21–177.
Lammel, Inge (Hrsg.): Lieder der Revolution von 1848, Leipzig 1957.
Leßner, Friedrich: Ich brachte das »Kommunistische Manifest« zum Drucker, Berlin 1975.
Die medizinische Reform. Eine Wochenschrift, Berlin (10. Juli 1848 bis 29. Juni 1849). Dokumente zur Wissenschaftsgeschichte. Hrsg. von Christa Kirsten und Kurt Zeisler, Berlin 1983.
Neue Rheinische Zeitung. Artikel, Korrespondenzen, Berichte über die französische Revolution 1848/49. Hrsg. von Walter Schmidt, Berlin 1986.
Obermann, Karl: Flugblätter der Revolution. Eine Flugblattsammlung zur Geschichte der Revolution von 1848/49 in Deutschland, Berlin 1970.
Opposition in der Paulskirche. Reden, Briefe und Berichte kleinbürgerlich-demokratischer Parlamentarier 1848/49. Hrsg. und eingel. von Gunther Hildebrandt, Berlin 1981 (Schriften des Zentralinstituts für Geschichte, 70).
Otruba, Gustav: Wiener Flugschriften der sozialen Frage 1848, Bd. 1, Wien 1978; Bd. 2, Wien 1980.
Die Revolution von 1848/49. Eine Dokumentation. 131 Dokumente und eine Zeittafel. Hrsg. von Walter Grab, München 1980.
Röckel, August: Zu lebenslänglich begnadigt. Sachsens Erhebung und das Zuchthaus zu Waldheim. Nachwort von Rolf Weber, Berlin 1963.
Schmidt, Walter: Einige Dokumente zum schlesischen Weberaufstand vom Juni 1844. In: Aus der Frühgeschichte der deutschen Arbeiterbewegung, Berlin 1964, S. 30–64.
– Die Kommunisten und der preußische Vereinigte Landtag 1847. Artikel Wilhelm Wolffs in der »Deutschen-Brüsseler-Zeitung«. In: Marx-Engels-Jahrbuch, Bd. 3, Berlin 1980, S. 318–364.
– Proletarische Partei und Bauern 1848/49. Artikel Wilhelm Wolffs aus der »Neuen Rheinischen Zeitung« von der Jahreswende 1848/49. In: Jahrbuch für Geschichte, Bd. 2, Berlin 1967.
Schuppan, Peter: Aus dem Briefwechsel Johann Jacobys in den Jahren 1848/49. In: Jahrbuch für Geschichte, Bd. 5, Berlin 1971.
Schurz, Carl: Sturmjahre. Lebenserinnerungen eines Achtundvierzigers. Hrsg. von Joachim Lindner, Berlin 1973.
Schwestern, zerreißt eure Ketten. Zeugnisse zur Geschichte der Frauen in der Revolution von 1848/49. Hrsg. von Gerlinde Hummel-Haasis, München 1982.
Sturm läutet das Gewissen 1830–1945. Nichtproletarische Demokraten auf der Seite des Fortschritts. Hrsg. von Dieter Fricke u. a., Berlin 1980.
Die Verbrüderung. Correspondenzblatt aller deutschen Arbeiter. Jg. 1–3 (3. Okt. 1848–29. Juni 1850). Redigiert von Stefan Born, Franz Schwenninger, Karl Gangloff. Mit einer Einleitung von Rolf Weber, Leipzig 1975 (Fotomechan. Neudruck der Orig.-Ausg. Dresden, 1848 bis 1850).
Das Volk. Organ des Central-Komitees für Arbeiter. Eine sozialpolitische Zeitschrift. Hrsg. Stefan Born. Eingel. durch die Monographie von Wilhelm Friedensburg: Stefan Born und die Organisationsbestrebungen der Berliner Arbeiterschaft bis zum Berliner Arbeiter-Kongreß (1840–Sept. 1848). Unveränd. Neudruck d. Ausgabe Berlin 1848 u. Leipzig 1923, Glashütten/Taunus 1973.
Vorwärts! Pariser Signale aus Kunst, Wissenschaft, Theater, Musik und geselligem Leben. Ab 3. 7. 1844: Pariser Deutsche Zeitung. Hrsg. Heinrich Börnstein unter Mitarb. v. L. F. C. Bernays, A. Ruge, H. Heine, K. Marx u. F. Engels 1844–1845. Unveränd. Neudruck. Mit einer Einl. von Walter Schmidt, Leipzig 1975.
Weber, Rolf: Revolutionsbriefe 1848/49, Leipzig 1973.
Weerth, Georg: Sämtliche Werke in fünf Bänden. Hrsg. von Bruno Kaiser, Berlin 1956.
Wolff, Adolf: Berliner Revolutions-Chronik. Darstellung der Berliner Bewegungen im Jahre 1848 nach politischen, socialen und literarischen Beziehungen, Bd. 1–3, Berlin 1851 (Reprint, Leipzig 1979).
Wolff, Wilhelm: Aus Schlesien, Preußen und dem Reich. Ausgewählte Schriften. Hrsg. und eingel. von Walter Schmidt, Berlin 1985.
Zeitgenossen von Marx und Engels. Ausgewählte Briefe aus den Jahren 1844 bis 1852. Hrsg. und annotiert von Kurt Koszyk und Karl Obermann, Assen–Amsterdam 1975.
Zimmermann, Wilhelm: Die deutsche Revolution 1848, Karlsruhe 1848.

3. Darstellungen und Monographien

Averbuch, R. A.: Revoljucija v Avstrii (1848 bis 1849), Moskau 1970.
Becker, Gerhard: Karl Marx und Friedrich Engels in Köln 1848–1849. Zur Geschichte des Kölner Arbeitervereins, Berlin 1963.
Berthold, Werner: Marxistisches Geschichtsbild – Volksfront und antifaschistisch-demokratische Revolution. Zur Vorgeschichte der Geschichtswissenschaft der DDR und zur Konzeption der Geschichte des deutschen Volkes, Berlin 1970.
Beyer, Peter: Leipzig und die Anfänge des deutschen Eisenbahnbaus. Die Strecke nach Magdeburg als zweitälteste deutsche Fernverbindung und das Ringen der Kaufleute um ihr Entstehen, 1829–1840, Weimar 1978.
Bleiber, Helmut: Zwischen Reform und Revolution. Lage und Kämpfe der schlesischen Bauern und Landarbeiter im Vormärz 1840–1847, Berlin 1966.
Blos, Wilhelm: Die Deutsche Revolution. Geschichte der Deutschen Bewegung von 1848 und 1849, Stuttgart 1893.
Bobińska, Celina: Marx und Engels über polnische Probleme, Berlin 1958.
Boldt, Werner: Die Anfänge des deutschen Parteiwesens. Fraktionen, politische Vereine und Parteien in der Revolution 1848. Darstellung und Dokumentation, Paderborn 1971.
Botzenhart, Manfred: Deutscher Parlamentarismus in der Revolutionszeit 1848–1850, Düsseldorf 1977.
Deutsche Demokraten. Die nichtproletarischen demokratischen Kräfte in der deutschen Geschichte 1830 bis 1945. Von einem Autorenkollektiv u. Ltg. von Dieter Fricke, Berlin 1981.
Deutsche Geschichte in zwölf Bänden. Hrsg. Zentralinstitut für Geschichte der Akademie der Wissenschaften der DDR, Bd. 4: Die bürgerliche Umwälzung von 1789 bis 1871. Autorenkollektiv unter Ltg. von Walter Schmidt, Berlin 1984.
Die deutsche Revolution von 1848/49. Hrsg. von Dieter Langewiesche, Darmstadt 1983.
Die internationale Arbeiterbewegung. Fragen der Geschichte und der Theorie, in sieben Bänden, Erster Band: Die Entstehung des Proletariats und seine Entwicklung zur revolutionären Klasse. Redaktionskollegium: A. S. Tschernjajew, A. A. Galkin, M. A. Saborow, T. T. Timofejew, Moskau 1980, S. 435–531.
Droz, Jacques: Les Révolutions Allemands de 1848, Paris 1957.
Eyck, Frank: Deutschlands große Hoffnung. Die Frankfurter Nationalversammlung 1848/49, München 1973.
Förder, Herwig: Marx und Engels am Vorabend der Revolution. Die Ausarbeitung der politischen Richtlinien für die deutschen Kommunisten (1846–1848), Berlin 1960.
Gebhardt, Hartwig: Revolution und liberale Bewegung. Die nationale Organisation der konstitutionellen Partei in Deutschland 1848/49, Bremen 1974.
Geschichte der deutschen Arbeiterbewegung in acht Bänden, Bd. 1, Berlin 1966.
Geschichte der deutschen Literatur von 1830 bis zum Ausgang des 19. Jahrhunderts, 1. Halbbd., Berlin 1975 (Geschichte der deutschen Literatur von den Anfängen bis zur Gegenwart, Bd. 8, 1.2.).
Geschichte der deutschen Presse, Teil 2. – Koszyk, Kurt: Deutsche Presse im 19. Jahrhundert, Berlin 1966.
Geschichte der Erziehung, 11. Aufl. Berlin 1973.
Godechot, Jacques: Les Révolutions de 1848. Textes de Karl Marx, Proudhon, Blanqui, Princesse de Belgiojoso, Paris 1971.
Griewank, Karl: Deutsche Studenten und Universitäten in der Revolution von 1848, Weimar 1949.
Grünthal, Günther: Parlamentarismus in Preußen 1848/49–1857/58. Preußischer Konstitutionalismus; Parlament und Regierung in der Revolutionsära, Düsseldorf 1982.
Hallgarten, Wolfgang: Studien zur deutschen Polenfreundschaft in der Periode der Märzrevolution, München–Berlin 1928.
Harnisch, Hartmut: Kapitalistische Agrarreform und industrielle Revolution. Agrarhistorische Untersuchungen über das ostelbische Preußen zwischen Spätfeudalismus und bürgerlich-demokratischer Revolution von 1848/49 unter besonderer Berücksichtigung der Provinz Brandenburg, Weimar 1984.
Hartstock, Erhard: Die sorbische nationale Bewegung in der sächsischen Oberlausitz 1830–1848/49, Bautzen 1977.
Häusler, Wolfgang: Von der Massenarmut zur Arbeiterbewegung. Demokratie und soziale Frage in der Wiener Revolution von 1848, Wien–München 1979.
Helmert, Heinz/Hans-Jürgen Usczek: Bewaffnete Volkskämpfe in Europa 1848/49, Berlin 1973.
Heinrich-Jost, Ingrid (Hrsg.): Kladderadatsch. Die Geschichte eines Berliner Witzblatts von 1848 bis ins Dritte Reich, Köln 1982.
Herferth, Wilhelm: Wetterleuchten in Mecklenburg, Berlin 1961.
Hildebrandt, Gunther: Parlamentsopposition auf Linkskurs. Die kleinbürgerlich-demokratische Fraktion Donnersberg in der Frankfurter Nationalversammlung 1848/49, Berlin 1975.
Hofmann, Jürgen: Das Ministerium Camphausen-Han-

semann. Zur Politik der preußischen Bourgeoisie in der Revolution 1848/49, Berlin 1981.
Hütt, Wolfgang: Die Düsseldorfer Malerschule 1819–1869, Leipzig 1984.
Hundt, Martin: Wie das »Manifest« entstand, Berlin 1973.
Jahrbuch für Geschichte, Bd. 7 und 8: Die bürgerlich-demokratische Revolution von 1848/49 in Deutschland. Studien zu ihrer Geschichte und Wirkung, Berlin 1972 und 1973.
Kan, S. B.: Dva Vosstanija silesskich tkatschej. 1793–1844, Moskau–Leningrad 1948.
– Revoljucija 1848 goda v Avstrii i Germanii, Moskau 1948.
Kandel', E. P.: Marks i Engel's – organisatory sojusa Kommunistov. Is istorii bor'by sa sosdanie revoljucionnoj partii proletariata, Moskau 1953.
Kersten, Kurt: 1848. Die deutsche Revolution, Berlin 1932, Rudolstadt 1948.
Kiszling, Richard: Die Revolution im Kaisertum Österreich 1848–1849, 2 Bde., Wien 1948.
Klein, Matthäus/Erhard Lange u. a.: Zur Geschichte der marxistisch-leninistischen Philosophie in Deutschland, Bd. 1, Berlin 1969.
Klemm, Volker: Größe und Grenzen der kleinbürgerlich-demokratischen Bewegung in der Revolution 1848/49 in Deutschland, Berlin 1968.
Kowalski, Werner: Vorgeschichte und Entstehung des Bundes der Gerechten, Berlin 1962.
Kreibich, Karl: Die Deutschen und die böhmische Revolution 1848, Berlin 1952.
Kuczynski, Jürgen: Die Lage der Arbeiter unter dem Kapitalismus, Teil I: Die Geschichte der Lage der Arbeiter in Deutschland von 1789 bis zur Gegenwart, Bd. 1: Die Geschichte der Lage der Arbeiter in Deutschland von 1789–1849, Berlin 1960.
Kunze, Peter: Die preußische Sorbenpolitik 1815–1847. Eine Studie zur Nationalitätenpolitik im Übergang vom Feudalismus zum Kapitalismus, Bautzen 1978.
Langewiesche, Dieter: Europa zwischen Restauration und Revolution 1815–1849, München 1985.
Leviova, S.: Marks v germanskoj revoljucii 1848–1849 gg., Moskau 1970.
Mehring, Franz: Geschichte der deutschen Sozialdemokratie, Erster Teil: Von der Julirevolution bis zum preußischen Verfassungsstreite 1830 bis 1863. In: Gesammelte Schriften, Bd. 1, 3. Aufl. Berlin 1980.
– Zur deutschen Geschichte von der Revolution 1848/49 bis zum Ende des 19. Jahrhunderts. In: Gesammelte Schriften, Bd. 7, 5. Aufl. Berlin 1980.
Michajlov, M. J.: Istorija Sojuza Kommunistov, Moskau 1968.
Lutz, Heinrich: Zwischen Habsburg und Preußen. Deutschland 1815 bis 1866, Berlin 1985.
Mommsen, Wilhelm: Größe und Versagen des deutschen Bürgertums. Ein Beitrag zur Geschichte der Jahre 1848–1849, Stuttgart 1949.
Mottek, Hans: Wirtschaftsgeschichte Deutschlands. Ein Grundriß, Bd. II, Berlin 1964.
Mottek, Hans/Horst Blumberg u. a.: Studien zur Geschichte in der industriellen Revolution in Deutschland, Berlin 1960.
Nifontov, A. S.: Rußland im Jahre 1848, Berlin 1954.
Nipperdey, Thomas: Deutsche Geschichte 1800 bis 1866. Bürgerwelt und starker Staat, München 1983.
Noyes, P. H.: Organization and Revolution. Working-class associations in the german revolutions of 1848–1849, Princetown, New Jersey 1966.
Obermann, Karl: Deutschland von 1815 bis 1849. Lehrbuch der deutschen Geschichte (Beiträge), Bd. 6, Berlin 1961.
– Die deutschen Arbeiter in der Revolution von 1848, Berlin 1953.
– Die ungarische Revolution von 1848/49 und die demokratische Bewegung in Deutschland, Budapest 1971.
Otto, Ulrich: Die historisch-politischen Lieder und Karikaturen des Vormärz und der Revolution von 1848/1849, Köln 1982.
Paschen, Joachim: Demokratische Vereine und preußischer Staat. Entwicklung und Unterdrückung der demokratischen Bewegung während der Revolution von 1848/49, München–Wien 1977.
Priester, Eva: Kurze Geschichte Österreichs, Bd. 2: Aufstieg und Untergang des Habsburgerreiches, Wien 1949.
Proletariat. Kultur und Lebensweise im 19. Jahrhundert. Hrsg. von Dietrich Mühlberg, Leipzig 1986.
Quarck, Max: Die erste deutsche Arbeiterbewegung. Geschichte der Arbeiterverbrüderung 1848/49. Ein Beitrag zur Theorie und Praxis des Marxismus, Leipzig 1924.
Revoljucii 1848–1849 gg. Pod redakziej F. V. Potemkina i A. I. Moloka, 2 Bde., Moskau 1952.
Die Revolution in Deutschland 1848/49. Auswahl aus dem Sammelwerk »Die Revolutionen 1848/49«. Hrsg. von F. W. Potjemkin und A. I. Molok, Bd. 1, Berlin 1956.
Rosenberg, Rainer: Literaturverhältnisse im deutschen Vormärz, Berlin 1975.
Schilfert, Gerhard: Sieg und Niederlage des demokratischen Wahlrechts in der deutschen Revolution 1848/49, Berlin 1952.
Schreiner, Klaus: Die badisch-pfälzische Revolutionsarmee 1849, Berlin 1956.
Siemann, Wolfram: Die deutsche Revolution von 1848/49, Frankfurt (M.) 1985.
Stearns, Peter N.: The revolutions of 1848, London 1974.
Steiner, Herbert: Karl Marx in Wien. Die Arbeiterbewegung zwischen Revolution und Restauration 1848, Wien 1978.
Strauß, Rudolph: Die Lage und die Bewegung der Chemnitzer Arbeiter in der ersten Hälfte des 19. Jahrhunderts, Berlin 1960.
Strey, Joachim/Gerhard Winkler: Marx und Engels 1848/49. Die Politik und Taktik der »Neuen Rheinischen Zeitung« während der bürgerlich-demokratischen Revolution in Deutschland, Berlin 1972.
Thielbeer, Heide: Universität und Politik in der Deutschen Revolution von 1848, Bonn 1983.
Todt, Elisabeth/Hans Radandt: Zur Frühgeschichte der deutschen Gewerkschaftsbewegung 1800–1849, Berlin 1950.
Udalzow, I. I.: Aufzeichnungen über die Geschichte des nationalen und politischen Kampfes in Böhmen im Jahre 1848, Berlin 1953.
Valentin, Veit: Geschichte der deutschen Revolution von 1848–1849 2 Bde., Berlin 1930/31, Reprint, Köln–Berlin (West) 1970.
Weber, Rolf: Die Revolution in Sachsen 1848/49. Entwicklung und Analyse ihrer Triebkräfte, Berlin 1970.
Wernicke, Kurt: Berliner Arbeiterpresse 1848. Periodika für Arbeiter und von Arbeitern im Berlin des Revolutionsjahres 1848 (Miniaturen zur Geschichte, Kultur und Denkmalpflege Berlins, Nr. 16), Berlin 1985.
– Geschichte der revolutionären Berliner Arbeiterbewegung 1830–1849, Berlin 1978.
Wittmann, Reinhard: Buchmarkt und Lektüre. Beiträge zum literarischen Leben im 18. und 19. Jahrhundert. 1750–1880, Tübingen 1982.
Wolf, Sylvia: Politische Karikaturen in Deutschland 1848/49, München 1982.
Wollstein, Günter: Das »Großdeutschland« der Paulskirche. Nationale Ziele in der bürgerlichen Revolution 1848/49, Düsseldorf 1977.
– Deutsche Geschichte 1848/49. Gescheiterte Revolution in Mitteleuropa, Stuttgart–Berlin (West)–Köln–Mainz 1986.
Zetkin, Clara: Zur Geschichte der proletarischen Frauenbewegung Deutschlands, Berlin 1958.

4. Biographische Studien

Bagaturija, G.: Roland Daniels. In: Marx und Engels und die ersten proletarischen Revolutionäre, Berlin 1965, S. 209–260.
Baudis, Klaus: Julius Polentz. Dichter und Publizist. Mit einer Auswahl seiner Gedichte, Aufsätze und Briefe, Rostock 1965.
Becker, Gerhard: Joseph Moll. In: Männer der Revolution von 1848, Bd. 2, Berlin 1987, S. 53–83.
– Karl Schapper. In: Männer der Revolution von 1848, Berlin 1970, S. 123–148.
Beloussova, N.: Joseph Moll. In: Marx und Engels und die ersten proletarischen Revolutionäre, S. 42–75.
Bleiber, Helmut: Graf Eduard von Reichenbach. In: Männer der Revolution von 1848, Bd. 2, S. 183–225.
Bock, Helmut: Ludwig Börne. Vom Gettojuden zum Nationalschriftsteller, Berlin 1962.
Börner, Karl-Heinz: Prinz Wilhelm von Preußen. In: Männer der Revolution von 1848, Bd. 2, S. 487–512.
Bravo, Gian Mario: Die Revolution in Hessen; August Becker 1848/49. In: Jahrbuch für Geschichte, Bd. 33, Berlin 1986, S. 49–81.
Büttner, Wolfgang: Georg Herwegh – ein Sänger des Proletariats. Der Weg eines bürgerlich-demokratischen Poeten zum Streiter für die Arbeiterbewegung, 2., überarb. Aufl. Berlin 1976.
– Georg Herwegh. In: Männer der Revolution, Bd. 2, S. 151–182.
Canis, Konrad: Leopold von Gerlach. In: Männer der Revolution von 1848, Berlin 1970, S. 463–481.
– Joseph Maria von Radowitz. In: Männer der Revolution von 1848, Bd. 2, S. 449–486.
Cornu, Auguste: Karl Marx und Friedrich Engels. Leben und Werk, 3 Bde. (1818–1846), Berlin 1954, 1962, 1968.
Dlubek, Rolf: Ein deutscher Revolutionsgeneral. Johann Philipp Becker in der Reichsverfassungskampagne. In: Jahrbuch für Geschichte, Bd. 7, Berlin 1972.
Eccarius, Wolfgang: Johann Georg Rosenhain. In: Männer der Revolution von 1848, Bd. 2, S. 305–326.
Friedrich Engels. Biographie, Moskau 1970 (russ.).
Fuchs, Ruth: Franz Jacob Wigard. In: Männer der Revolution von 1848, S. 369–388.
Gemkow, Heinrich u. a.: Karl Marx. Eine Biographie, Berlin 1967.

— Friedrich Engels. Eine Biographie, Berlin 1970.
Gregor-Dellin, Martin: Richard Wagner. Sein Leben, sein Werk, sein Jahrhundert, Berlin 1984.
Häckel, Manfred: Ferdinand Freiligrath. In: Männer der Revolution von 1848, S. 79–100.
Häusler, Wolfgang: Hermann Jellinek (1823–1848). Ein Demokrat in der Wiener Revolution. In: Jahrbuch des Instituts für Deutsche Geschichte, Tel Aviv, 5, 1976, S. 125–175.
— Ernst Violand (1818–1875). Der Lebensweg eines österreichischen Demokraten. In: Jahrbuch des Instituts für Deutsche Geschichte, Tel Aviv, 6, 1977, S. 181–213.
— Anton Heinrich Springer (1825–1891). Ein österreichischer Revolutionstheoretiker des 19. Jahrhunderts. In: Jahrbuch für Deutsche Geschichte, Tel Aviv, 8, 1979, S. 175–206.
Hildebrandt, Gunther: Heinrich von Gagern. In: Männer der Revolution von 1848, Bd. 2, S. 357–390.
— Ludwig Simon. In: Männer der Revolution von 1848, Berlin 1970, S. 329–343.
Hofmann, Jürgen: Ludolf Camphausen. In: Männer der Revolution von 1848, Bd. 2, S. 425–448.
Hundt, Irina: Ernst Dronke. In: Ebenda, S. 85–114.
Hundt, Martin: Louis Kugelmann. Eine Biographie des Arztes und Freundes von Karl Marx und Friedrich Engels, Berlin 1974.
— Carl Reese — ein Mitglied des Bundes der Kommunisten. In: Marx-Engels-Jahrbuch, Bd. 3, Berlin 1980, S. 121–141.
Kandel', E. P./S. Leviova: Marx und Engels als Erzieher der ersten proletarischen Revolutionäre. In: Marx und Engels und die ersten proletarischen Revolutionäre, S. 5–41.
Kiehnbaum, Erhard: Peter Imandt — Freund und Kampfgefährte von Marx und Engels. In: Marx-Engels-Jahrbuch, Bd. 3, S. 142–163.
Kotschetkova, M.: Georg Weerth. In: Ebenda, S. 298–338.
Krylov, B.: Ferdinand Freiligrath. In: Ebenda, S. 339–368.
Leviova, S.: Karl Schapper. In: Ebenda, S. 76–119.
Liebknecht, Wilhelm: Robert Blum und seine Zeit, Nürnberg 1896.
Männer der Revolution von 1848. Hrsg. vom Arbeitskreis Vorgeschichte und Geschichte der Revolution von 1848/49, Berlin 1970, 2., durchgesehene Aufl. Berlin 1987; Bd. 2, Hrsg. von Helmut Bleiber, Walter Schmidt und Rolf Weber, Berlin 1987.
Karl Marx. Biographie, Moskau 1968.
Marx und Engels und die ersten proletarischen Revolutionäre. Redaktion: E. P. Kandel, Berlin 1965.
Mayer, Gustav: Friedrich Engels. Eine Biographie, 2. Bde., Haag 1934.
Mehring, Franz: Robert Blum. In: Gesammelte Schriften, Bd. 6, 5. Aufl. Berlin 1979, S. 419–423.
Mohrmann, Elli: David Hansemann. In: Männer der Revolution von 1848, S. 417–439.
Müller, Harald: Friedrich Heinrich Ernst von Wrangel. In: Männer der Revolution von 1848, Bd. 2, S. 513–536.
Müller, Joachim: Friedrich Karl Biedermann. In: Männer der Revolution von 1848, S. 441–462.
Obermann, Karl: Karl D'Ester, Arzt und Revolutionär. Seine Tätigkeit in den Jahren 1842–1849. In: Aus der Frühgeschichte der deutschen Arbeiterbewegung, Berlin 1964, S. 102–200.
— Joseph Weydemeyer. Ein Lebensbild 1818–1866, Berlin 1968.
— Gustav Adolph Schlöffel. In: Männer der Revolution von 1848, S. 191–215.
— Gustav Mevissen. In: Männer der Revolution von 1848, Bd. 2, S. 391–423.
Peters, Herbert: Goswin Krackrügge. In: Männer der Revolution von 1848, S. 277–296.
Pospelova, V. R.: Adolf Cluß — ein Mitglied des Bundes der Kommunisten und Kampfgefährte von Marx und Engels für eine proletarische Partei. In: Marx-Engels-Jahrbuch, Bd. 3, S. 85–120.
— Joseph Weydemeyer. In: Marx und Engels und die ersten proletarischen Revolutionäre, S. 261–297.
Rumjanzeva, N.: Konrad Schramm. In: Ebenda, S. 392–420.
Schilfert, Gerhard/Hans Schleier: Georg Gottfried Gervinus als Historiker. In: Studien über die deutsche Geschichtswissenschaft, Bd. 1, S. 148–169.
Schmidt, Siegfried: Robert Blum. Vom Leipziger Liberalen zum Märtyrer der deutschen Demokratie, Weimar 1971.
Schmidt, Walter: Wilhelm Wolff. Sein Weg zum Kommunisten 1809 bis 1846, Berlin 1963.
— Wilhelm Wolff: Kampfgefährte und Freund von Marx und Engels 1846–1864, Berlin 1979.
— Wilhelm Wolff. In: Männer der Revolution von 1848, Berlin 1970, S. 39–78.
— Ferdinand Wolff. In: Männer der Revolution von 1848, Bd. 2, S. 9–52.
Schuppan, Peter: Johann Jacoby. In: Männer der Revolution von 1848, S. 239–275.
Seidel-Höppner, Waltraud: Wilhelm Weitling — der erste deutsche Theoretiker und Agitator des Kommunismus, Berlin 1961.
— /Jakob Rokitjanski: Weitling in der Revolution von 1848/49. Unbekannte Dokumente. In: Jahrbuch für Geschichte, Bd. 32, Berlin 1985, S. 65–170.
Sinelnikova, I.: Friedrich Leßner. In: Marx und Engels und die ersten proletarischen Revolutionäre, S. 120–160.
— Friedrich Leßner. Eine Biographie des Kommunisten und Freundes von Karl Marx und Friedrich Engels, Berlin 1980.
Smirnova, W.: Wilhelm Wolff. In: Marx und Engels und die ersten proletarischen Revolutionäre, S. 161–208.
Stepanova, E. A.: Friedrich Engels. Sein Leben und Werk, Berlin 1958.
Strey, Joachim: Karl Marx und Friedrich Engels. In: Männer der Revolution von 1848, S. 9–37.
Stulz-Herrnstadt, Nadja: Franz Leo Benedikt Waldeck. In: Männer der Revolution von 1848, Bd. 2, S. 327–356.
Ter-Akopjan, N.: Ernst Dronke. In: Marx und Engels und die ersten proletarischen Revolutionäre, S. 367–391.
Tullner, Mathias: Gustav von Struve. In: Männer der Revolution von 1848, Bd. 2, S. 246–271.
Weber, Rolf: Emil Otto Weller. In: Männer der Revolution von 1848, S. 149–189.
— Samuel Erdmann Tzschirner. In: Ebenda, S. 297–328.
— Ludwig Bamberger. In: Männer der Revolution von 1848, Bd. 2, S. 273–304.
Wentzcke, Paul: Heinrich von Gagern — Vorkämpfer für deutsche Einheit und Volksvertretung, Göttingen—Berlin—Frankfurt 1957.
Wernicke, Kurt: Ludwig Bisky. In: Männer der Revolution von 1848, Bd. 2, S. 127–149.
Winter, Rudolf: Rudolf Virchow und die Revolution von 1848. In: ZfG, 1954, H. 6, S. 844–865.
Wolf, Adelheid: Friedrich Wilhelm Kollbeck. In: Männer der Revolution von 1848, Bd. 2, S. 115–125.
Wolfgramm, Eberhard: Hans Kudlich. In: Männer der Revolution von 1848, S. 389–415.
Zeise, Roland/Helmut Zessin: Ernst Ludwig Wittig. In: Männer der Revolution von 1848, Bd. 2, S. 227–243.

5. Aufsätze

Apelt, Karin/Helmut Asmus: Der preußische Vereinigte Landtag von 1847 — Höhepunkt des politisch-progressiven Auftretens der deutschen Bourgeoisie. In: Wissenschaftliche Zeitschrift des Pädagogischen Instituts Magdeburg, 1972, H. 2, S. 225–241.
Asmus, Helmut: Rheinpreußische Bourgeoisliberale und ostpreußische Junkerliberale in ihrer Haltung zu den werktätigen Massen am Vorabend der Revolution von 1848/49. In: Jenaer Beiträge zur Parteiengeschichte, 1977, Nr. 40, S. 77–91.
Bach, Hans: Die nationale Frage in der europäischen Revolution von 1848/49. In: Rolle und Formen der Volksbewegung im bürgerlichen Revolutionszyklus. Hrsg. von Manfred Kossok, Berlin 1976, S. 217–243.
Baudis, Klaus: Zur Rolle des städtischen Proletariats in Mecklenburg während der Revolution von 1848/49. Der Charakter der ersten mecklenburgischen Arbeitervereine. In: Jahrbuch für Geschichte, Bd. 7, Berlin 1972.
Becker, Gerhard: Die Arbeiter in der französischen und in der deutschen Revolution. Gemeinsamkeiten und Unterschiede. In: Wissenschaftliche Zeitschrift der Universität Rostock, 1974, H. 8, S. 511–515.
— Stephan Born als Korrespondent der »Neuen Rheinischen Zeitung«. In: ZfG, 1973, H. 5, S. 548–583.
— Die »soziale Frage« auf dem zweiten demokratischen Kongreß 1848. Zur Entstehung und zum Charakter des »Kommissionsgutachtens über die soziale Frage«. In: ZfG, 1967, H. 2, S. 260–280.
— Der Kongreß der Arbeitervereine in der Rheinprovinz und Westfalens am 6. Mai 1849. In: Beiträge zur Geschichte der deutschen Arbeiterbewegung (BzG), 1968, H. 2, S. 373–383.
— Zur Rolle der preußischen Bourgeoisie nach der Märzrevolution 1848. In: ZfG, 1976, H. 2, S. 168–189.
Bleiber, Helmut: Zum Anteil der Landarbeiter an den Bewegungen der Dorfbevölkerung in der deutschen Revolution 1848/49. In: Jahrbuch für Wirtschaftsgeschichte, 1975, T. IV, S. 65–81.
— Bauern und Landarbeiter in der bürgerlich-demokratischen Revolution von 1848/49 in Deutschland. In: ZfG, 1969, H. 3, S. 289–309.
— Die Haltung der Parteien gegenüber der Landbevölkerung in der Wahlbewegung im Frühjahr 1848 in Schlesien. In: Jahrbuch für Geschichte, Bd. 7.
— Polenvereine 1831–1832. In: Lexikon zur Parteiengeschichte. Die bürgerlichen und kleinbürgerlichen Parteien und Verbände in Deutschland (1789–1945), 4 Bde., Bd. 3, Leipzig 1985, S. 576–582.
— Rustikalverein in Schlesien 1848–1849. In: Lexikon zur Parteiengeschichte, Bd. 4, Leipzig 1986, S. 110–117.
— Volksmassen und Revolution 1848/49 in Deutschland. In: BzG, 1979, H. 6, S. 821–840.
Bock, Helmut: Preßverein 1832. In: Lexikon zur Parteiengeschichte, Bd. 3, S. 583–593.

Boldenkova, G. V: Iz istorii germanskogo demokratičeskogo dviženija. (F. Anneke nakanune revoljucii 1848–1849 gg). (Zur Geschichte d. deutschen demokratischen Bewegung. Die Tätigkeit F. Annekes am Vorabend der Revolution 1848–1849.) In: Ežegodnik germanskoj istorii, Moskau 1976, S. 201–221.
Boldt, Werner: Konstitutionelle Monarchie oder parlamentarische Demokratie. Die Auseinandersetzung um die deutsche Nationalversammlung in der Revolution von 1848. In: Historische Zeitschrift, München, Bd. 216, 1973, S. 553–622.
Büttner, Wolfgang: Der Weberaufstand in Schlesien 1844. In: Demokratische und soziale Protestbewegungen in Mitteleuropa 1815 bis 1848/49. Hrsg. von Helmut Reinalter, Frankfurt (M.) 1986, S. 202 bis 229.
– Zur bürgerlich-demokratischen Revolution 1848/49. In: Geschichtsunterricht und Staatsbürgerkunde, Berlin, 1983, H. 9, S. 758–765.
Canis, Konrad: Ideologie und politische Taktik der junkerlich-militärischen Reaktion bei der Vorbereitung und Durchführung des Staatsstreiches in Preußen im Herbst 1848. In: Jahrbuch für Geschichte, Bd. 7.
Dlubek, Rolf: Zur politischen Tätigkeit von Friedrich Engels in der Schweiz, Ende 1848 bis Anfang 1849. In: BzG, 1960, H. 4, S. 742–786.
Fiedler, Helene: Die SED und der 100. Jahrestag der Märzrevolution von 1848 in Deutschland. In: Jahrbuch für Geschichte, Bd. 8, Berlin 1973.
Griewank, Karl: Ursachen und Folgen des Scheiterns der deutschen Revolution 1848. In: Historische Zeitschrift, Bd. 170, 1950, S. 495–523.
Grosinski, Klaus: Katholikentag 1848–1932. In: Lexikon zur Parteiengeschichte, Bd. 3, S. 182–193.
– Katholische Gesellenvereine 1846–1945. In: Lexikon zur Parteiengeschichte, Bd. 3, S. 228–240.
Häusler, Wolfgang: Soziale Protestbewegungen in der bürgerlich-demokratischen Revolution der Habsburgermonarchie 1848. In: Demokratische und soziale Protestbewegungen in Mitteleuropa 1815–1848/49, S. 327–359.
Herz, Hans: Katholischer Klub 1848. In: Lexikon zur Parteiengeschichte, Bd. 3, S. 241–242.
– Katholischer Verein Deutschlands 1848–1858. In: Lexikon zur Parteiengeschichte, Bd. 3, S. 243–251.
– Zum Gesellschaftsbild der Konservativen unter dem Einfluß der bürgerlich-demokratischen Revolution von 1848/49. In: Jenaer Beiträge zur Parteiengeschichte, Nr. 40, 1977, S. 156–167.
– Die bürgerlich-demokratische Revolution 1848/49 in Thüringen und die Frage der Beseitigung der kleinstaatlichen Verhältnisse. Probleme, Umrisse, Besonderheiten. In: Jahrbuch für Regionalgeschichte, Weimar 1982, 9, S. 185–206.
Hildebrandt, Gunther: Fraktion Casino 1848–1849. In: Lexikon zur Parteiengeschichte, Bd. 2, Leipzig 1984, S. 615–624.
– Fraktion Deutscher Hof 1848–1849. In: Ebenda, S. 625–634.
– Fraktion Donnersberg 1848–1849. In: Ebenda, S. 635–644.
– Fraktion Westendhall 1848–1849. In: Ebenda, S. 650–652.
– Die Liberalen um Heinrich von Gagern in der Phase der Vorbereitung und Konstituierung der Frankfurter Nationalversammlung. In: Bourgeoisie und bürgerliche Umwälzung in Deutschland 1789–1871, Berlin 1977, S. 229–265.
– 1848/49 – bürgerlicher Parlamentarismus im Glorienschein. In: Geschichte, Ideologie, Politik. Auseinandersetzung mit bürgerlichen Geschichtsauffassungen in der BRD. Hrsg. von Peter Bachmann, Berlin 1983.
– Die Stellung der Fraktion Donnersberg in der Frankfurter Nationalversammlung zur Reichsverfassungskampagne 1849. In: Jahrbuch für Geschichte, Bd. 7.
Hundt, Martin: Die 17 »Forderungen der Kommunistischen Partei in Deutschland« vom März 1848. In: BzG, 1968, H. 2, S. 203–236.
Kaschuba, Wolfgang/Carola Lipp: Revolutionskultur 1848. Einige (volkskundliche) Anmerkungen zu den Erfahrungsräumen und Aktionsformen antifeudaler Volksbewegung in Württemberg. In: Zeitschrift für Württembergische Landesgeschichte, Stuttgart, 39, 1980 (1981), S. 141–164.
Kinner, Klaus: Die Lehren der Revolution von 1848/49 im Kampf der KPD um die schöpferische Aneignung des Leninismus in den Jahren der Weimarer Republik. In: Jahrbuch für Geschichte, Bd. 8.
Klein, Fritz: 1848 und 1918. In: Ebenda.
Kleßmann, Christoph: Zur Sozialgeschichte der Reichsverfassungskampagne von 1849. In: Historische Zeitschrift, Bd. 218, 1974, S. 283–337.
Kliem, Manfred: Die Rolle der feudaljunkerlichen Reaktion in der Revolution von 1848/49. In: ZfG, 1969, H. 3, S. 310–330.
Klima, Arnošt: Die Arbeiterunruhen in Böhmen 1844. In: Demokratische und soziale Protestbewegungen in Mitteleuropa 1815–1848/49, S. 230–264.
Kolbe, Günter: Demokratische Opposition in religiösem Gewande. Zur Geschichte der deutsch-katholischen Bewegung in Sachsen am Vorabend der Revolution von 1848/49. In: ZfG, 1972, H. 9, S. 1102–1112.
Kossok, Manfred: Bemerkungen zum europäischen Charakter der Revolution von 1848/49. In: Wissenschaftliche Zeitschrift der Universität Rostock, 1974, H. 8, S. 507–510.
Küttler, Wolfgang: Die Funktion der Theorie in der marxistisch-leninistischen Geschichtswissenschaft. Eine Fallstudie am Beispiel der Revolution von 1848/49 als Gegenstand vergleichender Revolutionsgeschichte. In: Gesellschaftstheorie und geschichtswissenschaftliche Erklärung. Hrsg. von Wolfgang Küttler, Berlin 1985, S. 25–105.
Langewiesche, Dieter: Die Anfänge der deutschen Parteien. Partei, Fraktion und Verein in der Revolution von 1848/49. In: Geschichte und Gesellschaft, Göttingen, 1978, 3, S. 324–361.
– Republik, konstitutionelle Monarchie und »soziale Frage«. Grundprobleme der deutschen Revolution von 1848/49. In: Historische Zeitschrift, 230, 1980, S. 529–548.
Leviova, S.: Der Bund der Kommunisten – eine Etappe des Kampfes von Marx und Engels für eine proletarische Partei. In: Marx-Engels-Jahrbuch, Bd. 3, S. 47–84.
– Die Redaktionsarbeit in der »Neuen Rheinischen Zeitung«. In: Jahrbuch für Geschichte, Bd. 8.
Mossolow, Wladimir: Karl Marx und Friedrich Engels über den Kampf gegen die Konterrevolution in der Periode der Revolution von 1848/49. In: Marx-Engels-Jahrbuch, Bd. 7, Berlin 1984, S. 141–169.
Müller, Harald: Zu den außenpolitischen Zielstellungen der gemäßigten Liberalen am Vorabend und im Verlauf der bürgerlich-demokratischen Revolution von 1848/49 am Beispiel der »Deutschen Zeitung«. In: Bourgeoisie und bürgerliche Umwälzung in Deutschland 1789–1871, S. 229–266.
Nagl, Editha: Die »Neue Rheinische Zeitung« über die Tätigkeit des österreichischen Reichstags von Juli bis September 1848. In: ZfG, 1980, H. 12, S. 1148–1160.
Obermann, Karl: Die deutschen Historiker in der Revolution von 1848/49. In: Studien über die deutsche Geschichtswissenschaft, Bd. 1, S. 219–240.
– Die internationale Solidarität in der Revolution von 1848/49. In: ZfG, 1965, H. 5, S. 826–842.
– Zur Klassenstruktur und zur sozialen Lage der Bevölkerung in Preußen 1846–1849. In: Jahrbuch für Wirtschaftsgeschichte, 1973, T. II, S. 79–120.
– Die Protestbewegung gegen die Einschränkung des Wahlrechts zur Frankfurter Nationalversammlung 1848. In: ZfG, 1976, H. 1, S. 49–64.
– Zur Rolle des Vorparlaments in der deutschen Revolution 1848. Die Auseinandersetzungen zwischen Demokraten und Liberalen. In: ZfG, 1979, H. 12, S. 1156–1172.
– Die Rolle der zaristischen Hilfs- und Interventionspläne gegen die Revolution in der ersten Hälfte des Jahres 1848. In: Jahrbuch für Geschichte der UdSSR und der volksdemokratischen Länder Europas, Bd. 8, Berlin 1964, S. 179–212.
– Ludolf Camphausen und die bourgeoise Konterrevolution. Zur Rolle der liberalen Bourgeoisie in der Revolution von 1848/49. In: ZfG, 1970, H. 11, S. 1448–1469.
Otruba, Gustav: Die nationale Frage in Böhmen, Mähren und Schlesien im Spiegel Wiener Flugschriften des Jahres 1848. In: Bohemia, München–Wien, 19, 1978, S. 122–161.
Pelger, Hans: Zur demokratischen und sozialen Bewegung in Norddeutschland im Anschluß an die Revolution von 1848. In: Archiv für Sozialgeschichte, Hannover, Bd. VIII, 1968, S. 161–228.
Peters, Herbert: Die Wirkung der »Neuen Rheinischen Zeitung« auf die demokratische Presse der preußischen Provinz Sachsen 1848/49. In: Marx-Engels-Jahrbuch, Bd. 7, Berlin 1984, S. 106–140.
Rakow, Peter Joachim: Märzrevolution, Verfassungsfrage und feudale Regierungsbürokratie in Mecklenburg. Ein Beitrag zur Problematik der Machtfrage in der bürgerlich-demokratischen Revolution von 1848. In: Wissenschaftliche Zeitschrift der Universität Rostock, 1973, H. 6, S. 521–529.
Schmidt, Siegfried: Zur Frühgeschichte der bürgerlichen Parteien in Deutschland. In: ZfG, 1965, H. 6, S. 973–991.
– Fraktion Augsburger Hof 1848–1849. In: Lexikon zur Parteiengeschichte, Bd. 2, S. 610/611.
– Fraktion Milani 1848–1849. In: Ebenda, S. 645–649.
– Fraktion Württemberger Hof 1848–1849. In: Ebenda, S. 653/654.
– Hallgarten-Kreis 1839–1846. In: Lexikon zur Parteiengeschichte, Bd. 3, S. 81–83.
Schmidt, Walter: Der Bund der Kommunisten und die Versuche einer Zentralisierung der deutschen Arbeitervereine im April und Mai 1848. In: ZfG, 1961, H. 3, S. 577–614.
Schmidt, Walter u. a.: Die europäischen Revolutionen 1848/49. In: Revolutionen der Neuzeit: 1500–1917. Hrsg. und eingeleitet von Manfred Kossok, Berlin 1982, S. 271–348.
– Zur internationalen Stellung der deutschen Revolution von 1848/49. In: Jahrbuch für Geschichte, Bd. 7.
– Der Kampf der »Neuen Rheinischen Zeitung« um ein festes Kampfbündnis zwischen der polnischen und

der deutschen Demokratie. In: Jahrbuch für Geschichte der UdSSR und der volksdemokratischen Länder Europas, Bd. 5, Berlin 1961, S. 111–178.
– Die Klassenkämpfe in Frankreich 1848/49 in der »Neuen Rheinischen Zeitung« – ein Beitrag zum Ringen der Kommunisten um die Emanzipation der deutschen Arbeiterbewegung. In: BzG, 1968, H. 2, S. 263 bis 297.
– Zur Rolle der Bourgeoisie in den bürgerlichen Revolutionen von 1789 und 1848. In: ZfG, 1973, H. 3, S. 301–320.
– Zur Rolle des Proletariats in der deutschen Revolution von 1848/49. In: Ebenda, 1969, H. 3, S. 270–288.
– Zur historischen Stellung der deutschen Revolution von 1848/49. In: Die großpreußisch-militaristische Reichsgründung 1871. Hrsg. von Horst Bartel und Ernst Engelberg, Bd. 1, Berlin 1971, S. 1–23.
– Zum historischen Platz der bürgerlich-demokratischen Revolution von 1848/49 in Europa. Ein Beitrag zur historisch-vergleichenden Revolutionsbetrachtung. In: Evolution und Revolution in der Weltgeschichte. Ernst Engelberg zum 65. Geburtstag, Bd. 1. Hrsg. Horst Bartel/Heinz Helmert/Wolfgang Küttler/Gustav Seeber, Berlin 1976, S. 67–93.
– Die englische Chartistenbewegung in der »Neuen Rheinischen Zeitung«. In: Jahrbuch für Geschichte, Bd. 7.
– Zu Problemen der europäischen bürgerlichen Revolutionen von 1848/49. Hegemoniefrage, Typologisierung, Ergebnisse. In: ZfG, 1979, H. 7, S. 639–659.
Schmidt, Walter/Rolf Dlubek: Die Herausbildung der marxistischen Partei der deutschen Arbeiterklasse. Konzeptionelle Fragen der ersten Hauptperiode der Geschichte der deutschen Arbeiterbewegung. In: ZfG, 1966, H. 8, S. 1282–1333.
Schneiderheinze, Michael: Erkenntnisprozesse bei der Herausbildung proletarischen Klassenbewußtseins 1848–1850. In: BzG, 1985, H. 6, S. 747–458.
– Vom ständischen Bewußtsein zur proletarischen Klassensolidarität. Arbeiterdiskussionen 1848–1850 in regionalorganisatorischen Zentren der proletarischen Bewegung. In: Jahrbuch für Regionalgeschichte, Weimar, 12, 1985, S. 152–171.
Siemann, Wolfram: Soziale Protestbewegungen in der deutschen Revolution von 1848/49. In: Demokratische und soziale Protestbewegungen in Mitteleuropa 1815–1848/49, S. 305–326.
Stahr, Roland: Die ländliche Aufstandsbewegung in den thüringischen Gebieten der preußischen Provinz Sachsen im März 1848. In: Wissenschaftliche Zeitschrift der Technischen Hochschule für Chemie »Carl Schorlemmer« in Leuna-Merseburg, 1973, H. 1, S. 39–53.
Weber, Rolf: Die Beziehungen zwischen sozialer Struktur und politischer Ideologie des Kleinbürgertums in der Revolution von 1848/49. In: ZfG, 1965, H. 7, S. 1186–1193.
– Centralausschuß der Demokraten Deutschlands 1848–1849. In: Lexikon zur Parteiengeschichte, Bd. 1, Leipzig 1983, S. 391–402.
– Centralmärzverein 1848–1849. In: Ebenda, S. 403–412.
– Von Frankfurt nach Ölmütz. Zur Genesis und Politik des gothaischen Liberalismus 1849/50. In: Bourgeoisie und bürgerliche Umwälzung in Deutschland 1789–1871, S. 361–394.
– Der Freiberger Arbeiterverein und das geheime Wirken seines sozialistischen Kerns (1848–1850). In: Beiträge zur Archivwissenschaft und Geschichtsforschung, Weimar 1977, S. 187–210.
Wernicke, Kurt: Kommunisten und politische Aktivisten in der Berliner Arbeiterbewegung vor, während und nach der Revolution 1848/49. In: BzG, 1968, H. 2, S. 298–344.
Wolfgramm, Eberhard: Zur historischen Stellung der revolutionären Bewegung der Völker Mittel- und Südosteuropas 1848/49. In: Jahrbuch für Geschichte der sozialistischen Länder Europas, Bd. 17/2, Berlin, 1973, S. 127–151.
Zeise, Roland: Bauern und Demokraten 1848/49. Zur antifeudalen Bewegung der sächsischen Landbevölkerung in der Revolution vom Herbst 1848 bis zum Vorabend des Dresdner Maiaufstandes. In: Jahrbuch für Regionalgeschichte, Bd. 4, 1972, S. 148–178.
– Der Sturm auf das Waldenburger Schloß 1848. In: ZfG, 1973, H. 3, S. 343–356.
Zessin, Helmut: Deutsch-polnisch-tschechische revolutionäre Kooperation im Frühjahr 1849 in Sachsen. Ihre Initiatoren und Hauptakteure sowie erste Ergebnisse am Vorabend der Maierhebungen. In: Jahrbuch für Geschichte, Bd. 14, 1976.
Zwahr, Annette: Zur Politik der Bourgeoisie in Sachsen von Februar bis September 1848. In: Bourgeoisie und bürgerliche Umwälzung in Deutschland 1789–1871, S. 331–360.

6. Unveröffentlichte Dissertationen aus der DDR

Asmus, Helmut: Studien zur politischen Konsolidierung der deutschen Bourgeoisie am Vorabend der bürgerlich-demokratischen Revolution 1840–1847/48, Diss. B, Berlin 1975.
Ballerstedt, Maren/Sabine Kopf: Die politische Reaktivierung und Differenzierung der Burschenschaften und ihre Teilnahme an den revolutionären Volksbewegungen sowie an den Organisationsbestrebungen der bürgerlich-antifeudalen Opposition in den Jahren 1824/25 bis 1833, Diss. A., Magdeburg 1986.
Baudis, Klaus: Elementare Arbeiterbewegung und städtische Arbeitervereine in Mecklenburg während und nach der Revolution von 1848/49, Diss. A, Rostock 1973.
Berg, Hermann von: Entstehung und Tätigkeit der Norddeutschen Arbeitervereinigung als Regionalorganisation der Deutschen Arbeiterverbrüderung nach der Niederschlagung der Revolution von 1848/49, Diss. A, Berlin 1970.
Canis, Konrad: Der preußische Militarismus in der Revolution von 1848, Phil. Diss., Rostock 1965.
Cheret, Peter: Die wirtschaftliche Entwicklung der Stadt Fürstenwalde (Spree) von den preußischen Reformen bis zum Beginn des Imperialismus, Diss. A, Berlin 1983.
Dlubek, Rolf: Johann Philipp Becker. Vom radikalen Demokraten zum Mitstreiter von Marx und Engels in der I. Internationale (1848 bis 1864/65), Phil. Diss., Berlin 1964.
Emmrich, Ute: Johann Georg Eccarius. Ein Beitrag zur Biographie bis Anfang der 1860er Jahre, Diss. A, Berlin 1986.
Feudel, Werner: Lyrik im Deutschen Vormärz, Diss. B, Halle (Saale) 1985.
Franz, Rudolf: Die Rolle der Arbeiter während des Dresdner Maiaufstandes 1849, Phil. Diss., Potsdam 1967.
Fuchs, Ruth: Franz Jacob Wigard. Ein Beitrag zur Geschichte der kleinbürgerlichen Demokratie im 19. Jahrhundert, Diss. A, Leipzig 1970.
Genschorek, Wolfgang: Die medizinische Reformbewegung während der bürgerlich-demokratischen Revolution 1848/49 im Königreich Sachsen, Phil. Diss., Leipzig 1973.
Greiling, Werner: Karl August Varnhagen von Ense (1785–1858). Politisches Wirken und ideologische Wandlung eines bürgerlichen Intellektuellen zwischen den Befreiungskriegen und dem Ende der Reaktionszeit in Preußen, Diss. A, Jena 1984.
Grube, Karl-Frieder: Karl Marx über den bürgerlichen Revolutionszyklus in Spanien. Ein Beitrag zur editorischen Bearbeitung des Bandes I/13 der historisch-kritischen Marx/Engels-Gesamtausgabe ($MEGA^2$), Diss. A, Leipzig 1983.
Hartmann, Regina: Die Entwicklung der Vormärzlyrik zur oppositionellen Massenliteratur (1840–1847), Diss. B, Potsdam 1984.
Hartstock, Erhard: Die sorbische nationale Bewegung in der sächsischen Oberlausitz während der bürgerlich-demokratischen Revolution von 1848/49, Phil. Diss., Leipzig 1968.
Henseke, Hans: Die Stellung der deutschen Bourgeoisie zum Kampf des polnischen Volkes um nationale Unabhängigkeit im Großherzogtum Posen in der Revolution 1848/49, Päd. Diss., Potsdam 1957.
Hildebrandt, Gunther: Politik und Taktik der Gagern-Liberalen in der Frankfurter Nationalversammlung 1848/49, Diss. B, Berlin 1983.
Holzapfel, Kurt: Zur Dialektik von inneren und äußeren Faktoren in der bürgerlichen Revolution. Eine Studie zu ausgewählten Aspekten der Julirevolution von 1830 in Frankreich, Diss. B, Leipzig 1980.
Hübner, Hans: Die Bewegung der ostelbischen Landarbeiter in der Revolution von 1848/49, Phil. Diss., Halle 1959.
Hundt, Irina: Ernst Dronke – ein Freund und Kampfgefährte von Marx und Engels. Seine biographische Entwicklung bis zur Niederlage der Revolution von 1848/49, Diss. A, Berlin 1983.
Juckenburg, Gerhard: Das Ringen der Jenaer Progreßstudenten um eine demokratische Gestaltung Deutschlands (1840–1849), Phil. Diss., Jena 1970.
Klemm, Volker: Frankfurt (Oder) im Revolutionsjahr 1848, Phil. Diss., Berlin 1960.
Kliem, Manfred: Genesis der Führungskräfte der feudal-militaristischen Konterrevolution 1848 in Preußen, Phil. Diss., Berlin 1966.
Knauf, Günther: Die Entwicklung der Arbeitshygiene in der Stadt Erfurt vom Mittelalter bis zum Vorabend der Revolution von 1848, Diss. (MS), Erfurt 1969.
Kolbe, Günther: Demokratische Opposition im religiösen Gewande und antikirchliche Opposition im Königreich Sachsen. Zur Geschichte der deutsch-katholischen und freien Gemeinden sowie freireligiösen Vereinigungen von den 40er Jahren des 19. Jh. bis um 1900 unter besonderer Berücksichtigung ihres Verhältnisses zur kleinbürgerlich-demokratischen und Arbeiterbewegung, Phil. Diss., Leipzig 1964.
Kopitzsch, Wolfgang: Die bürgerliche Revolution in Jena – Voraussetzungen, Verlauf und Ergebnisse, Diss. A, Jena 1985.
Kossak, Heinz: Die gesellschaftliche Stellung der Berliner Universität im Spiegel der Wirksamkeit der außerordentlichen Regierungsbevollmächtigten in den Jahren 1819–1848, Diss. A, Leipzig 1977.
Lülfing, Daniela: Friedrich Christoph Dahlmann – sein Beitrag zur Entwicklung der bürgerlich-liberalen

Ideologie im 19. Jahrhundert, 1829–1860, Diss. A, Berlin 1985.
Luhn, Rolf: Die liberale Vereinsbewegung in Preußen von März bis Dezember 1848. Ein Beitrag zur Analyse der Politik der preußischen Bourgeoisie während der Revolution von 1848/49 in Deutschland, Diss. A, Jena 1984.
Mahlert, Karl-Heinz: Die soziale und ökonomische Lage der mecklenburgischen Landarbeiter nach Aufhebung der Leibeigenschaft und ihr Kampf in der Revolution von 1848–1849, Phil. Diss., Potsdam 1961.
Mauter, Horst: Die ökonomische Expansion und expansive und annexionistische Bestrebungen der Berliner Großbourgeoisie 1847–1873, Diss. A, Berlin 1975.
Merkel, Renate: Zur Herausbildung der Sozialismusauffassung bei Karl Marx und Friedrich Engels in der Entstehungsperiode des wissenschaftlichen Kommunismus (1842–1846), Diss. A, Berlin 1970.
Mettin, Paul: Die Rolle der »Kölnischen Zeitung« im Prozeß der Konstituierung und Aktivierung der Bourgeoisie in der Preußischen Rheinprovinz 1843 bis 1847/48, Diss. A, Magdeburg 1984.
Moll, Georg: »Preußischer Weg« und bürgerliche Umwälzung in Deutschland. Studien zur kapitalistischen Bauernbefreiung, Diss. B, Rostock 1981.
Müller, Joachim: Karl Biedermann und die preußische Hegemonie in Deutschland. Vom Liberalismus zum Bonapartismus, Diss. B, Leipzig 1972.
Nagl, Editha: Die Revolution 1848/49 in Österreich im Spiegel der »Neuen Rheinischen Zeitung«, Diss. A, Berlin 1982.
Nitschke, Willi: Der Kampf der »Neuen Rheinischen Zeitung« für die nationale Befreiung der Völker in der Revolutionsperiode von 1848/49. Unter besonderer Berücksichtigung der polnischen, ungarischen und tschechischen Befreiungsbewegung, Phil. Diss., Leipzig 1955.
Peters, Herbert: Erfurt im Jahre 1848, Phil. Diss., Berlin 1966.
– Die preußische Provinz Sachsen in der Revolution 1848/49, Diss. B, Halle 1979.
Pfahl, Robert: Landarbeiterlöhne und ihre Bewegung vom Anfang des 19. Jahrhunderts bis zum Beginn des ersten Weltkriegs. Eine Studie der Lage kontraktgebundener Landarbeiter auf den domanialen Pachthöfen des Großherzogtums Mecklenburg – Schwerin, Rostock 1971.
Poschmann, Henri: Beiträge zur Geschichte der deutschen Literatur des Vormärz: Dramatik und Epik, Diss. A, Berlin 1974.
Püschner, Manfred: Die Haltung der antifeudalen Opposition und insbesondere ihres demokratisch-linksliberalen Flügels zur Rheinliedbewegung in den Jahren 1840 und 1841, Diss. A, Berlin 1984.
Rakow, Peter-Joachim: Staat, Verfassung und Regierung von Mecklenburg – Schwerin im Spannungsfeld von Revolution und Konterrevolution 1848–1850, Diss. A, Rostock 1981.
Ruhland, Volker: Die Rolle der Volksmassen, der Bourgeoisie und der herrschenden Klasse in den revolutionären Ereignissen der Jahre 1830/31 in Dresden, Diss. A, Dresden 1982.
Ruske, Helmut: Kleinbürgerlich-demokratische Bestrebungen im sächsisch-thüringischen Raum vom Herbst 1849 bis Ende 1853, Diss. A, Jena 1970.
Schneiderheinze, Michael: Zur Entwicklung der Arbeiterdiskussion 1848–1850. Erkenntnisprozesse bei der Herausbildung proletarischen Klassenbewußtseins unter besonderer Berücksichtigung der »Allgemeinen Deutschen Arbeiterverbrüderung« und des Kölner Arbeitervereins, Diss. A, Leipzig 1983.
Schnurstein, Regina: Der Einfluß der sozialökonomischen Verhältnisse auf die Entwicklung der Arbeitshygiene in der Stadt Erfurt vom Vorabend der bürgerlich-demokratischen Revolution von 1848 bis zum Beginn des Deutsch-Französischen Krieges von 1870/71, Diss. (MS), Erfurt 1969.
Schumann, Egon: Die Herausbildung der Fabriken in Leipzig von 1830 bis 1871, Diss. A, Leipzig 1971.
Schuppan, Peter: Johann Jacoby und seine politische Entwicklung innerhalb der bürgerlich-demokratischen Bewegung des Vormärz (1830–1846), Phil. Diss., Berlin 1963.
Stahr, Roland: Die revolutionäre Bewegung der Volksmassen auf dem Lande im März und November 1848 im Süden und Südwesten der preußischen Provinz Sachsen, Diss. A, Leuna-Merseburg 1975.
Strasen, Gustav-Adolf: Zur ökonomischen und politischen Rolle der Großgrundbesitzer in Mecklenburg – Strelitz, Diss. A, Rostock 1970.
Tullner, Mathias: Die Entwicklung der »Mannheimer Abendzeitung« zum führenden Organ der süddeutschen kleinbürgerlichen Demokratie 1844 bis 1847/48, Diss. A, Magdeburg 1974.
– Studien zur Entwicklung der antifeudalen bürgerlichen Oppositionsbewegung im Großherzogtum Baden 1830–1848/49, Diss. B, Magdeburg 1985.
Wernicke, Kurt: Beiträge zur frühen Geschichte der Berliner Arbeiterbewegung 1830–1849, Diss. B, Berlin 1979.
Willenius, Roswitha: Die Entwicklung der antifeudalen bürgerlichen Oppositionsbewegung in der preußischen Provinz Sachsen nach dem Wiener Kongreß bis zum Vorabend der bürgerlich-demokratischen Revolution von 1848/49 unter besonderer Berücksichtigung der Provinziallandtagsverhandlungen, Diss. A, Magdeburg 1985.
Zeise, Roland: Die antifeudale Bewegung der Volksmassen auf dem Lande in der Revolution von 1848/49 in Sachsen, Phil. Diss., Potsdam 1966.
Zessin, Helmut: Zur Herausbildung einer gemeinsamen Kampffront polnischer, tschechischer und deutscher Demokraten gegen die europäische, feudalabsolutistische Konterrevolution im Frühjahr 1849 in Sachsen. Ein Beitrag zur Erforschung der internationalen Solidarität in der Revolution von 1848/49, Phil. Diss., Dresden 1971.
Zwahr, Annette: Zur Politik der Bourgeoisie Sachsens von Februar bis September 1848, Diss. A, Leipzig 1980.

Bildnachweis

Die Zahlen geben jeweils die Seite an, auf der sich die Abbildung befindet. Die Kürzel nach der Seitenzahl markieren für Seiten mit mehreren Abbildungen den Stand der betreffenden Illustration. Sie bedeuten: r. = rechts, l. = links, o. = oben, u. = unten, M. = Mitte, Z. = Zwischentitel.

ADN-Zentralbild: 343 Z., 384 o.; Archiv Harald Kretschmar: 373 o.; Armeemuseum der DDR, Dresden: 329 o. l., 329 o. r.; Bergisches Museum Schloß Burg an der Wupper: 189; Berlin, Kupferstichkabinett und Sammlung der Zeichnungen: 9 u., 10 r. o., 34 u., 47 o., 56 M., 57 o., 57 u., 58 o., 60 u., 86 o. r., 90 o. l., 136 o. r., 161 u. r., 197 Z., 199 u., 202 o., 202 u., 203 u., 204 u., 276 M. r., 349 o. l.; Berliner Stadtbibliothek, Abteilung Ratsbibliothek: 144 o. l., 150 u. l., 186 r., 187 M. o., 195 u., 196 u. r., 210 o., 231, 276 u., 286 u., 302 o. r.; Deutsche Staatsbibliothek Berlin, Kartenabteilung: 46 o., 48 o. l., 66 o., 81 o., 82 u., 95, 105 M. r., 117, 124 o. l., 147 u., 281, 290, 291, 310 o., 318 u.; Deutsche Staatsbibliothek Berlin, Musikabteilung: 191 M. o., 191 u. l., 191 M. u., 191 u. r.; Deutsche Staatsbibliothek Berlin, Porträtsammlung: 16 o., 120 u. r., 122, 135 M. o., 135 M. u., 137 M., 188 l., 188 M., 188 r., 192, 194 M., 259 u. l., 259 M. u., 329 u.; Dietz Verlag Berlin, Bildarchiv: 8, 10 l. o., 11 o., 11 u., 12 u. l., 13 u. r., 14 o., 14 M., 14 u., 15 o., 15 l., 16 l., 16 u. r. 17 o. l., 17 M., 17 u., 18 o. l., 18 o. r., 21 o. l., 22, 23 o., 24 o., 24 u., 25 o., 26 u. l., 27 o., 27 u., 28, 29, 30 u. l., 30 M. u., 31 o. r., 31 u. l., 32 M. l., 32 M., 32 M. r., 32 M. u., 33, 36 M. l., 36 M. r., 38 M. o., 38 M. r., 38 u. l., 40 o. l., 40 o. r., 41 M. l., 41 M., 41 M. r., 42, 43 o., 43 u. l., 44, 45 o., 45 u., 46 u., 47 M., 48 o. r., 49 o., 50, 51, 52, 53 M. l., 53 M. r., 54 o., 54 M., 56 u., 58 u., 59 M., 59 u., 61 o., 61 u., 62 o., 62 u., 63 o., 64 o. l., 64 M. o., 64 o. r., 64 u., 65 o., 65 u., 66 M. r., 66 u. l., 67 M. l., 67 M. r., 67 u., 68 o., 68 u., 69 M. l., 69 M. r., 70, 71 o. l., 71 o. r., 71 u., 73 u., 75 u., 76 u., 77 o., 77 u. l., 78 o. l., 78 M., 78 u. l., 78 u. r., 79 u., 80 o., 81 u., 82 o., 84 u., 85, 86 o. l., 87 o. r., 87 u., 89 u. l., 89 r., 90 M. r., 90 u. l., 91 M. r., 93 o. r., 94 u. l., 94 u. r., 96, 97, 99 M. r., 99 u., 102 M. l., 102 u. r., 103 u. r., 103 M. u., 105 M. l., 106 o., 106 u., 109, 110 o., 110 u., 112, 113, 114 o. r., 116, 118 o. l., 118 M. l., 118 M. r., 118 u., 120 M. o., 123 o. l., 123 o. r., 124 o. r., 124 M., 125 o., 125 u., 127, 128, 129 o. l., 129 o. r., 130 o., 130 u. r., 131 o. r., 131 M. u., 132 u. l., 133 u., 134, 136 u. r., 137 o. r., 137 M. l., 137 M. r., 138 M. o., 139 M. l., 139 u., 139 r. o., 141, 142 u. l., 142 M. u., 142 u. r., 143, 144 M. r., 144 u., 146 M. l., 146 M. r., 147 o., 148 o. l., 148 o. r., 148 M. r., 149 u. l., 150 o. l., 150 M. l., 151 o. l., 151 u. l., 154 o. l., 154 u. r., 155, 156, 157 M. u., 157 u. r., 158 o. l., 158 M. o., 158 o. r., 159 M. o., 160, 162, 163 o. l., 163 M., 163 M. u., 163 u. r., 166, 167, 168 o., 168 u., 169, 170, 171, 172, 173 o., 173 M. r., 175 Z., 177, 183 u. l., 185 l., 185 o. r., 186 u., 187 M. u., 190 u., 191 M. r., 193, 195 o. r., 198 o., 198 u. l., 198 u. r., 199 o., 200, 201,

203 o., 203 M., 206, 207, 208, 209 u. l., 209 u. r., 210 u. r., 212 o., 213 o., 213 M. l., 213 M. r., 214 o. l., 214 u. l., 215 o. l., 215 M. o., 215 u., 216, 218, 219, 220 M., 221 u. r., 222, 223 M. l., 223 M. r., 223 u. r., 224 M. o., 225 o. r., 228, 229, 230, 232 u., 233 o. l., 233 M. o., 233 u. r., 234 o., 234 M. r., 234 u., 235 o. l., 235 u. r., 236, 237 M. o., 237 u. r., 238 o., 238 u., 239 M. o., 239 u. r., 240, 241 u., 242 u., 243 l., 243 M., 244, 245 l., 245 o. r., 245 u., 246 u. l., 246 r., 247 M. u., 247 u. r., 248 M. u., 248 u. r., 249 o. r., 249 M. r., 250 o., 250 u., 251 o. l., 251 o. r., 251 M. u., 252 o. l., 252 o. r., 252 u., 253 l. o., 253 M. l., 255 M. o., 255 u. l., 256 o. r., 256 u. r., 257 u., 258 u., 259 o., 259 u. r., 260 o. r., 260 l., 261 u. r., 262 o. l., 262 o. r., 262 u. l., 263 u. l., 263 o. r., 264 M. u., 266 o., 266 M., 267, 268 o. l., 268 M. u., 269 u., 269 M., 273 o., 273 M., 274 o., 274 u., 275 l., 275 M. o., 275 M., 275 r., 277 M. o., 277 u. r., 278 o., 278 u. l., 278 M. u., 278 u. r., 279, 280 l., 280 u. r., 282 o. r., 282 M. l., 283 M. o., 283 r., 284 M., 284 u. r., 285 o., 285 u., 287, 288, 289, 292 o. r., 292 M. r., 292 u. r., 293 l., 293 r., 294, 295, 296 M. u., 297 o., 297 u., 298 u., 299 l., 299 r., 300 u. r., 301, 302 o. l., 303 M. l., 303 o., 303 u., 305 o., 305 u., 307 o. l., 307 o. r., 307 M. u., 307 u. r., 308 o., 308 u., 309 u., 310 u., 311 u., 312 o. l., 312 M. u., 313 o. l., 313 u., 314 u. l., 315 r., 316, 317 o. l., 318 o. l., 319 o., 319 u., 320 o. r., 321, 322, 323 M. l., 324 o., 324 u., 325 o., 325 M. u., 326 o. r., 326 u. l., 326 u. r., 327 M. o., 327 u., 330, 331 M. o., 331 o. r., 331 M. u., 332 o., 332 u. l., 333, 334 u., 336 M. r., 336 u., 338 u. r., 339, 340 o., 340 M., 341 o., 341 u., 344 o., 345 o. r., 345 u. r., 347 o., 347 u. l., 347 u. r., 348 o. l., 348 o. r., 348 u., 349 r., 349 u. l., 350 o. l., 350 u. l., 350 u. r., 351, 352 o. l., 352 u. l., 352 u. r., 353, 354, 355 o. l., 355 o. r., 355 u. r., 356 o., 356 M., 356 u., 357 o. l., 357 o. r., 357 u. r., 358, 359 o., 359 u., 362, 363, 366 l., 366 r. o., 366 r. u., 368 l., 368 M., 368 r., 369, 370 o., 370 u. l., 370 M. u., 371, 372 M. l., 372 M. r., 372 u. l., 372 u. r., 374, 375, 376 o., 376 u. l., 376 u. r., 377, 378 u. l., 378 u. r., 379 M. u., 379 u. r., 381 o. l., 381 M. o., 381 o. r., 381 u., 382 l.; Dietz Verlag Berlin/Renate und Horst Ewald: 385; Karl-Heinz Drowski, Berlin: 384 u.; Heimatmuseum Neuruppin: 74, 83, 87 M., 88 o., 88 u., 90 o. r., 91 u., 104 o., 104 u., 114 o. l., 115, 145, 149, 184, 204 o., 212 M., 261 M., 264 o., 265 u., 272 M. r., 272 u. l., 272 u. r., 306 o., 306 u., 314 o., 315 u. l., 318 o. r., 332 u. r., 337 o., 337 u., 338 o., 344 u., 345 o. l.; Herbert Hensky, Berlin: 383; Institut für Marxismus-Leninismus beim ZK der SED, Berlin, Zentrales Parteiarchiv: 16 M. u., 32 u. r., 49 u., 159 o. l., 296 M. r., 334 o. r., 364, 365, 367, 379 o. l., 379 o. r., 380; Institut und Museum für Geschichte der Stadt Dresden: 94 o., 314 u. r.; Internationaal Instituut voor Sociale Geschiedenis, Amsterdam: 157 o., 220 o. r., 221 o. l., 221 M. l., 349 M. u.; Märkisches Museum, Berlin: 7 Z., 20 o., 91 o., 133 o., 152, 176 u. l., 178, 179 o. r., 180, 254, 269 o., 296 o. l., 298 o., 304; Müritz-Museum, Waren: 13 o. l., 111 M. o., 111 r. u.; Museum für Deutsche Geschichte, Berlin: 9 o., 12 o., 12 M., 13 u. l., 15 u. r., 23 u. l., 23 u. r., 25 u., 26 M. r., 31 M. o., 35 u. l., 37 o., 37 u. r., 43 u. r., 48 u., 55 Z., 63 u., 72 u. r., 73 o., 84 o., 98, 108, 111 l. u., 114 u., 121 M. o., 121 r. u., 130 u. l., 131 M. o., 132 u. r., 138 o. l., 140 M. r., 142 o. r., 153, 161 u. l., 165, 176 o. r., 179 o. l., 182 o. l., 182 M. o., 183 o., 221 o. r., 225 M. o., 226, 261 M. u., 271 Z., 292 l., 320 u. l., 327 o. r., 328, 334 o. l., 334 M. o., 338 u. l., 382 r.; Sächsische Landesbibliothek, Dresden, Abteilung Deutsche Fotothek: 21 u., 35 u. r., 37 u. l., 39 u., 59 o., 60 o., 72 u. l., 75 o., 76 o., 77 u. r., 93 o. l., 119, 126, 136 o. l., 136 u. l., 144 o. r., 241 o., 242 o., 300 u. l., 309 o., 310 M., 311 o. r., 317 u., 323 u., 345 u. l., 346 o., 346 u.; Staatliche Museen Greiz, Kupferstichkabinett und Sammlung der Zeichnungen: 10 u.; Staatliche Museen zu Berlin, Nationalgalerie: 34 o.; Staatsarchiv Potsdam: 265 o. l., 280 M. o.; Stadtarchiv Erfurt: 129 M. o., 140 M. l., 220 o. l., 263 M. o.; Stadtarchiv Halle (Saale): 276 o.; Stadtarchiv Leipzig: 39 o., 145 u., 232 o., 255 u. r., 282 M. u., 282 u. r.; Stadtmuseum Bautzen: 313 o. r.; Zentrales Staatsarchiv, Dienststelle Merseburg: 13 r. o.

Farbvorlagen fertigten an: Bergisches Museum Schloß Burg an der Wupper: 189; Dietz Verlag Berlin/Renate und Horst Ewald: 7 Z., 10 u., 20, 24 u., 55 Z., 74, 83, 87 M., 88 o., 88 u., 90 o. r., 91 u., 104 o., 104 u., 114 o. l., 115, 145 o., 149 o., 152, 180, 184, 204 o., 212 M., 261 M., 264 o., 265 u., 271 Z., 272 M. r., 272 u. l., 272 u. r., 306 o., 306 u., 314 o., 315 u. l., 318 o. r., 329 o. l., 329 o. r., 337 o., 337 u., 344 u., 345 o. l., 357 o. r., 374, 379 o. l., 382 r., 385.

Reproduktionsaufnahmen (in Klammern jeweils die Anzahl): Atelier Paulmann (1); Deutsche Staatsbibliothek Berlin (18); Dietz Verlag Berlin/Renate und Horst Ewald (416); Fotohaus Leipzig (6); Kraschewski, Waren (3): Sächsische Landesbibliothek, Dresden, Abteilung Deutsche Fotothek (11); Staatliche Museen zu Berlin, Photographische Abteilung (20).

Wissenschaftlich-redaktionelle Bearbeitung und Herausgabe der Karten auf S. 19, 335, 360/361: Rudi Ogrissek.

Das Original der Abbildung auf dem Schutzumschlag befindet sich in der Deutschen Staatsbibliothek Berlin. Die zeitgenössische handkolorierte Lithographie stellt den Kampf um die Barrikade in der Breiten Straße in Berlin in der Nacht vom 18. zum 19. März 1848 dar.

Inhalt

Autoren

Gerhard Becker (S. 198—239, 253—295)
Helmut Bleiber (S. 9—54, 107—113)
Rolf Dlubek (S. 302—342)
Siegfried Schmidt (S. 113—152, 239—253, 295—302)
Walter Schmidt (Vorwort, S. 95—101, 152—174, 344—384)
Rolf Weber (S. 56—95, 102—107, 176—196)